AF207038

GÉNESIS

GÉNESIS

La revelación del plan eterno de Dios

EVIS L. CARBALLOSA

Editorial PORTAVOZ

EDITORIAL PORTAVOZ
2450 Oak Industrial Drive NE
Grand Rapids, MI 49505 USA
Visítenos en: www.portavoz.com

ISBN 978-0-8254-5747-0 (rústica)
ISBN 978-0-8254-6641-0 (Kindle)
ISBN 978-0-8254-7458-3 (epub)

2 3 4 5 edición / año 26 25 24 23 22 21 20 19 18

Contenido

EXÉGESIS Y EXPOSICIÓN

PRIMERA PARTE: LA HISTORIA PRIMITIVA (1:1—11:26):
El establecimiento de la historia de la salvación

Capítulo 1

Capítulo 2

Capítulo 3

Prólogo

El evangélico acostumbrado a las predicaciones basadas en la Biblia tiene un buen conocimiento de las historias relatadas en el libro de Génesis. Desde el relato de la creación, al principio del libro, hasta su cierre con la historia de José y su muerte en Egipto. Pero, en muchos casos, el aprendizaje de estos relatos ha sido mayormente a través de una serie de lecciones o sermones enseñados casi en forma independiente, quizá sin tomar en cuenta y sin saber la razón o propósito original que dio lugar para que cada suceso fuese escrito. Con su estudio, publicado ahora como un comentario sobre Génesis, el Dr. Luis Carballosa ayuda a predicadores y estudiantes de la Biblia a adoptar el enfoque correcto en cuanto al mensaje y propósito del libro que nos informa acerca del principio de todas las cosas. En su introducción, el Dr. Carballosa explica que «el libro de Génesis fue escrito después de la salida del pueblo de Israel de Egipto» y que «no sería extraño que al llegar al desierto de Sinaí, el pueblo se preguntase: "¿Quién es el Dios que nos sacó de Egipto?"». Este enfoque interpreta correctamente tanto el texto del libro en sí, como el contexto de la situación histórica y propósito original por el cual Dios comunicó tal revelación. Esta consideración en la interpretación y explicación de Génesis es lo que el estudiante bíblico puede esperar en este comentario del Dr. Carballosa.

Además del cuidadoso desarrollo de la exposición, que toma en cuenta los términos claves del hebreo —idioma en el que el Génesis fue escrito—, el comentario hace la transición de lo que sucedió en determinado momento, que podemos identificar como historia, a lo que tal suceso enseña acerca de Dios y del hombre, que no es otra cosa que teología. Esa teología bíblica y su identificación con la revelación progresiva a través de los acontecimientos históricos es otro aspecto que el Dr. Carballosa acertadamente enfatiza en su estudio. Al combinar su análisis histórico, lingüístico y teológico de cada pasaje, y exponer la relación de los diversos relatos, personajes y sucesos entre sí, el autor orienta y dirige al estudiante bíblico en el tejido del panorama de estos sucesos y relatos que, aunque conocidos por muchos casi como sucesos independientes los unos de los otros, en realidad fueron divinamente producidos y juntos conforman la revelación de Dios para su creación. Escribe el autor: «Si bien es cierto que los primeros once capítulos de Génesis tienen una perspectiva cósmica, ya que se contempla a todos los pueblos de la tierra, el énfasis de los capítulos 12 al 50 es particular o singular...

los propósitos de Dios de alcanzar a la humanidad se centrarán en una nación y en un hombre con su descendencia. Es a través de ellos que Dios realizará sus propósitos y todos ellos necesitan ser entrenados mediante la experiencia de la vida con Dios para la realización de las bendiciones para toda la raza humana. Por lo tanto, el gran tema ahora se centra en la Simiente prometida, junto con el pacto y la tierra». En su estudio, el Dr. Carballosa explica el texto y su significado, tanto para los personajes y pueblos con los que Dios trató en ciertos momentos, como también lo que esto implica para toda la humanidad en el desarrollo de su plan divino. De igual importancia es que a medida que la revelación en Génesis introduce las características o atributos divinos y su relación con la creación, nuestro comentarista nos ayuda a identificar y entender las diferentes doctrinas de la teología sistemática que en forma inicial aparecen en el libro del principio de todas las cosas: doctrinas que en forma más completa Dios revelaría en el resto de las Escrituras.

Nuestro autor provee, especialmente para quienes pueden manejar el idioma inglés, una extensa bibliografía con comentarios, introducciones, y artículos sobre temas o pasajes específicos en los que el lector puede ahondar su investigación. Por varias décadas, el mundo evangélico de habla hispana ha sido ampliamente favorecido con la predicación, la enseñanza y los escritos del Dr. Carballosa. Con este cuidadoso, detallado y exhaustivo estudio y comentario sobre Génesis, el mundo hispano recibe una herramienta de inmensurable valor y ayuda para el serio estudio, interpretación y exposición de esta porción de la Biblia. Por lo tanto, es un motivo de gran agrado presentar el comentario sobre Génesis por el Dr. Luis Carballosa. Una obra que indudablemente será un recurso exegético y teológico clave para asistir al predicador, al estudiante de la Biblia y a todos los hispanohablantes que aman y desean crecer en el conocimiento de las Escrituras.

Dr. Cornelio Rivera
Brooksville, FL (EE. UU.)
Octubre de 2016

Palabras del autor

Cuando aún era un adolescente, leí y estudié por primera vez el libro de Génesis. Luego, siendo ya un joven, lo estudié en el aula con el Dr. J. Dwight Pentecost, en el Seminario Teológico de Dallas. Nunca pensé que llegaría el día cuando escribiría un comentario de este libro, al que considero como el más importante de toda la Sagrada Escritura.

Durante los últimos ocho años he estado trabajando en este comentario. He leído y examinado lo que muchos han escrito acerca de Génesis en español, aunque desafortunadamente no hay mucho escrito en nuestro idioma. Hay algunas obras traducidas de otros idiomas al español, pero casi nada escrito originalmente en nuestra hermosa lengua. Por lo tanto, he tenido que hacer uso de la bibliografía disponible en inglés. Felizmente, hay muy buenos comentarios de Génesis en ese idioma. Obras como las de Herbert C. Leupold, Gordon J. Wenham, Allen P. Ross, Henry M. Morris, John J. Davis, Bruce K. Waltke, Keil y Delitzsch, Derek Kidner y otros han sido de gran ayuda para la investigación de este comentario.

Hace años, fui desafiado a profundizar en el estudio de las Sagradas Escrituras por el Dr. H. Chester Woodring, quien escribió su tesis doctoral para el Seminario Teológico de Dallas, titulada *Grace under the Mosaic Covenant* (La gracia bajo el pacto mosaico). El Dr. Woodring me enseñó mucho respecto a la investigación del Antiguo Testamento. También debo resaltar la ayuda del Dr. S. Lewis Johnson —ya en la presencia del Señor—, quien fuera uno de los expositores bíblicos más sobresalientes del siglo XX. Fue profesor de Antiguo Testamento, Nuevo Testamento y Teología Sistemática, en el Seminario Teológico de Dallas. Su fidelidad a las Sagradas Escrituras, su capacidad para comunicar el mensaje de la Biblia y su gran compasión hicieron del Dr. Johnson una ayuda incalculable en la elaboración de este comentario.

Asimismo, estoy profundamente agradecido a las muchas personas que han orado por la culminación de este proyecto. Hermanos y hermanas de diferentes países, tales como Argentina, Chile, Colombia, Ecuador, El Salvador, Estados Unidos, Honduras, México, Paraguay, República Dominicana, Venezuela y otros han sido de gran ayuda. Debo agradecer también a muchos hermanos en España, particularmente en Galicia, mi tierra, que han orado y me han apoyado con mucho amor. Gracias a los hermanos y hermanas de la Asamblea en el barrio de Lavadores, Vigo, por su apoyo espiritual.

Muchos hermanos han contribuido a hacer posible este proyecto. Muchas gracias a Josías Sánchez Ramos, por su excelente trabajo como secretario *ad honorem*. También ha sido de gran ayuda el hermano Manuel S. Pérez Millos, quien ha ayudado en la corrección del manuscrito. Mucho agradezco al Dr. Cornelio Rivera, amigo entrañable, por leer el manuscrito, ayudar con la corrección del uso del hebreo y escribir el prólogo de esta obra. La ayuda del Dr. Rivera ha sido de un valor incalculable.

Finalmente, deseo expresar mi gratitud a la Editorial Portavoz y a su director, el hermano Tito Mantilla, por su disposición a publicar y distribuir este comentario. Gracias también a Debbie Vila y a su equipo editorial por su cuidadoso y esmerado trabajo, y por toda la ayuda que aportan para hacer posible la publicación de este trabajo.

Este comentario ha sido escrito para los pastores y estudiantes de la Biblia en el mundo de habla hispana, así como para todos los que desean tener una mejor comprensión del texto de Génesis. Deseo desafiar al pueblo evangélico a la lectura, el estudio y la práctica de la revelación dada por Dios en el libro de Génesis. Me daré por satisfecho si mediante la lectura de este comentario el pueblo de Dios es edificado y animado a estudiar con más devoción la Palabra de Dios. Quiera Dios bendecir a su pueblo en estos tiempos de tantos desafíos en los que vive la humanidad. Solo la gracia soberana de Dios puede dar a su pueblo la victoria.

SOLI DEO GLORIA.

E. L. Carballosa
Barrio de las Fontinas
Cabral, Vigo, Galicia
España

Introducción

No hemos de mirar al Génesis para una cosmología científica, ni debemos ser perturbados por la crítica de los físicos con este como tal. El propósito es totalmente opuesto, y mucho más importante. Es decir, grabar profunda e indeleblemente la convicción de que el único Dios creó todas las cosas.

Alexander Maclaren

Génesis es el libro más importante de la Biblia. Es el primer libro del canon sagrado que inicia la revelación dada por Dios. Ha sido llamado: «El majestuoso portal de la augusta estructura de la Sagrada Escritura». En el Génesis encontramos el comienzo de todo, con la excepción de Dios.[1] Contiene el principio de la creación, de la vida, del hombre, del pecado, de la redención, de la nación de Israel, y del plan soberano de Dios para las edades.

Sin embargo, con la más absoluta reverencia podría decirse que el tema central del Génesis es Dios. Él es, sin duda alguna, el protagonista por excelencia de todo el libro. Todo gira alrededor de Él como el soberano y eterno Dios sobre todas las cosas.

El Génesis enseña que Dios es personal y posee inteligencia en el grado más absoluto, tiene sentimientos y voluntad soberana. El Dios del Génesis conoce de manera perfecta todas las cosas, tanto las actuales como las posibles. Está presente en la totalidad de su ser en cada momento y cada espacio del universo. Además, Él es el Todopoderoso que ha existido siempre y que ha hecho que todo exista. Dios fue el creador de todo, sin haber sido Él creado por nadie.

Génesis señala que Dios es el único ser necesario, infinito, eterno, incomparable y que solo depende de sí mismo. Él es el Dios vivo, activo, espiritual, personal y absolutamente libre. Sus propios atributos constituyen su único límite.

El libro de Génesis fue escrito después de la salida del pueblo de Israel de Egipto, y todo lo relacionado con dicho éxodo, incluyendo los juicios divinos sobre la nación de Egipto así como el cruce del Mar Rojo, fue una manifestación del poder soberano de Dios. No sería extraño que al llegar al desierto de Sinaí el pueblo se preguntase:

---

1. S. Lewis Johnson, «The Creation of the World». *Believers Bible Bulletin*, 1978.

«¿Quién es el Dios que nos sacó de Egipto?». El libro de Génesis es la respuesta a esa pregunta. Moisés, el autor humano de Génesis, responde a la pregunta del pueblo de Israel, y su respuesta es: «El Dios soberano y vivo, el único verdadero Dios es quien los sacó de la esclavitud en Egipto».

Por supuesto, el Génesis no solo trata el origen del universo y del hombre, sino que también desvela el origen de la historia de la redención.

La autoría de Génesis y la alta crítica

¿Quién escribió el libro del Génesis? Esta pregunta ha sido tema de debate desde mediados del siglo XVIII, comenzando con Jean Astruc y hasta los tiempos de Julius Wellhausen. La llamada alta crítica ha enseñado que el Génesis y todo el Pentateuco son el producto de documentos que fueron escritos antes de Moisés y que fueron utilizados por él. Wellhausen (1844-1918), graduado de la universidad alemana de Gotinga, fue quien popularizó la llamada «teoría documentaria», que enseña que hay cuatro fuentes o documentos que constituyen la base del Pentateuco: (1) El documento jehovista [J], (2) el documento elohista [E], (3) el documento deuteronomista [D] y (4) el documento sacerdotal [P].

La teoría documentaria ha sido aplicada no solo a Génesis, sino también a la totalidad del Pentateuco y al libro de Josué. Según la alta crítica, el documento jehovista data del año 850 a.C., el elohista, alrededor del año 750 a.C., el deuteronomista, del año 620 a.C., y el sacerdotal, del año 500 a.C.[2] Es decir, la alta crítica rechaza la historicidad y la unidad del libro de Génesis cuando afirma que es el resultado de diferentes fuentes que fueron unidas por un redactor de la época del exilio (550 a.C.), resultando en una sola composición.

Es posible que Moisés utilizara algún material existente en su día.[3] Eso, sin embargo, no contradice el hecho de que él y no otro fue el autor del Génesis. Moisés era un historiador y, como tal, pudo informarse de muchas cosas útiles para llevar a cabo su composición. Pero, por encima de todo, Moisés era el gran profeta de Dios y, por lo tanto, fue guiado por el Espíritu Santo al escribir el libro del Génesis y el resto del Pentateuco.

Hay quienes argumentan que no hay ninguna referencia en el texto hebreo que diga que Moisés es el autor de dicho libro.[4] Ese argumento, sin embargo, no tiene mucho peso puesto que hay muchos libros del canon que tampoco dicen quién fue su autor. Pero, como ha escrito Gleason L. Archer, Jr., quien fuera profesor de idiomas bíblicos en el Seminario Teológico Fuller:

> En cuanto a la paternidad literaria del libro [Génesis], no dice expresamente quién lo compuso. Sin embargo, y de acuerdo con la tradición, el autor fue el mismo Moisés, y una ordenanza específica, como es la obligatoriedad de la circuncisión al octavo día, que figura en Génesis 17:12 (como asimismo en Éx. 12:48 y Lv. 12:3), es mencionada en el Nuevo Testamento (Jn. 7:23) como parte de la ley de Moisés. En apoyo de esta tradición tenemos la circunstancia

---

2. Henry M. Morris, *The Genesis Record: A Scientific and Devotional Commentary on the Book of Beginnings*. Grand Rapids, Baker House, 1976, pp. 22-23.

3. Bruce K. Waltke, *Genesis: A Commentary*. Grand Rapids, Zondervan, 2001, pp. 21-28.

4. Ralph H. Elliot, *The Message of Genesis: A Theological Interpretation*. Nashville: Broadman Press, 1961, pp. 1-3.

de que precisamente la información que necesitamos para que el Éxodo sea inteligible, nos la da el libro del Génesis. Es en el Génesis donde se leen las promesas hechas a Abraham, Isaac y Jacob, promesas repetidas con mucha frecuencia en los otros libros de la Torá al verse cumplidas en los transcendentales acontecimientos del éxodo y la conquista de Canaán.[5]

Por muchos años, la alta crítica ha discutido cuál de los cuatro documentos (J, E, D, P) contiene más material reproducido en el Génesis, aunque dicho debate parece haberse calmado en años recientes. Así lo cree Gordon J. Wenham, conferenciante principal de Estudios Religiosos en el Colegio de St. Paul and Mary de Cheltenham, Inglaterra, cuando escribe:

> Una mirada fresca al Génesis procede de eruditos preocupados por reconocerlo como una obra literaria en su propio derecho. Esto forma parte de un fuerte interés en la narrativa bíblica y de su técnica que ha surgido en la última década.[6]

Sería muy provechoso y útil que la crítica reconociese el libro del Génesis sobre la base de sus méritos. Por mucho tiempo se ha negado la canonicidad y la historicidad del libro más importante de toda la Biblia y gran parte de su contenido se ha clasificado como mito o relatos ridículos.

En este comentario se presupone el origen divino del libro del Génesis, y también se acepta que Moisés fue su autor. Esta postura es avalada por el mismo Señor Jesucristo (véase Mt. 19:1-8; Lc. 24:44-49). La comunidad científica rechaza el contenido del Génesis sobre la base del racionalismo moderno. Los racionalistas rechazan la revelación divina y no creen en nada que no pueda demostrarse científicamente. El cristiano conservador, sin embargo, da preeminencia a la revelación por encima de la ciencia y reconoce la autoridad divina revelada en el libro. Génesis no es ni una obra poética ni una pieza mitológica, sino historia, y así lo respalda tanto el Antiguo como el Nuevo Testamento (véase Éx. 20:9-11; Mt. 19:4-6 y Ro. 5:12-21). Dios ha hablado a través del Génesis y su voz es clara y definitiva para todo aquel que quiera oírla. Él ha hablado como el Dios santo, omnipotente, omnisciente, omnipresente, justo, misericordioso, autor y ejecutor de un plan perfecto. Todo eso y mucho más se pone de manifiesto en el libro del Génesis.

La civilización de hoy en día vive en la era del postmodernismo. Intelectuales de renombre niegan la existencia de Dios, y lo hacen sobre la base del racionalismo humanista. Pero Dios es real y se ha revelado mediante el universo que ha creado y también lo ha hecho mediante su Palabra. Su revelación escrita comienza con el libro de Génesis. El objeto de este trabajo es exaltar al Dios que se ha revelado maravillosamente en el Génesis.

---

5. Gleason L. Archer Jr., *Reseña crítica de una introducción al Antiguo Testamento*. Grand Rapids, Portavoz, 1987, p. 197.

6. Gordon J. Wenham, «Genesis 1-15». *Word Biblical Commentary*. Nashville, Thomas Nelson, 1987, p. 33.

LA HISTORIA PRIMITIVA (más remota) (1:1—11:26)

El establecimiento de la historia de la salvación

1

La historia del universo (1:1—2:3): La creación del cosmos ex nihilo (de la nada)

En el principio creó Dios los cielos y la tierra. Y la tierra estaba desordenada y vacía, y las tinieblas estaban sobre la faz del abismo, y el Espíritu de Dios se movía sobre la faz de las aguas. Y dijo Dios: Sea la luz; y fue la luz (Gn. 1:1-3).

Génesis comienza con una afirmación terminante y al mismo tiempo elegante; y aunque parece sencilla es de una enorme profundidad: «En el principio creó Dios los cielos y la tierra» (1:1). La afirmación es enfática y no deja entrever ni la menor sospecha de duda.

Se han sugerido varias maneras de traducir el texto hebreo de este versículo. Por ejemplo: «Al principio creó Dios los cielos y la tierra» (*Sagrada Biblia*). «Dios, en el principio, creó los cielos y la tierra» (NVI). «En el comienzo de todo, Dios creó el cielo y la tierra» (DHH). La traducción de RVR-60 se ajusta perfectamente al texto masorético del Antiguo Testamento. La afirmación es clara y contundente: «En el principio», un ser denominado *elojim* trajo a la existencia «los cielos y la tierra».

Los versículos siguientes (1:2-3) dan lugar a algunas preguntas: ¿Cómo se relaciona Génesis 1:1 con 1:2-3? ¿Es Génesis 1:1 una cláusula subordinada o una cláusula independiente? Si Génesis 1:1 fuese una cláusula subordinada, la traducción sería: «Cuando Dios comenzó a crear los cielos y la tierra». Algunos traductores sugieren que el versículo 2 y quizá el 3 funcionan como la conclusión de la oración. De ser así, los versículos se expresarían de la siguiente manera: «Cuando Dios comenzó a crear los cielos y la tierra, la tierra estaba amorfa y vacía». Si el versículo 3 es la conclusión,

24

la lectura sería: «Cuando Dios comenzó a crear los cielos y la tierra, es decir, cuando la tierra estaba amorfa y vacía, las tinieblas estaban sobre la superficie del abismo, y el Espíritu de Dios dijo: sea la luz» (Gn. 1:2-3). Aunque gramaticalmente es posible traducir esos versículos como se ha expresado anteriormente, debe decirse que esas traducciones son contrarias a la puntuación del texto hebreo tradicional, pues el texto hebreo acepta la frase «en el principio creó Dios...», pero se resiste a la traducción «cuando Dios comenzó a crear...».

S. Lewis Johnson, quien fuera profesor de Antiguo y Nuevo Testamento en el Seminario Teológico de Dallas, ha expresado:

> Parece mejor, por lo tanto, tomar la interpretación tradicional. El versículo uno es una cláusula independiente que debe traducirse: «En el principio Dios creó los cielos y la tierra». El versículo dos es un complemento circunstancial y puede traducirse «ahora» («y») la tierra estaba amorfa y vacía...» lo cual es una ampliación de la declaración del versículo uno.[1]

Otro experto en el idioma hebreo ha escrito así:

> La audaz declaración del versículo 1, que sintetiza toda la narrativa, invita al lector al relato. Su afirmación e invitación es que en el principio Dios completó perfectamente la totalidad del cosmos. «Principio» se refiere a la totalidad de lo creado, los seis días de creación, no algo anterior a los seis días ni una parte del primer día. Aunque algunos han argumentado que 1:1 funciona simplemente como el primer hecho de la creación, en vez de un resumen del relato total, la gramática hace que esa interpretación sea improbable.[2]

El vocablo «principio» *(reshit)* usado en Génesis 1:1 aparece 51 veces en el Antiguo Testamento (véase Jer. 26:1; 27:1; 28:1; 49:34). Pero su uso en Génesis 1:1, al igual que en Isaías 46:9-10, señala un uso particular de dicho sustantivo puesto que se trata de declarar el acto divino de la creación. Es, por lo tanto, preferible seguir la interpretación tradicional que otorga a *bereshit* («en el principio») la función de una frase preposicional independiente. La interpretación correcta de *reshit* puede deducirse de las otras veces que dicha expresión aparece en el Antiguo Testamento y de los testimonios de las versiones antiguas. El Nuevo Testamento (Jn. 1:1) sigue la Septuaginta exactamente en su lectura de Génesis 1:1, tal como aparece en la primera frase del Antiguo Testamento. El uso del sustantivo *reshit* acompañado de la preposición proclítica «be» (en) señala al primerísimo acto divino de la creación del universo. Como ya se ha señalado, dicha frase preposicional podría tomarse gramaticalmente como una cláusula subordinada pero, como admite el teólogo alemán Gerhard von Rad, «desde el punto de vista teológico»[3] el enunciado del versículo 1 («en el principio») apoya la creación *ex nihilo*.

La frase preposicional «en el principio» se refiere al comienzo absoluto de las cosas creadas, verdad esta que es apoyada por otros pasajes de las Escrituras: «Acordaos de

---

1. S. Lewis Johnson, Jr., «Genesis». *Believers Bible Bulletin* (24 de septiembre, 1978).

2. Bruce K. Waltke, *Genesis a Commentary.* (Grand Rapids: Zondervan 2001), p. 58.

3. Gerhard von Rad, *El libro del Génesis* (Salamanca: Ediciones Sígueme, 2008), pp. 57-58.

las cosas pasadas desde los tiempos antiguos; porque yo soy Dios, y no hay otro Dios, y nada hay semejante a mí, que anuncio lo por venir desde el principio, y desde la antigüedad lo que aún no era hecho; que digo: Mi consejo permanecerá, y haré todo lo que quiero» (Is. 46:9-10). «Por la palabra de Jehová fueron hechos los cielos, y todo el ejército de ellos por el aliento de su boca… Porque él dijo, y fue hecho; él mandó, y existió» (Sal. 33:6, 9). «Por la fe entendemos haber sido constituido el universo por la palabra de Dios, de modo que lo que se ve fue hecho de lo que no se veía» (He. 11:3). «Todas las cosas por él fueron hechas, y sin él nada de lo que ha sido hecho, fue hecho» (Jn. 1:3).

Antes de «el principio» de Génesis 1:1, solo existía Dios. La ausencia del artículo delante de *bereshit* no da lugar a que dicho sustantivo tenga que tomarse como un genitivo y, por lo tanto, deba traducirse «en el principio de la acción creadora de Dios». Evidentemente, con esa frase el autor del Génesis no intenta aclarar cuándo o cómo se realizó el acto de la creación sino que solo afirma que todo lo que existe es el resultado de la omnipotente mano de Dios.[4]

John H. Sailhamer, profesor de Antiguo Testamento del *Trinity Evangelical Divinity School*, ha escrito lo siguiente:

> El relato [de Génesis] comienza con una declaración diáfana y concisa acerca del Creador y de la creación. Su simplicidad esconde la profundidad de su contenido. Esas siete palabras [en hebreo] son el fundamento de todo lo que sigue en la Biblia. El propósito de la afirmación es triple: identificar al Creador, explicar el origen del mundo y unir la obra de Dios en el pasado con la obra de Dios en el futuro.[5]

El registro bíblico deja bien claro que Dios es el creador de todas las cosas. Todo fue creado por Él con la excepción de sí mismo. Él creó todo «en el principio» y lo hizo *ex nihilo*, es decir, de la nada. El cosmos no es una emanación de Dios; tampoco es una extensión de Dios. Dios es infinito, existe «de eternidad a eternidad» y es totalmente independiente de su creación. El universo no es Dios. Por ser finita la creación misma no es eterna. «Dios menos el mundo todavía es Dios».[6]

Es sorprendentemente maravilloso que el Dios eterno, de su propia voluntad, haya manifestado su gloria de tal manera que todo ser viviente pueda verla. Dios se ha autorrevelado mediante su creación: «Los cielos cuentan la gloria de Dios, y el firmamento anuncia la obra de sus manos» (Sal. 19:1). «Porque lo que de Dios se conoce les es manifiesto, pues Dios se lo manifestó» (Ro. 1:19). No hay otro ser igual a Dios. Él es único y es el originador de todas las cosas. Lo hizo de sí mismo y por sí mismo. Lo hizo, además, para su gloria, y su gloria es lo más excelso y sublime que alguien pudiese imaginar.

«Creó Dios». El verbo «creó» *(bara)* se usa en el Antiguo Testamento exclusivamente con referencia al acto creador de Dios, aunque hay otros verbos que denotan la

---

4. Eugene H. Merrill, *Everlasting Dominion: A Theology of the Old Testament* (Nashville: B&B Publishing Group, 2006), p. 39.

5. John H. Sailhamer, «Genesis», *The Expositor's Bible Commentary*, vol. 2 (Frank E. Gaebelein, ed. gen.) (Grand Rapids: Zondervan Publishing House, 1990), pp. 19-20.

6. Thomas C. Oden, *The Living God: Systematic Theology,* vol. 1 (Peabody: Prince Press, 1998), pp. 231-232.

actividad de Dios al traer a la existencia la creación.[7] Aunque dicho verbo no implica que Dios creó el universo *ex nihilo*, sí apoya que hubo un absoluto comienzo del universo como resultado de un acto del Dios soberano ya que[8] «por la palabra de Jehová fueron hechos los cielos, y todo el ejército de ellos por el aliento de su boca... Porque él dijo, y fue hecho, él mandó, y existió» (Sal. 33:6, 9). No es exagerado interpretar el texto bíblico en su manera llana y decir que Dios no usó materia que previamente existía para crear el cosmos. Este punto de vista es apoyado por el autor de la Epístola a los Hebreos: «Por la fe entendemos haber sido constituido el universo por la palabra de Dios, de modo que lo que se ve fue hecho de lo que no se veía» (He. 11:3). Otra versión traduce el versículo más claramente: «Por [la] fe comprendemos que los mundos quedaron organizados por la palabra de Dios, de forma que no ha sido hecho a partir de cosas visibles lo que se ve» (*Sagrada Biblia*). Allen P. Ross, que fue profesor de Antiguo Testamento en el Seminario Teológico de Dallas y actualmente en *Beeson Divinity School*, dice: «*Bara* resume la obra de Dios al producir lo que seres humanos nunca producen o piensan en producir... *Bara* también se usa para descubrir el acto de Dios al producir las fuerzas de la naturaleza... Las Escrituras igualmente enfatizan que la humanidad es exclusivamente el producto del acto creador de Dios».[9]

Resumiendo: hay otros verbos en el idioma hebreo que transmiten la idea de «hacer», «formar», «forjar», pero evidentemente *bara* es el que mejor expresa la idea de una creación absoluta tal como solo Dios es capaz de hacer. Aunque *bara* no expresa en sí que la creación descrita en Génesis 1 fue *ex nihilo*, el contexto apoya dicha idea. Además, otros pasajes relacionados con la creación como Salmos 33:3-9, Hebreos 11:3 y Juan 1:3 enfatizan el hecho de que la creación fue realizada por un acto sobrenatural de Dios.[10] Fue un acto instantáneo y producto del poder y la infinita sabiduría del único Dios vivo y verdadero. El terso relato de Génesis no guarda relación alguna con los relatos mitológicos de los babilonios ni con las leyendas de los pueblos cananeos. Moisés escribió bajo la supervisión del Espíritu Santo la revelación que Dios le dio para que el hombre supiese cuál es el verdadero origen del universo y del hombre mismo.

«Dios» *(elojím)*. Este sustantivo aparece 2.570 veces en el Antiguo Testamento. Gramaticalmente es un vocablo plural, pero su función es tanto singular como plural. A veces, dicho término se usa para designar a los jueces (véase Sal. 82:6) pero, como se ha indicado, *elojím* se usa con el sentido general de deidad unas 2.570 veces en el Antiguo Testamento. «Cuando se refiere al verdadero Dios, *elojím* funciona como el sujeto de toda actividad divina revelada al hombre y como el objeto de toda verdadera reverencia y temor de los hombres. Con frecuencia, *elojím* va acompañado del nombre personal de Dios, *Yejová* (Gn. 2:4-5; Éx. 34:23; Sal. 68:20)».[11]

Muchas veces el sustantivo *elojím* va junto con palabras descriptivas que funcionan

---

7. Bruce K. Waltke, *Génesis: A Commentary*, pp. 58, 59.

8. Cuando «*bara*» aparece en la forma Qal se usa exclusivamente de la actividad divina, es decir, el sujeto del verbo es siempre Dios, no el hombre (véase Edward J. Young, *Studies in Genesis One*, [Philadelphia: Presbyterian and Reformed Pub. Co., 1964], p. 6).

9. Allen P. Ross, *Creation & Blessing: A Guide to the Study and Exposition of Genesis* (Grand Rapids: Baker Book House, 1988), pp. 725-726.

10. John Calvin, *Genesis* (Edinburgh: The Banner of Truth Trust, 2000), p. 70.

11. R. Laird Harris, *et al.*, *Theological Wordbook of the Old Testament* (Chicago: Moody Press, 1980), p. 44.

como títulos por medio de los cuales el pueblo identificaba a Dios. El vocablo favorito usado por el pueblo de Dios era *elojím*, y en el Antiguo Testamento se usa en tres categorías. En primer lugar, expresa la obra de Dios en la creación (Is. 45:18). En segundo lugar, enfatiza el título de Dios como soberano sobre todas las cosas (Is. 54:5; 37:16). Por último, *elojím* es el Dios que guarda intimidad con su pueblo (véase Gn. 48:15; Sal. 42:2).[12]

El poder y la majestad de *elojím* se compara muchas veces en el Antiguo Testamento con la fragilidad y la pequeñez del hombre: «Dios (*elojím*) no es hombre, para que mienta, ni hijo de hombre para que se arrepienta. Él dijo, ¿y no hará? Habló, ¿y no lo ejecutará?» (Nm. 23:19). *Elojím* habla del Dios omnipotente e incomparable que está por encima de todo y de todos. Como lo expresa el teólogo Thomas C. Oden, de manera sucinta: «*elóaj* y *elojím* son vocablos afines que se refieren a ese inconmensurable Todopoderoso cuya asombrosa presencia instantáneamente inspira admiración reverencial. *Elojím* (vocablo plural) sugiere la plenitud de la gloria de todo el poder de la divina naturaleza. Cuando *Yejová* se une a *'El*, como en el Señor Dios, *Elojím* es el nombre genérico de Dios y *Yejová* es el nombre propio o personal».[13] Cuando *elojím* se usa en singular significa la única y suprema deidad. Tal como lo indica Génesis 1:1, la singularidad de *elojím* se manifiesta en el hecho de que Él es el creador de todo lo que existe y que lo hizo por la Palabra de su poder. «Ciertamente en este versículo [Gn. 1:1] *elojím* es más apropiado que el vocablo *Yejová* (el Señor). Implica que Dios es el soberano creador de todo el universo, no solamente el Dios personal de Israel».[14]

Las palabras del salmista expresan elocuentemente la diferencia entre Dios y los ídolos de las naciones:

> Nuestro Dios [*elojím*] está en los cielos; todo lo que quiso ha hecho. Los ídolos de ellos son plata y oro, obra de manos de hombres. Tienen boca, mas no hablan; tienen ojos mas no ven; orejas tienen, mas no oyen; tienen narices, mas no huelen; manos tienen, mas no palpan; tienen pies, mas no andan; no hablan con su garganta. Semejantes a ellos son los que los hacen, y cualquiera que confía en ellos (Sal. 115:3-8).

El Dios del Génesis y del resto de las Sagradas Escrituras es un Dios vivo y activo (en contraste con los ídolos de las naciones): «Mas Jehová es el Dios verdadero; él es Dios vivo y Rey eterno; a su ira tiembla la tierra, y las naciones no pueden sufrir su indignación» (Jer. 10:10). Los ídolos de las naciones no tienen vida. La vida de Dios es eterna. Él tiene vida en sí mismo. Su vida es propia, no se deriva de ningún otro ser. Su vida es constante, ni aumenta ni disminuye.

Génesis 1:1 refuta seis herejías: (1) Refuta el ateísmo. Afirma la existencia de Dios. (2) Refuta el politeísmo. El texto dice que «Dios creó». El verbo «crear» está en tercera persona singular. La Biblia solo reconoce a un solo y único Dios vivo y verdadero (Is. 43:10-11). (3) Refuta el materialismo pragmático, que sostiene que la materia es eterna, es decir, que siempre ha existido. Génesis 1:1 afirma que Dios creó todas las cosas, incluyendo el mundo material. Dios trajo a la existencia la materia

---

12. *Ibíd.*, p. 44.

13. Thomas C. Oden, *The Living God: Systematic Theology*, vol. 1 (Peabody: Prince Press, 1998), p. 33.

14. Gordon J. Wenham, «Genesis 1-15», *Word Biblical Commentary* (Nashville: Thomas Nelson, 1989), p. 35.

mediante «la palabra de su poder» sin usar ningún material existente. Los teólogos usan la expresión latina *ex nihilo*, es decir, de la nada. (4) Refuta el panteísmo, que es la creencia que iguala a Dios con la creación. Dios siempre ha existido, pero la creación tuvo un comienzo. (5) Refuta el naturalismo. Génesis 1:1 enseña que el universo tuvo un comienzo sobrenatural, es decir, milagroso. Los teólogos usan el vocablo *fiat* que significa «hágase ya». El universo no es producto de millones de años de evolución sino el resultado del mandato del Dios Omnipotente. (6) Refuta la incredulidad del racionalismo acerca de la existencia de la revelación sobrenatural. El relato bíblico de la creación es totalmente diferente de la mitología pagana. El autor de Génesis, Moisés, escribió guiado por el Espíritu Santo la verdad respecto al ser Todopoderoso que creó todas las cosas.[15] La creación del cosmos no fue obra de ídolos mudos ni producto de una gran explosión ocurrida fortuitamente hace miles de millones de años. El universo existe porque fue sabiamente diseñado por el único Dios vivo y verdadero, infinitamente sabio, todopoderoso e incomparable en gloria. Solo un ser con esas características pudo haber hecho una obra semejante.

El Dios creador del universo, al que Moisés llama *Elojím*, es santo. «La santidad de Dios significa que Él está separado del pecado y consagrado a la búsqueda de su propio honor»[16]. Todos los atributos de Dios están sobrevestidos de su santidad. Decir que Dios es santo equivale a decir que es perfecto en su bondad y en todas las actividades que emprende. La santidad de Dios es la plenitud de su excelencia moral intrínseca en el carácter divino. Los dioses paganos estaban totalmente vacíos de santidad y eran celosos, envidiosos y se mataban unos a otros.[17]

La santidad de Dios tiene que ver con el hecho de que en Él no hay ni la más leve sombra de defecto. En Él no hay tinieblas (1 Jn. 1:5). Él es «santo, santo, santo» (Is. 6:3). «¿Quién como tú, oh Jehová, entre los dioses? ¿Quién como tú, magnífico en santidad, terrible en maravillosas hazañas, hacedor de prodigios?» (Éx. 15:11). La santidad personal de Dios también incluye a sus obras. Todo lo que Dios hace «es bueno». Aun cuando Él es el diseñador y autor de un plan que incluye el mal, Dios no es el autor del mal; Dios permite el mal en el cosmos, pero Él tiene un propósito para hacerlo. Mediante la revelación escrita de Dios, puede entenderse que Dios permite la entrada del mal en el mundo para, a la postre, destruirlo totalmente.

Además de ser santo, Dios es soberano y posee autoridad suprema e independiente. El creador de algo es dueño de lo que ha creado y, como dueño, es soberano. En el Génesis, la característica de Dios, que sobresale por encima de las demás, es su soberanía. Soberanamente, Dios crea los cielos y la tierra, el tiempo, la historia, el hombre y toda la vida animal y vegetal de la tierra. El salmista dice: «De Jehová es la tierra y su plenitud; el mundo, y los que en él habitan. Porque él la fundó sobre los mares, y la afirmó sobre los ríos» (Sal. 24:1-2). Como creador y dueño de la creación, Dios ejerce su autoridad y gobierno sobre todo el cosmos. Satanás, el enemigo de Dios, influye en el mundo, pero solo Dios gobierna y controla todas las cosas. Satanás solo hace lo que Dios soberanamente le permite. Génesis presenta un estupendo cuadro de la absoluta

---

15. John J. Davis, *Paradise to Prison: Studies in Genesis* (Grand Rapids: Baker Book House, 1983), p. 42.

16. Wayne Grudem, *Systematic Theology: An Introduction to Biblical Doctrine* (Grand Rapids: Zondervan Publishing House, 1994), p. 201.

17. Eugene H. Merrill, *Everlasting Dominion*, p. 132.

soberanía de Dios sobre todo lo que ha creado. Nada se escapa de su control ni de su conocimiento.

El Dios de la creación es santo y soberano, pero también es misericordioso, lleno de gracia y justo. Su misericordia se demuestra cuando fue en busca del hombre que había pecado: «Mas Jehová Dios llamó al hombre, y le dijo: ¿Dónde estás tú?» (Gn. 3:9). Su gracia se revela cuando «Jehová Dios hizo al hombre y a su mujer túnicas de pieles y los vistió» (Gn. 3:21). También Dios mostró su justicia cuando condenó a Caín por haber matado a su hermano Abel (Gn. 4:9-13). A través de todo el Génesis, Dios pone de manifiesto su soberanía, su santidad, su misericordia y su justicia. Él es el Dios incomparable, diferente de su creación y de los ídolos inventados por la imaginación de los hombres.

La adoración al Dios soberano

El Dios de Génesis es el soberano absoluto de la creación y es el único digno de ser adorado por todas sus criaturas. Adorarle significa rendirle honor y tributo por ser Él quien es. Dios debe ser adorado «en espíritu y en verdad» (Jn. 4:24), adoración que debe ser singular pues solo Él deber ser adorado. Adorar a Dios «es la actividad de glorificarle en su presencia con nuestras voces y corazones»[18]. Dios es incomparable y único; Él es el primero y el último, el que fundó la tierra y extendió los cielos (Is. 48:11-13).

Génesis se centra en el Dios Todopoderoso que crea no solo el universo sino también al hombre para que sea su mayordomo y glorifique a su Creador. El hombre, sin embargo, decide desobedecer al Dios soberano y esa desobediencia resulta en consecuencias terribles para toda la humanidad. Génesis muestra que el plan eterno de Dios incluye la redención de pecadores, plan que se desarrolla mediante el propósito selectivo de Dios y que culmina con la venida del Mesías a la tierra para redimir a los descendientes de Adán. Dios debe ser adorado y glorificado por la ejecución de su plan perfecto y soberano.

> *Y la tierra estaba desordenada y vacía, y las tinieblas estaban sobre la faz del abismo, y el Espíritu de Dios se movía sobre la faz de las aguas* (Gn. 1:2).

La relación entre Génesis 1:1 y Génesis 1:2 ha sido tema de controversia por largos años entre intérpretes y comentaristas. Como se ha sugerido anteriormente, es mejor adoptar la postura tradicional, que entiende que Génesis 1:1 es una cláusula independiente que debe ser traducida: «En el principio creó Dios los cielos y la tierra». El versículo 2 es, por lo tanto, una ampliación de la declaración del versículo 1.

La teoría de la brecha o del espacio vacío

Esta teoría es conocida también como la «teoría de la ruina y reconstrucción» y como la «teoría del cataclismo». Fue propuesta por el teólogo escocés Thomas Chalmers en 1814 y posteriormente fue adoptada por hombres como C. I. Scofield, editor de la Biblia anotada que lleva su nombre, Donald Grey Barnhouse, famoso pastor presbiteriano de Filadelfia, y también por George H. Pember, autor de la obra *Earth's Earliest Ages* [Las eras tempranas de la tierra].

---

18. Wayne Grudem, *Systematic Theology*, p. 1003.

En su forma actual, la llamada «teoría de la ruina y reconstrucción» afirma que en el pasado remoto Dios creó un universo perfecto. La tierra estaba habitada por una raza preadámica gobernada por Satanás, quien habitaba en el huerto del Edén. John J. Davis, profesor de Antiguo Testamento en el *Grace Theological Seminary*, ha escrito lo siguiente para explicar la postura de la teoría de la brecha:

> Satanás deseaba hacerse como Dios y a la postre se rebeló (Is. 14). Así entró el pecado en el universo, y el juicio de Dios vino primero en la forma de un gran diluvio y luego, cuando la luz y el calor del sol terminaron, [vino] una era glacial universal. Toda planta, animal y fósiles humanos datan de este gran diluvio y no están genéticamente relacionados con las plantas, animales y seres humanos de la tierra de hoy.[19]

Quienes sostienen la «teoría de la ruina y reconstrucción» creen que Génesis 1:1 describe la creación de un universo perfecto, incluyendo una tierra perfecta que estaba poblada de plantas y animales y, según algunos expositores de dicha teoría, también estaba poblada por una raza de hombres preadámicos. Fue en ese estado cuando sucedió la rebelión de Lucifer en contra de Dios y el resultado fue el juicio de Dios que produjo una catástrofe terrible que algunos han llamado «el diluvio de Lucifer».[20] El juicio ocurrido produjo un caos en la creación original. Génesis 1:2 describe lo que sucedió a raíz de ese juicio.

Los que enseñan la teoría del cataclismo creen que la catástrofe fue causada por la entrada del pecado en las huestes angélicas regidas por Satanás. El lado positivo de esta teoría y, quizá, su propósito original es que ofrece una solución a las dificultades entre la geología y la Biblia. Esta teoría permite aceptar la postura de que la tierra tiene millones de años de antigüedad. Hay quienes afirman que el universo tiene miles de millones de años o que ha existido por una eternidad de tiempo.[21] Pero esa es precisamente su mayor debilidad, porque la Biblia enseña que hubo una sola creación original. La revelación divina no apoya que haya habido un cataclismo que trastornase la creación descrita en Génesis 1. Como ha escrito Henry M. Morris, que ejerció como director del *Institute for Creation Research*:

> La teoría de la brecha no solo es imposible científicamente sino también teológicamente destructiva. Al aceptar el sistema de edades geológicas, el estudioso de la Biblia acepta también el testimonio de los fósiles que identifica esas «edades». Los fósiles, sin embargo, son cosas muertas. Hablan claramente de un mundo en el que sufrimiento, enfermedad y muerte (con frecuencia violenta y generalizada) eran realidades universales. Hablan de un mundo muy parecido a nuestro mundo, un mundo que contiene tiburones y medusas, libélulas y cucarachas, tortugas y cocodrilos, murciélagos y castores

---

19. John J. Davis, *Paradise to Prison: Studies in Genesis* (Grand Rapids: Baker Book House, 1975), p. 43.

20. Weston W. Fields, *Unformed and Unfilled: A Critique of the Gap Theory* (Collinsville, IL: Burgener Enterprises, 1976), p. 7.

21. John C. Whitcomb, Jr. y Henry M. Morris, *El diluvio del Génesis* (Terrassa: Editorial Clie, 1982), pp. 391-392.

así como dinosaurios y gliptodontes y otros animales ya extintos. Pero ese mundo, «el mundo de entonces», pereció (2 P. 3:6). Si ese mundo existió antes que el supuesto cataclismo preadámico, entonces existió antes del pecado de Satanás que produjo ese cataclismo. Es decir, el sufrimiento y la muerte existieron durante miles de millones de años antes del pecado de Satanás y el subsiguiente pecado de Adán.[22]

Como ya se ha señalado, quienes sostienen la teoría de la existencia de una «brecha» entre Génesis 1:1 y 1:2 lo hacen con el propósito de armonizar la enseñanza bíblica con las conclusiones de la ciencia respecto de la edad del universo. Uno de los peligros de esta teoría es su base en el uniformismo geológico, cuyos postulados se atribuyen a James Hutton (1726-1797) en su obra «Teoría de la tierra» y a Sir Charles Lyell (1797-1875) en su libro «Principios de geología», publicado entre los años 1830-1833. Ambos científicos influyeron grandemente en Charles Darwin, quien publicó su famosa obra «El origen de las especies» en el año 1859. La teoría uniformista afirma que «procesos geológicos y leyes naturales, que operan en la actualidad para modificar la corteza terrestre, han actuado de la misma manera regular, y esencialmente con la misma intensidad a lo largo del tiempo geológico, y que hechos geológicos del pasado pueden ser explicados por fenómenos y fuerzas observables hoy». El uniformismo sostiene que el presente es la clave del pasado.

Otro problema que produce la aceptación de «la teoría de la brecha» es que debilita el concepto de la revelación divina. Toda postura teológica que ponga en duda la inspiración plenaria y verbal de las Escrituras debe ser rechazada por los que creen en la Biblia. Toda exégesis que ignore la gramática de la Biblia debe ser rebatida por quienes aceptan la plena inspiración de las Sagradas Escrituras.

Los proponentes de la teoría de la brecha o del cataclismo usan los siguientes argumentos para apoyar su postura:

1. Cambian la traducción del verbo «estaba» en Génesis 1:2 y la traducen «se volvió», sugiriendo así un cambio de un estado de perfección a uno de juicio y destrucción. Pero la forma del verbo «ser» [*jayetá*] que aquí aparece, se traduce «estaba» o «era». Dicho verbo aparece varios cientos de veces y casi siempre se traduce «estaba» o «era». De las centenares de veces que se usa en el Pentateuco, solo en seis ocasiones el contexto requiere que se traduzca «se volvió» (véase Gn. 3:22; 19:26; 21:20; Éx. 7:19; 8:17; 9:10). En ninguno de esos casos, sin embargo, la conjunción *vau* disyuntiva va unida a un sustantivo que precede al verbo, como es el caso en Génesis 1:2.[23] Es importante observar que en las seis excepciones mencionadas hay un cambio de «estado» no un cambio de «condición». El profesor Charles R. Smith lo expresa así:

   Hay dos tipos de cláusulas en hebreo. Una es una cláusula verbal, la otra es una cláusula nominal. Una cláusula nominal es aquella con un

---

22. Henry M. Morris, *The Genesis Record* (Grand Rapids: Baker House, 1976), p. 47.
23. Charles R. Smith, *Is There a Gap Between Genesis 1:1 and 1:2* (artículo inédito, 27 de junio, 1966), pp. 22-23.

sustantivo como sujeto y una forma del verbo «ser», ya sea expresado o tácito, como verbo. Génesis 1:2 es ese tipo de cláusula. El uso normal es expresar un «estado» [o condición] sin ninguna acción verbal.[24]

2. El segundo argumento de la teoría del cataclismo se basa en la frase «desordenada y vacía». Dicen los que sustentan esta proposición que dicha frase es inapropiada para una creación divina. Afirman, además, que la creación de un caos es igual que nada. A eso añaden que la expresión «desordenada y vacía» aparece en dos pasajes donde se habla de juicio divino (véase Is. 24:3 y Jer. 4:23). Aunque este argumento parece convincente, no toma en cuenta que la frase se usa en otros pasajes donde no connota mal (véase Job 26:7; Dt. 32:10; Job 6:18; 12:24; Sal. 107:40). Los que abogan a favor de la teoría del cataclismo también apelan a Isaías 45:18, pero el mencionado texto no apoya «la teoría de la brecha» porque, como puede observarse, dicho versículo tiene que ver con el «propósito» de la creación y no con el «estado» de la misma.

   La expresión «desordenada y vacía» [*tóju bojú*] es una locución o expresión poética cuyo significado solo puede determinarse por el contexto. La idea de «desordenada» implica «no apta» para ser habitada. En el contexto de Génesis 1:2, dicho vocablo podría traducirse «amorfa». Es mediante la acción creadora de Dios que la tierra es hecha un lugar apto para ser habitado. La locución «desordenada y vacía» [*tóju bojú*] señala el estado primitivo de la tierra, es decir, la condición original en la cual fue creada o el estado en que se hallaba antes de ser preparada para que el hombre la habitase.[25]

3. Los defensores de la teoría del cataclismo dicen que el vocablo «tinieblas» siempre representa pecado y juicio y, por lo tanto, puesto que Dios no dijo que las tinieblas eran buenas, tal como lo hizo respecto de la luz (véase Gn. 1:4), debe asumirse que la creación original fue hecha en la luz y que las tinieblas son el resultado del juicio del pecado. Aunque ese argumento parece tener sentido, debe tenerse en cuenta que no siempre las tinieblas son símbolo del pecado en la Biblia. Salmos 104:19-24 señala lo contrario. Además, la Escritura dice que Dios creó todas las cosas, incluyendo la «noche» y la «mañana». El texto bíblico dice: «Y vio Dios todo lo que había hecho, y he aquí que era bueno en gran manera» (Gn. 1:31). Las «tinieblas» de Génesis 1:2 forman parte de lo que Dios había hecho y que Él mismo declara «bueno en gran manera».

Finalmente, debe tenerse en cuenta que el autor de Génesis, Moisés, escribió en Éxodo 20:11: «Porque en seis días hizo Jehová los cielos y la tierra, el mar, y todas las cosas que en ellos hay, y reposó en el séptimo día; por tanto, Jehová bendijo el día de reposo y lo santificó». Este versículo no deja espacio alguno para una supuesta «brecha». El texto dice bien claro que Dios completó la creación en seis días y que no hubo ningún cataclismo entre Génesis 1:1 y 1:2. Génesis 1:1 es una cláusula independiente y Génesis 1:2 es un complemento circunstancial que describe la condición de la tierra cuando fue creada por el poder soberano de *Elojím*. Las cláusulas que componen el

---

24. *Ibíd.* p. 24.
25. Weston W. Fields, *Unformed and Unfilled,* pp. 113-115.

versículo dan detalles adicionales acerca de la creación. La primera cláusula dice que la tierra estaba en un estado «amorfo» o «vacío» que necesitaba recibir «forma», es decir, ser ordenada y llenada de manera progresiva. Eso fue lo que *Elojím* hizo en cinco días literales, antes de crear al hombre y colocarlo como su mayordomo en la tierra.

...y las tinieblas estaban sobre la faz del abismo (1:2b).

Además de estar «desordenada y vacía», es decir, no apta para ser habitada, la tierra estaba cubierta de tinieblas como parte de la creación original. La presencia de las tinieblas, evidentemente, no es una contradicción. La Escritura registra así las palabras de Dios:

> Yo soy Jehová, y ninguno más hay; no hay Dios fuera de mí. Yo te ceñiré, aunque tú no me conociste, para que se sepa desde el nacimiento del sol, y hasta donde se pone, que no hay más que yo; yo Jehová, y ninguno más que yo, que formo la luz y creo las tinieblas, que hago la paz y creo la adversidad. Yo Jehová soy el que hago todo esto (Is. 45:5-7).

Las tinieblas son la ausencia de luz y hasta que la luz fue creada, la materia amorfa, es decir, la tierra, estaba envuelta en total oscuridad.[26] Esas tinieblas que envolvían la tierra formaban parte del plan original de Dios en la creación.[27] El texto dice que las tinieblas cubrían o envolvían «la faz del abismo».

Allen P. Ross, quien fuera profesor de Antiguo Testamento y Hebreo en el Seminario Teológico de Dallas, ha escrito lo siguiente:

> Este término [*tejóm*=«abismo»] se refiere a la profundidad salobre, el océano, y de ese modo figuradamente al abismo. Los estudiantes de mitología comparada con frecuencia asocian dicho vocablo con el término acadio *Tiamat,* una diosa identificada con el mar salado. En la cultura de esa mitología oriental, Apsu, el agua fresca, es la contraparte masculina de Tiamat en el panteón. En Génesis, sin embargo, el «abismo» no es aludido en términos mitológicos: simplemente es el océano primitivo y no una diosa en rebelión.[28]

El vocablo *tejóm* se usa treinta y seis veces en el Antiguo Testamento y frecuentemente significa «aguas profundas» o «abismos» (véase Éx. 15:8). Algunos expositores han intentado asociar *tejóm* con la diosa babilónica Tiamat. La mitología babilónica relata que Marduk, el gran dios de su panteón, mató a Tiamat y usó su esqueleto para formar el cielo y la tierra.[29] El relato bíblico, sin embargo, no da ningún crédito a la mi-

---

26. Umberto Cassuto, *A Commentary on the Book of Genesis, Part One,* (Skokie, IL: Varda Books, 2005), pp. 23-24.

27. John C. Whitcomb, Jr. *The Book of Genesis* (Winona Lake: Grace Theological Seminary), notas inéditas, p. 3.

28. Allen P. Ross, *Creation & Blessing: A Guide to the Study and Exposition of Genesis* (Grand Rapids: Baker Book House, 1988), p. 107.

29. Para una descripción de la grotesca lucha de los dioses del panteón babilónico, véase S. H. Hooke, *Babylonian and Assyrian Religion* (Norman, OK.: University of Oklahoma Press, 1963), pp. 60-68.

tología babilónica. «No existe ni el más leve indicio en el texto bíblico que el «abismo» fuese un poder independiente de Dios, ni que Él tuviese que combatir para controlarlo. Más bien es parte de su creación que hace su voluntad (véase Sal. 104:6; Pr. 8:27-28)».[30]

Umberto Cassuto, profesor de la Universidad Hebrea de Jerusalén, dice lo siguiente:

> En el Pentateuco, *tejóm* denota simplemente el océano universal primitivo, un concepto puramente físico. Es materia y no tiene ninguna personalidad ni autonomía; no ha existido desde tiempo inmemorial, sino que fue creado por la voluntad de Dios, y estaba listo para recibir cualquier forma que al Creador le placiese darle.[31]

Quienes intentan asociar *tejóm* con el personaje mitológico babilónico Tiamat lo hacen sobre la base de mera especulación. La existencia de una similitud en ambos vocablos no es motivo suficiente para afirmar que el relato bíblico se origina en fuentes babilónicas. La postura conservadora adoptada en este comentario sostiene que Moisés, el autor de Génesis, escribió bajo la supervisión del Espíritu Santo, sin necesidad de apelar a la mitología babilónica para obtener información. Génesis no se basa en la especulación de la mente humana sino en la autoridad divina.

...y el Espíritu de Dios se movía sobre la faz de las aguas (1:2c).

Existe una diferencia de opinión entre los intérpretes modernos respecto a esta cláusula. Por un lado están los que prefieren la traducción «un viento poderoso sopló sobre la superficie de las aguas», que se basa en el hecho de que el vocablo hebreo *rúakj* puede significar «viento» y *elojim* puede traducirse como «poderoso». Otros comentaristas de la talla de Umberto Cassuto y H. C. Leupold prefieren la traducción clásica, es decir, «el Espíritu de Dios». Leupold, un reconocido comentarista luterano, dice:

> Debemos guardarnos de exageraciones en este caso, pero mantenemos con firmeza que el Espíritu de Dios es el Espíritu Santo, la tercera Persona de la Trinidad. Porque todos los atributos divinos adscritos a esta persona divina en el Antiguo Testamento concuerdan plenamente con lo que se revela en el Nuevo Testamento respecto a su Persona y su obra. Absolutamente ningún otro fuera del Espíritu Santo es considerado aquí.[32]

Lo cierto es que Dios está presente en la plenitud de su ser en la obra de la creación. El Espíritu de Dios es la causa formativa de toda vida. El Espíritu Santo «revolotea» con cuidado tierno para dar forma y proteger su creación. Tal como lo expresa el cántico de Moisés: «Como el águila que excita su nidada, revolotea sobre sus pollos, extiende sus alas, los toma, los lleva sobre sus plumas» (Dt. 32:11).

Si bien es cierto que la Trinidad como tal no aparece plenamente revelada en el

---

30. Gordon J. Wenham, «Genesis 1-15», *Word Biblical Commentary* (Nashville: Thomas Nelson, 1987), p. 16.

31. Umberto Cassuto, *A Commentary on the Book of Genesis, Part One*, p. 24.

32. H. C. Leopold, *Exposition of Genesis*, vol. I, p. 49.

Antiguo Testamento, no puede negarse que las tres personas de la Deidad están activas a través de la historia del Antiguo Testamento. En Génesis 1:2, el Espíritu Santo está activo en la obra de la creación, también llenó a Bezaleel para que realizase el diseño del tabernáculo (Éx. 31:3; 35:31), y David fue ungido por Samuel como rey de Israel y fue lleno del Espíritu Santo (1 S. 16:13).

RESUMEN Y CONCLUSIÓN

Los dos primeros versículos de la Biblia establecen un número importante de verdades que son fundamentales para la totalidad de la doctrina bíblica:

1. Esos dos versículos establecen la preexistencia de un Dios soberano que da origen a todas las cosas. Él y solo Él es preexistente y eterno. Todo depende de Él y es el autor de la vida porque Él es la vida.
2. Génesis 1:1-2 refuta la herejía del ateísmo, que niega la existencia de Dios, y afirma que hay un Dios soberano y creador de todo. Estos versículos afirman que hay un solo y único Dios, impugnando así el politeísmo que cree en la existencia de muchos dioses.
3. Génesis 1:2 refuta el panteísmo que hace a Dios igual que la creación. Génesis 1:2 afirma que Dios antecede y está por encima de la creación, es decir, Dios es trascendente a todo lo que existe.
4. También rebate el materialismo, que enseña que la materia es eterna. Génesis 1:1-2 enseña que la materia tuvo un principio.
5. Hay que añadir, además, que Génesis 1:1-2 establece el creacionismo —en oposición al evolucionismo— que afirma que el universo se originó por el acto sobrenatural de Dios. No había un cosmos antes de que Dios lo crease «de la nada» y milagrosamente. El evolucionismo postula que el universo es el producto de una gran explosión, ocurrida fortuitamente y sin ninguna intervención sobrenatural.
6. El Dios creador es un ser personal, es Padre, Hijo y Espíritu Santo. Las tres personas son un solo Dios, una sola esencia o realidad eterna. La totalidad de la Deidad participa activamente en la creación. El Dios de Génesis 1:1 es el soberano creador y es el único que puede crear. Ningún otro ser, incluyendo al hombre, es capaz de traer a la existencia algo que no existía. El hombre es un artesano, pero Dios es el único creador. Respecto de la trinidad de Dios, el profesor Thomas C. Oden ha escrito lo siguiente:

> Trinidad es una abreviatura usada para expresar con una sola palabra lo que la Escritura enseña en diferentes pasajes, pero se requirió tiempo para que la iglesia organizase y proclamase dicha verdad de manera clara y comprensible… La enseñanza de la trinidad incluye dos aspectos cruciales: unidad y distinción. Dios es uno en tres personas distintas. Afirmar esos dos aspectos no requiere un sacrificio del intelecto por una descarada contradicción, porque [unidad y distinción] se refieren a la Deidad de diferentes maneras, una a la naturaleza de Dios (como uno) y la otra a las personas (como tres)… Afirmar que Dios es Hijo y es Espíritu implica que Hijo y Espíritu son eternos. Aun cuando el Hijo,

quien está con el Padre desde el principio, tiene una misión particular dentro de la historia del mundo, el Hijo (Jesús) es nada menos que Dios eterno… Recordar con el Evangelio de Juan que la obediencia del Hijo al Padre (Jn. 15:10) no implica que el Hijo es inferior al Padre. El Hijo no se hizo menor que el Padre al hacerse eternamente obediente a la voluntad del Padre (Fil. 2:5-11).[33]

El Dios de Génesis 1 es un Dios único y tripersonal. La pluralidad de las personas de la Deidad es una verdad que se desarrolla progresivamente a través de las Sagradas Escrituras.

7. No debe pasarse por alto que el Dios eterno y soberano es también un Dios de gracia. El Dios que manifestó su poder soberano en la creación, también ha manifestado su gracia soberana rescatando a pecadores de la condenación. Así como la obra de la creación fue ejecutada por las tres Personas de la Trinidad, así también la obra de la redención fue realizada por el Padre, el Hijo y el Espíritu Santo.

LOS SEIS DÍAS DE LA CREACIÓN (1:3-31)

El primer día: la creación de la luz (1:3-5)

Y dijo Dios: Sea la luz; y fue la luz. Y vio Dios que la luz era buena; y separó Dios la luz de las tinieblas. Y llamó Dios a la luz Día, y a las tinieblas llamó Noche. Y fue la tarde y la mañana un día (Gn. 1:3-5).

Estos versículos señalan que el cosmos no fue creado por casualidad. Génesis 1 y 2 enseñan cómo surgieron los elementos básicos del universo. El poder soberano de Dios ordenó la creación. Génesis 1:2 apunta al hecho de que el Espíritu Santo tuvo una función muy importante en la creación del cosmos, y que le dio forma y energía a la creación: «Por la palabra de Jehová fueron hechos los cielos, y todo el ejército de ellos por el aliento [el espíritu] de su boca» (Sal. 33:6). «Envías tu Espíritu, son creados, y renuevas la faz de la tierra» (Sal. 104:30). Génesis 1:3-31 relata la actividad creativa del soberano Dios: Padre, Hijo y Espíritu Santo en seis días literales.

Hay quienes prefieren usar una hermenéutica alegórica al estudiar el libro del Génesis. Otros creen que particularmente los capítulos 1-11 de Génesis deben ser considerados como mitología. El resultado de esos acontecimientos ha sido afirmar que los días mencionados en Génesis 1 no son literales, es decir, no son días de veinticuatro horas, sino que son eras o largos períodos de tiempo. En este comentario se sigue una hermenéutica literal que enfatiza el método gramático-histórico, normal y natural. O sea, una hermenéutica que entiende que los días de la creación son días como los nuestros. Esta interpretación literal sostiene que Dios creó los cielos, la tierra y todo lo que ellos contienen en seis días sucesivos, sin que hubiese interrupción alguna entre día y día. Fueron días de veinticuatro horas y no períodos de tiempo indefinidos.

Desde hace siglos, personas de renombre han intentado aclarar el origen del

---

33. Thomas C. Oden, "The Living God": *Systematic Theology,* vol. 1 (Peabody: Prince Press, 1998), pp. 188-189.

universo mediante especulaciones racionalistas y explicaciones científicas.[34] Muchos, incluyendo teólogos, se han apartado de las enseñanzas de las Sagradas Escrituras. Tristemente, muchos se han olvidado de que la explicación correcta del origen del universo no se encuentra en teorías científicas sino en la revelación divina.

Robert V. McCabe, profesor de Antiguo Testamento del *Detroit Baptist Theological Seminary*, ha escrito lo siguiente:

> La interpretación literal de los días de la creación ha sufrido un amenazante y creciente ataque en los últimos 150 a 200 años. Con el auge de la geología moderna, resulta evidente para algunos que si el hombre moderno fuese capaz de explicar la topografía de la tierra mediante el proceso que pudiese observar tendría que dar credibilidad a que la tierra ha existido por millones de años. Debido a que los datos geológicos respecto de una tierra antigua parecen ser tan contundentes, algunos que afirmaban lealtad a las enseñanzas de las Escrituras se sintieron compelidos a reconsiderar la comprensión literal de los días de la semana de la creación y encontrar maneras novedosas de traer sus resultados exegéticos y teológicos en conformidad con una tierra antigua. Debido a eso, la reconsideración ha resultado en una polarización de pensamiento respecto a la edad de la tierra. Tal como en el tiempo antes de la reforma, dos grupos amplios de interpretación han surgido de nuevo: quienes interpretan los días de la creación figuradamente y quienes interpretan los días literalmente.[35]

Geólogos y científicos modernos pretenden explicar el origen del universo mediante el proceso lógico de la razón humana y, al hacerlo, rechazan el hecho de que solo Dios pudo crear el cosmos. Pero el universo no pudo haberse creado solo ni haberse originado fortuitamente. Dios lo creó en seis días literales.

Los seis días de la creación y las obras realizadas en ellos pueden dividirse en dos grupos de tres, o dos tríadas:

A	B
1. La luz	4. Las luces
2. Aire, agua	5. Aves, peces
3. Tierra seca y plantas	6. Animales y hombre

Cada grupo de tres comienza con la creación de luz y termina con una doble creación. Cada una de las obras realizadas en el segundo grupo o tríada de días tiene una relación definida con las obras ejecutadas en la primera tríada de días.

Y dijo Dios: Sea la luz, y fue la luz (1:3).

---

34. Terry Mortenson, *Coming to Grip with Genesis: Biblical Authority and the Age of the Earth* (Green Forest, AR.: Master Books, 2009), pp. 79-104.

35. Robert V. McCabe, «A Defense of Literal Days in the Creation Week», *Detroit Baptist Seminary Journal* (otoño, 2000), p. 98.

El contenido de este versículo es taxativo. El Dios omnipotente y personal habla por primera vez. Lo hace para dar una orden: «Luz, sé» e inmediatamente «fue la luz». Hubo obediencia instantánea al mandato de Dios.

> En el presente versículo, esta repetición formal asume su forma más pura (*fiat*: «Sea la luz»; ejecución: «Y fue la luz») para mostrar la precisión y la celeridad con la que el mandamiento fue ejecutado: tal como Él mandó, y tan pronto como Él mandó.[36]

A medida que la historia de la creación se desvela, se hace evidente que Dios tiene un propósito concreto para con la materia amorfa que existe en las tinieblas estacionarias. En primer lugar, Dios imparte movimiento y forma a los elementos amorfos e inertes. En segundo lugar, proporciona la energía de la luz para disipar las tinieblas. Como se ha señalado antes, esta es la primera vez que Dios habla según el registro bíblico y lo hace con autoridad soberana ordenando que «sea la luz». La orden divina «inmediatamente sugiere un plan y un propósito divinos, descartando los conceptos de que la tierra se originó por accidente y que es autoexistente o autosuficiente».[37] Por el contrario, la creación es un acto sobrenatural de Dios. La creación no es parte de Dios sino que depende totalmente del Creador para su sostén y subsistencia.[38] El libro de Job dice: «Él extiende el norte sobre vacío, cuelga la tierra sobre nada» (Job 26:7).

Además, debe observarse que la luz surge como resultado del mandato de Dios. La palabra de Dios ordena que «la luz» aparezca y, por lo tanto, la palabra de Dios tiene poder creador: «Porque él dijo, y fue hecho; él mandó y existió» (Sal. 33:9). Dios creó el universo mediante el poder de su palabra: «Por la fe entendemos haber sido constituido el universo por la palabra de Dios, de modo que lo que se ve fue hecho de lo que no se veía» (He. 11:3). Génesis 1:3 dice: «y dijo Dios…» [*vau amar elojím*]. Es decir, el poder de su palabra basta para que todas las cosas existan. El apóstol Juan escribió: «Todas las cosas por él fueron hechas, y sin él nada de lo que ha sido hecho, fue hecho» (Jn. 1:3). Por el solo hecho de decir «sea la luz» [*jayá or*], «la luz fue» [*jayá or*]. Nada se resiste al sonido de su voz. La luz surge de Dios, y el apóstol Pablo lo expresa así: «Porque Dios, que mandó que de las tinieblas resplandeciese la luz, es el que resplandeció en nuestros corazones, para iluminación del conocimiento de la gloria de Dios en la faz de Jesucristo» (2 Co. 4:6).

En Génesis 1:2 dice que «las tinieblas estaban sobre la faz del abismo». Pero ahora la voz de Dios ha ordenado que haya luz. Las tinieblas no son eliminadas, pero huyen de la luz. «La Biblia muestra una y otra vez que la luz y las tinieblas significan áreas mutuamente excluyentes, especialmente en cuestiones del bien y del mal».[39]

Y vio Dios que la luz era buena, y separó Dios la luz de las tinieblas (Gn. 1:4).

---

36. Umberto Cassuto, *A Commentary on the Book of Genesis, Part One*, p. 26.
37. John J. Davis, *Paradise to Prison: Studies in Genesis*, pp. 47-48.
38. Bruce K. Waltke, *Genesis*, p. 60.
39. Allen P. Ross, *Creation & Blessing: A Guide to the Study and Exposition of Genesis*, p. 108.

Por supuesto que no era necesario que Dios inspeccionase lo que había hecho para pronunciar un veredicto y declararlo bueno. La declaración de que «la luz era buena» va dirigida a la comprensión humana. Todo lo que Dios hace es para su gloria y, por lo tanto, es bueno [*tob*]. «Dios es preeminentemente bueno, y su bondad se refleja en sus obras».[40] El salmista David escribió: «Gustad, y ved que es bueno Jehová; dichoso el hombre que confía en él» (Sal. 34:8; véase Sal. 100:5). Dios es el gran diseñador del universo, y es un diseño que lo incluye todo, hasta el más mínimo detalle. La declaración hecha por Dios de que «la luz era buena» certifica que era buena en el sentido más amplio del vocablo. «La idea del vocablo "bueno" [*tob*] es que la luz es útil, adecuada y saludable. Lo que es bueno es favorable para elevar la vida, es decir, la luz es buena, no las tinieblas».[41]

La frase «y separó Dios la luz de las tinieblas» no significa que «las tinieblas» fueron eliminadas, sino solo separadas de la luz. El verbo «separar» no significa «desenredar» porque «la luz y las tinieblas» no estaban mezcladas o entretejidas. Lo que ocurrió fue una división en un momento de tiempo específico. Las tinieblas no fueron canceladas en el sentido de ser puestas fuera de existencia sino que Dios «separó» las respectivas esferas de actividad de la luz y las tinieblas.[42]

La luz visible está en perspectiva pues es contrastada con las tinieblas. La presencia de luz visible parece implicar la totalidad de las fuerzas electromagnéticas, nucleares y gravitacionales. Henry M. Morris, destacado científico y escritor cristiano ya fallecido, ha escrito lo siguiente:

> A su vez, colocando las fuerzas electromagnéticas en operación, en efecto completó la activación del cosmos físico. Todo tipo de fuerza y energía que interacciona en el universo implica solamente fuerzas electromagnéticas, gravitacionales y nucleares. Y todas estas han sido ahora activadas.[43]

Es claro que Dios, el Creador, es quien ha activado todas las fuerzas electromagnéticas y todo lo necesario para que el cosmos funcione con la precisión con que lo hace. Ni la casualidad ni fuerzas impersonales pudieron hacerlo. Dios no solo creó el universo físico sino que también ha provisto un orden que Él controla y sostiene providencialmente. Si bien es cierto que el sol aún no ha sido creado, eso no impide que exista el día normal. Henry M. Morris lo explica así:

> Tal arreglo cíclico, luz-tinieblas, claramente significa que la tierra estaba rotando sobre su eje y que había una fuente de luz a un lado de la tierra correspondiéndose con el sol; aun cuando el sol no había sido hecho (Gn. 1:16). Es igualmente claro que la duración de tales días solo pudo haber sido la de un día solar normal.[44]

Debe observarse una vez más el hincapié que el autor de Génesis hace sobre el carácter de Dios. Dice que el Dios omnipotente (1) creó los cielos y la tierra, (2) el

---

40. Gordon J. Wenham, «Genesis 1-15», *Word Biblical Commentary*, p. 18.
41. Allen P. Ross, *Creation & Blessing*, p. 108.
42. Umberto Cassuto, *A Commentary on the Book of Genesis, Part One*, p. 26.
43. Henry M. Morris, *The Genesis Record*, p. 56.
44. *Ibíd.*, p. 55.

Espíritu Santo cubrió la faz de la tierra, (3) Dios ordenó la existencia de la luz, (4) Dios declaró que «la luz» es buena, (5) Dios separó la luz de las tinieblas. Todas esas son acciones que solo pueden ser ejecutadas por un ser personal y omnipotente, no por fuerzas y acciones fortuitas.

> *Y llamó Dios a la luz Día, y a las tinieblas llamó Noche. Y fue la tarde y la mañana un día (Gn. 1:5).*

El acto divino de designar a la luz con el nombre de Día y a las tinieblas con el nombre de Noche sugiere «ejercer un acto de dominio (2 R. 23:34; 24:17). De modo que en esta y en todas las nominaciones siguientes de las obras de la creación se vuelve a expresar con energía la pretensión del señorío de Dios sobre las criaturas».[45]

El significado del vocablo «día» (*yom*) ha sido tema de discusión por muchos años. Hay quienes creen que se trata de eras geológicas y que la obra de la creación requiere días de más de 24 horas. También añaden que la ley de la limitación solar no fue establecida hasta el cuarto día. De modo que los días de la creación bien pudieron ser más largos que veinticuatro horas. Pero, por supuesto, la tierra pudo girar sobre su eje antes del cuarto día, haciendo posible la distinción día-noche mencionada en 1:5.

Otra postura popular es la que sostiene que la creación no fue realizada en seis días sino que fue revelada a Moisés en seis días. Los «seis días» es el método que Dios usó para comunicar al hombre lo que había sucedido durante un número indefinido de edades. Allen P. Ross, en su excelente obra, hace el siguiente comentario:

> El significado del término «día» (*yom*) en este capítulo ha recibido diferentes interpretaciones. Aunque dicho vocablo normalmente significa un día de veinticuatro horas, también puede significar un período de tiempo general más largo (Is. 61:2) o una locución «cuando» (como en Gn. 2:4). En este capítulo, sin embargo, tiene que llevar su significado normal. El apoyo para esa postura incluye lo siguiente: (1) en otros sitios, todas las veces que *yom* es usado con un número, significa un período de veinticuatro horas, (2) el Decálogo basa la enseñanza del sábado en los seis días de la creación y el séptimo día de descanso, (3) a partir del cuarto día, hay días, años, señales y estaciones, sugiriendo que el sistema normal está totalmente operativo, y si *yom* se refiere a una era, entonces el texto tendría que permitir un período largo de «día» y también un período largo de «noche», pero pocos abogarían a favor de la noche como una era. Parece ser ineludible que el Génesis presenta la creación en seis días.[46]

Las palabras finales de Génesis 1:5 se refieren al final del primer día y al comienzo del segundo. Cuando el tiempo divino ha pasado, el período asignado a las tinieblas regresa («y fue la tarde»), y cuando la noche termina, la luz prevalece de nuevo («y fue la mañana»). Así se completó el primer día de la creación.[47]

---

45. Gerhard von Rad, *El libro del Génesis* (Salamanca: Ediciones Sígueme, 2008), p. 62.
46. Allen P. Ross, *Creation & Blessing*, p. 109.
47. Umberto Cassuto, *A Commentary on the Book of Genesis, Part One*, p. 26.

La mayoría de las teorías que enseñan que la obra de la creación se extiende a través de eras de tiempo son intentos de armonizar la supuesta antigüedad de la tierra y del hombre con el registro de Génesis. Pero aun si una de las teorías fuera aceptada, es difícil ajustar el Génesis con esa teoría, porque casi todas las teorías del origen de la tierra y de su edad están entretejidas con el uniformismo evolucionista. Además, las eras geológicas se caracterizan por la violencia, los disturbios y la muerte. Todo eso es incongruente con el origen de esas cosas, según el relato del Génesis. Pero incluso si se pudiese realizar una armonía general entre los pilares geológicos y los siete días del Génesis, sería imposible conseguir una armonía completa. Desde el punto de vista bíblico, la postura que enseña un simple, literal y normal día de veinticuatro horas concuerda mejor con la interpretación gramático-histórica natural. Todas las veces que el vocablo «día» (*yom*) se usa acompañado de un dígito, significa un día normal de veinticuatro horas, y ese es el caso en todas las referencias en Génesis 1 (véase Gn. 1:5, 8, 13, 19, 23, 31; 2:2; también Éx. 20:11).

La existencia de la luz antes de la creación del sol es muy llamativa. Eso indica que la luz no depende del sol, sino que el mismo en realidad es portador de la luz. La luz procede de Dios, no del sol. El escritor bíblico pudo haber visto aquí una especie de polémica en contra de la idea de que el sol y las estrellas tienen poder para influir en la vida de los seres humanos. El uso de la astrología y de los horóscopos no es una práctica reciente sino que se remonta a los tiempos del paganismo antiguo. La entrada del pecado en el ser humano lo corrompió totalmente, de tal manera que el hombre se entregó a la adoración de «las criaturas» en lugar de adorar al Creador (Ro. 1:25).

El segundo día: el firmamento (1:6-8)

> *Luego dijo Dios: Haya expansión en medio de las aguas, y separe las aguas de las aguas. E hizo Dios la expansión, y separó las aguas que estaban debajo de la expansión, de las aguas que estaban sobre la expansión. Y fue así. Y llamó Dios a la expansión Cielos. Y fue la tarde y la mañana el día segundo (Gn. 1:6-8).*

Cuando Dios creó la tierra (Gn. 1:1-2), esta estaba «desordenada y vacía», es decir, no apta para ser habitada. En su plan soberano, Dios procede a preparar la tierra para que el hombre, que aún no había sido creado, la habitase. En Génesis 1:1, por mandato soberano de Dios, «los cielos y la tierra» fueron creados. En Génesis 1:2, el Espíritu Santo hace que las fuerzas gravitacionales comiencen a actuar sobre la recién creada tierra. Entonces el Verbo eterno, por la palabra de su boca trae a la existencia todo lo necesario para la vida en la tierra. El apóstol Juan dice: «Todas las cosas por él fueron hechas, y sin él nada de lo que ha sido hecho, fue hecho» (Jn. 1:3). En el primer día, pues, el universo físico fue creado, energizado y preparado adicionalmente con lo necesario para que pudiese llegar a ser un lugar apropiado para que lo ocupase el ser que sería «corona de la creación», es decir, el hombre.

> *Luego dijo Dios: Haya expansión en medio de las aguas, y separe las aguas de las aguas (Gn. 1:6).*

Este versículo expresa un mandato del Creador. Este mandato ocurre cuando la tierra era todavía una masa acuosa. Dios ordena la separación de las aguas. Henry M. Morris lo explica así:

> En el primer día, la tierra era todavía principalmente de aspecto acuoso. Otros materiales estaban en solución o suspensión, presumiblemente con el agua principalmente en estado líquido. Parte de esas aguas serían separadas de la gran masa de aguas y colocadas bien por encima del globo en rotación, con un gran espacio separándolas de las aguas de abajo. Las aguas de abajo proporcionarían la base líquida para los animales y para el proceso terrestre; las aguas de arriba proporcionarían una especie de cubierta protectora (una tienda donde habitar) para los habitantes de la tierra, y el espacio intermedio proporcionaría una reserva atmosférica para sostener el aliento de la vida.[48]

Una simple lectura del texto deja bien claro que el Dios soberano está desarrollando su plan de creación. Además puede observarse que Dios está preparando y ordenando la tierra para que pueda ser habitada.

> *E hizo Dios la expansión, y separó las aguas que estaban debajo de la expansión, de las aguas que estaban sobre la expansión (Gn. 1:7).*

El vocablo «firmamento» (*raquía*) es traducido «expansión» en la RVR-60. *Raquía* se refiere a la bóveda o domo (cúpula) de los cielos, o el inmenso océano gaseoso llamado atmósfera y que rodea la tierra.[49] Es un término que podría usarse como sinónimo de «espacio». En este contexto, *raquía* se refiere al cielo atmosférico. Dios simplemente le da el nombre de «Cielos». Aquí podemos ver una vez más el carácter soberano de Dios. No solo creó la «expansión» sino que le puso por nombre «Cielos». El texto no da detalles de cómo lo hizo Dios, pero fue un acto instantáneo y autoritativo del Creador (los teólogos lo llaman *fiat*). El versículo 7 dice: «Y fue así» (*jayá ken*). Esta simple frase refuerza la autoridad de Dios. Lo que Él manda es ejecutado inmediatamente. Todo está sometido a su autoridad. «La palabra de su poder» no solo creó todas las cosas sino que las sustenta providencialmente. Allen P. Ross comenta acertadamente:

> La soberanía de Dios aparece en la actividad de este día cuando nombra la expansión «Cielos» (*shamáyim*) y también en su control sobre ese ámbito.[50]

El texto bíblico es claro, sencillo y rotundo: «Y llamó Dios a la expansión Cielos. Y fue la tarde y la mañana el día segundo» (Gn. 1:8). El salmista lo expresa con estas palabras: «Él cuenta el número de las estrellas; a todas ellas llama por sus nombres. Grande es el Señor nuestro, y de mucho poder; y su entendimiento es infinito»

---

48. Henry M. Morris, *The Genesis Record*, p. 58.
49. H. C. Leupold, *Exposition of Genesis*, vol. I, p. 59.
50. Allen P. Ross, *Creation & Blessing*, p. 109.

(Sal. 147:4-5). «La mitología pagana considera los cielos como el dominio de las deidades supremas. Según el Génesis, sin embargo, Dios no solo creó ese dominio sino que también lo controla al hacer separación del mismo».[51]

El tercer día: tierra seca, mares y plantas (1:9-13)

Dijo también Dios: Júntense las aguas que están debajo de los cielos en un lugar, y descúbrase lo seco. Y fue así. Y llamó Dios a lo seco Tierra, y a la reunión de las aguas llamó Mares. Y vio Dios que era bueno (Gn. 1:9-11).

En el ordenamiento de la creación, Dios soberanamente ejecuta varias separaciones: (1) la luz ha sido separada de las tinieblas en el primer día (Gn. 1:3-4), (2) las aguas de debajo de las aguas de arriba, en el día segundo (Gn. 1:6-7) y (3) la tierra seca es separada de las «aguas de abajo», es decir, de los mares, en el tercer día de la creación. John C. Whitcomb, Jr. (teólogo) y Henry M. Morris (científico) lo explican así:

Luego, durante el tercer día, la «tierra se seca» por primera vez. Las aguas debajo de la expansión fueron todas juntadas en una cuenca común a medida que las tierras debajo de ella se hundían. En otras partes, las tierras se elevaron y un gran continente o varios continentes hicieron su aparición (Gn. 1:9-10). De esta manera se insinúa la primera gran «*orogenia*» o «nacimiento de una montaña».[52]

Lo significativo, una vez más, es que todo lo que ocurre es por mandato divino. Nada ocurre al azar. Dios cumple su plan de ordenar y llenar la tierra para que sea ocupada por el hombre después de ser creado. La soberanía de Dios se manifiesta tanto en el hecho de crear todo lo que existe como en el de darle nombre a todo lo creado.

El pasaje bajo consideración (Gn. 1:9-13) enseña que el soberano Dios es quien proporciona fertilidad a la tierra. Es por decreto divino que la tierra produce no solo los árboles y la hierba verde, sino también toda planta para alimentar a las criaturas. La mitología de los cananeos atribuye la fertilidad a Baal y a su consorte, la diosa Anat, mediante un grotesco ritual pagano.[53] Según esa mitología, Baal moría al finalizar el año (cuando no había cosecha) y era resucitado por Anat en la primavera, es decir, en el tiempo de la cosecha.

El relato bíblico es totalmente diferente. El Dios soberano formó una extensión suficiente de tierra fértil mediante el poder de su palabra. Luego, Dios habló y la vegetación comenzó a existir. Dios dio a las plantas sistemas complejos de estructuración y reproducción. Henry M. Morris dice:

No hay sugerencia de que esos sistemas estuvieran «vivos», por lo menos no en el sentido de que poseyeran alguna forma de consciencia; pero cada uno sí

---

51. *Ibíd.*, pp. 109-110.

52. John C. Whitcomb, Jr. y Henry M. Morris, *El diluvio del Génesis* (traducido por Dante N. Rosso), (Terrassa: Editorial Clie, 1982), p. 381.

53. Allen P. Ross, *Creation & Blessing*, p. 110.

tenía su «semilla en sí mismo» y, por lo tanto, tenía la capacidad de reproducir según su especie.[54]

Cuando se contempla la naturaleza y se observa la enorme variedad de plantas y árboles, es imposible evitar el asombro que produce ver las diferencias entre todos los componentes del reino vegetal. La estructura química de cada especie de planta solo puede ser el producto de una mente infinitamente sabia capaz de realizar un diseño tan maravilloso.

De lo dicho anteriormente se derivan ciertas preguntas importantes. La primera se relaciona con la creación de las plantas, ¿fueron creadas con apariencia de edad? Evidentemente ese fue el caso. El reino botánico creado por Dios, al instante de ser creado, parecía tener historia, afirmación que molesta a los evolucionistas pues para ellos eso significaría un engaño de parte de Dios. Por supuesto, nada está más lejos de la verdad. En vez de ser un engaño es, más bien, un tributo a la grandeza y a la gloria del Dios trino, omnipotente y Señor absoluto de la creación. Los evolucionistas niegan que Dios sea capaz de traer a la existencia *ex nihilo* el universo con todas sus características. El científico evolucionista da por sentado que Dios no puede hacer nada contrario al dogma del uniformismo.

Otra cuestión importante se relaciona con la teoría de la evolución. De la que una aceptable definición es la siguiente:

> La creencia de que todo lo que tiene vida, incluyendo al hombre, procede de materia sin vida mediante cambios naturales, sin que haya habido ninguna intervención sobrenatural.[55]

Los profesores John C. Whitcomb, Jr. y Henry M. Morris afirman lo siguiente:

> La evolución, en el sentido amplio, implica aumento de organización y complejidad en el universo y es en efecto una doctrina de creación continua; por el contrario, la primera ley de termodinámica afirma que la creación normalmente ya no está ocurriendo, y la segunda [ley] que la creación original está decreciendo en organización y complejidad.[56]

La teoría evolucionista es eso, una teoría, aunque muchos la han transformado en una doctrina. La evolución es producto del racionalismo. Quienes apoyan el evolucionismo tienen que soslayar la revelación sobrenatural enseñada en las Sagradas Escrituras. Además, el evolucionismo niega que el cosmos y la vida que hay en él tengan un origen milagroso. Sin embargo, ambos son el resultado del poder soberano del único Dios vivo y verdadero. El evolucionismo sostiene que toda la vida se ha desarrollado a partir de una sola simple célula a través de un proceso natural uniforme a lo largo de millones de años. Al llegar a este punto, cabe señalar que hay dos escuelas

---

54. Henry M. Morris, *The Genesis Record*, p. 62.

55. James F. Coppedge, *Evolution: Possible or Impossible* (Grand Rapids: Zondervan Pub. H., 1973), p. 28.

56. John C. Whitcomb, Jr. y Henry M. Morris, *El diluvio del Génesis*, p. 21.

evolucionistas: (1) el evolucionista ateo, que mantiene que todo es obra del azar y (2) el evolucionismo teísta, que cree que Dios dirige el proceso de la evolución.

Los evolucionistas han apelado a una serie de argumentos en el intento de demostrar su teoría:

1. La anatomía comparada. Dicen que la similitud entre la anatomía del hombre y la de ciertos animales es prueba de la evolución.
2. La embriología. Señalan que el embrión de los humanos pasa por las mismas etapas que el de los animales, pero un estudio serio de la embriología humana prueba que es diferente en muchos aspectos a la de otros seres vivientes.
3. La geología. Este argumento gira alrededor de los fósiles y de los restos de materia viviente hallada en la corteza terrestre. Las rocas más antiguas contienen fósiles que son más simples, mientras que las rocas más jóvenes contienen los fósiles más complejos. La subyacente suposición es que la vida solo ha progresado de lo simple a lo complejo. Las fechas de donde se derivan los argumentos son determinadas por métodos radioactivos. Hay tantas suposiciones no demostradas en esos métodos para datar que no se puede confiar en los resultados obtenidos por ellos. Además, la llamada «columna geológica» es totalmente de manufactura humana y no pueden encontrarse todas sus capas en ningún lugar en la superficie de la tierra.

El lector debe consultar obras de refutación sobre el tema de la creación y la evolución para documentarse bien acerca de este importante asunto.[57]

Resumen

A pesar de lo mucho que se ha escrito para defender los postulados de la teoría de la evolución y para negar el creacionismo, ningún escritor ha sido capaz de demostrar que el universo es obra del azar. Tampoco se ha demostrado que los seres vivientes son el producto de partículas inorgánicas.

La evolución contradice las dos primeras leyes de la termodinámica. La primera ley dice que ni la materia ni la energía pueden ser creadas o destruidas, solo pueden cambiarse de una forma a otra. Esta ley es contraria a la evolución. ¿De dónde, pues, procede la materia? La misma ciencia hace mucho tiempo reconoció la imposibilidad de la «generación espontánea». Es imposible que una ameba se convierta en un hombre.

La segunda ley de la termodinámica dice que aunque la cantidad total de energía permanece invariable, hay siempre una tendencia a que esté menos disponible para un trabajo eficaz. A eso se le llama entropía, es decir, la magnitud física que, mediante cálculo, permite determinar la parte de la energía que no puede utilizarse para producir trabajo. La segunda ley de la termodinámica establece que la energía tiende hacia la entropía. Es decir, que todos los sistemas tienden a ir del orden al desorden. La energía disponible disminuye más y más hasta llegar a un estado de acto fortuito. De modo que todos los sistemas se debilitan o pierden energía.

---

57. Se recomiendan las siguientes obras: John C. Whitcomb, *El origen del sistema solar* (Tarrasa: Clie, 1985); Duane T. Gish, *Teorías sobre el origen de la vida* (Tarrasa: Clie, 1985); Duane T. Gish, *Creación, evolución y el registro fósil* (Tarrasa: Clie, 1985).

La idea de que las moléculas estaban integradas en los planetas, después en las sustancias vivientes y, finalmente, en los seres humanos está en total oposición a las dos primeras leyes de la termodinámica. «Por lo tanto, si todos los sistemas avanzan hacia el desorden, la vida no puede evolucionar de los llamados órdenes simples. ¿Cómo puede un reloj consumir la cuerda si nunca se le ha dado cuerda? Y ¿cómo se le puede dar cuerda, si no hay nadie que lo haga?».[58]

Las leyes de la genética también se oponen a la evolución. La llamada selección natural obrando sobre la base de mutaciones fortuitas no pueden producir formas desarrolladas de vida. El sacerdote Mendel, conocido como el padre de la genética, demostró que los organismos solo pueden remodelar las características que ya están presentes. Todavía la ciencia no ha logrado salvar la diferencia que existe entre vertebrados e invertebrados.

Quienes abogan a favor de la evolución tienen que confrontar dos obstáculos infranqueables. El primero de ellos es explicar el origen de la vida. La vida no pudo formarse sola ni tampoco es obra del azar. La vida tiene que originarse en Aquel que en sí es vida. El segundo gran obstáculo que confronta el evolucionista es explicar el origen de la materia. Los evolucionistas se aferran a su creencia de que la materia es eterna, pero afirmar tal cosa es pura especulación. El creacionismo afirma que el Dios eterno es el creador y sustentador de todas las cosas y que el Dios creador es también un Dios de propósito y orden. El evolucionismo no ofrece ninguna cosmovisión sensata ni es capaz de explicar el propósito o la meta del universo. En cambio, el creacionismo, sobre la base de la revelación divina, puede explicar tanto el origen como el propósito del universo, así como su destino. La vida del hombre en la tierra solo es comprensible sobre la base de los postulados del creacionismo tal como lo explican las Sagradas Escrituras.

El cuarto día: el sol, la luna y las estrellas (1:14-19)

> *Dijo luego Dios: Haya lumbreras en la expansión de los cielos para separar el día de la noche; y sirvan de señales para las estaciones, para días y años, y sean por lumbreras en la expansión de los cielos para alumbrar sobre la tierra. Y fue así (Gn. 1:14-15).*

Una vez más, debe observarse el poder soberano de Dios: en el primer día, Dios creó y dio energía al cosmos. En el segundo día, hizo la primera hidrósfera y la atmósfera para la tierra. Luego, en el tercer día, hizo aparecer la tierra seca, los mares y las plantas. Ahora, en el cuarto día, Dios crea el espacio sideral, el ámbito celestial de las estrellas y los planetas.

En el primer día, el Señor dijo: «Sea la luz», esto es, la luz en su naturaleza intrínseca. Ahora Dios ordena, diciendo: «Haya lumbreras», es decir, Dios trajo a la existencia «generadores o portadores de luz». Lo hizo instantáneamente, sin que interviniesen miles o millones de años. Las estrellas comenzaron a brillar tan pronto Dios las creó. El poder de la palabra de Dios hizo que la luz de las distantes estrellas llegase a iluminar el universo sin que hubiese o hiciese falta una evolución de millones de años. Puede decirse, por lo tanto, que Dios creó un universo adulto, no un universo en desarrollo progresivo. La frase: «Y fue así» manifiesta un acto instantáneo. Dios habló y fue hecho.

---

58. S. Lewis Johnson, «The Creation Continued», *Believers Bible Bulletin* (15 de octubre, 1978).

*E hizo Dios las dos grandes lumbreras; la lumbrera mayor para que seño-
rease en el día, y la lumbrera menor para que señorease en la noche; hizo
también las estrellas. Y las puso Dios en la expansión de los cielos para
alumbrar sobre la tierra, y para señorear en el día y en la noche, y para
separar la luz de las tinieblas. Y vio Dios que era bueno. Y fue la tarde y la
mañana el día cuarto (Gn. 1:16-19).*

El verbo «hizo» habla de creación. Las dos grandes lumbreras son creación de Dios.
No aparecen fortuitamente ni como resultado de una gran explosión sino como el acto
creador del Dios soberano. El teólogo alemán, Gerhard von Rad, ha escrito acerca de
Génesis 1:14-19:

Día cuarto: la creación de los astros. Toda esta perícopa respira un profundo
pathos antimítico: los astros son considerados por completo criaturas depen-
dientes de la voluntad ordenada y creativa de Dios.[59]

La descripción ofrecida en los versículos 16-19 es abiertamente geocéntrica, ya que
el sol y la luna no podrían considerarse dos de las grandes lumbreras del universo. El
geocentrismo es postulado sobre la base del tamaño de la tierra en comparación con
otros cuerpos celestes. Sin embargo, el planeta Tierra es sumamente importante en el
propósito de Dios. Es aquí donde se consuma el plan de la redención. Dios envió a su
Hijo único a la tierra para que diese su vida para redimir a pecadores (Gá. 4:1-7).

Obsérvese que las «lumbreras» son dadas como «señales» (Gn. 1:14). La función
de las lumbreras es separar el día de la noche y también distinguir las estaciones, días
y años. Eso sugiere que ya había una inclinación del eje terráqueo, tal como sucede
ahora. Aunque los pueblos paganos se han entregado a la adoración de las estrellas, los
astros, el sol y la luna, la revelación bíblica pone de manifiesto claramente que todos
los cuerpos celestes han sido creados por Dios para manifestar su gloria (véase Sal.
19:1-6). El Dios de la Biblia es personal, soberano, omnipotente. El dios o los dioses
de la mitología pagana no reúnen ninguna de las cualidades del único Dios vivo y verdadero. El culto pagano a la creación en vez de adorar al Creador es una evidencia palpable de la depravación total del hombre. Considerar al sol, la luna y las estrellas como
objetos de culto muestra la insensatez del corazón del hombre y el fruto del pecado.

Resumen

Génesis 1:14-19 registra la obra creadora de Dios en relación con el firmamento: el
sol, la luna y las estrellas. Tal como lo expresa el Salmo 19, «los cielos cuentan la gloria
de Dios». La mano todopoderosa y soberana de Dios despliega su gloria de manera
maravillosa. La inmensa hermosura de su creación es asombrosa y exige la alabanza
de todas sus criaturas.

El ser humano, sin embargo, en su depravación total, se ha entregado a la adoración de la creación en lugar de adorar al Creador. Dios ha creado el sol, la luna y las
estrellas no para que sean adoradas sino para manifestar su gloria. La creación es
la evidencia del majestuoso propósito que tiene que ver con el gran acontecimiento

---

59. Gerhard von Rad, *El libro del Génesis*, pp. 64-65.

ocurrido en «la plenitud del tiempo», es decir, en el acto de ofrecer al Hijo de Dios como el sacrificio sustitutorio perfecto y final para la redención del hombre caído. La gloria de la creación es solo el escenario para la mayor gloria de la redención. Es una gran insensatez ignorar la gloria de la creación física, pero una mayor insensatez es ignorar la gloria de la nueva creación, el despliegue magnífico de los atributos divinos del sufriente «Cordero de Dios, que quita el pecado del mundo» (Jn. 1:29). La gracia soberana de Dios ha hecho posible que desde los albores de su revelación Dios extienda su misericordia al pecador perdido y sin esperanza.

El quinto día: los peces, las aves y los monstruos marinos (1:20-23)

En el quinto día de la creación Dios llenó los mares con toda clase de peces y pobló la vasta extensión de los cielos con una enorme variedad de aves. El registro bíblico dice que Dios creó simultáneamente los peces del mar y las aves del cielo. No existe ni la más mínima sugerencia de que la existencia de los peces y de las aves se deba a millones de años de evolución.

> *Dijo Dios: Produzcan las aguas seres vivientes, y aves que vuelen sobre la tierra, en la abierta expansión de los cielos. Y creó Dios los grandes monstruos marinos, y todo ser viviente que se mueve, que las aguas produjeron según su género, y toda ave alada según su especie. Y vio Dios que era bueno. Y Dios los bendijo, diciendo: Fructificad y multiplicaos, y llenad las aguas en los mares, y multiplíquense las aves en la tierra. Y fue la tarde y la mañana el día quinto (Gn. 1:20-23).*

Obsérvese que el texto declara que la vida de los peces, de las aves y de los monstruos marinos surge por el mandato soberano del Dios Omnipotente sin la intervención de ningún otro proceso. John C. Whitcomb, Jr. ha escrito:

> Las ballenas son los animales más grandes que jamás hayan existido, incluyendo los grandes reptiles extintos llamados dinosaurios. También, estos son mamíferos de sangre caliente. La teoría de la evolución es, por lo tanto, totalmente rechazada por las Escrituras, por cuanto afirma que los primeros animales en el océano eran submicroscópicos, unicelulares, y que las ballenas tuvieron que evolucionar de mamíferos cuadrúpedos terrestres, que a su vez evolucionaron de criaturas marinas de sangre fría. Puesto que no hay evidencia de clase alguna, ni de la paleontología ni de la genética, de que las ballenas pudieron proceder de animales terrestres, queda claro que el Génesis está en más estrecha armonía con los datos propuestos por la ciencia y la razón que los postulados de la teoría de la evolución.[60]

Las culturas paganas, desde los tiempos más remotos, se entregaron a la adoración de los astros y las estrellas, así como de las criaturas. Esas prácticas no fueron producto de la ignorancia, sino de la depravación total del hombre como resultado del pecado. El apóstol Pablo lo describe así:

---

60. John C. Whitcomb, Jr., *The Book of Genesis* (notas inéditas, Grace Theological Seminary, s.f.), p. 5.

Pues habiendo conocido a Dios, no le glorificaron como a Dios, ni le dieron gracias, sino que se envanecieron en sus razonamientos, y su necio corazón fue entenebrecido. Profesando ser sabios, se hicieron necios, y cambiaron la gloria del Dios incorruptible en semejanza de imagen de hombre corruptible, de aves, de cuadrúpedos y de reptiles (Ro. 1:21-23).

En el quinto día de la creación Dios completó la obra de ordenar y llenar la tierra, y le ordenó al hombre que «señoree» sobre todas las criaturas de la tierra, no que las adorase. El ser humano, en su desobediencia, se entregó a la adoración de las criaturas y abandonó la adoración al Creador. La mitología babilónica, la cananea, la egipcia y otras demuestran la corrupción espiritual del hombre. Dios bendijo lo que había creado (Gn. 1:22). La benevolencia de Dios es evidente, pero también son evidentes la rebeldía y la ingratitud del hombre. El hombre fue creado para honrar y glorificar a Dios, y el acto más noble que el ser humano puede realizar es glorificar al Creador. El salmista dice: "Le hiciste señorear sobre las obras de tus manos; todo lo pusiste debajo de sus pies" (Sal. 8:6).

El sexto día: la vida terrestre y la creación del hombre (1:24-31)

El sexto día comienza con la creación de los animales terrestres. Allen P. Ross comenta:

> El día sexto revela tanto la culminación como la meta de la creación. Después de traer el orden y la plenitud a la creación, Dios creó la vida humana para disfrutar y gobernar el actual mundo habitable.[61]

El perfecto diseño de Dios ha seguido un orden asombroso. Dios ha creado hierba verde, plantas con su semilla y árboles que den fruto. Luego Dios creó y colocó en su sitio las lumbreras y las estrellas, y adornó el inmenso espacio con innumerables estrellas. Además, creó los peces del mar, las aves del cielo y los monstruos marinos. El Creador no omitió ni un solo detalle. Lo que estaba desordenado y vacío fue ordenado y llenado. Gordon J. Wenham observa lo siguiente:

> Mientras que las palabras del tercer día se describen de manera escueta, las del sexto día se expresan más plenamente que ninguna otra. Esa plenitud de descripción refleja la importancia de los acontecimientos de ese día, porque en este día la creación llega a su clímax con la creación del hombre a la imagen divina.[62]

Sin lugar a duda, Dios lo ha preparado todo y ningún detalle ha quedado fuera. Todo está listo para la llegada del ser que es corona de la creación de Dios. El texto dice de manera majestuosa:

> *Entonces dijo Dios: Hagamos al hombre a nuestra imagen, conforme a nuestra semejanza; y señoree en los peces del mar, en las aves de los cielos, en las bestias, en toda la tierra, y en todo animal que se arrastra sobre la tierra. Y creó Dios al hombre a su imagen, a imagen de Dios lo creó; varón*

---

61. Allen P. Ross, *Creation & Blessing*, p. 112.
62. Gordon J. Wenham, «Genesis 1-15», *Word Biblical Commentary*, p. 25.

y hembra los creó. Y los bendijo Dios, y les dijo: Fructificad y multiplicaos; llenad la tierra, y sojuzgadla, y señoread en los peces del mar, en las aves de los cielos, y en todas las bestias que se mueven sobre la tierra (Gn. 1:26-28).

La creación del hombre es marcadamente diferente de todo lo que Dios ha hecho anteriormente. Hay una diferencia entre la orden divina: «…Produzca la tierra seres vivientes según su género…» (Gn. 1:24) y la solemne declaración: «…Hagamos al hombre a nuestra imagen, conforme a nuestra semejanza» (Gn. 1:26). El uso del plural «hagamos» pone de manifiesto un importante paso en la obra creadora de Dios. En comparación con los animales, el hombre es designado como «rey de la creación» (véase Gn. 1:26, 28) y como gobernador de la tierra (véase Gn. 1:29; 2:19; véase también Sal. 8:6-8).

La fuerza de la frase: «Hagamos al hombre» es muy llamativa. Esa forma plural «hagamos» ha sido causa de debate por muchos años. Los comentaristas conservadores, desde los primeros siglos, han entendido que dicha expresión tiene que ver con la pluralidad de personas en la Deidad. Leon Wood, quien fuera profesor de Antiguo Testamento en el *Grand Rapids Baptist Seminary*, ha escrito:

> Debe observarse, además, respecto de la obra creadora de Dios al formar al hombre, que una referencia a la trinidad de Dios está implícita en el lenguaje usado.[63]

El reformador Juan Calvino escribió lo siguiente:

> Los cristianos, por lo tanto, correctamente afirman sobre la base de este texto, que existe una pluralidad de Personas en la Divinidad. Dios no convoca a ningún consejero extraño. Por consiguiente, inferimos que Él encuentra dentro de sí mismo algo diferente; como es que, en verdad, su sabiduría eterna y poder residen en Él mismo.[64]

Por su parte, Allen P. Ross dice esto:

> La expresión «hagamos al hombre» introduce la culminación de la actividad creadora de Dios. Este verbo plural ha causado una buena cantidad de debate en círculos teológicos. Esa forma podría explicarse ya sea como un plural de majestad o como un plural potencial, expresando la riqueza de los potenciales en el ser divino. Este verbo armoniza con el plural «Dios» (*Elojím*) usado en el versículo 1 y siguientes, el cual, aunque plural en forma, toma un verbo singular. Esos plurales no se refieren explícitamente a la trinidad de la Deidad, pero sí dejan lugar para el desarrollo de la doctrina mediante el proceso de la revelación progresiva.[65]

La interpretación más admisible es la que se refiere al plural, es decir, a la Deidad. Aunque no es prudente afirmar que es una clara referencia a la doctrina de la Trinidad,

---

63. Leon J. Wood, *Genesis: A Study Guide* (Grand Rapids: Zondervan Publishing House, 1976), p. 26.
64. John Calvin, *Genesis* (Edimburgo: The Banner of Truth, 2000 [reimp.]), pp. 92-93. Véase también Bruce K. Waltke, *Genesis: A Commentary*, pp. 64-65.
65. Allen P. Ross, *Creation and Blessing: A Guide to the Study and Exposition of Genesis*, p 112.

el verbo plural armoniza perfectamente con lo que aparece claramente establecido en el Nuevo Testamento y, ya que la Biblia es una unidad, es totalmente razonable encontrar el significado final del uso plural («hagamos») en la culminación de la revelación bíblica, es decir, en la doctrina cristiana de la Trinidad. La fe cristiana es una fe trinitaria. Ninguna otra religión enseña la existencia de un solo y único Dios vivo y verdadero en tres Personas que son coiguales, consubstanciales y coeternas. Solo el cristianismo bíblico enseña la doctrina de la Trinidad.

Gerhard von Rad, siguiendo la postura liberal, cree que el verbo plural «hagamos» «no se refiere directamente a Yahvé, sino a los ángeles».[66] Según von Rad y otros liberales, el hombre fue creado a la imagen de los ángeles. Ningún texto bíblico enseña cosa semejante. La Biblia enseña de manera incontrovertible que el Dios soberano creó todas las cosas, incluyendo al hombre. Dios no consultó con los ángeles ni con ningún otro ser. El plural «hagamos» es una referencia a la Deidad sin incluir seres angelicales.[67]

No cabe duda de que el verbo «hagamos» apunta a un plural de plenitud o de majestad, pero es una plenitud que se vislumbra en el Antiguo Testamento y que muestra la plenitud de su fulgor en el Nuevo Testamento.

«A nuestra imagen, conforme a nuestra semejanza». Los vocablos «imagen» (*tsélem*) y «semejanza» (*demút*) han sido analizados y discutidos por comentaristas y expertos a lo largo de muchos años. Pero, evidentemente, la «imagen» de Dios a la que el hombre fue creado tiene que ver con todos los aspectos de la naturaleza humana que son ajenos a los animales. Allen P. Ross lo explica así:

> El término «imagen» ha sido explicado como personalidad, naturaleza (como cuerpo y espíritu) o la capacidad para tomar una decisión moral. No significa una representación física, corporal, porque Dios es espíritu. Dicho término, por lo tanto, debe describir figuradamente la vida humana como un reflejo de la naturaleza espiritual de Dios. Es decir, la vida humana tiene los atributos comunicados que proceden del aliento recibido (Gn. 2:7). Por lo tanto, los seres humanos tienen vida espiritual, sensibilidad ética y moral, consciencia y la capacidad de representar a Dios.[68]

Los vocablos «imagen» y «semejanza» sugieren que intelectual y moralmente hay una relación del hombre con Dios que es importante y permanente. El texto deja claro que es Dios quien ha deseado y ha realizado esa cercanía y semejanza. Los dos vocablos demuestran que existe una base sólida para el conocimiento y la comunión entre la criatura y el Creador. Aunque todas las criaturas están sometidas al Creador, solo del hombre se dice que es «imagen» y «semejanza» de Dios, lo que significa que hay aspectos de la naturaleza humana que son totalmente diferentes a los de los animales. El hombre posee consciencia moral, habilidad de pensar de forma abstracta, comprensión de la belleza y posesión de emociones que están ausentes de las otras criaturas. Además, únicamente el hombre posee la capacidad de adorar a Dios y de amarlo. Todo eso apunta al significado de que el hombre es el único ser creado a «imagen y semejanza de Dios».

---

66. Gerhard von Rad, *El libro del Génesis*, p. 69.

67. Umberto Cassuto ha escrito: «solo en el caso del hombre, debido a su importancia especial, la Escritura alude al pensamiento divino antes del acto de creación».

68. Allen P. Ross, *Creation and Blessing,* p. 112.

En cuanto al uso de los vocablos «imagen» y «semejanza» ha habido algún desacuerdo entre los comentaristas. Juan Calvino sostiene que ambos términos se usan como sinónimos.[69] John J. Davis, profesor de Antiguo Testamento y Hebreo en el *Grace Theological Seminary*, dice:

> Los términos hebreos «imagen» (*tselem*) y «semejanza» (*demút*) deben considerarse mejor como esencialmente sinónimos. Marcar una diferencia entre ellos ha sido rechazado tanto sobre la base exegética como teológica. El uso de esos términos en el Antiguo Testamento y en la Septuaginta proporciona más que una adecuada evidencia de que son sinónimos.[70]

El profesor John C. Whitcomb, destacado teólogo y profesor de Antiguo Testamento y Apologética en el *Grace Theological Seminary*, comenta lo siguiente:

> Los términos «imagen» y «semejanza» son usados de manera sinónima, y se refieren primordialmente al parecido espiritual del hombre con su Creador. Así Dios puso una gran separación entre el hombre y la bestia, puesto que solo el hombre tiene la capacidad de autoconsciencia, lenguaje, discernimiento moral, comunión, adoración, y vida eterna. Aun después de la caída, el hombre retiene esa imagen de Dios (véase Gn. 9:6; Stg. 3:9), a pesar de que ha sido desfigurada.[71]

Karl Barth, teólogo neoortodoxo, sugiere que las expresiones "imagen" y "semejanza" apuntan al hecho de que se trata de una pareja, "hombre y mujer" y que, por lo tanto, se trata de una diferencia sexual. Otros teólogos opinan que se trata de la diferencia que existe entre el cuerpo y el alma (véase John M. Frame, *Systematic Theology: An Introduction to Christian Belief* [New Jersey: P & R Publishing, 2013], pp. 784-785).

Resumiendo: la imagen de Dios a la que el hombre fue creado pone de manifiesto, una vez más, la absoluta soberanía de Dios. Solo un Dios soberano pudo haber creado un ser que refleje las características de su Creador como sucede con el hombre. La expresión «imagen de Dios» es usada exclusivamente con referencia a los seres humanos y de ese modo los separa de las otras criaturas.[72] El hombre puede comunicarse con su Creador y adorarlo de una manera singular, como ninguna otra criatura.

> *Y creó Dios al hombre a su imagen, a imagen de Dios lo creó; varón y hembra los creó. Y los bendijo Dios, y les dijo: Fructificad y multiplicaos; llenad la tierra, y sojuzgadla, y señoread en los peces del mar, en las aves de los cielos, y en todas las bestias que se mueven sobre la tierra (Gn. 1:27-28).*

Dios no solo creó al hombre a su «imagen» y «semejanza» sino que, como consecuencia de ello, el hombre recibe una posición especial al ser designado «mayordomo de Dios» en la tierra. Los vocablos «sojuzgadla» y «señoread» destacan la

---

69. Juan Calvino, *Genesis*, p. 93.
70. John J. Davis, *Paradise to Prison: Studies in Genesis*, p. 81.
71. John C. Whitcomb, Jr., *The Book of Genesis* (Notas inéditas), p. 5.
72. Bruce K. Waltke, *Genesis: A Commentary*, p. 65.

responsabilidad que Dios puso sobre el hombre. Ninguna otra criatura recibió ese privilegio. El salmista lo expresa así:

> Le has hecho poco menor que los ángeles, y lo coronaste de gloria y de honra. Le hiciste señorear sobre las obras de tus manos; todo lo pusiste debajo de sus pies: ovejas y bueyes, todo ello, y asimismo las bestias del campo, las aves de los cielos y los peces del mar; todo cuanto pasa por los senderos del mar (Sal. 8:5-8).

La entrada del pecado produjo un cambio drástico en la vida del hombre. El pecado de Adán afectó radicalmente a toda la humanidad. El mundo presente ha sido colocado bajo la autoridad de los ángeles, pero esa relación afectada será renovada en el futuro a través de la victoria conseguida en la cruz por el postrer Adán, el Señor Jesucristo (véase He. 2:5-10 y 1 Co. 15:27-28).

En Génesis 1:27, el texto bíblico añade lo siguiente: «varón y hembra los creó». El vocablo «hombre» *(adám)* es genérico, es decir, incluye al «varón» y a la «hembra». Dios los creó a ambos con el propósito de que el uno fuese un complemento del otro. En Génesis 1:27, el sustantivo «hombre» aparece acompañado del artículo determinado, es decir, literalmente «el hombre». En su excelente comentario, el profesor Gordon J. Wenham, del *College of St. Paul and St. Mary*, en Cheltenham, Inglaterra, dice lo siguiente:

> Mientras que el versículo 26 usa el *anarthrous* [sin artículo] *adám*, en el versículo 27 se usa el artículo definido *ha adám*, y claramente se refiere a la humanidad en general, «varón y hembra», no a un individuo. El cumplimiento del mandamiento divino se registra en tres breves oraciones que especifican los aspectos más significativos de la existencia humana: Y creó Dios al hombre a su imagen, a imagen de Dios lo creó; varón y hembra los creó.[73]

El sustantivo «hombre» con función genérica en Génesis 1:27 incluye tanto al varón como a la mujer. Tanto el hombre como la mujer fueron creados a imagen de Dios y, por lo tanto, ambos poseen el Espíritu de Dios y tienen la capacidad de mantener comunión con el Creador.

La frase «y los bendijo Dios» expresa una acción soberana de Dios. Apunta al hecho de que Dios creó al hombre para hacerle bien, es decir, para bendecirlo no para hacerle mal. Juan Calvino dice:

> Esta bendición de Dios puede considerarse como la fuente de donde fluye la raza humana, y debemos considerarla no solo con referencia al todo, sino también, como se dice, en cada momento particular. Porque somos fructíferos o estériles con respecto a descendencia, en la medida en que Dios imparte su poder a algunos y lo retiene en otros. Pero aquí Moisés simplemente declara que Adán, con su mujer, fue formado para la producción de descendencia, para que los hombres llenasen la tierra.[74]

---

73. Gordon J. Wenham, «Genesis 1-15», *Word Biblical Commentary*, p. 32.
74. Juan Calvino, *Genesis*, p. 97.

El mandato de llenar la tierra y sojuzgarla, expresado en Génesis 1:28, revela una comisión cultural, algo que tristemente ha sido desatendido por los evangélicos. El mandato de Dios al hombre de «sojuzgar» la tierra ha sido dejado en manos de hombres y mujeres que pertenecen a una cultura pagana. Prácticamente todas las esferas de las actividades humanas están bajo el control de agnósticos y paganos. Personas que niegan a Dios dominan las esferas de las artes, la ciencia, la literatura, la filosofía, la economía, los medios de comunicación y la política. Si bien es cierto que «el mundo entero está bajo el maligno» (1 Jn. 5:19), también es cierto que Dios quiere que su luz brille en el mundo a través de sus redimidos.

El mandato de Dios al hombre de sojuzgar la tierra y señorear sobre la creación ha sido torcido a causa del pecado. El hombre ha llenado la tierra de violencia e iniquidad, lo cual desagrada a Dios. El Creador ha coronado al hombre «de gloria y de honra», lo ha hecho «señorear sobre las obras de [sus] manos» y todo lo puso «debajo de sus pies» (Sal. 8:5-6). Todo eso lo hizo Dios para que el hombre lo glorificase. Quienes gobiernan el mundo hoy, sin embargo, son hombres que viven de espaldas a Dios.

Como resultado de la bendición de Dios, también están los mandamientos: «Fructificad». Este verbo tiene que ver con «fertilidad». Dios es el autor de la fertilidad. Dios creó al hombre como «varón» y «hembra» para que ese mandamiento pudiese cumplirse en plenitud. Personas del mismo sexo no pueden procrear. «Multiplicaos». Dios creó al hombre con la capacidad de «multiplicarse». No dio esa capacidad a los ángeles. La expresión «llenad la tierra» (véase 1:22) sugiere que los temores de una superpoblación que ponga en peligro la vida presente del planeta Tierra son infundados. La tierra está plenamente capacitada para sostener una gran población. Aun después del diluvio universal, Dios reiteró el mandato de llenar la tierra (véase Gn. 9:1). A pesar de que el hombre ha maltratado sobremanera el planeta Tierra, así y todo no hay peligro de un exceso de población. El mandato divino de «llenar la tierra» nunca ha sido anulado. En realidad, el Dios soberano mantiene providencialmente un equilibrio de la vida que existe en la tierra.

> *Y dijo Dios: He aquí que os he dado toda planta que da semilla, que está sobre toda la tierra, y todo árbol en que hay fruto y que da semilla; os serán para comer. Y a toda bestia de la tierra, y a todas las aves de los cielos, y a todo lo que se arrastra sobre la tierra, en que hay vida, toda planta verde les será para comer. Y fue así (Gn. 1:29-30).*

En las culturas paganas, el hombre vivía para alimentar a los dioses.[75] El relato del Génesis muestra a un Dios soberano y creador que «ordena» y «llena» la tierra y suple todo lo necesario para sus criaturas. La voz del soberano habla y solo su voz es suficiente para producir «toda planta» que da semilla y «todo árbol en que hay fruto y que da semilla». El tiempo perfecto del verbo «os he dado» sugiere el carácter permanente de la acción. «Es la construcción normal en ordenanzas o decretos permanentes».[76] Dios ha creado una enorme variedad de vegetación para que el hombre pueda alimentarse satisfactoriamente. Por lo general, toda vida depende del reino vegetal creado por Dios. Asimismo, el Dios soberano dio la vegetación para la renovación de la energía. Génesis

---

75. Gordon J. Wenham, «Genesis 1-15», *Word Biblical Commentary*, p. 33.
76. Herbert C. Leupold, *Exposition of Genesis*, vol. I, p. 97.

1:29-30 parece sugerir que hubo un tiempo, quizá antes del diluvio universal, cuando los seres humanos y los animales se alimentaban totalmente de vegetales. Al parecer, fue después del diluvio que el hombre comenzó a alimentarse con carne (véase Gn. 9:3).

> *Y vio Dios todo lo que había hecho, y he aquí que era bueno en gran manera. Y fue la tarde y la mañana el día sexto (Gn. 1:31).*

Antes, Dios ya había declarado en seis ocasiones que era «bueno» (*tob*) lo que había hecho (véase Gn. 1:4, 10, 12, 18, 21, 25). Ahora, la declaración adquiere un carácter superlativo. El texto de la RVR-60 dice: «Bueno en gran manera». La versión católica *Sagrada Biblia* dice: «*Elojím* vio todo cuanto había hecho, y he aquí que estaba muy bien…» (Gn. 1:31). La enfática declaración afirma que no hay ninguna imperfección en la obra creadora de Dios.

La gramática de la frase con la que concluye el capítulo 1 del Génesis es llamativa. En los versículos que relatan los días de la creación, el sustantivo «día» aparece sin el artículo definido acompañando al adjetivo numeral ordinal. Esto ocurre con cierta frecuencia en el Antiguo Testamento (véase Gn. 2:3; Éx. 12:15; 20:10). El significado en todos estos casos es el mismo que si el artículo definido estuviese unido al sustantivo. Umberto Cassuto ofrece la siguiente explicación:

> Esa construcción aparece en nuestra sección solo aquí, pero no en conexión con los otros días, por la razón, al parecer, que cada uno de los días precedentes es simplemente uno de los días en la serie de días de la creación, mientras que este fue, en la secuencia, el día señalado para la terminación de la tarea, en armonía con el sistema descrito en la introducción a esta sección.[77]

Los días anteriores se mencionan simplemente como «día uno», «día dos», «día tres» y así sucesivamente. Pero al llegar al día sexto, el escritor bíblico le da un carácter especial y lo llama de manera exclusiva "el día sexto", añadiendo el artículo definido al adjetivo ordinal para destacar el hecho de que Dios ha completado su obra. La perfección y la armonía de la creación hicieron que el Creador la declarara «buena en gran manera». Dios culminó su obra de creación con el hombre hecho a su imagen y semejanza. Lo hizo para que fuese su mayordomo en la tierra y le proveyó de todo lo necesario para vivir y ser feliz, y le dio el mandato de «llenar la tierra». Es importante observar que Dios está controlando absolutamente todas las cosas. Él es el creador y sustentador de todo. La Escritura no permite ni el menor atisbo de un proceso de evolución. Todo es hecho de manera sobrenatural por el Dios Omnipotente.

RESUMEN Y CONCLUSIÓN (2:1-3)

> *Fueron, pues, acabados los cielos y la tierra, y todo el ejército de ellos. Y acabó Dios en el día séptimo la obra que hizo; y reposó el día séptimo de toda la obra que hizo. Y bendijo Dios al día séptimo, y lo santificó, porque en él reposó de toda la obra que había hecho en la creación (Gn. 2:1-3).*

---

77. Umberto Cassuto, *A Commentary on the Book of Genesis, Part One*, p. 60.

Estos versículos iniciales del capítulo 2 constituyen, más bien, un resumen de todo lo relatado en el capítulo 1 del Génesis.

Génesis 2:1 expresa la consumación de la obra creadora de Dios. La culminación de la obra se enfatiza cuatro veces. Además, el texto dice tres veces que Dios lo terminó todo. La Biblia no deja ni la más leve posibilidad de que haya habido una evolución en la obra de la creación. La Palabra de Dios deja bien claro que la mano soberana de un Creador lo hizo todo sin dejar nada fuera de su diseño. «La repetición en esta última sección de la narración enfatiza la culminación y la cesación de la creación. La palabra clave aquí, es el bien conocido "descanso" (*shabát*, " descansar", *shabbát*, "el sábado"). Ese vocablo en realidad significa "cesar", más que "descanso" como es entendido hoy. No es un vocablo que se refiera a remediar el agotamiento después de una extenuante semana de trabajo».[78]

El reposo de Dios en el «día séptimo» sugiere el don de ese descanso al hombre y que se evidencia en el hecho de que Dios lo hizo formar parte de la ley mosaica (véase Éx. 20:1-11; Mr. 2:27-28). Ese descanso se convierte en un tipo del «descanso milenial» (véase He. 3:7-4:13). El pueblo de Dios aún no ha entrado en «el reposo» prometido. Esa experiencia yace en el futuro cuando el Rey Mesías regrese a la tierra para reinar como soberano celestial.

Un aspecto importante de la culminación de la obra de Dios es la santificación del día de reposo. Esa santificación implica que no solo era un «día de descanso» para Dios sino también para el mundo. El texto dice que Dios «santificó» (*vayecadésh*) el día de reposo. Esa declaración de santificación indica que Dios elevó ese día por encima de los demás, y sobre lo cual Moisés escribió posteriormente: «Señal es para siempre entre mí y los hijos de Israel; porque en seis días hizo Jehová los cielos y la tierra, y en el séptimo día cesó y reposó» (Éx. 31:17).

En conclusión: Génesis 1:1—2:3 registra la obra del Dios soberano en ejecutar la creación de la nada. Él creó los cielos y la tierra juntamente con todo lo que en ellos hay. Este pasaje pone de manifiesto la existencia de un Dios personal que existe y existirá para siempre en tres Personas.

Dios creó la tierra, la ordenó y llenó para que el hombre la habitase. Proveyó todo lo necesario para la vida y la felicidad del hombre. Dios hizo al hombre a su imagen y semejanza, es decir, le dio personalidad, poder de autoconsciencia, poder de autodeterminación, conocimiento, inteligencia, justicia y santidad. El hombre es, por lo tanto, la corona de la creación de Dios. Fue creado sujeto a la previsión divina, al propósito y al deleite del Creador. Dios lo designó su mayordomo en la tierra y le delegó autoridad sobre bestias y plantas. Toda la vida terrestre y marina fue puesta «bajo los pies» del hombre. A pesar de la caída, el hombre sigue conservando la imagen de Dios, y sigue siendo responsable delante de Dios. El propósito redentor de Dios sigue vigente y activo. Lo que no pudo cumplirse en el primer Adán a causa del pecado, Dios lo cumplirá a través del postrer Adán, el Señor Jesucristo, cuando regrese con poder y gloria.

---

78. Allen P. Ross, *Creation & Blessing*, p. 113.

2

La creación del hombre para adorar al Creador (2:4-25)

¿Por qué debe ser el hombre un problema? Esa es una pregunta que razona-
blemente puede hacerse. De todas las cosas que el hombre sabe, este es un
asunto del cual no esperaría que hablase con autoridad. ¿Hay algo que él
debería conocer mejor que a sí mismo? O, ¿hay alguna cosa con la que estu-
viese en contacto más frecuentemente que el hombre? ¿Hay alguna situación
en la que el hombre pueda encontrarse que ahora le sea desconocida? ¿No
ha experimentado toda relación imaginable, tanto con otros como con Dios?
Como alguien ha dicho: ¿Quién no conoce al hombre? Y entonces, cuando uno
considera el asombroso adelanto en el conocimiento del hombre en el siglo
pasado, ¿no hay aquí un sorprendente contraste entre el fantástico crecimiento
del conocimiento de cuestiones científicas y la asombrosa ignorancia y la
perplejidad en las cosas espirituales?

Samuel Lewis Johnson, Jr., *Believers Bible Bulletin* (29 de octubre, 1978).

El hombre es «la corona de la creación de Dios». El único ser creado a «imagen y semejanza» de Dios (Gn. 1:27-28). Además, Dios colocó al hombre como administrador de la tierra. Podemos bien decir que el hombre es el representante de Dios en el planeta Tierra.

La comunidad de teólogos liberales y la alta crítica sostiene que el capítulo 2 del Génesis contiene un relato de la creación diferente del que aparece en el capítulo uno. Tal afirmación es producto de una mala comprensión del propósito del autor del Génesis. En Génesis 1:1—2:3, Moisés registra el relato de la creación del cosmos, los cielos, la tierra y el hombre. En Génesis 2:4 comienza el relato de la historia del cosmos, que ha sido creado y que está recién acabado. En el primer relato, el hombre es el fin y la culminación del proceso de la creación; mientras que en el segundo relato (Génesis 2), constituye el centro de la circunferencia de la creación y la historia lo toma como punto de partida. Ahora el hombre pasa a ser el tema fundamental de la historia, tal como fue la culminación en el capítulo 1.

Por haber pasado por alto esos puntos importantes, algunos han llegado a la conclusión absurda de que los capítulos 1 y 2 de Génesis reflejan dos relatos independientes de la creación del hombre. Es importante, sin embargo, no perder de vista que en el capítulo 1 se registra la creación del hombre y en el capítulo 2 se registra el proceso de esa creación. En el capítulo 1 el hombre es la corona del proceso de la creación y en el capítulo 2 es el punto de partida de la historia de la humanidad. De modo que en el capítulo 2 hay un nuevo comienzo con detalles adicionales dirigido a formar la base de un nuevo propósito, es decir, el relato de la historia de la creación de Dios, tanto del universo material como del hombre. Leon J. Wood, quien fuera profesor de Antiguo Testamento en el *Grand Rapids Baptist Bible Seminary*, hace el siguiente comentario:

> Algunas veces, a Génesis 2:4-25 se le llama el segundo relato de la creación. El pasaje habla de la creación, pero desde un punto de vista muy diferente del capítulo 1. Es en realidad el comienzo de la «caída», dando detalles adicionales respecto a la creación que son necesarios para la comprensión de la historia de Adán y Eva y del fruto prohibido. Esa es la razón del nuevo tipo de comienzo con 2:4, donde dice: «Estos son los orígenes de los cielos y la tierra». También es la razón de la manera diferente en la que los hechos de la creación son expresados.[1]

Génesis capítulo 2, por lo tanto, tiene que ver con la historia del hombre en relación con la humanidad en sí. En realidad, Génesis 2:4 da comienzo a una larga sección que termina en Génesis 4:26 y que puede dividirse en (1) la creación, situación y prueba del hombre en el paraíso (2:4-25), (2) la caída del hombre (3:1-24) y (3) la historia de la división de la primera familia, con particular atención a su relación con Dios (4:1-26).

> *Estos son los orígenes de los cielos y la tierra cuando fueron creados, el día que Jehová Dios hizo la tierra y los cielos (Gn. 2:4).*

Este versículo une las dos secciones (1:1-2:3 y 2:4-4:26). La frase: «Estos son los orígenes de los cielos y la tierra» da comienzo a una gran sección de Génesis. Es la primera vez que aparece la palabra *toledot*, traducida «orígenes». Dicho vocablo se usa diez veces más en Génesis (véase 5:1; 6:9; 10:1; 11:10, 27; 25:12, 19; 36:1, 9; 37:2), y es traducida de diferentes maneras («generaciones», «descendientes», «linajes», «historia»). Según Juan Calvino:

> El diseño de Moisés tenía el propósito de transmitir al lector el origen del cielo y la tierra, que él designa mediante el vocablo «generación».[2]

---

1. Leon J. Wood, *Genesis: A Study Guide* (Grand Rapids: Zondervan Publishing House, 1976), p. 28.
2. Juan Calvino, *Genesis* (Edinburg: The Banner of Truth Trust, 2000), p. 108.

Bruce K. Waltke, quien fue profesor de Antiguo Testamento y Hebreo en el Seminario Teológico de Dallas y más recientemente profesor en el *Regent College* (Canadá), ha escrito lo siguiente acerca del vocablo *toledot*:

> Este vocablo es la señal o aviso del comienzo de cada uno de los diez libros de Génesis... *toledot,* de la raíz *yalád*, significa «dar a luz hijos», aquí significa «lo que es producido o traído a la existencia por alguien». Es la forma nominal de la raíz que significa «descendientes». El relato se refiere a lo que el cosmos ha generado, no a la generación del cosmos.[3]

Las palabras «estos son los *toledot* de los cielos y la tierra cuando fueron creados» forman el encabezamiento de lo que sigue. Todas las veces que dicho vocablo aparece se usa como un encabezamiento de lo que sigue y, por lo tanto, excluye la posibilidad de ser un apéndice de lo que precede. La manera como el vocablo *toledot* es usado en Génesis señala que literalmente significa la generación o la descendencia de alguien y el desarrollo de esas generaciones o de sus descendientes. Es decir, la historia de los que han sido engendrados, o el relato de lo que les ocurrió y lo que realizaron. En ningún caso es la historia del nacimiento o el origen de la persona nombrada en el genitivo, sino siempre el relato de su familia y su vida. Según ese uso del vocablo, no puede entenderse por el *toledot* de los cielos y la tierra el relato del origen del universo, puesto que, según el punto de vista bíblico, los diferentes elementos que constituyen los cielos y la tierra no pueden ser considerados como generaciones ni como producto de evoluciones (como sugiere la comunidad liberal), ni tampoco pueden clasificarse juntos con la posteridad de los cielos y la tierra. Todas las criaturas en los cielos y en la tierra fueron hechas por Dios y traídas a la existencia por el poder de su palabra según su soberano diseño. Eso no niega el hecho de que Él hizo que algunas cosas salieran de la tierra.

Tal como el *toledot* de Noé, por ejemplo, no menciona su nacimiento, sino que contiene su historia y el nacimiento de sus hijos, así también el *toledot* de los cielos y la tierra no describe el origen del universo sino lo que les sucedió a los cielos y a la tierra después de su creación.[4]

Resumiendo: El vocablo *toledot* significa «la historia de». Dicho vocablo «nunca expresa cómo llegaron a existir las cosas o las personas. Dice qué sucedió después de que tales cosas o tales personas aparecieron en la escena... El plural *toledot* simplemente transmite la idea, muy común en hebreo, de los muchos detalles individuales que intervienen en la formación de una «historia» o un «relato».[5]

«El día que Jehová Dios hizo la tierra y los cielos» (Gn. 2:4b). Esta frase nos retrotrae a la obra de la creación; específicamente al tiempo anterior a la obra del comienzo del tercer día. Seguidamente, el autor de Génesis aportará algunos detalles que explican cómo fueron creadas las plantas que requieren cuidado y cultivo.

Henry M. Morris, coautor del libro *El diluvio del Génesis* y fundador del *Institute for Creation Research*, ha sugerido la siguiente traducción de Génesis 2:4b-6.

---

3. Bruce K. Waltke, *Genesis: A Commentary*, p. 83.

4. Keil y Delitzsch, «Genesis to Judges 6:32», *Old Testament Commentaries* (Grand Rapids: Associated Publishers and Authors Inc., s.f.), p. 55.

5. Herbert C. Leupold, *Exposition of Genesis*, vol. I, p. 110.

> En el día en que Jehová Dios hizo la tierra y los cielos todavía no había campos de plantas en la tierra ni campos de arbustos creciendo, ya que Jehová Dios todavía no había establecido la lluvia en la tierra, puesto que aún no había hombre para cultivar la tierra. Pero había vapores que subían de la tierra, que mantenían la irrigación de toda la superficie del suelo.[6]

Estos versículos confirman el hecho de que Dios cuidadosamente preparó la tierra para la llegada del hombre. Evidentemente, Moisés tiene en mente la obra realizada por Dios en el tercer día de la creación. Cuando Dios crea al hombre, ya la tierra estaba preparada para que la habitase. El soberano Creador no deja fuera detalle alguno.

LAS CIRCUNSTANCIAS QUE RODEAN A
LA CREACIÓN DEL HOMBRE (2:5-6)

El estado de la vegetación en la creación (2:5): Es en este punto donde la alta crítica argumenta que el autor del Génesis usa dos fuentes contradictorias en la confección de su relato. En primer lugar, usa un nombre diferente para Dios. En el versículo 4, aparece el nombre «Jehová Dios» (*Yejová Elojím*). Ese mismo nombre es usado en 2:5, 7, 8, 9, 15, 16, 18, 19, 21 y 22. Además, se argumenta que mientras que en Génesis 1:1-2:3 las plantas aparecen en el tercer día, aquí no aparecen sino hasta después de la creación del hombre (véase Gn. 2:5-6, 9). El argumento de la crítica, sin embargo, es débil. En cuanto al nombre usado para Dios debe decirse que es muy adecuado que se use dicho nombre ya que ese es el nombre relacionado con Dios como «guardador del pacto». Debe observarse que el relato avanza hacia el pacto que Jehová Dios hizo con el hombre en el Edén (véase Gn. 2:18-17).

Con relación al segundo argumento de la crítica, los comentaristas Keil y Delitzsch señalan que:

> El relato en los versículos 5-25 no es una segunda, completa e independiente historia de la creación, ni contiene simples apéndices del relato del capítulo uno, sino que describe el comienzo de la historia de la raza humana. Este comienzo no solo incluye un relato completo de la creación de la primera pareja humana sino una descripción del lugar que Dios les preparó como habitación. Esto último es de elevada importancia en relación con la autodeterminación del hombre con su trascendental consecuencia tanto para la tierra como para el cielo. Aun en la historia de la creación el hombre tiene precedencia sobre todas las demás criaturas por haber sido creado a imagen de Dios y ser designado señor de toda la tierra, aunque es simplemente mencionado allí como el último y más elevado nexo en la creación.[7]

Los eruditos Keil y Delitzsch afirman que el versículo 9 se refiere al establecimiento del huerto del Edén y no a la creación original de las plantas. Hay quienes sostienen que Moisés estaba interesado en el capítulo dos con las plantas que requieren lluvia y cultivo humano y no con el amplio espectro de la vegetación (véase Gn. 2:5-6). Dicho

---

6. Henry M. Morris, *The Genesis Record*, p. 84.

7. Keil y Delitzsch, «Genesis to Judges 6:32», *Old Testament Commentaries*, p. 59.

de otra manera, las plantas mencionadas en el capítulo dos son aquellas que no solo crecen sin necesidad de cuidado, sino aquellas que no requieren habilidad y conocimiento agrícola como los que requieren los granos y plantas similares. Lo cierto es que no existe contradicción alguna entre los relatos de los capítulos uno y dos. La crítica liberal se equivoca cuando afirma que Génesis 1 y 2 son dos relatos contradictorios. Tal apreciación se deriva de los prejuicios de la crítica que, a priori, afirma que Moisés no es el autor de Génesis.

El estado de la tierra (Gn. 2:6): La mención del vapor y la falta de lluvia muestra claramente que el cielo hidrológico original era muy diferente al que existe hoy[8]. La tierra no era todavía el lugar adecuado para el cultivo como es hoy. Las cosechas de comestibles aún no habían aparecido. Aun el firmamento era diferente porque, al parecer, todavía no había nubes ni lluvia sino solamente «un vapor que subía de la tierra» y regaba toda su faz. De manera que la escena era semejante a un panorama acuoso. El vapor se alzaba continuamente, se condensaba y se precipitaba como lluvia. La cubierta vaporosa que rodeaba la tierra probablemente impedía la verdadera lluvia. Ese parece ser el significado de Génesis 2:6, «sino que subía de la tierra un vapor, el cual regaba toda la faz de la tierra». Es decir, que aunque no había lluvia como la conocemos hoy, la tierra estaba perfectamente hidratada por el vapor que ascendía y luego se precipitaba al suelo.

La creación del hombre como ser espiritual (2:7)

Entonces Jehová Dios formó al hombre del polvo de la tierra, y sopló en su nariz aliento de vida, y fue el hombre un ser viviente (Gn. 2:7).

En Génesis 2:5 se plantean dos situaciones que el Creador tiene que resolver: la falta de lluvia y la falta de hombres para labrar la tierra. En el versículo 6, Dios resuelve la primera situación mediante «un vapor que subía de la tierra» para irrigarla. En Génesis 2:7, Dios resuelve la segunda situación cuando pone al hombre sobre la tierra para que la labre y la cuide.

Allen P. Ross comenta acertadamente:

El acto creador de Jehová Dios es expresado aquí mediante el vocablo *yatsár*, «formó». Dicho término significa que este acto de creación fue por diseño, una idea demostrada por el uso de un sustantivo afín más adelante en el libro: «Todo designio (*yetsér*) de los pensamientos del corazón de ellos era de continuo solamente el mal» (6:5). La idea de intento o diseño al formar al hombre puede ilustrarse también mediante el uso de la forma del participio de ese verbo, que significa «alfarero» (*yotsér*, véase Jer. 18:2-4). Además de enfatizar que la humanidad es una obra de arte según el diseño del Creador, el pasaje también explica que la humanidad es terrena. El acto total es aclarado por el dato de que Jehová Dios usó polvo del suelo para formar al hombre. La paronomasia en el renglón subraya este hecho: «Jehová Dios formó al hombre [*já adám*] del polvo de la tierra [*ja adamá*]. «Hombre» [*adám*] en esta sección, por tanto, se refiere al primer ser humano, pero luego también

---

8. Henry M. Morris, *The Genesis Record*, pp. 84-85.

a la humanidad. Puesto que el primer hombre procede de la tierra, él y todos los seres humanos están inseparablemente unidos a ella (véase Job 4:19; 10:9; Is. 29:16). Además, la referencia a ese pasaje después de la caída retiene la perspectiva correcta «polvo eres» (Gn. 3:19).[9]

Llama la atención que sobre la base del contenido de Génesis 2:7, algunos teólogos y expositores apoyan la teoría llamada «evolucionismo teísta». Esta teoría sostiene que el cuerpo de Adán fue el de algún animal que había evolucionado hasta convertirse en un bípedo mediante un proceso gradual de cambios durante miles, o quizá, millones de años. Luego, en su momento, Dios puso dentro del cuerpo de Adán un alma eterna. Este último acto, dicen, ocurrió en un tiempo relativamente reciente, quizá solo hace unos pocos cientos de miles de años. El evolucionismo teísta afirma que Dios ordenó y dirigió el proceso de la evolución y, según dicen, pudo haber producido directamente las primeras formas de vida, pero más allá de eso solamente supervisó el proceso de la evolución. Los evolucionistas teístas creen que Dios ordenó y dirigió un proceso creativo en vez de ejecutar una serie de actos creativos.

El evolucionismo teísta confronta dificultades contundentes. En primer lugar, confronta el testimonio enfático del Señor Jesucristo cuando dijo: «… ¿No habéis leído que el que los hizo al principio, varón y hembra los hizo?» (Mt. 19:4; Gn. 1:27). El Señor Jesucristo afirma que el hombre fue creado por un acto soberano de Dios.

En segundo lugar, Génesis 2:21-23 expresa claramente que Eva fue formada de la carne extraída del costado de Adán. Esa verdad es confirmada por el apóstol Pablo en 1 Corintios 11:8. Si Dios formó a Eva de la carne del costado de Adán, ciertamente el mismo Dios pudo haber creado a Adán mediante un acto sobrenatural tal como lo afirma Génesis 2:7. Debe observarse que Génesis 2:7 declara que el cuerpo de Adán fue formado del «polvo de la tierra», no de los restos de un animal (véase Gn. 3:19). Además, la frase «y fue el hombre un ser viviente» es incompatible con los postulados de la evolución teísta. Si Adán hubiese procedido de un animal ya hubiese sido «un alma viviente», porque eso es lo que se dice de los animales en Génesis 1:21-24. Lo correcto es que cuando Adán fue creado, entonces llegó a ser «un ser viviente», es decir, una persona. Antes de haber sido creado, simplemente no existía. El salmista David, guiado por el Espíritu Santo, expresó su asombro cuando escribió:

Te alabaré; porque formidables, maravillosas son tus obras; estoy maravillado, y mi alma lo sabe muy bien. No fue encubierto de ti mi cuerpo, bien que en oculto fui formado, y entretejido en lo más profundo de la tierra. Mi embrión vieron tus ojos, y en tu libro estaban escritas todas aquellas cosas que fueron luego formadas, sin faltar una de ellas (Sal. 139:14-16).

El texto bíblico es claro y contundente cuando afirma que Dios «creó» al hombre a su «imagen y semejanza» (1:27). Además declara que Jehová Dios «formó» al hombre del polvo de la tierra. El hecho de que el hombre, en cuanto a lo físico, procede del polvo de la tierra hace posible que regrese al mismo polvo de donde su cuerpo fue sacado cuando muere. Eso sugiere, al parecer, que desde su creación, el hombre

---

9. Allen P. Ross, *Creation & Blessing*, p. 122.

lleva consigo la posibilidad de morir. Evidentemente, Dios incluyó todos los detalles relacionados con el ser humano, incluyendo su muerte tan pronto el pecado entrase en su experiencia.

«...y sopló en su nariz aliento de vida» (2:7b).

Esta segunda cláusula de Génesis de 2:7 declara que el segundo acto de Dios fue hacer que el hombre fuese «un ser viviente». Dios puso en el hombre una naturaleza inmaterial y la unió a su naturaleza material. El hombre, por lo tanto, está constituido de un aspecto material, el cuerpo físico y un aspecto inmaterial, el espíritu. El ser humano, por tanto, se relaciona con Dios mediante el espíritu y con la tierra mediante el cuerpo.

El texto dice: «Y sopló [Jehová Dios] en su nariz aliento de vida». El sustantivo «aliento» denota el don divino que diferencia al hombre del animal. Dios, personalmente, sopló «el aliento de vida» en el hombre, aunque no hizo eso con los animales. Si bien es cierto que los animales tienen «aliento de vida» (véase Gn. 7:22) también es cierto que Dios sopló ese aliento de manera íntima en el hombre y que solo el hombre es «imagen de Dios». Gerhard von Rad ha escrito lo siguiente:

> Pero el hombre formado de la materia no se convierte en ser vivo hasta que recibe el divino aliento en la cara... se personifica, se individualiza esta divina potencia vitalizadora, pero solo por su entrada en el cuerpo material. Únicamente este aliento que se une a un cuerpo hace del hombre un ser vivo.[10]

«...y fue el hombre un ser viviente» (Gn. 2:7c).

Esta es la tercera declaración que aparece en Génesis 2:7. Como resultado de haber recibido el soplo divino, el hombre se convierte en un ser viviente, es decir, una persona. Ahora el hombre está en plena capacidad de cumplir el mandato recibido en Génesis 1:28 de «llenar la tierra», «sojuzgarla» y «señorear» sobre todas las bestias y todo animal que viva en la tierra. El hombre es «un ser viviente» porque ha recibido de Jehová Dios el «aliento de vida» [*neshamá kjayím*]. Obsérvese que el texto dice que «el hombre fue un ser viviente». Literalmente dice: «el hombre fue hecho un alma viviente». No dice que el hombre «tiene un alma viviente» sino que «es» un alma viviente. Que Adán «fue hecho un alma viviente» contradice plenamente los argumentos de la evolución teísta. Lo que Dios revela en su Palabra tiene por objeto enfatizar que el hombre es una criatura de gran dignidad en su estado original. Pero por haber sido formado del polvo de la tierra tiene un origen humilde. Por esa razón, el hombre debe humillarse delante de su Creador y depender plenamente de Aquel que lo ha hecho un alma viviente. Llama la atención que el nombre Adán se deriva de *adamá* que significa «barro», «arcilla». Dicho nombre es un recordatorio para Adán de cuál es su origen y, por lo tanto, debe evitar cualquier autoexaltación. El hombre tiene la responsabilidad de someterse a su Creador, pero, lamentablemente, está en rebelión contra Aquel que lo creó.

---

10. Gerhard von Rad, *El libro del Génesis*, p. 90.

Conclusión

La doctrina del hombre, desde el punto de vista bíblico, puede dividirse de la siguiente manera:

1. El hombre fue creado por Dios a su imagen y semejanza (Gn. 1:26-28; 2:7).
2. El hombre recibe el mandato de Dios de no comer del fruto del árbol de la ciencia del bien y del mal, desobedece el mandato de Dios y cae en pecado (Gn. 2:16-17; 3:1-21).
3. Dios extiende su gracia y provee redención para el hombre pecador (Gn. 3:21-24).

La Palabra de Dios revela el origen del hombre de una manera totalmente diferente de como lo enseña la teología liberal. Génesis 1:26-28 y 2:7 son dos pasajes claves para comprender la realidad del origen del hombre. En primer lugar, el hombre es presentado como la obra peculiar y especial de Dios, no como el producto de un proceso evolutivo. En segundo lugar, el hombre es creado a imagen y semejanza de Dios. Ninguna otra criatura fue hecha con esa característica, solo el hombre. Además, el Creador dio al hombre mandamientos concretos y responsabilidades que debía obedecer. Aunque fue creado a imagen de Dios, el hombre debe estar sometido a Jehová Dios. El Creador es el soberano, Él está por encima de todo, y el hombre, como criatura, tiene la obligación de obedecer al Creador.

También el hombre recibió el privilegio y la responsabilidad de «sojuzgar» y «señorear» sobre la creación de Dios. Adán fue designado rey de la tierra por mandato divino. Dios «lo coronó de gloria y de honra» (Gn. 1:26, 28; Sal. 8:6). Aunque el pecado le ha hecho perder esa posición, por la gracia soberana de Dios el hombre volverá a ocupar ese lugar privilegiado mediante la obra de redención. Esa redención ha sido ejecutada por el postrer Adán, el Dios encarnado, es decir, el Señor Todopoderoso (véase He. 2:5-9).

Añádase también que cuando Adán fue creado, también fue incluido en la evaluación divina de la creación. El texto bíblico dice: «Y vio Dios todo lo que había hecho, y he aquí que era bueno en gran manera…» (Gn. 1:31). El pecado no formaba parte del hombre como criatura de Dios ni es un elemento necesario en la naturaleza humana, sino que fue añadido y entró en el mundo como consecuencia de la desobediencia (véase Ro. 5:12). Jehová Dios sometió al hombre a la prueba de la obediencia y estableció un pacto con la criatura: el hombre debía «labrar» y «guardar» el huerto del Edén (Gn. 2:15). Dios sometió al hombre a un tiempo de prueba para demostrar su lealtad y obediencia al Creador.

Finalmente, el acto divino expresado mediante el verbo «hagamos» indica que la creación del hombre es el resultado del consejo divino que tuvo lugar dentro de la Deidad. La existencia de Adán no es el resultado del azar, no sucedió fortuitamente ni tampoco es el producto del movimiento de una ola del océano primitivo. La creación del hombre fue un acto soberano del Dios Todopoderoso quien, en conformidad con su diseño, trajo a la existencia todas las cosas, incluyendo al hombre (véase Jn. 1:3; Ef. 1:11; Col. 1:16-17).

Desde la entrada del pecado en la experiencia humana, la gloria original del hombre es una cosa del pasado y una esperanza del futuro. La segunda etapa de la historia del hombre, es decir, la caída en el pecado y la desobediencia, ha relegado al hombre a un estado de culpa y condenación delante de Dios. Toda la humanidad cayó cuando Adán desobedeció al Creador. Toda la raza humana ha muerto la muerte de su «cabeza federal» y ahora está muerta en delitos y pecados delante del soberano Creador. Hasta ahora mismo, el portador de la imagen de Dios permanece en condenación, y aunque retiene la imagen la misma está corrompida y contaminada. Esto explica por qué el hombre moderno vive de espaldas a Dios y desapercibido del peligro al que se expone cuando reniega de su Creador. El postmodernismo niega la existencia de Dios, demostrando así su necedad (Sal. 14:1). Así como Adán, el postmodernismo quiere independizarse de Dios y de esa manera comete el peor de los pecados.

La tercera etapa de la antropología bíblica tiene que ver, como es de esperarse, con el tema de la redención. Es Dios quien da inicio a esa etapa puesto que el hombre, en su condición de «muerto en delitos y pecados», es incapaz de tomar la iniciativa. Dios, mediante su gracia soberana, por la intervención del Espíritu Santo, hace que el hombre pecador reciba los primeros destellos de la luz celestial en su alma entenebrecida. Ahí comienza la obra de Dios para restaurar al ser caído. Es solo mediante la culminación de la obra de Dios, mediante la revelación de la obra expiatoria de Jesucristo, que al fin el hombre es capaz de llegar a una plena comprensión de sí mismo. El proceso total de redención, incluyendo la obra de santificación que sigue a la conversión del hombre, es el plan divino de la restauración al lugar y a la condición que existía al principio, es decir, «la imagen de Dios». Por supuesto, hay numerosas cosas que son añadidas como resultado de la superexcelente obra del Señor Jesucristo. Pablo lo expresa así:

> Y revestido del nuevo [hombre], el cual conforme a la imagen del que lo creó se va renovando hasta el conocimiento pleno (Col. 3:10; véase también Ef. 4:22; Stg. 3:9).

No extraña, por lo tanto, que el hombre moderno esté tan confundido. Su fe liberal, idealista y humanista ha sido hecha polvo por dos guerras mundiales y los males que las han acompañado. Al perder su sentido de Dios y de sí mismo, el que fuera creado para ser «rey de la tierra» ahora se encuentra en un estado de desesperación y de frustración, como el rey que ha sido quitado de su trono. El hombre, sin embargo, necesita conocer a Dios y conocerse a sí mismo. Juan Calvino lo expresa así:

> Casi toda la suma de nuestra sabiduría, que de veras se debe tener por verdadera y sólida sabiduría, consiste en dos puntos: el conocimiento que el hombre debe tener de Dios y el conocimiento que debe tener de sí mismo.[11]

Calvino afirma acertadamente que «es cosa evidente que el hombre nunca jamás llega al conocimiento de sí mismo, si primero no contempla el rostro de Dios y, después de haberlo contemplado, desciende a considerarse a sí mismo».[12] Conocer a Dios, sin embargo, no es solo saber que Él existe, sino entender qué es lo que trae gloria y honra a su soberano ser. El hombre moderno no solo niega la existencia de Dios sino que se atribuye a sí mismo toda la gloria que solo pertenece a Dios. El hombre no se

---

11. Juan Calvino, *Institución de la religión cristiana*, vol. 1 (Rijswijk, Países Bajos, 1968), p. 3.
12. *Ibíd.*, p. 4.

conoce a sí mismo porque el verdadero autoconocimiento solo es posible mediante un conocimiento correcto de Dios, y ese conocimiento se encuentra solo en Jesucristo.

**DIOS PRUEBA LA OBEDIENCIA DEL HOMBRE
EN EL HUERTO DEL EDÉN (2:8-17)**

Dios hizo una maravillosa provisión para el hombre (2:8-14)

Y Jehová Dios plantó un huerto en Edén, al oriente; y puso allí al hombre que había formado. Y Jehová Dios hizo nacer de la tierra todo árbol delicioso a la vista, y bueno para comer; también el árbol de la vida en medio del huerto, y el árbol de la ciencia del bien y del mal. Y salía de Edén un río para regar el huerto, y de allí se repartía en cuatro brazos. El nombre del uno era Pisón; éste es el que rodea toda la tierra de Havila, donde hay oro; y el oro de aquella tierra es bueno; hay allí también bedelio y ónice. El nombre del segundo río es Gihón; éste es el que rodea toda la tierra de Cus. Y el nombre del tercer río es Hidekel; éste es el que va al oriente de Asiria. Y el cuarto río es el Éufrates (Gn. 2:8-14).

La Biblia registra que Dios soberanamente creó los cielos y la tierra. Además, el Señor dispuso la tierra, ordenándola y llenándola de todo lo necesario, en preparación para la llegada del hombre a quien Dios puso como rey de la tierra.

Dios creó al hombre de una manera especial. Formó su cuerpo del barro de la tierra y luego sopló en él aliento de vida y el hombre fue un ser viviente, es decir, un ser personal. El hombre fue creado por Dios en perfección y santidad moral, hecho a la imagen de Dios. Eso implica lo siguiente:

1. El hombre posee una naturaleza racional que lo capacita para conocer a Dios.
2. El hombre posee una naturaleza moral que lo capacita para disfrutar de «la justicia y santidad de la verdad» (Ef. 4:24).
3. Dios dio al hombre una responsabilidad real y le otorgó autoridad sobre toda la creación (véase Gn. 1:26, 28). Todo esto lo sabemos en virtud de la revelación divina, no sobre la base de la especulación humana. La Biblia enseña que Dios tiene un plan soberano para la vida del hombre en la tierra. El hombre no es producto del azar ni de la evolución irracional sino de un diseño perfecto elaborado por el Dios omnisciente y santo.

Por supuesto, todo lo dicho conduce inevitablemente a ciertas cuestiones muy serias relacionadas con el tema de la prueba del hombre revelada en Génesis 3. ¿Cuál fue la naturaleza de la prueba y la tentación del hombre? ¿Cómo es posible que el pecado haya entrado en el corazón del hombre? Esto es sorprendente si se recuerda que, después de crear al hombre, Dios declaró que era «bueno en gran manera» (Gn. 1:31). Lo cierto es que con la provisión de todas las cosas que Dios hizo para el hombre también proporcionó un ambiente en el cual el hombre fuese probado respecto de su obediencia al Creador.

El texto bíblico dice con absoluta sencillez: «Y Jehová Dios plantó un huerto en Edén, al oriente; y puso allí al hombre que había formado» (2:8). El lugar de habitación de Adán es descrito para establecer el escenario donde ocurrió la prueba. Es probable que Adán haya sido creado en algún sitio fuera de Edén, pero pudo observar cómo Dios preparaba el hermoso jardín que sería su hogar.[13] Henry M. Morris dice que «el primer conocimiento que Adán tuvo de su Creador sería el de alguien que lo amaba y que cuidadosa y abundantemente suplía para él».[14]

Génesis 2:8 sugiere que Adán fue creado fuera del huerto del Edén. Dicho huerto era un jardín dentro del universo que había sido creado y dentro del territorio de la tierra que Dios había creado. El Edén no es equivalente a la tierra, y el jardín no es equivalente al huerto del Edén. El sustantivo Edén significa «deleite». Era una región o espacio que, a la postre, le dio nombre al huerto mismo. Según el relato del Génesis, el Edén es un sitio o localidad, no un símbolo. El vocablo hebreo [*gan*], traducido «huerto» es expresado en la Septuaginta mediante el sustantivo de donde viene la palabra «paraíso» en castellano.

La Biblia no explica cómo Dios «puso allí al hombre», en el huerto del Edén. Aunque no es importante que sepamos cómo lo hizo, sí es importante saber que el huerto del Edén, el paraíso de deleite, era un lugar maravilloso para que el hombre viviese. Como ha escrito Herbert C. Leupold:

> Paraíso, el concepto tomado prestado del persa por los traductores de la Septuaginta, es apropiado, pero sugiere, más bien, un parque real. Un lugar de belleza particular y excelencia que mejor refleja el favor de Dios hacia su principal criatura.[15]

Dios, por su gracia soberana, creó al hombre, lo hizo a su «imagen y semejanza», lo puso como rey de la creación y lo colocó en el lugar más bello donde había abundancia de todo. El soberano Dios proporcionó en abundancia todo lo que el hombre necesitaba para su felicidad.

Génesis 2:9 describe la preparación del huerto, en donde Dios plantó árboles que eran tanto hermosos a la vista como nutritivos para el cuerpo. Aunque no se conocen los detalles, evidentemente, los frutos de los árboles del huerto no solo nutrían el cuerpo de Adán sino que también prevenían su envejecimiento. Sin duda, Dios cuida de todos los aspectos de la vida del hombre. Por supuesto, los árboles más importantes en el huerto del Edén eran «el árbol de la vida» y «el árbol de la ciencia del bien y del mal». Es importante señalar algunas cosas respecto del contenido de Génesis 2:9. En primer lugar, no hay sugerencia alguna de que se trate de una alegoría o de un mero simbolismo, sino que el texto sugiere que se trata de algo histórico y real. Tanto la descripción geográfica como la mención de los dos árboles dan a entender que se refiere a algo literal no mitológico ni alegórico, aunque los árboles tengan una aplicación sacramental.

Se han elucubrado algunas teorías raras respecto al significado concreto del «árbol de la ciencia del bien y del mal». Algunos han interpretado que se refiere a todo, como si el hombre no debe codiciar la omnisciencia (véase Gn. 3:22). Otros lo han tomado como una referencia a percatarse de la realidad sexual (Gn. 3:7). Aun otros entienden

---

13. Henry M. Morris, *The Genesis Record*, p. 87.
14. *Ibíd.*
15. Herbert C. Leupold, *Exposition of Genesis*, vol. I, p. 117.

que es una manera de hablar acerca de una rivalidad existente entre el árbol de vida y el de la ciencia del bien y del mal. La postura correcta, sin embargo, es la que señala que el énfasis del pasaje radica en la prohibición y no en las propiedades del árbol. Comer del fruto de ese árbol estaba prohibido, y eso es lo importante.

En resumen, el acto de comer del fruto del árbol de la ciencia del bien y del mal es un acto de transgresión y rechazo de Dios. Por otro lado, comer del fruto del árbol de la vida significa sumisión a la voluntad de Dios y comunión íntima con Él. Gordon J. Wenham hace el siguiente comentario:

> En el huerto, la ley revelada de Dios se resume en la advertencia: No coman de ese árbol porque morirán. En el pueblo de Israel, muchas otras leyes eran conocidas, y los que las transgredían caían en la maldición divina y se arriesgaban a la muerte. Puesto que la ley fue dada por Dios, no podía ser alterada ni se le podía añadir (Dt. 4:2). Por lo tanto, la autonomía moral del hombre estaba descartada (Jos. 4:7). Al preferir la sabiduría humana sobre la ley divina, Adán y Eva hallaron la muerte, no la vida.[16]

Dios colocó ambos árboles en el centro del huerto con el propósito de someter a Adán a una prueba. Si comía del árbol «de la ciencia del bien y del mal» caería en transgresión y desobediencia. Si comía del árbol de la vida demostraba que se sometía a la voluntad del soberano. Adán optó por comer del árbol «de la ciencia del bien y del mal» y su transgresión trajo desgracia a toda la raza humana; esa desgracia solo halla solución en la obra expiatoria de Cristo.

Y salía de Edén un río para regar el huerto, y de allí se repartía en cuatro brazos (Gn. 2:10).

Dios creó un río para irrigar el huerto de Edén. Evidentemente había suficiente agua en el río para regar y alimentar a toda la vida del huerto. Al parecer, el río surgía de manantiales subterráneos que poseían suficiente fuerza como para alimentar la vegetación que crecía en el hermoso huerto del Edén. El agua del río, sin duda, habla de fertilidad, algo que solo proviene de Dios. Los paganos pensaban que provenía de sus dioses. Los cananeos creían que Baal era el dios de la fertilidad, pero la Biblia enseña que la fertilidad proviene solo de Jehová Dios.

Génesis 2:10-14 sugiere que el río que alimentaba al huerto era de grandes dimensiones, pues atravesaba todo el territorio y luego se dividía en cuatro brazos que, evidentemente, eran también ríos caudalosos ya que alimentaban a los dos grandes ríos que todavía se conocen como Tigris *(Hidekel)* y Éufrates. No se sabe el sitio exacto de los otros ríos. Puede ser que la geografía actual de aquella región no sea la misma que la antigua geografía. Seguramente hubo cambios geográficos como resultado del diluvio universal. También es probable que hayan ocurrido desastres naturales que cambiaron la topografía de aquella región. Eso significa que es imposible identificar la presente región del Tigris-Éufrates con el huerto del Edén. Los ríos antediluvianos con toda probabilidad fueron destruidos por el diluvio universal. De haber sido así,

---

16. Gordon J. Wenham, «Genesis 1-15», *Word Biblical Commentary*, p. 64.

la presente región del Tigris-Éufrates no guarda relación con el escenario descrito en Génesis 2:10-14.

El hombre es colocado en el huerto (2:15)

Tomó, pues, Jehová Dios al hombre, y lo puso en el huerto de Edén, para que lo labrara y lo guardase (2:15).

La prueba a la que Adán fue sometido guardaba alguna relación con el huerto del Edén. Obsérvese que Jehová Dios «tomó al hombre y lo puso en el huerto de Edén» y le dio el mandato de «labrar y guardar» el huerto. Eso sucedió antes de la creación de Eva. Después de que Dios crease a Eva, Dios dio a ambos el mandato de «sojuzgar» y «señorear» sobre toda la tierra. Adán y Eva, como pareja, tendrían dominio sobre la creación como representantes de Dios (véase Gn. 1:26, 28; 3:1-5).

Dios puso al hombre en el huerto del Edén para que «lo labrara y lo guardase», es decir, Jehová Dios estableció desde el principio una ética de trabajo. Es importante notar que incluso en el mundo ideal, en los tiempos más primitivos, el trabajo era considerado como algo necesario para el bien del hombre, y no fue una consecuencia del pecado. El acto de guardar el huerto tenía que ver con la mayordomía encomendada al hombre. Adán debía mantener el huerto ordenado y hermoso, como una expresión de su sometimiento al Creador. La belleza y el orden en el huerto debían reflejar la gloria del Dios soberano que lo había creado todo y lo había declarado «bueno en gran manera». Jehová Dios dio al hombre el privilegio de participar en la manifestación de su gloria. Fue a través de la prueba, que implicaba el cuidado de los árboles del huerto, que el hombre participaría en el desarrollo de su propio carácter y condición moral. Desgraciadamente, el hombre fracasó y no se sometió al mandato de Dios.

Condiciones de la prueba a la que fue sometido Adán (2:16-17)

El pasaje comienza con la frase: «Y mandó Jehová al hombre…», que es el primer mandamiento que aparece en las Escrituras. El vocablo usado es el verbo *tsavá* que significa «mandar», y es el término principal usado en la ley para expresar «mandamiento». Aquí concierne a la cuestión de vida o muerte por lo bueno o lo malo.[17]

Los árboles que Dios colocó en medio del huerto —«árbol de vida» y «árbol de la ciencia del bien y del mal»— recibieron sus nombres por su relación con el hombre y eso sugiere que señalaban una relación directa con lo que Dios iba a hacer con ellos. Uno era para entrenar el espíritu del hombre mediante el ejercicio de la obediencia a la Palabra de Dios, mientras que el otro era para transformar, a la postre, su naturaleza terrenal en una naturaleza espiritual que poseía vida eterna.

El mandato de Jehová Dios a Adán fue: «De todo árbol del huerto podrás comer» (Gn. 2:16), también puede expresarse como: «De cualquier árbol del huerto puedes comer». No podría haber una expresión más clara de la voluntad de Dios. Positivamente, Adán tenía una superabundancia de árboles que daban fruto y de «cualquiera» de ellos podía comer libremente. Podría decirse que la tentación que Adán confrontó fue mucho más débil que la que confrontan los descendientes de Adán hoy, porque

---

17. Allen P. Ross, *Creation & Blessing*, p. 125.

debido a la presencia del pecado en su ser ellos son probados e incitados al mal por los deseos pecaminosos y por la susceptibilidad que hay en sus miembros hacia lo malo.

Mas del árbol de la ciencia del bien y del mal no comerás; porque el día que de él comieres, ciertamente morirás (Gn. 2:17).

Este versículo expresa de manera tajante la prohibición divina dada a Adán. El corazón mismo de la prueba tiene que ver con la cuestión de creer o no a la Palabra de Dios. Obedecer la Palabra de Dios siempre resulta en bendición, mientras que desobedecerla resulta en maldición y muerte.

El verdadero significado de la prueba de Adán

En su excelente comentario, *Creation & Blessing*, el profesor Allen P. Ross dice:

Como con los subsiguientes mandamientos de Dios, hay bendiciones positivas y prohibiciones negativas. En este pasaje, todos los bienes y placeres terrenales están a disposición del hombre (el [modo] infinitivo destaca «podéis comer... a vuestra disposición») excepto de ese árbol de la ciencia del bien y del mal (el [modo] infinitivo subraya la certeza de la muerte: «ciertamente morirás»)... Este concepto de la muerte requiere un estudio profundo porque es un tema principal en Génesis, especialmente en la primera parte del libro respecto a la proliferación del pecado. La idea básica parece ser más de alienación y separación que de cese o aniquilación. La muerte predicha aquí ciertamente incluye muerte física, como lo demuestra Génesis 5, pero implica algo más que muerte física, en vista de la lucha en el contexto inmediato entre la bendición y la maldición de Dios. El hombre, que fue creado con capacidad espiritual y provisto de la abundancia de Dios, tiene, por lo tanto, que vivir obedientemente en su servicio a Dios, porque su vida está en juego.[18]

Está claro, en primer lugar, que las alternativas en la prueba eran: «Muerte espiritual o vida eterna». El capítulo 3 de Génesis deja bien claro que Adán murió espiritualmente cuando comió del fruto del árbol de la ciencia del bien y del mal. Posteriormente, Adán murió también físicamente (véase Gn. 5:1-5).

Por deducción lógica, si el castigo por la desobediencia era la muerte eterna, entonces, las consecuencias de la obediencia sería la vida eterna. Si Adán no hubiese desobedecido, según lo que está escrito, hubiese vivido eternamente. El castigo estipulado por la desobediencia era la expulsión de la comunión con Dios. La vida prometida, por lo tanto, parece consistir de la comunión divina y sus resultados (véase Jn. 17:3). Esa es la naturaleza de la vida eterna, lo que es confirmado porque la mera existencia de Adán no estaba en peligro, sino el carácter de la misma.

En segundo lugar, «labrar» y «guardar» el huerto, puesto que parece ser la aplicación personal del mandato cultural de ejercer dominio sobre la tierra (véase Gn. 1:26, 28), sigue siendo un mandato para el hombre. Dicho mandato no fue cancelado por la caída en el huerto de Edén.

---

18. Allen P. Ross, *Creation & Blessing*, p. 125.

Algunos teólogos ven en este pasaje los elementos de lo que ha sido llamado «el pacto de obras», que es la interpretación de los llamados teólogos del pacto. Aunque el vocablo «pacto» no aparece en el pasaje, quienes siguen esa línea de interpretación entienden que Jehová Dios hizo un pacto con Adán, el padre de la raza humana. Según los teólogos del pacto, Dios prometió al hombre vida eterna si lo obedecía. El árbol de la vida tenía el poder de transformar la vida en vida eterna (véase Gn. 3:22). Adán ya poseía vida espiritual, pero podía perderla si desobedecía, y de hecho la perdió. La prueba objetiva del pacto entre Dios y Adán era simplemente el comer del fruto del árbol. Subjetivamente, la condición del pacto yacía en un solo punto: obediencia por la fe. El castigo por la violación del arreglo pactado era la muerte espiritual, que resultaba en la muerte física. Si el hombre no era librado, el resultado final sería la muerte eterna. Pero Dios, en su gracia soberana, ha provisto redención y liberación para el hombre en la persona del mediador, Jesucristo.

Resumen y conclusión

Para algunos, la prueba a la que Dios sometió a Adán podría llamarse «pacto de obras», por contener, según ellos, los elementos de un pacto. Un problema a tener en cuenta es que la teología del pacto reduce el propósito de Dios al plan de salvación. Un estudio más amplio y profundo de las Escrituras pone de manifiesto que el plan de Dios es más bien doxológico o teológico. Lo más importante es entender que todo debe ser para la gloria de Dios. Tanto la salvación de los redimidos como la condenación de los inicuos es para que Dios sea glorificado.

Es importante recordar, además, que el Dios soberano ha de cumplir su propósito eterno dentro del tiempo y de la historia. Es cierto que la muerte de Adán tuvo como consecuencia la muerte de toda su descendencia. El primer Adán fracasó; su pecado y su caída afectaron a toda la humanidad. Pero hay un segundo Adán, el Señor Jesucristo, que con su obra expiatoria ha triunfado sobre la muerte y el pecado. Él vendrá a la tierra por segunda vez y establecerá un reino de paz, justicia y santidad, y cumplirá todas las promesas de Dios. Todo estará sometido bajo su autoridad, en Él y por Él se cumplirá el propósito original de Dios (véase Sal. 8; He. 2:5-18). La gloriosa promesa de vida, aunque perdida por Adán tanto para sí mismo como para su simiente, ha sido reconquistada para el hombre mediante la obra del postrer Adán, el segundo Hombre, el Señor Jesucristo quien promete vida eterna a todo aquel que confía en Él. Como Rey de reyes y Señor de señores, Él «dominará de mar a mar, y desde el río hasta los confines de la tierra. Ante él se postrarán los moradores del desierto, y sus enemigos lamerán el polvo… Todos los reyes se postrarán delante de él; todas las naciones le servirán» (Sal. 72:8-9, 11).

El apóstol Pablo escribió lo siguiente:

> Porque así como por la desobediencia de un hombre los muchos fueron constituidos pecadores, así también por la obediencia de uno, los muchos serán constituidos justos (Ro. 5:19).

Adán fue un hombre representativo. Era cabeza de la raza humana. «Él experimentó» la prueba tanto por sí mismo como por el resto de la humanidad. Como evidencia de ello está el hecho de que en los siguientes capítulos de Génesis se pone de manifiesto que la muerte de Adán es seguida por la muerte de todos sus descendientes. En palabras de Pablo: «Porque así como en Adán todos mueren, también en Cristo todos serán vivificados» (1 Co. 15:22).

El pecado de Adán en el huerto fue también el pecado de toda la raza humana. El hecho de que la muerte afecta a todo ser humano es un serio recordatorio de las palabras de Génesis 2:17: «mas del árbol de la ciencia del bien y del mal no comerás; porque el día que de él comieres, ciertamente morirás». Adán desobedeció el mandato de Dios, y esa desobediencia afectó a toda la humanidad. Pero hay una maravillosa realidad, Dios prometió un Redentor, la simiente que aplastaría la cabeza de la serpiente y daría vida eterna a todos los que confían en Él (Jn. 11:25-26).

LA FORMACIÓN DE LA PRIMERA FAMILIA (2:18-25)

> Cualquier interpretación que se haga de los comentarios acerca de la mujer y el matrimonio, debe desarrollarse a la luz del contexto: Dios dispuso que el hombre y la mujer fuesen una unidad espiritual funcional, andando en integridad, sirviéndole a Él, y guardando sus mandamientos.[19]

A la luz del escenario de la sociedad moderna, es de suma importancia estudiar la naturaleza de la familia sobre la base de la revelación bíblica. Un punto de partida para comenzar el estudio de la familia, tal como se plantea en el Génesis, es responder la pregunta: ¿Qué podemos decir sobre la creación de la mujer? La revelación bíblica dada a través de Moisés proporciona detalles respecto a la creación de los cielos y la tierra, el mundo animal, el mundo vegetal y el hombre. Génesis 1:27 dice: «Y creó Dios al hombre a su imagen, a imagen de Dios los creó; varón y hembra los creó». La Escritura, sin embargo, hasta ese momento no da información sobre la mujer. A eso hay que añadirle los acontecimientos del capítulo 3. En ese capítulo se narra la participación de la mujer en la transgresión y la caída del hombre (véase Gn. 3:1-24). No sorprende que el Espíritu Santo dé espacio a la creación de la mujer, pero llama la atención ver que Dios «formó al hombre del polvo de la tierra», sopló en él el soplo de la vida e hizo que el hombre fuese «un ser viviente» o «un alma viviente», es decir, una persona, tal como Dios es persona. La mujer, sin embargo, fue tomada y formada del cuerpo del hombre. El apóstol Pablo dice: «Porque así como la mujer procede del varón, también el varón nace de la mujer; pero todo procede de Dios» (1 Co. 11:12).

Génesis 2:18-25 contiene dos temas importantes: el matrimonio y la relación de los sexos dentro y fuera del matrimonio. Este último párrafo de Génesis 2 proporciona la base para gran parte de las enseñanzas acerca de la familia que aparecen en el Nuevo Testamento. La creación de la mujer aporta, además, una importante enseñanza teológica acerca de la relación entre Cristo y la iglesia. Otra observación importante es el hecho de que la creación de la mujer, tal como lo describe Génesis 2:21-23, constituye una rotunda refutación de la teoría de la evolución. La creación de Eva fue un acto sobrenatural de Dios, no un proceso evolutivo de millones de años.

---

19. Allen P. Ross, *Creation & Blessing*, p. 125.

El porqué de la creación de la mujer (2:18)

> *Y dijo Jehová Dios: No es bueno que el hombre esté solo; le haré ayuda idónea para él (2:18).*

Todos los actos de la creación de Dios terminan con la afirmación: «Y vio Dios que era bueno» (véase Gn. 1:10, 12, 18, 21, 25), y en Génesis 1:31 dice: «Y vio Dios todo lo que había hecho, y he aquí que era bueno en gran manera». Al llegar a Génesis 2:18 aparece la sorprendente declaración: «Y dijo Jehová Dios: No es bueno que el hombre esté solo…». El hombre estaba solo a pesar de estar rodeado de innumerables animales porque no tenía «una ayuda idónea». Ninguno de los animales creados cumplía los requisitos para acompañar física, intelectual o espiritualmente a Adán. Adán necesitaba «una ayuda idónea» y Dios se la proporcionó.

En Génesis 1:26, Dios dijo «hagamos». Ahora, en Génesis 2:18 dice: «le haré». Ambos casos apuntan tanto a las tres personas de la Trinidad como a la unidad de Dios. La Biblia enseña que Dios es Tres personas, pero Uno en esencia. El hombre es una criatura que necesita tener comunión con otras personas de su propia naturaleza. En aquel momento, el hombre vivía en soledad. Dios proveyó lo que él necesitaba, es decir, una ayuda idónea. Gordon J. Wenham expresa bien la idea:

> La ayuda que se buscaba no era solo la asistencia en el trabajo diario o la procreación, aunque esos aspectos pueden estar incluidos, sino el apoyo mutuo que proporciona la comunión.[20]

Que la mujer debe ser «una ayuda idónea para el hombre» habla de una función que es tanto adecuada como mutua. La idea no sugiere inferioridad, sino relación mutua física, mental y espiritualmente.

Adán manifiesta la autoridad recibida de Dios (2:19-20)

Génesis 1:25 afirma que «hizo Dios animales de la tierra según su género, y todo animal que se arrastra sobre la tierra según su especie», pero Dios dio a Adán el privilegio de darle nombre a todos los animales del campo. El texto dice que Dios «formó, pues, de la tierra toda bestia del campo, y toda ave de los cielos, y las trajo a Adán para que viese cómo las había de llamar; y todo lo que Adán llamó a los animales vivientes, ese es su nombre» (Gn. 2:19).

Dios creó todos los animales y aves, pero le dio a Adán la autoridad de darles el nombre. El hecho de dar nombre a los animales demuestra que Adán recibió la capacidad para ejercer dominio sobre ellos como mayordomo de la creación de Dios. Adán, sin duda, era un ser de elevada inteligencia, con capacidad para pensar, razonar, discriminar y evaluar. No era el descendiente de una criatura inferior, sino una persona dotada con la capacidad de tomar decisiones.

Evidentemente, los animales que fueron traídos a Adán para que les diese nombre tenían su compañía, pero el texto dice: «…mas para Adán no se halló ayuda idónea para él» (Gn. 2:20b). Dios resolverá esa situación mediante la creación de la mujer,

---

20. Gordon J. Wenham, «Genesis 1-15», *Word Biblical Commentary*, p. 68.

Eva, que sería la «ayuda» (*ézer*) idónea para Adán. El vocablo «ayuda» no sugiere en modo alguno algo inferior o degradante. Dicho término se usa respecto de Dios con relación a su pueblo (véase Éx. 18:4; Dt. 33:7, 26; 1 S. 7:12; Sal. 20:2). «Dicha palabra describe esencialmente uno que provee lo que falta en el hombre, quien puede hacer lo que el hombre por sí solo no puede hacer».[21] El hecho de que Dios tuvo que hacer un ser especial para que fuese la «ayuda idónea» del hombre argumenta enfáticamente en contra de la teoría de la evolución en cualquier forma.

La creación de la mujer (2:21-25)

El acto divino de la creación de la mujer (2:21-23)

> *Entonces Jehová Dios hizo caer sueño profundo sobre Adán, y mientras éste dormía, tomó una de sus costillas, y cerró la carne en su lugar. Y de la costilla que Jehová Dios tomó del hombre, hizo una mujer, y la trajo al hombre (Gn. 2:21-22).*

Génesis 2:20 termina con la frase: «…mas para Adán no se halló ayuda idónea para él». Esa situación es resuelta por Dios en Génesis 2:21-22. Jehová Dios realizó el maravilloso milagro de traer a la existencia al ser que sería la «ayuda idónea» para el hombre, y lo hizo luego de traer sobre Adán «un sueño profundo». El vocablo usado en el texto hebreo es el que generalmente aparece relacionado con actos sobrenaturales (*tardemá*), que significa «un sueño profundo» o «un sueño divinamente inducido» (véase Gn. 15:12; Job 4:13; 33:15). La raíz del término usado es la misma de donde procede el verbo que habla del sueño de Jonás mientras estaba en una nave (véase Jon. 1:5-6). Lo ocurrido no se trata ni de un éxtasis ni de hipnotismo sino de un acto sobrenatural ejecutado por Dios. El racionalismo moderno pretende anular o descartar todo lo sobrenatural y dice que solo debe creerse lo que puede demostrarse científicamente. El racionalista evolucionista, sin embargo, es incapaz de demostrar científicamente muchas de sus afirmaciones ¿Quién estuvo presente hace millones de años para observar las cosas que ellos consideran reales? Las afirmaciones de la Biblia son sensatas y creíbles si uno acepta la existencia de un Dios Todopoderoso, sabio y autor de un plan perfecto.

Los racionalistas ridiculizan los actos milagrosos de Dios y los colocan al nivel de la mitología. Como ya se ha señalado, Dios creó al hombre del barro de la tierra; formó su cuerpo y luego sopló en él espíritu de vida. Del cuerpo del hombre, de su costado, Dios tomó una de sus costillas y de ella hizo a la mujer. De manera que la mujer posee la misma dignidad que el hombre. Tal como expresó Juan Crisóstomo: «La mujer no fue sacada de los pies del hombre para que no fuese una esclava, ni de la cabeza para que no dominase sobre él. La mujer fue sacada del costado de Adán para que fuese su compañera y su ayuda idónea».

El texto bíblico dice: «Y mientras éste [Adán] dormía, tomó una de sus costillas, y cerró la carne en su lugar» (Gn. 2:21). El vocablo *tselá* es traducido en la RVR-60 como «costilla» y generalmente significa «costado». El contexto señala que Dios tomó tanto

---

21. Allen P. Ross, *Creation & Blessing*, p. 126.

«el hueso» como «la carne» de Adán. Obsérvese que el texto dice que Dios «tomó una de sus costillas y cerró la carne en su lugar» (1:21). De modo que Eva fue formada del hueso y la carne de Adán. Al ver a su mujer, Adán exclamó: «Esto es ahora hueso de mis huesos y carne de mi carne» (2:23). El filósofo cristiano Francis A. Schaeffer, en un pequeño libro, dice lo siguiente:

> Ciertamente, el hecho de la creación de la mujer a partir del hombre tiene una importancia filosófica muy definida, porque significa que la humanidad es realmente una unidad. El hombre no surgió simplemente de alguna parte incierta. Ni ha brotado de numerosos comienzos. Hubo un comienzo real, un comienzo en una verdadera unidad, en un hombre, un individuo, diferenciado de todo lo que le precedió, y luego diferenciado en términos de varón y hembra. Es esta imagen del hombre la que da fuerza al concepto cristiano de la unidad del género humano. El mundo de hoy está tratando de encontrar una base para reclamar que todos los hombres son uno, pero el creyente no tiene este problema porque comprende por qué el género humano está realmente unido.[22]

El relato bíblico es sencillo y claro. La reacción de Adán manifiesta alegría: «Al fin, esto es hueso de mis huesos y carne de mi carne». ¡Al fin! Ahora el hombre tiene «la ayuda idónea» que le faltaba. Dios había sacado del mismo cuerpo de Adán una compañera y ayuda para la responsabilidad de «sojuzgar» y «gobernar» la tierra. No hay la más mínima sugerencia de una evolución, sino un acto sobrenatural del Dios soberano que tiene un plan perfecto para el hombre.

El versículo 23 termina diciendo: «...ésta será llamada Varona, porque del varón fue tomada». Dicha frase expresa el sentir de Adán de que Eva realmente posee una relación con él y es idónea para él. Adán considera que Eva es digna de llevar el mismo nombre que él, y posee los requisitos de ser «una ayuda idónea para Adán». Obsérvese que es Adán quien da el nombre a la mujer al llamarla «Varona». Aquí el primer hombre da nombre a la primera mujer según su propio nombre. Él es «varón» y ella «Varona». Aunque son iguales en naturaleza, el hecho de que el hombre dé nombre a la mujer (3:20) sugiere que ella debe estar subordinada a él, una importante presuposición en la narrativa de la caída (3:17).[23] Gramaticalmente, en el idioma hebreo un vocablo tiene la forma femenina del otro y por esa razón la RVR-60 hace uso de la palabra "varona".

En referencias anteriores (véase Gn. 1:27; 2:7), el vocablo usado para «hombre» es *adám* que es el término genérico. En Génesis 2:23, por primera vez se usa *ish* («hombre» o «varón»). El vocablo traducido «varona» o «mujer» es *ishshá*. Los dos vocablos mencionados proceden de raíces diferentes, aunque en el idioma hebreo tienen un sonido similar. Es evidente que esa afinidad de sonido apunta a una afinidad de relación entre el hombre y la mujer.[24] Adán y Eva debían tener la relación más íntima imaginable para cumplir el propósito divino como representantes de Dios.

---

22. Francis A. Schaeffer, *Génesis en el tiempo y en el espacio* (Barcelona: Ediciones Evangélicas Europeas, 1972), p. 47.

23. Gordon J. Wenham, «Genesis 1-15», *Word Biblical Commentary*, p. 70.

24. Umberto Cassuto, *A Commentary on the Book of Genesis, Part One*, p. 136.

El propósito divino de la unión de Adán y Eva (2:24-25)

Por tanto, dejará el hombre a su padre y a su madre, y se unirá a su mujer, y serán una sola carne (Gn. 2:24).

Sin duda, este es un versículo crucial en la revelación bíblica acerca del matrimonio y la familia. Algunos creen que el versículo contiene el comentario de Moisés respecto de las palabras de Adán en el versículo 23. El verbo «dejar» (*yaazab*) no significa «abandonar» en el sentido absoluto, sino al hecho de que al tomar esposa el hombre constituye un nuevo hogar. De modo que el verbo «dejar» no tiene aquí una función absoluta, sino relativa. El hombre «deja», pero no «abandona» a sus padres cuando contrae matrimonio. El texto dice que al unirse a su mujer «serán una sola carne». En las palabras de Gordon J. Wenham:

> Esto no denota meramente la unión sexual que sigue al matrimonio, o los hijos concebidos en el matrimonio, ni aun la relación espiritual y emocional que esto implica, aunque todo ello guarda relación en cuanto a llegar a ser una carne. Más bien afirma que tal como la relación sanguínea es la carne y hueso de uno, así también el matrimonio produce una relación familiar entre el hombre y la esposa. Llegan a relacionarse del mismo modo que lo hacen un hermano y una hermana.[25]

Es importante recordar que Jesús apeló a ese pasaje para apoyar la singularidad del matrimonio y defender el hecho de que el matrimonio es la unión permanente de un hombre y una mujer. El mandato de Dios es que el «varón» (*ish*) se unirá a (*ishshá*). El sentido obvio es la unión de personas de diferentes sexos. Ese es el diseño divino desde la creación. Dios no ha cambiado eso, aunque muchos hoy día desean hacerlo. El plan divino para el matrimonio es, por lo tanto, que un hombre y una mujer se unan, formando «una sola carne» y que convivan en integridad.

Y estaban ambos desnudos, Adán y su mujer, y no se avergonzaban (Gn. 2:25).

Antes de la entrada del pecado, había orden y armonía en la tierra, pero el pecado produjo un desequilibrio enorme en el ser humano. El hombre se corrompió en todos los aspectos de su vida. Los teólogos usan la expresión «depravación total» para explicar la condición del hombre después de la caída. Cuando el pecado entró en el hombre, la relación normal entre el espíritu y el cuerpo fue destruida. La concupiscencia y las tendencias malignas se levantaron en guerra contra el ser humano. Por tanto, el uso sagrado del cuerpo se convierte, con frecuencia, en deseos sensuales de la carne.

RESUMEN Y CONCLUSIÓN

El capítulo 2 de Génesis registra una serie de verdades de capital importancia para el desarrollo del plan de Dios dentro de la historia. En primer lugar, habla de

---

25. Gordon J. Wenham, «Genesis 1-15», *Word Biblical Commentary*, p.71.

la santificación del séptimo día, indicando que la obra de la creación había sido completada (Gn. 2:1-3). En segundo lugar, describe la manera en que irrigaba Dios la tierra antes de que hubiese lluvia (2:4-6). Seguidamente, el texto menciona cómo formó Dios el cuerpo del hombre del barro de la tierra (2:7). Además, se describe la creación del huerto del Edén como lugar de habitación del hombre (2:8-14). También, la revelación bíblica declara la responsabilidad que Dios le dio al hombre (2:15) y la prueba de obediencia a la que el hombre fue sometido por Jehová Dios. Adán recibió la responsabilidad de dar nombre a todos los animales que había en la tierra (2:16-20). Finalmente, el texto describe la creación de la mujer para que fuese ayuda y compañera idónea para el hombre (2:21-25). Jehová Dios instituyó el matrimonio, es decir, la unión de un hombre y una mujer.

Dios estableció una prioridad para la vida del hombre en la tierra que era para Adán y Eva, la pareja que Dios había creado. Dios dio al hombre la responsabilidad de ser cabeza y administrador del gobierno en la tierra, y creó a la mujer para que fuese ayuda idónea y complemento para el hombre. Esa verdad es enseñada tanto en el Antiguo como en el Nuevo Testamento (véase 1 Co. 11:8-12; 1 Ti. 2:11-15). La mujer no es inferior al hombre, pero en el orden divino Dios colocó al hombre como cabeza de su gobierno en la tierra. En la revelación provista en el Génesis, los sexos son complementarios. Debe haber una asociación y relación mutua entre el hombre y la mujer en la ejecución de la voluntad de Dios, de modo que el Señor sea glorificado en todo.

La enseñanza bíblica deja bien claro que Dios unió a Adán y Eva en una relación monógama; Dios dio a Adán una sola esposa, no varias. También el matrimonio que Dios estableció es heterosexual, es decir, es la unión de un hombre y una mujer.

Por supuesto que a lo largo de la historia, desde la civilización antediluviana, el hombre ha violado el orden establecido por Dios, lo que ha producido desorden y malestar en la sociedad (véase Gn. 6:1-8). Los escritores del Nuevo Testamento, guiados por el Espíritu Santo, basaron sus enseñanzas acerca del hogar y la familia sobre la revelación dada en el libro del Génesis (véase Mt. 19:3-9; Ef. 5:22-33; 1 Ti. 2:11-15; 2 Co. 11:2; 1 Co. 11:7-12). Sin duda, la Biblia presenta una absoluta coherencia en lo relacionado con el matrimonio y con la formación de la familia.

3

La transgresión del hombre y la entrada del pecado (3:1-24)

Cuando la obra de los seis días de la creación de Dios se completó, todo en el mundo era «muy bueno». No había nada fuera de orden, ni pena, ni sufrimiento, ni enfermedad, ni lucha por la existencia, ni desajustes, ni pecado, y sobre todo, no había muerte. ¡Pero las cosas no son «muy buenas» en el mundo hoy! En el aspecto físico, todo tiende a deteriorarse y gastarse. En el mundo viviente, todo animal está ocupado en una lucha perpetua contra otros animales y contra enfermedades, teniendo que enfrentar también el proceso universal de envejecimiento y muerte. Culturalmente, civilización tras civilización parecen levantarse por un tiempo, luego declinan y mueren. En el ámbito espiritual y moral, a cada individuo invariablemente le resulta más fácil dejarse llevar que enfrentar la lucha. El mundo está lleno de odio, crimen, guerra, polución, envidia, corrupción y males de todas clases. Algo se ha torcido en la perfecta creación de Dios.

Henry M. Morris, *The Genesis Record*, p. 105.

El capítulo 3 de Génesis registra la entrada del pecado en la raza humana y proporciona una respuesta parcial a la problemática —tan profunda como desconcertante— del origen del mal. Algunos expositores consideran este capítulo «el más triste de toda la Biblia».[1] Y no les falta razón, porque este capítulo narra la caída del hombre en el pecado al desobedecer a Dios. Ese acto triste y trascendental afectó a toda la raza humana.

El problema del mal en el mundo ha sido considerado siempre como uno de los problemas filosóficos y teológicos más profundos, y no ha podido ser evitado por ningún estudiante serio de filosofía o teología. Prácticamente todas las disciplinas de estudio han tenido que considerarlo, y esto se debe a que el poder del mal es sumamente grande

---

1. Herbert C. Leupold, *Genesis*, Tomo 1, p. 139.

79

y su alcance es universal. El mal, como tal, afecta a la totalidad de la raza humana. Es desconcertante contemplar que aquello que Dios declaró ser «bueno en gran manera» (Gn. 1:31), nunca, hasta hoy, haya cumplido el propósito para el que fue formado. A pesar de todos los adelantos científicos y del progreso de la civilización, la sociedad está sumergida en la miseria. La violencia, la injusticia, la muerte, el egoísmo y la maldad, en general, son azotes que ponen de manifiesto la condición pecaminosa del ser humano. El enigma de las tinieblas ensombrece la vida del hombre por doquier.

LA PRESENCIA DEL TENTADOR (3:1)

Pero la serpiente era astuta, más que todos los animales del campo que Jehová Dios había hecho; la cual dijo a la mujer: ¿Conque Dios os ha dicho: No comáis de todo árbol del huerto? (Gn. 3:1).

Keil y Delitzsch han escrito lo siguiente en su excelente comentario:

El hombre, a quien Dios designó señor de la tierra y de sus habitantes, fue favorecido con todo lo necesario para el desarrollo de su naturaleza y el cumplimiento de su destino. En el fruto de los árboles del huerto tenía alimento para el sustento de su vida. En el cuidado del mismo huerto [tenía] un campo de trabajo para el ejercicio de su fuerza física. En los reinos animal y vegetal, una espaciosa región para la expansión de su intelecto. En el árbol de la ciencia, una ley positiva para el entrenamiento de su naturaleza moral. Y en la mujer asociada a él, una compañera y ayuda idónea. En esas circunstancias él pudo desarrollarse tanto en su naturaleza física como espiritual en conformidad con la voluntad de Dios. Pero un tentador se le acercó de en medio del mundo animal, y el hombre se rindió a la tentación para quebrantar el mandato de Dios. El tentador era la serpiente.[2]

Algunos comentaristas no aceptan que la mencionada «serpiente» sea una referencia a Satanás. El teólogo von Rad dice que «desde luego, no es un símbolo de Satán».[3] Bruce K. Waltke afirma lo siguiente:

Aquí la serpiente es un símbolo del anti-dios. Aunque no se nombra aquí, él es el adversario de Dios, y de la humanidad, llamado el Satán (hebreo *satán* [adversario, perseguidor, o acusador]) en el Antiguo Testamento y el diablo (*diábolos*, el equivalente griego) en el Nuevo Testamento. Se origina en el cielo, colocado fuera del orden natural de la tierra.[4]

Otros comentaristas alegorizan el significado de la serpiente y la relacionan con relatos mitológicos de las religiones paganas.[5] Este comentario considera la historia de Génesis 3 como un relato histórico, no mitológico. El vocabulario usado refleja una

---

2. Keil y Delitzsch, «Genesis to Judges 6:32», *Old Testament Commentaries*, pp. 70-71.

3. Gerhard von Rad, *El Libro del Génesis*, p. 102.

4. Bruce K. Waltke, *Genesis*, p. 90.

5. Gordon J. Wenham, «Genesis 1-15», *Word Biblical Commentary*, p. 72. Véase también Umberto Cassuto, *A Commentary of the Book of Genesis, Part One*, pp. 138-140.

narración histórica y el contexto del pasaje también es histórico (véase Is. 43:27; Os. 6:7). Además, el Nuevo Testamento respalda la historicidad del capítulo 3 de Génesis (véase 2 Co. 11:3; 1 Ti. 2:14). Los relatos mitológicos de la antigüedad, tanto los babilonios, los griegos como los romanos son producto de las especulaciones humanas y carentes de objetividad. Solo la Biblia proporciona información objetiva respecto de la entrada del pecado en la experiencia humana. La serpiente mencionada en Génesis 3 era real, no era un símbolo del mal ni de un razonamiento erróneo, ni de la manifestación del deseo sexual. La serpiente era uno de los animales creados por Dios (Gn. 3:1). Es evidente, sin embargo, que la tentación no se originó en la serpiente, aunque la serpiente es un animal que se caracteriza por su sagacidad y su astucia, sino que fue Satanás quien estuvo detrás de la serpiente, haciendo uso de ella para realizar su propósito (véase Ap. 12:9; 2 Co. 11:3). Estamos ante la presencia de un espíritu superior que habla a través de la serpiente. Moisés, el autor de Génesis, no hace hincapié en el maligno como causa en la tentación. Quizá no lo hizo para evitar la tendencia humana de echar la culpa al espíritu maligno que tentó al hombre en vez de culpar a la incredulidad del hombre mismo.

En varios pasajes de la Biblia, Satanás es representado mediante la figura de algún animal. En Apocalipsis aparece como un dragón (Ap. 12:3, 7, 16-17; 13:2; 20:2) que persigue y mata a los santos. También aparece «como un león rugiente» que busca a quien devorar (1 P. 5:8). Génesis 3 destaca la astucia sobrenatural de Satanás al usar la sabiduría natural de la serpiente para su propio provecho. Juan Calvino hace la siguiente observación:

> Pero Satán pervirtió para su propio propósito engañoso el don que había sido importado divinamente a la serpiente. Algunos insidiosamente ponen reparo en que ahora se encuentra una mayor perspicacia en muchos otros animales. A quienes respondo que no habría nada absurdo en decir que el don que ha demostrado ser tan destructivo a la raza humana ha sido retirado de la serpiente. Tal como veremos después, otros castigos fueron infligidos. Aun así, en esta descripción, escritores de historia natural no difieren materialmente de Moisés, y la experiencia proporciona la mejor respuesta a la objeción. Porque no en vano mandó el Señor a los discípulos a ser «prudentes como serpientes» (Mt. 10:16).[6]

Llama la atención el hecho de que en relación con el mismo tema la Escritura se refiera a Satanás como «un ángel de luz» (2 Co. 11:14). Pero él, sin embargo, no tentó al hombre y a la mujer en ese disfraz. Evidentemente, Dios no permitiría eso porque un ser celestial hubiese sido demasiado para el hombre. Así Dios indicó que no era su intención forzar al hombre y a la mujer a hacer el mal. De modo que Satanás apareció mediante una criatura, un animal del campo, de manera que Adán no tuviese excusa cuando permitió que un simple animal los sedujese a desobedecer el mandamiento de Dios.[7] Algo evidente desde el comienzo de este relato es que el pecado es algo de fuera, es un intruso. El pecado no es, como algunos creen, «el desarrollo del bien». El pecado

---

6. Juan Calvino, *Genesis*, p. 140.

7. Que Satanás tentó a Adán y a Eva en el huerto del Edén apoya la postura de que hubo una caída en el mundo espiritual antes del acontecimiento del huerto (véase Ez. 28:11-19; Is. 14:4-21; 2 P. 2:4; Jud. 6; Jn. 8:44).

produce «un bien corrompido» (véase Gn. 1:31). También es evidente que el problema del hombre no es el medio en el que vive. Originalmente, Adán y Eva pertenecían a una sociedad pura y sin injusticias. Tampoco era el problema del hombre un desajuste psicológico, ni fue, como enseña el marxismo, víctima de la explotación económica. El problema del hombre fue su rechazo de la soberanía de Dios y su determinación de no querer depender del Creador.

Génesis 3:1 afirma que la serpiente era «astuta» (*aún*). Quizá, mejor sería decir «sutil», «ingeniosa», «artificiosa». Tal vez fue por eso que Satanás la escogió para manifestarse con el fin de engañar a Eva. El vocablo traducido «astuta» en la RVR-60 puede tener una connotación tanto positiva como negativa. Aquí, sin duda, se usa en su connotación negativa.[8] Además, el texto dice que la serpiente era «astuta, más que todos los animales del campo que Jehová Dios había hecho». El uso del superlativo («más que») sugiere por qué Satanás escogió la serpiente para realizar su obra malévola. El hecho de que «el tentador» aparece como serpiente señala que la tentación apareció de manera disfrazada y sutil. Como comenta el profesor Allen P. Ross:

> Que el tentador era una serpiente indica que la tentación apareció disfrazada. Procedía de una criatura subordinada, una sobre quien los humanos debían ejercer dominio (véase Gn. 1:26-28). La solicitud de un subordinado al aparecer sorprendió a Eva, porque ella estaba ocupada en una conversación antes de que tuviese la oportunidad de pensar.[9]

Es importante observar el hecho de que Satanás tentó a Adán y a Eva en el huerto del Edén, lo que señala que ya había ocurrido una caída en el mundo espiritual. Lucifer ya había organizado su rebelión contra Dios antes de la creación de Adán y Eva. El ángel de luz se convirtió en el enemigo de Dios, y su propósito es usurpar el reino y la autoridad de Dios mediante el establecimiento de un reino de tinieblas.

«La cual dijo a la mujer». Esta frase demuestra la sutileza de la serpiente, es decir, de Satanás. El maligno no se acercó al hombre, sino a la mujer, «el vaso más frágil» (1 P. 3:7) para realizar su obra. Así como Satanás no se atreve a atacar a Dios frente a frente sino que ataca a aquel que es «imagen de Dios», tampoco en esta ocasión ataca al hombre directamente sino que se lanza contra la «ayuda idónea» que Dios ha dado al hombre. Puede decirse, además, que Satanás se dirigió a Eva porque ella no era la cabeza de la raza humana y no hubiese sentido la misma responsabilidad que Adán. También, Eva había recibido el mandato divino indirectamente y, por lo tanto, hubiese sido más propensa a dudar. Sin duda, Eva hubiese sido el medio más eficaz para alcanzar a su marido.

Génesis 3:1-5 deja bien claro que la serpiente que utilizó Satanás fue percibida por la mujer como un ser hermoso, suave y piadoso que reconocía la existencia de Dios y creía en Él. Sin duda, Satanás sabía lo que Dios había dicho. El diablo conoce la Palabra de Dios mejor que algunos maestros. Si conocer la Palabra y creer en la existencia de Dios pudiese salvar a alguien, Satanás estaría entre los primeros. Pero, por supuesto, creer que Dios existe no es suficiente para la salvación. Es necesario que la persona

---

8. John J. Davis, *Paradise to Prison*, pp. 86-87.

9. Allen P. Ross, *Creation & Blessing*: A Guide to the Study Exposition of Genesis, p. 134.

crea en el Dios y Padre de nuestro Señor Jesucristo y que reconozca a Jesucristo como su único y suficiente Salvador.

SATANÁS SIEMBRA LA DUDA RESPECTO DE LA PALABRA DE DIOS (3:1-3)

La primera discusión registrada acerca de Dios es comenzada por Satanás y es llevada a cabo en tercera persona. Todo alejamiento de la verdad, inevitablemente, se inicia de un modo impersonal. La sutileza de Satanás, hablando mediante la serpiente, incluye lo siguiente:

Pero la serpiente era astuta, más que todos los animales del campo que Jehová Dios había hecho; la cual dijo a la mujer. ¿Conque Dios os ha dicho: No comáis de todo árbol del huerto? Y la mujer respondió a la serpiente: Del fruto de los árboles del huerto podemos comer; pero del fruto del árbol que está en medio del huerto dijo Dios: No comeréis de él, ni le tocaréis, para que no muráis (Gn. 3:1-3).

La astucia y la sutileza de la serpiente se ponen de manifiesto en la manera en que se dirige a Eva. No lo hace de forma violenta ni con una denuncia hostil acerca de Dios. Por el contrario, lo hace de forma suave. Satanás, a través de la serpiente, no comienza con una negación tajante de la Palabra de Dios, sino con una pregunta sutil: «¿Conque Dios os ha dicho…?». Eso es una demostración de la «astucia» *(arúm)* de Satanás, que inicia el diálogo con Eva con una sugerencia, no con un argumento. Su propósito es sembrar la duda en el corazón de la mujer.

Herbert C. Leupold parece tener razón cuando dice:

La mujer es escogida para ser tentada porque naturalmente no es tan fuerte como el hombre, ni tampoco escuchó el mandamiento de Dios de su propia boca sino solamente, al parecer, a través de Adán, y como resultado pudo haber sentido un peso más ligero. La astucia del tentador se manifiesta mediante ese acercamiento, pero mucho más aún por la tentación que presenta y la habilidosa presentación de esta tentación paso por paso.[10]

La respuesta de Eva revela que comienza a pensar de su Dios por debajo del grado de confianza esperado. Su respuesta a la pregunta de la serpiente demuestra que no ha retenido la Palabra del Señor con la debida precisión. «Eva hizo tres cambios en lo que Dios había dicho: (1) Minimizó la provisión de Dios. El Señor había dicho; "De todo árbol del huerto podrás [libremente] comer *(akól tokél)*", pero Eva solo dijo: "Podemos comer" *(nokél)*. (2) Añadió a la prohibición. El Señor no había dicho nada acerca de tocar el árbol, pero Eva dijo que Dios (usando la designación de la serpiente) dijo: "ni lo tocaréis" *(velo tiguéu)*. (3) Eva debilitó el castigo por el pecado. Dios había declarado "ciertamente morirás" *(mot tamút)*, pero Eva dijo "para que no muráis". La concentración en ese objeto prohibido fácilmente la llevó a hacer esas modificaciones, a menos que Adán le haya informado incorrectamente».[11]

---

10. Herbert C. Leupold, *Exposition of Genesis*, vol. I, p. 143.

11. Allen P. Ross, *Creation & Blessing: A Guide to the Study and Exposition of Genesis*, p. 135.

Que Eva añadiese algunas palabras a la prohibición de Génesis 2:16-17 («ni le to-careis») —no hay evidencia alguna de que Dios dijera esas palabras— es un indicio del hecho de que Eva estaba comenzando a pensar de la prueba a la que Dios está so-metiendo al hombre como algo estricto y difícil o, tal vez, injusto. Su confianza hacia Dios está titubeando. La duda hacia la Palabra de Dios es la esencia misma del pecado, y Eva va camino a una caída desastrosa.

SATANÁS CONTRADICE LA PALABRA DE DIOS (3:4)

Entonces la serpiente dijo a la mujer: No moriréis (Gn. 3:4).

Este versículo es enfático. El texto hebreo enfatiza la audacia de la negación. Una posible traducción sería: «Ciertamente no morirás». En Génesis 2:17, Dios dijo: «Ciertamente morirás». En Génesis 3:4, Satanás dice a Eva: «Con toda seguridad no morirás». Este versículo contiene la primera mentira registrada en la Biblia. Llama la atención que la primera doctrina que el maligno intenta negar es la del juicio de Dios. Esa mentira de Satanás ha afectado a toda la raza humana. El Señor Jesucristo lo expresó así: «…Él ha sido homicida desde el principio, y no ha permanecido en la verdad, porque no hay verdad en él. Cuando habla mentira, de suyo habla; porque es mentiroso, y padre de mentira» (Jn. 8:44). La actividad engañadora de Satanás no se ha detenido a lo largo de los siglos. Incluso, al final de los tiempos, después de estar en prisión por 1.000 años, Satanás será suelto: «Y saldrá a engañar a las naciones que están en los cuatros ángulos de la tierra…» (Ap. 20:8). Satanás engaña a todos los es-tamentos de la sociedad humana sin excepción. Su finalidad es apartar a las personas de Dios e incorporarlas a su reino de tinieblas.

SATANÁS DIFAMA A JEHOVÁ DIOS (3:5)

Sino que sabe Dios que el día que comáis de él, serán abiertos vuestros ojos,
y seréis como Dios, sabiendo el bien y el mal (Gn. 3:5).

Satanás acusa a Dios de tener malos motivos al prohibir que el hombre coma del fruto del árbol de «la ciencia del bien y del mal». Además, acusa al Señor de denegar el bien a sus criaturas para que no alcancen los privilegios que Él posee. De hecho, Sa-tanás acusa a Dios de ser envidioso. El maligno declara astutamente por qué el hombre no morirá: «Sino que sabe Dios que el día que comáis de él, serán abiertos vuestros ojos, y seréis como Dios, sabiendo el bien y el mal». Por lo tanto, la prohibición no es realmente porque el fruto sea malo para el hombre, sino que la misma se origina en la animadversión y en el celo de Dios al saber que el hombre conocería tanto como Él. La idea es: «Dios no quiere que la criatura sea como Él». Es decir, hay un caso obvio de ambigüedad porque, como puede observarse, hay aquí una especie de acuerdo entre la verdad y la mentira. Al comer del fruto, el hombre llegaría a conocer el bien y el mal, y en ese aspecto Adán y Eva serían como Dios (véase Gn. 3:7, 22). Pero el conocimiento que obtendrían en realidad no los haría ser como Dios en el sentido en que hubieran pensado. Porque conocerían el bien, pero serían incapaces de ejecutarlo, y conocerían el mal y descubrirían que no podrían hacer otra cosa sino solo lo que desagrada a Dios (véase Sal. 14).

Esto explica por qué Jesús llamó a Satanás «el padre de mentira» (Jn. 8:44). Dios dijo al hombre: «…ciertamente morirás» (Gn. 2:17), pero Satanás dice: «ciertamente no morirás» (énfasis del texto hebreo). Satanás, el padre de las mentiras, «está tan saturado de engaño que aún intenta hacer a Dios mentiroso».[12] Era como una dosis de veneno mortal. La idea sería: «Dios teme que aprendas sus secretos, sus trucos y sus fórmulas. Él teme que una vez que conozcas tanto como Él te apoderes de su reino y lo quites del medio». Esa pudo haber sido la propuesta de Satanás a Adán. El padre de las mentiras es también el rey de las tinieblas. En cierto sentido, las promesas de Satanás se cumplieron, los ojos de Adán y Eva fueron abiertos pero no alcanzaron la altura de Dios. Eso es totalmente imposible, Adán y Eva eran simples criaturas y Dios es el Creador y soberano de la creación. Las palabras de Satanás eran medias verdades. El hombre creyó las medias verdades de Satanás y cayó en desobediencia, arrastrando de ese modo a toda la humanidad. La obra satánica es tan devastadora que solo la gracia soberana de Dios y el sacrificio expiatorio de Cristo la pueden destruir (véase He. 2:5-15).

LA CAÍDA DEL HOMBRE (3:6)

Y vio la mujer que el árbol era bueno para comer, y que era agradable a los ojos, y árbol codiciable para alcanzar la sabiduría; y tomó de su fruto, y comió; y dio también a su marido, el cual comió así como ella (Gn. 3:6).

«Este versículo no describe el comienzo del pecado sino su completo desarrollo y su expresión definitiva».[13] El texto revela el primer pecado cometido por el hombre, que fue tanto un acto interno como externo. El aspecto interno fue el origen y el comienzo de una inclinación maligna. El aspecto externo fue el ejercicio de una decisión propia de carácter maligno, motivada por una inclinación al mal; sin embargo, el aspecto interno del pecado fue la parte principal. Ese fue el verdadero comienzo del pecado en el hombre.

Eva había quedado fascinada por su conversación con la serpiente, descrita en los versículos 4 y 5. Su error fue creer las palabras del maligno en lugar de seguir y someterse al mandamiento de Dios (véase 2:17). En realidad, la mujer puso su mirada en sí misma y la apartó de la gloria de Dios.

La secuencia de la tentación y la caída es bosquejada mediante tres palabras en Génesis 3:6. Esa misma secuencia se ha repetido incontables veces a través de la historia de la humanidad. Las tres palabras son:

1. «Vio». Eva vio «que el árbol era bueno para comer». Es decir, el fruto de aquel árbol era bueno para satisfacer las necesidades del cuerpo. «Eva fue al centro del huerto y miró atentamente al árbol, y eso la guió a los deseos de la carne (1 Jn. 2:16)».[14]

2. «Agradable». La mujer vio, además, que el árbol era «agradable a los ojos», es decir, atractivo a la vista. El fruto de aquel árbol tenía un atractivo estético. La expresión *taáva hu laeynaim* significa «agradable a los ojos» no solo en virtud

---

12. Herbert C. Leupold, *Exposition of Genesis*, vol. I, p. 149.
13. *Ibíd.,* p. 151.
14. John J. Davis, *Paradise to Prison: Studies in Génesis*, p. 90.

de su belleza, que encantaba la vista, sino también, y aún más, porque al comerlo, los ojos de Eva serían abiertos.[15] El apóstol Juan se refiere a esa segunda parte de la secuencia, llamándola «los deseos de los ojos» (1 Jn. 2:16).

3. «Codiciable». En tercer lugar, el texto dice que el árbol era «codiciable para alcanzar sabiduría». El fruto del árbol hizo que Eva no pensase en las terribles consecuencias de la muerte, sino en la posibilidad de alcanzar sabiduría. Mirar al fruto que era «agradable» no era suficiente, Eva tenía que comer el fruto para obtener sabiduría.[16] Puede observarse que la totalidad del ser está implicado en la caída: El fruto era «bueno para comer», para satisfacer las necesidades del cuerpo. Era «agradable a los ojos», para satisfacer las emociones. También era «codiciable para alcanzar sabiduría», que involucra el aspecto intelectual (véase 1 Jn. 2:16). Adán y Eva pudieron haber satisfecho plenamente todas sus necesidades permaneciendo en comunión y sumisión al Dios Todopoderoso que los había creado y les había dado el lugar más privilegiado en la tierra (véase Sal. 8). Pero «el orgullo de la vida» los condujo a la rebelión en contra del Creador.

...y tomó de su fruto, y comió; y dio también a su marido, el cual comió así como ella (Gn. 3:6b).

El resultado fue que Eva «tomó» [*vaticákj*] del fruto y lo comió en desobediencia directa al mandamiento de Dios (véase 2:17). Curiosamente, aunque Eva acababa de citar a Satanás el mandamiento de Dios (3:3), decidió desobedecer al Señor y cayó en la trampa del maligno al comer de aquel fruto.

Pero lo peor de todo es lo que sigue. Eva no solo «tomó» y «comió» de aquel fruto, sino que, además, «dio» también a Adán. El texto dice: «Y dio también a su marido, el cual comió así como ella». La expresión «como ella» [*imá*] sugiere la asociación de Adán en la acción realizada por Eva. La frase «el cual comió así como ella» es importante. Adán no tuvo necesidad de ser tentado con palabras sutiles como las que Satanás usó con Eva, sino que cayó voluntariamente en el pecado. Pablo lo expresó así: «Y Adán no fue engañado, sino que la mujer, siendo engañada incurrió en transgresión» (1 Ti. 2:14). Eva fue engañada y sucumbió al engaño satánico, pero Adán desobedeció voluntariamente (véase Ro. 5:12). Fue la desobediencia de Adán la que produjo miseria a la raza humana; toda la humanidad pecó en Adán. Además, esa desobediencia hizo necesaria la provisión de un alto precio para rescatar al hombre de su miseria. Ese precio fue la muerte del Mesías en la cruz del Calvario y su gloriosa resurrección. Leon J. Wood escribió lo siguiente:

Que nadie se equivoque. Adán no le hacía ningún favor a su esposa al comer también [del fruto]. No estaba mostrándole amor, como a veces se dice. Lo que debió haber hecho fue protestar con ella y luego rogar a Dios, junto con ella, y pedir perdón por ella. Después de todo, ella no era la cabeza representativa de la raza humana. Adán sí lo era. El gran daño fue hecho cuando él comió, no cuando ella comió. Adán era el objeto principal del ataque satánico

---

15. Umberto Cassuto, *A Commentary on the Book of Genesis, Part One*, p. 147.
16. John J. Davis, *Paradise to Prison*, p. 90.

desde el principio, y, cuando Adán comió, Satanás consiguió su objetivo. Cuando Adán desobedeció de ese modo el mandato de Dios, el pecado entró en la raza humana y toda su posteridad cayó con él.[17]

En el texto hebreo, el versículo 6 termina con la enfática expresión «y él comió». Esa simple cláusula describe el pecado de Adán. Cuando comió del fruto del árbol prohibido, el hombre creado por Dios a su imagen y semejanza desobedeció el mandato del Creador. Literalmente, Adán hizo lo que Dios le prohibió hacer y, en aquel acto de desobediencia, Adán arrastró a toda la humanidad. En Adán toda la humanidad pecó.

LAS CONSECUENCIAS INMEDIATAS DE LA CAÍDA (3:7-8)

Entonces fueron abiertos los ojos de ambos, y conocieron que estaban desnudos; entonces cosieron hojas de la higuera, y se hicieron delantales. Y oyeron la voz de Jehová Dios que se paseaba en el huerto, al aire del día; y el hombre y su mujer se escondieron de la presencia de Jehová Dios entre los árboles del huerto (Gn. 3:7-8).

Las consecuencias inmediatas de la entrada del pecado en la experiencia humana fueron traumáticas: «Sus ojos fueron abiertos» y lo que vieron no fue nada bueno. «Se vieron a sí mismos como pecadores desprovistos de su belleza original».[18] Lo que antes era correcto y hermoso ahora es malo y vergonzoso. El conocimiento que Adán y Eva adquirieron a partir de haber comido el fruto prohibido no era un conocimiento santo sino pecaminoso. El sentimiento de vergüenza que comenzaron a experimentar tenía sus raíces en la conciencia de culpa, tal como lo confirma el acto de querer esconderse.

La muerte comenzó a operar en el ser interior en el momento en que se desobedecía el mandato de Dios. El espíritu humano había estado en control del organismo humano, pero ese control cesó. Ahora la ley de la naturaleza pecaminosa toma el mando y el hombre comienza a transitar el camino del dolor, la decadencia y la muerte (véase 3:19). El espíritu humano deja de ser señor y se convierte en el simple habitante de una casa. A partir de ahí, Dios comienza a gobernar el espíritu humano, no mediante las leyes del espíritu sino mediante las leyes de la naturaleza. La propuesta de Satanás de que, al comer el fruto que Dios había prohibido, el hombre alcanzaría un grado superior de sabiduría era un rotundo engaño. En lugar de elevarse, Adán y Eva tienen que doblarse para coser hojas de higuera a fin de cubrir su desnudez. En lugar de adorar a Dios ahora huyen para esconderse de su presencia.

Sabían que estaban desnudos porque la gloria de la santidad se había apartado de ellos. Los delantales hechos de hojas de higuera son una señal de la pobreza y la incapacidad humana y una demostración de que el esfuerzo humano para cubrir la desnudez de su condición pecaminosa es un absoluto fracaso. Las obras humanas son inútiles e inaceptables para la salvación del pecador, que es un regalo de la gracia soberana de Dios que se recibe solo por medio de la fe en Jesucristo. La desobediencia de Adán y Eva no solo los separó de Dios sino también el uno del otro, y solo la obra

---

17. Leon J. Wood, *Genesis: A Study Guide*, pp. 33-34.
18. John D. Davis, *Paradise to Prison*, p. 91.

mediadora de Cristo puede restaurar la comunión con Dios y la comunión entre todos los que se acercan a Él por la fe.

El versículo 8 nos habla de la presencia de Jehová Dios en el huerto, y también señala que Dios se comunica con el hombre. La frase «Y oyeron la voz de Jehová Dios que se paseaba en el huerto» es un antropomorfismo. Es decir, es una manera de expresar con palabras humanas la realidad de la presencia de Dios. Adán y Eva «oyeron la voz de Jehová Dios», es decir, «oyeron el sonido de la presencia de Jehová Dios». La figura es maravillosa; la voz de Jehová Dios «se paseaba en el huerto», lo que indica que la presencia de Dios era real. La frase «al aire del día» (*lerúakj hayom*) o «el espíritu del día» sugiere también la presencia de Dios en el huerto. Lo más probable es que «la voz de Jehová Dios que se paseaba en el huerto, al aire del día» se refiera a una aparición de Cristo antes de su encarnación, es decir, a una teofanía.

> *«Y el hombre y su mujer se escondieron de la presencia de Jehová Dios entre los árboles del huerto» (Gn. 3:8b).*

Al escuchar su voz, Adán y Eva huyeron de la presencia de Jehová Dios y buscaron refugio entre los árboles del huerto, pensando, quizá, que allí hallarían protección. En lugar de correr hacia Dios, se alejaron apresuradamente de Él. Herbert C. Leupold hace el siguiente comentario:

> La desconfianza y el temor, ciertamente, han tomado el lugar de la confianza y la plena comunión con Jehová que anteriormente existía. En lugar de buscarlo [a Dios] [Adán y Eva] huyen de Él. La comunión con el Padre celestial ha dejado de ser su más alto deleite y es esquivada como algo maligno y molesto. ¡Cuán grande daño y destrucción obra el pecado desde el mismo momento de su aparición![19]

La acción de Adán y Eva, tratando de alejarse de Dios, ilustra de manera elocuente el hecho de que el hombre sabe que el pecado lo separa de Dios. El pecado impide que el hombre pueda comparecer delante del Dios santo sobre la base de sus propios méritos. El hombre necesita un mediador eficaz y solo hay Uno que puede cubrir al pecador con su justicia y conducirlo al Padre (véase 1 Ti. 2:5-6; He. 9:23-28).

RESUMEN Y CONCLUSIÓN

Génesis 3:1-8 registra el trágico acontecimiento de la caída del hombre en pecado, el llamado pecado original. El pasaje presenta a Satanás como el principal protagonista de la tentación que aparece en el huerto de manera sutil y habla a través de una serpiente (3:1). Su principal estrategia es sembrar la duda en el corazón de Eva sobre la veracidad de la Palabra de Dios.

Con su astucia, la serpiente hace que la mujer acepte tener un diálogo hasta que la convence de que Dios es egoísta y por eso no quiere que coma del fruto del árbol de la ciencia del bien y del mal (3:2-5). Génesis 3:6 es el versículo clave del pasaje. El texto dice que la mujer vio que el fruto era bueno para comer (satisfacer el cuerpo),

---

19. Herbert C. Leupold, *Exposition of Genesis*, vol. I, p. 156.

agradable a los ojos, es decir, atractivo a los ojos, estéticamente deseable, y codiciable para alcanzar sabiduría, es decir, capaz de elevar a la altura de Dios la capacidad intelectual del hombre. El clímax del relato tiene lugar cuando Eva «tomó el fruto y comió» y seguidamente «dio también a su marido, el cual comió así como ella». El acto de Adán al comer del fruto que Jehová Dios había prohibido fue lo que trajo la gran desgracia a la humanidad.

Los ojos de Adán y Eva fueron abiertos, es decir, su entendimiento, pero no para hacer el bien sino todo lo contrario. En primer lugar, se dieron cuenta de que estaban desnudos y procuraron cubrir su desnudez, pues habían perdido la gloria de la santidad con la que habían sido originalmente creados. Los trajes de higuera, sin embargo, eran totalmente insuficientes e inaceptables delante de Dios. El esfuerzo humano y las obras personales de nada sirven para agradar a Dios. El pecador solo puede acercarse a Dios mediante la fe.

La voz de Dios que Adán y Eva escucharon era la misma presencia de Dios. Seguramente esa no era la primera vez que Dios se comunicaba con sus criaturas. No es descabellado suponer que hubo varias ocasiones en que Adán y su mujer hablaron libremente con Dios. Esa comunión existió de manera continua antes de la entrada del pecado en la experiencia humana. El daño causado por el pecado se manifiesta en que el hombre y la mujer procuran huir de la presencia de Dios. El pecado rompe la comunión con Dios, y esa comunión solo puede ser restaurada sobre la base de la gracia soberana de Dios. La acción de Adán y Eva al tratar de esconderse de Dios revela que el hombre mismo sabe que, debido al pecado, no le es posible presentarse delante del Dios único y verdadero. El hombre necesita una cubierta, es decir, una expiación (véase Sal. 32:1; Ro. 4:7-8). Solo Dios puede proveer esa cubierta para la vergüenza que el pecado produce.

LA MALDICIÓN DE LA RAZA HUMANA A CAUSA DEL PECADO (3:9-13)

La Biblia revela claramente que Dios creó al hombre en santidad y que lo hizo a su imagen y semejanza. También dice que el hombre desobedeció a Dios y fracasó en la prueba, lo que resultó en la entrada del pecado y, como consecuencia, la muerte. La Biblia dice que la muerte ha pasado a todos los hombres «por cuanto todos pecaron y están destituidos de la gloria de Dios» (Ro. 3:23).

El pecado trajo maldición y ruina a la raza humana. El problema principal del hombre desde la caída es que se encuentra en un estado de rebeldía incorregible. Sus pensamientos acerca de Dios, del pecado y de la redención son totalmente perversos porque el hombre se encuentra en un estado de ceguera espiritual. La idea que el hombre moderno tiene del pecado está distorsionada, y si no se entiende la transgresión ocurrida en el Edén es imposible explicar el gran dilema de la vida humana. La problemática del pecado y sus consecuencias solo son comprensibles cuando se analizan a la luz de las Sagradas Escrituras.

La actitud del hombre después de la caída ha sido la de huir de la presencia de Dios e intentar cubrir su propia iniquidad, cuando la actitud correcta sería el arrepentimiento y la confesión y acogerse a la misericordia de Dios. Solo la gracia soberana de Dios puede librar al pecador de su terrible situación.

Mas Jehová Dios llamó al hombre, y le dijo; ¿Dónde estás tú? (Gn. 3:9).

La gracia soberana de Dios se manifiesta mediante el hecho de que el Señor busca al hombre pecador. Por supuesto que Dios sabía dónde estaba el hombre, pero Dios no busca información, sino que procura que el hombre se percate del hecho de su separación del Creador. Obsérvese que es Jehová Dios quien va en busca del hombre, y la pregunta fue hecha a Adán, que era directamente responsable delante de Dios, pues él había sido designado por Dios como su mayordomo y como cabeza de la raza humana y, por lo tanto, era él quien tenía que rendir cuentas a Dios. Seguramente hubo un tiempo cuando el hombre sintió un gran placer al escuchar la voz de Dios, pero ahora, a causa del pecado, esa misma voz producía temor.

> *Y él respondió: Oí tu voz en el huerto, y tuve miedo, porque estaba desnudo; y me escondí (Gn. 3:10).*

La frase «tu voz» aparece al principio de la oración por razón de énfasis. Literalmente dice: «Tu voz oí». La voz de Dios significa «la presencia misma de Dios». Pero esta vez, esa presencia de Dios en el huerto en lugar de producir confianza y seguridad produce miedo. Esta es la primera vez que el vocablo «miedo» aparece en la Biblia. Una consecuencia inmediata del pecado es «el miedo» a la presencia de Dios. La respuesta de Adán a la pregunta de Dios fue: «Oí tu voz en el huerto, y tuve miedo, porque estaba desnudo, y me escondí». El argumento de Adán demuestra, además, su insensatez. El salmista escribió: «¿A dónde me iré de tu Espíritu? ¿Y a dónde huiré de tu presencia?» (Sal. 139:7). Adán quiso hacer lo que, de hecho, es imposible, nadie puede esconderse de la presencia de Dios. La presencia del miedo en Adán muestra que el pecado ha resquebrajado la relación de amor que existía entre el Creador y las criaturas. Intentar esconderse de la presencia de Dios y tener miedo de acercarse a Él es, por lo tanto, un aspecto significativo de la condición del hombre caído.

La respuesta de Adán a la pregunta de Dios fue algo fraudulenta. Adán intentó esconder la causa detrás de los síntomas, pues la causa fundamental del miedo de Adán era el pecado que lo condujo a reconocer que estaba desnudo y, de ahí, el miedo que sintió. El recorrido fue del pecado a la desnudez y de esta al miedo. El miedo que Adán sintió fue algo significativo, pues en realidad era el miedo del juicio. Herbert C. Leupold lo expresa correctamente así:

> El reconocimiento de que tenía miedo al oír la voz de Dios es la única cosa verdadera acerca de su declaración. El miedo nace del pecado y es su acompañante natural, especialmente en la relación entre el hombre y Dios. Pero la explicación del hombre de qué fue lo que causó ese miedo no es ni franca ni honesta. Porque mientras su conciencia resuena en su pecho declarando que ese miedo es el producto de su desobediencia, su boca expresa la media verdad de que era porque estaba desnudo.[20]

El miedo en el corazón del hombre es algo muy profundo e importante: La Biblia dice que el ser humano tiene «temor de la muerte» (He. 2:15). Es razonable que así sea, porque el texto bíblico también dice «...que está establecido para los hombres que

---

20. Herbert C. Leupold, *Exposition of Genesis*, vol. I, p. 158.

mueran una sola vez, y después de esto el juicio» (He. 9:27). Existe, por lo tanto, una buena razón para entender por qué hay «miedo» en el corazón del hombre. Los psicólogos lo atribuyen a las circunstancias, pero la Biblia lo atribuye al pecado.

> *Y Dios le dijo: ¿Quién te enseñó que estabas desnudo? ¿Has comido del árbol de que yo te mandé no comieses? (Gn. 3:11).*

Las preguntas formuladas por Dios buscaban invitar a Adán a reflexionar en la gravedad de lo que había hecho. La primera pregunta: «¿Quién te enseñó que estabas desnudo?» revela que algo debió de haber ocurrido para que Adán supiese que estaba desnudo. El uso repetido del vocablo «desnudo», que aparece tres veces en el pasaje (Gn. 3:7, 10-11), indica énfasis. El hombre ha perdido la santidad con la que fue creado originalmente.

La segunda pregunta: «¿Has comido del árbol de que yo te mandé no comieses?» pone de manifiesto que el hombre [Adán] no era ignorante del acto de desobediencia, pues Dios le había prohibido algo concreto. La ley del huerto fue expresada así: «Mas del árbol de la ciencia del bien y del mal no comerás; porque el día que de él comieres, ciertamente morirás» (Gn. 2:17). Allen P. Ross dice: «La cuestión no era si él [Adán] había comido o no. La cláusula relativa le recordaba que el comer era una violación directa del mandamiento. Desde el punto de vista de Dios, la respuesta estaba bien clara».[21] Las preguntas de Dios son todas escuetas y claras, de modo que el hombre no puede eludirlas y tiene que enfrentarse con la realidad de su transgresión.

> *Y el hombre respondió: La mujer que me diste por compañera me dio del árbol, y yo comí (Gn. 3:12).*

El mecanismo de autojustificación fue usado por primera vez en el huerto del Edén. Allí Adán culpó directamente a Eva, pero indirectamente culpó al mismo Dios. Eva fue culpada por darle de comer del fruto del árbol prohibido, pero Adán culpó a Dios por haber puesto a su lado a Eva. El aspecto más triste de la autodefensa de Adán es el hecho de que sus palabras son una acusación contra Dios: «La mujer que me diste por compañera…». Es decir, Adán acusa a Dios de haber cometido el error de haberle dado la mujer. Umberto Cassuto ha escrito lo siguiente:

> El hombre procura aliviar la gravedad de su ofensa al enfatizar en el comienzo de su confesión que no fue su propia iniciativa, sino la de la mujer, lo que le hizo hacer lo malo. Así con frecuencia encontramos excusas al lanzar la culpa sobre nuestros compañeros, sin darnos cuenta que nuestro propio fracaso de resistir la voluntad de otros constituye nuestro pecado.[22]

Adán ha cambiado su manera de pensar acerca de Eva, pues cuando la recibió de la mano de Dios mostró un gozo enorme (véase Gn. 2:23) y la consideró una bendición de parte de Dios. Al acusar a Eva y luego a Dios, Adán demostró su gran insensatez.

---

21. Allen P. Ross, *Creation & Blessing*, p. 144.
22. Umberto Cassuto, *A Commentary on the Book of Genesis, Part. One*, p. 157.

Quizá el aspecto triste de la respuesta de Adán consiste en el hecho de que obedeció la voz de la mujer: «La mujer que me diste por compañera me dio del árbol, y YO COMÍ» (3:12). Al hacerlo, Adán desobedeció el mandamiento de Dios de no comer del fruto de aquel árbol (Gn. 2:17).

> *Entonces Jehová Dios dijo a la mujer: ¿Qué es lo que has hecho? Y dijo la mujer: La serpiente me engañó, y comí (Gn. 3:13).*

Igual que las preguntas hechas a Adán, la pregunta de Dios a Eva no tenía por objeto recabar información sino llevar convicción a su mente y corazón. La pregunta es enfática: «¿Qué es *esto* que has hecho?» (LBLA). El pronombre demostrativo «esto» da a la interrogación la idea de: «¿Te das cuenta de la magnitud de lo que has hecho?». La pregunta tiene suma importancia, porque así como Adán no debió actuar independientemente de Dios, Eva no debió actuar independientemente de Adán. La respuesta de Eva a la pregunta de Jehová Dios demuestra que ella también es capaz de descargar la culpa sobre otro. Así como su marido la culpó, ella culpa a la serpiente: «La serpiente me engañó, y comí» (véase 2 Co. 11:3). El comentario de Gordon J. Wenham es muy apropiado:

> Ya la paz que caracteriza la relación original del hombre con los animales es destrozada. El pecado ha puesto separación entre Dios y el hombre, entre los hombres y las mujeres, y entre los animales y los hombres. Así todo, la meta de paz universal no es olvidada (véase Is. 11:6-9).[23]

También Eva, de manera indirecta, culpa a Dios de su caída en el pecado. Al igual que Adán, Eva trata de evadir su responsabilidad al culpar a la serpiente. Debe observarse que Dios interroga tanto al hombre como a la mujer, pero no a la serpiente. Probablemente eso se deba al hecho de que Jehová Dios puso al hombre como su representante en la tierra, no a la serpiente [Satanás]. Adán es quien tiene que responder delante de Dios, así como su ayuda idónea. Quizá por eso Dios se dirige primero al hombre, luego a la mujer, y finalmente a la serpiente.

LA SENTENCIA DIVINA POR LA DESOBEDIENCIA (3:14-19)

La sentencia sobre la serpiente (3:14-15)

> *Y Jehová Dios dijo a la serpiente: Por cuanto esto hiciste, maldita serás entre todas las bestias y entre todos los animales del campo; sobre tu pecho andarás, y polvo comerás todos los días de tu vida (Gn. 3:14).*

El juicio de Dios es pronunciado primero sobre la serpiente, aunque es el tercer factor en la tentación. Al parecer, el alimento de la serpiente siempre será el polvo de la tierra, como señal del juicio de Dios por su parte en la tentación y en la caída del hombre. El profeta Miqueas, hablando de la derrota de las naciones, dice: «Lamerán el polvo como la culebra; como las serpientes de la tierra, temblaran en sus encierros...»

---

23. Gordon J. Wenham, «Genesis 1-15», *Word Biblical Commentary*, p. 78.

(Mi. 7:17). También, Isaías describe el reino futuro del Mesías, diciendo, «…y el polvo será el alimento de la serpiente» (Is. 65:25). Gerhard von Rad dice:

> Y ante todo ¿de dónde procede esa acerba hostilidad entre ella [la serpiente] y el hombre, enemistad distinta y más honda que toda otra que pudiera haber entre él y otro animal cualquiera? Esta aversión, especie contra especie, se hereda de generación en generación. No es una ley de la creación, sino una maldición divina, una lucha impuesta por Dios como castigo de la mala acción del hombre.[24]

Pero lo cierto es que la Biblia declara que «la serpiente» es el más astuto de todos los animales del campo que Jehová Dios había hecho. Es evidente, según el texto bíblico, que Satanás usó la serpiente para engañar a Eva (2 Co. 11:3). El animal que supera en astucia a todos los animales del campo (véase Gn. 3:1) ahora tiene que escuchar la sentencia divina. «Por cuanto esto hiciste [engañar a Eva, induciéndola a pecar], maldita serás entre todas las bestias y entre todos los animales del campo; sobre tu pecho andarás, y polvo comerás todos los días de tu vida» (Gn. 3:14). Es decir, la serpiente es maldecida por Dios «por encima de todas las bestias y todos los animales del campo». Eso describe la magnitud de la maldición pronunciada por Dios sobre ella. En la misma proporción de su astucia y su capacidad para engañar, así es la magnitud de la maldición que Jehová Dios declara sobre ella. Umberto Cassuto señala lo siguiente:

> No solamente es la expresión sobre todo [«entre todos» RVR-60] repetida aquí, sino que hay un juego [de palabras] en la asonancia entre *arúm* [«astucia», «habilidad»] y *árur* [«maldita»]. El correspondiente verbal apunta a un paralelismo de pensamiento. Puesto que la serpiente sobrepasa a todas las bestias en astucia, y usó esa astucia con propósitos malignos, también sobrepasa en su maldición a todas las bestias del campo, y a todos los animales, cuya vida por lo general es más dura que la libre existencia de los animales salvajes.[25]

La maldición divina sobre la serpiente es expresada mediante dos sentencias: (1) «Sobre tu pecho andarás» es una frase que sugiere humillación. La serpiente se entregó al maligno, se convirtió en su instrumento y se exaltó por encima del hombre a quien Dios había designado como su mayordomo en la tierra. Por lo tanto, Dios la condenó a andar todo el tiempo arrastrándose sobre su pecho. (2) «Y polvo comerás todos los días de tu vida». Es decir, habrá una degradación permanente de su existencia (véase Is. 65:25). Ese aspecto del juicio divino se convierte en una figura del tentador y su condenación. La victoria de Jehová Dios sobre el maligno es totalmente segura y Dios, en la persona del Mesías, aplastará al «gran dragón, la serpiente antigua, que se llama diablo y Satanás» (Ap. 12:9).

En resumen: El castigo de la serpiente se corresponde con la medida de su crimen. Se exaltó por encima del hombre y, por lo tanto, andaría toda su vida sobre su vientre.

---

24. Gerhard von Rad, *El Libro del Génesis*, p. 108.
25. Umberto Cassuto, *A Commentary on the Book of Genesis, Part One*, p. 159.

Hizo que el ser humano comiese del fruto prohibido por Jehová Dios. La serpiente fue condenada a comer polvo todos los días de su vida. «Andar sobre su vientre» es una señal de degradación total. «Comer el polvo» es simbólico de derrota total. La serpiente representa a Satanás y, por lo tanto, todo lo que se dice acerca de ella también se dice de Satanás. «Mientras que el resto de toda la creación será librada de la desgracia en la que la caída la ha sumergido, según Isaías 65:25, el instrumento de la tentación del hombre ha de permanecer sentenciada a una degradación perpetua en cumplimiento de la sentencia: «Todos los días de tu vida», y de esa manera prefigurar el destino del verdadero tentador, para quien no hay liberación».[26] Pero la gran nota de esperanza es que, a la postre, la serpiente, es decir, Satanás, será derrotado y nunca más volverá a generar el mal en la creación de Dios.

> *Y pondré enemistad entre ti y la mujer, entre tu simiente y la simiente suya;*
> *ésta te herirá en el cabeza, y tú le herirás en el calcañar (Gn. 3:15).*

Este versículo ha sido llamado, a través de la historia, el protoevangelio, es decir, el primer anuncio del evangelio. El contenido de ese versículo tiene su cumplimiento en la muerte de Cristo en la cruz. Lo que Génesis 3:15 declara no es algo insignificante ni superficial acerca de la enemistad entre el hombre y las serpientes sino, más bien, un profundo cuadro simbólico de la lucha entre Satanás y el Hijo de Dios, es decir, Jesucristo.

En el texto hebreo, el vocablo «enemistad» aparece al principio de la oración por razones de énfasis. Existe un conflicto perpetuo entre la simiente de la mujer y la de la serpiente, que terminará con la derrota de Satanás cuando el Mesías aplaste la cabeza de la serpiente de manera final (véase Ro. 16:20). Dios prometió dar a la mujer una simiente y, a través de la misma, destruir de una vez y por todas la simiente del maligno.

El profesor Leon J. Wood comenta lo siguiente:

El vocablo «simiente», tal como Dios lo usa aquí, contiene una doble referencia: primero, a Cristo como la Simiente personificada, y en segundo lugar, a toda la descendencia redimida de la mujer. Es en el primer aspecto especialmente que el final del versículo habla de Satanás en el sentido de herir el «calcañar» de la simiente de la mujer, y de la simiente que hiere la cabeza de Satanás. Satanás hirió a Cristo cuando Jesús murió en el Calvario para pagar el precio [rescate] del hombre pecador, pero al hacer eso Cristo hirió la cabeza de Satanás, porque, por ese medio, Él hizo posible la redención para hombres y mujeres perdidos (He. 2:14).[27]

El mismo término se usa en Génesis 12:7 con referencia a Abraham y a su «descendencia». O sea que el vocablo se usa tanto como un término colectivo que incluye una comunidad de descendientes (véase Gn. 12:7; 13:16; 15:13), como un término individual, refiriéndose a un solo descendiente (véase Gn. 1:11; 4:25). De modo que la

---

26. E. W. Hengstenberg (citado por Keil y Delitzsch), *Old Testament Commentaries: Génesis to Judges 6:32*, p. 77.

27. Leon J. Wood, *Genesis: A Study Guide*, p. 35.

promesa de que la simiente de la mujer estará en pugna con la simiente de la serpiente se refiere a la historia de las dos simientes y de la continua hostilidad entre el maligno y el elegido de Dios (véase Mt. 23:33; Jn. 8:44; 1 Jn. 3:8). También se refiere a la Simiente individual, es decir, al Señor Jesucristo. El vocablo «simiente», como se ha observado, es indefinido en sí mismo. Puede referirse a una descendencia que consiste de un solo hijo (véase Gn. 4:25), o a toda una tribu (véase Gn. 21:12-13). La identidad de la simiente solo puede resolverse mediante la historia de la raza y la manifestación final del proceso electivo de Dios (véase Ro. 9:6-13). Aunque el texto bíblico no dice categóricamente que la frase «simiente de la mujer» es una referencia a la concepción virginal, dicho concepto es ciertamente compatible con la enseñanza de las Escrituras tanto en el Antiguo como en el Nuevo Testamento (véase Is. 7:14; Mt. 1:23; Lc. 1:30-38).

Es importante observar que «la simiente de la serpiente» es una figura que se refiere a la humanidad rebelde que ha sido guiada por Satanás a rebelarse contra Dios, y que desprecia y se opone a Dios. Es un grupo colectivo, pero su cabeza representativa es el mismo Satanás. «La simiente de la mujer», por otro lado, señala a los escogidos de Dios en un sentido general. Pero hay un sentido individual en el vocablo «simiente» (*zéra*). Obsérvese el uso de los pronombres personales «te», «tú» y «él» (traducido «ésta» en la RVR-60). La frase «él te herirá en la cabeza» es personal. Eso implica que la frase «…y tú le herirás en el calcañar» también es personal. El pronombre personal «tú» se traslada de «la simiente» al mismo Satanás, porque la referencia se estrecha y se concentra en la persona del maligno. En segundo lugar, los sustantivos «cabeza» y «calcañar» son individualizados ya que parecería absurdo que una «simiente colectiva» tuviese «cabeza» y «calcañar».

El verbo traducido «herirá» (RVR-60) es *yeshufekjá* que literalmente significa «aplastar», «triturar», «demoler». Este verbo sugiere un acto final y fatal. La frase final del versículo dice «y tú le herirás en el calcañar». El segundo verbo es *teshufénu* (de *shuf*) y significa «herirás». Ambos verbos, aunque afines, tienen significados diferentes. Parece haber un juego de palabras entre ambos. En el caso de la herida en el «calcañar» de la simiente de la mujer, la misma no es fatal ni final, pero el «aplastar» la cabeza de la simiente de la serpiente sí significa una completa derrota, y la herida del calcañar de la simiente de la mujer, aunque es una herida importante, no es una derrota completa. Por supuesto, todo eso es un cuadro simbólico hermoso de la obra del Señor Jesucristo en la cruz, como dice el profeta Isaías:

> Ciertamente llevó él nuestras enfermedades, y sufrió nuestros dolores; y nosotros le tuvimos por azotado, por herido de Dios y abatido. Mas él herido fue por nuestras rebeliones, molido por nuestros pecados; el castigo de nuestra paz fue sobre él, y por su llaga fuimos nosotros curados (Is. 53:4-5).

El Señor Jesucristo fue herido por nuestros pecados en la cruz. Allí efectuó nuestra expiación mediante su obra sustitutoria y sufrió el juicio de Dios en lugar del pecador. En la cruz, la serpiente fue aplastada y la victoria de la «simiente de la mujer» fue final y total. Ahora espera el día de la consumación del plan eterno de Dios, cuando el Mesías regresará a la tierra con «poder y gran gloria» para ocupar el trono de David como el postrer Adán. En sí, Él es evidencia de que las palabras de Génesis 3:15 van más allá de la serpiente —van a Satanás— porque la serpiente estaba sujeta a la autoridad del hombre antes de la caída. Además, el vocablo «enemistad» señala hacia un poder espiritual más alto representado por la serpiente.

Resumiendo: Génesis 3:15 contiene la más amplia promesa de redención que se podría encontrar en un solo texto de la Sagrada Escritura. El versículo se refiere a la serpiente y a la mujer, a las simientes de ambas; esto es, a Satanás y a Cristo en la lucha final por la posesión de las almas de los hombres.

La sentencia sobre la mujer (3:16)

> *A la mujer dijo: Multiplicaré en gran manera los dolores de tus preñeces; con dolor darás a luz los hijos; y tu deseo será para tu marido, y él se enseñoreará de ti (Gn. 3:16).*

Sobre la mujer, Dios pronunció tanto maldición como bendición. En primer lugar, la maldición consistía en el hecho de que el Señor multiplicaría los dolores de sus preñeces. La maternidad originalmente debía ser un logro del propósito de Dios lleno de gozo y de felicidad, pero ahora estaría acompañado de dolor y tristeza. Tanto la vida de la mujer como la de su prole correrían peligro debido a la debilidad física producida por el pecado (véase Jn. 16:21a). «La justa represalia yace en que aquella que buscó dulces placeres en el acto de comer el fruto prohibido, no encuentra deleite sino dolor, ni gozo sino tristeza».[28]

Además, la verdadera subordinación de la creación se convertirá en sujeción. El matrimonio ahora va a ser gobernado por deseos instintivos, tanto pasivos como activos. A pesar de eso la mujer recibe la bendición de concebir hijos, aunque al hacerlo tenga que someterse a la voluntad de su marido. La frase «tu deseo será para tu marido» parece ser una acción taliónica, es decir, medida por medida. La idea sería la siguiente: «Tú influiste en tu marido y le hiciste hacer lo que querías; por consiguiente, tú y tu descendencia femenina estarán sometidas a sus esposos. Los anhelareis, pero ellos serán las cabezas de las familias, y os gobernarán».[29] En su trato con la serpiente, Eva había procurado emanciparse a sí misma del hombre, pero ahora llevaría la carga de su deseo por el hombre en sujeción a él.

La sentencia sobre el hombre (3:17-19)

> *Y al hombre dijo: Por cuanto obedeciste a la voz de tu mujer, y comiste del árbol de que te mandé diciendo: No comerás de él; maldita será la tierra por tu causa; con dolor comerás de ella todos los días de tu vida (Gn. 3:17).*

Obsérvese que la maldición sobre el hombre parece ser más sobre el medio en el que vive que sobre él mismo. La causa del juicio de Adán es expresada mediante la frase: «Por cuanto obedeciste la voz de tu mujer…». El error fundamental de Adán fue obedecer a su mujer en vez de obedecer a Dios. El hombre fue creado para gobernar, entre otras cosas, pero Adán se sometió a la voluntad de Eva y soslayó el mandato expreso de Dios. Ahora la tierra, que debía estar sometida a la autoridad de Adán, es maldita por «causa» de la rebelión del hombre.

---

28. Herbert C. Leupold, *Exposition of Genesis*, vol. I, p. 171.

29. Umberto Cassuto, *A Commentary on the Book of Genesis, Part One*, pp. 165-166.

La frase: «Con dolor comerás de ella todos los días de tu vida» describe la magnitud de la desobediencia del hombre. Pablo dice en Romanos 8:20: «Porque la creación fue sujeta a vanidad, no por su propia voluntad, sino por causa del que la sujetó en esperanza». La maldición de la tierra implica que la agricultura se convierte en una tarea agónica para el hombre. Lo que debió de ser un deleite, se convierte en un arduo trabajo. Como lo comenta Henry M. Morris:

> La tierra, que anteriormente cooperó de buen grado mientras el hombre la «labraba» y la «cuidaba» (Gn. 2:5, 15), ahora se ha vuelto reacia para producir su alimento. En su lugar, comenzó a producir espinos y malas hierbas, exigiendo arduo trabajo, sudor y lágrimas para poder comer del fruto. Y finalmente, a pesar de todo el trabajo, la muerte triunfaría y el cuerpo del hombre regresaría al polvo del que fue tomado.[30]

En Génesis 3:17, por primera vez «Adán» es usado como un nombre propio. El texto literalmente dice «a Adán» [*leadám*], (no hay artículo definido delante del sustantivo). En primer lugar, la tierra es maldita y el resultado es «trabajo», «dolor», «frustración» y «sudor». Diariamente se le recuerda al hombre su desobediencia.

En segundo lugar, la muerte azotará al hombre y a su descendencia. La muerte física no ocurre inmediatamente, Dios concede al hombre tiempo para el arrepentimiento. Es poco probable que Dios crease en aquel momento «espinos» y «cardos». Quizá sea mejor pensar que hubo un deterioro progresivo de la naturaleza. Evidentemente hubo un desequilibrio en la creación como resultado de la entrada de pecado. Dios no creó la muerte en el sentido directo sino que retiró la extensión de su poder que había mantenido un equilibrio de la vida y el orden. Ese acto de Dios hizo que las cosas se desintegraran paulatinamente hacia el desorden y la muerte.[31]

Espinos y cardos te producirá, y comerás plantas del campo (Gn. 3:18).

Los «espinos y cardos» no son plantas para el sustento humano, pero sí son obstáculos para la cosecha. Crecerían espontáneamente y el hombre tendría que afanarse por quitarlos del campo y así poder cultivar la tierra. Cuando el Mesías regrese a la tierra habrá una «regeneración» (*palingenesia*) que cambiará la condición presente del planeta. El salmista dice: «Será echado un puñado de grano en la tierra, en las cumbres de los montes; su fruto hará ruido como el Líbano. Y los de la ciudad florecerán como la hierba de la tierra» (Sal. 72:16).

Con el sudor de tu rostro comerás el pan hasta que vuelvas a la tierra, porque de ella fuiste tomado; pues polvo eres, y al polvo volverás (Gn. 3:19).

El hombre fue creado originalmente para que gobernase la tierra. Adán era el mayordomo de Dios en la tierra y, como tal, debía gobernar en nombre y con la autoridad del soberano Creador, pero el pecado ha trastornado la condición original del hombre.

---

30. Henry M. Morris, *The Genesis Record*, p. 125.
31. *Ibíd.*

En lugar de producir felizmente el alimento para el hombre, ahora la tierra tenía que ser labrada diariamente. Los espinos y los cardos tenían que ser eliminados. Adán y su descendencia tendrían que sudar para comer el pan de cada día. El cuerpo de Adán había sido formado del polvo de la tierra y el «soplo de Dios» lo había hecho un ser viviente. Ahora, a causa de la caída, el cuerpo de Adán regresaría al polvo de la tierra. La esperanza radica en el hecho de que el postrer Adán vendría para «destruir por medio de la muerte al que tenía el poder de la muerte, esto es, al diablo» (He. 2:14). El postrer Adán, es decir, el Mesías, vino para destruir el pecado y la muerte mediante su sacrificio en la cruz y su gloriosa resurrección (véase 1 Co. 15:47-58). La creación presente está sujeta a vanidad e inutilidad en lo que respecta al propósito original de Dios. Cuando el Mesías venga, todas las cosas serán restauradas (Hch. 3:21). «Porque la tierra será llena del conocimiento de la gloria de Jehová, como las aguas cubren el mar» (Hab. 2:14).

RESUMEN

Génesis 3:18-19 registra las consecuencias inmediatas de la entrada del pecado en la humanidad. En primer lugar, el hombre procura esconderse de la presencia de Dios, y confiesa que «tuvo miedo» porque estaba desnudo. En realidad, el «temor» del hombre revela su falta de fe y de amor hacia Dios (1 Jn. 4:18).

El hombre culpa directamente a la mujer e indirectamente a Dios de haber causado la caída (3:12), aunque él era el primer responsable por haber desobedecido el mandato de Dios (Gn. 3:9-11). Luego, Dios interroga a la mujer, quien a su vez culpa a la serpiente de haberla engañado. En el versículo 14, se pronuncia el juicio contra la serpiente y Dios la maldice y la condena a andar arrastrándose y a «comer polvo todos los días de su vida». «Comer polvo» puede ser una figura que describe la derrota total de Satanás al final de los tiempos.

Génesis 3:15 registra la «enemistad» continua entre la serpiente y la mujer, así como entre las simientes de ambos. La simiente de la serpiente (Satanás) recibirá una herida mortal en la cabeza, mientras que la simiente de la mujer (el Mesías) será herida en el calcañar, es decir, una herida que tiene cura.

El apóstol Pablo explica el significado teológico de lo ocurrido en Génesis 3. En 1 Corintios 15, Pablo explica las implicaciones de la muerte y la resurrección del Mesías. El apóstol dice: «...ya que el aguijón de la muerte es el pecado...» (1 Co. 15:56). El aguijón no es la muerte sino el pecado. La muerte es «la paga del pecado». El problema del hombre es que es pecador y, por lo tanto, está bajo maldición. El ser humano ha sido cegado por el pecado y es incapaz por sí mismo de resolver su caótica situación. El «dios de este siglo», es decir, Satanás, la serpiente antigua, «cegó el entendimiento de los incrédulos para que no les resplandezca la luz del evangelio de la gloria de Cristo, el cual es la imagen de Dios» (2 Co. 4:4).

LA PROVISIÓN PARA EL HOMBRE (3:20-24)

Felizmente, hay un remedio para el aguijón de la muerte. Ese remedio se encuentra en la obra realizada por Aquel que es «la simiente de la mujer», es decir, Jesús, el Mesías, quien dio su vida para rescatar a los pecadores. Todo aquel que se refugia en su gracia soberana y se acoge a los beneficios de su obra redentora recibe el perdón de sus pecados y el regalo de la vida eterna. Jesús, el Mesías, con su muerte y resurrección venció la muerte de manera total y definitiva (Jn. 11:25-26) para que todo aquel que en

Él cree tenga vida eterna. Dios manifiesta su gracia soberana haciendo provisión para el hombre pecador que cree en Él (Gn. 3:20-21).

Eva, la madre de todos los vivientes (3:20-21)

> *Y llamó Adán el nombre de su mujer, Eva, por cuanto era madre de todos los vivientes (Gn. 3:20).*

El nombre «Eva» significa «vida» o «viviente» y es un testimonio de la fe de Adán. Habiendo escuchado la promesa de Dios en Génesis 3:15, Adán concluyó que Eva sería la madre, no solo de toda la raza, sino de manera particular de la naturaleza humana de la simiente prometida. La declaración hecha en la narrativa indica que hay más a la vista que una simple simiente física. Adán ve a Eva como aquella a través de la cual vendrá la victoria sobre la serpiente. La ve como la madre de la simiente que cancelará el aguijón de la muerte y librará a los redimidos de Dios.

La declaración de Adán evidencia que había creído en la gracia de Dios. El hombre había oído las palabras del protoevangelio en Génesis 3:15 y las había recibido en arrepentimiento y fe. Ponerle nombre a su esposa es una evidencia de su genuina respuesta a la Palabra de Dios. Herbert C. Leupold lo explica así:

> En otras palabras, aquí [Adán] da evidencia no solo de creer que Dios habló la verdad sino de creer en la salvación que Dios había prometido. Esta, entonces, era de parte de Adán, en lo que respecta a las circunstancias, una verdadera y viva fe en Cristo. Esta fe de Adán ciertamente no podría tener toda la claridad que destaca la fe de los creyentes del Nuevo Testamento, pero lo esencial de la fe es evidente.[32]

En resumen, al nombrar a Eva «como madre de todos los vivientes», el texto sugiere que Adán restauró su comunión con Dios y, además, que Eva daría a luz hijos. También apunta al hecho de que, a la postre, nacería «la simiente de la mujer que aplastaría la cabeza de la simiente de la serpiente. También cabe mencionar que el nombre "Eva" aplaude el hecho de la sobrevivencia de la raza humana y la victoria sobre la muerte».[33] El plan original de Dios no será derrotado por el maligno.

> *Y Jehová Dios hizo al hombre y a su mujer túnicas de pieles, y los vistió (Gn. 3:21).*

Evidentemente Dios sacrificó animales y con la piel hizo túnicas para reemplazar las hojas de higuera con que el hombre y la mujer habían cubierto su desnudez. Los delantales hechos de hojas de higuera eran inadecuados y Adán y Eva necesitaban algo diferente para cubrir su vergüenza. El destacado expositor S. Lewis Johnson dice:

> La declaración es una magnífica descripción de una de las lecciones objetivas más elocuentes que jamás se hayan dado al hombre acerca de la gracia. Dios

---

32. Herbert C. Leupold, *Exposition of Genesis*, vol. I, p. 177.
33. Allen P. Ross, *Creation & Blessing*, p. 148.

es el predicador y predica mediante sus acciones. Y el mensaje es el mensaje de redención a través de un sacrificio sustitutorio legal.[34]

Aunque el acto de Dios tiene como objeto resolver una cuestión física en Adán y Eva, lo cierto es que el texto se proyecta mucho más lejos y profundo. Hay aquí una clara lección acerca de la obra expiatoria de Cristo en la cruz. La sangre derramada en el Calvario por la muerte del Cordero de Dios es el único sacrificio «que quita el pecado del mundo» (Jn. 1:29).

Es muy apropiado que Dios, quien hace el sacrificio final por el pecado, también haga el primero para cubrir la vergüenza del primer hombre. Y es adecuado que las túnicas de pieles cubran la culpa del primer hombre solo por gracia soberana. Siglos después, el postrer Adán haría el sacrificio final por el pecado y mediante ese sacrificio haría provisión para cubrir por sí mismo con manto de justicia y con vestidura de salvación a los redimidos (Is. 61:10).

Hay varias verdades que se derivan del acto de Dios de cubrir los cuerpos de Adán y Eva:

1. En primer lugar, la necesidad de realizar un sacrificio, pues «sin derramamiento de sangre no se hace remisión» (He. 9:22). Para que pueda haber perdón de pecados, es necesario que haya un sacrificio.
2. En segundo lugar, la lección de sustitución está presente. Dios sacrificó un animal inocente para cubrir la vergüenza del culpable. Ese acto divino apuntaba al sacrificio sustitutorio que el Mesías efectuaría en la cruz. Jesucristo, como el Cordero de Dios, dio «su vida en rescate por muchos» (Mr. 10:45).
3. Finalmente, Génesis 3:21 también presenta el cuadro de un sacrificio penal, es decir, un sacrificio diseñado para pagar el castigo por el pecado. La muerte violenta de la víctima inocente apuntaba al inconmensurable acontecimiento de la cruz del Calvario donde Jesús el Mesías dio su vida para salvar a pecadores. El texto dice que Jehová Dios «vistió» a Adán y a Eva. Dios hizo provisión para ellos y los «rodeó de manto de justicia» (Is. 61:10). Del mismo modo, Jesucristo, el Cordero de Dios, cubre con su justicia a todo pecador que viene a Él por la fe. La justicia de Cristo es exactamente igual que la justicia de Dios porque Él es Dios. Solo recubierto de la justicia divina el pecador puede entrar en la presencia de Dios (Jn. 14:6; Ro. 5:1-2).

La simple frase «y los vistió» describe una imagen del tierno cuidado de Dios por Adán y Eva. A través de su sacrificio, el Señor restaura la enajenada pareja a la comunión con Él y el uno con el otro. Eso es un acto de la soberana gracia de Dios que debe producir gratitud y humildad en el corazón humano.

Adán y Eva son expulsados del huerto (3:22-24)

Y dijo Jehová Dios: He aquí el hombre es como uno de nosotros, sabiendo el bien y el mal; ahora, pues, que no alargue su mano, y tome también del árbol de la vida, y coma, y viva para siempre (Gn. 3:22).

---

34. S. Lewis Johnson, «Paradise Lost, But Regainable», *Believers Bible Bulletin* (10 de diciembre, 1979).

Quien habla y dicta la sentencia es «Jehová Dios». «Jehová» es el nombre que relaciona a Dios con su fidelidad en el cumplimiento de sus promesas, y Dios —*Elojim*— destaca su soberanía y universalidad sobre toda la creación. La justicia de Dios demanda el castigo del pecador, pero su amor y su compasión determinan la imposición de condiciones de vida que fueron calculadas para ayudar en la realización del estado perdido del hombre y la búsqueda de una liberación salvadora. El Dios de «toda gracia» es también Dios de justicia.

«He aquí que el hombre es como uno de nosotros». Esa es la declaración hecha por Dios respecto de la nueva condición del hombre, después de haber transgredido su mandato. En un sentido se ha cumplido lo dicho por la serpiente en Génesis 3:5, pero ese cumplimiento es solo parcial. El conocimiento que el hombre adquiere del bien y del mal es solo experimental y el conocimiento de Dios se debe a su atributo de omnisciencia. Dios es el único que sabe todas las cosas tanto las fácticas como las posibles. El hombre ha llegado a «ser como Dios», pero en ningún sentido es igual a Dios. Tristemente, ha llegado a conocer «el mal» y no puede evitar cometerlo. El hombre conoce lo bueno, pero no es capaz de hacerlo, lo que resume la desgracia humana. Adán y Eva, así como sus descendientes, comienzan a experimentar una vida de miserias y fracasos que conduce a la perdición eterna. La única posibilidad de liberación descansa sobre la obra de redención realizada en la cruz del Calvario cuando la simiente de la mujer, Jesús el Mesías, aplasta la cabeza de la serpiente de manera definitiva. Solo mediante la fe en el sacrificio de Cristo el pecador puede ser librado de la muerte segunda (véase Ap. 2:11; 20:6, 14; 21:8). Sin duda, Jehová Dios ha hecho todo lo necesario para librar al hombre de la condenación eterna (véase 2 Co. 5:21; Is. 53:4-8).

La frase «como uno de nosotros» ha llamado la atención a muchos. Algunos comentaristas afirman que se refiere a ángeles. Por ejemplo, Umberto Cassuto dice:

Como uno de mi séquito, como uno de la colectividad divina que es de un orden mayor que el hombre, por ejemplo, el querubín y su clase.[35]

Gordon J. Wenham también dice:

Ellos no podían hacerse «como Dios» mismo, pero se han vuelto como «uno de nosotros», es decir, como los seres celestiales, incluyendo a Dios y a los ángeles, en la medida en que como hombre ahora sabe el bien y el mal.[36]

Pero dicha expresión no puede incluir ángeles porque no es posible bíblicamente poner a Dios en la categoría de los ángeles. La Biblia claramente enseña que los ángeles son criaturas de Dios (véase Neh. 9:6; Sal. 148:2, 5). En armonía con la revelación bíblica, tanto del Antiguo como del Nuevo Testamento, lo más sensato es entender la frase «como uno de nosotros» como una referencia a las personas de la Trinidad. Si bien es cierto que la doctrina de la Trinidad no aparece claramente expuesta en el Antiguo Testamento, no es menos cierto que el Antiguo Testamento señala el camino al desarrollo de esa verdad bíblica. Es en el Nuevo Testamento donde se enseña con

---

35. Umberto Cassuto, *A Commentary on the Book of Genesis, Part One*, p. 172.
36. Gordon J. Wenham, «Genesis 1-15», *Word Biblical Commentary*, p. 85.

plena claridad que hay un solo y único Dios vivo y verdadero que ha existido siempre y existirá por toda la eternidad en tres Personas. La Biblia enseña tanto la unidad de Dios como la Trinidad de la Deidad. Dios es uno en esencia y tres en personas.

> *Ahora pues, que no alargue su mano, y tome también del árbol de la vida, y coma, y viva para siempre (Gn. 3:22b).*

La segunda parte de Génesis 3:22 contiene una estupenda manifestación de la gloria de la gracia y la misericordia de Dios hacia Adán después de haber desobedecido a Dios. Era de vital importancia que el hombre fuese absolutamente imposibilitado de tener acceso al «árbol de la vida». Dicho árbol tenía la virtud de impartir vida física permanente al hombre. Es decir, Adán hubiera podido alcanzar la inmortalidad si hubiese comido del «árbol de la vida». De haberlo hecho, sin embargo, hubiese vivido para siempre en su condición de pecador con toda la miseria que esa condición lleva en sí misma. El hombre no hubiese conseguido la razón principal por la que fue creado, es decir, vivir en comunión con Dios (véase Jn. 17:3).

> *Y lo sacó Jehová del huerto del Edén, para que labrase la tierra de que fue tomado (Gn. 3:23).*

La expresión «y lo sacó» (*vayeshálekjéhu*) es enfática y podría traducirse «y lo expulsó». El huerto del Edén había sido plantado para que el hombre disfrutase plenamente de las bendiciones de Dios (Gn. 2:8-15), pero, a partir de la caída, hay un cambio importante en su vida. Por decreto divino, el hombre es expulsado del huerto, y tiene que esforzarse labrando la tierra. En vez de ejercer dominio sobre la tierra, Adán está a merced de lo que la tierra le dé para su sustento. El pecado ha convertido a Adán en esclavo —en lugar de señor— de la tierra.

> *Echó, pues, fuera al hombre, y puso al oriente del huerto de Edén querubines, y una espada encendida que se revolvía por todos lados, para guardar el camino del árbol de la vida (Gn. 3:24).*

La expulsión de Adán y Eva del huerto de Edén no solo se limitaba al ámbito de lo físico, sino también incluía lo espiritual. La comunión entre Dios y el hombre fue resquebrajada.

Los querubines son una clase de seres angélicos que tienen el privilegio de guardar la inmediata presencia del Rey del universo. Su tarea principal parece ser la de guardar la santidad de Dios. En Génesis 3:24, los querubines tienen la tarea de guardar el acceso al árbol de la vida. También se cree que son representativos y mediadores de la presencia de Dios en el mundo. Debe recordarse, además, que el arca del pacto era guardada por «querubines» (Éx. 25:10-22). Solo a través del pacto puede restaurarse la comunión entre Dios y el hombre y es mediante la indestructible promesa de Dios que el paraíso perdido a causa del pecado puede ser recuperado (véase Ap. 21:1-8; 22:1-5).

RESUMEN Y CONCLUSIÓN

A nivel práctico, tres clases de desórdenes aparecen en la vida humana como resultado de la entrada del pecado. En las relaciones personales, hay una enajenación y una brutalización del amor sexual (véase Gn. 3:7, 16). Esas son las pasiones que, a la postre, asolarán a la sociedad humana, y es una realidad presente en la sociedad moderna y postmoderna. En el ámbito físico, la vida se ha convertido en una lucha dolorosa. El ser humano libra una terrible batalla para continuar y sostenerse diariamente. La mujer concebirá y dará a luz con dolor y riesgo de su vida. El hombre tendrá que esforzarse para obtener los alimentos necesarios para su sustento (Gn. 3:16, 19). En la esfera espiritual, el hombre ha sido «expulsado» del huerto y se convierte en un «enemigo de Dios» y en un «amigo del mal» (véase Gn. 3:8, 15, 24).

El pecado de Adán ha tenido cuatro grandes consecuencias en la esfera teológica:

1. La culpa de su primer pecado ha sido imputada a toda la raza humana en virtud del hecho de que Adán ocupa la posición representativa de toda su posteridad delante de Dios (véase Ro. 5:12, 18-19).
2. El pecado original está adherido al hombre y la posteridad de Adán ha heredado una naturaleza corrompida y depravada de su pecado. El pecado ha afectado todas las áreas de su vida: espiritual, física, emocional, intelectual (véase Ef. 2:3; Ro. 8:7).
3. Desde la entrada del pecado, la posteridad de Adán es totalmente incapaz de producir algo que le haga conseguir el favor de Dios (véase Ro. 8:7-8; 7:14-25).
4. A causa de la caída, la raza humana está sujeta al castigo eterno, es decir, a la muerte eterna (véase Ap. 20:11-15; Gn. 3:16-19). La única solución para el pecador perdido es acercarse a Dios mediante Aquel que derramó su sangre, es decir, dio su vida, para que todo aquel que en Él cree tenga vida eterna.

4

La historia de la civilización y el progreso de la sociedad lejos de Dios (4:1-26)

A pesar de que la mayoría de los antropólogos rechaza la historicidad de los primeros capítulos de la Biblia, lo hacen sobre la base del racionalismo y del rechazo a priori de la historicidad de la revelación bíblica. El relato bíblico, sin embargo, es histórico y está escrito en un lenguaje normal sin el menor indicio de ser mitológico. Génesis 4 relata la historia de Caín y Abel y el contenido del capítulo está estrechamente ligado a los capítulos anteriores, particularmente al capítulo 3. A esto hay que añadir el hecho de que la historicidad de Caín y Abel es ampliamente respaldada por el Nuevo Testamento.

La historia de Caín y Abel (4:1-8)

Conoció Adán a su mujer Eva, la cual concibió y dio a luz a Caín, y dijo: Por voluntad de Jehová he adquirido varón. Después dio a luz a su hermano Abel. Y Abel fue pastor de ovejas, y Caín fue labrador de la tierra (Gn. 4:1-2).

La frase «conoció Adán a su mujer Eva» es un eufemismo usado para indicar que Adán tuvo relaciones íntimas con su mujer. Las relaciones sexuales entre la primera pareja era de esperarse puesto que Dios les había dicho: «Fructificad y multiplicaos; llenad la tierra, y sojuzgadla…» (Gn. 1:28). Además, la Escritura dice: «Por tanto, dejará el hombre a su padre y a su madre, y se unirá a su mujer, y serán una sola carne» (Gn. 2:24). Debemos repetir el hecho de que, según la Biblia, el matrimonio siempre es la unión de un hombre y una mujer. Esa es la única manera en que la procreación puede ocurrir. Como resultado de la acción de «conocer» (*yadá*), Eva «concibió» (*jará*) y «dio a luz» (*vatéled*). La sociedad intenta cambiar el modelo establecido por Dios, y el resultado de esa actitud es la corrupción moral que genera el juicio de Dios.

104

Caín no solo fue el primer hombre nacido en la tierra, sino también el primer homicida. La acción de Caín es una demostración de cuán profunda fue la caída del hombre. El pecado de la incredulidad ahora continúa hacia su cielo de rebelión e inmoralidad. Otra cuestión que hay que recordar en el estudio de Génesis 4 es que el relato bíblico refuta de manera contundente la teoría evolucionista. La antropología evolucionista dice que el hombre ha «evolucionado» y que el hombre primitivo era un antropoide, es decir, una especie de simio. La Biblia, sin embargo, enseña que ha habido una «degradación» en el hombre como consecuencia del pecado. El hombre, en su estado original, era un ser inteligente y no un rudo salvaje. Los hombres de los tiempos de Adán eran seres capaces que habían logrado un alto nivel tecnológico e intelectual, tal como lo enseña la parte final de Génesis 4. No es cierto que el hombre «evolucionó» de un estado cavernícola a altos niveles de civilización. Lo cierto es que la caída en el pecado ha producido una degradación moral, espiritual e intelectual en el ser humano.

La concepción y el nacimiento de Caín (4:1)

La concepción y el nacimiento de Caín ocurrieron, sin duda, después de que Adán y Eva fueron expulsados del huerto del Edén. Como ya se ha señalado, Adán «conoció», es decir, «tuvo relaciones íntimas» con su mujer. Ese es el significado en este contexto del verbo «conocer», que señala «la unión sexual» de Adán y Eva. El vocablo transmite el nivel más profundo de unión sexual entre un hombre y una mujer. Tristemente, el mismo vocablo se usa respecto a las relaciones sexuales pecaminosas y distorsionadas, como en el caso de los habitantes de Sodoma y Gomorra (véase Gn. 19:5-10).

Adán y Eva llamaron a su primer hijo «Caín» (*Cayín*). La reacción de Eva fue decir: «Por voluntad de Jehová he adquirido varón» o «He adquirido un varón con Jehová». El verbo hebreo traducido «he adquirido» es *caná* y el sustantivo es *quinyán*. Hay cierta incertidumbre respecto de la raíz correcta del nombre Caín, lo que ha generado algunas especulaciones.[1] Algunos piensan que el verbo *caná* se deriva de una antigua raíz cananea (véase Gn. 14:19; Dt. 32:6; Sal. 115:15; 139:13; Pr. 8:22). A pesar de las especulaciones, lo más probable es que el verbo *caná* signifique «adquirir», «obtener». De modo que la reacción de Eva fue: «He adquirido», «he obtenido», «he creado», o quizá, «he hecho» un varón con Jehová. Otra sugerencia ha sido que la expresión «con la ayuda de Jehová», literalmente significa «con Jehová». Hay quienes ven aquí la probabilidad de que Eva pensase que el nacimiento de Caín era el cumplimiento de Génesis 3:15. Caín sería, por tanto, la simiente prometida por Dios.[2]

La expresión «por voluntad de Jehová» o «con la ayuda de Jehová» es traducida por algunos como: «He conseguido varón, el Señor» (véase la nota al margen en la versión inglesa *New American Standard Bible*), pero esa traducción no es gramaticalmente aceptable. Eva solo se refiere al papel de Dios en el nacimiento de Caín. Fue por el poder de Jehová que Eva pudo concebir y dar a luz y, en ese respecto, ese era un verdadero clamor de fe, tal como ocurre en el versículo 25. La actitud de Eva lleva el nivel puramente natural a un nivel verdaderamente espiritual.

---

1. Umberto Cassuto, *A Commentary on the Book of Genesis, Part One*, pp. 196-198.
2. Herbert C. Leupold, *Exposition of Genesis*, vol. I, pp. 189-190.

El nacimiento de Abel (4:2)

El nombre de Abel significa «aliento», «vapor», «soplo» o «vanidad». Al darle ese nombre a su segundo hijo, nos deja ver que quizá Eva comprende que la vida humana estaba bajo la maldición divina. Tanto ella como su esposo ven que la creación ha sido sujeta a «vanidad», y eso los hizo nombrar a su segundo hijo Abel (Ro. 8:20).

El texto bíblico contrasta las ocupaciones de Caín y Abel, pues dice que Caín era «labrador de la tierra» mientras que Abel era «pastor de ovejas». La mención de esas ocupaciones no sugiere que una persona era inferior a la otra, pues ambas ocupaciones eran importantes para la vida cotidiana. Quizá haya una sugerencia al hecho de que la ocupación de Caín guarda relación con los efectos de la caída (Gn. 3:23) mientras que la ocupación de Abel tiene afinidad con el propósito divino de que el hombre dominase el reino animal.

La Biblia reconoce tanto la historicidad de Caín como la de Abel. Caín es mencionado en Hebreos 11:4, 1 Juan 3:12 y en Judas 11, y Abel es mencionado en Lucas 11:49-51, donde Cristo lo reconoce como «profeta» y en Mateo 23:35, donde lo llama «justo». También se menciona en Hebreos 11:4, donde se lo denomina un hombre de fe y un fiel adorador de Dios.

Las ofrendas de Caín y Abel (4:3-5a)

> *Y aconteció andando el tiempo, que Caín trajo del fruto de la tierra una ofrenda a Jehová. Y Abel trajo también de los primogénitos de sus ovejas, de lo más gordo de ellas. Y miró Jehová con agrado a Abel y a su ofrenda; pero no miró con agrado a Caín y a la ofrenda suya (Gn. 4:3-5a).*

Al parecer, había un tiempo concreto para que Caín y Abel se acercasen a Dios para adorar y, probablemente, habría un lugar específico para presentar las ofrendas. Es posible que Caín y Abel hubiesen recibido instrucciones respecto de cómo acercarse a Dios y cómo adorarlo. Evidentemente ambos hermanos habían recibido suficiente información respecto de cómo adorar a Dios y, por lo tanto, sabían cómo hacerlo.

Génesis 4:3 dice que «Caín trajo del fruto de la tierra una ofrenda a Jehová». El vocablo «ofrenda» [*minkjá*] es el término hebreo usado para expresar «tributo», y es el que Moisés usa en la ley respecto de la ofrenda de flor de harina o de cereal, o las primicias. «Con esa ofrenda, el que la ofrece reconoce la superioridad o autoridad de quien la recibe (Lv. 2:14; 1 S. 10:27; 1 R. 10:25). Tanto Caín como Abel llevan una ofrenda, y aunque ambos van como sacerdotes, adoran al mismo Dios, y desean la aceptación de Dios, solo Abel lleva un tributo aceptable».[3]

En el contexto de Génesis 4:3-5, el vocablo *minkjá* da énfasis a la ofrenda de un animal, ya que se usa respecto de la oblación ofrecida por Abel. Es posible que en esos versículos haya una sutil sugerencia al hecho de que la ofrenda de Caín no contenía sangre mientras que la de Abel sí. Un estudio más amplio del tema de las ofrendas revela que el tipo de ofrenda no es el único criterio de juicio usado (véase Mal. 1:8, 13).

¿Por qué rechazó Dios la ofrenda de Caín? Esta pregunta ha dado lugar a alguna discusión. Hay quienes piensan que Dios mandó a Caín y Abel a presentar ofrendas,

---

3. Bruce K. Waltke, *Genesis: A Commentary*, p. 97.

y que Dios especificó que fuesen sacrificios de sangre. De ser así, la ofrenda de Caín fue rechazada porque él rehusó cumplir el requisito de Dios. Ciertamente, la actitud de Caín demostraba la rebeldía de su corazón. Hay, además, una sugerencia en el texto que Caín no fue cuidadoso al escoger su ofrenda. Génesis 4:3 dice que «Caín trajo del fruto de la tierra una ofrenda a Jehová». Pudo haber dicho que «Caín trajo de las primicias de la tierra» o «de lo mejor de la cosecha». De algún modo, el texto señala el carácter rebelde e indiferente de Caín.

La ofrenda de Abel pudo haber sido un cordero, pero lo más importante es que Abel seleccionó su ofrenda. El texto dice que era: «De los primogénitos de sus ovejas» y «de lo más gordo de ellas». Es decir, Abel escogió cuidadosamente su ofrenda. El autor de la carta a los Hebreos lo expresa así: «Por la fe Abel ofreció a Dios más excelente sacrificio que Caín, por lo cual alcanzó testimonio de que era justo, dando Dios testimonio de sus ofrendas; y muerto, aun habla por ella» (He. 11:4). Abel demostró que deseaba glorificar a Jehová Dios y con su ofrenda demostró su reconocimiento de que el Creador merecía lo mejor de todo. Queda claro que aquel hombre justo hizo una ofrenda de fe y amor al Señor.

«Y miró Jehová con agrado a Abel y a su ofrenda» (4:4b).

Estas palabras describen la aceptación de Dios a la ofrenda de Abel. El verbo traducido «miró con agrado» (*shaá*) significa «mirar», «pero cuando es usado con la preposición *el* («a» en español) en una conexión como esta, significa «estimar o considerar» con agrado».[4] Debe observarse que «Jehová miró con agrado a Abel y a su ofrenda». La aprobación va dirigida primero a la persona y después al sacrificio. Aquí hay que tener cuidado, pues lo dicho no quiere decir que Dios no está para nada interesado en la clase de sacrificio que es presentado. Lo que se dice es que un verdadero sacrificio se realiza cuando el que lo ofrece lo hace con fe genuina. El sacrificio prescrito por Dios carece de valor si no es ofrecido por fe. Un sacrificio incorrecto es aquel que se desvía de lo que Dios ha prescrito en su Palabra, y por consiguiente, ese sacrificio no es producto de la fe (véase Sal. 40:6-8). Debe recordarse también que «sin fe es imposible agradar a Dios» (He. 11:6).

Indiscutiblemente, Abel fue motivado por la fe cuando ofreció a Dios «de los primogénitos de sus ovejas». Como «la fe viene por el oír» (Ro. 10:17), podemos colegir que Abel fue instruido acerca de la manera correcta de acercarse a Dios. Es razonable pensar que Dios dio esa instrucción cuando «expulsó» a la primera familia del huerto del Edén. La ofrenda de Abel fue hecha mediante una fe que obra, es decir, que es genuina (Stg. 2:14-26).

La ofrenda de Abel revela varias cosas:

1. En primer lugar, revela un conocimiento del estado del hombre, porque el acceso a Dios era solamente mediante el sacrificio de un animal inocente. El hombre era digno de muerte y la ofrenda de Abel es un claro reconocimiento de ello (Is. 59:12). El hombre pecador no puede acercarse a Dios sobre la base de sus propios méritos.

2. En segundo lugar, como ya se ha señalado, la ofrenda de Abel revela su fe

---

4. Herbert C. Leupold, *Exposition of Genesis*, v. 1, p. 196.

(véase He. 10:38; 11:4-6). La fe genuina es el requisito indispensable para agradar a Dios (véase He. 11:6).

3. En tercer lugar, la ofrenda de Abel deja ver una admisión del concepto bíblico de expiación mediante derramamiento de sangre (véase He. 9:22). Aunque resulta difícil de comprender, el principio de la fe es fundamental para tener una relación correcta con Dios.

Pero no miró con agrado a Caín y a la ofrenda suya. Y *se ensañó Caín en gran manera, y decayó su semblante (Gn. 4:5).*

Obsérvese el gran contraste: «Jehová miró con agrado a Abel y su ofrenda», pero «no miró con agrado a Caín y a la ofrenda suya». ¿Cómo lo hizo Dios? Hay quienes sugieren que descendió fuego del cielo y consumió la ofrenda de Abel, pero no la de Caín. Otros dicen que los rebaños de Abel crecieron, pero las cosechas de Caín se marchitaron. Algunos dicen que el Señor simplemente habló ya fuese de manera audible o subjetiva.[5] El texto, sin embargo, solo dice que Dios no miró con agrado a Caín y a su ofrenda. Como el relato parece ser algo personal, es posible que Jehová mismo apareciese a Abel y a Caín, y expresase a uno su agrado y al otro su desagrado. El texto sugiere que el Señor se manifestó a ambos de manera personal. ¿Qué hizo que Dios no se agradase de la ofrenda de Caín? Algunos comentaristas, antiguos y modernos, han dado sus razones.[6] El texto bíblico permite sacar las siguientes conclusiones:

1. En primer lugar, la ofrenda de Caín sugiere que, a pesar de todo lo que conocía por revelación divina, no poseía la justicia que Dios exige y mucho menos la fe. Se acercó a Dios sobre la base de su propia justicia, es decir, «siguió el camino de Caín» (Jud. 11). Caín, evidentemente, quiso hacer las cosas «a su manera» y no siguió el criterio de Dios. Caín tenía su propia «religión». Tanto él como su ofrenda fueron rechazados porque estaban vacíos de la fe necesaria para agradar a Dios.

2. En segundo lugar, la ofrenda de Caín es una revelación de la desobediencia de la fe (véase Gn. 3:17; 4:5, 7; 1 Jn. 3:12). Las obras de Caín eran malas porque él era del maligno y presentó el producto de la tierra maldita en contradicción de las instrucciones que había recibido. Había algo erróneo en su corazón y ese mal se manifestó en su ofrenda.

3. Evidentemente, Caín era culpable de confiar en obras de la carne. Ofreció a Dios «del fruto de la tierra» sin escoger lo mejor de la cosecha ni las primicias del fruto, y ofreció el fruto de «la tierra maldita» a causa del pecado (Gn. 3:17). Caín tenía la misma naturaleza, el mismo conocimiento, las mismas oportunidades y el mismo entorno que Abel, pero la fe de ambos era diferente. Caín confiaba en su propio esfuerzo mientras que Abel confiaba en el Dios soberano.

Es sorprendente que el escritor de la Epístola a los Hebreos relacione la aceptación de Abel con la ofrenda que presentó delante de Dios. A pesar de la opinión de un

---

5. Allen P. Ross, *Creation & Blessing*, pp. 157-158.
6. Gordon J. Wenham, «Genesis 1-15», *Word Biblical Commentary*, p. 104.

número importante de comentaristas del Antiguo Testamento, el autor de Hebreos dice: «Por la fe Abel ofreció a Dios más excelente sacrificio que Caín... dando Dios testimonio de sus ofrendas» (He. 11:4). Es cierto que la fe lo guió a ofrecer el sacrificio, pero Dios desea tanto la fe como el sacrificio apropiado. El sacrificio aceptable a Dios es siempre el resultado de una fe genuina (Fil. 4:18). La diferencia fundamental no radica en el hecho de que Abel no era un pecador y Caín sí —pues los dos eran igualmente pecadores—, sino en que Caín rehusó reconocer su necesidad de ofrecer, por la fe, la expiación de un sacrificio donde sangre inocente fuese derramada, mientras que Abel sí reconoció esa necesidad. De modo que «las obras de Caín eran malas» (1 Jn. 3:13) mientras que las de Abel era justas (He. 11:4).

Caín es amonestado por el Señor (Gn. 4:5b-7)

Cuando Caín vio que él y su ofrenda no habían sido mirados con agrado por parte de Dios, su reacción no se dejó esperar: «Y se ensañó Caín en gran manera, y decayó su semblante» (Gn. 4:5b). Literalmente, el texto dice: «...y se encolerizó Caín» o «...y se enfureció Caín». La molestia y el enfado de Caín alcanzaron un grado importante, y el texto hebreo no deja lugar a dudas pues dice que «Caín se calentó mucho». El rostro de Caín decayó como alguien que se siente afligido, pero, en realidad, por un lado Caín demostraba su falta de fe y por otro lado manifestaba celos por el hecho de que Dios había mirado con agrado a Abel y a su ofrenda. El pecado había causado estragos en la persona de Caín.

> *Entonces Jehová dijo a Caín: ¿Por qué te has ensañado, y por qué ha decaído tu semblante? (Gn. 4:6).*

Las dos preguntas formuladas en este versículo tienen por objeto llevar convicción de pecado al corazón de Caín con miras a que se arrepienta de su actitud. No son palabras de represión, sino una expresión de gracia y misericordia hacia el hombre pecador con el fin de llevarlo a la fe. Si bien es Jehová Dios quien formula las preguntas, es claro que el Señor sabía la respuesta, lo importante era que Caín reconociese su pecado y se arrepintiese.

> *Si bien hicieres, ¿no serás enaltecido? Y si no hicieres bien, el pecado está a la puerta; con todo esto, a ti será su deseo, y tú te enseñorearás de él (Gn. 4:7).*

La frase «si bien hicieres» es una clara referencia a presentar la ofrenda correcta con la actitud correcta delante de Dios. En lo que a Dios respecta, «hacer bien» tiene que ver con «crecer», es decir, es un acto de fe, no un acto del esfuerzo humano. «¿No serás enaltecido?» literalmente significa: «¿no serás aceptado?» o «¿no será tu rostro alzado?». Keil y Delitzsch dicen al respecto:

> Mediante esto [la pregunta] Dios le hizo entender que su aspecto era una muestra de malos pensamientos y malas intenciones; porque el alzar el rostro, un rostro libre y limpio, es la señal de una buena conciencia.[7]

---

7. Keil y Delitzsch, «Genesis to Judges 6:32», *Old Testament Commentaries*, p. 86.

«Y si no hicieres bien» es una frase que señala a la incredulidad y a la desobediencia. La incredulidad conduce a la destrucción y a la perdición final. La frase «el pecado está a la puerta» podría traducirse: «El pecado está agazapado a la puerta» o «el pecado acechará a la puerta». El pecado es descrito como una bestia que acecha a su víctima y está lista para devorarla. En el contexto, Caín sería la víctima y la bestia que acecha es una referencia al pecado.

Hay dos maneras de interpretar la parte final del versículo 7 debido a que la palabra traducida «pecado» [*kjattaá*] aquí es un sustantivo que también puede significar «ofrenda por el pecado». En algunas versiones aparece la siguiente traducción: «Si haces bien, ¿no serás aceptado? Y si no haces bien, es porque el pecado yace a la puerta como una bestia que acecha, lista para saltar sobre ti; y a ti es el deseo del pecado, pero tú debes gobernarlo».

Otros lo traducen así: «Si no haces bien, entonces hay una ofrenda por el pecado cerca de la mano para usarse como una propiciación. Y no solo eso, pero Abel tu hermano se someterá a ti como el primogénito, y tú ejercitarás tu derecho de autoridad sobre él». Esta segunda traducción, como puede observarse, es una paráfrasis libre, pero el sentido es el que se pretende mediante la interpretación que traduce la palabra «pecado» con el significado de «ofrenda por el pecado». La primera interpretación es preferible. Génesis 4:7 concluye con una apelación a Caín a responder en fe y a recibir la aceptación o arriesgar el dominio final por la bestia del pecado que «acecha a la puerta» (véase Ro. 6:16).

Caín asesina a su hermano Abel (4:8)

Este párrafo relata la triste y conmovedora historia del asesinato de Abel a manos de su hermano Caín. El pasaje contiene un cuadro de las consecuencias inmediatas del pecado en la primera familia de la raza humana. Caín demostró su rebeldía, su falta de fe y su impenitencia al enfadarse en gran manera porque Dios no miró con agrado ni a él ni a su ofrenda. Su corazón se llenó de envidia y cometió el primer fratricidio en la tierra. John J. Davis resume lo que ocurrió de la siguiente manera:

> En una tormenta de celos, rebelión e incredulidad, Caín diseñó una manera de satisfacer su ira. No hay indicios de que respondió a las palabras misericordiosas de Dios; Caín ahorró sus palabras para Abel. Lo que dijo no está registrado en el texto hebreo, pero el Pentateuco Samaritano y la Septuaginta le atribuyen las palabras: «Salgamos al campo». La oportunidad se presentó, Caín mató a su hermano (v. 8), «porque sus propias obras eran malas, y las de su hermano justas» (1 Jn. 3:12).[8]

> *Y dijo Caín a su hermano Abel: Salgamos al campo. Y aconteció que estando ellos en el campo, Caín se levantó contra su hermano Abel, y lo mató (Gn. 4:8).*

El texto hebreo solo dice «y Caín habló [*vayómer*] a Abel su hermano, y cuando estaban en el campo, Caín se levantó contra Abel, su hermano, y lo mató», aunque no dice qué le dijo Caín a Abel, su hermano. Algunas versiones antiguas han intentado

---

8. John J. Davis, *Paradise to Prison: Studies in Genesis*, p. 100.

enmendar el texto, pero sin éxito. Umberto Cassuto sugiere que lo que Caín «habló» a su hermano Abel tiene que ver con llevar a cabo un encuentro en un lugar predeterminado. Cassuto dice:

> Caín arregló encontrarse con Abel su hermano, y cuando estaban en el campo, en el lugar que había escogido para la reunión, Caín se levantó...[9]

Evidentemente, el acto de Caín no fue algo fortuito ni producto del calor de una discusión, sino que planeó los detalles: el lugar, la hora, quizá el día para cometer su fratricidio. Caín, parte de la simiente de la serpiente (véase 1 Jn. 3:12), cometió el primer asesinato premeditado. Esa acción se convirtió en el primer intento de impedir la realización de la obra expiatoria de Dios en el hombre mediante la encarnación. En vez de aceptar la amonestación de Dios, Caín la desafió y se hundió más profundamente en el pecado. El ciclo del pecado es completo, comienza en la incredulidad, continúa a la rebelión y culmina en la inmoralidad.

CONCLUSIÓN

Después de haber considerado la historia de Caín y Abel, surge una importante pregunta: ¿Qué mensaje tiene la vida de Abel para un mundo lleno de violencia e injusticia? En primer lugar, no hay unión entre los hombres alrededor de la promesa de la Simiente que había de venir (Gn. 3:15). En segundo lugar, la vida de Abel predica a través de sus acciones la necesidad del sacrificio para la satisfacción de los pecados y la necesidad de la fe como medio de aceptación del camino para acercarse a Dios. La posición de Abel es confirmada por el Señor Jesucristo, por el apóstol Juan, y por el autor de la carta a los Hebreos. Todos ellos afirman que Abel fue justo (véase Mt. 23:35; 1 Jn. 3:12; He. 11:4).

CAÍN ES JUZGADO POR DIOS POR SU CRIMEN (4:9-15)

El problema fundamental de Caín yacía en su desobediencia y en su incredulidad. Probablemente Caín fue enseñado en cómo acercarse a Dios y cómo adorarlo, pero prefirió hacerlo a su manera, siguiendo el camino de las obras de la carne y no el que agrada a Dios (véase Jud. 11). Caín comenzó con incredulidad, siguió con rebelión en contra de Dios y terminó asesinando a su propio hermano. El «camino de Caín» prevalece en la sociedad de nuestro tiempo. La incredulidad, la violencia, la rebelión, la guerra y el fratricidio de hoy en día traen a la memoria los tiempos de Caín.

> *Y Jehová dijo a Caín: ¿Dónde está Abel tu hermano? Y él respondió: No sé.*
> *¿Soy yo acaso guarda de mi hermano? (Gn. 4:9).*

Después del asesinato de Abel, Dios confrontó a Caín con una pregunta pedagógica: «¿Dónde está Abel tu hermano?». Esta pregunta es un recordatorio de la formulada por Dios a Adán en Génesis 3:9 y nos sugiere que Dios no solo está preocupado por lo que hemos hecho con Él, sino también por lo que hemos hecho con nuestros hermanos. Llama la atención que Dios no esperó a que Caín estuviese ocupado en

---

9. Umberto Cassuto, *A Commentary on the Book of Genesis, Part. One*, p. 215.

alguna actividad religiosa antes de confrontarlo con su situación. Dios no puede ser ignorado en modo alguno, Él está con nosotros en cualquier situación en que nos encontremos.

La respuesta de Caín fue: «No sé». Esa respuesta sugiere que Caín ha alcanzado un estado de presunción insolente porque sus palabras constituyen en realidad un insulto a Jehová Dios. El corazón de Caín, evidentemente, se ha endurecido y su agresividad contrasta marcadamente con las respuestas de Adán y Eva al Señor cuando fueron confrontados después de haber pecado. La insolencia y el cinismo de la respuesta de Caín pueden verse más fácilmente si analizamos con cuidado. En primer lugar, sabía muy bien dónde estaba el cadáver de Abel. Es decir, su respuesta fue una descarada mentira. Además, Caín desafió el derecho de Dios a preguntarle cuando dijo: «¿Soy yo acaso guarda de mi hermano?». En realidad, Caín quiere decir de manera descarada: «No soy el guardián de mi hermano». Por último, el vocablo «guarda» es el que se usa comúnmente para describir al que cuida de un rebaño, y precisamente la ocupación de Abel era la de pastor de ovejas. Es como si Caín dijese: «¿Soy yo acaso pastor de un pastor?». Esa era una muestra adicional de su cinismo.

En resumen, la respuesta de Caín evidencia aún más su naturaleza pecadora, pues niega saber dónde está su hermano cuando en realidad lo sabía, y luego se desvincula del cuidado de su hermano. Es decir, Caín no solo miente sino que niega cualquier responsabilidad.

> *Y él le dijo: ¿Qué has hecho? La voz de la sangre de tu hermano clama a mí desde la tierra. Ahora, pues, maldito seas tú de la tierra, que abrió su boca para recibir de tu mano la sangre de tu hermano. Cuando labres la tierra, no te volverá a dar su fuerza; errante y extranjero serás en la tierra (Gn. 4:10-12).*

Caín no podía esconder el asesinato que había cometido. La pregunta formulada por Jehová Dios demuestra que era imposible esconder de Él aquel terrible acto, y equivale a: «Mira lo que has hecho». El Juez del universo confronta al pecador culpable.

Las palabras de Jehová Dios: «La voz de la sangre de tu hermano clama a mí desde la tierra» tienen una amplia aplicación. Son aplicables a los que destruyen las vidas de las personas inocentes para satisfacer sus propios deseos. También a los que enseñan a otros a pecar, como los que se dedican a la pornografía. Además, son aplicables a predicadores infieles y a profesores que no honran a Dios. El texto dice: «La voz de la sangre de tu hermano clama a mí». El autor del Génesis usa una figura de dicción para enfatizar. El sustantivo «la sangre» [en hebreo es plural: «sangres»] emite «su voz» como si fuese una persona. Herbert C. Leupold dice acertadamente:

> Dios revela que sabe de la sangre que ha sido derramada. Se refiere a ella como *damin*, plural, claramente sugiriendo que se derramaron muchas gotas, una sombra del significado que hemos tratado de transmitir mediante la traducción «sangre derramada». Esta es representada como clamando persistente y continuamente, ya que el participio expresa lo que continúa en el presente o sigue repitiéndose. Aquí el participio implica la idea de cierta insistencia. Que se atribuya una voz a la sangre no es algo extraño, en

la medida en que el alma es considerada como que habita en la sangre del hombre (Lv. 17:11).[10]

La sangre del justo Abel, es decir, su misma vida o su alma, clama o «grita» delante de la misma presencia de Dios, pidiendo justicia a Aquel que tiene el poder para enderezar todo lo torcido (véase Ap. 6:9-10).

En su impenitencia, Caín es reprendido más duramente que Adán, pues para Adán la maldición fue indirecta, pero para Caín fue directa: «Maldito seas tú de la tierra». Henry M. Morris, quien fuera fundador y director del *Institute for Creation Research*, ha escrito lo siguiente:

Dios, por lo tanto, ya no puede hablar a Caín en misericordia, sino solo en juicio. Caín ha sido capaz de acallar la odiada voz profética de su hermano, pero no pudo acallar la voz de su sangre... Por primera vez [la palabra] «sangre» es mencionada en la Biblia en este versículo, aunque su importancia se ha dado a entender varias veces anteriormente. Abel, el tipo de la simiente de la mujer, era justo delante de Dios y aun así murió violentamente a manos de la primera simiente de la serpiente. De modo que la sangre de Abel, que clamaba desde la tierra, es el prototipo de todos los sufrimientos infligidos en los justos a través de los siglos por los hijos del maligno. Su culminación y cumplimiento son vistos en el conflicto de Satanás y Cristo en el Calvario.[11]

La culminación de la ejecución del juicio aguarda la Segunda Venida de Cristo para ejecutar su sentencia como juez supremo del universo. Como Rey de reyes, Él aplastará la rebelión final de sus enemigos y echará a todos los rebeldes en el lago de fuego (véase Ap. 20:11-15). La sentencia de que Caín sería un errante o vagabundo y extranjero sobre la tierra lo exhibe como una ilustración de la separación final del Señor (véase 2 Ts. 1:9). La maldición pronunciada sobre Caín no impedía que se arrepintiese, pero no hay ningún indicio de que lo hiciese. El Nuevo Testamento sugiere lo contrario (véase 1 Jn. 3:12).

Y dijo Caín a Jehová: Grande es mi castigo para ser soportado. He aquí me echas hoy de la tierra, y de tu presencia me esconderé, y seré errante y extranjero en la tierra; y sucederá que cualquiera que me hallare, me matará (Gn. 4:13-14).

Los versículos 13-14 expresan la protesta de Caín a la sentencia dictada por Jehová Dios. En cierto sentido, Caín sugiere que Dios es injusto al infligirle tal castigo. No hay señal alguna de arrepentimiento en él. Las palabras de Caín: «Grande es mi castigo para ser soportado» no muestran ninguna señal de pesar en su corazón. Su única preocupación, al parecer, es el castigo que Jehová ha pronunciado contra él. No menciona la magnitud de su culpa sino la severidad de su castigo. El vocablo traducido «castigo» [*avón*] significa «iniquidad». Sin embargo, eso no sugiere arrepentimiento de

---

10. Herbert C. Leupold, *Exposition of Genesis,* vol. I, p. 205.
11. Henry M. Morris, *The Genesis Record*, pp. 139-140.

parte de Caín. Obsérvese que Caín sabe que debe llevar la carga de su pecado, pero si se hubiese arrepentido, Jehová hubiese llevado su carga. Da la impresión de que Caín está diciendo algo así: «Grande es el castigo de mi iniquidad para ser soportado», pero en ningún sitio se observa que pide perdón por su culpa. Eso demuestra que verdaderamente Caín era «del maligno» (véase 1 Jn. 3:12). Caín aceptó que era merecedor de aquel castigo, pero solo tuvo remordimiento, no arrepentimiento.

«He aquí me echas de la tierra, y de tu presencia me esconderé». Esta frase sugiere que parte del castigo de Caín era que no encontraría ningún sitio adecuado para cultivar la tierra. Recuérdese que Caín era «labrador de la tierra». Ahora estaría vedado de ejercer su principal ocupación, y si lo intentaba sería un fracaso. La tierra «no te volverá a dar su fuerza», es decir, todo lo que Caín intentase cultivar moriría antes de dar su fruto. De ahí que Caín sería errante o vagabundo y extranjero en la tierra.

> *Y sucederá que cualquiera que me hallare me matará (Gn. 4:14b).*

A raíz de esta frase, ha surgido la pregunta: ¿Quién podía hallar a Caín y matarlo? ¿De dónde saldrían las personas que podían acabar con la vida de Caín? Está claro que había otras personas viviendo en la tierra, pero ¿quiénes eran? ¿Cuál era su origen? Otra pregunta que muchos han hecho es: ¿Con quién se casó Caín? ¿Dónde consiguió Caín una esposa?

La respuesta a esas preguntas radica en el hecho de que Adán y Eva tuvieron «hijos e hijas» (Gn. 5:4). En aquellos tiempos no había ningún impedimento para que hermanos y hermanas contrajesen matrimonio. De manera que era totalmente correcto que Caín tomase por esposa a una de sus hermanas. Es probable que la población humana tuviese un crecimiento rápido y se extendiese sobre la faz de la tierra. De ahí el temor de Caín de que alguien lo matase.

Refiriéndose a la multiplicación de los seres humanos en la tierra, Henry M. Morris ha escrito lo siguiente:

> Para hacer posible el comienzo del proceso de multiplicación, por supuesto, por lo menos un hijo de Adán tenía que casarse con una hija de Adán. Probablemente, en esa primera generación, todos los matrimonios eran entre hermanos y hermanas. En ese tiempo temprano, no había genes mutables en el sistema genético de cualquiera de los hijos [de Adán], de modo que ningún daño genético pudo resultar de esos matrimonios [de familiares] cercanos. En generaciones muy posteriores, durante el tiempo de Moisés, esas mutaciones se habían acumulado hasta el punto donde esos matrimonios eran genéticamente peligrosos, de modo que el incesto fue prohibido en las leyes mosaicas.[12]

El argumento presentado por Henry M. Morris es bíblicamente correcto y es aceptado por muchos comentaristas.[13] El matrimonio entre hermanos y hermanas no estaba

---

12. Henry M. Morris, *The Genesis Record*, pp. 143-144.
13. John J. Davis, *Paradise to Prison*, p. 101. También, Herbert C. Leupold, *Exposition of Genesis*, vol. I, p. 210.

prohibido al comienzo de la civilización, es más, era necesario para que se cumpliese el mandato de Dios: «Fructificad y multiplicaos; llenad la tierra…» (Gn. 1:28). Es posible que a causa del diluvio la vida del ser humano fuese afectada por mutaciones genéticas, de modo que, en tiempos de Moisés, Dios prohibió el matrimonio entre familiares cercanos (véase Lv. 18).

Y le respondió Jehová: Ciertamente cualquiera que matare a Caín, siete veces será castigado. Entonces Jehová puso señal en Caín, para que no lo matare cualquiera que le hallara (Gn. 4:15).

Dios pone su gracia protectora sobre Caín, a pesar de que es un homicida. «Dios no solo tiene cuidado del santo, también cuida del pecador, porque también le pertenece como su creación».[14] El Señor puso, por así decir, una protección sobre la vida física de Caín, y el texto lo expresa diciendo que «Jehová puso señal en Caín». En un sentido, Dios se convirtió en el protector de Caín y declaró que castigaría a cualquiera que se atreviese a matarlo. Es un esfuerzo vano intentar averiguar en qué consistía la señal que Dios puso en Caín. El vocablo «señal» no significa «una marca», sino simplemente una «señal de garantía» o «una prueba de algo». Era una «señal» de alguna seguridad sobrenatural dada por Jehová Dios a Caín que le garantizaba que nadie lo mataría. ¡Es sorprendente que Dios mismo se convirtiera en protector de Caín!

LA DESCENDENCIA DE CAÍN (4:16-22)

Salió, pues, Caín de delante de Jehová, y habitó en la tierra de Nod, al oriente de Edén (Gn. 4:16).

El versículo 16 guarda una estrecha relación con los versículos 11 y 14. En el versículo 14, Caín dice: «He aquí me echas hoy de la tierra, y de tu presencia me esconderé», y en el 16 dice: «Salió, pues, Caín de delante de Jehová». Estos tres versículos enfatizan el hecho de que Caín es separado de la presencia de Jehová. Caín queda vedado de la revelación de Dios.

La tierra de Nod significa «tierra de nómada» o «tierra de extraviado». El texto dice que Nod estaba «al oriente de Edén» o «enfrente de Edén». El nombre Nod tiene la misma forma que el infinitivo del verbo *nud* que significa «moverse de un lado a otro», «deambular». El sustantivo «Nod» es desconocido fuera de la Biblia. La forma y el contexto de dicho vocablo sugieren que era una región que requería una vida nómada, quizá como la que se observa hoy en algunas áreas del Oriente Medio. El hombre fue creado para que disfrutase de la comunión con Dios, sin embargo, el pecado lo ha alejado del Creador. Caín, el vagabundo y errante, es un cuadro elocuente del hombre alejado de Dios. Solo la gracia soberana de Jehová Dios, mediante el sacrificio de «Jesús el Mediador del nuevo pacto, y [de] la sangre rociada que habla mejor que la de Abel» (He. 12:24), puede restaurar al pecador.

Y conoció Caín a su mujer, la cual concibió y dio a luz a Enoc; y edificó una ciudad, y llamó el nombre de la ciudad del nombre de su hijo, Enoc (Gn. 4:17).

---

14. S. Lewis Johnson, «The Way of Cain», *Believers Bible Bulletin* (31 de diciembre, 1978).

La primera cosa mencionada en este versículo es el nacimiento de Enoc, el primer hijo de Caín. Seguidamente se menciona la edificación de una ciudad. El nombre «Enoc» significa «dedicación» y no solo fue dado al primer hijo de Caín sino también a la primera ciudad establecida por el hombre. Al parecer, a Caín no le gustaba la idea de ser «un vagabundo» o un «errante» y edificó una ciudad, desafiando la profecía de Génesis 4:12, 14. Caín es, además, el fundador de la sociedad urbana. Eso sugiere que la primera comunidad humana no era retrógrada sino civilizada. «La sociedad descrita aquí es una sociedad alejada de Dios, como lo describe tan claramente la sección anterior de este capítulo. La historia es acerca de la familia del fugitivo que intenta evadir los efectos de la maldición mediante la inventiva y los negocios. Su prosperidad es grande, pero es una prosperidad vacía y separados de Dios».[15] El hombre moderno sigue «el camino de Caín», amando los negocios y la prosperidad aunque lejos de Dios.

Es provechoso comparar el Enoc de este capítulo 4 con el Enoc del capítulo 5. El Enoc del capítulo 4 representa la depravación total del hombre, su rebelión y su auto-suficiencia. El Enoc del capítulo 5 se caracteriza por su entrega a Dios y su caminar en comunión con Dios. El final del Enoc del capítulo 4 se desconoce, mientras que el Enoc del capítulo 5 anduvo tan cerca de Dios que el Señor se lo llevó a la gloria (véase Gn. 5:22-24).

Y a Enoc le nació Irad, e Irad engendró a Mehujael, y Mehujael engendró a Metusael, y Metusael engendró a Lamec (Gn. 4:18).

El más destacado de los descendientes de Caín mencionados en este versículo es Lamec, que era la séptima generación de Adán del lado de Caín. Algunos de los nombres mencionados como Mehujael y Metusael llevan la terminación «el», que es el nombre de Dios. Ese dato sugiere que, de alguna manera, prevalecía una creencia en la existencia de Dios entre esos descendientes de Caín. No puede decirse, sin embargo, que esa creencia evidenciaba una fe para salvación. También, al parecer, Lamec fue el hombre que hizo de la rebelión contra Dios un desafío abierto. Pero antes de conside-rar a Lamec, deben observarse los éxitos de algunos personajes del linaje de Caín en ciertas actividades de la vida cotidiana. Por ejemplo, Jabal, hijo de Lamec y Ada, «fue padre de los que habitan en tiendas y crían ganados» (Gn. 4:20). O sea, Jabal fue el «fundador» de la actividad que implicaba habitar en tiendas movibles y la crianza de ganado. Es posible que Jabal y su familia añadiesen carne animal a su dieta. De haber sido así, lo hizo en desobediencia al mandato de Dios (véase Gn. 1:29).

Otro descendiente de Caín fue Jubal. Este hombre mostró su capacidad e inteligen-cia, inventando instrumentos musicales. El texto dice: «Y el nombre de su hermano [Jabal] fue Jubal, el cual es el padre [originador] de todos los que tocan arpa y flauta» (Gn. 4:21). Esto es una demostración de que los primeros hombres eran seres inteligen-tes, no simios que vivían en árboles o en cuevas. Eran personas inteligentes capaces de inventar instrumentos musicales como el arpa y la flauta. Eso significa que Jubal debió haber inventado un sistema de notas musicales para componer alguna melodía.

Tubal-caín fue el fundador de la ciencia de la metalurgia, tanto de bronce como de

---

15. Allen P. Ross, *Creation & Blessing*, p. 166.

hierro (Gn. 4:22). El relato que sigue tiene que ver con Lamec. Es posible deducir del canto de Lamec que la capacidad técnica de Tubal-caín fue muy pronto usada para la guerra. O sea, que la descendencia de Caín arrastra consigo las consecuencias del pecado y la violencia. Pero, a pesar de la presencia del pecado, la posteridad de Caín demuestra capacidades que apuntan a seres inteligentes que no evolucionaron de seres inferiores.

EL CANTO DE LAMEC (4:23-24)

Y dijo Lamec a sus mujeres: Ada y Zila, oíd mi voz; Mujeres de Lamec, escuchad mi dicho: Que un varón mataré por mi herida, y un joven por mi golpe. Si siete veces será vengado Caín, Lamec en verdad setenta veces siete lo será (Gn. 4:23-24).

Estos versículos contienen el trozo de poesía más antiguo que se conoce. Es evidente que este trozo poético tiene que ver con violencia. La mención en el canto de la muerte de un hombre y la referencia de Tubal-caín y sus implementos de bronce y hierro parecen indicar que las herramientas de Tubal-caín pronto se convirtieron en armas de guerra.

Los comentaristas discuten el uso de los verbos «matar» y «vengar». Ambos están en el tiempo perfecto. La cuestión es si son perfectos históricos o perfectos proféticos. Si son perfectos históricos entonces la referencia es a un hecho consumado, es decir, que Lamec ya ha matado a un hombre y a un joven. Si los verbos son perfectos proféticos entonces Lamec está anunciando lo que haría si alguien pelea con él, sin importarle si es un adulto o un joven. Herbert C. Leupold lo explica así:

De modo que sería mucho más admisible imaginarse a Lamec empuñando una espada recién hecha o moviéndola osadamente sobre su cabeza y expresando en voz audible ese trozo de poesía mientras maneja la espada. En ese caso, los tiempos perfectos tienen que ser considerados como expresión de completa seguridad o certeza definida, o como una promesa.[16]

El canto de Lamec manifiesta la rapidez del progreso del pecado en el mundo. Caín, igual que Adán, había caído bajo el dominio del pecado pero, a diferencia de su padre, no se había arrepentido de su pecado. Sus descendientes, sin embargo, ahora se gozan en su pecado. Caín se atemorizó y buscó alguna protección contra el mundo, pero Lamec desafió al mundo para demostrar así su poder, incluso se atrevería a matar a un joven si el mundo lo provocase. Es, en realidad, un cuadro triste. Quizá esa escena estaba en la mente de Jesús cuando habló de perdonar «hasta setenta veces siete» (véase Mt. 18:21-22). El canto de Lamec termina con un exceso de arrogancia y bravuconería. Si Caín fuere vengado por Dios siete veces, entonces Lamec, quien ni necesita ni quiere saber de Dios ni de su justicia, será vengado «setenta veces siete» por su propia mano. En conclusión: Esta sección revela con absoluta claridad el carácter maligno de la civilización cainita, que era capaz de controlar su entorno, pero no podía controlarse a sí misma.

---

16. Herbert C. Leupold, *Exposition of Genesis*, vol. I, p. 223.

La familia de Adán (4:25-26)

Y conoció de nuevo Adán a su mujer, la cual dio a luz un hijo, y llamó su nombre Set: Porque Dios (dijo ella) me ha sustituido otro hijo en lugar de Abel, a quien mató Caín (Gn. 4:25).

El nombre Set significa «sustituto» o «designado». Eva, su madre, lo consideró el sustituto de Abel. Set, al igual que Abel, pertenece al linaje santo y era justo delante de Dios, y representa la simiente de la mujer (Gn. 3:15) que herirá mortalmente en la cabeza a la simiente de la serpiente. Caín, por su parte, es la simiente del maligno (1 Jn. 3:12). Son dos linajes totalmente diferentes. Abel y su sustituto Set representan la justicia y la sumisión a Dios, y Caín representa la injusticia y la rebelión contra Dios. Es evidente, según el texto, que Eva entendió que Dios le había dado a Set como sustituto de Abel. La diferencia entre Set y Caín es obvia. Con el nacimiento de Set, Eva reconoce la actuación de la mano soberana y misericordiosa de Dios. Además, también se observa una conexión con la promesa de la simiente (ver Gn. 3:15).

Y a Set también le nació un hijo, y llamó su nombre Enós. Entonces los hombres comenzaron a invocar el nombre de Jehová (Gn. 4:26).

El nombre «Enós» significa «debilidad», «ser débil», «ser frágil» y designa al hombre desde su debilidad y «condición mortal» (véase Sal. 8:4; 90:3; 103:15). Mediante el nombre «Enós», el sentimiento y el conocimiento de la debilidad y la fragilidad humana se hacen patente en contraste con la arrogancia y el orgullo de la estirpe de Caín.[17] Ese sentimiento de fragilidad condujo al ser humano a la invocación del nombre de Jehová que comenzó bajo Enós.

La frase «entonces los hombres comenzaron a invocar el nombre de Jehová» ha dado lugar a una gran variedad de interpretaciones.[18] La postura que más se acerca al texto bíblico es la que entiende que la mencionada frase es una indicación del comienzo de la adoración pública. La invocación del nombre de Jehová, por lo tanto, comenzó con Enós. La frase «invocar [llamar] el [o por el] nombre de Jehová» [*liqueró béshem Yejová*] se usa para una invocación solemne del nombre de Dios. Cuando se aplica al hombre, denota la invocación a Dios, invocando o proclamando su nombre (véase Éx. 33:19; 34:5). El nombre de Dios significa, en general, «la total naturaleza de Dios por la que Él atestigua su presencia personal en su relación con el hombre, la automanifestación divina o la totalidad de la parte revelada de la naturaleza divina que se relaciona con el hombre. Tenemos aquí (Gn. 4:26) el relato del comienzo de la adoración de Dios, que consiste de oración, alabanza y acción de gracias, o de un reconocimiento y celebración de la misericordia y la ayuda de Jehová Dios».

Resumen y conclusión

El capítulo 4 de Génesis relata la formación de la primera familia humana. Adán y Eva tuvieron sus dos primeros hijos: Caín y Abel, y la Biblia dice que «Caín era del

---

17. Keil y Delitzsch, «Genesis to Judges 6:32», *Old Testament Commentaries*, p. 92.
18. Gordon J. Wenham, «Genesis 1-15», *Word Biblical Commentary*, p. 116.

maligno» (1 Jn. 3:12). La ocupación de Caín era labrar la tierra y la de Abel pastorear ovejas. La envidia se apoderó de Caín y un día asesinó a su hermano Abel.

Como consecuencia de su acto criminal, Caín fue condenado por Dios a vivir como un «errante» y «vagabundo» en la tierra, pero Caín era un rebelde y no quiso someterse a Dios sino que edificó una ciudad donde vivir. Dios no permitió que Caín fuese asesinado y lo protegió, poniendo en él una señal. La descendencia de Caín era malvada, y como ejemplo de ello estaba Lamec, hijo de Metusael. Lamec tomó dos esposas. Al parecer, Lamec era un hombre violento y se vanaglorió de haber asesinado a dos hombres, uno mayor y otro joven. Además, proclamó que su crimen quedaría impune. La edificación de la ciudad y el invento y desarrollo de artes y negocios mundanos constituyó el fundamento del reino de este mundo. Ese sistema mundial corrupto existe bajo la influencia del maligno. Caín pertenece a la simiente de la serpiente y, como tal, estaba bajo el poder de Satanás.

Dios, en su infinita misericordia, dio a Adán y a Eva otro hijo a quien llamaron Set y quien sería el sustituto de Abel, y Dios dio a Set un hijo llamado Enós. La familia comenzó a «invocar el nombre de Jehová». Quizá el verbo «invocar» [*cará*] tenga que ver con «proclamación». La idea que el texto sugiere es que Set y sus descendientes comenzaron a «proclamar» acerca de la naturaleza y el nombre de Dios. El hombre fue creado para que adorase al Dios soberano y creador. A pesar de la contaminación del pecado, Dios nunca se ha quedado sin testigos fieles en el mundo. Set y su descendencia serán los adoradores fieles que representarán el reino de luz en la tierra. El conflicto entre las dos simientes continúa y la consumación está más cerca que cuando creímos. La sangre del justo Abel, el primer profeta de Dios, clama por venganza, y ese clamor será contestado con toda certeza un día venidero. Mientras tanto hay otra sangre, la de Jesucristo, que «habla mejor que la de Abel» (He. 12:24), a saber, de la remisión de pecados. Cuando murió en la cruz, la simiente de la mujer aplastó la cabeza de la simiente de la serpiente y terminará con su reino de tinieblas cuando regrese para establecer su reino de gloria.

5

Resumen histórico de los descendientes de Adán (5:1-32)

El capítulo 5 de Génesis se concentra en otras cuestiones relacionadas con la historia de la unión de Adán y Eva: el nacimiento de Set y su descendencia. Este capítulo está diseñado como contraposición a la historia de los descendientes de Caín, que ha sido el tema de la sección anterior (Gn. 4:16-24), y registra la historia de los hijos de la simiente santa de Adán hasta Noé.

En Génesis 5 hay dos ideas predominantes. La primera concierne a la realidad de la muerte. La frase «y murió» se repite seis veces en el capítulo, como manifestación de que la muerte reina en contraste con el deseo de Dios. Es importante comprender que la muerte es la consecuencia directa del pecado. La segunda idea que resalta en el capítulo 5 es la de «caminar con Dios». Enoc caminó con Dios 300 años hasta que Dios lo llevó a su presencia. El texto también introduce a Noé, a quien Dios usó como «pregonero de justicia» durante los días críticos del diluvio universal. John J. Davis dice:

> Así como caminar por un cementerio, leer el capítulo 5 produce solemnidad en el alma. El propósito de este capítulo, y la fuente de su importancia histórica, es dar testimonio del desarrollo de la raza humana desde Adán hasta Noé.[1]

Los nombres que aparecen en Génesis 5 son los que Dios quiere que sean recordados. Seguramente no son los únicos de la etapa inicial de la historia de la humanidad, pero son los que deben ser recordados por encima de los demás. En especial, Dios quiere que recordemos a Enoc y a Noé, que se caracterizan por vivir en íntima comunión con Dios.

Hay dos cosas más que deben observarse en este capítulo. La primera es el tiempo que transcurre entre Adán y Noé, aproximadamente unos 2.000 años. Ese período de tiempo parece ser demasiado corto para que armonice con el resto del relato. Lo más

---

1. John J. Davis, *Paradise to Prison*, p. 104.

120

probable es que los nombres que aparecen en la lista (diez en total) no deben considerarse como una cadena genealógica consecutiva sino, más bien, como puntos destacados, con muchos eslabones en la cadena que han sido descartados. La genealogía de Mateo 1:1-17 presenta el mismo fenómeno. También las culturas de aquellas regiones presentaban genealogías que omitían los personajes no considerados importantes para el relato.

La segunda cuestión se relaciona con la longevidad de los patriarcas. ¿Vivieron tanto, en realidad? Hay quienes han reinterpretado el capítulo buscando una explicación, y han dicho que cada nombre representa una dinastía o que «años» se refiere a meses. Ambas sugerencias son absurdas y deben descartarse.[2]

Los nombres que aparecen en la lista de Génesis 5 no son de un hombre con su «tribu», ya que Enoc y Noé son escogidos como individuos hasta el final de sus vidas. Las unidades de tiempo difícilmente podrían tener significados diferentes, como si «un año» significara «un mes». Tal interpretación viola las reglas de la gramática y el sentido común. Es mucho mejor y más sencillo tomar literalmente las edades de los patriarcas mencionados. ¿Por qué aquellos hombres vivieron más que nosotros? Quizá porque el clima era más saludable que hoy, así como la alimentación. Lo cierto es que después del diluvio universal hubo cambios sobresalientes, tanto en el clima del planeta como en los efectos de los rayos solares, y eso indudablemente afectó la longevidad de los habitantes de la tierra.

RESUMEN DE LA CREACIÓN DE ADÁN Y EVA (5:1-2)

Este es el libro de las generaciones de Adán. El día en que creó Dios al hombre, a semejanza de Dios lo hizo. Varón y hembra los creó; y los bendijo, y llamó el nombre de ellos Adán, el día en que fueron creados (Gn. 5:1-2).

Este capítulo comienza con una especie de resumen de la creación de Adán y Eva. La oración inicial parece sugerir que el relato en este capítulo circuló en un tiempo por sí solo (véase Gn. 2:4), pero eso no puede probarse. El asunto importante aquí es que el breve reposo de la creación sirve para recordar al lector acerca del estado glorioso original del primer hombre, así como su destino glorioso. Pero la entrada del pecado en el hombre nos hace reflexionar sobre la repetición de la sentencia: «Y murió». El paraíso se perdió, ahora la pregunta es ¿cómo puede recuperarse?, y la Biblia responde claramente: «Solo mediante la muerte y resurrección de la Simiente de la mujer, que aplastará la cabeza de la serpiente».

«Este es el libro de las generaciones de Adán». El vocablo «generaciones» [*toledot*] se usa como punto de referencia para cada uno de los diez libros que componen Génesis. Juan Calvino dice:

«El libro», según la frase hebrea, significa «catálogo». El término «generaciones» significa la sucesión continua de una raza, o una familia. Además, el diseño de este catálogo era para informarnos que en la grande, o más bien, prodigiosa multitud de hombres, siempre hubo un número, aunque pequeño, que adoraba a Dios; y que ese número fue maravillosamente preservado

---

2. *Ibíd.*, p. 105.

mediante la protección celestial, de modo que el nombre de Dios no fuese completamente destruido y la simiente de la iglesia fracasase.[3]

El día en que creó Dios al hombre, a semejanza de Dios lo hizo (Gn. 5:1b).

Esta frase reitera el hecho de la creación del hombre, tal como se relata en los capítulos 1 y 2. El hombre y la mujer fueron creados por Dios y no son el producto de miles o millones de años de evolución. El capítulo 5 confirma la declaración hecha en Génesis 1:27, a saber, que Dios creó al hombre a «su imagen y semejanza». Dios creó al hombre soberana y directamente. El texto dice «el día en que creó Dios al hombre». Moisés usa el nombre *elojím*, que enfatiza la soberanía de Dios y repite por razón de énfasis «a imagen de *elojím* lo hizo». Como ya se ha indicado, lo más importante aquí es que esta breve referencia a la creación del hombre es un recordatorio del origen glorioso del ser humano (véase Gn. 1:26-27; 2:18-23).

Varón y hembra los creó; y los bendijo (Gn. 5:2a).

Dios solamente separó los sexos. Él creó al hombre «varón» (sexo masculino) y «hembra» (sexo femenino). Además, Dios ordenó la unión matrimonial entre un hombre y una mujer. Ese es el plan original de Dios, que el matrimonio consista de la unión de un hombre y una mujer. Cualquier otra cosa u otra definición son contrarias al diseño de Dios. Obsérvese que Dios no solo creó al hombre y a la mujer sino que también «los bendijo». El vocablo «bendijo» significa llenar con la potencia de la vida, superando la derrota y la muerte. Dios bendice a las criaturas, haciéndolas procrear y multiplicarse a pesar de la muerte.

Y llamó el nombre de ellos Adán, el día en que fueron creados (Gn. 5:2b).

El verbo «llamó» es una indicación de la soberanía de Jehová Dios, que ejerce su dominio al llamar a su criatura Adán. Es la primera vez que se menciona el ponerle nombre al primer ser humano. La cláusula «y llamó el nombre de ellos Adán» no significa que el nombre de Eva al principio fue «Adán», como sugieren algunos, sino que el vocablo *adám* se usa genéricamente. El sentido de dicho término simplemente es que Adán y Eva juntos constituyen la humanidad. Adán, como cabeza de Eva —y nuestra—, lleva el nombre de la raza humana, pero los dos sexos son necesarios para el significado pleno del término humanidad.

Con un comienzo tan maravilloso, uno esperaría que la historia de la humanidad fuese gloriosa, pero la realidad es totalmente distinta. El resto del capítulo 5 presenta un trágico cuadro de la historia del hombre. El ser que Dios creó a su imagen y semejanza, lo bendijo enormemente, «lo coronó de gloria y de honra [y] le hizo señorear sobre la creación», cayó de su estado original de santidad a un estado de pecado y desobediencia. Solo la gracia de Dios puede rescatarlo de la condenación. El Dios creador se hizo Redentor para salvar al pecador.

---

3. Juan Calvino, *Genesis*, p. 227. Calvino dice: «Y la simiente de la iglesia fracase». Mejor hubiese sido decir «la simiente de la mujer» o «la simiente santa», pero quizá, Calvino se dejó llevar por su amilenarismo y no hace distinción entre los diferentes pueblos de Dios.

RESUMEN DE LA HISTORIA DE LOS PRIMEROS PATRIARCAS (5:3-32)

Y vivió Adán ciento treinta años, y engendró un hijo a su semejanza, conforme a su imagen, y llamó su nombre Set (Gn. 5:3).

Génesis 5:3-20 contiene un resumen de la historia de los primeros patriarcas. Un período de tiempo de más de 1.500 años es condensado en unos breves versículos. En los versículos 15 al 20, el relato repite seis veces la frase «y murió».

Este capítulo reitera el hecho registrado en los dos primeros capítulos del Génesis, es decir, que Jehová Dios creó al hombre «a semejanza de Dios» (Gn. 1:26-27; 2:7; 5:1-2). Llama la atención que así como Adán fue creado a imagen y semejanza de Dios ahora Adán engendra un hijo «a su semejanza, conforme a su imagen» (5:3). Allen P. Ross señala lo siguiente:

> La idea aquí es también que cualquier cosa que la «imagen» implicase fue traspasada al hijo, ya que Set fue engendrado conforme a la imagen de su padre. Las capacidades espirituales que fueron impartidas a Adán y a Eva, que los enriqueció con la habilidad y la responsabilidad de representar a Dios en la tierra, fueron pasadas mediante la reproducción natural. Aun en un mundo maldito, los seres humanos son hechos a la imagen de Dios (como lo reitera Gn. 9:6) y aun así le pueden servir y disfrutar de sus bendiciones.[4]

Set es el único hijo de Adán mencionado en este capítulo. El texto dice que Adán tenía ciento treinta años cuando nació Set. Es extraño que en el capítulo no se haga ninguna mención de Caín ni de Abel, los cuales, por supuesto, ya habían nacido. La no mención de Abel se explica por el hecho de que Set le fue dado a Eva «en lugar de Abel». Pero ¿por qué se omite a Caín del todo? La respuesta más sensata es el hecho de que en la historia de la salvación Caín y sus descendientes son irrelevantes. En lo que respecta a la Biblia en general y a Génesis en particular lo que importa es el linaje de «la simiente de la mujer». El contenido de Génesis señala a la simiente de la mujer —el Mesías— que había de venir y que aplastaría la cabeza de la simiente de la serpiente.

Y fueron los días de Adán después que engendró a Set, ochocientos años, y engendró hijos e hijas. Y fueron todos los días que vivió Adán novecientos treinta años; y murió (Gn. 5:4-5).

Evidentemente, Adán y Eva tuvieron más hijos e hijas. Seguramente tuvieron hijas entre los nacimientos de Caín y Abel. De entre ellas Caín tomó su esposa. Pero, sin duda, después del nacimiento de Set, Adán y Eva procrearon «hijos e hijas». Los hijos de Adán y Eva no solo llevaban la «imagen» física de sus padres, sino también su naturaleza espiritual afectada radicalmente por el pecado. La Escritura dice: «Por tanto, como el pecado entró en el mundo por un hombre, y por el pecado la muerte, así la muerte pasó a todos los hombres, por cuanto todos pecaron» (Ro. 5:12). El texto bíblico dice que, después de haber vivido novecientos treinta años, Adán murió. La frase: «y murió» se repite seis veces en este capítulo, indicando que realmente la transgresión de Adán afectó a toda la

---

4. Allen P. Ross, *Creation & Blessing*, p. 174.

humanidad. La caída de Adán no solo afectó a Adán (como propuso Pelagio) sino que contaminó a toda la descendencia de Adán. Pablo también escribió: «No obstante, reinó la muerte desde Adán hasta Moisés, aun en los que no pecaron a la manera de la transgresión de Adán, el cual es figura del que había de venir» (Ro. 5:14). Cuando Adán pecó, toda su descendencia pecó, porque en Adán, Dios había creado a toda la humanidad. Juan Calvino, comentando sobre la frase «y murió», dice lo siguiente:

> Esta cláusula que registra la muerte de cada patriarca, en modo alguno es superflua. Porque nos advierte que la muerte no fue denunciada en vano contra los hombres; y que ahora estamos expuestos a la maldición a la que el hombre fue condenado, a menos que obtenga liberación en otro sitio. Entre tanto, debemos reflexionar sobre nuestra lamentable condición, es decir, que como la imagen de Dios fue destruida o tapada en nosotros, escasamente retenemos la leve sombra de una vida, de donde nos apuramos a la muerte.[5]

La solemne sentencia: «y murió», sin embargo, es compensada con el hecho de que a pesar de la muerte y de la miseria del pecado Dios promete liberación definitiva mediante la venida de la simiente de la mujer. La muerte encontrará su muerte mediante el sacrificio del Cordero de Dios y su gloriosa resurrección. No debe pasarse por alto el hecho de que toda la humanidad está bajo la maldición del pecado. Aunque los descendientes de Set reconocieron la autoridad de Dios, aun así, ellos al igual que los descendientes de Caín forman parte de la humanidad perdida. La Sagrada Escritura dice claramente: «Porque así como en Adán todos mueren, también en Cristo todos serán vivificados» (1 Co. 15:22). La realidad de que «en Adán todos mueren» queda demostrada por el hecho de que después de mencionar los nombres de los descendientes de Adán en Génesis 5, sigue la expresión «y murió». Quien vivifica es el postrer Adán, es decir, Jesucristo.

TABLA CRONOLÓGICA DE LOS PATRIARCAS DESDE ADÁN HASTA NOÉ

	Año de nacimiento	Edad cuando nace el primer hijo	Años después del primer hijo	Años que vivió	Año cuando murió
Adán	1	130	800	930	930
Set	130	105	807	912	1042
Enós	235	90	815	905	1140
Cainán	325	70	840	910	1235
Mahalaleel	395	65	830	895	1290
Jared	460	162	800	962	1422
Enoc	622	65	300	365	*987
Matusalén	687	187	782	969	1656
Lamec	874	182	595	777	1651
Noé	1056	500	450	950	2006

(*) Fue arrebatado al cielo.

---

5. Juan Calvino, *Genesis*, p. 229.

La familia de Set: La historia de Enoc (Gn. 5:18, 21-24)

> *Vivió Jared ciento sesenta y dos años, y engendró a Enoc (Gn. 5:18).*

> *Vivió Enoc sesenta y cinco años, y engendró a Matusalén. Y caminó Enoc con Dios, después que engendró a Matusalén, trescientos años, y engendró hijos e hijas (Gn. 5:21-22).*

La biografía de Enoc es sorprendentemente breve. Se dice que es la más breve en la historia bíblica. Se menciona el nombre de su padre, pero no se dice nada de su vida en el hogar. Tampoco se dice si tuvo una profesión o realizaba alguna otra actividad. Algunos comentaristas lo clasifican como un «nómada arameo».[6] La Escritura dice que su padre era Jared y que a los sesenta y cinco años tuvo un hijo al que llamó Matusalén y que, además, tuvo hijos e hijas. Enoc vivió hasta los trescientos sesenta y cinco años. La Biblia dice de manera escueta: «Caminó, pues, Enoc con Dios, y desapareció, porque le llevó Dios» (Gn. 5:24).

En todos los casos anteriores se menciona el nombre de uno de los patriarcas y seguidamente se dice: «Fueron todos los días de…», «…y vivió». Pero en el caso de Enoc el autor dice: «Y caminó Enoc con Dios» (Gn. 5:22). El texto bíblico no dice qué motivó a Enoc a «caminar con Dios». Probablemente la expresión «caminar con Dios» no se refiera a un acto físico (aunque podría haber sido así), sino a un andar en comunión íntima con Dios. Evidentemente, Enoc era un hombre de fe. Aunque el texto bíblico no dice específicamente que la fe de Enoc comenzó con el nacimiento de su hijo, es posible que haya sido así. De cualquier manera, lo cierto es que Enoc buscó la presencia de Dios de una manera tan real que Dios lo trasladó a su presencia (Gn. 5:24). La forma verbal traducida «caminó con Dios» [*tejalek et haelojím*] literalmente significa «pasear», «vivir». La idea de la frase sugiere «andar en intimidad». Posteriormente, Abraham anduvo delante de Dios (Gn. 17:1) y también Eliezer, el criado de Abraham (Gn. 24:40). A pesar de que Enoc descendía de la estirpe pecadora de Adán, la gracia de Dios le permitía «caminar en comunión con Dios». El autor de la carta a los Hebreos dice: «Por la fe Enoc fue traspuesto para no ver muerte, y no fue hallado, porque lo traspuso Dios; y antes que fuese traspuesto, tuvo testimonio de haber agradado a Dios» (He. 11:5). En este capítulo de Génesis, donde la palabra «muerte» aparece tantas veces, es consolador leer que Enoc «fue traspuesto para no ver muerte». ¡Tal fue el grado de intimidad de Enoc con Dios!

Enoc «engendró a Matusalén». El nombre Matusalén es de origen incierto. Algunos dicen que significa: «Cuando muera, vendrá el juicio».[7] Otros dicen que dicho sustantivo se relaciona con el vocablo hebreo que significa «arma» o «jabalina» y, por lo tanto, se ha sugerido «el hombre de la jabalina».[8] De todos modos, parece ser que Enoc vivió una vida ordinaria durante sesenta y cinco años y, a partir de ahí, vivió una vida extraordinaria durante trescientos años, hasta que Dios lo arrebató al cielo. Aparte de Enoc, solo de Noé se dice que caminó con Dios (Gn. 6:9). Tanto Enoc como Noé vivieron en comunión íntima con Dios.

---

6. Gerhard von Rad, *El libro del Génesis*, p. 131.

7. Henry M. Morris, *The Genesis Record*, p. 155.

8. S. Lewis Johnson, «Series in Genesis», *Believers Bible Bulletin* (21 de enero, 1979).

«Y caminó Enoc con Dios» (Gn. 5:22). «Caminar» es un verbo de acción. El texto no dice que Enoc pensó acerca de Dios o que reflexionó o leyó respecto a Dios. Tampoco dice que Enoc especuló acerca de Dios. Todas esas cosas son buenas, pero Enoc escogió lo mejor, es decir, «caminar con Dios»; lo que tuvo implicaciones importantes:

1. Implicó un crecimiento espiritual bajo la dirección divina. Antes de ser traspuesto, «Enoc tuvo testimonio de haber agradado a Dios» (He. 11:5).
2. Implicó una vida de armonía con la voluntad de Dios. Aunque Enoc era pecador, como todo descendiente de Adán, demostró vivir en obediencia a Jehová Dios.
3. Implicó andar «a la par» con Dios. Enoc no iba ni delante ni detrás de Dios sino que iba «al lado de Dios». El texto dice que «caminó con Dios» durante trescientos años. ¡Es difícil imaginar la magnitud de esa experiencia!
4. Implicó el gozo de la comunión con el Dios creador y soberano del universo. «Caminar con Dios», sin duda, superó cualquier contratiempo en la vida de Enoc durante aquellos trescientos años.
5. Implicó vivir rodeado de seguridad y protección. Enoc encontró en Jehová Dios la confianza necesaria para vivir en un mundo que se acercaba al mayor juicio que la humanidad haya experimentado hasta el día de hoy, es decir, el diluvio universal.
6. Implicó la felicidad y el privilegio de caminar al lado del ser más excelso del universo. El apóstol Pablo deseaba tener esa misma intimidad con Cristo cuando escribió: «Y ser hallado en él, no teniendo mi propia justicia, que es por la ley, sino la que es por la fe de [en] Cristo, la justicia que es de Dios por la fe; a fin de conocerle, y el poder de su resurrección, y la participación de sus padecimientos, llegando a ser semejante a él en su muerte» (Fil. 3:9-10).

La fe de Enoc se hace patente al repetirse la misma frase en los versículos 22 y 24: «Y caminó Enoc con Dios». El mismo testimonio aparece en Hebreos 11:5. En Judas 14, se le coloca en la categoría de profeta. No cabe duda que aquel hombre, séptimo desde Adán, fue un hombre extraordinario.

La familia de Set: desde Matusalén a Noé (5:25-32)

Vivió Matusalén ciento ochenta y siete años, y engendró a Lamec. Y vivió Matusalén, después que engendró a Lamec, setecientos ochenta y dos años, y engendró hijos e hijas. Fueron, pues, todos los días de Matusalén novecientos sesenta y nueve años; y murió (Gn. 5:25-27).

Matusalén es el patriarca de más longevidad que registra la historia de la humanidad. Fue el abuelo de Noé, el pregonero de justicia en tiempos del diluvio (2 P. 2:5). Si, como dicen algunos, «Matusalén» significa «en el día de su muerte, será enviado» o «en el día de su muerte, romperá», es probable que su padre, Enoc, le puso ese nombre con sentido profético y que hubiese recibido revelación de parte de Dios respecto del juicio del diluvio universal que vendría sobre la humanidad. La longevidad de Matusalén (969 años) bien podría señalar la enorme paciencia de Dios hacia el hombre pecador. La vida de Matusalén habla de «la paciencia de Dios en los días de Noé» (1 P. 3:20).

La paciencia de Dios tiene por objeto guiar al hombre al arrepentimiento (Ro. 2:4). El hombre impenitente atesora para sí mismo juicio para el día del juicio (Ro. 2:5). Eso ocurrió en los días del diluvio (1 P. 3:20) y ocurrirá en los días de la Segunda Venida de Cristo (Mt. 24:37-39).

> *Vivió Lamec ciento ochenta y dos años, y engendró un hijo; y llamó su nombre Noé, diciendo: Este nos aliviará de nuestras obras y del trabajo de nuestras manos, a causa de la tierra que Jehová maldijo. Y vivió Lamec, después que engendró a Noé, quinientos noventa y cinco años, y engendró hijos e hijas. Y fueron todos los días de Lamec setecientos setenta y siete años; y murió (Gn. 5:28-31).*

Hay otro Lamec que aparece en Génesis 4:18-24 que era descendiente de Caín y evidentemente era un hombre malvado. El Lamec mencionado en Génesis 5:28-31 era descendiente de Set y era un hombre piadoso. El del capítulo 4 era un homicida, injusto y enemigo de Dios. El Lamec del capítulo 5 era un hombre que ansiaba la liberación de la maldición que Dios había pronunciado sobre la tierra a causa del pecado. Lamec esperaba que el hijo que le nacería fuera un instrumento para traer consuelo y liberación a la raza humana. Dios le reveló a Lamec cuál sería la naturaleza del ministerio de Noé, y Lamec apropiadamente le puso por nombre *Nóakj*, es decir, «descanso». Dicho nombre era un recordatorio del «consuelo» que aquel hombre traería. Aunque no es posible dogmatizar acerca de esto, sí es posible considerar la preservación de la vida por medio de Noé como un cumplimiento preliminar de la profecía de Lamec quien, al parecer, vislumbró a la distancia la venida del día cuando la maldición del pecado será cancelada. Eso ocurrirá con la venida del Mesías, la simiente de la mujer, quien con su muerte y su resurrección derrotaría de manera total y definitiva al autor del pecado, es decir, a Satanás, y pondría fin a la muerte.

Y siendo Noé de quinientos años, engendró a Sem, a Cam y a Jafet (Gn. 5:32).

Como dijimos, el nombre de «Noé» significa «descanso» o «alivio». El capítulo 5 de Génesis termina con el relato de que Noé, a la edad de quinientos años, «engendró a Sem, Cam y a Jafet», aunque ese no es el orden cronológico de los hijos de Noé. Según Génesis 9:24, Cam era el hijo menor y, según Génesis 10:21, Jafet era el hijo mayor. Sem, sin embargo, es mencionado primero probablemente por el hecho de que a través de él Dios enviaría al Mesías y como muestra de que el objetivo del relato es destacar la fidelidad de Dios al preservar el linaje de la simiente escogida. La gracia soberana de Dios ha estado presente desde el comienzo de la historia de la humanidad y Noé es un ejemplo de ello (Gn. 6:8).

RESUMEN Y CONCLUSIÓN

Génesis 5 trata de la historia o las «generaciones» (*toledot*). Este capítulo, junto con el 6, contiene el segundo libro en la estructura de Génesis. La primera parte del capítulo confirma, en primer lugar, el hecho de que Adán fue creado a imagen y semejanza de Dios. En segundo lugar, registra el hecho de que la consecuencia directa del pecado, es decir, la muerte, se cumple tanto en Adán como en sus descendientes.

La frase: «y murió» se repite seis veces en los versículos 5 al 20. El capítulo registra también el nacimiento de Enoc, el hombre que caminó con Dios durante «trescientos años» y Dios lo llevó al cielo.

Es sorprendente que Enoc, quien vivió en medio de una sociedad corrupta, hubiese sido capaz de caminar con Dios durante tres siglos. El Nuevo Testamento da testimonio de su ministerio:

> De éstos también profetizó Enoc, séptimo desde Adán, diciendo: He aquí, vino el Señor con sus santas decenas de millares, para hacer juicio contra todos, y dejar convictos a todos los impíos de todas sus obras impías que han hecho impíamente, y de todas las cosas duras que los pecadores impíos han hablado contra él (Jud. 14-15).

Finalmente, la vida de Enoc y su ministerio son un recordatorio de que aun en medio del reinado de la muerte es posible tener victoria. Además, su vida es un pronóstico del tiempo venidero cuando el reino de la muerte llegará a su fin y los santos del Señor reinarán en vida a través del postrer Adán, es decir, Jesucristo. Las palabras de Cristo en Betania, frente a la tumba de Lázaro, son un recordatorio de la esperanza de todo creyente: «Le dijo Jesús: Yo soy la resurrección y la vida; el que cree en mí, aunque esté muerto, vivirá. Y todo aquel que vive y cree en mí, no morirá eternamente. ¿Crees esto?» (Jn. 11:25-26).

Genealogía de Adán hasta los hijos del pacto abrahámico

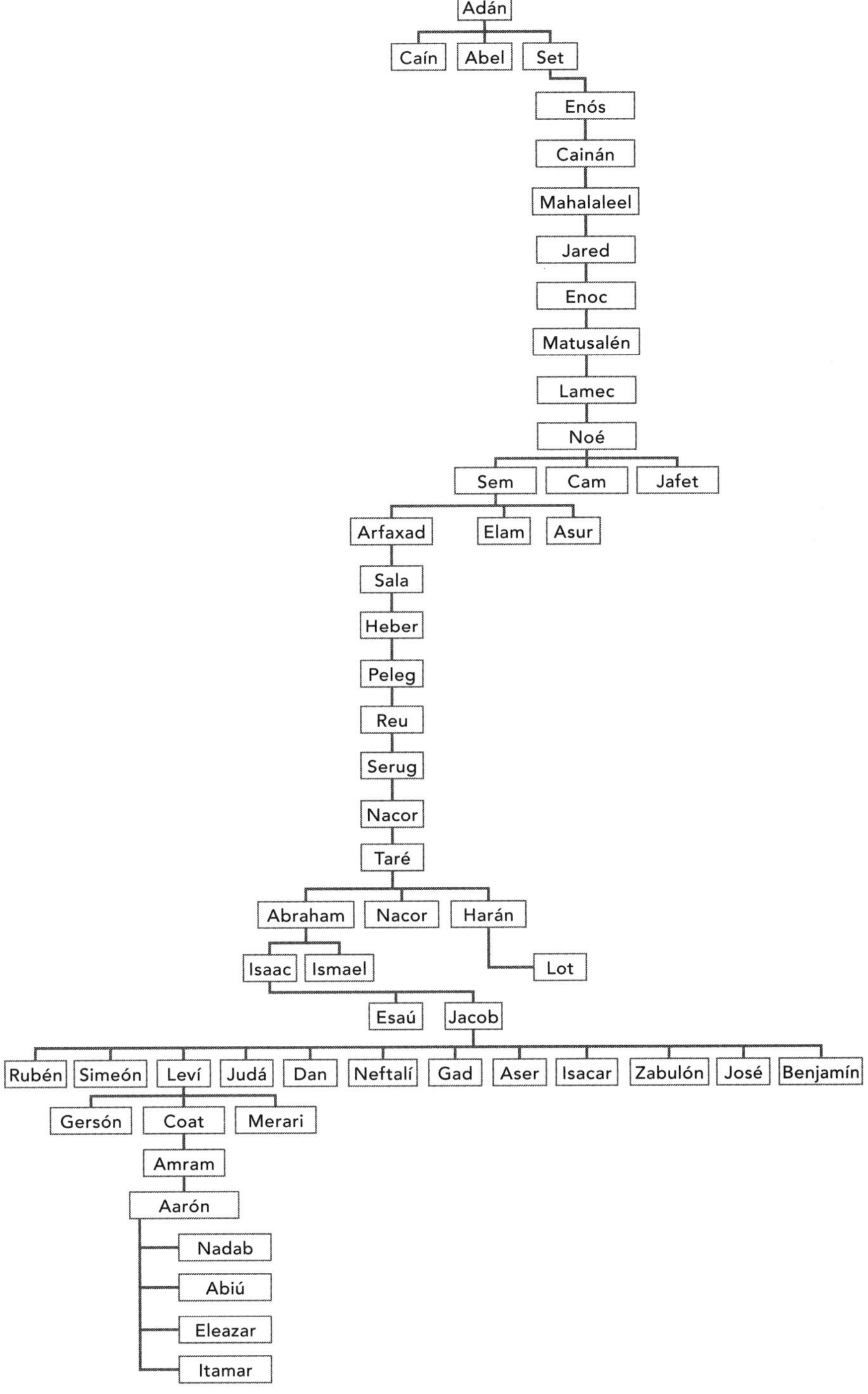

6-1

La humanidad en los días de Noé (6:1-8)

TRASFONDO DE LOS DÍAS DE NOÉ (6:1-4)

La primera etapa de la historia de la humanidad abarca desde Adán hasta Noé. El pecado humano comienza a mostrar su fealdad con el homicidio de Caín (Gn. 4:8) y continúa con Lamec (Gn. 4:18-24). La maldad y la violencia se generalizan entre los hombres hasta el punto de llenar de tristeza el corazón de Dios. El texto bíblico usa el antropomorfismo: «Y se arrepintió Jehová de haber hecho hombre en la tierra» (Gn. 6:6). Dios determinó, pues, destruir totalmente aquella civilización llena de violencia y maldad, y lo hizo por medio de un diluvio universal.

El Señor Jesucristo apeló a la historia de los días de Noé y al comportamiento humano de entonces para contestar a la pregunta de sus discípulos respecto de las señales de su Segunda Venida: «Mas como en los días de Noé, así será la venida del Hijo del Hombre. Porque como en los días antes del diluvio estaban comiendo y bebiendo, casándose y dando en casamiento, hasta el día en que Noé entró en el arca, y no entendieron hasta que vino el diluvio y se los llevó a todos, así será también la venida del Hijo del Hombre» (Mt. 24:37-39).

Al relacionar las dos épocas, el Señor no solo confirmó la historicidad del diluvio, sino que también animó a sus oyentes a estudiar las señales de los tiempos y, particularmente, lo relacionado con los días de Noé. Cada período de la civilización ha demostrado que el hombre es un fracaso. Desde que el ser humano transgredió el mandamiento de Dios y se alejó de su Creador, el curso de su existencia ha sido cuesta abajo.

Si la civilización de los días de Noé es semejante a la de la conclusión de la historia, entonces es de suma importancia que la analicemos, y el hecho más obvio respecto a ella es que su caída se debe a su desintegración interna, tal como sucede con las etapas posteriores. Hay, sin embargo, una diferencia, pues el relato de Moisés en Génesis 6 parece indicar que el colapso de la civilización de los días de Noé fue causado por una invasión satánica del escenario humano. Los otros aspectos característicos de un mundo moribundo están presentes de manera palpable. Hay un intolerable materialismo y un grotesco sensualismo, sumado al rechazo de la revelación divina. Nunca antes había habido un rechazo tan flagrante y malévolo de las Sagradas Escrituras como hay hoy. También hay una violencia esparcida mundialmente acompañada de uniformistas (véase He. 11:7), un incremento de la población humana, y un insólito adelanto de la tecnología (véase Gn. 4:22, Dn. 12:4).

Si los días de Noé son como los días de la venida del Hijo del Hombre, entonces es de suma importancia que se considere este tema tal como Moisés lo describe en la Palabra de Dios y se lo compare con los tiempos actuales. En aquellos días se aproximaba una tormenta que desencadenaría la catástrofe del diluvio. Quizá podamos aprender de esas señales y, de manera más inteligente, analizar las señales de nuestros tiempos. Los hombres y mujeres de esta generación se caracterizan por la indiferencia y el desprecio a Dios, algo muy similar a lo que ocurrió en los días de Noé, e incluso puede que hayan ido aún más lejos. La filosofía de moda dice que Dios no existe y que es innecesario, y algunos se atreven a decir que es un impedimento al desarrollo humano. Podría decirse que la humanidad vive actualmente en el preámbulo de los días de Noé.

> *Aconteció que cuando comenzaron los hombres a multiplicarse sobre la faz de la tierra, y les nacieron hijas, que viendo los hijos de Dios que las hijas de los hombres eran hermosas, tomaron para sí mujeres, escogiendo entre todas (Gn. 6:1-2).*

Génesis 6 describe el tiempo justo antes del nacimiento de los hijos de Noé (véase Gn. 5:32). La raza humana comienza a multiplicarse y la iniquidad se multiplica también (véase Gn. 4:1-26). El tema central de esta primera parte del capítulo seis es la multiplicación y diseminación de la maldad de la raza humana. La crisis del gran diluvio universal se acerca. Tanto los descendientes de Set como los de Caín tendrán que sufrir el juicio decretado por Dios. No es posible calcular el número de habitantes en la tierra en aquel tiempo, pero todos fueron afectados por el juicio de Dios. La humanidad en los días de Noé desafió a Dios, y la Biblia dice: «por lo cual el mundo de entonces pereció anegado en agua» (2 P. 3:6). El mundo que Dios destruyó estaba compuesto de impíos (2 P. 2:5). Excepto por el hecho de que hubo algunos hombres que practicaban la justicia, como Enoc, Matusalén, Lamec —padre de Noé— y el mismo Noé y su familia, el resto de la humanidad se caracterizó por practicar la iniquidad.

El versículo dos constituye un verdadero reto hermenéutico: «Que viendo los hijos de Dios que las hijas de los hombres eran hermosas, tomaron para sí mujeres, escogiendo entre todas». La pregunta que muchos se han formulado es ¿quiénes eran los hijos de

Dios y las hijas de los hombres de los que habla el texto? El matrimonio o la unión de ambos grupos ha sido interpretado de diferentes maneras. En primer lugar hay quienes afirman que se trata de la unión de los descendientes de Set (el linaje santo) con los descendientes de Caín (el linaje malvado, simiente de la serpiente). Es decir, «los hijos de Dios» son los descendientes de Set y las «hijas de los hombres» eran descendientes de Caín. Herbert C. Leupold afirma categóricamente que la frase «hijos de Dios» se refiere a la descendencia de Set. Leupold señala el hecho de que hombres como Set, Enoc, Lamec y el mismo Noé ameritan ser llamados «hijos de Dios». «Ese título es aplicado al verdadero seguidor de Dios en varios lugares del Antiguo Testamento». Leupold cita varios pasajes donde la frase «hijos de Dios» (*bené elojím*) se refiere a verdaderos seguidores de Dios[1] (véase Sal. 73:15; Os. 1:10). Los textos usados por Leupold, sin embargo, son tomados fuera de su contexto. Su contenido no guarda relación con Génesis 6:2, 4 y su significado dista mucho del pasaje de Génesis 6 y, como señala Henry M. Morris: «Ni los descendientes de Set ni los verdaderos creyentes en modo alguno han recibido previamente el calificativo de hijo de Dios en el Génesis en ningún sentido espiritual y, excepto Adán mismo, ellos no hubiesen podido ser hijos de Dios en un sentido físico».[2] El punto de vista de Leupold confronta algunos problemas. En primer lugar, ¿qué indicio hay en el contexto que apoye que el vocablo «hombres» ahora se refiere solo a los cainitas o descendientes de Caín? En segundo lugar, ¿por qué se asocia la unión de «los hijos de Dios» con las «hijas de los hombres» con la aparición de «gigantes en la tierra» (*nefilím*)? Evidentemente el autor de Génesis sugiere que la aparición de los «gigantes» es el resultado de la unión de «los hijos de Dios» y «las hijas de los hombres».

No cabe duda de que el vocablo *nefilím*, traducido «gigantes», «titanes», «héroes», «varones de renombre», representa una dificultad hermenéutica. ¿Quiénes eran esos seres? Según Bruce K. Waltke, los *nefilím* o héroes «son los tiranos demoníacos que llenaron la tierra de violencia (véase Gn. 6:11; Nm. 13:33). La raíz hebrea (*nafál*) significa "caer" y puede sugerir su destino (véase Ez. 32:20-28). Dios no permitirá que ningún tirano oprima o aterrorice la tierra para siempre». Umberto Cassuto comenta lo siguiente:

> Los *nefilím*, es decir, los gigantes (véase Nm. 13:33). Respecto de la etimología de esta palabra, varias teorías estrafalarias se han sugerido. La explicación correcta parece ser que fueron llamados así (*nefilím*) porque según la historia que se relata de ellos, todos cayeron (*nafelá*) pasados a espada y descendieron al Seol, la habitación de los muertos. En Ezequiel 32:21 hay una referencia a los «fuertes de los fuertes» (*gibborím*) en el Seol (*gibborím* es la misma palabra usada aquí en la continuación del versículo). Y el verbo (*nafál*, «caer») aparece en el pasaje varias veces (véase Ez. 32:20, 22, 24, 27).[3]

El profesor Cassuto añade que esos gigantes «nacieron de la unión de los hijos de Dios con las hijas de los hombres y que en esos días, es decir, antes del diluvio, todavía estaban en la tierra y aún no habían descendido al Seol (la expresión "en la tierra" significa aquí "en la tierra de los vivientes")».[4]

---

1. Herbert C. Leupold, *Exposition of Genesis*, vol. I, p. 250.
2. Henry M. Morris, *The Genesis Record*, p. 165.
3. Umberto Cassuto, *A Commentary on The Book of Genesis, Part One,* p. 298.
4. *Ibíd.*

Algunos estudiosos han sugerido que la expresión «hijos de Dios» se refiere a reyes que practicaban la poligamia y que eran gobernantes o caudillos déspotas que luchaban por obtener dominio, pero el lenguaje de Génesis 6 no contiene ni la más leve sugerencia de que esa situación se debiese a la contaminación de los llamados «hijos de Dios». Eso significa que hay que buscar otra explicación a la pregunta ¿quiénes eran los «hijos de Dios»? Las cuatro posturas más populares entre los comentaristas de Génesis son: (1) eran los componentes del linaje santo de Set, (2) eran ángeles caídos, (3) eran dioses de la mitología pagana o (4) eran reyes que se habían constituido caudillos déspotas, conocidos como titanes en la mitología antigua.

Este autor suscribe la postura que combina la idea de que hubo relación entre seres angélicos caídos o demonios y seres humanos, y que esa relación debió de haber ocurrido antes del diluvio universal. Es cierto que los santos ángeles, es decir, «los ángeles de Dios en el cielo», ni se casan ni se dan en casamiento (Mt. 22:30), pero en el caso de Génesis 6:1-4 se trata de «ángeles rebeldes» o, como dice Judas:

> Y a los ángeles que no guardaron su dignidad, sino que abandonaron su propia morada, los ha guardado bajo oscuridad, en prisiones eternas, para el juicio del gran día (Jud. 6).

También el apóstol Pedro dice:

> Porque si Dios no perdonó a los ángeles que pecaron, sino que arrojándolos al infierno los entregó a prisiones de oscuridad, para ser reservados al juicio (2 P. 2:4).

Evidentemente, Dios creó a los ángeles y los colocó en una esfera específica para que habitasen en ella. Judas usa la expresión *tén jeautún arjén*, es decir, «su propia esfera de gobierno» o «su propio estado espiritual en el que fueron creados». Esos ángeles fueron creados diferentes a los seres humanos, pero no retuvieron su estado original sino que «abandonaron su propia morada». Esos ángeles no solo se rebelaron contra la autoridad de Dios sino que también «abandonaron» o «desertaron» del círculo o esfera que Dios había establecido para ellos. Dichos ángeles no eran, por tanto, «santos ángeles de Dios» o «ángeles del cielo» sino ángeles rebeldes que se habían alzado contra Dios y se habían colocado bajo la autoridad de Satanás. Esos ángeles rebeldes se convirtieron en demonios, es decir, en seres espirituales que actuaron bajo las órdenes de Satanás. Como tales, vinieron al ámbito terrestre y poseyeron el cuerpo de seres humanos.

Los argumentos que apoyan este punto de vista son los siguientes:

1. En primer lugar, la designación de «hijos de Dios» en la forma concreta como aparece aquí es siempre una referencia a «ángeles» (véase Job 1:6, 2:1, 38:7, también Dn. 3:25).[5] La Septuaginta (LXX), la versión griega del Antiguo Testamento, concuerda con esa traducción al traducir la frase como *joí ángeloi tou theou*, es decir, «los ángeles de Dios», lo mismo hacen Josefo, el libro de Enoc y los antiguos escritores judíos y cristianos.

---

2. En segundo lugar, el Nuevo Testamento corrobora esa interpretación, como lo demuestran los pasajes de Judas 6 y 2 Pedro 2:4-6. El vocabulario de Judas 6, cuando hace referencia a los ángeles que abandonaron su posición angelical («su dignidad»), tomando otra, apunta al hecho de que se trata de seres angélicos. También la comparación que se hace de Judas 7 del pecado angélico con la relación sexual contranaturaleza de los sodomitas apoya una referencia a los ángeles. No cabe duda de que Judas tiene en mente el pasaje de Génesis 6. Además, en 2 Pedro 2:4-6, Pedro relaciona una caída de los ángeles con los días de Noé, como lo demuestra el contexto. Esa caída fue un acontecimiento concreto de los ángeles, los cuales están reservados en un lugar especial, aguardando el juicio. Pedro usa el vocablo *tartarosas*, de la raíz *tártaros* que es el nombre dado por los griegos al «bajo mundo» especialmente al lugar de los condenados. Pedro dice: «arrojándolos al infierno» (*tartarósas*) (véase también 1 P. 3:19-20). El cuadro descrito en el pasaje mencionado es extraño y no debe sorprender que genere dudas. ¿No dijo el Señor Jesús que «en la resurrección ni se casarán, ni se darán en casamiento, sino que serán como los ángeles de Dios en el cielo» (Mt. 22:30)? Pero el Señor no dijo que no tenían sexo, y, además, habla en este texto de los ángeles «en el cielo», no de aquellos que ahora pueden estar en el «*tartarósas*». Sabemos que los ángeles que poseen cuerpo, pueden comer (véase Gn. 18:8). Lo más probable es que Génesis 6:1-6 sea un caso de posesión demoniaca, es decir, espíritus satánicos que cohabitaron los cuerpos de los seres humanos, hombres y mujeres. Estando poseídos por demonios, esos hombres y mujeres se relacionaron sexualmente y el resultado de esa relación sexual fue el nacimiento de una raza que incluyó a los «*nefilím*» o «gigantes». Es posible, además, que esa influencia demoníaca produjese un cambio en los cromosomas de los seres humanos que afectó la estructura genética de aquella generación. En los Evangelios hay ejemplos de personas poseídas por demonios que adquieren una fortaleza sobrehumana (véase Mr. 5:3-5, Lc. 8:29-30).

En resumen, los «hijos de Dios» y las «hijas de los hombres» eran seres humanos poseídos por demonios. En ese estado o condición se unieron sexualmente y procrearon una raza violenta y terriblemente pecadora aunque, como el texto declara, eran seres de «carne». Esas personas solo pensaban en el mal y Dios los juzgó. No se trataba de dioses ni de reyes ni de seres inmortales, pues todos ellos murieron como seres humanos. La mano soberana del Dios Todopoderoso puso fin a aquella rebelión y desafío de su autoridad. La sorprendente y maravillosa gracia de Dios, sin embargo, no dejó de actuar en medio de la gran rebelión moral de los días de Noé. El apóstol Pedro dice que Cristo, mediante su espíritu, predicó el mensaje de justicia a aquella generación perversa (véase 1 P. 3:18-20; 2 P. 2:5). ¿Es posible que hubiese habido una segunda encarnación de espíritus diabólicos en el ámbito humano después del diluvio? La RVR-60 no lo expresa con claridad, pero otras versiones sí lo hacen. Por ejemplo, la lectura de la Sagrada Biblia ofrece la siguiente lectura de Génesis 6:4: «Existían por aquel tiempo en la tierra de los gigantes, e incluso después de esto, cuando los hijos de Dios se llegaban a las hijas de los hombres y les engendraron hijos, que son los héroes, desde antaño varones renombrados».

Debe observarse la frase «…e incluso después de esto», pues dicha frase podría sugerir que hubo una segunda generación demoníaca en la tierra después del diluvio (véase Nm. 16:33). Se ha sugerido que los cananeos eran una división de los *nefilím* (véase 2 S. 21:16-17, 20). Es posible preguntarse ¿por qué tuvo lugar la unión sexual de personas endemoniadas? La única respuesta posible a esa pregunta es el plan satánico de frustrar el propósito de Dios de proporcionar un Redentor para la raza humana. Satanás intentó corromper la humanidad antes de que la simiente de la mujer aplastase la cabeza de la serpiente. Después de todo lo dicho, no debe perderse de vista el punto central de esta lección: el hecho es que la entrada del pecado en la experiencia humana ha hecho que el hombre esté imposibilitado de hacer algo por sí mismo para conseguir el favor de Dios. Si bien es cierto que el pecado está enraizado en el corazón del hombre (Mt. 15:19-20; Stg. 1:13-15), no es menos cierto que Satanás y sus demonios están muy implicados en la rebelión humana contra Dios (véase Hch. 5:3-4; 1 P. 5:8).

Y dijo Jehová: No contenderá mi espíritu con el hombre para siempre, porque ciertamente él es carne, mas serán sus días ciento veinte años (Gn. 6:3).

Este versículo pone de manifiesto el hecho de que Dios siempre tiene control absoluto de su plan. Ni Satanás ni el hombre pueden obstruir el desarrollo del propósito eterno de Dios. Sus designios siempre se cumplen de manera estricta y total porque Él es el soberano absoluto del universo. Su soberanía no puede ser limitada por nada ni por nadie.

Génesis 6:3 también presenta sus dificultades hermenéuticas. La pregunta es ¿a qué se refiere el sustantivo «espíritu» (*ruáj*) en la frase «no contenderá mi espíritu para siempre con el hombre»? Algunas versiones traducen «Espíritu» (con mayúscula, véase LBLA). De ser así la referencia será al Espíritu Santo en su ministerio redargüidor. La idea sería que la obra de gracia común del Espíritu Santo tendrá un límite concreto.

La segunda posibilidad sería entender que la referencia es al «espíritu» del hombre. La consecuencia sería, por tanto, que Dios quitaría el principio de vida, es decir, el espíritu del hombre, mediante el diluvio que vendría y traería muerte a la humanidad. Esta posibilidad choca, sin embargo, con la expresión «mi espíritu». El pronombre posesivo «mi» no apoya la idea de que se refiere al hombre sino a Dios. Los 120 años probablemente tengan que ver con el tiempo dado a la humanidad después de la advertencia de Dios y antes del juicio que vendría (véase 1 P. 3:20).

La respuesta de Dios a la degeneración humana es amonestación y paciencia administradas mediante su gracia. Evidentemente, esa profecía fue dada 120 años antes del diluvio y, quizá, a través de Matusalén. Henry M. Morris comenta lo siguiente:

Dios siempre ha sido sufrido, incluso bajo las terribles condiciones como las que prevalecieron en los días de Noé (1 P. 3:20). Aunque todos lo habían rechazado, todavía concedió 120 años a la humanidad, con miras a la posibilidad de que al menos alguien pudiese acudir al arrepentimiento (2 P. 3:9). Ese era tiempo más que suficiente para que los que aún eran niños pudieran crecer en madurez y tener abundante oportunidad para aceptar o rechazar a Dios.[6]

---

6. Henry M. Morris, *The Genesis Record*, p. 171.

Hay que reconocer que los 120 años podrían referirse al límite de la edad de la gente de aquel tiempo; que los seres humanos comenzarían a vivir menos años de los que habían vivido con anterioridad. También podría significar que la humanidad tendría un período de 120 años para arrepentirse antes de que comenzara el juicio del diluvio universal, siendo esta postura la que mejor se ajusta al concepto del pasaje. Dios, en su infinita misericordia, da al hombre un período de 120 años para que deje su camino de maldad y se vuelva a Él (véase Is. 55:7-8).

> *Había gigantes en la tierra en aquellos días, y también después que se llegaron los hijos de Dios a las hijas de los hombres, y les engendraron hijos. Estos fueron los valientes que desde la antigüedad fueron varones de renombre (Gn. 6:4).*

El sustantivo «gigantes» (*nefilím*), también llamados «poderosos» o «titanes», se refiere a hombres de sorprendente estatura. Los seres humanos antediluvianos tenían una estatura mucho mayor que los que vivieron después de la catástrofe del diluvio. Asimismo, los animales antediluvianos eran mucho más grandes que los posdiluvianos.

Los paleontólogos han descubierto restos de animales que superan en tamaño a los animales modernos, incluyendo restos de cocodrilos gigantes y de dinosaurios. También se han descubierto huellas de pies humanos que, evidentemente, proceden de seres de gran estatura.

Génesis 6:4 describe a «los gigantes» como «los valientes que desde la antigüedad fueron varones de renombre». En realidad, el sustantivo «gigantes» (*nefilím*) procede del verbo *nefál* que significa «caer». El significado más ajustado al contexto será «aquellos que han caído», refiriéndose a la naturaleza de sus pseudoprogenitores, es decir, los ángeles caídos (véase Ez. 32:20-28). El vocablo *nefilím* pasó a significar «gigantes» y fue aplicado a los habitantes de Canaán cuando los israelitas entraron para explorar la tierra (véase Nm. 13:33). Aquellos «gigantes» (*nefilím*) antediluvianos eran, en realidad, hijos de padres poseídos por demonios. Su estatura se debía, probablemente, a un cambio genético o a una «mutación» causada por aquella unión contranaturaleza. El texto los llama «valientes», es decir, «héroes» (*gibborím*). Es el mismo vocablo usado para calificar a Nimrod (véase Gn. 10:8-11). Además, se los describe como «varones de renombre» en Génesis 6:4. Ese honor les fue dado, evidentemente, por hombres, no por Dios. Fueron nombres dados por hombres incrédulos, pero ellos mismos, a la postre, se convirtieron en seres intolerables delante de Dios y perecieron a causa del juicio del diluvio universal (véase Ap. 20:13).

Bruce K. Waltke dice lo siguiente acerca de «los hombres de renombre» mencionados en Génesis 6:4:

> Esos héroes podrían proporcionar la base histórica detrás de los relatos de los héroes semidivinos, tales como el mitológico Gilgamesh, que representan tanto mito como historia, como se suele alegar; quizás los antiguos transformaron la historia en mito.[7]

---

7. Bruce K. Waltke, *Genesis: A Commentary*, p. 118.

En resumen, antes del diluvio universal hubo un importante crecimiento demográfico en la tierra. Los «hijos de Dios» y las «hijas de los hombres» se unieron sexualmente y, al parecer, los seres humanos que se unieron estaban poseídos por demonios, es decir, por ángeles caídos que anhelaban poseer un cuerpo. En esa condición tuvieron relaciones sexuales y como resultado surgió una generación de personas violentas, indiferentes a las cosas espirituales (véase Mt. 24:37-39) y desafiantes a Dios. El Señor les dio 120 años para que se arrepintiesen, pero no lo hicieron, y Dios los juzgó mediante un diluvio universal que los destruyó a todos, con la excepción de Noé y su familia.

LA REACCIÓN DE DIOS FRENTE A LA REBELDÍA HUMANA (6:5-8)

Y vio Jehová Dios que la maldad de los hombres era mucha en la tierra, y que todo designio de los pensamientos del corazón de ellos era de continuo solamente el mal (Gn. 6:5).

La conspiración satánica contra Dios tuvo un gran éxito, no solo entre los cainitas sino también entre los descendientes de Set; ambos linajes fueron afectados. «Ángeles caídos» poseyeron los cuerpos de hombres y mujeres y procrearon una generación de seres violentos y contrarios a Dios, tal como Nimrod. El texto dice que «la maldad de los hombres era mucha en la tierra». En los primeros dos capítulos de Génesis, cuando Dios vio todo lo que había hecho, dijo que «era bueno» (Gn. 1:18, 21, 25) y que era «bueno en gran manera» (Gn. 1:31). Pero ahora la tierra está llena de maldad y violencia (Gn. 6:11) y el hombre, creado a imagen y semejanza de Dios, se ha corrompido sobremanera. La maldad es presentada tanto en su aspecto extensivo como intensivo. El vocablo traducido «designio» está relacionado con el verbo «formar» y con la idea de «formar un pensamiento» e «imaginaciones». El corazón es el centro de los pensamientos del hombre, es una especie de taller de los pensamientos. En el corazón se fraguan los pensamientos, se desarrollan los sentimientos y se elaboran las decisiones. El texto bíblico dice que «los pensamientos del corazón de ellos (hombres y mujeres) era de continuo solamente el mal». La magnitud del mal de la civilización antediluviana exigía un juicio de igual proporción. Hombres y mujeres estaban hundidos en lo más profundo de la depravación total, pues el pecado afectaba a todos los aspectos de su ser.

La maldad de la civilización antediluviana estaba íntimamente relacionada con prácticas sexuales, prácticas que continúan en nuestros tiempos y continuarán hasta los días de la Segunda Venida de Cristo a la tierra (véase Mt. 24:37-39). La frase «era de continuo solamente el mal» golpea con fuerza impresionante al lector y representa duramente la agresiva depravación del corazón humano. La maldad era «grande» («mucha» RVR-60) exteriormente, porque «los pensamientos del corazón de ellos era de continuo solamente el mal». La humanidad antediluviana pone de manifiesto su depravación total de una manera grotesca e insólita, hasta el punto de ser la causa del mayor juicio que el hombre ha recibido hasta hoy.

Y se arrepintió Jehová de haber hecho hombre en la tierra, y le dolió en su corazón. Y dijo Jehová: Raeré de sobre la faz de la tierra a los hombres que he creado, desde el hombre hasta la bestia, y hasta el reptil y las aves del cielo; pues me arrepiento de haberlos hecho (Gn. 6:6-7).

Hay un claro contraste entre Génesis 6:6-7 y Génesis 5:29. Las esperanzas de Lamec a través de Noé se cumplirían de un modo muy diferente de lo que él había añorado. El ser humano persigue alivio temporal para sus males, pero los planes de Dios son diferentes. Dios siempre hace lo que está en conformidad con su justicia y su santidad. Dos veces en estos versículos se menciona que «Dios se arrepintió». El arrepentimiento de Dios no significa comprometer su inmutabilidad. El autor usa el lenguaje fenomenológico o la figura llamada antropomorfismo. Dios no cambia en su esencia, la naturaleza de Dios es inmutable; ese lenguaje se usa para beneficio del lector, pero en ningún sentido es para enseñar que Dios cambia en su ser. Umberto Cassuto lo explica así:

> Por regla general los comentaristas insisten en el problema relacionado con las expresiones antropomórficas en el versículo. Esas preguntas surgen solamente de concepciones posteriores, y es superfluo discutirlos, si el motivo es simplemente comprender el texto de la Torah, que no fue dirigida específicamente a intelectuales sino al pueblo en general, al que no le preocupaban las especulaciones filosóficas o teológicas. La Torah usa un lenguaje ordinario, llano y sin sofisticación, y no presta atención a las inferencias que lectores posteriores, acostumbrados a maneras de pensar totalmente extrañas a la Biblia, pueden extraer de sus palabras.[8]

La Biblia menciona un número importante de veces que «Dios se arrepintió» (véase Éx. 32:14; Jer. 18:8; 26:3; Jon. 3:10; 1 S. 15:11; 2 S. 24:16; Am. 7:3), pero el arrepentimiento de Dios es la manera divina de reaccionar frente al pecado humano. Es importante reiterar que el arrepentimiento de Dios no es en modo alguno un cambio en su ser esencial sino, más bien, el desarrollo de su plan según un principio establecido, congruente con su propio ser, que se expresa de una manera cuando el hombre reacciona ante Dios y de otra manera cuando el hombre rechaza a Dios.

Si Dios hubiese continuado su trato con los antediluvianos después de la manifestación de su impenitencia, tal como lo había hecho antes de que cayesen en pecado, entonces Dios se hubiese agradado tanto con la penitencia como con la impenitencia. Eso hubiera significado que Dios era incongruente en su actuar, lo que es absolutamente imposible en Dios (véase Mal. 3:6).

Subjetivamente, Dios está lleno de tristeza y dolor debido a la iniquidad de los seres humanos de los días de Noé. Objetivamente, sin embargo, tiene que ejecutar juicio sobre ellos. El diluvio universal tenía que venir debido a la iniquidad existente. El amor de Dios, por lo tanto, encuentra su sustancia tanto en el dolor y la tristeza como en la manifestación de su ira. Dios muestra tanto su gracia como su justicia; tanto su bondad como su soberanía (Ro. 11:22).

Pero Noé halló gracia ante los ojos de Jehová (Gn. 6:8)

En medio del devastador juicio de Dios sobre los inicuos, hubo un hombre que fue objeto de la «gracia» de Dios. Noé es un prototipo de un «pecador salvado por pura gracia soberana». La primera vez que el sustantivo «gracia» (*kjen*) aparece en las

---

8. Umberto Cassuto, *A Commentary on the Book of Genesis, Part One*, p. 304.

Escrituras es en este versículo para declarar que «Noé halló gracia ante los ojos de Jehová». En medio del terrible fracaso de la civilización de su tiempo, Noé caminó con Dios y rehusó dejarse arrastrar por la corriente del pecado.

Henry M. Morris lo expresa de manera magistral:

> Obsérvese el orden congruente de la Biblia aquí: primero, Noé «halló gracia» y después, «Noé era un hombre justo» (es decir, «justificado», o «declarado justo»). De modo que era «perfecto en sus generaciones» (o «completo» en lo que al registro de Dios se refiere) y por lo tanto, fue capaz de «andar con Dios». La salvación en cualquier época es exactamente de esa manera. Mediante la gracia soberana, recibida por la fe, el creyente es justificado delante de Dios y declarado ser completo en Él. Solo como resultado y sobre la base de ese glorioso don de la gracia puede uno «caminar» en comunión con Dios, mostrando el carácter genuino del suceso mediante sus obras. Cuatro veces se menciona después, por ejemplo, que Noé «hizo conforme a todo lo que Dios le mandó» (Gn. 6:22; 7:5; 7:9; 7:16).[9]

El Nuevo Testamento da testimonio de la vida de Noé, cuando dice que fue «un predicador de justicia». Un hombre de fe como Noé seguramente predicó que la justicia que Dios requiere para entrar en su presencia solo se consigue mediante la fe en Él. El autor de la Epístola a los Hebreos dice: «Por la fe Noé, cuando fue advertido por Dios acerca de cosas que aún no se veían, con temor preparó el arca en que su casa se salvase; y por esa fe condenó al mundo, y fue hecho heredero de la justicia que viene por la fe» (He. 11:7).

Por supuesto que, según el criterio de los predicadores modernos, Noé no tuvo éxito en su ministerio. Predicó durante 120 años y solo siete personas fueron salvas, los miembros de su familia. Pero Noé fue un hombre de fe que no tuvo miedo a hacerle frente a la generación violenta y desobediente en la que le tocó vivir (véase 1 P. 3:20).

RESUMEN Y CONCLUSIÓN

Génesis 6:1-8 registra el trasfondo histórico de «los días de Noé». Fueron los días más terribles de la historia de la humanidad. Tiempos como esos no se repetirán hasta los días cercanos a la Segunda Venida de Cristo a la tierra (Mt. 24:37-39).

Hombres y mujeres poseídos de demonios, es decir, ángeles caídos, «que no guardaron su dignidad» y «abandonaron su propia morada», invadieron la esfera de habitación de los seres humanos y, en esa condición, tuvieron relaciones sexuales. El resultado de esa unión fue la procreación de seres violentos, llamados «gigantes», «héroes», «titanes». El texto bíblico dice que: «todo designio de los pensamientos del corazón de ellos era de continuo solamente el mal» (Gn. 6:5).

Los hombres de aquella generación vivían preocupados por los apetitos físicos, intereses materiales y placeres sensuales (Lc. 17:26-28, véase también Gn. 4:21; 6:5, 11-12). Había una aceptación de filosofías uniformistas (véase He. 11:7). Hubo, además, un rechazo total de la revelación de Dios y de la justicia que proclamó Noé. La sociedad antediluviana rechazó tanto el aspecto doctrinal como el práctico del mensaje divino

---

9. Henry M. Morris, *The Genesis Record*, p. 177.

(véase 1 P. 3:19-20; 2 P. 2:5; Jud. 15). También fue rechazada la norma establecida por Dios respecto al sexo y optaron por la poligamia y por otras actividades sexuales ilícitas (véase Gn. 4:19; 6:2; Mt. 24:38). Al mismo tiempo, hubo un avance tecnológico en aquellos tiempos (véase Gn. 4:22) y una especie de burguesía parecida a la que existe hoy (véase Gn. 6:1, 11). La sociedad postmoderna avanza a pasos agigantados hacia tiempos muy parecidos a los de los días de Noé o, quizá, peores.

¿Cuál fue el remedio en los días de Noé? ¿Abandonó Dios a aquella civilización? De ninguna manera, en una estupenda manifestación de su gracia soberana, Dios planeó y preparó el arca para la liberación de Noé y su familia. Hoy día, el único remedio para la humanidad es el antitipo del arca, es decir, el Señor Jesucristo. ¡Solo en Cristo el pecador puede encontrar un refugio seguro!

6-2
La historia de Noé
y el arca (6:9-22)

PRINCIPIO DE LA HISTORIA DE NOÉ (6:9-13)

Estas son las generaciones de Noé: Noé, varón justo, era perfecto en sus generaciones; con Dios caminó Noé. Y engendró Noé tres hijos: a Sem, a Cam y a Jafet (Gn. 6:9-10).

Este pasaje da comienzo a la «historia» (*toledot*) de Noé. El relato en sí mismo se extiende hasta el final del capítulo 9. El texto destaca las características de la persona de Noé, que era un varón justo, perfecto en sus generaciones y un hombre que caminó con Dios.

Noé practicó la justicia, la obediencia y la comunión íntima con Dios, aunque vivió en medio de una generación de personas corruptas, violentas y desobedientes a la revelación de Dios. Noé formaba parte de una asombrosa minoría, pues solo él y su familia seguían los caminos de Dios. Solo ocho personas fueron salvas de la catástrofe del diluvio universal y siete de ellas debieron su salvación a la fe y el testimonio de Noé. El autor de la Epístola a los Hebreos dice:

Por la fe Noé, cuando fue advertido por Dios acerca de cosas que aún no se veían, con temor preparó el arca en que su casa se salvase; y por esa fe condenó al mundo, y fue hecho heredero de la justicia que viene por la fe (He. 11:7).

El autor de la carta a los Hebreos corrobora lo que el libro del Génesis declara, es decir, que Noé era un hombre temeroso de Dios y, por consiguiente, obedeció al Señor y actuó con «temor reverente» en la construcción del arca. Lo hizo por «la fe», ya que fue divinamente instruido acerca de las «cosas que aún no habían sido vistas»;

141

evidentemente Noé creyó plenamente en la revelación que había recibido de Dios. Es claro que la gracia de Dios reposaba sobre Noé (Gn. 6:8). La gracia de Dios y la fe que había generado en Noé tuvieron por resultado la justicia que Noé exhibió en medio de una generación pecaminosa y rebelde.

El ministerio de Noé pone de manifiesto la paciencia y la misericordia de Dios hacia la humanidad pecadora. El apóstol Pedro lo expresó así:

> Los que en otro tiempo [los contemporáneos de Noé] desobedecieron, cuando una vez esperaba la paciencia de Dios en los días de Noé, mientras se preparaba el arca, en la cual pocas personas, es decir, ocho, fueron salvadas por agua (1 P. 3:20).

Durante ciento veinte años Dios mostró su paciencia y extendió su mano de gracia a aquella generación malvada mediante la predicación de Noé; sin embargo, aquella generación rechazó la oferta de Dios y pereció por su desobediencia (véase 2 P. 2:5).

Se ha señalado anteriormente que los días cercanos a la Segunda Venida de Cristo serán semejantes a los días de Noé, y quizá peores. Dios destruyó al mundo antiguo mediante un diluvio universal (2 P. 3:6). El mundo presente será juzgado mediante los juicios relacionados con la Segunda Venida descritos en Apocalipsis capítulos 6—19, y solo quienes ponen su fe en Jesucristo serán librados de esos terribles juicios. Mediante la fe que ejercitó, Noé llegó a ser heredero de la justicia que es según la fe. Noé fue declarado justo por la fe delante de Dios (véase He. 11:7). Noé y su familia entraron en el arca y fueron librados de la catástrofe del diluvio. De la misma manera, quienes se acogen a la gracia de Dios y se refugian en Jesucristo hallarán plena liberación del juicio venidero.

La justicia que Noé obtuvo fue una posición delante de Dios, es decir, recibió un beneficio que lo había hecho aceptable delante de Dios (véase Ro. 3:21-26). Hacer posible que un pecador sea declarado justo delante de Dios es la meta de la obra del Hijo de Dios mediante su muerte y resurrección. Además, el texto dice que Noé era «perfecto en sus generaciones». El vocablo «perfecto» (*tamím*) significa «completo», lo que implica que Noé era un hombre equilibrado, es decir, «completo» en su carácter. Aunque no era moralmente perfecto, a Noé no le faltaban las cualidades esenciales. Si viviese hoy, Noé sería considerado una «persona completa». Poseía una paz interior que sobrepasaba la de cualquier persona. Con respecto a lo espiritual y lo moral, Noé estaba por encima de cualquiera de sus contemporáneos.

Por último, Génesis 6:9 dice que «...con Dios caminó Noé». La RVR-60 refleja el énfasis que aparece en el texto hebreo, es decir, el hecho de que fue «con Dios» con quien Noé caminó. Como resultado de su caminar con Dios, Noé fue el instrumento usado por el Señor para la salvación de su familia. En Génesis 6:10 se mencionan los nombres de los hijos de Noé, lo que sugiere que el testimonio de Noé fue de mucha importancia para la salvación de sus hijos. Evidentemente, Noé vivió una vida de fe y de justicia delante de su familia. Esa podría haber sido una razón importante de por qué los hijos entraron en el arca con su padre. Por supuesto que, como todos los humanos, Noé fue un pecador, pero fue un hombre maduro en su fe y en su carácter. El hecho de que era «justo» tiene que ver con su posición delante de Dios. El adjetivo «perfecto» o «maduro» habla de su testimonio delante de sus contemporáneos. Pero, además, Noé «caminó con Dios», siguiendo los pasos de Enoc. Al parecer, ningún otro hombre entre Enoc y Noé consiguió esa estatura espiritual, ambos sobresalieron por encima de todos en los tiempos antes del diluvio, cuando la humanidad se había corrompido sobremanera.

Y se corrompió la tierra delante de Dios, y estaba la tierra llena de violencia. Y miró Dios la tierra, y he aquí que estaba corrompida; porque toda carne había corrompido su camino sobre la tierra (Gn. 6:11-12).

En estos versículos, Moisés nuevamente explica por qué tuvo lugar el diluvio universal, y como puede observarse se debió a razones morales. El hombre había recibido una creación perfecta de la mano de Dios y, aunque había sido puesto para cuidar y administrar la tierra, hizo todo lo contrario. La tierra fue devastada y «corrompida» por la maldad y la violencia de los hombres.

Génesis 1:31 describe el estado de la creación original, tal como Dios la hizo en el principio: «Y vio Dios todo lo que había hecho, y he aquí que era bueno en gran manera...». Sin embargo, Génesis 6:11 presenta un terrible contraste con la creación original: «Y se corrompió la tierra delante de Dios, y estaba la tierra llena de violencia». La primera parte de este capítulo (6:1-8) describe la profundidad de la corrupción humana, y Génesis 6:11-12 describe la extensión de esa corrupción. La conjunción «y» podría traducirse mejor «pero» ya que señala un contraste muy definido: «Pero se corrompió la tierra delante de Dios...». También debe observarse el uso de la figura de dicción llamada sinécdoque. El sustantivo «la tierra» se usa para significar «las personas que habitaban la tierra», es decir, «los seres humanos». O sea que la corrupción era total y universal. La única excepción era Noé y su familia. Bruce K. Waltke dice lo siguiente acerca del verbo «se corrompió» (*shakját*):

Este [verbo] podría traducirse «se había vuelto corrupto». La expresión aparece siete veces en la narración y significa «echar a perder o desfigurar». Generalmente describe una variedad amplia de temas: un manantial (Pr. 25:26), un cinto (Jer. 13:7), una ciudad (Gn. 18:28), una nación (Jer. 4:7), y la tierra. Aquí el paralelo «violencia» muestra el comportamiento moral y sus consecuencias en la humanidad.[1]

Además de «haberse vuelto corrupta», la tierra —sus habitantes— se ha llenado de violencia. El vocablo «violencia» (*kjamás*) tiene que ver con el trato despótico e inmisericorde hacia un semejante. Hoy se diría «violar los derechos humanos». Dicho vocablo proporciona una clara ilustración de la corrupción existente en los días de Noé. Al parecer, la violencia prevalente era el producto de la envidia, la codicia y el egoísmo. El resultado directo era la práctica de la injusticia y el trato brutal del prójimo. El texto bíblico es enfático, dice que «la tierra estaba llena de violencia» y que «toda carne se había corrompido». Ambas frases explican por qué Dios tuvo que enviar un diluvio universal.

La corrupción y la violencia fueron señales inevitables de juicio inminente en todas

---

1. Bruce K. Waltke, *Genesis: A Commentary*, p. 134.

las civilizaciones de la historia humana. Luchas internas y guerras fratricidas son el comienzo del fin. El hombre fue creado para que viviese en dependencia de Dios, pero optó por independizarse de su soberano Creador. El ser humano necesita a Dios porque solo Él da vida y sustento. Dios proporciona todo lo necesario para la vida: la lluvia, la fertilidad, la luz del sol, el poder y el oxígeno necesario para poder vivir. El ser humano no puede controlarse a sí mismo, necesita el control de Dios para sobrevivir.

Ese modelo se desarrolla en cada civilización y en todas las esferas de la vida. Hoy día, ese es el patrón que se contempla en la vida sociopolítica de la mayoría de las naciones. Hay caos, violencia, corrupción, injusticia y maldad en todos los niveles. Todas las maquinaciones de los políticos y de los ingenieros sociales, que lamentablemente son sus mentores, fracasarán porque el principal ingrediente que puede ofrecer alguna esperanza de éxito está ausente, desde el principio, de sus planes. La tendencia del hombre es adorar y exaltar su propio poder y sus capacidades personales, olvidándose que hay un Dios todopoderoso y omnisciente que es el Creador y sustentador del universo.

En resumen, Noé fue el hombre escogido y preparado por Dios para los tiempos más críticos que la humanidad haya vivido hasta el día de hoy. El texto señala tres características de la vida de aquel hombre: 1) «Justicia». La justicia de Noé tenía que ver con su posición delante de Dios. Dios lo «declaró» justo porque Noé creyó, es decir, puso su fe en Dios. 2) «Madurez espiritual». Eso significa que Noé manifestó un equilibrio espiritual por encima de todos sus contemporáneos. Noé era un hombre equilibrado, es decir, espiritual, moral y emocionalmente completo. La expresión «en sus generaciones» sugiere que durante los 120 años que Noé predicó el mensaje de la justicia de Dios todos tuvieron que admitir que era un hombre que vivía en santidad. 3) Finalmente, el texto culmina diciendo: «Con Dios caminó Noé». La raíz de su justicia y su madurez yacían en el hecho de su comunión íntima con Dios.

Es verdaderamente sorprendente que Noé engendrase y criase tres hijos (v. 10) tan bien en medio de una generación tan maligna y perversa como la de su día. Cómo sobrevivió aquella familia en medio de tanta «corrupción» y de tanta «violencia» solo puede explicarse por el hecho de que «Noé caminó con Dios», es decir, vivió una vida de dependencia total en el Dios soberano y dador de «toda buena dádiva y todo don perfecto» (Stg. 1:17).

> *Dijo, pues, Dios a Noé: He decidido el fin de todo ser, porque la tierra está llena de violencia a causa de ellos; y he aquí que yo los destruiré con la tierra (Gn. 6:13).*

Este versículo proporciona la razón de la orden divina de construir el arca: Dios previó para Noé y su familia un camino de escape, es decir, la provisión de un arca de salvación.

Los intelectuales modernos se burlan de la idea del arca; la consideran algo infantil, y otros como algo mitológico. Pero para el lector que lee el relato con sobriedad y seriedad la historia no es ni pueril ni mítica sino, más bien, un relato creíble y comprensible. El carácter sobrio y mesurado de la narración sugiere que se trata de un hecho histórico, pues aporta detalles minuciosos que hacen posible que el narrador no tropiece ni cometa errores al describir el acontecimiento.

Hay que añadir también el hecho de que hay varias referencias bíblicas que afirman que el relato del diluvio tiene bases históricas (véase Is. 54:9; Ez. 14:14, 20; 1 P. 3:20; Mt. 24:37-39). Que hasta hoy nadie haya sido capaz de encontrar los restos del arca en los montes de Ararat (Gn. 8:4) no minimiza la historicidad del relato bíblico del diluvio universal. El diluvio del Génesis fue, sin duda, un hecho histórico.

Obsérvese que Génesis 6:13 comienza con la frase: «Dijo, pues, Dios a Noé». Dios habla al hombre que ha escogido para que sea «mediador» entre Él y la humanidad inicua que está a punto de experimentar el juicio causado por su maldad. Dios habló a Noé de manera personal y directa, cosa que no hacían los dioses paganos, pues los dioses babilónicos mantenían sus decisiones secretas; y tampoco tenían un mediador con carácter santo como Noé.

Soberanamente, Dios anuncia la destrucción de todo ser y expresa el motivo de esa acción: «Porque la tierra está llena de violencia a causa de ellos». La decisión judicial de Dios es: «Y he aquí que yo los destruiré con la tierra» (Gn. 6:13). El texto afirma que Dios estaba a punto de «exterminar» a los seres vivientes «con» —no «en»— la tierra. El vocablo «destruir» en esta frase es el mismo que en Génesis 6:12 se traduce «corrompida» y se «había corrompido». Los hombres habían corrompido su comportamiento, y ahora Dios «corromperá», es decir, «destruirá» a la humanidad corrompida. Lo que Dios ha decidido destruir ya estaba en un avanzado estado de autodestrucción. No obstante, puede observarse aquí claramente la doctrina de la retribución divina. La expresión «justicia retributiva» es una designación teológica usada para expresar la ira divina por la cual Dios castiga al malvado que desafía y se rebela contra sus leyes. Es Dios quien toma la iniciativa en la destrucción de la civilización antediluviana. En Génesis 6:13, Dios dice de manera enfática: «He decidido el fin de todo ser». La razón de esa decisión es la siguiente: «porque la tierra está llena de violencia a causa de ellos; y he aquí que yo los destruiré con la tierra». El acto divino de juzgar a la humanidad es totalmente justo. El hombre ha rechazado la revelación dada por Dios, y ha rechazado su gracia, su justicia y su perdón. Solo le queda enfrentarse al justo juicio de Dios. El hombre es responsable de su propio pecado y no debe culpar a nadie más. La justicia retributiva de Dios es tan justa como todos los otros actos emprendidos por Dios. Como dice el cántico de Moisés:

> Grandes y maravillosas son tus obras, Señor Dios Todopoderoso; justos y verdaderos son tus caminos, Rey de los santos (Ap. 15:3).

Ya se ha observado que Dios comunicó a Noé lo relacionado con el juicio que estaba a punto de venir sobre la humanidad rebelde. Evidentemente, Dios lo hizo como una prueba más del hecho de que Noé caminó con Dios y «halló gracia ante los ojos de Jehová» (véase Gn. 6:8). Es importante destacar también que la destrucción del mundo antiguo no fue tan completa como la que tendrá lugar al final de los tiempos (véase 2 P. 3:5-13). El juicio de «los días de Noé» puede considerarse como un juicio parcial, pero el juicio de los postreros tiempos será total. El apóstol Pedro, hablando de ese juicio, dice:

> En el cual los cielos, encendiéndose, serán desechos, y los elementos, siendo quemados, se fundirán. Pero nosotros esperamos, según sus promesas, cielos nuevos y tierra nueva, en los cuales mora la justicia (2 P. 3:12-13).

El diluvio del Génesis fue un juicio que afectó al planeta Tierra y a todos sus habitantes, con la excepción de Noé y su familia. El juicio de los días finales afectará a toda la antigua creación.

La descripción del arca de Noé (6:14-16)

Hazte un arca de madera de gofer; harás aposentos en el arca, y la calafatearás con brea por dentro y por fuera. Y de esta manera la harás; de trescientos codos la longitud del arca, de cincuenta codos su anchura, y de treinta codos su altura. Una ventana harás al arca, y la acabarás a un codo de elevación por la parte de arriba; y pondrás la puerta del arca a su lado; y le harás piso bajo, segundo y tercero (Gn. 6:14-16).

Dios instruyó a Noé en la construcción de una nave diseñada no para navegar sino para flotar. Llama la atención el hecho de que Dios da a Noé instrucciones respecto a cómo él y su familia serían salvos y, seguidamente (v. 17), Dios le anuncia lo relacionado con el diluvio que destruiría a los habitantes de la tierra.

El sustantivo «arca» se usa varias veces en el relato, pero solo se usa una vez más en la Biblia, y es en relación con la liberación de Moisés (véase Éx. 2:3-5), donde el vocablo *tebá* es traducido «arquilla» en la RVR-60. Ese sustantivo literalmente significa «cofre» o «caja». El énfasis principal radica en el hecho de que es un «lugar de refugio». Eso es precisamente lo que era el arca, es decir, el lugar de refugio para Noé y su familia, y para los animales ordenados por Dios. Bruce K. Waltke hace la siguiente observación:

> El narrador no menciona un timón ni instrumentos de navegación. Sugiriendo que la suerte del arca dependía solamente de la voluntad de Dios. En contraste, el héroe de la epopeya mesopotámica emplea un barquero para navegar.[2]

El texto de la RVR-60 menciona los materiales usados en la construcción del arca y dice que era de «madera de gofer», aunque nadie sabe qué clase de árbol era el «gofer». Otras versiones lo traducen «madera de ciprés» (LBLA; NTV; BTX).[3] Evidentemente, se refiere a una madera resistente para aguantar los embates del diluvio. Debe recordarse que el propósito del arca no era «navegar» (como los barcos modernos) sino «flotar» durante la duración del diluvio.

Noé recibió la orden de hacer «aposentos» (*quiním*) en el arca. Ese vocablo significa literalmente «nidos», sugiriendo «descanso» o «comodidad». Quizá esos «aposentos» eran una especie de cabinas para que los animales pudiesen habitar con tranquilidad hasta el final del diluvio. La tercera cosa que Noé debía hacer era «calafatear el arca con brea por dentro y por fuera». El vocablo «cubrir» y «calafatear» se origina en *kófer*. La raíz hebrea de dicho término es la fuente del vocablo «expiación». Umberto Cassuto hace la siguiente observación:

---

2. Bruce K. Waltke, *Genesis: A Commentary*, p. 135.
3. La Biblia de las Américas; Nueva Traducción Viviente; La Biblia Textual.

El vocablo *kófer* no aparece con este significado en ningún otro sitio en la Biblia. Se corresponde exactamente con el vocablo acadio *kupru* que aparece en la epopeya de Gilgamesh y al parecer fue usado comúnmente en la tradición literaria del diluvio.[4]

Es posible que el uso del vocablo «calafatear», «embrear» (*kófer*) y el vocablo hebreo *kafar* («expiación») sea una simple coincidencia lingüística. Pero estudiantes de las Sagradas Escrituras, sin embargo, por mucho tiempo han considerado que en este texto podemos encontrar la presencia de la primera referencia a la doctrina de la expiación y que es un tipo de la obra de Cristo en la cruz. El arca era un refugio seguro de la tormenta de la ira de Dios. El arca era segura a causa de la cubierta o revestimiento de brea o en virtud de la expiación anticipada aquí. De modo que el arca era impermeable en virtud de «la expiación» o de «la cubierta protectora». Del mismo modo, el sacrificio expiatorio de Cristo en la cruz es la cubierta protectora de todos los que son declarados justos por la fe en Él.

Las medidas del arca sugieren que era de gran tamaño, aunque su estructura era la de una nave sencilla. El tamaño que se ha calculado varía a causa del largo preciso de la medida llamada «codo». El profesor e ingeniero, Henry M. Morris, dice lo siguiente:

> La pregunta es: ¿Cuál es el largo de un codo? Los babilonios tenían un codo real de cerca de 19,8 pulgadas [aprox. 50 cm]; los egipcios tenían un codo largo y otro corto de 20,65 y 17,6 pulgadas respectivamente [aprox. 52 cm y 42 cm]; y los hebreos, al parecer, tenían un codo largo de 20,4 pulgadas [50 cm] (véase Ez. 40:5) y un codo común de aproximadamente 17,5 pulgadas. Otro codo común de la antigüedad era de 24 pulgadas [60 cm]. La mayoría de los comentaristas cree que el codo bíblico era de 18 pulgadas [45 cm].[5]

El arca tenía la forma de una barcaza y el tamaño, entonces, varía dependiendo del tamaño que se le otorgue al codo. Henry M. Morris añade:

> Siendo conservador y asumiendo que el codo mide 17,5 pulgadas, el más corto de todos los codos que se conocen, el arca tendría 438 pies de largo, 72,9 pies de ancho y 43,8 pies de alto. Puede demostrarse hidrodinámicamente que una caja gigantesca de esas dimensiones sería sumamente estable, casi imposible de zozobrar. Incluso en un mar de olas gigantescas, el arca podía inclinarse en cualquier ángulo hasta casi 90° y se enderezaría inmediatamente otra vez. Además, tendería a alinearse a sí misma paralelamente en la dirección del avance de las olas grandes y de ese modo estar sujeta a una inclinación mínima la mayor parte del tiempo.[6]

La capacidad volumétrica del arca era de unos 39.500 metros cúbicos, lo que equivale a 522 vagones ganaderos normales. De modo que el arca era lo suficientemente

---

4. Umberto Cassuto, *A Commentary on the Book of Genesis, Part Two*, p. 62.
5. Henry M. Morris, *The Genesis Record*, p. 181.
6. *Ibíd.*

grande para todos los animales y la comida que necesitarían, así como para los seres humanos y sus alimentos. Las dimensiones del arca y su capacidad demuestran que el diluvio no se trataba de una inundación local, sino de lo que en realidad fue, es decir, un diluvio universal. Si se hubiese tratado de una inundación local, la gente hubiese buscado refugio en zonas altas para escapar del peligro. El hecho de la construcción de una nave de tales dimensiones señala que se trataba de una catástrofe tal como se describe en las Escrituras.[7]

La posición exacta, la estructura y la forma de la ventana es difícil de determinar. Algunos opinan que se trata de un techo. Si es una ventana, es adecuado que esté colocada encima, pues de ese modo Noé solo podía mirar hacia el cielo. Si el arca es una figura de Cristo, podía sugerir su total dependencia en Dios y en su obra expiatoria. El arca tenía una sola puerta, porque hay una sola vía de acceso a Cristo, es decir, mediante la gracia y a través de la fe en Él (véase Jn. 10:9).

Es de suponerse que, durante la construcción del arca, Noé fue sujeto de las burlas de los habitantes de la tierra. Los contemporáneos de Noé rechazaron tanto la persona como el mensaje de Noé; rechazaron su persona al verlo construir el arca, pues seguramente pensaban que era una insensatez construir un arca si nunca había llovido sobre la tierra, y rechazaron el mensaje de Noé, que proclamaba la necesidad de acercarse a Dios y recibir su perdón. Noé era un proclamador de la justicia de Dios (2 P. 2:5). Los antediluvianos no solo rechazaron a Noé y su mensaje, sino que también rechazaron a Dios. El autor de la carta a los Hebreos lo resume así:

> Por la fe Noé, cuando fue advertido por Dios acerca de cosas que aún no se veían, con temor preparó el arca en que su casa se salvase; y por esa fe condenó al mundo, y fue hecho heredero de la justicia que viene por la fe (He. 11:7).

La humanidad de los días de Noé no tenía excusa para rechazar el mensaje de Dios predicado por Noé. Aquella gente rechazó deliberadamente la oferta de la gracia de Dios y, por lo tanto, eran inexcusables. Noé les predicó el perdón y la salvación de Dios y, aunque la puerta del arca estaba abierta, ellos rehusaron entrar por ella y se perdieron para siempre (véase 1 P. 3:19-20; 2 P. 2:5).

La revelación del diluvio y el pacto con Noé (6:17-18)

Y he aquí que yo traigo un diluvio de aguas sobre la tierra, para destruir toda carne en que haya espíritu de vida debajo del cielo; todo lo que hay en la tierra morirá (Gn. 6:17).

Este versículo contiene el decreto de Dios de juzgar a la humanidad desobediente y rebelde mediante un diluvio universal. Dios da a conocer a su mensajero, Noé, su plan y la forma precisa de su juicio. El texto dice que Dios traerá «un diluvio de aguas sobre la tierra». Es importante entender que el diluvio fue un acto judicial de Dios con el fin de destruir a todos los seres humanos impíos. «Las Escrituras ciertamente enseñan que el diluvio destruyó a toda la humanidad aparte de los que estaban en el arca, porque

---

7. John C. Whitcomb, Jr. y Henry M. Morris, *El diluvio del Génesis*, pp. 65-69.

ninguno de fuera del arca era considerado justo, y el diluvio fue enviado por Dios para destruir a los impíos».[8] La frase preposicional «Y he aquí que yo traigo…» señala la absoluta soberanía de Dios. El texto es enfático y podría traducirse: «Y he aquí, yo, yo mismo». El Dios Todopoderoso actúa en conformidad con su absoluto propósito y su soberana voluntad. No es una acción caprichosa como la de los dioses paganos. Su manera de actuar está siempre en armonía con la plenitud de sus atributos.

Dios decretó enviar «un diluvio de aguas sobre la tierra». El propósito de ese juicio era «…destruir toda carne en que haya espíritu de vida debajo del cielo». El uso de una hermenéutica literal conduce a la conclusión de que el mencionado diluvio fue un juicio universal. Además, la frase epexegética «…todo lo que hay en la tierra morirá» corrobora esa interpretación. Bruce K. Waltke ha escrito lo siguiente respecto de la expresión «diluvio de aguas»:

> «Diluvio» [*mabbúl*]. El [vocablo] hebreo es un término técnico para «el mar celestial» asociado con el diluvio e «indica la naturaleza sin precedentes de aquel cataclismo». El diluvio castiga y purga al mundo. En la tradición babilónica, el diluvio ocurre sin control y los dioses asustados «huyen como perros». Dios, sin embargo, soberanamente «preside sobre el diluvio, y se sienta como rey para siempre».[9]

El relato bíblico del diluvio es sobrio y serio, y se basa en la revelación divina escrita por Moisés, el siervo de Dios, bajo la dirección del Espíritu Santo. Los relatos babilónicos son mitológicos, pero el relato bíblico se centra en un solo y único Dios vivo y verdadero. Los relatos paganos son politeístas, pero el relato bíblico dice que Dios decretó el diluvio universal debido a la corrupción y la violencia existente en la civilización antediluviana. En los relatos babilónicos no se menciona la pecaminosidad humana, y la razón que dan del diluvio es que los dioses estaban molestos debido al ruido producido por los seres humanos.[10]

Mas estableceré mi pacto contigo, y entrarás en el arca tú, tus hijos, tu mujer, y las mujeres de tus hijos contigo (Gn. 6:18).

El vocablo «pacto» [*berít*] aparece aquí por primera vez en la Biblia. Si bien tiene su comienzo en la salvación (véase Éx. 19:4-5; Mt. 26:28), Noé será hecho el portador de las promesas mesiánicas para el mundo posdiluviano. La forma verbal «estableceré» [*haquim*] sugiere que el pacto con Noé se efectuaría posteriormente (el contenido completo del pacto con Noé es revelado en Génesis 9:9-17). Obsérvese que todo —desde el juicio del diluvio hasta el mismo pacto— tiene su origen en Dios. El énfasis se observa en el versículo 17, donde dice: «Y he aquí que yo traigo un diluvio de aguas…». Seguidamente, en el versículo 18 dice: «Mas [yo] estableceré mi pacto contigo…». Es decir, el mismo Dios que ordena el diluvio es el que establece el pacto con Noé. Estos dos versículos (Gn. 6:17-18) muestran de manera maravillosa tanto la justicia retributiva de Dios como su gracia soberana.

---

8. Whitcomb y Morris, *El diluvio del Génesis*, p. 79.

9. Bruce K. Waltke, *Genesis: A Commentary*, p. 136.

10. Allen P. Ross, *Creation & Blessing*, pp. 193-194.

LOS HABITANTES DEL ARCA (6:19-22)

Y de todo lo que vive, de toda carne, dos de cada especie meterás en el arca, para que tengan vida contigo; macho y hembra serán (Gn. 6:19).

Dios ordenó que se tomasen «dos de cada especie» para preservar la vida animal. Obsérvese, además, que Noé debía tomar parejas, es decir, «macho y hembra», para que después del diluvio se aparearan para la procreación. Noé debía meter «dos de cada especie» con la excepción de los animales aptos para el sacrificio. Henry M. Morris ha escrito lo siguiente:

Macho y hembra de cada «clase» debían ser llevados en el arca «para mantenerlos vivos». El propósito era muy amplio, «dos de cada especie». Dios tiene un propósito para cada criatura, de modo que su propósito era preservar todas las especies durante el diluvio. Además de esa regla general, siete animales «limpios» de cada especie (evidentemente esos que serían animales domésticos y para sacrificio) fueron introducidos en el arca.[11]

Por supuesto que la mayoría de los animales introducidos en el arca eran pequeños, de modo que la presencia de tantos animales no era una tarea imposible. Probablemente el número total de animales en el arca pudo haber superado los 72.000, y es claro que el arca tenía suficiente espacio para ellos. El profesor Morris añade:

De modo que el tamaño del arca parece haber sido idealmente apropiado para los animales que tenía que llevar. Había, por supuesto, suficiente espacio para aproximadamente un millón de especies de insectos (muchos de ellos, sin duda, podían sobrevivir fuera del arca) como también alimento para los animales, vivienda para Noé y su familia, y para algún otro propósito necesario.[12]

El problema que plantea la existencia de tantos animales en el arca puede comprenderse si se asume que pudo haber ocurrido una clase de hibernación durante aquel tiempo, lo que habría permitido a los animales permanecer tranquilos en un espacio reducido.

De las aves según su especie, y de las bestias según su especie, de todo reptil de la tierra según su especie, dos de cada especie entrarán contigo, para que tengan vida (Gn. 6:20).

Una mejor traducción de Génesis 6:20 es la que aparece en la Sagrada Biblia (traducida por Cantera Burgos e Iglesias González): «De la aves, las bestias y todos los reptiles de la tierra en sus respectivas especies, dos de cada clase vendrán a ti para conservarles la vida». Llama la atención el hecho de que el mundo animal «vendría a Noé». El Señor dijo a Noé sencillamente que los animales «vendrán a ti». Es decir,

---

11. Henry M. Morris, *The Genesis Record*, p. 185.
12. *Ibíd.*

Noé no tuvo que ir en busca de los animales, sino que ellos acudirían a Noé y entrarían en el arca a su debido tiempo, antes de que comenzase la gran catástrofe del diluvio. El poder de Dios se manifiesta una vez más incluso en la capacidad instintiva de los animales. El reino animal está sometido a la autoridad soberana de Dios. El propósito de Dios de hacer que esos animales entrasen en el arca es expresado en la frase: «Para conservarles la vida» o, como sugiere el verbo hebreo *lehakjayot*, «causar vivir». Dios tiene todo bajo su total control. Este mundo es «su mundo» y Él lo preserva según su propósito.

> *Y toma contigo de todo alimento que se come, y almacénalo, y servirá de sustento para ti y para ellos. Y lo hizo así Noé; hizo conforme a todo lo que Dios le mandó (Gn. 6:21-22).*

La cantidad de alimentos introducidos en el arca era más que suficiente para alimentar a Noé y su familia y a todos los animales. La provisión de Dios era abundante para todos y nadie en el arca pasaría hambre. Todos, tanto los seres humanos como los animales, estarían satisfechos con la provisión que había en el arca. El antitipo del arca, es decir, Jesucristo, también satisface plenamente a todo aquel que se refugia en Él.

El versículo 22 es una formidable expresión de la fe y la obediencia de Noé:

> *Y lo hizo así Noé; hizo conforme a todo lo que Dios le mandó (Gn. 6:22).*

Aquí se resalta la obediencia de Noé: «Y lo hizo así Noé». La obediencia de Noé era el resultado de la fe que tenía en Jehová Dios. Recuérdese que «con Dios caminó Noé». En medio de una sociedad rebelde que había rechazado la revelación de Dios, Noé creyó a Dios y lo obedeció.

El texto bíblico añade que Noé «hizo conforme a todo lo que Dios le mandó». Aquel varón de Dios hizo «exactamente como Dios le mandó». Noé no solo construyó el arca sino que al mismo tiempo proclamó el mensaje de la justicia de Dios (2 P. 2:5). Es posible que Noé predicase mientras trabajaba, es decir, hacía ambas cosas en estricta obediencia a la voluntad de Dios. Henry M. Morris ha comentado:

> Porque Noé caminó con Dios y fue obediente en fe a su Palabra, Dios tuvo una hermosa comunión con Noé. Hay siete referencias en las que se dice que Dios le habló a Noé (Gn. 6:13; 7:1; 8:15; 9:1, 8, 12, 17), cada ocasión en comunión y bendición con Noé y su familia.[13]

Debe observarse también el hecho de que Dios tiene absoluto control de todo. Noé hizo «exactamente» lo que Dios le ordenó que hiciese. El plan es de Dios, y el instrumento a través del cual Dios da a conocer su plan es su siervo Noé.

RESUMEN Y CONCLUSIÓN

Génesis 6:9-22 registra «la historia de Noé», y destaca que «con Dios caminó Noé». Lo hizo en fe y obediencia y puso toda su confianza en el Dios Todopoderoso. Debe

---

13. *Ibíd.*, p. 187.

notarse que Noé procedía de una familia piadosa; sus antepasados —Enoc, Matusalén y Lamec— fueron hombres que vivieron vidas de obediencia a Dios. A pesar de vivir en medio de una generación corrompida, violenta e incrédula, Noé vivió una vida de santidad y de práctica de la justicia, dando testimonio de la gracia soberana de Dios. Noé y su familia constituían una exigua minoría en medio de una mayoría terriblemente pecadora. Dios destruyó totalmente aquella civilización maligna y perversa que rechazó el mensaje de perdón y salvación. Dios, sin embargo, salvó a Noé y a su familia, y les dio el privilegio de protagonizar un nuevo comienzo.

Finalmente, el centro de la historia en este capítulo es el secreto de la sobrevivencia, que es maravillosamente ilustrado mediante la vida de Noé, que fue escogido y salvado por gracia, y establecido firmemente en una relación justa con Dios. Caminó con Dios antes y a través del diluvio y hasta la eternidad. Noé es recordado como «un pregonero de justicia», es decir, como un predicador o heraldo de justicia. El vocablo «justicia» (2 P. 2:5) denota «un comportamiento correcto y ejemplar». Noé practicó la fe y la justicia que proclamó. Sin duda, fue un ejemplo tanto para sus hijos como para la humanidad incrédula que rechazó su persona y su mensaje. Seguramente muchos se burlaron de él, pero Noé siguió adelante en obediencia y fe en el Dios Todopoderoso que lo sostenía. Es claro que Noé invirtió una gran cantidad de tiempo, esfuerzo y recursos en la construcción del arca, pero la lección práctica es evidente: ninguna inversión que se haga para Dios queda exenta de recompensa. El nombre de Noé está escrito de manera indeleble en la lista de los héroes de la fe (He. 11:7).

7

La ejecución del juicio del diluvio (7:1-24)

A pesar de que es cierto que multitudes de personas pueden haber oído directamente de labios de Noé estas advertencias conmovedoras, la condenación del mundo que resultó de su fe probablemente consistió en el propio contraste de su vida piadosa y creyente frente a las vidas de todas las demás personas de su época. Solo a Noé pudo Dios decir: «Entra tú y toda tu casa en el arca; porque a ti he visto justo delante de mí en esta generación» (Gn. 7:1). El hecho de que ninguna otra persona de esa época tuvo la fe y la rectitud de Noé se convirtió en la condenación del mundo.

John C. Whitcomb, Jr. y Henry M. Morris, *El diluvio del Génesis*, p. 93.

El acontecimiento del diluvio es de suma importancia para el cristianismo bíblico. Si el diluvio fue un hecho histórico, como afirma el registro del Génesis, entonces las especulaciones de la filosofía uniformista y la ciencia que la acompaña quedan destrozadas.

En su segunda carta, el apóstol Pedro hace una referencia profética al uniformismo como una de las filosofías que hará acto de presencia en los postreros tiempos. Quienes promueven esa filosofía rehúsan creer que hubo un diluvio universal que destruyó totalmente a aquella civilización. Pedro los llama «burladores» (2 P. 3:3) que andarán «según sus propias concupiscencias» y que dirán: «¿Dónde está la promesa de su advenimiento?». Además dirán: «Porque desde el día en que los padres durmieron, todas las cosas permanecen así como desde el principio de la creación» (2 P. 3:4). Los uniformistas dicen que los procesos naturales que actuaron en el pasado son los mismos que actúan en el presente, o sea que «el presente es la clave del pasado». El uniformismo se opone rotundamente al catastrofismo, es decir, niega que haya habido un diluvio universal. Esa negación se basa exclusivamente en razonamientos científicos que rechazan la historicidad del relato bíblico. Pero, según las Sagradas Escrituras, el uniformismo no puede sostenerse a la luz del acontecimiento del diluvio. Además, si el

153

diluvio es un hecho histórico, entonces la doctrina de la retribución divina es enseñada en las Escrituras, aunque claro está que los racionalistas rechazan dicha doctrina. La Biblia no solo enseña que hubo un diluvio universal decretado por Dios a causa de la rebeldía y la corrupción de la humanidad, sino que también profetiza que habrá otra intervención divina al final de los tiempos. El mundo que pereció fue destruido por agua y el mundo presente será destruido por fuego (2 P. 3:7). La Sagrada Escritura dice claramente que tanto el juicio del diluvio en los días de Noé como el juicio de los días finales se basan en la justicia retributiva de Dios. La humanidad de los días de Noé desafió a Dios, rechazó su revelación y su oferta de perdón, y la humanidad de los postreros tiempos repetirá la misma actitud y quizá peor. Por lo tanto, el juicio de Dios será peor, aunque es importante observar también que la gracia de Dios no cesa de actuar. Dios proveyó un medio de salvación cuando le ordenó a Noé que construyese el arca. El antitipo del arca es Jesucristo, y mediante su sacrificio en la cruz Dios ofrece a los pecadores perdón de pecados y el regalo de la vida eterna.

¿EL DILUVIO FUE UNIVERSAL O SOLO LOCAL?

La cuestión de la naturaleza y la extensión del diluvio han sido discutidas por muchos años. Hay quienes creen que el diluvio fue local, es decir, que solo afectó a Mesopotamia.[1] Un número importante de escritores, incluyendo algunos cristianos, se han dejado arrastrar por la comunidad evolucionista y racionalista y se han apartado de la enseñanza clara de las Escrituras que con toda claridad enseñan que el diluvio fue universal. El diluvio fue un juicio divino que afectó a toda la tierra y sus habitantes. Solo Noé y su familia, los únicos justos, fueron librados de aquella catástrofe.

Debe recordarse que Dios había hablado a través de Matusalén, abuelo de Noé, anunciando proféticamente la venida de la gran catástrofe del diluvio. El nombre Matusalén era admonitorio y significa: «En el año de su muerte, romperá» o «en el año de su muerte, será enviado»[2] (véase Gn. 5:22-27).

Algún tiempo después, Dios le habló a Noé de manera directa y le dijo: «No contenderá mi espíritu con el hombre para siempre, porque ciertamente él es carne; mas serán sus días ciento veinte años» (Gn. 6:3). Jehová Dios contempló la maldad y la violencia que había en la humanidad en aquellos tiempos y, según el texto bíblico, «le dolió en su corazón» (Gn. 6:6). Entonces le dijo a Noé que comenzara la construcción del arca: «Hazte un arca de madera de gofer; harás aposentos en el arca, y la calafatearás con brea por dentro y por fuera» (6:14). Dios le explicó a Noé su plan: «Y he aquí que yo traigo un diluvio de agua sobre la tierra, para destruir toda carne en que haya espíritu de vida debajo del cielo; todo lo que hay en la tierra morirá. Mas estableceré mi pacto contigo, y entrarás en el arca tú, tus hijos, tu mujer, y las mujeres de tus hijos contigo» (Gn. 6:17-18).

Noé invirtió ciento veinte años en la construcción del arca. Por fin y precisamente cuando ocurrió la muerte de Matusalén, Dios dio la orden:

> *...entra tú y toda tu casa en el arca; porque a ti he visto justo delante de mí en esta generación... Porque pasados aún siete días, yo haré llover sobre la*

---

1. Bernard Ramm, *The Christian View of Science and Scripture* (Grand Rapids: William B. Eerdmans Publishing Company, 1954).

2. Henry M. Morris, *The Genesis Record*, pp. 159-160.

tierra cuarenta días y cuarenta noches; y raeré de sobre la faz de la tierra a todo ser viviente que hice (Gn. 7:1, 4).

Como expresa el texto claramente, el diluvio universal fue un acto divino como expresión de su justicia retributiva.

EL MANDATO DE DIOS DE ENTRAR EN EL ARCA (7:1-9)

El pasaje contiene dos imperativos: «Entra» (v. 1) y «toma» (v. 2). La base de la entrada de Noé en el arca es expresada en la frase: «Porque a ti he visto justo delante de mí en esta generación» (Gn. 7:1). Por supuesto que el mismo requisito de justicia se requería para los demás miembros de la familia de Noé. Nadie puede entrar en la presencia de Dios desprovisto de una justicia exactamente igual a la de Dios, y esa justicia se obtiene solo mediante la fe, porque «sin fe es imposible agradar a Dios» (He. 11:6). El autor de la carta a los Hebreos también dice que Noé «preparó el arca en que su casa se salvase» (He. 11:7). Es importante notar que Dios está cumpliendo la promesa que había hecho muchos años antes (Gn. 6:18). Dios siempre cumple sus promesas y eso es una demostración de su fidelidad. El propósito del uso del arca, además de salvar la vida de Noé y su familia, se expresa también en el versículo 3: «Para conservar viva la especie». Si el diluvio no hubiese sido universal, ese propósito hubiese sido irrelevante.

«Dijo luego Jehová a Noé: Entra… en el arca». Quizá mejor «Y Jehová dijo a Noé: Entra… en el arca». El sustantivo Jehová, estrictamente hablando, es el único nombre de Dios. Jehová es «el Dios guardador del pacto». El tetragrámaton, YHWH, significa «el Autosuficiente», «el Eterno», «el que es, ha sido y será», es decir, que no hay ninguna causa externa relacionada con su existencia. Él tiene vida y existencia en sí mismo y de sí mismo y no depende absolutamente de nadie. YHWH aparece más de 6.000 veces en el Antiguo Testamento. Este nombre sugiere el hecho de que el Dios de la Biblia es totalmente diferente a los dioses de los paganos. Además, el nombre de YHWH señala su relación íntima con su pueblo.

Jehová le ordenó a Noé entrar en el arca con su familia antes de que comenzase el gran diluvio, y Noé obedeció el mandato. La Escritura enseña que el Espíritu de Cristo, sin duda, el Espíritu Santo, estaba en Noé. Aquel varón de Dios fue guiado por el Espíritu de Dios para que entrase en el arca con su familia y fuesen librados de aquel juicio. Dios tomó la iniciativa y capacitó a Noé para que entrase en el arca. Si no hubiese sido por la gracia de Dios manifestada en Noé y por la justicia de Dios que lo protegía, Noé no habría podido caminar con Dios. Fue la gracia de Dios lo que salvó a Noé de perecer como los demás. La salvación de Noé y su familia fue, sin duda, la obra del Dios soberano. La salvación siempre viene de Jehová; nunca es obra del hombre. El ser humano es incapaz de salvarse a sí mismo. Noé entró en el arca cuando Dios se lo ordenó, no cuando él decidió hacerlo, porque Dios es quien tiene control de todo.

Las causas dadas por Dios para la entrada en el arca son expresadas en los versículos 1 y 4:

1. «Porque a ti he visto justo delante de mí en esta generación». La referencia es a Noé como cabeza del pacto de su familia (véase 6:18), y fue debido a la relación de Noé con Dios que su familia fue librada. Es evidente que Noé es la cabeza representativa del pacto. El vocablo «justo» tiene que ver con la justicia forense,

es decir, Noé no era inherentemente justo delante de Dios, sino que fue «declarado justo» por la fe. Dios le dio una nueva posición delante de Él, y lo declaró justo sobre la base de los méritos del Redentor. En el último análisis, se debe al sacrificio de Cristo y a la justificación por la fe (Ro. 3:21-26). Noé, mediante la fe en el Redentor que vendría, ha sido «hecho heredero de la justicia que viene por la fe» (He. 11:7). La justicia de Noé se fundamenta en la sangre derramada por el Cordero de Dios en la cruz del Calvario, porque Él es «Jehová, justicia nuestra» (Jer. 23:6). Noé poseía la única justicia que agrada a Dios, es decir, la que se recibe mediante la fe en el Todopoderoso.

2. «Porque pasados aún siete días, yo haré llover sobre la tierra cuarenta días y cuarenta noches». Quizá esos siete días adicionales fueron necesarios para arreglar detalles de última hora o, tal vez, para dar las últimas amonestaciones a la población. Lo cierto es que el texto no explica el porqué de los siete días. Lo que sí es cierto es que «cuarenta días y cuarenta noches» (Gn. 7:4) de lluvia serían realmente imposibles en el mundo de hoy. O sea, que la tierra del día de hoy no toleraría una lluvia continua que durase cuarenta días y cuarenta noches. El estado físico de la tierra antes del diluvio era diferente al de la tierra actual. Sin duda, el diluvio produjo cambios sustanciales en la topografía del planeta.

E hizo Noé conforme a todo lo que le mandó Jehová (Gn. 7:5).

La observancia de Noé es enfatizada en este versículo. Noé «hizo», es decir, «ejecutó» fielmente el mandamiento de Dios. El texto dice que lo hizo «conforme a todo» (*kekol*) lo que le mandó Jehová. O sea que Noé no hizo lo que le parecía, sino que de manera objetiva y humilde hizo la voluntad de Dios en su totalidad. Es evidente que su objetivo era agradar a Dios. No sería fácil para Noé obedecer a Dios en medio de tanta oposición, pero lo hizo y Dios fue glorificado en ello.

Era Noé de seiscientos años cuando el diluvio de las aguas vino sobre la tierra. Y por causa de las aguas del diluvio entró Noé en el arca, y con él sus hijos, su mujer, y las mujeres de sus hijos (Gn. 7:6-7).

El autor de Génesis menciona que Noé tenía 600 años cuando comenzó el diluvio. Durante 120 años había estado advirtiendo a su generación que vendría el juicio destructor del diluvio, pero todos ignoraron el mensaje de Noé. El Señor Jesucristo menciona lo ocurrido de esta manera:

Porque como en los días antes del diluvio estaban comiendo y bebiendo,
casándose y dándose en casamiento, hasta el día en que Noé entró en el arca,
y no entendieron hasta que vino el diluvio y se los llevó a todos, así será también la venida del Hijo del Hombre (Mt. 24:38-39).

No es exagerado pensar que por más de un siglo Noé recibió la burla de sus contemporáneos, que con total desdén ignoraban el mensaje predicado por el justo Noé. Pero llegó el día cuando, en obediencia a la voz de Dios, Noé y los siete miembros de su familia entraron en el arca, y ya no hubo más oportunidad para el resto de la humanidad. La Escritura dice que aquella civilización desobedeció «…cuando una vez esperaba la paciencia de Dios en los días de Noé, mientras se preparaba el arca…» (1 P. 3:20). Dios fue paciente hasta el límite, pero los antediluvianos no quisieron creer y por eso se perdieron para siempre.

> *De los animales limpios, y de los animales que no eran limpios, y de las aves, y de todo lo que se arrastra sobre la tierra, de dos en dos entraron con Noé en el arca, macho y hembra, como mandó Dios a Noé (Gn. 7:8-9).*

Es sorprendente que el autor se ocupa de detalles que parecían insignificantes. En Génesis 6:18, menciona quiénes entrarían en el arca. Posteriormente (Gn. 7:1) destaca el hecho de que Noé ha de «entrar con toda su casa», es decir, toda su familia. Ahora, en Génesis 7:8-9, hace mención de los animales que también entrarían en el arca. Una mejor lectura de estos versículos es la que ofrece la Sagrada Biblia:

> De las bestias puras, y de las bestias que no lo son, y de las aves, y de todo lo que se arrastra sobre el suelo, vinieron a Noé al arca, de dos en dos, macho y hembra, según había mandado *Elojím* a Noé (Gn. 7:8-9, Sagrada Biblia).

Es decir, que hubo absoluto orden en la entrada de los animales. Obsérvese la frase: «…vinieron a Noé al arca». El verbo «vinieron» (*baú*) sugiere que Noé no tuvo que esforzarse buscando a los animales, sino que «ellos fueron a Noé». Una vez más, la soberanía de Dios entra en acción. Dios cumple su propósito en cada detalle y nada escapa de su control.

EL COMIENZO DEL DILUVIO Y SUS CONSECUENCIAS (7:10-24)

La fecha del diluvio (7:10-11)

> *Y sucedió que al séptimo día las aguas del diluvio vinieron sobre la tierra. En el año seiscientos de la vida de Noé, en el mes segundo, a los diecisiete días del mes, aquel día fueron rotas todas las fuentes del grande abismo, y las cataratas de los cielos fueron abiertas (Gn. 7:10-11).*

La semana de gracia pasa y comienza el gran juicio del diluvio. Debe observarse que el autor de Génesis es muy meticuloso al proporcionar la fecha del diluvio. El diluvio —que fue un acontecimiento histórico, no un relato mitológico— tuvo lugar aproximadamente 1.655 años después de la creación, según las fechas extraídas de la Biblia tomadas de manera estricta.

La expresión «al séptimo día» sería mejor traducirla como «después de siete días». Es decir, «después de siete días las aguas del diluvio vinieron». Dios había dado una «semana de gracia», es decir, una oportunidad adicional. Durante ese tiempo los animales entraron en el arca, pero también esos siete días debieron servir como una llamada de atención para los hombres y mujeres que rehusaban creer.

El versículo 11 ofrece fechas precisas sorprendentes. La primera de ellas «el año seiscientos de la vida de Noé». Luego «los siete días» antes del comienzo del diluvio.

Es decir que la fecha precisa del comienzo del diluvio es «a los diecisiete días del mes segundo del año seiscientos de la vida de Noé». Todo esto demuestra que el diluvio fue un hecho histórico totalmente diferente de la mitología pagana. En relación con la fecha del diluvio, Herbert C. Leupold dice:

> Ahora la fecha es establecida más exactamente, como corresponde a la importancia del acontecimiento. En la memoria de los sobrevivientes fue un día inolvidable. Como se ha señalado, fue el año seiscientos de la vida de Noé. Los santos del Señor, a quienes el Señor esconde antes de que rompa la tormenta (Is. 26:20), son tan importantes en su presencia que el tiempo se cuenta según sus vidas. Pero en lo que respecta al año en sí, fue a los diecisiete días del mes segundo. Pero ¿quiso decir el autor el año civil ordinario o el año agrícola que empieza en el otoño cuando la tarea agrícola comienza de nuevo, o tenía en mente el año eclesiástico que comenzaba en abril? A partir de Éxodo 12:2 y 13:4, al parecer, ese año eclesiástico comenzó a existir con el Éxodo. Además, la lluvia fuerte mencionada en el versículo 12 como *guéshem* tiene que ver primordialmente con las lluvias del otoño. Todo eso hace más probable que el mes se corresponda con nuestro octubre.[3]

Las tremendas implicaciones geofísicas son descritas por Moisés así: «Aquel día fueron rotas todas las fuentes del grande abismo, y las cataratas de los cielos fueron abiertas» (Gn. 7:11).[4] Al parecer, el cielo hidrológico antediluviano estaba controlado por dos grandes concentraciones de agua producto de la separación original que hizo el Creador al principio (véase Gn. 1:2, 6-7). Es posible que una inmensa cubierta de vapor existiera sobre la tierra haciéndola parecer como un grande y hermoso invernadero. Las aguas de abajo llamadas «las fuentes del grande abismo» no fueron el resultado de la lluvia, sino que brotaron de las fuentes o manantiales guardados en las entrañas de la tierra. Como lo explican Keil y Delitzsch en su comentario sobre Génesis:

> De modo que el diluvio fue producido por la ruptura de las fuentes escondidas dentro de la tierra que empujaron mares y ríos por encima de sus márgenes, y por la lluvia que continuó incesantemente por 40 días y 40 noches.[5]

En el principio de la creación, concretamente en el «segundo día», Dios separó «las aguas de las aguas» (Gn. 1:6-7). El Creador formó esa cubierta de vapor que rodeaba la tierra y también hizo que las entrañas de la tierra albergasen una enorme cantidad de agua. Cuando el momento determinado por Dios llegó, las aguas de la cubierta de vapor se condensaron y se precipitaron sobre la tierra y las aguas del gran abismo brotaron. Esas dos acciones hicieron que toda la tierra fuese cubierta por una enorme cantidad de agua.[6] Las dos masas de agua se conjuntaron para cubrir la totalidad de la tierra y solo quedaron con vida los seres que entraron en el arca. En resumen, el

3. Herbert C. Leupold, *Exposition of Genesis*, vol. I, p. 295.

4. William D. Garrick, *Noah's Flood and its Geological Implications, Coming to Grips with Genesis*, Terry Mortenson and Thane H. Ury, Edit (Green Forest, AR. 2009), pp. 251-281.

5. Keil y Delitzsch, «Genesis to Judges 6:32», *Old Testament Commentaries*, p. 112.

6. Henry M. Morris, *The Genesis Record*, pp. 194-197.

rompimiento de las fuentes del «gran abismo» y la precipitación de las lluvias del firmamento causaron el diluvio. Cómo ocurrió ese acontecimiento exactamente, no se sabe. Pero debió haber ocurrido súbitamente, pues eso explicaría algunos de los desconciertos científicos, tales como la muerte de los mamuts gigantescos hallados en las zonas árticas de Siberia. Evidentemente esas zonas eran regiones tropicales en tiempos antediluvianos.

Noé y su familia en el arca (7:13-16)

En ese mismo día entraron Noé, y Sem, Cam y Jafet, hijos de Noé, la mujer de Noé, y las tres mujeres de sus hijos, con él en el arca (Gn. 7:13).

El verbo «entraron» es un pluscuamperfecto que debe traducirse «habían entrado» o «habían venido». La idea no es que Noé con su familia y todos los animales entraron en el arca en el mismo día en que las lluvias comenzaron, sino que en aquel día «habían entrado», es decir, habían completado la entrada que tomó los siete días que pasaron entre la orden de Dios (v. 4) y el comienzo del diluvio (v. 10).[7] La obediencia de Noé fue totalmente incuestionable, aquel varón de Dios había trabajado por más de cien años construyendo el arca, y lo había hecho por la fe que tenía en Jehová Dios. El día del comienzo del diluvio, Noé y su familia ya «habían entrado en el arca» tal como Dios lo había mandado.

Ellos, y todos los animales silvestres según sus especies, y todos los animales domesticados según sus especies, y todo reptil que se arrastra sobre la tierra según su especie, y toda ave según su especie, y todo pájaro de toda especie. Vinieron, pues con Noé al arca, de dos en dos de toda carne en que había espíritu de vida (Gn. 7:14-15).

El vocablo «todos» [*kol*] en el versículo 14 y en los siguientes de este contexto particular no significa «totalidad» ya que no «todos» los animales en el sentido absoluto entraron en el arca. El sentido de dicho vocablo es que «toda clase de animales» entraron en el arca. Había animales «no domesticados» (*kjaya*) y «animales domesticados» (*bejemá*). También se incluyen especies «de todo reptil». Además, «toda ave y todo pájaro», es decir, animales con alas y plumas también entraron en el arca. Debe recordarse que todos esos animales «acudieron a Noé», podría decirse, espontáneamente. «La Biblia declara de manera llana que Dios dirigió a los animales para que fuesen hasta donde estaba Noé, y no a Noé para que fuese a buscar a los animales».[8]

Y los que vinieron, macho y hembra de toda carne vinieron, como le había mandado Dios; y Jehová cerró la puerta (Gn. 7:16).

Después de que Noé y su familia y la gran cantidad de animales hubieron entrado en el arca, Moisés escribió: «Y Jehová cerró la puerta». Fue Jehová Dios (Yahvé)

---

7. Keil y Delitzsch, *op. cit.*
8. John C. Whitcomb, Jr. y Henry M. Morris, *El diluvio del Génesis*, p. 156.

quien personalmente «cerró» o «selló» el arca. Ese acto de Jehová señala el hecho de que Noé y su familia fueron salvados por un acto de la gracia soberana de Dios, no por intervención humana. Aquel acto de Jehová separó a Noé y su familia del mundo que estaba a punto de perecer. Noé había predicado el mensaje de la justicia de Dios a aquella civilización por ciento veinte años, pero tanto su mensaje como su persona fueron rechazados.

Es importante observar, además, que el Señor «selló la puerta» por fuera sin la ayuda de Noé. Puede verse aquí un cuadro maravilloso de la provisión del Señor para la seguridad del creyente en Jesucristo, que es el antitipo del arca. Es Cristo, y solo Él, quien es nuestro Salvador. La perseverancia de los santos es una sana doctrina bíblica, pero no debe olvidarse que el creyente persevera porque Él lo guarda. La seguridad del creyente está en Cristo, y que el Señor cerró la puerta es la garantía de la seguridad de todo creyente (véase Jn. 10:27-30).

Debe observarse que quien cierra la puerta es *Yahvé*. Ese es el nombre personal de Dios. Él es el Autoexistente, el Eterno, el Guardador del pacto, el que está en medio de su pueblo y con su pueblo. *Yahvé* enfatiza la fidelidad de Dios respecto a sus promesas. Para nosotros sus promesas tienen que ver con la salvación que Él ha prometido mediante Jesucristo. Esas promesas descansan sobre la fidelidad de Dios.

Una vez que Noé, su familia y todos los animales entraron, comenzó el juicio del diluvio. Pero las aguas que juzgaban a las personas que estaban fuera del arca eran las mismas que hacían flotar el arca que salvó a los que estaban dentro. Las mismas aguas que mataron a los inicuos salvaron a los santos.

El apóstol Pedro señala que hay un paralelismo entre la seguridad de la familia de Noé y el arca que flotó a través de las aguas y la seguridad de aquellos que han experimentado el bautismo en agua, el cual es figura de la salvación que hay en Cristo (véase 1 P. 3:20-21). Que Pedro use la expresión «que corresponde a esto» (*jó antítupon*) sugiere que el apóstol considera el bautismo solo como una figura de la salvación que hay en Cristo. El bautismo en agua es el equivalente terrenal de la salvación divina obrada por el Dios Trino. El bautismo en agua no salva sino que es una figura (*antítupon*) de la realidad, como lo indica Pedro mediante la frase: «Por la resurrección de Jesucristo». La Biblia enseña con toda claridad que la salvación es un regalo de Dios que se recibe solo mediante la fe en la persona de Cristo. La muerte y la resurrección de Cristo constituyen el único medio y la única base para la salvación de pecadores.

La duración y los efectos del diluvio (7:17-24)

> *Y fue el diluvio cuarenta días sobre la tierra; y las aguas crecieron, y alzaron el arca, y se elevó sobre la tierra. Y subieron las aguas y crecieron en gran manera sobre la tierra; y flotaba el arca sobre la superficie de las aguas. Y las aguas subieron mucho sobre la tierra; y todos los montes altos que había debajo de todos los cielos, fueron cubiertos. Quince codos más alto subieron las aguas, después que fueron cubiertos los montes (Gn. 7:17-20).*

Los versículos 17-20 describen la extensión del diluvio y esta última sección del capítulo 7 registra la historicidad del diluvio. Hay quienes niegan que fuera un diluvio universal,[9] aunque hay muchos aspectos del diluvio que apoyan que fue un acontecimiento universal.

En primer lugar, la Biblia utiliza un lenguaje que apoya el carácter universal del diluvio. Tanto en el Antiguo Testamento como en el Nuevo Testamento se enseña que el diluvio fue universal. El texto bíblico dice: «Y fue el diluvio cuarenta días sobre la tierra» (Gn. 7:17). No solo llovió de manera torrencial sobre toda la tierra (la Biblia usa la figura «las cataratas de los cielos fueron abiertas» en Gn. 7:11) sino que, además «fueron rotas todas las fuentes del abismo». Es decir, se hizo subir a la superficie del planeta a todas las aguas que estaban almacenadas en las entrañas de la tierra. Como ya se ha observado, esos dos actos hicieron que toda la tierra fuese cubierta por el agua. La Nueva Biblia Latinoamericana (Ediciones Paulinas Verbo Divino) traduce Génesis 7:17 así: «El diluvio cayó por espacio de cuarenta días sobre la tierra», es decir, durante cuarenta días las aguas crecían sobre la tierra entre tanto que llovía de manera torrencial. El proceso del crecimiento de las aguas duró cuarenta días. Eso señala al carácter universal del diluvio. Los eruditos Keil y Delitzsch han escrito:

> La descripción es sencilla y majestuosa. El todopoderoso juicio de Dios, y el amor manifestado en medio de la ira, sorprenden al historiador. Las repeticiones describen la terrible monotonía de la inconmensurable expansión de las aguas… Las palabras del versículo 17, «Y fue (vino) el diluvio cuarenta días sobre la tierra» se relacionan con los 40 días de lluvia, combinados con el romper de las fuentes bajo la tierra. Por esos [fenómenos] el agua, a la postre, subió a la altura dada, y permaneció así por 150 días (v. 24). Pero si el agua cubrió «todos los montes altos [v. 19] debajo de todos los cielos», esto claramente indica la universalidad del diluvio.[10]

Como apuntan los citados autores, las repeticiones no son superfluas vaguedades, sino la manera divina de enfatizar lo que ocurrió, y apuntalar el hecho de que la catástrofe del diluvio afectó a toda la tierra. Además, la profundidad de las aguas favorece la postura de la universalidad del diluvio. Los montes de Ararat donde el arca reposó tienen una altura de 5.182 metros sobre el nivel del mar y las aguas estaban a más de 6 metros por encima de los montes (véase Gn. 7:19-20).

El versículo 18 destaca el hecho de que «subieron las aguas y crecieron en gran manera sobre la tierra». El sentido de esa frase es que «las aguas prevalecieron poderosamente sobre la tierra» o, como dice la Sagrada Biblia: «Las aguas fueron arreciando y se multiplicaron mucho sobre la tierra». Como ha escrito Umberto Cassuto:

> Otro paso adelante: No solo las aguas prevalecieron y aumentaron grandemente [*meód*], sino que prevalecieron tan poderosamente [*meód meód*], literalmente «grandemente, grandemente».[11]

---

9. Véase los trabajos de Bernard Ramm, *The Christian View of Science and Scripture*; Arthur C. Constance, *The Extent of the Flood*; Ralph H. Elliot, *The Message of Genesis*. Estos son solo algunos ejemplos de teólogos que niegan la universalidad del diluvio.

10. Keil y Delitzsch, *op. cit.*, p. 112.

11. Umberto Cassuto, *Commentary on the Book of Genesis, Part Two*, p. 94.

La repetición del mismo adverbio concede un gran énfasis a la expresión. Obsérvese también el énfasis en la repetición del vocablo «todos» en el versículo 19, «todos los montes» y «todos los cielos». Tal repetición apoya seriamente el hecho de que el diluvio fue universal. Quienes niegan que el diluvio fuera universal arbitrariamente traducen el vocablo «todos» por «algunos» y dicen que solo fueron «algunos» montes debajo de parte de los cielos.[12] Esa hermenéutica debe rechazarse por carecer de fundamento lingüístico y contextual. El relato del Génesis es apoyado por el Nuevo Testamento de manera enfática (véase Mt. 24:37-39; 1 P. 3:20; 2 P. 2:5).

> *Quince codos más alto subieron las aguas, después que fueron cubiertos los montes (Gn. 7:20).*

Acerca de este versículo, Whitcomb y Morris han escrito lo siguiente:

> La frase «quince codos más alto subieron las aguas» no significa que el diluvio tenía solamente quince codos (6,70 m) de profundidad, porque la frase está calificada por lo que sigue inmediatamente: «Después que fueron cubiertos los montes». Ni tampoco significa necesariamente que las montañas fueron cubiertas hasta una profundidad de solo quince codos, porque esto hubiera requerido que todas las montañas antediluvianas fuesen exactamente de la misma altura.
>
> El verdadero significado de la frase puede encontrarse comparándola con Génesis 6:15, donde se nos dice que la altura del arca era de treinta codos. Casi todos los comentaristas concuerdan en que la frase «quince codos» en Gn. 7:20 debe referirse, por lo tanto, al calado del arca. En otras palabras, el arca se hundió en el agua hasta una profundidad de quince codos (exactamente la mitad de su altura total) cuando estuvo completamente cargada. Dicha información añade apoyo adicional a este argumento particular a favor de un diluvio universal, porque nos dice que las aguas «subieron» sobre los picos de las montañas más altas hasta una profundidad de por lo menos quince codos. Si el diluvio no hubiera cubierto las montañas por lo menos con esa profundidad, el arca no habría podido flotar por encima de ellas durante los cinco meses en que las aguas «prevalecieron» sobre la tierra.[13]

En resumen, cuando las Escrituras hablan del diluvio siempre dan a entender que el diluvio fue universal y que la destrucción fue total, con la excepción de Noé y su familia. El planeta Tierra fue devastado de manera asombrosa. Llama la atención leer en la Biblia que Dios prometió que nunca permitiría que hubiese otro diluvio universal (véase Gn. 9:11). Han ocurrido muchos diluvios locales devastadores en la historia de la humanidad desde entonces, pero Dios prometió que no habría otro diluvio universal (véase Gn. 8:21; 9:11, 15; 2 P. 3:6). Todas las veces que la Biblia habla del diluvio de los días de Noé hace ver que fue un acontecimiento universal (véase Is. 54:9; Mt. 24:39; 2 P. 2:5 y 3:6).

---

12. Whitcomb y Morris, *El diluvio del Génesis*, p. 129.

13. John C. Whitcomb, Jr. y Henry M. Morris, *El diluvio del Génesis*, p. 53.

Y murió toda carne que se mueve sobre la tierra, así de ave como de ganado y de bestias, y de todo reptil que se arrastra sobre la tierra, y todo hombre (Gn. 7:21).

Como puede verse en este versículo, la promesa de Dios expresada en Génesis 6:17 se ha cumplido. Dios dijo que traería un diluvio «para destruir toda carne en que haya espíritu de vida debajo del cielo; todo lo que hay en la tierra morirá». El cumplimiento se expresa en Génesis 7:21 así: «murió toda carne», «todo reptil» y «todo hombre». O sea que la destrucción fue total.

Los versículos 22 y 23 corroboran esa destrucción: «Todo lo que tenía aliento de espíritu de vida en sus narices, todo lo que había en la tierra, murió. Así fue destruido todo ser que vivía sobre la faz de la tierra, desde el hombre hasta la bestia, los reptiles, y la aves del cielo, y fueron raídos de la tierra, y quedó solamente Noé, y los que con él estaban en el arca». En un lenguaje muy solemne se describe la destrucción de la vida y se enfatiza el hecho de que solo Noé y su familia fueron salvados de aquella terrible destrucción.

Dios cumplió su promesa de manera literal tal como siempre lo hace:

Promesa	Cumplimiento
Génesis 6:7: «Y dijo Jehová: Raeré de sobre la faz de la tierra a los hombres que he creado». Génesis 7:4: «…y raeré de sobre la faz de la tierra a todo ser viviente».	Génesis 7:23: «Así fue destruido todo ser que vivía sobre la faz de la tierra, desde el hombre hasta la bestia, los reptiles, y las aves del cielo; y fueron raídos de la tierra, y quedó solamente Noé, y los que con él estaban en el arca».

Y prevalecieron las aguas sobre la tierra ciento cincuenta días (Gn. 7:24).

La larga duración del diluvio aboga en favor de un diluvio universal. En una inundación local, las aguas no permanecen por seis meses. El verbo «prevalecieron» denota en este contexto un estado continuo. Las aguas del diluvio continuaron en la tierra por un período de 150 días, lo que sería demasiado tiempo para un diluvio local. El relato bíblico es claro y terminante, las aguas del diluvio alcanzaron su máximo nivel al cumplirse los 150 días, y todo el planeta Tierra estaba cubierto por las aguas del diluvio. Toda la vida que había estado sobre la tierra fue destruida. Lo único que quedaba donde había vida era el arca. El Dios soberano y todopoderoso establecería un nuevo comienzo con Noé y su pequeña familia. Dios continuaría con su plan original de manifestar su gloria dentro del tiempo, de la historia y en medio de los hombres. La culminación de ese plan tendrá su cumplimiento escatológico en el reino glorioso del Mesías.

Resumen y conclusión

Génesis 7 registra el cumplimiento del decreto de Dios de juzgar la maldad de los seres humanos mediante un diluvio universal (véase Gn. 6:13). Jehová Dios instruyó a Noé para que construyese un arca en la que su familia y un número importante de animales se salvasen.

Después de que todos los animales y Noé y su familia entraron en el arca transcurrieron siete días más. A continuación, Dios desató «las cataratas de los cielos» y «rompió las fuentes del gran abismo». Eso produjo que la tierra fuese cubierta por una cantidad enorme de agua que provocó un diluvio universal. Las aguas prevalecieron en la tierra por ciento cincuenta días. El calado del arca era de 30 codos y se hundió hasta la mitad del mismo, es decir, quince codos (Gn. 7:20).

El relato de Génesis 7 indica que el diluvio fue un acontecimiento histórico, un hecho universal y un acto sobrenatural producido por la mano del Dios Todopoderoso. Jehová Dios cumplió con precisión todo lo que le había dicho a Noé que haría.

Solo Noé y su familia fueron librados de aquel juicio porque se refugiaron en la justicia de Dios y entraron obedientemente en el arca. El antitipo del arca es la persona de Jesucristo; solo en Él hay salvación.

Algo más puede añadirse a modo de aplicación. En primer lugar, el Nuevo Testamento hace un doble uso del juicio del gran diluvio. Presenta un cuadro de la severidad del juicio divino sobre el pecado humano (véase 2 P. 3:3-7), y Dios interviene en los asuntos del hombre y lo juzga. En segundo lugar, presenta un cuadro de la salvación de personas mediante la construcción del arca, que actuó como lugar de refugio y de salvación.

Además, es importante notar que Dios no dio al mundo de los días de Noé ninguna advertencia sino la amonestación de su Palabra. Hoy día ocurre lo mismo. El hombre solo tiene la Palabra de Dios que le advierte que habrá un juicio universal que ocurrirá con la Segunda Venida de Jesucristo a la tierra. Quiera Dios que el lector preste atención a la Palabra y se vuelva a Dios, como hicieron Noé y su familia. El hombre que espera hasta el último momento corre un serio peligro. La vida de cualquier ser humano puede terminar inesperadamente. Hay una eternidad más allá de esta vida a la que todo hombre tiene que enfrentarse (véase Lc. 16:19-31).

8

El final del diluvio y el nuevo orden en la tierra (8:1-22)

Con las palabras «Y se acordó Dios de Noé, y de todos los animales... en el arca», la narración se aboca a la descripción del descenso gradual del agua hasta que el suelo estuvo totalmente seco. El descenso de las aguas es registrado con el mismo lenguaje descriptivo que el ascenso. El hecho de «acordarse» era una manifestación del mismo Dios, un control eficaz de la fuerza de los furiosos elementos. Dios hizo soplar un viento sobre la tierra para que las aguas se hundiesen, y cerró las puertas del abismo y las compuertas del cielo para que la lluvia del cielo fuese contenida.

Keil y Delitzsch, «Genesis to Judges 6:32»,
Old Testament Commentaries, p. 114.

La Epístola a los Hebreos resume la vida de Noé de esta manera:

> Por la fe Noé, cuando fue advertido por Dios acerca de cosas que aún no se veían, con temor preparó el arca en que su casa se salvase; y por esa fe condenó al mundo, y fue hecho heredero de la justicia que es por la fe (He. 11:7).

Cuando el arca reposó sobre los montes de Ararat, esas cosas se habían realizado. La familia de Noé había sido librada de los embates del gran diluvio y el mundo fue condenado por la fe del gran patriarca. Hubo una poderosa revelación de la gracia y del juicio de Dios y una gran lección que permanece por los tiempos y las edades.

La llegada del arca a los montes de Ararat fue un testimonio de la reivindicación de la justicia del Dios Todopoderoso que había sido insultada por los contemporáneos de Noé. Por eso perecieron. Habrá un juicio futuro peor que el de los días de Noé porque la humanidad irá de mal en peor. De todos modos, la presencia del arca en los montes de Ararat era un testigo solemne de la severidad del juicio de Dios.

165

La preservación de Noé y su familia es una maravillosa explicación de la riqueza de la gracia de Dios; no causa sorpresa, por lo tanto, que el primer acto de Noé al salir del arca haya sido expresar su gratitud a Dios. El texto dice: «Y edificó Noé un altar a Jehová, y tomó de todo animal limpio y de toda ave limpia, y ofreció holocausto en el altar» (Gn. 8:20).

La salvación de Noé y su familia es una clara ilustración de la salvación de los creyentes. Aunque la liberación de Noé y su familia fue temporal, la de los santos del Señor será completa, final y eterna. La liberación de Noé y su familia fue por un tiempo, pues ellos, a la postre, murieron y descendieron al sepulcro, pero los redimidos del Señor anticipan una gloriosa resurrección.

Los propósitos del juicio divino son claramente expresados. Mencionamos los tres más importantes: 1) El juicio divino realizó la separación del justo y el malvado. Hoy en día, el trigo y la cizaña crecen juntos, al igual que los peces buenos y los malos, pero habrá una separación al final de los tiempos; una separación que no nos corresponde hacer a nosotros, sino a Dios, que la hará mediante sus ángeles (Mt. 13:30, 36-43). 2) El juicio divino implica infligir castigo a los impenitentes y rebeldes. Ese fue precisamente el juicio que cayó sobre «el mundo de los impíos» en los días de Noé. El diluvio vino con el propósito específico de castigar a los antediluvianos por su maldad, corrupción y rebeldía. Esa es también la razón del juicio de fuego de los postreros tiempos (véase 2 P. 3:7). El juicio de los días de Noé es una advertencia acerca del juicio venidero. 3) El juicio divino está diseñado para la preservación de los creyentes. Dios ha destruido a los malvados en el pasado para preservar a su pueblo. Por ejemplo, destruyó al faraón para salvar a Israel. También destruyó a Goliat, a Hamán, a Belsasar y a Herodes Agripa I para liberar a sus redimidos. Lo mismo ocurrió con Noé; la destrucción de los inicuos antediluvianos era necesaria si el remanente escogido por Dios iba a ser librado. Lo mismo ocurrirá en los postreros tiempos, Dios librará a sus redimidos de las persecuciones satánicas que se llevarán a cabo mediante el anticristo de los últimos tiempos.

La disminución de las aguas del diluvio y la llegada del arca a los montes de Ararat (8:1-5)

Y se acordó Dios de Noé, y de todos los animales, y de todas las bestias que estaban con él en el arca; e hizo pasar Dios un viento sobre la tierra, y disminuyeron las aguas (Gn. 8:1).

La mortandad ocurrida a raíz del diluvio fue enorme. Seguramente, cuerpos de seres humanos y de animales flotaban libremente en las aguas o, quizá, habían sido sepultados debajo de millones de toneladas de sedimentos. «Pero Dios se acordó de Noé», de su familia y de todos los seres vivientes que estaban en el arca. Al decir que «se acordó Dios de Noé» no significa que el Señor se había olvidado de él. El autor de Génesis utiliza la figura de dicción llamada «antropopatía», que significa «atribuir sentimientos humanos a Dios». Dicha figura se usa aquí como una manera de expresar el amor fiel y la intervención oportuna de Dios. Bruce K. Waltke ha hecho este comentario:

A diferencia del [español] «se acordó», que se refiere simplemente a un recuerdo mental y supone haberse olvidado, el término hebreo, especialmente con referencia a Dios, significa actuar sobre la base de un compromiso previo

[con] un compañero de pacto (véase 9:14-15; 19:29; 30:22; Éx. 2:24; 6:5; 32:13; 1 S. 1:19; Jue. 16:28; Job 14:13; Sal. 8:4; 9:12; 74:1-2; 98:3; 105:8: 106:45; 111:5; Jer. 15:15). Al actuar sobre la base de sus promesas previas a Noé (véase 6:18), Dios se muestra a sí mismo como participante en el pacto digno de confianza. La expresión crucial muestra que el decrecer de las aguas del diluvio está sujeto a la indiscutible voluntad de Dios.[1]

Dios comenzó a actuar otra vez en beneficio de Noé y su familia. Es «Dios» quien dice acordarse. El nombre que se usa señala a Dios en su fortaleza y poder. Tal cosa es muy adecuada puesto que los animales también están a la vista y *«Elojím»* es el Dios creador y sustentador de toda la creación. La inclusión de los animales apunta al cuidado y a la preocupación de Dios por toda su creación.

Probablemente «el viento» que Dios hizo pasar sobre la tierra no sea una referencia al Espíritu Santo, aunque el vocablo hebreo *rúakj* también podría traducirse «espíritu» (véase Gn. 1:2). Sin embargo, parece más sensato traducirlo aquí «viento», como lo hacen la mayoría de las versiones. Como expresa Herbert C. Leupold:

> Tal como Dios empleó agentes naturales que operaron con inusitada potencia para producir el diluvio, de ese mismo modo [Dios] usó agentes para remover las aguas del diluvio.[2]

Aunque la presencia de vientos fuertes, al parecer, no eran característicos del mundo antediluviano, los drásticos cambios atmosféricos después del diluvio evidentemente dieron lugar a ese fenómeno (véase Sal. 104:6-9). El texto declara que *Elojím* «hizo pasar un viento sobre la tierra, y disminuyeron las aguas». El Dios Todopoderoso que causó el diluvio es el mismo que hace disminuir las aguas. John C. Whitcomb, Jr. dice:

> No habría grandes variaciones en el clima de los distintos lugares del mundo porque la cubierta de vapor haría las veces de un invernadero. Solo después que las aguas llovieron sobre la tierra se nos dice que hubo grandes vientos (8:1), lo que hace suponer que por primera vez había una gran diferencia entre las temperaturas de las regiones ecuatoriales y polares.[3]

De todos modos, como puede observarse, Dios tiene absoluta soberanía tanto en el comienzo como en la culminación del diluvio. Él hizo que las aguas cubriesen toda la tierra y también que las mismas aguas disminuyeran al final del juicio del diluvio.

> *Y se cerraron las fuentes del abismo y las cataratas de los cielos; y la lluvia de los cielos fue detenida. Y las aguas decrecían gradualmente de sobre la tierra; y se retiraron las aguas al cabo de ciento cincuenta días (Gn. 8:2-3).*

Estos dos versículos explican lo que ocurrió. Dios cerró las fuentes del abismo que «habían sido rotas» al comienzo del diluvio. Además, Dios hizo cesar la lluvia que

---

1. Bruce K. Waltke, *Genesis: A Commentary*, p. 140.
2. Herbert C Leupold, *Exposition of Genesis*, vol. I, p. 309.
3. John C. Whitcomb, Jr., *El mundo que pereció* (Grand Rapids: Editorial Portavoz, 1991), p. 34.

descendía de los cielos. El Señor puso fin a la catástrofe descrita en la primera parte del capítulo siete. Ahora, según Génesis 8:3, «se retiraron las aguas al cabo de ciento cincuenta días». Génesis 7:24 dice: «Y prevalecieron las aguas sobre la tierra ciento cincuenta días». Es probable, como sugiere Herbert C. Leupold, que los ciento cincuenta días incluyesen los cuarenta días de lluvia mencionados en Génesis 7:12.[4] Calvino hace esta diferencia: «Hasta el día 40, las aguas crecieron gradualmente mediante nuevas adiciones; entonces permanecieron casi en el mismo estado por ciento cincuenta días; porque ambas computaciones hacen que el período sea algo más de seis meses y medio. Y Moisés dice que, cerca del final del séptimo mes, la disminución de las aguas fue tal que el arca descansó sobre el punto más alto de una montaña, o tocó alguna tierra».[5]

> *Y reposó el arca en el mes séptimo, a los diecisiete días del mes, sobre los montes de Ararat. Y las aguas fueron decreciendo hasta el mes décimo; en el décimo, al primero del mes, se descubrieron las cimas de los montes (Gn. 8:4-5).*

La frase «Y reposó el arca en el mes séptimo» señala al hecho de que hubo exactamente cinco meses desde el comienzo del diluvio (véase Gn. 7:11; 7:24; 8:3-4). Como señala Génesis 8:3, «las aguas decrecían gradualmente sobre la tierra». Es decir, fue necesario que las aguas regresasen a sus sitios normales, tanto las del firmamento como las de las fuentes del abismo y eso ocurrió «al cabo de ciento cincuenta días» (8:3).

Génesis 8:4 dice que el arca reposó «sobre los montes de Ararat». En su uso bíblico, Ararat también se refiere a un país o un reino (véase 2 R. 19:37; Is. 37:38; Jer. 51:27). No se sabe con certeza si el arca reposó sobre el Ararat moderno, que tiene 5.230 metros de altura y permanece cubierto de nieve y hielo todo el año. «Allí se ha descubierto una antiquísima viga labrada, posible reliquia del arca, según algunos. Muchas expediciones se han organizado para buscar más vestigios».[6] Se cree que Ararat es el magnífico pico de montaña, llamado Masis, o Macis, en Armenia. Fue un acto de la providencia divina que el arca reposase allí y fuese protegida de esa manera. Evidentemente, el arca reposó con la parte plana de la nave sobre la cordillera de Ararat. Ni el arca ni los que la tripulaban sufrieron daño alguno. El lugar donde reposó el arca llama la atención desde otra perspectiva, es decir, desde el punto de vista de la dispersión de las naciones sobre la faz de la tierra. Como expresa Herbert C. Leupold:

> Desde varios puntos de vista, la localización [del lugar] es importante. El acceso a las llanuras de Mesopotamia es fácil. El Asia Menor aparece al otro lado. Siria, Arabia y África yacen convenientemente al sur y al suroeste. Asia es accesible por el norte y el noroeste. Europa es accesible a través del Asia Menor. India a través de Mesopotamia. Aquí está el centro bíblico de donde las naciones salieron sobre la faz de la tierra.[7]

---

4. Herbert C. Leupold, *op. cit.*, p. 306; también Juan Calvino, *Genesis*, pp. 277-278.

5. Juan Calvino, *Genesis*, p. 278.

6. Wilton M. Nelson y Juan Rojas Mayo, *Nuevo diccionario ilustrado de la Biblia* (Miami: Editorial Caribe, 1998), p. 72.

7. Herbert C. Leupold, *Exposition of Genesis*, vol. I, p. 312.

En resumen, el lugar donde reposó el arca era el lugar ideal para el acceso a las diferentes regiones de la tierra y para la diseminación de los descendientes de Noé encargados de repoblar la tierra. La providencia de Dios no omite ningún detalle que contribuya a la ejecución de su plan. Dios escogió a Noé para realizar un nuevo comienzo de la civilización humana, y escogió a Sem para que fuese el progenitor de Abraham quien, a la postre, daría al mundo la Simiente a través de la cual todas las familias de la tierra serían benditas.

S. Lewis Johnson ha hecho la siguiente observación:

> El día cuando el arca reposó [en Ararat], sorprendentemente, es la fecha exacta del año en el cual, siglos después, Jesucristo resucitó de los muertos. El mes de la Pascua era originalmente el séptimo mes del año, pero fue cambiado para el primero por el Señor cuando la Pascua fue instituida.[8]

NOÉ ENVÍA AL CUERVO Y A LA PALOMA (8:6-12)

Sucedió que al cabo de cuarenta días abrió Noé la ventana del arca que había hecho, y envió un cuervo, el cual salió, y estuvo yendo y volviendo hasta que las aguas se secaron en la tierra (Gn. 8:6-7).

Transcurrieron cuarenta días hasta que Noé abrió la ventana del arca, y envió un cuervo, que es un ave de rapiña y fácilmente podía alimentarse de cualquier cosa que encontrase y, seguramente, había un número importante de cadáveres que le servían de alimento. Puede señalarse que debido a que el cuervo es un animal inmundo solo había un par de ellos en el arca y debían sobrevivir para reproducirse posteriormente. Otra cosa más, el texto dice que el cuervo «estuvo yendo y volviendo hasta que las aguas se secaron en la tierra». Eso significa que el cuervo no fue recibido de nuevo en el arca. Se alimentaba de lo que encontraba. Se aprovechaba de toda la carroña hasta que las aguas se secaron y ya no regresó más al arca.

El uso de las diferentes aves señala la gran capacidad de Noé frente a la situación que confrontaba, y que conocía la naturaleza de los animales. La paloma prefiere los valles y no habita en las montañas. Cuando la paloma regresó, Noé sabía que los terrenos llanos aún estaban inundados (véase 8:9). Siete días después, la paloma fue enviada de nuevo, y esta vez regresó con una hoja de olivo en el pico y, puesto que el olivo crece en el llano, eso indicaba que las aguas ya habían descendido lo suficiente. Cuando la paloma ya no volvió al cabo de otros siete días, Noé comprendió que la tierra estaba en condiciones de ser habitada (véase 8:10-12). Dios había cumplido su promesa. La humanidad inicua había perecido y Noé, el justo, y su familia habían sido preservados en el arca.

DIOS LE DA UNA NUEVA COMISIÓN A NOÉ (8:13-19)

Como en ocasiones anteriores, Noé fue estricto en su obediencia a Dios. Antes del diluvio, durante el período del gran juicio y ahora, después de terminada esa catástrofe, el gran patriarca obedece a Dios.

---

8. S. Lewis Johnson, Exposición del Génesis, *Believers Bible Bulletin* (19 de marzo, 1979).

Y sucedió que en el año seiscientos uno de Noé, en el mes primero, el día primero del mes, las aguas se secaron sobre la tierra; y quitó Noé la cubierta del arca, y miró, y he aquí que la faz de la tierra estaba seca. Y en el mes segundo, a los veintisiete días del mes, se secó la tierra (Gn. 8:13-14).

Génesis aporta un relato histórico del diluvio. Moisés no escribió mitología ni suposiciones, sino historia. Ya fuese que Dios le revelase lo ocurrido en los días de Noé o que apelase a documentos que pudieron haber sido escritos por los hijos de Noé, lo evidente es que el relato del diluvio es sobrio, creíble y comprensible. Dicho relato tiene, además, el apoyo del Nuevo Testamento. Tanto el Señor Jesús como el apóstol Pedro avalan el relato de Génesis. Moisés pone cuidado en mencionar los períodos de tiempo que constatan que la duración fue de algo más de 1 año. Como lo expresaron Whitcomb y Morris:

El que haya continuado por más de un año está en completa armonía con la doctrina de su universalidad, pero no puede ajustarse a la teoría del diluvio local. Aun cuando puede haber una diferencia de opiniones entre los eruditos cristianos en cuanto a la profundidad general del diluvio dependiendo de la altura de las montañas antediluvianas, no puede haber duda en cuanto a su duración.[9]

La duración total del diluvio fue de un año y diez días. Por lo menos ese fue el tiempo que Noé y su familia permanecieron en el arca. El diluvio produjo importantes cambios físicos y climatológicos en la tierra. Henry M. Morris, quien fuera ingeniero destacado y profesor de ingeniería civil en Virginia (EUA), así como autor de varios libros sobre apologética, señala algunos de los cambios producidos en la tierra después del diluvio:[10]

1. Los océanos fueron mucho más extensos ya que estos ahora contienen toda el agua que antes estaba «en la cubierta de vapor» y en las reservas subterráneas del «gran abismo».
2. Las áreas terrestres eran mucho menos extensas que antes del diluvio, con una porción mucho más grande de su superficie inhabitable por la misma razón.
3. La cubierta de vapor termal se había disipado, de modo que comenzaron grandes diferencias de temperaturas, conduciendo a una acumulación gradual de nieve y hielo en las latitudes polares, haciendo que muchas de las superficies de los extremos norte y sur fuesen esencialmente inhabitables.
4. Las cordilleras levantadas después del diluvio destacan la más accidentada topografía de los continentes postdiluvianos, y muchas de esas regiones se convirtieron en inapropiadas para la vida humana.
5. La aparición de viento y tormentas, lluvias y nieve hace que el ambiente total sea menos apropiado para el hombre y los animales de lo que había sido anteriormente.
6. El medio ambiente es también más hostil debido a la radiación dañina del espacio, pues la tierra ya no posee el filtro de la cubierta de vapor. Eso tiene como

---

9. John C. Whitcomb, Jr. y Henry M. Morris, *El diluvio del Génesis*, p. 55.
10. Henry M. Morris, *The Genesis Record*, pp. 211-212.

resultado (junto con otros factores ambientales) una disminución gradual de la longevidad del ser humano después del diluvio.

7. Por un tiempo existieron tremendos glaciares, ríos y lagos. El mundo adquirió gradualmente el estado presente de semiaridez.

8. Debido a los tremendos movimientos fisiográficos e hidrostáticos generados por el colapso de las cavernas subterráneas y del levantamiento posdiluviano, la corteza de la tierra estaba en un estado general de inestabilidad, reflejado en una actividad volcánica y sísmica constante en todo el mundo por muchos siglos; continuando hasta cierto punto hasta el día de hoy.

9. Las tierras estuvieron sin vegetación hasta el tiempo cuando tuvo lugar la restauración del mundo vegetal y la germinación de semillas y esquejes.

10. Hay, incluso, una posibilidad de que la rotación de la tierra se acelerase 1,5 por ciento si el año era realmente de 360 días.

Los científicos naturalistas atribuyen los cambios en la tierra y en el universo a la obra de millones de años de evolución, pues rechazan el catastrofismo enseñado en la Biblia. Pero, como señala el profesor Morris, y muchos otros que como él creen en la revelación bíblica, la tierra actual es producto de la catástrofe del diluvio y no del azar de la evolución.

> *Entonces habló Dios a Noé, diciendo: Sal del arca tú, y tu mujer, y tus hijos, y las mujeres de tus hijos contigo. Todos los animales que están contigo de toda carne, de aves y de bestias y de todo reptil que se arrastra sobre la tierra, sacarás contigo; y vayan por la tierra, y fructifiquen y multiplíquense sobre la tierra (Gn. 8:15-17).*

Obsérvese que Noé sigue siendo el personaje central. Él es el administrador de los asuntos de Dios en esta etapa o dispensación y actúa como un sustituto de Adán. Él es el responsable de ejecutar la voluntad de Dios delante de su familia como mayordomo de Dios. Todos los demás están sujetos a su autoridad.

Cuando descendió de una situación de relativo peligro a una de perfecta seguridad, debió ser un gran momento para Noé. Pasó de un tiempo de resistencia paciente de esperanza a otro de completa seguridad de posesión. La garantía de la herencia es cambiada por la realidad. Y, finalmente, entró en una esfera de un servicio más libre al Señor en lugar de una actividad limitada. El arca había sido como un postgrado universitario para Noé. Sin duda, su vida había madurado durante el período de más de un año dentro del arca. La experiencia en el arca lo ayudó a Noé para vivir los casi trescientos cincuenta años que vivió después del diluvio.

> *Entonces salió Noé, y sus hijos, su mujer, y las mujeres de sus hijos con él. Todos los animales, y todo reptil y toda ave, todo lo que se mueve sobre la tierra según sus especies, salieron del arca (Gn. 8:18-19).*

Estos dos versículos expresan que nada de lo que originalmente entró en el arca se perdió (véase Gn. 7:1-3). Noé obedeció el mandato de Dios, tanto respecto a la entrada como a la salida del arca, y lo hizo de inmediato. Debió de haber gozo al salir del arca después de más de un año dentro de aquella casa flotante. Nunca más habrá un arca porque nunca más habrá un diluvio según la promesa de Dios (Gn. 9:11). El próximo juicio de Dios tendrá lugar en la consumación de los tiempos (2 P. 3:10). El mundo presente será totalmente destruido y Dios hará «cielos nuevos y tierra nueva, en los cuales mora la justicia» (véase 2 P. 3:11-12; cf. Ap. 21:1-6).

NOÉ OFRECE SACRIFICIOS A DIOS (8:20-22)

> *Y edificó Noé un altar a Jehová, y tomó de todo animal limpio y de toda ave limpia, y ofreció holocausto en el altar (Gn. 8:20).*

Este versículo registra la primera mención de un altar en las Escrituras. Sobre ese altar, Noé ofreció «todo animal limpio y ave limpia». Noé ofreció «holocausto» (*olá*), es decir, «una ofrenda que sube en humo». La idea que implica dicha ofrenda es la de gratitud a Jehová por su fidelidad.

El vocablo para «altar» [*misbéakj*] significa «lugar de matanza». Obsérvese que la ofrenda es ofrecida a Jehová porque refleja el aprecio del adorador por la fidelidad de Jehová en el cumplimiento de sus promesas. A la luz del número de los sacrificios hechos aquí puede decirse que la adoración de Noé fue plena y libre. Cuando el autor de la Epístola a los Hebreos dice que Noé preparó el arca «con temor», reconoce que Noé era un hombre piadoso. Esa piedad se demuestra en lo que hizo tan pronto salió del arca (véase He. 11:7). Aproximadamente la séptima parte de su rebaño fue ofrecida en sacrificio a Jehová. Noé y su familia pusieron en primer lugar la adoración a Jehová. El Señor ocupaba el primer lugar en su vida. No cabe duda que la ofrenda de Noé también incluye la idea de «propiciación». En el sacrificio de animales, Noé reconoce su pecado, su culpa y condenación, así como la necesidad del derramamiento de sangre para cubrir los pecados. En todo ese sacrificio se anticipa la venida del Redentor, el Señor Jesucristo (véase Ro. 3:21-26; Ef. 5:2).

> *Y percibió Jehová olor grato; y dijo Jehová en su corazón: No volveré más a maldecir la tierra por causa del hombre; porque el intento del corazón del hombre es malo desde su juventud; ni volveré más a destruir todo ser viviente, como he hecho. Mientras la tierra permanezca, no cesarán la sementera y la siega, el frío y el calor, el verano y el invierno, y el día y la noche (Gn. 8:21-22).*

La respuesta del Señor al sacrificio ofrecido por Noé es clara cuando el texto dice: «Y percibió Jehová olor grato». El sacrificio ofrecido por Noé era «un holocausto», es decir, una ofrenda que se quemaba totalmente sobre el altar y era ofrecida a Jehová. El significado literal de la frase es: «Y Jehová olió el olor agradable», que era producido por la ofrenda que era quemada. Dios se complace con la obediencia y la adoración de su pueblo. Los dioses paganos bebían la sangre y comían la carne de los animales que se les ofrecían. Jehová se complace solo con el olor agradable del holocausto que su pueblo le ofrece.

¿Cuál es la respuesta de Jehová al holocausto ofrecido por Noé? El texto lo dice claramente: «No volveré más a maldecir la tierra por causa del hombre». «Dios no está cancelando la maldición de Génesis 3:17, sino que promete que no destruirá la tierra otra vez (véase 8:21; Is. 54:9)».[11]

El Señor miró con satisfacción la adoración de Noé, pues era una adoración genuina y adecuada (Ef. 5:2). Dios vio en ella una evidencia de dedicación, que es la idea principal implicada en el holocausto.

La segunda mitad del versículo 21 parecería ser una buena razón para que Dios derramase su juicio sobre la tierra. La maldad humana es evidente por todas partes. La única explicación yace en el hecho incuestionable de la gracia soberana y el amor de Dios hacia sus criaturas. Aquí puede verse el tremendo contraste entre el pecado del hombre y su depravación total por un lado y la misericordia redentora de Dios por el otro lado. El ser humano se encuentra totalmente indefenso e impotente delante de Dios, no puede hacer nada en su propio beneficio. Solo la gracia soberana de Dios puede proporcionar la justicia que el hombre necesita para poder entrar en la presencia del Dios santo. Esa justicia solo se encuentra en Jesucristo, el redentor, Dios encarnado.

A pesar de que «el intento del corazón del hombre es malo desde su juventud» Dios promete a Noé que no volverá «a destruir todo ser viviente» (véase Gn. 8:21; 9:11). La Escritura enseña que el hombre es pecador por naturaleza (Ef. 2:3); el hombre nace pecador (Sal. 51:5), sin excepción. Dios no repetirá el juicio del diluvio universal, pero sí habrá otro juicio, esta vez de fuego, al final de los tiempos. La historia, tal como la conocemos, llegará a su fin. Dios, en su providencia, sostiene el universo, por lo tanto, mientras la tierra permanezca «…no cesarán la sementera y la siega», es decir, la tierra será sembrada y habrá cosecha. Dios proporcionará alimentos para la raza humana a pesar de la maldición; seguirán «el frío y el calor» y «el verano y el invierno». Tanto lo uno como lo otro son importantes para la vida del hombre. La gracia de Dios es de tal magnitud que a pesar de la maldad humana promete sostener la vida en la tierra hasta el final de los tiempos. La frase «mientras la tierra permanezca» sugiere que habrá un fin para esta tierra. Después del reinado del Mesías, habrá una «nueva tierra» donde morará la justicia de manera permanente.

Resumen y conclusión

El capítulo 8 de Génesis es un cuadro hermoso del equilibrio entre el juicio y la gracia soberana de Dios. Este capítulo es un tributo a la maravillosa fidelidad de Dios, quien es fiel tanto en la ejecución de su juicio como en la manifestación de su gracia soberana.

Dios cumplió su promesa de juicio sobre la civilización de los días de Noé. Los hombres y las mujeres de aquellos tiempos desafiaron la autoridad de Dios, rechazaron la revelación divina y también la persona y el mensaje de Noé. Aunque Dios cumplió su promesa y los destruyó a todos, también manifestó su paciencia y misericordia, dándoles tiempo a que escuchasen el mensaje de salvación. El ministerio de Noé duró ciento veinte años, pero nadie se arrepintió.

Dios manifestó también su gracia soberana, salvando a la familia de Noé y a una cantidad importante de animales de la tierra. Ninguno de los que se refugiaron en el arca sufrió daño. Este capítulo termina con la adoración de Noé a Dios y con su

---

11. Bruce K. Waltke, *Genesis: A Commentary*, p. 142.

ofrecimiento de sacrificios que demostraban su gratitud al Dios salvador, y que eran una anticipación de la obra expiatoria de Jesucristo.

TABLA CRONOLÓGICA DEL DILUVIO

1. La construcción del arca (Gn. 6:14).	
2. La entrada de los animales (Gn. 7:9).	7 días antes de la lluvia.
3. La ruptura de las fuentes del abismo y las cataratas de los cielos fueron abiertas (Gn. 7:11).	Segundo mes, día 17 del año 600 de Noé.
4. Lluvia (Gn. 7:12).	40 días y 40 noches.
5. Todos los montes altos fueron cubiertos (Gn. 7:19).	
6. Las aguas prevalecen sobre la tierra (Gn. 7:24).	150 días.
7. Las aguas decrecen sobre la tierra (Gn. 8:3).	150 días.
8. El arca reposa sobre los montes de Ararat (Gn. 8:4).	Mes séptimo, día 17.
9. Las aguas decrecen (Gn. 8:5).	
10. Las cimas de los montes aparecen (Gn. 8:5).	Mes décimo, primer día.
11. Noé aguarda (Gn. 8:6).	40 días.
12. Noé envía un cuervo y una paloma; la paloma regresa (Gn. 8:7-9).	
13. Noé espera (Gn. 8:10).	7 días.
14. Noé envía de nuevo la paloma (Gn. 8:10); la paloma regresa con una hoja de olivo (Gn. 8:11).	7 días.
15. Noé espera (Gn. 8:12).	7 días.
16. Noé envía la paloma que ya no regresa (Gn. 8:12).	7 días.
17. Noé quita la cubierta del arca; la superficie de la tierra estaba seca (Gn. 8:13).	Primer mes, primer día, año 601 de Noé.
18. La tierra se seca; Noé sale del arca (Gn. 8:14-15).	Segundo mes, día 27.

9

El pacto de Dios con Noé y con el mundo (9:1-29)

El sustantivo «pacto» [*berít*] aparece por primera vez en Génesis 6:18, donde Dios promete establecer un pacto con Noé que implicaba la construcción, preparación y aprovisionamiento del arca y la entrada a la misma (véase Gn. 6:18:21). Este pacto no es idéntico a otros contratos o *compactos* hechos por Dios posteriormente. Aquí tenemos una dispensación soberana de la gracia de Dios. La seguridad de este pacto procede de la acción de Dios mismo. El pacto es de Dios, y Él lo establece; Noé fue el administrador designado por Dios para el cumplimiento de su plan.

Después del diluvio, Dios concreta su pacto con Noé (Gn. 9:9-17). En este pasaje, Dios muestra claramente cuál es la naturaleza esencial de su pacto con Noé. El texto dice claramente: «He aquí que yo establezco mi pacto con vosotros, y con vuestros descendientes después de vosotros» (Gn. 9:9). Las principales características del pacto con Noé son las siguientes:

1. Es concebido y establecido por Dios mismo.
2. Tiene un alcance universal. Incluye no solo a Noé y a su familia, sino también a todo ser viviente. El alcance del pacto demuestra que la gracia derramada por Dios no depende de la inteligencia ni de la respuesta favorable de los beneficiarios.
3. Este pacto es incondicional. No hay ningún mandamiento ni requisito añadido que pueda considerarse como una condición sobre la que depende la gracia derramada. En realidad, no hay ninguna obligación subsiguiente para Noé y su simiente que pueda considerarse como el medio a través del cual la gracia prometida debe obtenerse. De modo que la idea de quebrantar el pacto no viene al caso.
4. Dios es quien asume la responsabilidad total en este pacto: «He aquí que yo establezco mi pacto con vosotros…» (Gn. 9:9, 11). No hay contribución humana necesaria para el cumplimiento del pacto. El arco en las nubes tiene como

175

propósito dar testimonio de la fidelidad de Dios. El hombre no ejerce ningún control sobre esa señal.

5. La señal del pacto es establecida y puesta por Dios mismo de manera soberana, sin intervención humana. O sea, que el pacto es una administración soberana de la gracia y la paciencia de Dios. Su origen, manifestación, confirmación y cumplimiento son de Dios.

De modo que, en realidad, en Génesis 9 está registrado el primer pacto claramente definido en la Biblia. Numerosos intérpretes de la Biblia creen que la esencia de un pacto se encuentra en la prueba de Adán en el huerto de Edén. Otros creen que la primera referencia al pacto teológico de la gracia se encuentra en el protoevangelio (Gn. 3:15). Pero la expresión pacto bíblico tiene su primera ilustración en el pacto noético. El sustantivo «pacto» [*berít*] aparece siete veces en el capítulo 9 del Génesis (véase 9:9, 11, 12, 13, 15, 16, 17).

El sistema conocido como «teología del pacto» enseña la existencia de «pactos teológicos», que se los llama así para diferenciarlos de los «pactos bíblicos», que son los designados como tales en la Biblia. Los pactos teológicos son designaciones propuestas por teólogos sobre la base de deducciones hechas al estudiar ciertos pasajes de las Escrituras. La teología del pacto normalmente incluye los siguientes pactos: 1) Pacto de redención: que es el acuerdo entre las personas de la Trinidad hecho antes del tiempo y estableciendo las actividades de las personas de la Divinidad en la obra de la redención humana. 2) Pacto de obras: el arreglo entre Dios y Adán en el huerto del Edén. Este pacto es llamado también «pacto edénico». 3) Pacto de gracia: este pacto es la determinación de Dios de salvar a los elegidos y, por lo tanto, es el arreglo incondicional entre el Dios Trino que elige y el pecador elegido (véase Lc. 22:22, 29; Jn. 6:38-39; Tit. 1:2; Os. 6:7; Is. 53:10-11; 42:3).

El estudio de los pactos es de suma importancia para la comprensión de la Biblia, que está basada sobre dos grandes temas: el reino de Dios y los pactos de Dios con individuos y con la nación de Israel. La gracia mesiánica se despliega en la Biblia según el plan divino de las edades (véase Ef. 3:11; Hch. 2:23), y su tema central es mostrado a través del instrumento de los pactos y las promesas que, a la postre, están diseñados para traer gloria al Dios Trino por las edades de las edades (véase Ro. 11:33-36; Ef. 2:7; Jud. 25).

Las dispensaciones de las Escrituras establecen las plataformas históricas en el progreso de la revelación divina sobre las cuales el programa pactado de Dios es ejecutado hacia una conclusión gloriosa. Los pactos contemplan el programa desde el punto de vista divino, mientras que las dispensaciones centran su atención en el aspecto humano de las cosas. Los pactos —el lado divino de las cosas— deben recibir el mayor énfasis si uno desea hacer justicia a la enseñanza de las Sagradas Escrituras. La discusión entre la teología del pacto y la dispensacionalista se centra en la pregunta: ¿Puede el programa divino para la humanidad, tal como está revelado en los pactos de las Escrituras, condensarse en un solo proyecto universal que es exclusivamente espiritual y de carácter celestial? De la respuesta que se dé a esa pregunta dependen muchas conclusiones en cuanto a la interpretación de las Escrituras.

Es importante tener en cuenta que no debe pensarse que los pactos bíblicos incondicionales son «acuerdos» como los elaborados por las naciones en el ámbito político-diplomático. Esos acuerdos humanos son fraguados después de interminables discusiones. Esa no es la manera como Dios establece sus pactos. El hombre no tiene la fortaleza, ni la capacidad ni los méritos para argumentar con Dios. Dios es poseedor de todas las opciones y la fortaleza, y Él nunca está obligado a pactar con el hombre. Dios tiene absoluto control de todas las cosas. No adoramos a un Dios débil. Los pactos representan la condescendencia misericordiosa del Dios soberano hacia sus criaturas indefensas.

En resumen, el pacto con Noé claramente tenía un alcance universal. Al igual que en el mandato de la creación, el pacto de Noé, que era un reiteración del mandato de la creación con las enmiendas necesarias, pone en claro las características centrales de la relación de Dios con la humanidad en general, como también los privilegios y responsabilidades que todavía persisten a pesar de la caída. De modo que Dios restableció su autoridad en la tierra según el diseño de su creación original en el Edén.

EL MANDATO DADO A NOÉ (9:1-3)

Bendijo Dios a Noé y a sus hijos, y les dijo: Fructificad y multiplicaos y llenad la tierra… Mas vosotros fructificad y multiplicaos; procread abundantemente en la tierra, y multiplicaos en ella (Gn. 9:1, 7).

El capítulo 9 comienza con lo que, al parecer, es una renovación del mandato cultural dado por Dios en Génesis 1:26-28. Si bien el mandato dado a Noé se asemeja mucho a lo que Dios le dijo a Adán al principio, hubo cambios. El pecado está presente, y aunque el hombre sigue siendo «imagen de Dios» (véase Gn. 9:6) y continúa como administrador de la creación, su dominio sufre el temor, el terror y la violencia (véase Gn. 9:2; 9:5-6). También su dieta ha cambiado: «Todo lo que se mueve y vive, os será para mantenimiento» (véase Gn. 9:3). Dios le permite al hombre comer carne de animales, pero sin sangre, que representa la vida.

Hay varios aspectos del pacto hecho por Dios con Noé que deben observarse, además de los que ya se han señalado. Debe recordarse que una de las intenciones de Dios era preservar la vida en la tierra (véase Gn. 9:1-7, «todos los animales que están contigo de toda carne… sacarás contigo… y vayan por la tierra, y fructifiquen y multiplíquense sobre la tierra»). Como puede observarse, uno de los propósitos de Dios era preservar la vida sobre la tierra (véase Gn. 6:18-19), por tal motivo, ese era uno de los propósitos del pacto establecido con Noé (véase Gn. 9:17). Otro propósito del pacto con Noé es la promesa de Dios de establecer una regularidad en la vida en la tierra (véase Gn. 8:21-22). Hay un orden en el universo y en el planeta Tierra. Ese orden ha sido establecido por Dios y permanecerá hasta el fin de los siglos. El universo es ordenado, confiable y funciona con perfecta regularidad. Eso permite que la comunidad científica pueda enviar naves espaciales y saber con relativa exactitud cuándo y dónde ha de llegar. Eso sería imposible si el universo careciera de orden. Las Sagradas Escrituras afirman que hay un orden y un propósito cosmológico. Eso es posible porque hay no solo un diseño sino un Diseñador que no ha omitido ningún detalle en su magnífica obra.

En Génesis 9:1 y 9:7, el Señor ordenó a Noé y a sus hijos fructificarse, multiplicarse y llenar la tierra, es decir, a tener familia y procrear en abundancia. Ese es el tercer aspecto del pacto de Dios con Noé. Alguien podría preguntar: ¿Por qué ese mandato si el hombre es tan pecador? Por supuesto que la pecaminosidad del hombre es notoria e innegable, pero el propósito de Dios es proveer un Salvador para el hombre, y el medio por el cual Dios cumple ese propósito es a través de la procreación de la humanidad. Fue así que en «el cumplimiento del tiempo, Dios envió a su Hijo, nacido de mujer y nacido bajo la ley, para que redimiese a los que estaban bajo la ley, a fin de que recibiésemos la adopción de hijos» (Gá. 4:4-5).

Después del diluvio, la población mundial quedó reducida solo a ocho personas. Ahora la orden divina de «fructificad y multiplicaos» dada en Génesis 1:28 se repite para que el propósito original de Dios se cumpla. Herbert C. Leupold dice:

> Además de esto [«fructificad y multiplicaos»] está el mandato divino de «llenar la tierra». La población no debía concentrarse en unos pocos lugares sino que debía esparcirse, de modo que la tierra no presente áreas sin ocupar ni cultivar. Y puesto que eso forma parte de las bendiciones, implica el impartir los dones que el hombre necesita para cumplir esa responsabilidad con éxito. Es sorprendente que después del diluvio «la nueva hoja de ruta» bajo la cual la humanidad está avanzando ya no incluye la orden original de «sojuzgar» la tierra.[1]

Es muy probable que la razón de no incluir la orden de «sojuzgar» y «señorear» sobre la tierra se debiera a que el hombre había perdido la capacidad de hacerlo. El pecado seguramente había debilitado al hombre hasta el punto de hacerle perder la posibilidad de gobernar la tierra adecuadamente. El gobierno perfecto de la tierra lo hará el Mesías, el postrer Adán, el hombre perfecto. «Todos los habitantes de la tierra se postrarán delante de él; todas la naciones le servirán» (Sal. 72:11).

> *El temor y el miedo de vosotros estarán sobre todo animal de la tierra, y sobre toda ave de los cielos, en todo lo que se mueva sobre la tierra, y en todos los peces del mar; en vuestras manos son entregados (Gn. 9:2).*

El cuarto aspecto del pacto de Dios con Noé incluye «el temor y el miedo» de los animales de la creación hacia el hombre, como la base del gobierno humano sobre todo lo que Dios ha creado. El hombre ocupa la posición de un verdadero gobernador de Dios en la tierra. Al parecer, los animales domésticos son excluidos de ese temor divinamente otorgado. No obstante, la supremacía otorgada al hombre sobre el mundo animal fue expresada aún más enfáticamente que en Génesis 1:26, 28. La entrada del pecado debilitó grandemente al hombre, pero antes de la entrada del pecado el mundo animal estaba voluntariamente sujeto al hombre. Después de la caída, Dios tuvo que imponer que todo animal sintiese «temor y miedo» del hombre. El terror de los animales en la presencia del hombre es otra de las maneras de cómo recuerda Dios al hombre su pecado y cómo ha empañado la imagen de Dios que el hombre posee por creación.

> *Todo lo que se mueve y vive, os será para mantenimiento: así como las legumbres y plantas verdes, os lo he dado todo (Gn. 9:3).*

---

1. Herbert C. Leupold, *Exposition of Genesis*, vol. I, p. 328.

Este es el quinto aspecto del pacto de Noé. Incluye los alimentos para la vida del hombre. Obsérvese que el hombre recibe permiso de Dios para comer también carne animal. La vida humana se nutre por medio de la muerte de otros, pues la muerte de los animales del campo sustenta al hombre que come carne. Pero más que nada, la vida del hombre depende de la muerte del Cordero de Dios, Jesucristo el Mesías.

Jesucristo es el verdadero alimento para todo aquel que cree en Él. Quien «come su carne y bebe su sangre», es decir, quien cree en Él de todo corazón, tiene vida eterna. Cristo es el sacrificio final, total y perfecto para la salvación de pecadores. Para la vida física, el hombre puede comer de todo, pero para la vida espiritual, solo Cristo es necesario y suficiente.

ESTABLECIMIENTO DEL GOBIERNO HUMANO (9:4-7)

Pero carne con su vida, que es su sangre, no comerás (Gn. 9:4).

Este versículo contiene el sexto aspecto del pacto con Noé. Dios prohíbe comer la sangre de los animales. El Antiguo Testamento equipara la sangre con la vida (véase Lv. 17:11). En este versículo se señala que la función fisiológica de la sangre es transmitir la vida. El vocablo traducido vida es *néfesh* que literalmente significa «alma», aunque muchas veces es traducido «vida». Es probable que Génesis 9:4 sea un antitipo de las enseñanzas levíticas acerca de la sangre (véase Lv. 7:27; 17:10, 14). El mandato divino es drenar la sangre de todo animal que se ha de comer. La vida está en la sangre y es propiedad absoluta de Dios. El centro concreto de la prohibición es que el hombre puede comer carne, siempre y cuando no tenga sangre, es decir, la vida representada por la sangre. El hombre no tiene derecho a tomar la vida, pues la vida es parcela y propiedad de Dios. Hoy en día, muchos favorecen la práctica del aborto; aunque otros la rechazan pues consideran que el aborto es terminar con la vida de un ser indefenso «no nacido». Quitar la vida es potestad de Dios, por lo que el aborto es totalmente contrario a la ley de Dios.

> *Porque ciertamente demandaré la sangre de vuestras vidas; de mano de todo animal la demandaré, y de mano del hombre, de mano del varón su hermano demandaré la vida del hombre. El que derramare sangre de hombre, por el hombre su sangre será derramada; porque a imagen de Dios es hecho el hombre (Gn. 9:5-6).*

Dado que la sangre representa la vida y la vida pertenece a Dios, habrá que rendirle cuentas por el derramamiento de sangre. La Biblia expresa de manera enfática: «Porque ciertamente demandaré la sangre de vuestra vida» (Gn. 9:5). El verbo «demandaré» es un término legal, y Dios es el juez que «demanda» o «requiere» el pago por la transgresión de sus leyes (véase Ro. 12:19). El pago de la deuda es seguro, Dios no lo pasará por alto.

Al parecer, antes del diluvio no había un gobierno humano formal. La única excepción parece haber sido la autoridad de la cabeza de la familia. La violencia llegó a ser la característica de la sociedad antediluviana. Según parece, las declaraciones acerca de la sangre y del juicio venidero por su derramamiento tienen como finalidad que la institución del gobierno humano sea establecida después del diluvio, incluyendo la autoridad de establecer la pena capital en los casos en que haya derramamiento de sangre. Aunque la forma particular del gobierno puede variar, el hecho es que el gobierno es establecido. Esa característica del pacto noético es válida para hoy (véase Ro. 13:4), y lo mismo sucede con otras características (véase 1 Ti. 4:3-4; Hch. 15:19-20). Las palabras del Señor «...porque todos los que tomen espada, a espada perecerán» (Mt. 26:52) podrían referirse a la cuestión de la pena de muerte. Sin duda, es una enseñanza apoyada tanto por el Antiguo como por el Nuevo Testamento. Queda claro sobre la base de este pasaje que la pena capital, a pesar de la oposición de muchos, no tiene el solo propósito de prevenir el crimen, aunque también cumple ese propósito. Pero ¿por qué requiere Dios la muerte de un animal que mata a un ser humano? Sin duda, hay una justificación divina al castigo por un crimen. Herbert C. Leupold dice lo siguiente respecto de la pena capital:

> Por consiguiente, la pena capital es divinamente ordenada. Esa ordenanza básica es establecida para salvaguardar adecuadamente la raza humana.[2]

El hecho de que el hombre haya sido creado a imagen de Dios hace que la vida humana sea considerada preciosa. El que asesina a un ser humano destruye la imagen de Dios. De ahí el mandato de Dios «no asesinarás» establecido en la ley de Moisés.

> *...porque a imagen de Dios es hecho el hombre. Mas vosotros fructificad y multiplicaos; procread abundantemente en la tierra, y multiplicaos en ella (Gn. 9:6c-7).*

La justificación bíblica de la doctrina de la pena capital, por lo tanto, yace en el hecho de que el hombre fue creado «a imagen de Dios». La orden divina respecto a la pena capital es una regulación dada por Dios para enfatizar el valor de la vida humana a los ojos del Creador. Dios prohíbe el asesinato, y quien asesine a un semejante se expone al castigo máximo por su desobediencia.

Génesis 9:7 parece ser una repetición de Génesis 9:1, pero en realidad no lo es; más bien, es todo lo contrario. Génesis 9:6 contiene la prohibición divina de no destruir la vida humana mientras que Génesis 9:7 registra el mandato divino de repoblar la tierra. La orden divina dada a Noé y a sus hijos es: «Fructificad», «multiplicaos», «procread abundantemente». Estos mandatos de Dios se llevarían a cabo únicamente mediante la unión en matrimonio de un hombre y una mujer, que es lo que estableció Dios en el principio. Dios había dicho: «No es bueno que el hombre esté solo; le haré ayuda idónea para él» (Gn. 2:18). La «ayuda idónea» que Dios creó para el hombre fue una mujer, es decir, una esposa. La Escritura dice: «Por tanto, dejará el hombre a su padre y a su madre, y se unirá a su mujer, y serán una sola carne» (Gn. 2:24). La multiplicación de la raza humana, por lo tanto, solo puede realizarse mediante la unión en matrimonio de un hombre y una mujer.

El pacto de Dios con Noé (9:8-17)

Y habló Dios a Noé y a sus hijos con él, diciendo: He aquí que yo establezco mi pacto con vosotros, y con vuestros descendientes después de vosotros; y

---

2. Herbert C. Leupold, *Exposition of Genesis*, vol. I, p. 334.

con todo ser viviente que está con vosotros; aves, animales y toda bestia de la tierra que está con vosotros, desde todos los que salieron del arca hasta todo animal de la tierra (Gn. 9:8-10).

Dios hace una promesa a Noé, a sus hijos y a todos los seres vivientes. Obsérvese que Él dirige sus palabras a toda la familia de Noé, cuando antes Dios les hablaba indirectamente a través de Noé. Ahora Dios les habla directamente considerándolos como coherederos con Noé en esta nueva etapa de la historia que comienza. La misericordia mostrada por Jehová Dios al librar a Noé y su familia del diluvio ha hecho que adoren a Jehová y ofrezcan sacrificios (véase Gn. 8:20-21); y la aceptación de los sacrificios se ha convertido en la base de la prevención de otro juicio semejante. Ese hecho indica que la base de la bendición sobre Noé a través del pacto noético es, en definitiva, el pacto eterno de redención consumado en las edades pasadas, y que halla su cumplimiento histórico en el Nuevo Pacto, que sería instituido mediante la sangre del Redentor. Cualquier tristeza que Noé y su familia hubiesen podido tener por la destrucción de la antigua civilización y su punto de referencia de la gracia anterior —el paraíso, el árbol de la vida y otros— fue removida mediante una nueva visitación de la gracia soberana de Dios. Las palabras del versículo 9 son enfáticas:

He aquí que yo mismo establezco mi pacto con vosotros, y con vuestros descendientes después de vosotros (Gn. 9:9).

La frase «he aquí que yo mismo establezco mi pacto» [*vaáni híneni méquim et-bériti*] sugiere que se trata de un pacto incondicional. De manera unilateral, Dios asume la responsabilidad de cumplir todas las estipulaciones del pacto hecho con Noé y con la humanidad. Dios prometió que no habría otra destrucción de la tierra mediante un diluvio, y en el Nuevo Testamento anuncia que la destrucción de los tiempos finales será por medio de fuego:

«…pero los cielos y la tierra que existen ahora, están reservados por la misma palabra, guardados para el fuego en el día del juicio y de la perdición de los hombre impíos» (2 P. 3:7).

Según algunos piensan, es posible que las aguas apunten a un juicio que se va acumulando y que otorga un período de advertencia y seguridad, antes de que las aguas se acumulen. El juicio del fuego, por el contrario, será súbito y catastrófico, y la única advertencia será el anuncio de la Palabra inspirada.

Hay algunos aspectos teológicos importantes del pacto con Noé que deben observarse:

1. El pacto noético es de origen divino (véase Gn. 6:18; 9:9). Este pacto fue concebido, diseñado, determinado, establecido, confirmado y otorgado por el mismo Dios. Obsérvese la frase: «He aquí que yo mismo [*wa ani*] establezco mi pacto con vosotros…» (Gn. 9:9).
2. El pacto con Noé tiene un alcance universal (véase Gn. 9:9-10). Como la señal del arco iris, sus beneficios alcanzan a todos puesto que incluye a «todo ser

viviente», independientemente de la comprensión intelectual de su significado. La bendición procede de la gracia común, y proporciona un trasfondo para el cumplimiento de los pactos que contienen los propósitos soteriológicos de Dios (véase Gn. 3:15; Ro. 3:25-26; Hch. 17:30).

3. El pacto con Noé es incondicional (véase Gn. 9:9, 16). No hay mandamientos condicionales ni ninguna amenaza de que puedan perderse los beneficios del pacto (véase Ro. 3:1-3). El sello del pacto —el arco iris— confirma el carácter incondicional del pacto y excluye estrictamente toda cooperación humana. El arco iris es puesto por Dios quien, además, «ve» y «recuerda». Todo lo que acontece relacionado con el pacto depende de Dios. Así como la circuncisión era la señal del pacto abrahámico y no un medio para transmitir bendiciones espirituales, el arco iris era solo la señal del pacto con Noé (véase Ro. 4:11).

4. El pacto noético es válido «por siglos perpetuos» (véase Gn. 9:12, 16), pues su perpetuidad descansa sobre el carácter incondicional del mismo, es decir, sobre la iniciativa de la divina gracia soberana.

5. Es posible hallar algún significado típico en el pacto noético. En la antigüedad el «arco» era un arma para la batalla. En el pacto con Noé ocurre lo contrario, pues el arco es transformado en una señal de paz. El hecho de que Dios mismo miraría el arco y recordaría su pacto era una experiencia gloriosa y viva de la gran verdad de que las señales de los pactos de Dios, en los que ha puesto sus promesas, son vehículos reales de su gracia y tienen poder y valor esencial, no solo con los hombres sino también delante de Dios. Como el arco iris surge cuando los rayos del sol atraviesan pequeñas gotas de agua de la atmósfera, tipifica la buena disposición de lo celestial para extenderse a lo terrenal. Se esparce entre el cielo y la tierra, y proclama la paz entre Dios y el hombre, y mientras abarca todo el horizonte, enseña la universalidad del pacto de la gracia. El arco iris es, por lo tanto, un tipo de la universalidad de la misericordia de Dios hacia el hombre. Noé fue el mediador de Dios en la bendición de la liberación del diluvio. Su nombre significa «descanso» o «consuelo» (Gn. 5:28-29); en ese sentido, Noé fue un anticipo de Aquel que vendría a dar verdadero descanso a su pueblo (véase Mt. 11:28-29; Gá. 3:13).

6. El pacto noético también contiene elementos de escatología. A pesar del juicio, Dios protege la tierra con miras al reino terrenal del Mesías, que reinará en la tierra durante el milenio.

7. El pacto con Noé ilustra la fidelidad de Dios hacia las promesas mesiánicas dadas a Israel (véase Is. 54:5-10), que son inmutables e inalterables (véase Gn. 8:22; 9:16). Las otras referencias al arco iris, tanto en el Antiguo como en el Nuevo Testamento, aparecen en contextos similares (véase Ez. 1:28; Ap. 4:3; 10:1).

En resumen, Génesis 9:11 es una ratificación de la promesa de Dios. Hay tres verbos que señalan el compromiso de Dios con Noé: «Estableceré mi pacto con vosotros»; «…no exterminaré ya más toda carne con aguas de diluvio» y «…ni habrá más diluvio para destruir la tierra». A lo largo de la historia hubo inundaciones locales que han causado daño a la población y seguirán apareciendo, pero Dios prometió que no habrá más diluvios como el de los días de Noé. La tierra presente será preservada para el juicio de los postreros tiempos (2 P. 3:7).

Y dijo Dios: Esta es la señal del pacto que yo establezco entre mí y vosotros y todo ser viviente que está con vosotros, por siglos perpetuos: Mi arco he puesto en las nubes, el cual será por señal del pacto entre mí y la tierra (Gn. 9:12-13).

Todos los pactos tienen una «señal». La señal del pacto abrahámico es la circuncisión (Gn. 17:11). La señal del pacto con Israel en el Sinaí es el sábado (Éx. 31:13-14, 17). La señal del nuevo pacto es la copa que simboliza la sangre derramada en el Calvario (Lc. 22:20). Hoy el arco iris es un símbolo de paz y de bendición. El arco que Dios ha puesto en las nubes es un recordatorio de que Él cumplirá su Palabra y que jamás volverá a ocurrir un diluvio universal. Antes del diluvio no existían las condiciones para que pudiese haber un arco. Henry M. Morris dice al respecto:

> Cuando una tormenta ha hecho lo peor y las nubes por fin han agotado la mayor cantidad de sus aguas, entonces siempre aparece un arco, y así Dios nos hace recordar de nuevo su promesa después del gran diluvio.[3]

El significado ilustrativo del arco iris es sumamente claro, pues generalmente ocurre después de una tormenta y se necesita que haya gotas de agua en la atmósfera y luz solar. De ese modo, los rayos del sol que caen sobre las nubes negras muestran claramente la conquista de la gracia divina soberana sobre el juicio. La gloria del arco iris sobre las nubes tenebrosas señala, a la postre, la victoria del ministerio salvador del Hijo de Dios sobre la oscuridad de la rebelión humana (Ro. 5:12-21).

El pasaje de Génesis 9:14-16 contiene una reafirmación del compromiso de Dios de cumplir su Palabra. Dios dejará ver su arco en las nubes, y quien mire al arco debe saber que Dios cumple fielmente su promesa. La frase «y me acordaré de mi pacto» no sugiere en lo más mínimo que Dios se haya olvidado de su promesa, todo lo contrario. La expresión es una manera de decir que Dios nunca se olvida de lo que promete. El hombre sí se olvida, pero Dios nunca pasa por alto sus compromisos.

Dijo, pues, Dios a Noé: Esta es la señal del pacto que he establecido entre mí y toda carne que está sobre la tierra (Gn. 9:17).

Este versículo resume de manera maravillosa y sencilla lo que Dios ha hecho por sus criaturas. El arco es, sin duda, una demostración gloriosa de la gracia de Dios. En Génesis 6:18, Dios dice: «Y estableceré mi pacto contigo». En Génesis 9:17, Dios dice: «Esta es la señal del pacto que he establecido entre mí y toda carne que está sobre la tierra». El Todopoderoso se acordará siempre de su promesa. Dios jamás volverá a destruir la tierra mediante un diluvio; esa es su promesa. El hombre puede ver la señal del pacto que Dios estableció de manera soberana e incondicional y puede confiar en el Dios que siempre cumple sus compromisos.

Resumen y conclusión

Génesis 9:1-17 es una impresionante exposición de la gracia soberana de Dios manifestada mediante el pacto hecho con Noé. La señal del pacto es colocada bien en alto

---

3. Henry M. Morris, *The Genesis Record*, p. 227.

en los cielos, fuera del alcance del hombre, como una promesa de la gracia preventiva de Dios en su trato con el hombre. Solo mediante su propia voluntad Dios sostendrá su creación en medio del caos y la catástrofe. Él nunca permitirá que su creación vuelva a ser destruida por un diluvio universal. El arco es un recordatorio —no para Dios, pues Él no olvida, sino para el hombre— de la gracia soberana y la misericordia de Dios hacia sus criaturas por rebeldes que sean.

La embriaguez de Noé y la maldición de Canaán (9:18-29)

Génesis, el libro de los principios, se ocupa primordialmente de trazar el desarrollo del programa de Dios de bendecir. La bendición es pronunciada sobre la creación de Dios, pero el pecado (con su subsiguiente maldición) trajo deterioro y degradación. Después del diluvio hay un nuevo comienzo con una renovación de los decretos de bendición, pero una vez más la corrupción y la rebelión dejan la raza humana alienada y esparcida a través de la faz de la tierra. Contra este telón de fondo Dios comenzó su programa de bendición otra vez, prometiendo bendición a los obedientes en la fe y maldición a los que se rebelan. El resto del libro explica cómo se desarrolló esta bendición: el pueblo escogido por Dios se convertiría en una gran nación y heredaría la tierra de Canaán. De modo que a través del Génesis los motivos de bendición y maldición ocurren una y otra vez en conexión con aquellos que son escogidos y aquellos que no lo son.

Allen P. Ross, «The Curse of Canaan», *Bibliotheca Sacra* 137 (1980), p. 223.

El último párrafo del capítulo 9 del Génesis narra la triste historia de la embriaguez de Noé y de la subsiguiente maldición de Canaán, nieto de Noé. En una primera mirada, lo ocurrido fue un pequeño incidente, pero cuando se estudia el pasaje en profundidad surgen cuestiones de gran importancia.

En primer lugar, llama la atención el comportamiento de Noé. Aquel hombre escogido por Dios para ser el representante divino en el juicio del gran diluvio ahora se comporta de una manera indigna. Antes y durante el diluvio su testimonio había sido admirable. Ahora, después del diluvio, y delante de sus hijos, su comportamiento deja mucho que desear. En segundo lugar, llama la atención la maldición pronunciada por Noé sobre Canaán, su nieto. Aparentemente, Canaán era inocente; la falta la cometió su padre, ¿por qué fue maldecido Canaán en lugar de Cam? En tercer lugar, este pasaje nos ayuda a comprender el origen de las familias que pueblan la tierra. La Biblia habla de una sola raza humana, pero los evolucionistas ofrecen una teoría diferente. La evolución ofrece la idea de la «selección natural» y la «supervivencia del más apto». La Biblia enseña la existencia de una sola raza humana y de tres familias de entre de esa única raza, que proceden de los tres hijos de Noé: Sem, Cam y Jafet.

Hay una extraordinaria declaración en Hechos 17:26-27, en la que el apóstol Pablo habla a los sabios de Atenas acerca del origen, los límites y los propósitos de Dios en la formación de las naciones. Pablo dijo:

«Y de una sangre ha hecho todo el linaje de los hombres, para que habiten sobre toda la faz de la tierra; y les ha prefijado el orden de los tiempos, y los límites de su habitación; para que busquen a Dios, si en alguna manera, palpando, puedan hallarle, aunque ciertamente no está lejos de cada uno de nosotros».

El propósito dominante de Dios en la creación de los seres humanos es que «busquen a Dios». Fue con ese fin que los hijos de Noé fueron dirigidos por la providencia de Dios al salir del arca.

Otra verdad que no debe pasarse por alto al estudiar este pasaje es el desarrollo del programa profético mesiánico. Dios prometió enviar «la simiente de la mujer» que aplastaría la cabeza de la serpiente (véase Gn. 3:15); esa simiente de la mujer que vendría sería el Mesías que procede de la humanidad. Él es el Hijo del Hombre, Dios encarnado que procederá del linaje de Sem a través de Abraham, Isaac, Jacob y David. Dios dará cumplimiento a su promesa de manera estricta al enviar al mundo al postrer Adán.

> *Y los hijos de Noé que salieron del arca fueron Sem, Cam y Jafet; y Cam es el padre de Canaán. Estos tres son los hijos de Noé, y de ellos fue llena toda la tierra (Gn. 9:18-19).*

Como ya se ha mencionado, el pacto con Noé ha sido establecido y se ha descrito la señal de dicho pacto. El arco les sugiere a Noé y a su familia la disposición de lo celestial de penetrar en lo terrenal. La iniciativa de esa acción proviene de Dios, tanto en esta como en todas las otras obras divinas. Es la acción del sol sobre las nubes oscuras lo que forma la señal del arco iris. Además, el arco iris, al tocar el cielo y la tierra —según la apreciación humana— sugería que ahora había paz entre Dios y el hombre. Y, finalmente, dado que el arco abarca el círculo de la visión, también sugiere la universalidad de la gracia proclamada por el pacto (véase Ap. 4:3: Ez. 1:28).

Puesto que ahora se tratará la cuestión de los hijos de Noé, es conveniente que se comience con la mención de ellos tal como salen del arca. La salida de aquellos hombres fue el acto inicial de la nueva etapa de la historia y el comienzo del esparcimiento de los hombres sobre la faz de la tierra (véase Gn. 10:32). Los tres hombres son mencionados nuevamente en el orden familiar: Sem, Cam y Jafet. Algunos piensan, sin embargo, que el orden correcto es Jafet, Sem y Cam.[4] Al hablar de Cam, el texto señala que era «el padre de Canaán», lo que debe significar que ese dato es importante (véase el v. 22). La maldición pronunciada por Noé sobre Canaán solo puede comprenderse correctamente a la luz del hecho de ser hijo de Cam.

La intención del versículo 19 podría ser la de enfatizar el hecho de que Sem, Cam y Jafet eran los únicos hijos de Noé. Al fin y al cabo, Noé vivió trescientos cincuenta años más después del diluvio y sería razonable esperar que pudiera haber engendrado hijos e hijas. Ese dato parece eliminar la posibilidad de que hubiese tenido más hijos. El texto declara que solo tuvo tres hijos y menciona sus nombres: Sem, Cam y Jafet.

> *Después comenzó Noé a labrar la tierra, y plantó una viña; y bebió del vino, y se embriagó, y estaba descubierto en medio de su tienda (Gn. 9:20-21).*

---

4. Henry M. Morris, *The Genesis Record*, p. 232. Véase también Herbert C. Leupold, *Exposition of Genesis*, vol. I, p. 343.

Estos versículos señalan a algo que ocurrió mucho después de que Noé y sus hijos salieron del arca, ya que hubo tiempo de plantar una viña y que las plantas crecieran y dieran fruto. Además, era necesario que llegase el tiempo de vendimiar, extraer el zumo de las uvas y permitir tiempo para la fermentación. Herbert C. Leupold comenta de manera elocuente:

> Tenemos toda la razón para creer, sin embargo, que Noé no era ignorante de la potencia de la bebida que había preparado. Pero no tomó precaución. Aquel que se mantuvo firme frente a un mundo perverso e inicuo, olvidando velar y orar en un tiempo de relativa seguridad, cayó presa de una relativamente simple tentación, que debió ser fácil de confrontar. No es el joven e inexperto Noé quien pecó, sino que es el hombre de Dios maduro, rico en experiencia el que es humillado. El tono sobrio de la detallada narración claramente señala a la culpa de Noé. Noé bebe en exceso y en realidad «se emborracha» (*shakár*). El calor del vino conduce al anciano patriarca a que involuntariamente se despoje de su vestido con el que había estado cubierto o con el que acostumbraba a vestirse mientras descansaba en su tienda. [El verbo] *yitgal* como *hitpael* debe traducirse como un reflexivo «se descubrió a sí mismo» o «estaba descubierto».[5]

La embriaguez de Noé fue total, hasta el punto de que quedó tendido e inconsciente. Como señala Leupold, aquel hombre que había confrontado tantos obstáculos antes del diluvio y los había vencido con el poder de Dios, ahora sucumbe a la tentación y se deja dominar por el licor. En el Nuevo Testamento, Pablo escribió: «No os embriaguéis con vino, en lo cual hay disolución; antes bien sed llenos del Espíritu» (Ef. 5:18).

Aunque hay quienes piensan que la borrachera de Noé no fue un acto negativo,[6] el contexto del pasaje indica lo contrario. La actitud de Sem y Jafet apunta a que Noé hizo algo vergonzoso y la maldición pronunciada sobre Canaán así lo confirma.

El sustantivo «vino» se menciona por primera vez en la Biblia en este pasaje (Gn. 9:21), y en forma desfavorable. Sin duda no fue favorable para Noé. Es posible que Noé no conociese los efectos del vino, es decir, del zumo de uva fermentado. De hecho, la Escritura no inculpa explícitamente a Noé por el acto cometido. Es posible también que lo que Noé hizo fuera un acto inocente pues, quizá, la fermentación no había sido experimentada antes. No obstante, una lectura de la Biblia deja ver que la Palabra de Dios condena la borrachera y la intoxicación en cualquier forma. De todos modos, Noé se dejó vencer por el vino que él mismo había elaborado y su testimonio revela que el pecado sigue vivo en la tierra.

Y Cam, padre de Canaán, vio la desnudez de su padre, y lo dijo a sus dos hermanos que estaban afuera (Gn. 9:22).

La borrachera de Noé tuvo terribles consecuencias. El hombre de Dios que había caminado con Dios ha caído presa de lo que, al parecer, era una simple tentación. Esta

---

5. Herbert C. Leupold, *Exposition of Genesis*, vol. I, p. 345.
6. Véase el argumento de Walter Brown en Bruce K. Waltke, *Genesis: A Commentary*, p. 148.

es una lección que todo creyente debe aprender. No siempre es el creyente sencillo e inmaduro el que peca; con frecuencia, es el cristiano experimentado y maduro el que tropieza y cae. Un dato importante que debe notarse es que la inspirada Palabra de Dios no esconde el pecado de hombres sobresalientes como Noé, Abraham, David y otros. Eso es una demostración de que la Biblia es la Palabra de Dios. Los hombres procuran esconder sus faltas y delitos, pero la Biblia expone el pecado de sus personajes más destacados.

Mientras Noé yacía dormido en su cama, con su cuerpo descubierto, quizá afectado por el calor en su tienda y por el que produce el vino, su hijo Cam entró y lo vio. El texto dice: «Y Cam… vio la desnudez de su padre, y lo dijo a sus hermanos que estaban afuera» (Gn. 9:22).

Hay dos interpretaciones de las acciones de Cam. Algunos comentaristas han interpretado la acción de Cam como un acto de homosexualismo porque dicen que la expresión «vio la desnudez» es un eufemismo para indicar un acto sexual (véase Lv. 18:6-19), y porque la frase «lo que le había hecho» (9:24) indica que Noé supo lo ocurrido y que el verbo usado se refiere a un acto sexual, no solo a una mirada. Bruce K. Waltke ofrece el siguiente comentario:

> El [vocablo] hebreo *raá* aquí significa «mirar (atentamente)» (Cnt. 1:6; 6:11b), no una mirada inocente o accidental. Fuentes rabínicas piensan que él castró a su padre o que cometió un acto de sodomía. Sin embargo, son culpables de añadir al texto. Algunos son culpables de prejuicios porque argumentan que el texto ha sido purgado de detalles impuros. Probablemente la lascivia sexual de Cam está presente (véase Hab. 2:15). Su erotismo, sin embargo, es de la peor clase. El voyerismo [contemplar a una persona desnuda con el objetivo de conseguir una excitación sexual] en general viola la dignidad del otro y le roba su deseo instintivo de privacidad y decoro, y es una forma de dominio. La [actitud] de Cam, sin embargo, es perversa, porque lo que hizo es voyerismo homosexual. Peor aún, deshonra a su padre, a quien debió haber respetado en todo caso (Éx. 21:15-17; Dt. 21:18-21; Mr. 7:10) y luego aumenta la deshonra al proclamarlo a otros.[7]

Cam contempló la desnudez de su padre y se lo dijo a sus hermanos que estaban fuera. No satisfecho con hallar placer en la vergüenza de su padre, decidió comunicar aquella vergonzosa situación a sus hermanos y así poner de manifiesto su descarada sensualidad.[8] El alemán, von Rad, dice: «Es posible que el narrador haya difuminado el relato, suprimiendo algún detalle más feo que el de ver desnudo a su padre (véase v. 24 "…lo que le había hecho su hijo más joven")».[9]

Por otro lado, la mayoría de los comentaristas entienden que Cam solo contempló la desnudez de su padre con satisfacción, una burla despreciativa a costa de su padre, y luego se lo contó a sus hermanos con cierto deleite. El hecho de haber contemplado con satisfacción la desnudez de Noé era en sí mismo una terrible ofensa a la dignidad

---

7. Bruce K. Waltke, *Genesis: A Commentary*, p. 149.

8. Keil y Delitzsch, «Genesis to Judges 6:32», *Old Testament Commentaries*, p. 120.

9. Gerhard von Rad, *El Libro del Génesis*, p. 160.

de aquel a quien debía el más profundo respeto. El acto de Cam era una muestra de rebeldía hacia la autoridad de su padre y, quizá, un resentimiento contra las reglas morales que Noé había enseñado a sus hijos durante los años antes del diluvio.[10]

El comportamiento de Cam fue un acto de rebelión contra la autoridad espiritual de su padre. No fue solo un acto de lujuria o placer inmundo, sino que Cam se regocijó en el fracaso de su padre. De ese modo puso de manifiesto un resentimiento no solo contra Noé sino también contra las reglas morales establecidas por Dios. Lo que Cam hizo estaba en completa oposición al quinto mandamiento de la Ley: «Honra a tu padre y a tu madre, para que tus días se alarguen en la tierra que Jehová tu Dios te da» (Éx. 20:12). Ese mandamiento tiene que ver con la autoridad de Dios delegada a la familia. Esa autoridad fue rechazada por Cam de manera desafiante y, a la luz de esa señal tan manifiesta, puede verse cómo la borrachera de Noé palidece en importancia y significado ante el mayor pecado cometido por su hijo. Es sorprendente que tan poco tiempo después del diluvio los seres humanos se hayan olvidado de someterse a Dios para seguir el camino de la decadencia espiritual.

Entonces Sem y Jafet tomaron la ropa, y la pusieron sobre sus propios hombros, y andando hacia atrás, cubrieron la desnudez de su padre, teniendo vueltos sus rostros, y así no vieron la desnudez de su padre (Gn. 9:23).

El autor de Génesis describe la actitud honorable y respetuosa de Sem y Jafet hacia su padre. Hay un gran contraste entre la desvergonzada sensualidad de Cam y el respeto y la modestia de Sem y Jafet. Estos dos hermanos muestran respeto hacia su padre mientras que Cam muestra burla y desdén. Sem y Jafet mostraron su respeto al caminar hacia atrás para evitar ver la desnudez de Noé y así cubrieron su cuerpo con la ropa. El versículo termina con una frase enfática: «…y así no vieron la desnudez de su padre». Dicha frase es, evidentemente, una reprimenda a la actitud de Cam y a él mismo. Sem y Jafet honraron a Noé mientras que Cam lo deshonró.

Y despertó Noé de su embriaguez, y supo lo que había hecho su hijo más joven, y dijo: Maldito sea Canaán; siervo de siervos será a sus hermanos (Gn. 9:24-25).

Finalmente, Noé despertó de su estupor. Probablemente notó la posición de su ropa, dedujo que estaba colocada de manera diferente y concluyó que había actuado vergonzosamente. Seguramente Noé averiguó y supo lo que había ocurrido. Se enteró de lo que Cam había hecho y entendió que su hijo menor había cometido una ofensa, tanto contra él como contra Dios mismo.

Después de aquel penoso acontecimiento, Noé, guiado por el Espíritu Santo, pronunció una de las grandes profecías mesiánicas del Antiguo Testamento. Hay un sorprendente paralelismo entre la profecía y el protoevangelio dado por Dios a Adán, Eva y la serpiente (véase Gn. 3:14-19). El protoevangelio fue dado después de la caída de Adán, mientras que la profecía fue dada después de la caída de Noé. Henry M. Morris, en su excelente comentario, dice:

---

10. Henry M. Morris, *The Genesis Record*, p. 235

El paralelismo entre las dos situaciones es llamativo. Tanto Adán como Noé recibieron el mandamiento de llenar la tierra y ejercer dominio sobre ella. Cada uno de ellos es progenitor de todos los seres humanos en el mundo presente. Ambos pecaron al participar de un fruto: Noé del fruto de la viña y Adán del fruto del árbol del conocimiento del bien y del mal. Como resultado, ambos quedaron desnudos y alguien tuvo que proveer una cubierta para ellos. Finalmente la profecía resultó en una maldición que ha afectado a la humanidad desde entonces. Junto con la maldición, sin embargo, también están las bendiciones y la anticipación de la salvación final.[11]

Hay varios asuntos relacionados con la maldición de Canaán que deben considerarse. El oráculo abarca los versículos 9:24-27 e incluye a los dos hermanos, Sem y Jafet, pero la esencia del pasaje es la maldición pronunciada sobre Canaán.

En primer lugar, dado que Cam fue quien llevó a cabo el acto pecaminoso, ¿por qué es maldecido Canaán en vez de Cam, su padre? Los que sostienen que el acto de Cam tuvo que ver con la homosexualidad dicen que Noé habló con el conocimiento de que la perversión sexual está relacionada con la influencia paternal tanto desde la perspectiva del ambiente como de la debilidad inherente o heredada. De modo que desde esta óptica, Noé, guiado por el Espíritu Santo, escogió a uno de los hijos de Cam para descargar la culpa por aquel acto de perversión. Otros creen que la maldición cayó sobre la familia de Cam porque había fracturado la familia de Noé mediante su acto de rebeldía.

Otro tema de discusión que ha surgido respecto de la maldición de Canaán se relaciona con el problema racial. Algunos afirman que de esa maldición procede la raza negra. Se alega que Dios maldijo a la descendencia de Cam, concretamente a la gente de raza negra, con el propósito de que el hombre negro fuese relegado a la esclavitud o a la servidumbre social. Para resolver esa incógnita es necesario adentrarse en otras cuestiones. Para comenzar, es importante observar que la maldición fue pronunciada sobre Canaán, no sobre Cam. O sea, que la maldición de Noé fue sobre uno de los cuatro hijos de Cam (véase Gn. 10:6), y eso implicaría que el dominio posterior de Israel sobre los cananeos hubiese cumplido la profecía (véase Jos. 9:23; 1 R. 9:21). Henry M. Morris hace la siguiente observación:

Desafortunadamente, algunos intérpretes han aplicado la maldición camítica concretamente a los pueblos negros, usándola para justificar el mantener al hombre negro en servidumbre económica o incluso en esclavitud. Es obvio, sin embargo, que la profecía tiene que ver no solo con los negros africanos sino también con todos los otros descendientes de Cam (la mayoría de los cuales no son negros), y ninguno de los pueblos camitas ha experimentado tal servidumbre durante su historia como los pueblos no camitas.[12]

Morris ha sugerido también que Canaán es mencionado simplemente porque Noé deseaba enfatizar que la profecía se extendía a todos los hijos de Cam, incluyendo al menor. El profesor Morris añade que la profecía se ha cumplido solo imperfectamente

---

11. Henry M. Morris, *The Genesis Record*, pp. 236-237.
12. Henry M. Morris, *The Genesis Record*, p. 218.

porque los fenicios y los heteos, ambos descendientes de Canaán, fueron dos de las grandes naciones de la antigüedad. Aunque, a la postre, sufrieron el infortunio de la destrucción, los descendientes de los otros dos hermanos sufrieron lo mismo.

Por último, fue el pecado de Cam, no el de Canaán, lo que produjo la maldición. El problema, como puede verse, no es de fácil solución. Es posible que la intención de Noé fuera que solo Canaán y su descendencia estuviesen implicados en la profecía. Esa parece ser la opinión de Herbert C. Leupold:

> Canaán es el cuarto hijo de Cam (Gn. 10:6) y podría decirse que aproximadamente representa una cuarta parte de la raza camita. Solo él está bajo consideración aquí. El resto de la estirpe camita, al parecer, no entra en consideración porque no es directamente bendecida o maldecida. Su influencia en el desarrollo del resto de la raza humana es prácticamente cero y, por lo tanto, no necesita ser mencionada aquí.[13]

Debe recordarse, no obstante, que la promesa de Dios es bendecir a todas las naciones mediante la simiente de Abraham, que sería un descendiente de Sem, pues el Mesías procede de Abraham y este de Sem. De modo que «todas las familias de la tierra» serán benditas a través de un descendiente de Sem, esto es, el Mesías.

Hay otras dos cosas que no debe pasarse por alto. La profecía pronunciada por Noé tiene que ver con lo que ha de ocurrir, no con lo que Dios manda hacer a los descendientes de Cam. Además, los descendientes de Cam incluyen no solo a personas de raza negra sino también a otros pueblos camitas. La historia registra que los pueblos camitas no han sufrido más servidumbre que otros pueblos no camitas. La maldición no ha afectado a Mizraim (Egipto) porque la tierra de esa nación fue próspera durante mil años y fue, además, un modelo de la civilización camita.

En resumidas cuentas, quizá sea mejor ver la profecía cumplida en la larga historia del sometimiento de los cananeos bajo Mesopotamia, Egipto y, específicamente, Israel, ya que por ellos muchos de los cananeos conquistados fueron exterminados (véase 1 R. 9:20-21). Si la maldición cae particularmente sobre Canaán, entonces es claramente erróneo afirmar que cae sobre el pueblo negro de África y sus descendientes.

> *Dijo más: Bendito por Jehová mi Dios sea Sem, y sea Canaán su siervo (Gn. 9:26).*

Llama la atención el hecho de que Noé, en primer lugar, alaba a Jehová Dios, diciendo: «Bendito sea Jehová el Dios de Sem». Esa es la traducción correcta de esa frase.[14] El texto hebreo dice exactamente lo siguiente: «Él también dijo: Bendito sea Yavé el Dios de Sem...» [*vayomer barúk Yehová elojéi shem*]. Gordon J. Wenham dice:

> «Bendito sea el Señor, el Dios de Sem». Esta es una manera rara de expresar una bendición, porque hace que el Señor y no Sem sea el objeto de la bendición.

---

13. Herbert C. Leupold, *Exposition of Genesis*, vol. I, p. 349.

14. Véase *La Sagrada Biblia* (traducida por Francisco Cantera Burgos y Manuel Iglesias González), también *La Nueva Biblia Latinoamericana* (traducida por Ramón Ricciardi y Bernardo Hurault); *Biblia de las Américas* (publicada por la Fundación Bíblica Lockman).

Uno esperaría que dijese: «Bendito del Señor sea Sem» y esta y otras enmiendas al texto han sido propuestas. Sin embargo, puesto que son puras conjeturas, es mejor intentar entender el texto tal como aparece como una doxología a Dios.[15]

El patriarca Noé, por lo tanto, expresa una emotiva alabanza a Jehová producida por la grandeza de la bendición dada a Sem. El uso de Yahvé, el nombre personal de Dios como el guardador del pacto, apunta al hecho de que Sem ya guarda una relación pactada con Jehová y que su bendición yace completamente en esa relación. «Mediante esa bendición doxológica, Noé pide que el Dios guardador del pacto sea reconocido y santificado como el autor de la vida y las victorias de Sem».[16] Evidentemente, Dios, de manera soberana, escogió a Sem para que fuese la simiente de la mujer y, a través de él, enviar a Aquel que, a la postre, aplastaría la cabeza de la serpiente (véase Gn. 3:15).

Como también señala el profesor Waltke:

> La gracia soberana siempre abre un bendito futuro, tal como cuando Dios escoge a los sucesores de Sem: a Abraham, no a Nacor; a Isaac, no a Ismael; a Jacob, no a Esaú; a Judá, no a José.[17]

Una pregunta importante es ¿cuál es la bendición de Sem? Aunque el texto de Génesis 9:26 no lo dice de manera explícita, el contexto parece señalar que es a través de Sem que Dios enviará la más grande de todas las bendiciones a la humanidad, es decir, al Mesías, la simiente de la mujer, Dios manifestado en forma de hombre para proveer redención a pecadores. La simiente de Sem a través de Abraham, Isaac, Israel y David proporcionará la victoria total y final sobre el pecado, la muerte y el mismo Satanás.

Por otro lado, los descendientes de Canaán, hijo de Cam, serán siervos de Sem y su descendencia. Según el texto, los descendientes de Canaán serán tanto siervos de Sem como de Jafet. En Génesis 9:25 aparece la frase «siervo de siervos será a sus hermanos», indicando que los descendientes de Canaán ocuparán una posición inferior y despreciable como esclavos de los descendientes de Sem y Jafet. La idea es que las naciones cananeas servirán a las naciones semitas y jafitas.

> *Engrandezca Dios a Jafet, y habite en las tiendas de Sem, y sea Canaán su siervo (Gn. 9:27).*

El nombre Jafet significa «ampliar», «agrandar». El versículo podría traducirse así: «Que Dios agrande a Jafet y habite en las tiendas de Sem…». Los descendientes de Jafet son los llamados «indoeuropeos» o «arios» que se han extendido a través de vastos territorios, abarcando desde la India, a toda Europa y al hemisferio occidental.

¿Quién habita en las tiendas de Sem? Hay quienes entienden que «Dios» es el sujeto y lo traducen «Y habite [Dios] en las tiendas de Sem». Hay una antigua tradición judía que le da ese sentido. Sin embargo, el contexto da mayor apoyo a la postura de que Jafet es el sujeto de la oración. Parece ser algo difícil que la habitación de Dios con Sem sea de bendición a Jafet. Además, el plural «las tiendas» parece sugerir que un grupo

---

15. Gordon J. Wenham, «Genesis 1-15», *Word Biblical Commentary*, p. 202.

16. Bruce K. Waltke, *Genesis: A Commentary*, p. 150.

17. *Ibíd.*, p. 151.

de gentes está habitando en medio de Sem, no un solo Dios. También, si Dios fuese el sujeto de «habitar», se esperaría el uso del nombre personal de Dios, es decir, Jehová, como sucede en el versículo 26.[18]

Sem es, sin duda, la figura central de la profecía y Jafet ha de habitar en las tiendas de Sem. Eso parece indicar que Jafet ha de compartir las bendiciones de Sem mediante una estrecha comunión. «Habitar en las tiendas de alguien» denota esa idea (véase Sal. 133:1). El significado pleno de esa idea puede verse en el Nuevo Testamento mediante el llamado de Dios a los gentiles (véase Mt. 21:43; Ro. 11:11-24; Ef. 3:5-6). No debe perderse de vista que el plan soberano de Dios y su promesa, como se verá más adelante, es bendecir a todas las naciones mediante la simiente que procede de Sem y que pasará a través de Abraham, Isaac, Israel y David. Esa simiente será el Mesías a quien Dios enviará cuando haya llegado «el cumplimiento del tiempo» (Gá. 4:4).

> *Y vivió Noé después del diluvio trescientos cincuenta años. Y fueron todos los días de Noé novecientos cincuenta años; y murió (Gn. 9:28-29).*

Estos dos versículos concluyen «la historia de Noé», que vivió 350 años después de terminado el diluvio, es decir, un total de 950 años. Solo Jared (962 años) y Matusalén (969 años) vivieron más que Noé. Aquel gran patriarca vivió en medio del ambiente más corrupto que la humanidad haya conocido hasta ahora. Noé, sin embargo, se caracterizó por su andar con Dios y fue un «pregonero de justicia». La Epístola a los Hebreos dice que «por su fe condenó al mundo» (He. 11:7). Por supuesto que Noé no fue un hombre perfecto, pero sí un hombre de fe. Si las genealogías de Génesis 11 no contienen lagunas, probablemente Noé vivió hasta que Abraham tenía cincuenta y ocho años. También es posible que viviese hasta el tiempo de la dispersión de las naciones que se registra en Génesis capítulo 11.

RESUMEN Y CONCLUSIÓN

Génesis capítulo 9 contiene dos temas principales. El primero de ellos se registra en 9:1-17 y trata del pacto hecho por Dios a través de Noé. Dios da a Noé un mandato similar al que le dio a Adán (Gn. 1:28). Con Noé hay un nuevo comienzo. Él es el nuevo administrador de Dios en la tierra. El pacto incluye la prohibición de comer sangre de animales, por lo que había que drenar la sangre antes de comer la carne de los animales que se permitían comer. Además, Dios da al hombre la autoridad de condenar a muerte a cualquiera que «derrame sangre de hombre». Tanto un animal como un hombre que derramase sangre humana debían morir. La razón de esa sentencia es «porque a imagen de Dios es hecho el hombre» (Gn. 9:6). También Dios dio a Noé una señal del pacto, el arco iris, que simboliza el compromiso de Dios de no volver a destruir la tierra y sus habitantes por medio de un diluvio.

La segunda parte del capítulo 9 abarca los versículos 18-29 y contiene el oráculo de Noé, la maldición de Canaán y la promesa de bendición para Sem y Jafet. Noé, el justo y recto hombre de Dios, tropezó y cayó cuando se embriagó y se acostó desnudo en su tienda. Su hijo menor, Cam, se burló de la desnudez de su padre y Noé pronunció una maldición sobre Canaán, uno de los hijos de Cam. Aunque no hubo ningún acto

---

18. Gordon J. Wenham, «Genesis 1-15», *Word Biblical Commentary*, pp. 202-203.

homosexual en la acción de Cam, sí hubo una ofensa y una burla hacia su padre. Eso dio lugar a la maldición pronunciada por Noé, que era un medio de ver que la voluntad de Jehová era ejecutada en juicio divino sobre cualquiera que profanase lo sagrado. Los descendientes de Canaán fueron condenados a ser «siervos de siervos para sus hermanos». La idea de que la maldición tiene que ver con el origen de la raza negra debe ser rechazada por no ajustarse ni a la exégesis ni a la historia.

Finalmente, Dios bendijo a Sem y a Jafet. Sem fue el escogido por Dios para enviar a través de su descendencia al que sería la «simiente de la mujer» que aplastaría de una vez por todas la cabeza de la serpiente (Gn. 3:15). Jafet sería bendecido por su comunión con Sem «al habitar en las tiendas de Sem», una señal de íntima comunión. Noé vivió una larga vida, solo superado en ese aspecto por Jared y Matusalén. Es probable que Noé viviese hasta el tiempo de la dispersión de las naciones que tuvo lugar en la torre de Babel (véase Gn. 11).

DIARIO DE NOÉ

Día	Mes	Acontecimiento	Total días
17	2	Todos entran el arca. Dios cierra la puerta. Lluvia torrencial. Fuentes del abismo rotas. El arca flota. El arca navega sobre la tierra.	40
27	3	Deja de llover. El diluvio continúa. Las aguas suben.	110
17	7	El arca se asienta en los montes de Ararat y permanece allí. Las aguas dejan de subir. Las aguas se mantienen.	40
27	8	Las aguas comienzan a asentarse. Se estabiliza a 15 codos.	34
1	10	El arca queda en tierra seca. Las aguas continúan bajando. Noé espera.	40
11	11	Noé envía un cuervo. El cuervo no regresa. Las aguas bajan. Noé espera.	7
18	11	Noé envía una paloma. La paloma regresa. Las aguas bajan. Noé espera.	7
25	11	Noé vuelve a enviar una paloma. La paloma regresa y trae una hoja de olivo. Las aguas bajan, Noé espera.	7
2	12	Noé envía una paloma otra vez. La paloma no regresa. Las aguas bajan. Noé espera.	29
1	1	Noé quita la cubierta del arca. Mira alrededor y no ve agua. La tierra estaba seca. Noé espera.	56
27	2	Dios abre la puerta, y dice: «Sal del arca».	

Duración total del diluvio   370

LOS DESCENDIENTES DE NOÉ

NOÉ

Jafet
Gomer
Askenaz
Rifat
Togarma
Magog
Madai
Javan
Elisa
Tarsis
Quitim
Dodanim
Tubal
Mesec
Tiras

Cam
Cus
Seba
Havila
Sabta
Raama
Seba
Dedán
Sabteca
Nimrod
Mizraim
Ludim
Anamin
Lehabim
Naftuhim
Patrusim
Casluhim
Caftorim
Fut
Canaán
Sidón
Het
Jebuseo
Amorreo
Gergeseo
Heveo
Araceo
Sineo
Arvadeo
Zemareo
Hamateo

Sem
Elam
Asur
Arfaxad
Sala
Heber
Peleg
Joctán
Almodad
Selef
Hazar-Mavet
Jera
Adoram
Uzal
Dicla
Obal
Abimael
Seba
Ofir
Havila
Jobad
Lud
Aram
Uz
Geter
Hul
Mas

10

Catálogo de las naciones: Historia de los hijos de Noé (10:1-32)

La genealogía de las tribus no es un mito etnográfico, ni el intento de los antiguos hebreos de trazar la conexión de su propio pueblo con las otras naciones de la tierra mediante tradiciones inciertas y combinaciones subjetivas, sino un registro histórico del origen de las naciones, basado sobre una tradición heredada de los padres que, a juzgar por su contenido, pertenece al tiempo de Abraham… y fue insertado por Moisés en la historia temprana del reino de Dios debido a su importancia universal en conexión con la historia sagrada. Porque no solo señala el lugar de la familia que fue escogida como recipiente de la revelación divina entre el resto de las naciones, sino que traza el origen del mundo entero, con la intención profética de mostrar que las naciones, aunque pronto se entregaron a andar en sus propios caminos (Hch. 14:16), no era la intención de que fuesen para siempre excluidas del amor eterno. En ese respecto las genealogías preparan el camino para la promesa de la bendición, que un día se extendería de la familia escogida a todas las familias de la tierra (Gn. 12:2-3).

Keil y Delitzsch, «Genesis to Judges 6:32»,
Old Testament Commentaries, p. 124.

La lectura de Génesis 10 y 11 no es muy amena, y la mayor parte de los cristianos los leen poco. Algunos, incluyendo maestros y predicadores de la Biblia, no encuentran la importancia de esa sección de las Sagradas Escrituras. Otros solo ven una lista de nombres, a veces difíciles de pronunciar, y no consideran que sea importante invertir tiempo en el estudio de esta sección de Génesis.

Es importante no perder de vista el propósito y los objetivos del autor del libro al dar a sus lectores esta sección de Génesis, el Libro de los principios. Es importante recordar que Génesis está estructurado sobre la idea del diseño de Dios de bendecir a la humanidad a través de las promesas incondicionales dadas al patriarca Abraham. Acontecimientos tales como la creación, la caída, el diluvio y otros son relatados en forma breve, y constituyen el trasfondo de la elección soberana de Abraham, las promesas del pacto y la misión de la simiente del patriarca entre las naciones.

El diluvio ha acontecido en el contexto anterior al capítulo 10. Dios deja saber que los hijos de Noé serán usados para repoblar la tierra (Gn. 9:18-19). Seguidamente se registra la profecía de la maldición de Canaán y la bendición a Sem y a Jafet (Gn. 9:20-29). En el capítulo 10, sigue el relato de la dispersión de los hijos de Noé por toda la faz de la tierra. Todo eso ocurre para que el llamado de Abraham sea visto a la luz de ese trasfondo en su significado y su alcance universal. Las naciones dispersas como resultado del juicio de Dios (véase Gn. 11:1-9) proporcionan la ocasión para el llamado de un hombre a través de quien el propósito divino se cumpliría.

Los objetivos del autor, por lo tanto, son registrar la culminación de la providencia divina en la historia de las naciones (véase Dt. 32:8-9), explicar la conexión de Israel con los pueblos entre los cuales iba a vivir y recordar al lector la unidad fundamental de todos los pueblos de la tierra, aun cuando Jehová Dios tenga un plan especial para un pueblo elegido entre toda la humanidad (véase Hch. 17:26). Como expresa Umberto Cassuto:

> Según la opinión prevalente de los eruditos bíblicos, aquí tenemos una especie de «intento científico», por así decir, para explicar el origen de los pueblos del mundo y presentar una clasificación etnográfica de todas las naciones de la humanidad.[1]

El Antiguo Testamento presenta un panorama universal donde puede verse a los pueblos de la tierra moviéndose, desarrollándose y expandiéndose en el amanecer de la historia del mundo. El origen de la humanidad es trazado al Oriente Próximo, la verdadera «cuna de la civilización». Como es de esperarse, el Nuevo Testamento lleva al lector de regreso a los principios con la mención de Babilonia, Jerusalén, el paraíso, el árbol de la vida, y otros elementos (véase Ap. 21—22). Hay una maravillosa coherencia en la Palabra de Dios, y esta lección forma parte de ella.

En el catálogo de las familias, primero se consideran a Jafet (Gn. 10:2-5) y Cam (Gn. 10:6-20), y luego a Sem (Gn. 10:21-32) al final del capítulo, lo que no es un procedimiento extraño en temas secundarios del Génesis. Las ramas no abrahámicas de la familia son consideradas al principio para poder concentrarse en la línea patriarcal. Por lo tanto, en Génesis 11:10-32 el autor se aboca a Sem, que es aquí la persona más importante. Después lo será Abraham, el descendiente de Sem. El principio utilizado es el de la importancia histórica, no la cronológica. Debe observarse que el capítulo 10 es el que abre la sección que llega hasta el 11:1-9. En el capítulo 10 se registra el «cómo» de la dispersión en la torre de Babel, y en el capítulo 11 se narra el «porqué». De modo que, debido a que la confusión de lenguas antecede a la dispersión (véase Gn. 10:5, 10, 20, 25) el resto del libro tiene que ver con la familia de Sem y su miembro más importante, el patriarca Abraham.

---

1. Umberto Cassuto, *A Commentary on the Book of Genesis, Part Two*, p. 174.

Los hijos de Noé (10:1)

Estas son las generaciones de los hijos de Noé: Sem, Cam y Jafet, a quienes nacieron hijos después del diluvio (Gn. 10:1)

Génesis 10:1 es el encabezamiento histórico de esta sección, y da a conocer lo que sucede después del diluvio con los tres hijos de Noé. Obsérvese la conexión del capítulo 10 con el capítulo 9, particularmente 9:18 y 9:28. El mandato de Dios a Noé y a sus hijos había sido «…fructificad y multiplicaos, y llenad la tierra» (Génesis 9:1). Ese mandato se cumple en los capítulos 10 y 11. El vocablo «generaciones» [*toledot*] es como un rótulo que indica el comienzo de cada uno de los diez libros que forman la estructura del Génesis.

Los descendientes de Jafet (10:2-5)

Los hijos de Jafet: Gomer, Magog, Madai, Javán, Tubal, Mesec y Tiras (Gn. 10:2).

Obsérvese que el texto registra que Jafet tuvo siete hijos. El sustantivo «Jafet» significa «que engrandezca», «que crezca», «que se extienda» [*yéfet*]. Los pueblos descendientes de Jafet poblaron el territorio entre los mares Egeo y Caspio. Los descendientes de Jafet citados en el texto suman catorce, y se esparcieron por los territorios de Anatolia y Grecia. El texto da atención a Gomer, que tuvo tres hijos, y a Javán, que tuvo cuatro.

Gomer es identificado generalmente por los etnólogos con los cimerios. Según el historiador griego Herodoto (siglo V a.C.), los cimerios habitaban la región norte del Cáucaso y el Mar Negro. Se cree que llegaron a Asia procedentes de las regiones más allá del Cáucaso y se establecieron en la región de Capadocia. Gomer es el progenitor de los llamados «indoeuropeos». En su historia temprana los jafitas se dividieron en dos grupos. Uno de ellos se estableció en Europa y el otro en la India, lo que explica el nombre de «indoeuropeos». En cierto momento, los asirios tuvieron que enfrentarse a los cimerios, que habían invadido su territorio. Por el año 705 a.C., el rey Midas de Frigia también sufrió una invasión de los cimerios que habían sido expulsados del sur de Rusia —como se conoce ese territorio hoy— por los escitas. Magog es el segundo hijo de Jafet. Ese nombre también se le da a una tierra situada en las partes remotas del norte (véase Ez. 38:2; 39:6). Algunos identificaron a Magog con el reino de Lidia, mientras que otros lo identifican con los escitas.

Madai es identificado con los medos que ocuparon el área montañosa al este de Asiria y al sur del mar Caspio. Es un pueblo bien conocido en el Antiguo Testamento (2 R. 17:6; 18:11; Is. 21:2), y se corresponde con el Irán moderno. La historia de ese pueblo también es conocida por las inscripciones asirias desde el siglo IX a.C., hasta la caída del Imperio asirio en el siglo VII a.C.

Javán engendró a cuatro hijos. De él procede el pueblo jónico y, por lo tanto, es el progenitor de los griegos. Elisa, el primer hijo de Javán, es el padre de los «helenos» o los griegos. Tarsis ha sido identificado tanto con los tartessos de España como con los cartagineses del norte de África. El problema es que tanto Tartessos como Cartago fueron fundadas por los fenicios, que eran de origen camita o cananeo.

Los descendientes de Quitim, el tercer hijo de Javán (Gn. 10:4; 1 Cr. 1:7), se asentaron en la isla de Chipre, y su ocupación principal fue la navegación mercante (véase

Nm. 24:24). Dodanim o Rodanim (véase 1 Cr. 1:7, LBLA) se refiere a los habitantes de la isla de Rodas y a las islas adyacentes del mar Egeo. Tanto el texto hebreo como la Septuaginta retienen la lectura «Rodanim» que, al parecer, es la lectura correcta. Como puede verse, los jafitas se esparcieron a través de un territorio muy bien definido, que abarca desde España hasta Media casi en una línea recta de este a oeste.

Los hijos de Gomer son Askenaz, Rifat y Togarma (Gn. 10:3). Los escitas surgieron de Askenaz. Este pueblo rudo y de baja cultura es conocido como tal desde cerca del siglo VII a.C. Era un pueblo nómada, dedicado al pastoreo y a la cría de caballos. Habitaban el territorio al norte del Mar Negro y se dedicaban al comercio, vendían ganado, pieles curtidas y cereales a los griegos. También traficaban con esclavos. Debido a su cruel comportamiento fueron conocidos como «bárbaros».

Rifat era el segundo hijo de Gomer. Debido a que es posible confundir la «R» y la «D» en hebreo, el nombre «Rifat» aparece en el texto hebreo como «Difat». Debido a la dificultad de identificar este nombre, se han hecho varias conjeturas, pero la gran mayoría son improbables. Josefo, el historiador judío, lo identifica con el ancestro de los paflagonios, un pueblo antiguo que posteriormente formó parte de una provincia romana situada en la costa sur del Mar Negro. Otra posibilidad es que los descendientes sean los carpatenses, es decir, naturales de los montes Cárpatos.

Togarma fue el tercer hijo de Gomer. Según Ezequiel 38:6, habitaba en «los confines del norte». Se lo ha identificado con Til-garimu o Tegarama. Algunos etnógrafos identifican a Togarma con Armenia (véase Ez. 27:14). Ese pueblo, junto con otros, le proveía caballos y mulas a Tiro (véase Ez. 27:14) y soldados a Gog (Ez. 38:6).

> *De éstos se poblaron las costas, cada cual según su lengua, conforme a sus familias en sus naciones (Gn. 10:5).*

El pronombre «éstos» se refiere a los jafetitas que han sido mencionados. Cada grupo tenía su propia tierra y su propio idioma. Este versículo enseña que la ocupación de los territorios fue después de la confusión de lenguas que ocurrió en Babel (véase Gn. 10:20, 31). Los descendientes de Jafet habitaron un amplio territorio que abarca las islas del Mediterráneo y el territorio desde España (a través de Asia Menor) hasta Media. El texto dice que no solo tenían su propio territorio sino también su propia lengua.

DESCENDIENTES DE JAFET

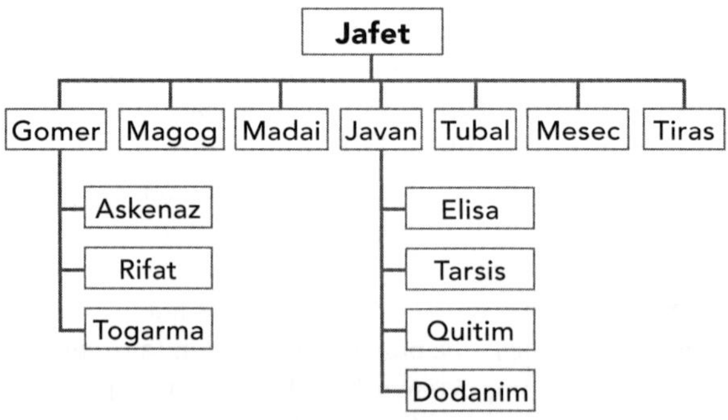

LOS DESCENDIENTES DE CAM (10:6-20)

Los descendientes de Cam dieron origen a los grandes imperios mundiales. El primer gran fundador de un imperio fue Nimrod, hijo de Cus y nieto de Cam (véase Gn. 10:8-11). Nimrod fundó los reinos de Babilonia, Asur y Nínive. Los descendientes de Cam también se establecieron en Egipto. Los camitas fueron competentes y hábiles en artesanía, ingeniería, astronomía, y fueron grandes inventores.

El territorio de los camitas se extendía desde Canaán hacia el sur, como se indica en Génesis 10:8-12. En Génesis 10:6 aparecen los nombres de los cuatro hijos de Cam, pero luego solamente se mencionan las descendencias de tres de ellos.

Los hijos de Cam: Cus, Mizraim, Fut y Canaán (Gn. 10:6).

El primer hijo de Cam es Cus. Algunos lo identifican con Nubia y el norte de Sudán o, quizá, el país que bordea el Mar Rojo.[2]

Merrill F. Unger, quien fuera profesor de Antiguo Testamento en el Seminario Teológico de Dallas, dice lo siguiente:

> Claramente, el hogar original de los cusitas estaba en la parte baja del Tigris y el Éufrates, donde Nimrod les erigió un gran poderío. De allí se esparcieron a la parte sur de la península arábiga y, a la postre, cruzaron el Mar Rojo, colonizaron la Nubia africana y Abisinia. El Cus asiático original, sin embargo, era irrigado por el río Gihón en Babilonia (Gn. 2:13).[3]

Los descendientes de Cus son generalmente relacionados con dos pueblos: los etíopes al sur de Asiria y los casitas al este. Algunos creen que Cus incluye no solo Etiopía sino también lo que hoy es Nubia y parte de Sudán. En realidad, identificar a los cusitas hoy día no es tarea fácil.

Mizraim —nombre bíblico de Egipto— es el segundo hijo de Cam. Todas las veces que se lee en el Antiguo Testamento «Egipto», el vocablo que aparece en el original es «Mizraim», que aparece unas noventa veces. El territorio de Mizraim está situado al norte de Cus. Mizraim —es decir, Egipto— ha tenido una historia espléndida en el pasado. A ese territorio y reino emigró la familia de Israel por el año 1876 a.C., y allí permaneció hasta el año 1446 a.C., es decir, 430 años. Según las tablillas de el-Amarna, los cananeos llamaban Mizri a Egipto. El nombre hebreo Mizraim, que tiene la misma raíz, es normalmente comprendida como una forma dual que preserva la antigua división del territorio del Alto Egipto (arriba de Menfis) y Bajo Egipto (región del Delta).

Fut era el tercer hijo de Cam y puede también referirse a Libia. Es la región del norte de África y al oeste de Egipto, dato que fue confirmado por el historiador Josefo. También se identifica como la región de Cirene al norte de África. El texto no menciona ningún descendiente de Fut.

Canaán fue el cuarto hijo de Cam. Los cananeos se asentaron en la tierra que poste-

---

2. Bruce K. Waltke, *Genesis: A Commentary*, p. 168.

3. Merrill F. Unger, *Archeology and the Old Testament* (Grand Rapids: Zondervan Publishing House, 1960), p. 83.

riormente se ha conocido como Palestina y también como la «tierra de Canaán» (véase Gn. 12:5). El nombre cananeo se les da, por lo tanto, a los habitantes de la tierra de Canaán, también conocida como Palestina. Hay muchas tribus relacionadas de alguna manera con Canaán y sus habitantes son llamados cananeos. Esas tribus ocuparon la tierra que Dios prometió a Abraham y a su simiente a través de Isaac y Jacob (véase Gn. 13:14-17; 15:18-21). Génesis 10:15-18 contiene la lista de los pueblos o tribus descendientes de Canaán.

> *Y los hijos de Cus: Seba, Havila, Sabta, Raama y Sabteca. Y los hijos de Raama: Seba y Dedán (Gn. 10:7).*

Algunos de los hijos de Cus se asentaron en el sur de Arabia y otros en el norte, aunque no ha sido posible identificar dichos pueblos con exactitud. Seba es conocido como el nombre de un importante reino en el sur de Arabia que es mencionado en Isaías 43:3 y 45:14. Según Josefo, Seba estaba situada en Meroe, la antigua capital de Etiopía. Havila significa «tierra de arena», y es probable que fuese el progenitor de algunas tribus árabes que habitaron el territorio al noroeste de Arabia, cerca de Seba. Ese territorio era ocupado en parte por cusitas y en parte por joctanitas, que eran de origen semita (véase Gn. 10:7, 29; 1 Cr. 1:9, 23).

Sabta es identificado como un pueblo que habitaba al sur de Arabia y al que en Génesis 10:26 se lo llama Hazar-mavet. Algunos lo identifican con una ciudad de Arabia llamada Sabbata, que era conocida por sus sesenta templos y por su comercio de incienso.

Raama es identificado con una tribu de sabeos que habitaban al suroeste de Arabia. El texto dice que era el padre de Seba y Dedán. Raama es el único hijo de Cus cuyos hijos se mencionan por nombre. Sabteca representa a una rama del pueblo etíope, localizado en el extremo oriental, es decir, al este del golfo Pérsico donde, según H. C. Leupold, hay un pueblo llamado Samuthake que tiene un parecido con Sabteca.[4] Seba y Dedán son los descendientes de Raama y, por lo tanto, nietos de Cus. Tanto Seba como Dedán, al parecer, llegaron a ser personas importantes, como lo sugiere el hecho de que años después dos de los hijos de Jocsán, hijo de Abraham con Cetura, recibieron los mismos nombres (véase Gn. 25:1-3).

> *Y Cus engendró a Nimrod, quien llegó a ser el primer poderoso en la tierra. Este fue vigoroso cazador delante de Jehová; por lo cual se dice: Así como Nimrod, vigoroso cazador delante de Jehová (Gn. 10:8-9).*

Nimrod, hijo de Cus, fue el fundador del primer reino imperial que ha existido en la humanidad. El origen de este reino es introducido de un modo que resulte inolvidable para cualquier lector: «Nimrod llegó a ser el primer poderoso en la tierra» (Gn. 10:8).

El vocablo «poderoso» [*guibbor*], tal como aparece en Génesis 6:4, describe a un hombre que se destaca por ser «osado» y «audaz». El nombre «Nimrod» significa «nos rebelaremos». Es probable que muy temprano en su vida Nimrod comenzase a doblegar a otros y a colocarlos bajo su autoridad. Sin duda, Nimrod pronto se convirtió en una

---

4. Herbert C. Leupold, *Exposition of Genesis*, vol. I, p. 365.

figura mítica y de gran importancia en la historia de su generación. Evidentemente, nunca antes había habido un hombre con la influencia social y política que él tuvo.

Génesis 10:9 no solo lo describe como «el primer poderoso en la tierra», sino también como «vigoroso cazador delante de Jehová». Esta frase se presta a dos interpretaciones:

1. Podría referirse a su proeza de perseguir, atrapar y matar animales. En ese caso la idea sería que la expresión «delante de Jehová» tiene que ver con el hecho de que Jehová consideraba a Nimrod como «un excelente cazador», es decir, en la estimación de Jehová, Nimrod era el mejor de los cazadores.
2. Una segunda interpretación, ofrecida por Keil y Delitzsch, toma la preposición «delante de» como «en contra de». Estos comentaristas dicen:

   > Nimrod fue un poderoso cazador, y eso en oposición a Jehová… no delante de Jehová en el sentido de «según el propósito y la voluntad de Jehová», aún menos, como *Elojim*… en un sentido simplemente superlativo. La última explicación no está permitida por el uso del idioma, la segunda es irreconciliable con el contexto. El nombre mismo, Nimrod *de marad*, «nos rebelaremos», señala a alguna resistencia violenta contra Dios.[5]

   Es posible que Nimrod comenzase como un cazador de animales, pero poco después se convirtiera en un «cazador de personas». Puede decirse que se convirtió en un déspota y en el primer gran imperialista.
3. Hay una tercera interpretación que sugiere que Nimrod fue reconocido como una deidad. Algunos lo asocian con Ninurta o Nimurda, una deidad babilónica y asiria al que se lo reconocía como el «dios de la guerra» y el «dios de la caza». También se lo asocia con Marduc, el gran dios del panteón de Babilonia.

Al parecer, Nimrod fue la personificación de la violencia después del diluvio. Su rebeldía contra Jehová y su esfuerzo por impedir que las personas buscasen la comunión con Dios hacen de él una especie de «anticristo» de la antigüedad. Nimrod llegó a ser un «poderoso tirano», alguien que desafiaba a Dios tal como lo hará el anticristo de los postreros tiempos.

> *Y fue el comienzo de su reino Babel, Erec, Acad y Calne, en la tierra de Sinar (Gn. 10:10).*

Como sugiere este versículo, Nimrod formó un imperio que abarcaba cuatro reinos. De las cuatro ciudades-estado mencionadas, tres de ellas (Babel, Erec y Acad) han sido desescombradas por los arqueólogos y son bien conocidas. Solo Calne falta por identificar.

El sustantivo Babel significa «puerta de Dios», y al territorio de los dominios de Nimrod en la Biblia se le llama «la tierra de Sinar». Babel o Babilonia se convirtió en

---

5. Keil y Delitzsch, «Genesis to Judges 6:32», *Old Testament Commentaries*, pp. 127-128.

la capital de un gran imperio entre los años 1830-1550 a.C., y bajo la autoridad del gran rey Hammurabi (1728-1686 a.C.), de la primera dinastía de Babilonia, la ciudad llegó a ser la admiración de todos, y su influencia se extendió al noroeste hasta la poderosa ciudad de Mari en el Éufrates medio. Pero su historia se inicia en tiempos remotos, en el período pre-semita en la parte inferior del valle de los ríos Tigris y Éufrates.

La segunda ciudad-reino fundada por Nimrod fue Erec, la ciudad acadia Uruk, conocida hoy con el nombre moderno de Warka. Las excavaciones hechas en el sitio de Erec señalan que la ciudad estaba situada a unos 160 kilómetros del sureste de Babilonia y que existió entre los años 5300-4574 a.C. Se han encontrado las ruinas de grandes templos en el sitio de Erec.

Nimrod también fue el fundador de Acad, ciudad donde reinó el famoso rey Sargón I (2350-2295 a.C.) y situada en la parte norte de Babilonia. El idioma acadio procede de dicho reino o ciudad-reino. Sargón era de origen semita, de modo que el suyo fue el primer gran imperio semita de la región.

Calne posiblemente no estaba muy lejos de las otras ciudades. Las fuentes acadias no arrojan ninguna información acerca de esta ciudad-reino. Algunos han intentado identificarla con Nippur, una de las ciudades más antiguas de la Babilonia central. Otros, incluso, han tratado de identificarla con Calno, una ciudad mencionada en Isaías 10:9. Pero, como indicamos arriba, Calne todavía no ha sido ubicada por los arqueólogos.

De esta tierra salió para Asiria, y edificó Nínive, Rehobot, Cala, y Resén entre Nínive y Cala, la cual es ciudad grande (Gn. 10:11-12).

Nimrod no solo fundó el reino de Babilonia sino también el de Asiria. Ambos fueron grandes reinos; probablemente los más grandes y notorios de la historia antigua. El profeta Miqueas (700 a.C.) llamó a Asiria «la tierra de Nimrod» (Mi. 5:6). El nombre moderno de Nínive es Kuyunjik y fue la capital de Asiria hasta que fue destruida por un ejército compuesto de medos y babilonios, en el año 612 a.C. Esta ciudad estaba situada a unos 72 km al norte de Asur, en el margen oriental del río Tigris. Debe recordarse que Asiria fue uno de los imperios más crueles de la antigüedad, y fue el que destruyó la ciudad de Samaria en el año 721 a.C., y puso fin al reino del norte de Israel.

Nínive fue la ciudad a la que Dios envió a Jonás por el año 760 a.C., para que le anunciase su inminente destrucción. Evidentemente, tanto Babilonia como Asiria y su capital Nínive eran sitios donde imperaba la idolatría. La culminación del espíritu de Nimrod es el «babilonianismo», que reaparece en el Nuevo Testamento en Apocalipsis 17—18, capítulos que presentan el cuadro de una falsa religión universal dominada y promovida por el gran perseguidor del remanente escogido por Dios.

Rehobot, mejor «Rehobot-ir», significa «plazas de la ciudad». Posiblemente designe a uno o más suburbios de Nínive. Cala es identificada en las tablillas cuneiformes como Kalchu o, quizá, Tell Nimrud, situada a 32 km al sur de Nínive, y ha sido descubierta y excavada en el montículo de Nimrod, donde se han encontrado depósitos de esculturas, artefactos e inscripciones. Según relata el rey Asurnasirpal II (883-859 a.C.), Cala fue reconstruida y embellecida por Salmanasar I (1280-1260 a.C.), y Asurnasirpal II la convirtió en residencia real. Finalmente, se menciona Resén, llamada «ciudad grande», aunque la referencia podría ser, más bien, a Nínive (véase Jon. 1:2; 3:2-3; 4:11). Resén estaba situada a unos 4 km al noroeste de Nimrud. Al parecer, Nínive fue una gran metrópolis. La ciudad propia estaba rodeada de suburbios y por tal motivo se le denomina «ciudad grande».

Mizraim engendró a Ludim, a Anamim, a Lehabim, a Naftuhim, a Patrusim, a Casluhim, de donde salieron los filisteos, y a Caftorim (Gn. 10:13-14).

Como ya se ha señalado, Mizraim es Egipto. Obsérvese que todos esos nombres terminan en «im», que indica el número plural. Evidentemente, eran pueblos o tribus importantes que habitaban cerca de Egipto, pero cuya identidad permanece desconocida hoy día. De manera breve, puede decirse que Ludim podría referirse a los habitantes de Lidia en el norte de África, no los de Asia Menor. Quizá sea el pueblo al que se llama Lud en el Antiguo Testamento (véase Jer. 46:9; Ez. 27:10; 30:5). Anamin era, posiblemente, un pueblo egipcio. Lehabim no ha sido identificado hasta el presente. Naftuhim habitaba en la parte baja o media de Egipto. Patrusim eran los habitantes de Patros, en el alto Egipto. Casluhim tampoco ha sido identificado aún. Caftorim son los habitantes de Caftor o Creta (véase Am. 9:7; Jer. 47:4; Dt. 2:23).

La frase: «…de donde salieron los filisteos» probablemente pertenece al final del versículo 14, tal como aparece en la Sagrada Biblia Cantera-Iglesias. La mejor lectura, por lo tanto, sería: «A Patrusim, a Casluhim y a Caftorim, de donde salieron los filisteos».

Gordon J. Wenham hace esta observación:

«Caftorim», esto es, cretenses. Algunos de ellos se afincaron en el suroeste de Canaán (véase Dt. 2:23). Si la afinidad racial fuese el único principio gobernante en la relación de las naciones, uno podría haber esperado que Caftorim fuese clasificado como hijo de Jafet. Pero como se ha observado varias veces los principios que gobiernan el arreglo de esa lista son múltiples: geográficos, lingüísticos, sociales, políticos, así como las características raciales determinan el arreglo de la lista de las naciones.[6]

Por lo tanto, cuando los filisteos entraron en la tierra de Canaán por el año 1200 a.C., procedían de Creta, y fueron enemigos acérrimos de la nación de Israel. Hay evidencias de que los filisteos, junto con otros «pueblos del mar», invadieron Palestina durante el reinado de Ramsés III de Egipto (1195-1164 a.C.), y aunque Ramsés los repelió en varias batallas, algunos de los invasores permanecieron en Siria y, a la postre, alcanzaron el suroeste de Palestina. Allí se establecieron y, finalmente, le dieron el nombre al territorio (véase Jl. 3:4).

Y Canaán engendró a Sidón, su primogénito, a Het, al jebuseo, al amorreo, al gergeseo, al heveo, al araceo, al sineo, al arvadeo, al zemareo y al hamateo; y después se dispersaron las familias de los cananeos. Y fue el territorio de los cananeos desde Sidón, en dirección a Gerar, hasta Gaza; y en dirección de Sodoma, Gomorra, Adma y Zeboim, hasta Lasa (Gn. 10:15-19).

---

6. Gordon J. Wenham, «Genesis 1-15», *Word Biblical Commentary*, p. 225.

Canaán, el hijo más joven de Cam, tuvo once hijos y un número desconocido de hijas. Moisés, el autor de Génesis, es guiado por Dios a escribir un resumen de los pueblos cananeos porque era necesario que Israel supiese quiénes eran. Allen P. Ross ha escrito:

> La última descendencia camita trazada es la de los hijos de Canaán (Gn. 10:15-19). Esta descendencia se enfoca en los pueblos que vivían en la tierra prometida a Israel. De hecho, la sección concluye con las fronteras territoriales específicamente dadas.[7]

Sidón es el nombre del primer hijo de Canaán y también la primera ciudad fenicia. Los fenicios se consideraban cananeos. Hay quienes dudan que Sidón fuese una persona y creen que la referencia es solo a la ciudad. Obsérvese, sin embargo, que el mismo versículo menciona a Het a quien todos consideraban una persona. Sería algo raro que Sidón, en este contexto, no fuese una persona.

«Het», otro hijo de Canaán, fue el progenitor de los heteos o hititas (véase Gn. 25:9; Nm. 13:29). Por mucho tiempo solo la Biblia mencionaba la existencia de los heteos, pero en los años 1906-1907 y 1911-1912 fue descubierta la civilización de los heteos.

Los «jebuseos» fueron los habitantes de Jerusalén antes de la entrada de los israelitas (véase Jue. 19:10-11; 2 S. 5:6-9). Los «amorreos» habitaban la zona montañosa de Judá y, junto con los heteos, constituían el pueblo más poderoso de Palestina. Los amorreos estaban esparcidos por varias regiones de la tierra de Israel. En tiempos de Jacob estaban en Siquem (Gn. 33:18), en tiempos de Moisés estaban en Transjordania (Dt. 3:8), y en tiempos de Josué ocupaban cinco pueblos de Judá (Jos. 10:5).

Los «gergeseos» eran una tribu cananea poco conocida (véase Gn. 15:21; Dt. 7:1; Jos. 3:10; 24:11; Neh. 9:8) que ocupaba parte de la tierra que Dios prometió a Abraham. Los «heveos» se mencionan con alguna frecuencia en el Antiguo Testamento. Los arqueólogos han identificado algunas de sus ciudades entre Sidón y Jerusalén, y sus principales centros estaban cerca del Líbano y en Siria (véase Jos. 11:3; Jue. 3:3). Sin embargo, también aparecen en el sur de la tierra de Israel, por ejemplo en Siquem y en Gabaón (véase Gn. 34:2; Jos. 9:1, 7).

El «araceo» está representado hoy día por los habitantes de Tell Arka, en Siria. El «sineo» era el pueblo que habitaba una ciudad-estado al sur de Ugarit (la moderna Ras Shamra). El «arvadeo» habitaba en la ciudad de Arvad en Fenicia, a unos 200 km al norte de Tiro. El «zemareo» habitaba en la ciudad-estado de Simura, situada a unos 7 km de Arvad. La ciudad se menciona con frecuencia en la correspondencia de Amarna. El «hamateo» representa a los habitantes de la moderna Hama, la antigua ciudad siria en el río Orontes.

«Y después se dispersaron las familias de los cananeos». Esta importante frase explica lo que ocurrió con la descendencia de Canaán. Once familias procedentes de Canaán se dispersaron después del acontecimiento de la torre de Babel a sitios lejanos. Henry M. Morris comenta lo siguiente:

---

7. Allen P. Ross, «The Table of Nations in Genesis 10», parte 3, *Bibliotheca Sacra* (enero-marzo, 1981), p. 27.

Los heteos se esparcieron por Asia Menor y quizá los sineos por China. Los otros pudieron haberse esparcido también. La declaración solo menciona a los cananeos, sugiriendo de ese modo que esas tribus, a la postre, se esparcieron más que las otras. Quizá eso se ve mejor en su desplazamiento al norte y al este de Asia y luego finalmente (vía el estrecho de Bering como puente que existió durante la era glaciar) hacia norte y sur América.[8]

DESCENDIENTES DE CAM

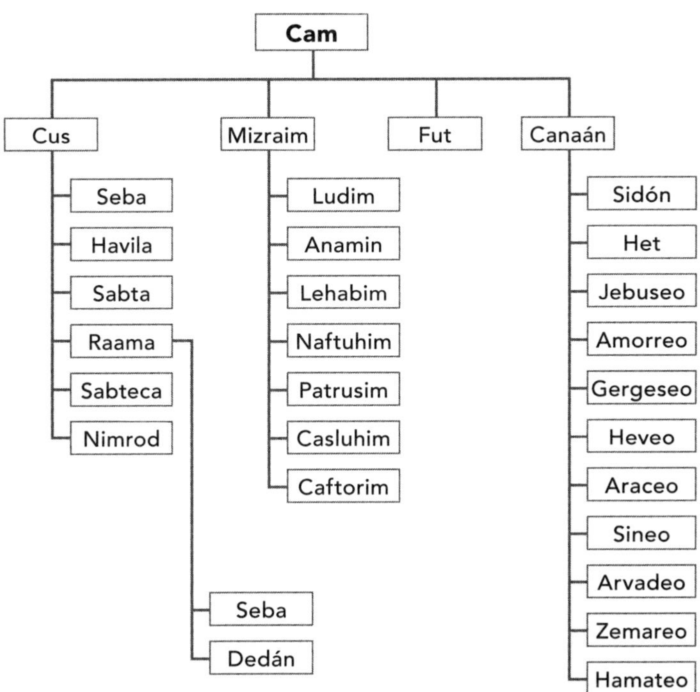

Génesis 10:19 declara los límites del territorio asignado a los cananeos, designación que fue hecha por Dios. El territorio incluye desde Sidón en Fenicia hasta Gaza, pasando por Gerar. También incluye las ciudades que Dios destruiría más adelante con fuego y azufre en los días de Lot (Gn. 19:1-38). Según Números 34, la tierra que Dios dio a Abraham y a su descendencia tenía como «el límite del sur al extremo del Mar Salado (Mar Muerto) hacia el oriente» (Nm. 34:3) y la Escritura añade: «Después descenderá este límite al Jordán, y terminará en el Mar Salado, esta será vuestra tierra por sus límites alrededor» (Nm. 34:12). Dios estableció de manera específica los límites de la tierra prometida a Abraham y a su descendencia. Los cananeos perdieron su tierra a causa de su pecado y su rebeldía contra el Todopoderoso.

Estos son los hijos de Cam por sus familias, por sus lenguas, en sus tierras, en sus naciones (Gn. 10:20).

---

8. Henry M. Morris, *The Genesis Record*, p. 256.

Este versículo es muy similar al 10:5. El hecho de que tanto los descendientes de Cam como los de Jafet fueron separados por «familias», «lenguas», «tierras» y «naciones» es una demostración de que Génesis 10 fue escrito después del suceso de la torre de Babel, pues antes de la torre de Babel todos hablaban la misma lengua. La mano soberana de Dios está presente para llevar a cabo su plan. Dios soberanamente escoge una nación para dar a conocer, por medio de ella, su voluntad al resto de las naciones.

LOS DESCENDIENTES DE SEM (10:21-32)

El autor de Génesis, después de registrar la descendencia de Jafet y de Cam, prosigue a relatar la descendencia de Sem, que es dejado para el final porque es el más importante de los tres hijos de Noé. El texto bíblico lo confirma al decir: «Bendito por Jehová mi Dios sea Sem…» (Gn. 9:26). Sem es el progenitor de la nación de Israel. De él procede el patriarca Abraham y su descendencia a través de Isaac y Jacob. De él, a la postre, procede la «simiente de la mujer», es decir, Jesucristo el Mesías.

> *También le nacieron hijos a Sem, padre de todos los hijos de Heber, y hermano mayor de Jafet (Gn. 10:21).*

«Heber» era nieto de Arfaxad (Gn. 10:22; 1 Cr. 1:17, 24). El autor de Génesis omite aquí a cuatro de los cinco hijos de Sem y se concentra en aquel de quien procede Abraham y, a la postre, el Mesías (véase Lc. 3:36). El sustantivo «Heber» se deriva del verbo *abár* que significa «pasar sobre» o «pasar a través». Ese término se refiere a los que vivían en la región al otro lado del Éufrates. Heber procedía de la región más allá del Éufrates. Posteriormente, los edomitas y los ismaelitas también llevaban ese nombre. El vocablo «hebreo» —descendiente de Heber— es, por lo tanto, un término más amplio que «israelitas». El relato presente está diseñado para preparar el camino para el personaje principal en la descendencia de Heber, es decir, «Abram el hebreo» (véase Gn. 14:13). Heber es importante en esta sección (véase Gn. 10:21, 24-25), primordialmente como el antepasado de aquel a quien serían dadas las promesas.

Otra cuestión que debe mencionarse es el hecho de que la frase «hermano mayor de Jafet» (RVR-60) da a entender que Sem era el mayor. El texto hebreo, sin embargo, ofrece la lectura siguiente: «Sem, hermano de Jafet el mayor». Umberto Cassuto dice:

> El hebreo no significa: el hermano mayor de Jafet, sino el hermano de Jafet, quien era el mayor, el primogénito.[9]

Si Cassuto está en lo cierto, el orden cronológico de los hijos de Noé sería: Jafet, Sem y Cam. No debe resultar extraño que Dios haya escogido a Sem para mediar sus bendiciones, pues Dios es soberano en su elección. Él escogió a Jacob y no a Esaú, escogió a Judá y no a Rubén, escogió a David y no a Eliab. La elección de Abram también fue un acto soberano de Dios.

> *Los hijos de Sem fueron Elam, Asur, Arfaxad, Lud y Aram (Gn. 10:22).*

---

9. Umberto Cassuto, *A Commentary on the Book of Genesis, Part Two*, p. 218.

Elam, el primer hijo de Sem, ocupó el territorio montañoso al este de Mesopotamia, cuya capital fue la ciudad de Susa. El pueblo de Elam, sin embargo, no hablaba el idioma semita. Probablemente su relación con el pueblo semita era, más bien, cultural y geográfica. Génesis 14:1, 9 menciona a Quedorlaomer como rey de Elam. Excavaciones hechas en la ciudad de Susa revelan que el sitio fue ocupado desde cerca del año 4000 a.C.

Asur fue el segundo hijo de Sem. Es posible que le haya dado el nombre a la tierra de Asiria. La nación salida de Asur era semita. Su idioma pertenece a la rama oriental de la misma familia semita a la que pertenecen el hebreo, el arameo, el ugarítico y el fenicio. Según evidencias arqueológicas, los primeros habitantes de Asiria eran sumerios (camitas) y fueron reemplazados por la cultura semita que se esparció por Mesopotamia.

Arfaxad, el tercer hijo de Sem, permanece bastante desconocido. Los arqueólogos no han encontrado mucha información acerca de él o sus descendientes. De todas maneras, se ha encontrado alguna evidencia en la parte alta del río Zab, en la región norte y noreste de Nínive.

Lud parece estar relacionado con el pueblo de Lidia en Asia Menor, aunque se sabe muy poco de Lud y sus descendientes. Evidentemente no guarda relación con el «Ludim» que aparece en 10:13.

Aram fue el último hijo de Sem. Los arameos eran nómadas que desarrollaban su vida en el medio de la Creciente Fértil. El patriarca Abraham emigró a la Palestina desde «Harán». El idioma arameo llegó a ser una lengua internacional para el comercio y la diplomacia (2 R. 18:26). Por lo general, en la Biblia se llama «sirios» a los arameos, y representan al pueblo que habitaba al noreste de Palestina.

> *Y los hijos de Aram: Uz, Hul, Geter y Mas (Gn. 10:23).*

El primer descendiente de Aram que se menciona es «Uz». El territorio y el pueblo de «Uz» estaban situados en el desierto de Siria, entre Damasco y Edom, y la «tierra de Uz» era el país de Job (véase Job 1:1). Los sabeos y los caldeos acostumbraban organizar ataques contra la tierra de Uz (véase también Lm. 4:21).

«Hul» y «Geter» son totalmente desconocidos hasta el día de hoy. «Mas» aún permanece desconocido, aunque podría referirse a los que habitaban en el gran desierto sirio-arábigo.

> *Arfaxad engendró a Sala y Sala engendró a Heber. Y a Heber nacieron dos hijos: el nombre del uno fue Peleg, porque en sus días fue repartida la tierra; y el nombre de su hermano, Joctán (Gn. 10:24-25).*

Arfaxad nació dos años después del diluvio (Gn. 11:10) y vivió 438 años. El texto bíblico no dice nada más acerca de él, aunque su nombre aparece en Lucas 3:36. Henry M. Morris dice:

> El hijo más importante de Sem (aunque nada es conocido de él personalmente) fue Arfaxad, ya que está en la descendencia de la simiente prometida. Aun cuando, probablemente, pudo haber tenido más de un hijo, solo se

menciona a Sala, al parecer por la misma razón. De igual manera, de los hijos de Sala, solo Heber es mencionado. La importancia del nombre de Heber ya se ha señalado.[10]

Se cree que el nombre de «Sala» significa «retoño», «rama» o «descendiente», pero de él no se sabe nada.

«Heber» ya se ha comentado (véase 10:21). Tuvo dos hijos: Peleg y Joctán. «Peleg» procede de la raíz Peleg que significa «dividir». En el contexto, este vocablo tiene un sentido profético porque anticipa los grandes acontecimientos que tendrían lugar en los tiempos de Peleg.[11]

La frase «porque en sus días fue repartida la tierra» recuerda la profecía de Lamec en Génesis 5:29 respecto del nacimiento de Noé y el comienzo del diluvio. De igual manera, el nombre de «Peleg» señala a lo ocurrido en la torre de Babel. El esparcimiento de los pueblos y su separación debido a la confusión de las lenguas tuvo lugar en los días de Peleg. La confusión de las lenguas produjo la separación de la tierra en diferentes naciones de diferentes lenguas y dialectos. Más adelante se verá que eso ocurrió como resultado del juicio de Dios, porque la humanidad no quería obedecer el mandato de Dios de llenar la tierra.

«Joctán» significa «vigilante». Fue el antepasado de algunas tribus del sur de Arabia, particularmente en el país de Yemen. Poco más se sabe de él, aunque sí se sabe que tuvo varios hijos.

> *Y Joctán engendró a Almodad, Selef, Hazar-mavet, Jera, Adoram, Uzal, Dicla, Obal, Abimael, Seba, Ofir, Havila y Jobab; todos estos fueron hijos de Joctán (Gn. 10:26-29).*

«Almodad» representa al pueblo del sur de Arabia; su nombre podría significar «el amigo» o, quizá, «Dios es amigo». «Selef» ha sido identificado con una tribu yemenita llamada «salf» o «sulf». «Hazar-mavet» también pertenece al sur de Arabia, una zona exportadora de mirra. «Jera» significa literalmente «luna». Es posible que esta tribu se caracterizase por adorar a la luna. «Adoram» significa «Adad es exaltado»; se usaba como un nombre propio (véase 1 Cr. 18:10; 2 Cr. 10:18), y también era una tribu en Arabia. «Uzal», según una tradición tardía, tanto árabe como judía, era la designación de la ciudad de Saná, la capital de Yemen. «Dicla» es también una tribu de Arabia y significa «tierra de palmeras» o «tierra de dátiles». «Obal» también es una tribu del suroeste de Arabia. «Abimael» significa «mi padre verdaderamente es Dios». El nombre es desconocido, aunque aparece en 1 Cr. 1:22, «Seba» es, al parecer, el mismo que aparece en Génesis 10:7. «Ofir» se encuentra entre Seba y Havila al suroeste de Arabia. Es uno de los descendientes de Sem localizado en Arabia y no, como piensan algunos, en el este de África. Se menciona elípticamente en Génesis 2:11 como «la tierra de Havila, donde hay oro». Havila, al parecer, estaba cerca de Ofir, que era el lugar donde estaban las minas del mejor oro conocido en la antigüedad (véase 1 R. 9:26-28; Sal. 45:9).

«Havila». Este nombre ha sido identificado como perteneciente a tribus árabes,

---

10. Henry M. Morris, *The Genesis Record*, p. 259.
11. Gordon J. Wenham, «Genesis 1-15», *Word Biblical Commentary*, p. 230.

pero es difícil saber con certeza a cuál de ellas. Lo que sí es cierto es que era una tierra donde había oro (véase Gn. 2:11). «Jobab» es asociado con una tribu en el sureste de Arabia llamada Yuhaybib, pero no se sabe con certeza. El nombre Jobab tuvo una familia numerosa, contando, por lo menos, con trece hijos.

Y la tierra que habitaron fue desde Mesa en dirección de Sefar, hasta la región montañosa del oriente (Gn. 10:30).

Si bien, como dice el versículo, el territorio habitado por los hijos de Joctán se extendía desde Mesa hasta Sefar, hasta la región montañosa al oriente, esta zona geográfica todavía no ha sido identificada.

Estos fueron los hijos de Sem por sus familias, por sus lenguas, en sus tierras, en sus naciones. Estas son las familias de los hijos de Noé por sus descendencias, en sus naciones; y de éstos se esparcieron las naciones en la tierra después del diluvio (Gn. 10:31-32).

El versículo 31 es la conclusión de la tercera sección y a esto se añade el versículo 32 que es la conclusión formal del relato completo de la tabla de las naciones. El versículo 31 concuerda con el contenido del versículo 20. El versículo 32 proporciona un resumen de las tres ramas principales de las generaciones de la raza humana, es decir, los hijos de Jafet, los hijos de Cam y los hijos de Sem.

RESUMEN Y CONCLUSIÓN

El propósito de Moisés en esta sección de Génesis es mostrar cómo el propósito de Dios se concentra de manera gradual en una persona, a saber, en Abraham. El hombre que Dios escogió soberanamente para enviar al mundo, por medio de él, a Aquel que sería de bendición a todas las naciones de la tierra. En su propósito selectivo, Dios escogió a Sem de entre los tres hijos de Noé. Luego Dios escogió a Abraham y, a través de su descendencia, en Isaac y Jacob, Dios desarrolla su plan soberano para enviar al Mesías a la tierra. Dios no actúa caprichosamente, sino sabia y soberanamente. No actúa sobre la base de méritos humanos sino sobre la base de su gracia soberana.

11-1

La confusión de Babel y la rebelión humana (11:1-9)

Génesis 11:1-9 contiene el relato del origen de las lenguas. Que las lenguas de hoy tienen sus raíces en un pasado en el que los hombres usaban un habla común es una idea aceptada por los especialistas que se ocupan de la investigación filológica. La cuestión del origen de los varios idiomas está estrechamente relacionada con la cuestión de si las diferentes razas han surgido de un mismo tronco. El relato de Génesis describe cómo los descendientes de Noé se establecieron en la llanura de Sinar, o Babilonia, y edificaron una ciudad y una torre para alcanzar el cielo, que serviría de centro de unidad y poder, como también para satisfacer el ego humano.

A. C. Shultz, *The Zondervan Pictorial Encyclopedia of the Bible*, Vol. 5, p. 775.

El acontecimiento de la torre de Babel debió haber sido algo muy sorprendente. La humanidad pasó de ser monolingüe a multilingüe. Lo peor fue que pasaron de poder comunicarse entre sí a «que ninguno entendía el habla de su compañero» (Gn. 11:7). De todas las cosas narradas en el libro del Génesis esta es, sin duda, una de las más sorprendentes.

Lo ocurrido en la torre de Babel fue un intento organizado de usurpar la autoridad de Dios, algo que el hombre no puede hacer con impunidad. Ese esfuerzo organizado contra Dios es lo que diferencia el babilonianismo del intento cotidiano de rebelión contra Dios. La Biblia habla de Dios y del hombre como individuo, pero también habla de todo el campo de la historia en su sentido más amplio. Después del diluvio, la gran encarnación institucional de la sociedad satánica fue la torre de Babel, y su importancia es grande, ya que su estructura teórica es fundamental para las creencias políticas y religiosas. A partir de ahí, según la Biblia, Babilonia se convierte en el gran enemigo de Jerusalén, la ciudad de Dios, la ciudad de la paz. Babilonia representa la rebelión organizada contra Dios, mientras que Jerusalén representa la sociedad organizada que es el producto de la gracia de Dios en nuestra salvación.

Puede verse, por lo tanto, la rebelión organizada del hombre contra el Creador, rebelión que tenía una tendencia religiosa, como lo sugiere el hecho de que los hombres querían construir «una torre cuya cúspide llegue al cielo» (Gn. 11:4). Por el otro lado, sin embargo, en ningún otro pasaje se ve más claramente la soberanía de Dios en los asuntos del mundo como se ve aquí. Dios no entrega la soberanía de su mundo a seres débiles, frágiles, falibles y rebeldes. Dios siempre tiene el control total de su creación, pues es el soberano de su mundo. En esa demostración de la soberanía de Dios, varias cosas pueden aprenderse mediante el estudio de Génesis. En primer lugar, cuando la unidad y la paz dependen del hombre y de las condiciones humanas, el resultado no es bueno. Es mejor tener una división que tener una «apostasía colectiva» (véase Lc. 12:51). Las organizaciones humanas, incluyendo las Naciones Unidas, no son capaces de resolver los problemas que afectan al mundo de hoy en día.

Es importante recordar que el relato de la torre de Babel pertenece a la historia de los hijos de Noé que comenzó en Génesis 10:1. Con su conclusión, la historia general de la humanidad en el libro de Génesis llega a su fin y el autor de Génesis ahora centra su atención en la descendencia de la promesa hecha a Sem (véase Gn. 11:1). Lo que antecede ha sido dado para explicar la dispersión de las naciones, el origen de los diferentes idiomas y dialectos, y la relación de estos con la descendencia de la promesa.

Este acontecimiento parece desarrollarse unos cien años después del diluvio, ya que Peleg nació cerca de ese tiempo (véase Gn. 10:25). La historia, por lo tanto, es un constante recordatorio de la inclinación del corazón humano a la arrogancia y la desobediencia. La variedad de los idiomas en la tierra no es un monumento al ingenio de los hombres, sino al pecado.

LA DECISIÓN DE LOS HOMBRES DE CONSTRUIR LA TORRE (11:1-4)

Tenía entonces toda la tierra una sola lengua y unas mismas palabras (Gn. 11:1).

Los que salieron del arca eran los hijos de Noé y sus esposas, y todos hablaban un mismo idioma. Es de esperarse, por lo tanto, que sus descendientes también hablasen la misma lengua; lo mismo sucedía en el principio pues todos los hombres tenían una lengua y el mismo vocabulario. El vocablo hebreo para «lengua» [*safá*] literalmente significa «labio». Además, los hombres usaban el mismo conjunto de palabras. Eso parece sugerir que poseían una unidad espiritual y cultural. Pero, evidentemente, esa unidad queda trastornada por la actitud de Cam y Canaán. La historia narrada en Génesis 11 tiene que ver con la rebeldía de los hombres que escogieron las planicies de Sinar como su lugar de habitación en un abierto desafío a la autoridad de Dios.

Y aconteció que cuando salieron de oriente, hallaron una llanura en la tierra de Sinar, y se establecieron allí (Gn. 11:2).

Al terminar el diluvio, el arca reposó en los montes de Ararat (Gn. 8:4). Fue de allí de donde partieron hombres y mujeres para encontrar su lugar de residencia. El mandato de Dios era que se esparcieran y que llenasen toda la tierra, pero los hombres lo desobedecieron. Al encontrar la fértil y bien irrigada planicie de Sinar decidieron quedarse allí. Evidentemente, como cabeza de aquel grupo estaba Nimrod, quien dio comienzo al reino de Babel, Erec, Acad y Calne, es decir, a todo un imperio. La expresión «se establecieron allí» señala precisamente lo contrario del mandato de Dios: «… fructificad, multiplicaos, y llenad la tierra» (Gn. 9:1). La desobediencia a la orden de Dios hizo que el Señor los esparciera de manera judicial (Gn. 11:8). El Dios soberano debe ser obedecido siempre.

> *Y se dijeron unos a otros: Vamos, hagamos ladrillo y cozámoslo con fuego. Y les sirvió el ladrillo en lugar de piedra, y el asfalto en lugar de mezcla. Y dijeron: Vamos, edifiquémonos una ciudad y una torre, cuya cúspide llegue al cielo; y hagámonos un nombre, por si fuéremos esparcidos sobre la faz de toda la tierra (Gn. 11:3-4).*

Tiempo después de haberse establecido en las planicies de Sinar, hombres y mujeres se exhortaban unos a otros con el fin de construir «una ciudad y una torre» (Gn. 11:4). Obsérvese el uso del subjuntivo exhortativo: «Vamos», «hagamos», «cozámoslo», «edifiquémonos», «hagámonos». Todas esas formas verbales usan el modo resolutivo, que pone de manifiesto un uso desafiante de la voluntad.

La ciudad que edificaron probablemente era similar a los templos-torres de origen sumerio y asirio llamados zigurats —tenían una altura similar a la de un edificio moderno de unas 28 plantas— con una estructura de forma piramidal escalonada a la que se le daba una función religiosa. En la planta superior se construía un altar o santuario, alrededor del cual estaban escritos los signos del zodiaco. De modo que la torre era, en realidad, un edificio religioso. La repetición del verbo exhortativo «vamos» en los versículos 3 y 4 reflejan un espíritu de mutua determinación. El hecho de construir una ciudad no era algo novedoso, pues ya Caín había edificado una (véase Gn. 4:17), lo novedoso era intentar construir «una ciudad y una torre, cuya cúspide llegue al cielo» (Gn. 11:4). Aquellos hombres se exhortaban mutuamente, primero en la tarea de «hacer ladrillos» y luego en la edificación de la torre. Hay una especie de irracionalidad y gravedad en la escena. Los materiales son improvisados y los edificadores son hombres mortales. Los materiales, sin embargo, son tan buenos que se han encontrado muchos restos arqueológicos bien conservados que reflejan la ingeniosidad del pueblo camita.

Aquella comunidad rebelde quería construir una ciudad. Como ya se ha señalado, Caín edificó una ciudad antes del diluvio expresando así la tendencia innata del hombre de buscar un compañerismo social. Por creación, el ser humano anhela relacionarse con sus semejantes, y no hay nada malo con querer tener una ciudad. Es más, el patriarca Abraham «esperaba la ciudad que tiene fundamentos, cuyo arquitecto y constructor es Dios» (He. 11:10); y hay una ciudad celestial, la nueva Jerusalén. Pero la ciudad que los descendientes de Cam querían construir representaba el orgullo y la rebelión contra Dios. El Señor no era ni su centro ni su fundamento.

La ciudad que los hijos de Cam querían construir estaba centrada en el hombre, su sentido era plenamente antropocéntrico y Dios fue dejado fuera. En la ciudad de Dios todo es diferente. Y en el tema de la torre, aunque se piensa en un ser divino, está claro que hay una muestra de arrogancia en la ejecución de aquella obra. Los que edificaban hablaban de una torre cuya cúspide llegase al cielo (literalmente «cuyo punto más alto es el cielo»). Sin embargo, aquella era una señal de falsa seguridad, pues la verdadera seguridad solo se encuentra en Dios (Pr. 18:10). Aquella situación era una nueva manera de querer independizarse de Dios, y decir: «podemos alcanzar el cielo por nuestros propios medios».

Además, los seguidores de Nimrod exclamaban: «Hagámonos un nombre, por si fuéremos esparcidos sobre la faz de la tierra» (Gn. 11:4). Esa era una declaración desafiante que pone de manifiesto la duda de que hubiese alguien capaz de esparcirlos sobre la faz de la tierra. El pecado de aquella gente era similar al de Adán y Eva, porque también traspasaron los límites de la prohibición divina. La torre era un símbolo de la unidad humana contra la autoridad y la soberanía de Dios. El deseo de ellos estaba expresado en la frase «…hagámonos un nombre», es decir, sin tomar en cuenta a Dios. Umberto Cassuto dice:

> Para el futuro, para las generaciones venideras, a causa de aquellos espléndidos edificios. En la continuación de la historia se declara, con amarga sátira, que en verdad tuvieron éxito en hacer un nombre para sí mismos (v. 9). Por lo tanto, su nombre fue Babel, pero solo un nombre de significado despectivo, refiriéndose a la confusión de lenguas en medio de ellos.[1]

Según el texto bíblico, el propósito de los que se dieron a la tarea de edificar la torre era «hacerse un nombre para ellos mismos», es decir, buscaban la grandeza y la gloria del hombre por encima de la grandeza y la gloria de Dios. Puesto que la torre tenía connotaciones religiosas, la idea de que el hombre fuese igual a Dios persistía de la misma manera como ocurrió en Génesis 3. Los seres humanos estaban centrados en sí mismos, como lo demuestran las frases «Vamos… edifiquémonos» y «vamos… hagámonos». Además, querían estar unidos para no ser esparcidos, que era un desafío del mandato de Dios de «llenar la tierra» (9:1). Esa actitud desafiante y desobediente de parte del hombre trajo el juicio de Dios mediante «la confusión de lenguas».

Es una gran paradoja que los hombres quisieran edificar una «ciudad y una torre» para mantenerse unidos y que hasta el día de hoy exista una gran desunión entre los hombres. Su corazón estaba lleno de celos, envidia, egoísmo, vanidad y codicia. Desde siempre la humanidad ha estado implicada en guerras fratricidas y la unidad de las naciones está ausente. Tampoco existe unidad en el campo religioso, a pesar de que muchos gritan y piden que la haya. Algunos quieren la unidad, pero al alto costo de sacrificar doctrinas fundamentales de la fe cristiana. Muchos no quieren una unidad que esté basada en Cristo y en la autoridad de las Sagradas Escrituras, sino una basada en el hombre y en el racionalismo humano. Pero, como ocurrió en la torre de Babel, si Dios no es el centro y la base de la unidad solo puede haber confusión. En resumen, el propósito de los edificadores de Babel era la unidad, pero su programa era un esfuerzo concertado que tenía como principio la gloria humana. El resultado final sería un reino fraudulento en el que el Dios soberano estuviese ausente.

LA DISPERSIÓN DE LAS NACIONES EN LA CONFUSIÓN DE LAS LENGUAS (11:5-9)

Y descendió Jehová para ver la ciudad y la torre que edificaban los hijos de los hombres (Gn. 11:5).

---

1. Umberto Cassuto, *A Commentary on the Book of Genesis, Part Two*, pp. 242-243.

Génesis usa un antropomorfismo para describir la reacción divina frente al obrar de los hombres inicuos. El texto dice: «Y descendió Jehová para ver la ciudad y la torre que edificaban los hijos de los hombres». Los edificadores quizá pensaban que podían hacer su trabajo a espaldas de Dios, pero el Dios omnisciente sabía todo lo que estaba ocurriendo y dejó que los hombres avanzasen hasta cierto punto. La expresión «para ver la ciudad y la torre» es una gran ironía. Los hombres querían construir «una torre que llegase al cielo», pero, después de mucho trabajo, es de suponerse que no habían logrado mucho porque «Jehová descendió para ver la ciudad y la torre». Tan pequeño e insignificante era lo que habían hecho que Dios tuvo que «descender» para verlo. Las palabras del profeta Isaías revelan el contraste:

> Él está sentado sobre el círculo de la tierra, cuyos moradores son como langostas; él extiende los cielos como una cortina, los despliega como una tienda para morar (Is. 40:22).

La grandeza de Dios y la pequeñez del hombre se ponen de manifiesto una vez más, como cuando en Génesis 3:8 Adán y Eva intentaron esconderse de la presencia de Dios, demostrando su desconocimiento de la grandeza del Creador.

Dios no solo «vio» lo que los hijos de los hombres habían comenzado a hacer, sino que Él sabía perfectamente todo lo que estaba sucediendo. Conocía, además, las intenciones del corazón de los que edificaban la ciudad y la torre e intervino de manera judicial en el momento preciso.

> *Y dijo Jehová: He aquí el pueblo es uno, y todos éstos tienen un solo lenguaje; y han comenzado la obra, y nada les hará desistir ahora de lo que han pensado hacer (Gn. 11:6).*

En este versículo, Dios hace tres observaciones. La primera tiene que ver con la unidad de las lenguas. Eso generaba un problema, porque en esa unidad el pueblo podía perpetuar la idolatría de tal modo que nadie podía ser capaz de volverse al Señor en verdadera adoración. Como lo expresa Herbert C. Leupold:

> La raíz del problema yace principalmente en el hecho de que «el pueblo» de la tierra es solo «uno» y está atado en una unión más fuerte por «una lengua».[2]

En segundo lugar, la torre y la ciudad anunciaban solo el comienzo de sus impíos proyectos. Con tal relación de unidad y de lenguaje no es de dudarse que se les ocurrirían otros proyectos. En tercer lugar, sus propósitos se extendían y multiplicaban en la tierra y conseguirían sus metas. Esto sigue siendo así, porque la característica de la humanidad es gloriarse de que es capaz de hacer cualquier cosa que desea hacer. Evidentemente, Dios toma en serio esa presuntuosa arrogancia que el orgullo humano genera. El texto bíblico expresa las palabras mismas de Jehová: «Y nada les hará desistir», es decir, «y nada resultará demasiado difícil para ellos» o «nada les será imposible» [*lo-yibátser*]. La frase podría traducirse: «Todo lo que han planeado

---

2. Herbert C. Leupold, *Exposition of Genesis*, vol. I, p. 389.

hacer no les será imposible». «Dios claramente expone que el pecado de la humanidad al edificar la torre es su rechazo a vivir dentro de los límites establecidos por Dios».[3]

> *Ahora, pues, descendamos, y confundamos allí su lengua, para que ninguno entienda el habla de su compañero. Así los esparció Jehová desde allí sobre la faz de toda la tierra, y dejaron de edificar la ciudad (Gn. 11:7-8).*

Estos versículos registran la acción de Dios contra la actuación desafiante de los que edificaban la ciudad y la torre. La RVR-60 omite la traducción del verbo «vamos» [*jaba*]. El texto dice: «vamos descendamos» [*jaba néreda*]. El mismo verbo se usa en Génesis 11:3-4 con referencia a la actitud de los hombres. Es irónico que el Dios soberano use el mismo verbo al enfrentarse al hombre. La resolución del Dios trino es contrapuesta a la de los hombres, y el resultado no deja lugar a duda. Dios no se siente amenazado por ellos ni tiene celos de ellos, Él solo tiene celos de su deidad. No puede permitir que alguien más sea Dios.

Hay una doble acción de parte de Dios. La primera es la confusión de las lenguas. No es fácil imaginarse la escena entre los que edificaban la ciudad y la torre al tratar de comunicarse entre sí respecto a los muchos detalles relacionados con la construcción. A partir de aquel momento las naciones quedan separadas en lengua, espíritu, religión, política y cultura, y frustrados en su deseo de soberanía.

En segundo lugar, el texto dice que Jehová los esparció sobre la faz de toda la tierra. Lo que los hombres no querían hacer, pues no querían obedecer el mandato de Dios de «Fructificad, multiplicaos, y llenad la tierra» (Gn. 9:1, 7), Dios mismo y de manera soberana lo cumple.

La frase «…y dejaron de edificar la ciudad» refleja la incapacidad de entenderse unos con otros. La ausencia de un lenguaje común conduce a una mayor confusión y el resultado final fue el abandono del proyecto. El método divino usado para juzgar a aquella gente desobediente fue confundir sus idiomas. Dios lo hizo de manera sobrenatural. Los que un día se entendían perfectamente, al día siguiente no comprendían lo que los otros decían.

No deben pasarse por alto las palabras del versículo 7: «Vamos, descendamos…». Juan Calvino dice en su comentario:

> Este pasaje más bien responde al anterior, que aparece en el relato de la creación del hombre, cuando el Señor dijo: «…hagamos al hombre a nuestra imagen». Porque Dios correcta y sabiamente opone su propia sabiduría y eterno poder a esta gran multitud; como si hubiese dicho que no tiene necesidad de ayuda externa, sino que posee en sí mismo lo suficiente para la destrucción de ellos. Por lo tanto, este pasaje no es impropiamente esgrimido para demostrar que tres Personas subsisten en la esencia de una Deidad. Además, ese ejemplo de venganza divina pertenece a todas las edades, porque los hombres siempre están saturados del deseo de intentar lo que es contra la ley.[4]

---

3. Bruce K. Waltke, *Genesis: A Commentary*, p. 180.
4. Juan Calvino, *Genesis* (Edinburgh: Banner of Truth Trust, 2000), p. 331.

Aunque no es posible demostrar la pluralidad en la Deidad por el solo uso del plural («descendamos» y «confundamos»), el uso en este versículo ciertamente armoniza con esa enseñanza y concuerda perfectamente con Génesis 1:26 y 3:22. El uso del nombre divino Jehová (Yahvé) en los versículos 8 y 9 destaca la misericordia de Dios en medio del juicio. Dios, en su gracia soberana, derrotó el propósito maligno del hombre para evitar que sufriese un daño mayor. El hecho de que «dejaron de edificar la ciudad» pone de manifiesto la soberanía de Dios. El hombre no puede coartar el propósito del Todopoderoso.

> *Por esto fue llamado el nombre de ella Babel, porque allí confundió Jehová el lenguaje de toda la tierra, y desde allí los esparció sobre la faz de toda la tierra (Gn. 11:9).*

Este versículo es una especie de epílogo de lo ocurrido en la planicie de Sinar. Cuando los descendientes de Noé salieron del arca y comenzaron a multiplicarse hablaban una sola lengua, y cuando decidieron construir la ciudad con la torre su propósito era desafiar a Dios y hacer lo contrario de lo que Dios había ordenado. El Dios trino descendió y confundió sus lenguas de manera que no se entendían el uno al otro y tuvieron que desistir de su proyecto. El propósito original de aquella gente era: «hacerse un nombre para sí mismos» pero terminaron con el nombre de «Babel», es decir, confusión. El verbo *balal* significa «confundir». De ese verbo procede el vocablo *balbel*, de donde surge el nombre Babel. Bruce K. Waltke hace esta observación:

> Babel probablemente se refiere a la ciudad de Babilonia (véase 10:10, con el mismo vocablo hebreo). La mención de Sinar (10:10; 11:2) y Babel/Babilonia conecta esta ciudad y su torre con el reino anti-Dios de Nimrod. Nimrod edificó ciudades que eran réplicas de la Babel original y sus zigurats.[5]

El sustantivo «Babel» significa también «puerta de Dios». Al parecer, y según los eruditos modernos, está relacionado con el vocablo traducido «confusión» solo mediante un juego de palabras. Una es Babel, y la otra es *babel*. Hay otros expertos que sostienen que el vocablo Babel significa «confusión» y que se deriva del verbo *balal*. De ser así, la traducción sería algo así: «Por lo tanto su nombre es llamado Babel porque allí Jehová hizo un balbuceo de las lenguas de toda la tierra».[6] Si esta traducción fuese correcta, hay una sorprendente ironía aquí, pues la puerta de Dios se convierte en la confusión de los hombres. El versículo 9 revela dos cosas que deben destacarse. La primera es que «Jehová confundió el lenguaje de toda la tierra», y la segunda es que «Jehová los esparció [hombres y mujeres] sobre la faz de toda la tierra». Es decir, ambas acciones fueron ejecutadas de manera sobrenatural y soberana por Dios. Los seres humanos quisieron hacer lo que no puede hacerse con impunidad, es decir, oponerse al Dios soberano, y Dios destruyó el orgullo de los hombres. Las bases de su unidad eran dos: en primer lugar, la unidad del idioma, y Dios destruyó esa unidad al confundir sus lenguas (11:7), y en segundo lugar, la ciudad y la torre, y Dios los esparció «y dejaron

---

5. Bruce K. Waltke, *Genesis: A Commentary*, p. 181.
6. Herbert C. Leupold, *Exposition of Genesis*, vol. I, p. 391.

de edificar la ciudad» (Gn. 11:8). Las dos cosas que temían han ocurrido por la acción soberana de Dios.

Resumen y conclusión

La importancia del reino de Babilonia en la revelación bíblica es, sin duda, grande. El hecho de que su fundador, Nimrod, fuera un caudillo y un imperialista que se opuso abiertamente a Dios llama la atención. Asimismo, la ciudad de Babilonia es un símbolo de la sociedad impía con sus pretensiones y arrogancia (véase Gn. 11:1-9), sus persecuciones del pueblo de Dios (véase Dn. 3:1-30), sus pecados de idolatría y sus supersticiones (véase Is. 47:8-13), su riqueza y su contaminación espiritual del mundo entero y su juicio venidero (véase Jer. 50-51; Ap. 17-18). El Apocalipsis la describe así: «Un misterio: Babilonia la grande, la madre de las rameras y de las abominaciones de la tierra» (Ap. 17.5). Un ángel de Dios anunciará: «Ha caído, ha caído la gran Babilonia, y se ha hecho habitación de demonios…» (Ap. 18:2). El grito angélico tiene su origen en Génesis 11, pero su estribillo continúa a lo largo de los siglos como un símbolo de la autonomía humana y del desafío a Dios.

El propósito de Dios con el hombre, sin duda, incluye la unidad, sin embargo, esa unidad tiene que ser en Cristo (véase Jn. 17:21, 25-26). El programa de Dios es también un esfuerzo unido, pero en Cristo, y el fundamento de esa unidad no es la gloria del hombre sino la gloria de Dios.

Por supuesto que el babilonianismo está extendido por toda la tierra. La idolatría, la negación de la Palabra de Dios y el satanismo se evidencian en el mundo de hoy. Pero también está presente «el misterio de la piedad» (1 Ti. 3:16). Ese misterio está basado sobre la sangre de Cristo derramada en la cruz del Calvario. El día de Pentecostés (Hch. 2), Dios obró el milagro de que su pueblo hablase los diferentes idiomas y dialectos del mundo, no para confundir sino para proclamar que solo hay perdón de pecados y vida eterna en Jesucristo, el Mesías.

Las generaciones de Sem y de Taré (11:10-32)

El texto bíblico nuevamente ofrece una genealogía, y esta vez comprende desde Sem hasta Taré, el padre de Abram. Hay aquí, al parecer, una repetición de la que aparece en Génesis 10:22-25, donde también aparecen los primeros cinco nombres de la lista de Génesis 11:10-26: Sem, Arfaxad, Sala, Heber y Peleg. Ahora el autor añade cinco nombres más hasta llegar a Abram: Reu, Serug, Nacor, Taré y Abram (véase Gn. 11:18-26).

Sin duda, el propósito de Moisés en esta sección del Génesis es llegar al patriarca Abram —más adelante sería llamado Abraham—, que es la persona que juega el papel más importante en la revelación bíblica. El Nuevo Testamento lo clasifica como el más grande ejemplo de fe entre los seres humanos. El autor de la Epístola a los Hebreos le dedica más espacio que a ningún otro entre los héroes de la fe (véase He. 11:8-19). Además, Pablo usa a Abraham como el centro de su exposición de la doctrina de la justificación por la fe. Finalmente, Pablo destaca que todos los que creen son «hijos de Abraham» o «simiente de Abraham» y, por lo tanto, relacionados con Jesucristo, la verdadera simiente de Abraham (véase Gá. 3:7, 29). En un sentido real, todos los creyentes rinden honor a Abraham, reconociéndolo como el padre de los fieles.

Si bien es cierto que los primeros once capítulos de Génesis tienen una perspectiva cósmica, ya que contemplan a todos los pueblos de la tierra, el énfasis de los capítulos 12 al 50 es particular o singular. Con respecto a los dos siglos posteriores del acontecimiento de Babel prácticamente no se dice nada acerca de la historia de la humanidad. Esa parte de la historia es pasada por alto porque no tiene gran importancia para el desarrollo de la historia de la revelación. Los propósitos de Dios se cumplen puntualmente, pero sus planes no aluden a este período de tiempo dándole mucha importancia. Como se verá en los capítulos siguientes, los propósitos de Dios de alcanzar a la humanidad se centrarán en un hombre con su descendencia y en una nación. Como es a través de ellos que Dios realizará sus propósitos, todos ellos necesitan ser entrenados mediante la experiencia de la vida con Dios a fin de que las bendiciones sean una realidad sobre toda la raza humana. Por lo tanto, el gran tema ahora se centra en la Simiente prometida, junto con el pacto y la tierra.

LA HISTORIA DE LA FAMILIA DE SEM (11:10-26)

La sentencia divina registrada en Génesis 9:26 «Bendito por Jehová mi Dios sea Sem» comienza a verse con claridad en esta sección del libro. El Espíritu Santo guía a Moisés a dar a conocer los nombres de la descendencia de Sem. Esa revelación concluye con Abram, el escogido por Dios para ser de bendición a todas las naciones de la tierra por medio del Mesías, la simiente especial de Abraham (véase Gá. 3:16).

Estas son las generaciones de Sem: Sem, de edad de cien años, engendró a Arfaxad, dos años después del diluvio. Y vivió Sem, después que engendró a Arfaxad, quinientos años, y engendró hijos e hijas (Gn. 11:10-11).

En el capítulo 10, Moisés ha presentado la relación de las naciones, y ha demostrado que estas tienen un origen común. Las diferentes tribus y razas proceden del patriarca Noé, a quien Dios ordenó que «llenase la tierra». Dios dispuso un nuevo comienzo e hizo un pacto incondicional con Noé. Seguidamente, en el capítulo once, Génesis registra el acontecimiento de la torre de Babel. En las planicies de Sinar, la humanidad desafió a Dios, pues querían hacer lo contrario a lo que Dios les había mandado. Intentaron construir una ciudad y una torre para «alcanzar el cielo», contrariamente al mandato de Dios de «llenar la tierra» (Gn. 9:1, 7). Entonces Jehová juzgó a aquellos rebeldes, confundió sus lenguas y los «esparció sobre la faz de la tierra».

En Génesis 9:26, Dios había prometido bendecir a Sem. En ese texto, Noé profetizó y dijo: «Bendito por Jehová mi Dios sea Sem...». No cabe duda de que esa profecía de Noé encajaba perfectamente con los propósitos electivos de Dios. En Génesis 11:10-32, puede verse que la descendencia de Sem conduce a Taré y, a la postre, a Abram. En Génesis 11:10, Sem es seleccionado de manera particular porque era el progenitor de la descendencia que traería al Mesías a la tierra. En los versículos iniciales de esta sección (11:10-26), la genealogía de Sem es declarada a través de su importante hijo, Arfaxad, y luego Heber, Peleg, Reu, Serug, Nacor y Taré, el padre de Abram. El punto importante que Moisés desea destacar es que Abram tiene una relación sanguínea con Sem, el hijo de Noé y que él es aquel en quien se encuentra la línea mesiánica (véase Gn. 9:25-27).

Herbert C. Leupold hace la siguiente observación:

En la historia de Sem como un todo debemos destacar que se diferencia en el modelo seguido en el capítulo cinco en un respecto, a saber, en que este no ofrece un informe separado de la edad total del individuo, ni del hecho de que muere. Igualmente evidente es la gradual declinación de la duración de la vida humana: el primer hijo nace más temprano, y el resto de la vida es un período más corto.[1]

Llama la atención que en Génesis 11:10 se menciona primero a Arfaxad, pero en Génesis 10:22 aparece como el tercero de cinco hijos de Sem. La razón de ese cambio

---

1. Herbert C. Leupold, *Exposition of Genesis*, vol. I, p. 394.

se debe a que el soberano Dios otorga la prioridad en el linaje no sobre la base de la primogenitura sino debido a su soberana elección. El linaje mesiánico va de Sem a Arfaxad pues Dios escoge según su soberano propósito.

Evidentemente, todos los nombres mencionados en Génesis 11:10-32 tienen que ver con el linaje del que procederá el Mesías. Arfaxad engendró a Sala quien a su vez engendró a Heber, que fue el progenitor de los hebreos. Como mencionamos anteriormente, algunos piensan que el nombre «hebreo» se deriva de Heber, que a su vez procede del verbo *abar* que significa «pasar sobre». Abraham había «cruzado o pasado» sobre el río Éufrates cuando salió de su tierra.

Heber engendró a Peleg, que vivió un total de doscientos treinta y nueve años. Génesis 10:25 dice que en los días de Peleg «fue repartida la tierra». Hay quienes se asombran de que «Peleg» —que significa «división»— recibiese ese nombre antes de que ocurriese el acontecimiento de Babel.[2] Es probable, sin embargo, que el nombre Peleg tenga un significado profético, anticipando la dispersión de las naciones como resultado de la rebelión humana en Babel. Es significativo también que con Peleg se produce la separación del linaje escogido de Sem de aquellos que no fueron escogidos.

«Reu» solo se cita aquí en todo el Antiguo Testamento. Quizá el nombre Reu guarde relación con el sustantivo *«reuél»* (véase Gn. 36:4, 10, 13) que era el nombre de uno de los hijos de Esaú. También el suegro de Moisés llevaba ese nombre (véase Éx. 2:18), lo que significa que dicho nombre era conocido desde tiempos antiguos. «Serug» es un nombre de origen acadio, y se relaciona con un lugar situado a unos 60 km al oeste de Harán, en la alta Mesopotamia.

«Nacor» se asocia con el abuelo de Abram y también con uno de sus hermanos (Gn. 11:26-27) que nació en Ur de los caldeos y después residió en Harán (Gn. 24:10). Según Génesis 11:29, Nacor, el hermano de Abram, se casó con su prima, Milca, la hija de Harán, y fue el progenitor de 12 hijos —mencionados en Génesis 22:20-24— que luego serían doce tribus arameas. Eso señala la estrecha relación entre los hebreos y los arameos.

> *Nacor vivió veintinueve años, y engendró a Taré. Y vivió Nacor, después que engendró a Taré, ciento diecinueve años, y engendró hijos e hijas. Taré vivió setenta años, y engendró a Abram, a Nacor y a Harán. Estas son las generaciones de Taré: Taré engendró a Abram, a Nacor y a Harán; y Harán engendró a Lot (Gn. 11:24-27).*

TARÉ Y SU FAMILIA (11:27-30)

Puesto que Taré es la persona importante del linaje que conduce a Abram, Moisés se propone tratarlo algo más exhaustivamente, lo que hace al final de este capítulo. Todas las historias relacionadas con Abram se relatan bajo el patrocinio de Taré. La frase: «Estas son las generaciones de Taré» abarca desde Génesis 11:27 hasta 25:11. Puesto que Taré vivió 135 años después del nacimiento de Abram, puede decirse que fue testigo de la mayoría de los acontecimientos descritos en los capítulos 12 al 25 de Génesis.

---

2. Umberto Cassuto, *A Commentary on the Book of Genesis, Part Two*, p. 221.

El texto dice que Taré y su familia vivían en «Ur de los caldeos» (véase Gn. 11:28, 31). Los arqueólogos sitúan a Ur en el sur de Mesopotamia, cerca del golfo Pérsico. Hay algunos, sin embargo, que opinan que la Ur mencionada aquí está situada al noreste de Harán, opinión que tiene un gran sustento, tanto en la Biblia (véase Gn. 11:31; Is. 23:13; 43:14) como en fuentes externas. La Biblia enseña claramente que el hogar original de Abram estaba en la baja Mesopotamia, específicamente en la ciudad de Ur y que, posteriormente, emigró a Harán en la alta Mesopotamia cuando viajaba a Canaán (véase Gn. 11:28-31; 12:1-4; 15:7; Neh. 9:7). Llama la atención que la ciudad donde Abram nació no se le llama simplemente «Ur» en el Antiguo Testamento (véase Gn. 11:31) sino Ur de los caldeos. El adjetivo calificativo «de los caldeos» no es, como algunos creen, un anacronismo, sino que como en numerosos documentos antiguos es la aclaración hecha por algún escriba para dar una referencia histórica a lectores posteriores que vivían cuando Ur y sus alrededores habían desaparecido totalmente, y así decirles que la ciudad estaba situada en el sur de Babilonia. Allí, después del año 1000 a.C., los caldeos llegaron a dominar la región y, a la postre, establecieron el Imperio neobabilónico o caldeo y, por supuesto, era normal que el escriba hebreo definiese el incomprensible nombre extranjero mediante el uso de un nombre comprensible en su tiempo (véase D. J. Wiseman, "Chaldea, Chaldeans", *New Bible Dictionary*, p. 180). Se acepta aquí que la «Ur de los caldeos» de donde era Abram estaba situada a unos 200 km al sureste de Babilonia, donde se adoraba al dios de la luna llamado Sin. Los caldeos de Ur en un principio eran una de las tribus principales, pero luego llegaron a dominar la región (véase *New Bible Dictionary*, eds., I. Howard Marshall, et. ál., p. 1219). En Habacuc 1:6 se la llama «nación cruel y presurosa». Josué 24:2 dice: «Y dijo Josué a todo el pueblo: Así dice Jehová, Dios de Israel: Vuestros padres habitaron antiguamente al otro lado del río, esto es, Taré, padre de Abraham y de Nacor; y sirvieron a dioses extraños». Como la deidad más prominente en aquella región era Sin, el dios luna, probablemente Labán, Sara, Milca y el mismo Abram adoraban a ese Dios. Casi puede asegurarse que Ur era uno de los principales centros de idolatría.

Quizá, Taré decidió emigrar a Harán debido a problemas políticos. Los elamitas destruyeron la ciudad de Ur por el año 1950 a.C. En definitiva, la ciudad-estado de Ur era un centro político y religioso de gran importancia desde la primera parte del tercer milenio a.C., y el adjetivo calificativo «de los caldeos» fue incorporado por algún escriba para aclarar a lectores posteriores la ubicación de la ciudad con información contemporánea.

> *Y murió Harán antes que su padre Taré en la tierra de su nacimiento, en Ur de los caldeos. Y tomaron Abram y Nacor para sí mujeres; el nombre de la mujer de Abram era Sarai, y el nombre de la mujer de Nacor, Milca, hija de Harán, padre de Milca y de Isca. Mas Sarai era estéril, y no tenía hijo (Gn. 11:28-30).*

Quizá la muerte de Harán influyó en la decisión de Abram de abandonar Ur de los caldeos. Recuérdese que Harán era el padre de Lot, que después de la muerte de su padre pasaría al cuidado de su abuelo, Taré, y de su tío, Abram. El hecho de que se mencione que Harán murió en «la tierra de su nacimiento, en Ur de los caldeos», demuestra que Taré y su familia vivían allí, de donde salieron para la ciudad de Harán (el mismo nombre que tenía el fallecido hijo de Taré). Fue en «Ur de los caldeos» donde Dios llamó a Abram (véase Gn. 12:1). La relación familiar era la siguiente:

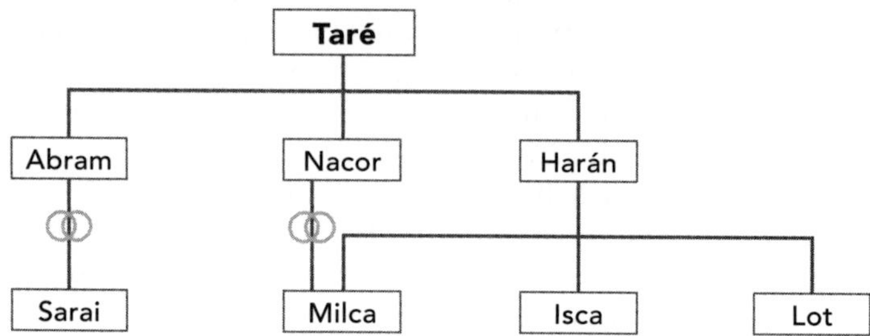

El hecho de que «Sarai era estéril» (Gn. 11:30) se menciona con antelación porque demostrará ser de gran importancia para el resto de la historia del patriarca y de las promesas hechas por Dios. Es importante que el hijo de la promesa, Isaac, nazca en la tierra de la promesa y, por lo tanto, Sarai no tendrá ningún hijo en la tierra de los pueblos paganos.

Debido a la gran importancia que tuvo Taré en esta parte del capítulo once, se ha sugerido que Dios se le apareció a él así como a Abram (véase 11:31) y que Taré guió su familia hacia la tierra de Canaán. Eso es posible, pero debe recordarse que Dios está interesado primordialmente en Abram y en llevarlo a la tierra prometida, porque las promesas le serán dadas a Abram. Si Dios se les apareció a ambos hombres, pronto quedó claro que Abram se percató de que no era la intención de Taré continuar el viaje a la tierra prometida. Quizá la prosperidad y la comodidad de la ciudad de Harán pesaron demasiado en Taré. Es posible que el mismo Taré y los suyos se implicaron en la idolatría en Harán «y se quedaron allí» (Gn. 11:31) en lugar de seguir hacia Canaán.

Si, como se cree, la mencionada ciudad de Ur era la que estaba en el sur, debemos notar que era una gran ciudad, con una civilización muy adelantada que incluía una gran biblioteca antes del tiempo de Abram. El gran patriarca no emigró de una ciudad insignificante para viajar al norte, hacia Canaán, sino que salió de una gran ciudad; aunque pecaminosa e idólatra.

Los antepasados de Abram procedían de un ambiente de idolatría y el virus del pecado también los había afectado. Seguramente Taré y su familia tenían las mismas prácticas religiosas que los habitantes de Harán. Josué escribió en su libro: «Así dice Jehová, Dios de Israel: Vuestros padres habitaron antiguamente al otro lado del río, esto es, Taré, padre de Abraham y de Nacor; y servían a dioses extraños» (Jos. 24:2; véase también 24:14-15). La estrecha relación de los semitas con los camitas en el sur de Mesopotamia condujo a la polución de la pureza y simplicidad de su fe. Josué dice que los padres de los hijos de Israel, que habitaban al otro lado del Éufrates, servían a dioses extraños. En el hogar de Labán se veían los restos de la iniquidad. Raquel le robó las imágenes y provocó la ira de su padre (Gn. 31:19-35).

Dios nunca dejaría que Israel se olvidase de dónde habían sido rescatados. Por eso llamó a la nación, a través del profeta Isaías, a recordarlo:

Oídme, los que seguís la justicia, los que buscáis a Jehová. Mirad a la piedra de donde fuisteis cortados, y al hueco de la cantera de donde fuisteis arrancados. Mirad a Abraham vuestro padre, y a Sara que os dio a luz; porque cuando no era más que uno solo lo llamé, y lo bendije y lo multipliqué (Is. 51:1-2).

La nación de Israel no debía olvidar jamás que por la gracia soberana de Dios nació como nación. Tampoco debe olvidar que por esa misma gracia ha sido preservada y lo será hasta el final de los tiempos.

EL LLAMADO DE ABRAM (11:31-32)

Y tomó Taré a Abram su hijo, y a Lot hijo de Harán, hijo de su hijo, y a Sarai su nuera, mujer de Abram su hijo, y salió con ellos de Ur de los caldeos, para ir a la tierra de Canaán; y vinieron hasta Harán, y se quedaron allí. Y fueron los días de Taré doscientos cinco años; y murió Taré en Harán (Gn. 11:31-32).

Taré, como cabeza de familia, tomó la decisión de emigrar de Ur de los caldeos hacia la tierra de Canaán. Pero, como ya se ha señalado, es posible que algo lo indujera a quedarse en Harán. No debe confundirse la ciudad de Harán con el nombre personal de Harán, padre de Lot, Milca y de Isca. La ciudad de Harán estaba situada a unos 885 km al noroeste de Ur. Allí también se adoraba al dios luna y era una ciudad de muchos atractivos. Como dice el texto: «Se quedaron allí» en lugar de seguir para Canaán. Todo aquello, sin duda, era el plan de Dios. La muerte de Taré en Harán formaba parte del diseño divino. Dios llamó a Abram, no a Taré. Dios haría un pacto con Abram, no con Taré. Como lo expresó Esteban en su discurso, Dios llamó a Abram antes de que saliese de Ur de los caldeos:

Y él [Esteban] dijo: Varones hermanos y padres, oíd: El Dios de la gloria apareció a nuestro padre Abraham, estando en Mesopotamia, antes que morase en Harán, y le dijo: Sal de tu tierra y de tu parentela, y ven a la tierra que yo te mostraré. Entonces salió de la tierra de los caldeos y habitó en Harán; y de allí, muerto su padre, Dios le trasladó a esta tierra, en la cual vosotros habitáis ahora (Hch. 7:2-4).

En su discurso, Esteban señala que Dios llamó a Abram cuando aún estaba en Ur de los caldeos (Mesopotamia) «antes que morase en Harán». Después de la muerte de Taré fue que Abram se dirigió a la tierra de Canaán. Esteban cita las palabras de Génesis 12:1, cuando Dios dijo a Abram: «Sal de tu tierra y de tu parentela, y ven a la tierra que yo te mostraré» (Hch. 7:3). A lo largo de la historia, Dios ha llamado a ciertos hombres para una tarea especial: Elías, Amós, Isaías, Pedro y Mateo, por mencionar algunos. Pero el llamado a Abram fue, sin duda, singular. El autor de la carta a los Hebreos dice:

Por la fe Abraham, siendo llamado, obedeció para salir al lugar que había de recibir como herencia; y salió sin saber a dónde iba (He. 11:8).

Resumen y conclusión

El capítulo once de Génesis contiene tremendas y asombrosas enseñanzas. La primera parte de este capítulo explica la formación de las naciones, el porqué de las lenguas humanas y el esparcimiento de la humanidad por la faz de la tierra. Dios había ordenado a Noé y a sus hijos, diciendo: «Fructificad y multiplicaos, y llenad la tierra» (Gn. 9:1). Más adelante dice: «Mas vosotros fructificad y multiplicaos; procread abundantemente en la tierra, y multiplicaos en ella» (Gn. 9:7). Los seres humanos desafiaron a Dios y lo desobedecieron. Quisieron hacer lo contrario de lo que Dios había ordenado e intentaron construir una ciudad en las planicies de Sinar y una torre «cuya cúspide llegue al cielo». También dijeron: «Hagámonos un nombre, por si fuéremos esparcidos sobre la faz de toda la tierra» (Gn. 11:4). Probablemente, el cabecilla de aquella rebelión fue Nimrod, el fundador del Imperio babilónico y su ciudad capital, Nínive.

El texto bíblico dice que Jehová Dios dijo «descendamos, y confundamos allí su lengua». El uso de la primera persona del plural podría ser una referencia al Dios Trino, igual que el «hagamos» de Génesis 1:26. De manera soberana y judicial Dios hizo lo que dijo que haría: confundió sus lenguas y los esparció por sobre la faz de la tierra. Babel significa «confusión» y eso fue lo que sucedió allí en aquel día. Pero, además, Babel o Babilonia tiene que ver con idolatría y rebelión contra Dios, por eso Dios ha de juzgar a Babilonia y destruirla totalmente (véase Jer. 50—51; Ap. 17—18).

La segunda parte del capítulo (11:10-32) tiene que ver con la genealogía de Sem. El propósito es registrar la manera en que Dios ha de cumplir la promesa de Génesis 9:26, donde dice: «Bendito por Jehová mi Dios sea Sem». Dios escogió a Sem para enviar «la simiente de la mujer» (Gn. 3:15), y esa «Simiente» vendría a través de Abraham, Isaac, Jacob y David. Génesis 11:10-26 proporciona la genealogía desde Sem hasta Abraham. Dios selecciona soberanamente a todos los instrumentos que han de formar parte de su plan. Las genealogías demuestran que Dios está interesado en personas a quienes Él santifica y usa con miras al establecimiento de su glorioso reino.

SEGUNDA PARTE

LA HISTORIA PATRIARCAL
(12:1—50:26)

12

El llamado a Abram y el pacto abrahámico (12:1-20)

Hay quienes consideran, con razón, que Abraham es el personaje más importante de la Biblia. Es difícil encontrar a un ser humano que ocupe un lugar más importante en la revelación bíblica que el patriarca Abraham. Su centralidad es destacada tanto en el Antiguo como en el Nuevo Testamento.

En el Antiguo Testamento se usa repetidas veces la expresión «Dios de Abraham» como una designación de Jehová (véase Éx. 3:6, 15, 16). Abraham es reconocido como el padre de la nación de Israel (Is. 51:2), y es llamado «amigo de Dios» (2 Cr. 20:7; Is. 41:8). En el Nuevo Testamento, el apóstol Pablo lo usa como paradigma de la justificación por la fe (véase Ro. 4:1-5, 9-25), y también señala que todos los creyentes son «hijos de Abraham» (Gá. 3:7) y «linaje de Abraham» (Gá. 3:29). En esencia, todos los que creen reconocen a Abraham como el «padre de los creyentes». Como se ha señalado en este comentario, los primeros once capítulos de Génesis tienen una perspectiva universal ya que contemplan a todos los pueblos de la tierra. Pero los capítulos doce al cincuenta tienen un énfasis particular, pues enfocan el llamado de Dios en Abraham, el pacto abrahámico y la descendencia de Abraham a través de Isaac y de Jacob, es decir, la constitución de la nación de Israel. Probablemente, el gran error del pueblo escogido por Dios fue quitar su mirada de Abraham, el padre de la fe, y ponerla en Moisés, el dador de la ley. Esa actitud pudo haber sido la causa de la decadencia de Israel. Ciertamente fue la causa del cautiverio de setenta años en Babilonia y de otros males posteriores.

No debe perderse de vista que Noé profetizó que la descendencia de Sem iba a ser recipiente de la promesa dada inicialmente a Adán y Eva en el protoevangelio de Génesis 3:15 (véase Gn. 9:26-27). Como se verá más adelante, es Abram, que era de la raíz de Sem, quien ahora se convierte en aquel de cuyo linaje procede el Mesías (véase Gá. 3:16). En segundo lugar, no debe olvidarse el suceso de la confusión de lenguas en la torre de Babel. Allí Dios juzgó la rebeldía del hombre que pretendía «hacer un

226

nombre para sí», de espaldas a Dios, en lugar de deleitarse en la adoración al todopoderoso y único Dios, Jehová. Puesto que el hombre ha demostrado ser un fracaso cuando actúa colectivamente, Dios ahora fija su atención en la gracia eficaz y llama a «un hombre», y hace un pacto con él para que realice sus propósitos. Ese hombre es Abram, el hebreo (véase Gn. 14:13), cuya familia vivía del otro lado del río Éufrates y adoraba a otros dioses (véase Jos. 24:2). Dios lo llamó del «hueco de la cantera» (Is. 51:1-2) y lo levantó para la tarea. Dios se le apareció «estando en Mesopotamia, antes que morase en Harán, y le dijo: Sal de tu tierra y de tu parentela, y ven a la tierra que te mostraré» (Hch. 7:2-3).

La historia del Génesis, por lo menos hasta el capítulo 25, es la historia de la vida de Abraham, las promesas, el pacto que Jehová hizo con él (véase Gn. 15:18) y el desarrollo del plan de Dios a través de él. Por lo tanto, la clave del libro es la simiente prometida y la tierra prometida. Ahí se centra la revelación dada por Dios en Génesis. Si a eso se le añade la promesa del reino, podría hablarse de la revelación dada por Dios en toda la Biblia.

LAS ESTIPULACIONES DEL PACTO ABRAHÁMICO (12:1-3)

Pero Jehová había dicho a Abram: Vete de tu tierra y de tu parentela, y de la casa de tu padre, a la tierra que te mostraré (Gn. 12:1).

Este primer versículo del capítulo 12 señala los participantes del pacto de las promesas. El autor de Génesis dice: «Pero Jehová había dicho a Abram». Es Jehová, el Dios de la gloria, el Dios guardador del pacto quien es «el participante» de la primera parte del pacto. La forma verbal «había dicho» es un pretérito pluscuamperfecto, que sugiere el hecho de que Dios llamó a Abram en Ur de los caldeos, antes de la muerte de su padre (véase Gn. 11:28, 31; 15:7; Hch. 7:4). El teólogo y misionero en Alemania, Cleon L. Rogers, Jr., ha escrito lo siguiente:

> La introducción de la persona que habla es el primer aspecto del pacto que debe tratarse. Abraham y su familia han sido presentados en Génesis 11:26-32. Es sorprendente que la primera mención de Abraham, el participante humano, es hecha sin ninguna mención de honor o título (véase Jos. 24:2-3). En contraste con esto, los títulos divinos son muy llamativos. En Génesis 12:1, 7; 13:14, el participante divino es referido como Jehová, el que siempre existe y permanece por sí mismo para ayudarlos.[1]

Jehová es quien pronuncia el mandato. Ese es el nombre personal de Dios para siempre (Éx. 3:15). Jehová es el Dios guardador del pacto. El Dios de misericordia y gracia es Jehová. Su elección de Abram demuestra la soberanía de Jehová. Él pudo haber escogido a otra persona pero soberanamente y por gracia escogió a Abram.

«Vete» [*lek-leká*] es decir, «sal por ti mismo». El soberano manda y el vasallo debe obedecer. Juan Calvino lo expresa así:

---

1. Cleon L. Rogers, Jr., «The Covenant with Abraham and its Historial Setting», *Bibliotheca Sacra* (julio-septiembre, 1970), pp. 250-251.

Es como si [Dios] dijese «te mando que vayas con los ojos cerrados, y te prohíbo que preguntes a dónde te voy a guiar, hasta que, después de renunciar a tu tierra, te hayas entregado a mí completamente».[2]

La «tierra» [*érets*] de Abram en el contexto debe referirse a Ur de los caldeos, que era la tierra donde él nació. Fue allí donde Dios le habló y lo llamó, y le prometió que le daría la tierra de Canaán a su descendencia, que vendría a través de Isaac, el hijo único de Sara (véase Gn. 17:8, 19).

Y haré de ti una nación grande, y te bendeciré, y engrandeceré tu nombre, y serás bendición. Bendeciré a los que te bendijeren, y a los que te maldijeren maldeciré; y serán benditas en ti todas las familias de la tierra (Gn. 12:2-3).

Es importante recordar que en las promesas del pacto abrahámico hay un reconocimiento implícito de dos aspectos de la persona de nuestro Salvador: su humildad y su deidad. El Espíritu Santo ha colocado cuidadosamente las genealogías en el Génesis para que quede totalmente claro que el Señor Jesucristo, el Mesías venidero, está conectado con aquellos a quienes redimirá. Su naturaleza humana es absolutamente genuina aunque, por supuesto, Él es sin pecado. Además, las promesas no dejan lugar a duda que el Mesías tiene que ser más que humano. Si solo fuese humano, nunca podría redimir a nadie, porque Él mismo estaría expuesto a la condenación. De modo que implícito en las promesas de lo que Él haría hay un reconocimiento de su naturaleza divina. Solo una persona divina podría ser el medio de bendición para todas las familias de la tierra. No puede pasarse por alto el hecho de que en las promesas hay un significado más profundo que es necesario considerar.

Dios hizo tres promesas específicas a Abram:

1. La primera ha sido llamada la promesa personal. Jehová mandó a Abram que saliese de su tierra. Además, le dijo: «Te bendeciré» y «engrandeceré tu nombre». Llama la atención que el mandato de Dios al patriarca implicaba tres cosas: (a) «la tierra» o «el país», b) «la parentela» o «las familias» y c) «la casa de su padre». Puesto que Abram es el gran ejemplo de la vida de fe, su experiencia es en principio la experiencia de todo creyente. Cuando el Espíritu Santo llama por gracia al conocimiento del perdón de los pecados a través de la obra redentora de la cruz, todo creyente es apartado en espíritu del mundo. La separación implica que desde ese momento el creyente no pertenece al mundo, aunque sigue viviendo en el mundo. La separación también implica el país, porque el cielo se convierte en nuestra «patria celestial». Además implica nuestra parentela, porque la familia de Dios es ahora nuestra verdadera familia. El redimido conoce el dolor y el tormento de esa separación, pero es el resultado necesario de una identificación y unión con Cristo.

2. En segundo lugar, el Señor hizo promesas nacionales a Abram. Dios le dio la tierra de los cananeos: «Porque toda la tierra que ves, la daré a ti y a tu descendencia para siempre» (Gn. 13:15). Es precisamente alrededor de la promesa de

---

2. Juan Calvino, *Genesis* (Edinburgh: Banner of Truth, 2000), p. 344.

la tierra hecha por Dios a Abram que se desarrolla la futura historia del mundo (véase Gn. 13:14-17; 15:7; 17:4-8).
3. En tercer lugar, Dios bendice a Abram con una promesa universal: «…y serán benditas en ti todas las familias de la tierra» (Gn. 12:3c). La expresión «en ti» tiene que ser, en última instancia, una referencia a la simiente de Abram que vendría (véase Gá. 3:16), es decir, el Mesías (véase también Mt. 1.1).

Los detalles de las promesas que constituyen el pacto aparecen en Génesis 12:2-3, y se despliegan en siete elementos. El versículo 2 comienza con la frase: «Y haré de ti una nación grande». La grandeza de la nación de Israel es reconocida mundialmente por la enorme cantidad de sus logros. Su verdadera grandeza, sin embargo, yace en el hecho de que la redención es provista a través de ella.

La elección de Israel no se debe a las virtudes de esa nación. La Escritura dice:

No por ser vosotros más que todos los pueblos os ha querido Jehová y os ha escogido, pues vosotros erais el más insignificante de todos los pueblos; sino por cuanto Jehová os amó, y quiso guardar el juramento que juró a vuestros padres (Dt. 7:7-8a).

Israel fue escogida unilateralmente por Dios para ser la depositaria de la revelación divina, ser la madre del Mesías y proclamar la salvación a las naciones (véase Is. 43:11-12, 21; Jn. 4:22; Ro. 3:1-2; también Mt. 24:14).

La segunda línea de Génesis 12:2 dice: «Y te bendeciré». Esa promesa fue cumplida literalmente en Abram. Melquisedec, rey de Salem y sacerdote del Dios Altísimo, bendijo a Abram: «Bendito sea Abram del Dios Altísimo, creador de los cielos y de la tierra; y bendito sea el Dios Altísimo, que entregó tus enemigos en tu mano. Y le dio Abram los diezmos de todo» (Gn. 14:19-20). Evidentemente, Dios había enriquecido a Abram (Gn. 14:23; 13:2).

La tercera línea dice: «Y engrandeceré tu nombre». El nombre de Abram es reconocido por las tres grandes religiones monoteístas: el judaísmo, el cristianismo y el islamismo. Abram, en árabe, es «EL-KHALIL», que significa «el amigo de Dios» y es reconocido por los seguidores de esas religiones (véase Gn. 17:5; 23:6; 18:17-19; 20:7; Sal. 105:6).

La última línea del versículo 2 dice: «Y serás bendición». Herbert C. Leupold dice sobre esto:

La forma en que aparece este punto de la promesa difiere materialmente de todos los demás. En vez de ser un imperfecto exhortativo, es un imperativo: «Y sé tú». Aunque es verdad que un imperativo puede unirse con un exhortativo, no puede negarse que eso es «extraño» en este caso… La realidad del caso es que este, en verdad, expresa algo que Dios hace: Dios es quien en el último análisis hace que Abram sea una verdadera bendición a otros. Pero al mismo tiempo, esto implica una responsabilidad moral en Abram: él debe hacer su parte para convertirse en bendición a otros. Por consiguiente el imperativo es: «Sé tú una bendición».[3]

---

3. Herbert C. Leupold, *Exposition of Genesis*, vol. I, pp. 412-413.

De modo que la lectura correcta de la frase debe ser en forma imperativa: «Sé tú una bendición». Al parecer, Abram tenía una responsabilidad moral. Es cierto que el pasaje enfatiza la soberanía de Dios por gracia en su bendición incondicional a Abram, pero eso no cancela el hecho de que hay una responsabilidad moral en el patriarca. La soberanía de Dios coexiste con la responsabilidad del hombre, lo que resulta claro para todo el que estudia la Biblia. Mediante el poder de la gracia incondicional que le es dispensada, Abram debe responder siendo una bendición a quienes estén en su derredor.

En la quinta línea (Gn. 12:3), Dios promete bendecir a los que bendigan a Abram: «Bendeciré a todos los que te bendigan». El vocablo «bendeciré» tiene aquí un doble significado. Cuando un ser humano «bendice» o pronuncia a otro «bendiciones» está expresando solo un deseo pues no tiene el poder para que esa bendición se efectivice. Por otro lado, cuando Dios bendice se imparte un bien, de modo que la quinta línea significa: «Yo otorgaré o derramaré el bien sobre aquellos que desean tu bien». En un sentido, esa es la identificación de Dios con Abram. Cuando alguien trata bien a Abram, Dios lo bendecirá.

La sexta línea es lo opuesto de la quinta: si alguien no trata bien a Abram, sufrirá por ello. El Señor usa dos vocablos diferentes para expresar «maldecir». Usa el verbo *arar* para expresar la maldición judicial de Dios y *calál* para expresar la maldición imprudente y blasfema del hombre. El verbo utilizado de la maldición humana significa «tratar con ligereza», «calumniar» o «blasfemar», mientras que el verbo usado para la maldición de Dios tiene un énfasis judicial y significa «entregar a juicio» (véase Gn. 3:14, 17; 4:11; 9:25; 5:29; 27:29). La declaración significa, pues, que Dios entregará a juicio a aquellos que calumnien a Abram y a su simiente. Esas palabras expresan la actitud de Dios hacia el rechazo del mundo de la verdad de Dios, y ese principio se mantiene a través de las Escrituras. Pablo dice: «Porque la palabra de la cruz es locura a los que se pierden…» (1 Co. 1:18, véase también Jn. 3:18-19). Quienes rechazan la Palabra de Dios sellan su propia condenación y se colocan a sí mismos bajo el juicio de Dios. Básicamente, el corazón del antisemitismo yace aquí, y es realmente una rebelión contra la elección de Dios por gracia soberana de Abram y su simiente.

Por último, la séptima línea de la provisión del pacto contiene una promesa universal: «Y serán benditas en ti todas las familias de la tierra». Por el sentido mismo del pasaje y por la revelación dada en el Nuevo Testamento puede entenderse que la referencia es de manera directa al Mesías, el Señor Jesucristo. Una bendición tan grande solo puede venir a través del Mesías prometido, no puede proceder jamás de un simple hombre. De modo que la Simiente de Abraham es el tema central aquí. Pablo deja bien claro que la expresión «en ti» [*beká*] se refiere, en sentido último, a Cristo (véase Gá. 3:8, 16). Abram es, por lo tanto, el mediador de la bendición a través de su simiente, es decir, Aquel que es el mediador entre Dios y los hombres.

EL CARÁCTER INCONDICIONAL DEL PACTO ABRAHÁMICO

Las promesas del pacto abrahámico son incondicionales. Esa afirmación es evidente por el uso de los verbos que aparecen en los versículos 2 y 3 de Génesis 12: «Haré de ti una nación grande»; «Te bendeciré»; «Engrandeceré tu nombre»; «Bendeciré a los que te bendijeren»; «A los que te maldijeren maldeciré».

Todas esas frases indican que el pacto hecho con Abram es la absoluta obra soberana de Dios. Debe notarse, además, que no se expresa ninguna condición en el texto. Los grandes pactos de la Biblia: el noético, el abrahámico, el davídico y el nuevo son todos incondicionales. Esos arreglos no son contratos con obligaciones mutuas de naturaleza paralela. Son pactos, no son acuerdos entre iguales. Un pacto incondicional descansa sobre las promesas de Dios. El autor de la carta a los Hebreos dice:

> Porque cuando Dios hizo la promesa a Abraham, no pudiendo jurar por otro mayor, juró por sí mismo, diciendo: De cierto te bendeciré con abundancia y te multiplicaré grandemente. Y habiendo esperado con paciencia, alcanzó la promesa (He. 6:13-15).

Como puede verse, para su cumplimiento, las provisiones del pacto descansan sobre la Palabra del Dios vivo y su carácter fiel. Dios no miente sino que cumple todo lo que promete. El carácter incondicional e inmutable de los pactos hechos por Dios con David y Abram se ratifican tanto en el Antiguo como en el Nuevo Testamento (véase Jer. 33:19-25 y Lc. 1:46-55; 67-70). La profecía bíblica afirma que los pactos abrahámico, davídico y nuevo tendrán un cumplimiento literal.

Resumen y conclusión

Un estudio de Génesis 12:1-3 permite ver la importancia del patriarca Abram y del pacto abrahámico. En el ámbito de la salvación, su importancia yace en su gracia incondicional y, en ese aspecto, armoniza de manera maravillosa con el principio sobre el cual Dios justifica al pecador (véase Ro. 4:5; 11:6). Es la gracia incondicional —favor inmerecido— lo que gobierna la esfera de la salvación provista por el Dios Trino. Abram actuó en fe, confiando en la Palabra de Dios, al obedecer la orden de Dios cuando le dijo: «Vete de tu tierra». La elección de Abram fue un acto puramente soberano de la gracia de Dios, pues no lo escogió debido a que previó que Abram iba a creer. Cuando el gran patriarca fue elegido, él y su familia eran idólatras (véase Jos. 24:1-5).

El propósito eterno de Dios en la elección siempre va seguido de un llamado eficaz, que depende exclusivamente de Dios quien soberanamente llama al pecador por medio del Espíritu Santo y lo atrae a Jesucristo. Aunque es cierto que la etapa del despliegue de la revelación a Abram estaba en su estado primitivo y la plenitud de la verdad tal como aparece en el Nuevo Testamento estaba ausente, los aspectos esenciales estaban operantes en el llamado a Abram. Las siguientes características pueden observarse en el llamado de Dios al gran patriarca:

1. El llamado fue divinamente aplicado y ejecutado. El Dios de la gloria se le apareció cuando estaba en Mesopotamia, en las tinieblas de su perdición. Fue Dios quien mediante la agencia de su Palabra, llevó vida y fe a Abram. Solo Dios puede avivar la mente y el corazón del pecador.

2. El llamado a Abram fue personal y procedía directamente del Señor y, al pasar los días, ese llamado condujo a Abram a una relación más personal con el Señor. Actualmente, Dios obra de la misma manera.

3. Fue un llamado a la separación. Dios llamó a Abram cuando «no era más

que uno solo» (véase Is. 51:2), y Dios exigió una separación de «su tierra, su parentela y la casa de su padre» (véase Gn. 12:2). La esencia misma de la fe del cristiano es la separación del mundo (véase Jn. 17:14-15). No es una separación monástica sino una separación del pecado que tiene que ver con la santidad.

4. Fue un llamado fructífero. Esto se pone de manifiesto en que Abram obedeció y salió sin saber a dónde iba (véase He. 11:8). La obediencia de la fe exigía en el caso de Abram un gran sacrificio.

5. Fue un llamado basado en la Palabra de Dios. Abram recibió vastas y satisfactorias promesas con su llamado (véase Gn. 12:2-3) a las que Dios añadió muchas otras cosas posteriormente. Pero aun así, el creyente hoy en día recibe grandes promesas de la mano de Dios (véase Jn. 1:12-13; 3:16, 36; 8:12; 10:9).

Finalmente, el llamado da esperanza al mundo. En los sitios más recónditos de la tierra, Dios llama y bendice a pecadores. Dios llamó a Lutero en un claustro lejano y lo usó para bendecir a muchos. Dios llamó a Pablo cuando perseguía a los cristianos y a Lidia cuando vendía púrpura en Filipos. Dios llama soberanamente, mediante su gracia y por el Espíritu Santo.

El peregrinaje de Abram a la tierra prometida (12:4-9)

En el pacto que hace con Abram, Dios se compromete a hacer varias cosas por él:

1. Darle una bendición especial.
2. Engrandecer su nombre.
3. Hacerlo un canal de bendición para otros.
4. Proveer un trato a otros sobre la base del trato que le den a Abram.
5. Darle un heredero mediante Sarai.
6. Hacer que su simiente sea una gran nación (12:2; 17:6).
7. Establecer un pacto perpetuo con él y su descendencia (17:7).
8. Darle la tierra de Canaán en heredad perpetua (17:8).
9. Dios promete ser su Dios y el de su descendencia (17:7).
10. La simiente de Abram —el Mesías— será de bendición a todas las familias de la tierra (12:3; Gá. 3:16).

En conformidad con las estipulaciones del pacto, Dios prometió a Abram ciertos derechos y privilegios: una descendencia innumerable (Gn. 13:16; 15:5), continuidad histórica mediante la protección divina (Gn. 12:3), un derecho eterno e irrevocable de un área definida de la tierra (Gn. 13:14-17; 15:18; 17:7-8) y una supremacía mundial a través del reinado del Mesías (véase Mt. 1:1; 19:28; 24:29-30).

> *Y se fue Abram, como Jehová le dijo; y Lot fue con él. Y era Abram de edad de setenta y cinco años cuando salió de Harán (Gn. 12:4).*

Abram, el padre de los fieles, respondió en obediencia a la orden de Dios; hizo exactamente «como Jehová le dijo». Aunque Dios había mandado a Abram que se separase de «su parentela», el patriarca llevó a Lot consigo. Posteriormente Lot se convirtió en un problema para Abram. El hecho de que Abram «era de setenta y cinco años» no debe pensarse en función del criterio moderno, pues Abram era considerado una persona de mediana edad en aquellos tiempos. Para los criterios de entonces, Abram no era un hombre viejo.

> *Tomó, pues, Abram a Sarai su mujer, y a Lot hijo de su hermano, y todos sus bienes que había ganado y las personas que había adquirido en Harán, y salieron para ir a tierra de Canaán; y a tierra de Canaán llegaron (Gn. 12:5).*

Tal como era característico de las costumbres orientales antiguas, aquel considerado como cabeza de la familia es mirado como el líder y jefe del grupo que viajaba con él. Con el patriarca de setenta y cinco años de edad, iban su esposa, que era estéril, su sobrino Lot y los siervos y, además, empleados que formaban parte del grupo. No era un grupo pequeño (véase Gn. 14:14). Ya para aquel tiempo, Abram era un hombre muy rico, y todo lo que tenía estaba involucrado en aquella nueva aventura de fe. Con sus pertenencias y sus acompañantes se dirigió hacia la tierra de Canaán y, a la postre, llegó a su destino. El propósito original de Dios se cumple. Taré había guiado a Abram hasta Harán, pero Dios lo guio a la «tierra prometida», es decir, Canaán.

> *Y pasó Abram por aquella tierra hasta llegar a Siquem, hasta el encino de More; y el cananeo estaba entonces en la tierra. Y apareció Jehová a Abram, y le dijo: A tu descendencia daré esta tierra. Y edificó allí un altar a Jehová, quien le había aparecido (Gn. 12:6-7).*

La primera etapa del viaje de Abram a Canaán lo llevó a la ciudad de Siquem —la primera ciudad cananea mencionada en la Biblia—, donde acampó, junto al encino de More. El texto dice que «el cananeo estaba entonces en la tierra». Eso pudo haber atemorizado algo a Abram, pero Jehová le apareció y renovó su compromiso con Abram: «A tu descendencia daré esta tierra». La reacción de Abram demuestra su fe en Jehová: «Y edificó allí un altar a Jehová, quien le había aparecido». Debe observarse que Siquem era un importante centro de actividades comerciales cuando Abram llegó allí, y es una ciudad mencionada repetidas veces en el Antiguo Testamento (véase Gn. 33:18; 35:4; 37:12-13; Jos. 24:1; Jue. 9:6). Es posible que Siquem fuese un importante centro religioso y de cultos paganos.[4] «El encino de More» fue el lugar específico donde llegó Abram con su comitiva. «More» significa «maestro», lo que sugiere que era un centro notorio porque allí se emitían oráculos. De ser así, aquel fue un excelente lugar para que Jehová apareciese a Abram y le renovase las promesas del pacto establecido en Génesis 12:1-3.

Después de mencionar el sitio concreto de la llegada de Abram, Moisés hace la siguiente declaración: «Y el cananeo estaba entonces en la tierra». Algunos piensan que esa frase pertenece a un período postmosaico. Es difícil ver por qué esta oración no puede ser históricamente correcta, pues ya los cananeos estaban en posesión de la tierra. La declaración es introductoria en función de la promesa de Jehová a Abram. El hecho de que la tierra que Dios había prometido a Abram y a su simiente estuviese habitada parece un impedimento para el cumplimiento de la promesa de Dios, aunque,

---

4. *Nuevo diccionario ilustrado de la Biblia* (eds. Wilton M. Nelson y Juan Rojas Mayo), pp. 1088-1089.

en realidad, no hay obstáculo o impedimento para Aquel que es el poseedor absoluto del cielo y la tierra. Antes que se cumpla la promesa, sin embargo, la iniquidad de los cananeos debía crecer hasta tal punto que amerite aplicarles el juicio retributivo de Dios.

En la primera mención específica de una teofanía, el Señor apareció a Abram y le dio la promesa: «A tu descendencia daré esta tierra» (Gn. 12:7). El vocablo «descendencia» significa literalmente «a tu simiente» [*lezaraka*]. La asociación de la promesa con la ocupación de la tierra por los cananeos es intencional. Aunque la tierra estaba ocupada por ellos, la promesa garantizaba que serían desposeídos y que la tierra sería dada a los descendientes de un hombre que había pasado la edad de engendrar y que no tenía hijos. La misma improbabilidad de que eso sucediese hacía que la promesa fuese más sorprendente aún. Tal situación ponía a la promesa de Abram y su familia en una tremenda prueba.

La teofanía, a la luz de otras que tuvieron lugar después, casi seguro era una aparición del Señor Jesucristo antes de su encarnación (véase Gn. 16:7-14; 18:2, 33; 32:24-30). En un sentido fue una bienvenida benevolente al patriarca al llegar a la tierra, aunque había algo de advertencia en las palabras dirigidas a Abram personalmente. Estrictamente hablando, las palabras del Señor indican que él mismo no heredaría la tierra sino sus descendientes.

La teofanía, es decir, la aparición visible de Jesucristo antes de su encarnación tenía la finalidad de dar ánimo al patriarca. Es posible que fuese también una señal que la tierra prometida sería a partir de ese momento el escenario de la manifestación de Jehová a su pueblo y, finalmente, a todo el mundo.

> *Y edificó allí un altar a Jehová, quien le había aparecido (Gn. 12:7b).*

Este altar fue el primero edificado en la tierra de Canaán y dedicado a la adoración del eterno «Yo soy», Jehová, el Dios guardador del pacto. Aunque el texto no lo dice, es de esperarse que Abram ofreciese un sacrificio en adoración a Jehová, tal como lo hizo Noé cuando salió del arca (véase Gn. 8:20). Gordon J. Wenham comenta lo siguiente:

> Al construir [el altar], [Abram] simbólicamente demostró su convicción de que un día [la tierra] le pertenecería a su descendencia. La negación de que Abram ofreció un sacrificio parece ser algo perverso a la luz del ejemplo de Noé (8:20) y del capítulo 22. Tanto el edificar un altar y ofrecer un sacrificio eran expresiones de fe en la promesa y eran parte íntegra de la adoración a Dios. Presumiblemente solo se menciona la edificación del altar aquí porque [el altar] perdura más allá del sacrificio como testimonio de la promesa de Dios y la respuesta del patriarca.[5]

Aquel lugar había sido santificado por la manifestación de la presencia de Jehová. Al edificar el altar, Abram expresa que el lugar era un sitio de adoración al Dios vivo y verdadero, el único digno de ser adorado. El altar que Abram edificó era, además, un

---

5. Gordon J. Wenham, «Genesis 1-15», *Word Biblical Commentary*, p. 280.

símbolo de gratitud y de sumisión a la voluntad del Dios que soberanamente lo había sacado de un ambiente de idolatría y politeísmo para adorar solo a Jehová.

> *Luego se pasó de allí a un monte al oriente de Bet-el, y plantó su tienda,*
> *teniendo a Bet-el al occidente y Hai al oriente; y edificó allí altar a Jehová,*
> *e invocó el nombre de Jehová (Gn. 12:8).*

Este versículo describe la segunda fase de la jornada de Abram a la tierra de Canaán. No se da ninguna explicación de por qué Abram se trasladó a un nuevo sitio. Se ha especulado con que quizá encontró hostilidad de parte de los habitantes de aquella región, que tal vez ya se avizoraba la hambruna que se aproximaba o que Abram buscó un mejor sitio para alimentar a su numeroso rebaño, pero en realidad no se sabe por qué se trasladó a un nuevo sitio.

El nombre de Bet-el significa «casa de Dios», aunque según Génesis 28:19 su nombre original era Luz. El nombre «Bet-el» se usa prolépticamente, es decir, de manera anticipada. Cuando Abram estuvo allí, todavía su nombre era Luz y estaba situada a unos 8 km de Hai. Hoy en día, Bet-el se conoce con el nombre de Beitín, situada a unos 17 km al este de Jerusalén. Nuevamente, Abram edificó un altar a Jehová y es de esperarse que el patriarca ofreciese sacrificios a Jehová sobre aquel altar. «E invocó el nombre de Jehová». Esta frase señala la devoción de Abram y su comunión con el Señor. Gordon J. Wenham comenta lo siguiente:

> Una vez más esta mención deliberada de invocar [el nombre] del Señor implica más que una simple oración: sugiere que Abram adoraba de manera regular y formal (véase Gn. 4:26; 21:33; 26:25; Sof. 3:9). Génesis 13:4 registra que Abram regresó a este altar «e invocó allí el nombre de Jehová».[6]

Puede decirse que Abram era, por encima de todo, un adorador de Jehová. Su vida era un testimonio viviente de proclamación de Dios. La frase «e invocó el nombre de Jehová» podría indicar, como sugiere Lutero, que Abram «predicó» acerca del nombre de Jehová.[7]

> *Y Abram partió de allí, caminando y yendo hacia el Neguev (Gn. 12:9).*

«El Neguev» mencionado en este versículo es el área al suroeste del Mar Muerto. Ese sustantivo significa «seco» por ser una zona muy árida debido a la poca lluvia (véase J. S. Wright, "Negeb", *New Bible Dictionary*, eds. I. Howard Marshall et ál., pp. 811-813). La precipitación anual varía entre unos 2 cm en el sur hasta los 18 cm en el norte, lo que hace que haya poco cultivo en esa región. Investigaciones arqueológicas muestran que hubo un tiempo cuando el territorio entre Palestina y Egipto estaba habitado por muchos pueblos y aldeas. Se cree que en tiempos de Abram no era difícil para la gente que circulaba por allí encontrar un medio de vida así como el forraje adecuado para los animales domésticos. De modo que eso explicaría por qué Abram y su comitiva emprendieron viaje hacia el Neguev.

---

6. *Ibíd.*, p. 281.
7. Herbert C. Leupold, *Exposition of Genesis*, vol. I, p. 421.

Resumen y conclusión

Génesis 12:4-9 nos deja entrever algo de la esencia de la vida de Abram. Es importante, por lo tanto, dar una mirada a la vida del patriarca a medida que sus características comienzan a manifestarse en el registro bíblico. A la luz del hecho de que Abram es el gran ejemplo de fe, debe ser de gran importancia para todo lector examinar las características principales de su vida a fin de poder aprender de él, a través de la Palabra, los importantes principios que constituyen la vida de fe que agrada a Dios (véase He. 11:6, 8-19).

Indiscutiblemente, el principio fundamental de la vida de Abram es la obediencia, un sometimiento a la voluntad revelada de Dios. Por supuesto que esto es un enfoque del lado humano de las cosas, porque el registro bíblico deja bien claro que la obediencia y la fe de Abram fueron obradas en su vida por Dios mismo (véase Ef. 2:8-9; Fil. 1:29; 1 Co. 4:7; He. 6:13-15; 11:8-10). El escritor de la carta a los Hebreos dice: «Por la fe Abraham, siendo llamado, obedeció para salir al lugar que había de recibir como herencia; y salió sin saber a dónde iba» (11:8). La fe de Abram produjo obediencia. Lo único que Abram tenía era la promesa de Dios, pero eso fue suficiente para él.

Desde el principio, la fe de Abram poseía una cualidad viviente sobre la que Santiago dio su aprobación (véase Stg. 2:14-26). Fue desde su inicio una fe que obró; la fe de Abram era viva y dinámica. Dios se agradó de la fe de Abram y le atribuyó justicia (Gn. 15:6).

Abram fue un peregrino, un hombre cómodamente resguardado, primero en Ur y luego en Harán, pero de ahora en adelante será un hombre «en movimiento». Primero en Siquem, después en Bet-el, luego en el Neguev. Abram fue el primero de los grandes de la fe en confesar que era un peregrino y extranjero en la tierra (Gn. 23:4; He. 11:13).

Hay tres cosas que más específicamente sobresalen en la vida de Abram. En primer lugar, las *promesas* de Dios (véase Gn. 12:1-3, 7; He. 11:9, 11, 13, 17). La carta a los Hebreos dice que era aquel «que alcanzó la promesa» (He. 6:13-15). De modo que aunque solo poseía un pedazo de tierra para ser enterrado, vivió con la convicción de que la tierra iba a ser suya y de su simiente. Aunque no existía ninguna probabilidad lógica de que las promesas fuesen cumplidas, vivió con la convicción de que su Dios era el Dios de la resurrección, que «llama las cosas que no son, como si fuesen» (Ro. 4:17). Abram estaba «plenamente convencido de que [Dios] era también poderoso para hacer todo lo que había prometido» (Ro. 4:21; véase Sal. 33:11).

El segundo elemento que caracterizó la vida del gran patriarca fue el *altar* (véase Gn. 12:7, 8; 13:4), que sin duda tiene una enseñanza doctrinal importante. En primer lugar, por parte de Abram tiene un claro reconocimiento del pecado. La Escritura enseña que el sacrificio de animales era necesario —como precursor de lo que habría de venir— para tener una relación correcta con Dios (véase Ro. 6:23). En segundo lugar, el altar era el lugar del sacrificio, el lugar donde se hacía la expiación. Proclamaba, por lo tanto, la verdad de que sin derramamiento de sangre no hay remisión de los pecados. En tercer lugar, puesto que la sangre del sacrificio era ofrecida en el altar, es correcto decir que el Antiguo Testamento enseña la doctrina de la sustitución penal o forense. El animal representaba el pago por el castigo, y era ofrecido como sustituto del ofrendante, quien era el que debía morir por su pecado. La verdad que el apóstol Pedro proclama cuando dice: «Porque también Cristo padeció una sola vez por los pecados, el justo por los injustos, para llevarnos a Dios, siendo a la verdad muerto en la carne, pero vivificado en espíritu» (1 P. 3:18) es representada en los sacrificios y en el altar. Finalmente, como Pedro dice, el sacrificio provee acceso a Dios, y eso es expresado por la declaración de Moisés de que, después de edificar el altar cerca de Bet-el, Abram invocó el nombre de Jehová y adoró (Gn. 12:8). En medio del paganismo y la idolatría, Abram edificó un altar a Jehová y proclamó su nombre.

El tercer elemento que caracterizó la vida de Abram fue «*su tienda*» (véase Gn. 12:8; He. 11:9). Durante todo un siglo su hogar fue «movible». El escritor de la carta a los Hebreos lo explica así: «Porque esperaba la ciudad que tiene fundamentos, cuyo arquitecto y constructor es Dios» (He. 11:10). Abram dejó claro que buscaba «la ciudad que tiene fundamentos» y que no vivía en una tienda movible por obligación: «Pues si hubiesen estado pensando en aquella de donde salieron, ciertamente tenían tiempo de volver» (He. 11:15). Abram llevó todas sus posesiones, comprometiendo todo lo que tenía al proyecto de la fe porque sus prioridades estaban en orden. De modo que Abram estaba en medio de los cananeos, pero separado de ellos. No asistía a sus ritos tribales, se guardaba cuidadosamente y guardaba a los suyos de no mezclarse en matrimonio con ellos, insistiendo en pagar el precio total de todo lo que recibía, y no se apegaba a ninguna cosa material. El ejemplo de Abram para el creyente de hoy es incuestionable. La fe de Abram es el modelo para todo creyente hoy.

ABRAM VIAJA A EGIPTO POR CAUSA DEL HAMBRE EN LA TIERRA (12:10-20)

Tiempos de hambre ocurrían con frecuencia en Canaán. Durante la etapa patriarcal se registran tres períodos de hambres severas (véase Gn. 12:10; 26:1; 41:56). La agricultura en Canaán dependía de la lluvia, mientras que en Egipto dependía de la irrigación gracias a las aguas del Nilo. La temporada de lluvia en Canaán es durante los meses de noviembre y diciembre, pero a veces hay tiempos de sequía o de lluvia escasa que generan malas cosechas y, en consecuencia, hambre.

Hubo entonces hambre en la tierra, y descendió Abram a Egipto para morar allá, porque era grande el hambre en la tierra (Gn. 12:10).

Abram se vio rodeado de una circunstancia sobre la que no tenía control alguno. El texto dice: «Hubo entonces hambre en la tierra...» (12:10a). ¿Cómo es posible que hubiese hambre en la tierra prometida y que afectase a Abram el patriarca, el hombre escogido y llamado por Dios? ¡Pues así fue! «Era grande el hambre en la tierra» que Dios prometió a Abram y a su simiente.

No se trataba de algo trivial —aunque es cierto que situaciones semejantes se repetían en aquella región— sino que fue una prueba severa para la fe de Abram. El patriarca había obedecido al entrar en la tierra y había sido galardonado con la aparición visible de Jehová quien le había hecho promesas adicionales (véase Gn. 12:7). Pero, al parecer, la aparición de Jehová era también como una preparación para la severidad de las circunstancias que esperaban a Abram en el futuro.

El patriarca pudo haber pensado que Dios lo había engañado, pero el propósito último de Dios era llevar a Abram a una mayor entrega de su vida al Señor. Era un medio de crecer en la disciplina, para que pudiese aprender la diferencia entre lo que el mundo llama bueno y lo que Dios llama bueno. La respuesta correcta de parte del patriarca hubiese sido aferrarse a las promesas del Señor aun cuando las cosas pareciesen ir en sentido contrario. El texto dice que Abram fue a «Egipto para morar allá». El verbo «morar» [*gur*] puede significar «quedarse» (véase 19:9; 47:4; Jue. 17:19). Es difícil que Abram fuese a Egipto para quedarse a vivir permanentemente, sino más bien, en forma temporal, es decir, como un extranjero y no como un ciudadano afincado. Pero incluso si Abram hubiese querido permanecer en Egipto, los planes de Dios eran diferentes. El sitio de Abram era la tierra prometida, y allí viviría hasta el final de sus días y luego sería la tierra de su simiente para siempre.

Si Abram hubiese sido un niño nunca hubiese salido de Canaán. El hambre no habría impedido que un niño escuchase a su padre. Pero Abram no jugó el papel de un niño y el resultado fueron todas las complejas acciones que siguieron a su decisión de salir de la tierra e ir a Egipto. Algunos expositores entienden las expresiones «subió» y «descendió» en un sentido moral, aunque quizá exageran un poco el uso de esos verbos. Por supuesto que Abram, al parecer, «descendió» a Egipto por su propia iniciativa, sin consultar a Dios. El patriarca se llenó de temor. Tomó en cuenta las circunstancias pero no los intereses del Señor, y como consecuencia, su vida llegó a peligrar en medio de los egipcios. En aquel momento, el miedo a morir de hambre fue superior al temor de Jehová.

Lo que debió haber hecho, por supuesto, es confrontar las dificultades y mirarlas a través de Dios, que debe ser ubicado entre las dificultades y nosotros porque Él es Jehová-*jireh*, es decir, el Señor que provee. Jehová permite que enfrentemos dificultades, pero promete cuidar a sus hijos en medio de ellas y a través de ellas.

> *Y aconteció que cuando estaba para entrar en Egipto, dijo a Sarai su mujer: He aquí, ahora conozco que eres mujer hermosa de aspecto (Gn. 12:11).*

El hecho de que Abram no confiara en Dios y tuviera miedo de morir de hambre fue una triste decisión en la vida del patriarca. Abram había confiado en Jehová cuando subió de su tierra y llegó a Canaán. Demostró esa confianza al construir un altar, adorar y proclamar el nombre de su Dios entre los paganos de la tierra. Había dado un ejemplo maravilloso de fe en Jehová, pero ahora ha perdido ese punto culminante que había manifestado antes.

El texto dice: «Cuando estaba para entrar [*jikeríb*] en Egipto», es decir, aún no había llegado, sino que estaba cerca de Egipto. En ese momento Abram le recordó a Sarai, su esposa, algo que seguramente ya habían acordado: que en cualquier momento en que su vida peligrase ella debía decir que era hermana de Abram (véase Gn. 20:12). En realidad, Sarai era media hermana de Abram. Pero, de todos modos, el patriarca apeló a la mentira para salvar su vida. Sin duda, Sarai había conservado su belleza, a pesar de ser una mujer de sesenta y cinco años, y los egipcios quisieron tomarla para su harén. En aquella ocasión Abram apeló a la conveniencia. Muchas veces la conveniencia es enemiga de la fe y Abram cayó en la trampa del pícaro. En lugar de confiar en Dios y quedarse en la tierra, Abram salió de la tierra; pasó por alto que la tierra era el lugar de bendición y un pecado condujo a otro, y ahora el patriarca confiará en su astucia para escapar de la esperada actitud de los egipcios por la llegada de aquel forastero de Canaán con su hermosa esposa.

> *Y cuando te vean los egipcios, dirán: Su mujer es; y me matarán a mí, y a ti te reservarán la vida. Ahora, pues, di que eres mi hermana, para que me vaya bien por causa tuya, y viva mi alma por causa de ti (Gn. 12:12-13).*

Abram presenta a Sarai una simple proposición. El patriarca sabía que los egipcios eran crueles e inmorales y no esperaba que respetasen sus derechos civiles. La poligamia y la promiscuidad sexual abundaban entre aquellos descendientes de Cam. Las mujeres hermosas como Sarai, que se encontraban en un país extranjero como Egipto, eran buscadas y codiciadas por los nativos. Además, si una mujer era deseada como esposa, se consideraba necesario eliminar al esposo antes de tomarla por mujer. De modo que los temores de Abram estaban sobradamente fundamentados.

Por lo tanto, para salvar su vida, Abram diseñó aquella trama que le propuso a Sarai cuando se acercaban a Egipto. Esta fue la oferta: «Escúchame, sé que eres hermosa, y cuando los egipcios te vean, dirán: "Es su esposa", y me matarán y dejarán que tú vivas. Por favor, di que eres mi hermana para que me vaya bien por tu causa, y para que yo viva por causa de ti». Las palabras de Abram eran una media verdad, porque realmente Sarai era media hermana de Abram. Pero él, sin embargo, sabía que estaba diciendo una mentira en aquel momento. Abram nunca cayó tan bajo como en aquella ocasión, con la excepción de cuando posteriormente repitió el mismo pecado (véase Gn. 20:1-18). Espiritualmente hablando, lo ocurrido era un claro ejemplo de la incapacidad de aplicar la fe en las circunstancias reales de la vida, y eso le ocurrió al «padre de la fe». En aquel momento clave de su vida no supo aplicar el principio de la fe a su propia vida. Cuando confiamos en nuestras propias capacidades en vez de confiar en Dios, vienen las dudas y los vaivenes a nuestras vidas, que solo pueden eliminarse mediante la confesión del pecado y la corrección. Algunos han cuestionado que Sarai fuese una mujer hermosa a la edad de sesenta y cinco años, pero hay que tener en cuenta que para el criterio de entonces Sarai era una mujer de edad mediana. También influye el hecho de que no había tenido hijos. Recuérdese que vivió hasta la edad de ciento veintisiete años. Al parecer, los egipcios fueron cautivados por la belleza de Sarai, y pretendieron tomarla y añadirla a su harén, pero Dios tenía otro plan para ella; Dios la había escogido para que fuese la madre de un hijo especial del cual, a la postre, procedería el Mesías.

> *Y aconteció que cuando entró Abram en Egipto, los egipcios vieron que la mujer era hermosa en gran manera. También la vieron los príncipes de Faraón, y la alabaron delante de él; y fue llevada la mujer a casa de Faraón. E hizo bien a Abram por causa de ella; y él tuvo ovejas, vacas, asnos, siervos, criadas, asnas y camellos (Gn. 12:14-16).*

El encuentro entre Abram y los egipcios ocurrió tal como el patriarca lo había anticipado. Los egipcios contemplaron la belleza de Sarai y lo comunicaron al faraón. Como ya se ha señalado, a pesar de tener sesenta y cinco años, Sarai aparentaba ser una mujer de entre 30 y 35 años, y la llevaron a la casa del faraón. Evidentemente la intención era que, a su tiempo, Sarai fuese una de las esposas del faraón.

Debe notarse que aquel incidente es registrado primordialmente no para deshonrar a Abram, sino para dar honor a Dios. Abram es tratado generosamente por el faraón por causa de Sarai, aunque él fue realmente el causante y quien provocó la ocasión del pecado del faraón.

Abram pudo haber pensado en aquel momento que todo estaba saliendo bien, que su plan había funcionado, pero ceder, comprometiendo las convicciones, a la postre, no ha de tener éxito. El plan elaborado por Abram salió mal. No hay nada que pueda compensar la pérdida de la comunión con Dios, ni siquiera el buen trato recibido del mundo. Durante ese período no se lee de ningún altar, ni de ninguna nueva promesa de parte de Dios. Algunos sospechan que entre las siervas dadas a Abram estaba Agar quien, posteriormente, llegó a ser la sierva egipcia de Sarai (véase Gn. 16:1). Agar se convirtió, más adelante, en un serio problema para las relaciones entre Abram y Sarai.

> *Mas Jehová hirió a Faraón y a su casa con grandes plagas, por causa de Sarai mujer de Abram (Gn. 12:17).*

A pesar del pecado del hombre, Dios realizará su propósito y, por lo tanto, la casa del faraón y el mismo faraón son golpeados por plagas. Este es un ejemplo de la gracia de Dios derramada sobre Abram. Nada que el hombre haga puede obstruir el libre flujo de la gracia de Dios. Es probable que incluso si Abram hubiese admitido que Sarai era su esposa desde el principio, todavía el faraón hubiese tratado de dar muerte al patriarca con el fin de quedarse con Sarai.

La protección de la integridad de Sarai era importante, pues era a través de ella que Dios daría a Abram el hijo de la promesa. Puesto que Abram sería el padre de la simiente prometida, era necesario que Sarai, la madre, fuese protegida por Dios.

La naturaleza de las plagas es desconocida; el vocablo hebreo «hirió» (*nagá*) aparece en una forma que solo se usa con relación a «herir con una enfermedad» (véase 2 R. 15:5; 2 Cr. 26:20). De esa manera, Dios evitó que fuese profanada quien sería el instrumento que había escogido para enviar la simiente prometida. Dios no podía permitir cosa semejante. Abram había sacrificado el honor conyugal y la fidelidad de Sarai por autopreservación, pero Dios desbarató sus planes. Eso demuestra que no hay ninguna acción humana que pueda coartar los planes de Dios.

> *Entonces Faraón llamó a Abram, y le dijo: ¿Qué es esto que has hecho conmigo? ¿Por qué no me declaraste que era tu mujer? ¿Por qué dijiste: Es mi hermana, poniéndome en ocasión de tomarla para mí por mujer? Ahora, pues, he aquí tu mujer; tómala y vete. Entonces Faraón dio orden a su gente acerca de Abram; y le acompañaron, y a su mujer, con todo lo que tenía (Gn. 12:18-20).*

El texto bíblico no dice cómo supo el faraón el origen de las plagas que sobrevinieron sobre él y sus príncipes. Hay quienes opinan que el monarca poseía un sentido innato del temor de Dios y, por lo tanto, pensaba que había cometido alguna iniquidad y ello había traído aquellas enfermedades.[8] Otros piensan que quizá la misma Sarai había informado al faraón la verdad acerca de su relación con Abram. El profesor John J. Davis comenta lo siguiente:

---

8. Herbert C. Leupold, *Exposition of Genesis*, vol. I, p. 428.

En su tiempo, sin embargo, Dios «hirió a Faraón y a su casa con grandes plagas» (v. 17). La naturaleza de esas plagas es desconocida pero debieron ser severas. Al parecer, el rey descubrió toda la verdad acerca de Sara, y llamó a Abraham. Por increíble que parezca, el «padre de los fieles» fue reprendido por un rey pagano. El hecho de que ese incidente es incluido en el texto ilustra la imparcialidad de la historiografía de Moisés y demuestra el carácter singular de las Escrituras.[9]

Como se ha señalado, Abram mereció la represión del rey de Egipto por haber usado la falsedad para autoprotegerse. El patriarca debió sentir vergüenza al ser recriminado por el faraón. Sin duda, Abram tuvo que guardar silencio delante del rey de Egipto.

Después de recibir la orden del faraón de marcharse de Egipto, Abram salió acompañado de escoltas provistos por el rey de Egipto. La protección recibida posiblemente se debía a la profanación de Sarai, tal como Abraham lo temía desde el principio. El faraón ahora estaba totalmente impresionado con el Dios de Abram, si bien es cierto que no lo estaba con el mismo Abram. Ciertamente uno puede recordar las palabras del salmista respecto a la protección que Jehová da a sus siervos:

> Cuando ellos eran pocos en número, y forasteros en ella, y andaban de nación en nación, de un reino a otro pueblo, no consintió que nadie los agraviase, y por causa de ellos castigó a los reyes. No toquéis, dijo, a mis ungidos, ni hagáis mal a mis profetas (Sal. 105:12-15).

A pesar de los lapsos y las caídas de Abraham, Isaac, Jacob, David y otros grandes hombres de la Biblia, las promesas de Dios y el cumplimiento de su pacto permanecen inalterables. Es cierto que Dios disciplina tanto a personas escogidas como a la nación que Él escogió para enviar al Mesías, pero no es menos cierto que «por causa de ellos [Dios] castigó a los reyes». Tanto el amor como la disciplina de Dios están presentes en el trato de Dios con su pueblo.

RESUMEN Y CONCLUSIÓN

El fracaso del patriarca Abram en Egipto proporciona un mayor discernimiento de su carácter natural. Abram, como los demás seres humanos, era un pecador salvado por la soberana gracia de Dios, quien lo escogió y llamó soberanamente de Ur de los caldeos y, como Abram creyó a Dios, su fe le fue contada por justicia (véase Gn. 15:6). A pesar de eso, el patriarca no era un hombre perfecto. En Egipto, en presencia del faraón, el hombre de fe mostró su debilidad mediante un acto de duplicidad y engaño, similar al que manifestaron sus descendientes Isaac y Jacob. Hay aquí, sin embargo, una importante lección. Si Dios es capaz de hacer de aquel hombre engañador alguien a quien llama «mi amigo» (véase Is. 41:8), ciertamente puede hacerlo con cualquier creyente que pone su vida en las manos del Todopoderoso.

Finalmente, es importante que todo creyente se cuide de mantenerse firme en sus convicciones y no ceder ante la presión de las circunstancias. El apóstol Pablo advierte a los creyentes, diciendo:

---

9. John J. Davis, *Paradise to Prison: Studies in Genesis*, p. 177.

Así que, el que piensa estar firme, mire que no caiga. No os ha sobrevenido ninguna tentación que no sea humana; pero fiel es Dios, que no os dejará ser tentados más de lo que podéis resistir, sino que dará también juntamente con la tentación la salida, para que podáis soportar (1 Co. 10:12-13).

El cristiano tiene los recursos necesarios para hacer frente a los conflictos y pruebas de la vida en consonancia con la visión dada por Dios en su llamado a la vida, a la salvación y para su gloria.

13

Abram y Lot se separan (13:1-18)

En el capítulo 12 se han estudiado dos grandes episodios de la vida de Abram. El primero abarca los versículos 1 al 9, y es ahí donde Jehová Dios hace tres promesas al patriarca: una bendición personal, una bendición nacional y una bendición universal. A la edad de setenta y cinco años, Abram salió de Harán, llevando a su familia y a su sobrino Lot. Dios le prometió a Abram darle la tierra de Canaán en posesión perpetua. Esa tierra, por lo tanto, le pertenece a Abram y a su descendencia (véase Gn. 12:7). En el sitio de la promesa, Abram edificó un altar y proclamó el nombre de Jehová. De Siquem se dirigió a Bet-el y de allí al Neguev, la región árida al sur de Canaán.

Es entonces que comienza el segundo episodio, narrado en Génesis 12:10-20. La tierra es golpeada con una gran hambre, y Abram y los suyos se desplazan a Egipto donde seguramente había alimentos. Allí, sin embargo, tiene lugar un episodio importante en la vida de Abram, pues, por temor a perder su vida, el patriarca acuerda con Sarai que ella diga que es su hermana en lugar de decir que es su esposa. El faraón de Egipto intentó tomar a Sarai por esposa, pero Dios afligió al faraón y a los suyos con una severa plaga. Ese juicio de Dios se debió al hecho de que el Señor había determinado que la simiente a través de la cual el Mesías sería enviado procedería de Sarai. Ese era el plan soberano de Dios y nadie podía obstaculizarlo.

De alguna manera, el faraón supo que las plagas que lo afligían eran de origen sobrenatural, reprendió a Abram y lo despidió. El faraón reconoció que estuvo a punto de tomar a Sarai por mujer (Gn. 12:19). En cierto sentido, Abram salió de Egipto humillado a causa de haber mentido.

Sin embargo, contrario a lo que podría esperarse, cuando el faraón despide a Abram y a Sarai, haciéndolos regresar a la tierra de Canaán, no hace que Abram devuelva la dote y los otros regalos que ha recibido anticipadamente por Sarai. Eso fue, sin duda, un acto soberano de Dios en favor de Abram.

La inmensa riqueza que Abram poseía, sin embargo, se convirtió en un problema, pues eso condujo a la disputa entre sus pastores y los de Lot y, a la postre, a la separación de ambos. Cuando surgió el conflicto con los pastores de Lot, quizá pudo haberle parecido a Abram que todo el proyecto estaba equivocado porque había surgido un nuevo problema. Podría haberle parecido mejor abandonar Canaán a cambio de una tierra más fértil y productiva. Pero, en lugar de eso, el patriarca en esta ocasión se apega por fe a la promesa de Dios y recibe el galardón de su paciencia. Sin duda, el secreto de su persistencia yace en su peregrinaje a Bet-el y el restablecimiento de una verdadera adoración en el altar que había abandonado para ir a Egipto.

Ahora consideraremos el capítulo 13 y el relato del regreso de Abram a la tierra de Canaán después de su viaje a Egipto y del fracaso que experimentó allí. Lot regresó con él, y se convirtió en un problema para Abram en muchos sentidos. Aunque era creyente (véase 2 P. 2:7), evidentemente es un prototipo del cristiano mundano y carnal. No obstante, Abram le mostraría afecto hasta el punto de librarlo de los reyes que lo habían secuestrado. Abram era, sin duda, no solo un hombre de fe sino también una persona bondadosa.

Abram restablece su comunión con Dios (13:1-4)

Subió, pues, Abram de Egipto hacia el Neguev, él y su mujer, con todo lo que tenía, y con él Lot. Y Abram era riquísimo en ganado, en plata y en oro. Y volvió por sus jornadas desde el Neguev hacia Bet-el, hasta el lugar donde había estado antes su tienda entre Bet-el y Hai, al lugar del altar que había hecho allí antes; e invocó allí Abram el nombre de Jehová (Gn. 13:1-4).

Se ha observado ya el hecho de que la vida de Abram representa una larga serie de acontecimientos en los que el patriarca es desafiado a vivir a la altura de la misión que Dios le dio al principio. Fue derrotado por el hambre que hubo en la tierra, pero la gracia soberana de Dios lo libró del desastre. Después, mediante la actuación del faraón, a quien Dios providencialmente usa, Abram regresa a la tierra, el lugar de bendición. Con él está Sarai, mencionada especialmente para recordar al lector que Abram estuvo a punto de perderla por causa de su insensata incredulidad. También se menciona a Lot, ya que tiene un papel importante en los hechos sucesivos. El regreso de Abram se asemeja a un peregrinaje. El texto dice que «volvió… desde el Neguev hacia Bet-el, hasta el lugar donde había estado antes su tienda entre Bet-el y Hai, al lugar del altar que había hecho allí antes» (Gn. 13:4). Allí, en el mismo sitio, el patriarca «invocó el nombre de Jehová» (Gn. 13:4b). El hombre de fe regresó al sitio donde renovó su relación con Dios y allí «proclamó el nombre de Jehová Dios». Después de su lapso en Egipto, Abram regresa al lugar de la comunión íntima con Dios. A pesar de la humillación recibida delante del faraón, el patriarca regresa a Canaán «riquísimo en ganado, en plata y en oro» (Gn. 13:2). Aunque en parte esa riqueza se debía a los regalos recibidos del faraón, debe recordarse que Dios prometió bendecirlo en gran manera (Gn. 12:2).

El versículo 3 señala que Abram viajó como un nómada, es decir, «por… jornadas» para regresar al lugar del altar que previamente había edificado (véase Gn. 12:8). Ese fue un regreso a la comunión con el Todopoderoso, de modo que no debe sorprendernos que el texto señale que Abram «volvió a Bet-el». Ese regreso simbolizó la necesidad de regresar al Señor en arrepentimiento y confesión. Todo creyente que se desvía del camino trazado por Dios debe hacer lo que hizo Abram. Para el patriarca, aquel regreso fue tanto físico como espiritual al lugar donde había disfrutado de la bendición y la comunión con el Señor.

La frase «e invocó allí Abram el nombre de Jehová» (Gn. 13:4c) expresa la reanudación de su adoración a Dios. Al llegar al lugar del antiguo altar, Abram invocó el nombre de Jehová y adoró allí (Gn. 4:26; 12:8). Aquel acto sugiere muchas verdades teológicas que resaltan los fundamentos de la doctrina de la expiación y de la comunión con el Dios trino. Es importante recordar que el tema fundamental de Génesis es la centralidad y la soberanía de único Dios vivo y verdadero.

Es posible que la adoración de Abram en este caso incluyera penitencia por haber abandonado la tierra prometida y haberse marchado a Egipto, y por los otros pecados que cometió después. Seguramente incluía también gratitud por la inmerecida misericordia que preservó y libró a Sarai y al mismo Abram de la mano del faraón y de los egipcios. Uno puede suponer que el acto público de adoración junto al altar proporcionó un testimonio visible de la fe de aquel pequeño grupo de peregrinos a los habitantes de la tierra. Jehová, el Dios de los hebreos, fue honrado mediante aquella adoración. El regreso de Abram a la tierra de Canaán fue una demostración de la gracia y la infinita misericordia de Dios.

ABRAM Y LOT SE SEPARAN (13:5-13)

También Lot, que andaba con Abram, tenía ovejas, vacas y tiendas. Y la tierra no era suficiente para que habitasen juntos, pues sus posesiones eran muchas, y no podían morar en un mismo lugar. Y hubo contienda entre los pastores del ganado de Abram y los pastores del ganado de Lot; y el cananeo y el ferezeo habitaban entonces en la tierra (Gn. 13:5-7).

Al parecer, Lot fue bendecido por su relación con Abram. Los sustantivos «ovejas», «vacas» y «tiendas» señalan la extensión de su riqueza que, eventualmente, produciría la ruptura entre Lot y Abram. Después de la renovación de la comunión llegaron las pruebas a la vida de Abram, pero esta vez, sin embargo, Abram manejó la prueba de manera sabia y generosa. A través del incidente de la disputa entre los pastores de Lot y sus pastores, Abram aprendió una lección adicional, a saber, que no era suficiente dejar Ur de los caldeos, Harán y Egipto por la tierra prometida, también era necesario que dejase a los miembros de su familia, pues de lo contrario la separación no estaría completa. Lot, con su mente centrada en el mundo, representa un principio contrario a la plenitud de la vida espiritual con Dios y, por lo tanto, también debe irse (véase Ro. 12:1-2). Como expresa David en su canto: «Sabed, pues, que Jehová ha escogido al piadoso para sí; Jehová oirá cuando yo a él clamare» (Sal. 4:3). No es una experiencia fácil separarse de los seres queridos por causa del Señor, pero era algo necesario.

El incidente que evidenció la diferencia básica en la relación entre Abram y Lot fue la contienda entre los pastores. Ambos hombres eran muy ricos y sus rebaños grandes, lo que requería abundancia de pastos. En una tierra como Canaán era inevitable que hubiese disputas entre los pastores respecto al derecho a los pastos. Además, «el cananeo y el ferezeo habitaban entonces en la tierra» (13:7). Eso podría indicar que, puesto que esos hombres habían estado allí por mucho tiempo, solo las áreas desocupadas estaban disponibles para Abram y Lot, lo cual habría reducido su acceso a la tierra y les habría dificultado pastorear sus grandes rebaños sin tener contiendas entre sí. La mención de la presencia de los cananeos y los ferezeos también podría sugerir que era un mal testimonio que hubiese una contienda abierta entre Abram y Lot. Es entonces que el patriarca toma la gran decisión de separarse de su sobrino Lot, ofreciéndole que elija el lugar donde quiere habitar. Abram, sin duda, dio una muestra de su magnanimidad.

> *Entonces Abram dijo a Lot: No haya ahora altercado entre nosotros dos, entre mis pastores y los tuyos, porque somos hermanos. ¿No está toda la tierra delante de ti? Yo te ruego que te apartes de mí. Si fueres a la mano izquierda, yo iré a la derecha; y si tú a la derecha, yo iré a la izquierda (Gn. 13:8-9).*

Al parecer, las experiencias recientes habían enseñado a Abram a poner su confianza en Dios. Aunque el llamado de Dios y la promesa de la tierra fueron dirigidos a Abram, el patriarca no hizo uso de su derecho sino que exhibió su generosidad. Además, al ser el mayor y «cabeza de familia», tenía derecho a decidir. Pero Abram, que ya había renunciado a todo cuando salió de Ur, ahora renuncia a su derecho a elegir y, por fe, le cede a Lot ese derecho. Abram da muestras de ser un verdadero «pacificador» (Mt. 5:9). Prefiere que haya paz entre él y Lot, y permite que su sobrino tenga la prioridad de elegir su espacio.

Abram vio que el problema podría causar constantes dificultades si no era resuelto de manera permanente y total. La sugerencia de Abram demostró tanto la grandeza de su fe como la de su corazón. Abram renunció a sus derechos para hacer posible una reconciliación permanente.

Las palabras de Abram son maravillosas por su simplicidad y su caridad: «No haya ahora altercado entre nosotros dos, entre mis pastores y los tuyos, porque somos hermanos. ¿No está toda la tierra delante de ti? Yo te ruego que te apartes de mí. Si fueres a la mano izquierda, yo iré a la derecha; y si tú a la derecha, yo iré a la izquierda» (Gn. 13:8-9). La situación tensa entre Abram y Lot fue resuelta por las sabias y altruistas palabras del patriarca. Aquí vemos una importante lección respecto de cómo tratar cuestiones de incompatibilidad en la iglesia hoy. ¿Qué debe hacerse cuando hay personas que simplemente no pueden llevarse bien con otros debido a diferencias honestas de opinión? Abram demostró gracia y misericordia hacia su sobrino, dándole la oportunidad de escoger lo que consideraba mejor. El derecho era de Abram, pero no se aferró a él.

El profesor José Loza, un católico dominico, dice lo siguiente:

> Abram, para cortar por lo sano, propone a Lot que se separen; incluso le deja escoger a dónde dirigirse. Ni tardo ni perezoso, Lot examina todo desde la alta atalaya de la montaña central. Al no haber sido destruidas todavía Sodoma y Gomorra, a Lot le seduce la amplia zona de regadío que por entonces sería, según esta tradición, la parte baja del valle del Jordán (recordemos el oasis de Jericó) y lo que ahora es el Mar Muerto hasta llegar a Zoar, en el sur, la población tan insignificante a propósito de la cual Lot pediría pronto que sea salvada de la catástrofe para refugiarse en ella (19:20).[1]

---

1. José Loza, *Génesis 12-50* (Bilbao: Editorial Desclée De Brouwer, 2007), p. 16.

Quizá, la actitud de Abram no solo se debió al hecho de que quería «cortar por lo sano», como sugiere el profesor Loza, sino que el patriarca había aprendido una tremenda lección cuando descendió a Egipto. Aprendió a confiar en el Todopoderoso, sabiendo que Él lo controla todo. Aprendió que dando se recibe y perdiendo se gana. Tal vez Abram comenzó a confiar más profundamente en la fidelidad de Dios. «Porque cuando Dios hizo la promesa a Abraham, no pudiendo jurar por otro mayor, juró por sí mismo, diciendo: De cierto te bendeciré con abundancia y te multiplicaré grandemente. Y habiendo esperado con paciencia, alcanzó la promesa» (He. 6:13-15).

La fe de Abram se pone de manifiesto cuando le habló a Lot. Sus palabras —desinteresadas, sabias, corteses y de fe— son un modelo que ilustra la clase de obra que la fe genuina produce. Lot, evidentemente, tenía una mentalidad diferente a la de su tío Abram.

> *Y alzó Lot sus ojos, y vio toda la llanura del Jordán, que toda ella era de riego, como el huerto de Jehová, como la tierra de Egipto en la dirección de Zoar, antes que destruyese Jehová a Sodoma y a Gomorra. Entonces Lot escogió para sí toda la llanura del Jordán; y se fue Lot hacia el oriente, y se apartaron el uno del otro. Abram acampó en la tierra de Canaán, en tanto que Lot habitó en las ciudades de la llanura, y fue poniendo sus tiendas hasta Sodoma. Mas los hombres de Sodoma eran malos y pecadores contra Jehová en gran manera (Gn. 13:10-13).*

Abram y Lot estaban en Bet-el, conocida hoy como Beitín. Probablemente desde allí Lot contempló la llanura del Jordán, y mirando a la distancia Lot vio una rica y exuberante sección del territorio que yacía cerca de Jericó y en la parte norte de lo que hoy es el Mar Muerto hasta Zoar. Esa vista le recordó lo que se le había dicho acerca del huerto de Edén y lo que había visto en las regiones fértiles de Egipto, en el valle del Nilo. Ansioso por escoger lo mejor para su rebaño, Lot «alzó sus ojos y decidió tomar «toda la llanura del Jordán» (lit., «el círculo»). Por supuesto que no debe acusarse al «justo Lot» de degeneración moral, como hacen algunos comentaristas, aunque es cierto que su decisión no fue del todo correcta. No se lee en ningún sitio del texto que Lot consultase con Dios. No consideró cuán perjudicial aquella decisión sería tanto para él como para su familia. La decisión de Lot fue totalmente determinada por «los deseos de la carne, los deseos de los ojos y la vanagloria de la vida» (1 Jn. 2:16). Lot encontró que «los hombres de Sodoma eran malos y pecadores contra Jehová en gran manera» (Gn. 13:13).

Hay aquí una clara aplicación para la vida del cristiano moderno. ¿Cuántos cristianos hoy en día escogen vivir en ambientes de gran comodidad pero de oportunidades estériles para la proclamación de la Palabra de Dios y para la comunión con los santos? El cristiano debe ser «sal» y «luz» en un mundo necesitado, y la luz debe brillar en las tinieblas. En cuanto a Lot, se verá que su elección de Sodoma le causó la pérdida de prestigio y del testimonio delante de su familia y sus amigos (véase Gn. 19:14). Eso ocurre con frecuencia cuando un cristiano se asocia con el mundo incrédulo. Henry M. Morris hace el siguiente comentario:

> Lot no se movió a Sodoma inmediatamente. Probablemente tenía alguna reserva respecto a vivir en una ciudad donde se sabía que los habitantes eran

«malos y pecadores contra Jehová en gran manera»; de manera que «fue poniendo sus tiendas hasta Sodoma». Habitó «en las ciudades de la llanura», no dentro de las ciudades, puesto que todavía vivía en sus tiendas, sino en los alrededores, por así decir, lo suficientemente cerca para gozar de las ventajas de la ciudad pero sin ser parte de la vida de esta. Los cristianos de hoy siguen el mismo camino, esperando tener tanto la bendición espiritual de un andar con Dios y la ventaja carnal de la comunión con el mundo. Tarde o temprano, sin embargo, uno tiene que decidir cuál de los dos será. No se puede tener ambas cosas. Ni Dios ni el mundo lo permitirán. Lot comenzó «poniendo sus tiendas hasta Sodoma», pero pronto «habitó en Sodoma» (véase Gn. 14:12), y finalmente «Lot estaba sentado a la puerta de Sodoma» (Gn. 19:1) como uno de sus hombres de negocios. De ese modo comenzó la tragedia que, a la postre, lo destruiría a él y a su familia.[2]

DIOS CONSUELA A ABRAM DESPUÉS DE LA SEPARACIÓN DE LOT (13:14-18)

Y Jehová dijo a Abram, después que Lot se apartó de él: Alza ahora tus ojos, y mira desde el lugar donde estás hacia el norte y el sur, y al oriente y al occidente. Porque toda la tierra que ves, la daré a ti y a tu descendencia para siempre. Y haré tu descendencia como el polvo de la tierra; que si alguno puede contar el polvo de la tierra, también tu descendencia será contada. Levántate, ve por la tierra a lo largo de ella y a su ancho; porque a ti la daré (Gn. 13:14-17).

Después de la separación de Lot, Dios le ratifica a Abram el llamado y la promesa de Génesis 12:1-3. Eso tuvo lugar cuando el patriarca estaba en la tierra y comprometido a permanecer allí, el momento propicio para ampliar la promesa hecha por Jehová anteriormente. Abram ha creído y actuado sobre la base de la promesa, ahora su fe es fortalecida al ver la tierra prometida y por la experiencia de andar por ella. Debe observarse que Jehová habló a Abram «después que Lot se apartó de él» (Gn. 13:14). Sin duda, Jehová Dios le aseguró a Abram que, a pesar de la acción de Lot de haber tomado para sí la mejor parte de la tierra, la promesa de que toda la tierra le pertenecía seguía vigente. Dios nunca renuncia a su compromiso ni cancela su promesa. Como ha escrito Herbert C. Leupold:

Dios se complace en otorgar galardones de gracia a quienes verdaderamente lo sirven. Que ese hecho en este caso debe verse desde este punto de vista se obtiene de la frase añadida «después que Lot se apartó de él».[3]

Jehová Dios no estaba ajeno de la lucha a través de la cual Abram había pasado y la tristeza que seguramente lo embargaba. Es en ese preciso momento cuando Dios le dice al patriarca: «Alza ahora tus ojos». Lot había alzado sus ojos, pero ahora el Señor manda a Abram hacerlo. ¡La diferencia es inmensa! Lot optó por el valle del Jordán

---

2. Henry M. Morris, *The Genesis Record*, p. 304.
3. Herbert C. Leupold, *Exposition of Genesis*, vol. I, p. 440.

porque lo vio atractivo y apropiado para su rebaño. Pero Jehová Dios dio a Abram toda la tierra que sus ojos alcanzaban a ver en los cuatro puntos cardinales, incluyendo la tierra que Lot había escogido. Toda la tierra que Abram vio con sus ojos, un día sería recorrida por el patriarca y por su simiente. Esa era la tierra que Dios prometió a Abram y a su simiente en perpetuidad. De modo que la tierra de Canaán, por voluntad divina, ha pasado a ser la tierra de Israel.

La promesa de Dios, por lo tanto, es que daría a Abram y a su simiente la tierra en toda su extensión y, además, le dice al patriarca: «Y haré tu descendencia como el polvo de la tierra; que si alguno puede contar el polvo de la tierra, también tu descendencia será contada» (Gn. 13:16). Debe observarse que Dios promete dar la tierra a Abram y a su descendencia para siempre: «Porque toda la tierra que ves, la daré a ti y a tu descendencia para siempre» (Gn. 13:15).

La posesión de la tierra es prometida «para siempre» [*ad olám*]. La promesa de Dios es inmutable. Tal como la simiente de Abram existiría delante de Dios para siempre, así también Canaán sería una posesión «para siempre». La promesa de Dios se cumpliría a través del hijo que Abram tendría con Sarai, es decir, Isaac. Luego sería a través de Jacob, Judá, Isaí, David y, a la postre, el Mesías que sería «hijo de David e hijo de Abraham» (Mt. 1:1).

Las promesas de Dios son cumplidas en lo geográfico de una manera positiva en los versículos 14 y 15. En el versículo 16, la ampliación de la promesa es numérica. La descendencia de Abram sería como «el polvo de la tierra». Debe observarse la triple repetición del vocablo «descendencia» en los versículos 15 y 16. La descendencia de Abram será tan numerosa que sería imposible contarla, será como «el polvo de la tierra».

En el versículo 17, Dios dice a Abram: «Levántate, ve por la tierra a lo largo de ella y a su ancho; porque a ti la daré». Bruce K. Waltke lo explica así:

> El hecho de que Abram caminase alrededor de la tierra simboliza su adquisición legal de esta. Los reyes declaraban su derecho a gobernar su territorio cuando simbólicamente marcaban sus fronteras. En Egipto (3000 a.C.), el día de su entronización, el nuevo faraón circundaba las murallas fortificadas en una procesión festiva llamada «el circuito de la muralla».[4]

Seguramente, Abram recorrió la tierra prometida aferrado a la promesa de Dios que le había dicho: «A ti daré la tierra» (véase Gn. 13:17). La promesa de Dios es ahora tangible. Abram puede caminar por aquella tierra sabiendo que es suya y de su simiente en perpetuidad.

> *Abram, pues, removiendo su tienda, vino y moró en el encinar de Mamre, que está en Hebrón, y edificó allí altar a Jehová (Gn. 13:18).*

El patriarca Abram siguió moviendo su tienda alrededor de la tierra y, finalmente, llegó a Hebrón, donde estableció el centro de sus actividades y llegó a ser su hogar. Ese nombre significa «un lugar donde se concierta un tratado o un pacto». Allí en Hebrón

---

4. Bruce K. Waltke, *Genesis: A Commentary*, pp. 222-223.

Abram edificó un altar a Jehová, el Dios que lo había llamado de Ur de los caldeos y le había dado la tierra de Canaán como heredad perpetua. Si, como parece ser, Abram se estableció en Hebrón y allí hizo su hogar, es muy apropiado que edificase un altar a Jehová para tener un sitio de adoración para él y su familia.

RESUMEN Y CONCLUSIÓN

El capítulo 13 del Génesis narra la separación entre Abram y Lot. También contiene la revalidación de las promesas de Dios al patriarca después de aquella separación. No es posible reflexionar en este episodio de la vida de Abram sin notar que el secreto del triunfo del patriarca sobre la contienda con Lot yace en su habilidad, dada por Dios, sin duda, para aplicar el principio de la fe a las circunstancias de su vida.

Abram miró más allá del valle del Jordán, al monte de Dios, y actuó con la convicción de la realidad de lo invisible. La atracción de lo invisible estaba sobre él y debía humillarse delante de Dios. La elección de las cosas, a la luz del futuro glorioso de los santos, debe dejarse en las manos de Dios, con la convicción de que Él decidirá lo mejor para ellos. Por supuesto, la más grande ilustración de ese principio se encuentra en la vida de nuestro Señor Jesucristo, quien siempre dejó que su Padre hiciese las decisiones en su vida con la confianza de que el Padre celestial siempre hace y da lo que es mejor.

Finalmente, si podemos discernir claramente el obrar de la gracia soberana de Dios en la liberación del viaje de Abram a Egipto, podría verse ciertamente su mano poderosa en la victoria sobre el problema de la contienda entre los pastores. Esa grande y renovada misericordia produce un llamado irresistible a la adoración. Eso es lo que Abram hizo: adorar a Jehová en medio de las dificultades y la incertidumbre.

14

Abram derrota a los reyes de Mesopotamia y rescata a Lot (14:1-24)

Es probable que después de la separación Abram viviese una etapa de tranquilidad en Hebrón, concretamente en el encinar de Mamre, que se vio interrumpida cuando una confederación de reyes de Mesopotamia invadió las ciudades-estado de la llanura del Jordán. Una de esas ciudades era Sodoma, donde vivía Lot. El patriarca Abram salió en defensa de su sobrino y lo rescató de los invasores. Fue entonces que tuvo lugar el encuentro de Abram con el enigmático personaje llamado Melquisedec.

Génesis 14 es de gran importancia para el estudio de la cristología bíblica porque es el comienzo del desarrollo en profundidad del ministerio sumo sacerdotal del Señor Jesucristo. A pesar de que Melquisedec es un personaje desconocido en el relato del Génesis se convierte en una pieza clave para el desarrollo de la enseñanza acerca del sacerdocio de Cristo. El autor de la Epístola a los Hebreos se refiere al Señor, llamándolo «sumo sacerdote según el orden de Melquisedec» (véase He. 5:1-10; 7:1-28). Más adelante se considerará la relación entre Melquisedec y Abram y, especialmente, la relación con Cristo. Ahora consideraremos el capítulo 14 y la gran victoria de Abram sobre la confederación de reyes de Mesopotamia. Aquel fue un acontecimiento asombroso, pues Abram y sus 318 siervos fueron capaces de derrotar a un ejército bien formado. Solo cabe pensar que la providencial mano de Dios acompañó a Abram en aquella batalla.

LA INVASIÓN DE SODOMA (14:1-3)

Aconteció en los días de Amrafel rey de Sinar, Arioc rey de Elasar, Quedorlaomer rey de Elam, y Tidal rey de Goim, que éstos hicieron guerra contra Bera rey de Sodoma, contra Birsa rey de Gomorra, contra Sinab rey de Adam, contra Semeber rey de Zeboim, y contra el rey de Bela, la cual es

Zoar. Todos éstos se juntaron en el valle de Sidim, que es el Mar Salado (Gn. 14:1-3).

Estos versículos narran una pequeña guerra en la que participan cinco ciudades rebeldes que se levantaron contra sus opresores y sufrieron una derrota devastadora. Por un lado estaban los reyes de la confederación de las ciudades-estado de la región de Babilonia o Sinar. Por otro lado se menciona las ciudades-estado de la región del Sur encabezada por Sodoma y otras cuatro ciudades. Prácticamente todas las guerras se originan en la ambición y la avaricia humana. El corazón del hombre es malvado por naturaleza. La guerra descrita en Génesis 14 pone de manifiesto la falta de compasión del corazón humano como resultado del pecado.

Ubiquemos ahora a los reyes atacantes: 1) Amrafel, rey de Sinar, es decir, Babilonia. 2) Arioc, rey de Elasar, que es un territorio que ha sido identificado con el de una importante tribu del sur de Babilonia. El nombre «Arioc» parece proceder de una raíz hurria, aunque eso no ha sido demostrado. 3) Quedorlaomer, rey de Elam, es decir, el reino original de Persia. Al parecer (véase Gn. 14:4-5), Quedorlaomer era la cabeza de la confederación de reyes de Mesopotamia. Al respecto, Herbert C. Leupold dice lo siguiente:

> En el caso de «Quedorlaomer» todo resulta altamente problemático. Porque un nombre babilonio como Kudur-Lathgumal, o como otros lo expresan: Kudur-Lagomar, es posible pero nunca ha sido descubierto. De modo que las fuentes babilonias resultan inadecuadas para probar la identificación. «Elam» está, por supuesto, al este del Tigris medio y al sur de Asiria y se corresponde aproximadamente con la Persia posterior.[1]

4) «Tidal» es identificado como «el rey de Goim». El vocablo «Goim» significa «naciones». Es posible, por lo tanto, que Tidal fuera el rey de un grupo mixto que aglomeraba varias nacionalidades, aunque eso no se sabe con certeza.[2] Según Bruce K. Waltke, «Goim» se refiere a los Umman-manda, es decir, a las tribus bárbaras que habitaban el norte de Mesopotamia (véase Jos. 12:23). Es probable que Tidal fuese el jefe de esas tribus.[3]

Los reyes del oriente, mencionados en Génesis 14:1, son el sujeto del verbo «hicieron guerra» que aparece en el versículo 2. Los reyes del oriente formaron una alianza e invadieron el valle de Sidim, conocido también como el Mar Salado (Gn. 14:3).

La invasión del ejército de Quedorlaomer (14:4-7)

Doce años habían servido a Quedorlaomer, y en el decimotercero se rebelaron. Y en el año decimocuarto vino Quedorlaomer, y los reyes que estaban de su parte, y derrotaron a los refaítas en Astarot Karnaim, a los zuzitas en Ham, a los emitas en Save-quiriataim, y a los horeos en el monte de Seir, hasta la llanura de Parán, que está junto al desierto. Y volvieron y vinieron

---

1. Herbert C. Leupold, *Exposition of Genesis*, vol. I, pp. 447-448.
2. *Ibíd.*, p. 448.
3. Bruce C. Waltke, *Genesis: A Commentary*, p. 228.

a En-mispat, que es Cades, y devastaron todo el país de los amalecitas, y
también al amorreo que habitaba en Hazezontamar (Gn. 14:4-7).

Los detalles aportados por el texto respecto de esta acción bélica son asombrosos,
tanto en lo que respecta a la magnitud como a la ruta seguida por los reyes de la confederación. Los reyes procedían del oriente e hicieron un largo recorrido hasta encontrarse y entrar en combate con el otro ejército.

Los elamitas y los babilonios habían dominado a las ciudades de la llanura y a los
cinco reyes de las ciudades de aquella región. Evidentemente, en el año decimotercero
los cinco reyes de la llanura rehusaron pagar el tributo exigido por los reyes del oriente.
De modo que al año siguiente la confederación de reyes del oriente realizó una invasión
de castigo contra los cinco reyes

La ruta de los reyes de oriente tenía, al parecer, el propósito de prevenir un ataque
por la retaguardia; ataque que podría provenir de pueblos rebeldes que vivían en el
oriente. De modo que su estrategia fue dar una barrida desde el este, seguir hacia el
oeste y luego al sur, para continuar después hacia el lado occidental del Mar Muerto.
Finalmente, el ejército invasor atacaría las ciudades del valle de Sidim.

Los pueblos atacados por la confederación encabezada por Quedorlaomer son los
siguientes:

1. Refaítas. Eran los habitantes de Astarot Karnaim (posiblemente Astarot, Dt.
   1:4). Se mencionan de nuevo en Génesis 15:20 como uno de los pueblos que los
   israelitas harían desaparecer.
2. Zuzitas. Estos eran, probablemente, los zonzomeos mencionados en Deuteronomio 2:20. De ellos se dice que eran gigantes.
3. Emitas. Este nombre significa «los terribles». De ellos, dice Deuteronomio
   2:10-11 lo siguiente: «Los emitas habitaron en ella [la tierra de Moab] antes,
   pueblo grande y numeroso, y alto como los hijos de Anac. Por gigantes eran
   ellos tenidos también, como los hijos de Anac; y los moabitas los llaman emitas». Los emitas fueron derrotados en la llanura de «Save-quiriataim». Este
   lugar se identifica con Kuryat, situada a unos 2 km del monte Attarus.[4]
4. Horeos. Su nombre significa «habitantes en cuevas» y habitaban en el monte
   Seir, es decir, Edom. Evidentemente el ejército de Quedorlaomer persiguió a los
   horeos hasta la llanura de Parán, identificada como Elat en el golfo de Akaba.
   De allí, Quedorlaomer continuó a En-mispat o «el pozo del juicio», probablemente Cades Barnea.
5. Amalecitas. El siguiente territorio atacado fue el de los amalecitas, que eran
   descendientes de Esaú (véase Gn. 36:12). Eso significa que ese pueblo no existía
   en tiempos de Abram. De modo que la frase «el país de los amalecitas» debe
   tener un uso proléptico, es decir, Moisés anticipa el hecho de que ese pueblo
   ocuparía dicho territorio en un futuro.[5]
6. Amorreos. La última víctima de la invasión de Quedorlaomer fue el pueblo
   «amorreo», que ocupaba el territorio que se extendía hasta el norte del Líbano.

---

4. Herbert C. Leupold, *Exposition of Genesis*, p. 452.
5. *Ibíd.,* p. 454.

Los amorreos eran los más destacados habitantes de la tierra de Canaán. Dios prometió dar a Abram el territorio de los «amorreos» (véase Gn. 15:21). En realidad, Dios prometió echar fuera de la tierra prometida a Abram «al amorreo, al cananeo, al heteo, al ferezeo, al heveo, y al jebuseo» (Éx. 34:11). En tiempos de Quedorlaomer los amorreos habitaban en Hazezontamar, que se corresponde posteriormente con En-gadi (véase 2 Cr. 20:2). Hazezontamar significa «el lugar arenoso de las palmeras», situado a un costado del Mar Muerto. Aún hoy En-gadi es un lugar hermoso.

La batalla y la derrota de los reyes del sur (14:8-12)

Y salieron el rey de Sodoma, el rey de Gomorra, el rey de Adma, el rey de Zeboim y el rey de Bela, que es Zoar, y ordenaron contra ellos batalla en el valle de Sidim; esto es, contra Quedorlaomer rey de Elam, Tidal rey de Goim, Amrafel rey de Sinar, y Arioc rey de Elasar; cuatro reyes contra cinco. Y el valle de Sidim estaba lleno de pozos de asfalto; y cuando huyeron el rey de Sodoma y el de Gomorra, algunos cayeron allí; y los demás huyeron al monte (Gn. 14:8-10).

El desarrollo de la batalla es descrito de manera resumida y puntual. Tuvo lugar en el valle de Sidim, que estaba lleno de pozos de asfalto. El texto hebreo sugiere que había «pozos y más pozos de brea» para enfatizar el gran número de estos. Según Bruce K. Waltke, el asfalto [*kjemár*] hallado en aquel sitio era «una sustancia oscura de origen carbónico y blanda que en tiempos antiguos se usaba como cemento y mezcla (véase Gn. 11:3). Hoy en día, además de encontrarse en depósitos naturales, también se obtiene como residuo de la refinación de petróleo».[6]

Muchos se preguntan por qué los cinco reyes no salieron para enfrentarse a los cuatro reyes antes de que ocurriera el desastre. Seguramente sabían que el ejército de los reyes de Mesopotamia se acercaba a su territorio. Quizá la respuesta a esa pregunta yace en la vida depravada y malvada que vivían los reyes de Sodoma, Gomorra y las otras ciudades. Esa iniquidad tenía como consecuencia una falta de intrepidez y valentía para hacer frente al enemigo. De cualquier manera, la derrota de aquellos reyes fue vergonzosa y humillante, como lo sugiere el hecho de que «cuando huyeron el rey de Sodoma y el de Gomorra, algunos cayeron allí; y los demás huyeron al monte» (Gn. 14:10).

Y tomaron toda la riqueza de Sodoma y de Gomorra, y todas sus provisiones, y se fueron. Tomaron también a Lot, hijo del hermano de Abram, que moraba en Sodoma, y sus bienes, y se fueron (Gn. 14:11-12).

Como es costumbre, cuando un ejército invasor vence a su enemigo se apodera de todas sus posesiones. En la antigüedad, los ejércitos eran verdaderos saqueadores, los vencedores se apoderaban de «todos los bienes» (*recúsh*) de los vencidos. Además, tomaban consigo todas las provisiones que encontraban. Evidentemente, Lot había establecido residencia en medio de los habitantes de Sodoma puesto que también fue

---

6. Bruce K. Waltke, *Genesis: A Commentary*, p. 236.

llevado cautivo. No se sabe si Lot formaba parte del ejército defensor de Sodoma, pero lo cierto es que cayó en manos de los invasores. De manera específica, el autor de Génesis se refiere a Lot llamándolo «hijo del hermano de Abram», porque desea referir a sus lectores cómo todo lo sucedido influía en Abram y su reacción hacia el ejército invasor.

La condición de Lot es una ilustración elocuente de la humillación que con frecuencia afecta al cristiano mundano. El hombre que no aprovechó la oportunidad de permanecer al lado de aquel que había recibido la promesa mesiánica, ahora se encuentra en una terrible situación causada por la violencia prevalente en el mundo antiguo. Lot, en realidad, corría el riesgo de morir o de vivir como prisionero de guerra. Cuán diferente habría sido si hubiese escogido permanecer con su tío, que disfrutaba de la comunión con Dios. Lot escogió carnalmente su galardón y lo perdió. Abram escogió confiar y esperar en Dios aun sin ver el resultado, pero a la postre obtuvo la victoria y un galardón que nadie le podía arrebatar. El creyente con Dios es más que vencedor.

La experiencia de Lot tiene una gran importancia práctica. Hay personas que se aferran a una posición aunque reconocen que no es la correcta, y lo hacen pues por ese medio disfrutan de un servicio más amplio. Para quienes piensan así es recomendable que lean las palabras de Samuel: «¿Se complace Jehová tanto en los holocaustos y víctimas, como en que se obedezca a las palabras de Jehová? Ciertamente el obedecer es mejor que los sacrificios, y el prestar atención que la grosura de los carneros» (1 S. 15:22). ¿Quién fue capaz de hacer el mayor bien? ¿Abram o Lot? La historia demuestra que la manera más eficaz de servir al mundo es vivir una vida fiel, separada del mundo pero que testifique en contra de la iniquidad de la humanidad.

LA LIBERACIÓN DE LOT (14:13-16)

Y vino uno de los que escaparon, y lo anunció a Abram el hebreo, que habitaba en el encinar de Mamre el amorreo, hermano de Escol y hermano de Aner, los cuales eran aliados de Abram. Oyó Abram que su pariente estaba prisionero, y armó a sus criados, los nacidos en su casa, trescientos dieciocho, y los siguió hasta Dan (Gn. 14:13-14).

El texto dice que «uno de los que escaparon» dio la noticia de lo ocurrido a «Abram el hebreo», es decir, «Abram el que había cruzado el río». La referencia sin duda tiene que ver con el hecho de que Abram procedía del «otro lado del Éufrates», de Mesopotamia, y se había trasladado a la tierra de Canaán. Después de la partida de Lot, Abram fijó su residencia en «el encinar de Mamre», en medio del pueblo amorreo. Tanto en Génesis 14:13 como en 14:24 Mamre es un nombre personal. El autor de Génesis toma cuidado en mencionar el hecho de que los tres hermanos —Mamre, Escol y Aner— eran aliados de Abram, es decir, se unieron al patriarca para combatir al ejército de Quedorlaomer y llevar a cabo la liberación de Lot y la recuperación de los bienes que los invasores habían capturado. La expresión «eran aliados de Abram» sugiere que los hermanos amorreos estaban comprometidos mediante un pacto con Abram, como lo indica la expresión hebrea «señores de un pacto».[7] Evidentemente, Abram era reconocido y respetado como si fuese un rey.

La noticia de que Lot había sido capturado por el ejército enemigo, sin duda, despertó

---

7. Herbert C. Leupold, *Exposition of Genesis*, vol. I, p. 457.

el amor familiar de Abram hacia Lot. Inmediatamente preparó un ejército compuesto de 318 hombres «nacidos en su casa», es decir, siervos del patriarca, y con ellos organizó el ataque que derrotó a los reyes orientales a pesar de ser un ejército más pequeño.

Abram venció la prueba del interés personal, como lo sugiere Génesis 14:13. También se sobrepuso a la prueba de confiar demasiado en sí mismo (véase Gn. 14:14). Tal como lo haría Gedeón posteriormente, Abram obtuvo una gran victoria mediante la ayuda sobrenatural de Dios, pues la victoria de Abram sobre los reyes invasores solo puede explicarse si se reconoce que fue un acto sobrenatural de la intervención divina. Que Lot no se había portado bien con Abram cuando escogió las tierras de la gran llanura no produjo ningún resentimiento en el corazón del patriarca. La fe de Abram y su amor hacia su sobrino vencieron todos los obstáculos.

«Y los siguió hasta Dan», es decir, hacia el extremo norte de la tierra de Canaán. Es un territorio situado en la base sur del monte Hermón y constituye el extremo norte de la tierra de Israel. El nombre antiguo de Dan era Lais, pero después de los tiempos de Moisés fue cambiado a Dan (véase Jue. 18:29). La escuela crítica pretende demostrar el origen posmosaico de Génesis apoyándose en el uso del nombre «Dan», al decir que dicho nombre es de origen tardío. Sin embargo, el nombre «Dan» aparece en Deuteronomio 34:1, cuando Dios llevó a Moisés al monte Nebo y le mostró la tierra que la nación de Israel ocuparía. El texto dice que Jehová le mostró a Moisés «toda la tierra de Galaad hasta Dan». Evidentemente, en tiempos de Moisés existía una ciudad en el extremo norte de Israel con el nombre de Dan.

> *Y cayó sobre ellos de noche, él y sus siervos, y les atacó, y les fue siguiendo hasta Hoba al norte de Damasco (Gn. 14:15).*

Este versículo describe la estrategia utilizada por Abram al atacar a la confederación de reyes orientales. Literalmente, el texto dice que «dividió sus fuerzas», es decir, usó una técnica militar, luego «cayó sobre ellos de noche», es decir, usó el momento más oportuno, quizá cuando los enemigos dormían y así fueron sorprendidos por el pequeño ejército de Abram. El patriarca combinó en sí los talentos de un soldado y la gracia de un creyente. Posteriormente hubo otros como Abraham —por ejemplo, Moisés, Josué y David— que demostraron las mismas cualidades: fortaleza física, estrategia militar y una profunda espiritualidad. Por último, Abram y sus siervos persiguieron a los enemigos a gran velocidad, sin darles oportunidad de recuperarse ni organizarse. El ataque tuvo lugar de la manera más inesperada.

«Y les fue siguiendo hasta Hoba al norte de Damasco». El ejército enemigo fue perseguido hasta el territorio más lejano posible. Herbert C. Leupold lo explica así:

> Para hacer la derrota lo más eficaz posible y para guardarse de un contrataque enemigo el ejército de Abram persiguió al enemigo bien lejos, concretamente hasta Hoba, al norte de Damasco.[8]

El ejército de Quedorlaomer se vio totalmente sorprendido por Abram y sus esclavos. Quizá el agotamiento de la jornada anterior unido a una posible borrachera fueron

---

8. *Ibíd.*, p. 460.

utilizados por Dios para facilitar la aplastante victoria del ejército del patriarca sobre sus enemigos.

Y recobró todos los bienes, y también a Lot su pariente y sus bienes, y a las mujeres y demás gente (Gn. 14:16).

El pequeño ejército de Abram no solo rescató a Lot sino que también recobró todos los bienes que los reyes de Mesopotamia les habían sustraído, tras la derrota, a los reyes de la llanura del Jordán. También, Abram logró rescatar a las mujeres y a la gente que Quedorlaomer había capturado. Además de la victoria militar, Abram también logró recuperar una importante cantidad de bienes, incluyendo alimentos necesarios para la población de Sodoma. La acción de Abram, tanto en lo militar como en lo social, dejó bien claro que el gran patriarca fue un defensor de la causa de los oprimidos. Dios lo usó como un instrumento de su justicia para traer juicio sobre una confederación de reyes injustos y opresores. Abram se convirtió de ese modo en un campeón defensor de la causa de quienes habían sido injustamente oprimidos.

LA BENDICIÓN DE MELQUISEDEC Y LA OFERTA DEL REY DE SODOMA (14:17-24)

Cuando volvía de la derrota de Quedorlaomer y de los reyes que con él estaban, salió el rey de Sodoma a recibirlo al valle de Save, que es el Valle del Rey (Gn. 14:17).

Abram emerge como un héroe después de haber derrotado a Quedorlaomer y a su ejército. Antes, quizá, nadie notaba su presencia, pero después de su gran victoria los ojos de todos estaban sobre él. Primero, el rey de Sodoma salió a recibirlo en el «valle de Save» conocido también como «el Valle del Rey». Este valle podría ser el «valle del Cedrón», situado cerca de Jerusalén.

En Génesis 14:21, el rey de Sodoma hizo una oferta a Abram, diciéndole: «Dame las personas, y toma para ti los bienes». Aquí Abram es confrontado con una prueba de seguridad. Esta era una tentación seria para un hombre que, aunque rico, no tenía un hogar fijo. La oferta del rey de Sodoma al parecer no era del todo mala. Era una buena transacción ofrecida al hombre que había obtenido una gran victoria. Sin embargo, Abram resueltamente rechazó la oferta del rey de Sodoma declarando que su confianza estaba en «el Dios Altísimo». El rey de Sodoma no podría decir: «Yo hice rico a Abram». El gran patriarca aprendió que es mejor confiar en Dios que en las riquezas de los hombres. Las riquezas del mundo no cegaron a Abram.

Entonces Melquisedec, rey de Salem y sacerdote del Dios Altísimo, sacó pan y vino; y le bendijo, diciendo: Bendito sea Abram del Dios Altísimo, creador de los cielos y de la tierra; y bendito sea el Dios Altísimo, que entregó tus enemigos en tu mano. Y le dio Abram los diezmos de todo (Gn. 14:18-20).

En aquel momento hizo su aparición el rey-sacerdote de Jerusalén, Melquisedec (véase He. 7:1-3). Melquisedec era un tipo de Cristo, tal como lo confirma Hebreos 7. Muchos siglos después, el primer israelita que se sentó en el trono de Melquisedec fue

David, quien guiado por el Espíritu Santo escribió en Salmos 110:4: «Juró Jehová, y no se arrepentirá: Tú eres sacerdote para siempre según el orden de Melquisedec». El nombre «Melquisedec» significa «Rey de Justicia». También, según Hebreos 7:2, significa «Rey de paz» o «Rey de Salem», es decir, Jerusalén. Henry M. Morris dice:

> No hay duda que Melquisedec tiene que ser por lo menos un maravilloso tipo de Cristo. El pasaje de hebreos extrae muchas analogías entre los dos respecto de esta cuestión. Pero ese hecho en sí difícilmente explica las sorprendentes cosas reveladas acerca de él.[9]

Además de ser mencionado por David en Salmos 110:4, todo el salmo habla de alguien muy especial. Esa persona está sentada a la diestra de Jehová, ocupando el lugar de honor. El autor de la Epístola a los Hebreos lo menciona por nombre repetidas veces (véase He. 5:6, 10; 6:20; 7:1-21). De modo que Melquisedec aparece en las Escrituras como un personaje extraordinario y no como alguien común. John J. Davis comenta lo siguiente:

> Este sobresaliente personaje [Melquisedec] aparece abruptamente y es descrito solo brevemente. Es mencionado en otros sitios de la Escritura, como en Salmos 110:4 y Hebreos 7:1ss. Su identificación ha sido tema de considerable debate. Se han ofrecido cuatro posibilidades: (1) Era una teofanía del Cristo preencarnado, (2) era una persona histórica que tipificaba a Cristo, (3) era un sacerdote cananeo, y (4) era Sem [el hijo de Noé]. La cuarta sugerencia es la menos probable. La segunda es la más probable. Los títulos para Dios, en los vv. 18 y 19, demuestran que Melquisedec no adoraba a una deidad cananea. La referencia al «Dios Altísimo» [*el elión*] enfatiza el poder y la soberanía de Dios, diferenciándolo de los dioses de Canaán, que estaban sujetos a las mismas debilidades que sus adoradores. [La expresión] «creador de los cielos y la tierra» es similar a los títulos usados en Daniel 4.[10]

El hecho de que Melquisedec fuera «sacerdote del Dios Altísimo» pone de manifiesto que el monoteísmo precede al politeísmo. Originalmente, el hombre conoció la existencia de un solo y único Dios vivo y verdadero (Ro. 1:21). El politeísmo fue una corrupción posterior producto de la pecaminosidad del hombre.

Génesis 14:18 dice que Melquisedec «sacó pan y vino» y lo presentó a Abram, aunque por supuesto, Abram no necesitaba alimento ya que tenía todo el botín capturado después de la derrota de los reyes de Mesopotamia. Quizá «el pan y el vino» representaban un acto de amistad que Melquisedec ofrecía a Abram en reconocimiento por la victoria que el patriarca había conseguido sobre los enemigos de los reyes de la llanura del Jordán —entre esos reyes se encontraba Melquisedec.

Obsérvese que Melquisedec, como sacerdote, pronuncia una doble bendición. En primer lugar, dijo: «Bendito sea Abram del Dios Altísimo». Además, reconoce que «el Dios Altísimo» es el «creador de los cielos y de la tierra». La ciencia moderna, enseñada por ateos y agnósticos, niega lo que Melquisedec reconoció hace miles de

---

9. Henry M. Morris, *The Genesis Record*, p. 318.
10. John J. Davis, *Paradise to Prison: Studies in Genesis*, p. 181.

años. Si bien es cierto que Melquisedec no llama a Dios «Jehová», no cabe duda que «el Dios Altísimo» al que se refiere es el Jehová adorado por Abram. También Melquisedec bendijo al «Dios Altísimo» y reconoce que la victoria de Abram sobre los reyes invasores se debió al hecho de que Dios había entregado en sus manos a los «enemigos».

Abram reconoció la grandeza de Melquisedec al entregarle «los diezmos de todo». Esta es la primera vez que el vocablo «diezmo» se menciona en la Biblia. Aunque, probablemente, la referencia es al diezmo del botín capturado a los enemigos, hay quienes piensan que Abram estaba tan conmovido por la presencia y por la bendición de Melquisedec que en realidad le entregó la décima parte de todo lo que poseía.[11]

> *Entonces el rey de Sodoma dijo a Abram: Dame las personas, y toma para ti los bienes. Y respondió Abram al rey de Sodoma: He alzado mi mano a Jehová Dios Altísimo, creador de los cielos y de la tierra, que desde un hilo hasta una correa de calzado, nada tomaré de todo lo que es tuyo, para que no digas: Yo enriquecí a Abram (Gn. 14:21-23).*

Génesis 14:21-24 aporta un emocionante final al relato de todo el capítulo. Al mismo tiempo pone de manifiesto tanto la fe como la integridad de Abram. El rey de Sodoma ofreció a Abram los bienes, es decir, el botín capturado. La respuesta de Abram fue un rechazo categórico. La confianza plena de Abram descansa sobre el Dios de toda gracia. El «hombre de fe» había aprendido la gran lección, tanto de su experiencia en Egipto como de la separación de Lot. Jehová, el Dios Altísimo, era el gran proveedor de sus necesidades. No le hacía falta nada más. La frase «he alzado mi mano a Jehová» significa hacer «un juramento firme», es decir, «un compromiso» (véase Éx. 6:8; Nm. 14:30; Dt. 32:40; Ez. 20:23; Dn. 12:7). Cuando Abram «alzó su mano a Jehová» se comprometió a poner al Señor en primer lugar en su vida. Alzar la mano era un acto de solemne compromiso delante de Jehová. El Dios Altísimo de Abram era el mismo Dios de Melquisedec.

> *Excepto solamente lo que comieron los jóvenes, y la parte de los varones que fueron conmigo, Aner, Escol y Mamre, los cuales tomarán su parte (Gn. 14:24).*

La renuncia de Abram de algún beneficio derivado de la victoria sobre los reyes de Mesopotamia no incluía a los demás participantes. Tanto la comida de los jóvenes como la parte de los aliados de Abram estaban exentas del compromiso hecho delante de Dios por el patriarca. Abram no forzó su fe en las otras personas. De modo que Aner, Escol y Mamre podían «tomar su parte» del botín. Abram demostró su fe en Jehová Dios actuando limpia y generosamente hacia sus acompañantes en aquella campaña bélica. Todo ello demuestra que su confianza estaba en Dios y no en los hombres.

RESUMEN Y CONCLUSIÓN

Génesis 14 registra varios elementos importantes respecto al carácter de Abram. En primer lugar pone de manifiesto que no era un hombre rencoroso. A pesar de que

---

11. Henry M. Morris, *The Genesis Record*, p. 321.

Lot no se había portado bien con él, el patriarca no lo abandonó a su suerte, sino que hizo su mejor esfuerzo por ayudarlo y logró rescatarlo de la mano de los enemigos.

Además, Abram era un hombre valiente y organizado. Cuando recibió la noticia de que su sobrino Lot había sido hecho prisionero, «armó a sus trescientos dieciocho» esclavos y siervos, los preparó para la batalla y derrotó de manera aplastante a los invasores.

También demostró su plena confianza en Dios cuando rechazó la oferta del rey de Sodoma, quien le propuso a Abram que «tomase los bienes», es decir, el botín conquistado en batalla. Abram rechazó la oferta, diciendo que se había comprometido delante de Dios a no tomar nada. Abram quería depender de Dios solamente.

Hay que añadir a todo eso la generosidad de Abram hacia «los jóvenes» y sus aliados. Abram se aseguró de que todos los que le habían acompañado y habían expuesto sus vidas fueran debidamente recompensados. El Dios Altísimo era el Dios de Abram y el Dios de Melquisedec. La grandeza de Melquisedec era indiscutible, y Abram la reconoció dándole la décima parte de todo lo recobrado de los enemigos, y es probable que también le entregase la décima parte de toda su fortuna.

La figura de Melquisedec es una presentación típica de Aquel que proporciona la fortaleza de Dios. Melquisedec prefigura el sumo sacerdocio del Señor Jesucristo en el hecho de que ambos son sacerdocios de justicia y de paz (véase Ro. 5:1; He. 7:1-3), ambos son sacerdocios reales y fuera de la ley de Moisés (véase Zac. 6:12-13; Sal. 110:1-4), ambos tienen sacerdocios eternos («para siempre», véase He. 7:1-3), y ambos son superiores al sacerdocio levítico, tal como lo expresa la acción de Abram.

Por último, ambos proveen símbolos de sufrimiento y de victoria (véase Gn. 14:18, «pan y vino»; Jn. 6:51, 53). Ese es el sufrimiento más costoso y precioso, a través del cual recibimos la remisión de los pecados y el regalo de la vida eterna.

15

La ratificación del pacto abrahámico (15:1-21)

En un sentido muy particular este es un capítulo monumental en el testimonio que aporta a la verdad salvífica. Es por esa razón que Pablo alude a una palabra de este capítulo cuando establece la verdad acerca de la salvación (Ro. 4:3; Gá. 3:6). Es nada menos que asombroso encontrar en la era patriarcal una respuesta tan nítida a la pregunta: ¿Cómo puede un hombre ser justificado delante de Dios? El camino de salvación es exactamente el mismo en el antiguo pacto como lo es en el nuevo.

Herbert C. Leupold, *Exposition of Genesis*, p. 470.

Génesis 15 es un pasaje central para toda la Escritura, pues establece el hecho de que Dios declara al hombre justo, es decir, apto para entrar en su presencia solamente sobre la base de la fe en el Salvador (Gn. 15:1-7). Además, este capítulo presenta la ratificación del pacto más importante expresado en la Palabra de Dios.

Los reformadores del siglo XVI usaron cinco frases que jugaron un papel importante en la historia de la fe ortodoxa: *Sola fide*, solo por fe. *Sola gratia*, solo por gracia. *Solo Christus*, solo por medio de Cristo. *Sola Scriptura*, solo la Biblia. *Soli Deo gloria*, solo a Dios la gloria. Esas cinco expresiones han sido llamadas el «Evangelio de los cinco solos» y están relacionadas con la doctrina de la justificación por la fe. Génesis 15:6 es el versículo que aporta el fundamento de la primera frase: *Sola fide* («solo por la fe»).

Génesis 15 también registra la ratificación del pacto abrahámico mediante el uso de sacrificios. Esa es la razón de la tremenda importancia de este capítulo en la teología bíblica. Es en este pasaje donde puede verse el carácter incondicional del pacto abrahámico, que es un pacto basado sobre la gracia soberana de Jehová Dios. Es un pacto que habla de gracia, no de ley, tal como el apóstol Pablo lo expresó claramente en Gálatas 3:15-22, y es sobre la base de la promesa de Dios y en la consumación del pacto abrahámico que Dios sacó a Israel de la esclavitud en Egipto (véase Éx. 2:24), que Dios trajo a su Hijo al mundo (véase Lc. 1:72-73) y que Dios nuevamente hará que Israel tome posesión de las promesas futuras basadas en ese pacto (véase Hch. 3:11-26).

Además, en este capítulo puede verse de nuevo al patriarca batallando con la vida. Abram nos enseña la importante lección de cómo hacer frente a la tardanza del cumplimiento de la promesa divina. En medio de los recelos, los interrogantes y la ansiedad, lo que sobresale en este capítulo es la fe del siervo del Dios Altísimo. La fe de Abram quizá aún no ha alcanzado su plena madurez, pero es, sin duda, una confianza genuina, y como tal es honrada por Dios, quien es glorificado por ella.

La promesa de Dios a Abram (15:1-7)

El contexto de la promesa (15:1)

> *Después de estas cosas vino la palabra de Jehová a Abram en visión, diciendo: No temas, Abram, yo soy tu escudo, y tu galardón será sobremanera grande (Gn. 15:1).*

La crítica moderna niega la historicidad del capítulo 14 y que haya alguna relación entre los capítulos 14 y 15, pero no hay razón, aparte de la incredulidad humana, para negar la íntima relación entre los capítulos 14 y 15 de Génesis.

La expresión «después de estas cosas» se refiere al contexto anterior, es decir, a los hechos relatados en el capítulo 14. En un sentido general hay una conexión implícita entre el capítulo 15 y los tres capítulos precedentes. En el capítulo 12, Abram supo, mediante la protección de Sarai en Egipto, que Dios es totalmente capaz de preservarla pura para la concepción de una posteridad. En los capítulos 13 y 14, donde se describe la separación de Lot y su captura por el ejército de Mesopotamia, Abram es fortalecido después de derrotar al ejército de Quedorlaomer. Si bien Dios le dijo que poseería la tierra prometida, Abram pudo haber cuestionado: «¿y qué acerca del cumplimiento de la promesa de una gran nación y de una innumerable descendencia?». Era algo normal que existiese ansiedad en su mente respecto del futuro, y esa ansiedad se describe en el capítulo 15. La gran preocupación de Abram era: «¿Quién será mi heredero?», pero Dios respondió la pregunta del patriarca y le prometió darle abundante descendencia.

Además, hay una conexión específica con el capítulo 14. Abram acababa de hacer una gran renuncia expresada así: «Y respondió Abram al rey de Sodoma: He alzado mi mano a Jehová Dios Altísimo, creador de los cielos y la tierra, que desde un hilo hasta una correa de calzado, nada tomaré de todo lo que es tuyo, para que no digas: Yo enriquecí a Abram» (Gn. 14:22-23), y en respuesta a esa decisión de Abram, Dios dice: «…No temas, Abram, yo soy tu escudo, y tu galardón será sobremanera grande» (Gn. 15:1). Por supuesto, no hay comparación entre los despojos de la guerra y el «galardón» prometido por «el Dios Altísimo».

Un número importante de comentaristas cree que el vocablo «visión» (Gn. 15:1) abarca todo el capítulo. Keil y Delitzsch dicen:

La expresión «en visión» se refiere a todo el capítulo. No hay ninguna pausa, ni ninguna señal de que la visión cesó, o que la acción fue transferida a la esfera de los sentidos y de la realidad externa. Por consiguiente todo el proceso debe considerarse como algo interno. La visión abarca no solo los versículos 1-4 o el 8, sino todo el capítulo, aunque desde el versículo 12 en adelante adquiere la forma de un sueño profético producido por Dios.[1]

En resumen, la «visión» que Abram tuvo (véase Gn. 15:1) no fue un producto de su imaginación ni una alucinación. Tampoco fue la experiencia subjetiva de un soñador, sino algo real. Jehová mismo le apareció y le habló. Abram necesitaba oír la voz de Dios y la oyó, diciéndole: «No temas, yo soy tu escudo [tu protección] y tu galardón será sobremanera grande». La Biblia de las Américas lo traduce así: «No temas, Abram, yo soy un escudo para ti; tu recompensa será muy grande» (Gn. 15:1).

Ha habido algún debate sobre la última cláusula de la declaración. La respuesta de Abram en el versículo 2, en el que centra su atención en lo que Dios promete darle y, al parecer, ofrece alguna duda de su naturaleza, conduce a creer que la traducción de la Biblia de las Américas es correcta. Dios prometió a Abram «una recompensa grande», y el patriarca responde y pregunta acerca del contenido de dicha recompensa. El temor de Abram no era que hubiese un segundo ataque de los ejércitos de Mesopotamia, sino con el hecho de que no tenía un heredero. Dios había prometido a Abram hacerlo una nación grande y engrandecer su nombre (Gn. 12:2). Además, Dios había prometido que en Abram serían benditas todas las familias de la tierra (Gn. 12:3). Evidentemente, Abram estaba preocupado por el cumplimiento de la promesa mesiánica que Dios le había hecho varios años antes. Abram tenía su corazón centrado en la promesa de Dios hecha en Génesis 12:1-3. El cumplimiento de esa promesa era el galardón que el patriarca esperaba, y la culminación de ese cumplimiento era la venida del Mesías.

La respuesta de Abram (15:2-7)

Y respondió Abram: Señor Jehová, ¿qué me darás, siendo así que ando sin hijo, y el mayordomo de mi casa es ese damasceno Eliezer? Dijo también Abram: Mira que no me has dado prole, y he aquí que será mi heredero un esclavo nacido en mi casa (Gn. 15:2-3).

La gran preocupación de Abram yacía en el hecho de que era un hombre «sin hijo». Esa era su gran carga y entendía que solo Dios podía resolver ese gran problema. Todo le hacía pensar que el damasceno Eliezer, su mayordomo, sería su heredero. Bruce K. Waltke comenta lo siguiente:

No tener hijo podía ser una señal del juicio de Dios (por ejemplo) por incesto [Lv. 20:20-21] o iniquidad [Jer. 22:30] o una oportunidad para Dios de hacer señales y milagros [Jue. 13:2; 1 S. 1:1-2:10; Is. 54:1-5].[2]

---

1. Keil y Delitzsch, «Genesis to Judges 6:32», *Old Testament Commentaries*, p. 161.
2. Bruce K. Waltke, *Genesis: A Commentary*, p. 241.

En el versículo 3, los recelos de Abram se expresan de manera más enfática. Puesto que «anda sin hijo», el patriarca, evidentemente, pensaba que su herencia iría a parar a su mayordomo, Eliezer. Abram estaba usando la lógica humana sin saber que Dios tenía otro plan. Abram solo debía esperar en el «Señor Jehová», es decir, en «el eterno y dueño de todo». Esa era una manera reverente y respetuosa de dirigirse a Dios. La ansiedad de Abram era que el Señor «no le había dado prole». El patriarca no quería que su mayordomo fuese su heredero, y Dios no iba a permitir que eso ocurriese.

> *Luego vino a él palabra de Jehová, diciendo: No te heredará éste, sino un hijo tuyo será el que te heredará. Y lo llevó fuera, y le dijo: Mira ahora los cielos, y cuenta las estrellas, si las puedes contar. Y le dijo: Así será tu descendencia (Gn. 15:4-5).*

«Luego» [*jinné*] es una llamada de atención enfática. Quizá sería mejor «y he aquí». La palabra de Jehová [*dabár Yahvé*] es la presencia misma de Jehová que se revela y habla personalmente con Abram. El Señor le dice al patriarca:

> *… No te heredará éste, sino un hijo tuyo será el que te heredará (Gn. 15:4b).*

Esa promesa de Dios es enfática. El texto dice literalmente: «…tu heredero no será este, sino uno que saldrá de tus entrañas, él será tu heredero» (Gn. 15:4). Esa declaración divina debió de haber resuelto cualquier duda anidada en el corazón de Abram. Lo que el texto dice es que «el heredero» saldría de los mismos órganos generativos de Abram. El heredero no sería el mayordomo de Abram, Eliezer el damasceno, sino un hijo que él mismo engendraría.

El versículo 5 señala que Dios habló a Abram de noche y le mostró las estrellas del cielo. De esa manera, Jehová Dios hizo ver a Abram la magnitud de su promesa y su fidelidad. La descendencia de Abram sería tan innumerable como las estrellas del cielo. La miríada de estrellas que pueblan el espacio es el punto de comparación que Dios invita a Abram hacer: «Mira ahora los cielos, y cuenta las estrellas, si las puedes contar. Y le dijo: Así será tu descendencia» (Gn. 15:5). Herbert C. Leupold dice: «La multitud incontable es el punto de comparación. El punto hecho por la comparación sería comprendido [perfectamente] por el patriarca… bajo el cielo oriental, donde las estrellas brillan con mucha más nitidez y parecen ser más numerosas».[3] La promesa de Dios a Abram fue reiterada más adelante así:

> De cierto te bendeciré, y multiplicaré tu descendencia como las estrellas del cielo y como la arena que está a la orilla del mar; y tu descendencia poseerá las puertas de sus enemigos (Gn. 22:17).

Las expresiones «las estrellas del cielo» y «la arena del mar» son sinónimas, y ambas se refieren a la simiente física de Abram. El gran patriarca, ya entrado en años y sin hijos, recibe la promesa de Dios de darle una simiente innumerable y una tierra en

---

3. Herbert C. Leupold, *Exposition of Genesis*, vol. I, p. 476.

perpetuidad. Según el Nuevo Testamento, la promesa de Dios se cumple tanto antes como después de Cristo (véase Ro. 4:11-12; 9:7-8).

Y creyó a Jehová, y le fue contado por justicia. Y le dijo: Yo soy Jehová, que te saqué de Ur de los caldeos, para darte a heredar esta tierra (Gn. 15:6-7).

Aquí se encuentra el primer uso del verbo «creer» [*amán*] en las Escrituras, que significa «confiar». Abram consideró a Jehová confiable, fidedigno, constante, indefectible. Después de la referencia a las estrellas, que señala al carácter noble de la multitud de creyentes, la simiente prometida a Abram, el texto dice: «Y [Abram] creyó a Jehová, y le fue contado por justicia» (Gn. 15:6). Herbert C. Leupold dice:

¡La palabra más grande en el capítulo, una de las más grandes en el Antiguo Testamento! Aquí tenemos el primer uso del vocablo «creer», «confirmar» y «apoyo» significa «confiar», «creer», dando a entender *fiducia* ["fe", "confianza plena"] en vez de *assensus* [asentir].[4]

La grandeza de la declaración es confirmada por su uso en el resto de la revelación divina. El profeta Habacuc se refiere a Génesis 15:6 en su profecía: «…mas el justo por su fe vivirá» (Hab. 2:4); en el Nuevo Testamento, varios autores aluden a este pasaje (véase Ro. 1:17; 4:3; Gá. 3:6; He. 10:37-38 y Stg. 2:23). La fe en Dios es la única base de la justicia según la Biblia. El pasaje da pie a varias consideraciones:

En primer lugar, como ya se ha señalado, Génesis 15:6 contiene la primera vez que el verbo «creer» se menciona en la Biblia. Por lo que la Biblia enseña, queda claro que dicho verbo incluye las ideas de «conocimiento», «estar de acuerdo», «confiar» o *notitia*, *assensus* y *fiancia*, como lo expresa la teología dogmática. La frase «y creyó a Jehová» expresa el gran principio de la salvación pues solo mediante la fe en Cristo el hombre tiene acceso en la presencia de Dios.

En segundo lugar, está plenamente claro que la fe de Abram era tanto personal como proposicional. La fe del patriarca tenía un objeto personal, estaba puesta «en el Señor», pero también era proposicional, ya que era su respuesta a la palabra de Jehová, quien le había dicho: «Así será tu descendencia» (véase Gn. 15:4-5).

En tercer lugar, fue «el acto de creer a Jehová» lo que trajo justicia a Abram. Fue un acto de fe que el texto expresa diciendo «Abram creyó a Jehová». El patriarca no tuvo que realizar ningún acto meritorio, pues su justicia fue una «justicia solo por la fe», no una justicia producto de obras, tal como Pablo lo explica en Romanos 4:1-8.

Uno podría preguntarse: «¿de qué manera Abram dio a conocer su fe a Jehová?» y «¿de qué manera Dios se la contó por justicia?». La respuesta a esas preguntas puede encontrarse en el hecho de que el contexto indica que Abram obedeció a Jehová al traer animales para el sacrificio, dando así una demostración práctica de su obediencia de fe. Por su parte, Dios hizo su pacto con Abram, indicando así que estaba tomando a Abram para realizar con él una relación pactada unilateralmente con el patriarca. Ese acto requería conceder a Abram una justicia basada en la gracia soberana de Jehová.

---

4. *Ibíd.*, pp. 476-477.

En cuarto lugar, el uso de la expresión «le fue contado por justicia», sugiere que el acto de justificación fue una acción forense, es decir, un acto legal. Abram fue «contado» como justo, aunque no era inherentemente justo. Bruce K. Waltke dice:

> El verbo [«le fue contado»] denota la caracterización evaluativa de las personas. El sujeto es Dios y el objeto de referencia es la fe de Abram en la simiente prometida. La expresión significa que Dios cuenta la fe de Abram en la promesa como justicia.[5]

El uso paulino del verbo «justificar», que significa «declarar justo» y no «hacer justo», está en completa armonía con el uso en Génesis 15:6. Dios declaró a Abram justo, es decir, le imputó o le atribuyó la justicia porque «Abram creyó» en la promesa de la simiente que Dios le prometió. La idea expresada en la frase «le fue contada» es la fuente de la doctrina bíblica de la imputación, una doctrina de suma importancia en las Sagradas Escrituras.

Finalmente, esta es la primera vez que el vocablo justicia aparece, aunque dicha palabra se encuentra implícita en el nombre Melquisedec que significa «rey de justicia». Dicho vocablo se refiere a «tener una posición correcta delante de Dios» (véase He. 7:1-2). Abram fue tratado como alguien que había satisfecho las demandas de un Dios santo para poder ser aceptado en su presencia. La «justicia de Dios» fue atribuida a Abram solo por la fe, pues esa es la única manera en la que Dios atribuye su justicia a cualquier pecador, de la misma manera que lo hizo con Abram (véase Gn. 15:6).

La justificación por la fe

La Biblia enseña con absoluta claridad que la salvación del pecador es un acto divino, quien solo puede ser admitido en la presencia de Dios si es revestido de una justicia exactamente igual a la de Dios. Alguien tiene que hacer ese acto, pues el hombre pecador no puede hacerlo por sí mismo. Eso es lo que Cristo hace en beneficio de todo aquel que pone su fe en Él.

Hay tres posturas contrarias al texto bíblico que han sido enseñadas por muchos siglos. El pelagianismo, el romanismo y el arminianismo. Cuando se entiende correctamente la justificación por la gracia a través de la fe, tal como lo enseña Génesis 15:6 y numerosos pasajes de las Escrituras, derriba las tres posturas erróneas antes mencionadas. El pelagianismo enseña que el hombre es capaz de guardar los mandamientos de Dios y vivir sin pecado. Esa creencia es enfáticamente refutada por el hecho de que Abram fue justificado por la fe, no por las obras.

El romanismo de la iglesia tradicional enseña que el hombre puede ayudarle a Dios para conseguir la salvación. Según el semipelagianismo, la caída produjo un debilitamiento de la voluntad humana, pero no fue dañada totalmente. Dicen los que enseñan esta postura que la salvación se obtiene en etapas, mediante la participación activa en un sistema sacramental. El semipelagianismo es refutado por la justificación de Abram.

Finalmente, el arminianismo promueve de manera involuntaria un legalismo contrario a las Escrituras, por lo menos en la versión wesleyana de dicha postura, ya que enseña que la salvación puede encontrarse fácilmente en la decisión del libre albedrío

---

5. Bruce K. Waltke, *Genesis: A Commentary*, p. 242.

humano. La gracia necesaria para la salvación, según el semipelagianismo, es añadida después de que el hombre, por su libre albedrío, da el primer paso.

El teólogo reformado, Louis Berkhof, ofrece la siguiente definición:

> La justificación es un acto judicial de Dios en el cual Él declara, sobre la base de la justicia de Jesucristo, que todas las demandas de la ley están satisfechas con respecto al pecador.[6]

Tanto en el Antiguo como en el Nuevo Testamento el verbo «justificar» se usa muchas veces con un carácter forense, es decir, determinado por la situación jurídica. Cuando alguien comparece delante de un juez, este solo puede «declararlo» inocente o culpable. El juez «no hace» a la persona «inocente» o «culpable», solo «lo declara» (véase Dt. 25:1). En el caso de la salvación, Dios «declara» justo a aquel que pone su fe en el Mesías que pagó la deuda del pecador. El uso forense del verbo «justificar» y del sustantivo «justicia» tiene que ver no con algo hecho por el hombre ni en el hombre, sino, más bien, con lo que Dios hace por el hombre.

Ser justificado es «ser declarado justo» por Dios, no «ser hecho justo» por Dios. Esa verdad se ve con claridad tanto en el Antiguo como en el Nuevo Testamento (véase Dt. 25:1; Ro. 3:4; 5:17; 10:3). Por lo tanto, poseer la justicia de Dios es poseer una justicia que Dios provee (Ro. 5:17) y aprueba (Ro. 2:13). Cuando Pablo menciona la expresión «la justicia de Dios» se refiere a la justicia imputada, es decir, la obra de Dios realizada en Cristo. La justicia de Dios tiene que ver con la salvación, el hombre que pone su fe en Cristo es «declarado justo» y tiene libre acceso a la presencia de Dios (véase Ro. 5:1-8). Quienes no tienen la justicia de Dios están perdidos y, por lo tanto, no tienen acceso a su presencia. La base de la justificación es la imputación. La Biblia señala tres actos de imputación: el pecado de Adán fue imputado a la humanidad (Ro. 5:12), el pecado de la humanidad fue imputado a Cristo (He. 2:9; 1 Jn. 2:2) y la justicia de Dios es imputada a los redimidos, es decir, a los que ponen su fe en Cristo. Es este último aspecto de la imputación donde se encuentra el corazón de la justificación (véase Ro. 3:21-26).

El principio fundamental de la justificación es la gracia soberana de Dios, es decir, el amor inmerecido y el favor de Dios hacia el hombre pecador. La defensa bíblica del carácter misericordioso de la justificación se encuentra en pasajes tales como Romanos 3:24; Hechos 15:11 y Tito 3:7, que son sumamente claros y no necesitan comentarios.

Desde el punto de vista teológico, la justificación tiene que ser por gracia debido al hecho del pecado humano y su culpa innegable (Ro. 3:23; 8:7-8), debido a la muerte de Cristo (Gá. 2:21), debido a la necesidad de seguridad y aceptación que el hombre tiene (Ro. 4:16), y porque el fin de todo el obrar de Dios debe ser su gloria (véase Ro. 11:36; Gá. 1:3-5). El hecho de la muerte de Cristo puede ser la mayor prueba teológica de la justificación por la gracia sin las obras de la ley, porque, si pudiéramos apropiarnos de la justicia por obras humanas, entonces la muerte de Cristo carece totalmente de significado. Esa muerte hubiese sido el más grave error que la humanidad haya cometido jamás y, puesto que el Dios Padre entregó al Hijo a morir en la cruz (Ro. 8:32), el mayor error hubiese sido suyo.

---

6. Louis Berkhof, *Teología Sistemática* (Grand Rapids: T.E.L.L., 1976), p. 615.

El instrumento divino de la justificación, según lo expresa la Palabra de Dios, es la fe en Jesucristo. Aunque Génesis 15:6 no menciona a Cristo, pasajes como Romanos 3:21-26; 4:1-8; 5:1-8 y muchos otros lo dejan bien claro. Quizá uno de los pasajes más claros sea Efesios 2:8-9. Esta verdad es ilustrada en la Biblia mediante las figuras de «mirar» (Is. 45:22; Jn. 3:14-15, cf. Nm. 21:9), «comer y beber» (Jn. 6:50-58), y «venir» a Cristo (Jn. 5:40; 6:44, 65; 7:37-38). La fe tiene que tener un objeto, y el único objeto de fe que agrada a Dios es Jesucristo. La fe es personal y proposicional, y es el reconocimiento de la incapacidad personal para agradar a Dios, la demostración de la bancarrota humana y la necesidad de depender de manera absoluta de la gracia soberana de Dios. Génesis 15:6 destaca dos tremendas verdades:

1. «Abram creyó a Jehová». El acto de creer [*je emín*] significa «poner fe», «confiar». El objeto de la fe de Abram era Jehová, es decir, la persona misma del Dios de toda gracia.
2. «Y le fue contado por justicia» [*tsedaká*]. Dios imputó su justicia en Abram mediante la fe que el patriarca puso en Él.

LA RATIFICACIÓN DEL PACTO (15:7-21)

Como ya se ha mencionado, Génesis 15 es un pasaje trascendental en la Palabra de Dios. Hay dos temas sobresalientes en este capítulo que afectan a toda la Biblia: la justificación por la fe basada en la gracia soberana de Dios y la ratificación del pacto abrahámico. Ambos temas son cruciales para el estudio y la comprensión de la teología bíblica. El apóstol Pablo lo resumió así: «Mas al que no obra, sino cree en aquel que justifica al impío, su fe le es contada por justicia» (Ro. 4:5).

En la primera parte de este capítulo se consideraron varios aspectos de la enseñanza bíblica de la justificación. Se señaló el hecho de que la base de la justificación yace en tres grandes imputaciones, y la última de esas imputaciones es la justicia de Dios atribuida a los creyentes. Esa justicia imputada se basa sobre la satisfacción penal de la santidad de Dios realizada por la obra expiatoria de Cristo en sustitución del pecador (véase Ro. 3:24-25). De modo que el principio fundamental de la justificación es la gracia soberana de Dios, porque ese es el principio operante de la imputación: atribuir una posición correcta a quienes en sí mismos están en condenación delante de Dios. El apóstol Pablo es quien aclara esta cuestión, porque cuando habla de nuestra salvación aparte de obras humanas de justicia, afirma que el propósito de Dios en todo ello es que: «…justificados por su gracia, viniésemos a ser herederos conforme a la esperanza de la vida eterna» (Tit. 3:7).

Finalmente, planteando la pregunta de los medios de la justificación, el apóstol declara que los beneficios de la obra salvífica de Cristo es que sea una realidad nuestra posesión mediante el instrumento de la fe (véase Ro. 3:21-26). Pablo añade: «Justificados, pues, por la fe, tenemos paz para con Dios por medio de nuestro Señor Jesucristo» (Ro. 5:1; véase también Ef. 2:8-9). La fe es solo un medio; no hay nada meritorio en sí en la fe. En el caso de Abram, como en el nuestro, la fe es algo imperfecto, tanto antes como después de la justificación. El sentido en el que se dice que «la fe salva» es que ella es el medio por el cual nos posesionamos de Cristo. Por supuesto, «solo Cristo salva», pero el pecador se apropia de Cristo solo por la fe.

Abram fue llamado por Dios de Ur de los caldeos (Gn. 12:1-3), y posteriormente

Dios lo declaró justo (véase Gn. 15:6; Ro. 8:28-30); pero Dios hizo mucho más con el patriarca. Jehová Dios tomó a Abram y entró en una relación pactada con él con todas las bendiciones que dicha relación suponía. La descripción completa del pacto de Jehová Dios con Abram implica la totalidad de la historia de la Biblia, porque la bendición suprema que Abram poseería sería la tierra de Palestina y, a la postre, los nuevos cielos y la nueva tierra. La bendición intermedia por quien la tierra sería poseída era el Mesías y la numerosa simiente que formaría sería su descendencia. La bendición cercana, abrazada y disfrutada mientras las otras estaban en camino, era la comunión con Aquel que había prometido a Abram ser su escudo y el dador de un galardón «sobremanera grande» (Gn. 15:1).

Esas promesas pactadas con Abram se registran en Génesis 12:1-3 y son ampliadas en Génesis 13:14-17. En Génesis 15:8-21 están basadas en un sacrificio que representa ese pacto, que es de naturaleza incondicional y que garantiza el cumplimiento de todas las promesas hechas a Abram y a su simiente.

El escenario (15:7-8)

> *Y le dijo: Yo soy Jehová, que te saqué de Ur de los caldeos, para darte a heredar esta tierra. Y él respondió: Señor Jehová, ¿en qué conoceré que la he de heredar? (Gn. 15:7-8).*

La visión que Abram tuvo en los primeros versículos de este capítulo continúa. El Señor se identifica a Abram diciendo: «Yo soy Jehová», es decir, el Dios que se identifica personalmente con su pueblo y el que cumple su promesa. Jehová sacó a Abram de Ur de los caldeos con el propósito concreto de «heredar esta tierra», o sea, la tierra de Canaán. La afirmación de Jehová es enfática. Él es el Dios comprometido; su promesa es firme y el cumplimiento de dicha promesa es seguro. Dios no promete nada que no vaya a cumplir. La salida de Ur de los caldeos señala el abandono de la vieja vida. La tierra de Canaán representa la entrada en la nueva vida de comunión con Dios.

Alguien podría pensar que Abram respondió en incredulidad, pero claramente no fue así. La respuesta es muy similar a la que aparece en Génesis 15:2, que más bien es una respuesta reverente y de confianza en Jehová Dios que promete al patriarca una gran bendición. Como lo explica Bruce K. Waltke:

> La pregunta podría interpretarse como una duda, pero esa interpretación no armonizaría con la evaluación del narrador de que Abram confía en Dios (15:6). Más probable, la petición de Abram de una señal es motivada por la fe (véase 15:6; también Is. 7:10-14). Queja y fe no son antitéticas, la queja se basa en tomar a Dios seriamente.[7]

En lugar de señalar una duda de parte de Abram, la pregunta aceleró la actuación de Dios respecto del pacto con el patriarca. Dicho pacto sería la garantía del cumplimiento de la promesa de Jehová Dios. Sin duda que Dios consideró la fe de Abram, pero era una fe que buscaba una garantía de total seguridad.

---

7. Bruce K. Waltke, *Genesis: A Commentary*, p. 243.

*Y le dijo: Tráeme una becerra de tres años, y una cabra de tres años, y un
carnero de tres años, una tórtola también, y un palomino (Gn. 15:9).*

La respuesta del Señor a Abram resulta ser en la forma de un pacto formal, inaugurado mediante un sacrificio formal. En el capítulo 17 se añade el rito de la circuncisión
como señal del pacto y, más adelante y como corona de todo lo ocurrido, se concede
un juramento divino para reforzar las promesas pactadas (véase Gn. 22:16-18).

*Y tomó él todo esto, y los partió por la mitad, y puso cada mitad una enfrente
de la otra; mas no partió las aves (Gn. 15:10).*

Las instrucciones involucraban a animales que posteriormente formarían parte de
los cultos levíticos, y el arreglo de los animales y el rito en sí sugieren la manera de
hacer pactos entre los caldeos (véase Jer. 34:18). Herbert C. Leupold lo explica así:

> Un pacto es establecido. Dios condesciende para que sea hecho según la ma-
> nera de los pactos en aquellos días, particularmente los caldeos… Las partes
> contrayentes pasaban por el medio de los sacrificios divididos, y eso podía im-
> plicar que una suerte semejante, es decir, ser muerto, ocurriría a los animales
> de quien incumpliera el pacto. Pero una modificación del procedimiento tuvo
> lugar en este caso: ninguno de los dos participantes pasó entre los animales
> divididos, ni se sugiere una amenaza.[8]

Quizá el profesor Leupold omite el hecho de que Abram se quedó dormido y
«una antorcha de fuego que pasaba por los animales divididos» se veía. Sin duda, esa
antorcha era la presencia misma de Jehová que pasó por el medio de los sacrificios,
indicando así que Él se comprometía a guardar todos los preceptos del pacto. Evidentemente, aquella costumbre de formalizar un pacto le era conocida a Abram; él sabía
lo que el Señor pretendía hacer. Abram obedece el mandato de Jehová Dios, divide
los animales y los coloca como Dios le ordena, y deja las aves sin dividir, tal como
más adelante ordenaría la ley (véase Lv. 1:17), probablemente colocando las aves una
opuesta a la otra.

La ratificación (15:11-16)

*Y descendían aves de rapiña sobre los cuerpos muertos, y Abram las ahu-
yentaba. Mas a la caída del sol sobrecogió el sueño a Abram, y he aquí que
el temor de una grande oscuridad cayó sobre él (Gn. 15:11-12).*

Es evidente que el tiempo que tardó la preparación de los animales y la acción
del Señor sugiere que el cumplimiento del pacto requeriría un tiempo largo. El texto
dice que «aves de rapiña descendían sobre los cuerpos muertos», expresión que podría ser una metáfora para describir el hecho de que la ejecución del pacto tiene que
enfrentar enemigos. De ser así, puede verse también que Abram reconoce que es su

---

8. Herbert C. Leupold, *Exposition of Genesis*, vol.1, p. 480.

responsabilidad defender aquel rito del ataque de las aves de rapiña que pretendían consumir la carne del sacrificio y evitar así que este se ejecute. O sea que el pacto ha de consumarse en medio de una feroz oposición. Sin duda, el primer significado de esto es que Israel debe esperar que no obtendrá sus bendiciones sin la oposición del mundo, ya que en la Biblia las aves de rapiña algunas veces se usan respecto a la oposición satánica al programa de Dios. Por tanto, es razonable suponer que este ataque de las aves de rapiña es una sugerencia de la oposición del maligno a la ejecución del programa pactado de Dios.

La segunda característica de las circunstancias de la consumación del pacto tiene que ver con «el temor de una grande oscuridad» que caracterizó el profundo sueño que sobrecogió a Abram cuando el sol se ponía. Fue, sin duda, un sueño sobrenatural, acompañado de una sobrecogedora oscuridad que rodeaba a Abram.

El significado más obvio de las tinieblas producida por Dios tiene que ver con la futura historia de la simiente del patriarca, como lo sugieren las palabras que Dios le habló a continuación:

> *Entonces Jehová dijo a Abram: Ten por cierto que tu descendencia morará en tierra ajena, y será esclava allí, y será oprimida cuatrocientos años (Gn. 15:13).*

No cabe duda que las palabras de este versículo se refieren proféticamente a los cuatrocientos años que el pueblo de Israel permaneció cautivo en Egipto hasta que Dios lo liberó por manos de Moisés y Aarón. También el cuadro de la gran oscuridad podría señalar a los sufrimientos del Mesías en la cruz (véase Mt. 27:45-46; Lc. 22:53). La experiencia de Abram debe recordar al lector las tinieblas, el humo y el fuego que tuvieron lugar cuando la ley fue dada en el monte Sinaí y el impacto de la santidad sobre el pecado. Puesto que la fe de Abram abarca una esfera mayor que la Canaán terrenal (véase He. 11:10, 14, 16), y una simiente mayor que la de Isaac (véase Jn. 8:56), no es exagerado ver en este acontecimiento cosas que son típicas de los sufrimientos de Cristo. El nuevo pacto fue inaugurado acompañado de tinieblas y un terremoto (véase Mt. 27:45, 51).

La tercera característica de las circunstancias de la ratificación del pacto es la teofanía descrita en el versículo 17: «Y sucedió que puesto el sol, y ya oscurecido se veía un horno humeando, y una antorcha de fuego que pasaba por entre los animales divididos». Dios se le manifestó a Abram por medio de una llama brillante, algo así como una antorcha de fuego que salía de un horno. Aquella antorcha de fuego era la presencia misma de Jehová Dios que consumiría los animales divididos.

> *Mas también a la nación a la cual servirán, juzgaré yo; y después de esto saldrán con gran riqueza (Gn. 15:14).*

La Palabra de Dios registrada en este versículo se cumplió literalmente. Después de 400 años en Egipto, el pueblo de Israel salió de la esclavitud, llevándose las riquezas de Egipto (véase Éx. 7—12). Esas riquezas sirvieron, entre otras cosas, para la construcción del tabernáculo.

> *Y tú vendrás a tus padres en paz, y serás sepultado en buena vejez. Y en la cuarta generación volverán acá; porque aún no ha llegado a su colmo la maldad del amorreo hasta aquí (Gn. 15:15-16).*

La predicción de la esclavitud en Egipto tiene un doble significado. En primer lugar, es un recordatorio de que el tiempo que Israel estuvo allí fue una disciplina para el pueblo de Dios. En segundo lugar, es un excelente ejemplo de la paciencia de Dios, porque el Señor fue paciente con la maldad de los cananeos durante siglos, hasta que alcanzó «su colmo» y la santidad de Dios acudió en juicio. El Señor dio tiempo para que el pecado de los amorreos germinase y para que el pueblo de Israel se fortaleciese y actuase como «la espada de Dios». La invasión de la tierra bajo la dirección de Josué no fue una «agresión», sino la ejecución de la justicia divina producida por la maldad de los amorreos.

La promesa de Dios implicada en el pacto (15:17-18)

> *Y sucedió que puesto el sol, y ya oscurecido, se veía un horno humeando, y una antorcha de fuego que pasaba por entre los animales divididos. En aquel día hizo Jehová un pacto con Abram diciendo: A tu descendencia daré esta tierra, desde el río de Egipto hasta el río grande, el río Éufrates (Gn. 15:17-18).*

Este asombroso cuadro tiene una proyección profética. Lo ocurrido tuvo lugar «a la puesta de sol», es decir, al terminar el día. La expresión «ya oscurecido» sugiere que solo se podía ver «el horno humeando» y «la antorcha de fuego que pasaba por entre los animales divididos». Aquel acontecimiento señala que «solo Jehová» pasó en medio de los animales divididos. El simbolismo es claro: solo Jehová Dios se comprometió en la ejecución del pacto. Abram estaba dormido y, por lo tanto, no pudo participar en el ritual. Solo Jehová hizo el recorrido por aquel pasillo donde estaban los animales divididos y las aves.

Génesis 15:18 expresa con toda claridad: «En aquel día hizo Jehová un pacto con Abram» [*bayom jajú kárat yehová et Abram berít*]. Literalmente dice: «En aquel mismo día cortó Jehová con Abram un pacto». Es decir, Jehová se comprometió a hacer algo en favor de Abram, y eso es definido como «el pacto abrahámico».

Hay tres cuestiones que confrontar cuando uno trata con el pacto abrahámico. En primer lugar, ¿cuál es el contenido de ese pacto? También, ¿es el pacto abrahámico de carácter eterno? Por último, ¿son sus aspectos terrenal y nacional algo meramente simbólico o deben ser comprendidos literalmente? El pacto abrahámico abarca los siguientes pasajes de las Escrituras: Génesis 12:1-3; 15:1-18; 17:1-22; 22:16-18; 26:2-5 y 28:13-15.

El contenido del pacto abrahámico se divide claramente en tres partes: la promesa personal, la promesa nacional y la promesa universal. En lo que respecta a la personal, Abram recibió las siguientes promesas: que recibiría una bendición especial de Dios, que le sería otorgado un gran nombre, que sería un canal de bendición de Dios a otros, que otros tendrían un trato divino especial sobre la base de su actitud hacia Abram y que nacería un heredero por medio de Sarai.

En lo concerniente a la promesa nacional, Abram recibió las siguientes promesas: que su simiente sería una gran nación (Gn. 12:2; 17:6), que el pacto eterno de Dios sería establecido con la simiente de Abram (Gn. 17:7), que la tierra de Canaán sería dada a la simiente de Abram como posesión perpetua (Gn. 17:8) y que Dios mismo sería su Dios (Gn. 17:7).

El aspecto universal era más general. El Señor simplemente dio la promesa de que Abram y su simiente serían de bendición a todas las naciones de la tierra. Sin duda esa promesa ha recibido y recibirá su cumplimiento primordial en la persona de Jesús el Mesías.

Puesto que el aspecto nacional del pacto es el que se relaciona principalmente con el problema presente, los otros dos pueden ser pasados por alto excepto por la consideración incidental. En resumen, debe notarse y enfatizarse que el cumplimiento del pacto abrahámico, tal como ha sido dado, exige un pacto eterno, con una nación que permanece para siempre, habitando en una tierra prometida en perpetuidad.

La explicación (15:18-21)

Todo lo relacionado con el otorgamiento del pacto abrahámico hubiese sido una total confusión de no haber sido por la explicación provista en Génesis 15:18-21. Jehová estaba ratificando un pacto, y las características visibles son simbólicas de las realidades espirituales íntimamente unidas en el pacto. Tanto el horno humeando como la antorcha de fuego no debían de causar sorpresa. La presencia de Jehová aparece a Moisés en la forma de una zarza que ardía y no se consumía (Éx. 3:2-6) y en el monte Sinaí en un fuego consumidor (Éx. 19:18). También, a través del peregrinaje por el desierto, aparece como una columna de fuego (Éx. 13:21), y en la implementación del pacto abrahámico aparece como «una antorcha de fuego» (Gn. 15:17).

La antigua ceremonia usada por el Señor en Génesis 15 es similar a la que se menciona en Jeremías 34:18-20. En una de las profecías de juicio, el Señor dice: «Y entregaré a los hombres que traspasaron mi pacto, que no han llevado a efecto las palabras del pacto que celebraron en mi presencia, dividiendo en dos partes el becerro y pasando por medio de ellas» (Jer. 34:18). Y en la historia seglar hay un ejemplo interesante de la misma costumbre. Inmediatamente después de la muerte de Alejandro Magno, surgió una disputa respecto a quién sería su sucesor. La caballería y el resto del ejército bajo las órdenes de Pérdicas formaron un grupo, mientras que la infantería bajo el mando de Meleagro formó otro grupo. La disputa fue tan grande que al parecer solo la guerra arreglaría el problema. Finalmente se llegó a un compromiso. Un perro fue cortado en dos mitades y todo el ejército pasó por en medio de las dos mitades. De ese modo hubo reconciliación entre los dos bandos y se evitó la guerra.

Esa costumbre también ha dejado una marca sobre los idiomas hebreo y griego. En el hebreo, la expresión *karát berít* significa literalmente «cortar un pacto». La frase griega *horkía témnein* significa «cortar juramentos». Ambas expresiones se usan para indicar la concertación de un pacto.

La característica más importante del pacto registrado en Génesis 15 es la acción particular de Dios. En otros pactos donde intervienen hombres, ambas partes caminan por entre los animales divididos. En este caso, sin embargo, Dios simbólicamente camina solo por entre los animales sacrificados en la forma de «un horno humeando, y una antorcha de fuego». Abram no fue invitado a caminar por entre los animales. El significado es obvio: el pacto abrahámico no es un pacto condicional en el que ciertas responsabilidades son cumplidas por el hombre, sino que es un pacto incondicional en el que Jehová Dios asume la responsabilidad de cumplir Él mismo las condiciones del pacto, garantizando así mediante la fidelidad divina a su Palabra y por su poder la realización de las promesas pactadas. Un número importante de comentaristas reconoce el carácter incondicional del pacto abrahámico y reconoce también que solo Jehová se compromete a cumplir las estipulaciones de dicho pacto.

Keil y Delitzsch comentan lo siguiente:

> De la naturaleza de este pacto se desprende, sin embargo, que solo Dios caminó en medio de los animales cortados en una representación simbólica de sí mismo y sin Abram. Porque aunque un pacto siempre establece una relación recíproca entre dos individuos, en aquel pacto que Dios concluyó con el hombre, el mismo no estaba a la par con Dios, pero Dios estableció la relación de comunión mediante su promesa y su condescendencia de gracia al hombre, quien en un principio era solo recipiente, y solo calificaba y estaba obligado a cumplir las obligaciones derivadas del pacto mediante la recepción de dones de gracia.[9]

El Nuevo Testamento confirma el carácter incondicional del pacto abrahámico y enseña que el pacto abrahámico aún está por cumplirse de manera literal. Las desobediencias pasadas de la nación de Israel no anulan dicho pacto, aunque su cumplimiento se demore. Pasajes como Lucas 1:46-55, Hechos 3:17-26 y Hebreos 6:13-18 enseñan claramente que el pacto abrahámico tendrá un cumplimiento seguro.

Resumen y conclusión

Hay algunas lecciones muy importantes y emocionantes que conmueven a los creyentes de la era del Nuevo Testamento al recordar que las bendiciones de los redimidos de esta dispensación descansan sobre el mismo pacto e incluyen su expansión tanto en el pacto davídico como en el nuevo pacto. En primer lugar, debe notarse la extensión de las bendiciones divinas que nos pertenecen por medio de esos pactos incondicionales. Tenemos el perdón de los pecados, la esperanza de un Rey y la venida de un reino, y el disfrute de la comunión de una vasta compañía del pueblo de Dios (Gn. 12:3).

Además, cuán hermoso es el cuadro del amor y del favor de Dios que se refleja en lo profundo de la condescendencia divina revelada en este pacto. Dios confirmó a Abram su fidelidad a su Palabra de manera amante y maravillosa, acomodándose a sí mismo a la débil fe de su venerable siervo (véase Ro. 3:1-8). El pacto abrahámico es una demostración palpable de la gracia soberana de Dios hacia el pecador desvalido y miserable. Finalmente, el pacto proporciona una gloriosa seguridad, pues su cumplimiento no depende de nuestra débil y vacilante fe, sino de la firme e inamovible fidelidad de la promesa de Dios. No depende de que nos tomemos de Él sino de su mano poderosa que nos sostiene.

---

9. Keil y Delitzsch, Genesis to Judges 6:32, *Old Testament Commentaries*, p. 167; véase también Allen P. Ross, *Creation and Blessing*, p. 312; Henry M. Morris, *The Genesis Record*, pp. 327-328; Herbert C. Leupold, *Exposition of Genesis*, vol. I, p. 489.

16

La fe de Abram y el nacimiento de Ismael (16:1-16)

El tiempo de espera asignado para Abram no ha llegado a su fin. Que la promesa de Dios no se convierte en realidad conduce a Abram y a su mujer a buscar los recursos del ingenio humano. Dios, sin embargo, quiere que se entienda con toda claridad que el hijo implicado será, en todo sentido, un hijo de la promesa. La gracia de Jehová será su origen, el hombre no contribuirá con nada. La experiencia de este capítulo hace que este hecho sea muy evidente a Abram y a Sarai.

Herbert C. Leupold, Exposition of Genesis, vol. 1, p. 493.

El patriarca Abram es conocido como «el padre de la fe», su experiencia, sin embargo, se asemeja mucho a la de su simiente. Cuando la vida de fe está en sus comienzos y es fresca y estimulante es como si viviéramos en las nubes y pudiéramos tocar el cielo con las manos. Pero después transitamos por valles y el aire se nota pesado y asfixiante y el cielo parece estar muy lejos. Es entonces cuando la vida de fe es difícil y exigente, a veces, exigiendo más de lo que sentimos que podemos dar.

La vida de Abram no era como una montaña rusa, sino como picos de montañas y profundos valles. El gran patriarca tuvo sus «altibajos». En los capítulos anteriores (del 13 al 15), Abram ha vivido en las altas llanuras, proporcionando a sus seguidores ejemplos de una vida que agrada a Dios. Ahora, en el capítulo 16, Abram tropieza de nuevo y cae al fondo mismo del precipicio.

El origen del traspié de Abram fue el razonamiento de Sarai. Ella sugirió que debido a que habían pasado diez años desde la promesa de la simiente y que tanto ella como Abram se acercaban al tiempo cuando no les sería posible procrear, el patriarca debía tomar a la esclava de Sarai, Agar, por esposa y producir la simiente prometida a través de ella.

Aunque algunos consideran que la sugerencia de Sarai era un ejemplo de desinterés, y aunque eso podría ser cierto, tal acto era erróneo, pues era una violación del propósito divino de que el matrimonio fuese monógamo.

En resumen, puede decirse que Abram, en primer lugar, capituló ante la presión ejercida por su esposa. El texto dice: «Y atendió Abram al ruego de Sarai» (Gn. 16:2c), aunque al hacerlo estaba violando la Palabra de Dios. En segundo lugar, Abram eludió su responsabilidad al decirle a Sarai, después de que esta se quejó por el resultado de su acción: «He aquí, tu sierva está en tu mano; haz con ella lo que bien te parezca» (Gn. 16:6). Y, finalmente, Abram usó la razón y el esfuerzo humanos para resolver problemas espirituales. Ese es un error fundamental que yace en el corazón mismo del legalismo.

No es de sorprenderse, pues, que el apóstol Pablo centrase su atención en este episodio cuando escribió su gran tratado acerca de la salvación por fe, y no por las cosas de la ley, es decir, la epístola a los Gálatas. Pablo describe a Ismael como aquel que «había nacido según la carne» (Gá. 4:29). También dice: «Echa fuera la esclava y a su hijo, porque no heredará el hijo de la esclava con el hijo de la libre» (Gá. 4:30; véase también 4:23). Las obras —el esfuerzo humano— carecen de todo valor respecto de la salvación o la santificación. La salvación es la obra de Jehová Dios, en su totalidad.

Lo que surge de la historia relatada en Génesis 16 ilustra el hecho de que Dios cumplirá su Palabra en sus propios términos, es decir, de la manera que glorifica su nombre. Toda obra humana es rechazada completamente. El nacimiento de la simiente prometida, o sea, Isaac, sería necesariamente un milagro divino, reconocido exclusivamente como un acto soberano de la voluntad y el poder de Dios (véase Ro. 9:7-9; Gá. 4:21-31). El Dios inmutable ejecuta soberanamente su voluntad, e intentar «ayudar a Dios» no solo es una vanidad y una insensatez sino también un pecado. Dios no necesita ayuda del hombre pecador, sino que él necesita confiar totalmente en el Dios Todopoderoso.

SARAI, ABRAM Y AGAR (16:1-6)

Sarai mujer de Abram no le daba hijos; y ella tenía una sierva egipcia, que se llamaba Agar. Dijo entonces Sarai a Abram: Ya ves que Jehová me ha hecho estéril; te ruego, pues, que te llegues a mi sierva; quizá tendré hijos de ella. Y atendió Abram al ruego de Sarai (Gn. 16:1-2).

Desde el principio de su unión con Abram, la Escritura dice de Sarai: «Mas Sarai era estéril, y no tenía hijo» (Gn. 11:30). Los años han transcurrido y Abram y Sarai han vivido en la tierra prometida unos diez años. Pasados esos diez años, el texto dice: «Sarai mujer de Abram no le daba hijos» (Gn. 16:1), y tener hijos era importante en aquella sociedad. Además, Dios había prometido a Abram que le daría una simiente y que en él serían benditas «todas las familias de la tierra» (Gn. 12:3). La tardanza de Dios en cumplir su promesa, sin duda, tenía el propósito de fortalecer y arraigar la paciencia de Abram y Sarai, y demostrar la soberanía y la omnipotencia de Jehová, porque se acercaba el tiempo cuando sería humanamente imposible que tuviesen hijos.

Al sentir la vergüenza por su esterilidad, Sarai fue la primera en debilitarse y tomó la desagradable decisión de decirle a Abram: «Ya ves que Jehová me ha hecho estéril; te ruego, pues, que te llegues a mi sierva, quizá tendré hijos de ella» (Gn. 16:2).

En aquel tiempo no era considerado inmoral que Sarai diese su esclava a Abram. Herbert C. Leupold lo explica así:

> La costumbre de aquellos días permitía en un caso como este que la esposa diese su sierva a su marido como una esposa secundaria, en la esperanza de que la nueva unión fuese bendecida con un hijo, y ese hijo sería rápidamente reclamado y adoptado por la señora de la casa.[1]

El profesor Leupold comenta que la sierva de Sarai, es decir, Agar, no sería estigmatizada ya que se la consideraría una esposa, aunque no tendría el mismo nivel o rango que la primera esposa.[2] En segundo lugar, fue un acto de desinterés de parte de Sarai. Eso pudo haber tocado el corazón de Abram hasta el punto de cegarlo respecto de las consecuencias morales de lo que estaba haciendo. Finalmente, todavía no estaba del todo claro que la simiente vendría a través de Sarai. Dios le había dicho a Abram que Eliezer no sería su heredero. Dios solo le había dicho que el heredero sería un hijo suyo (Gn. 15:4). Y, por supuesto, el problema de la edad añadió fuerza al razonamiento detrás de la sugerencia de Sarai. No debe olvidarse que años atrás Dios había impedido que el faraón de Egipto tomase a Sarai por mujer (véase Gn. 12:11-20).

Todo lo dicho antes, sin embargo, no justifica la acción de Abram al tomar a Agar. El hecho de que la cultura de aquellos tiempos permitiera tal acción no hace que esta fuese correcta. Fue un acto equivocado porque chocaba con la enseñanza bíblica del matrimonio monógamo (Gn. 2:18-25) e implicaba el uso de estratagemas y razonamientos humanos con el fin de «ayudar a Dios» a cumplir sus promesas.

El nombre «Agar» es un vocablo hebreo, aunque Génesis 16:1 dice que era «una sierva egipcia». Probablemente Sarai la adquirió en Egipto cuando ella y Abram estuvieron en ese país (Gn. 12:16).[3] El sustantivo «Agar» significa «huida» [*jagár*]. De modo que es posible que aquella sierva recibiese ese nombre después de haber sido adquirida por Sarai y huir de Egipto con sus nuevos dueños. De todos modos, Agar fue uno de los problemas que Abram adquirió cuando peregrinó a Egipto y ese problema persiguió al patriarca por muchos años.

Sarai no carecía de discernimiento espiritual a pesar de todo. Dijo a Abram: «Ya ves que Jehová me ha hecho estéril». Sarai tenía razón, Jehová Dios es quien da la fertilidad no solo a los campos, sino también a la matriz de la mujer. El error de Sarai fue no saber esperar en Jehová, el Dios omnipotente.

La declaración fatídica aparece al final del versículo 2: «Y atendió Abram al ruego de Sarai». La frase significa literalmente: «Y Abram aprobó el ruego de Sarai» o «Abram obedeció el ruego de Sarai». Dicha frase recuerda las palabras de Génesis 3:17, donde Dios le dice a Adán: «Por cuanto obedeciste a la voz de su mujer». No obstante, ya sea que Abram hubiese sido impresionado por la actitud de Sarai o por su deseo de tener descendencia, fue un error hacer lo que hizo. Aún no había aprendido la verdad expresada por el autor de Hebreos: «Porque os es necesaria la paciencia, para que habiendo hecho la voluntad de Dios, obtengáis la promesa» (He. 10:36; cf. He. 6:12).

---

1. Herbert C. Leupold, *Exposition of Genesis*, vol. I, p. 494.

2. *Ibíd.*

3. Gordon Wenham, «Genesis 16-50», *Word Biblical Commentary* (Nashville: Thomas Nelson, Inc., 2000), p. 6.

> *Y Sarai mujer de Abram tomó a Agar su sierva egipcia, al cabo de diez años*
> *que había habitado Abram en la tierra de Canaán, y la dio por mujer a*
> *Abram su marido (Gn. 16:3).*

Obsérvese el contraste entre «Sarai mujer de Abram» y «Agar su sierva [de Sarai] egipcia». Sarai tomó la responsabilidad de entregar a Agar como esposa de Abram. El expositor Leupold dice:

> Tiene que ser muy evidente que «dar por mujer» significa «entregar en ma-
> trimonio». Aquí no hubo concubinato sino una unión marital formal, aunque
> Agar era una segunda esposa.[4]

La práctica de la maternidad sustitutiva era reconocida a través del mundo oriental desde el tercer milenio al primer milenio antes de Cristo. Era una práctica común en Babilonia, en Egipto, y seguramente en otras naciones. Abram y Sarai conocían la revelación de Dios y no debieron imitar prácticas paganas.

> *Y él se llegó a Agar, la cual concibió; Y cuando vio que había concebido,*
> *miraba con desprecio a su señora (Gn. 16:4).*

La expresión «y él se llegó a Agar» significa literalmente «y él fue hacia Agar». Eso significa que tuvo relaciones sexuales con ella y el resultado fue que Agar «concibió». Parecía que el plan estaba funcionando bien, pero las dificultades comenzarían en poco tiempo. «Y cuando [Agar] vio que había concebido, miraba con desprecio a su señora». Agar tomó una actitud arrogante hacia Sarai. Las leyes de aquellos tiempos (código de Hammurabi) protegían a la primera esposa, de modo que Agar tomaba una actitud equivocada.

> *Entonces Sarai dijo a Abram: Mi afrenta sea sobre ti; yo te di mi sierva por*
> *mujer, y viéndose encinta, me mira con desprecio; juzgue Jehová entre tú y*
> *yo (Gn. 16:5).*

Sarai abiertamente culpa a Abram de lo que le está sucediendo, cuando en realidad fue ella quien dio a Agar en matrimonio a Abram. La actitud de Sarai, por lo tanto, era totalmente injusta. Aunque, ciertamente, Abram debió haber rechazado su propuesta original.

Los personajes principales en este episodio aparecen ahora en gran desventaja. Esto se ve en primer lugar referente a Agar, pues cuando Agar se dio cuenta de que había concebido despreció a Sarai, tal vez pensando que aquello significaba que Dios no la bendecía dándole hijos porque no era tan justa internamente como aparentaba ser externamente. Al parecer, Agar pensaba que Sarai era hipócrita. La superioridad que Agar sentía, evidentemente, se hizo manifiesta delante de otras personas.

En segundo lugar, la estratagema tiene sus resultados con referencia a Sarai. Su juicio fue influenciado por sentimientos amargos, al pensar que su posición y

---

4. Herbert C. Leupold, *Exposition of Genesis*, vol. I, p. 496.

autoridad podían estar en duda. Sarai irracionalmente culpó a Abram por el mal que Agar le había hecho. De modo que Sarai era culpable de atribuir una falsa culpa a Abram.

Finalmente, la serie de sucesos comienzan en Abram. En la esperanza de encontrar una solución fácil a la dificultad surgida, Abram responde a su esposa: «He aquí, tu sierva está en tu mano; haz con ella lo que bien te parezca» (16:6). Al parecer, Abram simplemente está sugiriendo que la solución natural al problema, ya que Agar es la sierva de Sarai, es que Sarai inflija la disciplina adecuada a su sierva. Sarai debe asumir sus derechos y hacer lo que es correcto. Después de todo, la actitud de Agar estaba equivocada y merecía la corrección. Si esto es todo lo que está implicado en el asunto, entonces las acciones de Abram no pueden ser condenadas. Por otro lado, es la opinión de algunos expositores que el patriarca no asumió su responsabilidad como cabeza de su hogar de la manera como debió hacerlo, y el resultado fue que Agar fue maltratada. De ser así, Abram fue culpable de un rechazo de su responsabilidad. Lo más sensato es entender que tanto Abram como Sarai se equivocaron en el camino que tomaron para resolver el problema de la falta de descendencia. Ya Dios había incluido en su plan lo que iba a hacer. Abram y Sarai solo debieron esperar que Dios actuara.

AGAR SE ENCUENTRA CON EL ÁNGEL DE JEHOVÁ (16:7-14)

Génesis 16:6 termina diciendo: «Y como Sarai la afligía, ella [Agar] huyó de su presencia». El vocablo traducido «afligía» [*aná*] significa «maltratar» (véase Gn. 15:13; Éx. 1:12). Evidentemente, el maltrato de Sarai hizo que Agar huyese de su presencia (Gn. 16:6).

> *Y la halló el ángel de Jehová junto a una fuente de agua en el desierto, junto a la fuente que está en el camino de Shur. Y le dijo: Agar, sierva de Sarai, ¿de dónde vienes tú, y a dónde vas? Y ella respondió: Huyo de delante de Sarai mi señora (Gn. 16:7-8).*

El contenido de estos versículos deja ver que aunque Sarai y Abram pudieron sentirse aliviados al deshacerse de Agar, el Señor todavía estaba interesado en ella, y también en su hijo. De hecho, Jehová convertirá aquel incidente en una bendición para Agar y su simiente, aunque no en el mismo sentido que con Abram y su simiente.

El «ángel de Jehová» encontró a Agar junto a «la fuente» de agua en el desierto. El texto identifica dicha fuente como «la fuente que está en el camino de Shur». Aquel incidente era un alto honor dado a la esclava egipcia. Eso ha dado pie a que algunos piensen que Agar era una mujer piadosa. Después de encontrarla, el ángel de Jehová le ordenó que regresara a Sarai y se sometiese a su autoridad (16:9).

Todo lo ocurrido hace que uno se pregunte: «¿Quién es el ángel de Jehová?». En esta escena, la respuesta es relativamente fácil. A partir del versículo 7, Moisés se refiere al personaje que habla con Agar como «el ángel de Jehová» (véase Gn. 16:7, 9-11). En Génesis 16:13, sin embargo, Moisés escribe: «Entonces llamó el nombre de Jehová que con ella hablaba: Tú eres Dios que ve; porque dijo: ¿No he visto también aquí al que me ve?». Es decir, el ángel de Jehová es en realidad Jehová mismo.

Herbert C. Leupold dice claramente:

El ángel del Señor no es un ser creado sino [que es] la Deidad misma; porque: (1) Él de manera explícita se identifica a sí mismo con Jehová en varias ocasiones. (2) Aquellos a quienes da a conocer su presencia lo reconocen como divino. (3) Los escritores bíblicos lo llaman Jehová. (4) La doctrina enseñada aquí da a entender que hay una pluralidad de personas en la Deidad. Esa enseñanza está en completo acuerdo con indicaciones anteriores. (5) La unidad orgánica de las Escrituras se rompería si pudiera probarse que el punto central del Antiguo Testamento era un ángel creado, mientras que el del Nuevo Testamento es la encarnación del Dios-hombre.[5]

El Antiguo Testamento, sin embargo, deja bien claro que nadie verá al Señor y vivirá. Ese es el énfasis de pasajes como Éxodo 20:19; 33:20 e Isaías 6:5, y hay muchos otros pasajes que hacen la misma afirmación. En otras palabras, es imposible para el hombre contemplar el rostro descubierto de Dios y vivir. Pablo lo expresa así: «El único que tiene inmortalidad, que habita en luz inaccesible; a quien ninguno de los hombres ha visto ni puede ver, al cual sea la honra y el imperio sempiterno. Amén» (1 Ti. 6:16).

De modo que ningún hombre ha visto jamás a Dios en ese sentido (véase Jn. 1:18). Hay un sentido en el cual es posible ver a Dios, porque la segunda persona de la Trinidad, nuestro Señor Jesucristo, es Dios, y hombres y mujeres lo han visto (véase Jn. 1:14, 18; 1 Jn. 1:1-4, etc.). Es claro y necesario, entonces, que reconozcamos en la figura del ángel de Jehová al Señor Jesucristo preencarnado. Teólogos cristianos desde la antigüedad han estado convencidos de esa identidad porque satisface a todos los textos bíblicos y forma un cuadro armonioso y congruente de todos ellos.

Pero ¿por qué el Señor Jesucristo preencarnado apareció a los creyentes de la antigüedad de tanto en tanto? Evidentemente para preparar a los creyentes en los tiempos del antiguo pacto para la encarnación del Hijo de Dios. Mediante esas apariciones el pueblo del Antiguo Testamento debería acostumbrarse a la idea de que había una persona en la Deidad cuyo deleite era aparecer entre los hijos de los hombres para ejecutar la voluntad de Dios. Eso en sí era una anticipación del tiempo cuando había de venir, someterse a sí mismo al Padre, y llevar a cabo la obra mediadora que Él mismo había asumido en la eternidad como parte del consejo eterno. A pesar de la preparación, cuando Él vino los hombres se ofendieron de Él, y hasta el día de hoy rehúsan creer que Dios se manifestó en la carne.

> *Le dijo también el ángel de Jehová: Multiplicaré tanto tu descendencia, que no podrá ser contada a causa de la multitud. Además, le dijo el ángel de Jehová: He aquí que has concebido, y darás a luz un hijo, y llamarás su nombre Ismael, porque Jehová ha oído tu aflicción. Y él será hombre fiero; su mano será contra todos, y la mano de todos contra él, y delante de todos sus hermanos habitará (Gn. 16:10-12).*

El ángel de Jehová ofreció a Agar un triple consuelo.

---

5. *Ibíd.*, pp. 500-501.

1. En el versículo 10, el ángel dice: «Multiplicaré tanto tu descendencia, que no podrá ser contada a causa de la multitud». Este texto enseña que de las entrañas de Abram saldrán dos naciones numerosas, o familias: el pueblo israelita (los judíos) y el pueblo ismaelita (los árabes). Es importante observar, sin embargo, que las bendiciones que recibirán los ismaelitas serán simplemente numéricas. El ángel de Jehová no promete para ellos ninguna bendición espiritual, tal como promete a la simiente del patriarca.
2. En segundo lugar, el ángel promete a Agar un hijo. Ese hijo recibirá el nombre de Ismael: «He aquí que has concebido, y darás a luz un hijo, y llamarás su nombre Ismael, porque Jehová ha oído tu aflicción» (Gn. 16:11). En el registro bíblico, Ismael es el primer niño al que el Señor le dio nombre antes de nacer.
3. Finalmente, el texto dice que Ismael «será hombre fiero» (Gn. 16:12). La expresión «hombre fiero» [*pére adám*] literalmente significa «un hombre como un mulo salvaje». Quizá esa descripción iba encaminada a alertar a Agar respecto a la clase de ser que llevaba en su vientre. El «mulo salvaje» con el que se compara a Ismael era un animal veloz que se utilizaba para la guerra (véase Job 24:5-8; 39:5-8; Jer. 2:24; Os. 8:9). La Escritura lo llama «asno montés», figura que describe el carácter de los ismaelitas. Ismael se diferencia grandemente de Isaac. Ismael vivirá en el desierto y no será de bendición a las naciones de la tierra, pero Isaac, el hijo de la promesa, producirá la simiente prometida a Abram a través de Sarai, y a través de él todas las naciones de la tierra serán bendecidas.

De manera profética, el ángel de Jehová anticipa los elementos de lo que ocurre en la historia en la relación entre los árabes, los israelitas y las otras naciones del mundo. Es evidente que Dios, en su plan soberano, ha escogido a una sola nación entre todos los pueblos de la tierra (Am. 3:1-2; Dt. 7:6) para manifestar su salvación y su gloria entre las naciones.

> *Entonces llamó el nombre de Jehová que con ella hablaba: Tú eres Dios que ve; porque dijo: ¿No he visto también aquí al que me ve? Por lo cual llamó al pozo: Pozo del Viviente-que-me-ve. He aquí está entre Cades y Bered (Gn. 16:13-14).*

Estos dos versículos narran las consecuencias del encuentro entre Agar y el ángel de Jehová. Una experiencia tan tremenda y a la vez rara exige una respuesta, y Agar, sin duda, expresó esa respuesta. La dificultad estriba en que las palabras de Agar se prestan a diferentes significados. Por ejemplo, Agar expresa literalmente: «Tú eres el Dios que me ve». Esas palabras, sin embargo, podrían significar algo así: (1) Que Él es un Dios que ve, es decir, que cuida de ella; (2) que Él es un Dios visible, es decir, contrario a los dioses muertos de Egipto, Él es un Dios que puede ser visto. Ambas ideas, por supuesto, son verdad.

Asimismo, las palabras finales del versículo 13 también permiten diferentes sentidos. El significado de sus palabras podría ser que Agar se maravilla de que aún esté viva después de haber visto al ángel de Jehová. La pregunta de Agar tiene que ver con su sorpresa de que ella ha visto al ángel de Jehová y que Él la ha visto a ella. ¡Lo sorprendente es que ella aún vive! Es decir, Agar ha podido conversar con Dios, pero solo cuando Él se marchaba ella lo vio, porque sabía que mirar su rostro estaba fuera de la capacidad del ser humano pecador. Incluso, Moisés no pudo hacer tal cosa (véase Éx. 33:20, 23). Jehová apareció a Agar y mientras le hablaba la vio pero a ella no se le permitió ver el rostro del ángel de Jehová. Sin embargo, mientras Él desaparecía, Agar pudo mirar y, quizá, ver algo de Él. Dios se hizo visible mediante el ángel de Jehová en el Antiguo Testamento. En el Nuevo Testamento, Él se hace visible a través de Jesucristo (véase Jn. 1:18; Col. 1:15-16). Lo maravilloso en Génesis 16 es que hay un Dios maravilloso, visible y soberano que se preocupa por una esclava egipcia y le habla cara a cara (Gn. 16:13). El nombre del pozo es: «Pozo del Viviente-que-me-ve» [*beer lakjai roí*]. El autor del Génesis dice que el pozo estaba «entre Cades y Bered», sin embargo, el sitio no ha sido todavía localizado.

EL NACIMIENTO DE ISMAEL (16:15-16)

Y Agar dio a luz un hijo a Abram, y llamó Abram el nombre del hijo que le dio Agar, Ismael. Era Abram de edad de ochenta y seis años, cuando Agar dio a luz a Ismael (Gn. 16:15-16).

Como puede verse, Abram fue obediente al mandato divino y puso por nombre al niño «Ismael», es decir, «Dios oye», reconociendo formalmente que aquel niño era su hijo. De hecho, Ismael fue reconocido como la simiente de Abram hasta trece años más tarde, cuando, en la providencia soberana de Dios, Abram engendró a Isaac a través de Sarai. El patriarca tuvo que esperar algunos años más para que Dios cumpliera su promesa.

RESUMEN Y CONCLUSIÓN

El capítulo 16 de Génesis registra el terrible peligro que un creyente corre cuando procura hacer la voluntad de Dios en el poder de la carne.

Sarai tenía el buen motivo de querer tener un hijo que fuese el heredero de la familia, pero en lugar de esperar en Dios lo buscó siguiendo el camino contrario a la voluntad de Dios.

El producto de la unión de Agar y Abram, en un triste intento de ayudar a Dios en el cumplimiento de sus promesas, es Ismael, el padre de una gran compañía de gente que ha plagado a Israel a lo largo de los siglos. La gran cosecha de perturbación que brotó dentro de la propia familia de Abram es solo un anticipo en miniatura de la grande y amarga batalla que aún está por venir.

Aquí tenemos a un Dios que ve, y que es visible en la persona de Jesucristo. Si podemos confiarle nuestra salvación espiritual, también podemos confiarle el cumplimiento de las promesas que nos han sido dadas a través de la gloriosa obra de Cristo realizada en la cruz. Es importante evitar caer presa del poder de la carne, y refugiarnos siempre en el poder de Dios.

17

Dios reconfirma su pacto con Abram y establece su sello (17:1-27)

Trece años han transcurrido en la vida de Abram desde que escuchó la voz de Sarai, su mujer, y se allegó a su esclava Agar, con la que tuvo un hijo. El plan de Sarai, aunque con buenas intenciones, había sido elaborado en el poder de la carne y del razonamiento humano, lo que condujo a una triste situación. Agar tropezó con el falso orgullo y Sarai chocó contra los celos, el rencor y el maltrato de su esclava, incluso llegó al extremo de pretender culpar a Abram de todo lo ocurrido. El mismo Abram intentó librarse de la culpa de lo sucedido. No es de sorprenderse, por lo tanto, que durante un período de trece años un gran manto de tinieblas cayese sobre la vida de Abram. No hay ninguna visita del Señor ni ninguna audiencia con el Altísimo. No se lee nada estupendo llevado a cabo por «el padre de los creyentes», aunque tampoco leemos de alguna apostasía de la fe. Los santos perseveran porque Dios los preserva de caer en apostasía. Es el Todopoderoso quien guarda a sus hijos.

El proceso de la santificación, sin embargo, es una obra incondicional. Abram ha sido llamado y justificado, por lo tanto, la obra de la santificación debe ser realizada. En este capítulo, Génesis 17, Dios vuelve a su siervo para darle una bendición y una purificación adicional, para que pueda llegar a ser más plenamente un instrumento útil para el uso del Señor. Todos los llamados son justificados y todos los justificados son santificados por el Espíritu Santo. El apóstol Pablo lo escribió así:

> «Estando persuadido de esto, que el que comenzó en vosotros la buena obra,
> la perfeccionará hasta el día de Jesucristo» (Fil. 1:6).

El pacto al que se refiere Génesis 17, por supuesto, no es un pacto nuevo, sino el mismo pacto mencionado en Génesis 15, donde las promesas abrahámicas son establecidas en un pacto formal (Gn. 15:18) y basadas en un sacrificio formal. En Génesis 17,

283

las cosas formalmente consumadas en el capítulo 15 alcanzan su cumplimiento. El tiempo asignado para la realización de las bendiciones ha sido alcanzado. También hay verdades adicionales registradas en Génesis 17:

1. Sarai sería la madre de la simiente prometida: «Y la bendeciré [a Sarai], y también te daré de ella hijo; sí, la bendeciré, y vendrá a ser madre de naciones; reyes de pueblos vendrán de ella» (Gn. 17:16).
2. Dios establece una señal del pacto abrahámico: «Circuncidaréis, pues, la carne de vuestro prepucio, y será por señal del pacto entre mí y vosotros» (Gn. 17:11).

Debe observarse que, en el capítulo 15, Abram solo tiene que creer en Jehová Dios. No se le pide que haga alguna otra cosa; la fe en Jehová Dios es suficiente. En el capítulo 17, el pacto es confirmado en Abram y en su descendencia. Eso tiene implicaciones tanto en profundidad como en extensión. La profundidad se manifiesta en la fe de Abram y la extensión se muestra en el hecho de que toda su descendencia, uno por uno, debe recibir el sello o señal del pacto, es decir, la circuncisión (véase Gn. 17:10-14). Los dos capítulos (Gn. 15 y 17) establecen la participación personal y corporativa en el pacto abrahámico. La fe interior y el sello externo (véase Ro. 4:9, 11). La justicia imputada en el creyente y la devoción practicada (Gn. 15:6; 17:1).

La importancia teológica de Génesis 17 puede verse fácilmente, pues es una ilustración adicional de la gracia incondicional que constituye el tejido esencial en la relación de Dios con el patriarca y sus descendientes. Jehová Dios es quien establece el pacto y derrama sus bendiciones (véase Gn. 17:2-7).

Por último, Génesis 17 es un capítulo útil para comprender la relación entre la justificación y la santificación. Porque así como la justificación, la santificación es una obra divinamente iniciada y divinamente consumada (véase Fil. 1:6).

Jehová Dios aparece a Abram (17:1-2)

Era Abram de edad de noventa y nueve años, cuando le apareció Jehová y le dijo: Yo soy el Dios Todopoderoso; anda delante de mí y sé perfecto (Gn. 17:1).

Abram había emigrado a la tierra de Canaán cuando tenía 75 años. De modo que el suceso del capítulo 17 tuvo lugar 24 años después de su llegada a la tierra. Como los 99 años mencionados en el texto hablan de alguien que humanamente ya no puede engendrar hijos, hubiese sido fácil para el patriarca haberse olvidado del pacto de la promesa instituido por Jehová Dios en Génesis 15:10-21. Quizá Abram pudo haber relegado la promesa de Dios al lugar más lejano de su pensamiento. Ismael crecía y, sin duda, Abram y el hijo de la esclava tenían buenas relaciones. Pero Jehová Dios no se había olvidado de su promesa ni de su pacto.

La plenitud del tiempo para el cumplimiento de la promesa de dar a Abram un hijo especial se acercaba y era importante para Jehová Dios que Abram tuviese su mente clara y renovada respecto del pacto. Una de las cosas sobresalientes en este capítulo es el énfasis que se da al vocablo «pacto». Dios había hablado con Abraham acerca del pacto en cuatro ocasiones anteriormente, pero el sustantivo «pacto» solo ha sido usado en Génesis 15:18 (véase Gn. 12:1-3; 12:7; 13:14-17; 15:5-21). En este capítulo dicho vocablo aparece trece veces, y en cada una de ellas surge de los labios de Dios.

La larga demora entre el nacimiento de Ismael y el cumplimiento de la promesa pudo haber tenido el propósito de probar la fe de Abram en la Palabra o, quizá, como castigo por el deplorable episodio acerca de Agar. La demora se corresponde con el indebido apuro manifestado por Abram en acallar la proposición de Sarai.

Las palabras de Jehová Dios a Abram fueron estas: «Yo soy el Dios Todopoderoso; anda delante de mí y sé perfecto» (Gn. 17:1c). Estas palabras no sugieren que Dios está haciendo un trato con Abram; Dios no está negociando con el patriarca. Las condiciones, si se las puede llamar así (la forma verbal es imperativa), son condiciones sobre las que Dios puede dar, no recibir como obra. No son condiciones para el establecimiento del pacto, sino condiciones para el mantenimiento de este, para la realización de la oferta de las bendiciones. En realidad, en el texto hebreo las palabras: «Y pondré mi pacto entre mí y ti...» (17:2), literalmente deben leerse: «Y daré mi pacto entre mí y ti». Jehová Dios «da» su pacto a Abram. Él lo da porque es suyo.

La declaración: «Yo soy el Dios Todopoderoso» expresa el compromiso de que Jehová Dios puede dar y dará a Abram la simiente prometida, a pesar del cuerpo de Abram que «estaba ya como muerto» y «la esterilidad de la matriz de Sarai» (véase Ro. 4:19). El término hebreo *el Shaddái* (traducido «Dios Todopoderoso») ha recibido diferentes énfasis de parte de los comentaristas. Dicho término aparece 48 veces en el Antiguo Testamento: nueve veces en el Pentateuco y 31 veces en Job. Bruce K. Waltke dice:

El Shaddái, el principal nombre de Dios en el período premosaico (véase Éx. 6:2-3), puede significar su dominio universal.[1]

Por su parte, Herbert C. Leupold ha escrito:

Al parecer el nombre *Shaddái* proviene de la raíz *shadan* que significa «tratar violentamente», pero con referencia a Dios significaría «exhibir poder». Esa derivación es tan natural y el sentido tan satisfactorio que los esfuerzos para darle un significado inferior e indigno a este nombre divino no debían ser hechos.[2]

Las 48 veces que el vocablo «*el Shaddái*» se usa en el Antiguo Testamento se asocia con el poder absoluto de Dios (véase Jl. 1:15; Éx. 6:3). Solo «el Dios Omnipotente» podía hacer posible que un hombre de 100 años y una mujer de 90 años pudiesen procrear un hijo. Eso requería un poder sobrenatural.

El libro de Génesis presenta tres importantes nombres de Dios que deben tenerse presentes:

1. *Elojím*: es el «Dios Creador». *Elojím* enfatiza la universalidad de Dios. «Él está» por encima de todas las naciones.

---

1. Bruce K. Waltke, *Genesis: A Commentary*, p. 258.
2. Herbert C. Leupold, *Exposition of Genesis*, vol. I, p. 512.

2. *El Shaddái*: es el «Dios Todopoderoso». Es el Dios que controla la naturaleza. De modo que hace su voluntad haciendo que se doblegue y sirva su propósito de gracia y salvación.

3. *Yahvéh*: el «Señor Eterno». Es el Dios que hace pactos de gracia. Ejecuta los propósitos de gracia en medio de la naturaleza, poniendo una nueva creación de gracia en lugar de la naturaleza y de ese modo lleva la semilla de la promesa a su flor y su fruto.

El nombre «*el Shaddái*» es apropiado durante el período patriarcal, cuando hay tanta violencia. También en el Apocalipsis aparece el equivalente griego [*pantokrátor*] nueve veces. Es apropiado que, en medio de la violencia y de los juicios de la gran tribulación, Dios se manifieste como el Todopoderoso. Aquí, en Génesis 17, es fácil ver cuán apropiado es el uso de *el Shaddái* porque pronto podrá verse cómo ese Dios ejerce su poder omnipotente, controlando la naturaleza para que dos personas —Abram y Sarai— físicamente imposibilitadas sean capaces de producir el nacimiento sobrenatural de Isaac. Solo el Dios Todopoderoso fue capaz de realizar semejante milagro.

El mandato «anda delante de mí» se refiere a un andar consciente de la presencia del Señor y deseoso de su aprobación. No es un andar «detrás del Señor» como si se quisiese evitar su observación por estar consciente de pecados conocidos y de fracasos personales, como si no se deseara su consejo y aprobación.

El mandato «sé perfecto» no se refiere a una completa perfección moral. El vocablo hebreo implica el sentido de «completo», «maduro», «correcto», «saludable», que no le falte ninguna característica necesaria para una vida piadosa. Por supuesto que eso no significaba que Abram fuera digno de recibir el favor de Dios haciendo buenas obras. El mandato a «ser perfecto» era una advertencia para que Abram no hiciese nada que lo descalificase delante de Dios.

Herbert C. Leupold lo expresa de manera elocuente cuando dice:

> Por lo tanto, dice Jehová: «Anda delante de mí y sé perfecto». El primer mandamiento demanda una vida consciente de Dios de la mejor clase. El segundo, fiel cumplimiento de todas las responsabilidades. El primero es sano misticismo; el segundo es una conducta escrupulosa. El primero es el alma de la verdadera religión; el segundo es su práctica. «Anda delante de mí» es una descripción expresiva de cómo un creyente valora la presencia misma de Dios. «Perfecto» [*tamím*], por supuesto implica no una completa perfección moral, pero dado que involucra la idea de «completo» y «maduro», sí implica que ninguna característica vital de una vida piadosa está ausente.[3]

Puede verse fácilmente la importancia de esta apelación inicial hecha a Abram. Fue precisamente esa falta de ver a Jehová como el «Dios Todopoderoso» que condujo a Abram a querer llevar adelante el plan de cumplir el propósito de Dios aparte de su dirección específica mediante el matrimonio con Agar. ¿Cómo podía Dios hacerlo padre de muchos pueblos cuando Abram pasaba la edad de engendrar y Sarai la edad de concebir? Si Abram hubiese descansado en el Dios Todopoderoso, sus pensamientos

---

3. *Ibíd.*, pp. 513-514.

bien podrían haber sido: «Permaneceré completamente fiel a Sarai, porque Dios es omnipotente, y el Todopoderoso es totalmente capaz de realizar su propósito aparte de mi complicado intento de ayudarle». ¡Cuán glorioso apoyo es el Dios Todopoderoso y cuán grande es su misericordia para con los santos!

Y pondré mi pacto entre mí y ti, y te multiplicaré en gran manera (Gn. 17:2).

El pacto no es «establecido» en este momento, sino que Jehová estableció su pacto con Abram en Génesis 15:18. Por lo tanto, el sentido de las palabras: «Pondré mi pacto entre mí y ti» significa que el pacto es implementado aquí, es decir, es hecho operante. Eso es consonante con la expresión hebrea que significa literalmente: «Y daré mi pacto». A propósito, el uso del verbo «dar» (daré) aquí ciertamente apoya la idea de que el pacto es una oferta de la gracia soberana, o un regalo, de Dios.

LA PROMESA DE BENDICIONES PACTADAS ADICIONALES (17:3-5)

Entonces Abram se postró sobre su rostro, y Dios habló con él, diciendo: (Gn. 17:3).

La sección que sigue está cuidadosamente estructurada. El versículo 4 en realidad comienza con la frase «En cuanto a mí» *[ani jinné]*. Dicha frase es correlativa con la que aparece en el versículo 9: «En cuanto a ti» *[veatá]*. La primera frase enfatiza la actividad divina, es decir, la acción del Soberano, y la segunda destaca la responsabilidad humana. La frase «en cuanto a mí» destaca la primera división de las obligaciones del pacto, es decir, las responsabilidades de Dios. El compromiso de Dios es asegurar que todos los preceptos del pacto se cumplen en su totalidad.

La gran revelación de Dios como el «Dios Todopoderoso» y la renovación del pacto y la promesa de que Abram sería «multiplicado en gran manera» producen la reacción de adoración de parte de Abram, comprendiendo cuán indigno es de recibir bendición alguna de parte de Jehová debido a los pecados y fracasos que lo habían plagado desde que fue llamado de Ur de los caldeos a la tierra de Canaán. La verdadera consagración comienza a los pies del Dios Todopoderoso. Estar lejos de Él debilita al creyente y lo conduce al pecado, por otro lado, la cercanía a Dios promueve fortaleza y santidad. La actitud de Abram sugiere que reconoció la relación de soberano-siervo que existía entre él y el Señor, y que está apropiándose de las promesas del pacto para sí mismo.

He aquí mi pacto es contigo, y serás padre de muchedumbre de gente (Gn. 17:4).

Como ya se ha señalado, el versículo 4 dice: «En cuanto a mí». Eso significa que el Dios soberano actúa como lo que es: «El Dios Todopoderoso» quien ha de cumplir estrictamente todos sus compromisos. Tanto *ani*, es decir, «yo» (v. 4) como *attá* «tú» («en cuanto a ti») (v. 9) son pronombres enfáticos. Dios se compromete soberanamente a realizar todos los preceptos del pacto. Abram, por su parte, es responsable de andar en comunión con Dios y vivir una vida de fe en madurez espiritual. Dios promete que Abram será «padre de muchedumbre de gente», y Pablo confirma la promesa de Dios, diciendo: «Porque no por la ley fue dada a Abram o a su descendencia la promesa de que sería heredero del mundo, sino por la justicia de la fe» (Ro. 4:13).

La promesa de Dios a Abram es sorprendente y maravillosa. El patriarca es hecho por Dios «heredero del mundo» [*to kleironómon autón einai kósmou*]. Abram es padre de una simiente física que incluye a los descendientes de sus seis hijos. Pero, además, es el padre de una simiente espiritual que incluye a todos los que ponen su fe en el Mesías. Él es heredero del mundo por «la justicia de la fe», es decir, mediante la única justicia por la que el pecador es admitido en la presencia de Dios.

> *Y no se llamará más tu nombre Abram, sino que será tu nombre Abraham, porque te he puesto por padre de muchedumbre de gentes (Gn. 17:5).*

Hay algo muy especial tocante al nuevo nombre que Jehová Dios da a Abram. En verdad, la ocasión es tan especial que un nuevo nombre es dado a los dos participantes del pacto. Dios se revela ahora como «Dios Todopoderoso» y Abram recibe el nuevo nombre de «Abraham».

Ha habido un gran debate acerca del origen del nuevo nombre de Abram. Al respecto, John J. Davis dice:

> Las promesas y bendiciones de Dios son incondicionales. No dependen de la inteligencia ni de las capacidades de Abram, sino de la fidelidad de Dios. Eso era tan importante que Dios cambió el nombre del patriarca de Abram, «padre exaltado», a Abraham «padre de la multitud». Abraham generalmente ha sido asociado con dos raíces: *ab y rajam* (árabe *rujam*, «multitud»). El vocablo *rujam* significa «gran número», no aparece en el hebreo antiguo pero es posible que sí haya existido en la antigüedad. La última frase del versículo 5 parece asociar el nuevo nombre Abraham con la promesa especial del pacto de numerosa descendencia.[4]

Como ya se ha señalado, el nombre Abram significa «padre exaltado» o, probablemente, «el padre es exaltado». Según el *New Bible Dictionary*: «La etimología del nombre Abram, usada en Génesis 11:26—17:4 y rara vez en otro sitio (cf. 1 Cr. 1:27, Neh. 9:7) es dudosa… y podría ser un una forma temprana del nombre personal Ab(i)ram de origen semita occidental».[5] Es paradójico que por muchos años no tuvo ningún hijo y, en el momento de este pasaje, solo tenía un hijo. El significado de su nombre debió ser una constante fuente de vergüenza delante de sus contemporáneos. Seguramente Abram tendría que dar muchas explicaciones a sus amigos de por qué un hombre sin hijos llevaba el nombre de «padre exaltado».

Pero toda la vergüenza de Abram llegaría a su fin. Dios cumpliría su promesa y, en efecto, el «padre exaltado» se convertiría en «padre de multitudes». Abram a partir de ahora se llamaría Abraham, es decir, «padre de muchedumbre de gentes».

---

4. John J. Davis, *Paradise to Prison: Studies in Genesis*, p. 191.

5. Wiseman, D. J. (1996). «Abraham». En D. R. W. Wood, I. H. Marshall, A. R. Millard, & J. I. Packer (eds.), *New Bible Dictionary* (3ra ed., p. 5). Leicester, England; Downers Grove, IL: InterVarsity Press.

El nombre «Abraham» era un compromiso tangible de la intención de Dios de consumar su propósito pactado. Un nombre dado por Dios tenía que ir acompañado de un propósito concreto, tal como lo afirman los eruditos Keil y Delitzsch cuando dicen:

> En este nombre, Dios le dio una promesa tangible del cumplimiento de su pacto por cuanto un nombre que Dios da no puede ser un mero sonido vacío, sino que tiene que ser la expresión de algo real, o de una realidad que, a la postre, sería adquirida.[6]

Jehová Dios cumplirá en Abraham y en su simiente todos los preceptos del pacto. El pacto abrahámico se convierte en «el padre» de todos los pactos. Por medio del Mesías, la simiente de Abram, todas las familias de la tierra serán benditas.

EL DESPLIEGUE Y LA EXPANSIÓN DE LAS PROMESAS DEL PACTO (17:6-8)

> *Y te multiplicaré en gran manera, y haré naciones de ti, y reyes saldrán de ti (Gn. 17:6).*

La promesa de Génesis 17:5 encuentra revelación adicional en Génesis 17:6. En primer lugar, literalmente dice que Abraham será hecho «fértil en gran manera» que, a la luz del contexto, significa no solo que muchas naciones saldrán de él sino que esas naciones serán grandes en población. En segundo lugar, sin embargo, el Señor le dice algo más importante: «reyes saldrán de ti». Esa es una nueva característica del pacto, que probablemente se une más tarde a la promesa del pacto davídico como una expansión del pacto abrahámico (véase 2 S. 7:8-17).

> *Y estableceré mi pacto entre mí y ti, y tu descendencia después de ti en sus generaciones, por pacto perpetuo, para ser tu Dios, y el de tu descendencia después de ti. Y te daré a ti, y a tu descendencia después de ti, la tierra en que moras, toda la tierra de Canaán en heredad perpetua: y seré el Dios de ellos (Gn. 17:7-8).*

El establecimiento del pacto al que se alude en estos versículos puede referirse primordialmente al apoyo de este a través del paso del tiempo y a la luz de la declaración hecha aquí de que sería «un pacto perpetuo». El pacto es específicamente denominado un pacto con «la simiente de Abraham en sus generaciones». El uso del vocablo «perpetuo» es ciertamente interesante. El término «perpetuo» [*olám*] en algunas ocasiones se traduce «eternidad», pero otras veces parece referirse a «todo el tiempo a través del cual ciertas condiciones persisten». Hay una cosa que se destaca aquí: el cumplimiento del pacto es seguro. Asimismo, el pacto es incondicional, por lo tanto, si la tierra de Canaán es una «posesión perpetua» (17:8), entonces está bien claro que ninguna acción que Abraham o sus descendientes emprendan podrá separarlos permanentemente de la tierra. Dios cumplirá su promesa sin ninguna clase de duda.

«Y seré el Dios de ellos» [*vejayití lajem lelojím*]. Esta es la frase culminante del

---

6. Keil y Delitzsch, «Genesis to Judges 6:32», *Old Testament Commentaries*, p. 172.

pasaje. Dios se promete a sí mismo y, al hacerlo así, Abraham lo tiene todo. La presencia personal de Dios con Abraham y su simiente prometida es la garantía absoluta de la protección divina y de que la simiente de Abraham permanecerá para siempre. El pacto abrahámico está basado sobre el inquebrantable compromiso de Dios, que nunca renuncia a sus promesas. Ese elemento del pacto se enfatiza a través de todo el Antiguo Testamento como una característica fundamental de la relación de Dios con su pueblo. También, como se sabe, ese es un pensamiento culminante en el Nuevo Testamento, porque en la visión apocalíptica que Juan tuvo del nuevo cielo y la nueva tierra, el apóstol escuchó una gran voz que salía del trono y decía: «…He aquí el tabernáculo de Dios con los hombres, y él morará con ellos; y ellos serán su pueblo, y Dios mismo estará con ellos como su Dios» (Ap. 21:3). Esa es la promesa definitiva y la bendición definitiva, el alma, el espíritu y el corazón mismo de los pactos. La promesa culminante de Dios es que «Dios será nuestro Dios». ¡Y no necesitamos más!

RESUMEN

No cabe duda de que todo lo que se describe en Génesis 17:1-8 sorprendió a Abraham en gran manera. Sin embargo, como puede verse, hay un compromiso personal y solemne de parte de Jehová Dios, que se compromete a cumplir todo lo prometido: «Pondré mi pacto entre mí y ti», «te multiplicaré en gran manera», «serás padre de muchedumbre de gentes», «tu nombre será Abraham», «haré naciones de ti y reyes saldarán de ti», «estableceré mi pacto contigo y con tu descendencia como pacto perpetuo», «seré tu Dios y el de tu descendencia después de ti». Es asombroso que Dios prometiese eso a Abraham, pero más importante aún es que Dios lo ha de cumplir todo literalmente, al pie de la letra.

LA SEÑAL Y LA PROMESA DEL PACTO ABRAHÁMICO (17:9-27)

Es evidente que ningún otro ser humano tuvo una relación con Dios como la que tuvo Abraham. Las Sagradas Escrituras se refieren a Abraham como el «amigo de Dios» (véase 2 Cr. 20:6-7). El mismo Señor, a través de Isaías, dice: «Pero tú, Israel, siervo mío eres; tú, Jacob, a quien yo escogí, descendencia de Abraham mi amigo» (Is. 41:8).

Es cierto que Abraham tuvo sus fracasos y sus tiempos de debilidad espiritual pero, evidentemente, su relación íntima con Dios no fue cancelada. No solo el Antiguo Testamento, sino también el Nuevo Testamento dice que el gran patriarca «fue llamado amigo de Dios» (Stg. 2:23).

Según estos pasajes, es evidente que la expresión «amigo de Dios» está ligada a la relación que fue establecida en la estructuración del pacto abrahámico. Es así que Abraham se convierte en amigo de Dios, llamado, justificado y en el proceso de santificación. El Señor Jesucristo llamó a sus discípulos «amigos» (Jn. 15:15). Sin duda, el vocablo «amigo» sugiere una relación de intimidad. Ese es un modelo diseñado por Dios en respuesta a una fe obediente que Dios obra mediante su gracia soberana. De la misma manera que con Abraham, Dios nos ofrece su amistad mediante Cristo el Mesías, una amistad que no podemos ganar ni merecer, y diseñada para pecadores que están en total bancarrota.

Hay ciertas evidencias del establecimiento de esta relación que se enfatizan en Génesis 17. El pacto abrahámico fue provisto de una señal, la circuncisión. En la exposición de este capítulo podrán verse algunas de las cosas que parecen estar implícitas en el rito de la circuncisión, aunque claramente podremos ver que el rito es una señal de la justificación por la fe (Ro. 4:11) y una señal de la necesidad de la pureza de vida, pues «el echar de vosotros el cuerpo pecaminoso» (Col. 2:11) —que es representado por el rito de la circuncisión— es una de las cosas esenciales que distinguen a los amigos de Dios.

Las estipulaciones respecto a la señal del pacto (17:9-14)

> *Dijo de nuevo Dios a Abraham: En cuanto a ti, guardarás mi pacto, tú y tu descendencia después de ti por sus generaciones (Gn. 17:9).*

Las palabras iniciales del Señor en Génesis 17:9 son equivalentes a las del versículo 4. Allí Dios dice, enfatizando la actividad divina: «En cuanto a mí». Pero aquí (17:9), el Señor enfatiza la responsabilidad humana en las palabras: «En cuanto a ti, guardarás mi pacto, tú y tu descendencia después de ti por sus generaciones». Las obligaciones de Abraham y los participantes del pacto aparecen delante del lector. Aunque sorprende que las estipulaciones no abunden de detalles, lo importante es el compromiso. La circuncisión era la marca o señal de Dios. Las implicaciones morales pueden dejarse inéditas (hasta el Sinaí), porque uno se compromete con el Señor, y solo de manera secundaria con un modo de vida. Debe observarse que el vocablo «descendencia» o «simiente» es singular en el texto hebreo, pero el contexto requiere que sea considerado como un nombre colectivo.

> *Este es mi pacto, que guardaréis entre mí y vosotros y tu descendencia después de ti: Será circuncidado todo varón entre vosotros. Circuncidaréis, pues, la carne de vuestro prepucio, y será por señal del pacto entre mí y vosotros. Y de edad de ocho días será circuncidado todo varón entre vosotros por vuestras generaciones; el nacido en casa, y el comprado por dinero a cualquier extranjero, que no fuere de tu linaje. Debe ser circuncidado el nacido en tu casa, y el comprado por dinero; y estará mi pacto en vuestra carne por pacto perpetuo (Gn. 17:10-13).*

Estos versículos contienen un claro bosquejo de las obligaciones estipuladas por Jehová Dios, y Abraham debe seguirlas para «guardar el pacto» establecido por el Señor. Además del mandato expreso del versículo uno: «Anda delante de mí y sé perfecto», Abraham debe declarar la intención divina de que todo varón en su simiente sea circuncidado. El sustantivo «pacto» en 17:10 es usado como una metonimia para indicar «señal del pacto» o, quizá, «condición del pacto». Esta «señal del pacto» es impuesta sobre Abraham y su simiente como una responsabilidad.[7] Ahora bien, ¿cuál es el origen y el significado de la circuncisión? Bruce K. Waltke dice:

> Este ritual apunta a algo así «como ser apartado». Aquí el órgano de procreación es apartado y consagrado a Dios (véase Dt. 30:6; Jer. 4:4).[8]

---

7. Herbert C. Leupold, *Exposition of Genesis*, vol. I, p. 520.
8. Bruce K. Waltke, *Genesis: A Commentary*, p. 261.

En cuanto al origen de la práctica es algo muy difícil de determinar. La circuncisión se practicaba en otras culturas, por ejemplo, en Egipto. Pero los egipcios no lo hacían como señal de un pacto, sino que para ellos era una forma de mutilación y, además, solo era practicada a los adultos. Hasta donde se sabe, la circuncisión infantil era practicada solo por los israelitas. Puede conjeturarse, por lo tanto, que el rito de la circuncisión como señal del pacto tiene su origen en las acciones de Abraham.

El significado de la circuncisión no está tan claro como uno quisiera, a excepción de algunas de sus intenciones. Hay ciertos beneficios sanitarios que se derivan de dicha práctica, pero es de dudarse que esas fueran las razones por las que Dios estableció la señal de la circuncisión. Quizá deberían mencionarse las siguientes razones:

1. El órgano sexual masculino es aquel a través del cual la simiente de la raza es transmitida y la raza es perpetuada. El rito de la circuncisión describe claramente que en el corazón de la raza humana hay impurezas que deben ser removidas. Dicho en las palabras del apóstol Pablo: «En él también fuisteis circuncidados con circuncisión no hecha a mano, al echar de vosotros el cuerpo pecaminoso carnal, en la circuncisión de Cristo» (Col. 2:11). De modo que Pablo sugiere que no se trata del camino de los paganos (véase Jos. 5:7-9), ni de la naturaleza rebelde que está en el hombre (véase Dt. 10:16), ni del pecado en general. La circuncisión es, por lo tanto, una demostración de la impureza de la naturaleza humana (véase Ro. 2:28-29).

2. Se practica como señal de la posesión de la justicia por la fe. El apóstol Pablo lo ilustra claramente: «Y recibió la circuncisión como señal, como sello de la justicia de la fe que tuvo estando aun incircunciso; para que fuese padre de todos los creyentes no circuncidados, a fin de que también a ellos la fe les sea contada por justicia» (Ro. 4:11).

3. La circuncisión, como un acompañante natural de las dos razones anteriores, sugiere una entrega a Dios: «Circuncidaos a Jehová, y quitad el prepucio de vuestro corazón…» (Jer. 4:4).

4. La circuncisión también apunta a un compromiso con el pueblo de Dios, y eso es sugerido en Génesis 17:14: «Y el varón incircunciso, el que no hubiere circuncidado la carne de su prepucio, aquella persona será cortada de su pueblo; ha violado mi pacto». El acto de la circuncisión une a la persona con la comunidad del pacto. El varón que no es circuncidado es considerado desleal y, como tal, será cortado por Dios y apartado de la comunidad de la fe.

5. Hay quienes creen que la circuncisión está diseñada como una figura anticipada del bautismo cristiano. Es probable que haya alguna relación entre los dos ritos (véase Col. 2:11-12), pero no es fácil probar que el rito de la circuncisión sea un anticipo del rito del bautismo cristiano.

En resumen, Génesis 17:10-14 expone la centralidad de la circuncisión como señal del pacto abrahámico, que debía ser observada para todo varón «de edad de ocho días». No solo el varón israelita sino también el extranjero «nacido en casa» y el esclavo comprado por dinero; era la señal de un «pacto perpetuo». La Palabra de Dios, sin embargo, deja bien claro que el acto de la circuncisión debía ser motivado por la fe en Jehová Dios, pues la circuncisión por sí sola no produce justicia. La justicia solo proviene de

Dios sobre todo aquel que cree como creyó Abraham (véase Gn. 15:6). También está claro que el pacto está abierto a los gentiles (Gn. 17:12-13), aunque ellos tienen que hacerse parte de la comunidad de Israel (véase Éx. 12:44-45). Génesis 17:14 concluye este pasaje de manera enfática:

> *Y el varón incircunciso, el que no hubiere circuncidado la carne de su prepucio, aquella persona será cortada de su pueblo; ha violado mi pacto (Gn. 17:14).*

Que un varón rehusara someterse a la circuncisión era considerado como evidencia de un rechazo a seguir la Palabra de Dios. Su rebelión, como producto de la incredulidad, resultaba en el hecho de ser cortado de la comunidad de Israel.

La bendición del pacto extendida a Sarai (17:15-21)

> *Dijo también Dios a Abraham: A Sarai tu mujer no la llamarás Sarai, mas Sara será su nombre (Gn. 17:15).*

Hasta ese momento, Dios no ha dicho nada en cuanto al hecho de que Sarai sería la madre de la simiente prometida. Finalmente, Dios revela su plan de que Sarai concebirá el hijo de la promesa después de largos años de espera.

Dios había reservado ciertas bendiciones para Sarai. La primera de ellas fue que recibió un nombre nuevo. En lugar de Sarai, su nuevo nombre es Sara. Ambos nombres podrían tener el mismo origen. Es la única mujer en la Biblia cuyo nombre es cambiado y cuya edad al morir se menciona (Gn. 23:1). Sarai es el nombre que recibió al nacer. Sara es el nombre que Dios le dio como bendición derivada del pacto. La bendición dada a Sara es expresada así:

> *Y la bendeciré, y también te daré de ella hijo; sí, la bendeciré, y vendrá a ser madre de naciones; reyes de pueblos vendrán de ella (Gn. 17:16).*

Sara tendría un hijo, Isaac, que sería su «unigénito». Isaac fue «único en su clase». El autor de la Epístola a los Hebreos dice: «Por la fe también la misma Sara, siendo estéril, recibió fuerza para concebir; y dio a luz aun fuera del tiempo de la edad, porque creyó que era fiel quien lo había prometido» (He. 11:11).

De modo que Sara fue bendecida por Jehová Dios quien le dio fuerza, es decir, revitalizó su matriz para que pudiese concebir. Dios le dio a Isaac y, por medio de él hizo a Sara «madre de naciones y reyes de pueblos».

> *Entonces Abraham se postró sobre su rostro, y se rió, y dijo en su corazón: ¿A hombre de cien años ha de nacer hijo? ¿Y Sara, ya de noventa años, ha de concebir? Y dijo Abraham a Dios: Ojalá Ismael viva delante de ti (Gn. 17:17-18).*

«Postrarse sobre su rostro» sugiere reverencia y adoración. Su risa no es señal de incredulidad sino, más bien, de sorpresa (véase Ro. 4:19). El hijo que nacería sería producto de una intervención milagrosa de Dios. Si bien es cierto que Abraham no lo tenía claro en aquel momento puesto que pensaba que su heredero sería Ismael, el plan de Dios definitivamente era otro. El hijo de la promesa vendría a través de Sara como un acto milagroso de la gracia soberana de Dios, pero el nacimiento de Ismael no fue milagroso. Abraham pide a Dios que Ismael pueda recibir su favor, pero Ismael no sería nunca el sustituto de Isaac.

> *Respondió Dios: Ciertamente Sara tu mujer te dará a luz un hijo, y llamarás su nombre Isaac; y confirmaré mi pacto con él como pacto perpetuo para sus descendientes después de él (Gn. 17:19).*

Dios enfáticamente le confirma a Abraham que cumplirá su promesa y le dará un hijo a través de Sara. Además, Dios le dice cómo se llamará ese hijo: «Isaac», que significa «se ríe». Este es el hijo de quien Dios dice: «…y confirmaré mi pacto con él como pacto perpetuo para sus descendientes después de él» (Gn. 17:19; véase también 17:7). Como puede observarse, Dios separa a Isaac para cumplir a través de él el pacto incondicional y eterno que ha hecho con Abraham. Por supuesto que Dios ha de bendecir a Ismael, pero el hijo de la promesa es Isaac, el que Dios dio a Abraham por medio de Sara.

> *Y en cuanto a Ismael, también te he oído; he aquí que le bendeciré, y le haré fructificar y multiplicar mucho en gran manera; doce príncipes engendrará, y haré de él una gran nación (Gn. 17:20).*

La preocupación de Abraham por su hijo Ismael es evidente, pero Dios dice que «ha oído» al patriarca. Al parecer, Abraham rogó a Dios en oración por el bienestar de Ismael y el Señor oyó el ruego de Abraham y promete «bendecir», «hacer fructificar» y «multiplicar en gran manera» a Ismael. De la descendencia de Ismael saldrán «doce príncipes» o, quizá, «reyes». Finalmente, Dios promete que hará de Ismael «una gran nación». Esa promesa fue hecha originalmente a Abraham (véase Gn. 12:2), y el Señor, en su soberanía y su gracia, cumple su promesa al gran patriarca. Todos los preceptos del pacto se cumplen de manera literal: la tierra en perpetuidad, una simiente abundante y el privilegio de ser de bendición a todas las familias de la tierra. El cumplimiento final y culminante de esas promesas tendrá lugar cuando el Mesías, la simiente de Abraham, reine en la tierra como Rey de reyes y Señor de señores (véase Ap. 11:15, 17; 19:11-16).

En resumen, Dios le promete a Abraham que dará a Ismael una cuádruple bendición. Es importante observar que entre esas bendiciones están ausentes las prerrogativas espirituales, que son reservadas para Isaac, de donde procederá el Mesías. Puede verse fácilmente una clara distinción entre la posición de Isaac y la de Ismael. Esta es una ilustración adicional de la doctrina de la soberana elección incondicional. Dios amó a Ismael y a Isaac, pero, en su gracia soberana, escogió a Isaac para cumplir su propósito. Así lo expresa el texto:

> *Mas yo estableceré mi pacto con Isaac, el que Sara te dará a luz por este tiempo el año que viene (Gn. 17:21).*

Las promesas de bendiciones hechas por Dios respecto de Ismael serán cumplidas, pero el pacto hecho con Abraham será traspasado a Isaac. Ismael era el hijo de la carne, pero Isaac era el hijo de la promesa. Leupold lo expresa así:

> Esta palabra (Gn. 17:21) es tan explícita como puede serlo al dejar fuera a Ismael de la expectativa de continuar en el pacto. La posición enfática de la expresión «mi pacto» exige considerar la declaración como adversativa. Ismael, un niño traído al mundo según el diseño humano, no es producto de la gracia como lo es el del pacto.[9]

Isaac es el hijo de la promesa y de la gracia soberana de Dios, y representa la victoria del Dios viviente sobre la esterilidad y la infertilidad. Mediante su decreto soberano, Jehová Dios elige a Isaac, no a Ismael. El pueblo escogido de Dios no será el producto de la generación natural, sino un acto de gracia sobrenatural en el tiempo señalado por el soberano Dios.

La conclusión de la revelación de Dios respecto del pacto (17:22-27)

Y acabó de hablar con él, y subió Dios de estar con Abraham (Gn. 17:22).

Génesis 17:1 dice que Jehová apareció a Abraham para confirmarle todos los preceptos del pacto (véase Gn. 15:18). Dios prometió darle a Abraham toda la tierra «desde el río de Egipto hasta el río grande, el Éufrates», es decir, toda la tierra que ocupaban las naciones cananeas. Además, Dios prometió darle a Abraham una simiente que moraría en la tierra prometida perpetuamente. También Dios dice: «Y seré el Dios de ellos» (Gn. 17:8). Además, el Señor le dio a Abraham la señal o el sello de la circuncisión, que es la señal del pacto abrahámico. Jehová Dios prometió extender su bendición a Sara y hacer que en su edad avanzada concibiese «el hijo de la promesa». El heredero de la promesa sería Isaac, el hijo de Abraham por medio de Sara, y no Ismael, el hijo de la carne a través de Agar.

Después de haber revelado todas esas verdades a Abraham, el Señor «subió» seguramente a su trono celestial. De manera solemne el texto dice que el Señor «…acabó de hablar con él [Abraham] y subió de estar con Abraham». Ciertamente todo aquello debió de haber sido una escena solemne y conmovedora. Abraham estuvo en la misma presencia de Jehová y escuchó su voz.

> *Entonces tomó Abraham a Ismael su hijo, y a todos los siervos nacidos en su casa, y a todos los comprados por su dinero, a todo varón entre los domésticos de la casa de Abraham, y circuncidó la carne del prepucio de ellos en aquel mismo día, como Dios le había dicho (Gn. 17:23).*

En una maravillosa ilustración de la obediencia de la fe, Abraham se asegura que todos los miembros varones de su familia sean circuncidados en cumplimiento de la Palabra de Dios. Para Abraham su circuncisión selló una antigua transacción de fe (véase Gn. 15:6) y para los miembros de su familia fue una súbita entrada en una relación

---

9. Herbert C. Leupold, *Exposition of Genesis*, vol. I, p. 529.

de unión con Dios mediante el pacto. Obsérvese la expresión: «En aquel mismo día». Aunque Dios no había exigido tal urgencia, Abraham demostró su obediencia a Dios mediante su fidelidad al pacto e inmediatamente cumplió con sus obligaciones. Abraham cumplió su obligación «como Dios le había dicho». La obediencia de Abraham reunió dos requisitos: prontitud («en aquel mismo día») y exactitud («como Dios le había dicho»). La comunión del gran patriarca con Dios no deja lugar a dudas.

> *Era Abraham de edad de noventa y nueve años cuando circuncidó la carne de su prepucio. E Ismael su hijo era de trece años, cuando fue circuncidada la carne de su prepucio. En el mismo día fueron circuncidados Abraham e Ismael su hijo (Gn. 17:24-26).*

Estos versículos declaran el hecho de que Abraham cumplió con su responsabilidad y obedeció el mandamiento de Dios (véase Gn. 17:10-14). La circuncisión, como se ha señalado repetidas veces, era la señal del pacto. El circuncidado entraba a formar parte de la familia de la fe, pero el incircunciso era cortado de la comunidad por haber violado el pacto de Jehová (véase Gn. 17:14). Evidentemente, el Espíritu de Dios consideró este asunto como algo importante porque hay una declaración detallada que se centra en la cronología de la institución de la circuncisión, es decir, de la señal o sello del pacto abrahámico.

RESUMEN Y CONCLUSIÓN

El capítulo 17 concluye con un énfasis especial en cuanto al hecho de que Abraham cumplió fielmente con su responsabilidad delante de Dios:

> *Y todos los varones de su casa, el siervo nacido en casa, y el comprado del extranjero por dinero, fueron circuncidados con él (Gn. 17:27).*

Abraham, el amigo de Dios, tuvo grandes experiencias de la bendición de Jehová Dios, experiencias que también pueden extenderse a los que son de la fe que el gran patriarca demostró a lo largo de su vida. Es cierto que Abraham experimentó manifestaciones visibles del Señor, pero esencialmente las experiencias de Abraham están abiertas a todos los que ejerciten la fe y la confianza en el Dios Todopoderoso. Abraham, el amigo de Dios, practicó la confianza y la obediencia en Jehová Dios. El Señor Jesucristo dijo a sus discípulos: «Vosotros sois mis amigos, si hacéis lo que yo os mando» (Jn. 15:14).

El patriarca Abraham tuvo sus lapsos y sus caídas, pero en todo momento alzó sus ojos a Dios, buscando su ayuda. Es claro que Abraham no entendió cabalmente todo el proceso del obrar divino, pero Pablo escribió acerca de él:

> Tampoco dudó, por incredulidad, de la promesa de Dios, sino que se fortaleció en fe, dando gloria a Dios, plenamente convencido de que era también poderoso para hacer todo lo que había prometido; por lo cual también su fe le fue contada por justicia (Ro. 4:20-22).

18

Jehová se manifiesta de nuevo; y la intercesión de Abraham (18:1-33)

Génesis 18 trata dos temas. El primero de ellos (Gn. 18:1-15) relata la aparición del Señor a Abraham en el encinar de Mamre, que era el lugar donde el patriarca generalmente habitaba. Desde allí partió Abraham para hacerle frente a los reyes de Mesopotamia que habían capturado a Lot (véase Gn. 14:13).

En el capítulo 17, Jehová Dios había aparecido a Abraham en una apariencia gloriosa, y en el capítulo 18 le aparece en forma de hombre y acompañado de dos más, quienes también tienen apariencia de hombres. Quien encabeza el grupo es, sin duda, el Señor. Evidentemente es una cristofanía, es decir, una aparición del Señor Jesucristo antes de su encarnación. Esta visita causó sorpresa y alguna conmoción en Abraham, quien se apresuró para acoger a sus ilustres visitantes.

El segundo asunto registrado en este capítulo tiene que ver con la intercesión de Abraham a favor de los habitantes de Sodoma y Gomorra (véase Gn. 18:16-33), y es en este pasaje donde encontramos la intercesión de Abraham a favor del pueblo donde vivía su sobrino Lot. El pasaje contiene un maravilloso ejemplo de la oración. Sin duda, Abraham exhibió la grandeza de su compasión cuando le pide a Dios que tenga misericordia de un pueblo tan inicuo como los habitantes de Sodoma, Gomorra y otras ciudades. Los grandes hombres de Dios han sido hombres de oración: Abraham, Jeremías, Pablo, Lutero, Calvino, Juan Knox, Spurgeon. Necesitamos orar y hacerlo con persistencia tal como lo hizo Abraham.

JEHOVÁ VISITA DE NUEVO A ABRAHAM (18:1-15)

Los tres visitantes (18:1-8)

> *Después le apareció Jehová en el encinar de Mamre, estando él sentado a la puerta de su tienda en el calor del día (Gn. 18:1).*

Seguramente era un típico día del desierto oriental y Abraham descansaba. Quizá pensaba en la renovación del pacto, las promesas que Dios le había hecho y en la institución del rito de la circuncisión como sello y señal del pacto. Fue en esas circunstancias que Jehová Dios, es decir, el Cristo preencarnado, apareció a Abraham en el encinar de Mamre. El texto dice que la aparición tuvo lugar: «En el calor del día». Ese era el momento propicio para que alguien que vivía en el desierto tomase un descanso. Pero Abraham no se molestó ni lo consideró inoportuno, sino que se apresuró para recibir a su glorioso visitante.

> *Y alzó sus ojos y miró, y he aquí tres varones que estaban junto a él; y cuando los vio, salió corriendo de la puerta de su tienda a recibirlos, y se postró en tierra (Gn. 18:2).*

El texto no dice que Abraham vio que los hombres venían, aparentemente fue algo súbito. Abraham miró y repentinamente aquellos tres personajes estaban allí, delante de él. Eso en sí destaca que la visita de aquellos hombres era algo sobrenatural. Si Abraham, al pensar en las promesas, conjeturó respecto de si podría haber alguna conexión entre ellas y aquellos hombres, el patriarca estaba en lo cierto. Quien estaba allí delante de él era nada menos que Jehová, el que había hecho el pacto con Abraham (Gn. 15:18; 17:7).

Delante de Abraham estaba el mismo Jehová Dios. Había tres hombres y, aunque algunos comentaristas cristianos han procurado encontrar alguna conexión entre ellos y la doctrina de la Trinidad, en realidad no existe ninguna conexión. El capítulo siguiente deja bien claro que dos de los tres visitantes eran ángeles (véase Gn. 18:22 y 19:1).

La extraordinaria energía que Abraham demostró para dar atención a sus huéspedes ha sido interpretada como señal de que él comprendió que se trataba de seres celestiales, aunque tal conclusión está sujeta a debate. Algunos comentaristas modernos, apelando a algunas ilustraciones muy convincentes, han concluido que las acciones de Abraham eran simplemente características de la hospitalidad común de los beduinos. Debe observarse, sin embargo, que Abraham «se postró en tierra» y se dirigió a uno de ellos, llamándolo «Señor» y a sí mismo se describe como «tu siervo». Ambas expresiones señalan un acto de absoluta reverencia y adoración de parte de Abraham.

> *Y dijo: Señor, si ahora he hallado gracia en tus ojos, te ruego que no pases de tu siervo (Gn. 18:3).*

El texto debe leerse «mi Señor». Pero aun así se discute entre algunos expertos si es «mi Señor» [*Adonai*] o «mi señor» [*adoni*]. La cuestión es si Abraham reconoce o no que el personaje que tiene delante no es un simple hombre sino que es alguien con características de deidad. La duda debe aclarársele al lector al leer Génesis 18:13, donde «el Señor» que ha estado delante de Abraham es llamado Jehová. Probablemente, Abraham no se percató que el ser con quien hablaba era el mismo Jehová hasta más adelante en la conversación.

«Si ahora he hallado gracia en tus ojos». Esta frase es una manera normal en hebreo para hablarle a una persona de rango más elevado. El uso de dicha frase hace pensar que Abraham deseaba expresar respeto a la persona con quien hablaba, aunque no puede decirse que reconocía que uno de los visitantes era una teofanía. Eso vendrá más adelante durante el diálogo, pero es evidente que Abraham actuó con toda reverencia y respeto hacia sus ilustres visitantes. Ya sea que el patriarca entendiese o no la magnitud de aquella visita, sus acciones fueron apropiadas porque, sin saberlo, estaba «hospedando ángeles» (He. 13:2; Mt. 25:35).

Las acciones de Abraham son hermosas ilustraciones de las muchas exhortaciones dirigidas a los santos del Nuevo Testamento a practicar la hospitalidad (véase Ro. 12:13; Col. 4:10; 1 Ti. 3:2; Tit. 1:8; 1 P. 4:9, entre otros). La fe de Abraham en Dios tenía un aspecto muy atractivo hacia sus semejantes. El gran patriarca compartía sus riquezas con otros y demostró su bondad en todo momento hacia sus contemporáneos. En ese sentido también fue un gran ejemplo para todos los creyentes incluso hoy día.

> *Que se traiga ahora un poco de agua, y lavad vuestros pies; y recostaos debajo de un árbol, y traeré un bocado de pan, y sustentad vuestro corazón, y después pasaréis; pues por eso habéis pasado cerca de vuestro siervo. Y ellos dijeron: Haz así como has dicho (Gn. 18:4-5).*

Obsérvese que Abraham ofreció a sus visitantes toda la hospitalidad acostumbrada en la cultura de aquellos tiempos: agua para lavar los pies, un sitio adecuado para descansar y alimentos para el sustento del cuerpo. Por supuesto que la expresión «un bocado de pan» era una manera de hablar. Abraham ordenó que se preparase una cena abundante. El comer juntos era una señal de intimidad y de amistad. La frase: «…pues por eso habéis pasado» sugiere que Abraham consideraba aquella visita como una oportunidad para manifestar su bondad y su carácter hospitalario. Evidentemente, Abraham consideraba que la presencia de aquellos visitantes no era obra de la casualidad, sino que era un acto providencial procedente de Dios con algún motivo especial.

> *Entonces Abraham fue deprisa a la tienda de Sara, y le dijo: Toma pronto tres medidas de flor de harina, y amasa y haz panes cocidos debajo del rescoldo. Y corrió Abraham a las vacas, y tomó un becerro tierno y bueno, y lo dio al criado, y éste se dio prisa a prepararlo. Tomó también mantequilla y leche, y el becerro que había preparado, y lo puso delante de ellos; y él se estuvo con ellos debajo del árbol, y comieron (Gn. 18:6-8).*

Al final del versículo 5, los tres varones que visitaban a Abraham dijeron: «Haz como has dicho». De inmediato el patriarca se apresuró a preparar la comida para sus huéspedes. Cuando todo se hubo preparado, Abraham estuvo con ellos debajo del árbol mientras comían. Todo aquello ocurrió no muy lejos de la tienda en la que Sara estaba sentada escuchando. El hecho de que Abraham «estuvo con ellos» sugiere que lo hizo con el propósito de servir si fuese necesario. Abraham actuó como un verdadero anfitrión. El texto dice que los visitantes «comieron», y seguramente lo hicieron porque habían asumido cuerpo físico. Keil y Delitzsch dicen lo siguiente:

> El comer alimento material de parte de esos seres celestiales no fue una mera apariencia, sino que fue un hecho real; un hecho que puede atribuirse a la

corporalidad que habían asumido, y puede considerarse como análogo del comer de parte del Señor resucitado y glorificado (véase Lc. 24:41-43).[1]

El cuadro revelado por estos versículos es, sin duda, estupendo. Abraham disfrutó de una dulce comunión con el Señor durante el tiempo de aquella suculenta comida. Los seres humanos también disfrutamos de la comunión cuando compartimos alimentos alrededor de la mesa; comer juntos habla de comunión.

El desafío de la fe de Sara (18:9-15)

> *Y le dijeron: ¿Dónde está Sara tu mujer? Y él respondió: Aquí en la tienda. Entonces dijo: De cierto volveré a ti; y según el tiempo de la vida, he aquí que Sara tu mujer tendrá un hijo. Y Sara escuchaba a la puerta de la tienda, que estaba detrás de él. Y Abraham y Sara eran viejos, de edad avanzada; y a Sara le había cesado ya la costumbre de las mujeres (Gn. 18:9-11).*

La pregunta: «¿Dónde está Sara tu mujer?» es, sin duda, una pregunta retórica. El Señor sabía dónde estaba y qué estaba haciendo. Además, la pregunta sugiere que quien la hace tiene autoridad, que se refleja en la afirmación: «De cierto volveré a ti». Esta es una clara señal de que quien habla es el Señor, puesto que solo el Dios soberano puede fielmente prometer vida donde hay esterilidad y decadencia. Solo Dios puede producir vida donde no la hay. La promesa del Señor es: «He aquí que Sara tu mujer tendrá un hijo». Esa era una reiteración de la promesa hecha anteriormente: «Y la bendeciré [a Sara], y también te daré de ella hijo; sí, la bendeciré, y vendrá a ser madre de naciones; reyes de pueblos vendrán de ella» (Gn. 17:16).

Nuevamente el texto señala que el nacimiento de un hijo producto de la relación entre Abraham y Sara solo podría realizarse mediante un milagro de parte de Dios. «Y Abraham y Sara eran viejos, de edad avanzada; y a Sara le había cesado ya la costumbre de las mujeres» (Gn. 18:11).

Es decir, humanamente hablando era imposible que Abraham pudiese engendrar y Sara pudiese concebir. Si Abraham y Sara hubiesen dicho a sus contemporáneos que iban a ser padres, seguramente se hubiesen burlado de ellos. El apóstol Pablo lo expresó así:

> Él [Abraham] creyó en esperanza contra esperanza, para llegar a ser padre de muchas gentes, conforme a lo que se le había dicho: Así será tu descendencia. Y no se debilitó en la fe al considerar su cuerpo, que estaba ya como muerto (siendo de casi cien años), o la esterilidad de la matriz de Sara. Tampoco dudó, por incredulidad, de la promesa de Dios, sino que se fortaleció en fe, dando gloria a Dios (Ro. 4:18-20).

Sin duda, Abraham puso toda su fe y confianza en el Dios soberano que cumple fielmente todas sus promesas. Tanto Abraham como Sara habían pasado la edad de procreación, pero Dios revitalizaría sus órganos reproductivos para que tuviesen el hijo que les había prometido.

---

1. Keil y Delitzsch, «Genesis to Judges 6:32», *Old Testament Commentaries*, p. 176.

Se rió, pues, Sara entre sí, diciendo: ¿Después que he envejecido tendré deleite, siendo también mi señor ya viejo? (Gn. 18:12).

Es difícil pensar que Abraham no le hubiese dicho a Sara que iba a tener un hijo (véase Gn. 17:16). De modo que solo podemos suponer que no fue capaz de convencerla de que la promesa hecha por Dios tendría un seguro cumplimiento. La amonestación que Sara recibió del Señor señala que ella no solo estaba consternada por lo increíble de la promesa sino que, además, persistía en su incredulidad. El comentario puramente terrenal de Sara: «¿Después que he envejecido tendré deleite, siendo también mi señor ya viejo?» lleva al lector a pensar que el interés de Sara en el pacto y en las promesas era, más bien, trivial y superficial. Pero también hay que comprender que aquella era una promesa extravagante y difícil de entender. Humanamente hablando aquella promesa era imposible de cumplir, y solo Dios la haría posible (véase Gn. 18:14a). Quizá Abraham y Sara se rieron en incredulidad (véase Gn. 17:17; 18:12), pero más tarde se reirían de alegría al ver que Dios fielmente cumple lo que promete.

Entonces Jehová dijo a Abraham: ¿Por qué se ha reído Sara diciendo: ¿Será cierto que he de dar a luz siendo ya vieja? ¿Hay para Dios alguna cosa difícil? Al tiempo señalado volveré a ti, y según el tiempo de la vida, Sara tendrá un hijo. Entonces Sara negó, diciendo: No me reí; porque tuvo miedo. Y él dijo: No es así, sino que te has reído (Gn. 18:13-15).

La superficialidad de la fe de Sara dio pie a una de las grandes afirmaciones de la Palabra de Dios: «¿Hay para Dios alguna cosa difícil?» (Gn. 18:14). Es importante recordar que quien encabeza el pequeño grupo de visitantes es «Jehová», y Él es quien responde a Sara a través de Abraham. Jehová se manifiesta como Aquel para quien no hay nada imposible. Tal como lo expresó el profeta Jeremías:

¡Oh Señor Jehová! he aquí que tú hiciste el cielo y la tierra con tu gran poder, y con tu brazo extendido, ni hay nada que sea difícil para ti; que haces misericordia a millares, y castigas la maldad de los padres en sus hijos después de ellos; Dios grande, poderoso, Jehová de los ejércitos es su nombre… He aquí que yo soy Jehová, Dios de toda carne; ¿habrá algo que sea difícil para mí? (Jer. 32:17-18, 27).

La pregunta del Señor a Abraham: «¿Por qué se ha reído Sara diciendo: ¿Será cierto que he de dar a luz siendo ya vieja?», debió de haber contribuido a desafiar a Sara para creer la promesa, porque un mero hombre no pudo haberla visto reír ni tampoco pudo haberla oído ya que el texto dice que «se rió, pues, Sara entre sí». Solo Dios pudo tener pleno conocimiento del obrar de Sara.

El vocablo traducido «difícil» (18:14) procede de una raíz hebrea que significa «asombroso» o «admirable». De hecho, esa raíz se usa en uno de los nombres del Señor en Isaías 9:6, «…y se llamará su nombre Admirable…». El Targum traduce el hebreo como «escondido», es decir, ¿es algo demasiado maravilloso, o demasiado lejano, o demasiado recóndito para mí? La respuesta bíblica a esa pregunta es un rotundo NO. Nada hay que sea demasiado admirable para Aquel cuyo nombre es Admirable. Gordon Wenham dice:

«Demasiado difícil» [*nifal* de *palá*] se usa en otro lugar de un caso judicial demasiado difícil para una corte menor (véase Dt. 17:8), de la imposibilidad de Amón de casarse con Tamar (2 S. 13:2), y de la inconcebible paz futura de Jerusalén (Zac. 8:6). Pero también Jeremías 32:17 y 27 ofrecen los paralelos más cercanos a Génesis 18:14. En ambos, el poder infinito de Dios es explícitamente afirmado.[2]

Sara, probablemente llena de temor, procuró defenderse y negó que se había reído. Por supuesto, su defensa fue inútil y el Señor la reprendió:

Entonces Sara negó, diciendo: No me reí; porque tuvo miedo. Y él dijo: No es así, sino que te has reído (Gn. 18:15).

La fe de Sara muestra una vez más su debilidad al intentar negar el hecho obvio de que se había reído. El Señor la reprende con amor y gracia, pero la confronta: «No es así, sino que te has reído». El omnipotente Dios que la vio reírse, es el mismo que abrirá su matriz para que pueda concebir el hijo de la promesa.

ABRAHAM INTERCEDE POR SODOMA (18:16-33)

El anuncio del juicio (18:16-21)

Y los varones se levantaron de allí, y miraron hacia Sodoma; y Abraham iba con ellos acompañándolos. Y Jehová dijo: ¿Encubriré yo a Abraham lo que voy a hacer, habiendo de ser Abraham una nación grande y fuerte, y habiendo de ser benditas en él todas las naciones de la tierra? (Gn. 18:16-18).

Estos versículos dan comienzo a la segunda parte del capítulo 18. El tema de esta segunda parte es la intercesión de Abraham por las ciudades de Sodoma, Gomorra, Adma y Zeboim. Esas ciudades estaban en el sur, la región cercana a lo que hoy es el Mar Muerto.

La iniquidad de los amorreos aún no había llegado a su colmo (Gn. 15:16), pero el pecado de Sodoma y Gomorra y las otras ciudades de la llanura era grave en extremo, especialmente censurable, ya que tenían el privilegio de experimentar la manifestación del poder de Jehová en la gran liberación que habían conseguido cuando Abraham derrotó a los reyes de Mesopotamia. Los habitantes de Sodoma y Gomorra, por lo tanto, tenían poca excusa para no seguir y adorar al verdadero Dios.

Poco después del encuentro con Sara, los varones que habían visitado a Abraham se levantaron y se encaminaron hacia Sodoma. Abraham caminó con ellos para despedirlos (Gn. 18:16), pero, mientras caminaban, «Jehová dijo: ¿Encubriré yo a Abraham lo que voy a hacer?» (Gn. 18:17). Es importante observar que es Jehová quien toma la iniciativa y aborda el tema. El Señor espera hasta que Abraham intercede (18:22), y hasta que Jehová escoge el momento para llevar el tema a su conclusión final (18:33). El espíritu de justicia al que Abraham apela, y la preocupación del patriarca por Sodoma,

---

2. Gordon Wenham, «Genesis 16-50», *Word Biblical Commentary*, p. 49.

donde Lot habitaba con su familia, también provenían de Dios. No obstante el patriarca hizo suya esa preocupación.

En Génesis 18:18-19, Jehová Dios explica por qué no encubre a Abraham lo que va a hacer con las ciudades de la llanura:

1. Abraham será una nación grande y fuerte (véase Gn. 12:2-3).
2. Abraham sería de bendición a todas las naciones de la tierra (véase Gn. 12:3).
3. Abraham aprendería la práctica de la justicia que luego enseñaría a sus hijos (véase Gn. 18:19).

El hecho de que el Señor hace que el patriarca forme parte de su plan y de sus intenciones demuestra con claridad por qué Abraham fue llamado «el amigo de Dios». El Señor demostró tener una relación íntima con Abraham, tal como Jesús la tuvo con sus discípulos: «Ya no os llamaré siervos, porque el siervo no sabe lo que hace su señor; pero os he llamado amigos, porque todas las cosas que oí de mi Padre, os las he dado a conocer» (Jn. 15:15). Verdaderamente, el secreto del Señor es con aquellos que le temen, es decir, con sus amigos. La amistad íntima va acompañada del conocimiento de secretos. Abraham tenía el privilegio de guardar esa relación íntima de amistad con Jehová Dios y el Señor hacía partícipe al patriarca de sus secretos.

¿Por qué quiso Dios dar a conocer sus intenciones a Abraham, aparte de su amistad? ¿Sería, quizá, una preocupación de que Abraham y sus hijos pudiesen, debido a la severa destrucción de las ciudades, tener la tentación de dudar de la justicia de Dios y de su justo juicio sobre las ciudades inicuas? Si las ciudades fuesen destruidas sin una clara revelación de su pecado y de la divina misericordia, por otro lado, ¿no sería más difícil mantener el interés en el verdadero Dios entre los paganos? No debe olvidarse que Dios siempre tiene misericordia aun en medio de la ira. Dios destruyó aquellas ciudades por la iniquidad de sus habitantes. No había una sola persona allí, aparte de Lot y su familia, cuyo corazón fuese sensible hacia Dios.

El Señor basa su revelación de lo que va a hacer en los propósitos que tiene para Abraham, es decir, en las verdades del pacto abrahámico, que está basado en la elección de Abraham (véase Gn. 18:19). De modo que, como se ha señalado, la amistad de Abraham con Dios es producto de la elección incondicional del patriarca, de la justificación, y de una santificación progresiva y soberana.

Hay en el texto una clara enseñanza respecto a la responsabilidad paternal:

Porque yo sé que mandará a sus hijos y a su casa después de sí, que guarden el camino de Jehová, haciendo justicia y juicio, para que haga venir Jehová sobre Abraham lo que ha hablado acerca de él (Gn. 18:19).

El tema de la responsabilidad paternal también está presente en los mandamientos respecto de la circuncisión (véase Gn. 17:10-14; 1 Ti. 3:4-5). La herencia ética y espiritual de Israel fue pasada a través de las generaciones en el hogar (véase Dt. 6:6-7; Pr. 1:8). Esa herencia se originó en la voluntad revelada de Dios mediante hombres guiados por el Espíritu Santo, como Moisés, Salomón y los profetas. Al parecer, la instrucción era dada a los niños en el hogar. Los padres tenían la responsabilidad de enseñar la Torá a sus hijos, y las bases se encuentran en Génesis 18:19.

La Biblia de las Américas ofrece una mejor lectura de Génesis 18:19, «Porque yo lo he escogido para que mande a sus hijos y a su casa después de él que guarden el camino del Señor...». El texto original dice: «Yo lo he conocido». El verbo «conocer» habla de una relación íntima con la persona conocida. «Conocer» aquí equivale a «escoger» y eso señala a la gracia soberana de Dios que conduce a la disciplina. Dios soberanamente «escogió» a Abraham para que «mandase a sus hijos a guardar el camino del Señor», es decir, que practicasen la justicia y la rectitud.

> *Entonces Jehová le dijo: Por cuanto el clamor contra Sodoma y Gomorra se aumenta más y más, y el pecado de ellos se ha agravado en extremo. Descenderé ahora, y veré si han consumado su obra según el clamor que ha venido hasta mí; y si no, lo sabré (Gn. 18:20-21).*

Obsérvese que es Jehová Dios quien habla. Su declaración es enfática: «El clamor contra Sodoma y Gomorra se aumenta más y más». En el versículo 21, el vocablo «clamor» [*tsaacá*] es el que se usa en Génesis 19:13. Dicho vocablo puede tener dos significados: en primer lugar, clamor contra Sodoma y Gomorra, es decir, el clamor causado por su rebelión contra Dios (véase Gn. 19:13). El texto sugiere que las intenciones de Dios no se toman ni arbitraria ni descuidadamente. Las acciones de Dios son justas y bien sopesadas. Es Dios mismo quien dice que «el pecado de ellas [Sodoma y Gomorra] se ha agravado en extremo». En Génesis 13:13 dice: «Mas los hombres de Sodoma eran malos y pecadores contra Jehová en gran manera» (véase Gn. 19:4-5; Ez. 16:48-50). En segundo lugar, está el hecho de que los pecados de Sodoma y Gomorra clamaban delante de Dios, así como la sangre de Abel clamó delante de Dios (véase Gn. 4:10). Es como si el pecado de aquellas ciudades dejase oír su voz delante de Dios debido a lo escandaloso de su ofensa. Herbert C. Leupold dice:

> Cuando se dice que los pecados claman al cielo, ciertamente es una manera drástica de decir que esos pecados reclaman intervención divina.[3]

Sin duda, el comentario del profesor Leupold es correcto. La pecaminosidad de Sodoma, Gomorra y las otras dos ciudades era terrible en gran manera. El apóstol Pedro dice que: «...al justo Lot [quien estaba] abrumado por la nefanda conducta de los malvados (porque este justo, que moraba entre ellos, afligía cada día su alma justa viendo y oyendo los hechos inicuos de ellos)» (2 P. 2:7-8).

Moisés utiliza un antropomorfismo para describir la acción de Dios. «Descenderé ahora» es una manera de decir que el Dios soberano del universo sabía perfectamente lo que aquellas personas estaban haciendo en sus actos de rebeldía. El juicio de Dios es justo porque está basado en el absoluto conocimiento del Dios omnisciente.

La intercesión por el justo (18:22-33)

> *Y se apartaron de allí los varones, y fueron hacia Sodoma; pero Abraham estaba aún delante de Jehová. Y se acercó Abraham y dijo: ¿Destruirás también al justo con el impío? (Gn. 18:22-23).*

---

3. Herbert C. Leupold, *Exposition of Genesis*, vol. I, p. 547.

En este punto del relato los varones se apartan y se dirigen hacia Sodoma. Hay quienes entienden que la frase: «Pero Abraham estaba aún delante de Jehová» es una enmienda o corrección del texto hecha por algún escriba. Bruce K. Waltke dice:

> Aunque los escribas intentaron mantener el texto «correcto»… algunas veces lo cambiaron. Según sus propias notas, el texto original dice: «El Señor permaneció de pie delante de Abraham». Esa expresión de la condescendencia de Dios era tan grande que pareció blasfema a los escribas. Si la nota de los escribas del texto original es la lectura correcta, sugiere que el Señor está desafiando a Abraham a hacer el papel de un juez justo.[4]

En Génesis 18:23 comienza uno de los cuadros más maravillosos registrados en la Biblia respecto a la intercesión: «Y se acercó Abraham y dijo: ¿Destruirás también al justo con el impío?».

Evidentemente, Abraham fue movido por una ansiedad natural respecto al destino de su sobrino Lot y su familia y, además, quizá por la preocupación adicional de que la destrucción de las ciudades pudiese causar que el nombre de Dios fuese blasfemado entre los paganos que habitaban la llanura del Jordán.

Los versículos 24 al 32 contienen la maravillosa intercesión de Abraham. Alguien podría pensar que el patriarca está regateando con Dios, pero la realidad es otra: Abraham está intercediendo delante de Dios, expresando sus sentimientos en fe, amor y humildad. De la manera más honesta y compasiva, Abraham cumple el oficio de mediador entre el Dios santo y justo y los habitantes de las cuatro ciudades pecadoras. Tal como ocurrió en los días de Noé, los habitantes de aquellas ciudades tuvieron oportunidad para arrepentirse y recibir el perdón de Dios. Sin embargo, rechazaron la oferta de la gracia de Dios y perecieron bajo el juicio del «Juez de toda la tierra» (Gn. 18:25). La intercesión de Abraham incluía a su sobrino Lot.

Lot era un hombre justo (véase 2 P. 2:7) pero habitaba en medio de gente extremadamente perversa. Abraham comenzó su intercesión, pensando que quizá podría haber «cincuenta justos dentro de la ciudad» (18:24), y fue rebajando de diez en diez. Finalmente, al llegar al número diez, el diálogo entre Abraham y Jehová se detuvo. Evidentemente el patriarca sintió que ese era el límite de la voluntad de Dios en oración. Su oración no salvó a la ciudad, pero no fue infructífera, porque Lot y su familia inmediata fueron librados por un acto de la gracia de Dios.

No puede evitarse contrastar la intercesión del profeta Elías en 1 Reyes 18:41-46, donde la importunidad del profeta se extendió hasta siete veces, en contraste con Abraham que solo hizo seis peticiones. La respuesta del Señor fue dilatada, y el profeta persistió en su intercesión hasta que la respuesta llegó. La importunidad está siempre justificada cuando la respuesta a las peticiones anteriores es la de «esperar» (véase 2 Co. 12:8; Mt. 24:39-44). Por supuesto que nuestras oraciones de importunidad no cambiarán la voluntad decretada de Dios. De modo que todas nuestras oraciones deberían de ser resguardadas por el escudo protector de: «Si el Señor quiere…» (Stg. 4:15). La respuesta a la oración no se consigue retorciendo la mano de Dios. Las promesas y el propósito divino anteceden a la oración mediante su soberana voluntad. La oración

---

4. Bruce K. Waltke, *Genesis: A Commentary*, p. 270.

es iniciada por Dios y es la señal y la garantía del don que Dios se ha propuesto otorgar. La oración, por lo tanto, no es la causa, sino simplemente la condición previa y el medio por el cual un beneficio predeterminado es otorgado (véase Ez. 36:22-37; Zac. 10:6; 12:10; 13:9; Ro. 8:26-27).

RESUMEN Y CONCLUSIÓN

El capítulo 18 de Génesis concluye de la siguiente manera:

> *Y Jehová se fue, luego que acabó de hablar a Abraham; y Abraham volvió a su lugar (Gn. 18:33).*

Este versículo pone de manifiesto que el juicio de Sodoma y Gomorra era seguro y justo. Los habitantes de aquellas ciudades habían desafiado a Dios y habían rechazado su oferta de perdón. Jehová Dios se alejó de ellos, y lo único que les quedaba delante era el juicio justo del Dios soberano.

Debe recordarse que Génesis 18 trata dos temas principales: la aparición de Jehová Dios a Abraham en el encinar de Mamre (18:1-15) y la intercesión de Abraham por los habitantes de Sodoma, Gomorra, Adma y Zeboim, cuatro ciudades cuyos habitantes eran malvados en extremo. En una de esas ciudades, Sodoma, vivía Lot, el sobrino de Abraham, quien intercedió delante de Jehová y le suplicó que no destruyese al justo con el impío. Dios declara a Abraham que no hará tal cosa. Pero, evidentemente, en ninguna de aquellas ciudades había un número reducido de justos. Por último, Dios dice al patriarca: «No la destruiré por amor a diez justos». Pero lo trágico es que no había ese número pequeño de justos en ninguna de aquellas ciudades.

Finalmente, la intercesión de Abraham, aunque no fue totalmente exitosa, constituye un ejemplo de lo que es la oración persistente. Las demoras de Dios constituyen la semilla de nuestra disciplina, y profundizan los canales de nuestra naturaleza espiritual. También nos permiten oportunidades para alzarnos por encima de las experiencias, las emociones y las pruebas físicas, y nos adentran en las esferas celestiales de la fe, la paciencia y la esperanza para hallar refugio debajo de sus alas.

19

El juicio divino sobre Sodoma y Gomorra (19:1-38)

La historia de Lot claramente pone de manifiesto la tragedia de la carnalidad en la vida cristiana. El cuadro es el de un creyente que procura tener lo mejor de dos mundos: El de las bendiciones eternas del perdón de los pecados y el de todos los beneficios temporales de las posesiones terrenales, el dinero y la influencia con los hombres del mundo. Lo mejor de ambos mundos, sin embargo, está por encima del creyente genuino, y aunque Lot pudo haber pensado por un momento que había realizado la tarea imposible, al final aprendió que no solo el mundo no estaba con él en espíritu, sino que la corrupción que le sobrevino mediante esa meta había penetrado su círculo más íntimo, es decir, su familia inmediata. Es una lección importante para todo creyente; particularmente, en la sociedad materialista de nuestros días.

El registro bíblico deja bien claro que Lot era un creyente. Tanto en Génesis 19 como en 2 Pedro 2:7-8 se afirma que Lot era un hombre justo. En primer lugar, Lot muestra la gracia de la hospitalidad cuando recibió y atendió a los ángeles (véase Gn. 19:1-3; He. 13:2). Además, hizo una defensa valiente de sus huéspedes en contra de los ataques de los sodomitas (Gn. 19:6-7). Finalmente, aunque la sugerencia de que los sodomitas tomasen sus hijas en lugar de tomar a los hombres fue una decisión equivocada, debe notarse que las hijas de Lot eran vírgenes, algo raro entre los sodomitas. Y, por supuesto, Lot fue objeto de la gracia de Dios al ser librado de la destrucción que vino sobre la ciudad (véase 1 P. 4:18). El apóstol Pedro escribió lo siguiente: «Porque este justo [Lot], que moraba entre ellos, afligía cada día su alma justa, viendo y oyendo los hechos inicuos de ellos» (2 P. 2:8).

Las palabras de Pedro no dejan lugar a duda en cuanto a que Lot era un creyente, a pesar de vivir en medio de una comunidad de inicuos.

Por supuesto que la piedad de Lot estaba en rápida decadencia, lo que puede observarse si se toma en cuenta lo que ocurrió en su vida después de que se separó de Abraham. La Escritura dice: «...Lot habitó en las ciudades de la llanura, y fue

307

poniendo sus tiendas hasta Sodoma. Mas los hombres de Sodoma eran malos...» (Gn. 13:12-13).

Lot, después de separarse de Abraham, se dirigió en dirección a Sodoma y, poco a poco, se fue acercando a esa perversa ciudad. Cuando los reyes de Mesopotamia invadieron las ciudades de la llanura, según el texto bíblico: «Tomaron también a Lot, hijo del hermano de Abraham, que moraba en Sodoma...» (Gn. 14:12).

Finalmente, como puede verse en Génesis 19:1, «Lot estaba sentado a la puerta de Sodoma...», es decir, tenía cierto rango entre los habitantes de la ciudad. Al final del capítulo, después de la destrucción de Sodoma, Lot habita con sus dos hijos en una cueva (Gn. 19:30).

Al parecer, Lot había habitado en Sodoma durante un largo tiempo y había comprometido a sus hijas en matrimonio con dos hombres inicuos (véase 2 Co. 6:14-18). En Génesis 19:8 vemos que las dos doncellas fueron ofrecidas por Lot a los hombres de la ciudad (véase Gn. 19:8), lo que demuestra que la virtud del valor fue inflada hasta convertirla en el vicio de la inmoralidad, porque sus hijas serían sacrificadas en la lujuria de los sodomitas.

Como puede verse, es de suma importancia prestar total atención y ser sabio al tomar las decisiones de la vida, así como saber escoger el lugar donde uno va a vivir. Lot era un hombre que formaba parte de uno de los grandes movimientos de Dios en la historia, es decir, el llamado del patriarca Abraham. Lot tuvo experiencias de primera mano de la revelación y de la gracia de Dios; sin embargo, tomó una decisión fatal cuando colocó su tienda cerca de la malvada ciudad de Sodoma, y sus pasos posteriores lo llevaron cuesta abajo hasta convertirlo en un paria (véase 1 Co. 9:24-27).

Hay otras lecciones importantes que pueden extraerse de Génesis 19, donde aprendemos sobre la posibilidad de que alguien pueda ser «casi salvo» y aun así estar totalmente perdido (véase Mr. 12:34). Otra lección que debe aprenderse es la del peligro de mirar atrás (véase Lc. 9:62) y también la dificultad de librar a un buen hombre de la lucha del pecado (véase 1 P. 4:18). Pero quizá la lección más grande de la destrucción de Sodoma es la de la habilidad y la necesidad divina de ejecutar juicio sobre el inicuo. El apóstol Pedro lo expresa así:

> Y si condenó por destrucción a las ciudades de Sodoma y Gomorra, reduciéndolas a ceniza y poniéndolas de ejemplo a los que habían de vivir impíamente, y libró al justo Lot, abrumado por la nefanda conducta de los malvados... sabe el Señor librar de tentación a los piadosos, y reservar a los injustos para ser castigados en el día del juicio (2 P. 2:6-7, 9).

Así como las aguas del Mar Muerto se mueven sobre el sitio donde estaban las antiguas ciudades de la llanura, en la soledad de la ausencia del ruido del tráfico, del comercio y del juego, así también el testimonio de la santidad de Dios en juicio continúa hasta el día de hoy.

Martín Lutero, refiriéndose a la degeneración de la gente, afirmó que no podía leer Génesis 19 sin sentir una gran repugnancia. Ciertamente, el pensamiento de uno no puede dejar de ver en este ejemplo de juicio cosas que producen repugnancia al espíritu, en armonía con la mente de Dios.

LA PECAMINOSIDAD DE SODOMA (19:1-11)

Llegaron, pues, los dos ángeles a Sodoma a la caída de la tarde; y Lot estaba sentado a la puerta de Sodoma. Y viéndolos Lot, se levantó a recibirlos, y se inclinó hacia el suelo (Gn. 19:1).

Los dos ángeles recorrieron el camino desde Mamre a Sodoma, y Moisés registra la llegada de los seres celestiales en Génesis 19:1-3. Sin duda, aquellos ángeles fueron a Sodoma como respuesta divina a la oración de Abraham, pues el propósito final era la manifestación de la misericordia de Dios hacia Lot y su familia (véase Gn. 19:29). En obediencia al mandato de Jehová Dios, los ángeles fueron al lugar donde estaba Lot en el espíritu de las buenas nuevas del evangelio (véase Lc. 15:4). Además, este episodio ilustra el interés de Dios en el individuo. A pesar del pecado humano, Dios sigue amando a las criaturas.

«Lot estaba sentado a la puerta de Sodoma». Esta frase sugiere que era un ciudadano prominente de la ciudad. Seguramente Lot era bien conocido y estaba bien familiarizado con los hombres influyentes de Sodoma. Herbert C. Leupold dice:

La puerta de la ciudad donde Lot estaba en aquel momento era el sitio común de todos los hombres, especialmente de los ancianos de la ciudad. Allí se trataban los temas legales, se cerraban las transacciones, se hacían contratos y se discutían diversos temas.[1]

Al ver a los ángeles, suponiendo que eran hombres, Lot les insistió para que fuesen a su casa. El texto dice:

Y dijo [Lot]: Ahora, mis señores, os ruego que vengáis a casa de vuestro siervo y os hospedéis, y lavaréis vuestros pies; y por la mañana os levantaréis y seguiréis vuestro camino. Y ellos respondieron: No, que en la calle nos quedaremos esta noche (Gn. 19:2).

Lot ofreció su hospitalidad a aquellos extraños visitantes. La oferta de Lot, sin duda, fue sincera, pero los ángeles con apariencia de hombres rechazaron la oferta, diciendo a Lot que pasarían la noche en la calle. A pesar de la humildad de Lot (llama a los visitantes «mis señores») y de su oferta de hospitalidad (ofrece un lugar para lavar los pies y descansar), los hombres rechazan la oferta. Pero Lot no se da por vencido.

Mas él porfió con ellos mucho, y fueron con él, y entraron en su casa; y les hizo banquete, y coció panes sin levadura, y comieron (Gn. 19:3).

Lot insistió hasta que los visitantes accedieron a ir con él. Quizá Lot anticipaba la maldad de los sodomitas y quiso proteger a aquellos dos hombres que en realidad eran ángeles. En su casa, Lot preparó «un banquete» para ellos. Allí coció panes sin levadura para sus huéspedes, que podían ser preparados en poco tiempo para un caso de

---

1. Herbert C. Leupold, *Exposition of Genesis*, vol. I, p. 555.

emergencia. Lot brindó a sus visitantes la acostumbrada hospitalidad de los orientales, tal como Abraham lo había hecho cuando recibió la visita de los «tres varones» (véase Gn. 18:1-8). El vocablo «banquete» [*mishté*] sugiere una recepción suntuosa para los huéspedes que incluía comida y bebida (véase Gn. 21:8; 26:30; 29:22).

> *Pero antes que se acostasen, rodearon la casa los hombres de la ciudad, los varones de Sodoma, todo el pueblo junto, desde el más joven hasta el más viejo. Y llamaron a Lot, y le dijeron: ¿Dónde están los varones que vinieron a ti esta noche? Sácalos, para que los conozcamos (Gn. 19:4-5).*

El texto bíblico es muy descriptivo: «Pero antes que se acostasen», es decir, antes de que los visitantes fuesen a descansar, los hombres de la ciudad, «desde el más joven hasta el más viejo» se reunieron frente a la puerta de la casa de Lot con el propósito de apoderarse de los dos visitantes para violarlos sexualmente. El hecho de que el texto bíblico registra que «todo el pueblo junto, desde el más joven hasta el más viejo» sugiere que no había excepción. Eso explica por qué Dios derramó su ira y destruyó a todas aquellas ciudades malvadas y corruptas. Evidentemente, Sodoma y Gomorra eran las más notorias por su maldad y depravación. Esas dos ciudades son usadas en la Biblia como paradigmas de maldad y corrupción (véase Jer. 23:14; Ez. 16:49).

La frase «para que los conozcamos» expresa, sin duda, una connotación sexual. El profesor Bruce K. Waltke, erudito del idioma hebreo, dice lo siguiente:

> El hebreo dice literalmente «para que los conozcamos» (véase Gn. 4:1). Esos hombres habían degradado la intimidad del matrimonio al nivel más bajo de la relación sexual. No sabían nada de la verdadera intimidad del compromiso. Raptaban la mente, las emociones y el cuerpo, vulgarizaban lo sagrado y legitimaban lo vulgar. La homosexualidad es una ofensa capital en el Antiguo Testamento (véase Lv. 18:22; 20:13). El pecado del acto de Sodoma presumiblemente es la peor clase de ofensa sexual.[2]

La enormidad de la iniquidad de los sodomitas se manifiesta en el hecho de que estaban dispuestos a deshacerse de la responsabilidad sagrada de la hospitalidad y sustituirla con la práctica más vil de los deseos carnales. Aquello era una repulsiva manifestación de la depravación del corazón del hombre. No sorprende, entonces, que el Señor dijera: «Por cuanto el clamor contra Sodoma y Gomorra se aumenta más y más, y el pecado de ellos se ha agravado en extremo» (Gn. 18:20).

Por lo tanto, en este momento temprano del registro inspirado el pecado de sodomía queda declarado como algo terriblemente execrable. Posteriormente, la ley de Moisés lo declara una ofensa capital y lo coloca en el mismo grupo del incesto y la perversión de ayuntarse con un animal (véase Lv. 18:20-23; 20:13). El apóstol Pablo denuncia y condena la práctica del homosexualismo en Romanos 1:24-27. Pablo atribuye esa práctica al rechazo de la revelación divina y, como consecuencia, el ser humano sufre el merecido castigo de Dios. En el análisis final, puede decirse que el homosexualismo es el producto del naturalismo evolucionista y del humanismo agnóstico (véase 1 Co. 6:9; 1 Ti. 1:9-11).

---

2. Bruce K. Waltke, *Genesis: A Commentary*, p. 276.

Entonces Lot salió a ellos a la puerta, y cerró la puerta tras sí, y dijo: Os ruego, hermanos míos, que no hagáis tal maldad. He aquí ahora yo tengo dos hijas que no han conocido varón; os las sacaré fuera, y haced de ellas como bien os pareciere; solamente que a estos varones no hagáis nada, pues que vinieron a la sombra de mi tejado (Gn. 19:6-8).

Nadie debe dudar de la valentía de Lot, pues salió de su casa y se enfrentó a una multitud desordenada y exigente. Pero no puede aprobarse su sugerencia de que los malvados hombres de Sodoma tomasen a sus dos hijas vírgenes y que hiciesen con ellas «como bien les pareciere» (Gn. 19:8). Ciertamente Lot quería proteger a sus dos visitantes, pero la manera de hacerlo era totalmente incorrecta. Como lo expresan Keil y Delitzsch:

En su ansiedad, Lot estaba dispuesto a sacrificar, por la santidad de la hospitalidad, su responsabilidad como padre, que debió ser aún más sagrada, «y cometió el error de procurar evitar pecado por pecado». Aun si hubiese esperado que sus hijas no sufrieran ningún daño, ya que estaban desposadas con sodomitas (véase 19:14), la oferta fue una lamentable violación de su responsabilidad paternal. Pero esa oferta solo incrementó la brutalidad de la multitud.[3]

El argumento de Keil y Delitzsch es totalmente correcto. Lot no debió haber ofrecido a sus hijas a aquellos hombres malvados, sino que debió haberlas protegido en todo momento. Es cierto que debía proteger a sus visitantes, pero por encima de eso estaba la protección de su familia. En realidad, Lot no se percataba del hecho de que su decisión lo implicaba en el crimen que los hombres malvados estaban a punto de cometer. De cualquier manera, el cuadro presenta la terrible maldad del corazón humano.

Y ellos respondieron: Quita allá; y añadieron: Vino este extraño para habitar entre nosotros, ¿y habrá de erigirse en juez? Ahora te haremos más mal que a ellos. Y hacían gran violencia al varón, a Lot, y se acercaron para romper la puerta. Entonces los varones alargaron la mano, y metieron a Lot en casa con ellos, y cerraron la puerta. Y a los hombres que estaban a la puerta de la casa hirieron con ceguera desde el menor hasta el mayor, de manera que se fatigaban buscando la puerta (Gn. 19:9-11).

La expresión «quita allá» es mejor traducida en la Biblia de las Américas como «hazte a un lado». Es decir, algo así como «échate atrás», «apártate» o «quítate de en medio». Los sodomitas querían el camino libre para ejecutar sus malos propósitos.

En su intento de poner orden en aquella situación, Lot puso en peligro la vida de sus hijas, causó la ira en sus conciudadanos, y luego requirió un rescate sobrenatural por los mismos a quienes trataba de proteger. Llama la atención que los sodomitas acusaron a Lot de querer «erigirse en juez», lo que sugiere que quizá Lot había intentado actuar como un guía moral para los habitantes de Sodoma. Es posible que hasta ese momento

---

3. Keil y Delitzsch, «Genesis to Judges 6:32», *Old Testament Commentaries*, p. 179.

hubiesen tolerado la intervención de Lot en honor al hecho de que Abraham, el tío de Lot, los había liberado de la confederación de reyes de Babilonia. En su ira, sin embargo, los sodomitas amenazaron a Lot, diciéndole: «Ahora te haremos más mal que a ellos» (Gn. 19:9). Los habitantes de Sodoma claramente repudiaron la justicia de Lot, así como la civilización antediluviana rechazó la justicia de Noé.

Los ángeles liberaron sobrenaturalmente a Lot al introducirlo en la casa con ellos y cerrar la puerta (véase Gn. 19:10). Además «hirieron a los hombres con ceguera, desde el menor hasta el mayor». El vocablo traducido «ceguera» [*sanverím*] se usa en 2 Reyes 6:18, y significa «deslumbrar», «engañar», es decir, los sodomitas fueron cegados temporalmente por una ráfaga de luz sobrenatural. Gerhard von Rad dice:

> La palabra empleada aquí —todavía no ha sido explicada desde el punto de vista etimológico— no significa desde luego una ceguera definitiva, sino una imposibilidad de ver con claridad, una especie de deslumbramiento (véase 2 R. 6:18).[4]

De cualquier manera, los hombres de Sodoma fueron imposibilitados de llevar a cabo su plan de violentar la puerta de la casa de Lot. El texto dice: «…de manera que se fatigaban buscando la puerta». Seguramente ya Lot tuvo que haberse dado cuenta de que los dos hombres que lo visitaban eran más que simples seres humanos.

La liberación de Lot y su familia (19:12-22)

Los versículos 12 al 22 registran la liberación de Lot y su familia. Evidentemente no fue tarea fácil desarraigar a Lot y a los suyos del ambiente de Sodoma. Tal es así que los dos sodomitas desposados con las hijas de Lot rechazaron la oferta y prefirieron quedarse en Sodoma.

> *Y dijeron los varones a Lot: ¿Tienes aquí algunos más? Yernos, y tus hijos y tus hijas, y todo lo que tienes en la ciudad, sácalo de este lugar; porque vamos a destruir este lugar, por cuanto el clamor contra ellos ha subido de punto delante de Jehová; por tanto, Jehová nos ha enviado para destruirlo. Entonces salió Lot y habló con sus yernos, los que habían de tomar sus hijas, y les dijo: Levantaos, salid de este lugar; porque Jehová va a destruir esta ciudad. Mas pareció a sus yernos como que se burlaba (Gn. 19:12-14).*

Los varones mensajeros de Jehová llaman a Lot a prepararse para la inminente destrucción de Sodoma. No hay indecisión al anunciar el juicio que vendría sobre los habitantes de aquellas ciudades. Sin suavizar su mensaje, los mensajeros divinos dicen: «Porque vamos a destruir este lugar, pues su clamor ha llegado a ser tan grande delante del Señor, que el Señor nos ha enviado a destruirlo» (Gn. 19:13, LBLA). Los familiares de Lot deben salir de la ciudad sin dilación puesto que el juicio de Dios no demoraría. Puede observarse que hay un énfasis en la solidaridad familiar en este pasaje (véase también Gn. 7:1; 9:1; 17:9; 18:19). Esa actitud se manifiesta a través de Génesis. Nótese que los futuros yernos de Lot rechazaron el llamado de su suegro y prefirieron perderse con los sodomitas.

---

4. Gerhard von Rad, *El libro del Génesis* (Salamanca: Ediciones Sígueme, 2008), p. 258.

La respuesta de los yernos de Lot fue la triste reacción que los inconversos acostumbran a dar cuando se les habla del evangelio: «… mas pareció a sus yernos como que se burlaba» (Gn. 19:14). Aquellos hombres tomaron en broma las palabras de Lot cuando les dijo: «Jehová va a destruir esta ciudad». Al parecer, la influencia del testimonio de Lot delante de sus yernos estaba ausente o, quizá, a un nivel mínimo. El hecho es que los yernos de Lot no se conmovieron por el anuncio de que Jehová iba a «destruir» la ciudad con todos sus habitantes. Sin duda, esa fue la misma actitud que tuvieron los habitantes de la tierra en tiempos de Noé (véase Gn. 6:13). Los contemporáneos de Noé vivían en la indiferencia total «hasta que vino el diluvio y se los llevó a todos» (Mt. 24:39). Los yernos de Lot rechazaron totalmente la advertencia de su suegro y también perecieron.

> *Y al rayar el alba, los ángeles daban prisa a Lot, diciendo: Levántate, toma tu mujer, y tus dos hijas que se hallan aquí, para que no perezcas en el castigo de la ciudad. Y deteniéndose él, los varones asieron de su mano, y de la mano de su mujer y de las manos de sus dos hijas, según la misericordia de Jehová para con él; y lo sacaron y lo pusieron fuera de la ciudad (Gn. 19:15-16).*

Causa sorpresa leer acerca de la indecisión de Lot de salir de Sodoma. No es de dudarse que su corazón y su mente estuvieran centrados en todas las posesiones que había adquirido durante los años que había vivido en aquella ciudad pecaminosa. Sin duda, Lot había acumulado tesoros en Sodoma y allí estaba su corazón (véase Mt. 6:19-21). Las riquezas de Sodoma habían apresado la mente y el corazón de Lot hasta el punto de que los ángeles tuvieron que insistir para que se diese prisa en salir. Es maravilloso ver la grandeza de la misericordia de Dios. Los ángeles instan a Lot, diciendo: «Levántate, toma tu mujer, y tus dos hijas que se hallan aquí, para que no perezcas en el castigo de la ciudad» (Gn. 19:15). La familia toda es salvada como un acto de la gracia soberana de Dios. La insistencia de los ángeles y aun el uso de la fuerza para sacar a Lot y a su familia de Sodoma fue un acto de misericordia. Obsérvese cuidadosamente las palabras de Génesis 19:16, «…según la misericordia de Jehová para con él; y lo sacaron y lo pusieron fuera de la ciudad». La frase «según la misericordia de Jehová» [*be kjemlá YHWH*] es de suma importancia. La «misericordia» es la «compasión» del Señor y con frecuencia implica «librar de la misma muerte» (véase Éx. 2:6; Dt. 13:8-9).

Moisés deja bien claro que la salvación de Lot no fue producto de su propia justicia sino de la misericordia de Dios. Tal como Pablo lo expresó:

> Nos salvó, no por obras de justicia que nosotros hubiéramos hecho, sino por su misericordia, por el lavamiento de la regeneración y por la renovación en el Espíritu Santo (Tit. 3:5).

Dios no ha diseñado ningún otro plan ni tiene ningún otro medio para salvar al pecador aparte de su gracia soberana. Él solo da vida al pecador que pone su confianza en Jesucristo y en su obra expiatoria. El ser humano quiere diseñar su propio plan de salvación y cree que la religión, las buenas obras, los esfuerzos propios o cosas semejantes son suficientes para abrirle las puertas del cielo, pero todo eso es inútil. La advertencia hecha por el Señor: «Acordaos de la mujer de Lot» (Lc. 17:32) es una seria amonestación. La mujer de Lot «miró atrás, a espaldas de él, y se volvió estatua de sal» (Gn. 19:26). Ese sorprendente suceso nos permite ver el peligro de la indecisión y de la desobediencia.

Lot, como una rama ardiente, fue sacado de Sodoma con gran dificultad. ¡Es un cuadro triste, pero aún un ser inútil en su condición fue salvado! Una vez más, aquí puede verse la grandeza de la gracia de Dios. Falto de la determinación, la separación y la dedicación de su tío, Abraham, Lot necesitó ser arrastrado de la ciudad de Sodoma por las manos de los ángeles. Obsérvese que el versículo 16 dice: «Y deteniéndose él, los varones asieron de su mano…». Eso significa que hasta el último instante el corazón de Lot estaba apegado a las riquezas de Sodoma.

> *Y cuando los hubieron llevado fuera, dijeron: Escapa por tu vida; no mires tras ti, ni pares en toda esta llanura; escapa al monte, no sea que perezcas (Gn. 19:17).*

Al salir de la ciudad, Lot recibió instrucciones muy específicas: «Escapa por tu vida»; al respecto, Waltke dice:

> «Escapa» [*malat*] es un juego de palabras sobre el nombre de Lot. El mandato a escapar es una normal advertencia a alguien para escapar de la destrucción general de una guerra (véase 1 S. 19:11; Jer. 48:6; 51:6, 45).[5]

Los ángeles hablaron a Lot de manera sumamente enfática: «No mires tras de ti, ni pares en toda esta llanura; escapa al monte, no sea que perezcas». Esas palabras significaban que Lot debía salir apresuradamente solo «con lo que llevaba puesto». La demora de Lot había hecho necesario que saliese a toda velocidad. El mandato: «No mires tras ti» enfatiza la necesidad de salir de Sodoma con suma urgencia.

> *Pero Lot les dijo: No, yo os ruego señores míos. He aquí ahora ha hallado vuestro siervo gracia en vuestros ojos, y habéis engrandecido vuestra misericordia que habéis hecho conmigo dándome la vida; mas yo no podré escapar al monte, no sea que me alcance el mal, y muera (Gn. 19:18-19).*

El mandato de los ángeles es recibido con un ruego algo arrogante de parte de Lot. Herbert C. Leupold comenta lo siguiente:

> Al parecer [Lot] no se da cuenta de su situación extrema, ni valora lo suficiente el inmerecido favor derramado sobre él. [Lot] negocia por más consideración. Uno está casi tentado a esperar que los ángeles le hubiesen dado un rechazo impaciente y rápido… Lot basa su ruego en el favor que ha sido derramado sobre él. Refuerza su petición alegando su incapacidad de llegar a las montañas.[6]

---

5. Bruce K. Waltke, *Genesis: A Commentary*, p. 278.
6. Herbert C. Leupold, *Exposition of Genesis*, p. 566.

Como se ha señalado, Lot declara que no puede escapar a las montañas por razones físicas y pide que le permitan refugiarse en la pequeña ciudad de Zoar, alegando que «allí salvará su vida» (Gn. 19:20). Al parecer, Lot no está plenamente satisfecho de la manifestación de la gracia de Dios en su vida. Los versículos 18 al 20 ofrecen un resumen de la misericordia que Dios ha tenido con Lot y su familia. La manera maravillosa y milagrosa de cómo ha sido librado de la violencia de los sodomitas y luego cómo ha sido librado de la destrucción de aquella malvada ciudad. Pero Lot todavía esperaba poder disfrutar de las comodidades del mundo. Quizá Lot deje entrever algo del materialismo que hay en el corazón humano (véase Jos. 7:1-26; Lc. 16:19-31).

Y le respondió: He aquí he recibido también tu súplica sobre esto, y no destruiré la ciudad de que has hablado. Date prisa, escápate allá; porque nada podré hacer hasta que hayas llegado allí. Por eso fue llamado el nombre de la ciudad, Zoar (Gn. 19:21-22).

Los ángeles respondieron a la petición de Lot con sorprendente paciencia y longanimidad hacia aquel hombre débil y pobre de espíritu. Los ángeles, una vez más, apelaban a Lot, diciéndole: «Date prisa, escápate allá; porque nada podré hacer hasta que hayas llegado allí» (v. 22). Incluso las manos de los ángeles no podían actuar hasta que Lot fuera librado del lugar de destrucción. Esta es una hermosa ilustración de la doctrina de la seguridad del creyente. Dios ha prometido librar a sus escogidos de la condenación (véase Jn. 5:24; Ro. 8:1, 28-39).

La destrucción de Sodoma (19:23-29)

El sol salía sobre la tierra, cuando Lot llegó a Zoar. Entonces Jehová hizo llover sobre Sodoma y sobre Gomorra azufre y fuego de parte de Jehová desde los cielos; y destruyó las ciudades, y toda aquella llanura, con todos los moradores de aquellas ciudades, y el fruto de la tierra (Gn. 19:23-25).

Estos versículos describen una de las más terribles catástrofes en la historia de la humanidad. Dios hizo llover desde los cielos «azufre y fuego». Eso significa que lo ocurrido allí fue el resultado directo del juicio del Dios soberano bajo cuyo control están todas las cosas. Estos versículos solo «mencionan a Sodoma y Gomorra, pero Deuteronomio 29:23 dice que Jehová destruyó a «Sodoma y Gomorra, Adma y Zeboim». Dice, además: «Las cuales Jehová destruyó en su furor y en su ira» (véase también Os. 11:8). A la luz del hecho de que la familia de Lot no mostró ningún fruto de haber experimentado la redención de Dios y que aun así el Señor puso cuidado en obtener su seguridad, uno puede suponer cuán grande era la iniquidad de aquellos que fueron dejados en las cuatro ciudades que fueron destruidas.

El medio por el cual las cuatro ciudades fueron destruidas ha sido ampliamente debatido por los estudiosos de Génesis. Algunos han argumentado que la expresión: «…Jehová hizo llover sobre Sodoma y sobre Gomorra azufre y fuego…» (Gn. 19:24), tiene que referirse a una erupción volcánica ya que hay evidencia de actividad volcánica en esa área en el pasado, pero recientes investigaciones se inclinan a rechazar esa postura. Otros han sugerido que hubo un potentísimo terremoto que resultó en grandes explosiones». De haber sido así, Dios usó esos medios naturales y los hizo funcionar de manera sobrenatural. Aún hay otros que piensan que la explicación antigua es la mejor: «Dios de manera sobrenatural hizo llover azufre y fuego del cielo». Eso es precisamente lo que dice Génesis 19:24. Herbert C. Leupold dice:

> Los medios usados para causar la destrucción, según el texto, fueron «azufre y fuego» que Jehová hizo descender tan abundantemente sobre esos lugares que Él los hizo «llover» sobre Sodoma y Gomorra. En este punto el relato es muy conciso. Cualquier intento que se haga para descubrir más de cerca los detalles de lo que sucedió debe permanecer estrictamente dentro de los límites de lo que dice el texto.[7]

Génesis 19:25 dice que la destrucción fue total. Las ciudades fueron destruidas junto con sus habitantes, y también fue destruida «toda la llanura» que, según Génesis 13:10, era «como el huerto de Jehová». Además, fue destruido «el fruto de la tierra», es decir, toda la vegetación que había allí. La destrucción de las ciudades de la llanura fue semejante a la destrucción efectuada por el diluvio de los días de Noé (véase Gn. 7:21-23).

> *Entonces la mujer de Lot miró atrás, a espaldas de él, y se volvió estatua de sal (Gn. 19:26).*

La mujer de Lot, evidentemente, estaba detrás de él. Quizá eso se debió a que no hacía un esfuerzo decisivo para escapar de Sodoma. Su corazón aún permanecía en la ciudad y permitió que su vigilancia se relajase, miró atrás y fue cubierta por las sustancias que caían del firmamento. De modo que «se volvió estatua de sal». La advertencia del Señor Jesús: «Acordaos de la mujer de Lot» (Lc. 17:32), la presenta como un ejemplo de todos los que rehúsan realizar una ruptura total con la vida vieja después de la conversión.

> *Y subió Abraham por la mañana al lugar donde había estado delante de Jehová. Y miró hacia Sodoma y Gomorra, y hacia toda la tierra de aquella llanura miró; y he aquí que el humo subía de la tierra como el humo de un horno. Así, cuando destruyó Dios las ciudades de la llanura, Dios se acordó de Abraham, y envió fuera a Lot de en medio de la destrucción, al asolar las ciudades donde Lot estaba (Gn. 19:27-29).*

Después de la destrucción de las ciudades de la llanura, Abraham fue al lugar donde había estado en la presencia de Jehová y observó el humo que ascendía al cielo. Aquel humo era un testimonio objetivo de la soberanía de Dios. El texto dice que era «como el humo de un horno», y también afirma que fue «Dios quien destruyó las ciudades de la llanura». Aquel fue un acontecimiento sobrenatural, obrado por la mano del Dios soberano. No fue el producto de un volcán ni de un gran terremoto, sino que fue un acto sobrenatural de Dios sobre cuatro ciudades terriblemente pecadoras.

---

7. *Ibíd.*, p. 568.

Moisés añade que la salvación de Lot se debió a la promesa hecha por Dios a Abraham. Es decir, Dios se acordó de Lot por causa de Abraham. De modo que la oración de Abraham, aunque no fue respondida como él la presentó, fue escuchada en lo que respecta a la liberación de Lot. No había diez justos en la ciudad, pero Dios salvó a todos los que pudo salvar en congruencia con su naturaleza y sus promesas.

LA DESGRACIA DE LOT (19:30-38)

Pero Lot subió de Zoar y moró en el monte, y sus dos hijas con él; porque tuvo miedo de quedarse en Zoar, y habitó en una cueva él y sus dos hijas (Gn. 19:30).

En Génesis 19:19-20, Lot había suplicado a los ángeles que le permitiesen habitar en Zoar, una ciudad pequeña. Ahora, sin embargo, en lugar de habitar en Zoar se va al monte y habita en una cueva con sus dos hijas. El texto dice «porque tuvo miedo de quedarse en Zoar». Quizá Lot temía que los habitantes de Zoar fueran tan malvados como los de Sodoma y podían ser destruidos de igual manera. Al parecer, Zoar estaba incluía entre las ciudades que iban a ser destruidas pero, por causa de Lot, fue reservada. José Loza dice lo siguiente:

Lot es el inconstante de la historia: no quiso ir a la montaña por temor (v. 19), pero luego abandona Zoar, la pequeña ciudad que había conseguido que fuera salvada para esconderse allí, para huir a la montaña (v. 30). Pero aquí tenemos el presupuesto de otra historia, la de su descendencia. Para que sucediera lo que cuenta el relato, es presupuesto indispensable que Lot estuviera solo con sus hijas en una gruta de la montaña.[8]

Aunque el profesor Loza tiene razón, el razonamiento de Lot fue producto de la incredulidad. Es probable que esa fuera una de las cosas que Lot aprendió de los sodomitas. Seguramente Lot tenía suficiente tiempo y oportunidad para encontrar esposos para sus hijas si hubiese ejercitado la paciencia. Pero cuando se tiene contacto con personas de hábitos pecaminosos dichos hábitos contagian al que está cerca. Eso sucede aunque el propósito de tal acción sea el temor de la desgracia de morir sin hijos.

Entonces la mayor dijo a la menor: Nuestro padre es viejo, y no queda varón en la tierra que entre a nosotras conforme a la costumbre de toda la tierra. Ven, demos a beber vino a nuestro padre, y durmamos con él, y conservaremos de nuestro padre descendencia. Y dieron a beber vino a su padre aquella noche, y entró la mayor, y durmió con su padre; mas él no sintió cuándo se acostó con ella, ni cuándo se levantó (Gn. 19:31-33).

Este pasaje muestra el peligro de ingerir alcohol en exceso. Eso es algo que el hombre ha hecho desde muy temprano en la historia, y el resultado siempre ha sido fatal (véase Gn. 9:21-22; Hab. 2:15). No debe pasarse por alto que uno de los graves

---

8. José Loza, *Génesis 12-50* (Bilbao: Editorial Desclée de Brouwer, 2007), p. 54.

problemas de la sociedad contemporánea es el uso exagerado del alcohol y las drogas. El resultado ha sido muerte, hogares rotos y miseria en muchas comunidades. El ser humano no aprende la lección y sigue en su mal desempeño.

En el caso de Lot y sus dos hijas se unen la depravación del corazón humano y la incredulidad. El razonamiento de la hija mayor es producto de la impaciencia y la incredulidad, es decir, la falta de fe: «Nuestro padre es viejo, y no hay varón en la tierra que entre a nosotras conforme a la costumbre de toda la tierra». Esta mujer no toma en cuenta a Dios, solo piensa en sí misma y en sus necesidades. Ese es el corazón mismo del humanismo, y la sociedad moderna sigue el mismo derrotero. La proposición de la hija mayor de Lot no era buscar la voluntad de Dios sino hacer «conforme a la costumbre de toda la tierra» (19:31). El cuadro presentado en este pasaje revela que la decadencia moral existe cuando un padre permite que sus hijas lo embriaguen tan fácilmente y, además, comete un acto de inmoralidad tan serio. Tan embriagado estaba Lot que «no sintió cuándo se acostó con ella [su hija], ni cuándo se levantó».

> *El día siguiente, dijo la mayor a la menor: He aquí, yo dormí la noche pasada con mi padre; démosle a beber vino también esta noche, y entra y duerme con él, para que conservemos de nuestro padre descendencia; y le dieron a beber vino a su padre también aquella noche, y se levantó la menor, y durmió con él; pero él no echó de ver cuándo se acostó con ella, ni cuándo se levantó. Y las dos hijas de Lot concibieron de su padre (Gn. 19:34-36).*

Probablemente Keil y Delitzsch estén en lo cierto cuando dicen:

> [Lot] durmió con sus hijas sin saber claramente lo que estaba haciendo… Pero las hijas de Lot tenían tan poco sentido de la vergüenza en relación con su conducta que les dieron nombres a los hijos que concibieron que han inmortalizado su paternidad.[9]

No debe pasarse por alto la responsabilidad de la esposa de Lot. Si ella no hubiese mirado atrás y no se hubiese convertido en estatua de sal, Lot y su esposa hubiesen vivido como un matrimonio normal y sus hijas no hubiesen cometido el terrible acto de incesto. Sin duda, el caso de la relación de Lot con sus hijas deja perplejo al lector, sin embargo la Biblia lo registra para que el pueblo de Dios aprenda la lección. Una de las cosas sorprendentes de la Biblia es que no esconde el pecado. Esa es una de las grandes diferencias entre la Palabra de Dios y la literatura humana. Los hombres se esfuerzan por esconder sus pecados y sus malas acciones. La Palabra de Dios hace todo lo contrario.

Henry M. Morris dice lo siguiente:

> La Escritura no dice cómo se sintió Lot acerca de la cuestión cuando finalmente supo lo sucedido. De hecho, no dice absolutamente nada más acerca de Lot. Presumiblemente, sin embargo, [Lot] actuó como un padre para los dos

---

9. Keil y Delitzsch, «Genesis to Judges 6:32», *Old Testament Commentaries*, p. 183.

hijos que les nacieron a sus dos hijas, puesto que crecieron en madurez y, de hecho, se convirtieron en progenitores de dos naciones.[10]

El pecado de Lot y sus dos hijas ha tenido consecuencias históricas que han afectado a la nación de Israel. Los nietos de Lot han sido enemigos de los descendientes de Abraham a través de Isaac y de Jacob.

Y dio a luz la mayor un hijo, y llamó su nombre Moab, el cual es el padre de los moabitas hasta hoy. La menor también dio a luz un hijo, y llamó su nombre Ben-ammi, el cual es el padre de los amonitas hasta hoy (Gn. 19:37-38).

El resultado del incesto de Lot y sus hijas fue el nacimiento de Moab y Ben-ammi. Allen P. Ross, en su excelente obra sobre el Génesis, dice lo siguiente:

La importancia de la historia está ligada a la etimología popular de los nombres que aparecen al final del capítulo. Uno de los hijos se llama Moab [*moab*] que es un juego con la palabra «padre», como si el nombre significase «de nuestro padre» [*me abimi*]. Dicho nombre probablemente se deriva de una raíz desconocida *m'b* en vez de una palabra compuesta [*min+ab*]. Pero se presta a sí misma al juego interpretativo para reflejar el incidente. El nombre del segundo hijo, Ben-Ammi [*ben ammí*], también refleja ese juego [de palabras]. Además del significado común «pueblo», el vocablo *am* también puede significar «pariente». Ese significado armoniza con el contexto al formar una idea paralela con *ab*, «padre». Ambos hijos fueron nombrados después de ser engendrados por Lot. Moab era el hijo del padre de ellas, y Ben-ammi era el hijo del pariente más cercano.[11]

Lo cierto es que tanto los moabitas como los amonitas causaron muchos problemas a la nación de Israel. El fin de la elección egoísta de Lot resultó en la pérdida de control de su propio cuerpo y el legado de eso fue Moab y Amón, quienes proporcionaron la peor seducción carnal en la historia de Israel y la más cruel perversión religiosa (véase Nm. 25:1-18).

RESUMEN Y CONCLUSIÓN

El capítulo 19 de Génesis narra dos grandes y tristes acontecimientos. El primero de ellos trata de la destrucción de las «ciudades de la llanura». Allí estaban Sodoma, Gomorra, Adma y Zeboim. Esas ciudades fueron destruidas por Dios, el juez justo, a causa de su terrible iniquidad.

Cuando Lot se separó de Abraham —su tío— se dirigió a la llanura del Jordán. El texto bíblico dice:

Y alzó Lot sus ojos, y vio toda la llanura del Jordán, que toda ella era de riego, como el huerto de Jehová, como la tierra de Egipto en la dirección de Zoar, antes que destruyese Jehová a Sodoma y Gomorra (Gn. 13:10).

---

10. Henry M. Morris, *The Genesis Record*, p. 358.
11. Allen P. Ross, *Creation & Blessing*, pp. 363-364.

El texto bíblico añade: «Mas los hombres de Sodoma eran malos y pecadores contra Jehová en gran manera» (Gn. 13:13).

Tristemente, Lot hizo su morada en medio de aquella comunidad de hombres y mujeres cargados de pecados. El texto dice que «eran malos y pecadores contra Jehová en gran manera». El apóstol Pedro también dice: «…porque este justo [Lot], que moraba entre ellos, afligía cada día su alma justa, viendo y oyendo los hechos inicuos de ellos» (2 P. 2:8).

Evidentemente, los habitantes de aquellas ciudades estaban plagados de pecados morales. Se deleitaban en la práctica del homosexualismo y el lesbianismo. Los sodomitas y los habitantes de las otras tres ciudades desafiaban a Dios mediante «su conducta nefanda». Jehová Dios determinó destruirlos (véase Gn. 18:20-21; 19:13, 24-25).

El segundo triste acontecimiento narrado en Génesis 19 tiene que ver con el pecado de incesto cometido por Lot con sus dos hijas (véase Gn. 19:30-38). Aquel fatal hecho en la vida de Lot ha tenido consecuencias históricas, porque los hijos que nacieron de aquella relación, Moab y Ben-ammin, han dado origen a dos naciones —moabitas y amonitas— que han sido enemigas tradicionales del pueblo de Israel.

En resumen, nada parecería señalar más la desaprobación divina del estilo de vida de Lot que el hecho de que después de este tiempo se le permitió vivir en el más absoluto anonimato, no se oye nada de él, no se sabe dónde, cuándo ni cómo murió. Ni tampoco dónde fue sepultado. Tal es la melancolía final de una vida apegada al mundo (1 Co. 10:6; Fil. 3:19; 2 Ti. 4:10) y construida sobre el fundamento de una decisión egoísta y sin sentido. Aunque Dios lo sacó de Sodoma, la ciudad no salió de dentro de Lot. La historia ha colocado un velo sobre el resto de su vida, excepto por la declaración del Nuevo Testamento que lo llama «el justo Lot» (2 P. 2:7).

Finalmente, la exhortación del Señor: «Acordaos de la mujer de Lot» (Lc. 17:32) es un tremendo recordatorio de lo que la falta de fe y la desobediencia pueden producir. La tragedia de la familia de Lot fue la responsabilidad de todos. Tanto Lot como su esposa y sus hijas contribuyeron a que ocurriese aquel lamentable suceso.

20

Abraham y Abimelec (20:1-18)

En muchos aspectos, Génesis 20 es uno de los capítulos de la Biblia más difíciles de entender. La narrativa es lo suficientemente simple, por supuesto, pero ¿cómo pudieron Abraham y Sara repetir exactamente el mismo pecado que habían cometido muchos años antes en Egipto? Podría ser comprensible que en aquellos días cuando su fe aún no había sido realmente probada y la fidelidad de Dios completamente confirmada hayan caído en tal trampa. ¿Pero cómo pudieron hacerlo otra vez? Una y otra vez, ellos habían visto muchas maravillosas respuestas a la oración, muchas pruebas milagrosas del cuidado y la protección de Dios. Su fe había confrontado muchas pruebas y Dios nunca les había fallado. Y ahora, finalmente, ¡estaban a punto de tener el tan esperado hijo! Es posible que Sara ya estuviese embarazada de Isaac, y solo tardaría unos meses más [en alumbrar]. Eso es lo que la Biblia registra, por tanto, así debió de haber sucedido, exactamente así.

Henry M. Morris, *The Genesis Record*, p. 359.

El contenido de Génesis 20 es sorprendente. ¡Cómo puede ser que el «padre de los fieles» haya cometido el mismo pecado otra vez! Después de los adelantos espirituales de Abraham —y los tropiezos iniciales— y de seguir los movimientos del Espíritu de Dios en su vida es casi imposible explicar su recaída y su falta de fe. Desde cualquier ángulo que se mire, hay que concluir que el testimonio de Abraham tuvo que ser afectado por lo que hizo en el palacio de Abimelec. Las Escrituras no nos dicen cuánto perjudicó todo aquello a Abraham y a Sara, pero ciertamente fueron afectados espiritualmente. Génesis 20 ofrece una amplia ilustración de algunas verdades importantes:

1. En primer lugar, aprendemos aquí que es difícil, aun para los patriarcas, poner a un lado el pecado que nos asedia a todos. De modo que incluso santos eminentes de vez en cuando caen en pecado. Como dijo alguien: «El corazón de David estuvo desentonado con más frecuencia que su arpa». Es cierto que Abraham,

321

como una oveja, muchas veces cayó en el hoyo de la tentación, sin embargo, el patriarca logró salir de diferentes situaciones con la ayuda de la gracia de Dios.

2. En segundo lugar, es claro que el carácter de Abraham no es la base de su aceptación delante de Dios. La misericordia de Dios nunca es otorgada en conformidad con los méritos que una persona piense que ha ganado delante de Él (véase Ro. 4:1-8). La misericordia de Dios es otorgada siempre por medio de la fe, no de las buenas obras. El pueblo de Israel, antes de comenzar el éxodo, estaba seguro y protegido de la destrucción del ángel cuando la sangre fue puesta en el dintel y en los dos postes de la puerta, aunque no por algún mérito obtenido por los que habitaban en las casas. El creyente obtiene eterna salvación mediante Aquel que derramó su sangre en la cruz. Alzar la mirada a Él y a su obra es el único acto aceptable delante de Dios. La Escritura no dice: «Cuando tu veas la sangre, entonces pasaré de vosotros», sino «…y veré la sangre y pasaré de vosotros» (Éx. 12:13). La Palabra de Dios dice con claridad:

> Porque Jehová pasará hiriendo a los egipcios; y cuando vea la sangre en el dintel y en los dos postes, pasará Jehová aquella puerta, y no dejará entrar al heridor en vuestras casas para herir (Éx. 12:23).

Es mediante la sangre del Cordero de Dios que el pecador puede ser limpiado y perdonado de su pecado.

3. Por último, las promesas del pacto abrahámico son incondicionales, porque el hombre no puede cumplir ninguna condición moral. De hecho, el hombre es siempre un obstáculo para el cumplimiento de las promesas divinas. Eso se ve claramente en el relato de Génesis 20. Una vez más, Abraham quitó su mirada de Dios y confió en su capacidad personal para engañar a Abimelec. Dios, sin embargo, estaba en absoluto control de todo, incluso en medio de aquella terrible situación.

ABIMELEC TOMA A SARA POR MUJER (20:1-7)

De allí partió Abraham a la tierra del Neguev, y acampó entre Cades y Shur, y habitó como forastero en Gerar. Y dijo Abraham de Sara su mujer: Es mi hermana. Y Abimelec rey de Gerar envió y tomó a Sara (Gn. 20:1-2).

El texto bíblico no da ninguna información acerca de qué hizo que Abraham viajara de Mamre a Gerar, la capital del territorio de los filisteos, cerca de Egipto. Como descubrimientos arqueológicos revelan que Gerar era una ciudad próspera, uno podría suponer que Abraham se desplazó a Gerar para realizar algún negocio. Algunos han sugerido que Abraham buscaba pastos para su abundante rebaño. Otros sugieren que quería alejarse de la hostilidad de sus vecinos. Quizá el patriarca deseaba apartarse del escenario de la terrible destrucción de Sodoma y las otras ciudades. Otra posibilidad es que Abraham hubiese sido impelido por Dios quien se proponía hacer entender al patriarca, mediante los constantes tratados, el hecho de que la tierra de Canaán nunca fue diseñada para que fuese la habitación permanente del pueblo de Dios. De todos modos, la vida de Abraham fue de un constante peregrinar (véase He. 11:8-10).

Abraham llegó a la ciudad filistea de Gerar, situada a unos 10 km al sur de Gaza. Al llegar, el patriarca dijo a los habitantes de la zona que Sara era su hermana. El engaño registrado en Génesis 12:13, por lo tanto, se repite aquí. Uno no puede disculpar al patriarca porque la decisión brota del temor al pueblo de aquella tierra (véase Gn. 20:11) y, como dice el texto, no fue un súbito error que resultó en un pecado, sino que fue parte de un plan deliberado, engendrado por la debilidad de Abraham (véase Gn. 20:13).

«Y Abimelec rey de Gerar envió y tomó a Sara» (20:2). El nombre «Abimelec» significa «mi padre es rey». Es posible que haya sido el padre o el abuelo del Abimelec mencionado en Génesis 26:1 en relación con Isaac, el hijo de Abraham. El nombre propio «Abimelec» se menciona en Jueces 8:31 (un hijo de Gedeón), en el encabezamiento de Salmos 34 (un rey filisteo en tiempos de David), y en 1 Crónicas 18:16 (un sacerdote israelita). También se menciona en las tablillas de las cartas de El-Amarna como el nombre del rey de Tiro.

Cuando Abimelec vio a Sara, la tomó y la incluyó en su harén, tal como lo hizo el faraón de Egipto, fascinado por la belleza de aquella mujer o, quizá, con la esperanza de conseguir una alianza con Abraham, quien para ese entonces era un rico y poderoso nómada con categoría de príncipe que había llegado a su territorio. Ha habido una gran discusión entre los estudiosos de Génesis en cuanto a cómo pudo el rey de Gerar haberse interesado en una mujer de noventa años, aunque debe recordarse que en aquellos tiempos las personas vivían más años y conservaban su vitalidad. Quizá una persona de noventa años de aquellos tiempos podía compararse con alguien de cincuenta años de hoy en día. Además, es posible que Sara hubiese sido milagrosamente rejuvenecida cuando recibió la fuerza y la capacidad para concebir a Isaac. El autor de la Epístola a los Hebreos dice:

> Por la fe, también la misma Sara, siendo estéril, recibió fuerza para concebir; y dio a luz aun fuera del tiempo de la edad, porque creyó que era fiel quien lo había prometido (He. 11:11).

> *Pero Dios vino a Abimelec en sueños de noche, y le dijo: He aquí, muerto eres, a causa de la mujer que has tomado, la cual es casada con marido (Gn. 20:3).*

Obsérvese que Moisés usa el nombre general de «Dios» [*Elojím*], pero el nombre de Dios para los que están en su pacto es YHWH. Los sueños eran los modos comunes de revelación empleados por *Elojím* cuando trataba con paganos, como fue el caso de Nabucodonosor (véase Dn. 2). Debe señalarse, sin embargo, que Abimelec tenía un concepto más pleno y correcto de Dios que la multitud de gentiles a su derredor. Temía a Dios y, al parecer, tenía otras ideas correctas respecto al Señor. Algunos creen que Abimelec era un creyente.

Bruce K. Waltke comenta lo siguiente:

> Abimelec, un rey cananeo temeroso de Dios, trata a Sara más justamente que Abraham. Como remuneración, Dios trata con justicia al rey pagano temeroso de Dios al impedir que cometa adulterio. Aunque Dios trata justamente con él,

Abimelec no abraza por la fe la elección de Abraham y pierde el derecho de formar parte de la historia de la salvación. Abimelec no reconoce a Abraham como el mediador de las bendiciones personales del pacto. Justicia y salvación deben diferenciarse.[1]

Abimelec es informado por Dios mediante sueños que lo que ha hecho es digno de muerte, porque ha tomado para sí la esposa de otro hombre. Esas palabras sugieren que Abimelec está bajo la obligación de honrar el lazo matrimonial. Evidentemente Abimelec va a morir como resultado de alguna enfermedad letal procedente de Dios.

La frase del texto es enfática: «He aquí, muerto eres». Es como si Dios le dijese: «Date por muerto». Eso refleja la magnitud del pecado que Abimelec habría cometido si hubiese tenido relaciones sexuales con Sara. Quizá, impedido por alguna enfermedad misteriosa enviada por Dios, Abimelec se mantuvo alejado de Sara, como lo sugiere la frase: «Mas Abimelec no se había llegado a ella...» (20:4). Al parecer, el rey tomó muy en serio lo que Dios le había dicho, puesto que respondió: «Señor, ¿matarás también al inocente?» (Gn. 20:4b). Las palabras de Abimelec, al parecer, contienen una alusión al terrible destino de Sodoma. El rey contempla con tristeza que eso pudiese ocurrir a su pueblo considerando que sus súbditos son inocentes del crimen del que se les acusa (véase 2 S. 24:17). No cabe duda de que Abimelec tenía algún conocimiento de los atributos del verdadero Dios.

> *¿No me dijo él: Mi hermana es; y ella también dijo: Es mi hermano? Con sencillez de mi corazón y con limpieza de mis manos he hecho esto (Gn. 20:5).*

Las palabras del versículo 5 hacen suponer que Abimelec creía que incorporar mujeres solteras a su harén era «su derecho como rey», lo que era erróneo, por supuesto. Queda claro, por lo tanto, que la integridad de Abimelec era relativa, es decir, era una integridad que armonizaba con las costumbres de aquellos tiempos. Abimelec era culpable delante de Dios, y esa es la posición donde Dios lo coloca.

> *Y le dijo Dios en sueños: Yo también sé que con integridad de tu corazón has hecho esto; y yo también te detuve de pecar contra mí, y así no te permití que la tocases (Gn. 20:6).*

Estas palabras de Dios a Abimelec no implican que el Señor absuelva al rey de su culpa. Abimelec sigue siendo culpable esencialmente de su acto. Eso puede verse claramente en el versículo siguiente:

> *Ahora, pues, devuelve la mujer a su marido; porque es profeta, y orará por ti, y vivirás. Y si no la devolvieres, sabe que de cierto morirás tú, y todos los tuyos (Gn. 20:7).*

Dios señala a Abimelec el camino para que demuestre su sinceridad y su arrepen-

---

1. Bruce K. Waltke, *Genesis: A Commentary*, p. 289.

timiento: «Ahora, pues, devuelve la mujer a su marido». Esa sería una clara evidencia del cambio del rey de Gerar.

«Porque es profeta» [*ki nabí*]. Esta es la primera vez que el sustantivo profeta se usa en la Biblia. Abraham no era profeta en el sentido de ser un hombre que «predecía el futuro», sino que era profeta porque Dios le dio el don de recibir revelación e interceder a favor de los hombres delante de Dios (véase Gn. 12:7; 15:1; 18:18; también Nm. 11:2; 14:13-19; 21:7; Dt. 9:20; 1 S. 7:8-9; 12:19, 23; 1 R. 17:20; Job 42:8; Jer. 7:16; 37:3; 42:2).

El profesor John J. Davis dice lo siguiente:

> Abraham es identificado como profeta para enfatizar la naturaleza oficial de su oración intercesora, aunque no por su habilidad de predecir el futuro. En un sentido real él es el portavoz escogido por Dios en esta oración… La intercesión de Abraham salvó la vida a Abimelec (véase Gn. 20:3, 7) y terminó la esterilidad que Dios había impuesto sobre su casa (Gn. 20:17-18).[2]

En el caso de Abimelec puede aprenderse que el hombre es culpable delante de Dios aun cuando su conciencia deje de acusarlo, e incluso cuando fuera ignorante de las leyes y de los caminos del Juez soberano del universo. Solo Dios puede perdonar el pecado del hombre, y Él lo hace cuando hay arrepentimiento y confesión. Dios perdona porque es Dios de gracia, misericordia, justicia y amor y, además, Él salva aparte de las obras humanas, salva por su misericordia (véase Tit. 3:5). Abimelec confiesa haber tomado a Sara por ignorancia, pero el pecado es pecado e implica culpa, aun cuando el que lo cometa lo haya hecho en ignorancia. Tal ignorancia, en este caso, constituía una circunstancia atenuante y Dios lo reconoció así. Abimelec debía devolver a Sara a Abraham o enfrentarse a la muerte. Las palabras de Dios fueron enfáticas:

> *Ahora, pues, devuelve la mujer a su marido… Y orará por ti, y vivirás. Y si no la devolvieres, sabe que de cierto morirás tú, y todos los tuyos (Gn. 20:7).*

Era la intención del Señor, quien acababa de librar a Lot de la catástrofe de Sodoma, rescatar al patriarca de la locura de sus acciones en Gerar. Abimelec debía corregir lo que había hecho inmediatamente.

La ofensa de Abimelec es agravada por el hecho de que Abraham es un profeta. En las culturas paganas, el profeta era considerado como poseedor de poderes mágicos (más que morales, véase Nm. 22:6). Al engañar a Abimelec, Abraham había dañado su posición de profeta, y su capacidad para interceder por Abimelec era algo dudosa. Probablemente, Abimelec no comprendió tan claramente como nosotros cómo Abraham había desacreditado su posición delante del Señor mediante su necia e incrédula mentira.

Las palabras del salmo: «No toquéis, dijo, a mis ungidos, ni hagáis mal a mis profetas» (Sal. 105:15), sin duda, son aplicables a este suceso como también al de Génesis 26:11. La protección del Señor dada a Abraham es totalmente inmerecida, pues es el producto de una posición de aceptación delante del Señor en virtud de una relación pactada en la que tanto Abraham como Sara se encuentran, y esa relación pactada se basa en un sentido final sobre la obra salvadora de Jesucristo el Mesías.

---

2. John J. Davis, *Paradise to Prison*, pp. 211-212.

Abimelec devuelve a Sara (20:8-18)

Entonces Abimelec se levantó de mañana y llamó a todos sus siervos, y dijo todas estas palabras en los oídos de ellos; y temieron los hombres en gran manera (Gn. 20:8).

Sin duda, las palabras del Señor aterrorizaron a Abimelec y, como evidencia de su deseo de obedecer las instrucciones divinas, juntó a todos sus siervos y les informó de la situación. Que «se levantó de mañana» sugiere el deseo de Abimelec de obedecer enseguida. El rey de Gerar confesó su falta, explicó los peligros e informó a sus siervos sus intenciones de arreglar el asunto, demostrando así su humildad y su temor del Señor. La frase: «…y temieron los hombres en gran manera» demuestra que, en cierta forma, aquellos paganos sí eran temerosos de Dios, contrariamente de lo que Abraham había pensado (véase Gn. 20:11). El hecho de que todo el consejo real —hombres y siervos— estuvieran llenos de temor señala que también los que rodeaban a Abimelec eran temerosos de Dios:

Después llamó Abimelec a Abraham, y le dijo: ¿Qué nos has hecho? ¿En qué pequé yo contra ti, que has atraído sobre mí y sobre mi reino tan grande pecado? Lo que no debiste hacer has hecho conmigo. Dijo también Abimelec a Abraham: ¿Qué pensabas para que hicieses esto? (Gn. 20:9-10).

Llama la atención el hecho de que «Abimelec llamó a Abraham». Quizá motivado de alguna manera por la conversación que había sostenido con Dios (Gn. 20:4-7), Abimelec se sintió con fuerzas para llamar a Abraham y formularle tres preguntas que intentaban culpar a Abraham por lo que había sucedido: «¿Qué nos has hecho?», «¿En qué pequé yo contra ti, que has atraído sobre mí y sobre mi reino tan grande pecado?» y «¿Qué pensabas para que hicieses esto?». El hecho de que Abraham no respondiera las dos primeras preguntas hace pensar que el patriarca se sintió culpable de lo ocurrido. Abimelec, por su parte, muestra una sincera preocupación por su pueblo mientras que Abraham solo pensó en sí mismo. Abraham mintió porque temía por su vida y porque no pensó si lo que hacía agradaba a Dios o no. Abimelec culpa a Abraham de haber estado a punto de atraer sobre él y sobre su reino «tan grande pecado». Esa actitud sugiere que Abimelec tenía alguna sensibilidad espiritual.

Y Abraham respondió: Porque dije para mí: Ciertamente no hay temor de Dios en este lugar, y me matarán por causa de mi mujer (Gn. 20:11).

Como puede deducirse de la respuesta de Abraham, su interés primordial era «salvar su piel». La respuesta del patriarca indica tácitamente que admite su pecado y exonera de culpa a Abimelec. Abraham, el hombre de fe, había apartado su vista de Dios y había confiado más en su astucia que en la fidelidad de Dios.

Abraham ofrece tres razones en su defensa. En primer lugar, alega que temía la naturaleza malvada de aquel pueblo, es decir, su depravación moral: «Porque dije para mí: Ciertamente no hay temor de Dios en este lugar, y me matarán por causa de mi mujer». Puede verse que Abraham creía plenamente en el principio de que «lo que uno cree determina sus acciones». En eso Abraham tenía razón.

La segunda defensa de Abraham es la siguiente:

Y a la verdad también es mi hermana, hija de mi padre, mas no hija de mi madre, y la tomé por mujer (Gn. 20:12).

Esta segunda excusa de Abraham es inválida para el argumento. Abraham le dice a Abimelec que realmente no estaba mintiéndole porque Sara era su hermanastra. Por supuesto, el patriarca realmente estaba expresando una mentira en lo que concernía al entendimiento de Abimelec. La ley en contra de esa clase de matrimonio fue dada por Dios posteriormente (véase Lv. 18:9, 11; Dt. 27:22; Ez. 22:11) y, al parecer, en tiempos de Abraham su matrimonio con Sara estaba permitido. El problema aquí es que Abraham negó que Sara fuera su esposa y creó un grave problema delante de Abimelec.

El tercer argumento de Abraham aparece en el versículo siguiente:

Y cuando Dios me hizo salir errante de la casa de mi padre, yo le dije: Esta es la merced que tu harás conmigo, que en todos los lugares adonde llegue- mos, digas de mí: Mi hermano es (Gn. 20:13).

Es decir, Abraham había hecho un arreglo con Sara cuando salieron de su tierra y comenzaron sus travesías por la tierra de Canaán, en previsión para el tipo de situación que habían encontrado, primero con el faraón de Egipto (Gn. 12:18-20) y ahora con Abimelec, rey de Gerar. Abraham quiso «guardar sus espaldas» cuando salió de Harán. La forma verbal «me hizo salir errante» procede de una raíz verbal que generalmente tiene un sentido negativo (véase Is. 3:12; Jer. 23:13, 32). Además, el sustantivo «Dios» [*Elojím*] aparece en el texto hebreo con un verbo en plural, que no es una construcción usual en el texto. De modo que es posible que Abraham, en este caso, intentara refe- rirse a «dioses». De ser así, el patriarca procuraba acomodarse a la postura politeísta de Abimelec. El comentarista británico Gordon Wenham dice:

Es poco común que «Dios» aquí tome el verbo plural sugiriendo que «dioses» podría ser una mejor traducción, y que esto podría representar una acomoda- ción a la perspectiva politeísta de Abimelec. Pero la mayoría de los comenta- ristas ven [el uso] del verbo plural como una anomalía. [3]

Es posible, sin embargo, que Abraham estuviese usando un vocabulario pagano para hablarle a un rey pagano, aunque parezca raro. No es de esperarse que Abraham negase su fe monoteísta delante de Abimelec, a pesar de su tropiezo espiritual. Quizá Herbert C. Leupold tenga razón al decir:

El plural *jiteu* con el sujeto *elojím* es una construcción hebrea totalmente inofensiva donde un plural de extensión o grado es unido a un verbo plural o a un adjetivo plural sin dañar el carácter singular del sujeto implicado.[4]

<hr>

3. Gordon Wenham, «Genesis 16-50», *Word Biblical Commentary*, p. 73.
4. Herbert C. Leupold, *Exposition of Genesis*, vol. II, p. 590.

A pesar de sus caídas y fracasos, Abraham no deja de ser un hombre piadoso, temeroso de Dios, un hombre de oración y «el padre de los fieles». Abraham sigue siendo «amigo de Dios».

> *Entonces Abimelec tomó ovejas y vacas, y siervos y siervas, y se los dio a Abraham, y le devolvió a Sara su mujer. Y dijo Abimelec: He aquí mi tierra está delante de ti; habita donde bien te parezca. Y a Sara dijo: He aquí he dado mil monedas de plata a tu hermano; mira que él te es como un velo para los ojos de todos los que están contigo, y para con todos; así fue vindicada (Gn. 20:14-16).*

El resultado de la confrontación entre Abraham y Abimelec fue, por un lado, la devolución de Sara a Abraham. Por otro lado, Abraham recibió una importante recompensa en la forma de «ovejas y vacas, y siervos y siervas». Además, Abimelec invitó a Abraham a habitar en su tierra.

En Génesis 14:21-24 se narra que Abraham rechazó recibir recompensa del rey de Sodoma. Abraham alegó: «...para que no digas: Yo enriquecí a Abram». También mostró su generosidad cuando cedió a Lot la prioridad de escoger las mejores tierras. Resulta extraño que ahora el patriarca acepte esos regalos de parte de Abimelec. Quizá Abraham pensó que rechazar aquellos regalos produciría mayor agravio en Abimelec.

Además, en el versículo 16 (RVC), Abimelec dice a Sara que ha dado a Abraham mil monedas de plata como «un velo para los ojos». Esa frase podría significar que «Abimelec pretende restaurar el honor de Sara que él había empañado, aun inocentemente».[5] También podría significar que las mil monedas de plata (una importante cantidad) servirían como una protección eficaz de las miradas acusadoras ocasionales por lo que ella y Abraham habían hecho. Quizá, también, simplemente significaba que esa importante cantidad les ayudaría a pasar por alto el mal que el rey había hecho.

> *Entonces Abraham oró a Dios; y Dios sanó a Abimelec y a su mujer, y a sus siervas y tuvieron hijos. Porque Jehová había cerrado completamente toda matriz de la casa de Abimelec, a causa de Sara mujer de Abraham (Gn. 20:17-18).*

Abraham, el hombre de fe, lleva a cabo la función que Dios le había dado como profeta (Gn. 20:7). El texto dice que Abraham oró a Dios y Dios sanó a Abimelec y a los miembros de su familia. Como escribió Santiago: «La oración eficaz del justo puede mucho» (Stg. 5:16). Al parecer, era una enfermedad que prevenía la relación sexual y, por lo tanto, la concepción. El texto dice: «Y tuvieron hijos». El Dios soberano sanó a Abimelec, a su mujer y a los demás miembros de su familia. Prueba de esa sanidad es que tuvieron hijos.

El último versículo de este capítulo explica lo que Jehová Dios había hecho: «Porque Jehová había cerrado completamente toda matriz de la casa de Abimelec, a causa de Sara mujer de Abraham». El uso del sustantivo Jehová aquí es muy apropiado, porque fue el Dios fiel el que «hizo un pacto con Abraham» (Gn. 15:18) y promete guardar

---

5. Bruce K. Waltke, *Genesis: A Commentary*, p. 288.

ese pacto (Gn. 17:1-8), y quien en misericordia ha protegido a Sara para impedir que ocurriese cualquier cosa que complicase el cumplimiento estricto de la promesa concerniente a la simiente.

RESUMEN Y CONCLUSIÓN

En primer lugar, Génesis 20 deja claro que Abraham no era un personaje engañoso. Era un hombre «sujeto a pasiones semejantes a las nuestras». Aunque era objeto de la distintiva y especial gracia de Dios, Abraham era un hombre que estaba afectado por el principio del pecado. Es difícil, aun para los patriarcas, deshacerse del pecado que nos asedia. Ese es el cumplimiento de la extensa obra divina de la santificación. Nunca estamos exentos de caer mientras estamos en la carne, pero Dios trata con su propia gracia, conteniendo, iluminando, controlando y dirigiendo.

Finalmente, está claro que la raíz del problema de Abraham era la incredulidad, es decir, una falta de confianza en la capacidad de Dios de cumplir su promesa sin nuestra ayuda. La fe de Abraham era real y vigorosa, pero era parcial (véase Mt. 14:28-31; Pr. 3:5).

21

El nacimiento de Isaac, la expulsión de Ismael y el pacto con Abimelec (21:1-34)

El nacimiento de Isaac marcó un punto fundamental en el desarrollo del plan eterno de Dios. La venida de ese hijo a Abraham y Sara fue el segundo gran paso hacia el cumplimiento del plan de Jehová, que era el de tener un pueblo propio, separado de las naciones vecinas. Un pueblo al cual se le confiasen los oráculos divinos, un pueblo del cual según la carne naciese el Salvador. Un pueblo que, a la postre, se convirtiese en el medio de bendecir a toda la tierra. En la realización de ese plan y ese propósito, el primer gran paso fue la «selección» de Abraham para ser el padre de la nación escogida, el llamado que lo separó del pueblo idólatra entre el que vivió, y la migración a la tierra que Jehová prometió darle.

Arthur W. Pink, *Gleanings in Genesis*, Vol. II, p. 5.

El capítulo 21 del Génesis está repleto de material bíblico importante y es significativo tener en mente algunas cosas al recorrer sus enseñanzas.

En primer lugar, este capítulo nos habla acerca del cumplimiento de la promesa de que Abraham y Sara tendrían un hijo (véase Gn. 18:10-12) que sería «el hijo de la promesa». Esa enseñanza es de gran importancia, tal como lo confirma el Nuevo Testamento (véase Ro. 4:17-25). Es decir, Génesis capítulo 21 es importante desde un punto de vista histórico.

En segundo lugar, la importancia teológica de este capítulo es innegable. Por ejemplo, el apóstol Pablo toma este capítulo como punto de apoyo en la explicación de la doctrina bíblica. Hay dos cuestiones importantes aquí: en Romanos 9, donde Pablo comienza su exposición de la relación de la nación de Israel con Dios, el apóstol usa una cláusula tomada de Génesis 21: «…porque en Isaac te será llamada descendencia» para exponer la gracia soberana de Dios en la elección de una línea de descendencia dentro de Israel (cf. He. 11:18); y era importante para él ver que no se trataba solo de descendencia natural para determinar la inclusión de uno en la línea de la promesa hecha a Abraham, sino que es en Isaac donde está la simiente. O sea, que hay una elección de gracia dentro del Israel étnico, y este es un punto de gran importancia teológica.

En su epístola a los Gálatas, el apóstol Pablo usa otra parte de Génesis 21 para ilustrar el rechazo de los que proponen la salvación mediante la ley. Pablo escribió:

> Decidme, los que queréis estar bajo la ley: ¿no habéis oído la ley? Porque está escrito que Abraham tuvo dos hijos; uno de la esclava, el otro de la libre. Pero el de la esclava nació según la carne; mas el de la libre, por la promesa. Lo cual es una alegoría, pues estas mujeres son los dos pactos; el uno proviene del monte Sinaí, el cual da hijos para esclavitud; éste es Agar. Porque Agar es el monte Sinaí en Arabia, y corresponde a la Jerusalén actual, pues ésta, junto con sus hijos, está en esclavitud. Mas la Jerusalén de arriba, la cual es madre de todos nosotros, es libre. Porque está escrito: Regocíjate, oh estéril, tú que no das a luz; prorrumpe en júbilo y clama, tú que no tienes dolores de parto; porque más son los hijos de la desolada, que de la que tiene marido. Así que, hermanos, nosotros como Isaac, somos hijos de la promesa. Pero como entonces el que había nacido según la carne perseguía al que había nacido según el Espíritu, así también ahora. Mas ¿qué dice la Escritura? Echa fuera a la esclava y a su hijo, porque no heredará el hijo de la esclava con el hijo de la libre. De manera, hermanos, que no somos hijos de la esclava, sino de la libre (Gá. 4:21-31).

Queda absolutamente claro, según este sorprendente pasaje de tipología bíblica (no alegoría, como algunos equivocadamente enseñan), que Pablo ve en el rechazo de Ismael en favor de Isaac una prueba ilustrativa del rechazo de las obras de la carne como la base de la justificación, y la aceptación de la actividad de la gracia divina en la elección y la regeneración como la base de la justificación. La salvación procede no de la esclavitud producida por la ley de Moisés, sino a través de la obra del Espíritu en regeneración y fe. El que es nacido de la carne es rechazado y el que es nacido del Espíritu es aceptado.

Finalmente, Génesis 21 es de gran importancia desde el mero punto de vista ético. Contiene la referencia al hecho de que Isaac «fue destetado» (véase Gn. 21:8), pero la persona que en realidad está siendo «destetada» es el padre de Isaac, es decir, Abraham. Muchas cosas están ocurriendo en la vida del patriarca que lo están preparando para la gran crisis registrada en el capítulo 22, cuando debe ofrecer al hijo prometido como holocausto. Uno casi puede sentir cómo se desarrolla la tensión, porque el santificador divino de nuestras almas tiene que prepararnos a través de la disciplina para el ejercicio de la fe en sus formas más sublimes. Dios, el supremo amante de nuestras almas, ha dado a conocer el acuerdo secreto entre Sara y Abraham, al que se adhirieron por muchos años (véase Gn. 20:13). Y ahora la conexión de Abraham con Agar y su hijo, Ismael, tiene que ser confrontado. ¿Eso fue necesario porque el amor de Abraham por Ismael podría convertirse en un obstáculo para hacer la voluntad de Dios? Sabemos que a Abraham no le agradaba la idea de echar fuera a Ismael, porque Génesis 21:11 dice: «Este dicho pareció grave en gran manera a Abraham a causa de su hijo». El corazón de Abraham evidentemente estaba aferrado al hijo de la esclava y, quizá, también a la misma esclava. Esto podía llegar a ser una piedra de tropiezo cuando fuese llamado para que sacrificase a Isaac. Es posible que el patriarca encontrase más fácil entregar a Isaac, si sabía que tenía a Ismael para recurrir a él. De todos modos, al parecer, Dios estaba derribando los ídolos del corazón de Abraham uno tras otro, para que se viese obligado a arrojarse totalmente en los brazos del Señor, desnudo e impotente delante de su creador y redentor. De aquí surge la pregunta: ¿Estamos dispuestos a exponernos a la obra purificadora de nuestro Padre misericordioso y amante? Dios lo ha diseñado para recordarnos que no debemos sentir mucho apego a este mundo, porque este mundo no es la meta principal de nuestras esperanzas.

EL CUMPLIMIENTO DE LA PROMESA (21:1-7)

Visitó Jehová a Sara, como había dicho, e hizo Jehová con Sara como había hablado. Y Sara concibió y dio a Abraham un hijo en su vejez, en el tiempo que Dios le había dicho (Gn. 21:1-2).

El capítulo comienza con la frase: «Jehová visitó a Sara». El verbo «visitó» [*pacád*] sugiere el interés personal de Dios en una persona. En este caso, Dios tiene un interés especial en la persona de Sara. Después de largos años de espera, Dios cumple su promesa de dar a Abraham un hijo a través de Sara. En dos ocasiones, la Escritura predice el nacimiento de Isaac (véase Gn. 17:16-21 y 18:10-15). Ahora Dios cumple fielmente su promesa. El texto dice que Dios cumplió su promesa «como lo había dicho» e hizo con Sara «como había hablado». Henry M. Morris dice:

Finalmente, después de veinticinco años en la tierra de Canaán, esperando por el cumplimiento de la promesa de Dios, la fe de Abraham fue recompensada.[1]

El autor del Génesis enfatiza el hecho de que Jehová Dios cumple su Palabra. La promesa se cumple en su momento preciso. Jehová hizo «como había dicho», «tal como había hablado». El versículo 2 dice que: «Sara concibió… en el tiempo que Dios le había dicho». Por supuesto, el tiempo no fue el de Abraham sino el de Dios, y esa es la manera como siempre es y debe de ser. La impaciencia está fuera de lugar cuando se trata de las promesas de Dios.

En última instancia, la fe de Abraham está enmarcada en la confianza en la Palabra de Dios. No es fe por el hecho de ser fe, o por algún sentimiento subjetivo, sino que es descansar sobre las promesas tangibles de la Palabra de Dios, es decir, una confianza objetiva en el Señor y en sus promesas.

Debe notarse que el texto dice: «Visitó Jehová a Sara… y Sara concibió y dio a Abraham un hijo en su vejez, en el tiempo en que Dios le había dicho» (Gn. 21:2). Es muy apropiado que el acto del cumplimiento de la promesa se relacione con Jehová, porque Él es el Dios guardador del pacto, lo que es enfatizado mediante la repetición del nombre «Jehová» al final del versículo 1.

---

1. Henry M. Morris, *The Genesis Record*, p. 365.

Y llamó Abraham el nombre de su hijo que le nació, que le dio a luz Sara, Isaac. Y circuncidó Abraham a su hijo Isaac de ocho días, como Dios le había mandado. Y era Abraham de cien años cuando nació Isaac su hijo (Gn. 21:3-5).

El hijo nacido a Abraham y Sara recibió el nombre de Isaac que significa «risa» o «el que ríe», un juego de palabras utilizado para recordar la risa de gozo e incredulidad de Abraham y Sara cuando el Señor les anunció que tendrían un hijo. Recuérdese que el texto dice: «Se rió, pues, Sara entre sí, diciendo: ¿Después que he envejecido tendré deleite, siendo también mi señor ya viejo?» (Gn. 18:12). En Génesis 21:6 dice: «Entonces dijo Sara: Dios me ha hecho reír, y cualquiera que lo oyere, se reirá conmigo». El nombre «Isaac» actuaría como un recordatorio de la gran bendición que había sido derramada sobre aquella pareja entrada en años.

«Y circuncidó Abraham a su hijo Isaac de ocho días». Es decir, Abraham también observó el mandamiento de la circuncisión de manera estricta (véase Gn. 17:12). La fe y la obediencia de Abraham, al menos en este caso, se pusieron en funcionamiento. Hay una referencia especial otra vez a la edad del patriarca (Gn. 21:5), porque en realidad era un milagro de Dios que un hombre de cien años pudiese engendrar un hijo mediante la relación con una mujer de noventa años.

Entonces dijo Sara: Dios me ha hecho reír, y cualquiera que lo oyere, se reirá conmigo. Y añadió ¿Quién dijera a Abraham que Sara habría de dar de mamar a hijos? Pues le he dado un hijo en su vejez (Gn. 21:6-7).

En estos versículos, Sara provee su propio comentario acerca de lo que le ha sucedido. El nombre, que originalmente era un recordatorio de su incredulidad, ahora es una señal de la bondad de Dios hacia ella. Su gozoso comentario fue: «Dios me ha hecho reír, y cualquiera que lo oyere, se reirá conmigo» (Gn. 21:6). Debe notarse que Sara usa el nombre, o título, de Dios que enfatiza su poder creador [*elojím*]. El Dios Creador rejuveneció a Sara y la capacitó para concebir a su hijo unigénito, es decir, Isaac. Sara literalmente concibió y amamantó a Isaac, algo verdaderamente sorprendente (véase Gn. 21:7). Dios rejuveneció a Sara lo suficiente para amamantar a Isaac por lo menos durante dos o tres años, según se acostumbraba en aquellos tiempos, y Abraham también fue rejuvenecido. La Escritura dice que, posteriormente, tuvo seis hijos más con una mujer llamada Cetura (véase Gn. 21:1).

LA EXPULSIÓN DE ISMAEL (21:8-21)

Y creció el niño, y fue destetado; e hizo Abraham gran banquete el día que fue destetado Isaac. Y vio Sara que el hijo de Agar la egipcia, el cual ésta le había dado a luz a Abraham, se burlaba de su hijo Isaac. Por tanto, dijo a Abraham: Echa a esta sierva y a su hijo, porque el hijo de esta sierva no ha de heredar con Isaac mi hijo. Este dicho pareció grave en gran manera a Abraham a causa de su hijo. Entonces dijo Dios a Abraham: No te parezca grave a causa del muchacho y de tu sierva; en todo lo que te dijere Sara, oye su voz, porque en Isaac te será llamada descendencia. Y también del hijo de la sierva haré una nación, porque es tu descendiente (Gn. 21:8-13).

4:30 como una exigencia inspirada, y una interpretación de la posición del hijo de la promesa. Era Isaac quien heredaría la promesa. ¡Esa es la afirmación de la Escritura!

El texto revela el fracaso de Abraham al no comprender la esencia de la situación por su angustia por tener que echar fuera a Ismael: «Este dicho [echa a esta sierva y a su hijo] pareció grave en gran manera a Abraham a causa de su hijo» (Gn. 21:11). Su afecto por Ismael había empañado su discernimiento espiritual, como ocurre con frecuencia en la experiencia humana. Pero Dios manda al patriarca a obedecer los deseos de Sara y le recuerda que «en Isaac te será llamada descendencia» (Gn. 21:12).

Una vez más, el apóstol Pablo hace uso de ese texto en el Nuevo Testamento, y también lo hace el autor de la carta a los Hebreos (véase He. 11:18). El argumento de Pablo en Romanos 9:7 deja bien claro que la aceptación de Isaac está arraigada en la divina gracia electiva aparte de las obras: «Ni por ser descendientes de Abraham, son todos hijos; sino: En Isaac te será llamada descendencia». De modo que la doctrina de la elección es el corazón del obrar del plan divino para el hombre. Pablo incluye también en su exposición el nacimiento de Esaú y Jacob y expresa el plan divino en su control providencial de la línea de la promesa, diciendo: «Pues no habían aún nacido, ni habían hecho aún ni bien ni mal, para que el propósito de Dios conforme a la elección permaneciese, no por las obras sino por el que llama» (Ro. 9:11).

El soberano Dios escogió a Abraham y lo llamó de Ur de los caldeos, hizo un pacto incondicional con el patriarca que incluía una tierra, una simiente y una bendición a todas las naciones de la tierra a través de él. La simiente sería el hijo de Abraham y Sara, es decir, Isaac. De esa simiente vendría Isaí, el padre del rey David, de quien procede Jesús el Mesías, en quien se cumplen todas las promesas de Dios (véase Ro. 1:1-6).

> *Entonces Abraham se levantó muy de mañana, y tomó pan, y un odre de agua, y lo dio a Agar, poniéndolo sobre su hombro, y le entregó el muchacho, y la despidió. Y ella salió y anduvo errante por el desierto de Beerseba (Gn. 21:14).*

Abraham contempla con determinación la dificultad que enfrenta. Se levanta temprano en la mañana y ejecuta la desagradable tarea. Una vez más vemos la pronta obediencia de parte del patriarca (véase Gn. 22:3; Stg. 2:14-26) a pesar de las emociones naturales de su humano corazón. El odre de agua que puso sobre el hombro de Agar debía pesar cerca de diez kilos y contenía cerca de 12 litros de agua. Ismael, según el texto, era «un muchacho» [*náar*]. Este vocablo se refiere a alguien inexperto. Evidentemente, Ismael tenía edad suficiente para caminar (Gn. 21:18), de modo que la carga de Agar no incluía a Ismael.

Los versículos 15 al 21 narran la manera en que el Señor preservó la vida de Ismael:

> *Y le faltó el agua del odre, y echó al muchacho debajo de un arbusto, y se fue y se sentó enfrente, a distancia de un tiro del arco; porque decía: No veré cuando el muchacho muera. Y cuando ella se sentó enfrente, el muchacho alzó su voz y lloró (Gn. 21:15-16).*

Después de agotarse el agua, Agar, sumamente cansada, ayudó y arrastró a su hijo hasta ponerlo bajo la sombra de un árbol, y se alejó a cierta distancia. Su corazón de madre estaba lleno de angustia. Como es de esperarse, no quería ver morir a su hijo, y su angustia aumentó cuando escuchó al muchacho llorar.

El resto de esta sección narra el dramático hecho de la desesperada condición de Agar y su hijo quienes, al parecer, estaban destinados a morir. Pero Dios atendió al llanto del muchacho y le dio liberación mediante el «ángel de Jehová». Dios promete bendiciones físicas a Ismael y a su descendencia:

> *Y oyó Dios la voz del muchacho; y el ángel de Dios llamó a Agar desde el cielo, y le dijo: ¿Qué tienes, Agar? No temas; porque Dios ha oído la voz del muchacho en donde está. Levántate, alza al muchacho, y sostenlo con tu mano, porque yo haré de él una gran nación (Gn. 21:17-18).*

El nombre «Ismael» significa «Dios oye», y eso fue exactamente lo que ocurrió. La expresión «el ángel de Dios» (v. 17), probablemente se refiera a la misma persona que apareció a Agar (véase Gn. 16:7) bajo el nombre de «el ángel de Jehová». Sin duda era otra teofanía. Dios le mostró su compasión a Agar cuando "abrió sus ojos" y le hizo ver la fuente de agua para que llenase su odre y no muriese de sed en el desierto (véase 21:19). La promesa de Dios de bendecir la descendencia de Abraham se cumple también en Ismael. El texto dice: "Y Dios estaba con el muchacho; y creció, y habitó en el desierto, y fue tirador de arco" (21:20). Que Agar haya tomado para su hijo una «mujer de la tierra de Egipto» (21:21) describe más ampliamente el espíritu diferente que motivó a Agar y a su hijo, en contraste con el espíritu que motivó a Abraham y a Sara cuando buscaron una esposa para Isaac.

EL PACTO DE ABRAHAM CON ABIMELEC (21:22-34)

La última sección de Génesis 21 narra el pacto o convenio entre Abraham y el rey de Gerar. Evidentemente, Abraham ha conseguido ganarse el respeto de Abimelec, pues la confesión de Abimelec a Abraham: «Dios está contigo en todo cuanto haces» constituye un reconocimiento singular de la grandeza de Abraham de parte de un rey pagano. ¡Sin duda, Dios estaba con el gran patriarca! Génesis 21:22-24 registra el juramento de bondad hecho por Abraham:

> *Aconteció en aquel mismo tiempo que habló Abimelec, y Ficol príncipe de su ejército, a Abraham, diciendo: Dios está contigo en todo cuanto haces. Ahora, pues, júrame aquí por Dios, que no faltarás a mí, ni a mi hijo ni a mi nieto, sino que conforme a la bondad que yo hice contigo, harás tu conmigo, y con la tierra en donde has morado. Y respondió Abraham: Yo juraré (Gn. 21:22-24).*

La escena que se relata aquí tuvo lugar a unos 30 km de Gerar, donde surgían desacuerdos acerca del uso de los pastos y de los pozos de agua. Lo que estos versículos relatan constituye una ilustración de las incertidumbres de la vida de un peregrino y de los problemas que los santos confrontan en sus tratos con el mundo. Abraham se había convertido en un hombre influyente, y el rey de Gerar estaba ansioso de retener su buena voluntad. De modo que deseaba realizar un pacto de amistad con el patriarca. Abraham estaba dispuesto a pactar con Abimelec, pero antes que nada consideró necesario expresar una queja acerca de un pozo que los siervos de Abimelec le habían robado.

> *Y Abraham reconvino a Abimelec a causa de un pozo de agua, que los siervos de Abimelec le habían quitado (Gn. 21:25).*

Al parecer, Abraham había cavado un pozo en Beerseba y algunos de los siervos de Abimelec se habían apoderado de dicho pozo sin que Abimelec lo supiera. Como es de suponerse, el agua es un elemento muy necesario en el desierto. Abraham, por supuesto, aprovechó la oportunidad para reclamarle al rey de Gerar lo que sus siervos le habían quitado. Abimelec accedió a devolverle a Abraham el pozo con el fin de mantener la amistad y la buena voluntad del patriarca.

> *Y respondió Abimelec: No sé quién haya hecho esto, ni tampoco tú me lo hiciste saber, ni yo lo he oído hasta hoy (Gn. 21:26).*

Es posible que Abimelec usase el argumento de «ignorancia» como un modo de defenderse. El verbo «reconvino» [*yakákj*] sugiere que Abraham se había quejado repetidas veces de lo ocurrido. Ahora, sin embargo, Abimelec actúa con prontitud para reparar los daños. El resultado del diálogo entre Abraham y Abimelec se relata en los versículos siguientes:

> *Y tomó Abraham ovejas y vacas, y dio a Abimelec; e hicieron ambos pacto. Entonces puso Abraham siete corderas del rebaño aparte. Y dijo Abimelec a Abraham: ¿Qué significan esas siete corderas que has puesto aparte? Y él respondió: Que estas siete corderas tomarás de mi mano, para que me sirvan de testimonio de que yo cavé este pozo. Por esto llamó a aquel lugar Beerseba; porque allí juraron ambos. Así hicieron pacto en Beerseba; y se levantó Abimelec, y Ficol príncipe de su ejército, y volvieron a tierra de los filisteos (Gn. 21:27-32).*

Según Gordon Wenham, «se acostumbraba que hubiese un intercambio de regalos cuando se hacía un tratado o pacto» (véase 1 R. 15:19), y que solo Abraham diese regalos sugiere que Abraham era el menor de los dos y el principal beneficiario del tratado.[3] Al aceptar Abimelec el presente de mano de Abraham dejaría resuelto el hecho de que Abraham era el propietario del pozo. Un acuerdo verbal no era suficiente, sino que era necesario un pacto formal, de ahí el nombre «Beerseba», que significa «pozo del juramento». El pozo era un testigo objetivo del pacto entre Abraham y Abimelec. El acuerdo alcanzado le daba a Abraham derecho al pozo en perpetuidad.

> *Y plantó Abraham un árbol tamarisco en Beerseba, e invocó allí el nombre de Jehová Dios eterno. Y moró Abraham en tierra de los filisteos muchos días (Gn. 21:33-34).*

---

3. Gordon Wenham, «Genesis 16-50», *Word Biblical Commentary*, p. 93.

Los expositores Keil y Delitzsch dicen lo siguiente:

> La siembra de este árbol longevo, con su madera dura y sus largas hojas agrupadas de forma gruesa y verde perenne, era un tipo de la gracia permanente del fiel Dios del pacto.[4]

El árbol plantado por Abraham era conmemorativo y simbólico del pacto realizado, pero además, el patriarca invocó el nombre de «Jehová Dios eterno» [*YHWH el olám*]. Abraham ha descubierto que Dios es quien le había dicho que era (véase Gn. 15:1; 21:5). El patriarca ha continuado creciendo en su conocimiento de Dios, y ahora lo reconoce como «Jehová Dios eterno». El versículo 34 solo dice que Abraham «moró en tierra de los filisteos muchos días», pero no aclara por cuánto tiempo se prolongó eso. Probablemente Abraham tomó el tiempo necesario para el crecimiento de Isaac. Abraham era un extranjero en la tierra de los filisteos, Dios le prometió la tierra «desde el río de Egipto hasta el río grande, el río Éufrates; la tierra de los ceneos, los cenezeos, los cadmoneos, los heteos, los ferezeos, los refaítas, los amorreos, los cananeos, los gergeseos y los jebuseos» (véase Gn. 15:18-20). Pero la simiente de Abraham debía multiplicarse para ocupar la tierra prometida. La descendencia de Abraham ocupará esa tierra porque esa es la promesa de Dios: «A tu descendencia daré esta tierra...» (Gn. 15:18).

RESUMEN Y CONCLUSIÓN

El capítulo 21 del Génesis trata tres temas principales: el nacimiento de Isaac (21:1-8), la expulsión de Ismael junto con su madre (21:9-21) y el pacto entre Abraham y Abimelec (21:22-34).

En medio de las grandes lecciones de la fidelidad de Dios a su Palabra en el nacimiento de Isaac, la superioridad de la promesa de Dios sobre la carne y sus obras, la prueba de la gracia soberana en la elección, sobresale «el destetar de Isaac». Un peso más ha sido removido para que el patriarca pueda correr la carrera de la fe con más resistencia, con los ojos puestos en Jehová, el Dios eterno.

Aun el amor natural tiene que subordinarse al amor de Dios. Ismael tiene que ser echado fuera para que los propósitos de Dios a través de Isaac se cumplan. Un paso más es tomado en el proceso de que Abraham llegue a ser «el amigo de Dios» en el sentido más profundo. La victoria final de la fe está a las puertas, y toda la vida del patriarca era una preparación para alcanzar esa victoria.

---

4. Keil y Delitzsch, «Genesis to Judges 6:32», *Old Testament Commentary*, p. 190.

22

El mandato de sacrificar a Isaac y el juramento de reafirmación del pacto (22:1-24)

Hemos de hablar aquí de una prueba a la que Abraham fue sometido, pero solo en el sentido de que dicha prueba le fue impuesta de modo clarísimo por Dios mismo, por el Dios de Israel. El asunto se plantea de modo que al lector se le dice, ya desde el comienzo, que se trata únicamente de una prueba puesta por el propio Dios, de una grave exigencia, que Dios no piensa llevar hasta sus últimas consecuencias. Pero para Abraham aquella orden tenía una seriedad mortal. Esta duplicidad de perspectivas en los acontecimientos que ahora van a desarrollarse —que se miran con los ojos de Abraham, y a la vez desde un punto de vista mucho más elevado— delata a un narrador fuera de lo común. Logra así que no se suscite de antemano la tensa atención del lector ante lo que aquel suceso tenía de horrible, sino que más bien su interés se centre acuciante sobre la conducta de Abraham (y la de Isaac).

Gerhard von Rad, *El libro del Génesis*, p. 282.

¿Puede existir alguna duda de que la escena narrada en Génesis 22, la del sacrificio de Isaac por su padre Abraham, es una de las más grandes y sorprendentes en la historia de la salvación diseñada por Dios? Sin duda alguna es la escena más grande registrada en el Antiguo Testamento, de hecho, es superada en el Nuevo Testamento solo por el sacrificio del Hijo de Dios en el Calvario. Cuando el eterno Padre ofreció a «su Isaac», el verdadero Cordero de Dios, la escena presentada en el capítulo 22 de Génesis encontró su consumación. La cruz de Cristo es el cumplimiento del ofrecimiento de Isaac, y rodea el ofrecimiento de Cristo en la cruz con una refulgencia de gloria. Por lo tanto, es el tipo más sobresaliente de todos los que se registran en la Biblia.

Abraham fue probado con relación a su amor por Dios. Esa es, sin duda, la prueba culminante, y que el patriarca haya salido «vencedor» en esa prueba es algo en verdad sobresaliente. Henry M. Morris comenta lo siguiente:

> Quizá Abraham y Sara habían llegado a amar a Isaac demasiado. Existía el peligro de que se olvidasen de Dios por darle demasiada atención a las promesas de Dios. Dios no quería que Isaac fuese matado, pero sí quería todo el amor de Abraham. Por lo tanto, «Dios probó a Abraham».[1]

El amor de todo creyente hacia Dios debe ser prioritario. Nada debe ser superior a ese amor y nada debe ocupar su lugar. Las palabras de Cristo lo resumen así:

> *El que ama a padre o madre más que a mí, no es digno de mí; el que ama a hijo o hija más que a mí, no es digno de mí (Mt. 10:37).*

Hay otras cosas que llaman la atención en Génesis 22 y que son importantes para el estudio de la Palabra de Dios. En primer lugar, este capítulo constituye un importante eslabón en el desarrollo de la tipología del Cordero de Dios (véase Gn. 4:1-7; Éx. 12:1-14). En segundo lugar, aporta numerosas ilustraciones del principio hermenéutico conocido como la «ley de la primera mención». Según esta ley se cree que la primera mención de un término bíblico importante proporciona una clave valiosa que ayuda a descubrir el significado final de ciertos términos. Por ejemplo, en este capítulo tenemos la primera mención de los vocablos «prueba», «amor», «obedecer», y la primera mención de que Dios hace un juramento en la Biblia.

Génesis 23:1 dice que Sara vivió ciento veintisiete años, que es la información cronológica que sigue a Génesis 21:34. Cuando Isaac fue destetado, Sara tenía entre noventa y tres y noventa cinco años de edad, de modo que los hechos del capítulo veintidós ocurrieron durante un período de tiempo que duró treinta y cinco años. Una comparación de Génesis 21:34 con la frase «después de estas cosas» en 22:1 conduce a la opinión de que el ofrecimiento de Isaac tuvo lugar un tiempo bastante largo después del nacimiento del hijo de la promesa. Isaac ya no era un niño; por lo menos era un adolescente o quizá mayor. Es cierto que Abraham lo llama «muchacho» (Gn. 22:5), pero el vocablo hebreo *náar* es un término flexible en cuanto a su significado y podría referirse a un joven de unos veinte años.

LA PREPARACIÓN PARA EL SACRIFICIO DE ISAAC (22:1-8)

> *Aconteció después de estas cosas, que probó Dios a Abraham, y le dijo: Abraham, y él respondió: Heme aquí. Y dijo: Toma ahora a tu hijo, tu único, Isaac, a quien amas, y vete a tierra de Moriah, y ofrécelo allí en holocausto sobre uno de los montes que yo te diré (Gn. 22:1-2).*

Según lo que dice el texto, Abraham no había recibido revelación de Dios por algún tiempo. Quizá más de diez años habían transcurrido desde que Dios le habló directamente (véase Gn. 15:1; 21:1-4). Isaac había sido destetado (Gn. 21) y Dios había dicho a Abraham que debía echar fuera a Agar y a Ismael (véase Gn. 21:10). O sea, que por

---

1. Henry M. Morris, *The Genesis Record*, p. 374.

algunos años el patriarca no había oído nada de parte de Jehová Dios. Pero en Génesis 22:1-2, Dios habló a Abraham y puso delante de él la prueba más severa que el gran patriarca jamás se hubiese imaginado. Dios le dijo: «Toma a Isaac y ofrécemelo en holocausto en el monte Moriah». Obsérvese que Abraham respondió: «Heme aquí» [*jinéani*], que es una expresión que se usa para mostrar respeto. Es la que un hijo usaría al llamado de su padre o un vasallo delante de un rey. Dicha partícula enfática es la única que Abraham pronuncia en toda la escena.

Hay tres maneras de interpretar el mandato de Dios a Abraham. Algunos entienden que se refiere a un sacrificio humano semejante a los que se mencionan en el Antiguo Testamento. Otros piensan que Dios nunca pretendió que Abraham ofreciese a Isaac literalmente sino que solo lo dedicase completamente. Esta postura, si se lleva a su conclusión final, parece comprometer la necesidad de la muerte expiatoria de Cristo de la que el ofrecimiento de Isaac es un tipo. Además, ¿por qué Abraham juntó todo lo necesario para una ofrenda literal, si no era su intención ofrecer a Isaac de esa manera (véase Gn. 22:3, 6, 9)? Es mejor, por lo tanto, entender que Dios pretendía que Abraham hiciese un verdadero sacrificio humano de Isaac como una prueba del amor del patriarca a Dios, pero no por la razón usada por los paganos en sus prácticas de sacrificios humanos de aquellos tiempos. Dichos sacrificios fueron prohibidos posteriormente por la ley de Moisés (véase Lv. 18:21; 20:2-5).

La frase «probó Dios a Abraham» es importante. La prueba, por supuesto, no pretendía poner al descubierto la maldad en el hombre de fe, sino extraer lo bueno que Dios había obrado en él. Esas cualidades en él, producidas por la gracia, debían ser puestas en práctica. Todas las experiencias de la vida cristiana son también ocasiones en las que Dios obra para producir el fruto de la gracia en nuestras vidas (véase Fil. 2:12-13).

La «prueba» en sí misma fue la de la confianza, en contraste con el sentido común y contra el afecto humano. ¿Amará Abraham a Dios lo suficiente como para hacer su voluntad, aun si eso significase separarse de su hijo amado y divinamente prometido? Esas pruebas no son para desanimarnos sino que son como «un voto de confianza» de parte de Dios. El punto central de esta historia no es el peligro para Isaac sino para Abraham en su relación con Dios. Bruce K. Waltke dice:

> El vocablo hebreo traducido «probó» no significa «incitar a hacer lo malo». Con un complemento directo significa «probar a otro para ver si ese otro demuestra ser digno» (1 R. 10:1; 2 Cr. 9:1; Dn. 1:12, 14).[2]

Cada sílaba del mandato: «Toma ahora tu hijo, tu único, Isaac, a quien amas, y vete a tierra de Moriah, y ofrécelo allí en holocausto sobre uno de los montes que yo te diré» (Gn. 22:2) fue en verdad una prueba de la fe de Abraham y su confianza en Jehová Dios. En primer lugar, ¿cómo es posible que un padre mate a su propio hijo? De todas las posesiones de Abraham —y tenía muchas—, ¿por qué su hijo? Encima de eso, Dios añade «tu único» hijo. El vocablo «único» adquiere aquí un significado especial, porque Ismael poco tiempo atrás había sido enviado al desierto. A eso le siguen las palabras «a quien amas». Dios le recuerda a Abraham su gran amor por su «hijo

---

2. Bruce K. Waltke, *Genesis: A Commentary*, p. 304.

único» justamente en el momento cuando está a punto de perderlo. No fue poca cosa la que Dios pidió a Abraham: «Toma ahora tu hijo, tu único, Isaac, a quien amas...» (Gn. 22:2). El vocablo «hijo» se repite a través del relato (véase Gn. 22:2, 3, 6-10, 12-13, 16). No es posible pasar por alto el énfasis dado a la relación «padre-hijo» en este relato. La prueba a la que Abraham es sometido es enorme en verdad. Abraham debió pensar en la pérdida de Ismael, pero la pérdida de Isaac sería mucho mayor. Dios dijo que Isaac era «tu hijo [*binka*], tu único [*yejideka*], a quien amas [*ajabta*]». Cada una de esas expresiones penetraba hondo en el corazón del gran patriarca. El comentarista Gordon Wenham dice lo siguiente: «La manera como el mandato es expresado aquí trata de suavizar el golpe para Abraham aunque maximiza su magnitud para el lector. "Por favor toma". El uso de la partícula enclítica *"ka"* («por favor») es raro en un mandato divino y hace que sea más bien una petición, otra indicación de que el Señor valora el costo de lo que está pidiendo».[3]

En este pasaje el vocablo «amor» se menciona por primera vez en las Escrituras. Quizá haya aquí una sugerencia en miniatura de que el amor de un padre piadoso por su hijo es una señal del amor existente entre las personas de la Trinidad, y en particular del amor del Padre por el Hijo de Dios (véase Jn. 17:24). Resulta interesante que en el Nuevo Testamento la primera vez que se usa el vocablo «amor» es una clara expresión del amor del Padre por el Hijo (véase Mt. 3:17; Mr. 1:11; Lc. 3:22). Si Abraham amó a Isaac, y sin duda lo hizo, ¡cuánto más profunda y plenamente el Padre celestial amó a su Hijo Jesucristo! En el Evangelio de Juan el primer uso de la palabra «amor» se encuentra en el gran versículo que habla del amor de Dios por el mundo, Juan 3:16. El amor del Padre por el Hijo se refleja en el amor del Padre por el mundo. Aquel que amó al Hijo también nos ama sin ser dignos de ese amor.

Aquella prueba tocó el punto más tierno de Abraham porque, al tocar a Isaac, tocaba la niña de los ojos del patriarca (Sal. 17:8). Nada podía ser una mayor prueba que aquella que implicaba al heredero de las promesas, el hijo de su vejez, la risa de su vida. Y la pregunta que el patriarca tiene que confrontar es la siguiente: ¿Amo a Dios más que este, mi gran amor humano? ¿No sería algo grande tener un amor como este por el Padre?

Dios le dijo a Abraham: «Vete a tierra de Moriah» (Gn. 22:2; véase 2 Cr. 3:1). El monte Moriah probablemente se refiere a Jerusalén. El monte Calvario podía verse desde el monte Moriah puesto que eran de la misma altura. Es una maravillosa sugerencia que lectores futuros llevarían la lección a su conclusión final. Aquello era una anticipación de la obra consumada por el Señor Jesucristo, el sacrificio del Hijo de Dios en el monte Calvario. El sitio escogido por Dios fue un lugar memorable. Fue donde posteriormente Salomón levantaría el templo y donde muchos sacrificios que tipificaban el sacrificio del Cordero de Dios fueron ofrecidos. La Escritura dice que viene el día cuando el Mesías regresará al monte Moriah y: «Él edificará el templo de Jehová, y él llevará gloria, y se sentará y dominará en su trono, y habrá sacerdote a su lado; y consejo de paz habrá entre ambos» (Zac. 6:13).

> *Y Abraham se levantó muy de mañana, y enalbardó su asno, y tomó consigo dos siervos suyos, y a Isaac su hijo; y cortó leña para el holocausto, y se levantó, y fue al lugar que Dios le dijo (Gn. 22:3).*

---

3. Gordon Wenham, «Genesis 16-50», *Word Biblical Commentary*, p. 104.

El conflicto en el corazón de Abraham debió de haber sido sobremanera grande. El patriarca, sin embargo, respondió de manera resuelta y en pronta obediencia al mandato del Dios soberano. Había muchas maneras en las que Dios podía cumplir las promesas en Isaac a Abraham, pero solo había una cosa por la cual el patriarca podía hacer su parte, y esa era la obediencia. Eso fue lo que hizo, reconociendo que no le correspondía a él razonar el porqué del asunto, sino simplemente hacer la voluntad de Dios. Había un pensamiento primordial en la mente de Abraham y el escritor de la Epístola a los Hebreos lo expresa así: «Pensando que Dios es poderoso para levantar aun de entre los muertos, de donde, en sentido figurado, también le volvió a recibir» (He. 11:19).

La convicción que fortaleció y motivó a Abraham fue el hecho de creer que «Dios es poderoso». Una fe como esa, que simplemente cree en la Palabra de Dios con la confianza de que Él hará exactamente lo que ha dicho, es la fe victoriosa. Evidentemente, Abraham tenía plena confianza en que, si mataba a Isaac, Dios lo resucitaría de los muertos.

El versículo 3 describe la diligencia y la obediencia de Abraham. Se levantó «a la mañana siguiente», muy temprano, «enalbardó su asno», «tomó consigo dos siervos suyos y a Isaac», «preparó la leña», «se levantó» y «fue al lugar que Dios le dijo». El uso de un «polisíndeton» sugiere que el lector debe prestar atención a cada uno de los pasos dados por Abraham. Sin duda, Dios reveló a Abraham el lugar exacto donde debía sacrificar a Isaac, y Abraham obedeció a Dios al pie de la letra. Aun así, el patriarca tenía la convicción de que Isaac viviría por el hecho de que Dios es fiel a su promesa.

> *Al tercer día alzó Abraham sus ojos, y vio el lugar de lejos. Entonces dijo Abraham a sus siervos: Esperad aquí con el asno, y yo y el muchacho iremos hasta allí y adoraremos, y volveremos a vosotros. Y tomó Abraham la leña del holocausto, y la puso sobre Isaac su hijo, y él tomó en su mano el fuego y el cuchillo, y fueron ambos juntos. Entonces habló Isaac a Abraham su padre, y dijo: Padre mío. Y él respondió: Heme aquí, mi hijo. Y él dijo: He aquí el fuego y la leña; mas ¿dónde está el cordero para el holocausto? Y respondió Abraham: Dios se proveerá de cordero para el holocausto, hijo mío. E iban juntos (Gn. 22:4-8).*

Al tercer día de su jornada, Abraham, Isaac y sus dos acompañantes llegaron a la región del monte Moriah. Abraham e Isaac llevaron consigo el material para el sacrificio e hicieron el ascenso hasta el sitio exacto donde Isaac debía ser sacrificado. El versículo 5 es muy significativo. Abraham dijo a sus siervos: «Esperad aquí con el asno, y yo y el muchacho iremos hasta allí y adoraremos, y volveremos a vosotros».

Obsérvese que Abraham consideraba que el acto que realizaría era una «adoración». Además, Abraham dice a los siervos: «Y volveremos a vosotros». El patriarca reconoce la grandeza de Dios al decir que iba a «adorar». Es asombroso que en el momento más difícil de la prueba Abraham se ocupa del quehacer más importante para un ser viviente, es decir, adorar al Dios vivo y verdadero. En medio de la pena y la lucha más grande de su vida Abraham estaba revestido del conocimiento del Dios santo que ha conocido a través de los años. Sin duda, ese es uno de los secretos del éxito que cualquier creyente tiene en la prueba, pues es el conocimiento de Dios lo que nos sostiene en las dificultades. Y, si es así, entonces cuán importante es que obtengamos ese conocimiento a través del estudio de las Sagradas Escrituras.

Cuando Abraham dijo: «Y volveremos a vosotros» estaba afirmando su fe en el poder de Dios para resucitar a Isaac (véase He. 11:17-19). En la mente de Abraham, Isaac había estado muerto tres días, es decir, los tres días del viaje de Gerar hasta el monte Moriah. Pero Abraham esperaba que Dios le devolviese a Isaac como resucitado de entre los muertos. Hay aquí una clara referencia al gran antitipo, es decir, el Señor Jesucristo.

Dos veces (Gn. 22:6-8) dice: «Y los dos iban juntos» (LBLA). Esto es un recordatorio de la maravillosa armonía que existía entre el Padre y el Hijo cuando la obra expiatoria de la cruz era realizada por el Hijo (véase Jn. 8:29). El hecho de haber colocado la leña del holocausto sobre Isaac (22:6) trae a la mente algo que el apóstol Juan escribe en su evangelio: «Y él [Jesús], cargando su cruz, salió al lugar llamado de la Calavera, y en hebreo, Gólgota» (Jn. 19:17).

Pero el fuego y el cuchillo están en las manos del padre. Abraham e Isaac caminan juntos al lugar del sacrificio. Isaac guardó silencio del mismo modo que el Cordero de Dios «como oveja delante de sus trasquiladores, enmudeció, y no abrió su boca» (Is. 53:7). Es importante observar en este cuadro la sumisión de Isaac a la voluntad de su padre. Esa es, también, una de las características preeminentes del sacrificio del Hijo de Dios (véase He. 5:8).

El hecho de que los dos siervos que acompañaron a Abraham y a Isaac no pudieron subir con ellos al monte sugiere que en el análisis final solo son el Padre y el Hijo quienes realmente pueden saber la terrible experiencia relacionada con el pago de la penalidad del pecado (véase 2 Co. 5:21).

La pregunta planteada por Isaac: «He aquí el fuego y la leña, pero ¿dónde está el cordero para el holocausto?» (Gn. 22:7), halla su completo cumplimiento solo en la venida del Cordero de Dios. «La vía dolorosa» de Isaac anticipa la de nuestro Señor y algunas de las mismas preguntas invaden el mismo espíritu humano de nuestro Señor (véase Mt. 26:39; 27:46), pero Él se sometió totalmente a través de su pasión. La respuesta de Abraham fue así: «Dios se proveerá de cordero para el holocausto, hijo mío». Esa impresionante respuesta es un recordatorio del hecho de que la provisión para la redención es solamente la obra de Dios.

DIOS PROVEE UN SUSTITUTO (22:9-24)

Y cuando llegaron al lugar que Dios le había dicho, edificó allí Abraham un altar, y compuso la leña, y ató a Isaac su hijo, y lo puso en el altar sobre la leña (Gn. 22:9).

La agonía ha durado tres días. En la mente de Abraham, Isaac estuvo muerto todo ese tiempo. Ahora, sin embargo, la lucha alcanza su clímax.

Podemos visualizar al patriarca dado a la tarea de reunir las piedras para construir el altar. Luego podemos verlo colocar la leña encima de la cual su único y amado hijo, Isaac, sería colocado para el holocausto. Finalmente, es posible imaginarse al patriarca atando a Isaac y colocándolo encima de la leña. Sin duda, el corazón de Abraham fue sobrecogido por la angustia, pensando que tendría que sacrificar a su hijo amado.

No cabe duda de que Isaac era lo suficientemente fuerte para haberse resistido a ser sacrificado, pero demostró una total sumisión y obediencia a su padre. Aquel cuadro era un anticipo de la sumisión total y la obediencia del Hijo amado a la voluntad del Padre, cuando se ofreció a sí mismo por el pecado del mundo. El autor de la Epístola a los Hebreos dice:

> Por lo cual, entrando en el mundo dice: Sacrificio y ofrenda no quisiste, mas me preparaste cuerpo. Holocausto y expiaciones por el pecado no te agradaron. Entonces dije: He aquí que vengo, oh Dios, para hacer tu voluntad, como en el rollo del libro está escrito de mí. Diciendo primero: Sacrificio y ofrenda y holocaustos y expiaciones por el pecado no quisiste, ni te agradaron (las cuales cosas se ofrecen según la ley), y diciendo luego: He aquí que vengo, oh Dios, para hacer tu voluntad; quita lo primero, para establecer lo último (He. 10:5-9).

El sacrificio de Isaac es un cuadro maravilloso de lo que ocurrió en la cruz del Calvario. El Hijo se ofreció voluntariamente en obediencia al Padre eterno para cumplir el plan de la redención que había sido diseñado por la santísima Trinidad en la eternidad.

> *Y extendió Abraham su mano y tomó el cuchillo para degollar a su hijo. Entonces el ángel de Jehová le dio voces desde el cielo, y dijo: Abraham, Abraham. Y él respondió: Heme aquí. Y dijo: No extiendas tu mano sobre el muchacho, ni le hagas nada; porque ya conozco que temes a Dios, por cuanto no me rehusaste tu hijo, tu único. Entonces alzó Abraham sus ojos y miró, y he aquí a sus espaldas un carnero trabado en un zarzal por sus cuernos; y fue Abraham y tomó el carnero, y lo ofreció en holocausto en lugar de su hijo (Gn. 22:10-13).*

El contenido de este párrafo narra el momento cuando Jehová Dios detiene la mano de Abraham para impedir la muerte de Isaac y lo sustituye por un carnero. La historia narra el momento cuando el patriarca pasa el examen final de la prueba a la que fue sometido, y Dios provee un sustituto. Del lado humano, la voluntad de Dios fue obedecida, y del lado divino, Dios derramó su misericordia y evitó la muerte de Isaac mediante el sacrificio de un sustituto. Aquí pueden verse casi todas las grandes verdades de la redención: el ofrecimiento del sacrificio, la naturaleza penal de este, su carácter sustitutorio, el carácter definitivo de la obra propiciatoria, la plenitud de la provisión divina y la suficiencia de la obra realizada para el descanso del alma. Cuando leemos en el versículo 12: «…Porque ya conozco que temes a Dios, por cuanto no me rehusaste tu hijo, tu único» (cf. Gn. 22:16) recordamos que Pablo expresó algo similar cuando escribió: «El que no escatimó ni a su propio Hijo, sino que lo entregó por todos nosotros, ¿cómo no nos dará también con él todas las cosas?» (Ro. 8:32). Este versículo expresa de manera convincente el carácter final de la obra salvadora de Cristo, si uno es capaz de reflexionar en su importancia y su magnitud.

> *Y llamó Abraham el nombre de aquel lugar, Jehová proveerá. Por tanto se dice hoy: En el monte de Jehová será provisto (Gn. 22:14).*

El nombre dado por Abraham al lugar del sacrificio señala a la divina provisión de la salvación del pecador mediante el antitipo, es decir, mediante el Señor Jesucristo, que ha provisto el único sacrificio mediante el cual, por la fe, puede obtenerse el perdón de los pecados.

> *Y llamó el ángel de Jehová a Abraham por segunda vez desde el cielo, y dijo: Por mí mismo he jurado, dice Jehová, que por cuanto has hecho esto, y no me has rehusado tu hijo, tu único hijo, de cierto te bendeciré, y multiplicaré tu descendencia como las estrellas del cielo y como la arena que está a la orilla del mar; y tu descendencia poseerá las puertas de sus enemigos. En tu simiente serán benditas todas las naciones de la tierra, por cuanto obedeciste a mi voz (Gn. 22:15-18).*

Estos versículos confirman la promesa de Dios. Por primera vez en las Sagradas Escrituras se menciona que Dios pronuncia un juramento. Dios jura por sí mismo para confirmar las promesas hechas a Abraham hacía ya mucho tiempo. El autor de la Epístola a los Hebreos hace el mejor comentario respecto al significado de este juramento:

> Porque cuando Dios hizo la promesa a Abraham, no pudiendo jurar por otro mayor, juró por sí mismo, diciendo: De cierto te bendeciré con abundancia y te multiplicaré grandemente. Y habiendo esperado con paciencia, alcanzó la promesa. Porque los hombres ciertamente juran por uno mayor que ellos, y para ellos el fin de toda controversia es el juramento para confirmación. Por lo cual, queriendo Dios mostrar más abundantemente a los herederos de la promesa la inmutabilidad de su consejo, interpuso juramento; para que por dos cosas inmutables, en las cuales es imposible que Dios mienta, tengamos un fortísimo consuelo los que hemos acudido para asirnos de la esperanza puesta delante de nosotros (He. 6:13-18).

La inmutabilidad de la promesa de Dios a Abraham queda confirmada por el «juramento de Dios». Es imposible que Dios mienta debido al carácter santo de su naturaleza. En primer lugar, Dios ha comprometido su Palabra que «permanece para siempre en los cielos» (Sal. 119:89). El apóstol Pablo dice que «Dios no miente» (Tit. 1:2). En segundo lugar, Dios es fiel a su pacto. Dios no se retracta de su compromiso. Dios no está obligado a prometer nada, por lo tanto, cuando lo hace, siempre e indefectiblemente cumple todo lo que promete.

Génesis 22:17 contiene una nueva promesa de Dios a Abraham: «… y tu descendencia poseerá las puertas de sus enemigos». Eso significa que Jehová Dios dará seguridad a la simiente de Abraham a través de Isaac y la protegerá de manera que permanezca para siempre. Ninguna nación ni ningún ejército podrán destruir la descendencia de Abraham. Además, esa simiente será el canal que Dios usará para bendecir a todas las naciones de la tierra (22:18).

> *Y volvió Abraham a sus siervos, y se levantaron y se fueron juntos a Beerseba; y habitó Abraham en Beerseba (Gn. 22:19).*

El relato del ofrecimiento de Isaac a Dios tiene un final feliz. Moisés registra que Abraham (y seguramente Isaac) con sus siervos regresan a Beerseba. Los siervos de Abraham fueron testigos de que la fe del patriarca no era mera teoría, pues constataron el aspecto práctico de la fe de Abraham. El patriarca había sido declarado justo por la fe delante de Dios. Ahora hay por lo menos dos hombres que pueden afirmar que «las obras de Abraham» respaldan su testimonio de fe en Dios.

LOS FAMILIARES DE ABRAHAM

Aconteció después de estas cosas, que fue dada noticia a Abraham, diciendo: He aquí que también Milca ha dado a luz hijos a Nacor tu hermano: Uz su primogénito, Buz su hermano, Kemuel padre de Aram, Quesed, Hazo, Pildas, Jidlaf y Betuel. Y Betuel fue el padre de Rebeca. Estos son los ochos hijos que dio a luz Milca, de Nacor hermano de Abraham. Y su concubina, que se llamaba Reúma, dio a luz también a Tebam, a Gaham, a Tahas y a Maaca (Gn. 22:20-24).

Este breve párrafo registra una lista de los familiares de Abraham. Es particularmente importante la mención de Rebeca, pues más adelante sería esposa de Isaac. La lista comienza con la mención de Nacor, hermano de Abraham. También destaca el hecho de que Nacor era el padre de Betuel, quien, a su vez, era el padre de Rebeca. Allen P. Ross dice:

La lista de descendientes establece varias conexiones entre Abraham y su parentela en el oriente, y el más importante de ellos sería Rebeca y su familia inmediata. Con esa noticia de la familia extendida de Nacor, Abraham sabría cómo asegurarse de que la promesa de Dios continuara después de que él y Sara hubiesen muerto.[4]

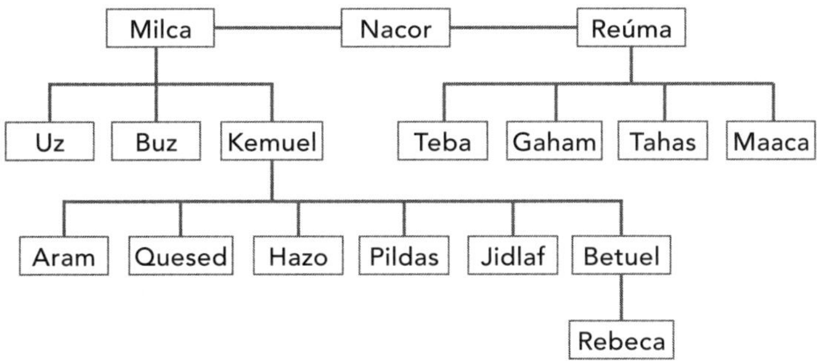

Las personas más importantes en esta genealogía son Betuel y su hija Rebeca, personas destacadas en relatos posteriores (véase Gn. 24:15, 24, 47, 50; 25:20; 28:2, 5).

Debe observarse que Rebeca es la única hija mencionada en esta genealogía. Probablemente eso se deba a que iba a ser la esposa de Isaac, el hijo de la promesa a través

---

4. Allen P. Ross, *Creation & Blessing*, p. 406.

de quien sería llamada la descendencia de Abraham. Rebeca estaba relacionada con los dos hermanos de Abraham. Su padre Betuel es hijo de Milca, hija de Harán y esposa Nacor (véase Gn. 11:29). En la siguiente generación, Lea y Raquel tienen un ancestro similar, y el padre de ambas, Labán, era hermano de Rebeca (véase Gn. 29:10).

RESUMEN Y CONCLUSIÓN

El punto central de la prueba a la que Dios sometió a Abraham gira alrededor del amor del patriarca a Dios. ¿Cuánto está dispuesto a hacer un ser humano por amor a Dios? La respuesta que se dio en el principio fue: Nada aparte de la gracia preventiva de Dios. El hombre no posee ningún amor natural hacia Dios. Todo amor genuino a Dios, por lo tanto, surge del obrar interno de Dios. Pablo escribió: «…porque el amor de Dios ha sido derramado en nuestros corazones por el Espíritu Santo que nos fue dado» (Ro. 5:5).

Está claro, por lo tanto, que el amor del patriarca demostró ser un amor invencible porque descansaba sobre la obra del Espíritu Santo de Dios en su vida. El Espíritu Santo hizo que Abraham aprendiese la confianza que debe ponerse en Dios Padre, y de esa manera, Abraham salió victorioso. Fue llevado a la victoria por el Dios soberano cuando estaba en el monte Moriah. De modo que Abraham permanece como aquel cuya vida y pruebas ilustran de la manera más noble la declaración del Señor: «El que ama a padre o madre más que a mí, no es digno de mí; el que ama a hijo o hija más que a mí, no es digno de mí» (Mt. 10:37). ¡Abraham demostró ser digno!

En segundo lugar, es probable que en el monte Moriah el patriarca tuviese la experiencia a la que el Señor se refirió, cuando dijo: «Abraham vuestro padre se gozó de que había de ver mi día; y lo vio, y se gozó» (Jn. 8:56). Después de «haber visto» ese día con un nuevo gozo en su corazón y un renovado brillo en el rostro, Abraham regresó a los siervos que lo esperaban, regocijándose con Isaac acerca de la gloria del Señor que había tocado sus vidas. Y la hermosura de esa experiencia iluminó todos los aspectos de su vida en los días sucesivos. Sin duda alguna, Génesis 22 contiene la revelación más estupenda de la historia de la salvación diseñada por Dios en la eternidad. La historia del ofrecimiento que Abraham hizo de Isaac, el hijo amado, en el monte Moriah, es la ilustración más formidable registrada en la Biblia de lo que ocurrió en el monte Calvario. Allí el Padre celestial ofreció a su único Hijo en propiciación por el pecado del mundo. Isaac era el tipo que no llegó a morir literalmente, y Cristo, el Cordero de Dios, era el antitipo; Él sí murió entregado por el Padre celestial. Génesis 22 ilustra de manera clarísima lo que ocurrió cuando Jesucristo murió como el sustituto de los pecadores.

23

Muerte y sepultura de Sara (23:1-20)

El capítulo 23 de Génesis no es predicado con frecuencia y es ignorado por muchos predicadores. Su contenido, sin embargo, es importante, pues trata de la muerte de Sara, la mujer que Dios escogió para dar a Abraham el hijo de la promesa.

Génesis 23 no trata el tema de la muerte en general, sino concretamente la muerte de Sara y su sepultura. Hay importantes lecciones que deben aprenderse mediante el estudio de este capítulo.

Una importante lección es el hecho de que el creyente es peregrino y extranjero en este mundo. Tal como Abraham dijo a los hijos de Het: «Extranjero y forastero soy entre vosotros…» (Gn. 23:4). Esta es una preciosa ilustración respecto al modo de vida del hombre de fe cuando se enfrenta al mundo secular. El autor de la Epístola a los Hebreos lo expresa así:

> Conforme a la fe murieron todos éstos sin haber recibido lo prometido, sino mirándolo de lejos, y creyéndolo, y saludándolo, y confesando que eran extranjeros y peregrinos sobre la tierra (He. 11:13).

El creyente debe recordarse a sí mismo que su meta no es acumular bienes en este mundo sino vivir la vida de un peregrino que está de paso hacia su verdadero hogar, es decir, la nueva Jerusalén, que es «la casa del Padre». El Señor nos ha dejado aquí para que realicemos un ministerio espiritual, y esa es la responsabilidad de cada persona de fe, no importa cuál sea su ocupación cotidiana.

En segundo lugar, debe observarse la manera cortés y considerada del trato que Abraham dio a Efrón y a los heteos. Ese cuadro presenta una ilustración del modo de vida y la ética del hombre de fe cuando confronta al mundo material, es decir, el mundo que lo rodea. Pablo escribió así a los tesalonicenses:

A fin de que os conduzcáis honradamente para con los de afuera, y no tengáis necesidad de nada (1 Ts. 4:12; véase también 2 Co. 8:21; Ro. 13:8).

Además, en este capítulo se halla un excelente ejemplo del comportamiento del hombre de fe cuando se enfrenta con el trauma de la muerte. El creyente posee la redención del espíritu, y eso le asegura la redención del cuerpo, pero, aunque ahora tenemos la redención del espíritu, la del cuerpo aguarda la Segunda Venida de Cristo (véase Ro. 8:23). Mientras tanto, tenemos que lidiar con el problema de la muerte física de seres amados, y eso significa lágrimas y tristeza. Humanamente hablando, Abraham experimentó la pérdida de Sara, su amada esposa.

En tercer lugar —quizá lo más importante en este capítulo—, puede observarse una ilustración de la confianza del hombre de fe en la resurrección. Su preocupación por encontrar un sepulcro en Canaán significa su ruptura con el pasado y su convicción de que, a la postre, tendría la tierra que Dios le había prometido. Era, como ocurrió posteriormente —y como José pidió (véase Gn. 50:25)— un testigo de su creencia en la resurrección. El pasaje comienza narrando lo que ocurre cerca de veinticinco años después de la experiencia del monte Moriah. La vida, evidentemente, transcurre de manera serena y sin problema para el patriarca. La Biblia, por lo menos, guarda silencio de lo ocurrido en ese tiempo. La tranquilidad en la vida de Abraham, sin embargo, se interrumpe con el fallecimiento de Sara.

LA MUERTE DE SARA (23:1-2)

Fue la vida de Sara ciento veintisiete años; tantos fueron los años de la vida de Sara. Y murió Sara en Quiriat-arba, que es Hebrón, en la tierra de Canaán; y vino Abraham a hacer duelo por Sara, y a llorarla (Gn. 23:1-2).

Es de suponerse que después del nacimiento de Isaac, Abraham y Sara vivieron una relación matrimonial muy cercana. Podría decirse que vivieron una vida feliz. Sara es la única mujer en la Biblia de la que se registra su edad al morir. Aunque la Palabra de Dios no dice por qué, puede especularse que Dios desea revelar que Abraham y Sara disfrutaron de su matrimonio durante treinta y siete años después del nacimiento de Isaac. Es decir, Isaac tenía 37 años cuando Sara murió. Eso significa que Sara tuvo suficiente tiempo para darle una buena crianza a Isaac y prepararlo para su matrimonio, que tendría lugar tres años más tarde.

El autor del Génesis dice: «Y murió Sara en Quiriat-arba, que es Hebrón, en la tierra de Canaán; y vino Abraham a hacer duelo por Sara, y a llorarla» (Gn. 23:2). El texto sugiere que Abraham estaba ausente cuando Sara murió. Herbert C. Leupold dice:

Cualquier cosa que Abraham hubiese estado haciendo en el momento de la muerte de Sara, él «vino» cuando recibió la noticia «a hacer duelo por Sara, y a llorarla». La expresión «él vino» difícilmente pudo usarse si hubiese estado presente en el momento de su muerte. No solo era «hacer duelo» (*safád* = «golpearse el pecho», «lamentarse») y «llorar» (*baká*), el modo oriental acostumbrado de expresar pena, sino que también era la expresión natural de una profunda y sincera tristeza de parte de Abraham.[1]

---

1. Herbert C. Leupold, *Exposition of Genesis*, vol. II, p. 642.

En cuanto a la muerte y sepultura de Sara, en primer lugar debemos notar que fue la de una mujer creyente (véase 1 P. 3:5-6). Sin duda, Sara fue la madre de las mujeres fieles, tal como Abraham fue el padre de hombres fieles. Podemos asumir que Sara murió en el espíritu de una verdadera seguidora de Jehová. Sara era una creyente genuina y, como tal, es de esperarse que muriese con la confianza de que partiría a la inmediata presencia de Dios.

En segundo lugar, la muerte de Sara fue la de una compañera de muchos años. Sara y Abraham habían estado casados por muchos años y habían experimentado muchas situaciones difíciles juntos. Quizá la única excepción fue el ofrecimiento de Isaac en el monte Moriah. No hay duda de que la muerte de Sara fue una gran pérdida para Abraham.

En tercer lugar, fue la muerte de una madre. La edad de Isaac era entre 35 y 40 años y, seguramente, había estado muy cerca de su madre. Puesto que Sara había sido estéril durante tantos años, era de esperarse que, cuando nació el hijo de la promesa, Sara mantuvo una relación estrecha con su único hijo. Sin duda, la llegada de Rebeca ayudó a levantar los ánimos de Isaac después de la muerte de Sara. El autor del Génesis dice:

> Y la trajo [a Rebeca] Isaac a la tienda de su madre Sara, y tomó a Rebeca por su mujer, y la amó; y se consoló Isaac después de la muerte de su madre (Gn. 24:67).

No cabe duda de que Sara fue una mujer extraordinaria. Su carácter como esposa fue indiscutible. Fue fiel a Abraham en todo momento, como madre cuidó a su hijo Isaac hasta el día de su muerte y fue el instrumento escogido por Dios para darle a Abraham el hijo de la promesa (véase He. 11:11).

...Y vino Abraham a hacer duelo por Sara, y a llorarla (Gn. 23:2b).

El texto bíblico no dice dónde estaba Abraham cuando Sara murió, lo que sí dice es que Abraham «hizo duelo por Sara» y que «lloró» a su esposa. Lo más probable es que el patriarca habitara en una tienda diferente de la de Sara y, al saber de su muerte, fue a hacer endecha por ella. Esta es la primera vez que la Biblia menciona que un hombre llora. Abraham no lloró cuando salió de Ur de los caldeos rumbo a la tierra prometida. Hasta donde se sabe, tampoco lloró cuando Lot fue llevado cautivo. No se menciona que llorase cuando llevaba a Isaac al monte Moriah. Pero ahora, al ver a Sara muerta en su lecho, el patriarca «hizo duelo y lloró». Hay lecciones que deben aprenderse de este acontecimiento.

En primer lugar, debe entenderse que la verdadera espiritualidad no está reñida con los instintos naturales del hombre. La fe cristiana no niega los sentimientos naturales que el hombre posee; no obstante, sí se opone al pecado y lo combate. El creyente llora y se entristece cuando confronta la muerte pero lo hace con esperanza porque cree en la realidad de la resurrección.

Sara había sido la compañera de Abraham por muchos años, y habían compartido muchas cosas. Juntos habían salido de Mesopotamia y se habían trasladado a Canaán. Es probable que durante unos sesenta años Abraham y Sara hubieran peregrinado juntos. Durante esos años Sara vivió una profunda intimidad con el patriarca. Seguramente, Abraham recordaba a Sara como una bella doncella, como una hermosa mujer y como la madre del hijo de la promesa. Todos esos recuerdos, sin duda, conmovieron a Abraham. No es de sorprenderse que el patriarca hiciese duelo y llorase por «su muerte».

En segundo lugar, aunque el cristiano sufre y se entristece, no lo hace igual que el mundo, pues llora pero no como «los otros que no tienen esperanza» (véase 1 Ts. 4:13). La muerte es un enemigo, pero para el creyente es un enemigo que ha sido conquistado (1 Co. 15:55-57). El cristiano no minimiza la experiencia de la muerte; sin duda es un trauma muy desagradable. Jesucristo, sin embargo, conquistó la muerte mediante su muerte y resurrección. Él dijo: «Yo soy la resurrección y la vida; el que cree en mí, aunque esté muerto, vivirá. Y todo aquel que vive y cree en mí, no morirá eternamente…» (Jn. 11:25-26). Para el creyente, en lugar de ser el medio por el cual entramos en la condenación eterna, la muerte es el medio por el cual entramos en la presencia del Señor (véase 1 Co. 15:21-23). La muerte es el medio por el cual el creyente entra en «la casa del Padre» (Jn. 14:1-3).

En tercer lugar, los sufrimientos no impiden que el creyente realice las tareas que Dios le ha encomendado. Las pruebas de la vida tienen la finalidad de motivar al creyente a ser lo que Dios quiere que sea. Las pruebas y los sufrimientos son usados por Dios para madurar el carácter del creyente. El patriarca Abraham fue probado repetidas veces hasta que su fe alcanzó la madurez.

ABRAHAM COMPRA UN LUGAR PARA SEPULTAR A SARA (23:3-16)

Y se levantó Abraham de delante de su muerta, y habló a los hijos de Het, diciendo: Extranjero y forastero soy entre vosotros; dadme propiedad para sepultura entre vosotros, y sepultaré mi muerta de delante de mí (Gn. 23:3-4).

Hay un tiempo para llorar, y un tiempo para dejar de llorar. Abraham ha llegado a lo segundo. Él y Efrón, los cabezas de pueblos rivales, tratan entre sí. Abraham es cabeza del pueblo escogido porque Dios ha hecho un pacto con Abraham con carácter incondicional. Efrón es el representante del mundo rebelde. Como testimonio de una convicción innata respecto del cuerpo, y su fe en la resurrección, el patriarca habla a los hijos de Het y les dice:

Extranjero y forastero soy entre vosotros; dadme propiedad para sepultura entre vosotros, y sepultaré a mi muerta (Gn. 23:4).

Una cosa que debe observarse en este capítulo es el contraste entre la costumbre bíblica de cómo enterrar a un muerto y la práctica moderna de hacerlo. Los enterramientos bíblicos se caracterizan por su simplicidad, dignidad y respeto. En tiempos modernos se practica un método muy elaborado, y los funerales son muy costosos. Es difícil hoy en día realizar un funeral a bajo costo. Quizá eso se deba al hecho de que un número importante de personas piensa muy poco en la resurrección de los muertos. Puede decirse con tristeza que el concepto o doctrina de la resurrección se ha perdido o se ha relegado a un segundo plano.

Además, la sepultura de Sara en tierra arroja alguna luz sobre la práctica de la cremación, la cual algunos cristianos practican hoy. Sin duda, Dios es poderoso para resucitar el cuerpo que ha sido incinerado, eso no puede negarse; pero es importante retener en mente la doctrina bíblica de la resurrección del cuerpo. En primer lugar, esa doctrina es enseñada tanto en el Antiguo como en el Nuevo Testamento (véase Job 19:25-27; 1 Co. 15:1-58). Hay una continuidad en el cuerpo presente y el cuerpo de la resurrección. Es nuestro cuerpo presente el que es resucitado, un cuerpo que es único a cada uno de nosotros, un cuerpo que es, aunque semejante al cuerpo glorioso de nuestro Señor, diferente de todo otro cuerpo. Nuestro presente cuerpo físico, por lo tanto, es una parte muy importante de nuestra constitución. A la luz de esto, queda claro que la cremación es, en principio, un evidente ataque a la resurrección del cuerpo que tenemos. Parece decir claramente que el cuerpo que ahora tenemos es algo sin importancia e innecesario, especialmente cuando la cremación es acompañada de echar las cenizas en un río o en un lago. Es la convicción de este autor que el creyente debe evitar la práctica de la cremación (véase 1 Co. 6:13-14, 19).

> *Y respondieron los hijos de Het a Abraham, y le dijeron: Óyenos, señor nuestro; eres un príncipe de Dios entre nosotros; en lo mejor de nuestros sepulcros sepulta a tu muerta; ninguno de nosotros te negará su sepulcro, ni te impedirá que entierres a tu muerta (Gn. 23:5-6).*

Los «hijos de Het» (véase Gn. 10:15; 15:19-21) vivían en la zona montañosa del sur de Palestina. Estos heteos no tenían relación ni conexión con el Imperio heteo que sucumbió aproximadamente en el año 1200 a.C. Los heteos con los que Abraham trató tenían nombres semitas, no heteos. Además, el patriarca pudo comunicarse con ellos sin dificultad. Eso sugiere que, evidentemente, pertenecían a una rama diferente de dicha raza. Gordon Wenham dice lo siguiente acerca de Het y sus descendientes:

> Het era descendiente de Canaán, según Génesis 10:15. Su afinidad cananea es corroborada porque todos los heteos mencionados en el Antiguo Testamento tienen genuinos nombres semitas, por ejemplo Efrón, Sobar, Urías. Aparte de la expresión «la tierra de los heteos», que a veces denota Siria, todas las demás referencias a los «heteos» en el Antiguo Testamento son a un pequeño grupo que vivía en las montañas durante la era patriarcal y eran descendientes de ese grupo… Los heteos bíblicos no tenían conexión obvia con los mejor conocidos heteos del Asia Menor.[2]

En la respuesta de los heteos a Abraham puede observarse que trataron al patriarca con mucho respeto y cortesía. En primer lugar lo llaman «señor», y seguidamente reconocen que Abraham no era un simple hombre sino que era «un príncipe de Dios entre nosotros». El vocablo «príncipe» [*nasí*] se usa en el Antiguo Testamento para señalar a un jefe de tribu (véase Gn. 17:20; 25:16; Nm. 7:2). La expresión «de Dios» podría ser traducida como «poderoso». Obsérvese, además, que en el versículo 4 Abraham habla de sí mismo como «extranjero y forastero… entre vosotros». Los heteos, sin embargo, dicen que Abraham era alguien que estaba «entre nosotros». Los heteos, evidentemente, llegaron a considerar a Abraham en tal alta estima que lo tenían como uno de ellos.

---

2. Gordon Wenham, «Genesis 16-50», *Word Biblical Commentary*, p. 126

De ser un «extranjero residente» en territorio heteo, Abraham es reconocido como «un príncipe de Dios» [*nisi elojím*]. Los heteos reconocen la grandeza de Abraham y le ofrecen un buen sepulcro donde enterrar a Sara.

La gran pregunta que yace en el trasfondo de la negociación entre Abraham y los heteos es la siguiente: ¿Será capaz Abraham de obtener entrada permanente en la tierra de Canaán? Los heteos ofrecieron a Abraham uno de sus sepulcros; sin embargo, Abraham estaba convencido de que Dios le había dado la tierra de Canaán en heredad (véase Gn. 15:18-21; 35:11-12). A pesar de la oferta de los heteos, el patriarca prefirió comprar un lugar para sepultar a Sara, y así lo hizo.

> *Y Abraham se levantó, y se inclinó al pueblo de aquella tierra, a los hijos de Het, y habló con ellos, diciendo: Si tenéis voluntad de que yo sepulte mi muerta de delante de mí, oídme, e interceded por mí con Efrón hijo de Zohar, para que me dé la cueva de Macpela, que tiene al extremo de su heredad; que por su justo precio me la dé, para posesión de sepultura en medio de vosotros (Gn. 23:7-9).*

El gran patriarca «se levantó y se inclinó al pueblo de aquella tierra» a pesar de ser reconocido como «un príncipe poderoso» o «un príncipe de Dios». La acción de Abraham era una señal de gratitud y de dependencia en aquel pueblo. Mediante su respuesta, sin embargo, el patriarca deja bien claro que esperaba permanecer en la tierra de Canaán. Era una expresión de su fe en las promesas que el Dios soberano le había hecho. Abraham muestra una espléndida cortesía a los habitantes de la tierra, pero demuestra firmeza en sus convicciones. Y, además, no será un deudor al mundo sino que ofrece pagar «el precio justo» (23:9) por la cueva de Efrón. Abraham no solo era un hombre de fe sino que practicaba la justicia. Herbert C. Leupold dice:

> Abraham no quiere favores. Está preparado para pagar «el justo precio» (en hebreo: «el precio total» [*késef malé*]). Abraham desea hacer la compra plenamente atestiguada mediante la presencia de un número adecuado de testigos, por lo tanto, dice que la quiere «para posesión de sepultura en medio de vosotros» (Gn. 23:9).[3]

La expresión «el justo precio» es probablemente una manera legal de expresar el pago pleno de una venta irrevocable. Sin duda los heteos vieron la honestidad de Abraham, pues el patriarca quería pagar «el justo precio» por la cueva que sería el sepulcro permanente de su familia. Además, la respuesta de Abraham señala de manera clara que esperaba permanecer en la tierra de Canaán. También puede verse en la respuesta del patriarca una expresión de su fe en las promesas que Dios le había hecho. Abraham estaba aferrado a las promesas de Dios, sabiendo que Jehová Dios cumpliría su palabra. Abraham muestra cortesía y gentileza en su respuesta a Efrón, pero también firmeza y persistencia. El patriarca deja bien claro que no quería ser deudor al mundo y, por eso, ofreció pagar el «justo precio» por la propiedad de Efrón que incluía la cueva de Macpela.

---

3. Herbert C. Leupold, *Exposition of Genesis*, vol. 2, p. 646.

Este Efrón estaba entre los hijos de Het; y respondió Efrón heteo a Abraham, en presencia de los hijos de Het, de todos los que entraban por la puerta de la ciudad, diciendo: No, señor mío, óyeme: te doy la heredad, y te doy también la cueva que está en ella; en presencia de los hijos de mi pueblo te la doy; sepulta tu muerta (Gn. 23:10-11).

La respuesta rápida de Efrón heteo sugiere que tenía la autoridad para realizar aquella transacción con Abraham, pues no buscó ni la opinión ni la aprobación de nadie. La frase: «Te doy la heredad, y te doy también la cueva que está en ella» (Gn. 23:11) probablemente no es una sugerencia de que Efrón deseaba regalar la propiedad a Abraham, sino, más bien, una manera cortés al estilo oriental de decirle a Abraham que le vendería la propiedad. El hecho de que hubiera un número importante de testigos era una seguridad de que Abraham tomaría posesión de la heredad y de la cueva en perpetuidad.

Entonces Abraham se inclinó delante del pueblo de la tierra, y respondió a Efrón en presencia del pueblo de la tierra, diciendo: Antes, si te place, te ruego que me oigas. Yo daré el precio de la heredad; tómalo de mí, y sepultaré en ella mi muerta (Gn. 23:12-13).

Aunque el «inclinarse» de Abraham delante del pueblo de la tierra podría haber sido motivado por las costumbres de aquellos tiempos,[4] también demuestra el respeto y la cortesía del patriarca hacia el pueblo heteo. Si bien es cierto que Abraham no compartía el estilo de vida del «pueblo de la tierra», también es cierto que Abraham era respetuoso de sus costumbres.

El versículo 13 señala una vez más el propósito de Abraham de pagar el justo precio por la heredad, incluyendo la cueva de Macpela. El patriarca no buscaba ni aceptaba un regalo de parte de Efrón; la determinación de Abraham era obtener la heredad y el sitio para sepultar a Sara, pero pagando el precio que demostrase que actuaba con absoluta justicia.

Respondió Efrón a Abraham, diciéndole: Señor mío, escúchame: la tierra vale cuatrocientos siclos de plata; ¿qué es esto entre tú y yo? Entierra, pues, tu muerta (Gn. 23:14-15).

La respuesta de Efrón a Abraham es sencilla. El heteo, usando la cortesía propia de su cultura, solo menciona el precio de la propiedad, sin pedirle a Abraham que le pague la mencionada cantidad de dinero. Es imposible saber el tamaño de la propiedad en cuestión. En aquellos tiempos no había monedas ni existía el sistema de escriturar una propiedad. Por lo tanto, era necesario el uso de testigos, así como pesar la cantidad de plata acordada entre el vendedor y el comprador.

Entonces Abraham se convino con Efrón, y pesó Abraham a Efrón el dinero que dijo, en presencia de los hijos de Het, cuatrocientos siclos de plata, de buena ley entre mercaderes (Gn. 23:16).

---

4. *Ibíd.*, p. 649.

No es posible saber cuál era el valor de los cuatrocientos siclos de plata que Abraham le pagó a Efrón en aquel tiempo, ni si aquel precio era justo. Es de suponer que Abraham pagó un precio superior al valor de la propiedad porque aquella heredad y la cueva de Macpela tenían un valor espiritual por encima de su valor material. Ahora Abraham tenía un trozo de la tierra que Jehová Dios le había prometido. Al haber pagado un precio alto y haberlo hecho en la presencia de un número importante de testigos, nadie podía discutir el derecho de Abraham sobre aquella propiedad.

ABRAHAM SEPULTA A SARA (23:17-20)

Y quedó la heredad de Efrón que estaba en Macpela al oriente de Mamre, la heredad con la cueva que estaba en ella, y todos los árboles que había en la heredad, y en todos sus contornos, como propiedad de Abraham, en presencia de los hijos de Het y de todos los que entraban por la puerta de la ciudad (Gn. 23:17-18).

Estos versículos registran la toma de posesión de la heredad recién adquirida, que consistía de la tierra, los árboles y la cueva como sitio para la sepultura. Abraham quería un lugar para sepultura lo más cerca posible de su sitio de residencia, es decir, cerca de Hebrón. Abraham tomó posesión de la propiedad tan pronto como la transacción fue sellada. Obsérvese de nuevo el hecho de que todo el negocio se realizó «en presencia de los hijos de Het, y de todos los que entraban por la puerta de la ciudad». Eso demuestra que la transacción se efectuó de la manera más legal posible. Abraham podía disfrutar de manera incuestionable del derecho sobre aquella heredad.

Después de esto sepultó Abraham a Sara su mujer en la cueva de la heredad de Macpela al oriente de Mamre, que es Hebrón, en la tierra de Canaán (Gn. 23:19).

Abraham procuró el mejor sitio para la sepultura de Sara en la tierra que Dios le había prometido. Al patriarca no le preocupaba el precio que tuvo que pagar, pero sí le importaba que fuese el mejor sitio posible. Como comenta Gordon Wenham en su excelente comentario:

Aun si Efrón le cobró demasiado a Abraham, el precio pagado sugiere que el lugar de la sepultura de Sara era extenso. Algo apropiado para la madre de la nación, su sepulcro era impresionante, un digno memorial para una gran mujer.[5]

Evidentemente, Moisés quiere identificar bien el sitio del sepulcro de Sara: «La cueva de la heredad de Macpela... al oriente de Mamre... que es Hebrón» y, sumamente importante, «en la tierra de Canaán». Obsérvese también que, en Génesis 23:2, Moisés menciona que Sara murió en «Quiriat-arba, que es Hebrón, en la tierra de Canaán». El comentario hecho por el autor de la carta a los Hebreos es importante al respecto:

---

5. Gordon Wenham, «Genesis 16-50», *Word Biblical Commentary*, p. 130.

Conforme a la fe murieron todos éstos sin haber recibido lo prometido, sino mirándolo de lejos, y creyéndolo, y saludándolo, y confesando que eran extranjeros y peregrinos sobre la tierra (He. 11:13).

En cumplimiento al mandato de Dios y en obediencia al llamado del Señor, Abraham reconoció que Canaán era la tierra que Dios le había prometido. No había vuelta atrás (véase Gn. 24:6-9; 25:8-10; 49:28-32; 50:12-13).

Y quedó la heredad y la cueva que en ella había, de Abraham, como una posesión para sepultura, recibida de los hijos de Het (Gn. 23:20).

Este versículo resume de manera escueta el hecho de que la propiedad adquirida por Abraham con el fin de sepultar a Sara sería una propiedad perpetua. Allí fue sepultado Abraham (25:9), Isaac (35:27, 29) y, además, Rebeca y Lea (49:31) y Jacob (50:13). La propiedad fue comprada por Abraham «por su justo precio». Abraham no lo hubiese aceptado de ningún otro modo.

RESUMEN Y CONCLUSIÓN

Génesis 23 contiene algunas lecciones importantes. La primera lección que sobresale es la del comportamiento que debe practicarse cuando se atraviesa por la tristeza y la pena causada por la muerte de alguien cercano. Existe la tristeza natural producida por un profundo amor. Sin duda el amor de Abraham hacia Sara era profundo y entrañable. El patriarca buscó el mejor lugar para la sepultura de su difunta esposa. La pérdida de Sara fue dolorosa para Abraham, pero él reprimió los sentimientos inútiles y se consoló con la promesa de Dios. Sara fue sepultada en la tierra prometida con la anticipación de la esperanza de la resurrección (véase He. 11:13-14).

Abraham hizo frente a la muerte como un creyente que creía en el futuro al decidir sepultar a Sara en la tierra prometida. Nosotros nos enfrentamos a la muerte, algo común a todo ser humano, pero no la confrontamos como los paganos. La muerte no retiene cautivo al cristiano por mucho tiempo. La muerte es el límite del poder de Satanás, y hasta allí llega, pero Dios continúa desde allí. El creyente anticipa la resurrección del cuerpo y el gozo de la vida eterna.

Otra lección importante es que, mientras Abraham se movía bajo la fuerza de los sublimes pensamientos de las promesas de Dios y mediante una comunión personal en su misma presencia, los hijos de Het demostraron estar totalmente vacíos del conocimiento de Dios. Los hijos de Het no conocían al verdadero Abraham porque no conocían al verdadero Dios. Es posible que hoy haya muchas personas que estén cerca de los hijos de Dios pero que no conozcan nada acerca del Dios soberano, vivo y verdadero.

24

La búsqueda de una esposa para Isaac (24:1-67)

Génesis 24 es el capítulo más largo del libro, y registra una maravillosa y tierna historia de amor. Esta conmovedora historia ha llamado la atención de una cantidad importante de lectores a lo largo de muchos años. Sin pasar por alto el aspecto romántico de la historia, es sumamente importante centrar el relato y la hermenéutica del mismo en la soberana voluntad de Dios expresada en el pacto abrahámico. El patriarca Abraham entendía que la voluntad de Dios era separar la simiente escogida de los paganos de la tierra.

La historia del matrimonio de Isaac es importante por su contribución a las tres áreas de la doctrina de la vida espiritual. En primer lugar, las acciones del siervo de Abraham apuntan a un ejemplo maravilloso de lo que significa buscar y encontrar la voluntad de Dios para la vida personal.

En segundo lugar, esta historia enseña, de manera directa, la necesaria y eficaz verdad que el principal ingrediente de un matrimonio ideal es la práctica de una santa piedad. La principal preocupación de Abraham en la gran empresa de obtener una esposa para su hijo era la voluntad de Dios a la luz de las promesas que Jehová Dios le había hecho. También pesaba la actuación del siervo de Abraham y el cumplimiento de la misión que debía cumplir. Sin duda, esa también fue la preocupación que llegó a pesar sobre Rebeca y quizá, posteriormente, sobre Labán, su hermano.

En tercer lugar, la historia es importante respecto de la redención del hombre. Hay un sorprendente paralelismo con la obra del Espíritu Santo en la era presente. El siervo de Abraham, enviado a buscar una esposa para el hijo de la promesa, Isaac, ilustra la obra del Espíritu Santo en la presente edad, porque el Espíritu, también, ha sido enviado por el Padre celestial y el Hijo para obtener un pueblo para Dios de entre los gentiles (véase Hch. 15:14), una esposa para el Señor Jesucristo (véase 2 Co. 11:2). Esos paralelismos, como se verá, son muy numerosos y obvios y, por lo tanto, no pueden considerarse como casualidades ni como cosas secundarias.

A la luz de todas estas consideraciones, es innegable que este es un capítulo que

358

debe estudiarse cuidadosamente. No solo relata una conmovedora historia, sino que también contiene verdades teológicas profundas. La presencia providencial de Dios se hace sentir a través de todo el capítulo. La obediencia de Abraham al mandato de Dios de mantenerse separado de los pueblos cananeos también es patente en este capítulo. Herbert C. Leupold ha escrito lo siguiente respecto a Génesis 24:

> Un fascinante capítulo, cuidadosamente escrito con muchos detalles, no debido a su carácter romántico, sino porque registra un acto de fe que transforma las experiencias ordinarias de la vida. El patriarca Abraham, creyendo las promesas de Jehová acerca de la descendencia que procedería de su hijo (a saber, una gran nación y un gran Redentor), hace provisión para el casamiento de ese hijo. Esa provisión, sin embargo, es hecha de manera que la plena confianza de Abraham en la validez de esas promesas se manifiesta claramente.[1]

Génesis 24 enfatiza la intervención providencial de Dios en la selección de una esposa para Isaac y destaca la acción obediente del siervo de Abraham. Aquel esclavo se comprometió con el patriarca a buscar la esposa correcta para el hijo amado de Abraham, y no descansó hasta encontrarla y presentársela a Isaac.

> *Era Abraham ya viejo, y bien avanzado en años; y Jehová había bendecido a Abraham en todo. Y dijo Abraham a un criado suyo, el más viejo de su casa, que era el que gobernaba en todo lo que tenía: Pon ahora tu mano debajo de mi muslo, y te juramentaré por Jehová, Dios de los cielos y Dios de la tierra, que no tomarás para mi hijo mujer de las hijas de los cananeos, entre los cuales yo habito; sino que irás a mi tierra y a mi parentela, y tomarás mujer para mi hijo Isaac. El criado respondió: Quizá la mujer no querrá venir en pos de mí a esta tierra. ¿Volveré, pues, tu hijo a la tierra de donde saliste? Y Abraham le dijo: Guárdate que no vuelvas a mi hijo allá. Jehová, Dios de los cielos, que me tomó de la casa de mi padre y de la tierra de mi parentela, y me habló y me juró, diciendo: A tu descendencia daré esta tierra; él enviará su ángel delante de ti, y tú traerás de allá mujer para mi hijo. Y si la mujer no quisiere venir en pos de ti, serás libre de este mi juramento; solamente que no vuelvas allá a mi hijo. Entonces el criado puso su mano debajo del muslo de Abraham su señor, y le juró sobre este negocio (Gn. 24:1-9).*

El texto señala que Abraham era «ya viejo». Concretamente tenía 140 años de edad mientras que Isaac tenía 40 años. Como ya se ha visto en el capítulo anterior, Sara había muerto. Era el tiempo preciso para que Isaac tomase una esposa y comenzase una familia y que el plan diseñado por Dios continuase adelante.

Abraham se dio cuenta de que su hijo debía tener una esposa de entre su propio pueblo, pues había tenido alguna revelación del Dios verdadero, es decir, Jehová, y alguna comprensión de Él. Era importante para él que Isaac y su esposa, quienquiera que fuese, estuviesen unidos por una fe común. Además, era deseable que ella no fuese una recién convertida, sino alguien con madurez en las cosas del Señor. Y, por último, tenía que ser una virgen, dispuesta a vivir con Isaac lejos de su familia.

---

1. Herbert C. Leupold, *Exposition of Genesis*, vol. II, p. 656.

El primer versículo de este capítulo claramente afirma que el patriarca no solo era viejo sino que ya sufría algunas de las consecuencias propias de una edad avanzada. La expresión «de edad avanzada» parece referirse a esa condición (la RVR-60 dice «bien avanzado en años»). Las palabras finales de Génesis 24:1 «Y Jehová había bendecido a Abraham en todo», se refieren a la riqueza del patriarca y sugiere que, puesto que una parte de Génesis 12:2 ha sido cumplida, el gran hombre de fe consideró necesario asegurarse que los otros aspectos del programa divino no se dilatasen.

Por lo tanto, Abraham llamó a su siervo, «el más viejo de su casa». Por alguna razón, no se menciona el nombre del siervo. Lo más probable es que fuese el damasceno Eliezer (Gn. 15:2), quien realizaba la administración total de la casa de Abraham.

El juramento que Abraham demandó de su siervo es descrito con erudición por Herbert C. Leupold de esta manera:

> El vocablo «muslo» (*yarék*) o «lomos» aquí en verdad es considerado como «el sitio de los poderes procreativos» y por metonimia toma en consideración todos los descendientes. Nótese pasajes tales como 46:26 («todas las personas que vinieron… procedentes de sus lomos»), Éxodo 1:5; Jueces 8:30. Por consiguiente, esta forma de juramento se refiere particularmente a los descendientes y es tomada en referencia a ellos. Pero no podemos detenernos sin considerar esta declaración en su sentido correcto. Porque cuando consideramos con cuánta impaciencia creyentes desde el tiempo de Adán anticipan la llegada de un Salvador que había de nacer, y también cómo Abraham (Gn. 12:3) sabía y creía que de su propio linaje vendría ese Salvador, no podemos hacer otra cosa sino aceptar la postura ortodoxa mantenida por los padres apostólicos desde la antigüedad que ese juramento fue administrado con miras al Salvador que vendría del linaje de Abraham. El desarrollo del proceso se centra en este hecho prominente. Esta misma forma de juramento se encuentra, además, solamente en Génesis 47:29. Por consiguiente, no encontramos aquí un remanente de una vieja costumbre que ya no es entendida, ni el remanente de un símbolo de algún culto fálico, ni era esto un juramento por el órgano viril, porque la mano era puesta debajo del muslo, ni son una buena ilustración o paralelos las analogías actuales aludidas por los comentaristas como las que se usan entre los árabes y los egipcios. Aquí tenemos un juramento piadoso hecho por un hombre piadoso tomado y administrado a la luz de su gran esperanza, el Salvador venidero. «Jehová» como el Dios del pacto, es aludido de la manera más apropiada como Aquel por quien el siervo hace el juramento.[2]

Abraham, por supuesto, no estaba lanzándose totalmente a ciegas respecto a las condiciones en Harán; el gran patriarca tenía conocimiento de lo que ocurría con su familia en Harán: «Aconteció después de estas cosas, que fue dada noticia a Abraham, diciendo: He aquí que también Milca ha dado a luz hijos a Nacor tu hermano: Uz su primogénito, Buz su hermano, Kemuel padre de Aram, Quesed, Hazo, Pildas, Jidlaf y Betuel. Y Betuel fue el padre de Rebeca» (Gn. 22:20-23a).

---

2. Herbert C. Leupold, *Exposition of Genesis*, vol. II, p. 659.

Este pasaje deja bien claro que Abraham tenía conocimiento de que en su familia en Harán había una doncella que podía llegar a ser la esposa de Isaac. El mandato dado a su siervo que Isaac debía tomar esposa solo de entre el pueblo de Dios era un principio que luego fue mantenido a través del Antiguo Testamento (véase Dt. 7:3-4; 1 R. 11:4; Esd. 9:1-15; 1 Co. 7:39; 2 Co. 6:14-15).

Abraham contesta a la preocupación del siervo, que presentó la posibilidad de un rechazo de parte de la mujer:

Quizá la mujer no querrá venir en pos de mí a esta tierra. ¿Volveré, pues, tu hijo a la tierra de donde saliste? (Gn. 24:5).

Existía la posibilidad de que el siervo fracasara en su misión. Abraham, sin embargo, instruyó al siervo diciéndole que, si ese fuese el caso, quedaría libre de toda la responsabilidad adquirida mediante el juramento. Bajo ninguna circunstancia Isaac debía dejar la tierra prometida. Por lo tanto, como hombre de fe, Abraham toma la posición de que Dios no se desviará de su propósito ni de su pacto y que el hombre tampoco debe hacerlo. Al patriarca, que había experimentado varias veces la fidelidad de Dios, ahora le correspondía practicar la obediencia al Dios soberano.

Entonces el criado puso su mano debajo del muslo de Abraham su señor, y le juró sobre este negocio (Gn. 24:9).

Después de haber hecho todas las aclaraciones, el siervo de Abraham quedó convencido y «puso su mano debajo del muslo de Abraham su señor...». Aquel no era el caso de un amigo agradando a otro amigo, sino de un siervo obedeciendo a su amo.[3] Abraham tenía absoluta confianza en «Jehová, Dios de los cielos», es decir, en el Dios soberano. El patriarca estaba convencido de que el Todopoderoso cumpliría su promesa (véase Gn. 24:7).

Y el criado tomó diez camellos de los camellos de su señor, y se fue, tomando toda clase de regalos escogidos de su señor; y puesto en camino, llegó a Mesopotamia, a la ciudad de Nacor. E hizo arrodillar los camellos fuera de la ciudad, junto a un pozo de agua, a la hora de la tarde, la hora en que salen las doncellas por agua. Y dijo: Oh Jehová, Dios de mi señor Abraham, dame, te ruego, el tener hoy buen encuentro, y haz misericordia con mi señor Abraham. He aquí yo estoy junto a la fuente de agua, y las hijas de los varones de esta ciudad salen por agua. Sea, pues, que la doncella a quien yo dijere: Baja tu cántaro, te ruego, para que yo beba, y ella respondiere: Bebe, y también daré de beber a tus camellos; que sea ésta la que tú has destinado para tu siervo Isaac; y en esto conoceré que habrás hecho misericordia con mi señor (Gn. 24:10-14).

De modo que el siervo de Abraham se puso en camino con diez camellos repletos de provisiones y de objetos valiosos. La caravana se dirigía a Mesopotamia, es decir,

---

3. *Ibíd.*, p. 663.

a Aram Naharaim, «los dos ríos» o «entre los dos ríos». Esa es la región situada entre los ríos Tigris y Éufrates. El nombre de la ciudad de Nacor era Harán (véase Gn. 27:43; 28:10).

La descripción del viaje en sí es omitida, aunque se registra la llegada a Harán de una manera pintoresca, en la que el siervo pone en manos de Dios el propósito del viaje y ruega a Jehová la manifestación de su providencia: «Y dijo: Oh Jehová, Dios de mi señor Abraham, dame, te ruego, el tener hoy buen encuentro, y haz misericordia con mi señor Abraham» (Gn. 24:12). El siervo pide a Dios que le muestre con claridad quién sería la doncella escogida para esposa de Isaac.

La fe del siervo era la misma clase de fe que la de su señor. Obsérvese que destaca en su petición a Jehová Dios el vocablo «misericordia» [*kjésed*]. Dicho vocablo se relaciona con el pacto. Bruce K. Waltke dice lo siguiente:

> Misericordia [*kjésed*] es una palabra clave en la oración del siervo (véase Gn. 24:12, 14) y en la doxología (véase Gn. 24:26-27). El vocablo hebreo *kjésed* implica lealtad a una relación pactada. El socio inferior depende de la misericordia del superior para cumplir una necesidad urgente. La confiable bondad de Dios para su pueblo necesitado es la base de la relación pactada (véase Is. 54:10).[4]

El siervo le pide a Jehová Dios que la doncella escogida responda a su petición de agua con el ofrecimiento adicional de proveer agua para sus camellos. La condición impuesta por el siervo es muy buena, aunque quizá al hombre occidental le sea difícil entenderla. Los camellos son notorios por su capacidad para absorber agua, de modo que la condición impuesta por el siervo no era la de un simple favor, sino algo que requería un esfuerzo considerable de parte de la doncella. Una doncella que cumpliese ese requisito con toda seguridad sería diferente de las demás doncellas. Por lo tanto, la oración del siervo consistía de la demanda de una evidencia inusual del poder providencial de Dios.

> *Y aconteció que antes que él acabase de hablar, he aquí Rebeca, que había nacido a Betuel, hijo de Milca mujer de Nacor hermano de Abraham, la cual salía con su cántaro sobre su hombro. Y la doncella era de aspecto muy hermoso, virgen, a la que varón no había conocido; la cual descendió a la fuente, y llenó su cántaro, y se volvía. Entonces el criado corrió hacia ella, y dijo: Te ruego que me des a beber un poco de agua de tu cántaro (Gn. 24:15-17).*

Probablemente, el siervo pensó que pasaría un tiempo largo antes de recibir respuesta a su oración. Sin embargo, la oración fue sorprendente y rápidamente contestada. La expresión «he aquí Rebeca» sugiere que, antes de que el siervo lo esperase, la doncella Rebeca hizo su aparición. Dios había contestado la oración del siervo de Abraham de manera providencial y, sin duda, también había contestado la oración de Abraham.

---

4. Bruce K. Waltke, *Genesis: A Commentary*, p. 328.

El hecho de que Rebeca fuera la primera en llegar al pozo para realizar una tarea algo desagradable destaca algo de las cualidades personales de aquella doncella. Y cuando ella se apresuró para darle de beber al siervo y luego insistió en darle de beber a todos sus camellos, uno puede imaginarse los sentimientos de emoción que inundaron la mente y el espíritu del emisario de Abraham.

> *Ella respondió: Bebe, señor mío; y se dio prisa a bajar su cántaro sobre su mano, y le dio a beber. Y cuando acabó de darle de beber, dijo: También para tus camellos sacaré agua, hasta que acaben de beber. Y se dio prisa, y vació su cántaro en la pila, y corrió otra vez al pozo para sacar agua, y sacó para todos sus camellos (Gn. 24:18-20).*

La generosidad de Rebeca se pone de manifiesto mediante la prontitud con la que da de beber al siervo. Obsérvese las expresiones «se dio prisa» (v. 18, 20) y «corrió» (v. 20). Como señala Bruce K. Waltke:

> Las acciones de Rebeca «dramatizan» un solo punto: que la actuación de la joven doncella sobrepasa aun la expectación más optimista.[5]

Cualquiera que haya tenido una respuesta definida a la oración puede comprender el gozo del siervo de Abraham al descubrir que Dios ha hecho más abundantemente de lo que se podía pedir o pensar. Por supuesto, el siervo aún no sabía quién era Rebeca, por lo tanto se mantuvo tranquilo hasta que ella terminó la tarea de dar agua a los camellos. Después de todo, existía la posibilidad de que descubriese que Rebeca no era de la familia de Abraham. El texto bíblico dice:

> *Y el hombre estaba maravillado de ella, callando, para saber si Jehová había prosperado su viaje, o no (Gn. 24:21).*

Entre las cualidades del siervo de Abraham estaba la prudencia, y quería estar seguro de que todo lo que ocurría era el plan de Dios. La expresión «estaba maravillado» en realidad significa «estaba absorto contemplando» lo que Rebeca hacía. Herbert C. Leupold ha escrito lo siguiente:

> El tiempo para el discurso aún no ha llegado; de modo que él «observa en silencio», literalmente: «estar en silencio para saber si acaso». La verdadera fe usa precaución para evitar la posibilidad de autoengaño.[6]

La frase «para saber si Jehová había prosperado su viaje, o no» sugiere que el siervo ha puesto un enorme cuidado en el cumplimiento de su misión. El verbo «había prosperado» [*jitsliakj*] es un término clave en la historia relatada en este capítulo (véase 24:40, 42, 56; véase también Génesis 39:3, 23). Obsérvese que el siervo desea estar seguro de que lo que está ocurriendo procede de la mano de Jehová, el Dios guardador del pacto.

---

5. *Ibíd.*, p. 329.
6. Herbert C. Leupold, *Exposition of Genesis*, vol. II, p. 669.

> *Y cuando los camellos acabaron de beber, le dio el hombre un pendiente de oro que pesaba medio siclo, y dos brazaletes que pesaban diez, y dijo: ¿De quién eres hija? Te ruego que me digas; ¿hay en casa de tu padre lugar donde posemos? Y ella respondió: Soy hija de Betuel hijo de Milca, el cual ella dio a luz a Nacor. Y añadió: También hay en nuestra casa paja y mucho forraje, y lugar para posar (Gn. 24:22-25).*

La disposición de Rebeca para atender al siervo causó en él una gran impresión. Como una muestra de su gratitud, el siervo le dio un pendiente de oro y dos brazaletes de valor importante (v. 22). Seguidamente, le preguntó a Rebeca: «¿De quién eres hija? Te ruego que me digas». Esa pregunta sugiere urgencia de parte del siervo de Abraham. La pregunta: «¿De quién eres hija?» era de vital importancia para la misión que le fuera asignada. La respuesta de Rebeca fue exactamente la que el siervo esperaba oír. Rebeca le proporcionó una relación bastante completa de su trasfondo familiar. Menciona a su padre, la madre de su padre y su abuelo. Además, la hermosa doncella añade el hecho de que en su casa hay suficiente comida para los camellos y lugar para hospedar al siervo de Abraham y a sus acompañantes.

> *El hombre entonces se inclinó y adoró a Jehová, y dijo: Bendito sea Jehová, Dios de mi amo Abraham, que no apartó de mi amo su misericordia y su verdad, guiándome Jehová en el camino a casa de los hermanos de mi amo (Gn. 24:26-27).*

Obsérvese la actitud del siervo de Abraham: «Se inclinó y adoró a Jehová». Eso demuestra que era un hombre de fe y que, evidentemente, había aprendido mucho observando a Abraham. Nótese que bendice a Jehová y le da gracias por su providencia y su fidelidad manifestada mediante la aparición de la doncella y la dirección divina recibida en el camino a la casa de los hermanos de Abraham. El primer pensamiento del siervo es hacia Jehová, y su segundo pensamiento va dirigido hacia su amo Abraham. En tercer lugar, el siervo reconoce la mano providencial de Dios que lo ha guiado a lo largo del trayecto y lo ha conducido a un feliz encuentro con Rebeca. La bella doncella era prima en segundo grado de Isaac. El siervo había sido guiado al lugar correcto. El salmista dice: «Por Jehová son ordenados los pasos del hombre, y él aprueba su camino» (Sal. 37:23). Ciertamente esa verdad se había cumplido en el siervo.

> *Y la doncella corrió, e hizo saber en casa de su madre estas cosas. Y Rebeca tenía un hermano que se llamaba Labán, el cual corrió afuera hacia el hombre, a la fuente. Y cuando vio el pendiente y los brazaletes en las manos de su hermana, que decía: Así me habló aquel hombre, vino a él; y he aquí que estaba con los camellos junto a la fuente. Y le dijo: Ven, bendito de Jehová; ¿Por qué estás fuera? He preparado la casa, y el lugar para los camellos (Gn. 24:28-31).*

Rebeca corrió a preguntar a su padre Betuel y a su hermano Labán si sería correcto que el siervo de Abraham se hospedase con ellos. Había sido una experiencia emocionante para ella, sin duda, escuchar que quien le había dado el pendiente y los brazaletes mencionara el nombre de su casi legendario tío abuelo de Canaán. Lo emocionante de la historia se refleja en la rapidez de movimiento de las personas implicadas.

Labán, quien parecía estar encargado de los asuntos de la casa, mostró una genuina hospitalidad hacia los extranjeros, aunque hay alguna evidencia de que pudo haber existido alguna actitud subyacente de interés financiero en su hospitalidad (véase Gn. 24:30, «Y cuando vio el pendiente y los brazaletes»). Después de todo, Abraham era aquel tío rico de quien con frecuencia había oído hablar. Su invitación: «Ven, bendito de Jehová» (Gn. 24:31) pudo no haber sido del todo desinteresada.

> *Entonces el hombre vino a casa, y Labán desató los camellos. Y les dio paja y forraje, y agua para lavar los pies de él, y los pies de los hombres que con él venían. Y le pusieron delante qué comer; mas él dijo: No comeré hasta que haya dicho mi mensaje. Y él le dijo: Habla (Gn. 24:32-33).*

Todo transcurrió en conformidad con las costumbres de aquellos tiempos y de aquella cultura. Labán, con toda diligencia, desató los camellos, les dio de comer y dio al siervo y a sus acompañantes agua para lavar sus pies. Además «le pusieron delante de él qué comer» para reparar sus fuerzas. El siervo, sin embargo, «dijo: No comeré hasta que haya dicho mi mensaje». Como fiel siervo, puso su misión por encima de su necesidad. La comida era la culminación de aquel encuentro. Durante la comida se discutían los asuntos importantes (véase Gn. 18:1-15). El siervo prefiere no comer sino «hasta que haya dicho mi mensaje». Gordon Wenham dice:

> Nuevamente admiramos su devoción a la responsabilidad, que después de un largo viaje pusiese el cumplir su responsabilidad hacia Abraham por encima de satisfacer su hambre.[7]

Es evidente que el siervo de Abraham poseía un sentido claro de su responsabilidad. El juramento que había hecho a Abraham implicaba compromiso y fidelidad, y como buen y fiel siervo, deseaba agradar a su amo.

> *Entonces dijo: Yo soy criado de Abraham. Y Jehová ha bendecido mucho a mi amo, y él se ha engrandecido; y le ha dado ovejas y vacas, plata y oro, siervos y siervas, camellos y asnos. Y Sara, mujer de mi amo, dio a luz en su vejez un hijo a mi señor, quien le ha dado a él todo cuanto tiene. Y mi amo me hizo jurar, diciendo: No tomarás para mi hijo mujer de las hijas de los cananeos, en cuya tierra habito; sino que irás a la casa de mi padre y a mi parentela, y tomarás mujer para mi hijo. Y yo dije: Quizás la mujer no querrá seguirme. Entonces él me respondió: Jehová, en cuya presencia he andado, enviará su ángel contigo, y prosperará tu camino; y tomarás para mi hijo mujer de mi familia y de la casa de mi padre. Entonces serás libre de mi juramento, cuando hayas llegado a mi familia; y si no te la dieren, serás libre de mi juramento (Gn. 24:34-41).*

---

7. Gordon Wenham, «Genesis 16-50», *World Biblical Commentary*, p. 146.

En esta sección el siervo da testimonio acerca de Abraham e Isaac. Gran parte del relato es una repetición de lo que aparece con anterioridad, pero todo tiene un alto significado tipológico. El siervo, quien sugiere al Espíritu Santo, da testimonio de la grandeza de Abraham, quien representa al Padre, y del heredero Isaac, quien representa al Señor Jesucristo. Henry M. Morris comenta lo siguiente:

> La enseñanza tipológica aquí parece tan clara que no debe pasarse por alto. El siervo es como el Espíritu Santo, quien está en el mundo buscando una Esposa para Cristo. La Esposa está compuesta de individuos que lo reciben como Señor y Salvador, y quienes, por lo tanto, serán llevados a Él por la regeneración del Espíritu Santo. Así como el Espíritu Santo (mediante el testimonio humano, las Escrituras y las circunstancias) da testimonio a los corazones de individuos acerca de la gloria de Cristo, la necesidad que tienen de Él, y del gozo hallado en su presencia, estos son confrontados con la decisión más grande de sus vidas. No pueden ignorarlo; tienen que decir sí o no. Si están unidos a Él, tienen que dejar las cosas del mundo detrás de ellos y someterse plenamente a Él. Muchos rechazan la invitación y son separados de Él para siempre.[8]

El versículo 40 pone de manifiesto la firme confianza de Abraham en la fidelidad de Dios:

> *Entonces él me respondió: Jehová, en cuya presencia ando, enviará su ángel contigo, y prosperará tu camino; y tomarás para mi hijo mujer de mi familia y de la casa de mi padre (Gn. 23:40).*

El siervo reafirma la confianza de Abraham en Jehová y en la providencial intervención del ángel del Señor. Además, menciona la honestidad de Abraham, que promete liberarlo del compromiso si la misión no se cumpliese (v. 41). En los versículos 42 al 48 el siervo relata las circunstancias de su encuentro con Rebeca. En primer lugar, menciona su oración a Jehová Dios y el hecho de que el Dios a quien ora es «el Dios de mi señor Abraham», es decir, aquel que hizo el pacto con Abraham (Gn. 15:18). En segundo lugar, relata todo lo acontecido en su encuentro con Rebeca en el pozo y la actitud dispuesta de Rebeca al sacar agua del pozo para él y sus camellos. En tercer lugar, el siervo menciona lo ocurrido cuando Rebeca le informó que era «hija de Betuel, el hijo de Nacor y Milca». En agradecimiento, el siervo puso un pendiente en la nariz de Rebeca y brazaletes en sus brazos. El relato culmina con la declaración maravillosa del siervo:

> *Y me incliné y adoré a Jehová, y bendije a Jehová Dios de mi señor Abraham, que me había guiado por camino de verdad para tomar la hija del hermano de mi señor para su hijo (Gn. 24:48).*

El siervo de Abraham incluye una petición final a su resumido discurso: «Ahora, pues, si vosotros hacéis misericordia y verdad» [*kjésed we emet*], es decir, «gracia y fidelidad». La petición tiene que ver con permitir que Rebeca marche con el siervo

---

8. Henry M. Morris, *The Genesis Record*, pp. 401-402.

para, a la postre, ser la esposa de Isaac. Obsérvese que Abraham sigue siendo el centro de atención en la exposición. Mostrar «gracia y fidelidad» o «misericordia y verdad» a Abraham significaba permitir que Rebeca viajase a encontrarse con Isaac, quien sería su esposo. «Misericordia y fidelidad» son dos cosas fundamentales en el pacto abrahámico. El siervo quería que los familiares de Rebeca mostrasen hacia Abraham la misma misericordia y bondad que Jehová Dios le había mostrado a su amo Abraham. Con la frase en Génesis 24:49: «y si no, declarádmelo; y me iré a la diestra o la siniestra», el siervo de Abraham, de manera inteligente, pone a la familia de Rebeca en una situación difícil. Es como si les preguntase: ¿Iréis en contra de la voluntad de Dios? El siervo no estaba dispuesto a abandonar su misión sino a cumplirla aunque tuviese que ir a otro lugar. Es evidente que el testimonio de Abraham había influido grandemente en la vida de aquel siervo. La historia narrada en este capítulo ilustra la «misericordia» de Dios (véase 24:12, *kjésed*) y la «fidelidad» (*emet*) de Jehová en un grado tal que el siervo apela a la familia de Rebeca a que muestren esas mismas cualidades hacia su señor Abraham.

> *Entonces Labán y Betuel respondieron y dijeron. De Jehová ha salido esto; no podemos hablarte malo ni bueno. He aquí Rebeca delante de ti; tómala y vete, y sea mujer del hijo de tu señor, como lo ha dicho Jehová (Gn. 24:50-51).*

Evidentemente, Labán y Betuel tenían la misma responsabilidad en la decisión. Eso sugiere que Betuel ha puesto a su hijo como encargado de sus asuntos, quizá debido a su edad o por causa de alguna enfermedad. La expresión: «No podemos hablarte malo ni bueno» equivale a decir «no podemos decir absolutamente nada» o «no podemos contradecir nada de lo que has dicho». Labán y Betuel entienden que lo sucedido «ha salido de Jehová», es decir, reconocen que el encuentro del siervo de Abraham con Rebeca en el pozo y el relato de la misión encomendada al siervo era totalmente obra de la providencia de Jehová Dios.

La respuesta de Labán y Betuel es, por lo tanto, afirmativa. Reconocen que si aquello procedía de Dios, no había nada que pudiesen hacer para oponerse. La respuesta de ellos fue: «He aquí Rebeca delante de ti; tómala y vete» (v. 51). ¿Por qué no fue consultada Rebeca? Quizá porque aquella era la costumbre de aquella época o, tal vez, se debió a que Rebeca manifestó desde el principio su disposición a ir, por lo que no fue necesario preguntarle.

> *Cuando el criado de Abraham oyó sus palabras, se inclinó en tierra ante Jehová. Y sacó el criado alhajas de plata y alhajas de oro, y vestidos, y dio a Rebeca; también dio cosas preciosas a su hermano y a su madre (Gn. 24:52-53).*

El criado pone de manifiesto su devoción hacia el Dios de Abraham (véase Gn. 24:12-14). Como fiel creyente nunca deja de dar crédito a Dios por lo que ha hecho y adora a Jehová al oír las palabras de Labán y Betuel. La decisión del hermano y del padre de Rebeca resultó en una nueva remesa de regalos para Rebeca y su familia. Aquello era una especie de dote como prueba de la capacidad económica de Abraham. Pero también era el precio pagado por la pérdida de los servicios de Rebeca y su posible descendencia (véase Gn. 34:13 y Éx. 22:16).

Y comieron y bebieron él y los varones que venían con él, y durmieron; y levantándose de mañana, dijo: Enviadme a mi señor (Gn. 24:54).

Después de finalizar la transacción, los anfitriones prepararon una abundante comida para el siervo y sus acompañantes. Los visitantes pasaron la noche en el hogar de Rebeca; sin embargo, el siervo deseaba regresar y presentar a Abraham el resultado de su misión. En típico estilo oriental, el siervo pide a sus anfitriones ser despedido. La frase: «Enviadme a mi señor» sugiere el deseo del siervo de marchar enseguida, mientras que los familiares de Rebeca deseaban una espera.

Entonces respondieron su hermano y su madre: Espere la doncella con nosotros a lo menos diez días, y después irá (Gn. 24:55).

La sugerencia del hermano y de la madre de Rebeca («a lo menos diez días») es una expresión ambigua. El profesor Bruce K. Waltke dice:

El texto hebreo literalmente dice «días o diez». La cantidad de tiempo es ambigua. Los tárgumes interpretan la frase así: «Un año o diez minutos». La Septuaginta (LXX) «unos pocos días, digamos diez». Podría significar unos pocos días o unos pocos años. ¡Posteriormente, Jacob inesperadamente permanecerá veinte años (Gn. 31:38)![9]

En resumen, la expresión «diez días» es ambigua. El plural «días» podría significar «un año» (véase Lv. 25:29). El siervo, sin embargo, sorprendió a todos al expresar su deseo de una partida inmediata, es decir, a la mañana siguiente. Sin duda, el siervo estaba profundamente emocionado por todo lo ocurrido y no deseaba dilatar su regreso para encontrarse con su amo. La oración: «Oh Jehová, Dios de mi señor Abraham, dame, te ruego, el tener un buen encuentro, y haz misericordia con mi señor Abraham» (Gn. 24:12), había sido contestada de manera literal. Jehová Dios le había mostrado su fidelidad y su misericordia tal como lo había prometido anteriormente a Abraham, su siervo (Gn. 24:7).

Y él les dijo: No me detengáis, ya que Jehová ha prosperado mi camino; despachadme para que me vaya a mi señor. Ellos respondieron entonces: Llamemos a la doncella y preguntémosle. Y llamaron a Rebeca, y le dijeron: ¿Irás tú con este varón? Y ella respondió: Sí, iré (Gn. 24:56-58).

De manera sabia, el siervo de Abraham apela al hecho de que todo lo ocurrido se debía a que «Jehová ha prosperado mi camino» y, por lo tanto, la tarea debía completarse de inmediato. Cualquier demora sería ir en contra de la soberana providencia de Jehová Dios. El verbo «despachadme» sugiere urgencia. Eliezer consideraba que cualquier demora era inadecuada e innecesaria. Su deseo era partir y llevar a Rebeca para que se uniese con Isaac. Después de alguna discusión, se permitió que Rebeca tomase la decisión de ir o no ir con el siervo de Abraham. Su respuesta fue: «Sí, iré».

---

9. Bruce K. Waltke, *Genesis: A Commentary*, p. 331.

Entonces dejaron ir a Rebeca su hermana, y a su nodriza, y al criado de Abraham y a sus hombres. Y bendijeron a Rebeca, y le dijeron: Hermana nuestra, sé madre de millares de millares, y posean tus descendientes la puerta de sus enemigos. Entonces se levantó Rebeca y sus doncellas, y montaron en los camellos, y siguieron al hombre; y el criado tomó a Rebeca, y se fue (Gn. 24:59-61).

Estos versículos registran la despedida de Rebeca. La hermosa doncella es acompañada de su nodriza, es decir, la mujer que la había cuidado desde su nacimiento (según Gn. 35:8, su nombre era Débora), y también iban sus doncellas. La frase «Y bendijeron a Rebeca» [*vayebarakú et Ribcá*] parece ser un juego de palabras ya que el verbo «bendecir» [*barak*] y el sustantivo «Rebeca» [*Ribcá*] tienen un sonido parecido. La bendición incluye que Rebeca sea fértil en gran manera («madre de millares de millares») y además, «que sus descendientes posean las puertas de sus enemigos», es decir, que los descendientes de Rebeca siempre sean victoriosos sobre cualquier adversario. Obsérvese que las bendiciones pronunciadas sobre Rebeca armonizan con las del pacto abrahámico (véase Gn. 22:17). Dios prometió a Abraham una simiente tan numerosa como las estrellas del cielo y la arena del mar (véase Gn. 15:5-21). Después de escuchar las bendiciones pronunciadas por sus familiares, Rebeca y sus doncellas comienzan la travesía hacia la tierra prometida, acompañadas por el siervo de Abraham quien fielmente ha cumplido la tarea que le fue asignada.

Y venía Isaac del pozo del Viviente-que-me-ve; porque él habitaba en el Neguev. Y había salido Isaac a meditar al campo, a la hora de la tarde; y alzando sus ojos miró, y he aquí los camellos que venían (Gn. 24:62-63).

La comitiva encabezada por el siervo de Abraham hace su entrada en la tierra prometida por Dios al patriarca y a su descendencia. En ese momento aparece Isaac en la escena. Isaac había ido a *Beer-lakjai-roí*, es decir, al pozo del Viviente-que-me-ve (véase Gn. 16:14) con el propósito de retirarse a meditar. Sin duda, eso muestra la espiritualidad de Isaac, y, quizá, esa fue una de las razones de por qué la cuestión respecto a su esposa fue resuelta de una manera tan maravillosa. El texto dice: «...y alzando sus ojos miró, y he aquí los camellos que venían» (Gn. 24:63). Obsérvese la acción simultanea: Isaac «alzó sus ojos» (v. 63) y Rebeca también «alzó sus ojos» (v. 64) y vio a Isaac, y descendió del camello. Evidentemente, cuando Rebeca vio a Isaac enseguida descendió del camello. El texto hebreo dice que Rebeca «cayó del camello». La realidad es que Rebeca desmontó para mostrar respeto hacia su futuro esposo (véase Jos. 15:18; 1 S. 25:23). Herbert C. Leupold dice:

Se dice que hasta el día de hoy, cuando en el Oriente Próximo una mujer que cabalga se encuentra con un hombre, la cortesía exige que se desmonte. Rebeca hace ese acto de cortesía.[10]

Rebeca se había informado primero de la identidad del hombre que había visto y

---

10. Herbert C. Leupold, *Exposition of Genesis*, vol. II, p. 685.

seguidamente descendió del camello. Cuando supo que se trataba de Isaac, «ella entonces tomó el velo, y se cubrió» (24:65). El siervo informó a Isaac todas las cosas que habían sucedido (24:66). La historia concluye con un resumen escueto:

Y la trajo Isaac a la tienda de su madre Sara, y tomó a Rebeca por mujer, y la amó; y se consoló Isaac después de la muerte de su madre (Gn. 24:67).

Obsérvese los verbos «la trajo», «la tomó», «la amó» y «se consoló». En las palabras del profesor Allen P. Ross: «Es importante notar que Rebeca en realidad reemplazó a Sara al entrar en su tienda. Era la nueva matriarca del clan, tal como Isaac sería el nuevo patriarca (véase v. 36)… El significado teológico y su importancia es que Rebeca era la nueva matriarca por elección soberana de Dios».[11] Isaac honra a Rebeca cuando la introduce en la tienda de Sara.

RESUMEN Y CONCLUSIÓN

Génesis 24 es, sin duda, un maravilloso capítulo. Se centra en el hecho de encontrar la voluntad de Dios en la vida del creyente. La experiencia del siervo de Abraham claramente manifiesta esa lección.

Este capítulo también enseña algunas cosas importantes respecto al matrimonio. Especialmente se destaca la lección de la piedad y la obediencia así como la dependencia de la dirección soberana de Dios en la elección del compañero o compañera. El fracaso de muchos matrimonios es el resultado de no contar con la aprobación de Dios.

Finalmente, el relato de la búsqueda de una esposa para Isaac por Abraham a través del siervo es una poderosa historia que ilustra la obra del Padre celestial en la era presente. El soberano Dios está formando un cuerpo de creyentes mediante la obra del Siervo anónimo, es decir, el Espíritu Santo (Espíritu Santo es un título, no un nombre), y lo está preparando como una esposa para Cristo, el verdadero Isaac. Los detalles de esa enseñanza tipológica pueden verse mediante el estudio de pasajes como Hechos 15:14, Efesios 1:3-4, 23, 5:26-27; Juan 17:22-23; 1 Pedro 1:3-9; 1 Tesalonicenses 4:13-18. La tipología de este capítulo es maravillosa. El siervo fue fiel en el cumplimiento de su responsabilidad y no descansó hasta cumplirla. Así también el Espíritu Santo es fiel en realizar la voluntad del Padre celestial y no descansará hasta que la haya cumplido. Otra hermosa lección es que la esposa es escogida por Dios. El Señor dio la señal y dirigió todo el proceso de la elección. La familia de Rebeca lo reconoció y Rebeca se sometió al plan diseñado por Dios. En resumen, Génesis 24 es una preciosa lección respecto al cumplimiento de la promesa de Dios a Abraham (véase Gn. 12:2).

---

11. Allen P. Ross, *Creation & Blessing*, p. 433.

25

Los últimos días de Abraham y el nacimiento de Esaú y Jacob (25:1-34)

Ningún personaje de las Sagradas Escrituras supera la grandeza de Abraham. Es considerado como «el padre de la fe» por judíos y gentiles. El judío piadoso anticipa el día cuando pueda reposar en «el seno de Abraham» en la eternidad. Muchos judíos en tiempos de Jesús —y también hoy— consideraban que ser «hijo de Abraham» era la garantía del acceso a la presencia de Dios. No solo los judíos y los cristianos reclaman una relación personal con el gran patriarca, sino que también los musulmanes afirman tener afinidad con él. La grandeza de Abraham tenía como base la fe en Jehová Dios. Era un genuino y constante adorador del Todopoderoso. El autor de la Epístola a los Hebreos dice:

> Por la fe Abraham, siendo llamado, obedeció para salir al lugar que había de recibir como herencia; y salió sin saber a dónde iba. Por la fe habitó como extranjero en la tierra prometida como en tierra ajena, morando en tiendas con Isaac y Jacob, coherederos de la misma promesa; porque esperaba la ciudad que tiene fundamentos, cuyo arquitecto y constructor es Dios (He. 11:8-10).

Fue por la fe que Abraham esperó veinticinco años el cumplimiento de la promesa que Jehová Dios le había hecho. Su fe le permitió tener contentamiento para vivir una vida de nómada, habitando en tiendas como un extranjero en la tierra que Dios le había dado como posesión.

La base de la nobleza del carácter de Abraham era sostenida por su fe. Fue por esa fe que dejó su tierra natal y se trasladó a una tierra que no conocía. La nobleza y la fe de Abraham se pusieron de manifiesto cuando le dio a Lot el privilegio de escoger dónde quería morar. Fue esa fe la que lo fortaleció cuando Dios le pidió que ofreciese a Isaac en el monte Moriah.

371

El segundo asunto que aparece en Génesis 25 tiene que ver con Jacob, el hijo mellizo de Isaac y Rebeca. Hay varias maneras en las que Jacob puede ser recordado. En primer lugar, puede recordársele como el padre del pueblo judío. Ese pueblo lleva el nombre que más adelante tendría Jacob, es decir, Israel (véase Is. 44:5). La designación común de la nación en el Antiguo Testamento es «los hijos de Israel». Los cristianos de hoy se relacionan con Abraham, el modelo de la fe (Ro. 4:12), y el pueblo judío traza su descendencia a Israel (véase Is. 44:1-2).

En segundo lugar, Jacob se destaca por ser un hombre sujeto a pasiones como las nuestras. Los fracasos de Jacob son lecciones elocuentes para los cristianos. Jacob era astuto, engañador, egocéntrico e incluso malvado, pero de él aprendemos que hay esperanza para el malo porque Dios ofrece su perdón al pecador. Jacob también pasó por pruebas y tribulaciones. Es un enorme consuelo saber que los grandes hombres de Dios han pasado por tremendas experiencias de las que han salido más disciplinados, más maduros, más sabios y más satisfechos que nunca antes.

En tercer lugar, en Jacob puede verse claramente el desarrollo de los propósitos divinos mediante la gracia soberana de Dios. Esa es la gran lección que Pablo extrae de los versículos de este capítulo (véase Ro. 9:6-13). El amor divino hacia Jacob y el rechazo divino de Esaú revelan la naturaleza del propósito de Dios en la historia: «…dice Jehová: Y amé a Jacob» (Mal. 1:2). Dios amó a Jacob antes de que naciese. En su gracia soberana Dios escogió a Jacob tanto para servicio como para salvación.

LOS DÍAS FINALES DE ABRAHAM (25:1-4)

Abraham tomó otra mujer, cuyo nombre era Cetura, la cual le dio a luz a Zimram, Jocsán, Medán, Madián, Isbac y Súa. Y Jocsán engendró a Seba y a Dedán; e hijos de Dedán fueron Asurim, Letusim y Leumim. E hijos de Madián: Efa, Efer, Hanoc, Abida y Elda. Todos estos fueron hijos de Cetura (Gn. 25:1-4).

Los comentaristas no están de acuerdo respecto de cuándo Abraham tomó a Cetura como mujer. No hay seguridad de que Abraham la haya tomado después de la muerte de Sara. El vocablo traducido «tomó» [*yicakj*] en Génesis 25:1 podría traducirse «había tomado». Posiblemente Cetura no era otra esposa con el nivel de Sara, sino que era, más bien, una concubina (véase Gn. 25:6; 1 Cr. 1:32). La Escritura no deja lugar a dudas de que Sara retuvo un lugar especial en la vida de Abraham. Los hijos de Cetura son principalmente los progenitores de tribus árabes, y algunos de ellos causaron muchos problemas a los hijos de Israel en años posteriores. Evidentemente, cuando Dios revitalizó el cuerpo de Abraham para que engendrara a Isaac la capacidad recibida permitió al patriarca tener actividad sexual más allá de Isaac y el resultado de ello fue el nacimiento de los seis hijos de Cetura.

EL TESTAMENTO DE ABRAHAM (25:5-6)

Y Abraham dio todo cuanto tenía a Isaac. Pero a los hijos de sus concubinas dio Abraham dones, y los envió lejos de Isaac su hijo, mientras él vivía, hacia el oriente, a la tierra oriental (Gn. 25:5-6).

Para poder establecer a Isaac como su verdadero y único heredero, Abraham le dio todo lo que tenía (véase Gn. 24:36), excluyendo tanto a sus descendientes a través de Cetura como a Ismael, el hijo que había tenido con Agar (véase Gn. 25:1, 5-6).

El testamento final de Abraham está registrado en estos dos versículos. El texto dice claramente: «Y Abraham dio todo cuanto tenía a Isaac» (Gn. 25:5). A los hijos de sus concubinas, el patriarca «dio dones» y, además, los envió lejos, es decir, los separó lo más posible de Isaac. Abraham designó a Isaac su heredero único, lo que es un testimonio a la fe de Abraham, que consideraba esa decisión como algo necesario y que surgía de las promesas de Dios, en cuanto a que su hijo Isaac sería la simiente prometida y el heredero de las promesas del pacto (véase Gn. 21:12; Ro. 9:7; He. 11:18).

El versículo 6 da testimonio de la nobleza de Abraham: «Pero a los hijos de sus concubinas dio Abraham dones, y los envió lejos de Isaac su hijo, mientras él vivía, hacia el oriente, a la tierra oriental» (Gn. 25:6).

Henry M. Morris comenta lo siguiente:

> Antes de morir, Abraham confirió dones a los hijos de Cetura, también a Ismael, el hijo de Agar (Cetura y Agar son llamadas «concubinas» en ese momento, para diferenciarlas de su esposa principal, Sara). Los dones dados por Abraham sin duda se refieren a una provisión adecuada para que cada uno tuviese un comienzo razonable con su propio ganado y rebaño. La cantidad mayor de su herencia, sin embargo, fue dada a Isaac.[1]

Abraham actuó con piedad y con justicia. Los hijos de sus concubinas recibieron alguna bendición a través de los bienes que el patriarca les entregó. Sin embargo, la mayor bendición era para Isaac, el hijo de la promesa, que era, sin duda, la voluntad de Dios. El soberano Jehová Dios había determinado que el pacto abrahámico fuese confirmado a Isaac y después de él a Jacob (véase Gn. 17:1-19). Sin embargo, Abraham amó a todos sus hijos y les otorgó bienes y bendiciones antes de alejarlos de Isaac, tal como había hecho con Ismael. La actitud de Abraham era necesaria para establecer el hecho de que Isaac era el verdadero heredero de las promesas del pacto. Jehová Dios había dicho al patriarca: «Porque en Isaac te será llamada descendencia» (Gn. 21:12). Es por eso que Abraham dio a Isaac todo cuanto tenía (Gn. 25:5); «la herencia» en sí fue dada a Isaac. Obsérvese que el texto dice: «Pero a los hijos de sus concubinas...». La Escritura claramente hace una diferencia entre «Isaac» (el hijo de la promesa) y los demás hijos de Abraham, tanto los que tuvo con Cetura como el que tuvo con Agar, Ismael.

La muerte de Abraham (25:7-10)

Y estos fueron los días que vivió Abraham: ciento setenta y cinco años. Y exhaló el espíritu, y murió Abraham en buena vejez, anciano y lleno de años, y fue unido a su pueblo (Gn. 25:7-8).

Estos versículos registran la partida de Abraham a la presencia de su Dios, a la edad de ciento setenta y cinco años. El autor de Génesis expresa con simplicidad y con

---

1. Henry M. Morris, *The Genesis Record*, p. 408.

palabras hermosas la partida del patriarca: «Y exhaló el espíritu, y murió Abraham en buena vejez, anciano y lleno de años, y fue unido a su pueblo» (25:8). Las tres primeras cláusulas de este versículo aportan un elevado concepto de la vida de Abraham. Obsérvese los tres verbos: «exhaló», «murió» y «fue unido a su pueblo». El gran patriarca era un hombre que había probado todas las cosas significativas de esta vida y, por lo tanto, estaba totalmente preparado para ser promovido a una esfera de vida más alta y celestial. La tercera cláusula: «Fue unido a su pueblo» tiene que referirse a una reunión con otros en la vida más allá del sepulcro. Eso implica una fe en la continuidad personal de un individuo después de la muerte (véase He. 11:13). Bruce K. Waltke señala que la cláusula: «Fue unido a su pueblo» da testimonio a una creencia de que, a pesar de su mortalidad y de su destructibilidad, el hombre posee un elemento inmortal que sobrevive a la pérdida de la vida. La muerte es vista como el traslado a una vida más allá donde uno es unido con sus ancestros.[2]

Esta tercera cláusula no puede referirse simplemente a la muerte y la sepultura en sentido físico, puesto que ninguno de los antepasados de Abraham fue sepultado en la cueva de Macpela, donde Sara fue también sepultada. Esto trae a la mente lo que Pablo describe como la esperanza de la iglesia (véase 1 Ts. 4:13-18), cuando los que están «en Cristo» serán reunidos para estar para siempre con el Señor. En el caso de Abraham, como señala Génesis 15:15, el patriarca «se reunió con sus padres en paz», es decir, fue a estar con seres que existían. Eso es un elocuente testimonio de la creencia de una vida más allá de la vida terrenal. La Biblia claramente enseña que la vida no termina en el sepulcro terrenal, sino que hay una vida más allá de la presente.

> *Y lo sepultaron Isaac e Ismael sus hijos en la cueva de Macpela, en la heredad de Efrón hijo de Zohar heteo, que está en frente de Mamre, heredad que compró Abraham de los hijos de Het; allí fue sepultado Abraham, y Sara su mujer (Gn. 25:9-10).*

Llama la atención el hecho de que Isaac e Ismael se unen para el acontecimiento de la sepultura de Abraham y que Isaac sea nombrado primero, luego Ismael. El autor de Génesis los menciona en orden teológico, no cronológico. De todas maneras, los dos hermanos están presentes en el acto de la sepultura de su padre. Ismael, aunque excluido de las bendiciones del pacto respecto a la simiente, es reconocido por Dios como hijo de Abraham y recibe bendiciones especiales que lo elevan por encima de los hijos de Cetura (véase Gn. 17:20).[3]

Dios bendice a Isaac (25:11)

> *Y sucedió, después de muerto Abraham, que Dios bendijo a Isaac su hijo; y habitó Isaac junto al pozo del Viviente-que-me-ve (Gn. 25:11).*

La declaración que aparece en este versículo respecto el hecho de que después de la muerte de Abraham «Dios bendijo a Isaac su hijo» es un tributo a la fidelidad de Dios. Dios cumplió su promesa al patriarca (véase Gn. 17:7-8). Además, la frase «Dios

---

2. Bruce K. Waltke, *Genesis: A Commentary*, pp. 340-341.

3. Keil y Delitzsch, «Genesis to Judges 6:32», *Old Testament Commentaries*, p. 202.

bendijo a Isaac» anticipa el tema de la próxima gran sección de Génesis, es decir, Génesis 25:19—35:29, especialmente Génesis 26:12.[4]

Génesis 25:11 parece referirse, más bien, a las bendiciones materiales que Dios derramó sobre Isaac. No debe olvidarse, sin embargo, que estas bendiciones para el heredero especial de Abraham tienen como base las promesas pactadas por Dios con el gran patriarca. Este versículo pone de manifiesto el hecho de que aunque Abraham ya no estaba presente, Dios continúa cumpliendo su promesa.

O, como comenta Henry M. Morris:

> Isaac era entonces el único nexo sobreviviente en la línea mesiánica. Él era el heredero de Abraham y, tal como Dios había bendecido a Abraham, así también Él ahora comienza a prosperar a Isaac.[5]

La fidelidad de Dios es inalterable. Su promesa y su pacto son igualmente inmutables. Abraham experimentó esa verdad, que es la misma verdad que sería experimentada por Isaac (véase He. 6:13-18).

La historia de Ismael (25:12-18)

La historia de Ismael es dividida en dos partes. La primera trata de los descendientes (Gn. 25:12-16), y la segunda trata brevemente de su muerte (Gn. 25:17-18).

> *Estos son los descendientes de Ismael hijo de Abraham, a quien le dio a luz Agar egipcia, sierva de Sara; estos pues son los nombres de los hijos de Ismael, nombrados en el orden de su nacimiento: El primogénito de Ismael, Nebaiot; luego Cedar, Adbeel, Mibsam, Misma, Duma, Massa, Hadar, Tema, Jetur, Nafis y Cedema. Estos son los hijos de Ismael, y estos sus nombres, por sus villas y por sus campamentos; doce príncipes por sus familias (Gn. 25:12-16).*

Puesto que Ismael fue el primogénito, sus hijos son mencionados antes que los de Isaac. El propósito de esta sección, al parecer, es mostrar el cumplimiento de pasajes tales como Génesis 16:10-12; 17:20 (véase Is. 60:6-7). A «Nebaiot» algunos lo asocian con los nabateos que habitaron en Petra, pero lo más probable es que fuesen los habitantes del norte de Arabia. Hay relatos que asocian a los descendientes de Nebaiot con las campañas de Asurbanipal (668-633 a.C.) contra los árabes.

«Cedar». Este nombre es mencionado en varios pasajes del Antiguo Testamento (véase 1 Cr. 1:29; Sal. 120:5; Cnt. 1:5; Is. 21:16-17; 42:11; 60:7; Jer. 2:10; 49:28; Ez. 27:21). «Adbeel». Esta tribu fue conquistada por Tiglat-Pileser III, rey de Asiria (745-727 a.C.). Las crónicas de dicho rey mencionan una tribu llamada Idibail. Esta tribu es identificada como Adbeel.

«Mibsam». Al parecer, este nombre se asocia con «bálsamo» o «especias», pero no ha sido identificado hasta hoy. «Misma». En 1 Crónicas 4:25-26, Misma es un descendiente de Simeón. Hay un pueblo llamado Jebel Misma, situado a unos 250 km

---

4. Gordon Wenham, «Genesis 16-50», *Word Biblical Commentary*, p. 160.
5. Henry M. Morris, *The Genesis Record*, p. 409.

al este de Tema, de donde podría ser la tribu de Misma. Al parecer, este pueblo se identifica con la tribu árabe de Isamime. «Duma». Es posible que se refiera al mismo pueblo mencionado en Isaías 21:11-12. Al parecer, «Duma» es parte de Edom porque la profecía tiene que ver con Seir. «Massa» (véase 1 Cr. 1:30). Algunos lo identifican con el pueblo cuyo nombre aparece en las inscripciones de Tiglat-Pileser III. Este rey asirio los conquistó en la segunda mitad del siglo VIII a.C., y obtuvo de ellos oro, plata y camellos.

«Hadar». Este nombre permanece sin identificar. Una tribu aramea llamada Hudadu ha sido encontrada, pero ninguna tribu árabe con ese nombre.[6]

«Tema». Dicho nombre aparece en Job 6:19 y en Isaías 21:14. Como un territorio, Tema se hallaba en la ruta de las caravanas y es identificado con un oasis a unos 300 km al noroeste de Medina, en Arabia. Según Jeremías 25:23, el rey Nabucodonosor conquistó ese territorio. También allí residió Nabonido (522 a.C.), el padre de Belsasar (Dn. 5:1-31).

«Jetur» es mencionado en 1 Crónicas 1:31 y en 5:19. El nombre «Jetur» se asocia con Iatauros, un pueblo nabateo. También se identifica con una tribu árabe que entró en conflicto con la tribu de Rubén en tiempos de la conquista de la tierra por los israelitas. «Nafis» permanece sin identificar (véase 1 Cr. 1:31; 5:19). Tampoco se sabe nada de «Cedema». Algunos asocian ese pueblo con los cadmoneos, pero eso es solo una conjetura.

> *Estos son los hijos de Ismael, y estos sus nombres, por sus villas y por sus campamentos; doce príncipes por sus familias. Y estos fueron los años de la vida de Ismael, ciento treinta y siete años; y exhaló el espíritu Ismael, y murió, y fue unido a su pueblo (Gn. 25:16-17).*

Los nombres de los doce hijos de Ismael también coinciden con los nombres de sus lugares de residencia. Herbert C. Leupold dice:

> Aparece aquí [Génesis 25:16-17] nuestra justificación de lo dicho en el versículo 14, que los nombres personales y los nombres de los lugares son idénticos porque el lugar recibe su nombre del príncipe que se asentó allí: «Estos son los nombres según sus villas y por sus campamentos».[7]

El vocablo «campamentos» [*tirót*] se refiere a un asentamiento permanente sin murallas, es decir, sin protección. Ese tipo de asentamiento construido por los pastores nómadas les permitía moverse de un sitio a otro.

Ismael también vivió una larga vida (137 años). Se repiten las cláusulas usadas respecto de la muerte de Abraham: «Exhaló su espíritu», «murió» y «fue unido a su pueblo». Es posible que Ismael estuviese entre los creyentes pues, al haber vivido cerca de Abraham por algún tiempo, no sería sorprendente que el testimonio de su padre influyese en su vida. Pero, así y todo, Ismael fue excluido de los aspectos materiales del pacto abrahámico.

---

6. Bruce K. Waltke, *Genesis: A Commentary*, p. 345.
7. Herbert C. Leupold, *Exposition of Genesis*, vol. II, p. 699.

Y habitaron desde Havila hasta Shur, que está enfrente de Egipto viniendo a Asiria; y murió en presencia de todos sus hermanos (Gn. 25:18).

La tierra de Havila se refiere al área general donde habitaban los ismaelitas y los amalecitas. Ese territorio se hallaba en el área del Sinaí y al noroeste de Arabia. En 1 Samuel 15:7 dice: «Y Saúl derrotó a los amalecitas desde Havila hasta llegar a Shur, que está al oriente de Egipto».

El territorio conocido como Shur es el desierto que se encuentra justo al este de la frontera con Egipto. Havila parece referirse a todo el desierto arenoso del norte de Arabia.

LA FAMILIA DE ISAAC (25:19-34)

El nacimiento de Esaú y Jacob (25:19-28)

Estos son los descendientes de Isaac hijo de Abraham: Abraham engendró a Isaac, y era Isaac de cuarenta años cuando tomó por mujer a Rebeca, hija de Betuel arameo de Padan-aram, hermana de Labán arameo (Gn. 25:19-20).

Estos dos versículos aportan los antecedentes del nacimiento de Esaú y Jacob. Una mejor traducción del versículo 19 sería: «Este es el relato de los descendientes [*toledot*] de Isaac, hijo de Abraham» o «esta es la historia de la familia de Isaac». Es extraño que la «historia» de Isaac regrese a Abraham en vez de continuar con sus hijos. Pero, como explica Gordon Wenham:

La referencia retrospectiva a Abraham aquí y en 25:12 recuerda al lector tanto el drama que rodea el nacimiento de Isaac como las promesas que se cumplirán a través de él.[8]

Aunque existe algún desacuerdo acerca de este asunto, muchos opinan que la historia de Isaac comienza con el nacimiento de sus hijos. Keil y Delitzsch dicen:

Según el plan del Génesis, la historia [*toledot*] de Isaac comienza con el nacimiento de sus hijos. Pero para darle el carácter completo en sí mismo, el nacimiento y matrimonio de Isaac se mencionan en los versículos 19 y 20, así como su edad cuando contrajo matrimonio.[9]

Los mismos autores señalan que la historia de Isaac consiste de dos etapas:[10] el período de su vida activa, desde su matrimonio y el nacimiento de sus hijos hasta la partida de Jacob a Mesopotamia (25:20-28:9), y el tiempo de su padecimiento en la progresiva enfermedad y vejez, cuando los acontecimientos de la vida de Jacob constituyen las principales características de la todavía reciente historia de la salvación (Gn. 28:10—35:29). El tiempo de sufrimiento, que duró más de cuarenta años, reflejó de

---

8. Gordon Wenham, «Genesis 16-50», *Word Biblical Commentary*, p. 174.
9. Keil y Delitzsch, «Genesis to Judges 6:32», *Old Testament Commentaries*, p. 204.
10. *Ibíd.*, p. 205.

cierta manera la posición histórica que Isaac ocupaba en la tríada patriarcal, como un eslabón pasivo en vez de activo entre Abraham y Jacob. Incluso en el período activo de su vida muchos de los acontecimientos de la historia de Abraham se repitieron de forma modificada.[11]

Al parecer, los versículos 19 y 20 registran el nacimiento y el matrimonio de Isaac con Rebeca para darle un carácter completo a la narrativa. El padre de Rebeca es identificado como «Betuel arameo de Padan-aram». El nombre Padan-aram se refiere a *Aram Najaráim*, es decir, «Aram de (los) dos ríos».[12] Como Aram era descendiente de Sem (véase Gn. 10:22), los arameos eran semitas.

> *Y oró Isaac a Jehová por su mujer, que era estéril; y lo aceptó Jehová, y concibió Rebeca su mujer (Gn. 25:21).*

No cabe duda de que Isaac aprendió la práctica de la oración de Abraham su padre. La frase: «Y oró Isaac a Jehová por su mujer» pone de manifiesto el carácter espiritual del hijo de la promesa. Isaac «intercedió» [*atár*] por Rebeca, es decir, pidió a Jehová que removiese la esterilidad de la matriz de su esposa. «Y lo aceptó Jehová». El uso del sustantivo «Jehová» sugiere que Isaac apela al «Dios guardador del pacto». La preñez de Rebeca era importante porque concernía a la simiente de la que vendría el Mesías. «Y concibió Rebeca su mujer». La intercesión de Isaac obró eficazmente («la oración eficaz del justo puede mucho», Stg. 5:16). Como lo había hecho su padre Abraham, Isaac intercedió fervientemente por Rebeca (véase Gn. 15:2; 20:17; 21:1-2). La oración es siempre un medio determinado por Dios como instrumento para obtener las bendiciones que Él ha preparado de antemano.

Es importante resaltar que, mientras Isaac y Rebeca sufrían durante veinte años de esterilidad y reproche, Ismael florecía engendrando una docena de hijos. Isaac, el hijo de la promesa, tenía que aprender la gracia de la paciencia. Eso es un recordatorio de que las demoras de Dios en la realización de sus bendiciones no constituyen necesariamente negaciones.

> *Y los hijos luchaban dentro de ella; y dijo: Si es así, ¿para qué vivo yo? Y fue a consultar a Jehová (Gn. 25:22).*

El verbo «luchaban» [*yitrotsatsu*] sugiere una especie de conmoción interna violenta. Era como si las criaturas aún no nacidas estuvieran atacándose dentro del vientre materno. Rebeca estaba muy consternada por la lucha entre las dos criaturas y creía que quizá aquello era señal de un presagio maligno. Rebeca dijo: «Si es así, ¿para qué vivo yo?». Esta frase es difícil de desentrañar. Probablemente el sentido es algo así: «Si he concebido, entonces ¿cuál es el sentido de estas sensaciones tan extrañas?». Otros le dan la siguiente interpretación: «Si esta es la clase de sufrimiento que produce el embarazo, entonces ¿por qué procuré concebir un hijo?». Algunos piensan que Rebeca está preguntando para qué seguir viviendo. Cualesquiera que hayan sido los pensamientos de Rebeca no impidió que acudiese a la fuente de la verdad para ayudarla a entender

---

11. *Ibíd.*

12. La designación «*Aram Najaráim*» es traducida en la RVR-60 como Mesopotamia (véase Gn. 24:10).

el porqué de la lucha de las criaturas que llevaba en su vientre. Bruce K. Waltke hace este excelente comentario:

> Las criaturas casi se aplastan entre sí. Rebeca llevaba no solo la próxima generación sino la lucha y la ansiedad que la acompañaba. La lucha por la supremacía entre Jacob y Esaú en el vientre y la elección soberana del Señor forman una adecuada introducción a este relato, cuyo distintivo es la rivalidad. El conflicto progresa del vientre al nacimiento problemático de los mellizos (Gn. 25:26), a sus diferentes ocupaciones (Gn. 25:27), y a las preferencias opuestas de sus padres (Gn. 25:28). Esa lucha anticipa la lucha de Jacob con el ángel de Dios (Gn. 32:22-32).[13]

El Señor respondió a Rebeca de esta manera:

> *Dos naciones hay en tu seno, y dos pueblos serán divididos desde tus entrañas; el un pueblo será más fuerte que el otro pueblo, y el mayor servirá al menor (Gn. 25:23).*

Las dos criaturas que «luchaban» en el vientre de Rebeca serían los progenitores de dos naciones y dos pueblos, y uno de ellos sería más fuerte que el otro. El texto dice, literalmente: «Y pueblo será más fuerte que pueblo». De manera sorprendente, la última cláusula señala (contrario a la costumbre del Oriente antiguo) que el mayor servirá al menor. Esa era una determinación de la voluntad soberana de Dios: Esaú (el mayor) serviría a Jacob (el menor). En el desarrollo de la historia ha quedado totalmente claro que Jacob (el menor) prevalece y prevalecerá sobre Esaú (el mayor) en cumplimiento estricto del decreto soberano de Dios.

El resultado de la profecía es registrado en Génesis 25:24-26. La lucha, como se describe, es el resultado de la presencia de mellizos en el vientre de Rebeca.

> *Cuando se cumplieron sus días para dar a luz, he aquí había gemelos en su vientre. Y salió el primero rubio, y era todo velludo como una pelliza; y llamaron su nombre Esaú. Después salió su hermano, trabada su mano del calcañar de Esaú; y fue llamado su nombre Jacob. Y era Isaac de sesenta años cuando ella los dio a luz (Gn. 25:24-26).*

Estos versículos describen el alumbramiento de Rebeca. Esaú, que salió primero, tenía un aspecto rojizo y velludo como una prenda peluda. Según la interpretación rabínica, ese aspecto presagiaba que Esaú sería un hombre violento y derramador de sangre. Todo el cuerpo de Esaú parecía estar recubierto de un abrigo velludo. La inusual cantidad de pelo que cubría el cuerpo de Esaú ha hecho pensar a algunos que poseería un vigor sexual excesivo y una personalidad violenta. La etimología del nombre Esaú es algo incierta. Es posible que la raíz de dicho sustantivo sea *saír*, es decir, velloso (véase Gn. 27:11).

El segundo en salir fue Jacob. Al salir, su mano estaba trabada del calcañar de

---

13. Bruce K. Waltke, *Genesis: A Commentary*, pp. 357-358.

Esaú, y por ello recibió el nombre de «el que toma por el calcañar» (véase Os. 12:3). El nombre Jacob también significa «suplantador», «engañador», «el que es más listo» (véase Gn. 27:36).

> *Y crecieron los niños, y Esaú fue diestro en la caza, hombre del campo; pero Jacob era varón quieto, que habitaba en tiendas (Gn. 25:27).*

Esaú y Jacob tenían personalidades totalmente diferentes. Eran tan opuestos como llegarían a ser las naciones que saldrían de ellos. Esaú era un experto cazador, le gustaba la vida al aire libre, amaba lo emocionante, la libertad y las actividades, pero, evidentemente, creció y practicó una vida indisciplinada. Quizá la práctica de la caza forjó en Esaú un carácter rudo y cruel.

Jacob, por su parte, era el hombre «completo». El vocablo «quieto» [*tom*] sugiere en este contexto que Jacob cumplió los requisitos de su llamamiento, que en su caso significaba cuidar y pastorear el ganado y el rebaño así como otras cuestiones del hogar.

Bruce K. Waltke comenta lo siguiente:

> Jacob [*yaakób*]. Su nombre refleja su carácter en varios niveles. La etimología de su nombre procede probablemente de la forma abreviada de la frase «quiera Él proteger» o «Él proteja/remunere», un nombre típico semita occidental. Este aspecto de su nombre reconoce la elección divina. Jacob, sin embargo, empañaría ese honroso nombre con sus engaños y sus esfuerzos de autoconfianza para conseguir la buena voluntad de Dios (véase Gn. 27:36; Os. 12:3-4). De modo que el nombre también hace juego de palabras con *yakab*, es decir, «agarrar a alguien por el calcañar, ir detrás de alguien… engañar».[14]

Jacob, según el texto, era un hombre «quieto», es decir, como los que habitan en tiendas. En contraste con Esaú, Jacob prefería la vida nómada, apacible y tranquila. En ese sentido era un hombre maduro [*tom*]. No era un hombre carnal como Esaú.

> *Y amó Isaac a Esaú, porque comía de su caza; mas Rebeca amaba a Jacob (Gn. 25:28).*

Isaac amaba a Esaú porque le agradaba comer de lo que Esaú cazaba. Al parecer, entre las características de Isaac, que muchas eran buenas, había una que era negativa, a saber, era glotón. Isaac se deleitaba comiendo de lo que Esaú cazaba en el campo. Rebeca, por el contrario, prefería a Jacob. Hay aquí un buen ejemplo del conflicto y la tragedia que surge con frecuencia cuando los padres le dan a un hijo un trato preferencial por encima de otro hijo. Isaac era parcial con Esaú por la ridícula razón de que le gustaba comer de la caza provista por Esaú. Pero es posible que hubiese algo más que eso. Seguramente Rebeca, como se verá más adelante, podía prepararle a su esposo el cordero o el venado de tal manera que Isaac no fuera capaz de diferenciarlo.

Rebeca, por su parte, amaba a Jacob. La razón de ello yacía en el lugar espiritual que Jacob ocupaba en los planes de Dios. Rebeca originalmente había echado su suerte

---

14. *Ibíd.*

con Isaac por razones espirituales, y Jacob era la prolongación del plan soberano de Jehová Dios. La afinidad que existía entre ambos era, entonces, una afinidad espiritual. Sin duda, había una afinidad espiritual particular entre Rebeca y Jacob. Eran como «almas gemelas», como lo resume la frase: «Mas Rebeca amaba a Jacob» (Gn. 25:28).

Esaú vende su primogenitura a Jacob (25:29-34)

La «primogenitura» [*bekorá*] era el derecho que naturalmente le pertenecía al primogénito de una familia. Cuando había más de una esposa, el primogénito era el hijo nacido primero entre todas las esposas. Al parecer, no importaba si la madre era una esposa o una concubina. En el caso de Ismael, probablemente la protesta de Sara (véase Gn. 21:10) influyó en que el derecho de la primogenitura fuese dado a Isaac.

Uno de los privilegios del primogénito es que recibía una doble porción de la herencia del padre. Además, si el padre moría, el primogénito tomaba la dirección de la casa como cabeza de familia. También existía un arreglo legal por el cual los privilegios del primogénito eran transferidos a otro. A veces el derecho era transferido a un hermano, como en el caso de Esaú y Jacob, pero había casos cuando era transferido a otro que no era hermano pero que había sido adoptado como hermano.

> *Y guisó Jacob un potaje; y volviendo Esaú del campo, cansado, dijo a Jacob: Te ruego que me des a comer de ese guiso rojo, pues estoy muy cansado. Por tanto fue llamado su nombre Edom (Gn. 25:29-30).*

Estos versículos establecen la ocasión y la petición que hacen que Esaú venda su primogenitura a Jacob. Esaú regresó a casa cansado por haber realizado alguna actividad, y en ese momento Jacob estaba cocinando unas lentejas rojas, un plato considerado delicioso en aquella cultura. Esaú debió pintar un cuadro tan dramático de su hambre a Jacob, que este aprovechó la oportunidad para hacer que Esaú le vendiese su primogenitura.

Esaú hizo una dramática petición a Jacob al expresarle su hambre incontrolable. La frase que aparece en la RVR-60 no refleja el énfasis del texto original, pues dice: «Te ruego que me des a comer de ese guiso rojo». El texto hebreo dice: «Déjame tragar» o «déjame engullir» [*jaleiteni*]. Al parecer, Esaú estaba tan apurado por pedir la comida que ni siquiera trata de identificar correctamente el guiso preparado por Jacob. Sus palabras podrían traducirse: «Déjame engullir, por favor, un poco de guiso rojo». Este incidente da pie para darle otro nombre a Esaú. Él exigió el «potaje rojo» y por eso recibió el nombre de Edom, es decir, «rojo». Edom es, por lo tanto, un vocablo que sugiere desprecio. El nombre Edom también aparece en el versículo 25, relacionado con el nacimiento de Esaú. El uso en el versículo 30 es el que da la ocasión para llamarlo «Edom» [*edom*], es decir, «el rojo». Herbert C. Leupold dice:

> Esto [los dos usos] solamente muestra que por una dirección peculiar de la providencia dos acontecimientos ocurrieron para dar origen al nombre o, mejor aún, el nombre original fue doblemente confirmado mediante esta experiencia particular.[15]

---

15. Herbert C. Leupold, *Exposition of Genesis*, vol. II, p. 711.

Leupold correctamente señala que todo lo que ocurrió entre Esaú y Jacob fue obra del plan soberano de Dios. Jehová Dios está cumpliendo su diseño divino y su selección de la línea a través de la cual enviará el Mesías al mundo.

Y Jacob respondió: Véndeme en este día tu primogenitura (Gn. 25:31).

La respuesta de Jacob a Esaú es más enfática en el texto hebreo que lo que refleja la RVR-60. El texto hebreo dice: «Y Jacob respondió: Primero véndeme tu primogenitura» o «Véndeme ahora mismo tu primogenitura». Es importante observar que Jacob sí concede importancia al hecho de poseer ese derecho, algo que, evidentemente Esaú no hizo. Es cierto que, a la postre, Jacob obtendría los privilegios de la primogenitura porque Dios se los otorgaría; no obstante, como ocurre muchas veces, el hombre de Dios se adelanta a los planes de Dios.

Vale la pena repasar qué implicaba tener el derecho de la primogenitura. S. L. Johnson, Jr., quien fuera por muchos años profesor de exégesis y teología en el Seminario Teológico de Dallas (citando a E. W. Davis) dice lo siguiente: «El hijo mayor gozaba de privilegios especiales en el hogar familiar patriarcal. Durante la vida del padre tenía la precedencia sobre sus hermanos (véase Gn. 43:33). Después de la muerte del padre, recibía una doble porción de la herencia (véase Dt. 21:17) y llegaba a ser cabeza y sacerdote (véase Éx. 22:29; Nm. 8:14-17) de la familia. Podía perder los derechos de la primogenitura, sin embargo, si cometía una gran ofensa: la posición del primogénito estaba, por lo tanto, atada a las responsabilidades y obligaciones, por un lado, y a derechos, privilegios y prerrogativas, por el otro, incluyendo una doble porción del patrimonio. Todas esas cosas eran formalizadas por el testamento de las bendiciones del padre».[16]

Asimismo, Bruce K. Waltke ha escrito lo siguiente:

El vocablo [primogenitura] se refiere a los derechos del primogénito (véase Éx. 4:22; Jer. 2:3). El primogénito ocupa una posición de honor dentro de la familia. Israel, como el primogénito de Dios, recibe una posición de honor y privilegio entre las naciones (Éx. 4:22; Jer. 3:19). El primogénito del vientre (Éx. 13:2; Dt. 15:19) y las primicias de la tierra (Dt. 18:4; Neh. 10:38-39) de manera especial pertenecen al Señor.[17]

La primogenitura, por consiguiente, no era equivalente a la prosperidad del mundo, porque aunque Esaú perdió su primogenitura, eso no impidió que obtuviese una gran riqueza e influencia sobre el gran país de Edom, con un ejército de cuatrocientos soldados que lo seguían y obedecían sus órdenes. Tampoco significaba una inmunidad de las pruebas y tribulaciones, ya que Jacob pasó por muchos momentos difíciles. A pesar de tener la primogenitura, Jacob experimentó penas y tristezas por causa de José y de Raquel y, además, experimentó una vida triste y de mucha fatiga casi hasta su lecho de muerte.

La primogenitura era una bendición espiritual. De manera preeminente era ser el

---

16. S. L. Johnson, Jr., «Esau´s Profane Set», *Series on Genesis*, lección 41 (14 de octubre, 1979).
17. Bruce K. Waltke, *Genesis: A Commentary*, p. 363.

sacerdote del clan familiar, el guardián y el comunicador de la revelación divina para los fieles. Capacitaba al primogénito tener poder con Dios y con los hombres en las cosas espirituales, y le concedía el derecho a ser un eslabón en la cadena mesiánica, pasando la antorcha de la esperanza prístina; era el derecho de ocupar un lugar junto con Abraham e Isaac, quienes eran la aristocracia espiritual de entonces; era el derecho de ser un verdadero peregrino en el camino a la eternidad en la comunión de Dios. Era una incomparable y gloriosa bendición, y sigue siendo igual hoy día para cada hijo del soberano Dios.

> *Entonces dijo Esaú: He aquí yo me voy a morir; ¿para qué, pues, me servirá la primogenitura? (Gn. 25:32).*

Este versículo pone de manifiesto la mentalidad carnal de Esaú. Sus palabras a Jacob podrían traducirse así: «Estoy a punto de morir, ¿de qué me aprovecha la primogenitura?». Quizá el hambre de Esaú era aguda, pero su mente carnal lo condujo a despreciar algo de gran valor, su primogenitura. El autor de la Epístola a los Hebreos dice:

> No sea que haya algún fornicario, o profano, como Esaú, que por una sola comida vendió su primogenitura (He. 12:16).

Es evidente que Esaú era un hombre carente de espiritualidad. El autor de Hebreos lo llama «profano», es decir, alguien puramente terrenal y común en contraste con lo sagrado y dedicado a Dios. La vida de Esaú era totalmente terrenal. Dios no tenía lugar en sus pensamientos, y eso lo condujo a vender su primogenitura a Jacob.

> *Y dijo Jacob: Júramelo en este día. Y él le juró, y vendió a Jacob su primogenitura (Gn. 25:33).*

Como Jacob entendió que Esaú ciertamente estaba dispuesto a vender su primogenitura, le pidió un juramento para sellar la transacción, lo que haría que la transacción fuese irrevocable. Es evidente que Jacob valoraba la primogenitura y quería estar seguro de que en verdad era suya. Podría decirse que el método usado por Jacob no era digno de encomio, pero no puede negarse que su interés sí lo era.

«Y él le juró, y vendió a Jacob su primogenitura». Esta frase debe hacernos reflexionar. Uno no podría decir que Esaú ignoraba las implicaciones de poseer la primogenitura, aunque sí puede decirse que no le daba el valor espiritual a dicho privilegio. Como ya se ha señalado, Esaú poseía una mente carnal y despreció la gran bendición. El autor de la Epístola a los Hebreos dice:

> Porque ya sabéis que aun después, deseando heredar la bendición, fue desechado, y no hubo oportunidad para el arrepentimiento, aunque la procuró con lágrimas (He. 12:17).

Moisés resume de manera escueta lo ocurrido en aquel día (Gn. 25:34). Hubo un intercambio. Esaú renunció a su primogenitura y se la entregó a Jacob mediante un juramento irrevocable. Jacob en cambio dio a Esaú «pan y del guisado de lentejas». Obsérvese los cuatro verbos que señalan la actitud de Esaú: «Comió», «bebió», «se levantó» y «se fue». Después de haber saciado su hambre, Esaú se marchó con indiferencia. «Así menospreció Esaú la primogenitura». El menosprecio de la primogenitura es equivalente a rechazar las bendiciones de Dios que resultan de su gracia soberana.

RESUMEN

La oración final de este capítulo expresa la evaluación divina de la acción de Esaú, el hombre que amaba la vida al aire libre y la caza. Es sorprendente que con frecuencia algunos consideran a Jacob culpable del trueque respecto de la primogenitura. Eso podría deberse a que como pecadores procuramos identificarnos con aquel que es semejante a nosotros. La Palabra de Dios, sin embargo, no aporta ni una sola palabra o sugerencia de condenación a Jacob por este incidente, pero sí hay una clara condenación de Esaú (véase He. 12:16-17).

CONCLUSIÓN

El capítulo 25 de Génesis contiene el relato de los últimos días de Abraham y el nacimiento de Esaú y Jacob. Esos, sin embargo, no eran simples acontecimientos. La Palabra de Dios resalta la importancia de lo ocurrido, particularmente en lo que respecta a la elección divina de Jacob. Hay tres pasajes que comentan ese hecho: Oseas 12:2-3; Malaquías 1:2 y Romanos 9:6-13.

Oseas 12:2-3: Oseas es el profeta del «amor incondicional». En los días de Oseas, Israel se había apartado del Señor y se había entregado a la idolatría y a la desconfianza en Jehová Dios para buscar alianza con naciones extranjeras en perjuicio de sí misma. Israel debió haber esperado en Dios (véase Os. 12:6). De modo que el Señor prometió castigar a Jacob «conforme a sus caminos» (Os. 12:2). El nombre de Jacob recordaba al profeta dos acontecimientos del pasado lejano. Uno de ellos era el nacimiento del progenitor de la nación. El profeta quería amonestarlos, recordándoles la conducta de su progenitor cuando trabó su mano al calcañar de su hermano Esaú. Oseas vio esto, puesto que el niño era incapaz de percibir el significado del acto y sin la fuerza necesaria para hacerlo, como una ilustración de la libre gracia soberana de Dios para elegir. Lo que Jacob hizo no fue un accidente, como señala Juan Calvino:

> Porque no fue por mero accidente que Jacob trabó a su hermano por el calcañar e intentó salir primero que él.[18]

Todo lo sucedido respecto del nacimiento de aquella pareja de mellizos fue guiado por la mano soberana de Dios. El soberano Señor guió la vida de Jacob desde antes de nacer. Jacob no tenía nada de qué gloriarse. Toda su existencia dependía de la voluntad soberana de Dios.

Malaquías 1:2. En este versículo se revela cómo Dios defiende su amor por Israel al recordarle que en el principio Él hizo una distinción definitiva entre Esaú y Jacob. En el contexto, la referencia es a las naciones que surgieron de ambos hombres, es decir, Edom e Israel, pero el principio es el mismo, e incluidos en el rechazo de Edom y en la recepción de Israel estaban el rechazo y la recepción de los respectivos progenitores. Algunos lectores tienen dificultad con el rechazo de Esaú, particularmente con la

---

18. Juan Calvino, *Genesis*, vol. 2, p. 48.

llamativa cláusula: «...a Esaú aborrecí» (Ro. 9:13), pero el mayor problema es cómo Dios pudo amar a Jacob. En honor a la verdad, ambos eran igualmente indignos, pero Dios mediante su gracia soberana, hizo de Jacob «un príncipe para con Dios». El pasaje de Malaquías, por lo tanto, es un testimonio del amor divino en la elección mediante un pacto desde el principio hasta el presente y, podría decirse, aun en el futuro.

Romanos 9:11-13 aporta el comentario final y amplio respecto al acontecimiento del nacimiento de Esaú y Jacob. En este pasaje, el apóstol Pablo trata dos temas importantes. En primer lugar, enfatiza la soberanía de la elección divina (véase Ro. 9:11). El propósito de Dios no se basa en las obras, ni en el conocimiento previo, en el sentido de determinar y basar su elección en el conocimiento de lo que el ser humano haría, sino en la elección y el llamamiento (véase Ro. 9:7, 11, 12). La elección es la fuente de bendición (Ro. 8:28-30).

En segundo lugar, el apóstol Pablo enfatiza la particularidad de la elección divina (véase Ro. 9:12-13). Pablo, aunque comprende que en Malaquías 1:2 los descendientes de Jacob y Esaú están incluidos en la predestinación de Dios, fija su atención en los progenitores individuales de los dos pueblos, como queda claro por el hecho de que cita solo el último aspecto de la profecía de Génesis 25:23. El factor unificador es que la elección de Dios fue de «Jacob y sus descendientes». Tanto el sentido individual como el colectivo están presentes, y la cita del pasaje de Malaquías en Romanos 9:13 aporta una excelente transición para el resto del capítulo (véase Ro. 9:14-33). Es importante ver que Pablo apela a las Escrituras, a la sana exégesis y a la interpretación normal de cada pasaje antes de llegar a una conclusión.

26

Isaac y su relación con los filisteos (26:1-35)

Primordialmente, Génesis 26 tiene que ver con la historia de Isaac, el patriarca más longevo: vivió ciento ochenta años (véase Gn. 35:28). Comparativamente hablando, no hay mucho escrito en el Antiguo Testamento acerca de este pasivo y paciente patriarca. Aparte de Génesis 22, que trata del ofrecimiento de Isaac en el monte Moriah, solo Génesis 26 es dedicado exclusivamente a Isaac.

Una de las cosas que sobresalen en Génesis 26 es el gran parecido de las experiencias de Isaac con las de su padre Abraham. Al igual que su padre, Isaac también habitó en la tierra de los filisteos. Entró en contacto con Abimelec, aunque probablemente no fuera el mismo con quien Abraham se relacionó.[1] También Isaac cometió la misma trasgresión que había cometido su padre, pues ambos mintieron al decir que su esposa era «su hermana» (Gn. 26:7). Es sobre esa base que algunos comentaristas creen que se trata del mismo relato que un redactor utilizó y lo dividió en tres diferentes situaciones. No es extraño que distintas personas cometan los mismos errores, de modo que a pesar del parecido entre los dos relatos, no debe dudarse de que se trata de dos acontecimientos diferentes.[2]

Aparte del hecho de que este capítulo ilustra de manera clara cómo debe el creyente confrontar las dificultades de la vida, hay otras cuestiones importantes a las que debe prestarse atención. La gracia de Dios se manifiesta claramente en la manera en que Dios bendijo a Isaac a pesar del incidente con los hombres de Gerar (véase Gn. 26:12-17). En segundo lugar, en el incidente de los pozos Isaac sobresalió por su humildad. Su conducta ejemplar en ese caso hace recordar la Palabra de Dios cuando dice: «Si es posible, en cuanto dependa de vosotros, estad en paz con todos los hombres» (Ro. 12:18), y «Cuando los caminos del hombre son agradables a Jehová, aun a sus enemigos hace estar en paz con él» (Pr. 16:7).

---

1. Abimelec era probablemente un nombre dinástico. Lo más probable es que este Abimelec fuera diferente del que se menciona en Génesis 21.

2. Herbert C. Leupold, *Exposition of Genesis*, vol. II, p. 721.

El nacimiento de Isaac fue un acontecimiento feliz para Abraham y Sara, pero también fue un suceso doloroso. Las esperanzas y las expectativas de Ismael están destrozadas. El hijo de la promesa ahora lo hereda todo y el primogénito de la esclava ahora es movido al odio y a la envidia del hijo prometido. Ismael, por su parte, no esconde sus sentimientos. Aquel joven orgulloso de unos dieciséis o diecisiete años, se ocupa en la insolencia, la burla y el insulto de Isaac.

La ocasión llegó cuando Isaac fue destetado y Abraham prepara una gran fiesta en honor de Isaac. Al parecer, Abraham pensó que todo lo relacionado con el hijo de la promesa era importante y, por supuesto, el patriarca estaba en lo cierto.

La mayoría de los comentaristas asocian de manera estrecha el versículo 9 con el versículo 8, aunque no hay una clara conexión directa entre ambos. Si la acción de Ismael está directamente asociada con la gran fiesta preparada por Abraham, entonces es posible ver una ironía maligna en la situación que debe notarse con cuidado. Isaac, la causa de la risa santa de parte de Sara, es hecho objeto de risa impía y burla. Ismael, al no reírse con gozo, revela la verdadera condición de su corazón. La incredulidad con sus derivados —envidia y orgullo— es la raíz que causa el comportamiento de Ismael.

El término traducido «se burlaba» (RVR-60), «burlándose» (LBLA) es un participio intensivo [*metsakjék*] del que deriva el nombre Isaac. Significa «reírse» en su forma simple. En este contexto dicho vocablo significa «hacer burla». «Aquí, Ismael no se ríe sino que se burla [*tsakjác*]».[2] Aunque este verbo no siempre transmite un sentido negativo, este contexto exige un sentido peyorativo (véase Éx. 32:6; Jue. 16:25). El verbo aparece aquí en la forma hebrea *piel*. Esa raíz verbal nunca se usa en un buen sentido, excepto cuando va acompañado de «*et*, con» (véase Gn. 26:8).

El apóstol Pablo, en Gálatas 4:29, presenta la interpretación correcta y definitiva del pasaje de Génesis 21:9: «Pero como entonces el que había nacido según la carne perseguía al que había nacido según el Espíritu, así también ahora».

El apóstol Pablo utiliza el vocablo «perseguía» [*edíoke*], que es el imperfecto del verbo «perseguir». O sea, que la actitud de Ismael hacia Isaac era la de una acción continua de burla y persecución, no un acto pasajero y suave. La actitud de Ismael era semejante a la de un rudo legalista que odia la gracia y se opone a los objetivos de esta. El sentido de «burlarse» es apoyado también por las palabras de Moisés, que se refiere a la madre de Ismael, llamándola, «Agar la egipcia» (21:9) y, en el 21:10, dos veces la llama «esta sierva». Parece claro que Sara había discernido la verdadera naturaleza del hijo de Agar mucho antes que el patriarca.

La interpretación que Pablo hace de este pasaje lo conduce a decir que era la persecución de aquel que andaba según el Espíritu por aquel que andaba según la carne. Pablo también, respecto a este acontecimiento, usa una ilustración de la manera en que el legalista persigue al hombre de gracia. Esto es aplicado a los judaizantes que perseguían al apóstol y a otros hombres de gracia que proclamaban a Cristo en el Nuevo Testamento. Además, Pablo ve en el incidente un argumento para el rechazo del legalismo de los falsos maestros judaizantes que perturbaban a los creyentes en Galacia.

La declaración de Sara: «Echa a esta sierva y a su hijo, porque el hijo de esta sierva no ha de heredar con Isaac mi hijo» (Gn. 21:10) es usada por Pablo en Gálatas

---

2. Herbert C. Leupold, *Exposition of Genesis*, vol. II, p. 598.

Este capítulo termina con un reproche de la conducta de Esaú y sus desafortunados matrimonios, lo que hace recordar lo que dice Proverbios 10:1: «El hijo sabio alegra al padre, pero el hijo necio es tristeza de su madre».

Las esposas paganas de Esaú «fueron amargura de espíritu para Isaac y para Rebeca» (Gn. 26:35). De modo que Génesis 26 aporta enseñanzas prácticas para la vida de todo hijo de Dios, además del relato histórico de la vida de Isaac.

ISAAC Y SU RESIDENCIA ENTRE LOS FILISTEOS (26:1-11)

Después hubo hambre en la tierra, además de la primera hambre que hubo en los días de Abraham; y se fue Isaac a Abimelec, rey de los filisteos, en Gerar (Gn. 26:1).

No era raro que hubiese «hambre en la tierra», la Escritura menciona que este fenómeno ocurrió un total de trece veces. La primera vez se menciona en Génesis 12:10, que refleja una severa hambre ocurrida cien años antes, en los días de Abraham. El autor de Génesis pone cuidado en diferenciar que se trataba de dos sucesos distintos. Uno tuvo lugar en tiempos de Abraham y el otro en los días de Isaac.

Algunos entienden que el hambre era una manifestación de la providencia de Dios. «En diferentes ocasiones Dios usó esa situación para cumplir su propio propósito, tal como perfeccionar a los santos y humillar a sus enemigos».[3] Es posible, sin embargo, que algunas de esas hambres, incluyendo esta, fuesen intentos satánicos de destruir la simiente de la mujer y evitar así la derrota de la serpiente.

Como se ha señalado, Moisés se esfuerza por distinguir el hambre ocurrida en tiempos de Abraham de la ocurrida un siglo después, es decir, en los días de Isaac. Quizá debe entenderse la acción de Isaac de ir al filisteo Abimelec como una desviación de la voluntad de Dios. Isaac quiso adelantarse a Dios. El hecho de que se separen las dos situaciones es una clara señal de que Dios cumple su promesa de bendecir a Isaac como el heredero de todo lo que el Señor estipuló en su pacto con Abraham.

Y se le apareció Jehová, y le dijo: No desciendas a Egipto; habita en la tierra que yo te diré. Habita como forastero en esta tierra, y estaré contigo, y te bendeciré; porque a ti y a tu descendencia daré todas estas tierras, y confirmaré el juramento que hice a Abraham tu padre. Multiplicaré tu descendencia como las estrellas del cielo, y daré a tu descendencia todas estas tierras; y todas las naciones de la tierra serán benditas en tu simiente, por cuanto oyó Abraham mi voz y guardó mi precepto, mis mandamientos, mis estatutos y mis leyes (Gn. 26:2-5).

La teofanía pone de manifiesto que la situación era crítica y urgente. La falta de comida era un problema grande para Isaac porque el número de personas a su alrededor era importante. Es posible que Isaac se propusiera viajar a Filistea y de allí a Egipto. Por esa razón «se apareció Jehová, y le dijo: No desciendas a Egipto; habita en

---

3. Bruce K. Waltke, *Genesis: A Commentary*, p. 367.

la tierra que yo te diré» (Gn. 26:2). Dios permitió que Jacob emigrase a Egipto, pero no le permitió a Isaac hacer lo mismo. Es ciertamente una prerrogativa divina determinar qué paso debe tomar un creyente en un determinado momento. José Loza comenta lo siguiente:

> La necesidad del momento es la causa de la migración, pero Yahvé interviene para decir a Isaac que no baje a Egipto; debe seguir residiendo en Canaán, donde él lo asistirá.[4]

Dios había bendecido a Isaac en su pena por la pérdida de Abraham y ahora viene a él en la adversidad causada por el hambre en la tierra. Jehová Dios dice a Isaac: «Estaré contigo, y te bendeciré; porque a ti y a tu descendencia daré todas estas tierras, y confirmaré el juramento que hice a Abraham tu padre» (Gn. 26:3).

Ciertamente no era fácil permanecer en la tierra. En primer lugar, el hambre amenazaba acabar con la vida y las propiedades de Isaac. Si persistía, sus rebaños y todo su ganado desaparecerían. En segundo lugar, era fácil trasladarse a Egipto, donde había abundante comida en aquel tiempo.

Por supuesto, en Isaac no había nada como para que recibiese la bendición divina, solo la gracia soberana de Dios podía canalizar las bendiciones derivadas del pacto en su vida. Alguien ha dicho que Isaac era un hijo mediocre de un padre extraordinario. Pero también era el padre ordinario de un hijo extraordinario. De hecho, Dios le declara a Isaac por qué lo bendice:

> *Por cuanto oyó Abraham mi voz, y guardó mi precepto, mis mandamientos, mis estatutos y mis leyes (Gn. 26:5).*

Las bendiciones que Dios derramó sobre Isaac eran el resultado de la sumisión de su padre Abraham a la divina y soberana voluntad de Dios. En su plan soberano, Jehová Dios dio a Abraham el hijo de la promesa, el unigénito de Sara y, a la postre, de los lomos de Isaac, Dios envió al Mesías:

> Ahora bien, a Abraham fueron hechas las promesas, y a su simiente. No dice: y a las simientes, como si hablase de muchos, sino como de uno: Y a tu simiente, la cual es Cristo (Gá. 3:16).

El plan perfecto de Dios se cumple de manera estricta. Dios prometió enviar «la simiente» de la mujer (Gn. 3:15) que aplastaría la cabeza de la simiente de la serpiente. La «simiente de la mujer» procedería de la raíz de Sem a través de Abraham, Isaac, Jacob, Judá y David (véase Gn. 12:7; Is. 11:1; Ap. 5:5; 22:16). Dios preservó providencialmente a Abraham y a Sara, lo hizo también con Isaac y Rebeca, y lo repitió con Jacob y Raquel. No cabe duda de que Dios es fiel a su pacto y a sus promesas. Obsérvese que Jehová Dios promete «confirmaré el juramento que hice a Abraham tu padre» (véase también Génesis 22:16-18). A esas promesas se añade el juramento divino, algo sorprendente en gran manera, porque Dios no tiene que ofrecer apoyo a sus promesas.

---

4. José Loza, «Génesis 12-50», *Comentarios a la Nueva Biblia de Jerusalén*, p. 95.

Dios no tiene que respaldar su palabra con un juramento, pues su palabra es verdad y es plenamente suficiente para garantizar el cumplimiento de todas sus promesas.

Génesis 22:5 podría conducir a la falsa conclusión de que la obediencia —específicamente la obediencia de Abraham— es la causa final de las bendiciones de Dios sobre Isaac, pero tal interpretación pasa por alto la enseñanza de las Escrituras respecto a la experiencia espiritual de los patriarcas. El Dios de la gloria apareció a Abraham en Ur de los caldeos y lo condujo a la tierra de Canaán. Además, Jehová Dios vivificó el espíritu de Abraham y lo declaró justo sobre la base de la gracia soberana a través de la fe que había sido divinamente implantada en su corazón (véase Is. 51:1-2; Ro. 4:9-10). Jehová Dios abrió los oídos del patriarca, quitó su ceguera y su rebelión, y atrajo a Abraham a sí mismo, regocijándose en que el patriarca respondió positivamente. Pero todo eso fue en virtud del obrar divino en la vida de Abraham. Nótese los vocablos «mandamientos», «estatutos» y «leyes». En este contexto, «mandamientos» no se refiere a la ley de Moisés, sino a la Palabra del Señor ordenándole salir de Ur de los caldeos y separarse de su tierra y su familia. El vocablo «estatutos» era el rito de la circuncisión y el término «leyes» significa la práctica de la justicia inherente en el andar por gracia. Este versículo es sumamente importante ya que enseña que aunque no estamos bajo la ley no vivimos en la anomia (sin ley). El verdadero creyente no es anárquico, sino que se somete a la Palabra de Dios y camina en la justicia que la Ley demanda.

> *Habitó, pues, Isaac en Gerar. Y los hombres de aquel lugar le preguntaron acerca de su mujer; y él les respondió: Es mi hermana; porque tuvo miedo de decir: Es mi mujer; pensando que tal vez los hombres del lugar lo matarían por causa de Rebeca, pues ella era de hermoso aspecto (Gn. 26:6-7).*

Isaac obedeció a Dios al permanecer en Gerar y no continuar rumbo a Egipto. Sin embargo, la permanencia en Gerar fue la ocasión de su tropiezo. Los hombres de Gerar le preguntaron a Isaac acerca de Rebeca, y su respuesta, igual que la de su padre y con menos justificación, fue: «Es mi hermana». Isaac usó la misma estratagema que Abraham había usado en dos ocasiones (véase Gn. 12:13; 20:2). La realidad evidente es que Isaac estaba motivado por temor cobarde y egoísmo. Su naturaleza lo llevó a mezclar el temor con el egoísmo y procuró su autoprotección en lugar de depositar su fe en Jehová Dios.

Algunos comentaristas consideran increíble el relato acerca de Isaac en Génesis 26 porque no creen que sea posible que un hijo pueda hacer exactamente lo que hizo su padre. Como piensan que Isaac conocía lo que su padre había hecho cuando dijo que Sara era su hermana, dicen que este relato es realmente solo una variante de la historia anterior. Esa teoría, sin embargo, no tiene ningún apoyo del texto bíblico, sino que manifiesta una clara incapacidad para comprender la naturaleza humana. El relato deja bien claro una completa armonía con lo que la Biblia enseña respecto a la naturaleza humana y sus manifestaciones. Conociendo la tendencia de los hijos para manifestar las características de sus padres, no puede haber nada más natural que el hecho de que Isaac hiciese exactamente lo que su padre hizo encontrándose en una situación tan parecida.

Como Rebeca se casó cuando tenía treinta años, para entonces debía ser una dama de unos sesenta años, y evidentemente era una mujer tan hermosa y atractiva como para llamar la atención de los filisteos.

> *Sucedió que después que él estuvo allí muchos días, Abimelec, rey de los filisteos, mirando por una ventana, vio a Isaac que acariciaba a Rebeca su mujer. Y llamó Abimelec a Isaac, y dijo: He aquí ella es de cierto tu mujer. ¿Cómo, pues, dijiste: Es mi hermana? E Isaac le respondió: Porque dije: Quizá moriré por causa de ella (Gn. 26:8-9).*

Isaac había estado entre los filisteos «muchos días», es decir, «un tiempo largo» antes que se descubriese que Rebeca era en realidad su esposa y no su hermana. El vocablo «acariciaba» [*metsakjec*] es un eufemismo que se refiere a la intimidad propia de una matrimonio. El vocablo transmite la idea de «hacer mimos», es decir, hacer uso de ciertas libertades como lo hace un esposo con su esposa, lo que indicaba que Rebeca no era hermana de Isaac. Llama la atención que el término «acariciar» proviene de la misma raíz que el nombre «Isaac», que significa «risa» o «reírse». La idea es que Isaac («risa») se reía con su esposa Rebeca mientras la «acariciaba» o «mimaba» a nivel conyugal.

> *Y llamó Abimelec a Isaac, y dijo: He aquí ella es de cierto tu mujer. ¿Cómo, pues, dijiste es mi hermana? E Isaac le respondió: Porque dije: Quizá moriré por causa de ella. Y Abimelec dijo: ¿Por qué nos has hecho esto? Por poco hubiera dormido alguno del pueblo con tu mujer, y hubieras traído sobre nosotros el pecado (Gn. 26:9-10).*

El rey formalmente convocó a Isaac y lo confrontó con lo que había visto. Isaac admitió lo que había hecho y confesó su temor de morir a causa de la belleza de Rebeca: «Quizá moriré por causa de ella». La naturaleza pecaminosa del ser humano siempre procura desplazar su culpa hacia otra persona. De modo que Abimelec reprendió severamente a Isaac, el siervo de Dios, aquel en quien «será llamada descendencia». Si algún filisteo hubiese tomado a Rebeca, Dios habría descargado su ira sobre ellos, pues Dios providencialmente protegería el medio a través del cual la simiente escogida vendría a este mundo.

> *Entonces Abimelec mandó a todo el pueblo, diciendo: El que tocare a este hombre o a su mujer, de cierto morirá (Gn. 26:11).*

Abimelec hace uso de su autoridad real y da orden que nadie se atreva a ponerle la mano encima a Isaac o a Rebeca bajo pena de muerte. Obsérvese que Dios utiliza un instrumento humano para proteger al linaje escogido del cual procederá la simiente escogida. Una lección práctica que puede verse con claridad es que Dios no esconde el pecado en ningún sentido.

La bendición de Jehová sobre Isaac (26:12-14)

> *Y sembró Isaac en aquella tierra, y cosechó aquel año ciento por uno; y le bendijo Jehová (Gn. 26:12).*

En el antiguo mundo oriental no era extraño que un pueblo nómada se ocupase de ac-tividades agrícolas. Al parecer, Isaac tomó control de una cantidad suficiente de territorio de cultivo y obtuvo una abundante cosecha de «ciento por uno». El texto deja bien claro que lo ocurrido se debió a que «le bendijo Jehová». La obediencia de Isaac al mandato de Dios de quedarse en la tierra de Canaán y no marcharse a Egipto le produjo una enorme bendición. Tal como Dios había estado con Abraham, ahora Dios está con Isaac.

> *El varón se enriqueció, y fue prosperado, y se engrandeció hasta hacerse muy poderoso. Y tuvo hato de ovejas, y hato de vacas, y mucha labranza; y los filisteos le tuvieron envidia (Gn. 26:13-14).*

La bendición de Jehová Dios trajo inmensas riquezas materiales a Isaac. Su cosecha «aquel año fue ciento por uno» (v. 12), y sus riquezas y prosperidad «lo hicieron muy poderoso» (v. 13). Fue muy rico en ganado, incluyendo «hato de ovejas», «hato de va-cas», y en «mucha labranza», lo que provocó la envidia de los filisteos (v. 14). Eso era el cumplimiento de la promesa registrada en Génesis 26:3. Puesto que Abraham había sido muy rico y había dado todo lo que tenía a Isaac (véase Gn. 25:5) puede decirse que el incremento posterior de la fortuna de Isaac significa que «el hijo de la promesa» era, en realidad, un hombre inmensamente rico.

LA DISPUTA ACERCA DE LOS POZOS (26:15-22)

> *Y todos los pozos que habían abierto los criados de Abraham su padre en sus días, los filisteos los habían cegado y llenado de tierra. Entonces dijo Abimelec a Isaac: Apártate de nosotros, porque mucho más poderoso que nosotros te has hecho. E Isaac se fue de allí, y acampó en el valle de Gerar, y habitó allí (Gn. 26:15-17).*

Los filisteos aprovecharon que ya Abraham había muerto para poner de manifiesto un comportamiento hostil. En primer lugar, los filisteos y Abraham habían concer-tado un pacto de paz (véase Gn. 21:23). Otro factor que pudo haber influido es que en la ausencia de Abraham los filisteos no tenían que temer al ejército que el patriarca había organizado con sus siervos. El ejército de Abraham estaba formado de más de trescientos hombres bien entrenados y capaces de derrotar a cualquier enemigo (véase Gn. 14:14-17). La envidia de los filisteos era tan grande que prefirieron cegar los pozos antes que compartir el agua con Isaac. También fue la envidia lo que movió a Abimelec a decir a Isaac: «Apártate de nosotros, porque mucho más poderoso que nosotros te has hecho» (Gn. 26:16). Herbert C. Leupold dice:

> La petición del rey [Abimelec] es una combinación de halago («eres mucho más poderoso que nosotros») y de una actitud nada amigable («apártate de nosotros»).[5]

Como puede verse, la relación entre justos e injustos, entre adoradores de Dios y paganos, entre creyentes e inconversos casi nunca funciona bien (véase 2 Co. 6:14-18).

---

5. Herbert C. Leupold, *Exposition of Genesis*, vol. II, p. 725.

Y volvió a abrir Isaac los pozos de agua que habían abierto en los días de Abraham su padre, y que los filisteos habían cegado después de la muerte de Abraham; y los llamó por los nombres que su padre los había llamado (Gn. 26:18).

Esos pozos fueron abiertos por los siervos de Abraham, y los filisteos se aprovecharon de la muerte de Abraham y cegaron los pozos. Isaac de manera pacífica reabrió los mismos pozos, y de esa manera reclamaba que dichos pozos eran de su propiedad. Es claro que el agua es sumamente importante para la vida en el desierto, lo que se agrava si, como Isaac, se posee un rebaño sumamente grande y se tiene un número importante de personas a cargo. La recuperación de aquellos pozos, por lo tanto, era importante para Isaac. En aquellos tiempos, se acostumbraba poner nombres a los pozos y el hecho de que Isaac «los llamó por los nombres que su padre los había llamado» era una manera de decir que el derecho de propiedad era indiscutible. Además, Isaac demuestra su respeto hacia su padre al darle los mismos nombres a los pozos. Quizá Isaac también esperaba que el recuerdo de Abraham surtiese efecto en el comportamiento de los filisteos (véase Gn. 21:23-33).

Pero cuando los siervos de Isaac cavaron en el valle, y hallaron allí un pozo de aguas vivas, los pastores de Gerar riñeron con los pastores de Isaac, diciendo: El agua es nuestra. Por eso llamó el nombre del pozo Esek, porque habían altercado con él (Gn. 26:19-20).

El versículo 17 dice que Isaac se trasladó al valle de Gerar y habitó allí, tal vez pensando que así evitaría tener un altercado con los filisteos, pero nuevamente el tema de los pozos vuelve a surgir. Al parecer, debido al aumento de la población entre los que formaban parte de la comunidad de Isaac, los pozos mencionados en el versículo 19 eran pozos suplementarios y fueron cavados por los siervos de Isaac, algo a lo que los filisteos se oponían. La expresión «pozo de aguas vivas» sugiere que era un pozo artesano muy apreciado en aquella región. El hallazgo motivó a los pastores de Gerar a reñir con los pastores de Isaac y a reclamar la propiedad de aquel pozo, y debido a esa riña el pozo fue nombrado Esek, que significa «contención».

Y abrieron otro pozo, y también riñeron sobre él; y llamó su nombre Sitna. Y se apartó de allí, y abrió otro pozo, y no riñeron sobre él; y llamó su nombre Rehobot, y dijo: Porque ahora Jehová nos ha prosperado, y fructificaremos en la tierra (Gn. 26:21-22).

El vocablo Sitna en el versículo 21 significa «oposición» u «hostilidad». El uso de ese nombre probablemente se deba a que la disputa entre ambos bandos fue más maliciosa que las ocurridas anteriormente. Isaac mostró su espíritu pacifista apartándose del lugar donde había contienda y yéndose a otro sitio donde cavó otro pozo y le puso por nombre Rehobot, es decir, «lugares amplios o espaciosos». En este nuevo lugar no hubo riñas. Isaac, con percepción espiritual, reconoció que ese cambio se debió a la intervención de Jehová. Isaac dijo: «Ahora Jehová nos ha prosperado, y fructificaremos en la tierra» (Gn. 26:22). Como puede verse, Isaac reconoce que su prosperidad se debe a la gracia y a la misericordia de Dios. Es evidente que Isaac, igual que su padre Abraham, aprendió a depender totalmente de Jehová Dios.

La renovación del pacto en Beerseba (26:23-25)

Y de allí subió a Beerseba (Gn. 26:23).

Debe recordarse que Beerseba fue el lugar donde Abraham y los filisteos, presididos por el anterior Abimelec, hicieron un tratado de amistad. Allí en Beerseba aún estaban visibles las señales conmemorativas de las bendiciones de Dios. Esas «señales» o «símbolos» eran elocuentes recordatorios que confirmaban que Isaac era el heredero legal de las bendiciones otorgadas por Jehová Dios al patriarca Abraham.

Y se le apareció Jehová aquella noche, y le dijo: Yo soy el Dios de Abraham tu padre; no temas, porque yo estoy contigo, y te bendeciré, y multiplicaré tu descendencia por amor de Abraham mi siervo (Gn. 26:24).

Dios escogió aquel memorable lugar para aparecer ante Isaac. Como ya se ha señalado, allí en Beerseba Abraham había hecho un pacto con los filisteos muchos años atrás. Isaac mismo había vivido allí después de su experiencia en el monte Moriah (Gn. 22:1-19). De modo que después de la reciente y desagradable experiencia por causa de los pozos, Isaac regresó a Beerseba. Allí Jehová Dios le apareció misericordiosamente por segunda y última vez en su vida, de acuerdo al registro bíblico. El hecho de que según el texto Dios se le apareció «aquella [misma] noche» cuando llegó a Beerseba podría sugerir que no era la voluntad de Dios que Isaac dejase la tierra para irse a Gerar.

Jehová Dios reafirma las antiguas promesas al hijo de Abraham. Como puede observarse en este versículo, Dios añade algunas palabras consoladoras respecto a la presencia del Señor en la vida de Isaac. El hecho de que Dios dice que bendecirá a Isaac «por amor de Abraham mi siervo» deja bien claro que el pacto incondicional de Dios con Abraham no estaba basado sobre méritos personales de Isaac, el hijo de la promesa, quien sería bendecido en virtud de las promesas dadas a su padre. No debe olvidarse que es por causa de la soberana gracia de Dios que Abraham fue elegido y llamado de Ur de los caldeos. El pacto hecho por Dios con Abraham (Gn. 15:18) fue establecido exclusivamente sobre la gracia de Jehová Dios, quien se comprometió a bendecir a Abraham y a su simiente escogida sin que interviniese mérito humano alguno. Bruce K. Waltke comenta lo siguiente:

El título [«Yo soy el Dios de tu padre»] se circunscribe al período patriarcal pero no es exclusivo de la Biblia. La relación especial que el padre tenía con Dios ahora será experimentada por su hijo. Ese título nunca se usa con referencia a Taré, el padre de Abraham. Taré era un idólatra (véase Gn. 11:27).[6]

El Señor anima a Isaac, diciéndole: «No temas», «yo estoy contigo», «te bendeciré» y «multiplicaré tu descendencia». Isaac demostró su gratitud al Señor edificando un

---

6. Bruce K. Waltke, *Genesis: A Commentary*, p. 370.

altar y adorando el nombre de Jehová, el Dios guardador del pacto, el Dios de Abraham y de Israel. Isaac «invocó el nombre de Jehová» (Gn. 26:25), lo que significa que ensalzó su carácter y sus obras. El hecho de la edificación del altar en sí habla de la necesidad de un sacrificio expiatorio, penal y sustitutorio para que los pecados del pecador puedan ser remitidos. Debe recordarse que no hay otra manera de acercarse a Dios aparte de un sacrificio sustitutorio. El autor de la Epístola a los Hebreos dice:

> Así que, hermanos, teniendo libertad para entrar en el Lugar Santísimo por la sangre de Jesucristo, por el camino nuevo y vivo que él nos abrió a través del velo, esto es, de su carne, y teniendo un gran sacerdote sobre la casa de Dios, acerquémonos con corazón sincero, en plena certidumbre de fe, purificados los corazones de mala conciencia, y lavados los cuerpos con agua pura (He. 10:19-22).

Los altares edificados por Abraham (véase Gn. 12:7, 8; 13:18; 22:9) y por Isaac (Gn. 26:25) sugieren la idea de comunión con Dios y la necesidad de redención que hay en el hombre. De modo que los altares edificados por los patriarcas eran importantes indicadores de la teología de la vida de aquellos destacados seguidores del Dios Trino. Reconocían la necesidad de acercarse a Dios y también la de un Mediador.

EL PACTO ENTRE ISAAC Y ABIMELEC (26:26-33)

Y Abimelec vino a él desde Gerar, y Ahuzat, amigo suyo, y Ficol, capitán de su ejército. Y les dijo Isaac: ¿Por qué venís a mí, pues que me habéis aborrecido, y me echasteis de entre vosotros? (Gn. 26:26-27).

Esta sección registra el pacto hecho entre Isaac y Abimelec, donde Isaac le recuerda a Abimelec su incongruencia en su trato con él. Nótese que Abimelec va acompañado de su amigo Ahuzat y de Ficol. Hay que destacar que tal como «Abimelec» era el título del rey de los filisteos (tal como «Faraón» era el título del rey de Egipto y el «Inca» lo era del emperador del Perú), también Ficol era el título del capitán del ejército de los filisteos. De modo que sería más correcto hablar de «el Ficol», es decir, «el capitán».

Evidentemente, Isaac se percató de las intenciones de sus visitantes y los confrontó con la verdad. Abimelec y sus acompañantes envidiaban la prosperidad de Isaac. Fueron los filisteos quienes por medio de Abimelec dijeron a Isaac «Apártate de nosotros». La razón de esa actitud fue: «Porque mucho más poderoso que nosotros te has hecho». Es decir, echaron fuera a Isaac por pura envidia. La reacción de Isaac era justa, pues había sido «expulsado» del territorio filisteo sin causa alguna. Isaac dice: «Me habéis aborrecido, y me echasteis de entre vosotros». Los filisteos reconocen la gran verdad: «Hemos visto que Jehová está contigo». El testimonio de Abimelec y sus acompañantes era una severa acusación en contra del mal comportamiento de los filisteos hacia Isaac, y la reprensión de Isaac es totalmente justa. El hecho de que quisieran hacer un pacto con Isaac deja bien claro que Abimelec reconoce que fue un error haber expulsado a Isaac de su territorio.

Y ellos respondieron: Hemos visto que Jehová está contigo; y dijimos: Haya ahora juramento entre nosotros, entre tú y nosotros, y haremos pacto

contigo, que no nos hagas mal, como nosotros no te hemos tocado, y como
solamente te hemos hecho bien, y te enviamos en paz; tú eres ahora bendito
de Jehová (Gn. 26:28-29).

Como reconocen que Jehová Dios estaba con Isaac, Abimelec y sus acompañantes
proponen a Isaac hacer «un juramento». Herbert C. Leupold explica la naturaleza de
ese juramento:

El juramento [*alá*] aquí es un «juramento de maldición», un concepto inferior
a este es sugerido en *shebuá*. Puesto que, en verdad, el rey y su capitán pudieron ser totalmente inocentes en la disputa respecto a los pozos, presentan
la más favorable declaración de su lado de la disputa y con cierta locuacidad
diplomática se defienden diciendo que siempre evidenciaron un trato justo.[7]

Abimelec exhibe el mejor lustre posible en su defensa de su trato a Isaac. En un
sentido le recuerda que había ordenado que nadie tocase ni a Isaac ni a su mujer (Gn.
26:11) bajo amenaza de pena de muerte. En ese sentido podía reclamar que «le había
hecho bien» y que lo «había enviado en paz» (Gn. 26:29). Obsérvese que Isaac pone de
manifiesto su humildad y su pasividad al rehusar discutir respecto a la declaración de
Abimelec de que solo le ha hecho bien. Esto hace recordar las palabras del apóstol Santiago: «Y el fruto de justicia se siembra en paz por aquellos que hacen la paz« (Stg. 3:18).

Isaac demostró ser un verdadero «embajador de la paz». Quizá la actitud de Isaac
fue lo que llevó a Abimelec a decirle: «Tu eres ahora bendito de Jehová». Esa declaración convalida la promesa de Jehová Dios a Isaac (véase Gn. 26:3-4).

Entonces él le hizo banquete, y comieron y bebieron. Y se levantaron de ma-
drugada, y juraron el uno al otro; e Isaac los despidió, y ellos se despidieron
de él en paz (Gn. 26:30-31).

Estos versículos ponen de manifiesto la hospitalidad de la cultura oriental (véase
Gn. 14:18; 18:3-8; 19:3-4). Que Isaac les hiciera un banquete es una muestra de amistad
y comunión. Isaac había llegado a ser un hombre grande, muy rico y poderoso, pero
no dejó de ser un hombre lleno de piedad y de justicia hacia otros. Isaac se olvidó de
la disputa causada por los pozos y mantuvo la amistad con Abimelec. El versículo 31
dice: «Y ellos se despidieron de él en paz». La Escritura dice: «Cuando los caminos
del hombre son agradables a Jehová, aun a sus enemigos hace estar en paz con él» (Pr.
16:7). Las palabras de ese texto eran una realidad en la vida de Isaac.

En aquel día sucedió que vinieron los criados de Isaac, y le dieron nuevas
acerca del pozo que habían abierto, y le dijeron: Hemos hallado agua (Gn.
26:32).

Además de la restauración de la amistad con Abimelec y los filisteos, Isaac recibió
la buena noticia de que sus criados habían abierto un nuevo pozo.

---

7. Herbert C. Leupold, *Exposition of Genesis*, vol. II, pp. 731-732.

> *Y lo llamó Seba; por esta causa el nombre de aquella ciudad es Beerseba hasta este día (Gn. 26:33).*

La providencia de Dios había hecho posible que después de la partida de Abimelec y sus acompañantes, Isaac fuese recompensado con la bendición de un nuevo pozo que Isaac nombra «*Shibá*» o «Seba». El vocablo *Shibá* significa «juramento» o «siete». En este contexto probablemente el significado de «juramento» es más apropiado puesto que Isaac acababa de sellar un «juramento» con Abimelec. También debe recordarse que Abraham el patriarca había hecho un pacto con otro Abimelec, y en aquella ocasión el problema se centraba en una controversia sobre un pozo que los siervos de Abimelec le habían quitado a Abraham. La controversia se arregló entre Abraham y Abimelec y fue sellada mediante un pacto. Abraham concluyó el pacto dando a Abimelec siete corderas, que servirían de testimonio de que Abraham había cavado aquel pozo. El texto dice: «Por eso llamó a aquel lugar Beerseba [«pozo de siete» o «pozo del juramento»] porque allí juraron ambos» (Gn. 21:31). El nombre Beerseba se relaciona en Génesis 21:25-31 con Abraham por causa del juramento que había hecho y que le permitía usar el pozo que le quedaba cercano.

Nota final respecto a Esaú (26:34-35)

> *Y cuando Esaú era de cuarenta años, tomó por mujer a Judit hija de Beeri heteo, y a Basemat hija de Elón heteo; y fueron amargura de espíritu para Isaac y para Rebeca (Gn. 26:34-35).*

Este capítulo concluye con una declaración respecto del verdadero carácter de Esaú. Como se ha señalado con anterioridad, Esaú no estaba interesado en las cosas espirituales y su gran atracción era el placer de la carne. Sus dos esposas eran heteas paganas, lo que era un desafío flagrante de los principios que Abraham había procurado seguir a lo largo de su vida. Además, la actitud de Esaú destaca la necedad de Isaac cuando aún favorecía a Esaú respecto del derecho de la primogenitura (véase Gn. 24:3 en comparación con Génesis 26:35). Esaú contrajo matrimonio con dos mujeres heteas paganas a la misma edad que su padre. Isaac, sin embargo, contrajo matrimonio con una doncella de la familia de Abraham. Debe recordarse que Abraham no deseaba que Isaac contrajese matrimonio con una cananea bajo ningún concepto, y sin duda Abraham hubiese deseado que Esaú hubiese buscado una esposa de su familia igual que Isaac.[8] Los heteos eran parte de la cultura cananea (véase Gn. 10:15; 15:16-21; 23:3; 28:1). De ahí que ni Abraham ni Isaac aprobaban el matrimonio de sus descendientes con heteos.

El versículo 25 infiere que las esposas de Esaú crearon serios problemas, tanto para Isaac como para Rebeca. La frase «fueron amargura de espíritu» sugiere que el estilo de vida de las mujeres de Esaú era diferente en todo sentido a la de los padres de Esaú. Quizá todavía en el corazón de Isaac pesaba su preferencia por Esaú. El texto bíblico

---

8. No se ha encontrado una explicación satisfactoria al hecho de que hay una diferencia entre los nombres de las esposas de Esaú. Los nombres que aparecen en Génesis 26:34 son diferentes de los que aparecen en Génesis 36:1-3. Una posible explicación es que Esaú contrajo matrimonio varias veces y los mencionados capítulos mencionan los nombres de algunas de sus esposas. Otra posibilidad podría haber sido a causa de problemas en la transmisión textual.

no explica qué hicieron las esposas paganas de Esaú para producir «amargura de espíritu» en las vidas de Isaac y Rebeca, pero es evidente que la relación familiar sufrió por causa de la rebelión y de la carnalidad de Esaú.

RESUMEN Y CONCLUSIÓN

Génesis 26 trata de la vida de Isaac y su experiencia en Gerar en medio de los filisteos, su trato con Abimelec y su disputa acerca de los pozos. Como citamos más arriba, Isaac fue el hijo ordinario de un padre extraordinario. Pero también fue el padre ordinario de un hijo extraordinario.

Pero, además, Isaac fue «el hijo de la promesa», es decir, ordenado por Dios como el "unigénito" de Sara. Isaac tuvo una parte importante en la unión de los dos hombres que fueron quizá, humanamente hablando, los más sobresalientes en la historia. Las experiencias de Isaac aportan, por lo tanto, importantes lecciones, porque en el análisis final la mayoría de los creyentes son personas ordinarias. En sus fracasos, Isaac es una advertencia para todo creyente, y en sus victorias es un recordatorio de la imperiosa necesidad de depender de la gracia soberana de Dios.

Tanto la vida de Isaac como su ministerio es una diáfana ilustración de las palabras del apóstol Pablo, dirigidas a todos los santos:

> Estando persuadido [convencido] de esto, que el que comenzó en vosotros la buena obra, la perfeccionará hasta el día de Jesucristo (Fil. 1:6).

Como todo creyente, Isaac tuvo sus aciertos y sus fracasos, sus derrotas y sus victorias, sus momentos débiles y sus momentos de fortaleza. Pero no debe dudarse que fue aquel de quien Dios dijo a Abraham: «…en Isaac te será llamada descendencia» (Gn. 21:12; Ro. 9:7). Isaac fue el «hijo de la promesa», prometido a Abraham y a Sara para enviar a través de él, a la postre, al Mesías prometido.

27

Jacob le roba la bendición a Esaú (27:1-46)

Una de las preguntas más intrigantes asociadas con Génesis y con el establecimiento del pueblo escogido de Dios, los hijos de Israel, es cómo Dios pudo bendecir y usar a alguien como Jacob para la realización de sus propósitos divinos para la humanidad. Jacob obviamente parecía ser un pícaro intrigante, un mentiroso y engañador, un «suplantador», un hombre que solo estaba interesado en adquirir dinero por cualquier medio posible. Era astuto, mañoso, codicioso, sin ningún escrúpulo ético excepto el dictado por su propio interés personal. Aun admitiendo su obligación pactada con Abraham e Isaac, ¿por qué Dios escogería a Jacob en vez de a Esaú? Esaú parecía una persona mucho más admirable, un hombre fuerte, viril, dado al aire libre, seguramente mucho más adecuado para ser el fundador y cabeza de una nueva nación que un hombre como Jacob.

Henry M. Morris, *The Genesis Record*, p. 427.

El destacado expositor y teólogo S. L. Johnson, quien fuera uno de los profesores más sobresalientes en la historia del Seminario Teológico de Dallas, ha señalado algunos de los puntos sobresalientes de lo ocurrido entre Jacob y Esaú:

1. La pecaminosidad de hacer el mal para que venga el bien o, dicho de otra manera, pensar que el fin justifica los medios es ilustrado por la conducta de Rebeca.
2. La inevitabilidad de las consecuencias del pecado. Esta verdad es ilustrada por la vida de los cuatro personajes de la historia: Isaac, Esaú, Rebeca y Jacob.
3. Las oportunidades que se pierden casi nunca se recuperan. Los dones y el llamamiento de Dios son irrevocables. Esa lección es evidente en la vida de Esaú.

4. Los engañadores con frecuencia son engañados. Eso lo demuestra la vida de Jacob.
5. Hay una diferencia entre arrepentimiento y remordimiento. Esaú experimenta remordimiento, pero no un arrepentimiento genuino (véase He. 12:16-17).
6. Tanto Esaú como Jacob fueron aconsejados contrariamente a la Palabra de Dios.
7. Una última lección que aparece en Génesis 27 es la iniquidad de intentar ir en sentido contrario a la soberana voluntad de Dios.[1]

El profesor Johnson considera que esta última lección es la más importante de todas, pues enseña la autoridad soberana de Dios. Él es Jehová Dios Todopoderoso (véase Ap. 19:6). También de manera implícita enseña lo que dice Proverbios: «El corazón del hombre piensa un camino; mas Jehová endereza sus pasos» (Pr. 16:9). Ningún ser humano puede derrotar ni coartar los propósitos de Dios.

Acordaos de las cosas pasadas desde los tiempos antiguos; porque yo soy Dios, y no hay otro Dios, y nada hay semejante a mí, que anuncio lo por venir desde el principio, y desde la antigüedad lo que aún no era hecho; que digo: Mi consejo permanecerá, y haré todo lo que quiero (Is. 46:9-10).

Evidentemente, Isaac pasó por alto la verdad expresada por los pasajes citados y no reconoció la realidad del plan soberano de Dios. Dios había hecho saber a Isaac y a Rebeca la soberana decisión de que «el mayor servirá al menor» (Gn. 25:23). Isaac quería actuar a su manera, pero el soberano Dios tenía sus planes establecidos. Henry M. Morris lo explica así:

Pero a pesar de la instrucción de Dios acerca de Jacob antes de su nacimiento; a pesar de la clara superioridad del carácter, del discernimiento espiritual y de las convicciones de Jacob sobre las de Esaú; a pesar de la legalización de Jacob de su derecho a la primogenitura de Esaú, confirmado por el solemne juramento de Esaú; a pesar de la obvia indiferencia de Esaú de su herencia espiritual y de la voluntad de Dios; a pesar de todo eso, Isaac determinó que iba a dar la bendición a Esaú.[2]

LA DETERMINACIÓN DE ISAAC DE BENDECIR A ESAÚ (27:1-4)

Aconteció que cuando Isaac envejeció, y sus ojos se oscurecieron quedando sin vista, llamó a Esaú su hijo mayor, y le dijo: Hijo mío. Y él respondió: Heme aquí. Y él dijo: He aquí ya soy viejo, no sé el día de mi muerte. Toma, pues, ahora tus armas, tu aljaba y tu arco, y sal al campo y tráeme caza; y hazme un guisado como a mí me gusta, y tráemelo, y comeré, para que yo te bendiga antes que muera (Gn. 27:1-4).

---

1. S. L. Johnson, «The Stolen Blessing, or Isaac Unequal Fight», *Believers Bible Bulletin* (28 de octubre, 1979).
2. Henry M. Morris, *The Genesis Record*, p. 429.

La narración describe que Isaac era de edad avanzada y había perdido la visión, lo que era una oportunidad ideal para los planes de Rebeca. Isaac había determinado bendecir a Esaú a pesar de la declaración divina:

> Y le respondió Jehová: Dos naciones hay en tu seno, y dos pueblos serán divididos desde tus entrañas; el un pueblo será más fuerte que el otro pueblo, y el mayor servirá al menor (Gn. 25:23).

Isaac convocó a Esaú, le dijo que el día de su muerte estaba cercano y le pidió que saliera de caza, que trajera un venado y que le preparase «un guisado» al gusto del paladar de Isaac. Una vez preparado el guisado, Isaac lo comería y seguidamente bendeciría a Esaú. Llama la atención el hecho de que la motivación de Isaac para otorgar la bendición a Isaac es un suculento plato que satisfaga su apetito.

La historia comienza con la determinación de Isaac de bendecir a Esaú a pesar del oráculo divino respecto a Jacob antes de que este naciera, a pesar de la evidente superioridad espiritual de Jacob sobre Esaú, a pesar de que Jacob obtuvo legalmente la primogenitura y la bendición de Esaú y a pesar de que Esaú era indiferente hacia las cosas espirituales. Con la luz de sus ojos apagada, cuando le pesaban los ciento treinta y siete años de edad, Isaac llamó a su hijo preferido y le pidió que le preparase su plato predilecto, prometiéndole la bendición.

La pregunta persiste: ¿Por qué quiso bendecirlo en privado y no públicamente como era la costumbre? (véase Gn. 49; 50:24-25). En realidad, no se sabe qué motivó a Isaac a tomar esa decisión, pero, cualquiera que haya sido la razón, lo cierto es que Isaac decidió dar la bendición a Esaú, cuando lo correcto hubiese sido darla a Jacob. Recuérdese que Esaú había despreciado su primogenitura y había contraído matrimonio con dos mujeres cananeas. En resumen, Esaú no era merecedor de la bendición que Isaac quería darle, pero la soberana voluntad de Dios usó la astucia de Rebeca para impedir la acción de Isaac. La frase final del versículo 4 —para que yo te bendiga antes que muera— son las palabras que contienen la promesa de la bendición. No se discute que era correcto que Isaac expresara su última voluntad y testamento si en realidad estaba a punto de morir, aunque Isaac estaba equivocado respecto de la hora de su muerte. Isaac tenía ciento treinta y siete años en el momento en que habló a Esaú y vivió otros 43 años, hasta la edad de ciento ochenta años (véase Gn. 35:28), aunque no esperaba vivir tantos años más. Quizá por eso decidió bendecir a Esaú en aquel momento. Rebeca, sin embargo, tenía otro plan, ella quería la bendición para Jacob, su hijo predilecto.

El plan de Rebeca (27:5-17)

> *Y Rebeca estaba oyendo, cuando hablaba Isaac a Esaú su hijo; y se fue Esaú al campo para buscar la caza que había de traer. Entonces Rebeca habló a Jacob su hijo, diciendo: He aquí yo he oído a tu padre que hablaba con Esaú tu hermano, diciendo: Tráeme caza y hazme un guisado, para que coma, y te bendiga en presencia de Jehová antes que yo muera (Gn. 27:5-7).*

Evidentemente, Rebeca es la protagonista principal de esta historia. Su nombre aparece al principio de la oración por razón de énfasis. Además, es ella quien arma toda la trama y planea todo lo que sucedió. El participio «estaba oyendo» sugiere que prestó mucha atención a la conversación entre Isaac y Esaú de principio a fin. Gerhard von Rad dice:

> Rebeca, que lo había oído todo a través de los lienzos de la tienda (véase Gn. 18:10), pone a punto su plan con gran celeridad; por la manera como responde a las tímidas objeciones de Jacob, vemos que la madre había pensado en todo. Incluso asume la maldición que cabría esperar si se descubriese el fraude; también esa maldición podría ser, en cierto modo, domeñada y amortecida («un signo de apasionado amor de madre…»). No cabe discutir que el plan de Rebeca de sustituir la pieza de caza por dos cabritos, tiene también un lado cómico. Y ante todo, el engaño de recubrir el cuello y los hombros de Jacob con pieles tiene algo de ridículo, y vuelve a ser una cruda caricatura del peludo hermano. Sin embargo, en este relato no podemos sorprender la menor intención de gastar bromas. ¿Acaso ni el narrador ni los lectores iban a notar el escrúpulo moral contenido en la objeción de Jacob (v. 12)? Y por si fuera poco tenemos la terrible mentira del versículo 20b… No solo por humanidad estaba prohibido en Israel aprovecharse de la ceguera de un hombre; el propio Dios era guardián del trato debido a los ciegos y sordos (Lv. 19:14; Dt. 27:18).[3]

No cabe duda que Rebeca escuchó las palabras de Isaac a Esaú por la providencia de Dios y se dispuso de inmediato a impedir que los planes de su esposo se realizasen. Por cierto, al llevar a cabo su plan, Rebeca insiste, de manera incongruente, en que Jacob la obedezca. Esto hace recordar las palabras del apóstol: «Hijos, obedeced en el Señor a vuestros padres, porque esto es justo» (Ef. 6:1). Aun así, por supuesto, había circunstancias atenuantes en este caso, porque los planes de Isaac eran claramente contrarios a la Palabra que el Señor había hablado a Rebeca muchos años atrás (véase Gn. 25:23).

Hasta cierto punto es interesante que todo dependa de la fidelidad de los cinco sentidos al entregar la verdad, y para Isaac fue un verdadero desastre. Aunque no podía ver, su olfato, su tacto, y su gusto, lo traicionaron. Su sentido del oído, en lo que respecta a la voz de Jacob, estaba en conflicto con los otros sentidos y no la comprobó lo suficiente. Esa es una seria lección para el empirismo, pues es imposible alcanzar la verdad por ese medio. La frivolidad de Isaac sobresale puesto que claramente su paladar ha tomado el control y ahora gobierna su mente y su corazón.

Rebeca llamó a Jacob y enseguida armó la trama para echar abajo los planes de su marido. El amor que Rebeca manifestó hacia su hijo menor era un precioso amor en sí mismo, pero era un amor torcido porque lo arriesgaba todo: su esposo, su hijo mayor, y sus propios principios. Era un amor prodigioso, pero también era digno de un mejor objeto. La frase final del versículo 7: «Y te bendiga en presencia de Jehová antes que yo muera» es la versión que Rebeca le dio a Jacob. Rebeca añadió: «en presencia de Jehová» quizá para mover a Jacob a actuar con rapidez en aquel momento crítico de la historia de la familia. Quería que Jacob se percatase de la seriedad de la situación:

---

3. Gerhard von Rad, *El Libro del Génesis*, pp. 329-330.

Ahora, pues, hijo mío, obedece a mi voz en lo que te mando. Ve ahora al
ganado, y tráeme de allí dos buenos cabritos de las cabras, y haré de ellos
viandas para tu padre, como a él le gusta; y tú las llevarás a tu padre, y
comerá, para que él te bendiga antes de su muerte (Gn. 27:8-10).

Estos versículos exponen la trama preparada por Rebeca. La trama en sí, es decir,
su plan de preparar un suculento manjar para su marido y seducirlo para que bendijese
a Jacob en vez de a Esaú, fue un intento clásico de confrontar pruebas espirituales en
el poder de la carne, o de obtener algo correcto de manera incorrecta. Una cosa es
evidente, Rebeca era una mujer que tomaba decisiones rápidas y sus acciones eran
decisivas. Dicho sea de paso, uno se pregunta si, en su creencia de que podía preparar
un delicioso plato con sabor a venado hecho de cabritos, ella no se habría enojado con
su marido debido al amor de Isaac por la comida preparada por Esaú. O sea, que pudo
haber habido algo de celos en Rebeca al pensar que a Isaac le gustaba más la cocina
de Esaú que la de ella.

Y Jacob dijo a Rebeca su madre: He aquí, Esaú mi hermano es hombre ve-
lloso, y yo lampiño. Quizá me palpará mi padre, y me tendrá por burlador, y
traeré sobre mí maldición y no bendición. Y su madre respondió: Hijo mío,
sea sobre mí tu maldición; solamente obedece a mi voz y ve y tráemelos (Gn.
27:11-13).

Todos los argumentos de Jacob son racionales. «Mi hermano es velloso y yo lampiño»; «…quizá mi padre me palpará»; «…mi padre me tendrá por burlador»; «…mi
padre me maldecirá y no me bendecirá». Todas las objeciones de Jacob al mandato
de Rebeca tienen que ver con cuestiones físicas y humanas, no con cuestiones espirituales. Jacob estaba más interesado en autoprotegerse que en el valor espiritual de la
bendición. Allen P. Ross lo explica de manera clara:

La indecisión de Jacob (vv. 11-12) estaba fundamentada no sobre una base
moral sino sobre el temor de ser detectado. Su preocupación de que Esaú era
velloso [*saír*; ver 25:25] y él, lampiño [*kjalác*], trae a la luz la dificultad. La
forma de expresión del temor de Jacob en el versículo 12 es importante para
el tema de la historia: «Quizá, me palpará mi padre, y me tendrá por burlador,
y traeré sobre mí maldición y no bendición». El riesgo era verdaderamente
grande; en su búsqueda de la bendición, Jacob estaría comportándose de una
manera que merecería una maldición.[4]

La respuesta de Rebeca a las objeciones de Jacob fue tajante y enfática. Es evidente
que creía en la promesa que Dios le dio cuando los mellizos nacieron: «El mayor servirá al menor». Tan fuerte era la convicción de Rebeca que arriesgó su propia vida. La
expresión: «Sea sobre mí tu maldición» es enfática. La idea de dicha frase es: «Cualquier clase de maldición dirigida a ti caiga sobre mí». Evidentemente la fe de Rebeca
produjo un efecto positivo porque no experimentó ninguna maldición. Aunque el texto

---

4. Allen P. Ross, *Creation & Blessing*, p. 477.

no lo dice, es probable que Rebeca haya sufrido en algún momento a causa de su engaño. De todos modos, Rebeca recibió una noble sepultura, habiendo sido enterrada en la cueva de Macpela, junto con Sara, Abraham e Isaac (véase Gn. 49:31).

> *Entonces él fue y los tomó, y los trajo a su madre; y su madre hizo guisados, como a su padre le gustaba, y tomó Rebeca los vestidos de Esaú su hijo mayor, los preciosos, que ella tenía en casa, y vistió a Jacob su hijo menor; y cubrió sus manos y la parte de su cuello donde no tenía vello, con las pieles de los cabritos; y entregó los guisados y el pan que había preparado, en manos de Jacob su hijo (Gn. 27:14-17).*

Jacob obedeció el mandato de su madre. Le llevó los cabritos y Rebeca preparó los guisados «como a su padre [Isaac] le gustaba». Además, Rebeca tomó los vestidos, «los preciosos» [*kjamudot*] de Esaú para vestir con ellos a Jacob. Esta era una manera de disfrazar a Jacob para hacerlo parecer a Esaú. También Rebeca cubrió el cuello y los brazos de Jacob con las pieles de los cabritos. Al parecer, era necesario que Jacob apareciese en el lugar de Esaú. Hay que recordar una vez más que Jacob era el escogido de Jehová Dios. Aunque no lo comprendamos, en su soberana voluntad, Jehová «amó a Jacob» y «aborreció a Esaú» (Mal. 1:2-3). Lo más significativo de todo es que, a pesar de todos los tropiezos, caídas y acciones impropias, el soberano Dios está en absoluto control de todo. Él desarrolla su plan según el designio de su santa voluntad.

LA BENDICIÓN DERRAMADA SOBRE JACOB (27:18-29)

Este pasaje describe el momento cuando Jacob, disfrazado de Esaú, entra en la presencia de Isaac. El anciano padre quiso cerciorarse de la identidad de la persona que tenía delante. Hubo algunas cosas que hicieron sospechar a Isaac respecto a la identidad de quien le hablaba. En primer lugar, el hecho de que hubiese regresado tan pronto, en segundo lugar, la diferencia en la voz y, en tercer lugar, el olor de la ropa que Jacob vestía. Al final de todo, Isaac fue engañado y bendijo a Jacob.

> *Entonces éste fue a su padre y dijo: Padre mío. E Isaac respondió: Heme aquí; ¿quién eres, hijo mío? Y Jacob dijo a su padre: Yo soy Esaú tu primogénito; he hecho como me dijiste: levántate ahora, y siéntate, y come de mi caza, para que me bendigas. Entonces Isaac dijo a su hijo: ¿Cómo es que la hallaste tan pronto, hijo mío? Y él respondió: Porque Jehová tu Dios hizo que la encontrase delante de mí (Gn. 27:18-20).*

El engaño de Jacob se destaca como lo que es en sí, una mentira. Algunas veces es difícil comprender por qué Dios permitió que tal cosa sucediese. Evidentemente delante de Dios, sin embargo, el pecado de Isaac y Esaú era infinitamente más penoso que el pecado de Rebeca y Jacob. Ciertamente Dios no aprueba la mentira, pero el pecado de los dos hombres era mucho peor, ya que implicaba la transferencia blasfema de las promesas santas de Dios a un hombre que ni quería las bendiciones ni las honraría si las tuviese. Un caso a recordar es el de Rahab, quien también mintió, pero que lo hizo en fe.

En el caso de Jacob tenemos un cuadro triste de descender y caer en pecado. Comenzó retrocediendo de lo que era correcto a lo que era ventajoso (véase Gn. 27:11-12), y de allí al pecado (véase Gn. 27:14) y a los pecados (Gn. 27:18-29) en el nombre de Dios (Gn. 27:20). No era un hombre malicioso, pero ciertamente era un hombre débil, y la debilidad está a un solo paso del pecado. Esto puede verse claramente cuando Isaac pregunta a Jacob: «¿Cómo es que la hallaste tan pronto, hijo mío?». La respuesta de Jacob no solo fue una mentira sino una blasfemia: «Porque Jehová tu Dios hizo que la encontrase delante de mí». Como comenta Herbert C. Leupold:

> Eso es «mentir y engañar por el nombre de Dios». Al hacer la afirmación doblemente solemne «Yahvé tu Dios» esa pretensión hipócrita es hecha más odiosa.[5]

En realidad, Jacob mezcló su mentira con una blasfemia al usar el nombre de Dios de manera profana (véase Éx. 20:7). Lo que preservó a Jacob de no haber sido severamente disciplinado en aquel mismo momento fue un acto de la misericordia de Jehová Dios. También es cierto que Isaac quería actuar contrario al plan de Dios. El plan divino era que la bendición fuese dada a Jacob, pero Isaac quería darla a Esaú. Isaac pretendía que Esaú fuese aquel a través de quien la línea del pacto que comenzó con Abraham continuase, pero eso iba totalmente en contra de la voluntad de Dios. Dios le había dicho a Rebeca cuando nacieron los mellizos: «El mayor servirá al menor» (Gn. 25:23), y sin duda, Isaac conocía esa decisión divina. De modo que aunque Rebeca estaba errada al elaborar la trama que confeccionó, Isaac también cometió un serio error al intentar trastornar el plan soberano de Dios. Jehová Dios escogió soberanamente a Jacob para cumplir su propósito a través de él. Lo hizo no por lo que Jacob era sino a pesar de lo que era.

> *E Isaac dijo a Jacob: Acércate ahora, y te palparé, hijo mío, por si eres mi hijo Esaú o no (Gn. 27:21).*

Como puede verse claramente, Isaac quería estar plenamente convencido de que la bendición sería dada a Esaú. Su propósito deliberado era que Esaú fuese el heredero del pacto abrahámico. La situación debió de haber sido sumamente tensa en aquel momento.

> *Y se acercó Jacob a su padre Isaac, quien le palpó, y dijo: La voz es la voz de Jacob, pero las manos, las manos de Esaú. Y no le conoció, porque sus manos eran vellosas como las manos de Esaú; y le bendijo (Gn. 27:22-23).*

Sin duda, Rebeca realizó un estupendo trabajo con el disfraz de Jacob. Lo único que no pudo cambiar, por supuesto, fue su voz. Todo lo demás era como Esaú. La frase «y le bendijo» ha sido causa de discusión entre los comentaristas. Es posible que el vocablo «bendijo» [*barak*] en este versículo tenga que ver con «saludar» y con los otros actos protocolares relacionados con la participación en una comida tales como comer, beber, saludarse con un beso y pronunciar una bendición. En el versículo 23, *barak* se usa para admitir a Jacob en la presencia de su padre. El mismo vocablo se usa posteriormente con referencia a la bendición de la herencia. Es importante recordar que el contexto siempre es el factor determinante en el significado de las palabras.

---

5. Herbert C. Leupold, *Exposition of Genesis*, vol. II, pp. 745-746.

¿Y dijo: Eres tú mi hijo Esaú? Y Jacob respondió: Yo soy (Gn. 27:24).

Seguramente, la tensión regresó a la habitación donde Isaac descansaba. Su pregunta haría temblar a Jacob. Sería catastrófico si en aquel momento Esaú regresase del campo. Quizá Isaac estaba deseoso de participar de la comida que tenía delante y aceptó la respuesta de Jacob cuando dijo: «Yo soy». De ahí en adelante hubo tranquilidad. Isaac no formuló más preguntas. Se preparó para comer y para traspasar la bendición abrahámica a Jacob.

> *Dijo también: Acércamela, y comeré de la caza de mi hijo, para que yo te bendiga; y Jacob se la acercó, e Isaac comió; le trajo también vino, y bebió. Y le dijo Isaac su padre: Acércate ahora, y bésame, hijo mío. Y Jacob se acercó, y le besó; y olió Isaac el olor de sus vestidos, y le bendijo, diciendo: Mira, el olor de mi hijo, como el olor del campo que Jehová ha bendecido; Dios, pues, te dé del rocío del cielo, y de las grosuras de la tierra, y abundancia de trigo y de mosto. Sírvante pueblos, y naciones se inclinen a ti; Sé señor de tus hermanos, y se inclinen ante ti los hijos de tu madre. Malditos los que te maldijeren, y benditos los que te bendijeren (Gn. 27:25-29).*

Isaac comió de «la caza» sin saber que lo que comía eran «los guisados» preparados por Rebeca su esposa. También bebió vino. Después de comer, Isaac pidió a Jacob que le besara. Isaac aprovechó para oler los vestidos de Jacob y comprobar que eran los de Esaú. Al parecer, el beso era parte del ritual de la comida. Isaac quedó satisfecho y prosiguió a bendecir a Jacob pensando que era Esaú.

Después de terminar el ritual de la comida vino la bendición, en la cual Dios reconduce el conglomerado y las ambiciones de Isaac. La bendición, aunque contiene cosas interesantes, es esencialmente una renovación del pacto abrahámico. Al recordar que Isaac pensaba que estaba bendiciendo a Esaú, Génesis 27:22-29 se convierte en un ejemplo descarado de una terrible suposición, el dar la divina bendición a alguien que no está incluido en las promesas. Y aun así había un núcleo de verdadera fe en la bendición de Esaú, porque Isaac creía que Dios vivía y bendecía. El autor de la Epístola a los Hebreos habría estado de acuerdo pues escribió: «Por la fe bendijo Isaac a Jacob y a Esaú respecto a cosas venideras» (He. 11:20).

De todos modos, el propósito de Dios se cumple tal como Él lo ha establecido. Isaac pronuncia su bendición sobre Jacob. La bendición tiene que ver con «fertilidad» (Gn. 27:28) y con «dominio» (27:29). Además, Jacob señorearía sobre sus hermanos, y también recibe la misma promesa que Dios hizo a Abraham: «Malditos los que te maldijeren y benditos los que te bendijeren» (Gn. 27:29; véase Gn. 12:3). Cuando el Mesías, la simiente de Abraham, Isaac y Jacob reine sobre la tierra habrá abundancia de fertilidad (véase Sal. 72; Is. 35). Todas las naciones estarán sujetas a su autoridad y toda la tierra estará llena de su gloria.

Esaú reclama la bendición, pero no la consigue (27:30-46)

Es difícil encontrar un relato más dramático que el que registra Génesis 27:30-40. Aquí Isaac comunica a Esaú lo ocurrido y cómo ha perdido la bendición. Uno solo puede imaginarse la profunda emoción experimentada tanto por Isaac como por Esaú.

También es posible imaginar el hecho de que Jacob estuvo a punto de encontrarse con Esaú en aquel lugar. Solo la providencia de Dios evitó que eso sucediese.

> *Y aconteció, luego que Isaac acabó de bendecir a Jacob, y apenas había salido Jacob de delante de Isaac su padre, que Esaú su hermano volvió de cazar. E hizo él también guisados, y trajo a su padre, y le dijo: Levántese mi padre, y coma de la caza de su hijo, para que me bendiga (Gn. 27:30-31).*

Obsérvese que lo acontecido entre Isaac y Esaú ocurrió «luego que Isaac acababa de bendecir a Jacob» y «apenas había salido Jacob». Es decir, todo ocurrió en el momento preciso. Sin duda, la providencia divina intervino en el momento crítico (véase Gn. 24:15). Esaú regresó pronto a casa y preparó cuidadosamente el plato preferido de Isaac. Sin embargo, la conversación que sigue entre Esaú y su padre pronto puso de manifiesto que había habido un juego sucio.

Cuando Isaac se dio cuenta que Esaú estaba en su presencia, y que la bendición había sido dada a otro «se estremeció grandemente». El expositor británico Gordon Wenham ofrece la siguiente explicación:

> Ahora es Isaac quien entra en pánico: «Fue sobrecogido por un temblor incontrolable», literalmente «tembló con un gran temblor». El verbo *kjarád* [temblar] expresa intenso temor y alarma en sí mismo (por ejemplo, los hermanos de José cuando fueron arrestados (Gn. 42:48)... Aquí es suplementado por un sustantivo cognado «temblando» y el adjetivo superlativo «muy grande». El hebreo puede a duras penas expresar el pánico de Isaac más gráficamente.[6]

La frase: «Yo le bendije, y será bendito» es enfática y expresa el cumplimiento del propósito de Dios aun en la ignorancia de Isaac. Él pensaba que estaba bendiciendo a Esaú, pero Jehová Dios había determinado que la bendición fuese para Jacob, y la bendición dada a Jacob no podía ser revocada. Recuérdese que los dones de Dios son irrevocables (Ro. 11:29).

> *Cuando Esaú oyó las palabras de su padre, clamó con una muy grande y muy amarga exclamación, y le dijo: Bendíceme también a mí, padre mío. Y él dijo: Vino tu hermano con engaño, y tomó tu bendición (Gn. 27:34-35).*

El mejor comentario de estos versículos se encuentra en la carta a los Hebreos:

> No sea que haya algún fornicario, o profano, como Esaú, que por una sola comida vendió su primogenitura. Porque ya sabéis que aun después, deseando heredar la bendición, fue desechado, y no hubo oportunidad para el arrepentimiento, aunque la procuró con lágrimas (He. 12:16-17).

Los gritos amargos y patéticos de Esaú eran los gritos de un hombre físicamente fuerte que se lamentaba como una mujer y lloraba como un niño. El cuadro era cierta-

---

6. Gordon Wenham, «Genesis 16-50», *Word Biblical Commentary*, p. 211.

mente desolador, pero Esaú no podía deshacer sus hechos pasados. Tampoco podía Isaac retroceder aunque hubiese querido hacerlo. El plan soberano de Dios no lo hubiese permitido. La bendición era para Jacob a pesar de ser como era, porque estaba establecido que «el mayor servirá al menor» (Gn. 25:23). Isaac prefería otorgar la bendición a Esaú, pero el decreto de Dios había determinado que la bendición era para Jacob.[7]

> *Y Esaú respondió: Bien llamaron su nombre Jacob, pues ya me ha suplantado dos veces: se apoderó de mi primogenitura, y he aquí ahora ha tomado mi bendición. Y dijo: ¿No has guardado bendición para mí? (Gn. 27:36).*

Esaú expresa su amargura y su disgusto al saber que su padre ha dado la bendición a Jacob, a quien acusa de hacer honor a su nombre («suplantador») puesto que le ha «suplantado dos veces». Esaú acusa a Jacob de haberse apoderado de su «primogenitura» [*bekorá*] y ahora, lo peor de todo, se ha apoderado de su bendición [*beraká*]. Esaú realmente no dice la verdad, pues menospreció su primogenitura y se la vendió a su hermano Jacob por un plato de lentejas, porque dijo que la primogenitura no le servía para nada. Eso demostraba la indiferencia espiritual de Esaú. Sus palabras a Jacob fueron:

> He aquí yo me voy a morir; ¿para qué pues, me servirá la primogenitura? (Gn. 25:32).

Esaú vendió voluntariamente su primogenitura, no fue ni obligado ni engañado, lo hizo porque quiso. Esaú, el hombre carnal, ahora dice con desesperación: «¿No has guardado bendición para mí?» (Gn. 27:36). La bendición, sin embargo, había sido reservada para Jacob.

> *Isaac respondió y dijo a Esaú: He aquí yo le he puesto por señor tuyo, y le he dado por siervos a todos sus hermanos; de trigo y de vino le he provisto; ¿qué, pues, te haré a ti ahora, hijo mío? Y Esaú respondió a su padre: ¿No tienes más que una sola bendición, padre mío? Bendíceme también a mí, padre mío. Y alzó Esaú su voz y lloró (Gn. 27:37-38).*

La bendición que Isaac pronunció sobre Jacob era irrevocable y única. No se podía duplicar. Era la bendición que canalizaría la promesa del pacto abrahámico. En realidad, Isaac se equivoca al afirmar que es él quien ha puesto a Jacob «por señor tuyo, y le he dado por siervos a todos sus hermanos», pues eso solo lo pudo haber hecho Jehová Dios. El decreto divino era que «el mayor servirá al menor». El Señor había otorgado la supremacía a Jacob. Isaac sabía que Dios había elegido a Jacob, pero había procurado darlo todo a Esaú y nada a Jacob. Dios ha puesto las cosas en su sitio, Jacob ha heredado todas las bendiciones y Esaú ruega con lágrimas a Isaac que lo bendiga de alguna manera.

> *Entonces Isaac su padre habló y le dijo: He aquí, será tu habitación en grosuras de la tierra, y del rocío de los cielos de arriba; y por tu espada vivirás,*

---

7. Henry M. Morris, *The Genesis Record*, pp. 438-439.

y a tu hermano servirás, y sucederá cuando te fortalezcas, que descargarás
su yugo de tu cerviz (Gn. 27:39-40).

El versículo 39 no está traducido correctamente en la RVR-60. Una mejor lectura
sería:

Entonces Isaac contestó diciendo: He aquí que lejos de las grosuras de la tierra
será tú morada, y lejos del rocío de los cielos por arriba (Sagrada Biblia, por
Francisco Cantera Burgos y Manuel Iglesias González).

En lugar de heredar «la bendición», Esaú heredó lo que podía llamarse «la antiben-
dición». Se le niega tanto el dominio sobre su hermano como la fertilidad de la tierra
(véase Gn. 27:28-29). Isaac rehusó dar marcha atrás con la bendición, pero le ofreció a
Esaú una bendición limitada que no guardaba relación con la promesa del pacto. Esaú
viviría «lejos de la grosura de la tierra» y no se beneficiaría del «rocío del cielo», que
era un destino adecuado para un hombre profano como Esaú. El versículo 40 contiene
algunas declaraciones que llaman la atención:

1. «Y por tu espada vivirás». Los descendientes de Esaú constituirían un pueblo
   aguerrido y hostil, particularmente contra Israel (véase Nm. 20:18; 1 S. 14:47;
   1 R. 11:14-16; 2 R. 14:7-10; Abd. 1-21).
2. «A tu hermano servirás». Los descendientes de Esaú servirían a los descendientes de Jacob.
3. «Y sucederá cuando te fortalezcas, que descargarás su yugo de tu cerviz» (véase
   2 R. 8:20; 2 Cr. 21:8).

La profecía de que los descendientes de Esaú descargarían el yugo de la autoridad
de Jacob de su cerviz se cumplió según dice 2 Reyes 8:20. De igual manera, la bendición que Isaac pronunció sobre Jacob se cumplirá de manera literal en la consumación
de la historia de Israel. La nación será bendecida y será de bendición a todas las familias de la tierra cuando el Mesías reine sobre ella.

Y aborreció Esaú a Jacob por la bendición con que su padre le había ben-
decido, y dijo en su corazón: Llegarán los días del luto de mi padre, y yo
mataré a mi hermano Jacob (Gn. 27:41).

Este versículo es una exposición de la mente y el corazón del verdadero Esaú.
También pone de manifiesto la depravación total del hombre. El texto dice que Esaú
«aborreció» [*vaysetóm*], es decir, «albergó un profundo resentimiento» contra Jacob.
La razón de ese resentimiento era por «la bendición» [*jaberakjá*] con que Isaac había
bendecido a Jacob. Esaú se dijo a sí mismo: «Los días del duelo por mi padre están
próximos y entonces mataré a mi hermano Jacob». Esaú puso de manifiesto su espíritu
vengativo y su amargura cuando decidió en su corazón matar a su hermano. Esaú, sin
duda, repudiaba la simple idea de que su hermano Jacob ejercería dominio sobre él.
Todo este episodio trae a la memoria la historia de Caín y Abel, aunque, en este caso,
Esaú amenaza en convertirse en un fratricida. Su declaración: «...y yo mataré a mi

hermano Jacob» deja ver sentimientos de odio. Jacob era su único hermano y Esaú, como hermano mayor, debía protegerlo. Sin embargo, su determinación es matarlo.

> *Y fueron dichas a Rebeca las palabras de Esaú su hijo mayor; y ella envió y llamó a su hijo menor, y le dijo: He aquí, Esaú tu hermano se consuela acerca de ti con la idea de matarte. Ahora, pues, hijo mío, obedece a mi voz; levántate y huye a casa de Labán mi hermano en Harán, y mora con él algunos días, hasta que el enojo de tu hermano se mitigue; hasta que se aplaque la ira de tu hermano contra ti, y olvide lo que le has hecho; yo enviaré entonces, y te traeré de allá. ¿Por qué seré privada de vosotros ambos en un día? (Gn. 27:42-45).*

Al parecer, las palabras de Esaú fueron comunicadas a Rebeca. Sin perder tiempo, Rebeca llamó a Jacob, le informó del problema y le pidió que huyese a Harán, a la casa de su hermano Labán. La manera como le habló a Jacob da a entender que era necesario actuar con urgencia. Rebeca suponía que la ira de Esaú duraría poco tiempo y que el exilio de Jacob en Harán sería breve. De ahí la frase «mora con él algunos días», aunque el exilio de Jacob en Harán duraría veinte años. Es posible que la pérdida de Jacob fuera una manifestación de la disciplina de Jehová Dios por su participación en el engaño practicado contra Isaac. La frase «hasta que se aplaque la ira de tu hermano contra ti» expresa un doble sentimiento en Rebeca. Por un lado, deseaba que Esaú depusiese su enojo contra Jacob, y por otro lado deseaba que la vida de Jacob fuese preservada. Debe recordarse que, igual que sucedió con Isaac (véase Gn. 24:5-8) respecto a no quedarse fuera de la tierra prometida ni casarse con mujer pagana, así también debía suceder con Jacob. Aquel que había recibido la bendición abrahámica no debía permanecer fuera de la tierra. Estar en la tierra era señal de que Dios le bendecía, y estar fuera de la tierra era señal de disciplina divina. Rebeca parece haber olvidado que ella tuvo mucho que ver con lo que le había pasado a Jacob (véase Gn. 27:5-8), pues fue ella quien animó a Jacob a engañar a su padre. Rebeca fue un personaje importante en toda la trama. No es de extrañarse que Dios traiga disciplina sobre ella.

> *Y dijo Rebeca a Isaac: Fastidio tengo de mi vida, a causa de las hijas de Het. Si Jacob toma mujer de las hijas de Het, como éstas, de las hijas de esta tierra ¿para qué quiero la vida? (Gn. 27:46).*

Este versículo debería ser el comienzo del capítulo 28. En realidad aquí se registra una gran genialidad de parte de Rebeca, pues usa su astucia y le recuerda a Isaac los problemas causados por las hijas de Het, las esposas de Esaú. De esa manera puede conseguir el apoyo de Isaac para hacer posible que Jacob viaje a Harán y se aleje de Esaú, evitando así el peligro que este representaba para Jacob. Además, Isaac apenas podía sentirse feliz si su esposa tenía la mente puesta en las nueras heteas. De manera que Isaac se convierte en el medio para el viaje de Jacob lejos de su hermano. Es decir, Isaac se convierte en el apoyo de Jacob en su huida al refugio de la familia de su madre, y de ese modo Rebeca consigue una victoria diplomática. Debe recordarse que las mujeres heteas eran paganas y no estaban, por lo tanto, bajo la disciplina del pacto. Rebeca usa un lenguaje manipulador, quería proteger la vida de Jacob pero necesitaba la ayuda de Isaac. Por esa razón utiliza el argumento de las mujeres heteas, sabiendo que Isaac aprobaría la huida de Jacob para protegerlo del peligro de las mujeres cananeas. Génesis 26:35 dice que las mujeres heteas, esposas de Esaú, «fueron amargura para Isaac y Rebeca». De modo que no era necesario que Rebeca convenciese a Isaac de la necesidad de alejar a Jacob de aquel ambiente pagano.

RESUMEN Y CONCLUSIÓN

Como se mencionó en la introducción de este capítulo, la lección principal de esta historia es la soberanía de Dios. Todas las estratagemas de los participantes en el drama, todas las mentiras, todos los actos y sentimientos de rebelión en contra de la Palabra de Dios solo prosperaron en la realización, como lo expresa la Escritura: «...para hacer cuanto tu mano y tu consejo habían antes determinado que sucediera» (Hch. 4:28). La lucha de Isaac con la voluntad de Dios era una lucha desigual que no podía ganar.

La triste historia de Esaú con frecuencia se repite en las familias cristianas. Hay hijos criados en hogares creyentes que se rebelan contra las enseñanzas de la Palabra de Dios para disfrutar de los placeres del pecado por un tiempo. Esos, en realidad, venden su «primogenitura espiritual» por un plato de lentejas. Muchas veces eso sucede por causa de los exagerados mimos y el orgullo extremado de los padres. Nuestra primogenitura es nuestra bendición espiritual en Cristo. Es importante que todo creyente proteja esa primogenitura para la gloria de Dios.

28

El viaje de Jacob a Padan-aram y la visión de la escalera (28:1-22)

Es evidente que las palabras de Rebeca registradas en Génesis 27:46 surtieron efecto inmediato. Isaac, quien poco antes había confesado que su muerte estaba cercana, toma control de la situación y manda a Jacob que marche a Padan-aram a la casa de su abuelo Betuel y su tío Labán.

Igual que Abraham su padre, Isaac no quería que Jacob contrajese matrimonio con una mujer cananea, pues era sumamente importante preservar la simiente semita de la que procedería el Mesías. Jacob obedeció el mandato de Isaac su padre y marchó a Padam-aram. Lo que no sabía era la experiencia que tendría antes de completar su viaje y lo que le ocurriría durante los veinte años que duró su exilio allí.

Una de las grandes experiencias de Jacob fue la visión de la gran escalera que se extendía de la tierra al cielo. Ese conmovedor cuadro era una manifestación de la gracia divina que produjo una respuesta de profunda gratitud en el patriarca, aun cuando Jacob no merecía ese despliegue abundante e inolvidable de gracia que Jehová Dios derramó sobre él como prueba de su libre amor. Era una gracia abundante porque procedía de la riqueza inconmensurable de Dios. No cabe duda de que Jacob jamás pudo olvidar esa experiencia. Aquel encuentro con el Señor quedó grabado en lo más profundo de su ser para siempre. En aquel momento Jacob se sentía solo, lejos de su familia y lleno de temor, pero las palabras de Jehová a Jacob produjeron consuelo y confianza: «Yo soy Jehová, el Dios de Abraham tu padre, y el Dios de Isaac; la tierra en que estás acostado te la daré a ti y a tu descendencia» (Gn. 28:13). La promesa de la tierra como herencia, la promesa de un poder omnipotente de guardarlo dondequiera que fuese y la seguridad de que nadie podía frustrar el propósito de Dios fueron palabras de ánimo que debieron haber fortalecido a Jacob tremendamente. Se sabe, por la respuesta de Jacob a la teofanía, que el despliegue de gracia fue inolvidable, ya que levantó un recuerdo permanente de aquel encuentro en Bet-el.

La respuesta de Jacob ha sido calificada como una «negociación» o un «regateo»:

411

«E hizo Jacob voto, diciendo: Si fuere Dios conmigo, y me guardare en este viaje en que voy…, Jehová será mi Dios» (Gn. 28:20-21), pero esa interpretación es errónea. Jacob respondió de la mejor manera posible. En los versículos 16 y 17 expresa su profundo asombro de haber tenido aquel encuentro con Dios. Jacob no fue sorprendido por la promesa que escuchó, sino por haberse encontrado con Jehová Dios, y fue ese encuentro lo que hizo que Jacob se humillase e hiciese voto delante de Dios. El «voto» no era una negociación con Dios sino un compromiso de fidelidad. La frase: «Si fuere Dios conmigo» no es una expresión de duda sino una afirmación de la realidad de que es así. La frase equivale a un «puesto que». Jacob sabía que ciertamente Jehová Dios estaba con él pues tomó con toda seriedad la promesa de Dios cuando le dice:

> He aquí yo estoy contigo, y te guardaré por dondequiera que fueres, y volveré a traerte a esta tierra; porque no te dejaré hasta que haya hecho lo que te he dicho (Gn. 28:15).

No cabe duda de que Jacob tenía mucho que madurar todavía. Tuvo que pasar veinte años lidiando con su tío Labán, aguantando engaños y otras pruebas, pero su carácter fue creciendo en madurez. Aquí comienza la verdadera historia del trato especial de Dios con Jacob. Hasta aquí no ha aparecido en una favorable condición y su relación con Dios aún no ha sido expresada en detalle.

En los capítulos 28-36 se registra una colección de incidentes que trazan el crecimiento de Jacob. Hay una fluctuación entre una espiritualidad madura y un desinterés en lo que es correcto. John J. Davis comenta lo siguiente:

> Vemos a Jacob, por un lado, como un hombre de fe y oración y, por otro lado, como un hombre de maniobras resbaladizas y actuaciones astutas. Por naturaleza, era tozudo, ambicioso, independiente, astuto, y a veces poco ético. Mientras que Jacob era un hombre de capacidad doméstica y fidelidad, Esaú era un cazador rudo, valiente, generoso y heroico quien se separó de la tranquila vida pastoral de su padre para disfrutar de una desastrosa, y libertina carrera de placeres. La manera más importante en la que Jacob difería de Esaú, sin embargo, era que Jacob era el heredero de las promesas de Dios y un hombre de fe, aunque a veces su fe era más bien débil e imperfecta.[1]

La obra de santificación en Jacob comienza en serio, y en Jacob se cumple lo dicho por alguien: «Una persona santificada es como una campana de plata, entre más fuerte se le pega, mejor suena». El trayecto de «suplantador» a «príncipe de Dios» es duro, difícil y rocoso, pero aquel que es colocado en ese camino por Dios con seguridad llegará al destino final.

JACOB VIAJA A PADAN-ARAM (28:1-5)

Entonces Isaac llamó a Jacob, y lo bendijo, y le mandó diciendo: No tomes mujer de las hijas de Canaán. Levántate, ve a Padan-aram, a casa de Betuel,

---

1. John J. Davis, *Paradise to Prison*, p. 241.

padre de tu madre, y toma allí mujer de las hijas de Labán, hermano de tu madre. Y el Dios omnipotente te bendiga, y te haga fructificar y te multiplique, hasta llegar a ser multitud de pueblos; y te dé la bendición de Abraham, y a tu descendencia contigo, para que heredes la tierra en que moras, que Dios dio a Abraham (Gn. 28:1-4).

Como ya se ha señalado, las palabras de Rebeca en Génesis 27:46 produjeron una reacción inmediata en Isaac quien «llamó» a Jacob, «lo bendijo» y «le mandó». Las palabras de Isaac a Jacob fueron claras: «No tomes mujer de las hijas de Canaán». Seguramente tanto Isaac como Rebeca habían contemplado el comportamiento negativo de las esposas de Esaú.

Isaac pudo haber dilatado el encontrar una esposa adecuada para Jacob, pero ahora, ya que la cuestión de la bendición ha sido resuelta definitivamente, no hay necesidad para dilatarla más. Jacob era el elegido de Dios para perpetuar la descendencia de la simiente prometida. Además, existía el peligro de que Esaú intentase matar a Jacob y, finalmente, Rebeca personalmente deseaba ver a Jacob casado con una doncella tomada de su familia. Las esposas heteas de Esaú (véase Gn. 26:34-35; 27:46) eran causa de fricción constante en el hogar y habían agotado la paciencia de Rebeca. De modo que todo parecía indicar que era urgente enviar a Jacob a un sitio lejos como Padan-aram. Allí vivía Labán y allí estaría libre de la presencia de Esaú. Además, allí podía encontrar a la esposa deseada.

La comisión de Isaac a Jacob trae a la memoria el encargo de Abraham a su siervo (véase Gn. 24:3). Que Jacob reciba el mandato de «…no tomar mujer de las hijas de Canaán» sino de buscar una esposa de entre sus primas ha causado problema entre algunos intérpretes modernos a causa de la cuestión genética. Pero el problema genético debe ser considerado a la luz del hecho de que el requisito espiritual pesa más que la cuestión genética. La fe en Jehová era una consideración primordial y eso no se encontraba en la mayoría de las familias de aquellos tiempos. Además, es importante tener presente que la raza humana aún era relativamente joven y los efectos de las mutaciones genéticas en aquel tiempo eran probablemente mínimos. El hecho de que Jacob contrajera matrimonio con una prima en aquellos tiempos no constituía un problema genético serio como ocurriría hoy en día. De modo que Jacob emprendió su viaje a Padan-aram, a la casa de sus parientes. El patriarca es enviado con la bendición de «el Dios omnipotente» [*el Shaddái*]. Ese era el nombre principal de Dios en el período premosaico (véase Éx. 6:2-3). El nombre *el Shaddái* probablemente sugiere «dominio universal». Tanto Génesis como el libro de Job (véase Job 5:17; 11:7; 15:25; 22:25; 37:23) usan ese sustantivo para referirse a Dios como el Señor Todopoderoso. De modo que Jacob es enviado con la bendición de *el Shaddái*, es decir, Dios Todopoderoso, recordándole así las promesas del pacto dadas a Abraham (véase Gn. 17:1-2), particularmente las promesas relacionadas con la tierra. La frase «…y te dé la bendición de Abraham» tiene que ver con las promesas del pacto abrahámico (véase Gn. 15:18-21), que incluyen la posesión de la tierra ocupada por los cananeos y, además, una simiente tan numerosa como las estrellas del cielo y la arena del mar (véase Gn. 15:5; 22:17).

Así envió Isaac a Jacob, el cual fue a Padan-aram, a Labán hijo de Betuel arameo, hermano de Rebeca madre de Jacob y de Esaú (Gn. 28:5).

Jacob obedeció a su padre y emprendió el viaje a Padan-aram. Lo que debió haber sido una estadía relativamente breve duró veinte años. Algunos se preguntan por qué permaneció Jacob tanto tiempo en Padan-aram, pero debe recordarse que Jacob creció e hizo una vida hogareña, siempre bajo el cuidado y, quizá, dominado por su madre. Es posible que ese viaje y el tiempo fuera del hogar, entre otras cosas, ayudase a Jacob a madurar y a fortalecer su carácter. Aquel largo tiempo solo pudo haber ayudado a Jacob a esperar y depender de Dios. El tiempo que pasó en los campos le permitió meditar en las cosas de Dios, por lo tanto, fue una forma de disciplina necesaria en la vida del patriarca. Jacob necesitaba aprender a tener paciencia con su tío Labán y, posteriormente, a practicar la paciencia con sus hijos. Y no hay que olvidar el reencuentro con su hermano Esaú y el temor de pensar que su hermano lo había amenazado de muerte.

Debe observarse en este versículo el orden de las palabras en la frase: «...Rebeca madre de Jacob y Esaú». Ese orden no aparece por error, sino que es una clara afirmación del hecho de que ahora es Jacob el prominente de los dos mellizos. Él es el heredero de las promesas del pacto abrahámico.

LOS CASAMIENTOS DE ESAÚ (28:6-9)

Y vio Esaú cómo Isaac había bendecido a Jacob, y le había enviado a Padan-aram, para tomar para sí mujer de allí; y que cuando le bendijo le había mandado diciendo: No tomarás mujer de las hijas de Canaán; y que Jacob había obedecido a su padre y a su madre, y se había ido a Padan-aram. Vio asimismo Esaú que las hijas de Canaán parecían mal a Isaac su padre; y se fue Esaú a Ismael, y tomó para sí por mujer a Mahalat, hija de Ismael hijo de Abraham, hermana de Nebaiot, además de sus otras mujeres (Gn. 28:6-9).

Estos versículos constituyen un interludio en el relato de la partida a Padan-aram. Esaú se percató de que Isaac había bendecido a Jacob y le había mandado que no tomase esposa de las mujeres cananeas. El texto dice que «Jacob había obedecido» a Isaac y a Rebeca. La obediencia de Jacob contrasta claramente con la desobediencia de Esaú.

Aunque Esaú ya había tomado esposas de entre los heteos, ahora pensó que podía agradar a sus padres tomando esposa de entre las hijas de Ismael. Al parecer su razonamiento fue que como Ismael era hijo de Abraham ese matrimonio debía ser del agrado de Isaac y Rebeca. Sin embargo, Esaú no era consciente del hecho de que Ismael había sido separado de la familia de Abraham por el mismo Dios (véase Gn. 21:8-12). La intención de Esaú pudo haber sido buena, pero tomar como esposa una descendiente de Ismael no lo ayudaba en nada. ¿Era acaso entonces que Esaú llegó a darse cuenta de que las esposas paganas eran desagradables a sus padres? Si así fue, puede decirse que Esaú era, en verdad, tardo para oír las cosas espirituales.

Queda plenamente claro que Esaú nunca pudo ser el hombre apto para heredar la primogenitura y las bendiciones prometidas a Abraham y a su simiente. El hecho de que Esaú haya tomado como esposa una hija de su tío Ismael pone de manifiesto su torpeza espiritual. Esaú fue, sin duda, un personaje de una trágica ironía. Herbert C. Leupold, lo explica así:

Aun en su intento de actuar bien, Esaú todavía lo hace al menos medio equivocado, porque toma una esposa de la familia que ya ha sido rechazada por Dios, es decir, la familia de Ismael, quien podía, en realidad, todavía haber preservado algunas de las buenas tradiciones de la casa de Abraham.[2]

Al parecer, Esaú quiso corregir la situación y se fue a la casa de su tío Ismael. Pero lo cierto es que su discernimiento espiritual era demasiado pobre. No hay nada que sugiera que Esaú había despedido a sus esposas heteas. En realidad, la búsqueda de una esposa de la familia de Ismael empeoró la situación. El problema familiar de Esaú se deterioró aún más.

EL SUEÑO DE JACOB EN BET-EL (28:10-22)

Salió, pues, Jacob de Beerseba, y se fue a Harán y llegó a un cierto lugar, y durmió allí, porque ya el sol se había puesto; y tomó de las piedras de aquel paraje y puso a su cabecera, y se acostó en aquel lugar (Gn. 28:10-11).

La distancia entre Beerseba y Harán era algo más de 640 km. Jacob no acostumbraba a desplazarse una distancia tan larga como esa, por lo que el viaje a Harán era una experiencia totalmente nueva para él. A diferencia de Esaú, Jacob estaba acostumbrado a vivir dentro de la casa y la vida al aire libre no le placía mucho. Ya no era un joven, de manera que aquel viaje era algo difícil para él.

Bet-el, o Luz, estaba a unos 120 km de Beerseba. El versículo 11 dice literalmente «y llegó a un cierto lugar». Esa frase no debe entenderse, sin embargo, que su llegada allí fue una casualidad. No existe la casualidad cuando Dios está obrando, pues Dios no actúa al azar ni guía a sus hijos a ciegas. Dios guió a Jacob a Bet-el aunque este no se diera cuenta de ello. El profeta Jeremías dice:

Conozco, oh Jehová, que el hombre no es señor de su camino, ni del hombre que camina es el ordenar sus pasos (Jer. 10:23).

Dios guio de manera soberana y providencial a Jacob durante tres días hasta que llegó a Bet-el. Jacob ciertamente no tenía ningún propósito especial para acampar allí, lo hizo «porque ya el sol se había puesto». Allí en Bet-el Jacob tuvo el sueño más maravilloso que un ser humano podría tener. Bet-el es un lugar especial en la historia del antiguo Testamento, como señala Henry M. Morris:

Fue cerca de Bet-el donde Abraham había edificado un altar (Gn. 12:8; 13:3, 4), y este era un lugar al cual Jacob después regresaría (Gn. 35:1). Bet-el se convertiría en un memorial perdurable de las promesas de Dios para él y de su capacidad para cumplir esas promesas. El vocablo Bet-el significa «casa de Dios». Aunque tendría muchas connotaciones y recuerdos sagrados, la apostasía, a la postre, se desarrolló allí cerca de mil años después, y tuvo que ser destruida (1 R. 12:28-33; 2 R. 23:15-17).[3]

---

2. Herbert C. Leupold, *Exposition of Genesis*, vol. II, p. 769.
3. Henry M. Morris, *The Genesis Record*, p. 446.

Allí, en Bet-el, Jacob tuvo la primera de siete teofanías que experimentaría a lo largo de su vida. Llama la atención el hecho de que ocurrió cuando Jacob estaba solo; sin embargo, con frecuencia las experiencias comunes en la vida de los creyentes tienen lugar en una situación de recogimiento y meditación, apartado del bullicio del mundo.

> *Y soñó: y he aquí una escalera que estaba apoyada en tierra, y su extremo tocaba en el cielo; y he aquí ángeles de Dios que subían y descendían por ella. Y he aquí, Jehová estaba en lo alto de ella, el cual dijo: Yo soy Jehová, el Dios de Abraham tu padre, y el Dios de Isaac; la tierra en que estás acostado te la daré a ti y a tu descendencia. Será tu descendencia como el polvo de la tierra, y te extenderás al occidente, al oriente, al norte y al sur; y todas las familias de la tierra serán benditas en ti y en tu simiente. He aquí, yo estoy contigo, y te guardaré por dondequiera que fueres, y volveré a traerte a esta tierra; porque no te dejaré hasta que haya hecho lo que he dicho (Gn. 28:12-15).*

La escalera es la característica externa notable del sueño. El vocablo *sulám* significa «escalera» o «conglomerado de gradas», algo así como la descripción de la construcción de la torre de Babel (véase Gn. 11:1-9). El término aquí describe una escalera sumamente alta puesto que estaba «apoyada en tierra» y «su extremo tocaba en el cielo». Además, «ángeles de Dios subían y descendían por ella».

El sueño debió haber sido una sorpresa enorme para Jacob. La triple repetición de «he aquí» [*jinné*] da a entender que hubo «sorpresa». Sin duda, la escalera tenía un significado simbólico. Herbert C. Leupold sugiere lo siguiente:

> Un sueño tan nítido debe contener un simbolismo más profundo. ¿Por qué una escalera? ¿Por qué los ángeles? ¿Por qué estaba Jehová en lo alto de ella? Respuesta: Para transmitir mediante una señal visible lo que las palabras mismas también transmiten cuando Jehová habla. La escalera simboliza la comunión ininterrumpida entre el cielo y la tierra, mediada por los santos ángeles de Dios e instituida para el cuidado y las necesidades de los hijos de Dios en la tierra. Los ángeles transportan las necesidades del hombre delante de Dios y la ayuda de Dios al hombre. Por esa razón Jesús pudo, aludiendo específicamente a este pasaje (Jn. 1:51), afirmar que la verdad implicada era desplegada más significativamente en su propia vida, porque en Él lo divino y lo humano se encuentran en perfecta unión.[4]

Cuando se estudia Juan 1:45-51, puede verse claramente el uso que el Señor Jesucristo hace de esta figura. Algunos expositores opinan que la figura de la escalera, tal como la usa el Evangelio de Juan, es sumamente importante porque la escalera es una figura de Cristo.[5] El reconocido comentarista y teólogo australiano Leon Morris dice respecto del simbolismo de la escalera:

> En este pasaje [Jn. 1:35-51], el lugar de la escalera es tomado por «el Hijo del Hombre», Jesús mismo es el nexo entre el cielo y la tierra (3:13). Él es el me-

---

4. Herbert C. Leupold, *Exposition of Genesis*, vol. II, pp. 772-773.

5. Juan Calvino, Genesis, vol. 2, p. 113.

dio por el cual las realidades del cielo son bajadas a la tierra… La expresión es, entonces, una figura de dicción para decir que Jesús revelará cosas celestiales al hombre, un pensamiento que se desarrolla a través de este Evangelio.[6]

Otro comentarista destacado, R. V. G. Tasker, ha escrito:

Jacob en Bet-el soñó de una escalera afirmada en la tierra que su extremo tocaba en el cielo (Gn. 28:12). Quizá ese era el pasaje que Natanael leía mientras estaba sentado debajo de la higuera, cuando Felipe lo encontró. Ahora aprendió que Jesús era la verdadera escalera por quien el gran golfo entre la tierra y el cielo se une. En Él la gloria del cielo ha descendido a la tierra, hecha visible en aquel que es verdadero Hombre; y mediante el contacto con Él, el hombre terrenal es alzado al cielo.[7]

Natanael fue llevado a Cristo por Felipe, quien creía que la mejor manera de propagar el cristianismo era proclamándolo (véase Jn. 1:45), y que la apologética más profunda y más sencilla es: «Ven y ve» (Jn. 1:46). Como se ha sugerido, Natanael probablemente estaba meditando, sentado debajo de una higuera, y el tema de su meditación era el sueño de Jacob acerca de la escalera. Cuando Jesús vio a Natanael que se le acercaba dijo: «He aquí un verdadero israelita, en quien no hay engaño» (Jn. 1:47), es decir, «un verdadero israelita en quien no hay Jacob» (véase G. Campbell Morgan, *Gospel According to John*). El expositor Campbell Morgan asume que Jesús usó el sustantivo "Jacob" y que Natanael lo entendió claramente. Cuando Natanael oyó a Jesús decir que en él «no había engaño», pudo haberse convencido en ese mismo momento del conocimiento sobrenatural del Señor para desnudar su alma delante de Dios (véase Jn. 1:48). Jesús sabía que en Natanael no había engaño delante de Dios. Es decir, que era «honesto» o «genuino», no «sin pecado». Natanael quedó totalmente sorprendido cuando Jesús le dijo el lugar donde había estado meditando: «Le dijo Natanael: ¿De dónde me conoces? Respondió Jesús y le dijo: Antes que Felipe te llamara, cuando estabas debajo de la higuera, te vi» (Jn. 1:48). Inmediatamente Natanael reconoció que Jesús era el Hijo de Dios y el Rey de Israel (véase Jn. 1:49). La fe de Natanael nunca llegaría a poseer más de lo que llegó a poseer en ese momento, aunque podría llegar a poseer mejor al Señor. En realidad, de Nazaret no solo salió algo bueno, sino Aquel que es el incomparable, el mejor de todos, el bien por excelencia. El Señor promete a Natanael que verá «cosas mejores» (Jn. 1:50).
El cumplimiento de esa promesa es declarado en el versículo siguiente:

Y le dijo: De cierto, de cierto os digo: De aquí en adelante veréis el cielo abierto, y a los ángeles de Dios que suben y descienden sobre el Hijo del Hombre (Jn. 1:51).

Puede observarse en este versículo una asombrosa sustitución. En lugar de la esca-

---

6. Leon Morris, «Commentary on the Gospel John», *The New International Commentary on the New Testament* (Grand Rapids: Eerdmans, 1973), pp. 170-171.

7. R. V. G. Tasker, «John», *Tyndale New Testament Commentaries* (Londres: The Tyndale Press, 1970), p. 54.

lera del sueño de Jacob tenemos al Hijo del Hombre, y el cielo abierto señala al acceso abierto en el cielo a través de Aquel que es el camino y la puerta (véase Jn. 14:6; 10:9). Jacob dijo después de su sueño: «¡Cuán terrible es este lugar!». La traducción de la RVR-60 no expresa bien el texto hebreo. La exclamación de Jacob tiene que ver con la «impresionante» e «importante» presencia de Dios. Jacob se da cuenta de que está en un lugar santo y en la presencia de Alguien que es digno de adoración: «Todo acto de adoración debe comenzar con y caracterizarse por temor reverente en la presencia del Señor» (Éx. 3:6; Sal. 2:11).[8]

El autor de Génesis vuelve la atención al Señor cuando escribe: «Y he aquí, Jehová estaba en lo alto de ella» (Gn. 28:13). Posiblemente una mejor lectura sería: «He aquí, además, que Jehová estaba en pie junto a ella», pues esa lectura armoniza mejor con el contenido del versículo 16: «Y despertó Jacob de su sueño, y dijo: Ciertamente Jehová está en este lugar, y yo no lo sabía». No se trata aquí de algo de poca importancia, todo lo contrario; la escena implica a Dios, a todo el cielo y la tremenda experiencia por la que Jacob está pasando.

Finalmente debe abordarse la cuestión de las promesas que acompañan la teofanía, que están bosquejadas en Génesis 28:13-15. La primera promesa, su relación con la tierra (Gn. 28:13). En el versículo 14, Dios le recuerda a Jacob que tendrá una descendencia tan numerosa como «el polvo de la tierra». Esa descendencia se extenderá hacia los cuatro puntos cardinales.

El versículo 15 contiene varias promesas personales que Jehová Dios hace a Jacob:

1. «Yo estoy contigo». Esta es la primera de tres promesas hechas a Jacob (véase Gn. 26:3; Éx. 3:12). El Señor le promete su presencia y con esta promesa recubre todas las otras promesas.
2. «Te guardaré por dondequiera que fueres». El Señor promete protección a Jacob por todos los sitios por donde camine (véase Sal. 23).
3. «Y volveré a traerte a esta tierra». Isaac y Rebeca enviaron a Jacob a Padan-aram, pero Jehová Dios promete llevarlo de regreso a la tierra prometida.

El compromiso de Dios es expresado en la parte final de este versículo: «Porque no te dejaré hasta que haya hecho lo que te he dicho» (Gn. 28:15c). Esta declaración es un fiel testimonio de la fidelidad de Dios. El Señor cumple todas sus promesas: «Por lo cual, queriendo Dios mostrar más abundantemente a los herederos de la promesa la inmutabilidad de su consejo, interpuso juramento» (He. 6:17). A pesar de los tropiezos y caídas de Jacob, Jehová Dios nunca dejó de estar con él. Ese compromiso es el mismo que Dios tiene con todos sus hijos (véase Fil. 1:6), Dios está presente, al lado de nosotros, llevando a cabo su obra de maduración de nuestra vida. En cualquier cosa que emprendemos, Él está ahí para ayudarnos y fortalecernos. No es necesario gritar para llamar su atención, como hacían los sacerdotes de Baal. Jehová Dios oye incluso nuestros suspiros porque Él está con nosotros. Entender la realidad de la presencia de Dios es algo difícil de explicar aun para el mejor expositor.

Y despertó Jacob de su sueño, y dijo: Ciertamente Jehová está en este lugar,

---

8. Allen P. Ross, *Creation & Blessing*, p. 491.

y yo no lo sabía. Y tuvo miedo, y dijo: ¡Cuán terrible es este lugar! No es otra cosa que casa de Dios, y puerta del cielo (Gn. 28:16-17).

La inmediata respuesta de Jacob ante la inesperada experiencia es el sorprendente comentario: «Ciertamente Jehová está en este lugar, y yo no lo sabía». Es importante observar que Jacob usa el sustantivo «Jehová». No dice: «Dios está en este lugar…». Es muy probable que Jacob conociese la doctrina de la omnipresencia de Dios, pero lo sorprendente era que Jehová, el Dios guardador del pacto, estuviese con él. Sin duda, Jacob asociaba a Jehová con la casa de su padre, pues es probable que Isaac enseñó a Jacob acerca de Jehová. Ahora Jacob aprende por experiencia que Jehová, el Dios de Abraham y de Isaac, está con él también, dispuesto a bendecirlo sobre la base de la promesa pactada con sus padres. Jacob sabía que Dios es omnipresente, lo que no sabía es que el Dios que había hecho un pacto incondicional con Abraham (véase Gn. 15:18), es decir, Jehová Dios, le reiteraba las promesas hechas a Abraham y a Isaac.

«Y tuvo miedo» se refiere al «temor reverente» que produce la presencia de Dios. La visión de Jacob había sido «impresionante». La frase «¡Cuán terrible es este lugar!» podría significar: «¡Cuán impresionante es este lugar!» o «¡Cuán sorprendente es este lugar!». Jacob reconoce que está en un lugar especial y dice: «No es otra cosa que casa de Dios» [*bet elojím*] y «puerta del cielo» [*sháar jashamáyim*]. Allen P. Ross dice:

> Jacob se dio cuenta que aquel lugar era santo: «¡Cuán impresionante es este lugar! Esto no es otra cosa sino la casa de Dios, y esta es la puerta del cielo». Aquí el tema de la «casa» es introducido primero [*bet elojím*, «casa de Dios»]. Al usar ese término Jacob designa el lugar como un santuario. No había allí una casa literal, ni tampoco una puerta. Pero ahora sería conocido como un lugar donde la gente puede tener acceso a Dios y donde Dios puede ser adorado. Él ha visto a Dios en los cielos, y la casa de Dios en la tierra era la puerta de los cielos.[9]

Quizá haya aquí un recordatorio del hecho de que los semitas entendían el nombre de Babilonia como una derivación de *bab-ilu*, es decir, «puerta de Dios» (Gn. 11:9). La identificación de Bet-el como la «puerta del cielo» podría llevar la intención de contraponerse a Babilonia.[10] De todos modos es probable que la designación «puerta del cielo» sea una invitación provechosa a compararla con la historia de Babilonia. La Babilonia del Éufrates representa al paganismo, mientras que Bet-el representa al Dios de Jacob.

Y se levantó Jacob de mañana, y tomó la piedra que había puesto de cabecera, y la alzó por señal, y derramó aceite encima de ella. Y llamó el nombre de aquel lugar Bet-el, aunque Luz era el nombre de la ciudad primero (Gn. 28:18-19).

---

9. *Ibíd.*
10. Bruce K. Waltke, *Genesis: A Commentary*, p. 392.

A la mañana siguiente, Jacob se levantó y tomó la piedra que había usado como cabecera y colocó un pilar como memorial para recordar aquel conmovedor acontecimiento. Aunque algunos creen que Jacob estaba colocando una especie de fetiche, es claro que esa idea es errónea y muy lejana a lo que hizo el patriarca. Colocar una piedra como memorial de algún acontecimiento importante era común entre los patriarcas, sucedió en otras oportunidades (véase Génesis 31:45, 35:20). El profeta Samuel colocó una piedra entre Mizpa y Sen para conmemorar la derrota de los filisteos (véase 1 S. 7:12) y le puso por nombre Eben-ezer, es decir, «Piedra de ayuda». La piedra que Jacob ungió y colocó en Bet-el era para conmemorar la visión impresionante que había tenido y para recordar que Jehová le había aparecido, le había hablado y le había hecho formidables promesas. El vocablo «señal» [*matstsebá*]; denota una sola piedra colocada de forma vertical. Su tamaño era tal que constituía un «pilar». Jacob consagró aquella piedra, convertida en un pilar, con aceite como una señal de su inolvidable experiencia. Ungir la piedra con aceite puede albergar la idea de sacrificio (véase Gn. 35:14).

> *E hizo Jacob voto, diciendo: Si fuere Dios conmigo, y me guardare en este viaje en que voy, y me diere pan para comer y vestido para vestir, y si volviere en paz a casa de mi padre, Jehová será mi Dios. Y esta piedra que he puesto por señal, será casa de Dios; y de todo lo que me dieres, el diezmo apartaré para ti (Gn. 28:20-22).*

Este capítulo termina con el «voto» hecho por Jacob a Jehová. Este es el voto más largo registrado en el Antiguo Testamento. Este voto fue la manera como Jacob expresó su compromiso de adorar a Jehová Dios. El profesor Allen P. Ross lo explica así:

Los votos no eran para inducir a Dios hacer algo que no quería, sino que eran hechos para comprometer al adorador a la realización de alguna responsabilidad reconocida. Jacob hizo su voto sobre la base de lo que Dios le garantizó que haría; es decir, Jacob confiaba en la Palabra de Dios y se comprometía a reciprocar con su misma dedicación.[11]

Jacob da por sentado que Dios cumplirá fielmente todo lo que le ha prometido. Jehová Dios estará al lado de Jacob, lo protegerá de todo peligro, proveerá para todas sus necesidades y a la postre lo llevará de regreso a Beerseba, es decir, a la casa de Isaac y Rebeca. Jacob no intenta negociar nada con Jehová Dios, sino que confiaba plenamente en la promesa de Dios registrada en Génesis 28:15; y en Génesis 28:20-21 tenemos una expresión de su total confianza en el Dios de Abraham y de Isaac. El voto de Jacob no es una expresión de duda ni una manera de persuadir al Señor, sino que era una demostración de su gratitud a Dios y un reconocimiento de que el Dios fiel cumplirá todo lo que ha prometido sin faltar a nada. Dios confirmaría que ha recibido con satisfacción la adoración y la devoción de Jacob hacia Él supliendo todas sus necesidades y guardándolo desde su salida hacia Padan-aram hasta su regreso a Beerseba. Jacob está confiado en que volvería en paz a la casa de su padre (Gn. 28:21).

---

11. Allen P. Ross, *Creation & Blessing*, p. 493.

Y esta piedra que he puesto por señal, será casa de Dios; y de todo lo que me dieres, el diezmo apartaré para ti (Gn. 18:22).

Evidentemente, Jacob está totalmente seguro de que Dios ha de cumplir su compromiso de bendecirlo (Gn. 28:13-15), de modo que declara que «la piedra» o «pilar» que ha colocado por «señal» será «casa de Dios». Es decir, Jacob promete regresar a ese sitio de su gran encuentro con Jehová Dios para adorar y mostrarle gratitud al Dios soberano que le ha dado tan sorprendente revelación. La frase «el diezmo apartaré para ti» es una señal de que Jacob reconoce la grandeza de Dios. Abraham reconoció la grandeza de Melquisedec «…y le dio Abraham los diezmos de todo» (Gn. 14:20). El hecho de que Jacob prometa «apartar el diezmo para Dios» es una muestra de gratitud y adoración. Es decir, Jacob muestra su gratitud y sumisión a Jehová Dios a través de la entrega del diezmo. Al respecto, Bruce K. Waltke comenta lo siguiente:

A juzgar por el uso del verbo hebreo [forma *piel*] aquí y en sus otros dos usos (Dt. 14:22; Neh. 10:37) y en contraste con su otra forma [*gal*], podría significar que Jacob se propone diezmar sus ganancias regularmente, no dar solo una ofrenda de devoción.[12]

Las Escrituras no informan acerca de lo ocurrido posteriormente, pero es de suponerse que Jacob volvió a aquel lugar y adoró a Dios. También entregó sistemáticamente los diezmos de sus bienes y ganancias a Jehová Dios. El diezmo fue originalmente una ofrenda voluntaria (véase Gn. 14:20), y posteriormente fue incluido en la ley de Moisés como un mandamiento (véase Lv. 27:30; Nm. 18:21, 24; Dt. 14:22-29).

RESUMEN Y CONCLUSIÓN

Génesis 28:1-22 registra la conmovedora visión que Jacob tuvo de Jehová Dios en Bet-el, donde soñó con una escalera cuya base estaba firme en la tierra pero alcanzaba hasta los cielos. Además vio ángeles de Dios que ascendían y descendían por aquella escalera. En medio de aquella escena, Jacob vio a Jehová Dios en lo alto de la escalera. Allí el Señor le reitera a Jacob que le daría las bendiciones del pacto abrahámico, incluyendo la tierra de Canaán. Además, Dios promete dar a Jacob una descendencia tan numerosa que abarcará los cuatro puntos cardinales. El Señor promete estar con Jacob, guardarlo por dondequiera que fuere y traerlo de nuevo a la tierra prometida.

Jacob reconoce la grandeza impresionante y conmovedora de aquella revelación, y también la presencia del Señor en aquel lugar. El patriarca llama aquel lugar: «casa de Dios» y «puerta del cielo». Allí Jacob alzó «una señal» como recordatorio de aquella experiencia y le puso por nombre Bet-el, es decir, «casa de Dios». Allí Jacob hizo «un voto» —no una «negociación»— con Dios, que consistía en que puesto que el Dios fiel prometía bendecirlo de manera tan maravillosa y traerlo de regreso a Beerseba, Jacob asume el compromiso de ser un fiel adorador de Jehová Dios y de diezmar sistemáticamente todas sus posesiones.

---

12. Bruce K. Waltke, *Genesis: A Commentary*, p. 394.

29

Jacob llega a Padan-aram y se encuentra con Labán (29:1-35)

En el capítulo anterior, Jacob tuvo la gran revelación recibida mediante el sueño de la escalera y a través de esa visión el patriarca aprendió numerosas lecciones.

En primer lugar, la visión de la escalera que se extendía de la tierra al cielo, con ángeles que ascendían y descendían por ella, daba a entender a Jacob que hay una conexión entre el cielo y la tierra aun en los sitios más inesperados. Aquella visión produjo una gran consolación en aquel hombre falible y errático. Jacob era un fugitivo de la justicia de Dios, era culpable de engaño en el tema de la bendición tal como se registra en Génesis 27. Huía del hogar, su hermano Esaú había jurado matarlo, su madre Rebeca lo había apurado a escapar porque temía por su vida, y su padre Isaac, ahincado por Rebeca, le había dicho que consiguiese una esposa de entre los miembros de su familia en Harán. En el capítulo anterior leemos:

> Entonces Isaac llamó a Jacob, y lo bendijo, y le mandó diciendo: No tomes mujer de las hijas de Canaán. Levántate, ve a Padan-aram, a casa de Betuel, padre de tu madre, y toma allí mujer de las hijas de Labán, hermano de tu madre (Gn. 28:1-2).

De modo que Jacob estaba recorriendo los 640 km entre Beerseba y Padan-aram para escapar de la amenaza de Esaú y al mismo tiempo encontrar una esposa adecuada. También Jacob pudo haberse preguntado si el Señor podía estar en un lugar como aquel donde se encontraba, especialmente considerando que había tantas deidades orientales de carácter local que ejercían autoridad e influencia en aquellos territorios. En aquella visión, Jacob aprendió que no había ningún lugar donde Jehová Dios no pudiese llegar. Después de todo, Jehová Dios es el soberano, el Todopoderoso, el Dios de Abraham y de Isaac. Aquella fue una importante lección que Jacob tuvo que aprender.

En segundo lugar, Jacob aprendió que la presencia del Señor produce asombro,

422

recogimiento y temor reverente en el corazón del hombre. El patriarca había usado frívolamente el nombre «Dios de Isaac» cuando su padre le preguntó cómo había hallado tan pronto los animales para prepararle los guisos. Jacob respondió: «Porque Jehová tu Dios hizo que la encontrase delante de mí» (Gn. 27:20). Ahora, sin embargo, su actitud era diferente.

La visión de la escalera y la presencia de Jehová Dios, con su magnífico catálogo de las promesas pactadas, produjeron un profundo respeto hacia la grandeza de ese Dios. Jacob se despertó de su sueño y dijo: «Ciertamente Jehová está en este lugar, y yo no lo sabía… ¡Cuán terrible [impresionante] es este lugar! No es otra cosa que casa de Dios, y puerta del cielo» (Gn. 28:16, 17). Moisés dice que Jacob dijo eso porque «tuvo miedo». De modo que a partir de esa experiencia el patriarca tuvo un nuevo concepto de la majestad de Jehová y responde con gran asombro.

En tercer lugar, Jacob aprendió que el Dios de Bet-el es el Dios de toda gracia, el Dios que toma la iniciativa en nuestra salvación y el Dios de quien está escrito que responde aun antes de que lo invoquemos. Él se acercó a Jacob aquella noche antes de que Jacob se acercase a Él. Eso es lo que Jehová Dios ha hecho por los suyos a lo largo de los siglos. Esa fue la experiencia de Abraham en Ur de los caldeos, de Moisés junto a la zarza que ardía, de Isaías en el templo y de Jeremías, a quien le dijo: «Antes que te formase en el vientre te conocí, y antes que nacieses te santifiqué, te di por profeta a las naciones» (Jer. 1:5).

Después de llegar a su destino, el primer paso que Jacob debía dar era conseguir una esposa. El salmista dice: «Por Jehová son ordenados los pasos del hombre, y él aprueba su camino» (Sal. 37:23), una solemne verdad que debe cumplirse, sin duda, en la más solemne de las alianzas humanas, es decir, el matrimonio. Esa alianza no debe dejarse al capricho o la imaginación, ni a los amigos, ni siquiera a la decisión de los hermanos en la fe; es una cuestión que debe depender solo de Dios, tal como lo enseña su Palabra. La Escritura dice: «La casa y las riquezas son herencia de los padres; mas de Jehová la mujer prudente» (Pr. 19:14). Y, también, el modelo es establecido en el capítulo 2 de Génesis, donde el Señor instituye el matrimonio y presenta a Adán su esposa. Jacob sería el receptor de una esposa que procede directamente de la mano de Dios en total conformidad con su voluntad providencial.

Además, Jacob tiene que descubrir el significado total de la justicia de Dios. El suplantador ha de ser enseñado en una lección que incluye el engaño, así como el juicio disciplinario que le acompaña. De modo que el patriarca necesita de la pedagogía, y qué mejor pedagogía del engaño que aquella que tiene la misma fuente que su propia capacidad de engañar. Jacob había aprendido su técnica de su madre, Rebeca, la hermana de Labán y la hija de Betuel (Gn. 24:15). Pero Labán, el hermano de Rebeca, era tan experto en el engaño como lo era su hermana. De modo que Jacob recibe esa negativa herencia familiar, es decir, la capacidad para engañar. De ahí aprenderá una importante lección acerca de la justicia.

Las Escrituras dicen que Dios «probó» a Abraham (Gn. 22:1). Dios probó la fe del gran patriarca y Abraham obedeció a Dios. En un sentido, Dios otorga un honor a aquel que es probado. Dios no probó a Lot, sino que Lot fue probado por Sodoma. La fe de Abraham fue probada cuando le dio a Lot la oportunidad de escoger el territorio donde vivir. Así también Dios somete a Jacob a prueba. Y del fuego de la prueba surge un «santo probado» que ha sido equipado para el servicio del verdadero Dios. Por supuesto, será algo difícil para el patriarca, y será expuesto a pruebas difíciles, pero las pruebas por las que Jacob pasó sirvieron para madurar y fortalecer su carácter. Esa es la gran lección que Moisés registra en el resto de Génesis.

JACOB LLEGA A LA TIERRA DE LOS ORIENTALES Y SE ENCUENTRA CON RAQUEL (29:1-14)

Siguió luego Jacob su camino, y fue a la tierra de los orientales. Y miró, y vio un pozo en el campo; y he aquí tres rebaños de ovejas que yacían cerca de él, porque de aquel pozo abrevaban los ganados; y había una gran piedra sobre la boca del pozo. Y juntaban allí todos los rebaños; y revolvían la piedra de la boca del pozo, y abrevaban las ovejas, y volvían la piedra sobre la boca del pozo a su lugar. Y les dijo Jacob: Hermanos míos ¿de dónde sois? Y ellos respondieron: De Harán somos. Él les dijo: ¿Conocéis a Labán hijo de Nacor? Y ellos dijeron: Sí, le conocemos. Y él les dijo: ¿Está bien? Y ellos dijeron: Bien, y he aquí Raquel su hija viene con las ovejas. Y él dijo: He aquí es aún muy de día; no es tiempo todavía de recoger el ganado; abrevad las ovejas, e id a apacentarlas. Y ellos respondieron: No podemos, hasta que se junten todos los rebaños, y remuevan la piedra de la boca del pozo, para que abrevemos las ovejas (Gn. 29:1-8).

El encuentro con los pastores —primer eslabón en la cadena de eventos— y luego con Raquel forma parte de una maravillosa historia diseñada por la providencia divina. El encuentro del patriarca con aquellos jóvenes pastores ilustra el gran valor y la virtud que yace en el arte de formular preguntas.

El capítulo comienza con la frase: «Siguió luego Jacob su camino». El texto hebreo dice literalmente: «Entonces Jacob levantó sus pies», es decir, «se puso en acción». La frase sugiere que Jacob «dio brincos» en sus pasos como resultado de la magnífica revelación que experimentó en Bet-el. Aunque no sabemos cuánto tardó Jacob, finalmente llegó al final de los 640 km de su recorrido desde Beerseba hasta Harán y, cerca del final de su trayecto, Jacob vio un pozo en el campo. Alrededor de aquel pozo, que tenía una gran piedra sobre su boca, había tres rebaños de ovejas vigiladas por pastores. Era la costumbre de los pastores reunirse junto al pozo, alzar la roca y dar de beber al rebaño.

Cuando Jacob llegó al pozo y les preguntó «¿de dónde sois?», ellos respondieron «de Harán somos» (Gn. 29:4), que era, por supuesto, el preciso lugar a donde Jacob se dirigía. El patriarca preguntó a los pastores si conocían a Labán, y le respondieron: «Sí, le conocemos» (Gn. 29:5). Además, los pastores dijeron que Raquel, hija de Labán, se dirigía al pozo con su rebaño. Presintiendo, evidentemente, que esa podría ser la doncella que el Señor tenía en mente para él, Jacob pidió a los pastores que abrevasen las ovejas y fuesen a apacentarlas, pero rehusaron hacerlo. Jacob —que para aquel tiempo debió ser un hombre entre 60 y 70 años—, al parecer deseaba estar solo con Raquel. Poco después llegó Raquel, y allí Jacob tuvo su primer encuentro con la mujer que sería el amor de su vida (véase Gn. 29:9-12).

Este sorprendente ejemplo de la providencia divina ilustra el hecho de que Dios guía los pasos de sus hijos sin interferir generalmente en el desarrollo normal de la vida. Dios sencillamente los guía en el ejercicio de sus sentidos y de su inteligencia. Es probable que Jacob haya reconocido que su llegada al pozo en Harán era la primera etapa de la dirección que Dios le había prometido en Bet-el. La promesa de Jehová Dios había sido:

> He aquí, yo estoy contigo, y te guardaré por dondequiera que fueres, y volveré a traerte a esta tierra; porque no te dejaré hasta que haya hecho lo que te he dicho (Gn. 28:15).

No cabe duda de que Dios estaba con Jacob en aquel momento. Los creyentes de hoy día —que tienen la misma promesa que Dios hizo a Jacob— deben aprender a practicar el mismo arte de discernir el movimiento de la mano de Dios en los acontecimientos comunes de la vida.

En Bet-el, Jacob tuvo el encuentro más grande de su vida, y allí recibió el más grande de todos los regalos, es decir, el regalo de la fe en el Redentor. Ahora, en esta ocasión (Gn. 29:9-12), el patriarca recibe el segundo gran regalo de parte de Dios, es decir, la mujer que sería su amor especial. Cuando Raquel llegó, Jacob «la besó, y alzó su voz y lloró». El texto también señala el acto gentil de Jacob:

> *Y sucedió que cuando Jacob vio a Raquel, hija de Labán hermano de su madre, y las ovejas de Labán el hermano de su madre, se acercó Jacob y removió la piedra de la boca del pozo, y abrevó el rebaño de Labán hermano de su madre (Gn. 29:10).*

Jacob, por supuesto, fijó sus ojos en la doncella, pero también puso sus ojos en «las ovejas de Labán». Es posible que Jacob no solo pensase en Raquel, sino también en una futura herencia si se casaba con ella. Esta sección de Génesis tiene mucho que decir acerca de Jacob y su relación con el rebaño de Labán.

Evidentemente, Jacob ya sabía quién era Raquel, de modo que debió de haber explicado algo acerca del asunto antes de inclinarse y besar a la joven doncella. Seguidamente el texto dice que Jacob «alzó su voz y lloró» (29:11). Esa reacción se debió seguramente al gozo que llenó su corazón a causa de la gran bendición de la providencia de Dios que acababa de experimentar.

Esta era una historia común, dicha sencillamente. Está el largo viaje del occidente al oriente, el encuentro con unos pastores al lado de un pozo comunitario, un acto de cortesía a una joven pastora que providencialmente llegó al mismo tiempo. Es una simple seguidilla de eventos, pero con cuánta frecuencia sucede que mucho depende de muy poco.

El llanto de Jacob probablemente se debió a la emoción de haber completado aquel largo y difícil viaje. El patriarca se encontró inesperadamente en el lugar correcto en el momento correcto; evidentemente, la providencia soberana del Dios Omnipotente ha guiado a Jacob durante todo el viaje. Por supuesto que habría dificultades y obstáculos más adelante, pero el Dios de Abraham estaba con él y lo acompañaría todo el tiempo. Cualquier creyente que haya experimentado la providencia de Dios sin duda comprenderá el llanto de Jacob. Produce una gran emoción reconocer que la mano del Señor está presente y guiando los asuntos de nuestra vida. Cuando el corazón de la persona de fe siente la presencia de Dios, el resultado debe ser una profunda gratitud que sea agradable al Señor.

En el versículo 12, Jacob explica a Raquel su relación con ella. Tal fue su emoción que la joven doncella «corrió, y dio las nuevas a su padre» (29:12). El encuentro de Jacob con Labán es narrado en Génesis 29:13-14.

> *Así que oyó Labán las nuevas de Jacob, hijo de su hermana, corrió a recibirlo, y lo abrazó, lo besó, y lo trajo a su casa; y él contó a Labán todas estas cosas. Y Labán le dijo: Ciertamente hueso mío y carne mía eres. Y estuvo con él durante un mes (Gn. 29:13-14).*

La cortesía del Medio Oriente se pone de manifiesto en el relato del encuentro de Jacob con su tío Labán. Como era de esperarse, Labán estaba ansioso por ver al hijo de su hermana Rebeca y recibir información acerca de ella. Cuando Jacob se encuentra con Labán tenía más de setenta años, recuérdese que Rebeca había dejado su hogar en Harán hacía unos noventa y siete años (véase Gn. 24:51-67; 28:1-22). Jacob permaneció durante un mes en la casa de Labán, como un miembro más de la familia (véase Gn. 29:14). En los años siguientes, Jacob recibió alguna instrucción de parte de Labán en el arte de engañar y en las consecuencias que se derivan de su práctica. En esta etapa inicial, sin embargo, todo era cordial; y, puede decirse, hubo una manifestación del lado generoso del carácter de Labán. La frase: «Ciertamente hueso mío y carne mía eres» sugiere que Labán quería que Jacob se quedase con él.

La relación entre Jacob y Labán (29:15-20)

> *Entonces dijo Labán a Jacob: ¿Por ser tú mi hermano, me servirás de balde? Dime cuál será tu salario. Y Labán tenía dos hijas; el nombre de la mayor era Lea, y el nombre de la menor, Raquel (Gn. 29:15-16).*

En esta sección, Moisés registra la historia de cómo Jacob obtiene las dos esposas, Lea y Raquel. Una vez más las Sagradas Escrituras enseñan el carácter independiente de la gracia de Dios. Es el soberano Dios quien escoge sus instrumentos para su gloria. Paradójicamente, Lea, la esposa no amada, concibe hijos. Raquel, la esposa amada, es estéril. Esa situación parece estar diseñada para la educación de Jacob. La mano soberana de Dios lo dirige todo, Dios controla las circunstancias más difíciles.

Después de un mes de residir con Labán, el tío se acercó al sobrino y le dijo:

> *...¿Por ser tú mi hermano, me servirás de balde? Dime cuál será tu salario (Gn. 29:15).*

Las palabras de Labán podrían expresarse así: «¿Es que por ser mi pariente me vas a servir de balde? Indícame cuál ha de ser tu salario». Quizá la actitud de Labán refleja algo de egoísmo, pues en lugar de colocar a Jacob como un obrero dentro de su negocio debió de haber ayudado a su sobrino a iniciar su propia vida familiar. No debe extrañar que Jacob llegase a quejarse del trato de Labán años más tarde (véase Gn. 31:38-42). El autor del Génesis añade la siguiente información:

Y Labán tenía dos hijas; el nombre de la mayor era Lea, y el nombre de la menor, Raquel. Y los ojos de Lea eran delicados, pero Raquel era de lindo semblante y de hermoso parecer (Gn. 29:16-17).

En estos versículos, Moisés aporta información útil para la comprensión de la narración. En la cultura oriental, las hijas eran una fuente de ingreso para el padre. El futuro esposo pagaba una dote que era negociada con el padre de la futura esposa, en este caso con Labán. Seguramente Labán procuraría sacar el mejor provecho del matrimonio de sus hijas.

Es difícil deducir si Labán era generoso en su oferta, si era codicioso o simplemente sagaz. Tal vez quería tener otra persona con experiencia trabajando en su hacienda. El contexto sugiere, sin embargo, que Labán esperaba que Jacob le hiciese una oferta para trabajar por una de sus hijas. Es posible que Labán detectase que Jacob se había enamorado de una de sus primas. Henry M. Morris comenta:

Labán había descubierto que Jacob era trabajador, dispuesto y capaz y, además, se percató de que, a la postre, conseguiría una herencia sustanciosa. Seguramente había observado para entonces el afecto evidente de Jacob hacia Raquel y reconoció que habría muchas más ventajas al tenerlo como yerno.[1]

Había dos hijas, sin embargo, y eso generaba un problema. La mayor de las hijas era Lea, que significaba «vaca». La menor era Raquel, que significaba «oveja». El texto dice que «los ojos de Lea eran delicados». Eso no significaba que hubiese necesitado gafas, sino que sus ojos eran «apagados» o «tristes». Los ojos de Lea carecían del fulgor y la brillantez que generalmente caracteriza a las doncellas orientales. Eso pudo haber dañado el atractivo general de Lea. Por otro lado, Raquel era una joven sorprendentemente bella. La RVR-60 dice: «Pero Raquel era de lindo semblante y hermoso parecer». El texto hebreo dice que tenía «una figura hermosa y un rostro lindo» o «hermosa de forma y de rostro». Esta frase sugiere que la belleza de Raquel sobrepasaba cualquier atractivo que Lea pudiese tener. No debe olvidarse, sin embargo, que la verdadera belleza es la espiritual, no la física.

Y Jacob amó a Raquel, y dijo: Yo te serviré siete años por Raquel tu hija menor. Y Labán respondió: Mejor es que te la dé a ti, y no que la dé a otro hombre; quédate conmigo (Gn. 29:18-19).

Jacob solamente estuvo un mes con Labán, pero ya estaba enamorado de Raquel. Sin duda, aquello fue «amor a primera vista». Jacob manifestó su amor por Raquel mediante su respuesta a Labán: «Yo te serviré siete años por Raquel tu hija menor» (29:18). Como dice Gordon Wenham:

No sorprende escuchar que «Jacob amó a Raquel». Lo que sorprende es el precio que estaba dispuesto a pagar por su mano, siete años de trabajo, indudablemente indicando la intensidad de su afecto por ella.[2]

---

1. Henry M. Morris, *The Genesis Record*, pp. 459-460.
2. Gordon Wenham, «Genesis 16-50», *Word Biblical Commentary*, p. 235.

De modo que Jacob sirvió siete años a Labán por la mano de Raquel, su hija menor. No tenía aún ni propiedad ni dote. Aunque era un hombre de cierta edad, Jacob sirvió siete largos años por la mujer a quien amaba. Aquel era un servicio de amor. La historia del amor entre Jacob y Raquel es, sin duda, uno de los episodios más hermosos narrados en la Biblia. Jacob claramente le dijo a Labán: «Yo te serviré siete años por Raquel tu hija menor». El texto da a entender que Labán comprendió y aceptó la oferta de Jacob. Sin embargo, el versículo 19 señala que hay alguna ambigüedad en la respuesta de Labán. No queda claro que le daría a Jacob su hija menor. Lo que sí está claro es que Labán consideraba ventajoso para su negocio que Jacob permaneciese con él. La petición: «Quédate conmigo» expresa la exigencia y el interés de Labán. Jacob, sin duda, le era beneficioso. El siguiente versículo es una maravillosa expresión del amor de Jacob por Raquel:

> *Así sirvió Jacob por Raquel siete años; y le parecieron como pocos días, porque la amaba (Gn. 29:20).*

El profundo amor de Jacob por Raquel hizo que su servicio a Labán durante siete años le pareciese «como pocos días» [*keyamím akjahím*]. A pesar de que Labán había engañado miserablemente a Jacob —como veremos más adelante—, el patriarca estaba dispuesto a trabajar siete años más solo por amor. Es decir, Jacob trabajó un total de catorce años por su amor a Raquel. La frase: «Y le pareció como pocos días, porque la amaba», expresa con total ternura el elevado aprecio que Jacob tenía de su futura esposa. A pesar de todas las aristas que había en su vida, Jacob pone de manifiesto el verdadero carácter de su corazón y su espíritu de sacrificio al trabajar catorce años por Raquel.

En el servicio que Jacob realizó para obtener a su esposa hay una maravillosa ilustración de la relación entre Cristo y la iglesia. Cristo sirvió porque amó a la iglesia y se dio a sí mismo por ella (Fil. 2:7; Ef. 5:25). Además, tal como Jacob sirvió para poder unirse con Raquel, así también Cristo ha servido para unir a su pueblo consigo mismo (véase Ef. 5:26-27; Fil. 1:23; Ro. 7:4). Y así como el servicio de Jacob llevó a la confianza de Raquel en aquel amor, así también el amor del Señor por su inmutable carácter (véase Is. 49:15) está diseñado a llevar nuestros incrédulos y débiles corazones a una firme confianza y entrega a Él. Todo creyente debe regocijarse en el hecho de que tiene un maravilloso e incomparable Salvador (véase Mi. 7:18).

JACOB SE CASA CON LEA (29:21-26)

> *Entonces dijo Jacob a Labán: Dame mi mujer, porque mi tiempo se ha cumplido, para unirme a ella. Entonces Labán juntó a todos los varones de aquel lugar, e hizo banquete (Gn. 29:21-22).*

Después de siete años de trabajo y de servicio a Labán, sucedió lo inevitable; Jacob acudió a Labán y le dijo: «Dame mi mujer, porque el tiempo se ha cumplido». Evidentemente, Jacob había llevado cuenta de todos los días, semanas, meses y años que había trabajado. El patriarca aguardaba con ansiedad el día cuando pudiese unirse a

Raquel. La frase: «para unirme a ella» es una demostración de que el amor de Jacob por Raquel era puro y verdadero. Él había cumplido su compromiso, pero su tío Labán había planeado engañarlo. Obsérvese que hay un sentido de demanda en la frase: «Dame mi mujer». Jacob reclama lo que le pertenecía por haber trabajado por ella siete años, pero además le pertenecía por amor. Esto es otra maravillosa ilustración de la relación entre Cristo y la iglesia. Él la compró con su sangre (véase Hch. 20:28) y lo hizo por amor (véase Ef. 5:25).

En un principio, la actitud de Labán parecía correcta. Organizó una fiesta al estilo oriental con el fin, al parecer, de entregar a Raquel a Jacob, pero sus los planes eran otros. José Loza lo describe así:

> Labán no tiene nada que objetar; reúne a los lugareños para un banquete. Al llegar la noche, Labán entrega la novia a Jacob. El novio no ha podido saber la trampa que se le hace: la novia ha estado cubierta con un velo, según lo exige la tradición. Cuando la llevan a su presencia y llega el momento de estar a solas, no se le ocurre hacer ninguna verificación. Solo a la mañana siguiente se entera del engaño.[3]

El engaño de Labán fue un acto miserable, Jacob cumplió su palabra y trabajó los siete años prometidos. Labán no cumplió con su compromiso de entregar a Raquel a Jacob y, en su estratagema, Labán usó la excusa de una costumbre local por la que la hija mayor tenía que casarse antes que la hija menor (véase Gn. 29:26). La excusa usada por Labán para engañar a Jacob carece de méritos, pues Labán debió haber informado a Jacob de aquella práctica o costumbre local antes de haber convocado la fiesta.

> *Y sucedió que a la noche tomó a Lea su hija, y se la trajo; y él se llegó a ella. Y dio Labán su sierva Zilpa a su hija Lea por criada. Venida la mañana, he aquí que era Lea; y Jacob dijo a Labán: ¿Qué es esto que me has hecho? ¿No te he servido por Raquel? ¿Por qué, pues, me has engañado? Y Labán respondió: No se hace así en nuestro lugar, que se dé la menor antes que la mayor. Cumple la semana de ésta, y se te dará también la otra, por el servicio que hagas conmigo otros siete años (Gn. 29:23-27).*

Es probable que aquella experiencia con Labán pudo traer a la memoria de Jacob su experiencia con Isaac y Esaú, pero esta vez Jacob experimentó en su propia carne la angustia del engaño. Lo que Isaac y Esaú vivieron como resultado de la astucia de Rebeca y Jacob, ahora el patriarca lo experimentaba como resultado del engaño de Labán. El plan de Labán fue aprovecharse de la oscuridad de la noche para engañar a Jacob, tal como este se había aprovechado de la ceguera de su padre y de la indiferencia espiritual de su hermano Esaú para aprovecharse de ambos. Henry M. Morris hace el siguiente comentario:

> En lo que concierne a Jacob, cuando descubrió el engaño, difícilmente pudo haber evitado al principio la ira y la amargura, tanto con Lea como con

---

3. José Loza, «Génesis 12-50», *Comentario a la Nueva Biblia de Jerusalén*, p. 115.

Labán. Sin embargo, inmediatamente debió darse cuenta de la semejanza de su situación con el engaño que él mismo había hecho a Isaac y a Esaú. Isaac había pensado que Jacob era Esaú, y, por lo tanto, le otorgó la bendición. Ahora Jacob pensó que Lea era Raquel, y la tomó por esposa. En ambos casos, el engaño había sido ordenado por uno de los padres y en ambos casos el propósito del engaño fue la adquisición de algo muy anhelado. Jacob estaba seguro de que el fin justifica los medios en su caso, pero quizá Lea y Labán también sintieron lo mismo en su caso.[4]

A pesar de todo lo dicho, el hecho de que Jacob no repudiara su matrimonio con Lea podría ser una evidencia de que vio la mano de Dios en todo lo sucedido. Es decir, Jacob vio el juicio de la disciplina de Dios en el engaño del que fue víctima de su tío Labán. Es sorprendente y maravilloso ver que la mano soberana de Dios obra en medio de las circunstancias más difíciles e indeseables. Aunque Jacob había trabajado siete años por Raquel, la noche de la boda Labán le entregó otra mujer y, para sorpresa suya, recién a la mañana siguiente descubrió que había sido engañado. Jacob esperaba ver a Raquel, pero a quien vio fue a Lea. De ahí sus palabras de sorpresa: «¿Por qué me has engañado?» (Gn. 29:25). Bruce K. Waltke señala:

> En una dramática ironía, Jacob se casa con la mujer equivocada. Pero aun en otra dramática ironía, Dios usa la hija no amada y la esposa no deseada para hacer posible el nacimiento del Salvador del mundo.[5]

Como se verá más adelante (29:35), el cuarto hijo de Lea fue Judá, de quien procede Jesús el Mesías. Solo la intervención soberana de Dios pudo hacer posible que una situación tan negativa resultase en una gran bendición.

JACOB SE CASA CON RAQUEL (29:27-35)

Cumple la semana de ésta, y se te dará también la otra, por el servicio que hagas conmigo otros siete años. E hizo Jacob así, y cumplió la semana de aquélla; y él le dio a Raquel su hija por mujer. Y dio Labán a Raquel su hija su sierva Bilha por criada. Y se llegó también a Raquel, y la amó también más que a Lea; y sirvió a Labán aún otros siete años (Gn. 29:27-30).

Estos versículos deben ser analizados cuidadosamente. ¿Qué significaba: «Cumple la semana de ésta… y se te dará también la otra»? Con la primera frase, Labán se refiere a la fiesta que él había organizado en honor a Lea. La semana siguiente Labán organizaría otra fiesta y le entregaría a Raquel para que fuese su esposa. La astucia y la picardía de Labán no tienen paralelo en la historia del Antiguo Testamento. Labán no solo había engañado a Jacob, sino que también a sus propias hijas las había tratado como pura mercancía. Raquel y Lea posteriormente pronunciarían esta queja: «¿Tenemos acaso parte o heredad en la casa de nuestro padre? ¿No nos tiene ya como extrañas, pues que nos vendió, y aun se ha comido del todo nuestro precio?» (Gn. 31:14-15).

---

4. Henry M. Morris, *The Genesis Record*, p. 462.
5. Bruce K. Waltke, *Genesis: A Commentary*, p. 406.

Tanto Raquel como Lea fueron víctimas del carácter tiránico y de la avaricia de Labán. En realidad, lo que Labán hizo era contrario a la costumbre de aquellos tiempos. Los padres de familias honorables no vendían a sus hijas, negociaban su matrimonio y recibían una compensación como expresión del amor del futuro esposo por la doncella. Esa compensación era otorgada por el novio a la familia de la novia y con eso se sellaba el pacto y unía en vínculo a las dos familias. La dote era un regalo hecho a la novia o al novio de parte del padre de ella. A veces, el regalo consistía en algún esclavo (véase Gn. 24:59, 61; 29:24, 29). Pero la avaricia de Labán lo había llevado al límite de tratar a sus hijas como mercancía. No sorprende, pues, que Raquel y Lea se quejasen amargamente de la mezquindad de su padre.

La frase: «…y se te dará también la otra» (29:27) significa que, al día siguiente de terminar la semana de la fiesta por la boda de Lea, es decir, en un total de ocho días, Jacob recibiría a Raquel por esposa. Pero, como siempre, el astuto Labán establece su condición: «Por el servicio que hagas conmigo otros siete años» (29:27).

Lo cierto es que Labán no solo engañó a Jacob sino que también hizo que sus dos hijas, casadas con el mismo hombre, viviesen en hostilidad el resto de sus vidas.[6]

> *E hizo Jacob así, y cumplió la semana de aquélla; y él le dio a Raquel su hija por mujer. Y dio Labán a Raquel su hija su sierva Bilha por criada. Y se llegó también a Raquel, y la amó también más que a Lea; y sirvió a Labán aún otros siete años (Gn. 29:28-30).*

Jacob «cumplió la semana» de Lea y el tramposo Labán le dio a Raquel. La mezquindad de Labán se deja ver en el hecho de que su dote a cada una de sus hijas fue una esclava. A Lea le dio a Zilpa (v. 24) y a Raquel le dio a Bilha (v. 29). Ciertamente Labán era lo suficientemente rico para haber hecho un mejor regalo a sus hijas. La avaricia era, sin duda, una de las características sobresalientes de Labán.

De pronto, sin esperarlo ni buscarlo, Jacob se ve con dos esposas, y sus dos esposas son hermanas. Aunque ese tema surge repetidas veces en el Antiguo Testamento, ciertamente la cuestión de la bigamia es tema de discusión. En el contexto inmediato, casos como el de Abraham, Ismael y Esaú deben recordarse. Respecto del caso de Jacob, Keil y Delitzsch comentan lo siguiente:

> Esta bigamia de Jacob no debe juzgarse directamente por la ley de Moisés, que prohíbe el matrimonio con dos hermanas al mismo tiempo (Lv. 18:18), o clasificarse como incesto… ya que no existía una ley positiva respecto al tema en ese momento.[7]

Génesis 29:30 registra el hecho de la consumación del matrimonio de Jacob y Raquel. El texto reafirma el amor de Jacob por Raquel. Tal fue su amor que estuvo dispuesto a servir a Labán otros siete años. La historia de la relación entre Jacob y Labán es una gran lección respecto a la depravación total del hombre. El pecado ha afectado a la totalidad del ser humano y ninguna área de la persona está exenta de los efectos del pecado (véase Ef. 2:3). Otra importante lección que aflora en este pasaje

---

6. Juan Calvino, «Genesis», *Geneva Series of Commentaries*, vol. 2, p. 133.
7. Keil y Delitzsch, «Genesis to Judges 6:32», *Old Testament Commentaries*, p. 220.

es la inmensidad de la gracia soberana de Dios. Esa gracia se manifestó tanto en el injusto y tramposo Labán como en el débil Jacob, que pudo haber rechazado a Lea y haber optado por Raquel pero no lo hizo. Solo la infinita misericordia de Dios puede explicar que todo lo sucedido obrase para bien a pesar de la tristeza y las luchas con la nueva familia de Jacob.

> *Y vio Jehová que Lea era menospreciada, y le dio hijos; pero Raquel era estéril (Gn. 29:31).*

«Y vio Jehová» es una expresión que sugiere que el Señor ha de actuar (véase Gn. 6:5; 18:21; Éx. 2:25; 4:31). Jehová Dios mira la situación del afligido y ayuda al que está en desventaja. La RVR-60 dice que «Lea era menospreciada». El texto hebreo dice: «odiada» [*senuá*], expresión que debe interpretarse con un sentido comparativo. Raquel era amada más que Lea, es decir, en comparación con su amor por Raquel, Jacob amaba menos a Lea. Esa sería la idea. Sería difícil de comprender que un hombre literalmente odiase a la mujer con quien está casado. Lo cierto es que Jacob «amaba menos» a Lea (véase Dt. 21:15; Mal. 1:3) y Jehová Dios intervino en favor de Lea para hacer posible que tuviese hijos. Ya Dios había intervenido en favor de Sara y de Rebeca; ambas eran estériles y el Señor hizo posible que concibiesen. Dios, en su soberanía, dio hijos a Lea y permitió que Raquel fuese estéril.

> *Y concibió Lea, y dio a luz un hijo, y llamó su nombre Rubén, porque dijo: Ha mirado Jehová mi aflicción; ahora, por tanto, me amará mi marido (Gn. 29:32).*

La intervención sobrenatural de Jehová Dios venció la esterilidad de Lea, de manera que concibió y dio a luz al primogénito de Jacob. Lea nombró a su primer hijo Rubén [*Reubén*] que significa «ved, un hijo», lo que muestra que Lea quiso compartir su alegría maternal. Aparte de la gran felicidad que todas las mujeres experimentan al tener hijos, Lea reconoció que el hijo que había tenido se debía a la intervención divina. Lea pensaba que habría un cambio de actitud en Jacob y dijo: «Ahora, por tanto, me amará mi marido». El anhelo de Lea era sentirse amada por Jacob y pensaba que el nacimiento de Rubén lograría ese objetivo, pero no fue así. Jacob continuó prefiriendo a Raquel. Y lo hizo por el resto de su vida.

> *Concibió otra vez, y dio a luz a un hijo, y dijo: Por cuanto oyó Jehová que yo era menospreciada, me ha dado también éste. Y llamó su nombre Simeón (Gn. 29:33).*

Lea atribuye la concepción de su segundo hijo al hecho de que «Jehová oyó que era menospreciada» de ahí el nombre «Simeón» [*Shimeón*] del verbo *shamá* que significa oír. Llama la atención que Lea use esos dos vocablos para nombrar a sus dos primeros hijos. El primero procede del verbo «ver» y el segundo del verbo «oír». Esos dos verbos apuntan a dos acciones de Dios relacionadas con su cuidado providencial hacia las personas desafortunadas y oprimidas.[8] Lea sufría sabiendo que ocupaba un lugar secundario en la vida de Jacob y por los desdenes de parte de Raquel.

---

8. Bruce K. Waltke, *Genesis: A Commentary*, p. 410.

Y concibió otra vez, y dio a luz un hijo, y dijo: Ahora esta vez se unirá mi marido conmigo, porque le he dado a luz tres hijos; por tanto, llamó su nombre Leví (Gn. 29:34).

En su providencia, Dios fructificó la matriz de Lea. El Dios de la fertilidad y la abundancia hizo que Lea concibiese por tercera vez. El nombre dado al tercer hijo fue Leví. Según el profesor Waltke,[9] este nombre significa «mi esposo se unirá a mí» [*yilavé ishi*]. Llama la atención que Lea nombre a su hijo usando un vocablo que expresa la esperanza profunda de que su marido la ame.[10] El nombre de Leví se hará notorio primero por haber llevado a cabo el traicionero ataque contra los habitantes de Siquem, en venganza por haber deshonrado a su hermana Dina (Gn. 34),[11] y también porque posteriormente la tribu de Leví fue escogida por Dios para que estuviesen encargados de todo lo relacionado con el tabernáculo y el templo. Leví tuvo tres hijos: Gersón, Coat y Merari (Gn. 46:11), y los capítulos 3 y 4 de Números registran que Aarón y Moisés son descendientes de Leví. Dios determinó que la tribu de Leví ocuparía el lugar de los primogénitos. Dios dice: «…y los levitas serán míos. Yo Jehová» (Nm. 3:45). Además, Dios apartó a Aarón, descendiente de Leví, para que solo él y sus hijos ejercieran el sacerdocio (véase Nm. 3:6-9). Como puede verse en Génesis 29:34, Lea pensó que su tercer hijo sería un motivo especial para que su marido permaneciese unido a ella y por eso lo nombró *Leví*, es decir, «unido» o «atado». Sin duda, Lea deseaba que Jacob invirtiese más tiempo con ella, pero debe recordarse que la mujer de «ojos delicados» era la «menos amada».

Concibió otra vez, y dio a luz un hijo, y dijo: Esta vez alabaré a Jehová; por esto llamó su nombre Judá; y dejó de dar a luz (Gn. 29:35).

Lea, aunque menos amada que Raquel, sin la belleza física de su hermana y, quizá, con alguna otra deficiencia, tuvo la gran bendición de dar a luz cuatro hijos. Uno de esos hijos, Leví, recibió la bendición de encabezar la tribu sacerdotal. Pero la corona de esa bendición fue haber dado a luz a Judá, de donde procede la simiente mesiánica. Es indudable que Lea era una mujer piadosa a juzgar por los nombres dados a sus hijos.

El nombre de Judá [*Yejudá*] es tanto usado para personas como para el territorio que llegó a ocupar «la tribu de Judá». En este contexto (Gn. 29:35; véase también Gn. 49:8) se da una explicación para aclarar el significado de dicho vocablo. En los mencionados pasajes se usa el verbo *yadá* en la forma *hiphil*, dándole el significado de «dar gracias», «loar», «alabar». Hay quienes consideran que el uso de esos vocablos es más bien un juego de palabras y no el significado del nombre. En el caso bajo consideración (29:35), Lea nombra a su cuarto hijo «Judá», y dice: «Esta vez alabaré a Jehová». En el caso de Génesis 49:8, Jacob usa un juego de palabras cuando bendice a Judá, y dice: «Judá, te

---

9. *Ibíd.*

10. Gordon Wenham, «Genesis 16-50», *Word Biblical Commentary*, p. 243.

11. Debe tomarse en cuenta que Siquem era el nombre de una ciudad pero también el del hombre que deshonró a Dina. Siquem era hijo de Hamor y, aunque quiso retener a Dina después de haberla deshonrado, los hermanos de Dina, Simeón y Leví, se opusieron. Organizaron una trama y mataron a todos los varones que habitaban en la ciudad.

alabarán tus hermanos» y a continuación proporciona una lista de bendiciones (véase Gn. 49:8-10).[12]

De todos modos, es asombroso que el soberano Dios haya otorgado a Lea el privilegio de ser la madre de Judá de cuyos genes procede David y a través del cual Dios enviaría al Mesías para que fuera de bendición a todas las naciones.

RESUMEN Y CONCLUSIÓN

Génesis 29 contiene varios temas importantes para el creyente de hoy en día. En primer lugar, hay una enseñanza acerca de lo inevitable del juicio divino. El apóstol Pablo lo expresa así en una de sus epístolas:

> No os engañéis; Dios no puede ser burlado: pues todo lo que el hombre sembrare, eso también segará (Gá. 6:7).

Jacob sembró el viento del engaño, y recogió la tempestad de lo mismo (véase Os. 8:7). El tramposo es atrapado en su propia trampa (Sal. 57:6). Jacob había engañado a su propio padre haciendo uso de su astucia y el asesoramiento de su madre, y ahora Labán hace que pruebe el sabor de su propia medicina.

En segundo lugar, hay una maravillosa lección de la manera cómo Dios recompensa al afligido. Lea es un claro ejemplo, pues fue tratada como mercancía por su propio padre (Gn. 31:14-15), menospreciada por su propia hermana (Gn. 29:31) y, además, Jacob le dio un lugar secundario (Gn. 29:17-18, 30). Pero Dios recompensó a Lea y le dio el privilegio de tener hijos, entre los cuales estaban Leví y Judá. Leví fue la cabeza de la tribu sacerdotal de la nación de Israel y Judá fue el progenitor de David, de donde, a la postre, nació el Rey Mesías quien trae bendición a todas las naciones.

Por último, Génesis 29 pone de manifiesto de nuevo la inmutable presencia del Dios de Bet-el con sus escogidos, tal como Él lo prometió (véase Gn. 28:14-15). A Jacob, el engañado, a pesar de sus incongruencias y tropiezos, el Señor le da un noble destino y una noble familia. ¡Qué maravilloso es saber que ese Dios es nuestro Dios! Sus promesas antiguas hechas a Jacob son las mismas que hace para sus hijos hoy, Él es el Dios inmutable. El apóstol Santiago lo expresa así:

> Toda buena dádiva y todo don perfecto desciende de lo alto, del Padre de las luces, en el cual no hay mudanza, ni sombra de variación (Stg. 1:17).

---

12. R. Laird Harris, et ál., *Theological Wordbook of the Old Testament*, vol. 1 (Chicago: Moody Press, 1980), p. 850.

30

Los otros hijos de Jacob y su deseo de regresar a Beerseba (30:1-43)

En la vida del patriarca Jacob hubo muchas situaciones difíciles, muchos «altibajos». Podría decirse que, al igual que el creyente de hoy, Jacob poseía una santidad posicional, pero aún seguía luchando con muchos problemas en su vida personal. Hay una diferencia entre la santidad posicional y la santidad progresiva. Todo creyente es posicionalmente santo, pero aún tiene que luchar contra la influencia del pecado en su vida diaria. El apóstol Pablo dice:

> Porque el deseo de la carne es contra el Espíritu, y el del Espíritu es contra la carne; y éstos se oponen entre sí, para que no hagáis lo que quisiereis (Gá. 5:17).

El apóstol Pablo dice que hay una guerra constante en la vida del cristiano, y todo creyente da testimonio de esa realidad. Pablo expone la misma verdad en su carta a los Romanos, donde señala la lucha que el cristiano experimenta en su vida interior. Para obtener la victoria, el creyente tiene que depender totalmente de la obra de Cristo y del ministerio del Espíritu Santo de Dios. Estas son las palabras de Pablo:

> Así que, queriendo yo hacer el bien, hallo esta ley: que el mal está en mí. Porque según el hombre interior, me deleito en la ley de Dios; pero veo otra ley en mis miembros, que se rebela contra la ley de mi mente, y que me lleva cautivo a la ley del pecado que está en mis miembros, ¡Miserable de mí! ¿quién me librará de este cuerpo de muerte? Gracias doy a Dios, por Jesucristo Señor nuestro. Así que, yo mismo con la mente sirvo a la ley de Dios, mas con la carne a la ley del pecado (Ro. 7:21-25).

435

Jacob experimenta en su vida las verdades expuestas por el apóstol Pablo. En realidad, podría decirse que la vida del patriarca, tanto en el hogar como en su trabajo con Labán, fue una lucha prolongada bajo la disciplina de Dios, aunque nunca dejó de experimentar la gracia soberana de Dios y siempre fue objeto de la fidelidad de Dios. La promesa de Jehová Dios en Bet-el: «Yo estoy contigo, y te guardaré por dondequiera que fueres, y volveré a traerte a esta tierra...» (Gn. 28:15) siempre estuvo latente en la vida de Jacob.

Esta lucha del patriarca halla una abundante manifestación en su familia que era el fruto de una relación poligámica en la que había caído a través del engaño al que lo sometió su tío Labán. Y él mismo continuó cosechando una amarga semilla en aquella situación. Hay que añadir que aquella semilla tuvo resultados trascendentales. Derek Kidner, quien fuera director de la editorial *Tyndale House* en Cambridge, ha escrito lo siguiente:

> Algunos frutos de las intrigas y miserias de ese período surgen en los últimos capítulos del libro, y las tribus debieron pasar a través de la historia, etiquetadas con el recuerdo de su turbulento origen. En el plano humano la historia demuestra el anhelo de amor y reconocimiento de los seres humanos, y el precio de destruirlo. En el nivel humano demuestra una vez más la gracia de Dios al escoger un material difícil e inflexible.[1]

Como se señaló en el capítulo anterior, Jacob formó un hogar para sí, pero ¡qué clase de hogar! En dicho hogar había dos hermanas rivalizando por su afecto, y eso era terrible para la paz del hogar. Que las dos hermanas fueran esposas de un mismo hombre debió haber sido un motivo de pleitos entre ambas. Si Lea y Raquel habían sido felices antes de la llegada de Jacob, después de su llegada esa felicidad se terminó. Lea era miserable por el hecho de que Jacob nunca la amó, mientras que Raquel sufría por el hecho de no ser capaz de tener hijos del hombre a quien amaba.

No sorprende que los hijos de Jacob crecieran rebeldes y con muchos problemas. Rubén era «impetuoso como las aguas» (Gn. 49:4), Simeón y Leví eran de temperamento violento (Gn. 49:5-6). Los otros hijos del patriarca dejaban mucho que desear. Si bien sus vidas reflejaban lo que habían visto en su hogar, no faltaban las excepciones. Pero ello se debía a la misericordia de Dios, no a lo que aprendían de sus padres. Cualquier cosa que Jacob haya sido, evidentemente no fue un buen ejemplo para sus hijos. Tanto su propio ejemplo como el de sus esposas eran suficientes para arruinar la vida de sus hijos. Los padres son los maestros y guías espirituales de los hijos en el hogar. Jacob y sus esposas no cumplieron con esa responsabilidad.

LOS OTROS HIJOS DE JACOB (30:1-24)

Viendo Raquel que no daba hijos a Jacob, tuvo envidia de su hermana, y decía a Jacob: Dame hijos, o si no, me muero. Y Jacob se enojó contra Raquel, y dijo: ¿Soy yo acaso Dios, que te impidió el fruto de tu vientre? (Gn. 30:1-2).

---

1. Derek Kidner, «Genesis», *Tyndale Old Testament Commentaries* (Nottingham, England, 2008), p. 172.

«Viendo», [*vatere*] es decir, «cuando vio» Raquel que «no daba hijos» [*lo yalád*]. La gran preocupación de Raquel era que no daba a su marido «el fruto de [su] vientre». Ese era el gran anhelo de cualquier esposa en aquellos tiempos. Igual que Sara y Rebeca, Raquel tenía una gran ilusión de ser madre.

Debido a su situación, Raquel «tuvo envidia» [*vatecane*]. «Este verbo expresa una fortísima emoción por la cual alguna cualidad o posesión del objeto es deseada por el sujeto. Esa raíz aparece ochenta y siete veces [en el Antiguo Testamento]… En consecuencia, esta raíz con frecuencia es traducida «envidia». Expresa el sentimiento que la estéril Raquel tenía hacia la fructífera Lea (Gn. 30:1)».[2] La envidia es un resentimiento que se alberga hacia otros cuando disfrutan de los beneficios que uno quisiera disfrutar (véase 1 S. 18:7-9).

El texto dice que Raquel «tuvo envidia», es decir, celos de su hermana Lea. Detrás de esas palabras se esconde una mina de tristeza y resentimiento. Con frecuencia, algo muy similar ocurre en el pueblo de Dios hoy en día. Aun el amor por Cristo puede tomar la forma de un celo egoísta que implica una reticencia a gozarse en los triunfos de otros en la obra del Señor. Pablo expresa un espíritu diferente, pues el apóstol deseaba que Cristo fuese glorificado en cualquier circunstancia (véase Fil. 1:18).

El versículo inicial de este capítulo expresa la frustración de Raquel. Su envidia hacia Lea hace que confronte a Jacob: «Dame hijos, o si no, me muero» (30:1). Usando una hipérbole, Raquel le dice a Jacob que su situación es «de vida o muerte» (véase 1 S. 1:7-11). Irónicamente, Raquel murió mientras daba a luz a Benjamín.[3] Sin duda, Raquel estaba orgullosa de que Jacob no solo había servido siete años por ella, sino que estuvo dispuesto a servir siete años más porque la amaba. La frustración de Raquel yacía en su incapacidad de concebir; en un sentido, Raquel se sentía incompleta. Tenía un marido, tenía una casa, tenía bienes de este mundo, pero no tenía hijos. Lo único que se le ocurrió en aquella situación fue exigirle a su marido que le diera hijos, bajo la amenaza de que, si no se los daba, moriría. Por supuesto que aquella exigencia era irrazonable e injusta, Jacob no era el culpable de la esterilidad de Raquel. Aquello era una evidencia de la profundidad de los celos y de la envidia de Raquel. En su excelente comentario, Herbert C. Leupold dice:

> Raquel, la muy amada, encuentra su segura posición menos satisfactoria que antes. El deseo de tener hijos es un deseo saludable y natural. Al tener hijos la mujer cumple su destino. Pero los celos de Raquel no son justificados y su impaciencia para nada inofensiva, porque ambos elementos, en última instancia, cuestionan la sabiduría de Dios. Su impaciente exigencia es positivamente pecaminosa, aunque refleja muy correctamente su estado espiritual. En lo que respecta a la raza escogida, Dios estaba haciendo bien evidente que las ambiciones y los diseños humanos no iban a producir la línea de la promesa ni a proporcionar la descendencia deseada.[4]

Raquel, evidentemente, no tenía idea de las palabras del Salmo 127:3: «He aquí, herencia de Jehová son los hijos, cosa de estima el fruto del vientre».

---

2. R. Laird Harris, et ál., *Theological Wordbook of the Old Testament*, p. 802.
3. Bruce K. Waltke, *Genesis: A Commentary*, p. 411.
4. Herbert C. Leupold, *Exposition of Genesis*, vol. II, pp. 804-805.

El orgullo había despertado la envidia y los celos en el corazón de Raquel y el resultado de esa actitud fue cargar a Jacob con constantes molestias, quien le recordó que los hijos vienen del Señor. Por supuesto, es probable que Jacob no manifestase en ese momento la capacidad de consolar a su esposa, ni fuese lo suficientemente firme en la fe como para llevar aquel problema al Señor en oración, tal como lo hizo Isaac en su momento (véase Gn. 25:21). Debe recordarse también que no es necesario tener muchos hijos para que haya una relación feliz con el Señor, pues nuestro gozo está en el Señor, no en los hijos. De cualquier manera, Jacob le recuerda a Raquel que él no ocupa el lugar ni la función del Dios omnipotente.

Después del conflicto con Jacob sobre ese problema, Raquel diseñó su propia estratagema para remediar la situación. Sugirió que Jacob tuviese relaciones sexuales con su esclava, Bilha, y de esa manera le proporcionase una familia. Raquel podría tomar los hijos de la sierva sobre sus propias rodillas y tratarlos como si fuesen sus propios hijos. La frase: «dará a luz sobre mis rodillas» es usada de manera similar en Génesis 50:23, donde se usa con el significado de «hijos contados como míos propios».[5] Herbert C. Leupold acertadamente dice:

> No añade méritos ni a Jacob ni a Raquel haber apelado a esa estratagema [dar a Bilha a Jacob]. La institución del orden en el matrimonio dado por Dios es ignorada. La lección enseñada a Abraham no es obedecida. Se confía en las exigencias humanas en vez de las bendiciones de Dios.[6]

La estratagema tuvo éxito en lo humano, porque de esa relación entre Jacob y Bilha nacieron dos hijos. Debe observarse que Raquel, a pesar de todo, reconoce que los hijos nacidos de Bilha le habían sido dados por Dios (Gn. 30:6).

> *Así le dio a Bilha su sierva por mujer; y Jacob se llegó a ella. Y concibió Bilha, y dio a luz un hijo a Jacob. Dijo entonces Raquel: Me juzgó Dios, y también oyó mi voz, y me dio un hijo. Por tanto llamó su nombre Dan. Concibió otra vez Bilha la sierva de Raquel, y dio a luz un segundo hijo a Jacob. Y dijo Raquel: Con luchas de Dios he contendido con mi hermana, y he vencido, y llamó su nombre Neftalí (Gn. 30:4-8).*

Estos versículos registran la lucha de Raquel en su afán por tener hijos. En Génesis 30:4 dice que «le dio a Bilha su sierva por mujer [a Jacob]». En realidad Bilha fue una concubina de Jacob. En el período patriarcal, los vocablos «esposa» y «concubina» se usaban de manera libre para expresar la idea de «concubina» (véase Gn. 16:3; 25:6 en el caso de Agar). Lo mismo puede verse en el caso de Cetura (véase Gn. 25:1; 25:6; 1 Cr. 1:32). Otro caso es el de Bilha, mencionado en Génesis 30:4-8; 35:22. Tanto Bilha como Zilpa eran concubinas de Jacob, aunque eran consideradas esposas en un grado secundario. Cuando un matrimonio no tenía hijos, la esposa presentaba una esclava como concubina a su esposo para conseguir un heredero (véase Gn. 16:2-3). En el caso de Lea y Raquel, sus siervas (Zilpa y Bilha) les fueron entregadas como

---

5. Derek Kidner, *Genesis*, pp. 172-173.
6. Herbert C. Leupold, *Exposition of Genesis*, vol. II, pp. 806-807.

«regalos de boda». Ambas se convirtieron en concubinas de Jacob (véase Gn. 29:24; 29:29; 30:4; 30:9).

Mediante su relación con Bilha, Jacob tuvo dos hijos, Dan y Neftalí. Como era la costumbre, Raquel consideró que los dos eran sus hijos ya que habían nacido de su sierva. El nombre «Dan» [*Dan*] significa «juzgó». Dicho nombre procede del vocablo *danani* que significa «me ha reivindicado». Al parecer, este vocablo es un juego de palabras con el nombre del hijo nacido, es decir, Dan. O sea que Raquel expresa su regocijo por el nacimiento de aquel niño y exclama: «Dios me ha reivindicado» o «Dios ha juzgado» [*danani elojím*]. La frase: «Y también oyó mi voz» sugiere que Raquel había orado a Dios y, por lo tanto, consideró el nacimiento de Dan como una respuesta a sus oraciones.

Pero Bilha «dio a luz un segundo hijo a Jacob» (30:7). Este segundo hijo recibió por nombre «Neftalí» [*Naftalí*], es decir, «luchas». Este vocablo es algo difícil de explicar tanto lingüística como teológicamente. Gordon Wenham dice al respecto:

> La rareza del nombre y del verbo traducidos aquí «lucha, luchando» ha asombrado a los intérpretes desde la Septuaginta hasta el presente. *Patal* en el *niphal* en otro sitio significa «ser engañoso» (véase Pr. 8:8) pero solo aquí significa «luchar», mientras que el nombre *naftulím* «luchas» es un hápax [ocurre una sola vez en el AT]. Es el siguiente comentario, «la vencí», lo que ha llevado a la conclusión de que esas palabras raras hablan de lucha (véase 32:28). El nombre *neftulí* aquí es calificado por *Elojím*, «de Dios», de donde surge nuestra traducción «lucha divina». Pero ¿cómo puede ser que competir con su hermana signifique una lucha con Dios? Por esa razón muchos traductores ingleses han tomado «de Dios» como equivalente a un superlativo: «luchas poderosas»… Cualquiera que sea el significado preciso del nombre *Neftalí*, está claro que la etimología ofrecida por el Génesis es típicamente poética. Reflejada en la relación de la madre con Dios (véase 29:32, 34-35; 30:6) y en la lucha entre las hermanas por el afecto de Jacob (29:32, 33-34; 30:6). Este doble interés es característico de las etimologías en esta narrativa.[7]

Al parecer, Lea quiso vengarse de Raquel quien había dado a Jacob su sierva Bilha. La sierva de Raquel había dado dos hijos más a Jacob.

Viendo, pues, Lea, que había dejado de dar a luz, tomó a Zilpa su sierva, y la dio a Jacob por mujer. Y Zilpa sierva de Lea dio a luz un hijo a Jacob. Y dijo Lea: Vino la ventura; y llamó su nombre Gad. Luego Zilpa la sierva de Lea dio a luz otro hijo a Jacob. Y dijo Lea: Para dicha mía; porque las mujeres me dirán dichosa; y llamó su nombre Aser (Gn. 30:9-13).

Zilpa nombró a su primer hijo «Gad». Aunque hay alguna objeción al respecto, lo más probable es que «*Gad*» signifique «buena suerte» o «fortuna». De ser así, existiría la sospecha de que Zilpa atribuyese el nacimiento de su hijo al «dios de la fortuna» y no a la providencia del Todopoderoso. El segundo hijo de Zilpa fue «Aser» [*Asher*] que

---

7. Gordon Wenham, «Genesis 16-50», *Word Biblical Commentary*, p. 245.

significa «feliz», «bendito». «Aser» fue, además, el octavo hijo de Jacob. Es posible que el nombre «Aser» guarde alguna relación con una deidad pagana a la que se le atribuía «la buena suerte». Al parecer, Lea atribuye el nacimiento de Aser a la bendición providencial de Dios. Según el profesor Bruce K. Waltke, Lea "esencialmente dice '*voy a ser envidiada*'" (véase *Genesis: A Commentary*, p. 412). Las lecciones de la historia son muy evidentes. En primer lugar, es fácil ver que la envidia es un pecado que conduce a una gran amargura. En segundo lugar, en la reacción de Lea hacia Raquel puede verse lo contagioso del pecado. Finalmente, y quizá lo más importante, puede observarse la terrible iniquidad y los horrendos resultados de la poligamia. El próximo incidente arrojará más luz sobre esta cuestión.

> *Fue Rubén en tiempo de la siega de los trigos, y halló mandrágoras en el campo, y las trajo a Lea su madre; y dijo Raquel a Lea: Te ruego que me des de las mandrágoras de tu hijo (Gn. 30:14).*

Rubén era el primogénito de Jacob y el primer hijo de Lea, y para ese momento debía tener cerca de cuatro años. Mientras jugaba en el campo, posiblemente después del tiempo de la cosecha, Rubén recogió frutos de una planta llamada «mandrágora». Este fruto era una baya parecida a manzanas pequeñas y de olor fuerte (*mandragora autumnalis*). El vocablo hebreo traducido «mandrágoras» significa más o menos «manzanas del amor». Los antiguos consideraban el fruto de la mandrágora como una planta afrodisíaca, la que servía de ayuda para promover la fertilidad. Evidentemente esa era la creencia de las dos mujeres en este caso. Cuando Raquel dijo a Lea: «Te ruego que me des de las mandrágoras de tu hijo», Lea increpó airadamente a su hermana por intentar robarle el afecto de Jacob. Ese era un ataque injusto y deshonesto. El arreglo al que se llega es sumamente vergonzoso y malvado, pero la Palabra de Dios es transparente al describir el corazón del hombre, algo que es totalmente cierto. La Biblia siempre declara la depravación total del hombre sin esconder al que esté implicado en el pecado.

> *Y ella respondió: ¿Es poco que hayas tomado mi marido, sino que también te has de llevar las mandrágoras de mi hijo? Y dijo Raquel: Pues dormirá contigo esta noche por las mandrágoras de tu hijo. Cuando, pues, Jacob volvía del campo a la tarde, salió Lea a él, y le dijo: Llégate a mí, porque a la verdad te he alquilado por las mandrágoras de mi hijo. Y durmió con ella aquella noche (Gn. 30:15-16).*

Como ya se ha señalado, las plantas llamadas «mandrágora» [*dudaím*] eran llamadas «los frutos del amor». El fruto de la planta era considerado por los antiguos como afrodisíaco. Los griegos adoraban a la diosa Afrodita, a quien ellos consideraban «la diosa del amor». Evidentemente, en tiempos del Antiguo Testamento se conocían esas propiedades de la mencionada planta (véase Cnt. 7:13).

Raquel permitió que Lea tuviese a Jacob durante aquella noche a cambio de las mandrágoras que Rubén había recogido en el campo.

La frase: «Porque a la verdad te he alquilado» [*ki sakor sekaretika*] expresa la intensidad del deseo de Lea. Bruce K. Waltke hace este importante comentario:

La cuádruple aparición de esta palabra clave (*sakár*: «paga», «salario», «remuneración») en 30:16-18 une la escena del contrato matrimonial (29:15) con la escena del nacimiento. Tal como la relación de Jacob con Labán es cambiada de «carne y sangre» a «salario» de ese mismo modo ahora su matrimonio con Lea es reducido a un contrato comercial. La degradación de Jacob por Labán al rango de un pastor bajo contrato fuera de su casa ahora lo golpea desde dentro de su propia familia.[8]

Sin duda, Jacob vivió una vida bastante miserable con cuatro esposas y un número importante de hijos. Añádase a eso su trato con Labán y la pesada carga del trabajo diario. Es comprensible, pues, que Jacob desease regresar a la tierra de su nacimiento.

Y oyó Dios a Lea; y concibió, y dio a luz el quinto hijo a Jacob. Y dijo Lea: Dios me ha dado mi recompensa, por cuanto di mi sierva a mi marido; por eso llamó su nombre Isacar. Después concibió Lea otra vez, y dio a luz el sexto hijo a Jacob. Y dijo Lea: Dios me ha dado mi recompensa; ahora morará conmigo mi marido, porque le he dado a luz seis hijos; y llamó su nombre Zabulón. Después dio a luz una hija y llamó su nombre Dina (Gn. 30:17-21).

Evidentemente Lea estaba orando a Dios por otro hijo y Dios contestó su oración. Lea nombró a su quinto hijo Isacar [*Yissaskár*] que significa «hay recompensa». Según Gordon Wenham:

Isacar es un nombre amorreo atestiguado en Marit y significa: «Que Él (Dios) dé su gracia». Otra menos probable opción es que proceda de *ish sakár* que significa «hombre de alquiler», «hombre de recompensa».[9]

Los versículos 19 al 21 registran los últimos hijos de Lea. Su último varón fue «Zabulón». Este nombre procede el verbo *zabád* que significa «conferir, haber dado». Quizá la explicación que Lea da se acerque más al significado del nombre: «Dios me ha dado una buena dote». La esperanza de Lea era que su sexto hijo haría que Jacob se uniese a ella de forma permanente, que fue su misma idea cuando le nació el tercer hijo (véase Gn. 29:34). Esta vez por ser el sexto hijo, Lea estaba mucho más optimista de que Jacob no se apartaría de ella. Sin duda, el anhelo de Lea era que Jacob la reconociese como su legítima esposa.

Y se acordó Dios de Raquel, y la oyó Dios, y le concedió hijos. Y concibió, y dio a luz un hijo, y dijo: Dios ha quitado mi afrenta; y llamó su nombre José, diciendo: Añádame Jehová otro hijo (Gn. 30:22-24).

El contenido del versículo 22 indica claramente que la concepción de Raquel no se debió a los efectos de las mandrágoras, sino al poder y a la providencia de Jehová Dios.

---

8. Bruce K. Waltke, *Genesis: A Commentary*, p. 413.
9. Gordon Wenham, «Genesis 16-50», *Word Biblical Commentary*, p. 247.

El texto dice: «Y se acordó Dios de Raquel… y le concedió hijos» (30:22). Es evidente que Raquel oró a Dios y el Señor le contestó dándole hijos. La frase: «Dios ha quitado mi afrenta» (Gn. 30:23; véase 29:31) se refiere a su esterilidad. Era una vergüenza que una mujer casada no tuviese hijos. Raquel lo consideraba una afrenta que ahora Dios quitaba como un acto de su misericordia. La expresión «ha quitado» viene de *asaf*. Dicho vocablo es afín con el nombre de Raquel da a su hijo José [*Yósef*] que significa «que el Señor añada», es decir, «que el Señor me añada otro hijo». Como se verá más adelante, Dios dio a Raquel un segundo hijo, Benjamín. Ese mismo día Dios se llevó a Raquel a su presencia. Pero, a la postre, Raquel experimentó la buena mano de Dios y exclamó: «Dios ha quitado mi afrenta».

EL DESEO DE JACOB DE REGRESAR A SU TIERRA (30:25-43)

Aconteció cuando Raquel hubo dado a luz a José, que Jacob dijo a Labán: Envíame, e iré a mi lugar, y a mi tierra. Dame mis mujeres y mis hijos, por los cuales he servido contigo, y déjame ir; pues tú sabes los servicios que te he hecho (Gn. 30:25-26).

Probablemente el nacimiento de José coincidió con los catorce años de trabajo que Jacob realizó para Labán por sus dos esposas, Raquel y Lea (véase Gn. 29:30; 31:41). Además, Jacob trabajaría seis años adicionales al servicio de Labán para un total de veinte años. Puesto que su familia estaba casi completa, Jacob comenzó a pensar en establecer un hogar independiente, y dijo a Labán: «Envíame, e iré a mi lugar, y a mi tierra». El verbo «envíame» [*shalekjeni*] es enfático. Equivale a decir «despídeme». Esa forma verbal sugiere una expresión algo agresiva de parte de Jacob.[10] Además, Jacob pidió a Labán aquello por lo que había trabajado durante largos años: «Dame mis mujeres y mis hijos, por los cuales he servido contigo, y déjame ir…» (Gn. 30:26). Aunque las esposas y los hijos eran de Jacob, en la cultura oriental, Labán, como gran jefe o cabeza de la familia, podía reclamarlos como suyos (véase Gn. 31:43). Sin duda, Jacob prefirió evitar tener conflicto con Labán y sus hijos (véase 31:21-30).

Labán reconoce el hecho de que la presencia de Jacob en su círculo familiar ha sido motivo de bendición. Lo que dice Labán, en una traducción más acorde con el hebreo, es: «¡Si he hallado gracia a tus ojos…! He adivinado que Yahvé me ha bendecido por tu causa».

Lo que Labán hizo, según sus palabras, fue consultar «espíritus de adivinación» [*nikjashti*]. Jacob, por su parte, había consultado a Jehová Dios. Es evidente que Labán, además de ser egoísta y avaro, llevaba consigo el lastre de las supersticiones babilónicas. Pero, a pesar de todo, Labán tiene que confesar que había experimentado la bendición de Jehová a causa de la presencia de Jacob con él (Gn. 30:27).

Y dijo: Señálame tu salario, y yo lo daré (Gn. 30:28).

Como puede observarse, Labán estaba primordialmente interesado en lo material. Uno espera que Labán repita alguna de sus estratagemas con Jacob tal como lo hizo

---

10. Gordon Wenham, «Genesis 16-50», *Word Biblical Commentary*, p. 254.

con el matrimonio con Raquel. Su avaricia y su egoísmo siempre ocupan el primer lugar en sus tratos. La respuesta de Jacob a Labán sugiere que el patriarca se prepara para defenderse de los trucos de su suegro:

> *Y él respondió: Tú sabes cómo te he servido, y cómo ha estado tu ganado conmigo. Porque poco tenías antes de mi venida, y ha crecido en gran número, y Jehová te ha bendecido con mi llegada; y ahora, ¿cuándo trabajaré también por mi propia casa? (Gn. 30:29-30).*

La defensa de Jacob frente a Labán es enfática, elocuente, pero al mismo tiempo humilde. Jacob recuerda a su suegro que le ha servido de manera fiel y constante. También le recuerda lo mucho que ha prosperado desde que llegó a Padan-aram, y Labán admite que Jacob ha sido de bendición durante muchos años. Cuando Jacob llegó, Labán tenía poco ganado y ahora tiene abundancia. Jacob había hecho todo lo posible a favor de Labán, pero lo más importante era que: «Jehová te ha bendecido con mi llegada» (Gn. 30:30). Seguidamente, Jacob añade, «y ahora, ¿cuándo trabajaré también por mi propia casa?». Lo que Jacob dice podría expresarse así: «Si Dios ha hecho tanto por ti como resultado de mi trabajo, seguramente ahora puedes hacer algo por mí, o al menos déjame hacer algo por mi familia». Es evidente que Labán era una persona sumamente egoísta, tal como lo expresan sus propias hijas (véase Gn. 31:14-15).

> *Y él dijo: ¿Qué te daré? Y respondió Jacob: No me des nada; si hicieres por mí esto, volveré a apacentar tus ovejas. Yo pasaré hoy por todo tu rebaño, poniendo aparte todas las ovejas manchadas y salpicadas de color, y todas las ovejas de color oscuro, y las manchadas y salpicadas de color entre las cabras; y esto será mi salario. Así responderá por mí mi honradez mañana, cuando venga a reconocer mi salario; toda la que no fuere pintada ni manchada en las cabras, y de color oscuro entre mis ovejas, se me ha de tener como de hurto. Dijo entonces Labán: Mira, sea como tú dices (Gn. 30:31-34).*

La pregunta de Labán fue: «¿Qué te daré?». La respuesta de Jacob fue: «No me des nada». Sin duda, cualquier trato con Labán era riesgoso. Jacob, sin embargo, estaba confiando en la soberana providencia de Dios. Gordon Wenham ha escrito en su excelente comentario:

Jacob, por lo tanto, hace una muy modesta sugerencia que el plebeyo Labán no podía rehusar. En una manada de ovejas y cabras, las ovejas son mayormente blancas, las cabras son todas negras o marrón oscuro. Las ovejas y las cabras multicolores son muy raras. Jacob sugiere que todos los animales multicolores sean su salario y que las ovejas blancas y las cabras oscuras sean de Labán. Aún más, Labán podía remover para comenzar todos los animales multicolores, de modo que Jacob solo tuviese que pastorear las ovejas blancas y las cabras oscuras, y esas serían de Labán. Cualquier cordero multicolor que naciese después en ese rebaño pertenecería a Jacob.

De la manera como Jacob describe ese arreglo, realmente parece que no está pidiendo nada. Labán podría pensar que si traslada todas las ovejas y cabras multicolores para comenzar, pocos corderitos y cabritos nacerían en la manada. Labán sería capaz de verificar la honestidad de Jacob para guardar el acuerdo. Cualquier oveja blanca o cabra negra en su rebaño sería de Labán. Las multicolores serían de Jacob.[11]

De modo que las cuatro clases de animales fueron removidos de la manada por Labán porque sospechaba de Jacob. Los hijos de Labán fueron los encargados de remover los animales del resto del rebaño a una distancia de tres días de camino. Esa era una distancia considerada adecuada para que los rebaños se mantuviesen separados. De ese modo Labán se aseguraba de que Jacob no le robaría sus ovejas o sus cabras.

Y Labán apartó aquel día los machos cabríos manchados y rayados, y todas las cabras manchadas y salpicadas de color, y toda aquella que tenía en sí algo de blanco, y todas las de color oscuro entre las ovejas, y las puso en mano de sus hijos. Y puso tres días de camino entre sí y Jacob; y Jacob apacentaba las otras ovejas de Labán (Gn. 30:35-36).

Labán era sumamente desconfiado. Era de esos que creen que la religión tiene valor para otros, pero no para sí mismos. Labán sospechaba de Jacob. Tal vez era extremadamente cuidadoso debido a su codicia y, por lo tanto, procuraba hacer tan difícil como fuese posible la ejecución de cualquier truco. Sin duda, Labán conocía bien a Jacob. Como era de esperarse, Labán toma todas las precauciones posibles para evitar cualquier engaño. Puso a sus hijos para que vigilasen a Jacob y separó los rebaños a una distancia prudencial para evitar que se mezclasen. Lo que Labán no tomó en cuenta fue el hecho de que el Dios soberano guiaba los pasos de Jacob y lo protegía en todas las circunstancias.

Tomó luego Jacob varas verdes de álamo, de avellano y de castaño, y descortezó en ellas mondaduras blancas, descubriendo así lo blanco de las varas. Y puso las varas que había mondado delante del ganado, en los canales de los abrevaderos del agua donde venían a beber las ovejas, las cuales procreaban cuando venían a beber. Así concebían las ovejas delante de las varas; y parían borregos listados, pintados y salpicados de diversos colores (Gn. 30:37-39).

Las acciones de Labán pudieron haber hecho que Jacob cambiase de hacer las cosas simplemente confiando en Dios y volviese a su antiguo método de usar trucos y estratagemas. O sea que la desconfianza de Labán provoca la misma actitud en él, y lo que surge de la escena son dos hombres sin principios, cada uno haciendo su mejor esfuerzo por ser más listo que el otro. No puede negarse que Jacob intenta hacer el papel de pícaro en esta situación. Jacob usó tres artimañas:

1. Colocó varas descortezadas de ciertos árboles que mostraban «en ellas mondaduras blancas» en los abrevaderos donde las ovejas bebían durante el tiempo de

---

11. *Ibíd.*, p. 255.

procreación. La procreación entonces tendría lugar con esos objetos manchados o moteados delante de los animales. Es dudoso que eso pudiese ejercer alguna influencia prenatal en los animales, según los biólogos modernos, pero esta cuestión no ha sido demostrada. Además, aun en esto el éxito de Jacob no es atribuido a sus métodos, sino a Jehová Dios (véase Gn. 31:9-12). Todo lo que puede decirse es que Jacob, al parecer, creyó en esta artimaña. La segunda artimaña de Jacob aparece en el versículo 40:

> *Y apartaba Jacob los corderos, y ponía con su propio rebaño los listados y todo lo que era oscuro del hato de Labán. Y ponía su hato aparte y no lo ponía con las ovejas de Labán (Gn. 30:40).*

2. El segundo artificio era hacer que los corderos manchados sirviesen para el mismo propósito que las varas descortezadas. El versículo 40 es de difícil interpretación.[12] Este versículo deja claro que Jacob se las arregló para hacer que ovejas blancas pariesen corderos de color. Una explicación es la siguiente: «De la misma manera como Jacob separó las ovejas [las blancas para Labán y las de colores para él], dio la mejor posición entre el rebaño a las cabras listadas» que había emparentado y toda oveja oscura entre el rebaño de Labán.[13] Pero el mismo profesor Wenham admite lo siguiente:

> Pero cualquiera que sea la interpretación correcta [del v. 40], una cosa está clara: Jacob fue mucho más listo que Labán y tuvo éxito en emparejar las ovejas multicolores y las cabras del rebaño y de ese modo las trasladó a su propiedad. Aún más, se aseguró que los corderos y las ovejas fuertes fueran suyos, y los débiles de Labán.[14]

3. La tercera estratagema de Jacob estaba encaminada a asegurar para sí un emparejamiento saludable de ovejas (véase 30:41). Las nacidas en el otoño eran más fuertes, de modo que ajustó su instrumento para que reaccionase en ellas, y omitió usarlo cuando el rebaño mostraba debilidad. El plan de Jacob era eficaz, pero probablemente solo porque Dios obraba a través de dicho plan.

> *Y sucedía que cuantas veces se hallaban en celo las ovejas más fuertes, Jacob ponía las varas delante de las ovejas en los abrevaderos, para que concibiesen a la vista de las varas (Gn. 30:41).*

Jacob astutamente aplicaba su método de apareamiento descrito de manera selectiva a «las ovejas más fuertes». De algún modo Jacob era capaz de diferenciar los animales más fuertes con sus genes recesivos por el hecho de que copulaban antes de que lo hicieran los animales débiles que no poseían ese gen.[15] Hubiese sido interesante haberle

---

12. Bruce K. Waltke, *Genesis: A Commentary*, p. 420.

13. Gordon Wenham, «Genesis 16-50», *Word Biblical Commentary*, p. 257. En esa cita, Wenham hace referencia al comentarista J. P. Fokkelman.

14. *Ibíd.*

15. Ver Bruce K. Waltke, *Genesis: A Commentary*, p. 420.

preguntado a Jacob por qué era necesario el uso de un método tan elaborado. Quizá era una costumbre de aquellos tiempos. Tal vez era un buen negocio. Podría ser una manera de autoprotección. De cualquier manera, la astucia de Jacob era incuestionable.

> *Pero cuando venían las ovejas más débiles, no las ponía; así eran las más débiles para Labán, y las más fuertes para Jacob. Y se enriqueció el varón muchísimo, y tuvo muchas ovejas, y siervas y siervos, y camellos y asnos (Gn. 30:42-43).*

Jacob se aseguró de que el método que usaba para la procreación de las ovejas solo se aplicase a los animales más fuertes. Las más débiles eran para Labán. Algo certísimo es que tener a Dios del lado de uno es una tremenda ventaja en cualquier trato, particularmente si el trato se lleva a cabo con una persona egoísta y avara. Pero lo más importante es que Dios estaba con Jacob y lo bendijo tal como se lo había prometido en Bet-el. El Señor cumplió todo lo que le había prometido a Jacob y lo enriqueció en gran manera (véase Gn. 28:14-15). Génesis 30:43 dice que Jacob «se enriqueció muchísimo». A pesar del engaño de Labán y de los tropiezos del mismo Jacob, la gracia de Dios sobreabundó en su vida.

RESUMEN Y CONCLUSIÓN

Al comienzo de este capítulo se señalaba que el creyente, aunque aún está en el mundo, no pertenece al mundo, y aunque está en un proceso de santificación todavía no ha consumado esa santificación. En la vida de Jacob puede contemplarse la lucha entre la carne y el Espíritu.

El éxito en la vida cristiana no se logra mediante la erradicación del principio del mal en la vida del ser humano, sino mediante el poder sobrenatural de la cohabitación del Espíritu Santo, quien obra según el principio de la gracia. No hay nada en el hombre que le haga acepto delante de Dios (véase Fil. 2:12-13; Ro. 7:13-25). El éxito de Jacob fue atribuido, tanto por él mismo como por Moisés, a Jehová Dios.

También se han señalado los tristes resultados que proceden de matrimonios que no son consumados en armonía con la Palabra de Dios. Una gran cantidad de las miserias de Jacob y de sus pruebas y tribulaciones tienen su origen en el simple hecho de que con frecuencia desoyó la verdad que le había sido revelada tanto a él como a sus predecesores. Esa es la debilidad de muchos creyentes también. Los fracasos y tropiezos de Jacob se repiten con demasiada frecuencia en el pueblo de Dios. Eso ocurre como resultado de dejarse guiar por la carne y no por el Espíritu Santo.

31

Jacob huye de Labán con su familia (31:1-55)

Con sus 55 versículos, Génesis 31 es uno de los más largos del libro. Solo el capítulo 24 con 67 versículos y el 41 con 57 son más largos. Como señala Herbert C. Leupold,[1] resulta extraño que los capítulos 30 y 31 sean considerados como la historia de Isaac. En Génesis 25:19 dice: «Estos son los descendientes [*toledot*] de Isaac hijo de Abraham: Abraham engendró a Isaac». También en Génesis 31:53 se menciona el hecho de que Jacob es hijo de Isaac y «jura por el Dios de su padre». Debe notarse, además, que la historia de Jacob comienza en Génesis 37:2. Eso significa que la historia de Jacob comienza en Canaán.

La dirección divina de Abraham y su descendencia es, sin duda, una historia maravillosa. Jehová Dios llamó al gran patriarca, Abraham, de Ur de los caldeos y lo guio hasta el día de su muerte (véase Gn. 25:7-10). De igual manera, el Señor guio a Isaac desde su nacimiento hasta su partida a la eternidad (Gn. 35:27-29). Finalmente, la historia de Jacob termina en Egipto (Gn. 49:28-33). En un sentido, su historia se extiende desde Padan-aram hasta Egipto. Jacob sirvió catorce años por sus dos esposas, Raquel y Lea, y después sirvió a Labán seis años más como salario. Durante esos seis años, Jacob providencialmente se enriqueció hasta que Dios le ordenó regresar a la tierra prometida.

Jacob es conducido de regreso a la vida peregrina que caracterizó a sus antepasados Abraham e Isaac, que es la vida que debe caracterizar a todo creyente (1 P. 2:11). Las experiencias de la vida del creyente, especialmente esas que parecen tan difíciles, con frecuencia son la disciplina de un amante Padre celestial quien, al igual que el águila, nos lanza fuera del nido de la vida inmadura para que aprendamos a volar por nosotros mismos en la vida adulta de madurez que Él desea que sus hijos vivan.

A través de todo esto, y especialmente en la vida de Jacob, uno ve de nuevo el

---

1. Herbert C. Leupold, *Exposition of Genesis*, p. 828.

447

cuidado divino que recubre a todos los santos mientras pasan a través de la disciplina celestial. Tal como le dijo a Jacob en Bet-el, Jehová Dios estaba con él y lo guardaba por dondequiera que iba. Dios le prometió: «Y volveré a traerte a la tierra» (Gn. 28:15). Según el testimonio mismo de Jacob, Jehová Dios le dijo: «Vuélvete a la tierra de tus padres, y a tu parentela, y yo estaré contigo» (Gn. 31:3; véase también 31:5). Además, Dios apareció tanto a Jacob (Gn. 31:3, 11-13) como a Labán (Gn. 31:24, 29). En esos casos puede verse la mano providencial de Dios. Jacob ha estado veinte años en la tierra de Labán, y ya era tiempo de partir. Tanto Labán como Dios parecen estar de acuerdo en eso. Dios guía a Jacob soberanamente y usa a Labán providencialmente.

LA HUIDA DE JACOB (31:1-21)

Y oía Jacob las palabras de los hijos de Labán, que decían: Jacob ha tomado todo lo que era de nuestro padre, y de lo que era de nuestro padre ha adquirido toda esta riqueza. Miraba también Jacob el semblante de Labán, y veía que no era para con él como había sido antes. También Jehová dijo a Jacob: Vuélvete a la tierra de tus padres, y a tu parentela, y yo estaré contigo (Gn. 31:1-3).

La prosperidad de Jacob era superior a la de Labán —aunque este confiesa que ha sido bendecido por la presencia de Jacob— y esto ha preocupado mucho a los hijos de Labán. Se quejan de manera exagerada porque, según ellos, Jacob robaba la propiedad de Labán y lo estaba empobreciendo. Además, el mismo Labán había cambiado su actitud hacia Jacob, es decir, su trato no era el mismo de antes. Ambas cosas —las conversaciones de los hijos de Labán y el cambio de actitud del mismo Labán— se conjugaron para hacer pensar a Jacob que debía regresar a Canaán. Las sombrías miradas de Labán, que mostraban dudas y reproches, fueron las señales humanas que hicieron pensar a Jacob que era tiempo de volver a su tierra: «Miraba también Jacob el semblante de Labán, y veía que no era para con él como había sido antes» (Gn. 31:2). Es probable que Jacob se sintiese amenazado tanto por Labán como por sus hijos. Como expresa Derek Kidner:

> Si Jacob estaba tomando la mayor parte, sus críticos astutamente ignoraron el inmenso crecimiento del total (véase Gn. 30:30).[2]

Labán y sus hijos consideraron una desventaja el hecho de que Jacob prosperase más que ellos. Al principio de la relación, Labán era el rico y Jacob el pobre. Ahora, sin embargo, las cosas habían cambiado. Jacob había aumentado en riqueza por encima de Labán. Eso, por supuesto, produjo celos y descontento en Labán y sus hijos. Pero lo más significativo de todo es la intervención del Señor:

> *También Jehová dijo a Jacob: Vuélvete a la tierra de tus padres, y a tu parentela, y yo estaré contigo (Gn. 31:3).*

---

2. Derek Kidner, *Genesis*, p. 175.

Desde el lado divino es la voz del Señor que se escucha en ese momento para «instar» o, quizá mejor, «mandar» a Jacob cambiar su domicilio. El tiempo del exilio de Jacob ha llegado a su fin. Ahora, como el águila, el patriarca debe excitar su nido, revolotear sobre sus pollos y volar a la tierra prometida (véase Dt. 32:11-14). Ya sea que Dios haya hablado de manera audible o no a Jacob, el corazón del patriarca se desbordó de un inmenso «deseo de regresar a la tierra de sus padres». Ese sentir recibió las palabras de seguridad: «Y yo estaré contigo» (31:3). La verdad fundamental de las promesas que Jehová le dio en Bet-el fue renovada (véase Gn. 28:15).

El mandato de Dios a Jacob fue: «Vuélvete a la tierra de tus padres» (Gn. 31:3), lo que es sumamente importante. La tierra a la que el texto se refiere es la que Dios prometió a Abraham (véase Gn. 12:1; 13:14-15; 15:18-21; 17:6-8; 26:3; 28:13, 15). No siempre se entiende la voz de Dios y a veces no se está dispuesto a obedecer la voz del Todopoderoso. No siempre es fácil discernir la voz del Señor, pero es importante recordar que es su responsabilidad como soberano pastor hacer que sus ovejas conozcan su voluntad. Si uno no está seguro de su dirección, lo mejor es esperar hasta estar seguro. Él hará conocer su camino y capacitará al creyente a seguirlo en ese camino. Generalmente, aunque no siempre, su voz es corroborada por las circunstancias, como ocurrió en el caso de Jacob. Pero, como ya se ha señalado, lo más importante radica en el hecho del compromiso de Dios: «Yo estaré contigo», que es un compromiso unilateral de parte de Dios. Esa frase es un elocuente recordatorio de lo que Dios dijo a Jacob en Bet-el: «Yo estoy contigo», «te guardaré por dondequiera que fueres», «volveré a traerte a esta tierra» y «porque no te dejaré hasta que haya hecho lo que te he dicho» (Gn. 28:15). La promesa de Dios es clara y contundente. Los compromisos de Dios son irreversibles (Ro. 11:29).

> *Envió, pues, Jacob, y llamó a Raquel y a Lea al campo donde estaban sus ovejas, y les dijo: Veo que el semblante de vuestro padre no es para conmigo como era antes; mas el Dios de mi padre ha estado conmigo. Vosotras sabéis que con todas mis fuerzas he servido a vuestro padre; y vuestro padre me ha engañado, y me ha cambiado el salario diez veces; pero Dios no le ha permitido que me hiciese mal. Si él decía así: Los pintados serán tu salario, entonces todas las ovejas parían pintados; y si decía así: Los listados serán tu salario; entonces todas las ovejas parían listados. Así quitó Dios el ganado de vuestro padre, y me lo dio a mí (Gn. 31:4-9).*

Después de haber recibido la revelación de Dios, Jacob se prepara para actuar de inmediato. El patriarca debió reflexionar respecto a qué actitud tomarían sus esposas cuando supiesen de sus planes de marcharse. Sería natural que hubiesen cuestionado la decisión de Jacob ya que estarían cambiando de hogar y de territorio. También Jacob pensó que sería necesario discutir el asunto delante de ellas, y lo hace usando tres contrastes. En primer lugar, contrasta el disgusto de Labán —que evidentemente crecía— con las evidencias de que Dios estaba con él (véase Gn. 31:5). En segundo lugar, Jacob contrasta las inagotables artimañas de Labán con la inagotable protección de Dios contra los malvados planes de su suegro (véase Gn. 31:6-7). Y por último, Jacob contrasta el decreciente rebaño de Labán con el aumento experimentado por su rebaño, que Jacob atribuye a la intervención sobrenatural de Dios (véase Gn. 31:8-10, 12). Dios soberanamente quitó el ganado de Labán y se lo dio a Jacob (véase Gn. 31:9). Jehová Dios cumple su promesa de proteger a Jacob en cualquier circunstancia en que se encuentre.

> *Y sucedió que al tiempo que las ovejas estaban en celo, alcé yo mis ojos y vi en sueños, y he aquí los machos que cubrían a las hembras eran listados, pintados y abigarrados. Y me dijo el ángel de Dios en sueños: Jacob. Y yo dije: Heme aquí. Y él dijo: Alza ahora tus ojos, y verás que todos los machos que cubren las hembras son listados, pintados, y abigarrados; porque yo he visto todo lo que Labán te ha hecho (Gn. 31:10-12).*

Jacob explica a sus esposas, Raquel y Lea, la intervención divina que hizo posible que su rebaño creciese de una manera espectacular: «Así quitó Dios el ganado de vuestro padre, y me lo dio a mí». (Gn. 31:9). Derek Kidner dice:

> Dicho así, la prueba del favor de Dios luce incuestionable; y en verdad fue un factor tan decisivo como Jacob lo explica. Esa es la esencia del sueño (véase 31:12).[3]

Quizá algunos cuestionen la explicación de Jacob, pero el patriarca atribuye el crecimiento de su rebaño a la intervención providencial de Dios. Esa actitud de Jacob evidencia su piedad y su gratitud a Jehová Dios por desbaratar los planes y propósitos de Labán. El tío y suegro de Jacob había intentado repetidas veces defraudar al patriarca. Lo engañó con su matrimonio, cambió repetidas veces su salario y lo hizo trabajar durante largos años. Pero Dios protegió a Jacob en medio de todas aquellas circunstancias. El Dios que guardó a Jacob es el mismo que guarda y protege a sus hijos hoy en día.

Jacob explica que Dios le ha mostrado en un sueño lo que hará por él respecto del ganado. En el sueño, ha visto a los animales en celo y apareándose en los abrevaderos. Observó que los machos que cubrían a las hembras eran todos «listados, pintados y abigarrados». Henry M. Morris ofrece la siguiente explicación:

> Los animales en sí que se apareaban, sin embargo, no eran animales del color sólido del rebaño perteneciente a Labán. El significado del sueño, muy claramente, es que esos animales eran heterocigotos, en vez de homocigotos, llevando los genes particulares para listados, pintados y abigarrados, aun cuando sus propias pieles eran de color sólido. Dios podía ver dentro de la estructura genética, aunque Jacob no podía, y Él conocía la verdadera naturaleza de los animales. Jacob había aprendido por experiencia que una pequeña proporción de los descendientes, incluso de los animales de color puro, serían de colores variados; pero no tenía manera de saber cuáles, ni de controlarlos. Los animales homocigotos, que solo podían producir progenie de color como ellos mismos, fueron impedidos de aparearse por medios sobrenaturales impuestos por el mismo Dios, o por su ángel. Sin duda, algunos de los animales

---

3. Derek Kidner, *Genesis*, p. 176.

heterocigotos aparejados también produjeron hijos de color sólido, de modo que el rebaño de Labán también aumentó. Pero la proporción de estos no era para nada tan grande como la experiencia previa había indicado.[4]

Dios también reveló en el sueño que estaba haciendo aquello porque Él sabía lo que Labán intentaba hacer contra Jacob: «…Porque yo he visto todo lo que Labán te ha hecho» (Gn. 31:12). Es decir, Jehová Dios estaba atento al cuidado de su siervo Jacob y no permitía que nadie le hiciese daño. El carácter de Labán se revela claramente en los muchos intentos que hizo para alterar los términos del compromiso que había hecho con Jacob. El patriarca, seguro como estaba de la ayuda divina, accedió a cada uno de ellos, aun cuando eso significaba abandonar las estratagemas a las que había apelado al principio. Ninguna artimaña podía producir la exacta diferencia en color que requería el nuevo acuerdo. Por lo tanto, Jacob estaba más firmemente convencido de que era el objeto del cuidado providencial de Dios. El ángel de Dios mencionado en 31:11 es el mismo que se identifica como «el Dios de Bet-el» en Génesis 31:13 (véase Gn. 16:7-11; 18:1-21; 22:11, 15).

Debe recordarse que Dios apareció a Jacob en Bet-el como «Jehová, el Dios de Abraham tu padre, y el Dios de Isaac» (Gn. 28:13). Además, le promete que «la tierra en que estás acostado te la daré a ti y a tu descendencia». Aquel había sido un momento sumamente difícil en la vida de Jacob. Estaba solo y desanimado, rumbo a un sitio desconocido y lejano, pero el Señor le dio ánimo y lo fortaleció. Ahora Jacob se encuentra rodeado de peligros, los años han pasado y, aparte de su familia, no tiene amigos en Padan-aram. En medio de esa situación, Jehová le aparece y le dice:

> *Yo soy el Dios de Bet-el donde tú ungiste la piedra, y donde me hiciste un voto. Levántate ahora y sal de esta tierra, y vuélvete a la tierra de tu nacimiento (Gn. 31:13).*

Jehová Dios ha cumplido su promesa a Jacob; lo ha protegido a través de circunstancias difíciles, le ha dado una familia numerosa y ha aumentado su riqueza. Jacob ha cumplido «su voto» de adorar solo a Jehová, el Dios de Abraham y de Isaac, y ahora se dispone a regresar a la tierra de su nacimiento.

> *Respondieron Raquel y Lea, y le dijeron: ¿Tenemos acaso parte o heredad en la casa de nuestro padre? ¿No nos tiene ya como por extrañas, pues que nos vendió, y aun se ha comido del todo nuestro precio? Porque toda la riqueza que Dios ha quitado a nuestro padre, nuestra es y de nuestros hijos; ahora, pues, haz todo lo que Dios te ha dicho (Gn. 31:14-16).*

Raquel y Lea concuerdan en contra de Labán. Ambas habían sufrido del egoísmo y la codicia de su padre. Lo acusan de haberlas desheredado, de tenerlas como extranjeras, pues en vez de ser tratadas como parte de la familia, Raquel y Lea son tratadas al mismo nivel que Jacob. Debe recordarse que Raquel había sido pastora del rebaño de Labán (véase Gn. 29:6-9). Además, ambas hermanas acusan a su padre de haberlas vendido y haberse comido el producto de la venta. En definitiva, Raquel y Lea dan su

---

4. Henry M. Morris, *The Genesis Record*, p. 480.

aprobación a la decisión de Jacob de marcharse a la tierra de su nacimiento y dejar a su padre que las había tratado como mercancía común.

Aunque las dos esposas concuerdan con Jacob, Raquel lleva la voz cantante en contra de su padre. El uso que Labán hace de sus hijas por ganancia material no había pasado desapercibido. Egoístamente, Labán había vendido a sus hijas a Jacob a cambio de servicio. Seguramente, Raquel y Lea habían conocido un mejor camino de llevar a cabo un matrimonio aun en aquellos días. Al parecer, la decisión de las esposas estaba cimentada sobre una base totalmente material, lo que no merece ninguna admiración, pero el resentimiento contra su padre es comprensible.

> *Entonces se levantó Jacob, y subió sus hijos y sus mujeres sobre los camellos, y puso en camino todo su ganado, y todo cuanto había adquirido, el ganado de su ganancia que había obtenido en Padan-aram, para volverse a Isaac su padre en la tierra de Canaán. Pero Labán había ido a trasquilar sus ovejas; y Raquel hurtó los ídolos de su padre. Y Jacob engañó a Labán arameo, no haciéndole saber que se iba. Huyó, pues, con todo lo que tenía; y se levantó y pasó el Éufrates, y se dirigió al monte de Galaad (Gn. 31:17-21).*

En Génesis 31:17-18, Moisés describe la apresurada salida de Jacob con su familia y sus pertenencias. El patriarca actúa con determinación. El verbo «se levantó» [*yacam*] sugiere que Jacob no perdió tiempo. La preparación de los camellos era importante para aquel largo viaje y con una familia tan extensa. La declaración del versículo 18 expresa el objetivo del viaje: «Para volverse a Isaac su padre en la tierra de Canaán». Esa declaración expresa el propósito preciso de la salida de Padan-aram. Además, sugiere la importancia del regreso a la tierra.

Jacob aprovechó el mejor momento para su escapada, pues Labán estaba ocupado en la tarea de «trasquilar sus ovejas». Seguramente él y sus ayudantes estaban lejos de donde estaba Jacob. También se menciona en el versículo 19 que «Raquel hurtó los terafines de su padre». K. L. McKay, quien fuera profesor de la Universidad Nacional de Australia, explica lo siguiente acerca de los terafines:

Estos objetos son mencionados en cada período del Antiguo Testamento: los patriarcas (Gn. 31:19); los jueces (Jue. 17:5-18:31); la monarquía temprana y tardía (1 S. 15:23; 19:13-16; 2 R. 23:24; Os. 3:4; Ez. 21:21); y el período post-exílico (Zac. 10:2). En su uso, están principalmente asociados con la adivinación. Nótese el emparejamiento de efod y terafín en la religión idólatra de Micaía (Jue. 17:1-5); la asociación con la adivinación mediante el lanzamiento de saetas y la observación de hígados (hepatoscopia, véase Ez. 21:21) y con prácticas espiritistas (2 R. 23:24). No se dice en ningún sitio cómo eran consultados ni tampoco cuál era su apariencia. Aunque Génesis 31:34 sugiere que eran objetos pequeños, 1 Samuel 19:13-16 sugiere que eran del tamaño de una persona o por lo menos del tamaño del busto de una persona. Sin embargo, es posible que Micaía colocase el terafín «al lado» en lugar de «en» la cama y que se considerara que poseían alguna cualidad profiláctica o curativa.[5]

---

5. K. L. McKay, «Teraphim», *The New Bible Dictionary* (Grand Rapids: Eerdmans Publishing Co., 1965), p. 1252.

Por qué Raquel robó los terafines de su padre es una cuestión que ha sido hartamente debatida. Hay quienes entienden que Raquel lo hizo porque esos terafines simbolizaban el derecho a la herencia de parte del hijo mayor. Al tomar los terafines, Raquel, al parecer, quería tener la seguridad de que Jacob fuese considerado como el hijo heredero.[6] También Derek Kidner ofrece una explicación similar:

> Al robar los terafines… Raquel pudo haber tenido en parte motivos religiosos (véase Gn. 35:2, 4), pero que la posesión de ellos podía fortalecer su reclamo de la herencia (como muestran las tablillas Nuzi) concede la pista más probable de su acción. Armoniza con sus palabras de los versículos 14-16, y uno puede imaginársela diciéndose a sí misma que estaba tomando solo lo que le pertenecía. Una vez más, en esta historia el acto mismo de la terquedad y el interés personal sugerido estuvo a punto de conducir al desastre.[7]

De todos modos, Raquel actuó con decisión y carácter, aunque quizá pueda pensarse que la mujer amada de Jacob aún no se ha liberado totalmente de su trasfondo politeísta. También podría ser que Raquel intentase vengarse de su padre al quitarle algo que él consideraba importante.

El versículo 20 señala que Jacob «engañó» [«robó el corazón»] de Labán, el «engañador» es «engañado». Eso resulta paradójico. Obsérvese que Labán es designado como «arameo» (véase 31:24). Quizá sea una sugerencia al hecho de que hay una total separación entre Jacob y Labán. Jacob «huye» de la tierra a donde había ido en busca de seguridad. El gran río Éufrates es la línea de demarcación. La tierra que Dios prometió a Abraham abarca «desde el río de Egipto hasta el río grande, el Éufrates» (Gn. 15:18). De modo que Jacob se dirige a la tierra que Dios prometió dar a Abraham y a su descendencia a través de Isaac y Jacob. «Galaad» es la tierra fértil situada en Transjordania, entre el mar de Galilea y el Mar Muerto. Hacia allá se dirige Jacob sin saber lo que aún le espera.

LA PERSECUCIÓN DE LABÁN Y SU DISCUSIÓN CON JACOB (31:22-42)

Y al tercer día fue dicho a Labán que Jacob había huido. Entonces Labán tomó a sus parientes consigo, y fue tras Jacob camino de siete días, y le alcanzó en el monte de Galaad (Gn. 31:22-23).

Jacob llevaba cierta ventaja a Labán puesto que había salido tres días antes de que Labán se enterase. De modo que después de siete días Labán logró dar alcance a Jacob. La mano providencial de Dios protegió a Jacob de la ira de Labán. No era difícil darle alcance a Jacob. La familia y el tamaño de su rebaño no le permitían viajar con rapidez. La distancia de Padan-aram a Galaad era de unos 480 km, lo que explica que no fuese difícil para Labán dar alcance a Jacob.

Y vino Dios a Labán arameo en sueños aquella noche, y le dijo: Guárdate que no hables a Jacob descomedidamente (Gn. 31:24).

---

6. Leon J. Wood, *Genesis*, p. 111.
7. Derek Kidner, *Genesis*, p. 176.

Este versículo revela cómo Dios detuvo a Labán de hacer daño a Jacob. El intento de Labán de mantener a Jacob como su empleado en su propiedad ilustra la energía con la que el mundo le gusta retener al creyente en su medio. Cuando el creyente manifiesta su intención de separarse del mundo, casi siempre se origina una lucha feroz, con la familia, los amigos, los intereses materiales que luchan para impedir que el cristiano se identifique plenamente con el Señor. Eso fue lo que Labán quiso hacer con Jacob y lo que el mundo intenta hacer con los cristianos.

Tal como fue con Abraham y con Isaac, así también el tercer miembro del trío patriarcal tuvo que ser rescatado por Jehová Dios de aquella situación embarazosa. El Señor advirtió a Labán que no dijese nada ofensivo a Jacob ni nada que lo obligase a regresar a Padan-aram.

> *Alcanzó, pues, Labán a Jacob; y éste había fijado su tienda en el monte; y Labán acampó con sus parientes en el monte de Galaad. Y dijo Labán a Jacob: ¿Qué has hecho, que me engañaste, y has traído a mis hijas como prisioneras de guerra? ¿Por qué te escondiste para huir, y me engañaste, y no me lo hiciste saber para que yo te despidiera con alegría y con cantares, con tamborín y arpa? Pues ni aun me dejaste besar a mis hijos y mis hijas. Ahora, locamente has hecho. Poder hay en mi mano para haceros mal; mas el Dios de tu padre me habló anoche diciendo: Guárdate que no hables a Jacob descomedidamente (Gn. 31:25-29).*

Como puede verse en estos versículos, el arrogante Labán trata de jugar el papel de un furioso padre y abuelo y exageradamente intenta poner a Jacob en la peor situación posible. Se vanagloria del daño que pudo haberle hecho a Jacob y se queja de haber sido terriblemente maltratado. Pero confiesa que Dios le ha hablado y le ha advertido de no hacer ningún daño a Jacob. Ese es un punto de vital importancia en el argumento de Labán. ¿Quién es el insignificante Labán para enfrentarse al Dios de Abraham? Como puede observarse en los versículos 26 al 28, Labán se esfuerza por dar la impresión de que es víctima de la decisión tomada por Jacob; el arameo intenta aparecer como un hombre justo, cosa que no era. En el versículo 29, Labán afirma tener suficiente poder para castigar a Jacob. Sin embargo, confiesa que Dios le advirtió que no se atreviese a oponerse a Jacob.

> *Y ya que te ibas, porque tenías deseos de la casa de tu padre, ¿por qué me hurtaste mis dioses? Respondió Jacob y dijo a Labán: Porque tuve miedo; pues pensé que quizá me quitarías por fuerza tus hijas. Aquel en cuyo poder hallares tus dioses, no viva; delante de nuestros hermanos reconoce lo que yo tenga tuyo, y llévatelo. Jacob no sabía que Raquel los había hurtado (Gn. 31:30-32).*

Labán concluye con una seria acusación contra Jacob: «¿Por qué me hurtaste mis dioses?». Jacob, por supuesto, no sabía nada acerca del robo de los terafines de Labán. La respuesta de Jacob es contundente y no usa ninguna sutileza. Admite su temor y valientemente dice que si hubiese un ladrón, y fuese hallado, moriría de inmediato.

Entró Labán en la tienda de Jacob, en la tienda de Lea, y en la tienda de las dos siervas, y no los halló; y salió de la tienda de Lea, y entró en la tienda de Raquel. Pero tomó Raquel los ídolos y los puso en una albarda de un camello, y se sentó sobre ellos; y buscó Labán en toda la tienda y no los halló. Y ella dijo a su padre: No se enoje mi señor, porque no me puedo levantar delante de ti; pues estoy con la costumbre de las mujeres. Y él buscó pero no halló los ídolos (Gn. 31:33-35).

La búsqueda de los terafines por Labán fue algo tensa. Primero Labán buscó en la tienda de Jacob, luego en la de Lea, después en la de las siervas, pero no halló nada. Por último, Labán registró la tienda de Raquel, que era tan lista como su padre. Estaba sentada en la litera del camello, es decir, en la silla de montar con cestas a cada lado. Labán registra todos los sitios y se dirige a Raquel. Es entonces cuando ella habla, porque de haber hablado antes acerca de su condición hubiese causado sospechas. Raquel se disculpa de no poder levantarse delante de su padre, le dice que está en su período de menstruación y, por lo tanto, tiene dolores y molestias. Finalmente, Labán no encuentra sus «ídolos» por ninguna parte.

Entonces Jacob se enojó, y riñó con Labán; y respondió Jacob y dijo a Labán: ¿Qué transgresión es la mía? ¿Cuál es mi pecado, para que con tanto ardor hayas venido en mi persecución? Pues que has buscado en todas mis cosas, ¿qué has hallado de todos los enseres de tu casa? Ponlo aquí delante de mis hermanos y de los tuyos, y juzguen entre nosotros (Gn. 31:36-37).

Esta fue la ocasión para que las emociones reprimidas de Jacob encontrasen su expresión. Con justificado enfado, elocuentemente Jacob se enfrenta a Labán por su fracaso en encontrar alguna cosa robada. La indignación de Jacob debió haber avergonzado a Labán. Jacob pregunta a Labán «¿Cuál es mi pecado?» [*kjataah*], es decir, ¿cuál fue mi error? En un sentido, Jacob es capaz de tapar la boca a Labán.

Estos veinte años he estado contigo; tus ovejas y tus cabras nunca abortaron, ni yo comí carnero de tus ovejas. Nunca te traje lo arrebatado por las fieras: yo pagaba el daño; lo hurtado así de día como de noche, a mí me lo cobrabas. De día me consumía el calor, y de noche la helada, y el sueño huía de mis ojos. Así he estado veinte años en tu casa; catorce años te serví por tus dos hijas, y seis años por tu ganado, y has cambiado mi salario diez veces. Si el Dios de mi padre, Dios de Abraham y temor de Isaac, no estuviera conmigo, de cierto me enviarías ahora con las manos vacías; pero Dios vio mi aflicción y el trabajo de mis manos, y te reprendió anoche (Gn. 31:38-42).

Las quejas de Jacob estaban bien fundadas. Durante veinte años había servido fielmente a Labán. Había trabajado catorce años como pago por sus dos esposas, y seis años más por el ganado de Labán. Dos veces en el pasaje (vv. 38 y 41) Jacob recuerda a Labán los veinte años de arduo trabajo. De no haber sido por la intervención providencial de Jehová Dios, Jacob hubiese regresado a su tierra con las manos vacías (véase

31:42). Jacob le recuerda a Labán que en repetidas ocasiones él asumió las pérdidas sufridas por el rebaño de Labán y nunca se quejó ni reclamó nada. La confianza de Jacob estaba asentada en «el Dios de Abraham» (31:42) y «temor de Isaac», es decir, en el «asombroso» o «impresionante» Dios de Isaac. El «Dios de Abraham» y el «asombroso Dios de Isaac» reprendió a Labán. De no haberlo hecho, Labán hubiese dejado a Jacob en la miseria.

El pacto de paz y amistad entre Jacob y Labán (31:43-55)

Respondió Labán y dijo a Jacob: Las hijas son hijas mías, y los hijos, hijos míos son, y las ovejas son mis ovejas, y todo lo que tú ves es mío; ¿y qué puedo yo hacer hoy a estas mis hijas o a sus hijos que ellas han dado a luz? Ven, pues, ahora, y hagamos pacto tú y yo, y sea por testimonio entre nosotros dos. Entonces Jacob tomó una piedra, y la levantó por señal. Y dijo Jacob a sus hermanos: Recoged piedras. Y tomaron piedras e hicieron un majano, y comieron allí sobre aquel majano. Y lo llamó Labán, Jegar Sahaduta; y lo llamó Jacob, Galaad (Gn. 31:43-47).

Labán hace una reclamación sin fundamento a Jacob. Se ha olvidado que había vendido sus hijas a Jacob a cambio de catorce años de trabajo (véase Gn. 31:14-15; 31:41). Al parecer, había olvidado que Jacob había trabajado seis años más para cuidar el ganado de Labán. Además, no tomaba en cuenta que sus propias hijas estaban muy resentidas por su trato hacia ellas.

Labán ha perdido el debate con Jacob y ahora sugiere un pacto. Quizá pensaba que Jacob podría regresar algún día con un ejército y tomar venganza. El pacto culminó con un final relativamente feliz de los veinte años de pruebas y vicisitudes. Los años de Jacob en Padan-aram habían sido de muchos sufrimientos.

El «majano» [*gal*] es un «hito de piedras» levantado como testimonio. El vocablo hebreo *gal* es un juego de palabras con el nombre de Galaad que es explicado en los versículos 47 y 48. De modo que un majano de memorial y un montón de piedras constituyen los memoriales del pacto. Cada participante dio un nombre al memorial. Uno en lengua aramea y el otro en lengua hebrea.

Porque Labán dijo: Este majano es testigo hoy entre nosotros dos; por eso fue llamado su nombre Galaad; y Mizpa, por cuanto dijo: Atalaye Jehová entre tú y yo, cuando nos apartemos el uno del otro. Si afligieres a mis hijas, o si tomares otras mujeres además de mis hijas, nadie está con nosotros; mira, Dios es testigo entre nosotros dos. Dijo más Labán a Jacob: He aquí este majano, y he aquí esta señal, que he erigido entre tú y yo. Testigo sea este majano, y testigo sea esta señal, que ni yo pasaré de este majano contra ti, ni tú pasarás de este majano ni de esta señal contra mí, para mal. El Dios de Abraham y el Dios de Nacor juzgue entre nosotros, el Dios de sus padres. Y Jacob juró por aquel a quien temía Isaac su padre (Gn. 31:48-53).

Labán, en su intento de sugerir que Jacob era un personaje peligroso, se adueña del memorial de Jacob para sus propios fines. Habla de manera que genera la impresión de que Jacob es un hombre malévolo que necesita ser vigilado. Labán jura por «los dioses», dioses en plural, que no son los suyos, mientras que Jacob, sin corregir a Labán, jura simplemente por el Dios verdadero bajo el mismo nombre usado en el versículo 42 («el Dios de Abraham y el temor de Isaac»). La frase: «Y Jacob juró por aquel a quien temía Isaac su padre» es significativa. El Dios del temor de Isaac es «el Dios de Abraham», es decir, el Dios que es objeto de temor y reverencia. El único Dios digno de adoración y de ser temido. Bruce K. Waltke hace el siguiente comentario:

> «El Dios de Abraham y el Dios de Nacor» es mejor traducirlo «el Dios de Abraham y el dios de Nacor». El verbo «juzgue» es plural, indicando que Labán tiene dos deidades en mente (véase Jos. 24:2). «El Dios de sus padres» (véase Jos. 24:2). La Septuaginta omite totalmente dicha frase.[8]

Es importante observar que Jacob no iguala al «Dios de Abraham» con «el dios de Nacor». El patriarca «jura» por «el impresionante y sorprendente» Dios de Isaac a quien hace equivalente con el Dios de Abraham (véase Gn. 31:42).[9] Ese es el Dios a quien Isaac teme y adora de manera exclusiva. Labán había maltratado a Jacob, incluso le había advertido de la posibilidad de afligir a Raquel y Lea. También de que Jacob pudiese tomar otras esposas. Jacob, sin embargo, juró fidelidad delante de Dios. Es evidente que Labán no era un verdadero adorador del Dios de Abraham, pero Jacob, por el contrario, sí era un verdadero adorador del Dios Todopoderoso, es decir, el Dios de Abraham y el maravilloso Dios de Isaac.

Entonces Jacob inmoló víctimas en el monte, y llamó a sus hermanos a comer pan; y comieron pan, y durmieron aquella noche en el monte. Y se levantó Labán de mañana, y besó sus hijos y sus hijas, y los bendijo; y regresó y se volvió a su lugar (Gn. 31:54-55).

Los versículos finales de Génesis 31 registran la realización del pacto entre Jacob y Labán. El sacrificio y la fiesta realizados para proclamar esas relaciones amigables solo se pueden establecer por medio de una expiación. Ese sacrificio concluye adecuadamente el acontecimiento. Hay aquí un recordatorio de la necesidad de un sacrificio para una expiación espiritual (véase He. 9:22; Ro. 3:21-26) y de su eficacia para una relación amigable con el Dios santo, soberano del universo. Él es el Dios que recibe a los pecadores sobre la base del sacrificio de Cristo en la cruz y de su gloriosa resurrección (Ro. 5:1-11). La «inmolación de víctimas» tiene que ver con el ofrecer sacrificios sobre el monumento de piedras; sacrificio que sella el pacto entre Jacob y Labán (véase Éx. 24:5-8). El versículo 55 proporciona una nota relativamente feliz. Después de haber hecho las paces con Jacob, Labán se despide de sus hijas y sus nietos y marcha a su casa en Padan-aram. Este es el último contacto registrado en las Escrituras entre Labán y Jacob. Las hijas de Labán mueren en Canaán y nunca más se relacionan con su padre con quien habían tenido una relación algo infeliz.

---

8. Bruce K. Waltke, *Genesis: A Commentary*, p. 434.
9. *Ibíd.*

Resumen y conclusión

Génesis capítulo 31 puede dividirse en tres partes o secciones: la huida de Jacob de la casa de Labán (Gn. 31:1-21), la persecución de Labán y su discusión con Jacob (Gn. 31:22-42) y el pacto de paz y amistad entre Jacob y Labán (Gn. 31:.43-54).

El punto culminante de la narración es el sacrificio y la fiesta para proclamar la relación amigable entre Jacob y Labán. El pasaje destaca la absoluta soberanía de Dios. El soberano Dios de Abraham y sorprendente Dios de Isaac que había llevado a Jacob a Padan-aram ahora lo saca de aquel territorio lejano para llevarlo de vuelta a la tierra de sus padres. A Jacob se le enseña que era un peregrino y que su verdadero hogar era Canaán. Es allí donde la promesa será cumplida para él y para su simiente. ¡Cuán hermoso es el cuidado providencial de Dios sobre su siervo Jacob, a pesar de sus frecuentes rebeliones y de sus pecados!

32

Jacob se prepara para el encuentro con Esaú y su oración en Peniel (32:1-32)

Labán y su familia se han marchado muy de mañana y Jacob se ha preparado para partir hacia la tierra de sus padres. La jornada es larga, la carga pesada y la responsabilidad grande. Cinco mujeres, contando a Dina, y once muchachos, además de los siervos. Uno puede suponer la gran preocupación que pesaba sobre Jacob. A eso habría que añadir su gran temor al enterarse que su hermano Esaú se dirige hacia él con un pequeño ejército.

En aquellos momentos difíciles, Jacob apeló al único que lo podía librar: Jehová Dios de Abraham y Dios de Isaac. Jacob oró fervientemente y apeló a las promesas que Dios le había hecho de guardarlo por dondequiera que fuere (Gn. 32:9), y le pide que lo libre de la mano de Esaú, pero seguidamente prepara una estrategia propia para enfrentar la situación.

Este capítulo registra cómo Dios protegió a Jacob y cómo el Ángel de Jehová le apareció en Peniel y le cambió el nombre a Israel. Es cierto que el patriarca tuvo que pasar por pruebas y tribulaciones, pero de todas ellas Jehová Dios lo libró. Al final del camino, Dios cambió su nombre, ya no se llamaría «suplantador», «engañador», sino que de allí en adelante se llamaría «Israel», es decir, «el que lucha con Dios y prevalece». El nuevo nombre habla de un cambio radical en la vida del tercero de los grandes patriarcas. Solo Jehová Dios podía efectuar ese cambio.

Tal como ocurre en las vidas de todos los santos de Dios, vidas que son simples reflejos de la vida mayor —la de nuestro Señor Jesucristo—, el camino a las cumbres del logro espiritual es el que conduce a través del valle de humillación y, para crédito de Jacob, puede decirse que no hizo ningún esfuerzo para evitarlo. En su pequeño gran comentario, Derek Kidner dice:

Geográficamente, el llamado a Bet-el llevaría [a Jacob] a ningún sitio cercano a Esaú, protegido en la parte sur del monte Seir; espiritualmente, no podía llegar a Bet-el de ninguna otra manera. Dios le había prometido la tierra (Gn. 28:13-14), y sus límites debían marchar un día juntos con los de Esaú. Además, para encontrarse con Dios, primero «tenía que reconciliarse» con su hermano. La secuencia de los capítulos 32-33, culminando en 35:1-15, representa poderosamente el principio de Mateo 5:23-25a.[1]

Es cierto que aunque Jacob había engañado a Esaú en lo concerniente a la bendición y que Dios había prometido que Jacob sería el heredero de la bendición, también es cierto que Jacob tenía que reconciliarse con su hermano. Como dice la Escritura: «…y sabed que vuestro pecado os alcanzará» (Nm. 32:23), si uno no hace el arreglo debido. Si el creyente no lo hace bien, Dios arreglará el camino para que lo haga a pesar de nosotros mismos.

Pero el tema principal de Génesis 32 es la lucha de Jacob con la voluntad de Dios, que se pone de manifiesto en su lucha con el Ángel. Ahí Jacob descubre, como todos los que prestan atención a la lección presente, que el secreto de todo poder espiritual y de toda bendición se encuentra en el reconocimiento de que Dios debe ser el primero en nuestra vida. Hay un gran contraste en la historia de la lucha con el Ángel junto al vado de Jaboc entre lo humano y lo divino, y una revelación de forma humana que aparece y es confrontada y conquistada por la aparición divina. Es el contraste entre naturaleza y gracia, entre esfuerzo humano y poder divino, entre el hombre y Dios. El corazón malvado e incurable del hombre (véase Jer. 17:9) tiene que ser tocado por el poder divino y ser reducido a la miseria antes de que abandone la arrogante y orgullosa autoestima y los constantes temores para descansar en Él. Solo la gracia soberana en la vida del ser humano es capaz de reducirla a la impotencia y arrastrarla delante del Dios de la misericordia. Cuando uno se da cuenta de que está en bancarrota espiritual es cuando está en la posición de ser enriquecido por la gracia de Dios.

El cruce del vado de Jaboc y la llegada a Peniel resultaron ser decisivos para la vida de Jacob, pues fueron momentos escogidos por Dios desde la eternidad para producir la transformación necesaria en la vida del patriarca. Aquel no fue el día de la conversión de Jacob, sino el de su dedicación renovada al propósito de Dios en su vida (véase Ro. 12:1-2). Un nuevo clima de espiritualidad se convierte en la esfera de los restantes años de su existencia.

JACOB SE PREPARA PARA EL ENCUENTRO CON ESAÚ (32:1-21)

El encuentro con los ángeles (32:1-2)

> *Jacob siguió su camino, y le salieron al encuentro ángeles de Dios. Y dijo Jacob cuando los vio: Campamento de Dios es éste, y llamó el nombre de aquel lugar Mahanaim (32:1-2).*

Jacob se encuentra ahora cara a cara con la realidad que ya no puede evitar. En primer lugar, ahí están las consecuencias de la ventaja que sustrajo de Esaú en la cuestión de la bendición. En segundo lugar, la reacción de odio a causa de la bendición.

---

1. Derek Kidner, *Genesis*, p. 178.

La expresión «su camino» parece ser importante. Las palabras tranquilizadoras de la visita angelical fueron dadas mientras Jacob iba de camino (32:1). Cuando creemos, recibimos sus fuerzas y su capacitación (véase Lc. 17:14; Jn. 4:51) y actuamos. El texto no dice cuál fue el contenido de las palabras de los ángeles o si dijeron algo. Lo más probable es que Jacob estuviese desanimado y preocupado, lleno de temor por el inminente encuentro con su hermano Esaú. Jehová Dios, en su gracia y misericordia, envió ángeles para fortalecer y animar a Jacob.

Jacob dijo cuando vio a los ángeles: «Campamento de Dios es éste», y nombró el lugar «Mahanaim», que significa «dos campamentos». El énfasis de ese nombre es que el campamento de Jacob, o su caravana, es igualado por otro, es decir, Jacob ve que al regresar los ángeles de Dios lo acompañan y protegen. Eso trae a la mente las palabras del Salmo: «El ángel de Jehová acampa alrededor de los que le temen, y los defiende» (Sal. 34:7). El monte que rodea a los santos de Dios está poblado de caballos y de carros, y es siempre verdad que son más los que están con nosotros que los que están contra nosotros (véase 2 R. 6:16). Los ángeles de Dios se habían encontrado con Jacob en Bet-el (Gn. 28:12), en Padan-aram (Gn. 31:11), y ahora se encuentran con él por tercera vez. Dios estaba protegiendo a su escogido (véase He. 1:14). La impenetrable muralla del poder divino estaba firmemente establecida entre Jacob y todos sus enemigos, aunque en realidad el patriarca no entendía del todo lo que aquello significaba. A pesar de eso, había dos campamentos (Mahanaim): el de Jacob y el de los ángeles de Dios que lo protegían de todos sus enemigos. Gordon Wenham, en su excelente comentario, dice:

> La última escena muestra a Jacob dirigiéndose hacia Canaán. Su experiencia en Mahanaim epitomiza su experiencia total con Labán así como anticipa su encuentro con Esaú. A través de este episodio se ha enfatizado que Dios ha estado con Jacob (31:3, 5, 9, 12). Comienza con el Señor asegurando a Jacob que estaría con él y termina con él experimentando de nuevo esto en una nueva visión, similar de muchas maneras a la de Bet-el. Ambas hablan de «encontrar» [*pagá*] y del «ángel de Dios» (Gn. 28:11-12). Ambas visiones coinciden con su entrada o su posible salida de Canaán. En ambas, el lugar se nombra debido a la experiencia. «Mahanaim» significa «dos campamentos» y era, según Josué 13:26; 21:38, una ciudad levítica en Gad, que después sería la capital del reino de Is-boset (2 S. 2:8-10) y el refugio de David durante la rebelión de Absalón (2 S. 17:24).[2]

Jacob dijo cuando vio a los ángeles: «Campamento de Dios es éste», y como ya se ha señalado, le puso «Mahanaim». No cabe duda de que el patriarca estaba asombrado por causa de aquella maravillosa visión. En un principio tenía gran temor de encontrarse con Esaú, pero ahora su asombro era mayor a causa de la visión de los ángeles. Seguidamente Jacob se prepara para su encuentro con su hermano Esaú.

Los mensajeros de Jacob a Esaú (32:3-6)

Y envió Jacob mensajeros delante de sí a Esaú su hermano, a la tierra de Seir, campo de Edom. Y les mandó diciendo: Así diréis a mi señor Esaú: Así

2. Gordon Wenham, «Genesis 16-50», *Word Biblical Commentary*, p. 281.

*dice tu siervo Jacob: Con Labán he morado, y me he detenido hasta ahora;
y tengo vacas, asnos, ovejas, y siervos y siervas; y envío a decirlo a mi señor,
para hallar gracia en tus ojos (Gn. 32:3-5).*

Hay una enorme diferencia entre los mensajeros de Dios a Jacob y los de Jacob a
Esaú. Su corazón estaba inquieto por la manera como había tratado a Esaú y sabía que
era necesario hacer frente al mal que no había sido perdonado. Él envió una embajada
a su hermano con la finalidad de tantear el estado de ánimo de Esaú y saber acerca
de su actitud. Como puede verse, Jacob usa medios humanos y carnales para intentar
aplacar la ira de Esaú. Repetidamente le envía regalos, se dirige a él, llamándolo «mi
señor Esaú» y se presenta a sí mismo como «tu siervo Jacob». Aunque ese vocabulario
podría ser la cortesía común entre los orientales, uno tiene la sospecha de que Jacob
pone de manifiesto un temor que lo hace humillarse delante de Esaú. Jacob intenta
«comprar» el favor de su hermano Esaú mediante ofrendas materiales. Al parecer,
Jacob no ha aprendido el concepto divino de la gracia.

*Y los mensajeros volvieron a Jacob, diciendo: Vinimos a tu hermano Esaú,
y él también viene a recibirte, y cuatrocientos hombres con él (Gn. 32:6).*

El informe traído por los siervos de Jacob es algo ambiguo y eso alarmó a Jacob. La
reacción de Esaú ante las noticias de que Jacob se acercaba no es conocida. El silencio
y la incertidumbre de lo que podía ocurrir con la llegada de Esaú atemorizaban a Jacob.
Quizá se asustó al saber el tamaño del ejército que acompañaba a su hermano.

El temor de Jacob (32:7-12)

*Entonces Jacob tuvo gran temor, y se angustió; y distribuyó el pueblo que
tenía consigo, y las ovejas y los camellos, en dos campamentos. Y dijo: Si
viene Esaú contra un campamento y lo ataca, el otro campamento escapará
(Gn. 32:7-8).*

Obsérvese los verbos «gran temor» y «se angustió» [*yétser*], es decir, se llenó de
terror. La capacidad bélica de Esaú era conocida y comandaba un pequeño ejército
bien entrenado. Según Keil y Delitzsch, Esaú había conquistado al pueblo horeo que
habitaba en Seir.[3] Allen P. Ross hace el siguiente comentario acerca de Jacob:

La muestra inicial de la ansiedad de Jacob manifiesta cuán seria consideró
la situación. Pero cuando llegaron las noticias de que se acercaba su hermano acompañado de cuatrocientos hombres (v. 6), Jacob se aterrorizó en
gran manera. Ahora, casi convencido de un ataque, Jacob hizo preparativos
para hacer frente a la amenaza y dividió a su gente y las propiedades en dos
campamentos. Al parecer, Jacob no había aprendido el tema central de la
visión del campamento de Dios, porque estaba dispuesto a sacrificar parte de
sus acompañantes, algo que Dios le había dado, para que los otros pudiesen

---

3. Keil y Delitzsch, «Genesis to Judges 6:32», *Old Testament Commentaries*, p. 232.

escapar. Génesis 33:2 muestra dolorosamente claro cuál grupo estaba dispuesto a sacrificar.[4]

Preso del pánico y comprendiendo el peligro en que estaba su caravana, Jacob empleó la estrategia de la división con la esperanza de que, si era atacado, al menos una parte de la caravana pudiese escapar. Aquella fue una maniobra prudente y no un acto de incredulidad, aunque probablemente sea justo decir, como lo hace Herbert C. Leupold:

> El valor generado por la visión de los ángeles se desvanece. La exaltación de la fe da paso a la agonía de la desesperación tan pronto como la firme realidad de la venida de Esaú con sus 400 hombres se pone delante. Solo Jacob sabía cuán profundas eran las raíces del resentimiento de Esaú.[5]

La oración de Jacob (32:9-12)

Jacob no estaba preparado para la guerra, pues estaba acostumbrado a la vida tranquila de la casa y al trato con el rebaño, de manera que especular con acciones bélicas era algo totalmente ajeno a sus pensamientos. Pero había algo que sí podía hacer, apelar a la ayuda de Dios:

> *Y dijo Jacob: Dios de mi padre Abraham, y Dios de mi padre Isaac, Jehová, que me dijiste: Vuélvete a tu tierra y a tu parentela, y yo te haré bien; menor soy que todas las misericordias y que toda la verdad que has usado para con tu siervo; pues con mi cayado pasé este Jordán, y ahora estoy sobre dos campamentos. Líbrame ahora de la mano de mi hermano, de la mano de Esaú, porque le temo; no venga acaso y me hiera la madre con los hijos. Y tú has dicho: Yo te haré bien, y tu descendencia será como la arena del mar, que no se puede contar por su multitud (Gn. 32:9-12).*

Había una opción abierta delante de Jacob, y él se aprovechó de ella al máximo. Por lo menos podía orar y eso fue precisamente lo que hizo. Bajo la alarma de la siniestra naturaleza del informe de los mensajeros, Jacob vuelve su rostro al Señor. Leon J. Wood escribió lo siguiente:

> Entonces [Jacob] hizo lo más importante de todo al ir a Dios en oración respecto a su problema (vv. 9-12). Recordó a Dios sus promesas anteriores, confesó su indignidad personal de cualquier consideración hecha por Dios, y concluyó pidiéndole a Dios que en su gracia lo librase del peligro inminente.[6]

Varios comentaristas señalan el carácter modélico de la oración de Jacob, pues está basada en el pacto de Jehová con los patriarcas, con las promesas que constituyen dicho pacto e ilustra el espíritu correcto de adoración en esa maravillosa e inmerecida

---

4. Allen P. Ross, *Creation & Blessing*, pp. 542-543.
5. Herbert C. Leupold, *Exposition of Genesis*, p. 865.
6. Leon J. Wood, *Genesis: A Study Guide*, pp. 113-114.

misericordia de Dios que la circunda. Dicho de otra manera, comienza con las promesas de Dios, puesto que dice: «Dios de mi padre Abraham, y Dios de mi padre Isaac, Jehová, que me dijiste...» (Gn. 32:9). ¡Cuando alguien cita la Palabra de Dios en su oración tiene sujeto a Dios en su poder! ¡Dios no puede renegar de su Palabra! Si aún un Herodes es meticuloso acerca de su palabra, ¿cuánto más el Dios fiel? Obsérvese que seguidamente el patriarca confiesa su indignidad: «Menor soy que todas las misericordias y que toda la verdad que has usado para con tu siervo» (32:10), destacando de ese modo la gracia y la misericordia de Jehová. A pesar de su tremendo temor a la presencia destructiva de Esaú, Jacob se encomienda en los brazos poderosos del misericordioso y omnipotente Dios. Su oración es una plegaria de adoración y de confianza en la fidelidad del Dios de Abraham y el Dios de Isaac. Jacob adora a Dios, se humilla delante de Él, suplica liberación de la muerte, recuerda a Dios su promesa y descansa confiado (Gn. 32:9-13).

Los presentes enviados a Esaú (32:13-21)

> *Y durmió allí aquella noche, y tomó de lo que le vino a la mano un presente para su hermano Esaú: doscientas cabras y veinte machos cabríos, doscientas ovejas y veinte carneros, treinta camellas paridas con sus crías, cuarenta vacas y diez novillos, veinte asnas y diez borricos. Y lo entregó a sus siervos, cada manada de por sí; y dijo a sus siervos: Pasad delante de mí, y poned espacio entre manada y manada. Y mandó primero, diciendo: Si Esaú mi hermano te encontrare, y te preguntare, diciendo: ¿De quién eres? ¿y adónde vas? ¿y para quién es esto que llevas delante de ti? entonces dirás: Es un presente de tu siervo Jacob, que envía a mi señor Esaú; y he aquí también él viene tras nosotros. Mandó también al segundo, y al tercero, y a todos los que iban tras aquellas manadas, diciendo: Conforme a esto hablaréis a Esaú, cuando le hallareis. Y diréis también: He aquí tu siervo Jacob viene tras nosotros. Porque dijo: Apaciguaré su ira con el presente que va delante de mí, y después veré su rostro; quizá le seré acepto. Pasó, pues, el presente delante de él; y él durmió aquella noche en el campamento (Gn. 32:13-21).*

Quizá algunos cuestionen la total sinceridad de la petición de Jacob porque sospechan que no haya una genuina confianza en Dios. Tal conjetura no parece del todo correcta. No debe acusarse a Jacob de frivolidad ni de hipocresía, pues intentar aplacar la ira de Esaú era algo natural de parte de Jacob. El hecho de que Jacob enviase «un presente» [*minkjá*] a Esaú no debe reprochársele al patriarca, pues su propósito era pacificar [*kafár*] la ira de su hermano. Debe recordarse que Esaú tenía amplias razones para estar enfadado con Jacob, pues el engaño respecto a la bendición no era algo pequeño, aunque la venta de la primogenitura fue una responsabilidad que pesó tanto sobre Jacob como sobre Esaú.

El relato de los presentes enviados a Esaú abarca varios versículos (Gn. 32:13-21). Esa noche fue pasada junto «al vado de Jaboc» (Gn. 32:22). La prudencia y la previsión hicieron que Jacob enviase a Esaú un importante regalo antes de encontrase con él. En total fueron 580 animales. Jacob debió ser un hombre sumamente rico para ser capaz de enviar un regalo de tales dimensiones. Además evidenció una gran sagacidad en el arreglo del regalo. Las manadas avanzaban en intervalos y el efecto era acumulativo, Jacob estaba al final de todo.

En el oriente los pastores generalmente precedían al rebaño, pero en este caso lo seguían, quizá para que el rebaño causase impresión en el receptor antes de que el pastor pudiese entregar su mensaje de parte de Jacob.

En Génesis 32:20, el propósito de Jacob mediante el regalo es expresado así: «Apaciguaré su ira con el presente que va delante de mí, y después veré su rostro; quizá le seré acepto». Al respecto, Derek Kidner dice:

Las condiciones sacrificiales de Jacob inconscientemente ilustran la gran separación entre el pensamiento del hombre y el de Dios. El pagano se acerca a su deidad como Jacob se acercó a Esaú (véase Gn. 33:10), reconociendo que «la dádiva del hombre le ensancha el camino» (Pr. 18:16). Pero en el Antiguo Testamento, la dádiva de un hombre, primero es el regalo de Dios a él, mucho antes de ser su regalo a Dios (Lv. 17:11). Como Jacob pronto descubrirá, la gracia y no la negociación es el único diluyente de la culpa.[7]

Jacob lucha con el ángel (32:22-32)

Y se levantó aquella noche, y tomó sus dos mujeres, y sus dos siervas, y sus once hijos, y pasó el vado de Jaboc. Los tomó, pues, e hizo pasar el arroyo a ellos y a todo lo que tenía. Así se quedó Jacob solo; y luchó con él un varón hasta que rayaba el alba. Y cuando el varón vio que no podía con él, tocó en el sitio del encaje de su muslo, y se descoyuntó el muslo de Jacob mientras con él luchaba (Gn. 32:22-25).

Estos versículos describen la lucha de Jacob con el Señor, que fue el momento decisivo y crítico en la vida de Jacob. De hecho, la experiencia de Jacob en el vado de Jaboc fue para él algo muy parecido a lo que le ocurrió a Abraham en el monte Moriah. Había en Jacob mucho individualismo, pero en el vado de Jaboc aprendió que los inventos humanos y el ingenio carnal son insuficientes para realizar la voluntad de Dios. Su propia fuerza y habilidad no pueden librarlo. El patriarca necesitaba ser vaciado de su confianza en la carne para ser llenado del poder del Espíritu Santo. Jehová Dios dice: «…No con ejército, ni con fuerza, sino con mi Espíritu, ha dicho Jehová de los ejércitos» (Zac. 4:6).

Sin duda, Jacob esperaba obtener la tierra por sus propios esfuerzos, mediante su propia habilidad y astucia, pero necesitaba aprender que los dones de Dios tienen su origen solo en la misericordia y la gracia divinas mediante la fe que llega a seres humanos que son totalmente indignos. Jacob tenía que ser expuesto y humillado ante la absoluta inutilidad de su terquedad.

Después de enviar su familia y su propiedad al otro lado del vado, Jacob «se quedó solo» (32:24). Ese fue el «Getsemaní» del patriarca y era correcto que estuviese «solo», como lo estuvo el Señor Jesús antes de ser crucificado. Jacob se encontró con Dios

---

7. Derek Kidner, *Genesis*, p. 179.

totalmente solo, desprovisto de toda ayuda. Así también, siglos después, el Hijo del Hombre batalló solo en el huerto de Getsemaní para cumplir la voluntad del Padre celestial.

Al recordar el pasado y contemplar el futuro, Jacob se percató de un misterioso combatiente a su lado. Algunos expositores sugieren que el patriarca tuvo una pesadilla. Otras sugerencias ridículas se han ofrecido, pero deben descartarse.[8] El texto bíblico debe interpretarse sobre la base de sus méritos y su confiabilidad. El personaje que Moisés llama «un varón» [*ish*] es descrito en Oseas 12:3-5 como «el ángel» y «Jehová Dios». Era una teofanía, aunque Jacob probablemente no se percató de ello al principio de aquel encuentro. Probablemente pensó que era algún emisario de Esaú que había venido a impedir su paso a la tierra prometida. Es necesario, sin embargo, tener en mente dos cosas.

En primer lugar, obsérvese la descripción del conflicto: «...luchó con él un varón hasta que rayaba el alba». Se ha dicho con frecuencia que aquel incidente es una lección de la perseverancia en la oración. Esa opinión comprende la intención de la lucha. El énfasis radica en la actividad del visitante, no en Jacob; era un esfuerzo de parte de Dios para romper la oposición de Jacob a confiar en sus promesas aparte del diseño humano. El propósito de Dios era librar al patriarca de la autoconfianza, llevarlo a terminar con sí mismo y con sus estratagemas, hacerlo comprender que Esaú debía ser vencido mediante la confianza en Jehová Dios y que la tierra debía ser poseída de la misma manera. En vez de obtener la tierra mediante el esfuerzo propio y el diseño humano, Jacob debe recibir la tierra como un regalo de Dios.

La identidad del agresor de Jacob solo surge gradualmente, aunque Jacob se muestra ágil para entender las pistas que le son dadas. El lado humano del oponente permite que la lucha dure un buen rato. Pero, por fin, hay una asombrosa manifestación de poder, el encaje del muslo de Jacob fue descoyuntado por el varón que lo tocó «en el sitio». La lucha fue ganada por aquel varón con quien Jacob se enfrentó.

> *Y dijo: Déjame, porque raya el alba. Y Jacob le respondió: No te dejaré, si no me bendices. Y el varón le dijo: ¿Cuál es tu nombre? Y él respondió: Jacob. Y el varón le dijo: No se dirá más tu nombre Jacob, sino Israel; porque has luchado con Dios y con los hombres, y has vencido. Entonces Jacob le preguntó, y dijo: Declárame tu nombre. Y el varón respondió: ¿Por qué me preguntas por mi nombre? Y lo bendijo allí (Gn. 32:26-29).*

El ángel finalmente dice: «Déjame [ir] porque raya el alba». Está claro por este comentario que la lucha de Jacob se convierte en algo pegajoso. La combatividad se convierte en dependencia. Jacob surge del encuentro como un hombre roto, pero también como un hombre bendecido. La referencia a «el alba» (v. 26) sugiere que Jacob no debe ver el rostro de Aquel que luchaba con él (véase Jue. 13:18; Éx. 33:18, 20) so pena de muerte. Ahora Jacob ha abandonado la resistencia y, como un niño atemorizado rodea con sus brazos el cuello de su padre, se aferra fuertemente del Ángel. ¡Es un glorioso momento cuando podemos echarnos en los tiernos brazos de nuestro Señor y Salvador! Ahí radica todo el poder de nuestra vida espiritual.

---

8. Herbert C. Leupold, *Exposition of Genesis*, vol. II, p. 876.

Jacob recibe su bendición que consiste, en primer lugar, de un nuevo nombre: «Israel». Este nombre significa «el que lucha con Dios», «el luchador de Dios» o «quiera Dios luchar [por él]». El nuevo nombre sugiere una nueva posición y quita los antiguos reproches (véase Gn. 27:36). Él es quien luchó con el Ángel y prevaleció como señala el profeta Oseas en 12:3-4, 12-13. Fue una derrota y una victoria al mismo tiempo, una derrota del ego y una victoria en Dios. El cojear era una prueba permanente de la realidad del acontecimiento y una representación del juicio de Dios. El suplantador se ha convertido en alguien por quien Dios pelea. Jacob prevaleció con los hombres mediante el engaño, pero prevaleció delante de Dios solamente mediante el fracaso (véase Gn. 32:28).

> *Y llamó Jacob el nombre de aquel lugar, Peniel; porque dijo: Vi a Dios cara a cara, y fue librada mi alma. Y cuando había pasado Peniel, le salió el sol; y cojeaba de su cadera. Por esto no comen los hijos de Israel, hasta hoy día, del tendón que se contrajo, el cual está en el encaje del muslo; porque tocó a Jacob este sitio de su muslo en el tendón que se contrajo (Gn. 32:30-32).*

El texto dice que Jacob llamó el nombre de aquel lugar «Peniel». Ese sustantivo hebreo significa «Rostro de Dios» y es una forma abreviada de: «He visto a Dios cara a cara» [*elojím paním el paním*]. De modo que «el varón» que apareció a Jacob en Peniel era en realidad una teofanía, es decir, una aparición de Cristo antes de su encarnación. Bruce K. Waltke hace el siguiente comentario: «Esta inusual expresión [*elojím paním el paním*] se usa solamente de un encuentro divino-humano, no necesariamente de una percepción visual literal».[9] En una nota al pie, Waltke cita a M. Wessner, quien dice: «Esta expresión se usa de un encuentro multifacético y singular que el Señor mismo reserva para ciertas situaciones con criterios específicos: 1) inicio divino, 2) completa soledad, 3) profunda intimidad y 4) un despliegue de lo sobrenatural».[10] Aunque la localización de Peniel es incierta, muchos lo identifican con el moderno *Tulul ed-Dahab*, situado a algo más de seis kilómetros de Sucot, cerca del vado de Jaboc (véase Jue. 8:8; 1 R. 12:25).

Derek Kidner comenta lo siguiente:

> La historia implica que la visión de Dios fue solo tenue, aun cuando fue «cara a cara». Para la protección de Jacob, Dios se retiró al «rayar el alba» (v. 26), y a la salida del sol Jacob estaba solo (v. 31).[11]

Cuando Jacob salió de casa, se detuvo en Bet-el. Al regresar de Padan-aram, se encontró con el Ángel en Mahanaim. Ahora llega a Peniel, o de la casa de Dios al campamento de Dios, al rostro de Dios, hitos en la vida de los santos. El encuentro de Jacob con el Ángel fue un encuentro con el mismo Dios. Fue un encuentro personal, cara a cara, aunque breve para proteger a Jacob. La cojera de Jacob fue un recordatorio perpetuo tanto a Jacob como a otros de la lucha y la derrota de la confianza en uno

---

9. Bruce K. Waltke, *Genesis: A Commentary*, p. 447.

10. *Ibíd.*

11. Derek Kidner, *Genesis*, p. 181.

mismo (véase Ro. 7:14-25). La historia señala que el daño hecho al muslo de Jacob fue real y permanente; sin duda, tenía la intención de ser un recordatorio constante de aquella ocasión. Aunque no pueda decirse que allí ocurrió la conversión de Jacob, sí podría decirse que lo ocurrido allí fue un gran paso hacia su santificación progresiva. La frase «le salió el sol» quizá sea una figura que apunta al cambio que tuvo lugar en la vida del patriarca (véase Génesis 28:10-11). «La salida del sol» (32:31) apunta al paso del tiempo y la puesta del sol sugiere una nueva etapa en la vida de Jacob. Pero cojeaba «cuando había pasado Peniel» como testimonio del hecho de su encuentro nocturno y demostrando que aunque en un sentido fue victorioso, Dios había dejado su marca en él. Jacob no era totalmente autosuficiente.

RESUMEN Y CONCLUSIÓN

Como resultado de aquella experiencia, Jacob fue objeto de una bendición que puede expresarse de la siguiente manera: En primer lugar, el cambio de nombre señala una nueva posición delante de Dios. Anteriormente era Jacob, el suplantador, pero ahora es Israel, «el luchador de Dios», o alguien por quien Dios lucha. ¡De pecador a santo! Y el camino del uno al otro es el difícil camino de autoentrega y confianza iniciado por la gracia de Dios.

En segundo lugar, la nueva posición significa un nuevo poder que solo se origina cuando nuestra fuerza falla y descubrimos que necesitamos aferrarnos de Él (véase 2 Co. 12:1-10).

33

La reconciliación entre Jacob y Esaú (33:1-20)

Peniel fue un punto de inflexión en la vida de Jacob. Fue un tiempo cuando llegó a un nuevo nivel de experiencia con Dios. Había luchado con el Ángel, quien en realidad era el Ángel de Jehová, es decir, el Cristo preencarnado, aunque Jacob pensaba que peleaba con uno de los hombres de Esaú que había venido a hacerle daño. La lucha transcurrió por un largo tiempo durante la noche, pero no solo fue larga, sino difícil (véase Gn. 32:24-28). Pero finalmente el Ángel, haciendo uso de una enorme fuerza, tocó en el sitio del encaje del muslo de Jacob (32:25) y lo dislocó. Seguramente en ese momento Jacob debió darse cuenta de que no luchaba con un ser humano sino con alguien sobrenatural, porque Oseas dice que Jacob: «Venció al ángel, y prevaleció; lloró, y le rogó…» (Os. 12:4).

De todos modos, Jacob se aferró del Ángel mientras este decía: «Déjame, porque raya el alba. Y Jacob le respondió: No te dejaré, si no me bendices» (Gn. 32:26). Aferrarse del Señor Dios es la postura de poder, porque el Ángel respondió y bendijo a Jacob (Gn. 32:39). Además, el Ángel congratuló a Jacob, diciéndole: «…porque has luchado con Dios y con los hombres, y has vencido» (Gn. 32:28). En realidad, fue una derrota para Jacob porque dejó la lucha cojeando de la cadera, algo que permaneció con él por el resto de su vida. Pero también fue una victoria porque luchó con Dios por la bendición. Jacob triunfó al ser derrotado. De ahí en adelante, tal hecho es una ilustración del principio espiritual de que, cuando somos débiles, entonces somos fuertes (2 Co. 12:10). Y también aquel encuentro ilustra la declaración del Señor Jesús, cuando dijo: «El que halla su vida, la perderá; y el que pierde su vida por causa de mí, la hallará» (Mt. 10:39).

Cuando la vieja vida es finalmente entregada a la muerte, entonces la nueva vida halla su poder dentro de nosotros (véase 2 Co. 12:1-10). Jacob, por lo tanto, recibió el nombre de «Israel», que significa algo así como «combatiente de Dios» o «quiera Dios luchar [por él]». En Peniel, por lo tanto, Jacob recibió el impresionante título de «el

469

luchador de Dios». Génesis 32:28 dice que Jacob luchó con Dios y con los hombres y venció. Ningún ser humano ha recibido esos calificativos. Ciertamente Jacob luchó con su hermano Esaú en el vientre de Rebeca, luchó con Isaac para obtener la bendición y luchó con Labán, y en todas esas situaciones resultó vencedor. El Ángel de Jehová es el que dice a Jacob «has vencido» (Gn. 32:28), y lo bendijo allí en Peniel.

Una cosa es obtener un nivel nuevo de experiencia, pero otra cosa totalmente diferente es mantenerlo. En Génesis 33 Jacob cae de esa posición de poder. En lugar de aferrarse de Dios lo encontramos arrastrándose delante de Esaú, el hombre profano. Eso se evidencia por el hecho interesante de que después de Peniel, cuando uno esperaría que el relato usase el nuevo nombre de «Israel» —en vez de Jacob—, no lo hace. Cuarenta y cinco veces se usa el antiguo nombre «Jacob», «el suplantador», «el tramposo» mientras que el nombre «Israel» solo se usa veintitrés veces. Eso es contrario al modelo del cambio del nombre de Abram, Saulo y Simón. Después de cambiar el nombre de Abram por Abraham, de Saulo por Pablo y de Simón por Pedro, el nuevo nombre es usado con regularidad. Eso no ocurre con Jacob. De modo que el cambio de nombre no señala un plano o nivel de vida completamente nuevo para el valeroso patriarca. La vieja naturaleza todavía se manifiesta en la vida cotidiana y en las obras de Jacob. La vieja naturaleza de «el suplantador» y su carácter aún no han sido suplantados. El costo de ese estado es visto claramente en el capítulo 34. Ese capítulo contiene una historia de violación, traición, masacre e iniquidad que surge del «yugo desigual» que el patriarca puso sobre sí al irse a vivir al borde del mundo. El texto dice que Jacob «acampó delante de la ciudad» (Gn. 33:18). Y también que «…compró una parte del campo donde plantó una tienda…» (Gn. 33:19). Se trata de la ciudad de Siquem, y establecerse allí condujo al pecado y a la tragedia.

La lección principal de Génesis 33 es, por lo tanto, el peligro de la degeneración en la vida del creyente. Recuérdese que Jacob, a pesar de todo, era un creyente, y si bien un creyente no puede perder su vida espiritual, sí puede vivir de tal manera que se degenera a una clase de vida que conduce al fracaso en la vida cristiana. Ha perdido el filo del testimonio cristiano.

La segunda gran lección es la del encuentro entre Jacob y Esaú. Como dice Derek Kidner:

> El encuentro fue una clásica reconciliación. Los numerosos regalos y la recatada procesión familiar, casi cómicamente sobreorganizado (como sucedió) aporta alguna idea de la carga sobre la conciencia de Jacob y la pura gracia de la respuesta de Esaú. Culpa y perdón son tan elocuentes en cada movimiento del acercamiento mutuo (vv. 3-4) que nuestro Señor no pudo encontrar un mejor ejemplo para el padre del hijo pródigo en este aspecto que Esaú (compárese 33:4 con Lc. 15:20).[1]

Génesis 33 aporta otras lecciones provechosas para la vida de cualquier creyente. Lecciones como el poder de la bondad en la vida del hombre, la sabiduría de no separarse de Dios dondequiera que uno vaya y la responsabilidad de recordar siempre la misericordia de Dios (Gn. 33:11). Esos y otros temas sobresalen en este capítulo.

---

1. Derek Kidner, *Genesis*, p. 182.

Alzando Jacob sus ojos, miró, y he aquí venía Esaú, y los cuatrocientos hombres con él; entonces repartió él los niños entre Lea y Raquel y las dos siervas. Y puso las siervas y sus niños delante, luego a Lea y sus niños, y a Raquel y a José los últimos. Y él pasó delante de ellos y se inclinó a tierra siete veces, hasta que llegó a su hermano. Pero Esaú corrió a su encuentro y le abrazó, y se echó sobre su cuello, y le besó; y lloraron (Gn. 33:1-4).

Las pruebas de la vida se ilustran en el relato del encuentro de Jacob y Esaú registrado en Génesis 33:1-4. Jacob acababa de tener un encuentro con el Ángel de Jehová, pero ahora tiene que encontrarse con Esaú, quien todavía estaba sediento por la vida de Jacob, de acuerdo a lo que Jacob creía. Esaú y Jacob no se habían visto desde hacía muchos años, desde que Esaú dijo que mataría a Jacob (véase Gn. 27:41). En la vida de los creyentes existe el mismo patrón. Hay un tiempo de gran bendición espiritual, seguido poco después por una gran prueba de fe. Mediante sus pruebas, Dios nos prepara para una prueba de paciencia y de confianza. Jacob experimentó la tremenda experiencia de su encuentro con el Ángel de Jehová, y poco después el temor profundo del encuentro con su hermano Esaú.

Moisés tuvo aquella maravillosa experiencia con Dios en el monte Sinaí, cuando recibió las tablas de la ley, pero poco después tuvo que enfrentarse a la apostasía del becerro de oro y a un pueblo rebelde. El mismo Señor Jesucristo fue transfigurado en el monte; allí recibió un anticipo de la gloria del reino mesiánico, pero pocos días después tuvo que ascender al Gólgota para pasar por la más profunda experiencia en la vida de cualquier persona.

No cabe duda de que Jacob sintió gran temor mientras se acercaba a Esaú. La Escritura dice: «El temor del hombre pondrá lazo; mas el que confía en Jehová será exaltado» (Pr. 29:25). Allen P. Ross dice:

La esperada reconciliación con Esaú finalmente se produjo, y fue maravillosa. Dios había cambiado el corazón de Esaú de tal manera que estaba deseoso de reconciliarse con su hermano. No le importaba nada la primogenitura, porque desde que Jacob se marchó había disfrutado una vida plena y productiva bajo la bendición de Dios.[2]

Lo que dice el profesor Ross es cierto, pero la actitud servil de Jacob hacia su hermano Esaú sobrepasaba la cortesía que era común entre los antiguos orientales. Sin duda, las acciones del patriarca no son congruentes con la elevada experiencia en Peniel. Uno puede confrontar los problemas en el poder de la carne o en el poder del Espíritu. Jacob optó por hacerlo en conformidad con la carne. Jehová Dios le había prometido que estaría con él y que realizaría en su vida todo su propósito (véase Gn. 28:13-15). Además, en Peniel, Dios había bendecido a Jacob señalando otra vez que estaba con el antiguo suplantador. Pero, en vez de confrontar la prueba en paz, Jacob la confronta en pánico. Su experiencia no fue algo que solo le pasó a Jacob, ¿con cuánta frecuencia nosotros también confrontamos las pruebas de la vida en el pánico de la carne? ¿Cuál debe ser la actitud de un creyente cuando confronta problemas de salud, financieros, laborales o de

---

2. Allen P. Ross, *Creation & Blessing*, p. 560.

alguna otra índole? Puede decirse que los problemas de Jacob realmente se diferencian muy poco de los que los creyentes contemporáneos confrontan.

Como puede observarse, Jacob efectuó un acto de discriminación en la manera como colocó a las mujeres y a los niños. Al parecer, el arreglo refleja el orden de los afectos de Jacob. En el sitio de menor peligro puso a Raquel y a José. Es decir, Jacob colocó a quienes más amaba lejos del lugar más peligroso. Sin embargo, hay que reconocer que él mismo se puso «delante de ellos», en el sitio donde potencialmente había más peligro. El encuentro de los dos hermanos es descrito de manera dramática en Génesis 33:4. Obsérvese la actitud de Esaú: «Corrió», «abrazó», «se echó sobre su cuello» y «besó» a su hermano Jacob. El texto dice: «Y lloraron». Es probable que todos los testigos presentes estuvieran asombrados de esa escena, aunque realmente aquella era una manera normal de saludar a los familiares que han estado ausentes por largo tiempo. Bruce K. Waltke señala lo siguiente:

> Mientras que Jacob saludó a Esaú como un siervo a su señor, Esaú saludó a Jacob como un «hermano» (Gn. 33:9), después de un largo tiempo de separación.[3]

Puede decirse que lo ocurrido en aquel encuentro fue algo obrado por Dios. La reconciliación del aquellos dos hermanos fue obra de la gracia de Aquel que es el gran reconciliador. Quizá Dios hizo entender a Esaú que tanto la primogenitura como la bendición habían sido soberanamente separadas para Jacob. El texto dice: «Y lloraron». Es probable que ambos lloraran tanto de gozo como de arrepentimiento. Jesucristo dijo: «Bienaventurados los que lloran, porque ellos recibirán consolación». Ambos, Jacob y Esaú, fueron consolados después de aquel encuentro.

> *Y alzó sus ojos y vio a las mujeres y los niños, y dijo: ¿Quiénes son éstos? Y él respondió: Son los niños que Dios ha dado a tu siervo. Luego vinieron las siervas, ellas y sus niños, y se inclinaron. Y vino Lea con sus niños, y se inclinaron; y después llegó José y Raquel, y también se inclinaron (Gn. 33:5-7).*

Estos versículos registran la conversación que tuvo lugar entre Esaú y Jacob a raíz del encuentro. Esaú parece muy abierto y amigable en sus palabras a Jacob, pero este, sin embargo, evidencia ser mucho más reservado que Esaú. Llama la atención que Jacob solo hace referencia a los niños sin decir nada acerca de las mujeres. Debe observarse que todos reconocen el rango de Esaú puesto que todos «se inclinaron» en señal de respeto. También debe observarse que Jacob reconoce que los hijos son: «Los niños que Dios ha dado a tu siervo» (33:5), aunque llama la atención que Jacob se refiere a Dios como *Elojím* y no como *YHWH*. Es importante notar que Jacob reconoce que los niños son los que «Dios ha dado» [*kjanán elojím*]. Dios prometió a Jacob darle una descendencia «como el polvo de la tierra» (Gn. 28:14).

> *Y Esaú dijo: ¿Qué te propones con todos estos grupos que he encontrado? Y Jacob respondió: El hallar gracia en los ojos de mi señor. Y dijo Esaú: Suficiente tengo yo, hermano mío; sea para ti lo que es tuyo (Gn. 33:8-9).*

---

3. Bruce K. Waltke, *Genesis: A Commentary*, p. 454.

Esaú preguntó acerca de los 580 animales que habían precedido a las personas y Jacob responde que son un regalo para encontrar favor o gracia delante de Esaú. No cabe duda de que Esaú estaba profundamente impresionado por la cantidad de animales que Jacob le dio. Esaú contesta que tiene suficiente riqueza y no necesita más.

Pero Jacob, sin embargo, piensa que si Esaú recibe el regalo eso implicaría que Esaú lo aceptaba, por lo que responde a Esaú:

No, yo te ruego; si he hallado ahora gracia en tus ojos, acepta mi presente, porque he visto tu rostro, como si hubiera visto el rostro de Dios, pues que con tanto favor me has recibido. Acepta, te ruego, mi presente que te he traído, porque Dios me ha hecho merced, y todo lo que hay aquí es mío. E insistió con él, y Esaú lo tomó (Gn. 33:10-11).

Con la frase: «…porque he visto tu rostro, como si hubiera visto el rostro de Dios» parece que quería decir que había visto un reflejo del favor divino hacia él en la amistad de Esaú (véase 1 S. 29:9; 2 S. 14:17). Después de alguna insistencia, Esaú aceptó el regalo de los animales.

Y Esaú dijo: Anda, vamos; y yo iré delante de ti. Y Jacob le dijo: Mi señor sabe que los niños son tiernos, y que tengo ovejas y vacas paridas; y si las fatigan, en un día morirán todas las ovejas. Pase ahora mi señor delante de su siervo, y yo me iré poco a poco al paso del ganado que va delante de mí y al paso de los niños, hasta que llegue a mi señor a Seir (Gn. 33:12-14).

Luego Esaú sugiere acompañar a Jacob y proporcionarle alguna medida de protección mediante los cuatrocientos hombres que le acompañaban. La oferta de Esaú se asemeja a la oferta del mundo de hacer que lo acompañemos a lo largo del camino de la vida. Al mundo no le gusta la vida del Espíritu y tampoco desea que el cristiano siga el camino de Dios. El llamado del mundo es: «Vamos y caminemos juntos». Eso es, en realidad, una trampa que si el creyente la acepta lo conduce al compromiso y a la pérdida del testimonio (véase 2 Co. 6:14-18).

La respuesta de Jacob es un rechazo cortés y astuto de la invitación de Esaú. Jacob le explica a Esaú el peligro que corrían los niños y el ganado si hacían aquella larga travesía. Pero, en realidad, Jacob tenía otro motivo para rechazar la invitación de su hermano. Lo cierto es que Jacob nunca pretendió viajar hasta Seir. De modo que la última frase del versículo 14, «hasta que llegue a mi señor a Seir» era otro de los engaños de Jacob. Esaú vivía en Seir, y Seir estaba situado al sureste del sitio donde se encontraban en aquel momento. Jacob, sin embargo, mintió. Tan pronto como Esaú y sus hombres se perdieron en el horizonte, el patriarca y su caravana se dirigieron a Sucot, es decir, en dirección opuesta a Seir.

Y Esaú dijo: Dejaré ahora contigo de la gente que viene conmigo. Y Jacob dijo: ¿Para qué esto? Halle yo gracia en los ojos de mi señor. Así volvió Esaú aquel día por su camino a Seir (Gn. 33:15-16).

Esaú ofrece dejar un destacamento de sus hombres para proteger a Jacob y a su familia, sin embargo, Jacob rechaza la oferta de manera cortés. No es posible saber si el rechazo de Jacob se debe a su latente temor a Esaú o si prefiere confiar en el cuidado de Dios. Lo cierto es que el patriarca toma exactamente la dirección opuesta a la de Esaú; Seir estaba al sureste y Jacob se dirige a Sucot, que estaba al noroeste. De modo que las palabras adornadas de Jacob eran una manera de cubrir sus intenciones.

Las palabras y las acciones de Jacob constituyen el segundo paso de retroceso del patriarca después de haber alcanzado la pleamar en Peniel. Seguramente todo lo ocurrido provocó una considerable discusión con su hermano Esaú cuando este descubrió que Jacob no iría a Seir después de todo. Uno puede imaginarse que Esaú se burló del lenguaje de Jacob, máxime cuando con frecuencia usó el nombre de Jehová. Eso ocurre muchas veces cuando algún creyente corre el riesgo de anular su testimonio oral por la incongruencia de su conducta. Jacob ilustra en el Antiguo Testamento esa terrible expresión que aparece en el Nuevo Testamento: «cristiano carnal». El apóstol Pablo condena la existencia de cristianos carnales en la iglesia (véase 1 Co. 2:6—3:14).

> *Y Jacob fue a Sucot, y edificó allí casa para sí, e hizo cabañas para su ganado; por tanto, llamó el nombre de aquel lugar Sucot. Después Jacob llegó sano y salvo a la ciudad de Siquem, que está en la tierra de Canaán, cuando venía de Padan-aram; y acampó delante de la ciudad (Gn. 33:17-18).*

Aquí Derek Kidner dice:

> Sucot fue un paso atrás, tanto espiritual como geográficamente (véase v. 14); es difícil reconciliar el llamado a Bet-el con la larga estadía implicada en construir cabañas (de donde surge el nombre de Sucot) y una casa al este del Jordán.[4]

Evidentemente Jacob pasó un tiempo relativamente largo en Sucot antes de trasladarse a Siquem. Debe tenerse en cuenta que Siquem era tanto un nombre personal como el nombre de una ciudad, «Siquem es Tell Balata», situada a unos dos kilómetros de la moderna Siquem (Nablus).[5] Derek Kidner señala acertadamente lo siguiente:

> Siquem ofreció a Jacob los atractivos de un compromiso. Su llamado era a Bet-el, pero Siquem, como a un día de camino, pareció atractiva en la ruta de comercio. Él había sido llamado a ser un extranjero y peregrino; pero al comprar su propia parcela de terreno allí (33:19) podía argumentar que estaba dentro de su límite prometido. Era, de todos modos, un acto de desobediencia, y su acto piadoso de levantar un altar y reclamar su nuevo nombre de Israel (33:20) no podía disfrazar el hecho.[6]

La sección final de este capítulo pone de manifiesto el hecho de que los pasos tomados por Jacob muestran que se ha olvidado del voto que hizo en Bet-el (véase

---

4. Derek Kidner, *Genesis*, pp. 182-183.
5. Bruce K. Waltke, *Genesis: A Commentary*, p. 460.
6. Derek Kidner, *Genesis*, p. 183.

Gn. 28:21) y de que Jehová era el «el Dios de Bet-el» (véase Gn. 31:3, 13; 35:1). La meta divina para Jacob era que regresara a Bet-el cuando volviera a la tierra, porque allí se encontraría de nuevo con el «Dios de Bet-el».

> *Y compró una parte del campo, donde plantó su tienda, de mano de los hijos de Hamor padre de Siquem, por cien monedas. Y erigió allí un altar, y lo llamó El-Elohe-Israel (Gn. 33:19-20).*

Es posible trazar los pasos del patriarca de la siguiente manera: En primer lugar, en Sucot, Jacob «edificó allí casa para sí e hizo cabañas para su ganado» (Gn. 33:17). Es evidente que se ha olvidado de que él, como los otros patriarcas, es un peregrino que habita en tiendas. ¡Cuán fácil es olvidar nuestros votos, nuestras Bet-el! (véase Gn. 28:20-22).

En segundo lugar, el versículo 18 dice que Jacob «acampó delante de la ciudad». Siquem era una ciudad pagana y, como ya se ha señalado, presentaba los atractivos del mundo y de una sociedad pecaminosa. La Biblia no dice por qué el patriarca se comportó de esa manera, pero es posible suponer que los problemas comunes de la vida espiritual tuvieran algo que ver con el comportamiento de Jacob. Uno puede imaginarse, por ejemplo, a Raquel discutir en estilo moderno la necesidad de que los niños tuviesen contacto social con niños de su edad. Ese traslado constante de un lugar a otro los deja inquietos y difíciles de controlar. Lo que ellos necesitan, diría ella, son amigos de su misma edad. De modo que ¿por qué no acampar cerca de una ciudad o un pueblo donde vivan otros niños? Los niños necesitan tener compañeros, no pueden ser reclusos. Eso hubiese sido una sugerencia mundana. Y ¿qué es la mundanalidad? Es el deseo de ser algo o dar la apariencia de ser algo para impresionar a otros. Es la conformidad a las prácticas, objetivos y metas del mundo pagano que nos rodea, en vez de tratar de vivir nuestras vidas en conformidad con la Palabra de Dios y con las metas de Dios para nosotros. Siquem representaba el borde del mundo, donde la influencia de Satanás era más grande.

Siquem, como ya se ha señalado, era una ciudad cananea pagana controlada por los heveos. El hombre fuerte de la ciudad era Hamor, que tenía un hijo llamado Siquem, igual que la ciudad. Los israelitas, en años posteriores se mezclaron con los heveos, tanto en matrimonios como en prácticas religiosas (véase Jue. 3:5-7). Como puede verse, el trasfondo de esa relación se extiende hasta los días de Jacob.

En el Nuevo Testamento, el apóstol Santiago acusa a sus lectores diciendo: «¡Oh almas adúlteras! ¿No sabéis que la amistad con el mundo es enemistad contra Dios? Cualquiera, pues, que quiere ser amigo del mundo, se constituye enemigo de Dios» (Stg. 4:4).

Nuestros hijos necesitan el estímulo de padres cristianos para encontrar el gozo y el interés en cosas saludables, en lugar de buscar una relación social con el mundo. Jacob no fue un buen ejemplo para sus hijos, los llevó al borde de Siquem, donde reinaban el paganismo, la idolatría y la inmoralidad.

En tercer lugar, Jacob creyó necesario comprar «una parte del campo» en la tierra (Gn. 33:19). ¡Imagínese eso! El patriarca Jacob decide comprar la tierra que el Señor le ha dado. Al parecer, Jacob no había comprendido plenamente la naturaleza de la promesa de Dios. Todas esas acciones apuntan a una actitud mundana en el corazón de los dirigentes terrenales de Israel. No se puede mezclar mundanalidad con piedad, comunión pagana y Cristo, Mamón y Dios. En todas esas situaciones, el mundo es quien generalmente sale ganando, porque nuestra naturaleza está inclinada hacia los gustos del mal.

RESUMEN Y CONCLUSIÓN

Génesis 33 pone al descubierto la lección del peligro de la degeneración. El hecho de que Jacob se había convertido no era garantía de una permanente fidelidad al Señor. Cuando el corazón se enfría puede suceder cualquier cosa, y lo que hace falta es una verdadera perseverancia en la fe de la manera más vital. La Biblia da ejemplos de casos de terribles caídas después de haber existido un tiempo de elevada comunión con Dios. Puede pensarse en 2 Samuel 7, donde David, el gran rey, recibió la promesa de que el reino terrenal del Mesías sería establecido a través de un descendiente suyo, y poco después David cayó en el terrible pecado con Betsabé. También puede pensarse en el caso de Pedro, quien después de haber hecho la maravillosa confesión de la deidad del Señor (véase Mt. 16:16) y prometer que le sería fiel hasta la muerte (véase Mt. 26:35), negó al Señor tres veces (véase Mt. 26:69-75). Seguramente hay otros casos que podrían mencionarse, no solo extraídos de la Palabra de Dios, sino también de la historia de la iglesia.

Génesis 33 presenta una clara ilustración de los «altibajos» de un hombre de fe que fue bendecido de una manera tan estupenda y aun así no fue constante en su testimonio. Jacob tuvo el privilegio de ver al Cristo preencarnado en Bet-el (Gn. 28:12-22). También «luchó» con el Señor en Peniel (Gn. 32:24-32). Jacob escuchó la voz de Dios, bendiciéndolo, y vio al Hijo del Hombre antes de su encarnación. Sin embargo, a causa de su carnalidad y de su inmadurez espiritual, el patriarca fue a mezclarse con el mundo en Siquem. El hecho de haber edificado un altar en el campo que compró a los hijos de Hamor (Gn. 33:19-20) y haberlo llamado *El-Elohe-Israel*, es decir, Dios, el Dios de Israel, no significa que personalmente Jacob estuviera totalmente entregado a Dios. Si bien es cierto que aquel altar representaba la separación de Israel y sus descendientes de los paganos de aquella tierra. Por lo tanto, Génesis 33 es un llamado a la firmeza espiritual y un llamado a la gratitud a Dios de parte de aquellos que han recibido promesas similares a las que recibió Jacob en Bet-el y en Peniel. También es una exhortación a huir de los peligros del mundo representados por el paganismo de Siquem.

34

Jacob y la tragedia en Siquem (34:1-31)

Génesis 34 narra el trágico episodio derivado de la decisión de Jacob de establecerse en los alrededores de Siquem. El patriarca había sido llamado por Dios a vivir separado del mundo y del paganismo, pero no prestó atención a la voz de Dios. La apatía espiritual de Jacob puso en peligro la existencia misma de su familia. La simiente escogida, además, corría el peligro de ser absorbida por el mundo como sistema contrario a la voluntad de Dios. Este capítulo trata el tema de la mundanalidad y sus terribles consecuencias.

El término «mundanalidad» es difícil de definir. La dificultad radica en el hecho de que el concepto de no ser mundano se ha ridiculizado. Se dice que «no ser mundano» significa tener una inclinación mental legalista, ser estrecho de miras, ser santurrón y de carácter feo. Aunque el término «mundanalidad» es difícil de definir, el concepto y la idea son bíblicos. El apóstol Pablo escribió así en su epístola a los Romanos:

> Así que, hermanos, os ruego por las misericordias de Dios, que presentéis vuestros cuerpos en sacrificio vivo, santo, agradable a Dios, que es vuestro culto racional. No os conforméis a este siglo, sino transformaos por medio de la renovación de vuestro entendimiento, para que comprobéis cuál sea la buena voluntad de Dios, agradable y perfecta (Ro. 12:1-2).

La frase: «No os conforméis a este siglo» claramente contiene la idea o el concepto de la mundanalidad, que es un peligro serio que todo cristiano confronta. En el siglo II de la era cristiana, Tertuliano de Cartago escribió un tratado llamado *De Spectaculis*, condenando la mundanalidad de muchos cristianos.[1] De manera que la mundanalidad es un problema que ha afectado al mundo cristiano a lo largo de los años. Muchas veces

---

1. Alexander Roberts y James Donaldson (eds.), *Ante-Nicene Fathers*, vol. II (Peabody, Mass: Hendrickson Publisher, 1999), pp. 79-91.

477

las iglesias apelan a métodos indignos con el fin de atraer a personas, y las reuniones sociales y los conciertos reemplazan los estudios de las Sagradas Escrituras. El rebaño de Dios no recibe el alimento espiritual de la Palabra. Es cierto, la mundanalidad es difícil de definir, pero se siente con facilidad y se detecta y describe con poco esfuerzo. Es una atmósfera debilitadora y degradadora que envenena y mata. Cuando individuos e iglesias caen bajo su influencia, el resultado es inevitablemente desastroso para la vida espiritual y, además, deshonra a Dios.

La recaída de Jacob después de haber alcanzado la pleamar en Peniel es claramente manifestada en el capítulo anterior. En vez de regresar a Bet-el, como sería el plan de Dios, el patriarca fue a Sucot, donde se construyó una casa e hizo cabañas. El espíritu peregrino iba desapareciendo. Luego Jacob se trasladó a Siquem y «acampó delante de la ciudad». Esa frase señala la posición de alguien que se coloca bajo la influencia del espíritu del paganismo. Había acampado al borde del mundo y no sorprende que llegasen los problemas. Incluso compró tierra en la misma tierra que Dios había prometido que le daría, señalando así no solo un desvanecimiento del brillo de las promesas divinas, sino también un establecimiento más permanente en aquel lugar. Para compensar por el deslizamiento espiritual, Jacob apeló a los ritos religiosos y edificó un altar «al Dios de Israel», pero el texto sugiere con toda claridad que la adoración del patriarca no procedía de un corazón puro. No debemos olvidar que ese es el mismo hombre que solo unos años antes había luchado con el Señor y había prevalecido, el hombre a quien el Dios del cielo le dio grandes y preciosas promesas. Ese mismo hombre ahora está en un bache de su descenso espiritual. Jacob atravesaba por una merma o decaimiento de su fortaleza espiritual. Los resultados de ese decrecer y de esa pérdida espiritual aparecen claramente en Génesis 34. Esos resultados son considerables y muy gravosos. El espíritu mundano, cuando llega su cosecha, resulta en seducción, debilidad de la voluntad, engaño, masacre y reproche del nombre del Señor. Eso es lo que este capítulo pone de manifiesto.

La violación de la adolescente Dina (34:1-4)

Salió Dina la hija de Lea, la cual ésta había dado a luz a Jacob, a ver a las hijas del país. Y la vio Siquem hijo de Hamor heveo, príncipe de aquella tierra, y la tomó, y se acostó con ella, y la deshonró (Gn. 34:1-2).

Es probable que Dina tuviese entre trece y quince años, pero ya era una mujer madura. Al parecer, Dina fue a la ciudad de Siquem para hacer amistad con las doncellas paganas de la tierra. La proximidad de Jacob a la ciudad, por lo tanto, fue una ocasión para la caída de la joven Dina. Henry M. Morris comenta lo siguiente:

El vivir tan cerca de una ciudad pagana, sin embargo, pronto comenzó a fomentar serios peligros de la clase que Jacob no había anticipado. A medida que los niños crecían en su adolescencia y luego como adultos, el bajo ambiente moral alrededor de ellos comenzó a tener efectos fatales. Viviendo en un hogar polígamo, con cuatro esposas y madres, hacía muy difícil mantener una instrucción espiritual congruente y compacta, aunque, sin duda, Jacob hizo un esfuerzo serio y parcialmente exitoso para enseñar a sus hijos acerca de las grandes promesas de Dios y del noble llamado que les había sido hecho.[2]

No debe sorprendernos el hecho de que Dina haya sido bien recibida por los paganos, porque el mundo por lo general le da una feliz bienvenida a quienes llevan el nombre de cristianos, siempre y cuando no desajusten el estilo de vida existente. La bienvenida del mundo, sin embargo, es algo contra lo que siempre debemos estar preparados. Evidentemente, el patriarca no puso el debido cuidado ni se cercioró de los peligros que acechaban a sus hijos al vivir en medio de una sociedad pagana. Morris añade:

> Dina pronto llegó a ser deseada por el joven Siquem, el hijo de Hamor, el príncipe del lugar. Mujeres jóvenes solteras eran consideradas el blanco en las ciudades de aquel tiempo, en las que la promiscuidad no solo era común sino que, de hecho, era parte del mismo sistema religioso. Es posible que Dina hubiese sido advertida por sus padres de los peligros, pero tal vez sintió que podía experimentar por sí misma y resistir la actitud sobreprotectora de sus padres. Hasta qué punto Dina podría haber animado tal vez a Siquem, quien debió de haber parecido una figura atractiva a una joven doncella como Dina, el texto no lo dice.[3]

Jacob debió pensar que vivir en los alrededores de Siquem era agradable debido a la sociedad que la habitaba o a la protección que ofrecía de ladrones. Los padres modernos escogen hogares y escuelas usando los mismos criterios. Uno debe escoger un ambiente saludable para vivir, pero rara vez se escoge un lugar sobre la base de principios bíblicos. ¿Qué de la condición de la iglesia en la ciudad? ¿Hay reuniones cristianas donde uno pueda ser edificado por el ministerio de la Palabra de Dios mediante maestros competentes? Muchas veces esos criterios no se toman en cuenta.

Evidentemente, Dina quedo fascinada por Siquem, el joven príncipe de la ciudad, que sedujo a Dina y la joven doncella cayó. Uno adquiere una buena idea de la enseñanza bíblica acerca de la moral sexual mediante este incidente. El texto bíblico describe de una manera escueta pero elocuente lo ocurrido. Dina, la hija de Jacob y Lea, «salió» [*tetsé*], este verbo podría comunicar la idea de «descarriarse», es decir, cometer un acto impropio e imprudente, aunque el presente contexto no sugiere eso. Evidentemente lo que Dina hizo fue ambas cosas. Fue impropio porque condujo a su deshonra y fue imprudente porque tuvo terribles y fatales consecuencias. La «salida» de Dina fue con el fin «de ver a las hijas del país». Quizá, más bien, para «ser vista» o «exhibirse» delante de los jóvenes de la ciudad de Siquem. Podría decirse que Dina fue en busca del problema y lo halló. «Y la vio… y la tomó… y se acostó con ella… y la violó». Obsérvese el uso de la figura llamada polisíndeton, es decir, la repetición de la conjunción «y». El autor desea que el lector se percate de cada acción verbal en este caso. El verbo «deshonró» [*vayeaneja*] implica «forzar» o «someter por la fuerza»; es decir, Siquem violentó a Dina. Era un acto de vergüenza tener relaciones sexuales sin

---

2. Henry M. Morris, *The Genesis Record*, p. 509.
3. *Ibíd.,* pp. 509-510.

haber contraído matrimonio. El exégeta Allen P. Ross dice lo siguiente en su excelente comentario sobre el Génesis:

> La noticia de la violación es fundamental para el resto de la historia. El texto dice que Siquem «la vio [a Dina], la tomó, se acostó (con ella), y la violó [*va-yeaneja*]». Dos cosas llaman la atención: Primero, el verbo «se acostó» usa el complemento directo (*otá*) en vez del indirecto (*imá*, «con ella») para llamar la atención a la fuerza usada al cometer el acto… La segunda cosa que debe notarse es el vocablo usado para describir la violación (*aná*), que significa «humillar», «profanar», «violar». Implica una aflicción humillante, incluso una persecución. Es el vocablo usado en Génesis 15:13 en la predicción de que la simiente de Abraham sería oprimida por cuatrocientos años en una tierra extraña [véase Éx. 1:11]. Aquí el texto describe el acto como una violación, con toda su humillación y violencia.[4]

La mayoría de los comentaristas suavizan el abuso sexual de Siquem cuando en lugar de usar el vocablo «violación» optan por usar «seducción». Una traducción de dicho vocablo que se ajusta más al texto sería «hacer violencia» o «violar a una mujer» (Gn. 34:2; Jue. 19:24; 20:5; 2 S. 13:12, 14, 22, 32; Lm. 5:11).[5]

> *Pero su alma se apegó a Dina la hija de Lea, y se enamoró de la joven, y habló al corazón de ella. Y habló Siquem a Hamor su padre, diciendo: Tómame por mujer a esta joven (Gn. 34:3-4).*

A pesar de la violación hecha a Dina, el alma de Siquem fue profundamente atraída por la joven. Obsérvese los tres verbos usados en el versículo 3: «Su alma se apegó a Dina…, y se enamoró de la joven y habló al corazón de ella». Bruce K. Waltke señala lo siguiente:

> Los tres verbos de tierno afecto contrapesan con los tres verbos de brutalidad. Sin embargo, aunque [Siquem] hace un compromiso con ella, no pide ninguna disculpa ni intenta identificar a la familia a la que ha ofendido.[6]

Siquem apeló a la influencia de su padre. El texto dice que el príncipe se había enamorado de Dina, «su alma se apegó a Dina». De modo que Siquem le pidió a su padre, diciéndole: «Tómame por mujer a esta joven» (34:4).

La generosa oferta de Hamor (34:5-12)

Pero oyó Jacob que Siquem había amancillado a Dina su hija; y estando sus hijos con su ganado en el campo, calló Jacob hasta que ellos viniesen. Y se dirigió Hamor padre de Siquem a Jacob, para hablar con él. Y los hijos de Jacob vinieron del campo cuando lo supieron; y se entristecieron

---

4. Allen P. Ross, *Creation & Blessing*, p. 572.
5. Bruce K. Waltke, *Genesis: A Commentary*, p. 462.
6. *Ibíd.*, p. 462.

los varones, y se enojaron mucho, porque hizo vileza en Israel acostándose con la hija de Jacob, lo que no se debía haber hecho. Y Hamor habló con ellos, diciendo: El alma de mi hijo Siquem se ha apegado a vuestra hija; os ruego que se la deis por mujer. Y emparentad con nosotros; dadnos vuestras hijas, y tomad vosotros las nuestras. Y habitad con nosotros, porque la tierra estará delante de vosotros; morad y negociad en ella, y tomad en ella posesión. Siquem también dijo al padre de Dina y a los hermanos de ella: Halle yo gracia en vuestros ojos, y daré lo que me dijereis. Aumentad a cargo mío mucha dote y dones, y yo daré cuanto me dijereis; y dadme la joven por mujer (Gn. 34:5-12).

El silencio de Jacob acerca del mancillamiento de Dina es difícil de comprender. ¿Fue acaso por la tristeza o por vergüenza? ¿Estaba su conciencia turbada debido a su fracaso de no haber seguido hacia Bet-el lo que causó aquel vergonzoso suceso? ¿Estaba él deseoso de compartir lo sucedido con los hermanos de Dina? ¿O acaso fue solo indecisión de su parte? No es fácil contestar esas preguntas.

Hamor, deseoso de preparar el camino para su hijo Siquem, fue a hablar con Jacob y le propuso que hubiese un verdadero intercambio entre la familia de Jacob y la suya, es decir, que la descendencia de Jacob y la de él se emparentasen. Seguramente eso le pareció a Hamor una genial idea, pero la simiente de la promesa no podía hacer cosa semejante. El propósito de Dios era mantener a su pueblo separado de los paganos e idólatras.

El versículo 7 dice que los hijos de Jacob «vinieron del campo cuando lo supieron», es decir, cuando supieron que su única hermana, Dina, había sido deshonrada. El texto no dice cómo supieron lo ocurrido, pero sí dice que «se entristecieron» y «se enojaron». El verbo «se entristecieron» [*yiteátsebu*] expresa la idea de un profundo dolor. Dicho verbo solo se usa en Génesis 6:6 para describir la reacción de Dios a causa de la iniquidad humana. «Porque hizo vileza en Israel acostándose con la hija de Jacob». Esa cláusula expresa el motivo de la profunda tristeza y del enojo de los hermanos de Dina. El vocablo «vileza» [*nebalá*] implica un acto o una actitud terrible como lo que hizo Acán (véase Jos. 7:15), o lo que hizo el levita cuando descuartizó a su concubina muerta (véase Jue. 20:6), o el caso de Amnón cuando violó a su hermana Tamar (véase 2 S. 13:12).

El uso de la expresión «en Israel» parece sugerir que los miembros de la familia de Jacob sabían que eran diferentes de los paganos en la ciudad de Siquem. También llama la atención el uso de la expresión «en Israel» por el hecho de que aún Israel como nación no existía. La que sí existía era la familia de Israel. Herbert C. Leupold sugiere que «en Israel» [*be Yisraél*] puede significar «contra Israel», de modo que la lectura de la frase sería: «Porque hizo vileza contra Israel». Así pensaban, según Leupold, los hijos de Jacob respecto a la sagrada dignidad con que Dios había investido a su padre Israel.[7] La sugerencia de Leupold tiene sentido. En primer lugar porque «be» puede traducirse «contra» y, en segundo lugar, porque evita el anacronismo de llamar a «Israel» nación antes de que exista como tal.

Otra importante observación es hecha por Gordon Wenham:

---

7. Herbert C. Leupold, *Exposition of Genesis*, pp. 900-901.

«En Israel... con la hija de Jacob». Esta combinación del nombre antiguo con el nuevo de Jacob alumbra nuestra sorpresa de que Jacob sea tan pasivo y sugiere que sus hijos estén tan preocupados por su honor como por el de su hermana. El uso de «en Israel» seguramente sugiere que el punto de vista de los hermanos de qué es correcto y propio tiene validez permanente en la vida nacional. Tal cosa no debía haberse hecho.[8]

«Hacer vileza» era una expresión usada para referirse a cualquier hecho contra el honor y el llamado de Israel como pueblo de Dios. Dicha expresión tiene que ver especialmente con pecados de la carne (véase Dt. 22:21; Jue. 20:10; 2 S. 13:12; también Jos. 7:15). Era, por lo tanto, un crimen contra el llamado de la nación a ser un pueblo santo, con el propósito de ser luz a los gentiles, como lo señala la Escritura. Dios llamó y separó a la nación de Israel para que fuese luz a las naciones (véase Is. 42:6; 49:6; Lc. 2:32).

Los versículos 9-12 contienen la generosa oferta de Hamor y de su hijo Siquem, que incluía tierra, dinero, actividad comercial y emparentamiento. Pero los hijos de Jacob no aceptaron ese trato que, al parecer, era tan generoso. Prefirieron, aunque solapadamente, tomar venganza por la ofensa recibida.

La venganza contra Siquem (34:13-31)

Pero respondieron los hijos de Jacob a Siquem y a Hamor su padre con palabras engañosas, por cuanto había amancillado a Dina su hermana. Y les dijeron: No podemos hacer esto de dar nuestra hermana a hombre incircunciso, porque entre nosotros es abominación (Gn. 34:13-14).

La oferta atractiva no afectó a los hijos de Jacob quienes, al parecer, llevaban la voz cantante en lo concerniente al matrimonio de Dina. Keil y Delitzsch dicen lo siguiente:

Aunque las ofertas del príncipe heveo y su hijo eran atractivas, fueron rechazadas por los hijos de Jacob, quienes ejercían la autoridad en lo relacionado al matrimonio de su hermana (véase Gn. 24:50). Y tenían toda la razón; porque, al aceptarlas, hubiesen violado el llamado sagrado de Israel y su simiente, y hubieran sacrificado a Mamón las promesas de Jehová.[9]

La separación de Israel de las naciones paganas es un punto fundamental del judaísmo bíblico del Antiguo Testamento (véase Dt. 7:1-8).

Mas con esta condición os complaceremos: Si habéis de ser como nosotros, que se circuncide entre vosotros todo varón. Entonces os daremos nuestras hijas, y tomaremos nosotros las vuestras; y habitaremos con vosotros y seremos un pueblo (Gn. 34:15-16).

Los hijos de Jacob hicieron una contraoferta a Hamor y a su hijo, con la condición de que todos los varones de Siquem fuesen circuncidados. Uno se preguntaría por qué

---

8. Gordon Wenham, «Genesis 16-50», *Word Biblical Commentary*, p. 312.

9. Keil y Delitzsch, «Genesis to Judges 6:32», *Old Testament Commentaries*, p. 240.

Hamor y Siquem aceptaron la oferta, pero es importante recordar que a veces la circuncisión era una ceremonia de iniciación a la edad de casarse en los territorios fuera de Israel. Es fácil ver, por lo tanto, por qué no sospecharon del engaño de los hijos de Jacob. La circuncisión tenía un significado especial para la simiente de Abraham, pues Dios dio la circuncisión a Abraham como señal del pacto incondicional que había hecho con el patriarca (véase Gn. 17:9-14; Éx. 12:43-49). De modo que la circuncisión para la simiente de Abraham tenía un valor esencialmente espiritual. Los hijos de Jacob, en su afán de tomar venganza de Siquem, le quitaron a la circuncisión su valor espiritual y la usaron para aplacar su ira hacia los siquemitas.

> *Mas si no nos prestareis oído para circuncidaros, tomaremos nuestra hija y nos iremos (Gn. 34:17).*

Como puede observarse, los hijos de Jacob están grandemente enfadados por el hecho de que entienden que Dina es retenida cautiva por Hamor y Siquem. El versículo 17 contiene una clara amenaza contra Hamor y su hijo. Equivale a decir: «Si no aceptáis nuestra propuesta, la cosa será diferente». La sugerencia era que de cualquier modo rescatarían a Dina. Los hijos de Jacob habían planeado vengarse.

Lo triste es que los hijos de Jacob usan la señal de la circuncisión dada por Dios a Abraham de una manera totalmente errónea. Los siquemitas no tenían ninguna relación espiritual con Abraham, ofrecerles la circuncisión para hacerlos participantes de la familia de Abraham aparte de la fe, no tenía ningún valor. De manera que, como puede verse claramente, todo lo que querían era vengarse.

> *Y parecieron bien sus palabras a Hamor, y a Siquem hijo de Hamor. Y no tardó el joven en hacer aquello, porque la hija de Jacob le había agradado; y él era el más distinguido de toda la casa de su padre (Gn. 34:18-19).*

La propuesta de los hijos de Jacob no era mala en principio, pero por haber nacido de un motivo erróneo, sí era mala. No tenían ninguna intención de pedir a los hombres de Siquem que formasen parte de la familia pactada sobre una base espiritual. Estaban proponiendo la señal del pacto, es decir, la circuncisión, simplemente como parte de un mero acuerdo humano. Sin fe y sin la realidad de una convicción espiritual la circuncisión era un simple rito carnal y terrenal. En la superficie, la propuesta era piadosa pero por debajo era un plan criminal.

El versículo 19 dice que Siquem no tardó en hacer lo que los hijos de Jacob le habían pedido «porque la hija de Jacob le había agradado». El verbo «agradar» [*kjaféts*] significa «experimentar deleite emocional» como el que siente un hombre por una mujer.[10] Evidentemente Siquem creyó que había dado evidencias a los hijos de Jacob de su amor por Dina, pero los hermanos de Dina tenían otra idea. Hamor y Siquem confiadamente entraron en el convenio. Este es uno de varios casos en la Biblia en que los paganos se muestran mucho mejores que los que profesan ser hombres de Dios.

> *Entonces Hamor y Siquem su hijo vinieron a la puerta de su ciudad, y hablaron a los varones de su ciudad, diciendo: Estos varones son pacíficos*

---

10. R. Laird Harris, et ál., *Theological Wordbook of The Old Testament*, vol. 1, p. 709.

con nosotros, y habitarán en el país, y traficarán en él; pues he aquí la tierra es bastante ancha para ellos; nosotros tomaremos sus hijas por mujeres, y les daremos las nuestras. Mas con esta condición consentirán estos hombres en habitar con nosotros, para que seamos un pueblo: Que se circuncide todo varón entre nosotros, así como ellos son circuncidados. Su ganado, sus bienes y todas sus bestias serán nuestros; solamente convengamos con ellos, y habitarán con nosotros. Y obedecieron a Hamor y a Siquem su hijo todos los que salían por la puerta de la ciudad, y circuncidaban a todo varón, a cuantos salían por la puerta de la ciudad (Gn. 34:20-24).

Hamor y Siquem su hijo fueron a la puerta de la ciudad porque ese era el sitio donde se trataban los asuntos concernientes a los habitantes de la ciudad. Allí explicaron el trato que habían hecho con Jacob y sus hijos. Los siquemitas aprobaron la propuesta y todos los hombres de la ciudad fueron circuncidados para sellar el pacto en anticipación de la unión económica y social de los dos pueblos. Hay que señalar que Hamor y su hijo no fueron transparentes con los hombres de la ciudad. No les dijeron que la razón de querer hacer aquel trato con Jacob y sus hijos era el amor de Siquem hacia Dina. Quizá, de haberlo hecho, el resultado hubiese sido diferente.

Debe señalarse también que los hombres de Siquem no estaban interesados en el significado espiritual de la circuncisión, solo les interesaban los aspectos comercial y social. Sin embargo, los hijos de Jacob no debieron de haber tomado la justicia en sus manos, sino que debieron haber esperado el juicio de Dios; tristemente, no lo hicieron. Es importante recordar que Dios no aprueba la venganza. Lo que ocurrió en Siquem fue realmente triste.

Pero sucedió que al tercer día, cuando sentían ellos el mayor dolor, dos de los hijos de Jacob, Simeón y Leví, hermanos de Dina, tomaron cada uno su espada, y vinieron contra la ciudad, que estaba desprevenida, y mataron a todo varón. Y a Hamor y a Siquem su hijo los mataron a filo de espada; y tomaron a Dina de casa de Siquem, y se fueron (Gn. 34:25-26).

Simeón y Leví, dos de los hermanos de Dina, entraron en la ciudad espada en mano y mataron a todos los varones incluyendo a los más importantes, es decir, a Hamor y Siquem. Además, sacaron a Dina de casa de Siquem y la llevaron consigo. Derek Kidner dice lo siguiente:

Crudamente realizada, la circuncisión puede disminuir la capacidad, particularmente después de dos o tres días. La masacre no fue un acto sobrehumano, aun si Simeón y Leví actuaron solos (el resto de los hermanos al parecer se unieron a ellos para el saqueo y la recogida, véase los vv. 27-29). Aparte de Rubén, un hombre impulsivo a quien le faltaba la fría ferocidad y resolución de ellos (para bien y para mal, véase 37:21; 42:37; 49:3), esos eran los mayores y plenos hermanos de Dina.[11]

---

11. Derek Kidner, *Genesis*, p. 185.

Simeón y Leví esperaron tres días, que fue tiempo suficiente para que todos los hombres de la ciudad fuesen circuncidados, y cuando más incapacitados estaban para pelear contra algún adversario. El texto dice que «la ciudad… estaba desprevenida», es decir, los habitantes no esperaban un ataque de esa índole. También dice que «mataron a todo varón». Uno podría pensar que actuar contra Siquem por haber violado a Dina era una acción justa, pero Simeón y Leví actuaron con una violencia incontrolable y con indescriptible crueldad.

Y los hijos de Jacob vinieron a los muertos, y saquearon la ciudad, por cuanto habían amancillado a su hermana. Tomaron sus ovejas y vacas y sus asnos, y lo que había en la ciudad y en el campo, y todos sus bienes; llevaron cautivos a todos sus niños y sus mujeres, y robaron todo lo que había en casa (Gn. 34:27-29).

Los otros hijos de Jacob se unieron a Simeón y Leví, fueron a la ciudad y la saquearon. Tomaron el ganado, las riquezas, los niños y las esposas de los habitantes de Siquem. Ciertamente el acto cometido fue una atrocidad de la cual el mismo Jacob se queja en el versículo siguiente:

Entonces dijo Jacob a Simeón y a Leví: Me habéis turbado con hacerme abominable a los moradores de esta tierra, el cananeo y el ferezeo; y teniendo yo pocos hombres, se juntarán contra mí y me atacarán, y seré destruido yo y mi casa (Gn. 34:30).

Jacob rompió su trágico silencio después de un largo tiempo y habló directamente a Simeón y a Leví porque ellos fueron los cabecillas de la masacre. Pero uno se pregunta cuál fue el verdadero motivo de sus palabras. ¿Estaba Jacob preocupado por los intereses del Señor o por salvar su propia vida? Cuando Dina fue deshonrada, Jacob permaneció en silencio, no dijo absolutamente nada, pero ahora habla, y el contenido de su discurso sugiere que lo que más le preocupaba era su propia vida y bienestar.

El texto dice: «Y teniendo yo pocos hombres, se juntarán contra mí y me atacarán, y seré destruido yo y mi casa» (34:30), no se menciona el honor de Dina. Al parecer, primero Jacob pecó con su silencio y ahora peca con su discurso. Sin duda, Jacob intenta lamentarse delante de sus hijos quizá en busca de compasión. Al oír sus palabras, puede deducirse que Jacob solo está interesado en sí mismo. Obsérvese una vez más el énfasis puesto en la primera persona: «ME habéis turbado… ME habéis hecho aborrecible a los moradores de esta tierra, y teniendo YO pocos hombres, se juntarán contra MÍ y ME atacarán, y seré destruido YO y MI casa» (Gn. 34:30).

Jacob no hace referencia a las promesas pasadas de Jehová Dios, y esa es la razón de su debilidad y temor. Las promesas especiales de la protección divina están ausentes de su mente (véase Gn. 28:14-15). Jacob ha olvidado aferrarse del Todopoderoso y confiar en sus promesas. En lugar de mirar a Dios se mira a sí mismo.

Pero ellos respondieron: ¿Había él de tratar a nuestra hermana como a una ramera? (Gn. 34:31).

La respuesta de los hijos a su padre fue contundente. La postura de aquellos jóvenes es, por supuesto, extrema. No dicen nada acerca de cómo Siquem deseaba «reparar los daños» y casarse con Dina, y así legitimar su relación con la doncella. Jacob permitió que ellos tuviesen la última palabra, quizá no porque admitiera la verdad de la postura de ellos sino porque él, también, es llevado más por el temor que por la justicia en este asunto. Derek Kidner dice:

> El pacificador y los vengadores, mutuamente exasperados y respectivamente sacudidos por el temor y la furia, estaban tal vez equidistantes de la verdadera justicia. Ambos ejemplifican dos perennes pero estériles reacciones al mal.[12]

La decepción de los hijos, el abuso de la señal del pacto y la violencia de la reacción de los jóvenes parece ser una señal errónea y criminal que merece la reprobación más severa. La astucia que heredaron de su padre había degenerado en malicia e ingeniosidad malvada, con celos por su llamado. Todo eso culminó en un horrendo acto pecaminoso.

RESUMEN Y CONCLUSIÓN

La lección principal que sobresale en este relato es el hecho del peligro de la degeneración del creyente hacia una mundanalidad que resulta en acciones violentas y malvadas. La atmósfera de la mundanalidad es una enfermedad fatal y mortal de la vida espiritual que conduce inevitablemente a la esterilidad espiritual y al fracaso en la relación con Dios.

El patriarca descendió del nivel de Israel al de Jacob, es decir, a su hombre antiguo. Es muy probable que muchos de nosotros hayamos hecho lo que hizo Jacob y hayamos perdido nuestro amor por el Señor (véase Ap. 2:4). También hemos perdido el celo por las cosas espirituales porque nos atraen las cosas del mundo y su sistema.

La cura para la humanidad no es difícil de encontrar, porque sus causas son claras. Es necesario sustituir las experiencias y poner en su lugar una permanente comunión con el Hijo de Dios. También está la energía de la vida carnal que debemos reemplazar por la fe en las promesas y el descanso en el poder y la determinación de Dios de llevarnos a la perfección mediante su gracia soberana (véase Fil. 1:6). La mundanalidad baja el tono y el testimonio de los santos de Dios, y solo puede ser prevenida permaneciendo separados de los atractivos, los placeres, los objetivos y las metas de los mundanos.

La verdadera separación espiritual, por supuesto, no es el aislamiento, sino la identificación sin contaminación en una actitud de entrega a las verdades celestiales y espirituales que nos han traído vida y fortaleza.

En su oración sumo sacerdotal reflejada en Juan 17, el Señor nos da la verdadera actitud del creyente y de la iglesia en el mundo, y por lo tanto nos revela la seguridad contra este insidioso peligro: 1) Somos dados a Cristo «del mundo» (Jn. 17:6); 2) «estamos en el mundo» (Jn. 17:11); 3) somos «aborrecidos por el mundo» (Jn. 17:14); 4) «no somos del mundo» (Jn. 17:14); 5) «no somos quitados del mundo» (Jn. 17:15); 6) «somos guardados

---

12. Derek Kidner, *Genesis*, p. 185.

del mal» (Jn. 17:15); 7) «somos enviados al mundo» (Jn. 17:18); 8) para dar testimonio al mundo como lo hizo el Señor, de que Él fue enviado por el Padre (Jn. 17:26). Así como Cristo es «la luz del mundo» (Jn. 8:12), los redimidos de Dios deben ser luces en el mundo (Mt. 5:14-16).

35

Jacob regresa a Bet-el, las muertes de Raquel y de Isaac (35:1-29)

La vida de Jacob ocupa el centro de un número importante de capítulos del libro del Génesis. El tercero de los patriarcas es el principal protagonista de los capítulos 27 al 36, que narran los «altibajos» de la vida de Jacob. El patriarca tuvo puntos culminantes de comunión con Jehová Dios, pero también experimentó descensos espirituales. Quizá el peor de todos es el que se narra en el capítulo 34, donde tuvo lugar la terrible masacre de los habitantes de Siquem.

Después de un tiempo en Siquem —quizá demasiado largo—, Dios le ordenó a Jacob regresar a Bet-el. Siquem había sido un tiempo de decadencia para Jacob y su familia. Había acampado cerca de una ciudad pagana y la mundanalidad que eso implicaba le pasó factura (véase Gn. 33:19; 34:1-2). En el capítulo 35, por lo tanto, puede verse la necesidad de restauración y el regreso a la comunión con Jehová Dios. El «regreso a Bet-el» es, por consiguiente, una necesidad imperiosa en la vida de Jacob.

Bet-el no era un lugar estratégico en lo que respecta a su situación, pues no era importante, ni social ni económicamente. Para Jacob, sin embargo, era un lugar sagrado, pues era el lugar donde Jehová Dios le había aparecido cuando huía de Esaú unos treinta años atrás. Allí Jacob vio una misteriosa escalera, con ángeles ascendiendo y descendiendo por ella. El Señor le apareció al lado de la escalera y le reafirmó las promesas hechas a Abraham (véase Gn. 12:3; 22:18) y, además, añadió algunas promesas especiales para Jacob (véase Gn. 28:15). Jehová Dios le dijo:

> Yo soy Jehová, el Dios de Abraham tu padre, y el Dios de Isaac; la tierra en que estás acostado te la daré a ti y a tu descendencia. Será tu descendencia como el polvo de la tierra, y te extenderás al occidente, al oriente, al norte y al sur; y todas las familias de la tierra serán benditas en ti y en tu simiente. He aquí, yo estoy contigo, y te guardaré por dondequiera que fueres, y volveré

a traerte a esta tierra; porque no te dejaré hasta que haya hecho lo que te he dicho (Gn. 28:13-15).

Jacob le respondió al Señor con un voto de que si Dios iba con él y proveía para él, entonces Jehová sería su Dios, pero Jacob no había cumplido ese voto.

De hecho, hay claras evidencias de que la vida de Jacob en realidad había declinado en poder y salud espiritual, no solo en lo relacionado con Siquem, sino también con su propia familia (véase Gn. 35:2). Además de los ídolos que había en su hogar, ahora se había hecho abominable a los habitantes de la tierra debido a los hechos de Simeón y Leví. Los problemas que atribulaban a Jacob nunca vinieron pero, sin duda, contribuyeron al deseo de la restauración.

El capítulo anterior puede ser descrito como «impío», mientras que el capítulo 35 puede ser descrito como «pleno de piedad». El capítulo 34 tiene que ver con Siquem y su mundanalidad, el capítulo 35 tiene que ver con la vida en Bet-el y el pueblo de Dios en ese ambiente. La restauración tiene lugar en Bet-el, pero el regreso a Dios no es suficiente para la madurez espiritual. En la vida espiritual generalmente uno tiene que pasar a través de «la escuela del dolor», y Jacob está ahora matriculado en esa escuela y el resto de su vida manifiesta esa experiencia.

EL MANDATO DE REGRESAR A BET-EL (35:1)

Dijo Dios a Jacob: Levántate y sube a Bet-el, y quédate allí; y haz allí un altar al Dios que te apareció cuando huías de tu hermano Esaú (Gn. 35:1).

El capítulo 35 comienza con las palabras que Dios habló a Jacob en Siquem después de la masacre y el saqueo que tuvo lugar allí. El trasfondo del mandato se encuentra en Génesis 28:20-22 y en 31:13, donde Jacob hizo ciertos votos y donde Dios se identifica como «el Dios de Bet-el». Era el propósito de Dios que Jacob habitase en Bet-el al volver a la tierra.

El pasaje no aclara cómo habló Dios a Jacob, pero Dios puede hablar de diferentes maneras. A veces habla mediante un impulso implantado en el corazón del creyente. No es raro que un creyente sea impelido a cambiar ciertos planes. Algunos han cambiado de planes de viaje y luego han sabido que ha ocurrido una tragedia en la que hubiesen podido perder la vida. Dios también habla mediante las experiencias de la vida diaria. Todas esas experiencias, sin duda, son parte del plan de Dios (véase Ef. 1:11). Es la responsabilidad del creyente sondear los misterios de su voluntad tal como Dios los manifiesta en las experiencias cotidianas de la vida. No siempre es fácil, pero con el tiempo se aprende a ver y a comprender la presencia de su mano en los sucesos de nuestras vidas. Y, por supuesto, Dios nos dirige a través de la meditación de las Escrituras y de la convicción que el Espíritu Santo produce en nuestras vidas.

Una cosa es cierta, el mandato de regresar a Bet-el era la invitación de Jehová Dios a Jacob a regresar al fervor que marcó el comienzo de su andar con Dios en una tierra extranjera, es decir, que marcó los votos y las aspiraciones de Bet-el en el principio. La experiencia que tuvo allí hizo que ese paso de montaña se convirtiese en «puerta del cielo» (véase Gn. 28:17), y Jacob debía regresar a la bendición de aquel momento. Como explica Derek Kidner:

Bet-el ocupa un lugar central en la vida de Jacob, como el nacimiento de Isaac ocupó en la vida de Abraham, probando su titubeante obediencia y su descanso en las promesas durante más de veinte años. Su regreso allí marca un final y un comienzo; un tiempo de la partida de la nodriza Débora y de la amada Raquel, y un punto de transición en la reafirmación de la promesa y la familia completada con el nacimiento de Benjamín. Jacob seguiría viviendo, pero el centro de gravedad se trasladaría a sus hijos.[1]

Es cierto, pues, que Bet-el era un sitio importante en la vida de Jacob. Era tan importante para él como el nacimiento de Isaac lo fue para Abraham. Por eso Dios le ordena que regrese al lugar de bendición. Después de haber pasado años en el mundo bullicioso de los paganos en Siquem, ahora debe regresar a la tranquilidad y a la comunión con Dios en Bet-el.

LA RESPUESTA DE JACOB (35:2-4)

Entonces Jacob dijo a su familia y a todos los que con él estaban: Quitad los dioses ajenos que hay entre vosotros, y limpiaos, y mudad vuestros vestidos. Y levantémonos, y subamos a Bet-el; y haré allí altar al Dios que me respondió en el día de mi angustia, y ha estado conmigo en el camino que he andado (Gn. 35:2-3).

La expresión «Bet-el» debió de haber traído al alma de Jacob los recuerdos más agradables. De modo que Jacob habló de inmediato a su familia y a sus siervos y les dio una orden enfática: «Quitad los dioses ajenos que hay entre vosotros». La adoración de otros dioses siempre es incompatible con la adoración a Jehová Dios. Él dice por medio del profeta: «Yo Jehová; este es mi nombre; y a otro no daré mi gloria, ni mi alabanza a esculturas» (Is. 42:8).

Dios es celoso respecto de su adoración, Él odia la idolatría. Esto lo confirma el primer mandamiento de la ley (Dt. 6:13-15). Evidentemente Jacob quería hacer «una limpieza» antes de ir a Bet-el y restaurar la comunión con Dios.

Siquem estaba a unos 48 km de Bet-el y, aunque hacía unos diez años que Jacob había regresado a la tierra, hasta donde se sabe no había visitado Bet-el. Había pasado treinta años desde que prometió regresar a Bet-el y pagar sus votos a Dios y, aunque había edificado un altar en Siquem, al parecer aquel altar era solo cuestión de formalismo. El ritualismo nunca puede ocupar el lugar de la confianza personal en Dios. En numerosos pasajes del Antiguo Testamento Dios habla del pecado de Israel y dice que han traspasado los atrios del templo, han llevado ofrendas para cubrir el expediente de las ceremonias sin confiar en Dios de corazón. Jehová Dios busca no solamente la observación de las ceremonias requeridas sino también las que salen del corazón y son ofrecidas por la fe. La fe en el único Dios vivo y verdadero es la única base de adoración que agrada al Señor: «Pero sin fe es imposible agradar a Dios; porque es necesario que el que se acerca a Dios crea que le hay, y que es galardonador de los que le buscan» (He. 11:6).

---

1. Derek Kidner, *Genesis*, p. 185.

Jacob respondió al mandamiento de Dios ordenando a la familia que quiten los ídolos que habían retenido, y les manda santificar sus vidas. Evidentemente la familia de Jacob había sido afectada por la decadencia espiritual de la vida del patriarca. Incluso después de la sublime comunión del pasado, la familia de Jacob había retenido ídolos paganos en su hogar, y el acercamiento a Bet-el demandaba la renuncia total de esos ídolos.

Así dieron a Jacob todos los dioses ajenos que había en poder de ellos, y los zarcillos que estaban en sus orejas; y Jacob los escondió debajo de una encina que estaba junto a Siquem (Gn. 35:4).

La familia de Jacob obedeció el requerimiento del patriarca. Todos, familiares y siervos, entregaron los ídolos paganos y los zarcillos que llevaban en sus orejas. Debe recordarse que Raquel se había llevado los ídolos de Labán y los había escondido en la albarda de un camello (véase Gn. 31:30-35). La gente respondió positivamente y Jacob tomó los ídolos y los zarcillos y «los enterró» debajo de una encina que estaba cerca de Siquem. Esto trae a la memoria las palabras del Señor Jesucristo:

Y si tu mano derecha te es ocasión de caer, córtala, y échala de ti, pues mejor te es que se pierda uno de tus miembros, y no que todo tu cuerpo sea echado al infierno (Mt. 5:30).

También trae a la memoria la respuesta de aquellos que oyeron a Pablo predicar en Éfeso y se convirtieron. Vinieron y confesaron su participación en prácticas ocultistas y de magia. Lucas escribió:

Asimismo muchos de los que habían practicado la magia trajeron los libros y los quemaron delante de todos; y hecha la cuenta de su precio, hallaron que era cincuenta mil piezas de plata (Hch. 19:19).

El hecho de que tanto la familia de Jacob como sus siervos «dieron» todos los amuletos a Jacob sugiere que el patriarca había recuperado su liderazgo espiritual. La RVR-60 dice que Jacob «escondió» todos aquellos objetos de idolatría debajo de una encina que estaba junto a Siquem. El verbo «escondió» [*vayitmon*] en realidad significa «y enterró». Acerca del acto de «enterrar» los ídolos, el profesor Bruce K. Waltke dice:

El poco usado término hebreo *tamán*, en lugar del más conocido *cabár* (véase 35:8, 29) puede significar que [los ídolos] fueron enterrados ignominiosamente, es decir, desechados como basura.[2]

Seguramente la frase «los ídolos» incluía los terafines que Raquel había robado a su padre y, además, las imágenes orientales que los siervos de Jacob llevaban consigo. Los zarcillos fueron incluidos porque también eran objetos de culto. Debe recordarse que posteriormente, en el desierto, los hijos de Israel convirtieron los zarcillos en el «becerro de oro» (véase Éx. 32:1-35).

---

2. Bruce K. Waltke, *Genesis*: A Commentary, p. 472.

La protección de Dios (35:5)

Y salieron, y el terror de Dios estuvo sobre las ciudades que había en sus alrededores, y no persiguieron a los hijos de Jacob (Gn. 35:5).

Como resultado de la respuesta, el pueblo disfrutó de la protección de Dios en el camino a Bet-el. El texto claramente dice que el Dios de Bet-el estaba en medio de su pueblo.

El estudio de este versículo conduce a algunas observaciones. En primer lugar, está claro que es posible que alguien que ha tenido una experiencia espiritual sobresaliente decaiga de la vitalidad de esa experiencia. Jacob tuvo el sorprendente sueño de la escalera del cielo en Bet-el y de la presencia del Señor al lado de la escalera, donde el Señor hizo grandes promesas a Jacob. Si uno intentara encontrar en el relato del Génesis la conversión de Jacob a Jehová, ese sería uno de los lugares y tiempos disputando la selección de esa conversión.

Y en Peniel, Jacob había luchado con el Ángel de Jehová y prevaleció cuando dejó de luchar y se aferró al Ángel, llorando y buscando su favor después de conocer quién era realmente (Os. 12:4). Aun así, a pesar de la sublime experiencia de Bet-el y Peniel, tuvo lugar una decadencia en la vida del patriarca y en la de su familia. La decadencia comienza generalmente de una manera más bien secreta, y difícilmente vemos sus etapas iniciales. Aparece tranquilamente mientras todavía imaginamos que todo marcha bien entre el Señor y nosotros. El profeta Oseas escribió uno de los pasajes más solemnes y aterradores que encontramos en la Biblia:

Efraín se ha mezclado con los demás pueblos; Efraín fue torta no volteada. Devoraron extraños su fuerza, y él no lo supo, y aun canas le han cubierto, y él no lo supo (Os. 7:8-9).

El profeta se refiere a la decadencia de Efraín que, en este contexto, se refiere al reino del norte con su capital en Samaria. Oseas usa la figura de «las canas» para referirse a la decadencia espiritual que se cierne sobre la cabeza del pueblo sin que este se dé cuenta de su condición.

¿Podría decirse de nosotros que, después de nuestras grandes experiencias espirituales del pasado, como nuestra conversión y muchos otros tiempos con el Señor después de haber nacido de nuevo, que nosotros también estamos en un estado de decadencia espiritual? ¿Acaso ha ocurrido una indiferencia hacia la Palabra de Dios, falta de asistencia a la reunión de los creyentes, a la reunión de oración y se apaga la llama del testimonio cristiano?

En segundo lugar, la presencia de los ídolos en la familia evidencia el hecho de la decadencia. Como los hongos del otoño que brotan en la humedad, dejar de mantener cercanía con el Señor pronto se manifiesta en la falta de poder en la vida espiritual. Tristemente, esa situación se observa con frecuencia en la vida de los creyentes. Todo parece marchar bien externamente en la vida de una pareja cristiana, hasta que de pronto llega la noticia de un inminente divorcio, con la información adicional de que el problema ha estado presente por un largo tiempo.

Finalmente, uno nota que, por lo menos en este caso, los ídolos tienen que «enterrarse» antes de que el Señor venga. Después de quitar los ídolos y de que Jacob ha regresado a Bet-el, entonces Dios aparece al patriarca y le reafirma las promesas.

Luego de haber «enterrado» los ídolos, la caravana de Jacob inició su jornada hacia Bet-el, y Dios puso «su terror» en el corazón de los habitantes de los alrededores para que no se atreviesen a hacerle daño a Jacob y a los que iban con él hasta llegar a Bet-el. Si Jacob hubiese confiado en Dios desde el principio no hubiese tenido que temer nada. Jehová Dios hubiese peleado por él (véase Éx. 14:14; Dt. 1:30).

Dios no escoltará un conjunto de dioses a Bet-el. Las palabras del Señor a la iglesia en Éfeso, una iglesia que había dejado su primer amor, son muy significativas: «Recuerda, por tanto, de dónde has caído, y arrepiéntete, y haz las primeras obras; pues si no, vendré pronto a ti, y quitaré tu candelero de su lugar, si no te hubieres arrepentido» (Ap. 2:5).

EL REGRESO A BET-EL (35:6-15)

Y llegó Jacob a Luz, que está en tierra de Canaán (esta es Bet-el), él y todo el pueblo que con él estaba. Y edificó allí un altar, y llamó el lugar El-bet-el, porque allí le había aparecido Dios, cuando huía de su hermano (Gn. 35:6-7).

Bet-el es el punto central de la vida de Jacob, tal como Moriah es el lugar cumbre para Abraham. Jacob llegó a Bet-el y edificó allí un altar. El propósito era adorar al verdadero Dios con la vitalidad de una comunión renovada. El patriarca había estado alejado de aquel lugar muchos años, pero ahora regresa con una actitud diferente. Al llegar a Bet-el, Jacob obedece el mandato de Dios en 35:1 y construye un altar. Jacob había nombrado el lugar Bet-el, y ahora nombra el altar El-bet-el, es decir, «el Dios fuerte de la Casa de Dios».[3] Aquel altar marcaba la diferencia entre el pueblo pactado y redimido por Dios y los paganos de la tierra. Jacob fue a Bet-el y edificó un altar allí para la adoración del Dios vivo y verdadero con la vitalidad de una comunión vibrante y renovada.

Entonces murió Débora, ama de Rebeca, y fue sepultada al pie de Bet-el, debajo de una encina, la cual fue llamada Alón-bacut (Gn. 35:8).

Jacob, ahora, comienza a experimentar algunas de las lecciones de la escuela de los sufrimientos. La muerte de Débora, la nodriza de Rebeca, quien pudo haber tenido una parte importante en la crianza de Jacob, es el primero de los tres funerales mencionados en este capítulo (véase Gn. 35:8, 19, 29). Las tristezas comienzan para el longevo patriarca, pero esas pruebas lo conducirán a la vida de un verdadero Israel, el soldado de Dios, el que lucha o el luchador de Dios.

Apareció otra vez Dios a Jacob, cuando había vuelto de Padan-aram, y le bendijo. Y le dijo Dios: Tu nombre es Jacob; no se llamará más tu nombre Jacob, sino Israel será tu nombre; y llamó su nombre Israel. También le dijo Dios: Yo soy el Dios omnipotente: crece y multiplícate; una nación y conjunto de naciones procederán de ti, y reyes saldrán de tus lomos. La tierra que he dado

---

3. Henry M. Morris, *The Genesis Record*, p. 519.

a Abraham y a Isaac, la daré a ti, y a tu descendencia después de ti daré la tierra. Y se fue de él Dios, del lugar en donde había hablado con él (Gn. 35:9-13).

Estos versículos registran otra vez la aparición de Jehová Dios a Jacob (véase Gn. 28:10-22, el sueño de la escalera). En esta ocasión el Señor habla a Jacob respecto al cambio de su nombre y de las promesas del pacto abrahámico. Las promesas del pacto, con algunos pequeños cambios, son reafirmadas a Jacob por Jehová Dios. El patriarca recibe la promesa del apoyo y del compromiso que proceden del «Dios omnipotente», es decir, el Dios cuyo poder está por encima de la fragilidad humana. Ese es el nombre de Dios que se usa regularmente cuando el hombre necesita la reconfirmación de la seguridad divina (véase Gn. 17:1-6).

Y Jacob erigió una señal en el lugar donde había hablado con él, una señal de piedra, y derramó sobre ella libación, y echó sobre ella aceite. Y llamó Jacob el nombre de aquel lugar donde Dios había hablado con él, Bet-el (Gn. 35:14-15).

Como señal de gratitud, Jacob erigió una columna de piedra en el lugar donde Dios le había hablado. El patriarca derramó una «libación» de aceite sobre la piedra. Esta es la primera mención de una libación en la Biblia. Ese acto sugiere que Jacob no había olvidado la gracia que Dios le había mostrado. Una «libación» [*nések*] es una ofrenda líquida, ya sea de vino, agua o aceite, que se derrama sobre un altar. La libación es una ofrenda de gratitud. Si bien la primera mención de *nések* está en Génesis 35:14, el acto de derramar aceite se menciona en Génesis 28:18, después de la visión de la escalera y de la promesa que Dios hizo a Jacob en Génesis 28:15. Sin embargo, no fue sino hasta después del éxodo de Egipto que se establecieron las leyes respecto de la *nések*. Este sustantivo tiene que ver con la libación u ofrenda líquida que era ofrecida en el altar (véase Éx. 39:40-41; Lv. 23:37; Nm. 28:7, véase también 1 Cr. 29:21; 2 Cr. 29:35). Diariamente, en el momento del holocausto de la mañana y de la tarde, se derramaba una libación al Señor (Nm. 28:7-8).[4]

Génesis 35:15 dice que Jacob llamó el nombre de aquel lugar Bet-el, repitiendo la experiencia que registra Génesis 28:18-19. Al parecer, el patriarca quería revivir la experiencia que había tenido allí más de veinte años atrás. No cabe duda de que Jacob deseaba expresar su gratitud a Dios por haberlo llevado de nuevo a Bet-el y por haberlo protegido durante aquellos largos años.

EL NACIMIENTO DE BENJAMÍN Y LA MUERTE DE RAQUEL (35:16-20)

Después partieron de Bet-el; y había aun como media legua de tierra para llegar a Efrata, cuando dio a luz Raquel, y hubo trabajo en su parto. Y aconteció, como había trabajo en su parto, que le dijo la partera: No temas, que también tendrás este hijo (Gn. 35:16-17).

La frase «…y había aun como media legua de tierra para llegar a Efrata…» da a entender que Efrata —que significa «tierra fructífera»— quedaba a «cierta distancia»

---

4. R. Laird Harris, et ál., *Theological Wordbook of the Old Testament*, vol. II, p. 1373.

del lugar donde estaba Jacob. Efrata era el lugar de origen de la familia de Noemí (véase Rt. 4:11) y de David (véase 1 S. 17:12; Sal. 132:6) y por supuesto, el lugar del nacimiento del Mesías (véase Mi. 5:2).

Efrata es otro nombre para Belén, la llamada ciudad o aldea de David (véase 35:19). De modo que antes de llegar a Efrata o Belén, Raquel dio a luz a Benjamín, el último de los hijos de Jacob y el único nacido en la tierra prometida. El Señor contestó la oración de Raquel (véase Gn. 30:24 y «le añadió otro hijo»).

> *Y aconteció que al salírsele el alma (pues murió), llamó su nombre Benoni; mas su padre lo llamó Benjamín. Así murió Raquel, y fue sepultada en el camino de Efrata, la cual es Belén. Y levantó Jacob un pilar sobre su sepultura; esta es la señal de la sepultura de Raquel hasta hoy (Gn. 35:18-20).*

Herbert C. Leupold comenta lo siguiente:

> Las dificultades del parto de Raquel tuvieron un triste final. Puesto que el vocablo *néfesh* significa tanto «alma» como «vida», puede traducirse ya sea: «salírsele el alma» o «salírsele la vida». Hay una nota muy trágica en su última palabra al morir, que es una expresión de la angustia de su alma cuando ella [Raquel] le da el nombre a su hijo: Ben-oni, es decir, «hijo de mi tristeza». Hubiese sido, en verdad, casi morboso permitir que un hijo llevase ese nombre toda su vida. De modo que el padre rápidamente le cambia el nombre a otro que suena similar: Benjamín. Que literalmente significa «hijo de la mano derecha», ese nombre puede significar «un hijo de la buena fortuna» porque el lado derecho comúnmente era considerado como el lado más fuerte y más honorable. De modo que llegó a simbolizar la buena fortuna.[5]

Como puede verse, Génesis 35:16-20 registra el segundo funeral narrado en este capítulo. Raquel, la amada esposa de Jacob, muere en el momento del alumbramiento de su segundo hijo. Una cosa puede decirse de Jacob: era capaz de amar y de hacerlo profundamente. Los dos nombres dados al hijo reflejan los dos estados del Mesías: Benoni sugiere el estado de su humillación porque significa «hijo de mi tristeza». El Mesías es «varón de dolores» (Is. 53:3). Benjamín significa «hijo de mi diestra». Ese nombre sugiere «exaltación» (Fil. 2:9-11; He. 1:3-4). En verdad, fue un acto de fe de parte de Jacob ponerle ese nombre a su hijo menor.

En resumen, los versículos 19 y 20 relatan, de manera escueta, la muerte y la sepultura de Raquel. Jacob levantó un pilar sobre la sepultura de Raquel, seguramente como un recordatorio del lugar donde había enterrado a la mujer que amaba.

EL PECADO DEL PRIMOGÉNITO DE JACOB (35:21-22A)

> *Y salió Israel, y plantó su tienda más allá de Migdal-edar. Aconteció que cuando moraba Israel en aquella tierra, fue Rubén y durmió con Bilha la concubina de su padre; lo cual llegó a saber Israel (Gn. 35:21-22a).*

---

5. Herbert C. Leupold, *Exposition of Genesis*, p. 924.

Migdal-edar significa «torre del rebaño». Al parecer ese era un lugar bien conocido aunque no se menciona lo suficiente en las Escrituras para saber su localización exacta. Miqueas 4:8 da a entender que Migdal-edar estaba cerca de Jerusalén.

El punto central aquí es la mención del despreciable acto de Rubén, el hijo mayor de Jacob y Lea. El texto dice que «fue y durmió con Bilha la concubina de su padre», y leemos que «Israel llegó a saber» lo que Rubén hizo, pero evidentemente guardó silencio. En realidad, es desconcertante la actitud de Jacob. Es posible que el patriarca guardase su acción hasta el día cuando debía pronunciar la bendición a cada uno de sus hijos. En Génesis 49:3-4 se registra el ajuste de cuentas con Rubén, que finalmente llegó. En ese día, Jacob juntó a sus hijos para bendecirlos. Estas fueron sus palabras para Rubén:

Rubén, tú eres mi primogénito, mi fortaleza, y el principio de mi vigor; principal en dignidad, principal en poder. Impetuoso como las aguas, no serás el principal, por cuanto subiste al lecho de tu padre; entonces te envileciste, subiendo a mi estrado (Gn. 49:3-4).

Bruce K. Waltke ofrece la siguiente explicación respecto el pecado de Rubén:

El vergonzoso acto de Rubén es motivado más por política que por lujuria. Al deshonrar a Bilha, se asegura que su sierva, con la muerte de Raquel, no pueda suplantar a Lea como la principal esposa (véase 2 S. 15:16; 16:22; 20:3). La ley mosaica prohíbe el incesto porque deshonra al padre, pero no exige castigo aparte del hecho de que Dios maldice al culpable y lo hace responsable (véase Lv. 18:8; 20:11; Dt. 22:30; 27:20). Además, según las costumbres culturales del antiguo Oriente Próximo, al tomar la concubina de su padre, Rubén intenta apoderarse del liderazgo de Jacob (véase 2 S. 3:7-8; 12:7-8; 16:21-22; 1 R. 2:13-25). Por su pecado, el primogénito de Lea, Rubén, pierde su liderazgo (Gn. 49:1-4).[6]

El relato del pecado de Rubén es escueto y deja el disgusto de la ruptura familiar a la imaginación del lector. Jacob, evidentemente, nunca se olvidó de aquel acontecimiento triste y al final de sus días se lo presentó a Rubén, que por ello perdió los derechos de la primogenitura.

La familia de Jacob (35:22b-26)

Ahora bien, los hijos de Israel fueron doce: Los hijos de Lea: Rubén el primogénito de Jacob; Simeón, Leví, Judá, Isacar y Zabulón. Los hijos de Raquel: José y Benjamín. Los hijos de Bilha, sierva de Raquel: Dan y Neftalí. Y los hijos de Zilpa, sierva de Lea: Gad y Aser. Estos fueron los hijos de Jacob, que le nacieron en Padan-aram (Gn. 35:22b-26).

Salvo Benjamín, que nació en la tierra prometida (véase Gn. 35:16-18), los otros once hijos de Jacob nacieron en Padan-aram. Los miembros de la tribu de Benjamín podían reclamar con orgullo que su progenitor nació en Canaán y no en Padan-aram.

---

6. Bruce K. Waltke, *Genesis: A Commentary*, p. 478.

La muerte de Isaac (35:27-29)

Después vino Jacob a Isaac su padre a Mamre, a la ciudad de Arba que es Hebrón, donde habitaron Abraham e Isaac. Y fueron los días de Isaac ciento ochenta años. Y exhaló Isaac el espíritu y murió, y fue recogido a su pueblo, viejo y lleno de días; y lo sepultaron Esaú y Jacob sus hijos (Gn. 35:27-29).

Jacob había estado lejos de su padre durante muchos años. Es más, desde Génesis 28, cuando Isaac despidió a Jacob para que marchase a Padan-aram, había transcurrido más de un cuarto de siglo. Ahora Jacob regresa a Mamre donde estaba su padre y lo ve por última vez. Poco después Isaac falleció a la edad de ciento ochenta años.

Esaú y Jacob finalmente se reconciliaron y se juntan al lado del lecho de muerte de Isaac su padre. Ese acontecimiento cierra la larga historia de su generación. A partir de ahí, en el desarrollo de la historia de la redención, otros —como José— son prominentes en el relato. Isaac «fue recogido a su pueblo» (35:29), una expresión que sugiere la presencia de la esperanza de la vida después de la muerte en el período del Antiguo Testamento. Una nota de alegría es el hecho de que Esaú y Jacob mantienen una relación fraternal después del encuentro de reconciliación descrito en Génesis 33. El pasaje de Génesis 35:28-29 sugiere que Isaac fue sepultado en el sepulcro familiar en la cueva de Macpela, donde habían sido enterrados Sara y Abraham.

Resumen y conclusión

Génesis 35 contiene varias enseñanzas importantes. En primer lugar, enseña que la restauración del compañerismo y la comunión no está exenta de la escuela del dolor. Tal como el oro y la plata tienen que derretirse en el crisol para quemar la escoria, así también los pasos para la madurez del alma muchas veces tienen que quemarse en el horno de la aflicción y la tristeza. No debe causar sorpresa, entonces, cuando los santos de Dios marcan sus grandes pruebas mediante sus grandes bendiciones.

Además, la gran cosecha y la posesión de la tierra de bendición son solo para aquellos que pasan a través de la escuela de los sufrimientos. Bernabé deja bien claro esa verdad cuando, con Pablo, dice a las iglesias de Listra, Iconio y Antioquia: «...Es necesario que a través de muchas tribulaciones entremos en el reino de Dios» (Hch. 14:22, véase también 2 Ti. 2:12; Ro. 8:17). Desde aquí y hasta el final de Génesis vemos que Débora murió, luego Raquel, Rubén cometió su gran pecado, José tuvo sus dificultades con sus hermanos (quizá ayudados por la parcialidad de su padre), y Simeón y Benjamín fueron apartados del patriarca. De modo que Jacob expresa con angustia: «Me habéis privado de mis hijos; José no parece, ni Simeón tampoco, y a Benjamín le llevaréis; contra mí son todas estas cosas» (Gn. 42:36). Lo que Jacob no sabía era que en aquel mismo momento las cosas comenzaban a brillar. ¡Dios estaba actuando según su soberana voluntad!

En medio de las pruebas, recordemos no juzgar por las apariencias (véase Ro. 8:17). Nada nos puede separar del amor de Dios (Ro. 8:31-39; Sal. 23:4), y hay un «después» de bendiciones (véase He. 12:11).

36

Las generaciones de Esaú (36:1-43)

El capítulo 36 del Génesis no es muy visitado ni por los lectores ni por los expositores de la Biblia. Son pocos los que leen con agrado las genealogías de la Biblia y Génesis 36 registra la genealogía —la historia— de Esaú, aquel que vendió su primogenitura por un plato de lentejas. Esaú es llamado «profano» en Hebreos 12:16, es decir, alguien interesado en las cosas seculares con poco o ningún interés en las cosas espirituales.

A pesar de la dificultad que ofrece este capítulo, el predicador que desea honrar la Palabra de Dios no debe pasarlo por alto, pues sí es posible predicar expositivamente la totalidad de las Sagradas Escrituras. Este capítulo acerca de la genealogía de Esaú, aun si lo encontramos aburrido, es evaluado de manera diferente por el Espíritu Santo ya que gran parte de su contenido se repite en 1 Crónicas 1:35-54. Aunque no lo parezca, por lo tanto, este capítulo es importante y debe ser estudiado con toda seriedad. La hermandad de Jacob y Esaú es resaltada en la historia del Antiguo Testamento, donde también se registran las genealogías de ambos personajes. Génesis 36 registra la de Esaú y los capítulos 37-50 registran la de Jacob. De modo que el capítulo 36, en realidad, prepara el terreno para la historia de José, quien asume el lugar importante en los restantes catorce capítulos de Génesis.

Las esposas de Esaú (36:1-5)

El capítulo anterior termina con la muerte de Isaac y en la sepultura estuvieron presentes Esaú y Jacob. El dolor y la tristeza por la partida del patriarca reúne a los hermanos. Después de ese acontecimiento, Esaú —con toda su familia y sus pertenencias— se fue a la tierra de Seir. Es probable que Jacob y Esaú no se volvieran a ver. El capítulo 36 comienza con una lista de las esposas de Esaú.

> *Estas son las generaciones [toledot] de Esaú, el cual es Edom: Esaú tomó sus mujeres de las hijas de Canaán: a Ada, hija de Elón heteo, a Aholibama, hija de Aná, hijo de Zibeón heveo, y a Basemat hija de Ismael, hermana de*

498

*Nebaiot. Ada dio a luz a Esaú a Elifaz; y Basemat dio a luz a Reuel. Y Aho-
libama dio a luz a Jeús, a Jaalam y a Coré; estos son los hijos de Esaú, que
le nacieron en la tierra de Canaán (Gn. 36:1-5).*

El texto bíblico registra que Esaú había tomado otras esposas (véase Gn. 26:34;
28:9), y todas eran mujeres cananeas y, por lo tanto, paganas. Eso refleja el poco discernimiento espiritual de Esaú.

Es cierto que hay algunas diferencias en los relatos, pero dichas diferencias no son
críticas. Quizá mucho tenga que ver con la transmisión del texto. También puede ser el
uso de nombres alternativos. Keil y Delitzsch dicen lo siguiente:

Esta diferencia surge del hecho de que Moisés usó documentos genealógicos
de la familia y de la tribu de Esaú, y los insertó sin alteración. No presenta
ninguna discrepancia irreconciliable, por lo tanto, pero puede explicarse a
partir de la antigua costumbre en el oriente de dar apellidos sobre la base de
algún acontecimiento memorable en la vida de un hombre —como los árabes
lo hacen todavía—, que gradualmente desplazó el otro nombre.[1]

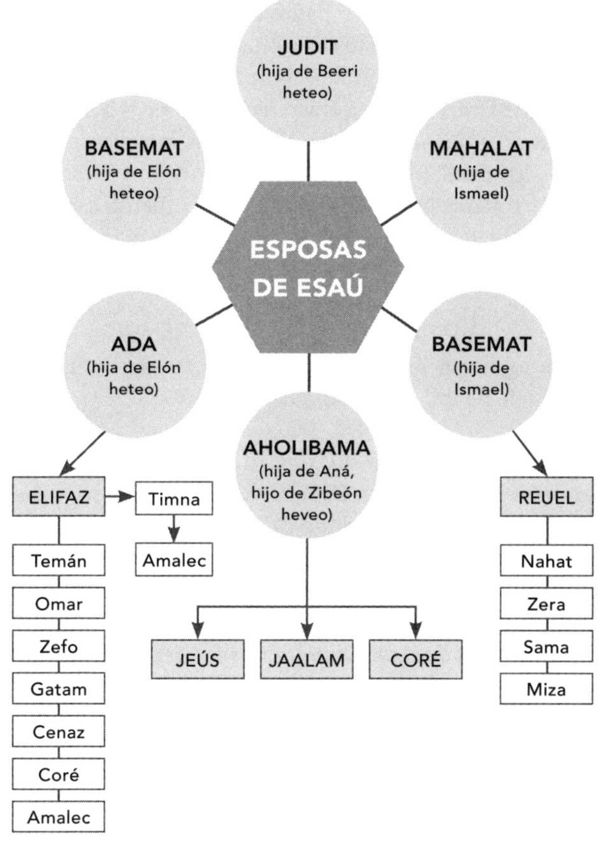

---

1. Keil y Delitzsch, «Genesis to Judges 6:32», *Old Testament Commentaries*, p. 240.

Esaú escoge los montes de Seir como su territorio (36:6-8)

Y Esaú tomó sus mujeres, sus hijos y sus hijas, y todas las personas de su casa, y sus ganados, y todas sus bestias, y todo cuanto había adquirido en la tierra de Canaán, y se fue a otra tierra, separándose de Jacob su hermano. Porque los bienes de ellos eran muchos; y no podían habitar juntos, ni la tierra en donde moraban los podía sostener a causa de sus ganados. Y Esaú habitó en el monte de Seir; Esaú es Edom (Gn. 36:6-8).

Estos versículos describen la elección que Esaú hizo del territorio montañoso de Seir como lugar para habitar. Fue necesario escoger ese territorio a causa de la enorme riqueza de Jacob y Esaú. Los diez capítulos anteriores aportan suficiente información acerca de la riqueza acumulada tanto por Jacob como por Esaú. Ambos hermanos eran inmensamente ricos. Las promesas de Dios se habían cumplido en ellos. Los versículos 36:6-8 son un resumen de los diez capítulos anteriores.

Los hijos y los nietos de Esaú (36:9-14)

Génesis 36:9-14 registra los nombres de los hijos y los nietos de Esaú. En ellos y por medio de ellos, Esaú se convirtió en el padre de los edomitas, los habitantes de Seir. Al repasar los nombres a la luz de la historia relatada en el texto bíblico, está claro que Amalec, el hijo de Elifaz, es una figura importante. Él y su familia se convierten en enemigos acérrimos de Israel. Amalec atacó repetidas veces a Israel cuando este salió de Egipto (véase Éx. 17:8-13). Las hordas amalecitas invadieron Israel de tiempo en tiempo, a veces con los madianitas y los hijos del oriente, y otras veces junto con los amonitas. Fueron derrotados por Saúl, con frecuencia fueron castigados por David y, por último, el remanente de ellos fue exterminado por el rey Ezequías y los simeonitas (véase 1 S. 14:48; 15:2; 27:8; 30:1-18; 2 S. 8:12; 1 Cr. 4:41-43).

Los jefes de Esaú (36:15-19)

Estos versículos registran los nombres de los jefes de Esaú. El vocablo «jefes» [*alufé*] significa «el jefe de mil» o «cabeza de un clan».

Estos son los jefes de entre los hijos de Esaú: hijos de Elifaz, primogénito de Esaú; los jefes Temán, Omar, Zefo, Cenaz, Coré, Gatam y Amalec; estos son los jefes de Elifaz en la tierra de Edom; estos fueron los hijos de Ada. Y estos son los hijos de Reuel, hijo de Esaú: los jefes Nahat, Zera, Sama y Miza; estos son los jefes de la línea de Reuel en la tierra de Edom; estos hijos vienen de Basemat mujer de Esaú. Y estos son los hijos de Aholibama mujer de Esaú: los jefes Jeús, Jaalam y Coré; estos fueron los jefes que salieron de Aholibama mujer de Esaú, hija de Aná. Estos, pues, son los hijos de Esaú, y sus jefes; él es Edom (Gn. 36:15-19).

La repetición de algunos nombres como el de Coré causa sorpresa a algunos. Pero, como puede verse, el hecho de que Esaú haya tenido varias esposas y concubinas explica la repetición de algunos nombres. Herbert C. Leupold aporta la siguiente explicación:

Pero esto es lo verdaderamente importante acerca de esta lista. Muestra cómo, en una fecha comparativamente temprana, los descendientes de Esaú ocuparon posiciones de preeminencia y honor. Porque *alúf*, «jefe», bien podría significar «*quiliarca*», «regidor sobre mil», ya que *alúf* viene de la raíz *élef* que significa «mil», ahora bien, aunque la idea de «mil» no debe exagerarse, en todo caso implica, más bien, una dignidad sobresaliente en relación con aquellos que llevan el nombre. Eran hombres que gobernaban a «un millar» o a «mil familias». En esas listas las madres son colocadas siempre en un lugar prominente. La razón es que, al parecer, los edomitas otorgaban importancia al linaje de descendencia maternal y, así todo, ese hecho difícilmente apuntaba a un matriarcado.[2]

LOS JEFES DE LOS HOREOS (36:20-30)

Estos son los hijos de Seir horeo, moradores de aquella tierra: Lotán, Sobal, Zibeón, Aná, Disón, Ezer y Disán; estos son los jefes de los horeos, hijos de Seir, en la tierra de Edom. Los hijos de Lotán fueron Hori y Hemam; y Timna fue hermana de Lotán. Los hijos de Sobal fueron Alván, Manahat, Ebal, Sefo y Onam. Y los hijos de Zibeón fueron Aja y Aná. Este Aná es el que descubrió manantiales en el desierto, cuando apacentaba los asnos de Zibeón su padre. Los hijos de Aná fueron Disón, y Aholibama hija de Aná. Estos fueron los hijos de Disón: Hemdán, Esbán, Itrán y Querán. Y estos fueron los hijos de Ezer: Bilhán, Zaaván y Acán. Estos fueron los hijos de Disán: Uz y Arán. Y estos fueron los jefes de los horeos: los jefes Lotán, Sobal, Zibeón, Aná, Disón, Ezer y Disán; estos fueron los jefes de los horeos, por sus mandos en la tierra de Seir (Gn. 36:20-30).

Esaú se casó con mujeres de una familia prominente de los horeos, y los nombres de los jefes de los horeos se registran en este pasaje (véase también Gn. 36:24-25; Dt. 2:12). Evidentemente las designaciones «heveos» y «horeos» se intercambian de alguna manera. Derek Kidner dice lo siguiente:

Deuteronomio 2:12 registra que los seguidores de Esaú despojaron a los horeos, tal como Israel lo hizo con los cananeos; pero Esaú se casó dentro de una familia prominente, la de Aná hijo de Zibeón (compárese el v. 2 con 24-25). A la familia de Aná se la llama hevea en el versículo 2, pero horea aquí, lo cual indica que los términos se entremezclan o que heveo podría ser, aquí y en otro lugar, el error de un escriba en lugar de horeo. El término horeo comúnmente parece denotar a los hurrios, un pueblo semita muy disperso en el antiguo Oriente Próximo; los nombres semitas en estos versículos, sin embargo, sugieren que los horeos del monte Seir eran de raíces diferentes.[3]

---

2. Herbert C. Leupold, *Exposition of Genesis*, vol. II, pp. 940-941.
3. Derek Kidner, *Genesis*, p. 189.

LOS REYES DE EDOM (36:31-39)

Y los reyes que reinaron en la tierra de Edom, antes que reinase rey sobre los hijos de Israel, fueron estos: Bela hijo de Beor reinó en Edom; y el nombre de su ciudad fue Dinaba. Murió Bela, y reinó en su lugar Jobab hijo de Zera, de Bosra. Murió Jobab, y en su lugar reinó Husam, de tierra de Temán. Murió Husam, y reinó en su lugar Hadad hijo de Bedad, el que derrotó a Madián en el campo de Moab; y el nombre de su ciudad fue Avit. Murió Hadad, y en su lugar reinó Samla de Masreca. Murió Samla, y reinó en su lugar Saúl de Rehobot junto al Éufrates. Murió Saúl, y en lugar suyo reinó Baal-hanán hijo de Acbor. Y murió Baal-hanán hijo de Acbor, y reinó Hadar en lugar suyo; y el nombre de su ciudad fue Pau; y el nombre de su mujer, Mehetabel hija de Matred, hija de Mezaab (Gn. 36:31-39).

Este pasaje contiene una interesante lista de reyes de Edom que pertenecen a las generaciones de Esaú. Algunos exégetas interpretan la frase inicial del mencionado pasaje como una señal de que Moisés no escribió ese segmento del Génesis pues Moisés no pudo saber que procederían reyes de Israel. Pero en Génesis 17:1 Dios prometió a Abraham darle reyes en su descendencia y, en 1 Samuel 14:47, Saúl, el primer rey de Israel, peleó contra los edomitas. También el rey David los sojuzgó (véase 2 S. 8:13-14; 1 R. 11:14-17). De modo que la frase del versículo 31, «antes que reinase rey sobre los hijos de Israel» fue escrita por Moisés teniendo en mente la promesa de Dios (véase Gn. 17:6) de que daría reyes a Israel. El pasaje, por lo tanto, expresa simplemente el pensamiento de que Edom se convirtió en un reino mucho antes que Israel. Es más, debe recordarse que el pueblo de Israel pidió a Samuel que quería tener «un rey» para ser como las otras naciones (véase 1 S. 8:5). Eso significa que naciones como Edom tuvieron reyes antes que Israel.

LA LISTA FINAL DE LOS JEFES DE ESAÚ (36:40-43)

Estos, pues, son los nombres de los jefes de Esaú por sus linajes, y sus nombres: Timna, Alva, Jetet, Aholibama, Ela, Pinón, Cenaz, Temán, Mibzar, Magdiel e Iram. Estos fueron los jefes de Edom según sus moradas en la tierra de su posesión. Edom es el mismo Esaú, padre de los edomitas (Gn. 36:40-43).

Génesis 36 termina con la lista final de los jefes de Esaú, cuyo énfasis se encuentra en la posesión de la tierra que habitaban, no en la relación entre los jefes.[4] Como dice Gordon Wenham:

Las genealogías por lo general no inspiran a la reflexión teológica, pero en el Génesis tienen una función importante. El Génesis se ocupa de trazar el linaje ancestral de Israel, y en su vecino Edom vieron a su pariente más cercano, en realidad el hermano gemelo de Israel, Esaú. Pero ¿por qué Jacob fue escogido

---

4. Derek Kidner, *Genesis*, p. 190.

mientras que Esaú fue rechazado? Mucho antes la narración informa el oráculo prenatal que predice: «Y le respondió Jehová: Dos naciones hay en tu seno, y dos pueblos serán divididos desde tus entrañas; el un pueblo será más fuerte que el otro pueblo, y el mayor servirá al menor» (Gn. 25:23).[5]

Y cuando Isaac bendijo a Esaú, declaró: «Y por tu espada vivirás, y a tu hermano servirás; y sucederá cuando te fortalezcas, que descargarás su yugo de tu cerviz» (Gn. 27:40).

RESUMEN Y CONCLUSIÓN

Hay numerosas e importantes lecciones en Génesis 36, a pesar de estar tan lleno de nombres extraños. En primer lugar, la dedicación de todo un capítulo, así como la repetición de la mayor parte del material posteriormente en 1 Crónicas, da testimonio de la amplitud del interés de Dios en toda la raza humana, incluso en los no elegidos. El linaje de Esaú pertenece a los que están fuera del pacto pero, como criaturas, también preocupan a Dios. Sin duda, el Creador ama a su creación.

En segundo lugar, uno queda sorprendido con la certeza y la individualidad del juicio divino. La cuidadosa relación de los nombres de los miembros de la familia hace recordar que Dios sí registra en libros, que esos libros serán abiertos, y que ciertamente habrá un juicio. También trae al recuerdo las solemnes palabras del apóstol Juan en Apocalipsis 20:11-15, en conexión con el juicio del gran trono blanco:

Y vi un gran trono blanco y al que estaba sentado en él, de delante del cual huyeron la tierra y el cielo, y ningún lugar se encontró para ellos. Y vi a los muertos, grandes y pequeños, de pie ante Dios, y los libros fueron abiertos, y otro libro fue abierto, el cual es el libro de la vida, y fueron juzgados los muertos por las cosas que estaban escritas en los libros, según sus obras. Y el mar entregó los muertos que había en él; y la muerte y el Hades entregaron los muertos que había en ellos; y fueron juzgados cada uno según sus obras. Y la muerte y el Hades fueron lanzados al lago de fuego. Esa es la muerte segunda. Y el que no se halló inscrito en el libro de la vida fue lanzado al lago de fuego (Ap. 20:11-15).

En tercer lugar, cuando se recuerda los cuadros de Esaú y Jacob aportados por el capítulo anterior, viene a la mente la importancia de la realidad interior en contraste con la apariencia externa. Probablemente no hay mayor contraste entre los hombres de la Biblia que el que existe entre Jacob y Esaú. Según el relato bíblico, Esaú fue probablemente un hombre activo, atractivo y generoso, genuinamente un «hombre de hombres». Por el otro lado hay muchas cosas acerca de Jacob que deben ser rechazadas. Sus engaños y astucias salen a la superficie. Además, al parecer estaba demasiado apegado y sometido a las decisiones de Rebeca. Había, sin embargo, una gran diferencia entre ambos. En el caso de Jacob, existía un verdadero interés en las cosas espirituales, como se ve en su deseo de la primogenitura y de la bendición abrahámica. Aunque era imperfecto, Jacob era un hombre de fe, algo que, sin duda, recibió de Dios. Por

---

5. Gordon Wenham, «Genesis 16-50», *Word Biblical Commentary*, p. 341.

otro lado, la verdadera naturaleza del carácter de Esaú se manifiesta en su reacción inmediata ante la pérdida de la bendición, que fue la amenaza de matar a su hermano, mostrando así que el homicidio existía en su corazón conjuntamente con su atractivo externo. Su incredulidad se hizo notoria en sus matrimonios, pues se casó con mujeres heteas paganas. Posteriormente, para agradar a su padre, tomó esposa de las hijas de Ismael, pero esa acción también reveló su carnalidad.

El Nuevo Testamento pronuncia una evaluación final de la verdadera naturaleza de Esaú, al llamarlo: «fornicario o profano» (He. 12:16). Esaú fue sensual, secular, de mente terrenal. Dios no ocupaba un lugar central en su mente. A él se aplica algo como lo que el Señor le dijo a Samuel cuando este pensaba que Eliab era el hijo de Isaí que Dios se había propuesto ungir para sustituir a Saúl:

> Y Jehová respondió a Samuel: No mires a su parecer, ni a lo grande de su estatura, porque yo lo desecho; porque Jehová no mira lo que mira el hombre; pues el hombre mira lo que está delante de sus ojos, pero Jehová mira el corazón (1 S. 16:7).

En cuarto lugar, es posible ver la irreligiosidad en la degeneración que existía en los descendientes de Esaú, que se convirtieron en los grandes enemigos del pueblo de Dios, adoradores de demonios que, a la postre, sufrieron un juicio desolador de parte de Dios. Lo que creemos tiene su efecto final en nuestras vidas y nuestras acciones. El resurgir del Islam debe recordar a todo cristiano el hecho de que nuestro cristianismo bíblico debe abarcar todas las áreas de nuestra vida. Es importante considerar nuestra ideología política a la luz de los principios divinos establecidos en la Palabra de Dios. El hombre no puede ni debe ignorar su relación con Dios. Jehová Dios puede ser adorado por el creyente o blasfemado y odiado por el inconverso, pero no puede ser ignorado. En los descendientes de Esaú puede verse la fuerza y la influencia de la irreligiosidad porque esa era la fe de Esaú. Este hombre, aunque hijo de un hombre de fe, tenía una marcada preferencia hacia la mundanalidad y la carnalidad.

En quinto lugar, puede notarse la importancia permanente y con frecuencia crucial de los detalles que, al parecer, son insignificantes. El alejamiento de Esaú de Jacob es lo que nos permite comprender la política del Oriente Próximo (y del mundo) hoy (véase Gn. 36:6-8). La separación de Esaú de Jacob se corresponde con la lucha entre Edom e Israel, entre árabes y judíos, y entre el pecado humano y la responsabilidad del hombre y la divina gracia selectiva.

En sexto lugar, aquí sobresale la fidelidad de Dios a sus promesas. Jehová Dios fue fiel a Jacob, y el patriarca obtuvo una medida de la posesión de la tierra que le había sido prometida, cuando Esaú finalmente dejó la tierra y se trasladó a Seir. Jacob obtuvo la tierra sin estratagemas ni intrigas, sino por la voluntad de Dios. Pero, por otro lado, Dios también fue fiel a Esaú porque también le había hecho promesas, que fueron dadas en forma de profecía. La Escritura dice que serviría al hermano menor, pero que a su tiempo se despojaría del yugo de servidumbre. Eso llegó a suceder. Además, Dios en su gracia, le dio riquezas así como influencia y prominencia (véase Gn. 25:23; 27:39-40; 36:6-8, 15-19).

Por último, uno aprende acerca de la necesidad de la gracia de Dios. En realidad, Jacob no era en sí mismo diferente de Esaú. Ambos eran, naturalmente, hijos de Adán.

Jacob era, sin embargo, el heredero de la promesa hecha por Dios a Abraham y a Isaac. Dios soberanamente escogió a Jacob para realizar su plan a través de él. El linaje de Jacob llega a ser como un jardín floreciente, mientras que el linaje de Esaú es como el árido desierto. Uno conduce al Señor Jesucristo, mientras que el otro conduce inexorablemente al «agujero negro» del lago de fuego. Uno es aceptado y el otro es rechazado, pero ambos son responsables delante de Dios. Pablo lo explica así:

> Y no sólo esto; sino también cuando Rebeca concibió de uno, de Isaac nuestro padre (pues no habían aún nacido, ni habían hecho aún ni bien ni mal, para que el propósito de Dios conforme a la elección permaneciese, no por las obras sino por el que llama), se le dijo: El mayor servirá al menor. Como está escrito: A Jacob amé, mas a Esaú aborrecí (Ro. 9:10-13).

El Dios soberano escogió a Jacob, el menor de los dos hermanos, para cumplir su plan eterno. «Abraham engendró a Isaac, Isaac a Jacob, y Jacob a Judá» (Mt. 1:2). De la tribu de Judá nació el rey David y, a través del rey David, Dios envió al Mesías. Todo es hecho por la mano del soberano Jehová Dios.

37

La historia de José (37:1-36)

Era el propósito de Dios, ya revelado a Abraham (15:15-16), llevar a la familia escogida bajo la dominación extranjera hasta que haya «llegado a su colmo la maldad del amorreo» y Canaán esté madura para su posesión. De modo que la serie de acontecimientos para guiar a Israel a Egipto es activada a través de las rivalidades y dificultades de los doce hermanos, bajo la mano de Dios. La historia es el clásico ejemplo de la providencia.

Derek Kidner, *Genesis*, p. 191.

La vida de José, el patriarca de quien más se relata en las Escrituras, es una historia revestida de la soberanía divina. Herbert C. Leupold ha escrito lo siguiente:

Pero cuando decimos que el elemento dramático comienza a predominar más en la narrativa [de la vida de José], no sugerimos que el autor la inyectó. La verdad todavía es más extraña que la ficción. No es la capacidad del autor lo que hace dramáticos estos relatos. Estas cosas en realidad ocurrieron tal como fueron narradas. El drama implicado es prácticamente nada más que la incomparable manifestación de la providencia divina, que resplandece con más brillo aquí que quizá en ningún otro lugar en la historia sagrada.[1]

José es presentado como un miembro especialmente escogido de su familia. Al igual que Isaac y Jacob, José es una ilustración de la elección divina y de la gracia de Jehová Dios (véase Ro. 9:11-13). El propósito divino se cumple de una manera asombrosa en la vida de José. Ni los fallos de la familia escogida ni la malicia de los enemigos pueden impedir que se cumpla el plan divino.

La historia de José, por lo tanto, es un relato sorprendente y es considerado el más interesante y dramático de todo el libro del Génesis.[2] Este capítulo y los que le

---

1. Herbert C. Leupold, *Exposition of Genesis*, vol. II, p. 949.
2. *Ibíd.*

506

siguen presentan un estupendo cuadro respecto a la soberanía de Dios. Quizá aquí se encuentra el mayor despliegue de la providencia y de la soberanía de Dios de toda la Biblia. Sin duda, la historia de José constituye una singular unidad literaria en el libro del Génesis.[3]

Más adelante en este capítulo se intentará bosquejar algunos de los aspectos tipológicos que existen entre José y el Señor Jesucristo. El estudio de esos aspectos es verdaderamente instructivo, pues proporcionan al lector una importante cantidad de alimento espiritual y mucha edificación. El modelo del rechazo de los libertadores escogidos por Dios, particularmente los profetas y los reyes, por la incredulidad de sus hermanos, un rechazo que posteriormente jugó un papel importante al traer la liberación del pueblo, se extiende a través del Antiguo Testamento y se encuentra en la vida de José, tal como lo muestra Esteban tan claramente en Hechos 7:1-53. Esteban, en su estupendo discurso, recuerda a sus oyentes que: «Los patriarcas, movidos por envidia, vendieron a José para Egipto; pero Dios estaba con él, y le libró de todas sus tribulaciones, y le dio gracia y sabiduría delante de Faraón rey de Egipto, el cual lo puso por gobernador sobre Egipto y sobre toda su casa» (Hch. 7:9-10). Por lo tanto, José fue enviado por Dios a Egipto providencialmente para salvar a la simiente escogida.

EL COMIENZO DE LA HISTORIA DE JOSÉ (37:1-4)

Habitó Jacob en la tierra donde había morado su padre, en la tierra de Canaán. Esta es la historia de la familia de Jacob: José, siendo de edad de diecisiete años, apacentaba las ovejas con sus hermanos; y el joven estaba con los hijos de Bilha y con los hijos de Zilpa, mujeres de su padre; e informaba José a su padre la mala fama de ellos. Y amaba Israel a José más que a todos sus hijos, porque lo había tenido en su vejez; y le hizo una túnica de diversos colores. Y viendo sus hermanos que su padre lo amaba más que a todos sus hermanos, le aborrecían, y no podían hablarle pacíficamente (Gn. 37:1-4).

Génesis 36 concluye con la narración de que Esaú y sus descendientes habitan en la tierra de Seir (véase 36:19-21, 43). El capítulo 37 comienza destacando el hecho de que «Jacob habitó en la tierra donde había morado su padre, en la tierra de Canaán» (Gn. 37:1). Como señala Bruce K. Waltke:

La referencia en 37:1 que Jacob vivía en la tierra de sus padres funciona tanto para contrastar su compromiso con la tierra prometida y el hecho de la migración de Esaú al monte Seir como para regresar a la narración principal de Génesis respecto a la simiente prometida en la tierra prometida.[4]

Génesis 37:1, por lo tanto, toma el hilo de la narración del capítulo 35. El capítulo 36, que trata de las generaciones de Esaú, es algo así como un paréntesis en el relato histórico. El encabezamiento de esta sección se encuentra en Génesis 37:2a: «Esta es la historia [*toledot*] de la familia de Jacob», y mira al contenido de los capítulos siguientes. Sin embargo, no debe pasarse por alto que, a pesar de la preeminencia

---

3. Allen P. Ross, *Creation & Blessing*, p. 589.
4. Bruce K. Waltke, *Genesis: A Commentary*, p. 497.

dada a José a través de toda esta sección, Jacob sigue siendo el personaje dominante en el relato.

Génesis 37:2 dice que cuando José tenía diecisiete años de edad era un siervo con sus hermanos en la tarea de pastorear las ovejas de su padre. José era un *náar*, es decir, un «joven», y no un «jefe de pastores». Los hijos de Jacob con quienes trabajaba eran los hijos de Bilha, Dan y Neftalí, y los hijos de Zilpa, Gad y Aser (véase Gn. 30:5-13).

La frase: «…informaba José a su padre de la mala fama de ellos» (Gn. 37:2) no es muy específica. Evidentemente los hijos de Jacob eran culpables de algunos actos indignos y, a la luz de lo que se sabe de ellos, es fácil imaginarse la veracidad del informe que José daba a su padre. El autor de Génesis no hace ningún comentario respecto a la fidelidad de lo que decía José. Uno podría suponer que la principal responsabilidad de José era hacia su padre y, por lo tanto, actuaba correctamente. Había también una relación especial entre Jacob y José, y los ideales espirituales de José eran completamente diferentes a los de sus hermanos. De todos modos, el comportamiento de José era diferente del de sus hermanos, lo que motivó la envidia y el odio de estos hacia él.

Uno podría suponer que José informaba a su padre acerca del mal comportamiento de sus hermanos porque se dio cuenta de que el nombre de Dios era blasfemado por los habitantes de la tierra a causa de la maldad de ellos (véase Gn. 34:30). Quizá José estaba preocupado de que el nombre de su padre y de toda la familia fuese perjudicado por el mal comportamiento de sus hermanos. El caso es que los hermanos de José lo odiaban porque los denunciaba ante su padre. Al parecer, Jacob no cosechaba buenos resultados por favorecer a José, por el contrario, los hermanos de José aumentaron su odio y su repudio hacia José y planearon matarlo.

Génesis 37:3 dice que «amaba Israel a José más que a todos sus hijos, porque lo había tenido en su vejez…». No es extraño que eso suceda incluso hoy en día. Padres que tienen hijos a una edad avanzada tienden a favorecerlos. El amor de Jacob hacia José hizo que el patriarca regalase a su hijo «una túnica de diversos colores», que era una expresión hebrea que parece referirse a una «túnica larga con mangas» o a una «túnica ceremonial con adornos».[5] En 2 Samuel 13:18 se describe de manera similar el vestido que llevaba Tamar, la hija del rey David. De modo que la túnica que Jacob le dio a José era una señal de realeza. No importa de qué manera se traduzca el sustantivo «túnica», lo cierto es que los hermanos de José se ofendían al ver que su hermano vestía aquella llamativa túnica.

Si, como parece ser, tenía mangas y el largo le llegaba a los tobillos, esa túnica no era para ser usada para trabajar. Por lo tanto, aquel vestido señalaba a José como superior, quizá como sobreveedor, y mediante aquella túnica Jacob expresaba su intención de dar a José la preeminencia sobre sus hermanos. No sorprende, por lo tanto, que los hermanos estuviesen disgustados por la relación de José con su padre.

LOS SUEÑOS DE JOSÉ (37:5-11)

Y soñó José un sueño, y lo contó a sus hermanos; y ellos llegaron a aborrecerle más todavía. Y él les dijo: Oíd ahora este sueño que he soñado: He aquí que atábamos manojos en medio del campo, y he aquí que mi manojo

---

5. Derek Kidner, *Genesis*, p. 192.

se levantaba y estaba derecho, y que vuestros manojos estaban alrededor y se inclinaban al mío. Le respondieron sus hermanos: ¿Reinarás tú sobre nosotros, o señorearás sobre nosotros? Y le aborrecieron aun más a causa de sus sueños y sus palabras. Soñó aun otro sueño, y lo contó a sus hermanos, diciendo: He aquí que he soñado otro sueño, y he aquí que el sol y la luna y once estrellas se inclinaban a mí. Y lo contó a su padre y a sus hermanos; y su padre le reprendió, y le dijo: ¿Qué sueño es este que soñaste? ¿Acaso vendremos yo y tu madre y tus hermanos a postrarnos en tierra ante ti? (Gn. 37:5-10).

Los sueños de José aumentaron el odio de sus hermanos. Derek Kidner, en su breve pero excelente comentario, dice lo siguiente:

No solo hay nuevo combustible para la llama, continuamente más caliente, en contra de José en las cuatro etapas de [los versículos] 2, 4, 8 y 11, sino que el fuego también se esparcía. En el versículo 2b solo cuatro hermanos al parecer estaban implicados; en el versículo 4 estaba todo el grupo; en el versículo 10 el regaño del padre, aunque moderado, completó el aislamiento del muchacho, dejándolo, al parecer, en pugna con su mundo. Pero véase en el versículo 11b un hecho escondido de José.[6]

El primero de los sueños de José es una clara afirmación de que José iba a reinar sobre sus hermanos. Los hermanos de José captaron la importancia de inmediato, diciendo: «¿Reinarás tú sobre nosotros?» (Gn. 37:8). El odio es, por lo tanto, aumentado por la expresión «sueños» (véase v. 8), aunque quizá el plural es una exageración o hipérbole, pero lo cierto es que los hermanos de José entendieron con toda claridad el cuadro que su hermano presentaba delante de ellos y rehusaron aceptarlo. Obsérvese el uso de la interjección «he aquí» [*jinné*] en los versículos 7 y 9, que sugiere un énfasis especial al relato y añade vitalidad al relato del sueño. Quizá esa manera de llamar la atención aumentó la ira y el disgusto en los hermanos de José.

El segundo sueño sigue en el versículo 9. Si el primero sugería supremacía sobre sus hermanos, el segundo sugiere supremacía sobre toda la familia. Jacob captó el significado del sueño de inmediato y exclamó: «¿Qué sueño es este que soñaste? ¿Acaso vendremos yo y tu madre y tus hermanos a postrarnos en tierra ante ti?» (Gn. 37:10). Dicho sea de paso, el segundo sueño es muy importante para la interpretación de la enigmática visión de Juan en Apocalipsis 12:1-5, que apoya con firmeza la interpretación de que la mujer en ese pasaje de Apocalipsis es la nación de Israel. El versículo 9 sugiere que José se apresuró a relatar su segundo sueño a sus hermanos. Herbert C. Leupold comenta lo siguiente:

La repetición de *jinné* («he aquí») usada para relatar el sueño muestra cómo el pensamiento sugerido por el sueño, personalmente complació a José. El sueño como tal es típicamente un sueño: cosas imposibles están sucediendo. ¿De qué otra manera que no fuese un sueño podrían los astros inclinarse?

---

6. *Ibid.*, pp. 192-193.

El participio *mishtakjavím* es durativo («estaban inclinándose»), es decir, lo hacían repetidamente.[7]

El sueño de José no solo hizo enfadar a sus hermanos sino que, además, sorprendió a Jacob. Todos se dieron cuenta de que aquel sueño sugería un cambio social en la estructura del gobierno patriarcal, lo que no era del agrado de ninguno de ellos. Génesis 37:10 dice que Jacob «reprendió» a José al escuchar el sueño. «A pesar de su profundo afecto por José, Jacob sentía que esta vez [José] había ido demasiado lejos».[8]

Y sus hermanos le tenían envidia, mas su padre meditaba en esto (Gn. 37:11).

Génesis 37:4 dice que los hermanos de José lo «aborrecían». También 37:8 dice: «…Y le aborrecieron aun más a causa de sus sueños y sus palabras». Ahora en 37:11 dice que «le tenían envidia». Pero, al igual que María (véase Lc. 2:19), Jacob comenzó a sospechar que aquellos sorprendentes sueños de José podrían implicar algún propósito divino. El patriarca sabía por experiencia que Dios revela su voluntad a sus escogidos. En su propio caso, Jehová Dios le habló mediante la visión de la gran escalera (véase Gn. 28:12-15). Quizá Jacob comenzó a comprender que los sueños de José no eran otra cosa que la revelación de la voluntad de Dios a través de su siervo escogido.

La petición de Jacob (37:12-24)

Después fueron sus hermanos a apacentar las ovejas de su padre en Siquem. Y dijo Israel a José: Tus hermanos apacientan las ovejas en Siquem: ven, y te enviaré a ellos. Y él respondió: Heme aquí. E Israel le dijo: Ve ahora, mira cómo están tus hermanos y cómo están las ovejas, y tráeme la respuesta. Y lo envió del valle de Hebrón, y llegó a Siquem (Gn. 37:12-14).

Causa sorpresa leer que los hijos de Jacob hayan viajado «desde el valle de Hebrón hasta Siquem» para pastorear las ovejas. Había sido precisamente allí donde los hijos de Jacob habían masacrado a los hombres de Siquem (véase Gn. 34:24-31), de modo que aquel viaje era una aventura arriesgada. Quizá Jacob se encontraba bastante intranquilo respecto al hecho de que sus hijos se adentraron a un lugar peligroso, donde eran odiados, para pastorear las ovejas. Ese temor fue lo que movió a Jacob a mandar a José en aquella misión de averiguar el estado de sus hijos. Debe notarse la disposición de José para obedecer el mandato de su padre. El texto dice: «Y él [José] respondió: Heme aquí [*jineni*]». José manifestó una total obediencia al llamado y a la comisión de su padre, a pesar del peligro que corría al presentarse delante de sus hermanos que lo odiaban tanto (véase Gn. 37:4-5, 8). Por supuesto que ni Jacob ni José sospecharon lo que acontecería poco después. Puede observarse aquí el cuadro de la tipología de José: deja la comodidad de la casa del padre, va a ocuparse del «bienestar» [*shalóm*], es decir, de la paz de sus hermanos y sufre por causa de ellos. Los hermanos de José hicieron con él lo que la nación de Israel, a través de sus dirigentes, haría siglos después con Jesucristo el Mesías.

---

7. Herbert C. Leupold, *Exposition of Genesis*, p. 959.
8. Gordon Wenham, «Genesis 16-50», *Word Biblical Commentary*, p. 352.

Y lo halló un hombre, andando él errante por el campo, y le preguntó aquel hombre, diciendo: ¿Qué buscas? José respondió: Busco a mis hermanos; te ruego que me muestres dónde están apacentando. Aquel hombre respondió: Ya se han ido de aquí; y yo les oí decir: Vamos a Dotán. Entonces José fue tras de sus hermanos, y los halló en Dotán (Gn. 37:15-17).

Como se ha señalado antes, la respuesta inmediata de José al mandato de su padre fue una pronta e incondicional obediencia, como lo demuestra el «heme aquí» [*jineni*] (37:13). José viajó del valle de Hebrón a Siquem, algo más de 80 km. Allí no encontró a sus hermanos. Pero encontró alguien que le ayudó a localizarlos. El desconocido dijo a José que sus hermanos habían marchado a Dotán, situada a unos 21 km al noroeste de Siquem. La prontitud y la totalidad de la obediencia de José parecen haber caracterizado la vida de aquel joven. A pesar del peligro del viaje y del odio de sus hermanos hacia él, José no dudó en viajar aquel largo trayecto.

Cuando ellos lo vieron de lejos, antes que llegara cerca de ellos, conspiraron contra él para matarle. Y dijeron el uno al otro: He aquí viene el soñador. Ahora pues, venid, y matémosle y echémosle en una cisterna, y diremos: Alguna mala bestia lo devoró; y veremos qué será de sus sueños. Cuando Rubén oyó esto, lo libró de sus manos, y dijo: No lo matemos. Y les dijo Rubén: No derraméis sangre; echadlo en esta cisterna que está en el desierto, y no pongáis mano en él; por librarlo así de sus manos, para hacerlo volver a su padre. Sucedió, pues, que cuando llegó José a sus hermanos, ellos quitaron a José su túnica, la túnica de colores que tenía sobre sí; y le tomaron y le echaron en la cisterna; pero la cisterna estaba vacía, no había en ella agua (Gn. 37:18-24).

Estos versículos narran la perversa trama de los hermanos de José para exterminarlo. Los hermanos ven a José desde la distancia acercarse a ellos, y lo reconocen por su apariencia o, quizá, por su ropa. El grupo comienza a preparar la manera de acabar con la vida de José. Primero «conspiraron para matarle» con el fin de acabar con aquel a quien consideraban «el soñador». Planearon matarlo, arrojándolo en una de las muchas cisternas artificiales que había en aquella región. La expresión «el soñador» sugiere que se burlaban de José (literalmente significa «persona de muchos sueños»). Luego planearon cubrir su crimen con una mentira: «…y diremos: Alguna mala bestia lo devoró» (37:20).

Rubén, el hermano mayor, sugiere otra idea. Aquel que había sido culpable del incesto todavía era el hijo primogénito. Rubén sugiere que no haya derramamiento de sangre, sino que sea echado en una cisterna. La intención de Rubén era, a la postre, rescatar a su hermano y devolverlo a Jacob. No es posible saber por qué Rubén quería salvar la vida de José. Quizá le horrorizaba el hecho de derramar sangre, particularmente la de su propio hermano.[9] Según Herbert C. Leupold:

El buen deseo de Rubén queda cancelado parcialmente por el hecho de que procuró enfrentar el mal con otro mal. La propuesta de Rubén fracasó. Debió

---

9. Derek Kidner, *Genesis*, pp. 193-194.

de haber interpuesto una oposición más firme a los planes malvados de los hermanos.[10]

Los malvados hermanos de José lo despojaron de su túnica de muchos colores, que tanto los ofendía, echaron mano a José y lo lanzaron a la cisterna. Sin embargo, la cisterna estaba vacía. Si bien el propósito de Rubén tuvo un éxito parcial, logró librar a José de la muerte.

Uno podría preguntarse cómo es posible que unos descendientes del noble Abraham pudieran ser tan depravados hasta el punto de cometer un acto tan terrible como aquel. Una respuesta a esa pregunta radica en el hecho de que eran «hijos de Adán», y todos los descendientes de Adán poseen una naturaleza depravada que afecta la totalidad del ser. Además, debe recordarse que todos eran hijos de relaciones bígamas y que estaban carentes de la armonía y la disciplina que procede de un hogar gobernado por principios divinos. Hay una gran diferencia entre una familia bígama y otra monógama, con padres que escuchan y obedecen la Palabra de Dios.

La venta de José por sus hermanos (37:25-29)

Y se sentaron a comer pan; y alzando los ojos miraron, y he aquí una compañía de ismaelitas que venía de Galaad, y sus camellos traían aromas, bálsamo y mirra, e iban a llevarlo a Egipto. Entonces Judá dijo a sus hermanos: ¿Qué provecho hay en que matemos a nuestro hermano y encubramos su muerte? Venid, y vendámosle a los ismaelitas, y no sea nuestra mano sobre él; porque él es nuestro hermano, nuestra propia carne. Y sus hermanos convinieron con él. Y cuando pasaban los madianitas mercaderes, sacaron ellos a José de la cisterna, y le trajeron arriba, y le vendieron a los ismaelitas por veinte piezas de plata. Y llevaron a José a Egipto (Gn. 37:25-28).

Los hermanos de José, dice el texto, se sentaron a comer. La tranquilidad de los hermanos es una demostración de la dureza del corazón de aquellos jóvenes.[11] Debe recordarse que esos mismos jóvenes ya habían masacrado a los hombres de Siquem (véase Gn. 34:25-31). No es de esperarse que los gritos de José hiciesen cambiar de manera de pensar a sus hermanos. Unos veinte años después, sin embargo, cuando fueron en cierto sentido redargüidos por aquel odioso acto cometido contra José, se acordaron de la angustia de José por el innoble acto de ellos. «Y decían el uno al otro: Verdaderamente hemos pecado contra nuestro hermano, pues vimos la angustia de su alma cuando nos rogaba, y no le escuchamos; por eso ha venido sobre nosotros esta angustia» (Gn. 42:21).

Los «ismaelitas» de 37:25 y los «madianitas» de 37:28 se refieren a los mismos pueblos. Ismael y Madián eran hijos de Abraham (véase Gn. 16:15; 25:2), y los nombres de los descendientes de esos dos personajes se usan de manera intercambiable en el Antiguo Testamento (véase Jue. 8:22, 26). Lo más probable es que ambos grupos estaban asociados en aquella caravana de mercaderes. Probablemente, los ismaelitas

---

10. Herbert C. Leupold, *Exposition of Genesis*, p. 967.
11. Derek Kidner, *Genesis*, p. 194.

eran el grupo dominante y los madianitas los más numerosos. En ese caso ambas designaciones eran correctas. Ambos, por lo tanto, son sinónimos.

Llama la atención la intervención de Judá en los versículos 26 y 27. Su propuesta es la de vender a José en lugar de matarlo. Derek Kidner señala de manera acertada lo siguiente:

> Judá desarrollará posteriormente algunas buenas cualidades (43:9; 44:33); en ese momento no hay nada más por encima que el interés personal, y en 27b puede darse por sentado alguna compunción.[12]

Las palabras: «Porque él es nuestro hermano, nuestra propia carne» parecen mostrar cierto malestar, pero en realidad Judá era cómplice de sus hermanos de los sufrimientos de José. Las palabras de Judá en 37:26: «¿Qué provecho hay en que matemos a nuestro hermano y encubramos su muerte?» tienen un sentido comercial: «¿Qué provecho hay?». La sugerencia de Judá de vender a José evita el peligro de la culpa de sangre derramada, algo así como lo que ocurrió cuando Caín mató a su hermano Abel (véase Gn. 4:10). Posteriormente, la ley de Moisés condena a muerte al que esclavice a otra persona:

> Cuando fuere hallado alguno que hubiere hurtado a uno de sus hermanos los hijos de Israel, y le hubiere esclavizado, o le hubiere vendido, morirá el tal ladrón, y quitarás el mal de en medio de ti (Dt. 24:7).

De manera que el acto sugerido por Judá de vender a José era también un crimen condenado por Dios, si bien un crimen menor por no implicar derramamiento de sangre. De todos modos era un delito que posteriormente sería castigado con la pena capital.

> *Y cuando pasaban los madianitas mercaderes, sacaron ellos a José de la cisterna, y le trajeron arriba, y le vendieron a los ismaelitas por veinte piezas de plata. Y llevaron a José a Egipto (Gn. 37:28).*

El precio pagado por José fue el que Moisés estableció posteriormente como el valor de un muchacho de entre cinco y veinte años (véase Lv. 27:5). Génesis 37:28 termina con la frase: «Y llevaron a José a Egipto». El comercio de esclavos en Egipto en aquel tiempo era un negocio cotidiano. José fue vendido como esclavo por «veinte piezas de plata». Evidentemente ese era el precio establecido para un esclavo de la edad de José en aquel momento. Gordon Wenham señala lo siguiente:

> Al vender a José a Egipto, sus hermanos, al parecer, se han librado de él para siempre, pero sin saberlo en realidad lo que han hecho es contribuir al cumplimiento de sus sueños.[13]

> *Después Rubén volvió a la cisterna, y no halló a José dentro, y rasgó sus vestidos (Gn. 37:29).*

---

12. *Ibíd.*
13. Gordon Wenham, «Genesis 16-50», *Word Biblical Commentary*, p. 356.

Evidentemente Rubén estaba ausente en el momento de la venta de José a los comerciantes ismaelitas-madianitas, como lo señala Génesis 37:29.

Quizá, los otros hermanos se deshicieron de José mientras Rubén se había ido, porque seguramente temían que este interfiriese. Enterarse que José no estaba, abatió a Rubén de tal manera que «rasgó sus vestidos». Aquello era un acto de alarma y tristeza. Rubén gritó: «…¿adónde iré yo?» (37:30). El hermano mayor de la familia no sabía qué hacer.

EL ENGAÑO AL PADRE (37:30-36)

Y volvió a sus hermanos, y dijo: El joven no parece; y yo, ¿adónde iré yo? Entonces tomaron ellos la túnica de José, y degollaron un cabrito de las cabras, y tiñeron la túnica con la sangre; y enviaron la túnica de colores y la trajeron a su padre, y dijeron: Esto hemos hallado; reconoce ahora si es la túnica de tu hijo o no. Y él la reconoció, y dijo: La túnica de mi hijo es; alguna mala bestia lo devoró; José ha sido despedazado. Entonces Jacob rasgó sus vestidos, y puso cilicio sobre sus lomos, y guardó luto por su hijo muchos días. Y se levantaron todos sus hijos y todas sus hijas para consolarlo; mas él no quiso recibir consuelo, y dijo: Descenderé enlutado a mi hijo hasta el Seol. Y lo lloró su padre. Y los madianitas lo vendieron en Egipto a Potifar, oficial de Faraón, capitán de la guardia (Gn. 37:30-36).

Rubén puso de manifiesto la debilidad de su carácter. Él era el hermano mayor y debió ejercer la autoridad sobre sus hermanos y confrontarlos respecto de lo que habían hecho con José, pero lo único que dice es: «El joven no parece». Además, Rubén se llena de pánico y expresa: «Y yo, ¿adónde iré yo?». Esa expresión muestra un estado de desesperación. Probablemente Rubén sentía temor al tener que enfrentarse con Jacob y decirle que José había desaparecido. Allen P. Ross dice:

El plan de los hijos [de Jacob] de decir que un animal salvaje devoró a José tenía que ejecutarse una vez que Rubén descubrió que habían vendido al joven. Su reacción inicial fue ansiedad, rasgó sus vestidos [*vayicrá Yaakób simlotáv*] y lamentó su dilema. Evidentemente, como el mayor de los hermanos, [Rubén] sentía que pesaba sobre él algo de responsabilidad. Pero más importante todavía, su plan de librar a José había fracasado. Todo lo que le quedaba ahora era engañar a su padre.[14]

Los hermanos de José enviaron la túnica a Jacob. El patriarca fue engañado por sus propios hijos de la misma manera que él había engañado a Isaac su padre muchos años atrás (véase Gn. 27:1-29). En todo caso, si Jacob hubiese sido capaz de controlar su tristeza se habría preguntado por qué la túnica de José no estaba rota, sino solo manchada con sangre. El mensaje que acompañaba la túnica tenía una calculada brutalidad al respecto, como si estuviesen felices de haber lastimado tanto a José como a su afligido padre.

---

14. Allen P. Ross, *Creation & Blessing*, p. 608.

La acción de los hermanos tuvo un rotundo éxito, porque la tristeza de Jacob es tan profunda que rehúsa ser consolado y exclama desconsoladamente: «Descenderé enlutado a mi hijo hasta el Seol» (Gn. 37:35c). El capítulo termina informando cómo concluye esta etapa de la vida de José:

Y los madianitas lo vendieron en Egipto a Potifar, oficial de Faraón, capitán de la guardia (Gn. 37:36).

Los madianitas culminan su negocio al vender José a Potifar, capitán de los guardaespaldas del faraón. El nombre Potifar significa «aquel que Ra (el dios sol) ha dado». La función específica de Potifar es desconocida, pero estaba a cargo de la prisión de los oficiales reales del reino (véase Gn. 40:3-4; 41:10, 12). Allí, en Egipto, José fue humillado al ser enviado a lo profundo de una cárcel por su fidelidad a Dios, pero desde la cárcel fue elevado al cargo más relevante del reino con la excepción del faraón. Dios mostró su fidelidad al joven José.

RESUMEN Y CONCLUSIÓN

Hay varias cuestiones que deben enfatizarse y que son de provecho repetirlas. En primer lugar, este capítulo ilustra claramente el pecado humano y la gracia de Dios. El pecado humano se manifiesta en la forma de envidia de manera particular (véase Sal. 37:1; 73:3; Mt. 27:18; Ro. 13:13). Codiciamos cosas, pero envidiamos a personas. Esa es la raíz de nuestros pecados en contra de nuestros hermanos en Cristo. No puede haber paz cuando hay envidia, porque la envidia es «carcoma a nuestros huesos» (véase Pr. 14:30; Stg. 3:16). Si Dios fuese lo primero en nuestras vidas, no habría envidia, porque cuando Él llena nuestra vida, no hay lugar para ninguna otra cosa (véase 1 Co. 13:4; Sal. 37:3-7). Solo por la gracia de Dios es posible vencer ese pecado.

La segunda lección que este capítulo enfatiza es la mencionada al principio de este estudio, es decir, la soberana providencia de Dios. La vida de José es una maravillosa ilustración de la actuación de Dios en todos los asuntos del universo. Sin duda, esa es la razón de por qué José llega a ser una hermosa ilustración del Mesías que habría de venir, es decir, el Señor Jesucristo. Dios lo planeó así. La correspondencia entre José y el Señor Jesucristo es maravillosa: ambos se asemejan en su afecto del padre, en la comunión recibida del padre, en el rechazo por sus hermanos, en su humillación, y en la restauración de sus hermanos, aunque la restauración en el caso de Cristo está reservada para el futuro. Es un gran consuelo llegar a comprender que es el todopoderoso y amante Dios quien desde su trono excelso sostiene y guarda a los suyos.

La vida de José es un cuadro maravilloso del obrar de la absoluta soberanía y de la providencia singular de Dios sobre sus escogidos. Nada de lo ocurrido en la vida de José fue obra del azar o de la casualidad, incluyendo los maltratos y las humillaciones que recibió. Absolutamente todo estaba dentro de los planes soberanos del Dios santo.

38

Los tropiezos de Judá (38:1-30)

Hay capítulos de la Biblia difíciles de exponer. Es más, algunos expositores nunca predican acerca de ciertos pasajes de las Sagradas Escrituras. Este capítulo de Génesis es uno de esos trozos de la Biblia que rara vez son expuestos, pero la totalidad de las Escrituras, como Palabra de Dios, debe ser expuesta con suma fidelidad por todo predicador.

Génesis 38 registra sucesos que ponen de manifiesto la decadencia espiritual de la familia real a un nivel espiritual asombrosamente bajo. Algunos de los acontecimientos registrados en este capítulo podrían calificarse como groseros. Y en una generación como la nuestra que parece haberse desbordado en acciones ofensivas, ¿por qué predicar un capítulo de las Escrituras que podría manifiestamente contribuir a la actitud desafiante de esta generación? Sin duda, el expositor bíblico confronta un gran desafío, aunque todo predicador tiene la responsabilidad de predicar «todo el consejo de Dios» (véase Hch. 20:27). A pesar de las dificultades de exponer el capítulo 38 de Génesis, no es posible evadir el hecho de que es un capítulo escrito bajo la inspiración del Espíritu Santo y, por lo tanto, debe ser proclamado con toda autoridad.

Todo estudioso de las Escrituras debe preguntarse: ¿Por qué está registrada en la Biblia esta historia? ¿Por qué se interrumpe la historia de Jacob y José en esta coyuntura? Es posible sugerir algunos propósitos inherentes en este capítulo. En primer lugar, podrá verse que los siguientes capítulos registran los pasos en la soberana providencia de Dios que conducen al traslado de la familia de Jacob a Egipto. José es el instrumento de la preservación de la familia a través del hambre, que se convirtió en la ocasión del traslado de la familia de Jacob a la tierra del sur. En este capítulo puede verse la necesidad del cambio de habitación. El estado del pueblo en la tierra, con su degradación moral, hizo forzoso que Jacob y su familia se trasladasen a Egipto. La familia escogida estaba rodeada por graves peligros morales entre los cananeos, y la dificultad de ser preservada pura en medio de ellos hizo necesaria la deportación. Este capítulo revela también el estado moral del pueblo escogido. Derek Kidner aporta otros propósitos de por qué este capítulo está en las Sagradas Escrituras:

Como un trozo de historia familiar, este capítulo es importante para establecer la antigüedad dentro de la tribu de Judá y contribuye a la genealogía real en Mateo 1:3 y Lucas 3:33. Esta ruda interrupción de la historia de José sirve también a otros propósitos. Produce «suspenso» en los lectores, con el futuro de José en la balanza; pone la fe y la castidad de José, descrita a continuación, en un contexto que establece su rareza, y llena el retrato del líder eficaz en medio de sus diez hermanos.[1]

Génesis 38 registra el pecado de Judá y Tamar. Ese acto pone al descubierto la depravación total del hombre. Pero ese terrible suceso aporta una contribución importante a la comprensión de la historia de José. Gordon Wenham lo explica así:

Una consideración atenta muestra que el episodio de Judá y Tamar hace una importante contribución a la comprensión de la historia de José. En primer lugar, su colocación aquí crea «suspenso»: al decirnos que José ha sido vendido a Potifar, el narrador rompe con la digresión acerca de su hermano de regreso en Canaán, y nos deja pensando cómo José está haciendo frente [a su situación] en un país extranjero. El capítulo 38 también sirve para mostrar que José estuvo separado de su familia un tiempo largo; hubo tiempo para que Judá se casase, para que sus hijos creciesen; y para que se casasen.[2]

Hay otras lecciones que pueden extraerse de este relato y que solo se mencionan ahora. Como ya se ha señalado, una lección importante es la naturaleza de la depravación total del hombre y la profundidad del pecado en que puede caer el hombre. En segundo lugar, también puede apreciarse la absoluta justicia de Dios, tanto en el juicio que cayó sobre los hijos de la familia escogida —los hijos de Judá— como en la candidez con que se narra cada suceso. El pecado de los hijos de la familia escogida es claramente confrontado, Dios no esconde nada de lo ocurrido. Y, finalmente, hay en este capítulo una asombrosa sugerencia de la maravillosa gracia de Dios, tanto en la transformación que comienza a ocurrir en el carácter de Judá, como también en el hecho de que fue precisamente de Judá que nuestro Señor habría de venir (véase He. 7:14; Mt. 1:3), y mediante Tamar, la mujer que por un breve tiempo hizo el papel de una ramera del templo. Esos sorprendentes hechos conforman el contenido de este capítulo.

El matrimonio de Judá (38:1-5)

Aconteció en aquel tiempo, que Judá se apartó de sus hermanos, y se fue a un varón adulamita que se llamaba Hira. Y vio allí Judá la hija de un hombre cananeo, el cual se llamaba Súa; y la tomó, y se llegó a ella (Gn. 38:1-2).

Al parecer, el capítulo 38 es una interrupción de la historia de José. Podría pensarse que la narración podría progresar armoniosamente desde Génesis 37:36 hasta 39:1 sin perder información alguna, pero esto no es así, como bien dice arriba Gordon Wenham. Algo que sobresale en Génesis 38 son las consecuencias de la desobediencia a las

---

1. Derek Kidner, *Genesis*, p. 198.
2. Gordon Wenham, «Genesis 16-50», *Word Biblical Commentary*, p. 363.

leyes de Dios. La Biblia se pronuncia enfáticamente en contra del matrimonio entre los hijos de Dios y los paganos (véase Mal. 2:15-16; 2 Co. 6:14-16). El hijo de Dios ha sido declarado justo por la fe en Cristo, es luz en Cristo, está unido con Cristo y es «templo de Dios». El inconverso es injusto, está en tinieblas, está relacionado con Belial y es «templo de los ídolos». El creyente no debe unirse en yugo desigual con el infiel. El peligro de permanecer en aquella tierra en aquel momento es ilustrado mediante la experiencia de Judá al visitar a su amigo Hira, el adulamita. Moralmente hablando, los cananeos eran muy inferiores a los israelitas, aunque, evidentemente, eran muy amigables y deseaban establecer una relación cercana con los hijos de Abraham. Si se comprende eso, puede verse más claramente la necesidad de trasladarse a Egipto. Los egipcios en aquel tiempo eran notorios por su rechazo a los extranjeros y particularmente a los pastores (véase Gn. 46:34). De modo que era menos probable que los israelitas se mezclasen con los egipcios.

Adulam era un pequeño asentamiento cananeo situado a unos 13 km al noroeste de donde habitaban los hijos de Israel. Después de que José fue vendido como esclavo, Judá se dirigió a la casa de Hira. Es posible que Judá sintiese malestar por el trato que José había recibido de sus hermanos. Allí Judá encontró una esposa con la que tuvo tres hijos: Er, Onán y Sela (véase Gn. 38:3-5).

La maldad de Er (38:6-8)

Después Judá tomó mujer para su primogénito Er, la cual se llamaba Tamar. Y Er, el primogénito de Judá, fue malo ante los ojos de Jehová, y le quitó Jehová la vida (Gn. 38:6-7).

Aunque Judá había escogido su propia esposa, ahora él selecciona la esposa de su hijo Er, la cual se llamaba Tamar, que significa «palmera». Y el versículo 7 dice: «Y Er… fue malo ante los ojos de Jehová, y le quitó Jehová la vida».

La Escritura no dice en qué consistía la maldad de Er, pero debió de haber sido algo malo en extremo. Pudo haber sido algo relacionado con la perversidad sexual puesto que se menciona en conexión con su matrimonio. Así piensa Herbert C. Leupold:

Partiendo de la última frase [del versículo 7] debemos concluir que la maldad implicada requería el más severo rechazo divino. Concluimos que bien pudo haber sido alguna perversidad sexual ya que se menciona en conexión con el matrimonio de Er. Ese hombre fue, por lo tanto, culpable en un sentido especial, y Jehová le quitó la vida.[3]

Dios juzgó la iniquidad de Er y le quitó la vida, como comenta Derek Kidner:

La maldad no especificada de Er y el pecado específico de Onán (véase 38:9-10), son registrados por su contribución a la crisis de sucesión. Al mismo tiempo, enfatiza la profunda decadencia moral en la familia escogida, que solamente la sobresaliente piedad de José impediría por un tiempo. Esa

---

3. Herbert C. Leupold, *Exposition of Genesis*, vol. II, p. 980.

tendencia a una inmediata caída de la gracia, cuando la fe ya no es una fuerza activa, se hace evidente más de una vez en Génesis; pero ese patrón es contemplado más explícitamente en el libro de Jueces.[4]

Como resultado de la muerte de Er, Judá mandó a su hijo Onán que tomase a Tamar por esposa:

Entonces Judá dijo a Onán: Llégate a la mujer de tu hermano, y despósate con ella, y levanta descendencia a tu hermano (38:8).

Al parecer, la costumbre del levirato matrimonial, como en este caso, prevaleció de manera extensa en aquel tiempo entre las naciones del oriente. Posteriormente se incorporó en la ley mosaica (véase Dt. 25:5-10; Rt. 4:5-6; Mt. 22:24). El hecho es que el verbo hebreo traducido «levanta descendencia» sugiere que aquella era una práctica en aquel tiempo. Si un hombre casado moría sin dejar descendencia, según la costumbre del Oriente Medio y las leyes bíblicas, un hermano del fallecido debía casarse con la viuda para levantar descendencia al hermano que había muerto y de ese modo proveer al difunto inmortalidad social.[5]

EL PECADO DE ONÁN (38:9-11)

Onán, por lo tanto, conocía esa práctica y deliberadamente evitó que su propósito se consumase al «verter en tierra» durante su relación sexual con Tamar. El texto dice que Onán lo hacía «por no dar descendencia a su hermano» (Gn. 38:9). Según aquella práctica, el hijo nacido de esa unión sería reconocido como hijo del hermano muerto, y se convertiría en el heredero de las promesas de la familia.

La magnitud del pecado de Onán se ve en la declaración de Génesis 38:10, donde dice: «Y desagradó en ojos de Jehová lo que hacía, y a él también le quitó la vida». ¿Qué había en el pecado de Onán que desagradó tanto a Dios? En primer lugar, la traducción: «…cuando se llegaba a la mujer de su hermano» no es del todo clara. En el texto hebreo el verbo da a entender que el acto descrito era una práctica persistente de parte de Onán. De modo que el «cuando» que aparece en la RVR-60 sería mejor expresado mediante la frase «todas las veces». O, como dice Gordon Wenham: «El hebreo enfatiza que Onán hacía eso todas las veces que tenía relaciones sexuales, no solo una o dos veces».[6]

En segundo lugar, es posible que Onán fuese motivado por la envidia y la codicia, porque pudo haber deseado evitar la división del patrimonio en partes pequeñas. Herbert C. Leupold dice al respecto:

La avaricia pudo haber sido un motivo recurrente, [Onán] deseaba prevenir la división del patrimonio en parcelas pequeñas. Pero además de esas dos faltas también de manera palpable estaba presente el pecado de una completa perversión del propósito de la institución divina del matrimonio. Lo que [Onán]

---

4. Derek Kidner, *Genesis*, p. 199.
5. Bruce K. Waltke, *Genesis: A Commentary*, p. 510.
6. Gordon Wenham, «Genesis 16-50», *Word Biblical Commentary*, p. 368

hizo se describe como «tomar medida preventiva». El texto original dice: «él [Onán] destruía [el semen] en tierra». De su nombre procede la extrema perversión sexual llamada onanismo. El caso es lo suficientemente repulsivo. Pero la sencillez de lo expresado sirve como una clara advertencia.[7]

El versículo 10 enfáticamente dice que la actitud de Onán «desagradó en ojos de Jehová» de tal manera que Dios le aplicó la pena capital. El mandato original de Dios al hombre fue: «Fructificad y multiplicaos; llenad la tierra…» (Gn. 1:28). Onán, por lo tanto, hacía lo contrario al plan de Dios. Por su parte, Gordon Wenham dice:

> Pero en el caso de Onán es específicamente reprensible, porque la constante promesa de Dios a los patriarcas era que Él los haría fructíferos y los multiplicaría (véase Gn. 17:6, 20; 28:3; 35:11; también 15:5; 22:17; 26:4; 32:12). Onán está, por lo tanto, deliberadamente frustrando el cumplimiento de esas promesas.[8]

Puede verse, por lo tanto, que Onán quiso ir en contra de la voluntad de Dios. Su responsabilidad era dar un hijo a Tamar, y lo que ocasionó la ira de Dios sobre Onán y su muerte fue su rebelión contra lo establecido por Dios y el hecho de rehusar dar un hijo a Tamar. La responsabilidad de Onán era tomar a Tamar por esposa y levantar la simiente a su hermano (Gn. 38:8), algo que rehusó hacer.

En resumen, el pecado de Onán consistió en su rechazo de cumplir su responsabilidad de tomar por esposa a la viuda de su hermano. Aquello era rebelión en contra de la voluntad de Dios de manera específica. Onán no quiso obedecer la norma del levirato. La manera como lo hacía repetidas veces desagradó a Dios hasta el punto que el Señor «le quitó la vida» (38:10).

Después de la muerte de Onán, Judá pudo haber pensado que Tamar era portadora de una maldición. El versículo 11 dice que «Judá dijo a Tamar su nuera: Quédate viuda en casa de tu padre, hasta que crezca Sela mi hijo…». Evidentemente Sela era aún muy joven para casarse, pero las palabras de Judá eran engañosas. No tenía ninguna intención de dar a Tamar a su tercer hijo, como lo demuestra el resto del pasaje. Judá pensó que de esa manera escaparía de la ira de Tamar. Pero lo que sucedió posteriormente fue mucho peor.

EL PECADO DE JUDÁ CON TAMAR (38:12-23)

Pasaron muchos días, y murió la hija de Súa, mujer de Judá. Después Judá se consoló, y subía a los trasquiladores de sus ovejas a Timnat, él y su amigo Hira el adulamita. Y fue dado aviso a Tamar, diciendo: He aquí tu suegro sube a Timnat a trasquilar sus ovejas. Entonces se quitó ella los vestidos de su viudez, y se cubrió con un velo, y se arrebozó, y se puso a la entrada de Enaim junto al camino de Timnat; porque veía que había crecido Sela, y ella no era dada a él por mujer. Y la vio Judá, y la tuvo por ramera, porque ella había cubierto su rostro. Y se apartó del camino hacia ella, y le dijo: Déjame

---

7. Herbert C. Leupold, *Exposition of Genesis*, vol. II, p. 981.
8. Gordon Wenham, «Genesis 16-50», *Word Biblical Commentary*, p. 367.

ahora llegarme a ti: pues no sabía que era su nuera; y ella dijo: ¿Qué me
darás por llegarte a mí? Él respondió: Yo te enviaré del ganado un cabrito
de las cabras. Y ella dijo: Dame una prenda hasta que lo envíes. Entonces
Judá dijo: ¿Qué prenda te daré? Ella respondió: Tu sello, tu cordón, y tu
báculo que tienes en tu mano. Y él se los dio, y se llegó a ella, y ella concibió
de él (Gn. 38:12-18).

El texto dice que «pasaron muchos días» y Judá enviudó. Llama la atención que no
se mencionase el nombre de su esposa. Solo se dice que era la «hija de Súa». Quizá esa
omisión se deba a que era una mujer cananea (véase Gn. 38:2-3). Como puede observarse, la familia de Judá fue afectada por la muerte. Primero murió Er, luego Onán y
ahora la esposa de Judá. Después de guardar el luto de rigor, Judá fue a la ciudad de
Timnat, donde se celebraba la fiesta relacionada con trasquilar las ovejas.

Fue en esa ocasión que Judá cometió el pecado con su nuera Tamar. Debe recordarse que Judá consideraba que Tamar estaba afectada por algún tipo de maldición,
y el resultado de esa creencia se pone de manifiesto en este pasaje. Esa superstición,
digna de un cananeo pagano en vez de un miembro de la nación de Jehová, conduce a
incrementar los errores de Judá.

Derek Kidner comenta lo siguiente:

Tamar estaba totalmente preocupada con su derecho como matriarca del linaje
mayor de Judá. La última frase del versículo 24, «sacadla, y sea quemada»,
muestra el riesgo al que se sometió; la admisión de Judá en el versículo 26
reconoce la injusticia que el paso desesperado de Tamar venció. Demostró
algo del espíritu indomable de una Esther, una Jael o una Rizpa, pero el texto,
fiel a su práctica, no hace ningún comentario respecto a la moral de su acto.[9]

El tiempo de trasquilar las ovejas era una festividad y, puesto que la esposa de Judá
había muerto, la tentación del pecado sexual sería más fuerte para Judá. Además,
el culto cananeo estimulaba al ritual de la fornicación como un acto de magia de la
fertilidad y eso también aumentaría la tentación del pecado sexual. El vocablo traducido «ramera» en los versículos 21 y 22 sugiere que Tamar se vistió como una de las
prostitutas comunes (*zonót,* véase v. 15). El Dr. Cornelio Rivera, profesor de hebreo del
Seminario SEPE, en Honduras, me ha hecho la siguiente observación: «Judá tomó a
Tamar como cualquier prostituta, pero quien llevó el pago preguntó por una prostituta
del templo (*quedeshá,* v. 21). La respuesta que recibió fue correcta. No había habido
una *quedeshá,* pero es posible que alguien hubiese visto a una *zonót*». La aclaración
del Dr. Rivera es de gran valor para entender lo sucedido. La trama total de Tamar
no era en modo alguno algo inocente, pero el engaño de Judá y su actuación con ella
también lo hacían a él culpable. Herbert C. Leupold dice:

Ella [Tamar] hizo cálculos que, al parecer, tenían un uno por ciento de probabilidad de tener éxito, pero eso era suficiente. Al parecer, había decidido
obtener descendencia si podía, y si su suegro le había puesto obstáculo, ella le

---

9. Derek Kidner, *Genesis,* p. 200.

pagaría con la misma moneda. No se la podía acusar de simple deseo sexual. Por otro lado, su actuación distaba de ser inocente.[10]

La intriga de Tamar ha desconcertado a muchos estudiosos de las Escrituras, pero hay que tener en cuenta la clase de mundo en que vivía, que era el mismo en el que Judá se encontraba después de su matrimonio con la mujer cananea. De modo que no es difícil ver el poder corrompedor que pesaba sobre la simiente real. Los profetas hablan claramente acerca del poder maligno sobre la nación de Israel durante generaciones (véase Os. 4:14). Aquí puede verse una clara advertencia a los santos de Dios acerca del peligro de unirse en yugo desigual con los infieles (véase 2 Co. 6:14-16).

Lo que Tamar planeó que sucediera, sucedió, y el que era cabeza del linaje real no parece salir bien parado en este incidente. Judá parecía estar totalmente familiarizado con el «regateo» acostumbrado entre una ramera y un cliente y sabía, al parecer, el precio de aquella actividad (véase Jue. 15:1). Tamar era lo suficientemente astuta para pedir alguna garantía de que el trato culminaría, de modo que consiguió de Judá alguna evidencia incriminadora que usaría posteriormente: «el sello, el cordón y el báculo» de Judá. «El sello» era un pequeño cilindro adornado, hecho de piedra o de metal, que era usado alrededor del cuello y era la insignia de un hombre prominente.[11] El báculo era un símbolo de autoridad (véase Nm. 17:10; Sal. 110:2 donde se traduce «vara») y también tenía un uso práctico. Además, en la parte superior tenía incrustada la señal de propiedad.[12] Judá selló su trato con Tamar, durmió con ella y quedó embarazada. El texto dice: «...y se llegó a ella, y ella concibió de él» (Gn. 38:18).

Luego se levantó y se fue, y se quitó el velo de sobre sí, y se vistió las ropas de su viudez (Gn. 38:19).

Habiendo conseguido su propósito, Tamar intentó regresar a su vida cotidiana. Se quitó su vestimenta de ramera y se puso la ropa de su viudez. Por supuesto, Judá no sabía que sobre él pesaba la carga de haber dejado embarazada a su propia nuera.

Y Judá envió el cabrito de las cabras por medio de su amigo el adulamita, para que éste recibiese la prenda de la mujer; pero no la halló. Y preguntó a los hombres de aquel lugar, diciendo: ¿Dónde está la ramera de Enaim junto al camino? Y ellos dijeron: No ha estado aquí ramera alguna. Entonces él se volvió a Judá, y dijo: No la he hallado; y también los hombres del lugar dijeron: Aquí no ha estado ramera. Y Judá dijo: Tómeselo para sí, para que no seamos menospreciados; he aquí yo he enviado este cabrito, y tú no la hallaste (Gn. 38:20-23).

Judá intentó pagar su deuda, aunque escogió hacerlo por medio de su amigo cananeo, pero Tamar no pudo ser hallada por ningún sitio. Es más, la gente de aquel lugar respondió que nunca hubo una ramera del templo en aquel lugar. Finalmente, Judá se

---

10. Herbert C. Leupold, *Exposition of Genesis*, vol. II, p. 982.

11. Bruce K. Waltke, *Genesis: A Commentary*, p. 513.

12. Gordon Wenham, «Genesis 16-50», *Word Biblical Commentary*, p. 368.

dio por vencido y dijo: «Tómeselo para sí, para que no seamos menospreciados; he aquí yo he enviado este cabrito, y tú no la hallaste» (Gn. 38:23). La expresión «para que no seamos menospreciados» significa: «Para que no seamos causa de risa». Judá temía que la gente se burlase de él, siendo como era una persona importante. Una prostituta había huido con sus objetos de valor y eso dañaría la reputación de Judá. Solo tres meses después Judá sería ridiculizado al saberse que la supuesta prostituta era Tamar su nuera, quien había logrado su propósito y había tomado venganza de su suegro. Judá tuvo que reconocer su pecado y el hecho de que Tamar era más justa que él.

EL PECADO DE JUDÁ ES DESCUBIERTO (38:24-26)

Sucedió que al cabo de unos tres meses fue dado aviso a Judá, diciendo: Tamar tu nuera ha fornicado, y ciertamente está encinta a causa de las fornicaciones. Y Judá dijo: Sacadla, y sea quemada. Pero ella, cuando la sacaban, envió a decir a su suegro: Del varón cuyas son estas cosas, estoy encinta. También dijo: Mira ahora de quién son estas cosas, el sello, el cordón y el báculo. Entonces Judá los reconoció, y dijo: Más justa es ella que yo, por cuanto no la he dado a Sela mi hijo. Y nunca más la conoció (Gn. 38:24-26).

Como cabeza de la familia, Judá era responsable de todo lo que esa posición implicaba. Eso incluía su antigua nuera, es decir, Tamar. Cuando se le informó que Tamar estaba embarazada, Judá reaccionó de manera violenta. Sus palabras fueron: «…Sacadla, y sea quemada» (38:24). La ley de Moisés ordenaba ese severo castigo para la hija de un sacerdote que hubiese cometido fornicación (véase Lv. 21:9; Dt. 22:20-24). El castigo común para esos casos era la lapidación.

Tamar está preparada para lo que podía ocurrir. Parece creer que, aunque Judá ha sido engañoso e injusto con ella, hará lo que es correcto en esta situación. Envió las prendas que Judá le había dejado como garantía con la declaración de que el dueño de aquellos artículos era el padre de su hijo.

Judá no podía negar la evidencia y admite abiertamente su culpa y que Tamar es más justa que él. Una mejor manera de expresar las palabras de Judá sería: «Ella [Tamar] es justa, no yo» o «ella está más en lo correcto que yo» (véase 1 S. 24:17).

La confesión de Judá es una de las muchas pruebas de la absoluta verdad y candidez de la Biblia. Si la Biblia fuese un libro meramente humano no registraría un episodio como el de Génesis 38. Las Sagradas Escrituras denuncian al culpable, no importa quién sea. En este caso, era uno de los importantes antepasados del Señor Jesucristo, y uno de quien adquiere uno de sus grandes títulos: el León de la tribu de Judá.

EL NACIMIENTO DE GEMELOS (38:27-30)

Y aconteció que al tiempo de dar a luz, he aquí había gemelos en su seno. Sucedió cuando daba a luz, que sacó la mano el uno, y la partera tomó y ató a su mano un hilo de grana, diciendo: Éste salió primero. Pero volviendo él a meter la mano, he aquí salió su hermano; y ella dijo: ¡Qué brecha te has abierto! Y llamó su nombre Fares. Después salió su hermano, el que tenía en su mano el hilo de grana, y llamó su nombre Zara (Gn. 38:27-30).

El trozo final de este capítulo describe el nacimiento de los hijos de Tamar, algo que será de gran importancia para los descendientes de Judá. La situación que rodea el nacimiento de estos gemelos trae a la mente el nacimiento de Jacob y Esaú. Al igual que con los hijos de Isaac, parece haber un conflicto entre los hijos de Judá antes de su nacimiento.

El capítulo concluye con los nombres dados a los gemelos. Uno es nombrado Fares o *Pérets* que significa «rotura» o «brecha», debido a la «rotura» que hizo para sí mismo al nacer. El otro fue nombrado Zara que significa «brillo» o «resplandor», aunque no hay certeza respecto a este último significado. Según la genealogía del Mesías que aparece en Mateo 1:1-16, «Fares» o «*Pérets*» es quien proporciona el linaje que conduce a David (véase Rt. 4:18-22) y, a la postre, al Señor Jesucristo.

Resumen y conclusión

Génesis 38 trata el tema del pecado de Judá y su relación con Tamar. Este capítulo recibe poca atención de parte de los expositores de la Biblia, y rara vez alguien se atreve a predicar el contenido de este capítulo desde el púlpito. Dios tuvo a bien incluir la historia del pecado de Judá y Tamar en las Sagradas Escrituras para que fuese predicado.

No es posible evitar ser conmovido por las posibilidades y el potencial para el pecado que están latentes en el ser humano. Judá creció en un ambiente que podría considerarse como ideal para la vida espiritual, pero, aun con esa ventaja, el poder del pecado es una fuerza tremendamente poderosa (véase Ro. 6:23; 7:13-25).

Pero Génesis 38 también pone de manifiesto la maravillosa gracia de Dios. En primer lugar, la gracia de Dios se manifiesta en el trato del Señor con Judá, porque parece haber evidencia en el libro de Génesis de una progresiva santificación de su carácter. En segundo lugar, se manifiesta en la relación que en última instancia prevalece entre el Señor y Tamar, quien se convierte en una de las pocas mujeres cuyo nombre está en la lista oficial de la genealogía del Señor Jesucristo (véase Mt. 1:3). Ese es un testimonio de la identificación del Señor con la raza humana y también del poder de la gracia divina para realizar su propósito, aun en medio de la rebelión de la naturaleza humana. Génesis 38, por lo tanto, es un capítulo que debe ser predicado y enseñado al pueblo de Dios.

39

José es probado en la casa de Potifar (39:1-23)

Este capítulo contiene una de las grandes lecciones respecto a cómo vencer la tentación, que es una gran prueba de la vida y el carácter de un creyente. Aunque la naturaleza pecaminosa del hombre hace que la tentación se convierta en una prueba difícil, el joven José salió triunfante de la prueba que experimentó en la casa de Potifar.

La tentación, por supuesto, procede de diferentes fuentes y de formas variadas. A veces procede de un objeto físico. Otras veces del deseo de satisfacer una necesidad humana. Hay situaciones donde se cede a las presiones del mundo, pero para la persona de fe la victoria está en el poder y la presencia del Espíritu Santo en su vida. Derek Kidner dice sabiamente:

> La buena semilla está enterrada más profundamente para subir a la superficie,
> el siervo que es fiel en lo poco se entrena para ejercer autoridad en lo mucho.[1]

Puede decirse, sin temor a equivocarse, que hay diferentes métodos para hacer frente a la tentación, si se mira la cuestión desde el punto de vista de las Escrituras y desde la óptica humana. La tentación que procede del deseo de la conformidad con el mundo es confrontada mediante la renovación y la transformación que produce el Espíritu Santo (véase Ro. 12:2). La tentación que se origina en Satanás es confrontada mediante la resistencia al maligno (véase Stg. 4:7). Por otro lado, la tentación que surge de la concupiscencia de la carne es vencida huyendo de ella (véase 1 Co. 6:18; 2 Ti. 2:22).

La Sagrada Escritura deja bien claro que la tentación es una parte necesaria de la experiencia humana y, particularmente, de la vida del cristiano. El apóstol Pablo dice: «Y también todos los que quieren vivir piadosamente en Cristo Jesús padecerán persecución» (2 Ti. 3:12).

---

1. Derek Kidner, *Genesis*, p. 201.

Además, la Biblia habla de soportar la tentación como una experiencia provechosa. El apóstol Santiago dice:

> Bienaventurado el varón que soporta la tentación; porque cuando haya resistido la prueba, recibirá la corona de vida, que Dios ha prometido a los que le aman (Stg. 1:12).

Y unos versículos antes, Santiago escribió: «Tened por sumo gozo cuando os halléis en diversas pruebas» (Stg. 1:2).

La vida de José estuvo rodeada de pruebas y tentaciones, pero supo hacerles frente con el poder de Dios que gobernaba su vida. La vida de José es un claro ejemplo de lo que dice el apóstol Pedro: «Sabe el Señor librar de tentación a los piadosos, y reservar a los injustos para ser castigados en el día del juicio» (2 P. 2:9).

> *Llevado, pues, José a Egipto, Potifar oficial de Faraón, capitán de la guardia, varón egipcio, lo compró de los ismaelitas que lo habían llevado allá (Gn. 39:1).*

Derek Kidner señala sobre este capítulo:

> La simetría de este capítulo, en el que el apacible comienzo (1-6) es igualado, punto por punto, en un nuevo nivel en la conclusión (19-23) a pesar de todo lo que interviene, expresa perfectamente el tranquilo control de Dios y la tranquila victoria del hombre de Dios.[2]

Las primeras palabras de este primer versículo podrían expresarse así: «En cuanto a José...» debido a que el énfasis recae sobre el mismo José. La intención del autor de Génesis es ofrecer un resumen de la vida de José, que había sido interrumpido con la historia de Judá y su relación con Tamar.

El pasaje describe a Potifar como: «capitán de la guardia», es decir, «el jefe de los guardaespaldas» del faraón. El vocablo traducido «oficial» es un sustantivo que significa «eunuco» (véase 2 R. 20:18; 23:11; Jer. 38:7). Era una práctica común hacer que los oficiales prominentes de la corte real fuesen castrados, probablemente para asegurarse de la completa devoción al rey y para evitar que cedieran a la tentación de querer establecer una dinastía propia mediante el uso de un golpe militar. Potifar era un hombre casado y, por lo tanto, había sido operado después de su matrimonio para conseguir un cargo elevado o, quizá, su mujer se había casado con él por razones sociales o económicas.[3] También podría ser que el vocablo [*sarís*] para aquel tiempo hubiese perdido la connotación estricta de «eunuco» y hubiese adquirido el significado más neutral de «oficial». El hecho de que Potifar hubiese sido castrado podría explicar por qué su mujer procuró relacionarse con José, aunque eso no excusara la actitud de la mujer.

Potifar también es descrito como «el capitán de la guardia», es decir, «el jefe de los

---

2. *Ibíd.*
3. Henry M. Morris, *The Genesis Record*, p. 559.

guardaespaldas», que era quien ejecutaba la pena de muerte. Es decir, Potifar era el jefe de la guardia del palacio y poseía autoridad sobre la vida y la muerte de otras personas bajo la supervisión del faraón. Por lo tanto, Potifar era, probablemente, miembro de la aristocracia orgullosa que vivía en el esplendor del palacio real. Ese fue el hombre que compró al joven José de los ismaelitas y lo llevó a vivir dentro de aquella sociedad. Esa situación, sin duda, proporcionó a José muchas oportunidades para aprender la cultura egipcia, lo que redundó en mucho provecho para realizar sus responsabilidades en la posición que ocuparía posteriormente.

> *Mas Jehová estaba con José, y fue varón próspero; y estaba en la casa de su amo el egipcio (Gn. 39:2).*

El texto afirma que Jehová estaba con el joven José y, como resultado de la presencia de Jehová, «José fue varón próspero». La bendición del Señor produjo en el joven hebreo no solo la bendición material, sino que también hizo que José fuese un hombre de carácter y una persona en la que se podía confiar. De él podía afirmarse que «Jehová estaba en su vida». Su éxito podía explicarse, como el relato lo confirma, por su carácter y por la obra que realizó (véase 1 Ti. 4:8; 2 Ti. 4:17).

El éxito de José es una advertencia a los siervos en general, a empleados de todos los niveles, no importa si trabajan en una oficina o hacen limpieza. El Nuevo Testamento alude al comportamiento de los siervos de esta manera:

> Y todo lo que hagáis, hacedlo de corazón, como para el Señor y no para los hombres; sabiendo que del Señor recibiréis la recompensa de la herencia, porque a Cristo el Señor servís (Col. 3:23-24).

Es decir, todos los creyentes que sirven deben esforzarse para adornar la doctrina y la fe que afirman poseer (véase Tit. 2:10; 1 P. 2:18, 21). El apóstol Pablo dice que «la piedad para todo aprovecha, pues tiene promesa de esta vida presente, y de la venidera» (1 Ti. 4:8).

> *Y vio su amo que Jehová estaba con él, y que todo lo que él hacía, Jehová lo hacía prosperar en su mano. Así halló José gracia en sus ojos, y le servía; y él le hizo mayordomo de su casa y entregó en su poder todo lo que tenía. Y aconteció que desde cuando le dio el encargo de su casa y de todo lo que tenía, Jehová bendijo la casa del egipcio a causa de José, y la bendición de Jehová estaba sobre todo lo que tenía, así en casa como en el campo. Y dejó todo lo que tenía en mano de José, y con él no se preocupaba de cosa alguna sino del pan que comía. Y era José de hermoso semblante y bella presencia (Gn. 39:3-6).*

Debido a que Potifar vio que Jehová estaba con José, lo elevó al puesto de su siervo personal, mayordomo de su casa, y lo puso sobre todas sus posesiones. Como resultado de ello, el Señor bendijo la casa de Potifar «a causa de José» (39:5). Lo único de lo que el egipcio se ocupaba era de la comida (39:6). Es posible que Potifar deseara seguir rigurosamente la dieta alimenticia de los egipcios. Más probablemente, Potifar tenía gustos particulares y, por lo tanto, seleccionaba cada día lo que deseaba comer.[4]

La frase: «Y era José de hermoso semblante y bella presencia» debe recordarnos la descripción hecha acerca de Raquel: «...pero Raquel era de lindo semblante y de hermoso parecer» (Gn. 29:17). Es posible que José se pareciera físicamente a su madre. De ahí el afecto especial de Jacob hacia José. Hay solo otros dos hombres en la Biblia de quienes se dice que eran de hermoso parecer (David, 1 S. 16:12; Absalón 2 S. 14:25). Hay una progresión en los versículos 3 al 6, y la declaración final del versículo 6 es la culminación o el clímax porque, al parecer, fue escrito para conducir al lector al párrafo siguiente. De hecho, la frase final del versículo 6 es como una preparación para el ataque que produce la hermosa apariencia de José.

Jehová Dios había colocado a José en un puesto clave en la casa de Potifar, quien a su vez ocupaba un cargo importante en el palacio del faraón. El Señor fue misericordioso con José, pero también fue bueno con el egipcio pagano. Debido a su trato del siervo del Señor, Potifar comenzó a heredar algunas de las bendiciones estipuladas en las bendiciones del pacto abrahámico. Recuérdese que el Señor había prometido que bendeciría a los que bendijesen a Abraham (véase Gn. 12:3). Puede decirse que debido a todo lo que José proveyó para Potifar, el Señor pagó a aquel pagano de manera generosa por el hecho de cuidar a José. Hay hombres de negocios que saben el valor del trabajo realizado por un creyente y, aunque no estén de acuerdo con sus creencias, prefieren colocarlos en puestos claves donde necesitan a alguien de confianza. Potifar reconoció que José era un hombre en quien podía confiar y por eso lo puso sobre todos sus bienes. Como hombre de negocios, el egipcio se dio cuenta de cuán beneficioso era para él tener a José como jefe de sus asuntos y mayordomo sobre toda su casa.

> *Aconteció después de esto, que la mujer de su amo puso sus ojos en José, y dijo: Duerme conmigo (Gn. 39:7).*

La civilización occidental condona muchas manifestaciones del pecado tales como la vanidad, la codicia y la sensualidad, aunque usa muchos eufemismos para referirse al pecado. La borrachera es considerada una simple fiesta social y la prostitución es calificada como una indiscreción juvenil. La Biblia lo llama pecado contra Dios.

Para aquel tiempo, el joven José se había convertido en un importante miembro de la sociedad egipcia, y uno esperaría que fuese atacado por la tentación, que casi siempre viene en tiempos de prosperidad y tranquilidad. La sutileza de la esposa de Potifar al acercarse a José fue bien diseñada, y esperó el momento oportuno para actuar. Esta antigua Cleopatra, como todas las mujeres egipcias de aquellos tiempos, gozaba de tanta libertad como las mujeres modernas. Además, su moral era notoriamente mala. Se han descubierto monumentos arqueológicos que representan a mujeres egipcias borrachas hasta el punto de ser incapaces de ponerse de pie. La literatura antigua habla de la falta de castidad que prevalecía en los hogares egipcios, donde abundaba la infidelidad matrimonial. Gordon Wenham dice:

> [La frase] «Duerme conmigo» [que expresa] la brevedad de la proposición sexual de parte de la esposa de Potifar es una brillante forma de expresarlo,

---

4. Herbert C. Leupold, *Exposition of Genesis*, vol. II, p. 996.

porque ella debió de haber dicho más que eso. [La frase] sintetiza la desnuda concupiscencia que la motivó, y quizá también el tono urgente que pensó poder asumir hacia su esclavo hebreo.[5]

La esposa de Potifar dijo a José: «Duerme conmigo», que fue un asalto vehemente a la castidad del joven hebreo. Y por ser una súbita apelación a las pasiones humanas, tuvo una fuerza tremenda. Allen P. Ross lo expresa así:

La tentación fue poderosa por su audacia y puntualización: «Duerme conmigo» [*shikbá imi*]. La narrativa dice que ella había puesto sus ojos en él y entonces, cuando estaban solos en la casa (Potifar, al parecer, regularmente estaba fuera), presionaba a José, día tras día.[6]

Es posible que al principio José no llamase la atención de la mujer de Potifar, pero cuando el joven esclavo fue elevado por Potifar al puesto de mayordomo de su casa y sus bienes, se convirtió en el centro de atención de la mujer del oficial del faraón y, desde aquel momento, aquella astuta mujer procuró arrastrar a José. El texto bíblico dice que aunque José se negaba ella persistía «cada día». La negativa de José debió desagradar grandemente a aquella perversa mujer.

Y él no quiso, y dijo a la mujer de su amo: He aquí que mi señor no se preocupa conmigo de lo que hay en casa, y ha puesto en mi mano todo lo que tiene. No hay otro mayor que yo en esta casa, y ninguna cosa me ha reservado sino a ti, por cuanto tú eres su mujer; ¿cómo, pues, haría yo este grande mal, y pecaría contra Dios? (Gn. 39:8-9).

Con la atractiva invitación: «Duerme conmigo», seguramente comenzó una guerra dentro del corazón de José. En este caso, ceder parecería algo lógico, ya que concebiblemente eso pudo haber fortalecido la mano de José al haber tenido a la esposa de Potifar como su aliada. Pero José dio a aquella proposición su nombre correcto: «este grande mal». Con esa actitud, el joven hebreo se alió con la verdad y, firmemente, con rapidez, valor y bondad, declinó la invitación de aquella mujer. La enormidad del pecado yace en el hecho de que es un desafío a la autoridad de Dios, quien es justo y santo. También es una negación de la justicia de Dios, porque quienes pecan suponen que Dios «ni hará bien ni hará mal» (Sof. 1:12). Además, es un abuso de la bondad de Dios, ya que Él es la fuente de la justicia contra la que los hombres pecan. Es un insulto a la sabiduría de Dios, porque su lema es: «La gloria del cielo no puede compararse con los placeres temporales de los deleites carnales y el pecado».

La conciencia de José y su deseo de obedecer a Dios vencieron la oferta malvada de la mujer de Potifar. José venció la tentación porque su confianza estaba firmemente establecida en Dios. Su respuesta a la mujer de Potifar fue: «¿Cómo, pues, haría yo este grande mal, y pecaría contra Dios?» (Gn. 39:9). José comprendió que pecar contra Potifar era pecar contra Dios.[7]

---

5. Gordon Wenham, «Genesis 16-50», *Word Biblical Commentary*, p. 375.
6. Allen P. Ross, *Creation & Blessing*, p. 626.
7. Herbert C. Leupold, *Exposition of Genesis*, vol. II, p. 997.

Hablando ella a José cada día, y no escuchándola él para acostarse al lado de ella, para estar con ella (Gn. 39:10).

Como señala el versículo, un rechazo de parte de José no puso fin al asunto. La mujer de Potifar presionaba diariamente al joven hebreo, y lo hacía de manera constante y persistente. Aquella mujer quería conquistar a José mediante la fuerza o la coacción. El libro de Proverbios dice:

Porque los labios de la mujer extraña destilan miel, y su paladar es más blando que el aceite; mas su fin es amargo como el ajenjo, agudo como espada de dos filos. Sus pies descienden a la muerte; sus pasos conducen al Seol. Sus caminos son inestables; no los conocerás, si no considerares el camino de vida (Pr. 5:3-6).

El joven José se mantuvo firme frente a la tentación, y no sucumbió frente las invitaciones y a la persistencia de la mujer de Potifar. Años después, Sansón hizo justamente lo contrario de lo que hizo José (véase Jue. 14:17; 16:16); pero José rechazó la tentación, escogió permanecer fiel a Dios y, por lo tanto, continuó disfrutando la comunión y las bendiciones de Dios.

Aconteció que entró él un día en casa para hacer su oficio, y no había nadie de los de casa allí. Y ella lo asió por su ropa, diciéndole: Duerme conmigo. Entonces él dejó su ropa en las manos de ella, y huyó y salió (Gn. 39:11-12).

Finalmente llegó una oportunidad cuando la mujer egipcia podía arriesgarlo todo en un momento. Había intentado atraerlo con sus insinuaciones y proposiciones. Al parecer, había perseguido a José y lo atormentaba con sus ofrecimientos y su invitación a dormir con ella. Ahora las circunstancias eran apropiadas, y ella «lo asió por su ropa, diciéndole: Duerme conmigo». Para José, ¡aquel fue el momento de la verdad! Bruce K. Waltke lo explica así:

[La expresión] «lo asió» [*titefeseju*] describe un acto de violencia. Normalmente, un hombre viola a una mujer por la fuerza con poco diálogo y una mujer viola a un hombre con palabras seductoras (véase Pr. 5:7). Su [la mujer de Potifar] ataque de estilo masculino es único en las Escrituras.[8]

El verbo hebreo *tafás* («asir») se usa con referencia a un acto violento en Deuteronomio 9:17; 22:28 y en 1 Reyes 11:30. Evidentemente, la mujer de Potifar asió con violencia a José mientras le decía: «Duerme conmigo». Es posible que José oyese una voz en su interior que le decía: «Huye, José, huye; no hay manera de escapar sino corriendo». Y dejando su ropa, es decir, su túnica en manos de la egipcia, el joven hebreo huyó a toda carrera. ¡Aquella fue la huida más heroica en la vida de José! Se ha dicho que la oportunidad hace que un hombre sea un criminal, y que tiene muchas oportunidades. La oportunidad conduce a muchos por el camino equivocado. José fue sometido a una

---

8. Bruce K. Waltke, *Genesis: A Commentary*, p. 521.

situación sumamente incomoda al ser asediado sexualmente por una mujer poderosa, pero sostenido por un poder sobrehumano logró prevalecer. El joven hebreo prestó atención a la Palabra de Dios mediante la gracia y el poder de Dios. Es mejor perder una túnica que perder la conciencia. Con frecuencia se oye decir, para disculpar una acción, «tengo que vivir», pero, en realidad, hay momentos cuando debemos recordar que «tenemos que morir». Vivir a la luz del hecho de que tenemos que presentarnos delante de Dios es la senda del gozo y el contentamiento.

> *Cuando vio ella que le había dejado su ropa en sus manos, y había huido fuera, llamó a los de casa, y les habló diciendo: Mirad, nos ha traído un hebreo para que hiciese burla de nosotros. Vino él a mí para dormir conmigo, y yo di grandes voces; y viendo que yo alzaba la voz y gritaba, dejó junto a mí su ropa, y huyó y salió. Y ella puso junto a sí la ropa de José, hasta que vino su señor a su casa. Entonces le habló ella las mismas palabras, diciendo: El siervo hebreo que nos trajiste, vino a mí para deshonrarme. Y cuando yo alcé mi voz y grité, él dejó su ropa junto a mí y huyó fuera (Gn. 39:13-18).*

Estos versículos registran la historia del orgullo y la perversidad del corazón. Muchos casos de adulterio y fornicación implican más que una cuestión hormonal, pues el orgullo y la depravación del corazón del hombre intervienen de una manera importante. La mayor motivación en la inmoralidad es la satisfacción del orgullo. Se ha dicho que el infierno no tiene una furia mayor que la del escarnio de una mujer, y la mujer de Potifar, demostrando esa furia, lanza todo su orgullo contra el joven hebreo y contra su esposo (véase Gn. 39:14, 17). Además, teniendo el supuesto cuerpo del delito en su mano —la túnica de José— fácilmente podía presentarse como la víctima del caso. La egipcia obtuvo una victoria temporal, aunque podría sospecharse que ni aun su marido creyó en ella completamente. La historia que la egipcia relató tanto a los siervos como a su marido fue un invento artificioso. Se refirió despectivamente a José como «el siervo hebreo». La expresión «vino a deshonrarme» significa «vino a burlarse». El verbo hebreo *letsakjác* se usa en Génesis 19:14 con referencia a los yernos de Lot quienes pensaron que Lot se burlaba de ellos cuando les habló de la destrucción de Sodoma. También se usa en Génesis 21:9 donde se menciona el hecho de que Ismael se burlaba de Isaac. La mujer de Potifar acusó a José de querer burlarse de ella, es decir, de humillar su persona, lo que era totalmente falso. Por el contrario, José la respetó en todo momento, porque aquel joven hebreo era profundamente temeroso de Dios.

> *Y sucedió que cuando oyó el amo de José las palabras que su mujer le hablaba, diciendo: Así me ha tratado tu siervo, se encendió en su furor. Y tomó su amo a José, y lo puso en la cárcel, donde estaban los presos del rey, y estuvo allí en la cárcel (Gn. 39:19-20).*

La humillación de José se repite ahora a un nivel más profundo. El joven hebreo se encuentra ahora en la cárcel, y no solo como un cautivo y un esclavo en Egipto. El Dios omnipotente, sin embargo, tiene su propósito. Aun en una situación negativa e injusta como la que José experimentaba, Jehová Dios está realizando su propósito en la vida de su siervo.

Debe observarse que «el furor» de Potifar puede tener varias vertientes. Es posible que se debiese a conocer que alguien intentase humillar a su esposa, pero también podría haberse debido a que Potifar había reconocido el valor moral y la capacidad intelectual de José. Potifar debió haber sido profundamente conmovido al enterarse de la acusación que su esposa le hacía a José. Por lo general, la violación era un delito que se castigaba con la pena capital, pero el hecho de que José fuese confinado a la cárcel sugiere que Potifar no estaba plenamente convencido de que la acusación fuera fidedigna. Quizá, la mujer de Potifar había protagonizado situaciones similares anteriormente. Para Potifar lo peor de todo era la pérdida de un hombre tan capaz como José para atender los asuntos de su casa.

> *Pero Jehová estaba con José y le extendió su misericordia, y le dio gracia en los ojos del jefe de la cárcel (Gn. 39:21).*

Este versículo revela que aun en la prisión Jehová estaba con José. El Señor le dio gracia y derramó sobre él su misericordia. Eso hizo que el jefe de la cárcel mostrase favor hacia aquel joven prisionero.

Del mismo modo como el Señor había librado a José de morir a manos de sus hermanos, ahora lo libra de morir a manos de Potifar por la falsa acusación de su mujer. Génesis 39:2-4 registra el hecho de que Dios «estaba con José». Potifar vio que «Jehová estaba con él, y que todo lo que él hacía, Jehová lo hacía prosperar». Sin duda, la presencia de Jehová y la abundancia de su gracia continuaron sobre la vida de José aun en la oscuridad de la cárcel. El salmista registra la situación de José así:

> [Jehová] trajo hambre sobre la tierra, y quebrantó todo sustento de pan. Envió un varón delante de ellos; a José, que fue vendido por siervo. Afligieron sus pies con grillos; en cárcel fue puesta su persona. Hasta la hora que se cumplió su palabra, el dicho de Jehová le probó (Sal. 105:16-19).

El salmista describe los sufrimientos de José en la cárcel, pero también registra cómo Dios lo libró y lo elevó a lo más alto. En el Nuevo Testamento, el apóstol Pablo sufrió situaciones difíciles. Cuando apeló al Señor, esto fue lo que escuchó:

> Bástate mi gracia; porque mi poder se perfecciona en la debilidad. Por tanto, de buena gana me gloriaré más bien en mis debilidades, para que repose sobre mí el poder de Cristo (2 Co. 12:9).

Dios permite muchas veces que sus siervos sufran por causa de la impiedad de los hombres. Eso, sin duda, les ocurrió a José y a Pablo. Pero la gracia de Dios y la misma presencia de Jehová nunca se apartan de quienes le sirven.

> *Y el jefe de la cárcel entregó en mano de José el cuidado de todos los presos que había en aquella prisión; todo lo que se hacía allí, él lo hacía. No necesitaba atender el jefe de la cárcel cosa alguna de las que estaban al cuidado de José, porque Jehová estaba con José, y lo que él hacía, Jehová lo prosperaba (Gn. 39:22-23).*

El jefe de la cárcel reconoció las habilidades y las capacidades de José y entregó en manos del joven hebreo la administración completa de la cárcel, y depositó toda su confianza en José. El versículo 21 dice que Dios «le extendió su misericordia [*kjésed*], y le dio gracia en los ojos del jefe de la cárcel». El capítulo termina diciendo: «...porque Jehová estaba con José, y lo que él hacía, Jehová lo prosperaba». Dios derramó de manera abundante su gracia sobre José, como lo había hecho sobre Abraham, Isaac y Jacob en cumplimiento del pacto que había hecho con el gran patriarca.

RESUMEN Y CONCLUSIÓN

El capítulo 39 de Génesis da comienzo a la historia de José en Egipto, y narra el episodio con la mujer de Potifar, que hizo que José fuese enviado a la cárcel. Pero, por encima de todo, este capítulo da a conocer la fortaleza espiritual de José.

Además hay aquí una enseñanza importante respecto del hecho de que debe distinguirse entre los apetitos que son naturales al hombre y aquellos que son adquiridos mediante hábitos malignos. No hay pecado en tener tendencias tales como apetitos y deseos, de otra manera se pecaría por comer y dormir. No hay pecado en ser tentado, como lo demuestra la vida de nuestro Señor. La tentación se convierte en pecado cuando uno se rinde a ella. No hay necesidad de pecar en tiempos de tentación. José es una prueba de que un hombre puede resistir y vencer la tentación. Esa es una lección que debe aprenderse.

Pero ¿cómo se aprende a vencer la tentación? La victoria de José se encuentra dentro de los siguientes elementos:

1. José anduvo en la presencia de Dios, porque Dios estaba con él.
2. José usó las armas de la Palabra de Dios (véase Ef. 6:17; Mt. 4.1-11), tal como lo hizo el Señor cuando fue tentado.
3. José aprendió las soluciones específicas para los problemas de la vida. Cuando fue tentado, José huyó. Esa lección se enfatiza en el Nuevo Testamento.

La vida de José, por lo tanto, es un ejemplo maravilloso de que un siervo de Dios que depende de la gracia y del poder de Dios puede vencer la tentación y salir victorioso de la prueba.

40

José interpreta sueños en la cárcel (40:1-23)

Una tercera prueba de la fe de José tuvo lugar cuando estaba en la prisión. Se había mantenido puro de las tentaciones, pero sufrió el encarcelamiento por ello. La pregunta que debe responderse es si había abandonado o no sus sueños. Que José no había perdido la fe se demuestra por su determinación de interpretar los sueños del copero y del panadero. Después de todo lo que había sucedido, estaba aún convencido de su habilidad para entender sueños y el significado de ellos. Este pasaje deja claro que Dios puso a su siervo en esa situación adversa para probar su perseverancia en la esperanza prometida. José aprovechó la oportunidad para demostrar su fe, y cuando los sueños se cumplieron tal como los había predicho, debió de haberse sentido grandemente estimulado en su fe.

Allen P. Ross, *Creation & Blessing*, p. 629

Las ofensas del copero y del panadero fueron hechas por hombres que vivían situaciones típicas de la vida, pero en el análisis final Dios había planeado sus acciones, porque el soberano Señor ya tenía en mente el bienestar de José, su siervo escogido. Es así que José, a la postre, obtiene la atención del faraón. Y es mediante esa relación que posteriormente José llega a ser el salvador de Jacob y sus hijos del hambre que devastaría la tierra. Y es en la partida de la familia escogida de la tierra prometida hacia Egipto que Dios los preserva de los males de la tierra. Ellos fueron, por lo tanto, guardados relativamente puros de la contaminación nacional y también preservados para la tarea que Jehová Dios había planeado para ellos en el futuro. Como expresa el autor de Proverbios:

Como los repartimientos de las aguas, así está el corazón del rey en la mano de Jehová; a todo lo que quiere lo inclina (Pr. 21:1).

De modo que en el capítulo 40 continúa la preparación de José para su servicio futuro como liberador de su pueblo. Nadie pudo haber previsto el largo alcance de los resultados que produciría la asociación de José con los oficiales del faraón. En primer lugar, a través de los dos oficiales José obtuvo su introducción a la actividad de la corte del faraón, así como a las intrigas y a las costumbres comunes en esa situación. Y esa fue una importante preparación para José, capacitándolo para entrar en la vida de la corte con mucha más facilidad.

En segundo lugar, José, quien llegaría a ser señor de Egipto bajo el faraón, aprendió disciplina para su tarea a través de la vida en la prisión. En su vida bajo la autoridad de Potifar y ahora en la prisión, José aprendió cómo practicar la sabiduría de la que había sido dotado por Dios. En realidad, las dos esferas en las que había gobernado eran esferas de gobierno en miniatura que anticipaban el gobierno más amplio que José realizaría posteriormente.

En tercer lugar, la vida en la prisión sirvió para el desarrollo posterior del carácter de José. Fue con la paciencia requerida en esa situación que José aprendió a ganar su propia alma (Lc. 21:19). El salmista describe la vida de José en la cárcel con estas palabras:

Afligieron sus pies con grillos; en cárcel fue puesta su persona. Hasta la hora que se cumplió su palabra, el dicho de Jehová le probó (Sal. 105:18-19).

No cabe duda que fue en la prisión donde el hierro entró en el alma de José. Como niño, el joven hebreo fue mimado por su padre y se inclinaba a la debilidad. Estaba orgulloso de su túnica y le agradaba proclamar públicamente sus sueños. Aunque eso no era una falta grave, quizá le impidió el desarrollo de los grandes talentos que había recibido de Dios para mostrar sabiduría y liderazgo. Su encarcelamiento hizo posible que José pudiese erguirse en medio de la aristocracia más orgullosa de su tiempo y gobernar con sabiduría, modestia y gran valor. Así como el carácter de Moisés maduró en el desierto de Madián, el de José se desarrolló y creció al pasar dos años en la prisión en Egipto. Dios preparó a su siervo para la gran tarea que le esperaba en un futuro cercano.

EL ENCARCELAMIENTO DEL COPERO Y EL PANADERO (40:1-4)

Aconteció después de estas cosas, que el copero del rey de Egipto y el panadero delinquieron contra su señor el rey de Egipto. Y se enojó Faraón contra sus dos oficiales, contra el jefe de los coperos y contra el jefe de los panaderos (Gn. 40:1-2).

El copero y el panadero eran oficiales importantes en la corte del faraón. Gordon Wenham dice:

El copero [*mashqué*] pudo haber hecho más que solo abrir botellas y probar el vino, su propia descripción de sus responsabilidades en el versículo 11 se toma literalmente. El vocablo hebreo «copero» se corresponde con el egipcio *wb'*. Esos oficiales (con frecuencia extranjeros) llegaban a ser en muchos casos hombres de confianza y favoritos del rey, y poseían influencia política.[1]

El texto denomina a los dos oficiales: «El jefe de los coperos y el jefe de los panaderos». El jefe de los coperos, como señala Wenham, era un cargo honorable. Recuérdese el caso de Nehemías en Persia (véase Neh. 1:11—2:8), era normal que alguien que tenía la responsabilidad de preparar y supervisar los vinos, y que lo hacía bien y fielmente, tuviese al mismo tiempo otras responsabilidades. El oficial que preparaba los alimentos del monarca, como era de esperarse, era alguien importante. Un elemento de la economía egipcia era el pan, pero incluido en esa categoría había pasteles, tartas y pan de frutas de todos los tamaños y formas para los que se usaban diferentes ingredientes. La tarea del panadero no era nada fácil. Como es de suponerse, no sería fácil satisfacer los gustos del faraón ni conseguir su plena confianza.

El texto no dice cuándo ocurrieron los hechos mencionados en los versículos 1-2. Tampoco dice cuánto tiempo llevaba José en la cárcel cuando los oficiales delinquieron, ni qué ofensas cometieron aquellos dos hombres. El texto solo dice que ambos hombres «delinquieron contra su señor el rey de Egipto», y al parecer lo hicieron al mismo tiempo. Los rabinos judíos especulan y dicen que el delito del copero fue permitir que una mosca cayese dentro de la copa del rey, y que un grano de arena apareciese por descuido en el pan del panadero. Otros han sugerido que hubo una conspiración para causar la muerte del faraón, pero todo eso es pura suposición. Hay que recordar, sin embargo, las palabras de Salomón: «Como rugido de cachorro de león es la ira del rey, y su favor como el rocío sobre la hierba» (Pr. 19:12).

La ira del faraón cayó sobre sus dos oficiales y ambos fueron echados en la cárcel. Lo que el faraón no sabía era que todo lo que sucedía estaba siendo dirigido por la mano soberana de Dios. No fue casualidad que José estuviese en la cárcel, ni que los dos oficiales también fueran a parar allí en aquel mismo momento.

> *Y los puso en prisión en la casa del capitán de la guardia, en la cárcel donde José estaba preso. Y el capitán de la guardia encargó de ellos a José, y él les servía; y estuvieron días en la prisión (Gn. 40:3-4).*

Evidentemente, la cárcel estaba pegada a la casa de Potifar, y fue en esa prisión donde los dos oficiales fueron confinados, quizá para que esperasen la sentencia final del faraón. José se encontraba en la misma prisión y fue asignado como siervo de los dos oficiales. Derek Kidner señala lo siguiente:

> De modo que José, después de haber conseguido un nivel más alto, de nuevo fue colocado más abajo, como un siervo de los presos. Esto, sin embargo, contrario a su promoción anterior, demostraría ser el camino hacia delante.[2]

Por supuesto que una prisión como aquella no sería en modo alguno un lugar cómodo, sino que eran lugares miserables. Más adelante (40:15), José describe la prisión

---

1. Gordon Wenham, «Genesis 16-50», *Word Biblical Commentary*, p. 381.
2. Derek Kidner, *Genesis*, p. 204.

en la que se encontraba como una «mazmorra», que es el significado literal del término hebreo *bor*. El mismo vocablo es traducido «cisterna» en Génesis 37:20. El sitio era un lugar incómodo para cualquier persona.

El hecho de que José haya sido designado para servir a los dos oficiales egipcios sugiere que Potifar tenía cierta confianza en él, a pesar de las acusaciones de su esposa. El texto sugiere que José tenía la responsabilidad de servir a los dos presos, no vigilarlos. Los dos eran altos oficiales del reino. Los «grillos» puestos en los pies de José, por lo tanto, fueron temporales (Sal. 105:18-19). José está en la cárcel en cumplimiento del plan soberano de Dios. El Todopoderoso estaba preparando a su siervo para la gran tarea de salvar a la familia escogida de la cual procedería el Mesías.

LOS SUEÑOS DEL COPERO Y EL PANADERO (40:5-15)

Y ambos, el copero y el panadero del rey de Egipto, que estaban arrestados en la prisión, tuvieron un sueño, cada uno su propio sueño en una misma noche, cada uno con su propio significado. Vino a ellos José por la mañana, y los miró, y he aquí que estaban tristes. Y él preguntó a aquellos oficiales de Faraón, que estaban con él en la prisión de la casa de su señor, diciendo: ¿Por qué parecen hoy mal vuestros semblantes? Ellos le dijeron: Hemos tenido un sueño, y no hay quien lo interprete. Entonces les dijo José: ¿No son de Dios las interpretaciones? Contádmelo ahora (Gn. 40:5-8).

Hay diferentes clases de sueños: sueños divinos (Gn. 28:12; 41:17; Dn. 2:28), diabólicos (Dt. 13:1-3; Jer. 23:16-17; 27:9) y naturales (Ec. 5:2). En Egipto y en Mesopotamia había una clase profesional de intérpretes de sueños, lo que no existía en Israel. En el registro bíblico solo dos israelitas se ocuparon de la interpretación de sueños: José y Daniel. Ambos hombres estuvieron relacionados con un rey pagano, uno en Egipto y el otro en Mesopotamia. De esos dos países surge la práctica de la adivinación mediante sueños, que es conocida como oniromancia y es muy popular en los países orientales.

Mientras estaban en la prisión, el copero y el panadero tuvieron un sueño que les causó profunda preocupación porque no podían interpretar sus significados (40:6). De mañana, José se encontró con ellos y, al verlos abatidos, les preguntó: «¿Por qué parecen hoy mal vuestros semblantes?» (Gn. 40:7). Los oficiales comunicaron a José que habían tenido un sueño, pero no tenían quien los interpretase (40:8). José les respondió: «¿No son de Dios las interpretaciones?» (40:8) y los invitó a decirle qué habían soñado.

Al parecer, José estaba consciente del hecho de que era un profeta de Dios, y tenía confianza de que podría obtener la solución del Señor. José tenía la seguridad de que el Dios Omnipotente le revelaría la solución al problema que tenía delante.

Entonces el jefe de los coperos confió su sueño a José, y le dijo: Yo soñaba que veía una vid delante de mí, y en la vid tres sarmientos; y ella como que brotaba, y arrojaba su flor, viniendo a madurar sus racimos de uvas. Y que la copa de Faraón estaba en mi mano, y tomaba yo las uvas y las exprimía en la copa de Faraón, y daba yo la copa en mano de Faraón. Y le dijo José: Esta es su interpretación: los tres sarmientos son tres días. Al cabo

*de tres días levantará Faraón tu cabeza, y te restituirá a tu puesto, y darás
la copa a Faraón en su mano, como solías hacerlo cuando eras su copero
(Gn. 40:9-13).*

Génesis 40 pone de manifiesto la clase de persona que era José. Aquel joven hebreo era una combinación de características personales —habilidad y gentileza— que son virtudes que deben, si es posible, formar parte de la vida de todo creyente. Lo uno sin lo otro puede servir, pero se necesitan ambas cosas para una plena efectividad.

El sueño del copero es dado a conocer a José, y es un sueño que tiene cierta relación natural con la ocupación de aquel oficial. Seguidamente José le da la interpretación, que es muy favorable. En un plazo de tres días el faraón elevaría al copero a su posición anterior, y reanudaría su trabajo en aquella posición de privilegio.

José continúa su interpretación con una petición:

*Acuérdate, pues, de mí cuando tengas ese bien, y te ruego que uses conmigo
de misericordia, y hagas mención de mí a Faraón, y me saques de esta casa.
Porque fui hurtado de la tierra de los hebreos; y tampoco he hecho aquí por
qué me pusiesen en la cárcel (Gn. 40:14-15).*

Algunos intérpretes judíos han expresado que José estaba demandando pago mediante esta petición, y que por eso tuvo que permanecer en la prisión dos años más. Otros han dicho, en respuesta a la afirmación de que el cuadro bíblico de José es el de una persona sin pecado, que él manifiesta una falta de fe cuando hace esa petición. ¿Acaso no pudo Dios haber obtenido su libertad sin la ayuda de los paganos? Por supuesto que Dios no necesitaba la ayuda del copero ni la del faraón para liberar a José. De hecho, Dios no necesita la ayuda de nadie, pero muchas veces Dios usa instrumentos humanos para ejecutar su voluntad (véase Hch. 4:27-28).

EL SUEÑO DEL PANADERO (40:16-23)

*Viendo el jefe de los panaderos que había interpretado para bien, dijo a
José: También yo soñé que veía tres canastillos blancos sobre mi cabeza. En
el canastillo más alto había de toda clase de manjares de pastelería para Faraón; y las aves las comían del canastillo de sobre mi cabeza (Gn. 40:16-17).*

El jefe de los panaderos relató a José el contenido de su sueño, esperando una interpretación favorable. El sueño también estaba relacionado con el trabajo del panadero, arrojando luz sobre los criterios profesionales de aquella ocupación. La referencia a las diferentes clases de pan y a «los manjares de pastelería» se ajusta a lo que se conoce hoy respecto a la panadería. La gran variedad de panes y tartas caracterizan el trabajo de los panaderos egipcios aún hoy día.

Había un sorprendente parecido entre el sueño del copero y el del panadero. El panadero, por lo tanto, tenía alguna razón para esperar que su sueño tuviese una interpretación favorable. Este oficial, sin embargo, había olvidado una cosa importante: los pájaros que comían el pan no podían ser espantados y comían el pan sin ser molestados. Gordon Wenham señala lo siguiente:

Obviamente entusiasmado por la interpretación optimista de José del sueño del copero, el panadero ahora relata su [sueño]. El diccionario egipcio menciona 38 clases de tartas y 57 variedades de pan… Esos hechos, mientras demuestran que los egipcios eran reposteros de primera clase, también otorgan un significado particular a las palabras del jefe de los panaderos que pueden ser traducidas literalmente: Había encima del canastillo toda clase de alimentos para el faraón, especialidades de pastelería del panadero.[3]

La escena del sueño del panadero era sorprendente. Las aves podían comer del pan que llenaba los canastillos sin ser molestadas. ¡El panadero era incapaz de ahuyentar las aves, y eso era lo sorprendente de su sueño!

Entonces respondió José, y dijo: Esta es su interpretación: Los tres canastillos tres días son. Al cabo de tres días, quitará Faraón tu cabeza de sobre ti, y te hará colgar en la horca, y las aves comerán tu carne de sobre ti (Gn. 40:18-19).

Estos versículos contienen la desagradable interpretación del sueño del panadero. También él sería «elevado», pero su «elevación» sería mediante la decapitación y la horca. Si bien la decapitación era menos común en Egipto, la horca era una manera común de efectuar la pena capital en Egipto. Las aves de rapiña vendrían y comerían la carne del jefe de los panaderos.

Debe destacarse la valentía de José al pronunciar la interpretación, a pesar de que era una mala noticia para el oficial egipcio. No hay, por supuesto, ninguna predicación acerca del cielo que sea eficaz sin la predicación del infierno. Además, el mensaje de Dios debe exponerse por el Espíritu y en la armonía con la Palabra de Dios, aun cuando los oyentes sean turbados, alarmados o consolados. El predicador no debe acomodar el mensaje al gusto de los oyentes, pues el expositor es el embajador del Señor Jesucristo y debe entregar el mensaje, sea este agradable o desagradable.

Al tercer día, que era el día del cumpleaños de Faraón, el rey hizo banquete a todos sus sirvientes; y alzó la cabeza del jefe de los coperos, y la cabeza del jefe de los panaderos, entre sus servidores. E hizo volver a su oficio al jefe de los coperos, y dio éste la copa en mano de Faraón (Gn. 40:20-21).

Tal como José había interpretado el sueño, tres días después, el día del cumpleaños del faraón, el jefe de los coperos fue restaurado a su oficio y a su trabajo. Era costumbre hacer una gran celebración para homenajear al rey el día de su cumpleaños. También en ese día el monarca, si era su deseo, solía promulgar una amnistía que beneficiaba a algún preso. En este caso el beneficiado fue el jefe de los coperos.[4]

Mas hizo ahorcar al jefe de los panaderos, como lo había interpretado José (Gn. 40:22).

---

3. Gordon Wenham, «Genesis 16-50», *Word Biblical Commentary*, p. 384.
4. Herbert C. Leupold, *Exposition of Genesis*, vol. II, pp. 1016-1017.

En Génesis 40:20 se usa la expresión «alzó la cabeza» con referencia al jefe de los coperos y al jefe de los panaderos, pero el significado es distinto en ambos casos. La cabeza del jefe de los coperos fue alzada en el sentido de que fue restituido a su cargo (véase Gn. 40:13, 20). Sin embargo, la cabeza del jefe de los panaderos fue alzada en el sentido de que fue condenado a muerte, tal como lo declara Génesis 40:22. «Las palabras de José en Génesis 40:13, 19 son repetidas casi textualmente para mostrar su exacto cumplimiento y para confirmar que José era dirigido y movido por Dios (véase 40:8) y que realmente «Jehová estaba con José» (Gn. 39:21)».[5]

Y el jefe de los coperos no se acordó de José, sino que le olvidó (Gn. 40:23).

Génesis 40 termina con lo que parece ser una nota triste: «el jefe de los coperos no se acordó de José». Aquel hombre no supo agradecer a José el haberle interpretado su sueño y haber alegrado su corazón con la noticia de su pronta liberación. Su olvido no fue producto de un lapso moral, sino que de manera egoísta se olvidó de José. Es probable que el olvido del oficial fuese intencional. Él no deseaba recordarle al faraón del hecho de que en el pasado reciente había actuado de manera desagradable delante de su señor. Pero no debe olvidarse que la ingratitud es una característica presente en el hombre.

RESUMEN Y CONCLUSIÓN

El capítulo 40 del Génesis registra uno de los momentos cumbres de la vida de José. Miramos, entonces, a la experiencia de José y nos maravillamos ante la intrincada perfección de la providencia divina. Callada y secretamente hace de las cosas más insignificantes la ocasión y la causa de cambios maravillosos en las vidas y ministerios de los santos. Cosas fortuitas, al parecer, son siervos de la voluntad divina. El hecho de que los dos oficiales egipcios estuviesen en la cárcel al mismo tiempo que José es una maravilla adicional, y que José hubiese sido puesto al servicio de aquellos dos oficiales es más sorprendente aún. Y que José, al entrar en la presencia del jefe de los coperos y del jefe de los panaderos aquella mañana notase la tristeza de sus rostros y les preguntase la razón de su estado de ánimo es una maravilla adicional. Ese encuentro con los dos oficiales se convierte, como se verá, en el requisito previo de la exaltación de José en la tierra y en la liberación de su pueblo.

Finalmente, los sufrimientos del encarcelamiento obraron muy beneficiosamente en la preparación de José para el liderazgo en la tierra que pronto sería suya. Si su alma entró en el hierro en la prisión, mientras estaba en cadenas, también es verdad que el hierro entró en su alma, y Dios quiere y necesita en su obra santos de hierro. Eso es por qué Dios expone a sus santos a experiencias mediante las cuales pone hierro en sus almas. La severa disciplina de la vida es para el servicio futuro, si no es en esta vida, entonces será en el cielo, en la casa de Dios. De modo que como malentendidos, maltratados, calumniados y perseguidos santos, uno es capaz de esperar el veredicto de la eternidad. José, el siervo de Dios, sufrió el odio, la persecución, la humillación, la calumnia y el olvido de los hombres. Pero Dios no se olvidó de su siervo José y a su tiempo lo exaltó.

---

5. Gordon Wenham, «Genesis 16-50», *Word Biblical Commentary*, p. 384.

41

De prisionero a primer ministro (41:1-57)

El capítulo 41 concluye el gran interludio en la vida de José que constituye Génesis 39—41. Separado de su familia y luchando por abrirse camino en un país extranjero hostil, José ha disfrutado de progreso dos veces en el servicio de altos oficiales egipcios, solo para ser apartado a la postre. El capítulo 39 muestra a José disfrutando del favor de Dios y de Potifar, solo para ser echado en la cárcel falsamente acusado. El capítulo 40 lo muestra convirtiéndose en el confidente del panadero real y del copero real, solo para ser olvidado por el copero cuando fue puesto en libertad. El capítulo 41 constituye la tercera escena de este gran tríptico. Comienza ominosamente, al menos cuando se compara con los otros dos, porque no dice nada acerca de que Dios estaba con José. Aun así, en esta ocasión, Dios está más evidentemente con José que nunca antes, porque es sacado milagrosamente de la cárcel, interpreta los sueños del faraón, y es designado segundo en el reino, solo después del faraón.

Gordon Wenham, «Genesis 16-50», *Word Biblical Commentary*, p. 389.

Génesis 41 incluye, en primer lugar, la doctrina de la providencia de Dios. Este capítulo resalta, de manera maravillosa, el poder providencial de Jehová Dios en la vida de su siervo José. En medio de circunstancias difíciles, Dios intervino para exaltar a José y librarlo de la mano de personas inicuas. El Todopoderoso ordenó de manera providencial todos los acontecimientos en la vida de aquel joven hebreo que estaba lejos de su familia y de su cultura, y en medio de difíciles circunstancias.

La segunda verdad que aflora en este capítulo es la necesidad de confiar en Dios y no en los hombres. Esto se deja ver en las palabras de exhortación que el profeta Isaías dio a su generación: «Dejaos del hombre, cuyo aliento está en su nariz; porque ¿de qué es él estimado?» (Is. 2:22).

Los humanos necesitan simpatía, compañía y amor. El hombre necesita del estímulo de sus semejantes, pero los hombres siempre fallan, y aun el mejor amigo puede decepcionar a otro amigo. El Señor, sin embargo, permanece siempre fiel. Él no promete algo que deje de cumplir. Dios puede hacer esperar y puede dilatar el envío de su socorro, y a veces guarda silencio, pero su ayuda providencial y su misericordioso socorro estarán presentes en el momento oportuno. El creyente puede «esperar en Él pacientemente» (Sal. 37:7). José experimentó las palabras del salmista:

> Espera en Jehová, y guarda su camino, y él te exaltará para heredar la tierra; cuando sean destruidos los pecadores, lo verás (Sal. 37:34).

Por último, la elevación de José a la diestra del rey de Egipto, después de la humillación y de los sufrimientos de los años anteriores de fiel servicio, ilustra la vida de nuestro Señor Jesucristo en su trayecto de la humillación a través de la muerte, a la exaltación a la diestra del trono del Padre celestial. La semejanza de las vidas de José y Jesús es tan sorprendente que puede decirse sin dudar que es más que una mera coincidencia. El Espíritu Santo anticipó en la vida de José la vida de Jesús de Nazaret. La historia del rechazo de José por sus hermanos, su encarcelamiento y posterior humillación, y luego su exaltación, con su revelación ante sus hermanos pone de manifiesto, de la manera más estupenda, el rechazo, la humillación, la exaltación y posterior revelación de Jesucristo a sus hermanos, los judíos, cuando regrese a la tierra en gloria y majestad.

LOS SUEÑOS DEL REY DE EGIPTO (41:1-7)

Aconteció que pasados dos años tuvo Faraón un sueño. Le parecía que estaba junto al río; y que del río subían siete vacas, hermosas a la vista, y muy gordas, y pacían en el prado. Y que tras ellas subían del río otras siete vacas de feo aspecto y enjutas de carne, y se pararon cerca de las vacas hermosas a la orilla del río; y que las vacas de feo aspecto y enjutas de carne devoraban a las siete vacas hermosas y muy gordas. Y despertó Faraón. Se durmió de nuevo, y soñó la segunda vez: Que siete espigas llenas y hermosas crecían de una sola caña, y que después de ellas salían otras siete espigas menudas y abatidas del viento solano; y las siete espigas menudas devoraban a las siete espigas gruesas y llenas. Y despertó Faraón, y he aquí que era sueño (Gn. 41:1-7).

Estos versículos registran los dos sueños del faraón. Dios, en su soberana providencia, reveló a través de aquellos sueños a un rey pagano el transcendental acontecimiento de los siete años de terrible hambruna que sobrevendría sobre toda aquella región. En su plan soberano, Jehová Dios usó a su siervo José como el instrumento escogido para salvar a mucha gente de morir a causa del hambre. Entre los librados de morir, por supuesto estaba la familia santa, es decir, Jacob y sus hijos.

El texto relata que «pasados dos años», que debieron haber sido de los más difíciles en la vida de José, el faraón tuvo un sueño. El corazón del rey está en las manos del Señor, y el Todopoderoso le dio un anticipo mediante sueños de lo que iba a suceder. Todo aquello fue primordialmente para el beneficio del joven hebreo que estaba en la cárcel en aquel momento, pero fue el rey quien tuvo el sueño. El monarca vio junto al río Nilo la sorprendente escena de la aparición de siete vacas hermosas y gordas que pacían en el prado, cerca del río. Luego vio aparecer siete vacas feas y enjutas que devoraban a las vacas hermosas y gordas. Las vacas en Egipto comían casi sumergidas en el río por causa del calor y de las moscas. Pero este sueño presenta un cuadro extraño por el contraste de los dos grupos de vacas tan diferentes.

El uso de sueños en la instrucción de los incrédulos es interesante. Evidentemente Dios usa este método de revelación porque era una lección en un idioma que podían entender. Los egipcios y los babilonios se especializaban en la interpretación de sueños, de modo que era de esperarse que ambas culturas se interesasen en los sueños.

El segundo sueño del rey es, también, particularmente egipcio, porque ellos estaban familiarizados con los objetos implicados. El sueño relatado concierne a «espigas» y, como se sabe, Egipto era el granero del mundo antiguo. En el sueño, «siete espigas menudas» devoraban a las siete espigas gruesas que aparecieron primero en el sueño. Tal como sucedió en el primer sueño, este dejó perplejo al rey debido a su singularidad. Ambos sueños, sin duda, asombraron y afectaron las emociones del faraón.

EL FRACASO DE LOS MAGOS EGIPCIOS (41:8)

Sucedió que por la mañana estaba agitado su espíritu, y envió e hizo llamar a todos los magos de Egipto, y a todos sus sabios; y les contó Faraón sus sueños, mas no había quien los pudiese interpretar a Faraón (41:8).

El espíritu del rey se turbó de tal manera que convocó a los magos y a todos los sabios de Egipto, esperado que serían capaces de interpretar el significado de los sueños. El término «magos» probablemente sea una referencia a una clase sacerdotal que se dedicaba a la adivinación. Los «sabios» [*kjacám*] eran personas con habilidades superiores en ciertos asuntos. Debe recordarse que la cultura egipcia era considerada superior en muchos aspectos a la de otras naciones de la antigüedad. Los magos y los sabios eran, por lo tanto, hombres versados en jeroglíficos, astrología y en otras ciencias de entonces. No obstante fueron incapaces de desentrañar el significado de los sueños. Posiblemente, los magos y los sabios hicieron sugerencias que no satisficieron al faraón. Algunos creen que el significado de los sueños era tan obvio que concluyen que Dios debió haber cegado el entendimiento de los magos para que no fuesen capaces de ver lo que al parecer era claro.[1] Génesis 41:8 deja bien claro que el faraón estaba sumamente preocupado, como lo expresa la frase: «…estaba agitado su espíritu». En el caso del faraón, debe recordarse que se consideraba «un dios» y, por lo tanto, el que producía las cosechas de Egipto. Quizá por eso los magos y sabios no quisieron decirle el significado de sus sueños.

EL RECUERDO DEL JEFE DE LOS COPEROS (41:9-13)

Entonces el jefe de los coperos habló a Faraón, diciendo: Me acuerdo hoy de mis faltas. Cuando Faraón se enojó contra sus siervos, nos echó a la prisión de la casa del capitán de la guardia a mí y al jefe de los panaderos.

---

1. Herbert C. Leupold, *Exposition of Genesis*, vol. II, p. 1023.

> *Y él y yo tuvimos un sueño en la misma noche, y cada sueño tenía su propio significado. Estaba allí con nosotros un joven hebreo, siervo del capitán de la guardia; y se lo contamos, y él nos interpretó nuestros sueños, y declaró a cada uno conforme a su sueño. Y aconteció que como él nos los interpretó, así fue: yo fui restablecido en mi puesto, y el otro fue colgado (Gn. 41:9-13).*

Fue en aquel momento crucial que el jefe de los coperos, quien al parecer estaba presente en la reunión, habló acerca de sus ofensas pasadas, de su encarcelamiento y de José, el intérprete de su sueño. Le dijo al rey cómo la interpretación hecha por José se había cumplido tal como el joven hebreo había dicho que sucedería. Génesis 41:13 lo expresa con suma claridad: «Y aconteció que como él nos los interpretó, así fue: Yo fui restablecido a mi puesto, y el otro fue colgado». Las palabras del jefe de los coperos fueron elocuentes y reivindicativas de José. El copero se había olvidado del joven hebreo, pero Dios no.

José es llevado delante del rey de Egipto (41:14-16)

Génesis 41:14-16 narra cómo José es sacado de la cárcel y llevado delante del faraón. Puesto que la necesidad del rey era urgente, José fue sacado apresuradamente de la prisión. La premura con la que José fue sacado de la cárcel es una clara manifestación del cambio de fortuna que ahora beneficia al joven hebreo. Evidentemente José ha observado la costumbre oriental de dejarse crecer el cabello cuando se experimenta alguna tribulación. Podría pensarse, también, que al estar en la cárcel no le sería fácil cortarse el cabello y afeitarse con regularidad. De modo que ahora José debe afeitarse al salir de la cárcel. Además, puesto que comparecería delante del rey, era necesario que José cambiase su vestido, lo cual hizo de inmediato.

De manera clara y sencilla, el rey explica el problema al joven hebreo, y le dice que ha oído que José podía interpretar sueños. El faraón habla como si hubiese oído que José era un intérprete infalible de sueños.

> *Y dijo Faraón a José: Yo he tenido un sueño, y no hay quien lo interprete; mas he oído decir de ti, que oyes sueños para interpretarlos (41:15).*

La declaración del faraón es parcialmente correcta, pues lo que ha oído de José es cierto. El joven hebreo, sin embargo, hace saber al rey dónde radica el verdadero poder:

> *Respondió José a Faraón, diciendo: No está en mí; Dios será el que dé respuesta propicia a Faraón (41:16).*

José respondió al faraón como un verdadero siervo de Dios. Lo hizo del mismo modo que Daniel en presencia de Nabucodonosor:

> Daniel respondió delante del rey, diciendo: El misterio que el rey demanda, ni sabios, ni astrólogos, ni magos ni adivinos lo pueden revelar al rey. Pero hay un Dios en los cielos, el cual revela los misterios, y él ha hecho saber al rey Nabucodonosor lo que ha de acontecer en los postreros días (Dn. 2:27-28).

Tanto José como Daniel rehúsan ser el centro de atención y destacan que Dios es el único capacitado para revelar misterios. José, con respeto y humildad, respondió al rey: «No está en mí». La respuesta que el rey pretendía no se originaba en José, sino en Jehová, el Dios de José. Tal como había dicho a los oficiales del rey en la prisión: «… ¿No son de Dios las interpretaciones?». Ahora José dice al monarca egipcio: La solución «no está en mí», sino en Dios.

En su respuesta, José señala que no es él quien da origen a la interpretación, sino que es Dios el responsable de declarar el significado de aquellos sueños. José, como profeta, es un simple instrumento en manos de Dios. El Señor solo usa a José como su vocero. Es inevitable no sentirse sorprendido por la honestidad y la transparencia de aquel joven hebreo. José rehusó aprovecharse de la situación, cuando pudo haber significado su liberación de la cárcel. Podría decirse que José rehusó negociar su liberación. La protección de Dios y su honor eran más importantes para él que cualquier ganancia personal que pudiera resultar de aquella situación. José tenía un mayor interés en guardar el honor de Dios que en cualquier beneficio personal.[2]

José hace saber al rey que recibirá «una respuesta propicia» de parte de Dios. Como profeta genuino, el joven hebreo es un fiel representante de Jehová delante del rey egipcio. Una vez más, es imposible evitar reconocer la entrega personal de José en las manos del soberano Dios de toda gracia.

La interpretación de los sueños (41:17-36)

Esta sección del capítulo 41 puede dividirse en tres partes. La primera (41:17-24) registra la descripción de los sueños que el rey hace delante de José. Aunque hay alguna pequeña variación en el contenido de los versículos 3 y 19, ambas descripciones son fundamentalmente iguales. En el versículo 19, sin embargo, el faraón añade la frase: «…que no he visto otras semejantes en fealdad en toda la tierra de Egipto». El hecho de que el faraón describiese la terrible fealdad de las vacas flacas es apropiado debido al hecho de que él personalmente vio dichas vacas.

En el primer relato, las siete vacas feas y enjutas meramente se comieron a las vacas hermosas y gordas, pero ahora el rey dice: «Y éstas entraban en sus entrañas, mas no se conocía que hubiesen entrado, porque la apariencia de las flacas era aún mala, como al principio. Y yo desperté» (41:21). Quizá la diferencia en el relato se deba a un instinto literario por la variedad, pero las diferencias en sí apoyan y no niegan la autenticidad del relato.

La segunda parte del relato abarca los versículos 25-32. El joven José, como profeta de Jehová Dios, con profunda sabiduría y singular sencillez, interpreta el sueño al rey tal como Dios se lo ha revelado. José le explica al faraón que los sueños son realmente uno y, además, que Dios está diciendo al rey lo que va a hacer. Las siete vacas gordas y hermosas son siete años, y las siete vacas flacas y feas son siete años. Lo mismo puede decirse de las siete espigas buenas y las siete espigas feas. Los sueños tienen un significado común.

En el versículo 28, José repite lo que dice en el versículo 25, es decir, que Dios ha mostrado al faraón «lo que está a punto de hacer». El sueño se centra en la misericordia de Dios hacia los egipcios. En su gracia soberana, Jehová Dios previene a esa

---

2. *Ibíd.*, p. 1026.

nación pagana de la gran catástrofe que estaba a punto de sufrir. Dios les hace saber que los años de abundancia serían olvidados debido a la severidad del hambre que les sobrevendría. La repetición del sueño del rey en sus diferentes formas está designado para señalar que el asunto está determinado por Dios, y que pronto será ejecutado. La profecía contenida en el sueño, por lo tanto, no es condicional. La repetición de la cláusula: «Lo que Dios va a hacer» en los versículos 25 y 28, junto con el énfasis en el versículo 32 acerca de la certeza y la inminencia del cumplimiento del sueño es un llamado a la acción y no a una resignación de incredulidad, tal como se encuentra en la predicación de los profetas (véase Jer. 18:7-10).[3]

La tercera parte de esta sección (Gn. 41:33) concierne al sabio consejo que «el profeta» José da al rey egipcio.

Derek Kidner hace la siguiente observación:

> Es importante observar que el hambre que estaba a punto de ocurrir, a diferencia de muchos desastres profetizados en el Antiguo Testamento, no era un juicio. Era una de las irregularidades de la vida, y José señala que un administrador sabio proveería seguridad, tomando medidas adicionales al contemplar otros peligros. El principio de la profecía predictiva lo confirma (véase Gn. 41:25): Dios espera una respuesta activa. Para una amenaza de juicio esa [respuesta] será el arrepentimiento; para una advertencia amistosa (véase Jer. 38:17ss; Mt. 24:15ss), precauciones sensatas.[4]

La respuesta de José aporta más que una mera interpretación. El joven hebreo proporciona al rey un completo programa económico para hacerle frente a aquella emergencia que la nación confrontaría. Aquel era un plan maestro que implicaba un astuto y sabio jefe administrador, subadministradores, la aplicación de impuestos de emergencia durante los años de abundancia y un plan para almacenar los granos sobrantes en lugares adecuados, es decir, en las ciudades. El alimento debía reservarse para los años que durase el hambre. Por lo que se desprende del relato, hasta ese punto, no hay el menor indicio de que José pensaba en sí mismo como el candidato para el puesto de jefe administrador, una especie de ministro de economía de la nación egipcia. Probablemente lo único que José esperaba era su liberación de la cárcel como resultado de su interpretación.

La designación de José como gobernador de Egipto (41:37-45)

Este pasaje describe el reconocimiento que el faraón hace a José. El rey egipcio reconoce el valor del consejo que el joven hebreo le da y lo designa como el primer ministro del reino. Evidentemente el plan de José fue recibido con gran entusiasmo por el rey y por todos sus siervos. Además, todos reconocieron que el espíritu de Dios estaba en José (véase Gn. 41:38).

Lo que el rey egipcio entendía por la expresión «el espíritu de Dios» no es posible saberlo a ciencia cierta. Por lo menos sugiere algo con carácter sobrenatural, pero es difícil ir más allá. Al respecto, Gordon Wenham dice lo siguiente:

---

3. Derek Kidner, *Genesis*, p. 207.
4. *Ibíd.*

Esta es la segunda vez que la frase «el espíritu de Dios» se usa en el Génesis (véase Gn. 1:2). El espíritu de Dios prepara al dotado artesano como Bezaleel (véase Éx. 31:3; 35:31), al victorioso guerrero (véase Jue. 6:34; 14:6) y, especialmente, al sabio gobernador (1 S. 10:6; 16:13; Is. 11:2). Con frecuencia la sabiduría es vista como uno de los dones del espíritu de Dios, de modo que la pregunta del faraón «¿Acaso hallaremos… el espíritu de Dios?» es una invitación a buscar a alguien inteligente y sabio, y anticipa su elección de José, cuyas palabras han demostrado que Dios habla a través de él.[5]

Si el texto se refiere al Espíritu de Dios, entonces esa sería la primera referencia a la habitación del Espíritu Santo en un hombre llenándolo de poder, ya que ese sería el significado de la frase: «…hombre como éste, en quien esté el espíritu de Dios» (41:38). La presencia permanente en un ser humano del Espíritu es algo que no ocurre hasta el día de Pentecostés (véase Jn. 7:37-39; 14:16-17). Por lo tanto, el dotar de poder a José estaría relacionado con aquellos que hacían las vestiduras del sumo sacerdote, tal como dice el texto bíblico:

> Y tú hablarás a todos los sabios de corazón, a quienes yo he llenado de espíritu de sabiduría, para que hagan las vestiduras de Aarón, para consagrarle para que sea mi sacerdote (Éx. 28:3).

También la Escritura registra el trabajo de los que hicieron la obra del tabernáculo (Éx. 31:3-5). Puede añadirse, además, el caso de Gedeón (véase Jue. 6-7). En el caso de José, el Espíritu Santo vino sobre él para ayudarlo a gobernar el más grande imperio de aquel tiempo. Ciertamente, el joven hebreo no hubiese podido hacer aquel trabajo sin la presencia del Espíritu de Dios.

La nueva responsabilidad de José es algo sorprendente. El rey la describe así:

> *Tú estarás sobre mi casa, y por tu palabra se gobernará todo mi pueblo; solamente en el trono seré yo mayor que tú (Gn. 41:40).*

El faraón nombró a José su primer ministro. O sea, que José era una especie de gobernador en el reino de Egipto (véase Gn. 41:41). Los súbditos del faraón eran también súbditos de José. Dios elevó a José a un puesto de singular autoridad. Aunque el faraón dice: «…He aquí yo te he puesto sobre toda la tierra de Egipto» (v. 41), en realidad fue Jehová Dios quien lo hizo.

Génesis 41:42-44 describe la ceremonia de la exaltación de José. El anillo otorgado a José llevaba la autoridad de rey, la ropa de lino finísimo era la que pertenecía a la corte real, la cadena de oro era la señal acostumbrada de la aprobación del rey y era el galardón otorgado por servicios realizados. El texto añade:

> *Y lo hizo subir en su segundo carro, y pregonaron delante de él: ¡Doblad la rodilla!; y lo puso sobre toda la tierra de Egipto (Gn. 41:43).*

El hecho de que José «subiese a su segundo carro» lo convertía en el segundo ciudadano en la tierra y la autoridad suprema en Egipto después de la del rey. El faraón

---

5. Gordon Wenham, «Genesis 16-50», *Word Biblical Commentary*, pp. 394-395.

expresa así la autoridad de José: «...y sin ti ninguno alzará su mano ni su pie en toda la tierra de Egipto» (Gn. 41:44). Literalmente, el texto deja claro que «nadie en el reino podía moverse sin pasar por la autoridad de José». Toda acción tomada por otros en el reino tenía que tener la aprobación de José.

Como culminación de los honores otorgados a José por el rey de Egipto, el joven hebreo recibió un nuevo nombre, lo que significaba que José era reconocido como alguien acreditado por las autoridades egipcias y particularmente por el faraón como parte de aquella cultura. Además de eso, José recibió una esposa. El texto bíblico dice:

> *Y llamó Faraón el nombre de José, Zafnat-panea; y le dio por mujer a Asenat, hija de Potifera sacerdote de On. Y salió José por toda la tierra de Egipto (Gn. 41:45).*

Faraón llamó a José, Zafnat-panea. La práctica de dar a extranjeros nombres egipcios ha sido bien demostrada.[6] Wenham dice que Josefo lo traduce como si fuese «descubridor escondido».[7] El significado del nombre dado a José, sin embargo, es algo incierto. Se ha sugerido: «Dios ha hablado y vive». También se ha sugerido: «Aquel que sabe las cosas» o «abundancia de vida». El caso de José se asemeja al de Daniel. Ambos recibieron nombres paganos, pero no se contaminaron con religiones paganas.[8] Tanto José como Daniel se mantuvieron fieles adoradores de Jehová Dios, el único Dios vivo y verdadero. José también recibió una esposa egipcia, una mujer gentil llamada Asenat, que significa «la que pertenece a [la diosa] Neit». Hasta donde se sabe, José practicó la monogamia y no tuvo más esposas. El joven José fue separado de su familia a la edad de 17 años, fue vendido como esclavo a los madianitas, sirvió como siervo en la casa de Potifar, sufrió la cárcel y la humillación injustamente y, después de 13 años —cuando José tenía 30 años—, Dios lo exalta al puesto más elevado de Egipto con la excepción del faraón. En su tiempo Dios exaltó a su siervo, José, hasta lo más alto.

LA ADMINISTRACIÓN DE JOSÉ SOBRE EL REINO DE EGIPTO (41:46-49)

Estos versículos describen el trabajo administrativo de José. Primero recorrió todo el territorio del reino egipcio. Seguramente quiso familiarizarse primero con el reino y con sus habitantes antes de comenzar la tremenda tarea que tenía delante. Es sorprendente que con solo 30 años y en una cultura extraña José asumiese una responsabilidad tan grande. Como señala Herbert C. Leupold:

> Solo un hombre como José, entrenado en la adversidad y en la tristeza, podía experimentar una súbita exaltación como esta sin orgullo ni autoexaltación. Su riguroso entrenamiento lo capacitó para hacerle frente al éxito sin sucumbir a la adulación.[9]

Este párrafo termina con un tremendo reconocimiento del trabajo realizado por José:

---

6. Gordon Wenham, «Genesis 16-50», p. 396.
7. *Ibíd.*
8. Bruce K. Waltke, *Genesis: A Commentary*, p. 534.
9. Herbert C. Leupold, *Exposition of Genesis*, vol. II, pp. 1033-1034.

Recogió José trigo como arena del mar, mucho en extremo, hasta no poderse contar, porque no tenía número (Gn. 41:49).

Los siete años de abundancia predichos por José se cumplieron literalmente. Ahora vendrían los siete años de hambre (véase 41:53).

El nacimiento de los hijos de José (41:50-52)

Y nacieron a José dos hijos antes que viniese el primer año del hambre, los cuales dio a luz Asenat, hija de Potifera sacerdote de On. Y llamó José el nombre del primogénito, Manasés; porque dijo: Dios me hizo olvidar todo mi trabajo, y toda la casa de mi padre. Y llamó el nombre del segundo, Efraín; porque dijo: Dios me hizo fructificar en la tierra de mi aflicción (Gn. 41:50-52).

Los nacimientos de los dos hijos de José, Manasés y Efraín, son mencionados para hacer saber al lector de la Biblia de dónde surgieron estos dos padres de tribus futuras. Por los nombres que José dio a sus hijos, tenemos una manifestación de su condición espiritual. El nombre Manasés no debe tomarse como un indicativo de que José ya no se preocupaba por la casa de su padre. El resto del libro del Génesis deja bien claro que José nunca se olvidó de sus familiares en la carne. El nombre Manasés se deriva de *nashá* que significa «olvidar». Dios hizo que José se olvidase de los malos recuerdos de las experiencias terribles que había vivido. El hecho de que José haya dado a sus hijos nombres hebreos, no egipcios, es una clara señal de que no se había olvidado de su origen ni de su familia. El nombre Efraín procede del hebreo *jifrani* que significa «me hizo fructífero». La tribu de Efraín llegó a ser la más numerosa de las tribus de Israel (véase Gn. 48:3-5; Sal. 105:23-24). Ambos nombres, Manasés y Efraín expresan la gratitud de José a Jehová Dios por haberle preservado su vida en medio de tantas tribulaciones y, además, agradece al Señor que le ha hecho fructificar en una tierra extraña y lo hará fructificar en la tierra prometida.

La llegada de los años de hambre (41:53-57)

El capítulo 41 del Génesis termina con la llegada de los siete años de hambre, tal como José había interpretado el sueño del faraón. Puede verse nuevamente que todo se cumplió tal como José lo había explicado al rey. Eso demuestra que José era un verdadero profeta de Dios. Todo lo que había predicho se cumplió literalmente (véase Dt. 18:20-22). El hambre llegó, pero en Egipto había grano almacenado, como José lo había ordenado en cumplimiento del mandato de Dios. José sabiamente administró los recursos que había almacenado y Egipto fue salvado de la catástrofe. Los esfuerzos de aquel joven dotado por Dios, evitó el desastre no solo en Egipto, sino también en los países circunvecinos y en los lejanos.

Resumen y conclusión

El capítulo 41 del Génesis pone de manifiesto que José es un maravilloso ejemplo de la soberana providencia de Dios en la realización de su plan diseñado desde la eternidad.

Las circunstancias y la manera como José fue llevado a Egipto forman parte integral de la soberana providencia del Dios Todopoderoso. Todos los detalles que rodearon su vida fueron divinamente dirigidos por el soberano Creador de cielos y tierra hasta el día cuando compareció delante del faraón para interpretarle los sueños y hasta su designación como primer ministro, gobernador y gran organizador del plan maestro para hacerle frente a la crisis que estaba a punto de ocurrir en Egipto.

Por lo tanto, el pensamiento de todo creyente debe centrarse de nuevo en el Señor de José, a quien el joven hebreo mediante su vida y ministerio ilustra, es decir, nuestro bendito Señor Jesucristo, en cuyas manos será entregado el gobierno de toda la tierra, porque suyo es el reino en virtud de sus sufrimientos mediante su muerte expiatoria y su exaltación a la diestra de Dios Padre (véase He. 1:1-3). José es un cuadro fiel de la obra realizada por Jesús el Mesías.

42

El encuentro de José con sus hermanos en Egipto (42:1-38)

Génesis 42 registra la primera visita de los hermanos de José a Egipto. Después de trece años, José contempla el rostro de quienes lo vendieron como esclavo a los madianitas. Aquel primer encuentro no fue una experiencia feliz, aunque sí una experiencia notable. Este relato bíblico destaca el tremendo poder de una conciencia culpable que aflige el alma de una persona. En este caso se trata de diez hermanos que sufrían la culpa de haber maltratado a otro de sus hermanos solo por envidia. La conciencia que sufre la culpa de un pecado pasado es uno de los grandes castigos por los que un hombre puede pasar. Toda persona que ha tenido que luchar con esa situación sabe bien cuán terrible es el poder de una conciencia culpable.

En Génesis 42, Moisés desvela una serie de acontecimientos ordinarios que se combinan para hacer recordar, con gran intensidad, un acto pecaminoso que tuvo lugar trece años atrás. El encuentro de los hermanos con José, ahora gobernador de Egipto, y escuchar sus rudas palabras acusándolos de ser espías y que debían traer a Benjamín con ellos en su siguiente viaje a Egipto, los hizo temblar de miedo. Los hermanos de José entendieron que se trataba de un castigo divino por su acción pasada y declararon:

> …Verdaderamente hemos pecado contra nuestro hermano, pues vimos la angustia de su alma cuando nos rogaba, y no le escuchamos; por eso ha venido sobre nosotros esta angustia. Entonces Rubén les respondió, diciendo: ¿No os hablé yo y dije: No pequéis contra el joven, y no escuchasteis? He aquí también se nos demanda su sangre (Gn. 42:21-22).

Como puede verse en estos versículos, todos los hermanos de José, con la excepción de Benjamín, sentían el peso de su culpa y el remordimiento de sus conciencias. No es difícil comprender qué acontecimientos se combinaron para sacar a la luz el remordimiento de los hijos de Israel.

Jacob pidió a sus hijos que bajaran a Egipto a comprar alimentos. La simple mención de Egipto debió traer a sus memorias la venta de José a los mercaderes ismaelitas. Entonces las rudas palabras del «gobernador» debieron hacerles recordar cómo respondieron a los ruegos de José, porque no quisieron escuchar sus súplicas ni compadecerse «de la angustia de su alma». Y, finalmente, el tiempo en la prisión en sí contribuyó, porque eran hombres acostumbrados a la vida al aire libre, y el tiempo en la cárcel era especialmente difícil para hombres como aquellos. Dios estaba controlando todos los acontecimientos. Seguramente aquellos hombres experimentaron en sus propias carnes algo de lo que ellos hicieron con José. Primero, cuando lo echaron en una cisterna y, luego, cuando lo vendieron a los madianitas. Aunque Dios estaba controlando todo eso, incluso cuando el joven hebreo fue enviado a la cárcel injustamente.

Hay, por supuesto, otras lecciones que se desprenden de este capítulo. La primera de ellas es la que fluye a través de toda esta sección (Gn. 37:2-42:38), es decir, la maravillosa providencia de Dios. Puede verse claramente que uno de los propósitos principales de Dios en la vida de José es la intención divina de llevar al pueblo escogido a Egipto para preservarlo de la iniquidad que prevalecía en Canaán. Pero era necesario tenerlos en Egipto como un pueblo unido, de otro modo se desintegrarían en la tierra, perderían su identidad racial y serían absorbidos por los egipcios. El pecado de los hijos de Jacob contra José fue un acto devastador para la unidad familiar (ver Gn. 42:41), y era necesario hacerle frente. A través de los acontecimientos que tienen lugar en este capítulo, el acto malvado contra José es confrontado y, a la postre, será resuelto en los capítulos posteriores. La reconciliación de los hermanos con José los preparó para todo el tiempo que pasarán en Egipto. De modo que pueden verse las siguientes lecciones:

1. En primer lugar, puede verse la persistencia del propósito divino, que es un movimiento constante y armonioso. Todos los acontecimientos están entretejidos en el plan divino por la providencia de Jehová Dios. Todo lo que ocurre —el hambre, la elevación de José en Egipto, el viaje de los hermanos de José a Egipto— contribuye al propósito de Dios. El cuidado providencial que Dios tuvo de José, a pesar de la maldad de sus hermanos, demuestra que el Señor está ejecutando su plan soberano.

2. En segundo lugar, hay una gran lección respecto a la naturaleza del verdadero arrepentimiento que debe aprenderse. Reconocer el pecado no es lo mismo que arrepentirse, pues a eso debe seguirle la determinación de no continuar en el pecado y hacer obras dignas de arrepentimiento, que es una necesidad para evidenciar un arrepentimiento genuino, que ha sido definido como «abandonar el pecado». Eso significa abandonar los pecados en que nos deleitamos y mostrar una genuina tristeza, de modo que no volvamos a cometerlos.

3. En tercer lugar, este capítulo ilustra de manera elocuente la ceguera y la irracionalidad del razonamiento humano. Nótense las palabras de Jacob: «...Me habéis privado de mis hijos; José no parece, ni Simeón tampoco, y a Benjamín le llevaréis; contra mí son todas estas cosas» (Gn. 42:36). Aunque Jacob se queja porque considera que contra él «son todas estas cosas», en realidad, todas las cosas obraban para su bien. Eso se verá claramente en el estudio de este capítulo. Los acontecimientos relatados en Génesis 42 son eslabones adicionales en la cadena de la providencia divina.

EL VIAJE DE LOS HERMANOS DE JOSÉ A EGIPTO (42:1-5)

Viendo Jacob que en Egipto había alimentos, dijo a sus hijos: ¿Por qué os estáis mirando? Y dijo: He aquí, yo he oído que hay víveres en Egipto; descended allá, y comprad de allí para nosotros, para que podamos vivir, y no muramos (Gn. 42:1-2).

Evidentemente, Jacob habló cuando supo la noticia de que Egipto estaba vendiendo granos a los países que sufrían del hambre que azotaba a la región. Es probable que Jacob y los suyos estuvieran experimentando el inicio de la crisis, que duraría un total de siete largos años. En medio de la perplejidad de la familia por causa del hambre, expresada en las palabras: «¿Por qué os estáis mirando?», Jacob ordena a sus hijos viajar a Egipto para comprar algunos de los granos que los egipcios vendían. Como puede verse, el patriarca Jacob, a pesar de sus años, aún actúa con suficiente autoridad. Gordon Wenham hace la siguiente observación:

Aquí, la autoridad de Jacob es evidente. Aunque viejo, todavía es cabeza de la familia, y sus hijos, ya mayores, hacen lo que él les manda. Su actitud indecisa al comienzo del capítulo 43 aparece en fuerte contraste con su firmeza aquí.[1]

De manera que Jacob, como cabeza de la familia y como hombre de gran experiencia en la vida de aquella región, envía a sus hijos a Egipto para que comprasen el grano que necesitaban. Por supuesto que Jacob nunca imaginó en qué terminaría todo aquello. Sin embargo, Jehová Dios tenía el control total.

Y descendieron los diez hermanos de José a comprar trigo en Egipto. Mas Jacob no envió a Benjamín, hermano de José, con sus hermanos; porque dijo: No sea que le acontezca algún desastre. Vinieron los hijos de Israel a comprar entre los que venían; porque había hambre en la tierra de Canaán (Gn. 42:3-5).

El texto registra el hecho de que los hermanos de José bajaron a Egipto, pero sin Benjamín; que Benjamín no fuese con sus diez hermanos podría significar que Jacob quiso ser cauteloso o, quizá, sospechaba algo respecto de la desaparición de José. Es probable que Jacob desconfiara de sus diez hijos. La frase: «...No sea que le acontezca algún desastre» es llamativa. Sugiere el hecho de que a Jacob le preocupaba enviar a Benjamín con sus hermanos, sobre todo teniendo en cuenta que Benjamín era «la niña de los ojos de Jacob», después de haber perdido a José.[2] Como señala Derek Kidner:

Su [Jacob] firme decisión y sus claras palabras (v. 4b) reflejan exactamente el estado de su conocimiento: respecto al destino de José no se sabía nada; respecto a la culpa de los hermanos quedaban pocas dudas. Delante de los

---

1. Gordon Wenham, «Genesis 16-50», *Word Biblical Commentary,* p. 405.
2. *Ibíd.,* p. 405.

ojos del padre su crimen concreto podía ser encubierto, pero no el carácter de ellos.[3]

No debe seguirse adelante sin mencionar el hecho de que la necesidad de alimento era el primer paso en la providencia de Dios que condujo a poner a la luz el pecado de los hijos de Jacob. Fue precisamente la falta de alimento lo que llevó a Egipto a los diez hijos de Jacob; claro que ellos no esperaban encontrarse con José allí. Pero que ocurriese aquella crisis fue el plan de Dios, así como también fue el plan de Dios enviar a José a Egipto, precisamente en aquel tiempo. Ahora, la providencia de Dios hace posible el encuentro de José con sus hermanos. Tal como lo expresa Allen P. Ross:

> Sin imaginárselo, los hermanos de José comenzaron a cumplir el sueño revelado de José cuando salieron para Egipto a comprarle grano al mismo José. Dios había usado muchos acontecimientos inusuales e inesperados para llevar a cabo este cumplimiento. En este caso, el hambre demostró ser el medio para llevar a la familia a Egipto.[4]

Dios diseñó un plan perfecto para la vida de José y lo desarrollaría para que aquel joven hebreo fuese el salvador de su familia. En el momento adecuado, los hermanos de José confesaron su pecado delante de él y se inclinaron delante de su presencia, tal como José lo había soñado. José, como se ha señalado, era un tipo de Cristo y, un día, la nación de Israel reconocerá su rechazo del Mesías, lo aceptará y le rendirá honor y obediencia. El salmista lo expresa así: «Antes que fuera yo humillado, descarriado andaba; mas ahora guardo tu palabra» (Sal. 119:67). El Mesías salvará a su pueblo en medio de su aflicción.

El encuentro de los hermanos con José (42:6-17)

Y José era el señor de la tierra, quien le vendía a todo el pueblo de la tierra; y llegaron los hermanos de José, y se inclinaron a él rostro a tierra (Gn. 42:6).

La frase inicial del versículo 6 dice: «Y José era el señor de la tierra». El sustantivo «señor» [*shalít*] podría traducirse «príncipe» o «poderoso», es decir, «el que ejerce potestad». Tiene que ver con «aquel que gobierna». El uso de ese vocablo sugiere que José tenía completo control del gobierno de la tierra de Egipto. La venida de los hermanos de José y el hecho de inclinarse a él «rostro a tierra» indica por lo menos un cumplimiento parcial de los primeros sueños de José (ver Gn. 37:7). Los hermanos de José, por supuesto, no eran conscientes de lo que ocurría. El inclinarse «rostro a tierra» implica un reconocimiento completo de la autoridad de José.

Y José, cuando vio a sus hermanos, los conoció; mas hizo como que no los conocía, y les habló ásperamente, y les dijo: ¿De dónde habéis venido? Ellos respondieron: De la tierra de Canaán, para comprar alimentos. José, pues, conoció a sus hermanos, pero ellos no le conocieron. Entonces se acordó

---

3. Derek Kidner, *Genesis*, p. 210.
4. Allen P. Ross, *Creation & Blessing*, p. 651.

*José de los sueños que había tenido acerca de ellos, y les dijo: Espías sois;
por ver lo descubierto del país habéis venido (Gn. 42:7-9).*

Es posible que José hubiese planeado estar presente cuando se vendiese grano a
hombres de Canaán con la esperanza de tener noticias de su familia en aquella tierra.
De todos modos, providencialmente estaba presente cuando sus hermanos llegaron, y
los reconoció, pero ellos no lo reconocieron. Probablemente, debido a la diferencia de
edad él los reconoció, pero ellos no, pues ellos ya eran adultos cuando José los vio por
última vez y, generalmente, no hay muchos cambios en la apariencia entre los veinticinco y los cincuenta años. En cambio, cuando José fue vendido tenía solo diecisiete
años, y su apariencia debe haber cambiado radicalmente. Además, como los egipcios,
José se había afeitado completamente, mientras que los hermanos llevaban barba. Y,
finalmente, su vestido y sus insignias de gobernador hacían difícil que ellos pudiesen
verlo y reconocerlo en su presente posición como señor de Egipto.

*Ellos le respondieron: No, señor nuestro, sino que tus siervos han venido a
comprar alimentos. Todos nosotros somos hijos de un varón; somos hombres
honrados; tus siervos nunca fueron espías. Pero José les dijo: No; para ver lo
descubierto del país habéis venido. Y ellos respondieron: Tus siervos somos
doce hermanos, hijos de un varón de la tierra de Canaán; y he aquí el menor
está hoy con nuestro padre, el otro no parece (Gn. 42:10-13).*

El rudo trato que José dio a sus hermanos no era una venganza, aunque eso hubiese
sido algo natural para una clase diferente de hombre, pues el contexto es contrario a
esa posibilidad. Detrás de esa ruda postura había un afecto cálido y dulce (véase 42:24)
y mucha misericordia (véase 42:16-19 y 44:9-10). El duro trato de José a sus hermanos
fue hecho según ciertos principios. Guiado por Dios, José esperaba probar el carácter
de ellos, y ver hasta qué punto habían sido redargüidos de sus previos pecados y de su
culpa por el trato que le habían dado. La acusación de que eran espías fue hecha para
probarlos. Todavía había alguna otra prueba adicional (véase 42:15).

La declaración del versículo 9: «Entonces se acordó José de los sueños que había
tenido…» podría significar que reconocía la providencia de Dios en que sus hermanos
estaban en su presencia en aquel momento. Pero los sueños habían indicado que todos
los hermanos se inclinarían delante de él, y solamente había diez de ellos allí. ¿Qué
pasaba con el número once? De modo que Benjamín se convierte en un instrumento
de prueba adicional del encuentro de los hermanos. Lutero tenía razón, como señala
Leupold, cuando dice que el trato de José a sus hermanos se asemeja al trato de Dios
hacia los pecadores que son guiados al arrepentimiento.[5]

La defensa de los hermanos de José es honesta, puesto que le proporcionan más
detalles de la situación en la familia. Dicen que «son hijos de un varón», lo cual indica
que no todos tenían la misma madre. Afirman que el más joven está con el padre,
aunque no tratan con su condición en ese momento. Los hermanos de José caen en va-
guedad cuando mencionan a José. En el versículo 13, dicen: «…y otro no parece». Sus
palabras, sin embargo, no dicen nada en concreto acerca de la actitud de sus corazones,

______

5. Herbert C. Leupold, *Exposition of Genesis*, vol. II, p. 1048.

y José no quería dar nada por sentado. De modo que, por el momento, José les da una dosis de su propia medicina. Cuando vendieron a José, ignoraron las súplicas del joven. Ahora José, ostensiblemente, ignora las súplicas de ellos.

Como hacen las autoridades de un estado moderno deseosos de acabar con la subversión, José obstinadamente repite la acusación de que sus hermanos son espías. Entonces José hace una exigencia que parecería irrazonable:

> *Enviad a uno de vosotros y traiga a vuestro hermano, y vosotros quedad presos, y vuestras palabras serán probadas, si hay verdad en vosotros; y si no, vive Faraón, que sois espías (Gn. 42:16).*

Para demostrar que no son espías, los hermanos de José debían presentar a Benjamín. Nueve de los hermanos quedarían presos y uno de ellos viajaría en busca del hermano menor, lo que sería la prueba de que decían verdad. Quizá el uso del juramento, «vive Faraón», es usado para intimidar a sus hermanos y obligarlos a actuar debidamente. Aquello era para probar la veracidad de sus declaraciones.

> *Entonces los puso juntos en la cárcel por tres días (Gn. 42:17).*

El encarcelamiento de los hermanos fue un acto inteligente de parte de José. Seguramente que aquellos días en la cárcel les hicieron pensar de su crimen cuando metieron a José en una cisterna muchos años atrás. Ahora ellos también estarían a merced de los guardias egipcios. Como comenta Herbert C. Leupold:

> Había una estrategia muy apropiada, como también una psicología respecto a ese encarcelamiento… La conciencia más o menos dormida estaba destinada a despertarse en ese momento.[6]

La oferta de José (42:18-24)

> *Y al tercer día les dijo José: Haced esto, y vivid: Yo temo a Dios. Si sois hombres honrados, quede preso en la casa de vuestra cárcel uno de vuestros hermanos, y vosotros id y llevad el alimento para el hambre de vuestra casa. Pero traeréis a vuestro hermano menor, y serán verificadas vuestras palabras, y no moriréis. Y ellos lo hicieron así (Gn. 42:18-20).*

Al parecer, José pensó que tres días en la prisión era tiempo suficiente para que la conciencia de ellos comenzase a trabajar, y les hace una nueva propuesta. Uno de ellos debería quedarse en Egipto, mientras que el resto viajaría a casa llevando alimentos, y luego regresarían con el hermano menor. La vida del que quedaba dependía de la sinceridad de los otros (42:20).

Derek Kidner dice lo siguiente:

> Los tres días juntos en la prisión eran prueba amplia del poder del gobernador. A la luz de esto, su preocupación por la familia y su motivación manifiesta,

---

6. *Ibíd.*, p. 1051.

«temo a Dios», lo que no podía sino hacerlos reflexionar (42:18-20). La nueva decisión podía haber sido un verdadero cambio de idea; de cualquier manera, produce el sano efecto de la piedad en el gobierno. Lo opuesto aparece en el Salmo 14:1, 4.[7]

Y decían el uno al otro: Verdaderamente hemos pecado contra nuestro hermano, pues vimos la angustia de su alma cuando nos rogaba, y no le escuchamos; por eso ha venido sobre nosotros esta angustia. Entonces Rubén les respondió, diciendo: ¿No os hablé yo y dije: No pequéis contra el joven, y no escuchasteis? He aquí también se nos demanda su sangre (Gn. 42:21-22).

Cuando comenzaron a hablar de la cuestión de su culpa respecto a la muerte de José que, según pensaban, había ocurrido, los hermanos de José recuerdan con claridad, a pesar del tiempo transcurrido, la angustia del alma de su joven hermano. Como observa Derek Kidner:

Los gritos de la víctima, «cuando nos rogaba», o «nos imploraba misericordia», no son escuchados en el capítulo 37, sino solo aquí, sonando otra vez en los oídos que habían estado cerrados a ellos antes. Un sabor a retribución (angustia… esta angustia) estaba despertando sentimientos que las lágrimas de un hermano y un padre habían dejado totalmente sin tocar.[8]

El hecho de que el tiempo no borra el pecado y que no tiene poder sobre la conciencia es puesto de manifiesto por la confesión que los hermanos de José hacen de su culpa. Las conciencias de aquellos diez hombres eran atormentadas por la injusticia cometida contra José. El tiempo de reconocerlo y confesarlo había llegado. La confesión registrada en Génesis 42:21 es clara y elocuente: «Y decían el uno al otro: Verdaderamente hemos pecado contra nuestro hermano…».

Los hermanos de José reconocen que «la angustia» que experimentaban era el justo castigo por la angustia del alma de José cuando les suplicaba que no lo vendiesen a los madianitas. El vocablo hebreo *ashém* usado en el versículo 21 se refiere tanto a la «culpa» como a su «castigo». Ambos significados son inseparables.[9] Obsérvese las palabras de los hermanos de José:

«Hemos pecado y somos culpables» – Conciencia.
«Vimos la angustia de su alma» – Recuerdo.
«Por eso ha venido sobre nosotros esta angustia» – Razón.

En aquel momento, Rubén, el hermano mayor, reprendió al resto y les recordó lo que él mismo había hecho. Rubén reconoció su debilidad, pues como hermano mayor debió haber impedido aquel acto malvado, pero no fue capaz de hacerlo. De modo que era tan culpable como los demás. Sus palabras finales: «He aquí también se nos demanda su sangre» (42:22) son palabras de confesión y de tristeza.

---

7. Derek Kidner, *Genesis*, p. 211.
8. *Ibíd.*
9. Bruce K. Waltke, *Genesis: A Commentary*, p. 547.

Pero ellos no sabían que los entendía José, porque había intérprete entre ellos. Y se apartó José de ellos, y lloró; después volvió a ellos, y les habló, y tomó de entre ellos a Simeón, y lo aprisionó a vista de ellos (Gn. 42:23-24).

José fue vencido por la emoción y salió del lugar donde estaban para llorar a solas. Cuando regresó, seleccionó a Simeón y lo dejó como rehén, quizá porque seguía en edad a Rubén. También podría ser por el hecho de que José pensó que Simeón necesitaba estar en la prisión más que los otros hermanos. Al parecer Simeón era el más cruel de todos los hijos de Jacob (véase Gn. 34:25; 49:5-7). Simeón y Leví fueron los responsables de la masacre de Siquem. Es probable que Simeón fuese quien más hizo sufrir a José.

La devolución del dinero (42:25-28)

Después mandó José que llenaran sus sacos de trigo, y devolviesen el dinero de cada uno de ellos, poniéndolo en su saco, y les diesen comida para el camino; y así se hizo con ellos. Y ellos pusieron su trigo sobre sus asnos, y se fueron de allí (Gn. 42:25-26).

Estos versículos revelan la bondad de José hacia su familia. También ponen de manifiesto la autoridad de José como gobernador de Egipto. No solo llenó los sacos de sus hermanos, sino que también les dio comida para el camino, demostrando así su misericordia.

Pero abriendo uno de ellos su saco para dar de comer a su asno en el mesón, vio su dinero que estaba en la boca de su costal. Y dijo a sus hermanos: Mi dinero se me ha devuelto, y helo aquí en mi saco. Entonces se les sobresaltó el corazón, y espantados dijeron el uno al otro: ¿Qué es esto que nos ha hecho Dios? (Gn. 42:27-28).

El descubrimiento del dinero en el costal produce terror en el corazón de los hermanos de José porque podían ser acusados de robo. Una señal de que la conciencia de aquellos hombres estaba mucho más susceptible y sensible lo demuestra la reacción de ellos al decir: «¿Qué es esto que nos ha hecho Dios?». Por primera vez los hermanos de José mencionan el nombre de Dios. Eso evidencia el hecho de que sus conciencias han sido despertadas. Ahora ven la mano de Dios actuando en la difícil situación en la que se encuentran. Quizá los hermanos de José comienzan a entender que Jehová Dios está poniendo a la luz la iniquidad que habían cometido contra su hermano José. La conciencia de aquellos hombres se convierte en el gran acusador de sus vidas (Ro. 2:14-15).

El informe de los hermanos a su padre (42:29-38)

Los versículos siguientes (Gn. 42:29-34) contienen el informe que los hermanos de José dan a su padre Jacob de lo que les ha acontecido en Egipto. La gran sorpresa fue que salieron de Egipto con suficiente alimento y con el dinero que les fue devuelto.

Y aconteció que vaciando ellos sus sacos, he aquí que en el saco de cada uno estaba el atado de su dinero; y viendo ellos y su padre los atados de su dinero, tuvieron temor (Gn. 42:35).

Inmediatamente después del relato de los hermanos de José tuvo lugar una gran conmoción. El hecho de encontrar el dinero para la compra de los granos que les había sido devuelto por orden de José, causó gran temor en el corazón de los hijos de Jacob. Aquellos hombres podían ser acusados de robo al reino de Egipto y podían ser severamente castigados. Añádase a eso el hecho de que Simeón había sido retenido en Egipto hasta que Benjamín fuera llevado a la presencia de José. Todo eso, sin duda, entristeció grandemente el corazón de Jacob.

> *Entonces su padre Jacob les dijo: Me habéis privado de mis hijos; José no parece, ni Simeón tampoco, y a Benjamín le llevaréis; contra mí son todas estas cosas (Gn. 42:36).*

Aun el sobrio valor del patriarca manifiesta su debilidad. Jacob ahora ve que todo peligra, y el más terrible de los resultados aparece delante de él. Ahora anticipa la pérdida de tres de sus hijos. El patriarca se acerca a la verdad sin querer hacerlo cuando los acusa de «privarlo» de sus hijos. La queja de Jacob es sumamente dolorosa. Da por perdido a José, Simeón está preso en Egipto y está a punto de separarse para siempre de Benjamín. Todos esos pensamientos corren como un torrente por la mente del anciano patriarca. Eso lo lleva a expresar con suma tristeza: «Contra mí son todas estas cosas». Las palabras de Jacob, sin embargo, son tristes y producto de la incredulidad o, quizá, de la ignorancia, pero Jacob estaba equivocado pues el plan soberano de Dios estaba funcionando a la perfección. Lo cierto era que todas las cosas estaban progresando hacia un glorioso clímax. Muy pronto Jacob tendría delante de él a José, el hijo que creía haber perdido, y también a Simeón y a Benjamín.

> *Y Rubén habló a su padre, diciendo: Harás morir a mis dos hijos, si no te lo devuelvo; entrégalo en mi mano, que yo lo devolveré a ti (Gn. 42:37).*

La acusación hecha por Jacob, responsabilizando a sus hijos por la pérdida de José y Simeón, provocó la descabellada idea de Rubén. En realidad, uno se pregunta cómo es posible que Rubén ofrezca la vida de sus dos hijos si no fuese capaz de devolver sanos y salvos a Simeón y Benjamín. Tal idea es inexplicable e insensata. Lo cierto es que los hijos de Jacob, incluyendo a Rubén, «se encuentran atrapados por sus mentiras pasadas y por el presente despertar de sus conciencias».[10] La oferta extravagante de Rubén es totalmente irracional: ¿Por qué causar la muerte de dos nietos para compensar la pérdida de un hijo? ¡Nadie que esté en sus cabales propondría tal acción!

> *Y él dijo: No descenderá mi hijo con vosotros, pues su hermano ha muerto, y él solo ha quedado; y si le aconteciese algún desastre en el camino por donde vais, haréis descender mis canas con dolor al Seol (Gn. 42:38).*

El rechazo de Jacob es categórico: «No descenderá mi hijo con vosotros». El patriarca siente que no es capaz de soportar otro golpe. Su afirmación enfática es: «…haréis descender mis canas con dolor al Seol». Jacob usa el vocablo «Seol», que

---

10. Gordon Wenham, «Genesis 16-50», *Word Biblical Commentary,* p. 411.

se usa sesenta y seis veces en el Antiguo Testamento. El Seol es el lugar a donde van los muertos. En primera instancia se refiere al sepulcro, pero también se refiere al ámbito de la muerte en contraste al ámbito de la vida. El énfasis está en lo terrible de la muerte en comparación con la vida. En el Antiguo Testamento se habla del Seol en los siguientes términos:

1. La boca del Seol – Salmos 141:7.
2. Lugar muy espacioso – Isaías 5:14.
3. Lugar que nunca se sacia – Proverbios 27:20; 30:16.
4. El fuego que jamás dice ¡Basta! – Proverbios 30:16.
5. Un lugar de gran poder – Salmos 89:48.
6. Solo Dios puede redimir del Seol – Oseas 13:14.
7. Semejante a una gran profundidad – Job 17:16.

Herbert C. Leupold comenta lo siguiente acerca del significado del Seol en el Antiguo Testamento:

Ahora bien, *sheól* en la literatura hebrea temprana es el lugar común de la habitación de todos los que han partido y es, por lo tanto, tan vago como «el más allá» o «el sepulcro». No dice nada acerca del estado de los que han partido y han ido allí. Mucho más tarde se convierte en el término que describe la habitación de los inicuos. Se le ha atribuido mucho a ese vocablo sin base sólida... Jacob, por lo tanto, expresa solo este pensamiento: Mis últimos días, si Benjamín muere, estarán sumergidos en gran tristeza bajo cuya carga yo moriré: Esa no es una feliz anticipación.[11]

RESUMEN Y CONCLUSIÓN

Génesis 42 concluye con una lección del persistente poder de una conciencia culpable arraigada en las personas. Es cierto que el tiempo no cura la culpa del pecado, sino que es mucho mejor confesar el pecado y recibir el perdón y caminar en comunión cercana con Dios. La confesión del pecado no debe posponerse, de esa manera se evita vivir agobiado por la conciencia, tal como le ocurrió a Herodes el tetrarca (véase Mt. 14:1-2).

Este capítulo enseña también el significado del verdadero arrepentimiento. La lección es que arrepentimiento es más que confesar el pecado, implica también hacer las obras o frutos dignos de arrepentimiento (Mt. 3:8).

Por último, mediante la triste declaración de Jacob: «Contra mí son todas estas cosas», aprendemos lo irracional del razonamiento humano, algo que con frecuencia no es más que un rechazo de la continua providencia divina de un Dios amante, misericordioso y salvador (véase Ro. 8:28). En realidad, Jacob estaba próximo al «amanecer», es decir, al día cuando su amado hijo José le sería devuelto y llenaría todas sus expectativas. Todo ello sería sobre la base de la gracia soberana del Dios Todopoderoso.

---

11. Herbert C. Leupold, *Exposition of Genesis*, pp. 1058-1059.

43

Los hermanos de José regresan a Egipto con Benjamín (43:1-34)

Génesis 43 relata el segundo viaje de los hermanos de José a Egipto. Esta vez, a pesar de la protesta de Jacob, fue necesario que Benjamín viajase con ellos para cumplir el requisito impuesto por José. Este capítulo es la continuación de la gran lección que mezcla los propósitos de Dios y su gobierno providencial de todas las cosas. Lejos, en el trasfondo de los varios capítulos que componen esta sección del Génesis, está el plan de Dios de trasladar a su pueblo, representado por Jacob y su familia, y llevarlo a Egipto. Ese pueblo necesita preservarse de la iniquidad corruptora de los habitantes de la tierra, es decir, los cananeos, y tienen que vivir en Egipto como una nación unida.

Sin embargo, hay un problema: los hermanos han vendido a uno del grupo como esclavo, aunque el que fue vendido está en Egipto, de modo que son culpables de un terrible pecado en contra de él, y Dios no puede pasar por alto ese pecado. Esa acción les ha separado del Señor y también les ha separado del espíritu de su padre Jacob. El problema de ese pecado necesita ser confrontado y necesita convicción, arrepentimiento y reconciliación. El movimiento de los acontecimientos en la vida de José, ahora el primer ministro de Egipto, va encaminado hacia esas metas.

Lo que tenemos delante, por lo tanto, es historia escrita desde un punto de vista religioso o espiritual. El mundo intelectual usa el término *heilsgeschichte*, vocablo alemán que significa «historia de la salvación».

Entonces, desde ese ángulo, el capítulo 43 de Génesis es un relato de la prueba de Jacob y sus hijos mediante la disciplina del hombre y de las cosas que surgen de ella, tal como la necesidad de enfrentarse de nuevo con José, esta vez en Egipto. En este capítulo se verá alguna evidencia de que Jacob está aprendiendo la lección del sometimiento en su declaración de resignación en Génesis 43:14, «Y si he de ser privado de mis hijos, séalo».

Los sufrimientos y las pruebas de los hermanos conducirán a una reconciliación final

561

con la voluntad de Dios también. Pero los hijos de Jacob aún no estaban preparados para ello en aquel momento, pues ellos también tenían que aprender la lección que el profeta Oseas dice que Israel ha de aprender en el futuro. El profeta escribió:

> Andaré y volveré a mi lugar, hasta que reconozcan su pecado y busquen mi rostro. En su angustia me buscarán» (Os. 5:15; véase Sal. 119:67).

Este capítulo es, por lo tanto, una enfática manifestación de la acción divina en el área de la disciplina y del carácter humano (véase He. 12:5-11), aunque también hay otras grandes lecciones. También hay ilustraciones llamativas de la vida bajo el entrenamiento disciplinario. Algunos de ellos son los siguientes:

En primer lugar, puede verse claramente en la vida de Jacob «la recuperación y la victoria de la fe».

En segundo lugar, también puede observarse el poder del temor del juicio (véase Gn. 42:28; 43:18). El temor es una de las bendiciones de la gracia divina, porque es un recordatorio del hecho de que se tiene que rendir cuentas por el pecado. En ese sentido también «el principio de la sabiduría es el temor de Jehová» (Pr. 1:7).

En tercer lugar, puede notarse la naturalidad y el carácter inconsciente de la prueba moral. Los hermanos de José apenas entendían el significado y la importancia de las experiencias por las que pasaban, pero los asuntos que se ventilaban eran transcendentales. Muchas de las pruebas importantes a través de las que Dios nos hace pasar se encuentran en los sucesos ordinarios y cotidianos de nuestras vidas. Los hombres de Gedeón fueron probados mediante cómo bebían agua (véase Jue. 7:4-7). Es por medio de las pequeñas cosas de la vida y escondidas que revelamos lo que verdaderamente somos. Ese es un pensamiento que nos obliga a humillarnos delante de Jehová Dios.

Judá se ofrece como garantía de Benjamín (43:1-14)

> *El hambre era grande en la tierra; y aconteció que cuando acabaron de comer el trigo que trajeron de Egipto, les dijo su padre: Volved, y comprad para nosotros un poco de alimento (Gn. 43:1-2).*

Como puede verse, Génesis 43 es una continuación del relato del capítulo anterior, y es claramente un eslabón entre los capítulos 42 y 44. La continuación del hambre hizo necesario que los hijos de Jacob regresasen a Egipto a comprar comida. Pero esta vez el requisito indispensable era que llevasen consigo a Benjamín. Herbert C. Leupold dice:

> La obra de Dios en el corazón de los hermanos de José solo ha comenzado. El mismo José es el instrumento de Dios y está consciente de estar obrando en esa capacidad. Hasta entonces los hermanos están listos para acusarse unos a otros, y admiten que una justa retribución debe caer sobre el pecador. Sin embargo, ellos no han roto conscientemente con su pecado, ni este ha sido

realmente vencido. Aun no son hombres regenerados. El último paso de esta obra de restauración aparece en este y en el siguiente capítulo.[1]

No se sabe cuánto llevó consumir el grano, quizá algunos meses. De todos modos, el patriarca Jacob estimó necesario decir a sus hijos: «Volved [a Egipto], y comprad para nosotros un poco de alimento». Es evidente que Jacob es cabeza de su familia y, por lo tanto, tiene la autoridad para ordenar a sus hijos que regresen a Egipto a comprar la comida que necesitan.

Respondió Judá, diciendo: Aquel varón nos protestó con ánimo resuelto, diciendo: No veréis mi rostro si no traéis a vuestro hermano con vosotros. Si enviares a nuestro hermano con nosotros, descenderemos y te compraremos alimento. Pero si no le enviares, no descenderemos; porque aquel varón nos dijo: No veréis mi rostro si no traéis a vuestro hermano con vosotros. Dijo entonces Israel: ¿Por qué me hicisteis tanto mal, declarando al varón que teníais otro hermano? Y ellos respondieron: Aquel varón nos preguntó expresamente por nosotros, y por nuestra familia, diciendo: ¿Vive aún vuestro padre? ¿Tenéis otro hermano? Y le declaramos conforme a estas palabras. ¿Acaso podíamos saber que él nos diría: Haced venir a vuestro hermano? Entonces Judá dijo a Israel su padre: Envía al joven conmigo, y nos levantaremos e iremos, a fin de que vivamos y no muramos nosotros, y tú, y nuestros niños. Yo te respondo por él; a mí me pedirás cuenta. Si yo no te lo vuelvo a traer, y si no lo pongo delante de ti, seré para ti el culpable para siempre; pues si no nos hubiéramos detenido, ciertamente hubiéramos ya vuelto dos veces (Gn. 43:3-10).

Jacob, por supuesto, nunca hubiese pensado en Egipto, de no haber sido por el hambre que azotaba la tierra de Canaán. El patriarca se opuso enfáticamente a la idea de enviar a Benjamín a Egipto, pues no quería arriesgarse a perder a su hijo menor en Egipto. Al parecer tampoco confiaba en sus propios hijos. De modo que cuando mandó a los hermanos a regresar a Egipto para comprar alimento, Judá, quien parecía funcionar como el vocero del grupo, le recordó a su padre que José les había advertido solemnemente que ni aun verían su rostro si no traían a Benjamín con ellos. Las palabras de Judá son enfáticas:

Si enviares a nuestro hermano con nosotros, descenderemos y te compraremos alimento. Pero si no le enviares, no descenderemos; porque aquel varón nos dijo: No veréis mi rostro si no traéis a vuestro hermano con vosotros (Gn. 43:4-5).

Judá aparece aquí como cabeza de sus hermanos, y sus palabras suenan como un ultimátum dado a su padre. Según Herbert C. Leupold, aquí surgen varias razones para el argumento de Judá y por qué actúa como el portavoz de sus hermanos:

El aspecto negativo del caso es este: Rubén ha perdido su prominencia a causa de su incesto (Gn. 35:22). Simeón estaba encarcelado. Leví había mostrado

---

1. Herbert C. Leupold, *Exposition of Genesis*, vol. II, p. 1060.

un carácter sanguinario (Gn. 34:25). Del lado positivo, varios factores colocaron a Judá al frente: era relativamente inocente de deshacerse de José (Gn. 37:26). Además, al parecer, Judá había crecido en madurez de carácter desde su pecado de incesto cometido inadvertidamente (véase Gn. 38). Por todo eso, parecía tener las características de un carácter fuerte y resuelto, listo para actuar en medio de una emergencia, más que sus otros hermanos. Pero además de su firmeza al tratar con la presente situación, Judá demostró un respeto adecuado hacia su anciano padre a través de toda la discusión… Por el contenido de la demanda de José, Judá había entendido correctamente que no se debía dudar de su exigencia. Eso hacía que la situación fuese difícil para el padre, pero no más difícil de lo que era. Judá en realidad estaba ayudando a Jacob a tomar una decisión inevitable.[2]

Aunque llevar a Benjamín a Egipto es como clavar un puñal en el corazón de Jacob, todavía su reacción es algo que surge de una gran preocupación consigo mismo. Respecto a la respuesta de Jacob a Judá: «¿Por qué me hiciste tanto mal, declarando al varón que teníais otro hermano?», Derek Kidner dice:

La actitud quejumbrosa negativa de Israel es muy real en la vida. Su respuesta fue una escapatoria de la decisión que rehuía y un consuelo a su autoestima. Pero al asirse de su ventaja sobre aquellos que le han agraviado, Jacob está poniendo en peligro su propia vida y la de sus hijos, incluyendo a su amado Benjamín, a quien debe soltar para poder salvar (véase Gn. 27:41-46). Delata a su propia autoabsorción que Jacob todavía vio la amenaza a Benjamín primordialmente en función de sí mismo: «¿Por qué me hicisteis tanto mal…?» (43:6; véase también 42:36).[3]

La conversación entre Jacob y Judá, quien habla en nombre de todos los hermanos, es una especie de consejo de guerra. Después de responder a su padre, Judá se ofrece como garantía por Benjamín, y dice:

Yo te respondo por él; a mí me pedirás cuenta. Si yo no te lo vuelvo a traer, y si no lo pongo delante de ti, seré para ti el culpable para siempre (Gn. 43:9).

Judá resueltamente declara que él es «el fiador» por Benjamín. Esta fue la segunda vez que Judá asumía el papel de cabeza de sus hermanos para salvar a uno de ellos. Ya lo había hecho cuando salvó la vida del mismo José. Judá también recrimina a su padre el hecho de que su demora ha puesto en peligro la existencia de alimento para la familia. Jacob, por lo tanto, cede en su actitud y los deja salir para Egipto y llevar a Benjamín con ellos.

Entonces Israel su padre les respondió: Pues que así es, hacedlo; tomad de lo mejor de la tierra en vuestros sacos, y llevad a aquel varón un presente,

---

2. *Ibíd.*, p. 1066.
3. Derek Kidner, *Genesis*, pp. 214-215.

un poco de bálsamo, un poco de miel, aromas y mirra, nueces y almendras. Y tomad en vuestras manos doble cantidad de dinero, y llevad en vuestra mano el dinero vuelto en las bocas de vuestros costales; quizá fue equivocación. Tomad también a vuestro hermano, y levantaos, y volved a aquel varón. Y el Dios Omnipotente os dé misericordia delante de aquel varón, y os suelte al otro vuestro hermano, y a este Benjamín. Y si he de ser privado de mis hijos, séalo (Gn. 43:11-14).

Jacob, al final, cede y, como era costumbre, sugiere que sus hijos tomen un regalo para «aquel varón» así como el dinero para comprar alimento. Además, debían llevar el dinero que les había sido devuelto en la visita anterior (42:25-27).

Obsérvese que en Génesis 43:11, Moisés usa el nombre Israel, y no Jacob. En sus últimas palabras, Israel ofrece una oración por sus hijos:

Y el Dios Omnipotente os dé misericordia delante de aquel varón, y os suelte al otro vuestro hermano, y a este Benjamín. Y si he de ser privado de mis hijos, séalo (Gn. 43:14).

Nótese que Israel apela «al Dios Omnipotente» [*El Shaddái*]. Fue con ese nombre que Dios apareció a Abraham (véase Gn. 17:1). Ese es el título de Dios en conexión con su pacto. Con ese nombre Dios selló sus promesas a Abraham y le prometió hacerlo una gran nación y, por medio de él, bendecir a todas las naciones de la tierra.[4]

De modo que Israel apela al Dios del pacto con Abraham y de esa manera esperaba asegurarse la protección de sus hijos debido al propósito de Dios con Abraham y su simiente. Aunque pudiésemos culpar al anciano patriarca por su actitud humana y por su debilidad en muchas situaciones, no es menos cierto que había en su corazón una fe fundamental en Jehová Dios. Él confió a Benjamín en las manos del Dios Omnipotente, en cuya grandeza y gracia maravillosa creía. Israel sabía que su Dios no era una deidad tribal. El título *El Shaddái* sugiere que Israel comprendía que su Dios tenía el poder para controlar el corazón de los hombres y los acontecimientos dondequiera que ocurriesen y cualesquiera que fuesen. La expresión «os dé misericordia» también se relaciona con el pacto abrahámico. Allen P. Ross dice:

Su [Israel] oración al salir [sus hijos] es muy importante para el tema del capítulo. Él los confía al Dios Todopoderoso [*El Shaddái*] para misericordia [*rakjamím*] delante del hombre, para que suelte a Simeón y a Benjamín. Pero hubo una resignación en sus palabras que tenía que vivir con tristeza: «Y si he de ser privado de mis hijos [*vaaní kaasher shakolti shakalti*]».[5]

El sentido de la oración final del versículo 14 es una profunda expresión de la fortaleza espiritual del anciano patriarca que, a lo largo de los años, había sufrido tremendamente por sus hijos. Israel se resigna y se abandona en las manos del Dios Omnipotente. Por supuesto, Israel no podía encontrar un mejor refugio.

---

4. Bruce K. Waltke, *Genesis a Commentary*, p. 554.
5. Allen P. Ross, *Creation & Blessing*, p. 660.

El encuentro de José con Benjamín y el temor de los hermanos (43:15-24)

Entonces tomaron aquellos varones el presente, y tomaron en su mano doble cantidad de dinero, y a Benjamín; y se levantaron y descendieron a Egipto, y se presentaron delante de José. Y vio José a Benjamín con ellos, y dijo al mayordomo de su casa: Lleva a casa a esos hombres, y degüella una res y prepárala, pues estos hombres comerán conmigo al mediodía. E hizo el hombre como José dijo, y llevó a los hombres a casa de José (Gn. 43:15-17).

Los hermanos de José realizan su viaje a Egipto y al final llegan a la presencia del joven hebreo. Cuando José ve a Benjamín y a sus hermanos, ordena al mayordomo de su casa que los lleve con él y les prepare comida. José comería con ellos aquel día. La orden fue obedecida y los hermanos fueron llevados a la casa de José.

Las acciones de José son difíciles de explicar aparte del hecho de que él era un instrumento de Dios en el propósito soberano de llevar a Jacob y a su familia a Egipto. José no está simplemente actuando ni jugando con los sentimientos humanos. Tampoco se deja llevar por las emociones innatas que anidan en su corazón hacia sus hermanos. Sus acciones están maravillosamente designadas para que sus hermanos pasen a través de la disciplina divina con miras al arrepentimiento y a la reconciliación, de tal modo que uno adquiere la impresión de que José es guiado por un poder superior a sí mismo, es decir, el poder del Espíritu Santo.

Entonces aquellos hombres tuvieron temor, cuando fueron llevados a casa de José, y decían: Por el dinero que fue devuelto en nuestros costales la primera vez nos han traído aquí, para tendernos lazo, y atacarnos, y tomarnos por siervos a nosotros, y a nuestros asnos. Y se acercaron al mayordomo de la casa de José, y le hablaron a la entrada de la casa. Y dijeron: Ay, señor nuestro, nosotros en realidad de verdad descendimos al principio a comprar alimentos. Y aconteció que cuando llegamos al mesón y abrimos nuestros costales, he aquí el dinero de cada uno estaba en la boca de su costal, nuestro dinero en su justo peso; y lo hemos vuelto a traer con nosotros. Hemos también traído en nuestras manos otro dinero para comprar alimentos; nosotros no sabemos quién haya puesto nuestro dinero en nuestros costales. Él les respondió: Paz a vosotros, no temáis; vuestro Dios y el Dios de vuestro padre os dio el tesoro en vuestros costales; yo recibí vuestro dinero. Y sacó a Simeón a ellos. Y llevó aquel varón a los hombres a casa de José; y les dio agua, y lavaron sus pies, y dio de comer a sus asnos (Gn. 43:18-24).

Cuando los hijos de Jacob supieron que serían llevados a la casa del primer ministro se llenaron de temor, pensando que se debía al problema del dinero que habían encontrado en sus costales, y de inmediato presentaron una explicación al mayordomo de la casa de José.

Las palabras del mayordomo en el versículo 23 fueron tranquilizadoras, y significan que el mayordomo había sido enseñado por José a temer al Dios de los hebreos. Además, el mayordomo admite que ha recibido el dinero de la compra del grano.

Sus palabras son algo indefinidas respecto de la fuente de procedencia del dinero encontrado en los costales. Lo expresa de tal manera que sugiere que Dios ha suplido sobrenaturalmente el dinero de los hermanos de José. Para asegurarles de que todo está bien, el mayordomo saca a Simeón de la cárcel y lo hace unirse a sus hermanos.

El temor de los hijos de Jacob armoniza con el temor que caracteriza a todos los seres humanos que se rebelan contra Jehová Dios. Esto puede verse primero en el temor de Adán y Eva en la presencia de Dios en el huerto de Edén. La primera pareja se escondió de la presencia del Señor cuando Él acudió a ellos «en el aire fresco del día» para tener comunión con ellos. Esa actitud ha caracterizado al ser humano desde entonces (véase He. 2:14-15), y es el resultado del pecado no perdonado o de la culpa. Cuando la invitación del evangelio es proclamada, es natural que la naturaleza humana no redimida sienta temor, tenga sospecha de Dios, se ocupe de aferrarse a su posición mediante excusas sin sentido y rehúse someterse a Dios mediante la fe en lugar de aceptar alegremente la invitación de la gracia de Dios. El ser humano cierra sus ojos ante la realidad de que Dios mismo ha pagado la deuda del pecado de los pecadores y ahora invita a todos a entrar en una unión y una comunión permanente con Él. ¡Cuán insensato es el temor a la cariñosa y amante invitación de la gracia de Dios! El que rechaza la invitación maravillosa de la gracia de Dios a aceptar el regalo de la salvación se enfrenta a una condenación eterna y sin remedio.

La presentación del obsequio (43:25-30)

Génesis 43:25-30 describe la presentación del obsequio que los hermanos habían traído a José y el homenaje que le hicieron al hermano que creían muerto. El regalo que Jacob había sugerido que llevasen es entregado en el momento del encuentro (véase Gn. 43:25-26). La entrega del regalo fue acompañada de un acto de reverencia: «Y se inclinaron ante él hasta la tierra» (v. 26). Después de que José había preguntado por su padre y le habían informado que estaba bien (v. 27), el versículo 28 dice: «Y ellos respondieron: Bien va a tu siervo nuestro padre; aún vive. Y se inclinaron, e hicieron reverencia». Aunque de manera inconsciente, esas acciones de los hermanos de José eran el cumplimiento de los sueños de José. Recuérdese que muchos años antes (Gn. 37:7-11), José había soñado que sus hermanos se inclinarían y le harían reverencia. Fueron aquellos sueños los que provocaron la ira de los hermanos y los que hicieron que vendieran a José a los madianitas. El texto bíblico narra de una manera sencilla la escena de los hermanos rindiendo pleitesía a José. Ellos, sin embargo, no entendían que todo lo que sucedía era en cumplimiento del plan soberano de Dios.

En el versículo 29 hay una hermosa pincelada ofrecida por el autor del Génesis. José hace una emotiva referencia a Benjamín su hermano, llamándolo: «hijo de su madre». Benjamín era hijo de Raquel, igual que José, y, por lo tanto, hermano de padre y madre de José. En ese momento, José le habla, y le dice: «Dios tenga misericordia de ti, hijo mío» (43:29). Quizá José estaba tan emocionado que no fue capaz de decir nada más.

En aquel momento el primer ministro estaba tan conmovido que tuvo que abandonar el recinto, fue a su habitación privada y allí lloró (v. 30). Seguramente lloró de gozo al ver a todos sus hermanos allí, incluyendo a Benjamín. La expresión «se conmovieron sus entrañas» es el vocablo hebreo *nikmerú* que significa «sentir calor» y se usa para describir una profunda emoción (véase Lm. 5:10). Ese mismo vocablo se usa en Oseas 11:8 donde se refiere al cálido y tierno amor de Jehová por la nación de Israel, su pueblo del pacto. También se usa en 1 Reyes 3:26 donde se refiere al amor de una madre por su hijo. En nuestro pasaje se refiere al amor de José hacia Benjamín, su hermano de sangre. La expresión literal es muy llamativa: «Sus entrañas anhelaron o entraron en calor hacia el hermano» (véase 1 R. 3:26). Es difícil encontrar una traducción que exprese con exactitud el sentido del texto hebreo. El amor de José por Benjamín se manifiesta como el amor de una mujer por su propio hijo, y como el amor de Jehová hacia su pueblo. No es de extrañarse, pues, que José fuese a su cámara a llorar.

La fiesta de José por Benjamín (43:31-34)

Génesis 43:31-32 pone de manifiesto la ternura, la simplicidad, el carácter genuino y los sentimientos del gran hombre que era José. La grandeza adquirida y la prosperidad no habían afectado su carácter.

Después de lavar su rostro, José controló sus emociones y ordenó a sus siervos, diciéndoles: «Poned pan», es decir, «servid la comida». La separación de los invitados no era social, sino religiosa. Los egipcios consideraban a los extranjeros como técnicamente «inmundos»; los extranjeros contaminarían la comida. Posteriormente los judíos harían lo mismo con los gentiles.

El versículo 43:33 describe que fueron sentados a la mesa según la edad. El texto dice que aquello maravilló a los hermanos de José: «Y estaban aquellos hombres atónitos mirándose el uno al otro». De hecho, pudo haber habido algo intencional respecto a esto de parte de José. Sin duda, deseaba sorprenderlos, como si Dios estuviese presente misteriosamente en medio de ellos y pudiese intervenir y llamarlos a cuenta. Derek Kidner dice:

> El misterioso y acertado orden de sentarse a la mesa tendría que jugar su parte en el plan de José, mediante el aumento de un sentido de inquietud en los hermanos de ser expuestos a la intervención divina.[6]

La mayor porción fue dada a Benjamín (Gn. 43:34). Ese acto de José dio oportunidad a los hermanos para manifestar celo, tal como lo habían manifestado hacia él en el pasado, pero, hasta donde puede leerse, los hermanos de José pasaron la prueba. Aquello también demostraba el profundo lazo de amor fraternal de José por Benjamín (véase 1 S. 9:24; también Jn. 13:26-27).

Resumen y conclusión

No deja de sorprender la prolongada disciplina a la que fueron expuestos los hermanos de José. Es cierto que el delito que habían cometido era odioso y despreciable, pero uno se pregunta el porqué de aquella persistente disciplina. Evidentemente, el Señor Dios sintió que debido a la importancia de aquellos hombres en el plan futuro del Señor para Israel se requería una obra profunda de corrección espiritual y de preparación. La vieja corrupción de la maldad tenía que ser removida y un profundo sentido de la presencia y del poder de un Dios santo tenía que ser indeleblemente colocado en el corazón de aquellos hombres. Necesitaban doblegarse en arrepentimiento genuino, fe y humildad delante del Dios Todopoderoso.

---

6. Derek Kidner, *Genesis*, p. 216.

Esto nos lleva a ver cuán fácil es malinterpretar los tratos del Señor con nosotros. Lo que consideramos como el producto de la severidad de Dios podría ser en realidad la obra necesaria de su amor y de su gracia. Muchas veces confundimos la disciplina con el castigo y la falta de cuidado. Es bueno no perder de vista Romanos 8:28 y recordar que «a los que aman a Dios, todas las cosas les ayudan a bien».

Por último, Génesis 43 enseña de manera enfática que hay algo sumamente necesario para recibir la bendición espiritual: un verdadero arrepentimiento y una fe genuina en nuestro Señor Jesucristo. No es suficiente estar conscientes del pecado, las obras dignas de arrepentimiento deben manifestarse como evidencia de un verdadero arrepentimiento.

44

El arresto de Benjamín (44:1-34)

Génesis 44 conduce al lector a la etapa final de la historia de la disciplina divina de Jacob y sus hijos. En este capítulo, una vez más Judá relata la condición de su padre y cómo dio su consentimiento para que Benjamín viajase a Egipto con ellos. Judá hace saber a José que él se ofreció como «fiador» de Benjamín delante de Jacob (44:32) y que está dispuesto a ir a la prisión en lugar de su hermano menor.

Judá reconoce que «Dios ha hallado la maldad» de ellos. Es decir, reconoce que todo lo que está ocurriendo está relacionado con la disciplina de Dios sobre ellos por todo el mal cometido contra la familia y, particularmente, contra José. Por supuesto, Dios quiere llevar a los hijos de Jacob al arrepentimiento, y lo hace a través de los métodos de José hasta que ellos reconozcan su culpa mientras aún viven. En otros casos, aun si el pecado no es descubierto y expuesto en vida del que lo ha cometido, ciertamente lo será en el mundo venidero. Todos los inicuos tendrán que comparecer delante del juicio del gran trono blanco, para recibir su merecida recompensa por lo que han hecho en el cuerpo (véase Ap. 20:11-15). En esa situación no habrá escapatoria para el inicuo. Mientras tanto, el único camino para evitar el castigo final de la muerte eterna es «el camino de la cruz». La muerte sustitutoria de Cristo y su gloriosa resurrección constituyen la única base por la que cualquier persona que se acerca a Dios por la fe puede recibir el perdón de todos sus pecados y el regalo de la vida eterna (véase Is. 45:22; Jn. 3:18, 36).

Génesis 44 también contiene un cuadro de la reconciliación del Señor Jesucristo, el León de la tribu de Judá, con sus hermanos, la nación de Israel. Esa gran confrontación ocurrirá en el futuro, pero en ese tiempo Él se revelará a sí mismo a Israel como el hermano que han rechazado y matado. Entonces habrá lloro y lamento, que hará que el de José y sus hermanos sea una sombra (véase Zac. 12:10). ¡Ese será un día de gloria sin paralelo!

JOSÉ Y LA CONSTERNACIÓN DE SUS HERMANOS (44:1-17)

Génesis 44:1-13 describe la estratagema de José en su plan de hacer que sus hermanos reconociesen su maldad pasada. Derek Kidner comenta lo siguiente:

La estrategia de José, ya brillantemente exitosa al crear las situaciones y las tensiones que pretendía, ahora asesta la estocada final. Como el juicio de Salomón, la súbita amenaza a Benjamín fue un golpe al corazón en un momento en que los hermanos estaban expuestos. Cuando el mayordomo convirtió su desafío del versículo 9 en una oportunidad de libertad a expensas de Benjamín, todas las condiciones estaban presentes para otro engaño, a un precio mucho más exigente (su libertad) que las veinte piezas de plata que una vez habían compartido. La respuesta por su unanimidad (v. 13), por su franqueza (v. 16) y constancia (porque la oferta es repetida, v. 17) pone de manifiesto lo bien que la disciplina ha hecho su obra.[1]

La estrategia de poner la copa de plata en el saco de Benjamín, para dar la impresión de que él la había robado, fue un acto de astucia. ¿Abandonarían ellos a Benjamín a su suerte como habían hecho con José muchos años atrás? Y, como señala Kidner, el precio en esta ocasión era uno mucho más exigente, era el precio de su propia libertad. El mayordomo de la casa dijo que si el dinero era hallado con ellos, tendrían que dejar al culpable en Egipto como esclavo. Los hermanos habían sido mucho más estrictos y habían dicho que el culpable debía morir, y el resto serían hechos esclavos. ¿Serían ellos tan duros que abandonarían a Benjamín?

Al parecer, la copa sustraída tenía algún diseño especial. En 44:5 dice que era usada para adivinar. Esa copa da lugar a algunas preguntas acerca de José. ¿Practicaba él la adivinación como los egipcios y otros pueblos o era esa su apariencia delante de sus hermanos, porque se presentaba delante de ellos como un egipcio que no los conocía? La adivinación se practicaba entre los paganos mediante el uso de los movimientos del líquido en una copa y mediante otras prácticas del azar (véase Ez. 21:21) o contemplando una bola de cristal, que eran prácticas extrañas al pueblo de Israel. Ese tipo de práctica, al parecer, era incongruente con la vida espiritual de José, a la luz del hecho de que José consideraba que es Dios quien revela los secretos (véase Gn. 41:16). Gordon Wenham dice lo siguiente:

La adivinación con líquidos, por ejemplo agua, vino, aceite, era bien conocida en tiempos antiguos, y todo tipo de adivinaciones están prohibidas en la ley (véase Lv. 19:26; Dt. 18:10). Es dudoso que la declaración del mayordomo describa la práctica de José, es solo una amenaza para enfatizar la gravedad de la ofensa y explicar por qué está seguro de que los hermanos son culpables.[2]

Los versículos 5 y 15 dan a entender que José poseía la virtud de adivinar. Además, ya lo había demostrado en la cárcel y delante del faraón. Solo que esa virtud en José procedía de Dios. En ese caso, José no estaría practicando la adivinación, y el versículo 15 tendría el significado de: «¿Pensasteis que no seríais detectados?». La idea es que los hermanos de José serían descubiertos y, si engañaban a José, su engaño sería expuesto.

De todas maneras, la estratagema es ejecutada de manera perfecta. Los hermanos de José quedan conmocionados y sumamente preocupados cuando la copa es hallada en el costal de Benjamín. Sus corazones habían estado gozosos por el trato recibido de

---

1. Derek Kidner, *Genesis*, p. 216.
2. Gordon Wenham, «Genesis 16-50», *Word Biblical Commentary,* p. 424.

su gran anfitrión, pero ahora fueron sacudidos por la acusación del mayordomo de José. El temor aumentó cuando se encontró la copa de plata de José en el saco del hermano menor. Como dijimos más arriba, ellos habían hecho una oferta extravagante: que aquel en quien se encontrase la copa debía morir. Además, el resto de los hermanos servirían como esclavos del primer ministro. Así de seguros estaban de su inocencia.

La reacción de los hermanos al saber que la copa había sido hallada en el costal de Benjamín es expresada así:

> *Entonces ellos rasgaron sus vestidos, y cargó cada uno su asno y volvieron a la ciudad (44:13).*

No le pidieron una explicación a Benjamín ni se lamentaron con él. Al parecer no se habían percatado de que podían ser decapitados. No hay ningún indicio de que consideraron que Benjamín fuera culpable. Herbert C. Leupold lo comenta así:

> Lo misterioso de aquel suceso en solo señalar a Benjamín parece ser que era para que se percaten de la idea de que una mano superior está obrando, que ellos en realidad han pasado por alto algunas posibilidades obvias y solo consideran lo relacionado con la responsabilidad que habían asumido hacia Benjamín y respecto de su padre.[3]

Génesis 44:14-17 narra lo acontecido al regresar a la casa de José. Como puede leerse, Judá ha tomado el mando del grupo de hermanos. El texto dice que al llegar a la presencia de José «se postraron delante de él en tierra» (Gn. 44:14). Aquello era una muestra de penitencia y, quizá, un deseo de perdón. Nuevamente puede verse que hay un cumplimiento inconsciente de los primeros sueños de José, pero las cosas han cambiado. Los hermanos que habían vendido a José como esclavo, ahora tienen que humillarse a tierra en su presencia. Obsérvese que Judá siente su incapacidad y su humillación cuando formula varias preguntas:

> *Entonces dijo Judá: ¿Qué diremos a mi señor? ¿Qué hablaremos, o con qué nos justificaremos? Dios ha hallado la maldad de tus siervos; he aquí, nosotros somos siervos de mi señor, nosotros, y también aquel en cuyo poder fue hallada la copa (Gn. 44:16).*

La frase «Dios ha hallado la maldad de tus siervos» es sumamente importante, pues con esta frase Judá reconoce que han llegado al límite de ellos mismos. Aunque no confiesan abiertamente la iniquidad cometida contra José años atrás, no cabe duda de que eso es lo que inunda su mente. Aquel grupo de hebreos siente que finalmente la retribución divina los ha alcanzado. Su reacción revela que ahora existe entre ellos un fuerte sentido de unidad, porque todos se implican en la culpa del acto cometido contra José. Si bien se ofrecen como esclavos al «señor de Egipto», José rechaza la oferta de Judá (véase Gn. 44:17) e insiste que solo aquel en cuyo costal fue hallada la copa debe permanecer como esclavo. José ofrece a los otros libre regreso a su tierra: «...vosotros

---

3. Herbert C. Leupold, *Exposition of Genesis*, pp. 1083-1084.

id en paz a vuestro padre» (44:17). Pero solo la mención de la palabra «padre» les recordó aún más contundentemente su obligación con Jacob. Eso produjo una reacción apasionada de parte de Judá.

LA MEDIACIÓN DE JUDÁ (44:18-34)

Los versículos siguientes (Gn. 44:18-26) describen la mediación de Judá delante de José. En realidad, Judá hace una estupenda apelación a favor de Benjamín. Sin embargo, debe observarse lo que la apelación de Judá descubre acerca de su condición espiritual. Hay algunas cosas que sugieren que Judá ha llegado a ser un creyente genuino. Obsérvese la inesperada confesión de su pecado, el sensible aprecio de lo que significaría para Jacob la pérdida de Benjamín, y el noble sacrificio que propone hacer, todo eso aboga en favor de que Judá ha experimentado un cambio de corazón producido, sin duda, por el poder del Espíritu Santo para redargüir y regenerar. Se ha dicho que la verdadera penitencia, a diferencia del remordimiento, se distingue por una tristeza por el pecado que considera las consecuencias de este. Si eso es así, entonces puede decirse que Judá ha llegado a ser un hombre convertido.

Mucho podría decirse acerca de la magnífica apelación de Judá a favor de Benjamín. En la opinión de Herbert C. Leupold:

> Este es uno de los discursos más valientes y directos que jamás hombre alguno haya pronunciado. Sobresale por su profundidad de sentimientos y por su sinceridad de propósito. Lo que lo hace más sobresaliente es que sale de los labios de alguien que en un tiempo fue tan duro que no le interesaba para nada el dolor que había causado a su padre.[4]

Por su parte, Derek Kidner dice lo siguiente:

> Esta noble súplica no se basa solo en los sentimientos. Tiene el peso acumulado de recuerdos reales (44:19-23), descripciones gráficas (44:20, 24-29, 30b) y una desinteresada preocupación demostrada hasta la saciedad en la súplica no por misericordia sino por dejarle sufrir como sustituto-fiador (44:30-34). En su espíritu, se asemeja a la intercesión de Moisés (Éx. 32:9-14, 31ss.) aunque esta en verdad fue hecha por el inocente «favor del culpable».[5]

Génesis 44:27-32 describe con plenitud de emoción los sentimientos de la situación. Para comenzar, Judá se deslegitima a sí mismo cuando dice a José las palabras de Jacob:

Entonces tu siervo mi padre nos dijo: Vosotros sabéis que dos hijos me dio a luz mi mujer (Gn. 44:27).

Evidentemente, Judá no quiere esconder nada de José, lo que demuestra que realmente ha habido un cambio de corazón en él. Judá declara a José que su padre tenía otros hijos y, por lo tanto, otras esposas. Además, le declara el amor de Jacob por Benjamín:

---

4. *Ibíd.*, p. 1086.
5. Derek Kidner, *Genesis*, p. 217

> *Ahora, pues, cuando vuelva yo a tu siervo mi padre, si el joven no va con-*
> *migo, como su vida está ligada a la vida de él, sucederá que cuando no vea*
> *al joven, morirá; y tus siervos harán descender las canas de tu siervo nuestro*
> *padre con dolor al Seol (Gn. 44:30-31).*

La expresión «su vida está ligada a la vida de él» es una manera elocuente de describir el profundo afecto de Jacob hacia Benjamín. Recuérdese que Benjamín fue el
segundo y último hijo de Raquel, la esposa amada de Jacob, y además fue el único hijo
de Jacob nacido en la tierra prometida. Judá confiesa que si Benjamín no regresa con
ellos, Jacob moriría de dolor y de tristeza. Las palabras: «Entonces yo seré culpable
ante mi padre para siempre» van cargadas de profunda emoción y sentido de culpa
personal. En cierto sentido, Judá predice que la ausencia de Benjamín causará con toda
certeza la muerte de Jacob (v. 31).

En Génesis 44:32, Judá afirma que él salió por fiador de Benjamín. Cuando los
hermanos salieron para Egipto, Judá dijo a Jacob: «Si no te lo vuelvo a traer, entonces
yo seré culpable ante mi padre para siempre». Es decir, Judá comprometió su propia
vida a cambio de la de Benjamín.

> *Te ruego, por tanto, que quede ahora tu siervo en lugar del joven por siervo*
> *de mi señor, y que el joven vaya con sus hermanos. Porque ¿cómo volveré yo*
> *a mi padre sin el joven? No podré, por no ver el mal que sobrevendrá a mi*
> *padre (Gn. 44:33-34).*

En la conclusión de su súplica, Judá con un heroísmo sublime que no puede sobre-
valorarse pide que él pueda convertirse en sacrificio vicario por su hermano. Esa fue
una noble petición, porque sabía que Benjamín era preferido por Jacob por encima del
mismo Judá y aun así estaba dispuesto a morir, en un país extranjero, por él. Judá renun-
ciaba a su libertad para que su anciano padre no muriese de un corazón quebrantado.
Judá prefería perecer, antes que ver la tristeza de su padre. No es de sorprenderse, pues,
que Judá sea visto como una figura noble. También la Escritura dice: «Judá, te alabarán
tus hermanos… Los hijos de tu padre se inclinarán a ti» (Gn. 49:8). La magnanimidad
de Judá no se encuentra en ningún otro personaje en toda la Escritura, a excepción de
Jesús. El cambio operado en su vida no puede ser otra cosa que la regeneración que obra
el Espíritu Santo. Judá pone de manifiesto que es un hombre regenerado.

Resumen y conclusión

Génesis 44 contiene un hermoso relato acerca de los beneficios de la disciplina divina.
La paz entre los hermanos de José y entre Jacob y sus hijos es un cuadro maravilloso que
este capítulo enseña. Pero más maravilloso aún es el cuadro de la paz entre los hermanos
de José y el Señor. Esa paz ocurre cuando hay perdón de los pecados y reconciliación
obrada por el Espíritu Santo. Asimismo vemos la protección de José bajo el poder y la
providencia de Dios. Los hermanos de José y toda la familia tienen ahora todo el sustento
que necesitan en tiempos difíciles. Los beneficios físicos reflejan los beneficios espirituales y proceden de la reconciliación espiritual con el Señor (véase Ro. 5:1-11).

45

José se da a conocer a sus hermanos (45:1-28)

Génesis 45 puede dividirse en dos etapas. La primera de ellas (45:1-15) relata la emocionante escena de la revelación de José a sus hermanos. La segunda etapa tiene que ver con la divulgación del reencuentro de José con sus hermanos y con la orden dada por el faraón de permitir que toda la familia de José se traslade a Egipto. Derek Kidner hace el siguiente comentario acerca de José y su manifestación a sus hermanos:

> La certeza de que la voluntad de Dios, no la del hombre, era la realidad controladora en cada suceso resplandece como la luz que guía a José y el secreto de su sorprendente ausencia de rencor (véase v. 5). Eso fue teología aplicada, la verdad de Dios liberando la voluntad para el esfuerzo constructivo y las emociones hacia el afecto sanador. En este pasaje, profundos sentimientos y argumentos espirituales saludables completan la obra de reconciliación que exigía una precisión quirúrgica a través de las primeras etapas. Había sido una tarea para el hombre total, sostenido pacientemente por convicción y no por meros impulsos.[1]

Esta sección de Génesis contiene tres de los más grandes y más consoladores temas de la Biblia. Hay aquí nuevamente un énfasis en el propósito de Dios en el desarrollo de la historia de la salvación en el Antiguo Testamento. La historia futura de Israel está bajo la soberana dirección de Jehová Dios y aquí se revelan pasos adicionales de su plan para su pueblo. Jacob, al parecer, apenas se daba cuenta de que era en Egipto donde Dios iba a hacer de ellos una gran nación (véase Gn. 46:3). Hasta donde puede decirse, apenas podía percatarse de que su estancia y la de su familia en Egipto se alargaría por cuatrocientos años. Es muy importante que entendamos que muchas veces los propósitos de Dios se proyectan por muchos años.

---

1. Derek Kidner, *Genesis*, pp. 217-218.

575

En las visiones del encuentro de Dios con su siervo en Beerseba hay una reiteración de las consoladoras promesas de Dios que sostuvieron a los antepasados de Jacob —Abraham e Isaac— muchas veces en el pasado. La bendición de la presencia de Dios en Egipto debió estimular y fortalecer al anciano patriarca. La seguridad de que sería sacado de nuevo de tierra extranjera también debió nutrir su fe. Es de dudarse, sin embargo, que entendió que las palabras: «…la mano de José cerrará tus ojos» (46:4), significaban que moriría en la tierra de Egipto.

Por último, la realidad de la dirección de Dios aflora en este encuentro (Gn. 46:1-6), porque es evidente que Jehová aún está guiando a su siervo paso a paso. En ocasiones es guiado por las circunstancias de la vida y otras veces a través de experiencias no comunes, tales como sueños y visiones. Lo cierto es que la mano sabia de Dios siempre guía la vida de sus hijos.

Todos los temas contribuyen para comprender la sabiduría del misericordioso Dios de Jacob, sabiduría que se manifiesta en su deseo de preservar a su pueblo de la iniquidad de los amorreos y de otros pueblos paganos en la tierra que, a la postre, sería de ellos (véase Gn. 15:15-21). De modo que Jacob dejó sus posesiones en Canaán temporalmente, para poder recibirlas permanentemente y en totalidad en el futuro distante.

LA RECONCILIACIÓN DE JOSÉ CON SUS HERMANOS (45:1-15)

Los primeros versículos de Génesis 45 narran cómo José reveló su identidad a sus hermanos, y registran uno de los grandes acontecimientos de este capítulo. Evidentemente, el conmovedor discurso de Judá (Gn. 44:16-34) surtió un gran efecto en el corazón de José. En dos ocasiones anteriores (42:24 y 43:30), José había llorado de emoción. Ahora, según el texto, «no podía contenerse», es decir, llegó al clímax de sus emociones y clamó: «Haced salir de mi presencia a todos» (45:1). En aquel momento, estando solo con sus hermanos, José se dio a conocer a ellos. Henry M. Morris comenta:

> Cuando José estaba solo con sus hermanos, «se dio a llorar a gritos», y les hizo saber que era su hermano José, el que pensaban que estaba muerto. Estaba sollozando y gritando tan alto que aquellos que había despedido del recinto podían escuchar, y ellos a su vez pronto llevaron la noticia a la casa del faraón (Gn. 45:2, 16).[2]

En el carácter de José, tal como aparece en esta escena, hay un despliegue de virtudes celestiales y gracias santas, como el afecto fraternal en su tierno trato a sus hermanos. Además, José exhibe una profunda piedad filial en su respeto y devoción hacia su padre. El joven hebreo estaba convencido de que la voluntad de Dios, no la del hombre, es el principio y la fuerza controladora de todo lo que acontece en su vida.

Como puede verse en estos versículos, al saberse incapaz de controlarse a sí mismo debido al elocuente discurso de Judá y su intervención mediadora, José pide que todos salgan del salón excepto sus hermanos. Entonces prorrumpió en lamentos tan fuertes que los egipcios y la casa del faraón los oyeron. En medio de la solemnidad de la situación, José habló en alta voz, diciendo: «Yo soy José, ¿vive aún mi padre?». Hasta entonces, había sido conocido como Zafnat-panea. Seguramente las palabras de José

---

2. Henry M. Morris, *The Genesis Record*, p. 619.

llenaron de aprehensión a sus hermanos. El texto dice: «...Y sus hermanos no pudieron responderle, porque estaban turbados delante de él». La pregunta: «¿Vive aún mi padre?» refleja el profundo amor de José hacia su padre.

> *Entonces dijo José a sus hermanos: Acercaos ahora a mí. Y ellos se acercaron. Y él dijo: Yo soy José vuestro hermano, el que vendisteis para Egipto (Gn. 45:4).*

Esas palabras de José expresan una gran consideración fraternal hacia quienes lo habían maltratado en el pasado. Seguidamente, les explica con gran sentido teológico la total secuencia de los acontecimientos desde que fue vendido como esclavo hasta aquel momento:

> *Ahora, pues, no os entristezcáis, ni os pese de haberme vendido acá, porque para preservación de vida me envió Dios delante de vosotros (45:5).*

Esa es la simple realidad de la situación. Las palabras de José registradas en ese versículo se convierten en la declaración clásica del control providencial de las circunstancias por Jehová Dios (véase Gn. 45:5-8). Hay, por lo tanto, dos aspectos en cada suceso: el humano y el divino, aunque el divino es el aspecto que realmente importa. Esa verdad es maravillosamente presentada en Getsemaní. Allí el Señor aceptó su destino de morir en la cruz como: «la copa que el Padre me ha dado» (véase Jn. 18:11, también Gn. 50:20; Sal. 76:10; Hch. 2:23; 4:28; 13:27; Ro. 8:28; Fil. 1:12).

La expresión: «...para preservaros posteridad sobre la tierra, y para daros vida por medio de gran liberación» (45:7) se refiere a la liberación de la extinción de la familia. De modo que José fue el instrumento divino para librar a la familia escogida de un gran peligro. Dios libró a la familia de Jacob, la simiente de Abraham y de Isaac, mediante su providencia y soberano poder. José reconoce esa intervención sobrenatural de Dios:

> *Así, pues, no me enviasteis acá vosotros, sino Dios, que me ha puesto por padre de Faraón y por señor de toda su casa, y por gobernador en toda la tierra de Egipto (Gn. 45:8).*

La expresión «padre de Faraón» significa que José era el principal consejero del rey de Egipto. Los sacerdotes y profetas eran considerados como «padres» de los reyes y gobernadores porque los aconsejaban como los padres aconsejan a los hijos (véase Jue. 17:10; 18:19; 2 R. 6:21; 13:14).[3] Después de tranquilizar a sus hermanos, José les ordena darse prisa y traer a Jacob a Egipto.

> *Daos prisa, id a mi padre y decidle: Así dice tu hijo José: Dios me ha puesto por señor de todo Egipto; ven a mí, no te detengas (Gn. 45:9).*

Los versículos 10-13 describen las bendiciones materiales que Jacob y su familia disfrutarían en Egipto. Por supuesto que todo eso era el resultado del cuidado

---

3. Gordon Wenham, «Genesis 16-50», *Word Biblical Commentary*, p. 428.

providencial de Dios sobre la familia escogida y, puede decirse, para que las promesas del pacto abrahámico se cumplan tal como el Señor lo prometió (Gn. 28:13-15).

> *Y se echó sobre el cuello de Benjamín su hermano, y lloró; y también Benjamín lloró sobre su cuello. Y besó a todos sus hermanos, y lloró sobre ellos; y después sus hermanos hablaron con él (Gn. 45:14-15).*

Estos versículos manifiestan el amor fraternal de José hacia sus hermanos, a pesar de todo lo ocurrido en el pasado. Evidentemente ha habido perdón y reconciliación entre ellos, como ocurrió entre Esaú y Jacob (véase Gn. 33:4). El hecho de que José haya besado a sus hermanos es el sello de la reconciliación obrada por el Señor Dios, mediante la agencia de José y en conformidad con su plan soberano.

Como se ha señalado en repetidas ocasiones, Dios llevó al pueblo escogido a Egipto, lo hizo según su plan eterno y su soberana voluntad, y lo hizo, también, para que viviesen aislados como pueblo de vida pastoral en la tierra fértil de Gosén. Allí serían preservados con un pueblo comprometido a una medida de ley y orden. Dicho con otras palabras, los hijos de Israel estaban siendo preparados para poseer su tierra mediante el entrenamiento y la disciplina recibidos de la vida en Egipto.

Entonces, la piedra angular de la preparación del pueblo de Dios es provista mediante la experiencia de la redención, a través de la sangre y del poder. Para siempre, entonces, aquella experiencia —típica de la experiencia individual de cada persona salva por la gracia de Dios— sería sostenida delante de la nación como un monumento al poder salvador de su Dios. Las exhortaciones estarían basadas en la revelación de la gracia manifestada en el gran acontecimiento del éxodo: «Y te acordarás de que fuiste siervo en la tierra de Egipto, y que Jehová tu Dios te rescató, por tanto yo te mando esto hoy» (Dt. 15:15).

LA REACCIÓN DEL FARAÓN (45:16-20)

La reconciliación de José con sus hermanos, como se ha visto, se ha consumado en medio de muchas lágrimas. Los fuertes lamentos, tan característicos de los orientales, se han escuchado en la misma casa del faraón:

> *Y se oyó la noticia en la casa de Faraón, diciendo: Los hermanos de José han venido. Y esto agradó en los ojos de Faraón y de sus siervos (Gn. 45:16).*

La noticia de la reconciliación de los hermanos de José, o por lo menos de su reconocimiento de ellos hacia José, afectó favorablemente al rey egipcio. El texto dice literalmente: «La voz fue oída en el palacio de Faraón» (Gn. 45:16; véase también 45:2). Obviamente, José llegó a ganarse la estimación de la gran mayoría de los egipcios. En aquel momento se supo que José era más que un exesclavo y que procedía de una honorable familia de nómadas libres, que en aquellos tiempos eran tenidos en alta estima. Además, el plan de José es apoyado por mandato del mismo rey de Egipto. Eso pudo haber sido lo que Leupold comenta:

> La popularidad universal de José es confirmada por el hecho de que el mandato del faraón coincide con el plan de José, que él acaba de dar a conocer a

sus hermanos: una coincidencia providencial. Ellos deben ahora cargar sus bestias, regresar a Canaán, tomar a su padre y a la familia (hebreo, «casas») y volver a Egipto.[4]

Es probable que el rey hubiese oído lo que José esperaba hacer con su padre y sus hermanos. De todas maneras, el faraón pidió que los hermanos de José buscasen a Jacob y regresasen a Egipto. Les prometió lo mejor de la tierra de Egipto y que «comerían de la abundancia de la tierra» (Gn. 45:18), es decir, la mejor tierra para la agricultura (véase Is. 1:19). Derek Kidner señala acertadamente:

> Esta invitación real, por méritos de José, a un Israel que está al final de su vida y a diez hermanos cargados de culpa, difícilmente puede dejar de recordar al creyente la invitación divina de «venid… y os daré…» (véase 45:18), apoyado en términos tales de bienvenida y desafío. Pero históricamente este es un momento decisivo de una clase diferente, predicho muchos años atrás (Gn. 15:13-16): el comienzo de una fase de aislamiento (donde la familia, totalmente extranjera, podía multiplicarse sin perder su identidad), y de una eventual esclavitud y liberación que produciría un pueblo que siempre se sabría redimido y llamado.[5]

> *«Y tomad a vuestro padre y a vuestras familias y venid a mí, porque yo os daré lo bueno de la tierra de Egipto, y comeréis de la abundancia de la tierra. Y tú manda: Haced esto: tomaos de la tierra de Egipto carros para vuestros niños y vuestras mujeres, y traed a vuestro padre, y venid. Y no os preocupéis por vuestros enseres, porque la riqueza de la tierra de Egipto será vuestra»* (Gn. 45:18-20).

Estos versículos han sido comparados con las palabras de Pablo en Filipenses 3:13: «…olvidando ciertamente lo que queda atrás». Muchas veces las posesiones materiales de muchos cristianos se convierten en obstáculos para el servicio al Señor. En el ambiente materialista en el que se vive hoy es sabio que uno se pregunte qué lugar ocupan las cosas materiales en nuestras vidas.

La oferta del rey de Egipto a la familia de José es verdaderamente generosa. Herbert C. Leupold lo explica así:

> El faraón se propone actuar muy liberalmente con la familia de José en gratitud por la gran liberación que José obró para Egipto. «Las riquezas de la tierra de Egipto» estarían a disposición de ellos por lo que tienen que dejar atrás.[6]

LA SALIDA DE LOS HERMANOS DE JOSÉ HACIA CANAÁN (45:21-28)

Génesis 45:21-24 describe las salida de los hermanos de José hacia Canaán para trasladar a Jacob y a la familia a Egipto. José les proveyó de carros que solo existían

---

4. Herbert C. Leupold, *Exposition of Genesis*, p. 1098.
5. Derek Kidner, *Genesis*, p. 119.
6. Herbert C. Leupold, *Exposition of Genesis*, p. 1099.

en Egipto en aquellos tiempos.[7] También les dio suficiente alimento, ropa y todo lo necesario para el viaje. A Benjamín le dio dinero y vestidos, y a Jacob le envió «diez asnas cargados de lo mejor de Egipto» (45:23).

Puesto que José era conocedor de la naturaleza humana, particularmente la de sus hermanos, les dijo: «No riñáis por el camino» (45:24). Es fácil suponer que en un largo viaje, cuando las cosas se ponen difíciles, los hermanos de José discutiesen respecto a quién de ellos era el culpable del mal que habían hecho a José años atrás. De manera que las palabras de José van encaminadas a prevenir cualquier discusión baladí que se pudiera originar entre ellos. El consejo, al parecer, funcionó, porque los versículos siguientes narran el viaje como si hubiese ocurrido de manera feliz.

> *Y subieron de Egipto, y llegaron a la tierra de Canaán a Jacob su padre. Y le dieron las nuevas, diciendo: José vive aún; y él es señor de toda la tierra de Egipto. Y el corazón de Jacob se afligió, porque no los creía. Y ellos le contaron todas las palabras de José, que él les había hablado; y viendo Jacob los carros que José enviaba para llevarlo, su espíritu revivió. Entonces dijo Israel: Basta; José mi hijo vive todavía; iré, y le veré antes que yo muera (Gn. 45:25-28).*

Cuando los hermanos llegaron a la tierra de Canaán le dieron la noticia a Jacob de que José aún vivía, y que era señor de toda la tierra de Egipto. Esta noticia era muy diferente de la mala noticia que los hijos le dieron en Génesis 37:33, 35: alguna bestia salvaje había devorado a José. La buena noticia ahora es que José estaba vivo y que era el señor de Egipto. La expresión: «…su espíritu revivió» sugiere que Jacob salió de su mortandad espiritual causada por la desaparición de su amado hijo José. Herbert C. Leupold lo expresa así:

> Jacob finalmente vio los carros, esos transportes que eran distintivamente egipcios, enviados por orden de José para transportar al anciano padre a Egipto, entonces se llenó de convicción y «su espíritu revivió». La antigua energía comenzó a brotar, y la acostumbrada sombra de la resignación se desvaneció. El antiguo «Jacob» volvió a ser «Israel», como lo indica el importante cambio de nombre, un combatiente agresivo en la batalla de la vida, listo para vencer obstáculos por el poder de su Dios. No necesita más argumento o prueba y dice: «Basta; José mi hijo vive todavía».[8]

Los hermanos, al parecer, comprendieron la dificultad de Jacob. De manera que continuaron hablando de José y de las cosas que les había dicho. Finalmente, cuando vio los carros, Jacob se convenció de que sus hijos decían la verdad. Fue entonces cuando su antigua energía reapareció, es decir, cuando su espíritu revivió. El testimonio de la vida pasada de los hermanos de José era tan triste que fue necesario que Jacob viese los carros para poder creer lo que sus hijos le decían.

Ahora Jacob está preparado para descender a Egipto, que es el lado humano de

---

7. *Ibíd.*, pp. 1098-1099.
8. *Ibíd.*, p. 1101.

la cuestión. Por el lado divino, sin embargo, las cosas están ahora preparadas para la estancia de más de cuatro siglos en Egipto, mediante los cuales el pueblo de Dios sería preparado para cumplir el propósito establecido por Jehová Dios para ellos.

El cumplimiento del plan divino exigía mucha actividad de parte del Señor, incluyendo tanto el ordenamiento de la historia como el control de la misma naturaleza en la cuestión del hambre. Implicaba los celos de los hermanos de José, el paso providencial de una caravana que se dirigía a Egipto, las muchas adversidades mediante las que José fue preparado para su vida futura, los cambios de la estación de la lluvia y, probablemente, muchas otras situaciones no registradas. Después de todo, Dios «hace todas las cosas según el designio de su voluntad» (Ef. 1:11). Pero ese Dios grande y soberano hará que su Palabra se cumpla en todas las situaciones y Él cumplirá perfectamente todos sus propósitos. ¡Cuán consolador es confiar en ese Dios!

Resumen y conclusión

Génesis 45 concluye la larga sección que comienza en el capítulo 39, cuando José fue vendido por sus hermanos a los ismaelitas y en Egipto fue vendido como esclavo a Potifar, el jefe de la prisión de la casa del faraón.

A partir de ahí, José fue enviado injustamente a la cárcel, pero Dios nunca abandonó a su siervo. Después de dos años, José fue sacado de la cárcel, interpretó los sueños del faraón y fue elevado al puesto de primer ministro de la nación egipcia. Su poder era solo inferior al del rey. Dios hizo que se cumpliese lo que José había pronosticado al rey: Vendrían siete años de increíble abundancia que serían seguidos por siete años de terrible hambre. Esa crisis afectó a los países vecinos, incluyendo a Canaán. Solo en Egipto había abundancia de granos y de comida. José, el joven hebreo, era el administrador de todo en Egipto.

Todas aquellas circunstancias habían sido planeadas por Dios. El hambre hizo que Jacob enviase a sus hijos a Egipto para comprar alimentos, donde se encontraron con José. Después de un segundo viaje, esta vez acompañados por Benjamín, José se dio a conocer a sus hermanos, calmó sus inquietudes y les hizo llevar a Egipto a su padre y a toda la familia, un total de setenta personas. Todo aquello ocurrió en cumplimiento estricto del plan de Dios para preservar a la simiente de Abraham, Isaac y Jacob de la corrupción moral de los pueblos cananeos y para prepararlos para que regresasen a la tierra prometida bajo la disciplina de la ley que Dios les dio a través de Moisés.

46

El traslado de Israel a Egipto y su encuentro con José (46:1-34)

Mientras se preparaba para descender a Egipto, Jacob estaba en una disyuntiva. Tenía deseos de ver a José otra vez y también sabía que las condiciones del hambre en Canaán requerían algún tipo de acción positiva para que él y su clan pudiesen escapar de la pobreza y de la probable muerte por causa del hambre. Parecía que Dios claramente lo guiaba a Egipto, a través de las providenciales circunstancias que rodeaban a José y su acceso al poder en Egipto.

Al mismo tiempo, sabía que Canaán era la tierra que Dios había prometido a Abraham y a Isaac, porque eso le había sido confirmado. Había vivido por muchos años en Canaán y ahora no se sentía cómodo con la idea de salir de allí. Hasta ahora, cada vez que había hecho una decisión importante, Dios le había hablado directamente. Cuando dejó a sus padres para ir a Harán, Dios le había aparecido en Bet-el (Gn. 28:13-15); cuando había estado con Labán tiempo suficiente, Dios lo instruyó a que regresara a Canaán (Gn. 31:3); aun cuando salió de Siquem, Dios le había aparecido (Gn. 35:1, 9-12). Naturalmente, por lo tanto, Jacob tenía dudas de hacer un cambio tan drástico como este sin una confirmación directa de Dios. Después de todo, Dios era plenamente capaz de acabar con la crisis del hambre y suplir sus necesidades ahí mismo en Canaán, si era su voluntad hacerlo. Dios con anterioridad había provisto milagrosamente.

Henry M. Morris, *The Génesis Record*, p. 627.

LA EMIGRACIÓN DE JACOB A EGIPTO (46:1-27)

Salió Israel con todo lo que tenía, y vino a Beerseba, y ofreció sacrificios al Dios de su padre Isaac. Y habló Dios a Israel en visiones de noche, y dijo: Jacob, Jacob. Y él respondió: Heme aquí. Y dijo: Yo soy Dios, el Dios de tu

582

padre; no temas de descender a Egipto, porque allí yo haré de ti una gran nación. Yo descenderé contigo a Egipto, y yo también te haré volver; y la mano de José cerrará tus ojos (Gn. 46:1-4).

Aquel paso que tomaba el anciano patriarca era un paso muy solemne. Recuérdese que las promesas de Dios estaban enfocadas hacia la tierra de Canaán, y todas aquellas promesas, por supuesto, aún estaban vigentes. La entrada temprana en la tierra, sin embargo, no tenía la intención de ser permanente, como lo señala Génesis 15:13-21. Sin embargo, Jacob considera necesario buscar dirección específica respecto al paso que está tomando en aquel momento. Eso es lo que, al parecer, tiene en mente cuando viaja a Beerseba. Derek Kidner observa lo siguiente:

> El lugar y el carácter de la adoración de Jacob señalan su modo de pensar, porque Beerseba había sido el principal centro [de adoración] de Isaac. Al ofrecer sacrificios al Dios de su padre Isaac, estaba reconociendo el llamado familiar, e implícitamente buscaba salir de Canaán. Su actitud era muy diferente de la de Abraham en Génesis 12:10ss.[1]

Evidentemente, por lo tanto, Jacob buscaba algún estímulo del Dios de su padre respecto de que era correcto que descendiese a Egipto en aquel momento (véase Gn. 26:25; 28:13). Las palabras proféticas de Génesis 15:13-16 podrían haber estado en su mente, pero Jacob sentía la necesidad de la aprobación divina. Los sacrificios que ofreció «al Dios de su padre» fueron un reconocimiento del lugar humilde delante de Jehová Dios, y de que alguien puede acercarse a Dios solo sobre la base de sacrificios.

Las palabras de Moisés en Génesis 46:2 llaman la atención: «Y habló Dios a Israel en visiones de noche, y dijo: Jacob, Jacob. Y él respondió: Heme aquí». Dios apareció a Jacob (Israel) aquella noche en una visión por octava y última vez, según el registro en el libro de Génesis (véase Gn. 28:13; 31:3, 11: 32:1, 30; 35:1, 9). Henry M. Morris dice:

> Es importante notar que el relato dice que «Dios habló a Israel», pero que lo llamó «Jacob». En el resto del libro de Génesis parece que los dos nombres se usan de forma indiscriminada e intercambiable (véase Gn. 46:8, 27; 47:27-28; 49:1-2, 28, 33).[2]

La revelación que fue dada a Jacob en «las visiones» (el plural podría referirse a los diferentes pasos en los encuentros siguientes) comienzan con las palabras: «Yo soy Dios, el Dios de tu padre; no temas de descender a Egipto, porque allí yo haré de ti una gran nación». Esas palabras representan la bendición de Jehová Dios sobre el viaje de Jacob a Egipto y proporcionaron seguridad a Jacob.

Otro factor es añadido en el versículo 3 que va más allá de la promesa dada anteriormente a Jacob en Bet-el. Dios promete a Jacob que «hará allí, es decir, en Egipto, una nación grande de su descendencia». De modo que la creciente familia del patriarca no se convertiría en una gran nación en la tierra de Canaán, sino en Egipto. Allí serían protegidos y tendrían todas las ventajas de la civilización de la nación más grande

---

1. Derek Kidner, *Genesis*, p. 220.
2. Henry M. Morris, *The Genesis Record*, p. 628.

de la tierra. La ley y el orden les permitiría llegar a ser una gran multitud de pueblo, y luego la severidad de la servidumbre les prepararía para la gloriosa experiencia de redención y liberación.

Génesis 46:4 expresa la gloriosa verdad de la presencia personal de Jehová Dios con Israel y su descendencia. Gordon Wenham lo expresa así:

> «Yo descenderé contigo» reitera otro tema familiar del relato patriarcal, la presencia protectora de Dios que garantiza bendiciones (véase 26:24; 28:15, 20; 31:3, 5, 42; 39:2-3, 21, 23). Es una promesa que será hecha después a Moisés (Éx. 3:12) y a Josué (Jos. 1:5).[3]

Como puede verse en Génesis 46:4, la guía del Señor en la vida de Israel es fortalecida por la promesa de su constante presencia con él. Es una ilustración del hecho de que los creyentes nunca deben moverse a menos de que estén seguros de la presencia del Señor. Antes de tomar decisiones, debe buscarse la voluntad de Dios (véase Stg. 4:13-15). Recuérdese que si andamos solos, andamos en vano.

La última cláusula de Génesis 46:4 probablemente se refiera al hecho de que José cerrará los ojos de Jacob cuando muera. El versículo también sugiere que Jacob sería sepultado en Canaán: «Yo también te haré volver». El cuerpo de Jacob sería llevado a la tierra prometida y sepultado junto a los patriarcas Abraham e Isaac (véase Gn. 49:29-33). La importancia de mantener los lazos familiares, sin duda, es enfatizada en Génesis 46:4. Jacob murió en presencia de sus hijos, José cerró sus ojos y su cuerpo fue embalsamado y sepultado en el campo de Macpela (véase Gn. 49:33; 50:1-13).

Génesis 46:5-7 describe el viaje del patriarca Jacob con su familia a la tierra de Egipto. Evidentemente el número de personas en el grupo incluía a los hijos y los nietos de Jacob. También el versículo 7 habla de «sus hijas y las hijas de sus hijos». El texto destaca el hecho de que Jacob trajo «a toda su descendencia… consigo a Egipto» (46:7). O sea que la migración fue total. Ninguno fue excluido de la bendición divina.[4]

Génesis 46:8-27 proporciona la lista de los miembros de la familia de Jacob. Esta lista está ordenada bajo los grupos de Lea y Raquel. Esto proporciona un total de setenta personas. Al añadir a Dina (46:15), y sustraer otros cinco nombres (Er y Onán, que murieron en Canaán (46:12); José, Manasés y Efraín, que ya estaban en Egipto (46:20), lleva al número total de sesenta y seis personas (véase 46:26) que vinieron con Jacob a Egipto (46:26). Génesis 46:27 añade a los dos hijos de José, a José y a Jacob, y eso proporciona el total de toda la casa de Jacob que ha venido a Egipto antes o después en el relato. En Hechos 7:14 habla de «toda la parentela» de Jacob y dice: «…en número de setenta y cinco personas». Los cinco adicionales, probablemente, se refieran a los nietos de José, nacidos en Egipto y mencionados en la Septuaginta —la versión griega de la Biblia hebrea— citada por Esteban en su mensaje delante del Sanedrín.

JACOB SE REENCUENTRA CON JOSÉ (46:28-34)

Y envió Jacob a Judá delante de sí a José, para que le viniese a ver en Gosén; y llegaron a la tierra de Gosén (Gn. 46:28).

---

3. Gordon Wenham, «Genesis 16-50», *Word Biblical Commentary,* p. 441.

4. Bruce K. Waltke, *Genesis: A Commentary,* p. 575.

Este versículo podría significar que José sería escoltado por Judá hasta donde estaba la familia en Gosén. También podría significar que Judá fue enviado a José para informarse, a través de él, dónde se ubicaría la familia al llegar a Gosén. Al parecer, Judá ha asumido el liderazgo de la familia, sustituyendo a Rubén (véase Gn. 43:3).

Génesis 46:29-30 describe el emocionante encuentro entre Jacob y José después de tantos años de separación, durante los cuales el patriarca pensaba que su hijo amado había muerto. José era muy especial para Jacob ya que era el primogénito de su amada Raquel. El llanto continúa por un largo tiempo. Era un llanto de emoción y de gozo profundo. No hubo palabras. No eran necesarias. La emoción es profunda e indescriptible.

Finalmente, Jacob habla: «Muera yo ahora, ya que he visto tu rostro, y sé que aún vives» (Gn. 46:30). Las palabras de Jacob se conocen como el «*Nunc dimittis*» o «cántico de Simeón» (véase Lc. 2:29-30). Simeón, al tomar en sus brazos al niño Jesús, expresó: «Ahora, Señor, despide a tu siervo en paz». Derek Kidner dice:

A su manera, este [Génesis 46:30] es el *Nunc dimittis* del Antiguo Testamento. Casi todas las palabras de Jacob registradas desde 37:35 son de muerte, y continúan siéndolo, pero después de este punto culminante de 45:28, la amargura es en gran manera reemplazada por un sentido de plenitud y esperanza.[5]

La expresión hebrea traducida: «Muera yo ahora» podría traducirse: «Estoy preparado para morir». Bruce W. Waltke comenta lo siguiente:

[Jacob] había visto el rostro de Dios y aun así continuó viviendo. Después de ver el rostro de José, ya no necesita vivir. El hombre que temía que su hijo lo llevaría al Seol con dolor, ahora puede morir en paz. [Jacob] vivirá pacíficamente diecisiete años más.[6]

A través de esta sección puede notarse el énfasis que Moisés da a las emociones de los personajes bíblicos. No es espiritual avergonzarse de las emociones, porque ellas constituyen una parte del ser humano que es tan importante como la mente y la voluntad. Las emociones son dadas por Dios y son necesarias en nuestras vidas. La risa y las lágrimas de gozo o de tristeza no son una señal de debilidad, sino una señal de verdadera y genuina humanidad.

Y José dijo a sus hermanos, y a la casa de su padre: Subiré y lo haré saber a Faraón, y le diré: Mis hermanos y la casa de mi padre, que estaban en la tierra de Canaán, han venido a mí. Y los hombres son pastores de ovejas, porque son hombres ganaderos; y han traído sus ovejas y sus vacas, y todo lo que tenían. Y cuando Faraón os llamare y dijere: ¿Cuál es vuestro oficio? Entonces diréis: Hombres de ganadería han sido tus siervos desde nuestra juventud hasta ahora, nosotros y nuestros padres; a fin de que moréis en la

---

5. Derek Kidner, *Genesis*, p. 221.
6. Bruce K. Waltke, *Genesis: A Commentary*, p. 585.

*tierra de Gosén, porque para los egipcios es abominación todo pastor de
ovejas (Gn. 46:31-34).*

Las palabras de José registradas en estos versículos contienen un sabio consejo para sus hermanos. Para los egipcios ser pastor de ovejas era una abominación, por lo que no tenían en alta estima a los pastores. Obsérvese que José usa un tono suave al hablar a sus hermanos. La manera como los hermanos de José debían hablar al faraón demostraría respeto y discreción. Al mismo tiempo les permitiría vivir apartados de la contaminación de los egipcios.

RESUMEN Y CONCLUSIÓN

El capítulo 46 del Génesis concluye con un sentido renovado del propósito de Dios. El plan de Dios es sabio, santo, e infalible. Los propósitos de Jehová Dios son justos y llenos de misericordia. Esto puede verse con claridad cuando uno está dispuesto a contemplar la amplia perspectiva y mirar al plan divino desde el punto de vista del Señor Dios soberano. Las promesas de Dios son maravillosas y constituyen un firme apoyo para los santos en las experiencias de la vida. Su guía es una ayuda continua en el andar diario. Todo ello tiende a guiarnos a un profundo aprecio de la sabiduría de nuestro Dios misericordioso. Es un gran consuelo para todo creyente saber que el Dios trino guarda y sostiene su vida de principio a fin (véase Ap. 1:4-6).

DESCENDENCIA DE JACOB QUE EMIGRÓ A EGIPTO

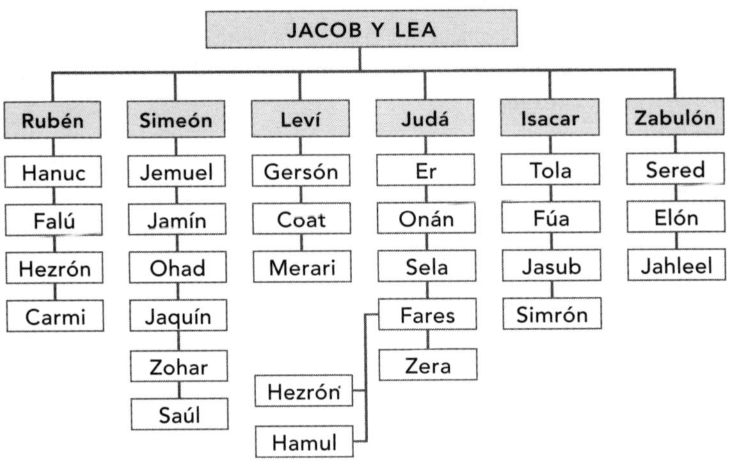

«Estos fueron los hijos de Lea, los que dio a Jacob en Padan-aram y además su hija Dina; treinta y tres las personas todas de sus hijos e hijas» (Gn. 46:15).

DESCENDENCIA DE JACOB QUE EMIGRÓ A EGIPTO

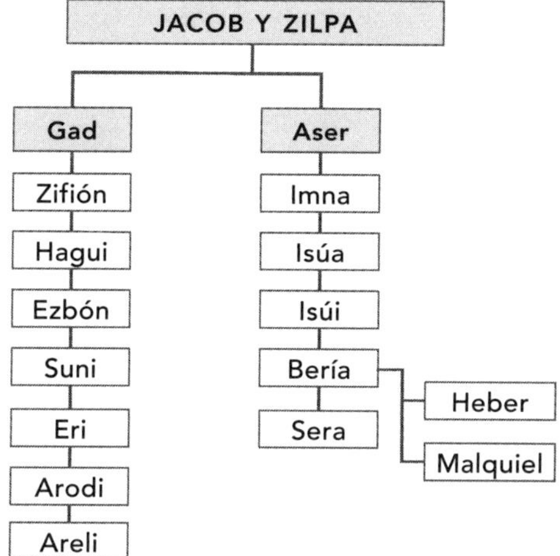

«Estos fueron los hijos de Zilpa, la que Labán dio a su hija Lea, y dio a luz éstos a Jacob; por todas dieciséis personas» (Gn. 46:18).

DESCENDENCIA DE JACOB QUE EMIGRÓ A EGIPTO

«Estos fueron los hijos de Raquel, que nacieron a Jacob; por todas catorce personas» (Gn. 46:22).

DESCENDENCIA DE JACOB QUE EMIGRÓ A EGIPTO

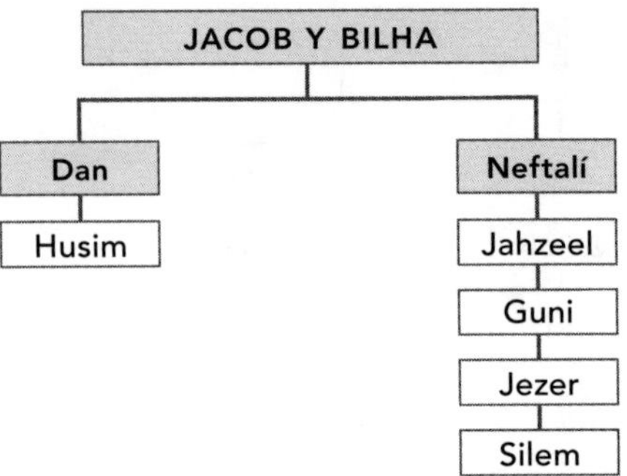

«Estos fueron los hijos de Bilha, la que dio Labán a Raquel su hija, y dio a luz éstos a Jacob; por todas siete personas» (Gn. 46:25).

47

La familia de Jacob
en Gosén (47:1-31)

El capítulo 47 es una continuación de la historia de la llegada de Jacob y su familia a Egipto y su establecimiento en la tierra de Gosén.

El fin de la vida de fe de Jacob se acerca. El nombre que el patriarca usa no sorprende, pero el vocablo que usa es revelador. Dos veces Jacob usa el vocablo «peregrinación» en Génesis 47:9. Ese vocablo usado en la RVR-60 es adecuado para expresar que Jacob considera que «está de paso» en la gran nación de Egipto (véase Gn. 47:4). Un peregrinaje es un viaje que tiene un punto de partida y una meta, y generalmente se asocia con algo de significado sagrado, y así era en realidad la vida de Jacob, con un punto de partida y una meta, expresados en las promesas mesiánicas dadas a Abraham y a Isaac.

En el Nuevo Testamento, la idea de la vida cristiana como un peregrinaje es tomada y hecha prominente, particularmente en la Epístola a los Hebreos y en 1 Pedro. En Hebreos 11, el capítulo de los héroes de la fe, el autor hace este comentario acerca de los patriarcas:

> Conforme a la fe murieron todos éstos sin haber recibido lo prometido, sino mirándolo de lejos, y creyéndolo, y saludándolo, y confesando que eran extranjeros y peregrinos sobre la tierra (He. 11:13).

La idea de una vida como un peregrinaje, con los creyentes como peregrinos y extranjeros en la tierra, no es algo popular entre los creyentes hoy. En nuestros días parece importante ser «práctico» o «realista», el concepto de la vida como un peregrinaje cataloga a los creyentes como personas que son tan celestiales que no sirven para la tierra o que los creyentes están desconectados de la realidad de la vida. Sin embargo, es un concepto bíblico. Esa era realmente la idea de la vida que los patriarcas tenían y sabían que aquí en la tierra no tenemos una ciudad permanente (véase He. 11:9-10). Los patriarcas tenían su mirada puesta en las cosas celestiales, no en las terrenales.

589

En Génesis 47 hay una hermosa enseñanza de la muerte en fe. Hay un tiempo en la vida cuando todo ser humano tiene que enfrentarse a la realidad de la muerte. Es una cita importante que no se puede cancelar (véase He. 9:27), y el patriarca Jacob también tuvo su cita. Es una gran lección ver cómo el anciano patriarca se enfrentó a su partida. Su fe en Jehová Dios le hizo alzar sus ojos al cielo y expresar gratitud al Soberano que lo había guardado y bendecido tanto.

Hay otras lecciones en este capítulo. El ejemplo del trabajo honesto y arduo (véase Gn. 47:3-6). Los hermanos de José, siguiendo su consejo, confesaron al faraón su ocupación, aunque sabían que ser pastores de ovejas era una abominación para los egipcios. Hay también en este capítulo una lección acerca del carácter sagrado de la vida familiar. Pero, quizá, la gran lección es el valor supremo de los santos de Dios. En el cuadro que tenemos delante, vemos que Jacob bendice al faraón. No es el poderoso monarca quien bendice al anciano patriarca. Los hombres verdaderamente grandes son los santos de Dios, no los reyes de la tierra ni los presidentes, aunque son llamados «servidores de Dios» (véase Ro. 13:4). El creyente más humilde ocupa un lugar de más prominencia que cualquier rey o príncipe, y la acción de Jacob confirma esa verdad. La Escritura dice: «Y sin discusión alguna, el menor es bendecido por el mayor» (He. 7:7). Obsérvese en Génesis 47:7, 10 que Jacob bendice al faraón. De modo que, según la estimación divina, Jacob era mayor que el rey de Egipto.

Jacob y sus hijos delante del rey de Egipto (47:1-10)

Génesis 47:1-6 relata la comparecencia de los hijos de Jacob delante del faraón. José informó al faraón de la llegada de sus hermanos y de su padre, con todas sus pertenencias, a la tierra de Gosén (47:1). Evidentemente, el rey de Egipto quedó gratamente impresionado al ver a Jacob. A pesar de su edad y de sus canas, la personalidad del patriarca atrajo la atención del rey. La Escritura dice: «Corona de honra es la vejez que se halla en el camino de justicia» (Pr. 16:31). También, «La gloria de los jóvenes es su fuerza, y la hermosura de los ancianos es su vejez» (Pr. 20:29). Jacob tenía 130 años, su cabeza estaba llena de canas (Gn. 42:38), y la gloria de su persona se manifiesta en la manera fiel y franca de enfrentarse al futuro.

En el relato de Génesis 47 hay también otra importante lección que debe considerarse. En los tratos de Jacob y sus hijos con el faraón, tenemos un modelo de cómo deben tratar los creyentes con los poderes temporales (véase 1 P. 2:11-17). Practicar la honestidad y la franqueza produce resultados positivos, y eso puede apreciarse en la franqueza con que los hermanos de José confiesan al faraón su ocupación de pastores. El faraón, cabeza del poder temporal, los remunera dándoles un excelente lugar donde vivir, puesto que Gosén era un territorio fértil, con viviendas y con derecho a la propiedad más allá del que poseían los egipcios. La confesión de los hermanos de José de que eran peregrinos en aquella tierra resulta en un cumplimiento inconsciente de la profecía dada a Abraham muchos años antes (véase Gn. 15:13-14).

También José introdujo a Jacob su padre y lo presentó delante de Faraón; y Jacob bendijo a Faraón (Gn. 47:7).

Los versículos 7-10 narran la sorprendente escena del anciano patriarca bendiciendo al monarca más poderoso de la tierra en aquel momento, y lo hizo en dos ocasiones (véase 47:7 y 47:10). Quizá uno esperaba leer: «Faraón bendijo a Jacob», pero la realidad es justamente lo contrario, y no debe pensarse que la expresión es el simple equivalente a «Viva el rey para siempre» (véase 2 S. 16:16). Más bien, Jacob habla como aquel que conscientemente representa a Jehová Dios y derrama una bendición celestial sobre el monarca terrenal. El príncipe de Dios está frente al príncipe de Egipto y, como príncipe del Todopoderoso, es la figura mayor. El escritor de la carta a los Hebreos, cuando habla de la relativa grandeza de Melquisedec y Abraham, dice: «Y sin discusión alguna, el menor es bendecido por el mayor» (He. 7:7). Entonces, en el caso de Jacob y el faraón, el menor, es decir, el faraón, es bendecido por el mayor, es decir, Jacob.

La primera pregunta del faraón fue: «¿Cuántos son los días de los años de tu vida?» (Gn. 47:8). De esa pregunta puede deducirse que Jacob evidenciaba su edad de 130 años y, además, que no era común que los hombres viviesen tantos años en la tierra pagana de Egipto. Aunque el monarca estaba interesado en la larga vida del patriarca, la cuestión da lugar al tema de la calidad de vida. Algunas personas viven hasta los 90 años, pero en realidad no han vivido una vida de calidad. Por otro lado, otros han vivido solo unos pocos años, pero se las han arreglado para llevar una vida plena en un tiempo limitado. Es importante que saquemos el mayor provecho posible de cada oportunidad. La mejor manera de hacerlo es vivir cada instante por la fe en el Señor Jesucristo.

La respuesta de Jacob es sumamente tierna, llena de sentimiento que procede del corazón de alguien que ha vivido una vida plena, aunque con mucha aflicción:

Y Jacob respondió a Faraón: Los días de los años de mi peregrinación son ciento treinta años; pocos y malos han sido los días de los años de mi vida, y no han llegado a los días de los años de la vida de mis padres en los días de su peregrinación (Gn. 47:9).

Derek Kidner dice:

En lo que a Jacob respecta, él es la personificación soberana de la vejez. Impasible frente al rango (v. 7b, 10; también He. 7:7), con toda la tranquilidad, tomando una postura independiente de los acontecimientos y haciendo comparaciones sobrias con el pasado. Es un pequeño cuadro magistral.[1]

Jacob describe los días de los años de su vida como: «pocos y malos» o «cortos y tristes». En un sentido, por lo menos, estaba en lo cierto. Abraham vivió 175 años e Isaac 180 años. Jacob solo tiene 130 años, aunque vivió diecisiete años en Egipto hasta su muerte. De modo que, en comparación, sus días fueron «pocos». Los días de los años de Jacob estuvieron plagados de dificultades y sinsabores. El anciano patriarca sufrió el engaño de su suegro Labán y la maldad de sus propios hijos.

El vocablo «malos», es decir, lo «desagradable» de sus días, está relacionado con el hecho de que siendo joven fue obligado a dejar a sus amigos y el hogar, y pasó algunos de los años más importantes de su vida como peregrino en una tierra extranjera. Jacob rindió varios años de servicio arduo y difícil a Labán por sus esposas, que fueron años de

---

1. Derek Kidner, *Genesis*, p. 222.

sequía, frío en la noche y otros problemas. Finalmente pudo escapar de las garras de Labán solo para encontrarse con su hermano Esaú, quien había amenazado con matarlo. En ese momento, Jacob luchó con el Ángel de Jehová y, aunque salió victorioso, su cadera quedó dañada, cosa que lo hizo cojear el resto de su vida. Poco después tuvo problemas con los cananeos en Siquem debido a la insensatez de Leví y Simeón. Sufrió la muerte de Débora en Luz, y la de su amada Raquel en Efrata. En Mamre tuvo que enterrar a Isaac su padre. Sufrió la desaparición de su amado hijo José por largos años. Rubén, el primogénito, trajo reproche y desgracia a la familia. Posteriormente Judá arrastró el nombre de Israel a través del lodo de la inmoralidad sexual. Finalmente, fue obligado a separarse de su hijo menor, Benjamín. Ahora ha tenido que abandonar la tierra prometida para irse a vivir a una nación pagana. No cabe duda de que los días de Jacob fueron «pocos y malos» si se contemplan desde la perspectiva humana. Sin embargo, si miramos la vida de Jacob desde la perspectiva divina, ¿qué vemos? Dejemos que Jacob conteste a esa pregunta, en sus palabras a José, mientras bendecía a Efraín y a Manasés:

> El Dios en cuya presencia anduvieron mis padres Abraham e Isaac, el Dios que me mantiene desde que yo soy hasta este día, el Ángel que me liberta de todo mal, bendiga a estos jóvenes; y sea perpetuado en ellos mi nombre, y el nombre de mis padres Abraham e Isaac, y multiplíquense en gran manera en medio de la tierra (Gn. 48:15-16).

En comparación con Esaú, uno podría pensar que la vida de Jacob fue un fracaso. Es cierto que Jacob obtuvo la primogenitura, pero con ella vinieron sufrimiento y aflicciones. Esaú perdió la primogenitura, pero tuvo todas las cosas que uno podría desear según el criterio del mundo. Esaú tuvo riquezas, un linaje de reyes relacionados con él y una enorme posesión de territorio. Pero, así y todo, Esaú nunca hubiese podido bendecir al faraón. Pero Jacob sí pudo hacerlo. Es Jacob quien, con sus aflicciones, ha llegado al conocimiento de Jehová Dios y ha recibido la riqueza espiritual y las bendiciones que acompañan a ese conocimiento. Es Jacob quien está capacitado para bendecir al faraón con las bendiciones que proceden de Dios.

La política de José en Egipto (47:11-26)

Génesis 47:11-12 describe la política de José hacia su padre y sus hermanos. El texto dice:

> *Así José hizo habitar a su padre y a sus hermanos, y les dio posesión en la tierra de Egipto, en lo mejor de la tierra, en la tierra de Ramesés, como mandó Faraón (Gn. 47:11).*

Se ha dicho que Romanos 12:11 es una especie de resumen de la vida de José: «En lo que requiere diligencia, no perezosos; fervientes en espíritu, sirviendo al Señor». José fue un ejemplo de todas esas exhortaciones y sus políticas revelan sus conocimientos y capacidades como administrador.

La frase «en la tierra de Ramesés» ha sido discutida por los comentaristas y se han expresado diferentes opiniones al respecto. Herbert C. Leupold, en su excelente comentario, dice:

La expresión «la tierra de Ramesés» es usada por Moisés prolépticamente para describir más acertadamente para sus contemporáneos la región que ellos en su tiempo conocían como Ramesés. Porque las ciudades de almacenamiento Pitón y Ramesés (Éx. 1:11), que los hijos de Israel construyeron, al parecer estaban en ese sitio. La otra afirmación hecha en esta conexión, que Ramesés tenía que haber derivado su nombre de Ramesés II, su supuesto constructor, es errónea; porque según la cronología bíblica, el Éxodo tuvo lugar por el año 1449 a.C., mientras que Ramesés II gobernó primero comenzando por el año 1300 a.C. Una ciudad puede llevar el nombre de un rey, pero también un rey puede llevar el nombre de una ciudad, o tanto el rey como la ciudad pueden llevar el de otra persona u otro objeto que lleva un nombre familiar. Esta Ramesés es generalmente localizada por los geógrafos casi a mitad de camino entre el lago Timsa y el Nilo.[2]

La política de José hacia los egipcios ha sido criticada algunas veces por considerarse demasiado severa. Se dice que en el análisis final, toda la propiedad de los egipcios se convierte en posesión del monarca. En primer lugar, debe recordarse que en el mundo antiguo se esperaba que el ciudadano pagase sus propios gastos hasta el límite de su capacidad para hacerlo. Ese principio aporta un tono moral a la vida de aquellos tiempos que está ausente en la sociedad moderna. En el mundo de hoy con frecuencia se piensa que el gobierno le debe un medio de vida al ciudadano, y esa actitud es débil e inadecuada para los buenos principios de la economía, como también para la vida moral. Las políticas de José condujeron a la salvación del pueblo y, si se les permite arreglar la cuestión del valor de sus políticas, el asunto queda resuelto a favor de José, porque al final de la crisis del hambre el pueblo exclama: «La vida nos has dado; hallemos gracia en ojos de nuestro señor, y seamos siervos de Faraón» (Gn. 47:25).

Por causa de la providencia de Dios los israelitas estaban mejor que los egipcios. José les dio grano con la aprobación del faraón y un sitio para vivir —que era una sección muy fértil del país—, y el derecho de tener una propiedad. La gracia de Dios proveyó para ellos abundantemente.

Génesis 47:13-26 explica la política que José aplicó a los egipcios. A medida que la crisis del hambre continuaba, los egipcios gastaron su dinero, su ganado y, finalmente, vendieron sus tierras y su soberanía personal (véase Gn. 47:19). El texto bíblico dice:

Entonces compró José toda la tierra de Egipto para Faraón; pues los egipcios vendieron cada uno sus tierras, porque se agravó el hambre sobre ellos; y la tierra vino a ser de Faraón (Gn. 47:20).

Los egipcios no eran esclavos, pero ahora estaban ocupados en una especie de servicio feudal para el monarca. No era un servicio cruel porque, al parecer, a los egipcios les gustaba la situación en la que estaban (véase Gn. 47:25).

La tierra de los sacerdotes no fue afectada (véase 47:22). Quizá se debió al hecho de que cuando vino el tiempo del Éxodo, el plan de Dios fue confrontar a los dioses de Egipto, vencerlos de manera aplastante y de esa manera demostrar la superioridad

---

2. Herbert C. Leupold, *Exposition of Genesis*, vol. II, p. 1131.

de Jehová Dios sobre el panteón egipcio. De esa manera el Todopoderoso demostraría que hay un solo y único Dios vivo y verdadero (véase Éx. 12:12). De ser así, entonces el aspecto providencial del trato con los sacerdotes, los representantes de los dioses de Egipto, queda totalmente demostrado.

Las palabras del pueblo a José: «...La vida nos has dado; hallemos gracia en ojos de nuestro señor, y seamos siervos de Faraón» (Gn. 47:25) evidencian una fuerza típica. José es un tipo de Cristo, y los egipcios rodearon a José y reconocieron que le debían la vida. José descendió primero a lo más profundo y luego fue elevado a lo más alto para salvar la vida de mucha gente. Nuestro Señor Jesucristo también descendió a lo más profundo, es decir, hasta la misma muerte. Al tercer día fue levantado de los muertos y es el Salvador de todo el que confía en Él. Los egipcios ofrecieron ser «siervos de Faraón» (47:25), y esa oferta de ser «esclavos» del rey de Egipto también nos recuerda que nosotros, en el momento de creer, nos convertimos en siervos de nuestro Salvador y Señor (véase 1 Ts. 1:9).

La residencia de Jacob en Egipto (47:27-31)

Así habitó Israel en la tierra de Egipto, en la tierra de Gosén; y tomaron posesión de ella, y se aumentaron, y se multiplicaron en gran manera. Y vivió Jacob en la tierra de Egipto diecisiete años; y fueron los días de Jacob, los años de su vida, ciento cuarenta y siete años (Gn. 47:27-28).

Providencialmente, Dios llevó a Jacob y a su familia a la tierra de Gosén donde se aumentaron y crecieron en gran manera. Allí Jacob vivió diecisiete años, hasta su muerte, cuando tenía ciento cuarenta y siete años. José fue llamado junto al lecho de Jacob cuando ya estaba cercana su muerte. En tres ocasiones José fue llamado al lecho de Jacob. El hecho mismo de que tales detalles rodeen el relato de la muerte del patriarca indica que el Espíritu Santo lo considera algo importante. En el caso de los relatos de las vidas de otros personajes importantes en las Escrituras, vemos que hay muchos detalles de sus vidas, pero sus muertes normalmente son descritas en una cláusula o en una oración. La amplitud del relato de la muerte de Jacob nos motiva a considerar el hecho cuidadosamente.

Al hablar de su residencia en Egipto, Moisés señala que Jacob permaneció allí durante diecisiete años y que murió a la edad de 147. Los últimos años de la vida del anciano patriarca fueron tranquilos. Había para él «luz al atardecer». En lo que al pueblo se refiere, adquirieron propiedades, fueron fructíferos y se multiplicaron en gran manera (47:27).

Génesis 47:29-31 relata la muerte de Jacob. Como puede verse, hay una ausencia total de temor frente a la perspectiva de enfrentarse al final de su vida terrenal. El hombre que luchó contra Dios y prevaleció no desmayará al enfrentarse al aguijón de la muerte (véase 1 Co. 15:55-56).

La última petición de Israel fue: «Te ruego que no me entierres en Egipto» (Gn. 47:29) y en esa petición queda claro que Israel está más preocupado por el futuro del pueblo de Dios en la tierra prometida que en su propia entrada personal en la eternidad, algo desconocido para él en ese momento. Podía haber sido también un deseo natural de ser enterrado en la tierra de su origen. Eso ocurre con frecuencia entre las personas, pero su deseo tenía un origen más elevado, es decir, en las grandes promesas mesiánicas que habían sido hechas a sus padres y que les habían sido confirmadas. Su destino descansaba en la tierra, y eso Israel lo sabía. Y era allí donde deseaba ser sepultado para esperar el día de la resurrección y de la restauración a la tierra prometida.

En el versículo siguiente dice:

Mas cuando duerma con mis padres, me llevarás de Egipto y me sepultarás en el sepulcro de ellos. Y José respondió: Haré como tú dices (Gn. 47:30).

El capítulo termina de una manera suave, solemne y sencilla:

E Israel dijo: Júramelo. Y José le juró. Entonces Israel se inclinó sobre la cabecera de la cama (Gn. 47:31).

Aunque hay alguna duda acerca de la lectura exacta del texto aquí, el énfasis esencial es que Jacob adoró. El cuadro es sumamente maravilloso. ¡El patriarca termina su vida terrenal con un solemne acto de adoración!

RESUMEN Y CONCLUSIÓN

Génesis 47 enseña que la vida de fe es, sin duda, un peregrinaje que tiene un comienzo y un final, que es una meta gloriosa. La pregunta es, ¿cuál es nuestra meta?

En el caso de Jacob fue una comunión con Dios, con los elegidos y con sus padres. Y en la búsqueda de esa meta, aun cuando se desvió del camino muchas veces, descubrió que era honrado por Jehová Dios y por el mundo (Pr. 22:29). Al final de su vida, Israel estuvo delante de reyes y expresó un buen testimonio a su gran Dios.

La muerte de los fieles es la entrada en la comunión por la cual han luchado. En el análisis final, no hay pausa en sus vidas, en un momento están en un sitio y en otro momento están con el Señor y el Señor con ellos. Aún hoy Jacob es honrado por Jehová Dios quien habla de sí mismo como: «El Dios de Abraham, el Dios de Isaac y el Dios de Jacob» (Mt. 22:32). La vida de Jacob, con sus altibajos, con sus tropiezos y sus caídas, sigue siendo un tremendo ejemplo de la gracia soberana y la misericordia del único Dios vivo y verdadero.

48

El patriarca Jacob bendice a los hijos de José (48:1-22)

Jacob llega al final de su peregrinación terrenal. El gran patriarca vivió ciento cuarenta y siete años, diecisiete de ellos en Egipto. ¿Cuál fue su acto de fe más destacado? Muchos dirían, por supuesto, que fue su experiencia en Peniel, donde luchó con el Ángel. El profeta Oseas escribió:

> En el seno materno tomó por el calcañar a su hermano, y con poder venció al ángel. Venció al ángel, y prevaleció; lloró, y le rogó; en Bet-el le halló, y allí habló con nosotros. Mas Jehová es Dios de los ejércitos; Jehová es su nombre (Os. 12:3-5).

Moisés, al hablar de ese suceso, declara que el Ángel —el Hijo de Dios preencarnado— dijo a Jacob después de la lucha: «No se dirá más tu nombre Jacob, sino Israel; porque has luchado con Dios y con los hombres, y has vencido» (Gn. 32:28). Sin embargo, cuando el escritor del capítulo de los héroes de la fe en la Epístola a los Hebreos describe la fe de Jacob no selecciona ese acontecimiento.

Quizá la experiencia en Bet-el o la visión en Beerseba hayan sido los puntos culminantes de la fe de Jacob. Sin embargo, de la larga carrera del patriarca, el autor de la Epístola a los Hebreos seleccionó la bendición de los hijos de José, y dice al respecto:

> Por la fe Jacob, al morir, bendijo a cada uno de los hijos de José, y adoró apoyado sobre el extremo de su bordón (He. 11:21).

Ese acto, evidentemente, tenía en sí mismo la cualidad de fe que distinguió a Jacob como uno de los hombres fieles de Dios. La carta a los Hebreos comienza el capítulo 11, diciendo: «Es, pues, la fe la certeza de lo que se espera, la convicción de lo que no se ve» (11:1). Sus otras palabras acerca de la fe como aquello que mira hacia

596

el futuro con confianza, dándole casi el sentido de esperanza, son ilustradas por la bendición de Jacob de los hijos (véase He. 11:7-8, 19, 26-27). En realidad, el patriarca, sin ninguna de sus actuaciones engañosas, se convierte en una lección objetiva en la confiada respuesta a la revelación de Dios.

En la escena en este capítulo, el lector es transportado al lecho de muerte del anciano Jacob. El autor de Génesis dice que alguien dijo a José: «He aquí tu padre está enfermo. Y él tomó consigo a sus dos hijos, Manasés y Efraín» (Gn. 48:1). El vocablo «enfermo» aporta la idea de «estar desgastado» o enfermo como resultado de la edad. Jehová, sin embargo, está a su lado, y el estado alerta de su mente en aquel momento es el resultado del poder sustentador de la verdad divina. ¡Cuán importante es estar lleno de las promesas de Dios a la hora de confrontar al postrer enemigo, es decir, la muerte!

Las evidencias de la presencia del Señor con su amado Israel incluyen el hecho de que el patriarca se convierte en el objeto de la inspiración divina. Jacob reúne sus fuerzas, se sienta en su cama y reclama para sí a los hijos de José: «Y ahora tus dos hijos Efraín y Manasés, que te nacieron en la tierra de Egipto, antes que viniese a ti a la tierra de Egipto, míos son; como Rubén y Simeón, serán míos» (Gn. 48:5). Seguidamente, Jacob pide que los dos le sean llevados para que sean bendecidos. La presencia de Dios es vista también en el hecho de que Jacob es el mediador de promesas divinas con proyecciones futuras, tanto para los hijos de José como para el mismo José (véase Gn. 48:15-16, 19-21). Finalmente, la presencia de Dios con él puede verse en el testimonio que Jacob da respecto a la fidelidad de Dios en su vida:

El Ángel que me liberta de todo mal, bendiga a estos jóvenes; y sea perpetuado en ellos mi nombre, y el nombre de mis padres Abraham e Isaac, y multiplíquense en gran manera en medio de la tierra (Gn. 48:16).

Las memorables palabras: «El Dios en cuya presencia anduvieron mis padres Abraham e Isaac, el Dios que me mantiene [me ha pastoreado] desde que yo soy hasta este día, el Ángel que me liberta de todo mal, bendiga a estos jóvenes...» (Gn. 48:15-16a) están indeleblemente grabadas y permanecen como uno de los más grandes tributos bíblicos dedicados al Dios soberano y omnipotente. Hay que añadir que en aquel acto de bendecir a los hijos de José, Jacob se convierte en el objeto y en el sujeto de uno de los hechos más reveladores registrados en las Escrituras: cruzar sus manos sobre Efraín y Manasés. José no entendió lo que su padre hacía, pero Jacob fue guiado por Jehová Dios para que la bendición mayor recayese sobre Efraín. Dios soberanamente escogió al menor sobre el mayor, tal como había hecho con Esaú y Jacob.

LA ADOPCIÓN DE LOS HIJOS DE JOSÉ (48:1-7)

Sucedió después de estas cosas que dijeron a José: He aquí tu padre está enfermo. Y él tomó consigo a sus dos hijos, Manasés y Efraín (Gn. 48:1).

El capítulo 47 concluye con el juramento hecho por José a su padre respecto a que cuando el patriarca muriese su cuerpo sería sepultado en Mamre, donde estaban sepultados Sara, Abraham, Isaac y Rebeca. Génesis 48 comienza con la adopción por Jacob de los dos hijos de José, y Moisés registra este acontecimiento por su importancia teológica. José recibió la noticia de la enfermedad de su padre y, reconociendo que el final de la vida de Jacob estaba cerca, tomó a sus dos hijos y viajó a Gosén para estar junto al lecho de su padre. José esperaba que su padre pronunciase la bendición sobre sus dos hijos. Hay aquí una preciosa ilustración de la doctrina de la imputación de la justicia de Dios a los creyentes sobre la base de los méritos de Jesús a través de su muerte expiatoria en la cruz del Calvario. Jacob, entonces, pronuncia su bendición sobre Efraín y sobre Manasés: «Y los bendijo aquel día, diciendo: En ti bendecirá Israel, diciendo: Hágate Dios como a Efraín y como a Manasés. Y puso a Efraín antes de Manasés» (Gn. 48:20). Dios, soberanamente, hizo que Jacob pusiese a Efraín antes de Manasés.

> *Y se le hizo saber a Jacob, diciendo: He aquí tu hijo José viene a ti. Entonces se esforzó Israel, y se sentó sobre la cama (Gn. 48:2).*

La noticia de la venida de José motivó a Jacob y se fortaleció para encontrarse con su hijo. Evidentemente, Jacob, también, se dio cuenta de que la cuestión de la bendición para los hijos de José podía ser una de las razones del viaje de su hijo. Seguramente los miembros de la familia se sorprendieron al ver a Jacob sentarse en la cama. Al parecer, el patriarca fue fortalecido por Jehová Dios en aquel momento. El enfermo patriarca se sentó en la cama y se preparó para recibir a José y a sus hijos. La Epístola a los Hebreos dice: «Por la fe Jacob, al morir, bendijo a cada uno de los hijos de José, y adoró apoyado sobre el extremo de su bordón» (He. 11:21).

En aquel momento solemne e íntimo, Jacob recobró suficientes fuerzas para bendecir a los hijos de José. Mientras moría, Israel, el escogido de Dios, es usado para impartir bendición.

> *Y dijo a José: El Dios Omnipotente me apareció en Luz en la tierra de Canaán, y me bendijo, y me dijo: He aquí yo te haré crecer, y te multiplicaré, y te pondré por estirpe de naciones; y daré esta tierra a tu descendencia después de ti por heredad perpetua. Y ahora tus dos hijos Efraín y Manasés, que te nacieron en tierra de Egipto, antes que viniese a ti a la tierra de Egipto, míos son; como Rubén y Simeón, serán míos. Y los que después de ellos has engendrado, serán tuyos; por el nombre de sus hermanos serán llamados en sus heredades. Porque cuando yo venía de Padan-aram, se me murió Raquel en la tierra de Canaán, en el camino, como media legua de tierra viniendo a Efrata; y la sepulté allí en el camino de Efrata, que es Belén (Gn. 48:3-7).*

Cuando José llegó, Jacob comenzó a pronunciar algunas palabras profundas respecto al trato del Señor con él, y le recuerda a José cómo lo encontró el Señor en Bet-el y le dio esas maravillosas promesas respecto a una simiente numerosa y a la heredad perpetua de la tierra de Canaán. La vida espiritual de Jacob comenzó en Bet-el, y nunca se olvidó de la grande y maravillosa aparición de Jehová Dios. Fue allí donde el «viejo hombre», Jacob, llegó a ser el «nuevo hombre», Israel. El patriarca trajo a su memoria la enorme bendición que había recibido directamente del Señor (Gn. 48:3-4), y ahora, Israel, el hombre de fe, sentado en el borde de su cama, bendice a sus dos nietos Efraín y Manasés. Dice Jacob en el versículo 5:

Y ahora tus dos hijos Efraín y Manasés, que te nacieron en la tierra de Egipto, antes que viniese a ti a la tierra de Egipto, míos son; como Rubén y Simeón, serán míos (Gn. 48:5).

Esa asombrosa declaración confirma la adopción de los dos hijos de José por Jacob como sus dos hijos. O sea, que los nietos iban a tomar su lugar entre los hijos de Jacob e iban a formar dos de las tribus de Israel. Ese es un ejemplo clásico del significado de la adopción. Debe notarse que Jacob coloca a Efraín y Manasés al mismo nivel de Rubén y Simeón (véase Gn. 29:32-33). La adopción como hizo Jacob con los hijos de José era una práctica normal en el Oriente antiguo. Gordon Wenham dice lo siguiente:

Este acto de adopción no hace simplemente a Efraín y a Manasés herederos de Jacob, sino que los hace progenitores de tribus a la par de aquellos que trazan su origen a los mismos hijos de Jacob, tal como Judá y Benjamín.[1]

La declaración de Jacob: «…míos son» sugiere que la adopción de Efraín y Manasés fue un acto formal y total, no algo superficial. Efraín y Manasés no reemplazaban a Rubén y Simeón sino que apunta al hecho de que los hijos de José formarían tribus que estarían al mismo nivel que las otras tribus que formarían la nación de Israel.[2]

Después de pronunciar otras palabras acerca de los futuros hijos de José y cómo pertenecerán a José, no a Jacob, la mente del anciano patriarca retrocede a su amada Raquel. José y sus dos hijos eran la causa de su reflexión. Raquel era la esposa favorita de Jacob, y aunque Jacob había tenido hijos con cuatro mujeres, Raquel fue quien logró el mayor afecto de Jacob y fue el objeto de su amor más profundo. Fue una mirada dolorosa al pasado y debió de haber afectado también a José puesto que Raquel era su madre. Como muchos hombres de edad avanzada, la mente de Jacob divagaba y repetía una y otra vez historias del pasado. En Génesis 48:7, Jacob recuerda con tristeza la muerte de su amada Raquel en tierra de Canaán. Raquel fue enterrada en Efrata, es decir, Belén, la ciudad de David y el lugar del nacimiento de Jesús, el Mesías.

La bendición de los hijos de José (48:8-20)

Y vio Israel los hijos de José, y dijo: ¿Quiénes son éstos? Y respondió José a su padre: Son mis hijos, que Dios me ha dado aquí. Y él dijo: Acércalos ahora a mí, y los bendeciré (Gn. 48:8-9).

Es de esperarse que Jacob conociera a los dos hijos de José, pero su avanzada edad se manifestaba en la dificultad de recordar ciertas cosas. Quizá Jacob ya no veía bien o no era capaz de reconocer a los dos hijos de José que pronto adoptaría. Después de identificarlos, el anciano los besó y los abrazó. Aquel acto era una demostración de afecto que precedía a la bendición que Jacob pronunciaría sobre ellos (véase Gn. 48:8-10). Jacob era un hombre con un corazón lleno de afecto paternal. Es cierto que en el pasado había sido un tramposo, pero ahora era un hombre de corazón tierno y compasivo.

---

1. Gordon Wenham, «Genesis 16-50», *Word Biblical Commentary,* p. 463.
2. Herbert C. Leupold, *Exposition of Genesis,* vol. II, p. 1147.

Entonces José, deseoso de que la bendición oficial fuese conferida a sus hijos, toma a los dos jóvenes de las rodillas de Jacob, da uno o dos pasos hacia atrás, se inclina al suelo en un acto de reverencia filial (recuérdese que José era el primer ministro de Egipto), y entonces colocó a los dos muchachos nuevamente delante de su padre. Puesto que Manasés era el primogénito, José tomó a Manasés con su mano izquierda, delante de la mano derecha de Jacob para que le fuera fácil extender su mano derecha y otorgarle la bendición del primogénito. Efraín fue colocado delante de la mano izquierda del patriarca. El texto dice:

> *Y tomó José a ambos, Efraín a su derecha, a la izquierda de Israel, y Manasés a su izquierda, a la derecha de Israel; y los acercó a él. Entonces Israel extendió su mano derecha, y la puso sobre la cabeza de Efraín, que era el menor, y su mano izquierda sobre la cabeza de Manasés, colocando así sus manos adrede, aunque Manasés era el primogénito (Gn. 48:13-14).*

Jacob invirtió el procedimiento normal. La RVR-60 dice: «...colocando así sus manos adrede». El texto hebreo usa el verbo *sakál* que en este contexto significa «cruzar».[3] Lo que Jacob hizo implicaba precisamente «cruzar sus manos». Sin duda, lo que el anciano patriarca hizo fue dirigido por el Espíritu Santo, pues que cruzara sus manos no fue un acto del azar, el patriarca sabía que lo hacía bajo la dirección de Dios. Génesis 48:15-16 habla del contenido de la bendición pronunciada por Jacob y pone de manifiesto la importancia de pertenecer a una familia arraigada en la piedad y en la comunión con Dios.

> *Y bendijo a José, diciendo: El Dios en cuya presencia anduvieron mis padres Abraham e Isaac, el Dios que me mantiene desde que yo soy hasta este día, el Ángel que me liberta de todo mal, bendiga a estos jóvenes; y sea perpetuado en ellos mi nombre, y el nombre de mis padres Abraham e Isaac, y multiplíquense en gran manera en medio de la tierra (Gn. 48:15-16).*

Obsérvese que el versículo 15 dice que Jacob «bendijo a José» y en el versículo 16 dice: «y el Ángel que me liberta de todo mal bendiga a estos jóvenes». Eso sugiere que José es el nombre colectivo para los dos hijos a partir de ese momento. Al bendecir a José también bendice a sus dos hijos puesto que él es el representante de ellos y ellos son representados por él (véase 1 Cr. 5:1-2).

Obsérvese también que la bendición es otorgada invocando a Dios de una triple manera (véase Gn. 48:15-16). Jacob apela al Dios que «hace su voluntad», «que obra» y «el Dios que protege». La triple mención llama la atención dado que el verbo «bendiga» en el versículo 16 es singular en el texto hebreo. Es como si Jacob se refiriese al Dios Trino de manera consciente, aunque la doctrina de la Trinidad no está plenamente revelada en el Antiguo Testamento. El «Ángel», por supuesto, es una referencia al Cristo preencarnado (véase Gn. 32:24, 28, 30).

El Dios al que Jacob apela es descrito como: «El Dios en cuya presencia anduvieron mis padres Abraham e Isaac, el Dios que me mantiene desde que yo soy hasta este

---

3. *Ibíd.*, p. 1152.

día» (Gn. 48:15), es decir, Jehová Dios del pacto, el que dio las promesas a Abraham y a su simiente. Es el Dios que estabilizó y reafirmó la fe de Jacob a través de tantos momentos de crisis en su vida (véase Gn. 28:13; 31:5, 42; 32:9; 46:3).

Jacob se refiere a Dios también como «el Dios que me mantiene», es decir, «el Dios que me ha pastoreado», y añade: «Desde que yo soy hasta este día» (Gn. 48:15). Jacob usa la metáfora del pastor para describir el cuidado que Jehová Dios había tenido con él. El patriarca había sido pastor por muchos años y sabía muy bien qué significaba esa ocupación. Jehová Dios había cuidado de él con mucha más ternura de la que él había cuidado de su rebaño. Jacob no dice que siempre ha seguido al Señor, pero confiesa que siempre ha disfrutado de su cuidado pastoral. Es posible que el rey David extrajera de este pasaje la tan recordada frase: «Jehová es mi pastor, nada me faltará» (Sal. 23:1).

La afirmación: «El Ángel que me liberta de todo mal» (Gn. 48:16) trae a la memoria lo que Jacob había dicho al rey de Egipto: «...Los días de los años de mi peregrinación son ciento treinta años; pocos y malos han sido los días de los años de mi vida, y no han llegado a los días de los años de la vida de mis padres en los días de su peregrinación» (Gn. 47:9). Las dos declaraciones son diferentes —obviamente— y representan dos conceptos diferentes de la vida. No es extraño, sin embargo, que hagamos lo mismo que hizo Jacob, es decir, contemplar la vida desde la óptica humana y luego hacerlo desde la óptica divina. Por supuesto que somos mucho más sabios cuando vemos las cosas desde la perspectiva divina. En un caso, las palabras del patriarca se centran totalmente en sí mismo, pero en el otro, Jacob trae a Dios a colación. Los males todavía están presentes, por supuesto, pero contemplados desde el punto de vista de Jehová Dios ya no tienen que ser temidos. Cinco panes y dos peces en las manos de un muchacho solo alimentarían a una o dos personas, pero en las manos del Señor alimentaron a miles de personas.

> *Pero viendo José que su padre ponía la mano derecha sobre la cabeza de Efraín, le causó esto disgusto; y asió la mano de su padre, para cambiarla de la cabeza de Efraín a la cabeza de Manasés. Y dijo José a su padre: No así, padre mío, porque éste es el primogénito, pon tu mano derecha sobre su cabeza. Mas su padre no quiso, y dijo: Lo sé, hijo mío, lo sé; también él vendrá a ser un pueblo, y será también engrandecido, pero su hermano menor será más grande que él, y su descendencia formará multitud de naciones (Gn. 48:17-20).*

José es confundido por el hecho de que Jacob ha dado la bendición del primogénito al hijo menor, y procuró quitar la mano derecha de Jacob de la cabeza de Efraín y ponerla sobre la cabeza de Manasés, pero Jacob no se lo permitió. El patriarca rehúsa admitir algún error en lo que ha hecho, y dice: «Lo sé, hijo mío, lo sé; también él vendrá a ser un pueblo, y será también engrandecido, pero su hermano menor será más grande que él, y su descendencia formará multitud de naciones» (48:19). Nuevamente Dios pasa por alto la ley de la primogenitura, y trae a la memoria lo que Dios hizo con Ismael e Isaac y con Jacob y Esaú. Ismael y Esaú eran mayores que sus hermanos, pero Dios soberanamente escogió al menor. Dios hizo lo mismo cuando escogió a Efraín por encima de Manasés. En resumidas cuentas, también hay que recordar al primer Adán, el del huerto de Edén, quien perdió el derecho a reinar, y al postrer Adán, el celestial, el

Señor Jesucristo, quien reconquistó para el hombre el derecho que el primer Adán (en su naturaleza humana) perdió. Dios nos recuerda mediante estas cosas que la naturaleza fracasa, pero la gracia redime, restaura y bendice. Jacob rehusó poner las manos de otra manera al considerar que esa era la voluntad de Dios y sentir que había sido guiado a otorgar la bendición a Efraín, el hermano menor. El anciano patriarca, ahora más que nunca como Israel, ha echado su ancla en el puerto seguro de la voluntad de Dios para siempre. También puede verse aquí una maravillosa ilustración de la soberanía de Dios en su trato con los hombres, que es una bendita y misteriosa doctrina enseñada por la Palabra de Dios.

La bendición de José (48:21-22)

Y dijo Israel a José: He aquí yo muero; pero Dios estará con vosotros, y os hará volver a la tierra de vuestros padres. Y yo te he dado a ti una parte más que a tus hermanos, la cual tomé yo de manos del amorreo con mi espada y mi arco (Gn. 48:21-22).

Estos dos versículos expresan las palabras finales de Israel y en ellas bendice a su hijo José. Son palabras memorables. «He aquí yo…» es enfático en el texto hebreo. Jacob reconoce que estaba a punto de morir y llegaba al final de su peregrinaje terrenal. Pero más seguro aún estaba de que «Dios estaría con José y con toda la simiente de Abraham e Isaac». Además, tenía la absoluta seguridad de que Jehová Dios los llevaría a la tierra que les había dado en heredad perpetua (véase Gn. 13:14-18; 15:13-21; 17:4-8; 28:1-5; 35:9-12). ¡Feliz es el hombre que es capaz de alzar su vista por encima del hombre y mirar a Dios y confiar en sus promesas!

Resumen y conclusión

Génesis 48 contiene una hermosa reiteración del tema de la gracia soberana de Dios. En este capítulo, el patriarca Jacob bendice a los hijos de José y la bendición de la primogenitura es otorgada a Efraín, aunque el primogénito era su hermano Manasés. Dios, soberanamente, escogió a Efraín tal como lo había hecho en tiempos antiguos, cuando escogió a Isaac sobre Ismael y a Jacob sobre Esaú. Todo eso ilustra la gran elección del postrer Adán, nuestro Señor Jesucristo, por encima del primer Adán, cabeza de la raza humana.

¿Qué había en el acto de Jacob que lo hizo un acto de fe tan grande que el autor de la Epístola a los Hebreos lo escogió como un acto representativo de la fe del patriarca? Ese acto de Jacob contiene un reconocimiento de la preeminencia de Dios y es una señal insoslayable del lugar de la gracia de Dios en la relación del hombre con el soberano del universo.

La naturaleza humana, afectada por el pecado, es rebelde contra Dios, pero la gracia soberana es libre para bendecir a los indignos como solo Dios puede hacerlo. Jacob vio a Dios como «el pariente-redentor», porque Él lo redimió «de todo mal». A partir de ahí, una nueva perspectiva caracteriza la vida del patriarca (véase Gn. 48:16). Al ver a Dios como Redentor con una visión más clara que nunca, Jacob adora. La adoración es producto del reconocimiento de quién es Dios y de lo que ha hecho por su pueblo redimido.

¡Qué cuadro tan maravilloso es dejado en la mente del lector! El cuadro del anciano patriarca, siervo de Dios, otorgando la bendición a Efraín y a Manasés mediante las «manos cruzadas». Este es verdaderamente un cuadro simbólico del hecho de que la bendición de Dios sobre el indigno e improbable hijo más joven (Efraín) ilustra que es solo mediante la cruz de Jesucristo que tenemos bendición espiritual del Señor.

Dios cambia nuestra propia posición de seres humanos perdidos a través de la cruz de nuestro Redentor y nos otorga la bendición de hijos primogénitos, porque compartimos en la herencia de «nuestro mayor José», el Señor Jesús, recibiendo al mismo tiempo el perdón de nuestros pecados y la justificación de vida (véase Ro. 8:1-17; 3:21-26; Ef. 3:6).

49

Las bendiciones proféticas de Jacob (49:1-33)

Es un principio fundamental en el obrar de Dios que las acciones de los individuos han de afectar las vidas de sus descendientes. Ese modelo se observa con claridad en la historia patriarcal, porque las acciones y las disposiciones de los patriarcas pasaron de una manera u otra a sus hijos. Génesis 49 es un ejemplo de ese tema con el oráculo de las bendiciones de Jacob en el lecho de muerte. Aquí tenemos las últimas grandes bendiciones en Génesis. Jacob, por la fe y por inspiración divina, mira al futuro, a la conquista y al establecimiento de Israel en la tierra de Canaán y luego más allá a una era más gloriosa, mientras distribuía bendiciones a sus hijos.

El oráculo evalúa a los doce hijos de Jacob, anunciando la participación de cada uno en la bendición de Dios. Hay dos tipos de dichos usados en el capítulo: Breves declaraciones epigramáticas que ofrecen una breve caracterización de una tribu en la forma de un aforismo, y el más extenso oráculo acerca del poder y la influencia de una tribu... El oráculo más extenso trata a Rubén, Simeón, Leví, Judá y José, las tribus que, al parecer, exigen la mayor atención en el orden de las cosas.

Allen P. Ross, *Creation & Blessing*, p. 697.

El patriarca Jacob concluye su peregrinaje terrenal reuniendo a sus hijos para pronunciar su bendición sobre ellos. Santos hombres de Dios, como Moisés (Dt. 33), Josué (Jos. 24) y Samuel (1 S. 12), también terminaron su vida terrenal pronunciando bendiciones sobre la descendencia de Abraham e Isaac. Las últimas palabras de Jacob expresan una estupenda bendición profética a sus hijos dada a través del Espíritu Santo.

La crítica liberal, sin embargo, objeta caprichosamente el sentido profético de las palabras de Jacob. La alta crítica dice lo siguiente:

604

1. Las declaraciones de Jacob son un caso de *vaticinia ex eventibus*, es decir, profecías fabricadas de acontecimientos que, al parecer, pueden preverse.[1] Ese tipo de crítica generalmente procede de un presupuesto filosófico que da por sentado que es imposible predecir acontecimientos futuros. Como la alta crítica liberal rechaza todo lo sobrenatural rehúsa creer en la profecía. Por supuesto, es imposible creer que la Biblia es la Palabra de Dios si se niega lo sobrenatural; y la profecía es algo sobrenatural.

2. Es altamente improbable que un anciano decrépito en su lecho de muerte sea capaz de expresarse de una manera tan clara. Quienes así opinan pasan por alto o rechazan el hecho de que Jacob es un profeta de Dios. El Señor habla por medio de él y lo guía a pronunciar bendiciones y maldiciones, según sea el caso. Todo lo que Jacob dice tiene sentido. Habla con autoridad a pesar de su edad y de su condición física. Dios dio suficiente fortaleza física y suficiente claridad mental a Jacob para que pronunciase los maravillosos oráculos de Génesis 49.

3. Para Herbert C. Leupold, la tercera objeción procedente de la alta crítica es «la curiosidad exegética más extraña».[2] Según Leupold, esta teoría procede del escritor alemán Joachim Jeremías (*Das Alte Testament im Lichte des alten Orients*). Esta teoría hace de los doce hijos de Jacob en esta bendición los doce signos del zodíaco. Para llegar a ese resultado [Jeremías] reconstruye varios de esos signos, deliberadamente cambia porciones del texto hebreo, y descubre alusiones tan sutiles y remotas que solo unos pocos... se han aventurado a seguirlo.[3]

La acción de Jacob de bendecir a sus hijos antes de su muerte fue un acto de sabiduría. Los creyentes deben anticipar su muerte, quizá incluso preparar testimonios para beneficio de los sobrevivientes. Tal vez deban incluir un bosquejo de cómo la gracia de Dios ha obrado en sus vidas.

El oráculo pronunciado por Jacob está construido de manera maravillosa. Tiene un buen ritmo poético, excelentes figuras de dicción y un uso adecuado de la paranomasia (el uso de dos palabras con sonidos similares pero de significado distinto). Aun así, el discurso de Jacob es claro y llano. Es una elevada composición espiritual y una cálida expresión del corazón humano. Entre el primer grupo de hijos se destaca Judá, el cuarto hijo de Jacob. La profecía de los versículos 8 al 20 es importante debido al programa mesiánico elaborado por Dios. En la segunda parte del oráculo se destaca José (véase Gn. 49:22-26). El punto central del discurso parece ser el versículo 18: «Tu salvación esperé, oh Jehová». En medio de su oráculo, el patriarca expresa su fe y su confianza en el Dios guardador del pacto. Quizá esa breve oración tenga como base la liberación que el Mesías traerá a su pueblo en su venida. En este capítulo se dará atención especial a las bendiciones que aparecen en la primera parte y a las palabras dirigidas a Judá, quien es designado como el ancestro de «el León de la tribu de Judá», es decir, el Señor Jesucristo.

---

1. John J. Davis, *Paradise to Prison*, p. 295. También Derek Kidner, *Genesis*, p. 216.
2. Herbert C. Leupold, *Exposition of Genesis*, vol. II, p. 1165.
3. *Ibíd.*

Introducción al oráculo de Jacob: convocatoria a sus hijos (49:1-2)

Y llamó Jacob a sus hijos, y dijo: Juntaos, y os declararé lo que os ha de acontecer en los días venideros (49:1).

La manera formal en que Jacob convoca a sus hijos sugiere que el patriarca está consciente del hecho de que era llamado por el Señor a mirar solemnemente al futuro. La expresión «en los días venideros» [*beakjerít jayamim*] tiene una connotación profética y se refiere a un futuro que implica la lucha del presente con miras a un resultado adecuado, y contempla tanto el futuro cercano como el lejano. En este contexto abarca la historia de Israel desde la conquista y distribución de la tierra hasta la consumación en el reino del Mesías.[4]

La expresión «en los días venideros» es usada con frecuencia para señalar al futuro lejano, es decir, a los días del reinado del Mesías. Keil y Delitzsch comentan lo siguiente:

> Por lo tanto, [Jacob] predijo a sus hijos lo que les acontecería «en los últimos días», es decir, «al final de los días»… y no meramente en un tiempo futuro… de donde *beakjerít jayamim* en el lenguaje profético denota, no el futuro en general, sino el futuro final… la era mesiánica de la consumación (Is. 2:2; Ez. 38:8, 16; Jer. 30:24; 48:47; 49:39).[5]

En las palabras de Jacob de los versículos siguientes aparece la perspectiva de la ocupación de la tierra de Canaán, pero sus palabras en realidad van mucho más lejos. El versículo 10 lo deja bien claro. El oráculo de Jacob, por lo tanto, tiene que ver no solo con el futuro más cercano, sino también con el futuro más lejano. Las palabras del patriarca son similares a otras palabras proféticas en el Antiguo Testamento, cuando la perspectiva del profeta abarca tanto el futuro cercano como el lejano en el mismo contexto (véase Is. 11:1-16). Las palabras van del tiempo cercano al lejano sin que haya una clara distinción de sus diferencias temporales.

Juntaos y oíd, hijos de Jacob. Y escuchad a vuestro padre Israel (Gn. 49:2).

Los verbos «oíd» y «escuchad» se usan por razón de énfasis. «La doble exhortación del padre procede del conocimiento de que sus palabras serán doblemente preciosas».[6] Como profeta de Dios y como padre, Jacob/Israel insta a sus hijos a prestar atención cuidadosa a sus palabras.

La bendición de Rubén (49:3-4)

Rubén, tú eres mi primogénito, mi fortaleza, y el principio de mi vigor; principal en dignidad, principal en poder. Impetuoso como las aguas, no serás

---

4. Bruce K. Waltke, *Genesis: A Commentary*, p. 605.

5. Keil y Delitzsch, «Genesis to Judges 6:32», *Old Testament Commentaries*, p. 297.

6. Herbert C. Leupold, *Exposition of Genesis*, p. 1168.

el principal, por cuanto subiste al lecho de tu padre; entonces te envileciste,
subiendo a mi estrado (Gn. 49:3-4).

Por la providencia de Dios, Rubén era el primogénito de Jacob, y por eso poseía los derechos que le otorgaba esa posición. Sin embargo, Rubén perdió sus derechos a causa del pecado que cometió (véase 1 Cr. 5:1-2).

Obsérvese el horrible contraste entre el llamado y la condición de una persona. El pecado de Rubén registrado en Génesis 35:22 destaca esa diferencia. Hay un triste contraste entre la majestuosa frase del versículo 3 («principal en dignidad», «principal en poder») y el colapso ignominioso registrado en el versículo 4 («…por cuanto subiste al lecho de tu padre, entonces te envileciste»). El pecado de Rubén fue la causa principal de que su tribu no se destacase como las demás (véase Dt. 33:6).

La descripción del colapso de Rubén se encuentra, primero, en la frase «impetuoso como las aguas» (49:4). Esta metáfora significa literalmente «como el agua que hierve y se desborda». Sugiere «ser vencido por la pasión» o por «un deseo incontrolable». Esta evaluación sugiere que Rubén era una persona débil e impetuosa y al mismo tiempo indisciplinada.

Las últimas palabras del versículo cuatro, «…subiendo a mi estrado», son enfáticas. El orden de esas palabras en el texto hebreo da énfasis al pasmoso y desenfrenado acto. El texto dice: «A mi estrado él subió». El cambio de la segunda a la tercera persona sugiere que en ese momento Jacob se dirigió a los otros hermanos horrorizado por el pensamiento de lo que Rubén había hecho. Es como si Jacob señalase a Rubén mientras decía: «Él subió a mi estrado». En su momento, según el texto de Génesis, Jacob no había dicho nada acerca de aquel acto (véase Gn. 35:33). No cabe duda de que Jacob estaba indignado por el comportamiento de Rubén, pero es posible que el patriarca nunca haya dicho nada a nadie acerca de aquel hecho y que aquella fuera la primera revelación a sus hermanos. Por lo tanto, el uso de la tercera persona representaría una revelación a los hermanos de la repugnancia de Jacob de aquel infame acto sexual. De todos modos, aquel acto de incesto hizo que Rubén perdiese su derecho de primogenitura.

LA BENDICIÓN DE SIMEÓN Y DE LEVÍ (49:5-7)

El trasfondo histórico de esta sección es el terrible hecho narrado en Génesis 34, cuando Simeón y Leví asesinaron a los hombres de Siquem para vengarse por haber violado a su hermana Dina. Jacob habla de los dos hermanos, hijos de Jacob con Lea, que mataron a los hombres de la ciudad cuando estaban adoloridos por la circuncisión que se habían practicado. Jacob menciona en 49:5-6 que los hermanos Simeón y Leví eran hombres violentos: «Porque en su furor mataron hombres, y en su temeridad desjarretaron toros».

En Génesis 49:6, Jacob relata su desaprobación de la rudeza excesiva de sus dos hijos, así como el reproche que causaron a su nombre. En su momento, Jacob repudió la masacre que sus hijos hicieron en Siquem (véase Gn. 34:25-31).

Maldito su furor, que fue fiero; y su ira, que fue dura. Yo los apartaré en
Jacob, y los esparciré en Israel (Gn. 49:7).

Después de condenar su ira y su furia, Jacob anuncia que serían dispersados en medio de la nación. Simeón y Leví se habían unido para el mal, y ahora serían dispersados para su bien. Esta profecía se cumplió, pues Simeón fue esparcido entre las tribus y Leví fue esparcido entre las ciudades que le fueron dadas por el Señor. Además, se les dio la tarea de servir en el tabernáculo y en sus necesidades. Su esparcimiento fue, más bien, un premio por su cambio total de su acto de matar a los hombres de Siquem porque sus descendientes respaldaron a Moisés en el incidente del becerro de oro (véase Éx. 32:26). En medio de la incredulidad y del pecado del becerro de oro, Moisés se puso a la puerta del campamento y dijo: «¿Quién está por Jehová? Júntese conmigo. Y se juntaron con él todos los hijos de Leví» (Éx. 32:26). Obsérvese que hubo una respuesta unánime («todos los hijos de Leví») se pusieron al lado de Moisés. Evidentemente, en la mente de Dios, Leví se autorredimió como tribu delante del Señor por haber tomado la decisión de defender la causa del Jehová. Dios, por lo tanto, premió a la tribu de Leví, concediéndole el privilegio de servir en el tabernáculo.

La bendición de Judá (49:8-12)

> *Judá, te alabarán tus hermanos; tu mano en la cerviz de tus enemigos; los hijos de tu padre se inclinarán a ti (Gn. 49:8).*

Hay tres oráculos en las palabras dirigidas a Judá. En el versículo 8, en el 9 y finalmente en los versículos 10 al 12. El primero podría llamarse un oráculo de dominio a la luz de las palabras: «Tu mano en la cerviz de tus enemigos», y «los hijos de tu padre se inclinarán a ti». En los tres oráculos hay una progresión de pensamiento muy interesante. Hay dominio, advenimiento y luego un cuadro que se asemeja a un paraíso en los versículos 11 y 12, versículos que describen un ambiente de inmensa prosperidad.

El oráculo de dominio comienza con un juego de palabras relacionado con el nombre de Judá que significa «alabanza» (véase Gn. 29:35), y este, a la postre, va al más grande de los hijos de Judá, es decir, al Mesías, quien en el sentido final tendrá su mano en el cuello de sus enemigos, con sus hermanos que se postrarán en adoración delante de Él. Esto trae a la mente de inmediato el *Magnificat* de María (véase Lc. 1:46-56), con sus notas de victoria sobre los enemigos del Señor (Lc. 1:51-52), y también hace recordar el protoevangelio de Génesis 3:15, con su profecía de que la cabeza de la serpiente será aplastada por la simiente de la mujer.

> *Cachorro de león, Judá; de la presa subiste, hijo mío. Se encorvó, se echó como león, así como león viejo: ¿Quién lo despertará? (Gn. 49:9).*

Este oráculo habla de valor y fortaleza. Judá es asemejado a un león y a una leona que ha capturado a su presa, la ha matado, y arrastra el resto a su refugio y descansa satisfecho. La segunda vez que se menciona al león, en hebreo es literalmente «leona», y sugiere un león sentado al lado de su cachorro. En esa situación el león se convierte en un animal muy peligroso si alguien intenta hacerle daño a sus crías.

Si Judá es el «león» de las tribus de Israel, entonces el Hijo mayor y más noble, es decir, el Mesías, es adecuadamente designado en las Escrituras como «el León de la tribu de Judá». ¡Cuán grande victoria ha logrado! Quizá el cuadro más correcto de esa victoria es el que aparece en Apocalipsis 5:5-14, donde el gobierno del universo es obtenido por el León, que es el Cordero. Como Cordero inmolado, Él pagó el rescate por todos sus redimidos. Como León de la tribu de Judá, Él gobernará todo el universo y regirá las naciones con vara de hierro (véase Ap. 19:11-16; Sal. 72:5-20).

Génesis 49:10-12 contiene el oráculo acerca del gobierno del León de la tribu de Judá. Los versículos anteriores dan al lector una sensación de expectación que se consuma en los versículos 10-12. El dominio y la soberanía sobre el reino de Dios pertenecen a la tribu de Judá, de donde vendrá «Siloh», y «a Él será dada la obediencia de los pueblos»; es decir, Él tendrá autoridad absoluta sobre todas las naciones.

> *No será quitado el cetro de Judá, ni el legislador de entre sus pies, hasta que venga Siloh; y a él se congregarán los pueblos (Gn. 49:10).*

La frase inicial de este versículo y la siguiente se han cumplido en la historia. El dominio ha permanecido con Judá y ahora descansa en la posesión segura del «León» de la tribu de Judá, es decir, el Señor Jesucristo, quien ha prevalecido mediante su sacrificio y ha obtenido el derecho de gobernar sobre todos los hombres. La soberanía de Judá en la historia es acentuada por el hecho de que Judá se hizo tan dominante que el pueblo hebreo es conocido hoy como «el pueblo judío». Esa designación, por supuesto, se deriva de la tribu de Judá. La cruz es su trono y el futuro manifestará las realidades que de ella se derivan. La identificación del vocablo «Siloh» ha sido clasificada como un *crux interpretum* («una encrucijada interpretativa»), quizá el más famoso en todo el Antiguo Testamento.[7] Es arriesgado dogmatizar acerca del significado de un vocablo a la luz de la dificultad de hacerlo con precisión.

Los comentaristas bíblicos han hecho muchas y variadas sugerencias. Algunos han sugerido que Siloh se refiere a un lugar. Por ejemplo, el Silo mencionado en 1 Samuel 4:12. Es imposible, sin embargo, ver cómo la supremacía de Judá fuese afectada por la colocación del tabernáculo en Silo. Otros han visto que dicho vocablo se refería a su hijo, o prole, derivándolo de una raíz que solo tiene semejanzas en otros idiomas semitas. Aunque no se conoce la raíz de esta palabra hebrea, la existencia de otras similares en arameo y árabe ha sugerido su posibilidad aquí. Este punto de vista es muy poco probable.

Hay quienes han relacionado el vocablo Siloh con el verbo hebreo *shalá* que significa «estar seguro» o «tranquilo», de donde derivaría el sentido de consolador o confortador. Por supuesto, el Señor Jesús es el Hijo, y Él es el verdadero y el único que proporciona descanso, pero el sentido principal de Siloh no queda establecido por este medio. Aun otros lo han relacionado con el vocablo hebreo que significa «enviar», *shalákj*. Por supuesto que Él es ciertamente «el enviado». De hecho, esa es una de las expresiones que el Señor Jesús constantemente usa respecto a su misión salvadora: Él fue enviado por el Padre para salvar a pecadores.

La interpretación más común es que el vocablo «Siloh» es un nombre propio, derivado de un pronombre relativo y un sufijo pronominal. El significado que se deriva es «a quien pertenece» y es una referencia al Mesías que vendrá y reclamará para sí

---

7. Gordon Wenham, «Genesis 16-50», *Word Biblical Commentary,* p. 477.

el reino que solo a Él pertenece, porque solo Él es el Rey de reyes y Señor de señores (Ap. 19:16). Allen P. Ross dice lo siguiente:

> La mayoría de los comentaristas reconocen que [Siloh] indica una persona debido a los pronombres que aparecen en el contexto. La obediencia de las naciones le pertenece, por ejemplo… El vocablo bien podría ser un pronombre relativo (*shi*), una preposición (*le*) y un sufijo pronominal (*o*), o *shiló*, «quien a él» o «a quien pertenece». En otras palabras, el cetro, es decir, la administración teocrática permanecería en la tribu de Judá hasta que venga aquel a quien le pertenece. Esta profecía, aunque tenue en sus detalles, proporciona una pista temprana a la venida del Mesías, una interpretación que es confirmada por el *Targum Onkelos*, que dice: Hasta que el Mesías venga, de quien es el reino, y a él obedecerán las naciones.[8]

Cuando el Mesías venga se rendirá la obediencia de los pueblos a Él. Tanto el pueblo judío como los gentiles rendirán honor, obediencia y adoración al Mesías-Salvador (véase Is. 60:1-8; Sal. 72:8-19). Cuando el Rey-Mesías venga florecerá el verdadero ecumenismo centrado en la verdad de Dios. Todo estará centrado en la persona gloriosa del Rey de reyes y Señor de señores.

Los últimos dos versículos de este pasaje (Gn. 49:11-12) describen una escena en la que la tierra se convierte en algo parecido a un paraíso, describen la abundancia de que disfrutará la tierra cuando el Mesías venga y establezca su reino, cuando el desierto florecerá como la rosa (véase Is. 35). El reino del Mesías se caracterizará por paz, justicia, santidad y gloria universal. Isaías 11:9 dice: «…la tierra será llena del conocimiento de Jehová, como las aguas cubren el mar».

En resumen, Génesis 49:1-12 es una sobresaliente profecía mesiánica, y contiene información adicional acerca de la identificación del Mesías. Génesis 3:15 dice que el Mesías procede de la raza humana puesto que es «simiente de la mujer», la madre de la raza humana. Luego, en la profecía de Noé, dice que el Mesías procede de la rama semita de la humanidad. En el caso de Abraham, se señala que el Mesías viene de la familia abrahámica de las naciones (véase Gn. 12:1-3). Ahora, en Génesis 49:10, el Mesías es anunciado como descendiente de la tribu de Judá, y la profecía bíblica estrecha el círculo hasta que no queda duda de que el hijo de María es el Mesías prometido (véase Lc. 1:26-31).

LAS ÚLTIMAS PALABRAS DE JACOB A SUS OTROS HIJOS (49:13-21)

1. Zabulón (Gn. 49:13). Su territorio yace entre el mar de Galilea y el Mediterráneo. Zabulón nunca controló ningún espacio de la costa mediterránea, pero pudo beneficiarse del comercio y el tráfico marítimo. No se sabe mucho de las actividades comerciales de esta tribu.
2. Isacar (Gn. 49:14-15). Esta tribu es comparada a «un asno fuerte» que se recuesta en medio de los apriscos. Es decir, es fuerte, pero mentalmente pusilánime. Prefiere el descanso al trabajo y carece de ambición; era una tribu indolente. Le fue asignada tierra en la fértil llanura de Esdrelón pero no se

---

8. Allen P. Ross, *Creation & Blessing*, p. 703.

apoderó de la tierra y dejó que los cananeos la habitasen. Isacar decidió tomar el camino fácil y dejó que su tribu fuera donde no tuviese que esforzarse. En tiempos de Gedeón, no salieron a defender su propio territorio (véase Jue. 6:35).

3. Dan (Gn. 49:16-17). Las palabras dirigidas a Dan pueden tomarse en dos maneras. Si el propósito es ser halagadoras, entonces significan que Dan derrotará a quienes erróneamente hacen guerra contra él. Hay quienes interpretan las palabras de estos versículos diciendo que Dan no será justificado, sino que se caracterizará por ser violento y traicionero como una serpiente (Am. 8:14). Algunos de los padres apostólicos enseñaron que el anticristo procedería de la tribu de Dan basándose principalmente en el hecho de que no es mencionada en Apocalipsis 7. De modo que asumieron que por esa razón Dan es una tribu maldita. También se ha sugerido que algunas de las personas que promovieron la muerte de Cristo eran de la tribu de Dan.[9]

«Tu salvación esperé, oh Jehová» (Gn. 49:18). Este versículo contiene una hermosa oración pronunciada por el patriarca Jacob en medio de las bendiciones para cada uno de sus hijos. Es posible que la ofreciese con la esperanza de que el Señor ayudase a sus descendientes y, por lo tanto, lo ayudase a él. También es posible que esta fuese la oración que expresa que el patriarca estaba a punto de entrar en la presencia del Señor y, por lo tanto, iba a conocer en plenitud la salvación que le había sido prometida.

También es probable que la mención del vocablo «talones» (v. 17) le recordase la gran promesa de la simiente de la mujer en el protoevangelio (Gn. 3:15). Esto sería, entonces, una expresión de su paciente espera de la venida del Rey mesiánico.

4. Gad (Gn. 49:19). Hay un excepcional juego de palabras en la profecía acerca de Gad. Cuatro de las seis palabras hebreas en el versículo proceden de la misma raíz que Gad. La paranomasia produce el efecto de caballos galopando, y ese es un efecto implicado en la bendición. Casi puede oírse el sonido de los cascos de un caballo en las palabras *gad guedud yegudenu vejú yagud aquéb*. La bendición dada a Gad sugiere que esa tribu viviría una vida de dificultades (Gn. 49:19a) pero contraatacaría a sus enemigos y los vencería (véase Gn. 49:19b; Dt. 33:20-21). El territorio asignado a Gad era vulnerable a las invasiones de las tribus del desierto, pero los gaditas eran hombres valientes y diestros guerreros capaces de resistir las invasiones (véase 1 Cr. 5:18; 12:8).

5. Aser (Gn. 49:20; véase Jue. 5:17; Dt. 33:24). El nombre «Aser» significa «feliz» o «dichoso». Las palabras de Jacob sugieren que Aser tendría la posesión de un área fructífera de la tierra prometida, al norte del monte Carmelo, en la costa mediterránea, en la frontera con Tiro y Sidón (véase Jos. 19:24-31). La tribu de Aser no supo aprovechar la fertilidad de su tierra. A la postre, esta tribu llegó a ser insignificante, principalmente por su indolencia y su amor por la vida fácil.

6. Neftalí (Gn. 49:21). Jacob dice «Neftalí, cierva suelta, que pronunciará dichos hermosos». La tierra asignada a esta tribu estaba al lado de Aser, al norte de la

---

9. Herbert C. Leupold, *Exposition of Genesis*, vol. II, pp. 1188-1189.

llanura de Esdrelón. Esta tribu se caracterizó por su capacidad para pelear en batalla. Los hombres que formaron el ejército de Barac eran principalmente de la tribu de Neftalí (véase Jue. 4:10-16). La frase: «…que pronunciará dichos hermosos» podría referirse a que el Señor Jesucristo predicó el mensaje del reino en tierra de Neftalí (véase Mt. 4:13-16). Aunque algunos creen que se refiere al canto de Débora (véase Jue. 5).

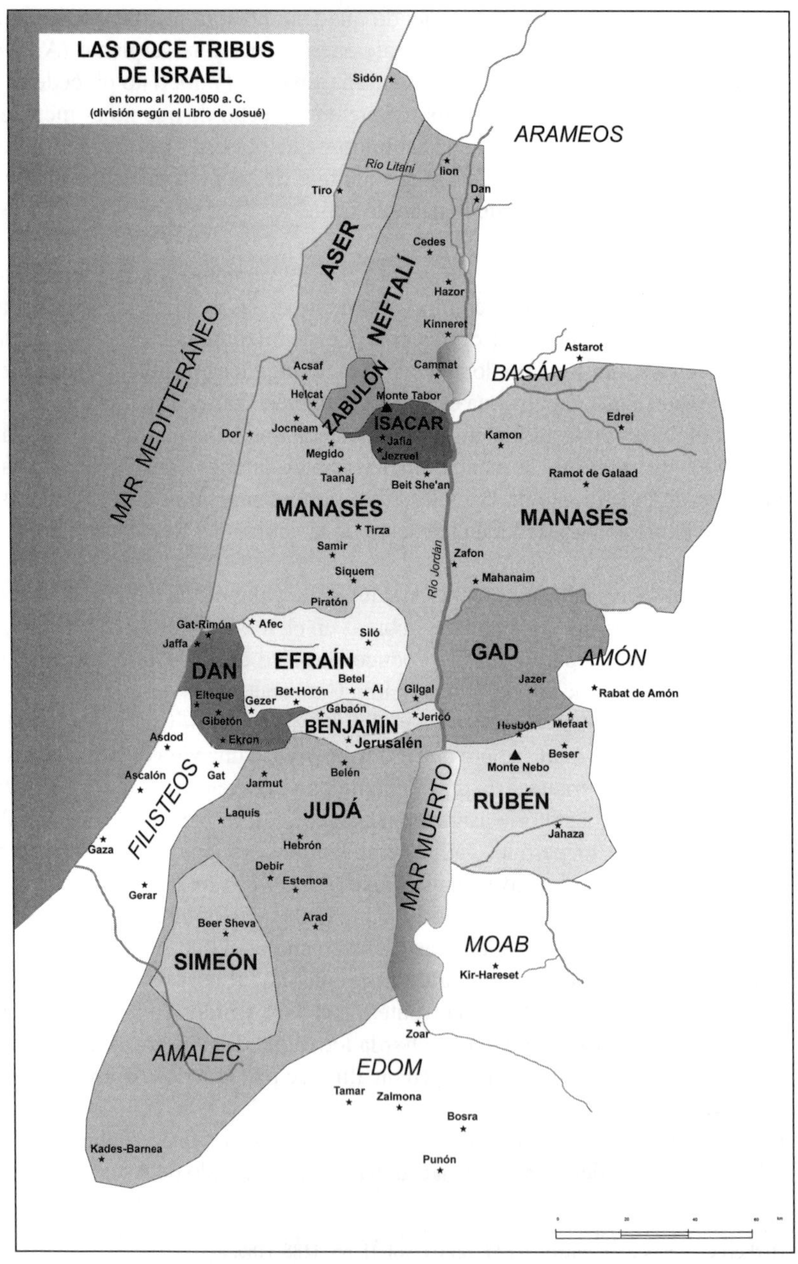

LAS ÚLTIMAS PALABRAS DE JACOB A LOS HIJOS DE RAQUEL (49:22-27)

Este pasaje contiene las últimas palabras de Jacob, que van dirigidas a José y a Benjamín, los hijos de Raquel, la esposa amada de Jacob. Como puede verse, el patriarca presta mayor atención a José, el primogénito de Raquel y, en un sentido, su hijo preferido. Hay una gran elocuencia en las palabras dirigidas a José, que abarcan el presente y el pasado. Jacob hace referencia a Jehová Dios, el Dios Omnipotente y sus títulos. José se destaca como el hijo amado de Jacob. Evidentemente, el rostro de José siempre traía a Raquel a la memoria de Jacob.

José es comparado con una viña fructífera y floreciente: «Rama fructífera es José» (49:22). La figura de dicción de la viña fructífera se refiere a la profundidad del carácter y a la amplia influencia de José como el salvador de Egipto y de su familia.

La referencia a la «amargura» en el versículo 23 es muy llamativa, pues sugiere un ataque traicionero. Eso lo indica el «arco» (49:24) en contraste con la «espada». Uno puede recordar la traición de la esposa de Potifar y la insistencia de que José se acostara con ella. También puede recordarse cómo los hermanos lo vendieron a los mercaderes ismaelitas y luego como esclavo a Potifar. En todas esas situaciones, el siervo de Dios fue atacado, pero su arco se mantuvo firme y poderoso (49:24). Jacob destaca el hecho de que la victoria de José fue «Por las manos del Fuerte de Jacob (por el nombre del Pastor, la Roca de Israel), por el Dios de tu padre, el cual te ayudará, por el Dios Omnipotente, el cual te bendecirá con bendiciones de los cielos de arriba, con bendiciones del abismo que está abajo, con bendiciones de los pechos y del vientre» (Gn. 49:24-25).

El patriarca dice que aunque las flechas vuelen alrededor de José, su arco permanece firme. Las manos que lo sostienen son fuertes y sustentadoras, pero la fortaleza está en «el Fuerte de Jacob» (49:24). A pesar de los numerosos enemigos y de las armas que esgrimen, el Dios de Jacob es el Fuerte, la Roca de Israel, el Todopoderoso.

También uno recuerda la historia de Eliseo y el rey Joás (véase 2 R. 13:14-19). En cada caso, el punto central es que Dios es el campeón de su causa, y el campeón de las causas de aquellos que sirven bajo su autoridad (véase Fil. 4:13). La fuerza procede de Aquel que es «el Fuerte de Jacob» (Gn. 49:24) y, por lo tanto, es real; es la fortaleza divina basada sobre el Dios del pacto, es decir, el Dios Omnipotente. Ese título trae consuelo al creyente ya que, por medio de él, Dios nos recuerda que Él es el Dios del débil y falible Jacob. Ese debe ser un gran estímulo para todo creyente, todos aquellos que como Jacob con tanta frecuencia son débiles e incrédulos en las experiencias de la vida.

Génesis 49:24 dice: «Por el nombre del Pastor, la Roca de Israel» (véase Gn. 48:15). Esta es la primera vez que Dios recibe el título de Pastor en las Sagradas Escrituras, aunque la forma verbal de dicho sustantivo aparece en 48:15 («…me mantiene»). Nuestro Señor vino en su misión de redención como un pastor. Los otros llamados pastores, los fariseos y los escribas, reconocieron de inmediato la amenaza de Él. Al ver eso, si Él fuese reconocido como el verdadero Pastor y no lo apoyasen, ellos serían desalojados de sus posiciones. Por lo tanto, los fariseos y los escribas invirtieron gran parte de su tiempo atacando a Jesús. El pueblo era voluble y actuaba como un rebaño y seguía a la multitud. Probablemente, quienes gritaron pidiendo que Jesús fuese crucificado lo hicieron para agradar a algún rabino o algún escriba de aquellos tiempos.

El último título dado a Aquel que hacía que el arco de José se mantuviese poderoso es «Roca de Israel» (Gn. 49:24). Esta es la primera vez que el vocablo Roca se usa en las Escrituras con referencia al Señor (véase Mt. 16:18; 1 P. 2:6-8). El uso de ese sustantivo implica «un fundamento firme» y «una segura protección».

En Génesis 49:25 hay un hermoso cuadro de la riqueza de las bendiciones prometidas a José. El Dios de Jacob, el Dios Omnipotente, es quien bendecirá a José «con bendiciones de los cielos», es decir, la lluvia que es esencial para la fertilidad de la tierra, y «con bendiciones del abismo que está abajo», frase que sugiere que la bendición de Dios a José es total. El vocablo «abismo» (*tejóm*) puede referirse a las aguas almacenadas por Dios en lo profundo de la tierra. Herbert C. Leupold dice al respecto:

> «Bendiciones del abismo» (*tejóm*) es la fuente profunda de las aguas subterráneas, que es descrita como un ser «que se acuesta o yace debajo» de la tierra. Esto implica las aguas almacenadas en la tierra que son tan esenciales para el crecimiento vegetal y también como las fuentes de los muy necesarios arroyos y de las fuentes de agua.[10]

En Génesis 49:26, Jacob hace una singular declaración a José:

> *Las bendiciones de tu padre fueron mayores que las bendiciones de mis progenitores; hasta el término de los collados eternos serán sobre la cabeza de José, y sobre la frente del que fue apartado de entre sus hermanos (Gn. 49:26).*

El patriarca Jacob afirma que las bendiciones que le han sido dadas sobrepasan las que le fueron dadas a Abraham y a Isaac. Esa es una noble expresión de parte de Jacob de la gracia que Jehová Dios le mostró a pesar de todas sus caídas y todas sus debilidades.

Benjamín (Gn. 49:27): Benjamín fue el último hijo de Jacob y el segundo hijo de Raquel, quien lo dio a luz justo antes de morir (Gn. 35:16-20). La tribu de Benjamín fue la única que permaneció fiel con Judá cuando el reino se dividió después de la muerte de Salomón (véase 1 R. 11—12). El apóstol Pablo era de la tribu de Benjamín, así como Saúl, el primer rey de la nación de Israel (véase 1 S. 10:20-27). Además, la tribu de Benjamín produjo guerreros y soldados muy capaces (véase Jue. 20:16, 20-25; 1 Cr. 12:2).

LAS ÚLTIMAS INSTRUCCIONES Y LA MUERTE DE JACOB (49:28-33)

Génesis 49:28-32 contiene las instrucciones finales que Jacob dio a sus hijos después de bendecirlos. Las instrucciones que Jacob había dado ya a José (Gn. 47:29-31), ahora las repite a todos los hermanos. Las palabras de Jacob representan un gran ejemplo de fe en las promesas de Dios. El patriarca mira adelante con expectativa al día cuando las promesas hechas por Jehová Dios a Abraham y a él mismo tendrían su cumplimiento.

> *Y cuando acabó Jacob de dar mandamientos a sus hijos, encogió sus pies en la cama, y expiró, y fue reunido con sus padres (Gn. 49:33).*

---

10. Herbert C. Leupold, *Exposition of Genesis*, p. 1196.

Después de bendecir a sus hijos (Gn. 49:1-27) y de dar instrucciones acerca de su sepultura (Gn. 49:28-32), Jacob entregó su espíritu en las manos de Dios. Hay algo sublime en la muerte de un creyente que se evidencia claramente en la muerte de Jacob. El salmista escribió: «Estimada es a los ojos de Jehová la muerte de sus santos» (Sal. 116:15). El Dr. Cornelio Rivera, en una nota personal al autor de este comentario, dice lo siguiente:

> «Estimada» es la traducción e interpretación tradicional. Pero en el contexto de los versículos 12-19 el significado es «costoso». Si el salmista (o el adorador de Yahvé) muere, eso representa un costo (un precio) para Yahvé, pues el que muere deja de adorarle (vs. 3, 4, 6, 8, 9, todo lo cual lleva a 14, 17-19). Esto es similar a los Salmos 6:4-5; 88:10-12; 115:17. «Costosa» es la traducción de *yacar* en 1 Reyes 7:9, 10, 11. El verbo en Salmos 49:8 es traducido «es de gran precio». En el pensamiento del salmista su muerte y la de los que adoran a Yahvé no es algo bueno delante de Dios sino ¡todo lo contrario!

El comentario del Dr. Rivera es acertado. La muerte de los que adoran a Dios es verdaderamente «costosa».

Dios honró a Jacob y lo sostuvo en sus últimos momentos, y el patriarca dio un emocionante testimonio de la suficiencia de su Dios en los momentos finales de su vida. Bruce K. Waltke, citando al comentarista E. F. Roop, dice lo siguiente:

> Jacob, quien batalló a lo largo de su vida, parte de la misma manera dramática. La vida de Jacob, que se ha extendido a través de la mitad del libro de Génesis, ha visto la familia a través de momentos de confianza y de engaño, esterilidad y fertilidad, abundancia y hambre, separación y reunión, todo dentro de la promesa y la providencia de Dios.[11]

En Génesis 49:33, Moisés registra de manera sencilla pero elegante la manera como Jacob fue «reunido con sus padres». Hay dos elementos que deben notarse en las palabras de Moisés. El primero es la expresión «expiró». El caso de Jacob no tiene nada en común con la descripción de la muerte de nuestro Señor en Juan 19:30. El apóstol Juan dice: «Cuando Jesús hubo tomado el vinagre, dijo: Consumado es. Y habiendo inclinado la cabeza, entregó el espíritu» (Jn. 19:30).

Cuando un hombre muere, entrega el espíritu y su cabeza cae sobre su pecho. En el caso del Señor, primero inclinó su cabeza y luego entregó su espíritu. El énfasis del relato está en el carácter voluntario de su muerte. El énfasis en el relato del Génesis está en la reacción de Jacob al llegar al final de su vida. El patriarca no tiene control sobre su destino. El Señor Jesucristo «entregó su espíritu» voluntariamente, y lo hizo en el momento preciso en que decidió hacerlo. Nadie le quitó su vida, Él la puso voluntariamente para volverla a tomar (véase Jn. 10:17-18).

En segundo lugar, la expresión: «Fue reunido con sus padres» sugiere dos cosas importantes que son ciertas de la muerte de todo creyente. La muerte es la puerta de entrada a la comunión final de los santos de todas las congregaciones. La expresión

---

11. Bruce K. Waltke, *Genesis: A Commentary*, p. 617.

sugiere que la vida después de la muerte es una vida consciente, y no «el dormir» del alma. Y, además, sugiere, aunque no lo demuestra, que en la vida venidera podremos reconocernos unos a otros.

RESUMEN Y CONCLUSIÓN

Génesis 49, que es un gran capítulo profético, relata cómo Jacob, el gran patriarca, reúne a todos sus hijos para declararles lo que les habría «de acontecer en los días venideros». El centro de su contenido tiene que ver con la profecía respecto a Judá, el cuarto hijo de Jacob, pues Judá fue escogido por Dios para ser el progenitor del Mesías que vendrá a reinar desde el trono de David (véase Is. 9:6-8).

En cierto sentido, las palabras de Jacob a sus hijos, donde el patriarca destaca los puntos sobresalientes de sus vidas y reprocha sus malas actitudes, anticipan de alguna manera lo que ocurrirá delante del tribunal de Cristo. En ese acontecimiento todo creyente de la era presente comparecerá delante del Señor para recibir su recompensa. Sin duda, delante del tribunal de Cristo habrá un repaso de las características sobresalientes de la vida de todo creyente en Cristo. Es importante, por lo tanto, que todos los creyentes anticipen ese gran acontecimiento por medio de la presentación de un servicio fiel, verdadero y constante al Señor Dios Todopoderoso (véase 2 Co. 5:9-10).

Por último, es importante tener presente que al igual que José (Gn. 39:1-6), y como Pablo escribió a los efesios, el creyente obtiene su fortaleza para los conflictos contra sus enemigos en la vida espiritual (el mundo, la carne y el maligno) del mismo Señor Jesucristo (véase Ef. 6:10-18). Al igual que para José, para nosotros el Señor es «el Fuerte de Jacob», «el Pastor», «la Roca de Israel» y «el Dios Omnipotente».

50

Dios cumple su propósito en la vida de José (50:1-26)

El capítulo final de Génesis habla de dos temas: la muerte y sepultura de Jacob en Canaán (Gn. 50:1-14) y la reconciliación final de José y sus hermanos (Gn. 50:15-26); y los últimos versículos (50:24-26) registran las instrucciones finales de José respecto de su muerte. José pide que su cuerpo no sea enterrado en Egipto sino que «sus huesos» fuesen llevados al sepulcro de sus padres.

Ciertamente es maravilloso morir como creyente, pues significa que la persona irá a disfrutar de la plenitud de la vida eterna. Para los que quedan, significa consuelo y tranquilidad, a pesar de la pérdida del ser querido. El falso profeta Balaam, al reflexionar acerca de la elección de Israel y de la gracia manifestada por Dios, exclamó: «Muera yo la muerte de los rectos, y mi postrimería sea como la suya» (Nm. 23:10b). El Nuevo Testamento expresa algo similar: «Bienaventurados de aquí en adelante los muertos que mueren en el Señor. Sí, dice el Espíritu, descansarán de sus trabajos, porque sus obras con ellos siguen» (Ap. 14:13). Los inconversos mueren sin esperanza por la incertidumbre de lo que les espera después de morir. Los creyentes mueren con la esperanza viva de que al partir de este mundo pasarán a la presencia del Señor (véase Fil. 1:20-23; 1 Ts. 4:13-18).

¿Qué elementos caracterizan a la muerte de un creyente? En primer lugar, generalmente hay una manifestación expresa en las promesas de Dios, lo que se vio claramente en el patriarca Jacob, que en su lecho de muerte pidió que sus hijos lo enterraran en la tierra de Canaán, y no en la tierra de Egipto. Jacob pidió esto debido a su convicción de que la tierra de Canaán le había sido prometida a él y a su simiente como su patria, y Jacob quería que su cuerpo descansase allí en anticipación del cumplimiento de las promesas (véase Gn. 47:29-31; 49:29-32). José siguió los pasos de su padre, y el escritor de la Epístola a los Hebreos hace una mención especial de eso como un ejemplo de fe: «Por la fe José, al morir, mencionó la salida de los hijos de Israel, y dio mandamiento acerca de sus huesos» (He. 11:22; Gn. 50:25).

617

José, al igual que su padre Jacob, era un hombre de fe que confiaba en las inmutables promesas que Jehová Dios había hecho a Abraham y a Isaac. Dios había prometido la tierra de Canaán a Abraham, a Isaac, a Jacob y a su descendencia en perpetuidad (véase Gn. 35:12) y José creyó en esa promesa.

En segundo lugar, feliz es el lecho de muerte donde no hay separaciones ni desarraigos. Esa es la característica de la muerte de los santos, lo que es ilustrado en la muerte de Jacob (véase Gn. 48:1-49:33) como también en la muerte de José (véase Gn. 50:24). El amor hacia los santos, una de las evidencias del nuevo nacimiento, recubre la atmósfera del lecho de muerte de los creyentes.

Finalmente, la esperanza de una reunión feliz es por lo general una de las características de las últimas horas de un creyente. Jacob habló de reunirse con sus padres, que era una referencia a la reunión con Abraham, Isaac y otros de los santos que conoció (véase Gn. 47:30).

Es extraordinario cuán prominentes son los sepulcros de los patriarcas. En las Escrituras hay un gran énfasis en la sepultura de los fieles. De eso puede deducirse que el acto de enterrar es importante delante de Dios. Probablemente, la Biblia no menciona la práctica de la cremación porque es lo opuesto a la enseñanza bíblica de la resurrección del cuerpo. Por supuesto que Dios puede resucitar el cuerpo de un creyente aunque haya sido incinerado, pero a la luz de la enseñanza bíblica, la cremación del cuerpo parece ser contrario al espíritu de la doctrina bíblica de la resurrección. El cuerpo es importante en el plan de la redención, y es mejor que sea enterrado tal como lo sugiere la práctica de los santos en la Biblia.

La sepultura de Jacob (50:1-13)

Los tres primeros versículos de este capítulo narran la emocionante escena de José ante su padre muerto. Dios le había dicho a Jacob: «La mano de José cerrará tus ojos» (Gn. 46:4), profecía que se cumplió literalmente (Gn. 50:1). En aquel momento, José tenía cerca de 56 años de edad y Jacob murió con 147 años.

Los egipcios acostumbraban a llorar durante setenta y dos días cuando un rey moría, y por Jacob lloraron solo dos días menos. El texto dice: «Y lo lloraron los egipcios setenta días» (Gn. 50:3). Es un maravilloso testimonio, a la verdad, de que Dios honra a quienes lo honran. Los orgullosos y encumbrados magnates de la aristocracia más exclusiva del país más poderoso del mundo antiguo honran y hacen duelo por un anciano pastor hebreo, aun cuando la ocupación de pastor era abominable para los egipcios.

> *Y mandó José a sus siervos los médicos que embalsamasen a su padre; y los médicos embalsamaron a Israel. Y le cumplieron cuarenta días, porque así cumplían los días de los embalsamados, y lo lloraron los egipcios setenta días (Gn. 50:2-3).*

El embalsamamiento generalmente iba acompañado de algún rito pagano. En este caso, es de suponer que José no permitió que tal ritual se llevase a cabo. Uno podría preguntarse ¿por qué fue Jacob embalsamado? En realidad, es casi imposible saber qué hizo que José mandase embalsamar el cuerpo de su padre, pero sí puede entenderse que fue providencial que el cuerpo de Jacob fuese preparado de esa manera para la sepultura. Hubiera sido imposible que Jacob fuese llevado fácilmente a la tierra de

Canaán de no haber sido embalsamado. Eso es especialmente verdad en el caso de José, cuyo cuerpo no fue llevado a la tierra por cientos de años después de su muerte. El embalsamamiento cumplió el propósito providencial de Dios.

Respecto del embalsamamiento, Bruce K. Waltke dice lo siguiente:

> Los egipcios embalsamaban a sus muertos honorables para asistirlos en el viaje al otro mundo. Los israelitas no embalsamaban a sus muertos puesto que no tenían esa creencia. Más bien, insistían en que un cadáver fuese manejado debidamente porque era importante, especialmente para los vivientes, que el fallecido descansase tranquilamente en la tumba hasta su resurrección… José embalsamó a su padre para darle dignidad y preparar su cuerpo para el largo viaje a la tierra prometida, la esperanza de Israel.[1]

De modo que Jacob fue embalsamado para que su cuerpo no se deteriorase a causa del largo viaje a Canaán, a la cueva de Macpela, donde fue sepultado. Recuérdese que el arte y la ciencia de embalsamar fueron desarrollados en Egipto, y los doctores egipcios eran verdaderos especialistas en ese trabajo. El proceso de embalsamar requería 40 días y posteriormente tenía lugar el tiempo de la endecha. En el caso de Jacob, como ya se ha señalado, hubo 70 días de llanto.

Génesis 50:4-6 relata que, pasados los días de luto, José pidió al faraón, a través de sus siervos, que le permitiese ir a Canaán para enterrar a su padre Jacob. El rey de Egipto aprobó la petición de José (Gn. 50:6). Una gran compañía de gente importante acompañó a José hasta Canaán y permanecieron allí hasta que Jacob fue sepultado en el sitio donde Abraham, Isaac, Sara y otros estaban sepultados. Derek Kidner dice al respecto:

> Una vez más el sepulcro patriarcal es prominente en la historia de Israel como una señal permanente en la tierra prometida, y la familia de Jacob, con los gentiles que los acompañaban, ensayaba, por así decir, en miniatura y en clave menor, el regreso final de sus hijos, que un día serían escoltados a su heredad «de todas las naciones… en caballos y en carros» (Is. 66:20).[2]

Los versículos 10 y 11 describen la llegada de la gran comitiva a «la era de Atad» donde endecharon y se lamentaron. El texto dice: «Y José hizo a su padre duelo por siete días», expresando así su gran dolor por la separación de su padre. El versículo 11 señala que los habitantes de la tierra se asombraron en gran manera y nombraron el lugar «Abel-mizraim», es decir, «Pradera de Egipto» o «Llanto de Egipto». Quizá el significado de «Llanto de Egipto» es más cercano al contexto. Los versículos 12-13 señalan el hecho de que los hijos de Jacob cumplieron el deseo de Jacob de ser sepultado en la tierra prometida. De manera particular, José cumplió el juramento que había hecho a su padre (Gn. 47:29-31). Es maravilloso ver que tanto Abraham como Isaac y Jacob entendieron la realidad de la promesa de Dios, es decir, la tierra de Canaán era su heredad.

---

1. Bruce K. Waltke, *Genesis: A Commentary*, p. 619.
2. Derek Kidner, *Genesis*, p. 234.

EL TEMOR DE LOS HERMANOS DE JOSÉ (50:14-17)

Después de la muerte de Jacob, los hermanos de José se llenaron de temor, pues pensaban que José se vengaría por todo el daño que había recibido de ellos. Dijeron: «Quizá nos aborrecerá José, y nos dará el pago de todo el mal que le hicimos» (Gn. 50:15). Evidentemente, los hermanos de José consideraron que era difícil, como ocurre con frecuencia, creer en la nobleza de uno de los santos de Dios. José era un santo de Dios que practicaba la compasión y la justicia. Sin duda, amaba a sus hermanos a pesar de todo el mal que recibió de ellos.

> *Y enviaron a decir a José: Tu padre mandó antes de su muerte, diciendo: Así diréis a José: Te ruego que perdones ahora la maldad de tus hermanos y su pecado, porque mal te trataron; por tanto, ahora te rogamos que perdones la maldad de los siervos del Dios de tu padre, y José lloró mientras hablaban (Gn. 50:16-17).*

Los hermanos de José le enviaron un mensaje que, según ellos, era de parte de Jacob y que contenía una petición de perdón de las transgresiones que habían cometido contra José. Es posible, por supuesto, que esas palabras realmente representaban los sentimientos de Jacob, pero no es posible demostrarlo. También es posible que los hermanos de José hayan mentido a José.

La respuesta de José es dramática. El texto dice: «…Y José lloró mientras hablaban» (50:17). Quizá el llanto de José era causado por la tristeza que sentía debido a la desconfianza que sus hermanos mostraban hacia él. Podría ser también por la compasión que sentía debido a la preocupación de ellos y la confesión de sus pecados. El perdón de José a sus hermanos hace recordar el perdón que Jesucristo da a los que vienen a Él, perdón que está basado en su gracia y su misericordia y no es como el perdón que el mundo ofrece.

LA RESPUESTA DE JOSÉ (50:18-21)

La respuesta de José está registrada en Génesis 50:18-21. Cada frase de la triple respuesta de José fue como una cumbre de la fe del Antiguo y del Nuevo Testamento. Las palabras de José sugieren lo siguiente:

Primero, que Dios es el juez final de todas las cosas. José les dijo: «No temáis; ¿acaso estoy yo en lugar de Dios?» (Gn. 50:19). Todo lo torcido es enderezado por Dios, no por el hombre. Enseguida viene a nuestra mente el conocido texto: «No os venguéis vosotros mismos, amados míos, sino dejad lugar a la ira de Dios; porque escrito está: Mía es la venganza, yo pagaré, dice el Señor» (Ro. 12:19; véase también 1 Ts. 5:15; 1 P. 4:19).

Segundo, Dios es el gobernador final del universo; Él es quien sostiene al mundo en la palma de su mano y suple todo mediante su providencia. Recordemos las palabras que José habló a sus hermanos: «Ahora, pues, no os entristezcáis, ni os pese de haberme vendido acá; porque para preservación de vida me envió Dios delante de vosotros» (Gn. 45:5).

Esas palabras de José son un clásico ejemplo del principio de la providencia divina. La expresión: «Ni os pese haberme vendido» representa el lado humano de las cosas.

La expresión: «Me envió Dios» representa el lado divino (véase Jn. 18:11; Sal. 76:10; Hch. 2:22-24; 4:28; 13:27; Ro. 8:28, 32, 38-39; Fil. 1:12).

Aun los acontecimientos malignos tienen su causa final en los propósitos del Dios soberano del universo. Por supuesto que Dios no es el autor del mal, la maldad no procede de Dios porque Él es absolutamente santo (véase Lv. 11:44-45; 19:2) y no es el autor del pecado; Dios es el autor de un plan perfecto que incluye el pecado. La muerte de Cristo en la cruz es una demostración palpable de que Dios causa el mal para propósitos de un mayor bien para su pueblo y para su mundo. ¿Quién puede discutir el hecho de que la maldad de los hombres en la crucifixión del Hijo de Dios es la mayor iniquidad que el mundo jamás ha visto o conocido? Pasajes bíblicos como Hechos 2:22-24; 4:28 y Génesis 50:18-21 demuestran que Dios puede usar el mal para producir un bien mayor.

La providencia divina implica tanto la preservación del universo y todos sus componentes, como también su funcionamiento y su gobierno (véase Gn. 28:15; He. 1:3). Es decir, la atención de Dios está concentrada en todo lugar y se ocupa de todas las cosas. Por lo tanto, la providencia de Dios es general por el hecho de que tiene que ver con todos los objetos, todas las cosas conjuntamente con todas las criaturas del universo (véase Sal. 103:19). La providencia de Dios también es especial ya que tiene que ver con todos los seres humanos (véase Sal. 66:7; Dn. 2:21; 4:25; Pr. 16:9). Todo eso es necesario si Dios ha de realizar su propósito, porque muchas veces sus propósitos dependen de los acontecimientos y de los detalles más insignificantes. Es muy importante entender que Dios no solo es omnisciente, es decir, sabe todas las cosas, sino que, además, es un Dios activo que ha diseñado un plan perfecto que incluye todos los detalles, los buenos y los malos. Además, debe recordarse que Dios providencialmente gobierna y sustenta todo el universo, incluyendo los detalles más insignificantes de la historia de la humanidad.

En tercer lugar, las palabras de José a sus hermanos enseñan que el mal debe ser respondido con perdón y afecto. Las palabras de José fueron:

> *Ahora, pues, no tengáis miedo; yo os sustentaré a vosotros y a vuestros hijos.*
> *Así los consoló, y les habló al corazón (Gn. 50:21).*

El texto hebreo enfatiza el pronombre personal «yo». José promete a sus hermanos que «él» personalmente se ocuparía de que no les faltara nada. Como puede observarse, no hay rencor ni odio alguno en el corazón de José hacia sus hermanos. La frase: «Así los consoló, y les habló al corazón» evidentemente es el comentario que Moisés, el autor del Génesis, añade a las palabras de José. La compasión y la ternura de José hacia sus hermanos encuentran su expresión en el Nuevo Testamento en las palabras del Señor Jesucristo: «Amad a vuestros enemigos, haced bien a los que os aborrecen, bendecid a los que os maldicen, y orad por los que os calumnian» (véase Lc. 6:27-38).

José creía firmemente en la absoluta soberanía de Dios, y lo manifiesta cuando dice a sus hermanos:

> *Vosotros pensasteis mal contra mí, mas Dios lo encaminó a bien, para hacer*
> *lo que vemos hoy, para mantener en vida a mucho pueblo (Gn. 50:20).*

Las palabras de José concuerdan con el salmista Asaf (Sal. 76:10): «Ciertamente la ira del hombre te alabará; tú reprimirás el resto de las iras». ¡El Dios soberano hace que todo obre para su gloria, incluyendo la ira de los hombres!

LA MUERTE DE JOSÉ (50:22-26)

Génesis 50:22-23 contiene algunos datos biográficos de José. Aquí se encuentra la culminación de la vida de José y de su fe, así como el punto culminante del libro de Génesis. El hecho descrito en estos versículos tuvo lugar cincuenta y cuatro años después de la muerte de Jacob. Aquí se mencionan dos grandes bendiciones derramadas sobre José por el Señor. En primer lugar, Dios le concedió vivir un número ideal de años según la cultura egipcia, pues para los egipcios la edad ideal de una persona era hasta los 110 años.

En segundo lugar, el salmista dice: «Y veas a los hijos de tus hijos» (Sal. 128:6). El autor de Proverbios dice: «Corona de los viejos son los nietos, y la honra de los hijos, sus padres» (Pr. 17:6). El patriarca Jacob dijo a José: «No pensaba yo ver tu rostro, y he aquí Dios me ha hecho ver también a tu descendencia» (Gn. 48:11). Poder ver la descendencia de uno es, pues, una de las grandes bendiciones del Señor, y el Señor concedió esa bendición a José (véase Gn. 50:23).

> *Y José dijo a sus hermanos: Yo voy a morir; mas Dios ciertamente os visitará, y os hará subir de esta tierra a la tierra que juró a Abraham, a Isaac y a Jacob. E hizo jurar José a los hijos de Israel, diciendo: Dios ciertamente os visitará, y haréis llevar de aquí mis huesos (Gn. 50:24-25).*

La muerte es una realidad universal a todos los hombres. Aun el mejor de los hombres muere. La Escritura dice: «Y de la manera que está establecido para los hombres que mueran una sola vez, y después de esto el juicio» (He. 9:27). José pronuncia sus últimas palabras a sus hermanos y les dice que Dios «visitaría» a su pueblo. Esa es la seguridad de la inmutable promesa de Dios a Abraham, Isaac y Jacob. Jehová Dios es fiel a su pacto y a sus promesas.

Además, José, como fiel profeta, declara que Dios llevaría al pueblo a la tierra que juró dar a los patriarcas y a su descendencia (Gn. 50:24). Esas palabras expresan la seguridad del propósito infalible de Dios.

En las últimas palabras de José está la petición de que los hijos de Israel le juren que llevarán sus huesos de Egipto a la tierra de Canaán. Las palabras de José era una expresión de su fe en Jehová Dios, y sus palabras fueron respetadas. Moisés registra el hecho de que los hijos de Israel, cuando salieron de Egipto, llevaron consigo los huesos de José:

> Tomó también consigo Moisés los huesos de José; el cual había juramentado a los hijos de Israel, diciendo: Dios ciertamente os visitará, y haréis subir mis huesos de aquí con vosotros (Éx. 13:19).

La fe de José miraba al pasado, porque había estado en Canaán, y deseaba regresar, pero también miraba al futuro porque había vivido la mayor parte de su vida en Egipto, y deseaba regresar a la tierra prometida.

Y murió José a la edad de ciento diez años; y lo embalsamaron, y fue puesto en un ataúd en Egipto (Gn. 50:26).

Moisés concluye su relato con el registro de la muerte de José. El profesor John J. Davis comenta lo siguiente:

El libro del Génesis comienza con el resplandor y la gloria de la creación original de Dios. Todo lo que Él hizo fue declarado bueno y la tierra primitiva era una obra maestra divina. Sin embargo, el pecado entró en la escena y el libro termina no con el hombre en un hermoso huerto, sino con los huesos de José en un ataúd, que es un triste recuerdo de los efectos del pecado y la depravación. Pero así como José tenía esperanza y optimismo cuando murió, así también nosotros nos regocijamos en la redención que Dios ha provisto. Aunque nuestros huesos podrían descansar en el desierto de una tierra maldita, un día serán resucitados, y habrá un nuevo cielo y una nueva tierra.[3]

La obra maestra de la creación del mundo ha terminado en la ruina humana, con la creación material bajo maldición. Pero, gracias a Dios, ese no es el final de la historia, pues a continuación viene el Éxodo y el propósito divino de la redención y la renovación se ven con claridad; con el propósito divino viene la esperanza. El resto de la revelación bíblica llena los detalles y expande el horizonte hasta que toda la obra de Dios sea gloriosamente manifestada. Todo culminará en nuevos cielos y una nueva tierra con una asombrosa compañía de seres redimidos que poblarán la nueva tierra y servirán y adorarán al Señor por los siglos de los siglos.

RESUMEN Y CONCLUSIÓN

Incluso los grandes hombres de Dios, a la postre, mueren físicamente y sus almas y espíritus van a la presencia de Dios, es decir, a la gloria. Dios, sin embargo, permanece para siempre (véase Gn. 48:21; 50:24, 26). Los obreros de Dios son enterrados, pero la obra de Dios continúa a través de otros siervos (véase Ap. 14:13).

El Señor promete estar con sus siervos aun cuando anden a través «del valle de sombra de muerte» (Sal. 23:4). El cuerpo de José fue embalsamado, puesto en un ataúd y, posteriormente, «sus huesos» fueron llevados a la tierra de Canaán, al sepulcro de sus padres. Después de la muerte de José, «se levantó un… rey que no conocía a José» (Ex. 1:8). Pero el Dios de la gloria siempre conoce a los suyos y tiene preparada una resurrección gloriosa para todos sus redimidos. José será levantado de los muertos con un cuerpo glorioso, preparado para la eternidad. ¡Esa es la esperanza eterna de todo aquel que pone su fe en Jesucristo!

---

3. John J. Davis, *Paradise to Prison*, p. 304.

La exposición del Génesis para el hombre de hoy

La exposición bíblica está en crisis. La era de los grandes expositores está en evidente decadencia y hace falta con urgencia recuperar la exposición seria, profunda, sistemática y hermenéuticamente correcta de la Palabra de Dios. Hay libros de la Biblia que rara vez se exponen y, en algunos casos, ni siquiera se mencionan desde el púlpito.

El libro de Génesis es uno de los libros de la Biblia poco predicados a pesar de ser, probablemente, el libro más importante del canon de las Sagradas Escrituras. En Génesis se encuentran prácticamente todas las doctrinas reveladas en la Palabra de Dios. En medio de la confusión y de la rebeldía de la sociedad contemporánea, es de suma importancia que el mensaje de Génesis sea proclamado desde cada púlpito en el mundo de habla castellana.

El tema principal de Génesis es Dios. Moisés, que fue el autor de Génesis y de los otros libros que forman el Pentateuco, nació, creció y fue educado en Egipto, la nación más poderosa, más avanzada y más rica de aquellos tiempos y, sin embargo, era una nación politeísta y supersticiosa. Moisés da por sentado la existencia de un solo y único Dios y declara sus características, aunque nunca intenta probar la existencia de Dios pues asume que es una realidad que no es necesario probarla. El expositor bíblico puede proclamar las características esenciales de Dios mediante una exposición exegética y hermenéuticamente sana del libro de Génesis.

Asimismo, Moisés deja bien claro que el universo material, incluyendo al hombre, fue creado por Dios y para su gloria. Él creó todas las cosas por su palabra, sin usar elementos o sustancias que ya existiesen, con la excepción del cuerpo de Adán. Él lo hizo todo *ex nihilo*, es decir, de la nada. Génesis es el libro de los principios: el principio del universo, la historia, el tiempo, el hombre, el pecado en la raza humana, la familia, la muerte, todos ellos temas fundamentales que deben ser expuestos desde el púlpito.

El libro de Génesis, aunque no lo enseña claramente, indica que en la Deidad hay una pluralidad de Personas. El sustantivo *Elojím* usado para Dios es plural, y en varias ocasiones en el Génesis se usa el plural con referencia a Dios: «Hagamos» (1:26), «nosotros» (3:22), «descendamos» (11:7). La existencia eterna de Dios es tripersonal, que es una verdad que se sugiere en el Génesis y se revela plenamente en el Nuevo Testamento. Este libro enseña de manera clara que Dios es personal, y no es algo abstracto, ni una idea ni un concepto mitológico. Él es un ser espiritual y eterno. De manera que el expositor bíblico puede predicar con autoridad el tema de la realidad personal de Dios mediante la enseñanza sistemática del libro de Génesis.

Además, Génesis enseña que Dios es el soberano absoluto de su creación. La doctrina de la soberanía de Dios es enseñada a través de cada capítulo del libro de Génesis. Él tiene autoridad sobre todas las cosas y controla, juzga, llama y escoge para su gloria y según su voluntad. Él sostiene providencialmente al universo y a todas sus criaturas. Él es el gran juez del universo. El Génesis enseña, además, que Dios es absolutamente santo y que es un Dios de gracia, amor, misericordia y justicia, y también es un Dios inmutable y que cumple fielmente todas sus promesas. El Génesis enseña también que Jehová Dios es paciente para con el hombre pecador. De modo que el expositor bíblico tiene un campo amplio de donde extraer material para predicar acerca de Dios.

Génesis enseña que Dios es el creador del hombre. Dios creó al hombre para su gloria y lo creó varón y hembra, es decir, Dios creó una pareja y él mismo unió en matrimonio al hombre y a la mujer que había creado y les mandó «multiplicarse», es decir, procrear. El mandato de Dios fue: «Fructificad, y multiplicaos; llenad la tierra, y sojuzgadla, y señoread...» (1:28). Génesis enseña que Dios estableció el matrimonio, es decir, la unión de un varón y una mujer, pues la procreación requiere la unión de dos personas de sexo diferente: un hombre y una mujer. La unión de dos personas de un mismo sexo no puede cumplir el mandamiento de Dios de «fructificad y multiplicaos».

El Génesis enseña mucho acerca del hombre. Dios lo creó en santidad y justicia, pero el hombre fue sometido a la prueba de la obediencia y fracasó. Por esa desobediencia del primer hombre toda la raza humana fue afectada. El pecado, además, afectó la totalidad del ser humano y a todas las áreas de la personalidad del hombre, física, espiritual, emocional e intelectualmente. Esa es la depravación total que el hombre padece.

Las consecuencias del pecado se vieron casi de inmediato en la familia humana. Caín, el primer hombre nacido en la tierra, asesinó a su hermano Abel. Lamec, un descendiente de Caín, tomó dos esposas y mató a un hombre, hirió a otro y después se vanaglorió de lo que había hecho. Los efectos del pecado se evidencian en la lista de personas mencionadas en el capítulo 5 del Génesis. De cada uno de ellos (excepto de Enoc) se dice «y murió».

La doctrina bíblica del hombre —antropología bíblica— está estrechamente relacionada con la doctrina del pecado. La entrada del pecado en la experiencia humana se registra en Génesis 3, y como resultado de esa entrada Dios maldijo a la serpiente que fue el instrumento usado por el diablo para engañar a Eva, y también maldijo a Eva y a Adán y a la tierra a causa del pecado del hombre. El expositor bíblico no debe evadir la predicación del pecado y sus consecuencias aunque ese no sea un mensaje popular entre los predicadores modernos.

El Génesis también deja claro el tema de la redención. La historia de la redención comienza en Génesis 3:15, donde Dios promete que la simiente de la mujer aplastará la cabeza de la simiente de la serpiente. También se manifiesta en el hecho de que «Dios hizo al hombre y a su mujer túnicas de pieles, y los vistió» (3:21). El libro de Génesis contiene, por lo tanto, una rica enseñanza acerca del plan divino de la salvación, que debe ser proclamado con toda fidelidad. En su maravilloso plan del salvación, Dios ha incluido el medio por el cual el pecador puede ser salvo. El hombre no puede salvarse a sí mismo sino que necesita un Mediador, es decir, un Salvador que pague su deuda y lo sustituya. El Génesis enseña que el plan de salvación forma parte íntima del plan eterno de Dios y que no fue algo añadido sino que es parte del plan original de Dios. Al exponer el tema de la salvación, es importante recordar que Dios solo ha tenido un medio para salvar al pecador; la salvación siempre ha sido un acto de la gracia de Dios que solo se recibe por medio de la fe. Las obras humanas no pueden salvar al pecador. El Génesis menciona a numerosos hombres que han sido salvos: Abel, Enoc, Noé, Abraham, Isaac, Jacob y otros, y todos fueron declarados justos solo por la fe.

Una exposición seria del libro de Génesis tomará en cuenta cómo Dios ha juzgado la rebeldía del hombre. Los juicios del diluvio universal (Gn. 6-8), la torre de Babel (Gn. 11), y Sodoma y Gomorra (Gn. 19) son ejemplos dramáticos y elocuentes de cómo juzga Dios la maldad. El expositor bíblico no solo debe relatar los hechos históricos narrados en esos capítulos, sino también debe aplicar esas verdades a la sociedad contemporánea y recordar a sus oyentes lo que dijo el Señor: «Mas como en los días de Noé, así será la venida del Hijo del Hombre» (Mt. 24:37). El expositor bíblico debe recordar a sus oyentes que lo ocurrido en los días de Noé se repetirá de una forma más acentuada en los postreros tiempos. Un expositor serio de la Palabra de Dios también se ocupará de enseñar la doctrina de la elección soberana de Dios, quien soberanamente escogió a Abel, Enoc, Noé, Sem, Abraham. Isaac, Jacob y a otros. Lo hizo sobre la base de su gracia:

> Porque tú eres pueblo santo para Jehová tu Dios; Jehová tu Dios te ha escogido para serle un pueblo especial, más que todos los pueblos que están sobre la tierra. No por ser vosotros más que todos los pueblos os ha querido Jehová y os ha escogido, pues vosotros erais el más insignificante de todos los pueblos; sino por cuanto Jehová os amó, y quiso guardar el juramento que juró a vuestros padres, os ha sacado Jehová con mano poderosa, y os ha rescatado de servidumbre, de la mano de Faraón rey de Egipto (Dt. 7:6-8).

Moisés, autor también de Deuteronomio, explica mediante esos versículos de manera clara cómo obró la gracia soberana de Dios en la elección de Abraham, de Isaac y de Jacob (Gn. 12-49). De esa misma manera, la gracia de Dios obra en aquellos a quienes Dios llama soberana y eficazmente. El expositor bíblico puede y debe proclamar el mensaje de Génesis al hombre contemporáneo. El mensaje de este libro se centra en el Dios soberano, creador de cielos y tierra, que creó al hombre para su gloria y para bendecirlo.

Una advertencia final: El expositor bíblico y, en particular, el expositor de Génesis, debe poner sumo cuidado en la utilización de principios hermenéuticos sólidos y saludables. La tendencia de un número importante de predicadores es la de *alegorizar* y espiritualizar el texto bíblico, incluyendo el libro de Génesis. La Palabra de Dios, en su totalidad, debe interpretarse de manera normal, natural, llana, es decir, literalmente.

Por supuesto que hay que tomar en cuenta la presencia de figuras de dicción en las Escrituras, pero no es lo mismo reconocer la presencia de esas figuras que utilizar dichas figuras como principios o leyes de interpretación. En la Biblia se usa la alegoría como figura de dicción, pero la Biblia no debe interpretarse alegóricamente. En la Biblia hay símbolos, pero la Biblia no debe interpretarse simbólicamente. El expositor de la Biblia debe guiarse y respetar las leyes de la hermenéutica, y debe respetar la historia, la gramática y el contexto de todo pasaje bíblico.

En resumen, Génesis es sumamente importante para la comprensión de toda la revelación bíblica, y es el fundamento de la estructura de la revelación escrita que Dios ha dado al hombre. La Biblia sería incomprensible sin el libro de Génesis, pues una comprensión adecuada de este libro es imprescindible para un buen entendimiento de toda la Biblia. El buen expositor pondrá sumo cuidado en enseñar el Génesis con claridad y con autoridad bajo la dirección del Espíritu Santo.

Bibliografía

Comentarios

Calvino, Juan. *Genesis*. Edimburgo: The Banner of Truth, 2000 (reimp.).

Candish, Robert S. *Studies in Genesis: Expository Messages*. Grand Rapids, MI: Kregel Publications, 1979.

Cassuto, Umberto. *A Commentary on the Book of Genesis*, dos tomos. Skokie, IL: Varda Books, 1989.

Davis, John, J. *Paradise to Prision: Studies in Genesis*. Grand Rapids, MI: Baker Books House, 1983.

Elliot, Ralph, H. *The Message of Genesis: A Theological Interpretation*. St. Louis, MO: Bethany Press, 1962.

Filby, Frederick A. *The Flood Reconsidered*. Grand Rapids, MI: Zondervan Publishing House, 1973.

Ham, Ken (ed.). *The New Answer, Book 1*. Green Forest, AR: Master Books, 2010.

Hoekema, Anthony A. *Created in God's Image*. Grand Rapids, MI: William B. Eerdmans Publishing Company, 1994.

Jukes, Andrew. *Types in Genesis*. Grand Rapids, MI: Kregel Publications, 1976.

Keil, Carl Friedrich y Franz Julius Delitzsch. "Genesis", *Old Testament Commentaries*. Grand Rapids, MI: Associated Publishers and Authors, Inc., s/f.

Kelly, William. *Exposition of Genesis*. Jackson, NJ: Present Truth Publishers, 2007.

__________. *In the Beginning and the Adamic Earth: An Exposition of Genesis 1-2:3*. Jackson, NJ: Present Truth Publishers, 2010.

Keyser, Leander S. *The Problem of Origins*. Nueva York: The Macmillan Company, 1926.

Kidner, Derek. "Genesis", *Tyndale Old Testament Commentaries*, vol. 1. Downers Grove: InterVarsity Press, 1967.

Leupold, H. C. *Exposition of Genesis*, dos tomos. Grand Rapids, MI: Baker House, 1942.

Maclaren, Alexander. *Genesis*. Nashville, TN: Sunday School Board of the Southern Baptist Convention, s/f.

MORRIS, Henry M. *The Genesis Record: A Scientific an Devotional Commentary on the Book of Beginnings*. Grand Rapids, MI: Baker Books, 1976.

MORTENSON, Terry y Thane H. URY (eds.). *Coming to Grips With Genesis*. Green Forest, AR: Master Books, 2009.

PINK, Arthur, W. *Gleanings in Genesis*. Chicago: Moody Press, 1922.

POYTHRESS, Vern S. *Christian Interpretation of Genesis 1*. Philadelphia: Westminster Seminary Press, 2013.

ROSS, Allen, P. *Creation and Blessing: A Guide to the Study and Exposition of Genesis*. Grand Rapids, MI: Baker Book House, 1988.

ROSSCUP, James E. "Genesis". Notas inéditas, The Master's Seminary, 1989.

SAILHAMER, John H. "Genesis". *The Expositor's Bible Commentary*. Frank E. Gaebelein (ed. gen.). Grand Rapids: Zondervan Publishing House, 1990.

SKINNER, John, "A Critical and Exegetical Commentary on Genesis", *The International Critical Commentary*. New York: Charles Scribner's Sons, 1950.

VON RAD, Gerhard. *El libro del Génesis*. Salamanca: Ediciones Sígueme, 2008.

WALTKE, Bruce K. *Genesis: A Commentary*. Grand Rapids, MI: Zondervan, 2001.

WENHAM, Gordon, J. "Genesis", *Word Biblical Commentary*, dos tomos. Nashville: Thomas Nelson, Inc. 1987.

WHITCOMB, JR. John C. y Henry M. MORRIS. *El diluvio del Génesis* (trad. Dante N. Rosso). Terrassa: Editorial Clie, 1982.

WOOD, Leon J. *Genesis: A Study Guide*. Grand Rapids, MI: Zondervan Publishing House, 1976.

INTRODUCCIONES

ARCHER, Gleason L. *Reseña crítica de una introducción al Antiguo Testamento*. Grand Rapids, MI: Editorial Portavoz, 1981.

CHILDS, Brevard S. *Introduction to the Old Testament as Scripture*. Philadelphia: Fortress Press, 1979.

HARRISON, Roland Kenneth. *Introduction to the Old Testament*. Grand Rapids, MI: William B. Eerdmansa Publishing Company, 1973.

JENSEN, Irving L. *Jensen's Survey of the Old Testament*, Chicago: Moody Press, 1975.

LASOR, William S., David A. HUBBARD y Frederic William BUSH. *Panorama del Antiguo Testamento: Mensaje, forma y trasfondo del Antiguo Testamento*. Grand Rapids, MI: Libros Desafío, 2004.

LONGMAN III, Tremper y Raymond B. DILLARD. *Introducción al Antiguo Testamento*. Grand Rapids, MI: Libros Desafío, 2007.

MERRILL, Eugene H. *et ál. The World and the Word: An Introduction to the Old Testament*. Nashville: B & H Publishing Group, 2011.

SCHAEFFER, Francis A. *Génesis, en el tiempo y en el espacio*. Barcelona: Ediciones Evangélicas Europeas, 1974.

SHULTZ, Samuel J. *The Old Testament Speaks*. Nueva York: Harper and Brothers Publishers, 1960.

UNGER, Merrill F. *Introductory Guide to the Old Testament*. Grand Rapids, MI: Zondervan Publishing Company, 1956.

YOUNG, Edward J. *Una introducción al Antiguo Testamento*. Grand Rapids, MI: T.E.L.L., 1981.

TEOLOGÍAS

CHILDS, Brevard S. *Teología bíblica del Antiguo y del Nuevo Testamento.* Salamanca: Ediciones Sígueme, 2011.

KITCHEN, K. A. *Ancient Orient and Old Testament.* Chicago: Inter-Varsity Press, 1966.

MERRILL, Eugene H. *Everlasting Dominion: A Theology of the Old Testament.* Nashville: B & H Publishing Group, 2006.

ODEN, Thomas, C. "The Living God", *Systematic Theology*, vol. 1. Peabody, MA: Prince Press, 1998.

PAYNE, J. Barton. *The Theology of the Older Testament.* Grand Rapids, MI: Zondervan Publishing House, 1962.

ROUTHEDGE, Robin. *Old Testament Theology: A Thematic Approach.* Downers Grove, IL: InterVarsity Press, 2008.

VON RAD, Gerhard. *Estudios sobre el Antiguo Testamento.* Salamanca: Ediciones Sígueme, 1982.

__________. *Teología del Antiguo Testamento: Teología de las tradiciones proféticas de Israel*, dos tomos. Salamanca: Ediciones Sígueme, 1973.

WALKE, Bruce K. *An Old Testament Theology: An Exegetical Canonical and Thematic Approach.* Grand Rapids, MI: Zondervan Publishing Company, 2007.

WOLFF, Hans Walter. *Antropología del Antiguo Testamento.* Salamanca: Ediciones Sígueme, 1975.

ZUCK, Roy B. (ed.). *A Biblical Theology of the Old Testament*, Chicago: Moody Press, 1991.

DISERTACIONES INÉDITAS

BENCKHUYSEN, Amanda Joyce. "Actualizing Hagar's Story: The Interchange Between the Reader and the Text in the Interpretation of Genesis 16 and 21". Wycliffe College Department of Biblical Studies, disertación inédita, 2010.

CASTANG, Lazarus. "A Comparative Analysis of the Origin and Divine Causation of Death in Ancient Near Eastern Literature and in the Old Testament". Andrews University (Seventh Day Adventist Theological Seminary), disertación inédita, 2011.

COOPER, Matthew Scot. "Young-Earth Creationism and de Logic of Fundamentalism". Arizona State University, disertación inédita, 2008.

DAVIS, JR., Edward Bradford. "Creation, Contingency and Early Modern Science: The Impact of Vobentaristic Theology on Seventeenth Century Natural Philosophy". Indiana University, disertación inédita, 1984.

RAMANTSWANA, Hulisani. "God Saw That It Was Good, Not Perfect: A Canonical-Dialogic Reading of Genesis 1-3". Westminster Theological Seminary, disertación inédita, 2010.

VARONA, Alberto. "YHWH: from Genesis to Deuteronomy a Structured Personality Assessment of the God Depicted in the J and P Texts of the Bible". The Wright Institute Graduate School of Psychology, disertación inédita.

WINDHAM, Mary Ruth. "An Examination of the Relationship Between Humans and Animals in the Hebrew Bible". Harvard University, disertación inédita, 2011.

ARTÍCULOS

BARKER, Kenneth. "Creation vs. Evolution". Dallas Theological Seminary, artículo inédito, s/f.

BUSENITZ, Irvin A. "Woman's Desire for Man: Genesis 3.16 Reconsidered". *Grace Theological Journal* 7.2 (1986), 203-12.

COLE, Timothy J. "Enoc, a Man Who Wlaked with God". *Bibliotheca Sacra* 148 (julio-sept. 1991), 288-97.

FOH, Susan T. "What is the Woman's Desire". Westminster Theological Seminary 37 (1974-75), 376-84.

KAISER, JR., Walter C. "The Promise Land: A Biblical-Historical View". *Bibliotheca Sacra* 138 (1981), 302-12.

MAJOR, Tristan Gary. "Literary Developments of the Table of Nations and the Tower of Babel in Anglo-Saxon England". University of Toronto Centre of Medieval Studies, tesis doctoral inédita, 2010.

MORTENSON, Terry. "Jesus, Evangelical Scholars, and the Age of the Earth". *The Master's Seminary Journal*, 2007, (68-98).

NIEHAUS, Jeffrey J. "Covenant and Narrative, God and Time". *Journal of the Evangelical Theological Society*, sept. 2010, 536-59.

ROOKER, Mark F. "Genesis 1:1-3: Creation or Re-creation?". *Bibliotheca Sacra* 149 (1992), 316-23.

__________. "Genesis 1:1-3: Creation or Re-creation? Part 2". *Bibliotheca Sacra* 149 (1992), 411-27.

ROSS, Allen P. "The Curse of Canaan". *Bibliotheca Sacra* 137 (1980), 340-53.

__________. "The Table of the Nations in Genesis 10: Its Structure". *Bibliotheca Sacra* 137 (1980), 340-53.

__________. "The Table of the Nations in Genesis 10: Its Structure". *Bibliotheca Sacra* 138 (1981), 22-34.

__________. "Jacob's Vision: The Founding of Bethel". *Bibliotheca Sacra* 142 (1985), 224-37.

__________. "The Dispersion of the Nations in Genesis 11:1-9". *Bibliotheca Sacra* 138 (1981), 119-138.

__________. "Jacob at the Jabbok, Israel at Peniel". *Bibliotheca Sacra* 137 (1980), 223-40.

ROTENBERRY, Paul. "Blessing in the Old Testament: A Study of Genesis 12:3". *Restoration Quarterly 2.1.* (1958), 32-36.

SEELY, Paul H. "The Date of the Tower of Babel and Soine Theological Implications". *The Westminster Journal* 63 (2001), 15-38.

VAN GRONINGEN, G. "Interpretation of Genesis". *Journal of Evangelical Theological Society* 13.4 (otoño, 1970), 299-218.

WALTKE, Bruce K. "The Creation Account in Genesis 1:1-3, Part 1: Introduction to Biblical Cosmogony". *Bibliotheca Sacra* 132 (1975), 25-36.

__________. "The Creation Account in Genesis 1:1-3, Part II: The Restitution Theory". *Biblotheca Sacra* 132 (1975), 136-144.

WHITCOMB, John C. "Progressive Creationism". Institute for Creation Research, junio, 2003.

__________. "The Book of Genesis". Grace Theological Seminary, notas inéditas, s/f.

Índice de textos bíblicos

Nuevo Testamento

<h1 style="text-align:center">Índice de autores</h1>

Índice de temas

Caldeos, 207, 220-223, 227-228, 241, 245, 250, 265, 268-270, 287, 335, 351, 389, 393, 423, 447

Cam, 7, 127, 141, 159, 184-193, 196-197, 199, 204-206, 209, 211-212, 239

Canaán, 7, 12, 21, 136, 184-186, 188-194, 196, 199-200, 203-205, 211, 221-223, 228, 232-235, 237-238, 243-245, 247, 249-250, 254-256, 258, 269, 271, 273, 278, 284, 287, 289, 322, 327, 332, 350-351, 353-354, 356-357, 365, 388-391, 412-414, 421-422, 447-448, 452, 457-458, 461, 474, 493, 496, 498-500, 506-507, 517, 552-555, 563, 576, 579-585, 598-599, 604, 606, 617-719, 622-623

Casluhim, 203

Creta, 203

Cus, 67, 199-200, 205

D

Dan, 24, 34, 68, 133, 149, 162, 255-256, 302, 378, 380, 438-439, 451, 496, 508, 558, 571, 609, 611

David, 36, 40, 63, 95, 185, 187, 191-192, 206, 224, 231, 241, 245, 249, 256, 258, 321, 323, 335, 388, 434, 461, 476, 495, 500, 502, 505, 508, 524, 528, 599, 601, 616, 629

Dedán, 194, 200, 205, 372

Dina, 10, 433, 441, 459, 478-486, 584, 586, 607

Dodanim, 198

Doncella (virgen), 351, 361-364, 368-369, 396, 413, 424-426, 431, 479, 486

E

Edén (Huerto de), 5, 31, 61, 65, 67-71, 78, 81-82, 89, 91, 102, 105, 107, 115, 176-177, 247, 567, 601

Edom, 11, 207, 253, 376, 381-382, 384, 461, 498, 500-502, 504

Efraín, 492, 549, 584, 592, 597-603

Efrata, 494-495, 592, 598-599

Efrón, 349, 352-356, 374

Egipto, 7, 11-12, 15, 19-20, 190, 199, 203, 235, 237-239, 241, 243-245, 247, 249-250, 259, 262, 271-272, 277-278, 281, 292, 295, 319, 321-323, 327, 336, 338, 377, 387-389, 391, 394, 447, 453, 494, 500, 506-507, 512-516, 518, 526, 531, 533-537, 539, 542-556, 558-559, 561-564, 566, 570-572, 574-584, 586-601, 613, 617, 619, 622-624, 626

Elección, 196, 206, 220, 227, 229-231, 247, 250, 294, 303, 319, 324, 331, 335, 338, 370, 379-380, 384-385, 500, 505-506, 547, 602, 617, 626

Eliezer, 125, 263-264, 277, 360, 368

Enoc, 115-116, 120-121, 125-126, 128, 131-133, 143, 152, 625-626, 631

Enós, 118-119, 124

Esaú, 9-11, 191, 206, 220, 253, 335, 371-372, 377, 379-385, 387, 396-410, 412-415, 422, 429-431, 459-466, 469-474, 488-489, 497-505, 507, 524, 578, 592, 597, 601-602

Éufrates, 67, 69-70, 199, 202, 206, 220, 222, 227, 255, 272, 295, 338, 362, 419, 452-453, 502

Eva, 6, 59, 63, 69-70, 73, 75-78, 81-89, 91-93, 96, 99-102, 104-106, 112, 114, 118-123, 188, 213-214, 226, 567, 625

F

Ficol, 336-337, 394

Filisteos, 9, 203, 322, 337-338, 386-387, 390-395, 397, 420

Fut, 199, 205

G

Gad, 439, 461, 496, 508, 611

Galaad, 256, 452-454, 456, 512

Gatam, 500

Gaza, 203, 205, 323

Gera, 587

Gerar, 203, 205, 322-323, 325-327, 336-337, 344, 386-387, 389, 391-394, 397

Gergeseos, 204-205, 338

Gersón, 433, 586

Geter, 207

Gigantes, 132, 134, 136, 139, 253

Gloria, 18, 26, 28-29, 39-40, 45, 48-50, 54-55, 57, 65-66, 70, 72, 85, 87, 89, 95, 98, 102, 116, 119, 122, 163, 176, 183, 213, 217, 223, 227, 231, 242, 261, 267, 281, 296, 300, 339, 342, 348, 366, 389, 405, 410, 417, 426, 471, 490, 529, 542, 570, 590, 610, 622-626

Gofer, 146, 154

Gog, 198

EDITORIAL PORTAVOZ

NUESTRA VISIÓN

Maximizar el efecto de recursos cristianos de calidad que transforman vidas.

NUESTRA MISIÓN

Desarrollar y distribuir productos de calidad —con integridad y excelencia—, desde una perspectiva bíblica y confiable, que animen a las personas a conocer y servir a Jesucristo.

NUESTROS VALORES

Nuestros valores se encuentran fundamentados en la Biblia, fuente de toda verdad para hoy y para siempre. Nosotros ponemos en práctica estas verdades bíblicas como fundamento para las decisiones, normas y productos de nuestra compañía.

Valoramos la excelencia y la calidad
Valoramos la integridad y la confianza
Valoramos el mérito y la dignidad de los individuos
y las relaciones
Valoramos el servicio
Valoramos la administración de los recursos

Para más información acerca de nuestra editorial y los productos que publicamos visite nuestra página en la red: www.portavoz.com

Uno de los mejores estudios exegéticos del libro de Apocalipsis disponibles en español.

Como conclusión de la revelación escrita de Dios para el hombre, el libro del Apocalipsis es vital para comprender las escenas finales de la historia tal como la conocemos, y el inicio de la soberanía absoluta en el reinado de Dios como Rey de reyes.

562-564, 570, 572-574, 576, 584-585, 592, 599, 604-605, 608-610, 614, 616

Juez, 112-113, 179, 267, 305, 311, 319, 325, 620, 625

Juicio, 6, 8, 31-33, 84, 90-93, 95-96, 98, 104, 106, 113, 125-128, 131, 133-138, 142-143, 145-146, 148-149, 153-157, 160-161, 164-167, 169, 172-173, 179, 181-184, 193, 196, 208, 213, 216-217, 230, 234, 243, 253, 257, 263, 272-273, 278, 302-308, 312, 315, 423, 430, 434, 467, 484, 503-504, 517, 526, 546, 562, 570-571, 622

Justicia, 30, 57, 67, 72, 88, 100-101, 108, 113, 117-118, 120, 126, 130-131, 134, 138-139, 141-142, 144-145, 148-149, 151-152, 154-156, 160, 164-165, 172-173, 176, 192, 223, 236, 241, 257-258, 260, 265-268, 272, 284, 288, 292, 296, 302-304, 312-313, 323-325, 354-355, 373, 389, 395, 422-423, 484, 486, 517, 529, 590, 598, 610, 620, 625

Justificación, 156, 180, 218, 226, 261, 266-268, 284, 291, 303, 331, 376, 389, 603

K

Kemuel, 347, 360

L

Labán, 10, 221-222, 348, 358, 364-365, 367, 377, 409, 411-414, 422-432, 434, 436, 441-459, 461-462, 470, 491, 582, 587-588, 591-592

Ladrillo, 212

Lamec, 6, 116-117, 119, 126-127, 130-132, 138, 152, 208, 625

Lea, 10, 348, 357, 426-434, 436-442, 447, 449-452, 455, 457, 471-472, 478-480, 496, 584, 586-587, 607

Lengua, 17, 198, 206-207, 211, 214-216, 224, 456

Lentejas, 381, 384, 407, 410, 498

León, 81, 448, 463, 523, 536, 570, 605, 608-609

Libación, 494

Lluvia, 61-62, 78, 144, 156, 158, 161, 165, 167-168, 235, 237, 581, 614

Lot, 7-8, 205, 220-221, 223, 232-233, 243-251, 254-257, 259-260, 262, 297, 303-320, 325, 328, 351, 371, 423, 531

Luz (Betel), 24-25, 31, 33-34, 37-42, 44, 47-48, 55, 60, 66, 73, 81-82, 89, 96, 98-99, 103-105, 115, 118-119, 144, 153, 172, 183, 185, 188, 196, 223, 234-236, 247, 250, 280-282, 289, 293-294, 301, 312, 315, 319, 323, 331, 333, 347, 352-353, 358, 360, 364-365, 372, 375, 379, 400, 402, 413, 415, 419, 432-433, 437-442, 456, 478, 482, 487, 493-495, 499-500, 504, 508, 518, 523, 531, 538, 549, 551, 554, 556, 558, 571, 573, 575, 587-588, 592, 594, 598, 608-609, 614, 618

M

Macpela, 354-356, 374, 403, 497, 584, 619

Madai, 197

Madianitas, 500, 512-515, 548, 551-552, 557, 567

Mahanaim, 460-461, 467

Maldad, 11, 80, 130-131, 136-137, 143-145, 154, 163, 166, 173, 272, 301, 309-311, 341, 506, 508, 518, 552, 568, 570, 572, 591, 620-621, 626

Mamre, 249, 251, 255, 259, 297-298, 306, 309, 322, 356, 374, 497, 592, 597

Matrimonio, 11, 73, 77-78, 96, 104, 114-115, 122, 132, 180, 237, 276-278, 286, 308, 310, 318, 327, 350, 358, 370, 377-378, 390, 396, 400, 411, 413-414, 423, 427, 430-431, 438, 441, 443, 450, 452, 480, 482, 517-519, 522, 526, 625

Matusalén, 125-126, 131, 135, 152, 154, 192-193

Mayordomo, 30, 34, 53, 56-57, 74, 90, 93, 97, 171, 263-264, 527-529, 566-567, 571-572

Medán, 372

Mehujael, 116

Melquisedec, 8, 229, 251, 257-260, 266, 421, 591

Mesopotamia, 7, 154, 168, 190, 207, 220-223, 227, 231, 251-252, 254-255, 257-259, 262-263, 297, 302, 308, 351, 361, 377-378, 537

Misericordia, 30, 49, 89, 102, 109, 113, 118-119, 136, 142, 173, 181-182, 184, 216, 227, 245-246, 250, 287, 297, 301, 303, 309, 313-315, 322, 325, 329, 345, 361-362, 364, 366-368, 393, 404, 432, 436, 442, 460-461, 464-465, 470, 532-533, 538, 545, 555, 557-558, 565, 567, 573, 586, 595, 620, 625

K

L

M